Le Routard

Québec
et Ontario

Cofondateurs : Philippe GLOAGUEN et Michel DUVAL

Directeur de collection et auteur
Philippe GLOAGUEN

Rédacteurs en chef adjoints
Amanda KERAVEL
et Benoît LUCCHINI

Directrice de la coordination
Florence CHARMETANT

Directrice administrative
Bénédicte GLOAGUEN

Directeur du développement
Gavin's CLEMENTE-RUIZ

Direction éditoriale
Hélène FIRQUET

Rédaction
Isabelle AL SUBAIHI
Emmanuelle BAUQUIS
Mathilde de BOISGROLLIER
Thierry BROUARD
Marie BURIN des ROZIERS
Véronique de CHARDON
Fiona DEBRABANDER
Anne-Caroline DUMAS
Éléonore FRIESS
Géraldine LEMAUF-BEAUVOIS
Olivier PAGE
Alain PALLIER
Anne POINSOT
André PONCELET
Alizée TROTIN

Conseiller à la rédaction
Pierre JOSSE

Responsable voyages
Carole BORDES

2018/19

hachette

TABLE DES MATIÈRES

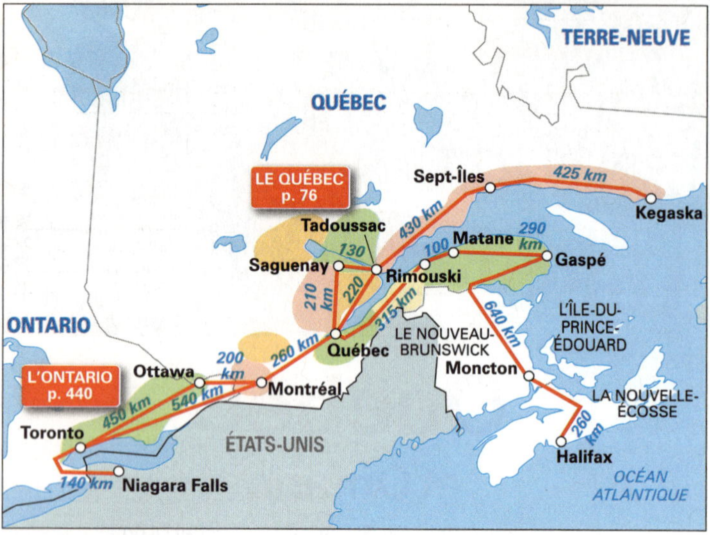

PRÉAMBULE

COMMENT Y ALLER ? 36

L'EST DU CANADA UTILE 48

LE QUÉBEC 76

Pictogrammes du Routard

Établissements

- Hôtel, auberge, chambre d'hôtes
- Camping
- Restaurant
- Boulangerie, sandwicherie
- Glacier
- Café, salon de thé
- Brunch
- Café, bar
- Bar musical
- Club, boîte de nuit
- Salle de spectacle
- Office de tourisme
- Poste
- Boutique, magasin, marché
- Accès Internet
- Hôpital, urgences

Sites

- Plage
- Site de plongée
- Piste cyclable, parcours à vélo

Transports

- Aéroport
- Gare ferroviaire
- Gare routière, arrêt de bus
- Station de métro
- Station de tramway
- Parking
- Taxi
- Taxi collectif
- Bateau
- Bateau fluvial

Attraits et équipements

- Présente un intérêt touristique
- Recommandé pour les enfants
- Adapté aux personnes handicapées
- Inscrit au Patrimoine mondial de l'Unesco

L'été indien au Canada

LA RÉDACTION DU ROUTARD

(sans oublier nos 50 enquêteurs, aussi sur le terrain)

© R. Défalande et E. Dessons

Thierry, Anne-Caroline, Éléonore, Olivier, Alizée, Pierre, Benoît, Alain, Fiona, Emmanuelle, Gavin's, André, Véronique, Bénédicte, Jean-Sébastien, Mathilde, Amanda, Isabelle, Géraldine, Marie, Carole, Philippe, Florence, Anne.

La saga du *Routard* : en 1971, deux étudiants, Philippe et Michel, avaient une furieuse envie de découvrir le monde. De retour du Népal germe l'idée d'un guide différent qui regrouperait tuyaux malins et itinéraires sympas, destiné aux jeunes fauchés en quête de liberté. 1973. Après 19 refus d'éditeurs et la faillite de leur première maison d'édition, l'aventure commence vraiment avec Hachette. Aujourd'hui, le *Routard*, c'est plus d'une cinquantaine d'enquêteurs impliqués et sincères. Ils parcourent le monde toute l'année dans l'anonymat et s'acharnent à restituer leurs coups de cœur avec passion.

Merci à tous les Routards qui partagent nos convictions : liberté et indépendance d'esprit ; découverte et partage ; sincérité, tolérance et respect des autres.

NOS SPÉCIALISTES CANADA EST

Anne-Caroline Dumas : à 14 ans, premier *Routard* en poche, elle file à Londres sur les traces de David Bowie. Et rejoint la rédaction de son guide favori après une fac d'anglais et d'histoire de l'art. Arpenteuse des villes comme des grands espaces, fan d'architecture et incorrigible gourmande, elle ne part jamais sur le terrain sans cette petite montée d'adrénaline qui fait aussi le piment du voyage.

Éléonore Friess : de ses escapades au coin de la rue ou un peu plus loin, la benjamine de l'équipe ne veut pas perdre une miette. Elle explore le monde à la recherche de rencontres joyeuses, de beaux panoramas, de fêtes inoubliables ou simplement d'un bon petit plat. Depuis l'école de journalisme, son calepin et sa curiosité ne la quittent plus.

Olivier Page : malouin d'origine. À 16 ans, il réalise un long tour de France à mobylette. Son aptitude à la vie nomade, son goût des autres ont conduit ce Breton d'âme fugitive à collaborer avec le Routard. Depuis 1990, il parcourt la planète, pour découvrir d'autres lieux, d'autres gens. Et faire partager ses plus belles trouvailles à ses lecteurs.

UN GRAND MERCI À NOS AMI(E)S SUR PLACE ET EN FRANCE

Pour cette nouvelle édition, nous remercions particulièrement :

- **Geneviève Archambault et Stéphanie Halley,** de Tourisme Montréal.
- **Pierre-Carl Trudeau,** guide professionnel.
- **Dang Duc Tué,** vietnamien de Montréal.
- **Grégor Murray,** de l'Université de Montréal.
- **Suzie Loiselle et Zoé Ross,** de Québec Maritime, pour leur accueil hors pair, leur efficacité et leur punch !
- **Florence Deprez, notre loutre à nous,** pour sa bonne humeur et son enthousiasme au quotidien !
- **Igor Urban,** pour nous avoir fait grimper en haut du mont Saint-Alban. On a souffert, mais c'était beau !
- **Marie Leblanc, Joann Thériault, Anik Synotte, Suzy Bergeron et leurs équipes,** dans les offices de tourisme de Percé, Rimouski, Gaspé et Matane.
- **Daniel Bouliane,** du Bureau d'accueil de la Haute Gaspésie, pour ses bons tuyaux. Et **Lise,** pour son accueil adorable et sa délicieuse confiture maison.
- **Pascal Lévesque,** du parc national de la Gaspésie, et **Denis Ouellet,** du parc national du lac Témiscouata, pour leur disponibilité.
- **Isabelle Trotzier et Stéphanie Bleu,** de Destination Québec.
- **Sandra Teakle**, directrice générale de Destination Canada en France.
- **Bernard Personnaz,** le Français qui rêve en québecois.
- Et tous les offices de tourisme croisés sur notre route.

Important : dernière minute

Sauf rare exception, le *Routard* bénéficie d'une parution annuelle à date fixe. Entre deux dates, des événements fortuits (formalités, taux de change, catastrophes naturelles, conditions d'accès aux sites, fermetures inopinées, etc.) peuvent modifier vos projets de voyage. Pour éviter les déconvenues, nous vous recommandons de consulter la rubrique « Guide » par pays de notre site • *routard.com* • et plus particulièrement les dernières ***Actus voyageurs.***

Tout au long de ce guide, découvrez toutes les photos de la destination sur • *routard.com* • Attention au coût de connexion à l'étranger, assurez-vous d'être en wifi !

Le *Routard* est imprimé sur un papier issu de forêts gérées.

I.S.B.N. 978-2-01-626650-2

LAC ST-JEAN :
1 Chambord
2 Val-Jalbert
3 Roberval
4 Mashteuiatsh
5 St-Félicien
6 Dolbeau
7 Mistassini
8 Péribonka
LE SAGUENAY :
2 Ste-Rose-du-Nord
4 Petit-Saguenay
CHARLEVOIX :
1 Baie-Ste-Catherine
3 St-Siméon
4 Port-au-Persil
5 Les Éboulements
6 St-Joseph-de-la-Rive
L'Isle-aux-Coudres
NORD
QUÉBEC
R. Saguenay
Riv. Péribonka
LE SAGUENAY p. 256
LE LAC SAINT-JEAN p. 282
Parc nat. de la Pte Taillon
Lac St-Jean
Chicoutimi
Saguenay
L'Anse-St-Jean
Parc du Fjord Saguenay
Les Escoumins
Tadoussac
Île Verte
Baie-Comeau
138
Saint-Laurent
Matane
Sainte-Flavie
Vallée de la Matapédia
Amqui
Parc nat. du Bic
Rimouski
St-Fabien
Trois-Pistoles
Isle Verte
Cacouna
Rivière-du-Loup
Notre-Dame-du-Portage
St-André-de-Kamouraska
Kamouraska
St-Roch-des-Aulnaies
St-Jean-Port-Joli
L'Islet-sur-Mer
Montmagny
Berthier-sur-Mer
St-Michel-de-Bellechasse
Lévis
voir carte le Saguenay et le lac Saint-Jean
CHARLEVOIX p. 224
Réserve faunique des Laurentides
voir carte Charlevoix
La Malbaie
Parc de la Jacques-Cartier
Baie-St-Paul
155
LA MAURICIE p. 145
QUÉBEC ET ENVIRONS p. 165
Ste-Anne-de-Beaupré
Île d'Orléans
Wendake
QUÉBEC
Parc nat. de la Mauricie
Shawinigan
40
Trois-Rivières
voir carte Lanaudière-Laurentides
CHAUDIÈRES-APPALACHES p. 339
LE BAS-ST-LAURENT p. 345
MONTRÉAL ET ENVIRONS p. 76
20
55
MONTRÉAL
10
ÉTATS-UNIS

Gore Bay
M'Chigeeng
Little Current
Île Manitoulin
Baie Georgienne
Lac Nipissing
69
17
QUÉBEC
Algonquin Park
62
60
Madawaska
Parc de la Gatineau
Ottawa
50
417
Montréal
Long Sault Parkway
Fathom Five National Marine Park
Bruce Peninsula National Park
Midland
7
Upper Canadian Village
401
Lac Huron
Blue Mountains
400
ONTARIO p. 440
Kingston
Gananoque
87
21
Toronto
Lac Ontario
81
ÉTATS-UNIS
Pinary Provincial Park
Niagara-on-the-Lake
Niagara Falls (Chutes du Niagara)
90
402
401
90

L'EST DU CANADA

Montréal

« Le Québec, ce n'est pas la France en Amérique, c'est l'Amérique en français. »

Auteur inconnu

Les mythes du Grand Nord ont de beaux jours devant eux. Forêts, chiens de traîneau, lacs, saumons, baleines, ours, sirop d'érable et hydravions… Cette imagerie fantasmagorique (mais réelle), aussi étroite que la terre canadienne est vaste, reste ancrée dans les esprits européens… Qu'allons-nous chercher au Canada ? Ce qui manque de plus en plus chez nous : **la nature et les grands espaces.**

Mais il y a aussi **les hommes et les femmes.** Avec les Acadiens des Provinces maritimes, le Québec forme la principale société (hors de l'Hexagone) composée de descendants directs de Français. Ce lien de parenté intrigue. Il y a les similitudes. Les arbres généalogiques qui remontent vers le Poitou, la Bretagne, la Saintonge, la Normandie… **Et les différences, aussi.** De mentalité (pas le même le vécu). De langue.

Entre les particularités issues des anciens patois des arrivants, les mots amérindiens adoptés en chemin et le nécessaire combat pour la francophonie au cœur d'un océan anglophone, le français a évolué différemment de part et d'autre de l'Atlantique. En plus, les accents ne sont pas partout les mêmes ! Les Québécois défendent la langue française contre un anglais qui s'insinue jusque dans les tournures de phrase les plus anodines. Même les panneaux « Stop » sont traduits en français ! À se demander si le village d'Astérix ne s'est pas déplacé en Amérique du Nord !

Comme dit le facétieux Robert Charlebois : « Nous, au Québec, on doit défendre la francophonie au couteau, alors que vous, Français, vous pouvez encore la défendre avec une fourchette à escargots ! » **Ouverture, simplicité, humour et hospitalité chaleureuse,** voilà, en résumé, le meilleur de la mentalité québécoise.

Les feux de la Saint-Jean sur les plaines d'Abraham, à Québec

NOS COUPS DE CŒUR

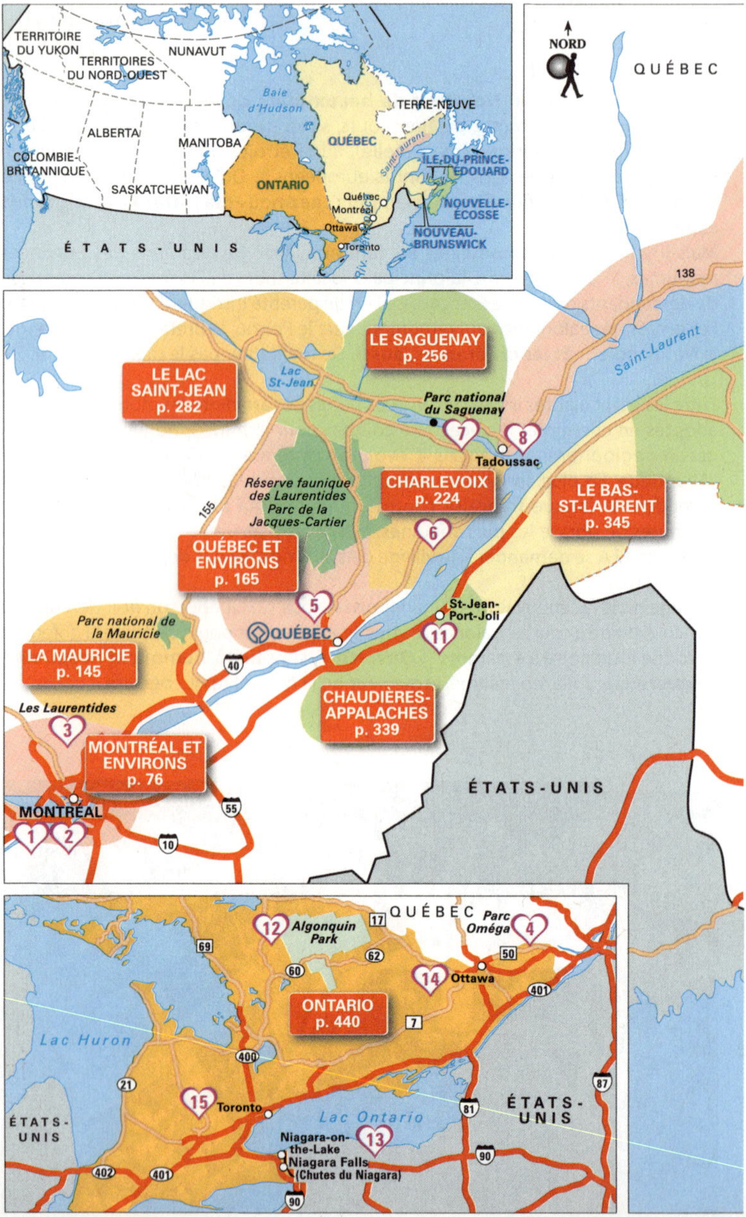

Site inscrit au Patrimoine mondial de l'Unesco
LA CÔTE-NORD
p. 301
Île
d'Anticosti
Parc national
de Forillon
9
10
LA GASPÉSIE
p. 371
Percé
L'Île Bonaventure
Golfe du
Saint-Laurent
Île de Miscou
Îles de
la Madeleine
Île de Lamèque
11
LE NOUVEAU-
BRUNSWICK
L'ÎLE-DU- PRINCE-
ÉDOUARD
Île du
Cap-Breton
LA NOUVELLE-
ÉCOSSE
0
50
100 km

1 **À Montréal, écumer les quais du Vieux-Port et se balader le long du Saint-Laurent en admirant les bâtiments typiques de la vieille ville.**

S'émerveiller devant la richesse des collections du **musée des Beaux-Arts.** Contempler la ville d'en haut, depuis le **belvédère du parc du Mont-Royal.** S'enfoncer dans la **« ville souterraine »,** le plus grand réseau commercial souterrain du monde. Prendre un grand bol d'air en pédalant le long du **canal de Lachine,** en flânant dans les allées du **Jardin botanique** ou en profitant des multiples activités de l'immense **parc Jean-Drapeau,** étalé sur deux îles. *p. 113*

2 **À Montréal toujours, explorer le quartier alternatif et créatif du Mile End, à pied, sans se presser.**

Ancien quartier d'entrepôts et d'ateliers industriels en friche, Mile End est aujourd'hui le secteur le plus branché de la ville, fréquenté par les geeks, les hipsters et les bobos adeptes des restos vegan et sans gluten. Ce quadrilatère d'une dizaine de rues parallèles est aussi le quartier des start up (comme *Ubisoft,* 3e éditeur mondial de jeux vidéo), des créateurs de mode, magasins bio et autres concept stores hybrides vendant, dans le même espace, de la déco design, des fringues et du café artisanal. *p. 120*

© Renault Philippe/hemis.fr

3 Prendre une grande bouffée d'air pur dans les Laurentides.
À une grosse heure de route au nord de Montréal, les Laurentides, c'est la nature format XXL. En empruntant la piste cyclable du P'tit Train du Nord, on égraine un chapelet de villages typiques, très animés en été. Ces paysages de lacs et de forêts offrent une multitude d'activités à partager en famille : vélo, accrobranche, canoë-kayak, escalade et *via ferrata*. Sans oublier la gastronomie et des hébergements qui vont du camping « rustique » aux *B & B* les plus cosy. *p. 135*

© John Violette / Alamy / Hemis

4 Passer la nuit dans une cabane au formidable parc animalier Omega, entre Montréal et Ottawa.
On peut y observer la quasi-totalité de la faune canadienne, évoluant en liberté dans un environnement proche de celui où elle vit à l'état sauvage : wapitis, ours noirs, bisons, orignaux, caribous, loups gris, chiens de prairie… Un rêve d'enfant ! *p. 144*
Bon à savoir : pensez à acheter des carottes à la boutique, et les animaux viendront vers vous.

5 **À Québec, se promener dans les ruelles de la vieille ville : un vrai décor de théâtre !**

Toujours **garder un œil sur le Saint-Laurent** : d'en haut, depuis les terrasses Dufferin ou les plaines d'Abraham, d'en bas, le long des quais. Faire le plein de culture, de musée en site historique, avec en point d'orgue le passionnant **musée de la Civilisation.** Prendre un peu de recul en traversant le fleuve en bac pour **admirer la ville depuis l'autre rive.** *p. 194*

6 Explorer l'intérieur de Charlevoix et ses paysages d'une douceur extraordinaire.

Façonnés par les glaciations successives, ils ont séduit et inspiré nombre de peintres, photographes, poètes et musiciens. On y découvre, vers Les Éboulements, le plus grand cratère habité de la planète, dû à une météorite ! Réputée aussi pour ses produits du terroir de qualité (fromages, agneau, cidres notamment), la région se distingue par ses bonnes tables. p. 224

Bon à savoir : le train léger de Charlevoix sillonne la région depuis Québec, offrant un spectacle entre fleuve et montagnes à couper le souffle.

7 Pagayer au pied des falaises des caps Éternité et Trinité, gardiennes du fjord du Saguenay.

Le fjord du Saguenay est un lieu sauvage et unique en son genre. Le secteur de la Baie-Éternité est l'endroit où il s'avère le plus grandiose : gardant les abords de la baie, les caps Éternité et Trinité dressent leurs parois abruptes à plus de 300 m au-dessus des eaux. La balade en kayak de mer permet d'admirer le fjord et ses falaises spectaculaires, en étant en contact étroit avec la nature. p. 264

Bon à savoir : meilleure période de juin à septembre.

8 **À Tadoussac, sonder du regard les eaux sombres du Saint-Laurent et du Saguenay à leur confluent : baleines, rorquals et bélugas foisonnent d'un bout à l'autre de la belle saison.**

Bien que très fréquenté en été, l'endroit est idéal pour observer les baleines (à pied, en kayak de mer, en Zodiac ou en bateau). Les eaux océaniques, poussées par le courant froid du Labrador, se heurtent ici à un seuil rocheux. Le jeu des marées, des courants et du relief accumule plancton et petits poissons, qui attirent à leur tour de nombreuses espèces de cétacés. *p. 305*

***Bon à savoir :** avant toute observation, faire un tour au Centre d'interprétation des mammifères marins (CIMM) qui positionne avec exactitude les lieux où batifolent les baleines.*

© Marc Bruxelle RF/Alamy/Hemis

9 **Grimper en haut du mont Saint-Alban, dans le parc national de Forillon.** Terre et mer s'entrelacent à la perfection dans ce parc situé à l'extrême pointe est de la Gaspésie, surnommée d'ailleurs « le bout du monde ». Pour s'offrir le plus beau point de vue, il faut monter au mont Saint-Alban où une tour d'observation culmine à 283 m. De là-haut, le panorama est à couper le souffle. On admire les monts boisés, les falaises qui se jettent dans la mer, l'océan et, par beau temps, on aperçoit même le rocher Percé, à 80 km de là. Une de nos randos préférées en Gaspésie, mais la vue se mérite. Sujets au vertige s'abstenir ! *p. 402*

Bon à savoir : le début de la rando est corsé, avec une montée à pic sur un sentier cahoteux. Le dénivelé s'adoucit après 10 mn. Compter 1h30 aller-retour ou 3h si l'on suit la boucle.

© Escudero Patrick/hemis.fr

10 **En Gaspésie, à Percé, embarquer pour l'île Bonaventure afin d'aller admirer l'incroyable spectacle des fous de Bassan.**

De mars à octobre, quelque 110 000 de ces oiseaux marins aux magnifiques yeux bleu clair cerclés de gris viennent se reproduire et nidifier sur les falaises orientales de l'île : leur colonie s'étend à perte de vue sur ces falaises, tel un immense duvet blanc mouvant, bruyant et odorant ! Et pour se remettre de ses émotions, dans presque chaque ville sur cette côte, une microbrasserie conviviale offre des bières de caractère et d'une séduisante diversité. *p. 416*

11 **À Saint-Jean-Port-Joli, se régaler d'une délicieuse tire d'érable, le printemps revenu.**

À la sortie de l'hiver, les citadins filent en masse dans les érablières pour fêter le retour des beaux jours. Avec le redoux, la sève des érables dégèle ; c'est le moment de leur saignée. Dans les cabanes à sucre, le liquide translucide est chauffé et devient sirop. Versé sur la neige, il fige : c'est ça, la tire. Les enfants s'en mettent jusque-là, et les adultes auraient tort de ne pas en faire autant ! *p. 342*

© Fancy/hemis.fr

12 Vivre la vie des premiers trappeurs et suivre la trace des Indiens dans le parc Algonquin, au gré des itinéraires de canotage entrecoupés de portages.

Le parc Algonquin, c'est 7 700 km² de nature sauvage et préservée, percée de milliers de lacs. On emprunte les sentiers ancestraux ou, mieux, on pratique le canotage, sans danger ni rapides. Griller son poisson au bord du lac et chasser… les mouches noires (!), passer la soirée au coin du feu à tenter de percer les bruits de la nuit, se réveiller au pied du lac embrumé… Cette rencontre avec le Canada sauvage, loin de tout, sera un moment fort. *p. 506*

13 **À Niagara Falls, faire une virée en bateau jusqu'au pied de ces chutes mythiques.**

Maid of the Mist (aujourd'hui rebaptisé Hornblower) est l'une des plus vieilles attractions d'Amérique du Nord et la plus sensationnelle de Niagara. Le bateau emmène les passagers carrément au pied des chutes. On vous donne une cape jetable, et c'est parti pour une séance de brumisateur au cœur même du Fer à cheval. Les plus aisés s'offriront un survol en hélico. Terminer la journée à **Niagara-on-the-Lake,** un adorable village au charme *British* très XIXe s. *p. 481*

Bon à savoir : franchir la frontière, pour voir les chutes du côté américain, vaut le coup ; jolie balade dans le State Park traversé par les flots tumultueux de la rivière.

14 **À Ottawa, visiter le musée canadien de l'Histoire pour découvrir ses fantastiques galeries amérindiennes et assister, l'été, au rituel de la relève de la garde, sur les pelouses du Parlement.**

Faites aussi un **tour du monde culinaire** à moindres frais, en picorant à gauche, à droite, sur les petits stands de cuisine cosmopolite du marché By, centre névralgique de l'animation, qui concentre aussi les restos et bars les plus trendy de la ville. *p. 526*

15 Profiter de la diversité ethnique de Toronto pour goûter toutes les cuisines du monde.

Siroter un cocktail en haut d'un bar-*lounge* panoramique et se laisser happer par la **trépidante vie nocturne** (Toronto est l'une des capitales nord-américaines de la musique live). Louer un vélo et prendre le ferry pour les **Toronto Islands,** ces petites îles au large du Waterfront : contraste saisissant entre les pittoresques *cottages* en bois peints de toutes les couleurs, noyés dans la verdure, et les gratte-ciel qui scintillent juste en face. C'est ici que les Torontois passent leurs week-ends d'été, entre marinas, forêts et plages invitant à la baignade. p. 441

16 **Faire la fête !**

Fête de la Saint-Jean célébrée un peu partout, Francofolies, festival de jazz, d'humour ou de cirque à Montréal, de cinéma à Toronto, Carnaval, feux d'artifice et Fêtes de la Nouvelle-France à Québec… Été comme hiver, au Québec comme dans les Provinces maritimes ou en Ontario, on joue de la musique, on chante, on danse, on se déguise, on rit. La réputation de certains festivals dépasse même largement les frontières du pays. *p. 58*

Le phare de l'île Verte, en Gaspésie

Le parc national de la Mauricie

ITINÉRAIRES CONSEILLÉS

En 2 semaines

L'essentiel du Québec

Première halte pour apprécier la diversité culturelle et le dynamisme de **Montréal (1 ; 2 j.)**. Puis, direction le **parc national de la Mauricie (2 ; 1 j.)** avant de découvrir le riche patrimoine historique de la capitale provinciale, **Québec (3 ; 3 j.)**. Remonter le Saint-Laurent en passant par **Charlevoix (4 ; 3 j.)** et ses paysages modelés par les glaciations. Puis cap sur **Tadoussac (5 ; 1 j.)** et ses baleines, au confluent du Saguenay et du Saint-Laurent. Continuer sur la rive nord du **fjord du Saguenay (6 ; 2-3 j.)** et cheminer dans des paysages majestueux. Redescendre vers la **réserve faunique des Laurentides (7)** et le **parc national de la Jacques-Cartier (7 ; 2 j. en tout)** pour pratiquer randonnée, VTT, pêche, kayak, ski et raquettes l'hiver.

Montréal et Ontario

Après **Montréal (1 ; 3 j.)**, se mettre au vert dans les **Laurentides (2 ; 2 j.)**, filer vers **Ottawa (3 ; 2 j.)**, ses superbes musées et son alléchant marché By. Puis, direction le Saint-Laurent et l'**Upper Canada Village (4 ; 1 j.)**, pour plonger au XIXe s. Une escale dans les **Mille-Îles (5)** et à **Kingston (6)** précède l'arrivée

dans la trépidante **Toronto (7 ; 2 j.)** : culture, cosmopolitisme, grands musées, attractions et bons restos. Poursuivre vers l'adorable **Niagara-on-the-Lake (8 ; 1 j.)** pour une (ou deux !) dégustations d'*ice wine,* puis les mythiques **chutes du Niagara (9 ; 1 j.).** Continuer éventuellement jusqu'à **Midland et Penetanguishene (10 ; 1-2 j.),** lieu historique de la Huronie, et finir par **Huntsville (11),** camp de base pour **l'Algonquin Park (12 ; 2 j.).**

La Gaspésie

Atterrissage à Québec pour filer vers **Sainte-Flavie (1 ; 1 j.),** porte d'entrée de la Gaspésie. Cap sur **Grand-Métis** et **Métis-sur-Mer (2 ; 1 j.),** avec leurs belles demeures et les **jardins de Métis.** Halte à **Matane (3 ; 1 j.),** pour sa réserve qui abrite la plus grande concentration d'orignaux du Québec. Puis, randonnée dans le **parc national de la Gaspésie (4 ; 2 j.),** avant de filer vers **Cap-des-Rosiers** et **Cap-aux-Os** qui offrent un point de chute idéal pour découvrir le **parc national de Forillon (5 ; 1 j.).** Retour à la civilisation à **Gaspé (6 ; 1 j.),** où l'on fait le plein de musées. Puis route vers **Percé (7 ; 2 j.)** pour son **Géoparc** et **l'île Bonaventure.** On file ensuite à **L'Anse-à-Beaufils (8 ; 1 j.)** pour son magasin historique et sa microbrasserie. **La baie des Chaleurs (9 ; 2 j.)** se dévoile enfin, et **Bonaventure** ou **Carleton-sur-Mer** sont de jolis camps de base pour explorer le coin. De là, on remonte par la **vallée de la Matapédia (10 ; 2 j.),** souvent délaissée des touristes et pourtant sublime. On peut par exemple dormir autour du lac Matapédia.

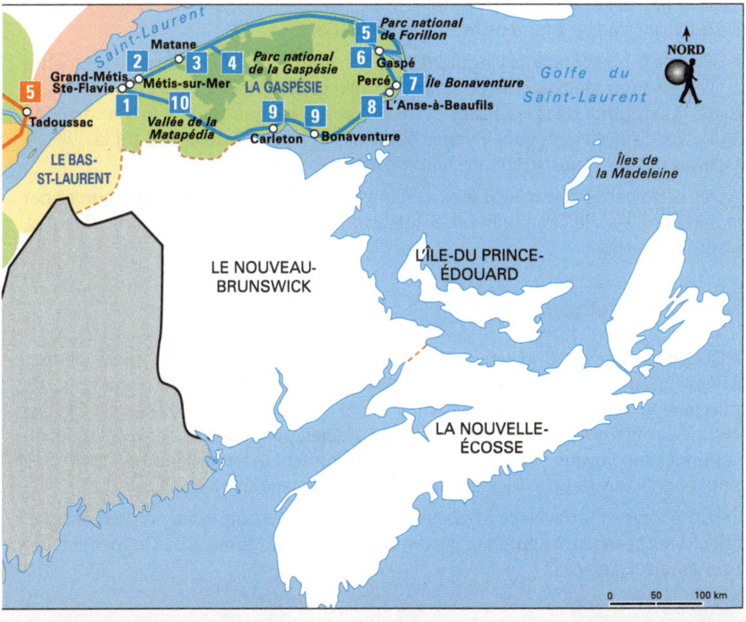

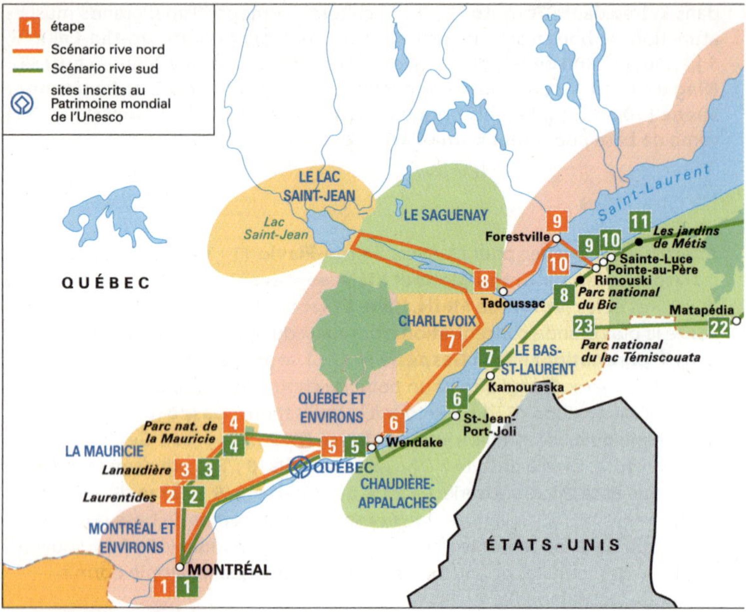

En 3 semaines

De quoi s'imprégner à fond de l'essence du Québec !

Profiter de la bouillonnante vie culturelle à **Montréal (1 ; 2-3 j.)**, avant de vous mettre au vert dans les **Laurentides** pour faire du vélo et du canoé **(2 ; 2-3 j.)**, puis **Lanaudière** pour dormir dans les arbres **(3 ; 1-2 j.)** et le **parc national de la Mauricie (4 ; 2 j.)**. Avec de la chance, vous y verrez ours noirs et loups ! Ensuite, cap sur la **ville de Québec (5 ; 2-3 j.)** qui mérite une halte prolongée.

Après cette pause culturelle, deux scénarios : longer l'estuaire du Saint-Laurent par la rive nord, vers le Saguenay-Lac-Saint-Jean jusqu'à Tadoussac, ou par la rive sud, jusqu'en Gaspésie.

Scénario rive nord

À Québec, si vous y êtes fin juin, assister au grand pow-wow des nations amérindiennes à **Wendake (6 ; 1 j.)**. Remonter le long du Saint-Laurent, passer par **Charlevoix (7 ; 2 j.)**, puis faire le tour du **fjord du Saguenay (2 j. + 1 j.** pour le **lac Saint-Jean)**. Cap sur **Tadoussac (8)**, où commence la route des baleines, puis redescendre vers le sud, ou continuer son voyage vers la Gaspésie en empruntant le traversier à **Forestville (9)** pour gagner **Rimouski (10)** et enchaîner avec le scénario **rive sud** (ci-dessous).

Penser à réserver le traversier à l'avance. Pour découvrir la Côte-Nord proprement dite, mieux vaut se rendre à Sept-Îles directement en avion de Montréal ou Québec et louer une voiture sur place.

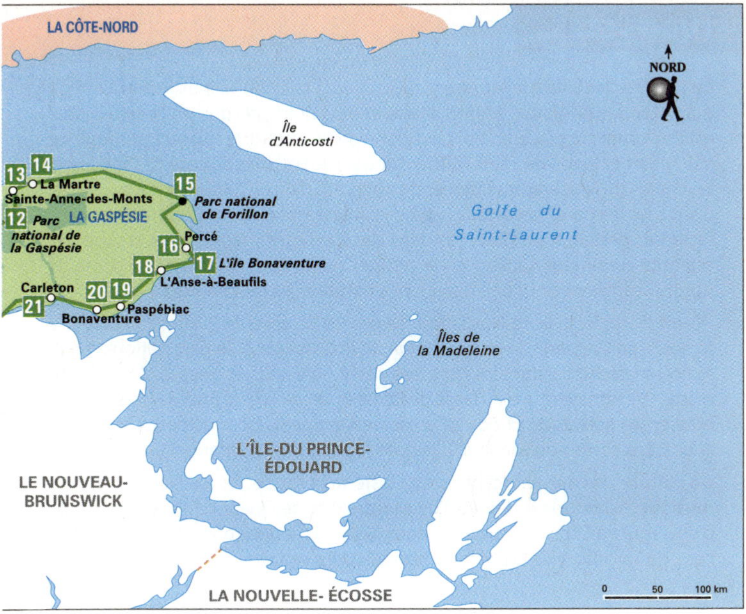

Scénario rive sud

De Québec, traverser le Saint-Laurent et longer la côte. Faire un arrêt à **Saint-Jean-Port-Joli (6 ; 1 j.)** pour ses sculptures sur bois et ses excellentes érablières. En route pour la Gaspésie, arrêt à **Kamouraska (7)** puis dans le somptueux **parc national du Bic (8 ; 1 j.).** S'attarder dans le site de la **Pointe-au-Père (9),** à Rimouski, faire une escale à **Sainte-Luce (10 ; 1 j.)** et dans les **jardins de Métis (11).** Cap sur **Sainte-Anne-des-Monts (13)** et ses environs : le **parc national de la Gaspésie (12),** plus une étape à Exploramer ainsi qu'au musée des Phares de **La Martre (14 ; 2 j. en tout).** La route longe une côte sauvage qui mène au secteur du **parc national de Forillon (15 ; 2 j.),** ses sites historiques, visites culturelles, activités sportives. Touristique mais incontournable, **Percé (16),** son rocher et l'**île Bonaventure (17 ; 1 j.). L'Anse-à-Beaufils (18 ; le Magasin général)** et **Paspébiac (19 ;** le **Banc-de-Pêche),** deux sites historiques avant **Bonaventure (20 ; 1 j.).** Enfin, étape possible à **Carleton (21)** ou dans la **vallée de la Matapédia (22 ; 1 j.).** Boucler le tour de la Gaspésie par la route 232 (dans les terres) pour rejoindre Québec et découvrir les paysages du parc national du **lac Témiscouata (23 ; 1 j.).**

SI VOUS ÊTES...

En famille : les villes de Montréal et Québec (à taille humaine), le parc Omega pour voir des orignaux, wapitis, loups et ours noirs presque en liberté (l'idéal est de dormir sur place, en tipi ou cabane prospecteur), le village historique de Val-Jalbert et le zoo de Saint-Félicien, une sortie baleines du côté de Tadoussac, les chutes du Niagara, aménagées du côté canadien en mini-parc d'attractions. Dans tous les parcs nationaux, il est possible de faire des randonnées courtes, faciles et parfaitement balisées dans des paysages magnifiques, d'observer quantité d'animaux sauvages, de camper ou de réserver des hébergements « prêt-à-camper » pour une expérience nature mais tout confort.

Plutôt nature : la Côte-Nord, pour saluer les baleines ou visiter l'archipel de Mingan. En Gaspésie, le parc national de la Gaspésie et le parc national Forillon où se cachent orignaux, caribous, cerfs, ours noirs et oiseaux de tout plumage. L'île Bonaventure, au large de Percé et sa colonie de fous de Bassan, sans oublier ses hordes de phoques. Le lac de Matapédia pour de belles sorties en canoë. Les chutes du Niagara et le parc Algonquin en Ontario.

ou culture : les musées (centrés sur l'histoire et l'art) et les festivals de théâtre, musique, humour, etc. (en été) de Montréal et de Québec. Plusieurs musées d'envergure à Ottawa (histoire, nature, beaux-arts, guerre, aviation), à l'égal de ceux de Toronto, ville également réputée pour sa scène théâtrale.

La signalisation au Québec

© Rieger Bertrand/hemis.fr

LU SUR routard.com

Charlevoix, le Québec entre mer et montagne
(tiré du reportage de Diane Laberge)

La région de Charlevoix est généreuse pour les **amateurs de grands espaces** : des panoramas à couper le souffle mariant mer et montagne, des rivières et des lacs poissonneux dans l'arrière-pays, des baleines bleues, rorquals et bélugas plein le fleuve Saint-Laurent.

Niché au centre d'un cratère, Charlevoix se situe à moins de 100 km de la ville de Québec. La singularité de son territoire et de ses montagnes ondulées n'est pas étrangère à l'impact causé par la chute d'une météorite, il y a plus de 350 millions d'années. Désignée Réserve mondiale de la biosphère en 1989, Charlevoix mise sur la protection de ses paysages et sur la richesse de sa culture. Le tout, sur 6 000 km^2, avec moins de 30 000 habitants. De l'espace, dites-vous ?

Avec ses deux parcs nationaux, sa multitude de pourvoiries et de sentiers pédestres, Charlevoix offre beaucoup d'alternatives pour les amateurs de marche, de vélo, de camping sauvage ou de tente prospecteur. Le **parc national des Grands-Jardins,** paradis des caribous, présente de surprenants paysages de taïga et de tapis de lichens, ainsi qu'un écosystème nordique d'une grande richesse. Les 120 lacs du parc, la plupart d'origine glaciaire, regorgent de truites indigènes qu'on peut pêcher à la journée, moyennant un droit d'accès minime. Le sommet du mont du Lac-des-Cygnes est l'un des joyaux de la région. Après une montée de plus d'une heure à pied (à 980 m d'altitude) à travers sentiers rocheux, escaliers et plateformes de bois protégeant l'écosystème, on profite d'une vue spectaculaire sur le cratère météoritique.

L'autre parc national, les **Hautes-Gorges-de-la-Rivière-Malbaie,** contient des corridors enclavés comprenant une trentaine de kilomètres de sentiers pédestres et plus d'une centaine de kilomètres de pistes cyclables. La rivière Malbaie parcourt le territoire sur plus de 35 km, avec accès en bateau-mouche, en canot ou kayak de rivière. Un séjour en canot-camping est encore la meilleure façon de découvrir ce parc aux falaises les plus hautes à l'est des Rocheuses canadiennes.

Un peu plus loin, le **parc d'escalade Les Palissades (Saint-Siméon)** offre aux plus téméraires ses parois abruptes : une *via ferrata* suspendue à 200 m au-dessus de la vallée et une tyrolienne avec 250 m d'envolée. Mais rien n'égale l'observation des baleines en kayak de mer, en Zodiac ou en bateau-croisière. Une expérience hors du commun !

LES QUESTIONS QU'ON SE POSE AVANT LE DÉPART

➢ Quels sont les documents nécessaires ?

Passeport individuel valide (enfants compris), et ***autorisation de voyage électronique (AVE)*** à souscrire en ligne, avant le départ, sur le site officiel dédié (7 $Ca), sur le modèle de l'ESTA américain. Pour ***voyager seuls*** au Canada, les ***mineurs français*** doivent être munis, en plus du passeport, d'un formulaire signé par l'un des parents titulaire de l'autorité parentale et de la photocopie de la pièce d'identité du parent signataire. Renseignements auprès des services de votre commune et sur ● *service-public.fr* ●

➢ Quelle est la meilleure saison ?

À chaque saison ses plaisirs mais, dans certains coins (Bas-Saint-Laurent, Gaspésie), beaucoup de sites, hébergements ou restos sont ***fermés d'octobre à mai.*** L'***été*** est la période des festivals, l'activité bat son plein mais les hébergements sont souvent complets (réserver bien à l'avance) ; s'il peut faire très chaud au sud de la rivière Saguenay, la pluie n'est pas rare. En ***automne*** (le fameux été indien), la nature affiche ses plus belles couleurs. En ***hiver,*** les amateurs de motoneige, de balades à raquettes et de traîneau à chiens seront comblés. Au début du ***printemps,*** un autre temps fort : le moment de la tire dans les érablières.

➢ Quel budget prévoir ?

Assez important, car le coût de la vie est globalement ***plus élevé qu'en Europe.*** En AJ, compter 20-30 $ pour un lit en dortoir et 40-80 $ pour une double. En hôtel, prévoir 100-200 $ la nuit. Les restos ne sont pas donnés mais on peut s'en tirer à meilleur compte en mangeant sur le pouce. Aux prix affichés, ***ajouter les taxes*** (13-15 %) et le ***pourboire*** dans les restos (15 % minimum).

➢ Comment se déplacer ?

Mieux vaut avoir une ***voiture*** pour visiter les parcs mais, pour les inconditionnels, ***bus*** et ***trains*** couvrent les trajets principaux, il suffit de prendre le temps...

➢ Y a-t-il des problèmes de sécurité ?

Non, le Québec et l'Ontario sont des destinations sûres.

➢ Quel est le décalage horaire ?

6h de moins au Québec et en Ontario. Quand il est 12h en France, il est 6h à Montréal, Toronto et Ottawa.

➢ Quel est le temps de vol ?

Environ ***7h-7h30 en vol direct*** vers Montréal ou Toronto.

➢ Côté santé, quelles précautions à prendre ?

Souscrire une ***assurance voyage intégrale*** avant le départ (frais médicaux très élevés sur place), être à jour de ses ***vaccinations universelles.*** Dans les zones boisées, prévoir un bon ***répulsif anti-moustiques*** et faire attention aux ***tiques.***

➢ Peut-on y aller avec des enfants ?

Quel enfant refuserait de ***dormir sous un vrai tipi*** et de ***voir une baleine, un orignal ou un ours*** dans leur environnement naturel ? En plus, les Canadiens font preuve d'un réel ***souci pédagogique*** dans les musées ou les sites naturels, ce qui rend les visites d'autant plus intéressantes et abordables pour les plus jeunes.

➢ Quel est le taux de change ? Comment payer sur place ?

1 $ canadien = 0,70 € en 2017. ***En espèces ou avec une carte de***

paiement. Celles-ci sont acceptées presque partout, même pour de petites sommes. Distributeurs automatiques de billets partout aussi.

➢ Quelle langue parle-t-on ?

Le ***français,*** tabernacle ! En Ontario, c'est l'*anglais* qui est de mise.

➢ Que rapporter du Canada ?

Du ***sirop d'érable*** et autres bons produits locaux, des bières de microbrasseries, du ***vin ou du cidre de glace.*** Au rayon vêtements, tout ce qui est ***équipement d'hiver*** bien chaud et sportswear. Le ***matériel outdoor*** est aussi très intéressant.

COMMENT Y ALLER ?

LES LIGNES RÉGULIÈRES

▲ **AIR FRANCE**

Rens et résas au ☎ 36-54 (0,35 €/mn – tlj 6h30-22h), sur • airfrance.fr •, dans les agences Air France et dans ttes les agences de voyages. Fermées dim.

➢ La compagnie dessert ***Montréal*** et ***Toronto*** quotidiennement en vol direct au départ de Roissy-Charles- de-Gaulle.

Air France propose à tous des tarifs attractifs toute l'année. Pour consulter les meilleures offres du moment, allez directement sur la page « Nos meilleurs tarifs » sur *• airfrance.fr •*

Flying Blue, le programme de fidélité gratuit d'Air France-KLM, permet de gagner des Miles en voyageant sur les vols Air France, KLM, Hop et les compagnies membres de Skyteam, mais aussi auprès des nombreux partenaires non aériens Flying Blue... Les Miles peuvent ensuite être échangés contre des billets d'avion ou des services (surclassement, bagage supplémentaire, accès salon...) ainsi qu'auprès des partenaires. Pour en savoir plus, rendez-vous sur *• flyingblue.com •*

▲ **AIR CANADA**

Rens : ☎ 0825-880-881 (24h/24 ; 0,15 €/mn) ou ☎ 1-888-247-2262 (nº gratuit depuis le Canada et les États-Unis). • aircanada.com •

➢ Au départ de Roissy-Charles-de-Gaulle, Air Canada assure 1-2 vols directs/j. vers Montréal et Toronto.

▲ **AIR TRANSAT**

Rens et résas : ☎ 01-76-54-28-96 (gratuit ; 24h/24). • airtransat.com •

➢ Vols directs à destination de Montréal tte l'année, ainsi que vers Québec et Toronto (liaisons saisonnières). D'avr-mai à oct, également des vols directs au départ de Bordeaux, Lyon, Marseille, Nantes, Nice et Toulouse.

▲ **CORSAIR**

Rens et résas : ☎ 39-17 (0,34 €/mn). • corsair.fr • Et dans ttes les agences de voyages.

➢ Compagnie aérienne régulière, Corsair dessert Montréal avec 1 vol direct quotidien de mi-mai à octobre.

LES ORGANISMES DE VOYAGES

En France

▲ **ATALANTE**

☎ 04 72 53 24 80. • atalante.fr •

– Paris : 18, rue Séguier, 75006. Lun-sam 9h-18h.

– Lyon : 36, quai Arloing, 69009. Lun-sam 9h-18h.

Depuis 1976, Atalante est le spécialiste du trekking et des voyages d'aventure dans le monde entier. Avec une sélection de treks authentiques, Atalante vous emmène au plus près de la nature et de la culture d'un monde préservé, en petits groupes, sur les sentiers du monde, avec un guide passeur de savoir. Pionnier du tourisme responsable, Atalante propose des voyages à pied pour tous les niveaux, avec le respect de la terre et des hommes comme principe. De la découverte d'un pays à l'ascension de sommet, les itinéraires vous emmènent loin de la ville pour vivre un retour à l'essentiel.

▲ **BACK ROADS**

– Paris : 14, pl. Denfert-Rochereau, 75014. ☎ 01-43-22-65-65. • backroads.fr • Ⓜ ou RER B : Denfert-Rochereau. Lun-ven 9h30-19h ; sam 10h-18h.

Depuis 1975, l'équipe de Back Roads sillonne chaque année les routes canadiennes. Ils ne vendent leurs produits

qu'en direct et vous conseilleront sur les circuits les plus adaptés à vos centres d'intérêt. En été, ils proposent de nombreuses activités de plein air comme le canoë-kayak, le rafting, l'observation des baleines, l'équitation ou la randonnée pédestre, tandis qu'en hiver, ce sont des programmes variés de motoneige, ski, pêche blanche, traîneaux à chien, randonnées à raquettes et enfin, au printemps, l'observation des bébés phoques.
De plus, Back Roads représente deux centraux de réservation américains lui permettant d'offrir des tarifs très compétitifs pour la réservation ; *Amerotel* (des hôtels sur tout le territoire, des *Hilton* aux *YMCA*) et *Car Discount* pour les locations de voitures.

▲ CANADA EN LIBERTÉ

• canada-en-liberte.com •

Canada en liberté est une agence locale de confiance dont les conseillers locaux, fins connaisseurs du terrain, vous accompagnent dans la préparation de votre voyage sur mesure. Vous avez ainsi accès à un service personnalisé tout en bénéficiant d'un prix accessible. Pour vous proposer un maximum de garanties, Canada en liberté a noué un partenariat avec Destinations en direct, possédant un agrément français. Cette alliance permet notamment de régler votre voyage en ligne de façon sécurisée et de bénéficier des garanties de la loi française en matière de protection du consommateur.

▲ CERCLE DES VACANCES

– Paris : 4, rue Gomboust (angle 31, av. de l'Opéra), 75001. ☎ 01-40-15-15-05. • cercledesvacances.com • Ⓜ Pyramides ou Opéra. Lun-ven 9h-20h, sam 10h-18h30.

Le vrai voyage sur mesure, à destination des États-Unis (l'Est et New-York, le Sud et la Floride, l'Ouest et la Californie) et du Canada (voyages d'hiver et d'été, d'est en ouest).
Cercle des Vacances propose un large choix de voyage adaptés à chaque client : séjours city break, randonnées et séjours ski, voyages au volant d'une voiture de location, croisières, circuits en petits groupes, combinés, voyages de noces... Les experts Cercle des Vacances partagent leurs conseils et leurs petits secrets pour faire de chaque voyage une expérience inoubliable. Cercle des Vacances offre également un service liste de mariage gratuit. Les petits plus qui font la différence : une excursion en motoneige ou en traîneau à chiens, une balade à cheval au petit matin dans le désert de l'Ouest, un survol du Grand Canyon en hélicoptère, ou encore un parc d'attraction avec un Grand Huit spectaculaire en Floride.

▲ LES COMPTOIRS DU MONDE

☎ 09-80-08-02-00. • comptoirsdumonde.fr •
– Paris : 19, av. d'Italie, 75013. Lun-ven 10h-13h, 14h30-18h30.
– Lyon : Parc Technoland, 3, allée du Lazio, 69800 Saint-Priest. Lun-ven 9h-12h30, 14h30-18h.

Que vous souhaitiez voyager seul, en couple, en famille ou entre amis, les Comptoirs du monde sont à votre écoute pour vous offrir des voyages personnalisés de qualité et vous proposer des prestations qui répondent véritablement à vos attentes. Globe-trotters, passionnés d'histoire, amoureux de la nature, ayant une connaissance approfondie des pays, leur équipe de spécialistes peut satisfaire vos demandes les plus diverses tout en respectant votre budget.

▲ COMPTOIR DES VOYAGES

• comptoir.fr •
– Paris : 2-18, rue Saint-Victor, 75005. ☎ 01-53-10-30-15. Lun-sam 9h30 (10h sam)-18h30. Ⓜ Maubert-Mutualité.
– Lyon : 10, quai Tilsitt, 69002. ☎ 04-72-44-13-40. Lun-sam 9h30-18h30. Ⓜ Bellecour.
– Marseille : 12, rue Breteuil, 13001. ☎ 04-84-25-21-80. Lun-sam 9h30-18h30. Ⓜ Estrangin.
– Toulouse : 43, rue Peyrolières, 31000. ☎ 05-62-30-15-00. Lun-sam 9h30-18h30. Ⓜ Esquirol.
– Bordeaux : 26, cours du Chapeau-Rouge, 33800. ☎ 05-35-54-31-40. Lun-sam 9h30-18h30.
– Lille : 76, rue Nationale, 59160. ☎ 03-28-34-68-20.

Comptoir des Voyages s'impose comme une référence incontournable dans le voyage sur mesure, avec 80 destinations couvrant les 5 continents. Ses voyages s'adressent à tous ceux qui souhaitent vivre un pays de façon simple en s'y sentant accueilli. Les conseillers privilégient des hébergements typiques, des moyens de transport locaux et des expériences authentiques pour favoriser l'immersion dans la vie locale. Comptoir vous offre aussi la possibilité de rencontrer des francophones habitant dans le monde entier, des *greeters,* qui vous donneront, le temps d'un café, les clés de leur ville ou de leur pays. Comptoir des Voyages propose aussi une large gamme de services : échanges par visioconférence, devis web et carnet de voyage personnalisés, assistance téléphonique tous les jours 24h/24 pendant votre voyage.

▲ HUWANS – CLUB AVENTURE

☎ 04-96-15-10-20. • huwans-clubaventure.fr •

– Lyon : 38, quai Arloing, 69009. ☎ 04-96-15-10-52. Ⓜ Bellecour ou Ampère. Lun et sam 10h-13h, 14h-18h ; mar-ven 9h-19h.

– Marseille : 4, rue Henri-et-Antoine-Maurras, 13016. ☎ 04-96-15-10-20. Sur rdv slt.

– Paris : 18, rue Séguier, 75006. ☎ 01-44-32-09-30. Ⓜ Saint-Michel ou Odéon. Lun-sam 10h-19h.

Spécialiste du voyage d'aventure, ce TO privilégie la randonnée en petits groupes, en famille ou entre amis, pour parcourir le monde hors des sentiers battus. Leur site propose près de 1 000 voyages dans 90 pays différents, à pied, en pirogue ou à dos de chameau. Ces voyages sont encadrés par des guides locaux et professionnels.

▲ LA ROUTE DES VOYAGES

• route-voyages.com • Agences ouv lun-ven 9h-19h (18h ven). Rdv conseillé.

– Paris : 10, rue Choron, 75009. ☎ 01-55-31-98-80. Ⓜ Notre-Dame-de-Lorette.

– Angers : 6, rue Corneille, 49000. ☎ 02-41-43-26-65.

– Annecy : 4 bis, av. d'Aléry, 74000. ☎ 04-50-45-60-20.

– Bordeaux : 19, rue du Frère-Bonie, 33000. ☎ 05-56-90-11-20.

– Lyon : 59, rue Franklin, 69002. ☎ 04-78-42-53-58.

– Toulouse : 9, rue Saint-Antoine-du-T, 31000. ☎ 05-62-27-00-68.

23 ans d'expérience de voyage sur mesure sur les 5 continents ! 14 pays en Europe complètent à présent leur offre de voyages sur-mesure. Cette équipe de voyageurs passionnés a développé un vrai savoir-faire du voyage personnalisé : écoute, conseils, voyages de repérage réguliers et des correspondants sur place soigneusement sélectionnés avec qui elle travaille en direct. Son engagement à promouvoir un tourisme responsable se traduit par des possibilités de séjours solidaires à insérer dans les itinéraires de découverte individuelle. Elle a aussi créé un programme de compensation solidaire qui permet de financer des projets de développement locaux.

▲ 66° NORD

– Lyon : 36-37, quai Arloing, 69009. ☎ 04-78-92-30-80. • 66nord.com •

66° Nord est le spécialiste des voyages dans les pays nordiques et des expéditions polaires. Grâce à une implantation locale dans chaque destination, vous bénéficiez d'une expertise unique : les voyages sont conçus sans intermédiaire. Cette maîtrise du terrain permet également de créer votre voyage sur-mesure dans le Grand Nord. En hiver comme en été, à pied, à ski, en kayak ou en chiens de traîneaux, 66° Nord vous emmène découvrir ses terres polaires.

▲ TUI

Rens & résas au ☎ 0825-000-825 (0,20 €/mn + prix d'appel). • tui.fr • dans les agences de voyages TUI présentes dans tte la France.

TUI, numéro 1 mondial du voyage, propose tous les circuits Nouvelles Frontières, ainsi que les clubs Marmara et un choix infini de vacances pour une expérience unique. TUI propose aussi des offres et services personnalisés tout au long de vos vacances, avant, pendant et après le voyage. Un circuit

accompagné dans une destination de rêves, un séjour détente au soleil sur l'une des plus belles plages du monde, un voyage sur mesure façonné pour vous, ou encore des vacances dans un hôtel ou dans un club, les conseillers TUI peuvent créer avec vous le voyage idéal adapté à vos envies. Ambiance découverte, familiale, romantique, dynamique, zen, chic... TUI propose des voyages à deux, en famille, seul ou entre amis, parmi plus de 180 destinations à quelques heures de chez vous ou à l'autre bout du monde.

▲ **VACANCES TRANSAT**
Infos et résas : ☎ 0825-000-825 (0,20€/mn + prix d'appel). • tui.fr • et en agence de voyages.
La liberté d'espaces sans fin, les montagnes et les vallées, les forêts fantastiques, les rencontres inattendues, les expériences inédites, les trésors cachés, les villes mythiques... Voici 30 ans qu'ils parcourent le Canada.
À l'est ou à l'ouest, hiver comme été, on est guidé vers notre exceptionnelle Planète Bleue, telle qu'elle vit aujourd'hui. Vaste choix de circuits accompagnés ou privés, d'autotours et de séjours activités.

▲ **VOYAGEURS DU MONDE**
Voyageurs aux États-Unis, au Canada et aux Bahamas (Alaska, Bahamas, Canada, Québec, Hawaii, USA).
– Paris : La Cité des Voyageurs, 55, rue Sainte-Anne, 75002. ☎ 01-42-86-16-00. Ⓜ Opéra ou Pyramides. Lun-sam 9h30-19h. Avec une librairie spécialisée sur les voyages.
Également des agences à Bordeaux, Grenoble, Lille, Lyon, Marseille, Montpellier, Nantes, Nice, Rennes, Rouen, Strasbourg et Toulouse. Également Bruxelles et Genève.
• voyageursdumonde.fr •
Parce que chaque voyageur est différent, que chacun a ses rêves et ses idées pour les réaliser, Voyageurs du Monde conçoit, depuis plus de 30 ans, des projets sur mesure. Les séjours proposés sur 120 destinations sont élaborés par leurs 180 conseillers voyageurs. Spécialistes par pays et même par région, ils vous aideront à personnaliser les voyages présentés à travers une trentaine de brochures d'un nouveau type et sur le site internet où vous pourrez également découvrir les hébergements exclusifs et consulter votre espace personnalisé. Au cours de votre séjour, vous bénéficiez des services personnalisés Voyageurs du Monde, dont la possibilité de modifier à tout moment votre voyage, l'assistance d'un concierge local, la mise en place de rencontres et de visites privées et l'accès à votre carnet de voyage via une application iPhone et Android. Voyageurs du Monde est membre de l'association ATR (Agir pour un tourisme responsable) et a obtenu sa certification Tourisme responsable AFAQ AFNOR.

Voir aussi au sein de chaque ville les agences locales que nous avons sélectionnées.

Comment aller aux aéroports de Roissy et Orly ?
Toutes les infos sur notre site *• routard.com •* à l'adresse suivante : *• bit.ly/aeroports-routard •*

En Belgique

▲ **AIRSTOP**
Rens et résas : ☎ 070-233-188. • airstop.be • Lun-ven 9h-18h30, sam 10h-17h.
– Anvers : Jezusstraat, 16, 2000.
– Gand : Maria Hendrikaplein, 65, 9000.
– Louvain : Mgr. Ladeuzeplein, 33, 3000.
Airstop offre une large gamme de prestations, du vol sec au séjour tout compris à travers le monde.

▲ **CONNECTIONS**
Rens et résas : ☎ 070-233-313. • connections.be • Fort d'une expérience de plus de 20 ans dans le domaine du voyage, Connections dispose d'un réseau de 30 *travel shops* dont un à Brussels Airport. Connections propose des vols dans le monde entier à des tarifs avantageux et des voyages destinés à des voyageurs désireux de découvrir la planète de façon autonome. Connections propose

une gamme complète de produits : vols, hébergements, locations de voitures, autotours, vacances sportives, excursions...

▲ CONTINENTS INSOLITES

– Bruxelles : rue César-Franck, 44 A, 1050. ☎ 02-218-24-84. • continents-insolites.com • Lun-ven 10h-18h ; sam 10h-16h30 sur rdv.

Continents Insolites, organisateur de voyages lointains sans intermédiaire, propose une gamme étendue de formules de voyages détaillées dans leur guide annuel gratuit sur demande.

– *Voyages découverte sur mesure :* à partir de 2 personnes. Un grand choix d'hébergements soigneusement sélectionnés, du petit hôtel simple à l'établissement luxueux et de charme.

– *Circuits découverte en mini-groupes :* de la grande expédition au circuit accessible à tous. Des circuits à dates fixes dans plus de 60 pays en petits groupes francophones de 7 à 12 personnes. Avant chaque départ, une réunion est organisée. Voyages encadrés par des guides francophones, spécialistes des régions visitées.

▲ GLOBE-TROTTERS

– Bruxelles : rue Franklin, 15, 1000. ☎ 02-732-90-70. • globe-trotters.be • Lun-ven 9h30-13h30, 15h-18h ; sam 10h-13h.

En travaillant avec des prestataires exclusifs, cette agence permet de composer chaque voyage selon ses critères : de l'auberge de jeunesse à l'hôtel de charme, de l'autotour au circuit accompagné, d'une descente de fleuve en pirogue à un circuit à vélo... Spécialiste du Québec, du Canada, des États-Unis, Globe-Trotters propose aussi des formules dans le Sud-Est asiatique et en Afrique. Assurances voyage. Cartes d'auberges de jeunesse (IYHF). Location de voitures, *motor homes* et motos.

▲ SENS INVERSE ÉCOTOURISME

– Cours d'Orval : 5A, B 1348 Louvain La Neuve. ☎ 010-688-528. • sensinverse.eu •

Agence de voyages écotouristique qui propose des voyages accompagnés de guides locaux passionnés, et axés sur la découverte de l'environnement naturel, culturel, rural et humain de différentes régions de France comme à l'étranger, notamment au Québec. L'équipe est très engagée dans la protection de la nature et la sauvegarde du patrimoine et des cultures. Tous leurs voyages ont comme point commun la marche à pied à un rythme modéré et en petit groupe.

▲ SERVICE VOYAGES ULB

• servicevoyages.be • 25 agences dont 12 à Bruxelles.

– Bruxelles : campus ULB, av. Paul-Héger, 22, CP 166, 1000. ☎ 02-650-40-20.

– Bruxelles : pl. Saint-Lambert, 1200. ☎ 02-742-28-80.

– Bruxelles : chaussée d'Alsemberg, 815, 1180. ☎ 02-332-29-60.

Service Voyages ULB, c'est le voyage à l'université. Billets d'avion sur vols charters et sur compagnies régulières à des prix compétitifs.

▲ TAXISTOP

Pour ttes les adresses Taxistop : ☎ 070-222-292. • taxistop.be •

– Bruxelles : rue Théresienne, 7a, 1000.

– Gent : Maria Hendrikaplein, 65, 9000.

– Ottignies : bd Martin, 27, 1340.

Taxistop propose un système de covoiturage, ainsi que d'autres services comme l'échange de maisons ou le gardiennage.

▲ TUI

• tui.be •

Nombreuses agences dans le pays dont Bruxelles, Charleroi, Liège, Mons, Namur, Waterloo, Wavre et au Luxembourg.

Voir le texte dans la partie « En France ».

▲ VOYAGEURS DU MONDE

• voyageursdumonde.com •

– Bruxelles : chaussée de Charleroi, 23, 1060. ☎ 02-543-95-50.

Voir texte dans la partie « En France ».

En Suisse

▲ LA ROUTE DES VOYAGES

• geneve@route-voyages.com • ch.route-voyages.com • ☎ 022-552-34-46.

Voir texte dans la partie « En France ».

▲ STA TRAVEL

Rens et résas : ☎ 058-450-49-49. • statravel.ch •
– Fribourg : rue de Lausanne, 24, 1701. ☎ 058-450-49-80.
– Genève : rue Pierre Fatio, 19, 1204. ☎ 058-450-48-00.
– Genève : rue Vignier, 3, 1205. ☎ 058-450-48-30.
– Lausanne : bd de Grancy, 20, 1006. ☎ 058-450-48-50.
– Lausanne : à l'université, Anthropole, 1015. ☎ 058-450-49-20.

Agences spécialisées notamment dans les voyages pour jeunes et étudiants. 150 bureaux STA et plus de 700 agents du même groupe répartis dans le monde entier sont là pour donner un coup de main *(Travel Help).* STA propose des tarifs avantageux : vols secs *(Blue Ticket),* hôtels, écoles de langues, *work & travel,* circuits d'aventure, voitures de location, etc. Délivre la carte internationale d'étudiant et la carte Jeune.

▲ TUI

Infos et résa : ☎ 0848-121-221. • tui.ch •
– Genève : rue du Rhône, 48, 1204. ☎ 022-318-40-80.
– Lausanne : av du Théâtre, 16, 1005. ☎ 021-310-39-90.

Voir le texte dans la partie « En France ».

Au Canada

▲ AVENTURE CANADA

– Montréal : 1142, rue Notre Dame, Suite 100 Lachine, H8S 2C4. ☎ 514-634-50-00. • aventurecanada.com •

Aventure Canada, une filiale de Globe-Trotter, est une agence de voyage réceptive installée à Montréal depuis bientôt 20 ans, spécialiste de l'organisation de voyages au Canada. Faire confiance à Aventure Canada vous garantit le bénéfice d'une vraie qualité de service grâce à des équipes expérimentées et formées à l'excellence.

▲ KARAVANIERS

Rens : 4035 rue Saint-Ambroise, local 220N, Montréal, H4C 2E1. ☎ (514) 281-0799, • karavaniers.com • detour nature.com • Lun-ven 9h-18h, sam 10h-15h.

L'agence québécoise Karavaniers du Monde a pour but de rendre accessible des expéditions aux quatre coins de la planète. Toujours soucieuse de respecter les populations locales et l'environnement, Karavaniers favorise la découverte d'une quarantaine de destinations à pied et en kayak de mer, en petits groupes accompagnés d'un guide francophone et d'un guide local, avec hébergement en auberge ou sous la tente. De son coté, Détours Nature, propose, sur de nombreuses destinations au Québec et en Amérique du Nord, des excursions d'une journée ainsi que des voyages à pied, à vélo, en kayak mais aussi en raquette et ski de fond. Le transport est fourni au départ de Montréal.

▲ TOURS CHANTECLERC

• tourschanteclerc.com •

Tours Chanteclerc est un tour-opérateur qui publie différentes brochures de voyages : Europe, Amérique du Nord, Amérique du Sud, Asie et Pacifique sud, Afrique et le Bassin méditerranéen en circuits ou en séjours. Il s'adresse aux voyageurs indépendants qui réservent un billet d'avion, un hébergement (dans toute l'Europe), des excursions ou une location de voiture. Également spécialiste de Paris, le tour-opérateur offre une vaste sélection d'hôtels et d'appartements dans la capitale française.

L'EST DU CANADA UTILE

ABC du Canada

- ***Superficie :*** 9 984 670 km² (soit près de 20 fois la France). Québec seul : 1 550 000 km² (trois fois la France !).
- ***Population :*** env 35,6 millions d'habitants (8 millions d'habitants au Québec, dont presque la moitié vit dans la région de Montréal).
- ***Densité :*** 3,6 hab./km².
- ***Capitale :*** Ottawa (Ontario). Capitale du Québec : Québec.
- ***Langues officielles :*** l'anglais et le français. Montréal est la 2e plus grande ville francophone du monde, après Paris.
- ***Monnaie :*** le dollar canadien (1 $ = 0,70 €).
- ***Régime politique :*** démocratie parlementaire.
- ***Nature de l'État :*** fédération (10 provinces et 3 territoires).
- ***Chef du gouvernement :*** Justin Trudeau (Premier ministre) depuis novembre 2015.
- ***Chef du gouvernement du Québec :*** Philippe Couillard (parti libéral).
- ***Chef d'État :*** la reine Elizabeth II, représentée par un gouverneur général, David Lloyd Johnston.

AVANT LE DÉPART

Adresses utiles

En France

– ***Destination Canada :*** • *fr-keepexploring.canada.travel* • Le site officiel du tourisme canadien, très complet et en français.

Québec Original et Tourisme Montréal : *sites officiels là encore.* • *quebecoriginal.com* • *(possibilité de « clavarder » sur le site : de poser des questions via le clavier de l'ordinateur, quoi).* • *mtl.org* •

■ ***Ambassade du Canada :*** *35, av. Montaigne, 75008 Paris. ☎ 01-44-43-29-00 (serveur vocal).* • *canadainternational.gc.ca/France* • Ⓜ *Franklin-D.-Roosevelt ou Alma-Marceau. Inutile de vous déplacer, pas de rens sur place. Pour tt ce qui concerne les demandes de visa, les bureaux du CRVD (Centre de réception des demandes de visa canadien) sont situés au 82, rue d'Hauteville, 75010. ☎ 01-76-54-24-16. Lun-ven 9h-16h30. Rens sur* • *vfsglobal.ca/canada/france* •

– ***Antennes consulaires*** à Lyon *(☎ 04-72-37-86-67),* Nice *(☎ 04-93-92-93-22)* et Toulouse *(☎ 05-61-52-19-06).*

En Belgique

■ ***Ambassade du Canada :*** *av. des Arts, 58, 2, Bruxelles 1000. ☎ 02-741-06-11.* • *canadainternational.gc.ca/belgium-belgique* • *Lun-ven 9h-12h30, 14h-16h. Section consulaire sur rdv slt.*

■ ***Délégation générale du Québec :*** *av. des Arts, 46, 7e étage, Bruxelles 1000. ☎ 02-512-00-36.* • *international.gouv.qc.ca/fr/bruxelles* • *Lun-ven 9h-12h30, 14h-17h30.*

NOS NOUVEAUTÉS

BUDAPEST (paru)

À cheval sur le fleuve majestueux qui sépare la colline de Buda, à l'ouest, et la ville de Pest, en face, reliées par l'agrafe du Pont des Chaînes, la capitale hongroise est fière de ses 2000 ans d'une histoire splendide et douloureuse. Autrefois convoitée par les Turcs, soumise par les Autrichiens, meurtrie par les nazis et asservie par les Soviétiques, la « grande dame du Danube » a retrouvé son lustre à la faveur de son adhésion à l'UE. Desservie par les lignes aériennes *low-cost*, on y part volontiers sur les traces de sa grandeur passée avec son magnifique Parlement et ses demeures Sécession. Venez découvrir la tradition des bains chauds en plein air, l'émouvant quartier juif, ses magnifiques musées, la tournée des *ruin-pubs* et le festival rock de Szíget. Voici une cité jeune et bouillonnante de vie tout comme Prague et Berlin.

COLOMBIE (paru)

Pays d'une étonnante diversité : de l'océan Pacifique à la côte caraïbe, des lacs d'altitude et sommets enneigés en passant par les vastes prairies qui mènent à l'Amazonie, sans oublier, autour de Medellín, cette région fertile qui produit le meilleur café du monde et, cerise(s) sur le gâteau, les îles de San Andrés et Providencia… Une nature qui se prête à l'aventure : rafting et parapente à San Gil, escalade et treks dans le majestueux parc El Cocuy, randonnées en Amazonie et, sur la côte caribéenne, à la découverte de la *Ciudad Perdida*. De quoi en prendre plein les yeux à Villa de Leyva, Barichara et la capitale Bogotá, avec son fameux museo de Oro et le quartier de La Candeleria, aux murs couverts de superbes *murals*. Faire battre son cœur au rythme de la salsa à Calí et à Medellín, s'émerveiller devant les vestiges précolombiens de San Agustín, laisser filer le temps à Salento, adorable bourgade colorée au cœur de la *zona cafetera*, ou encore à Mompox, petite ville coloniale au bord du río Magdalena, qui s'anime pour son festival de jazz. Enfin, parcourir à pied les remparts et ruelles de la mythique Cartagena de Indias… Ce qui unit les Colombiens aujourd'hui ? Un incroyable sens de la fête, qui prouve que la population a su courageusement tourner la page des années noires.

En Suisse

■ ***Ambassade du Canada :*** *Kirchenfeldstr, 88, 3005 Berne. ☎ 031-357-32-00. • Canadainternational.gc.ca/switzerland-suisse • Lun-jeu 8h-12h et 13h-17h ; ven 8h-13h30. Section consulaire lun-ven 8h30-11h30.*

Formalités

– ***Passeport individuel en cours de validité pour tous, enfants compris.*** Obligation de présenter aussi une ***autorisation de voyage électronique*** (***AVE,*** à l'instar de ce qui se fait déjà aux États-Unis), à remplir sur le seul site internet dédié : • *cic.gc.ca/francais/visiter/ave.asp* • ***Coût : 7 $***, à régler en ligne par carte de paiement. ***Méfiez-vous des sites frauduleux,*** sur lesquels on tombe très facilement en googlisant les mots « *AVE* Canada », qui sont beaucoup plus chers... Sauf exception (se rapprocher alors de l'ambassade), l'autorisation est ensuite délivrée automatiquement. Elle est valable 5 ans. On vous conseille de ***vérifier systématiquement avant le départ les formalités d'entrée sur le site de l'ambassade du Canada*** (• *cic.gc.ca* •), également pour les enfants voyageant avec un seul de leurs parents. Attention, ***si vous vous rendez ensuite aux États-Unis depuis le Canada,*** les formalités d'entrée sont différentes : ***consultez impérativement le site de l'ambassade des États-Unis*** avant votre voyage : • *fr.usembassy.gov/fr* •

– ***Pas de vaccination obligatoire.***

– ***Pour conduire sur le sol canadien : le permis de conduire national suffit.***

– ***Interdiction d'importer des denrées périssables non stérilisées*** (charcuterie, fromage...) ***et des végétaux.*** Seules les conserves sont tolérées. Une bouteille d'alcool fort ou 2 bouteilles de vin par personne (ou encore 24 canettes de bière !) sont autorisées (le tout en soute).

– Pensez à ***recharger vos appareils électriques*** (smartphones, tablettes, ordinateurs portables...) ***avant de prendre l'avion,*** car sur tous les vols allant ou passant par les États-Unis et Londres, les agents de contrôle doivent pouvoir les allumer. Par précaution, gardez votre chargeur à portée de main. Si votre appareil est déchargé ou défectueux, il sera confisqué.

Pensez à scanner passeport, visa, carte de paiement, billet d'avion et *vouchers* d'hôtel. Ensuite, envoyez-les-vous par e-mail, en pièces jointes. En cas de perte ou de vol, rien de plus facile pour les récupérer. Les démarches administratives seront bien plus rapides.

Assurances voyage

■ ***Assurance Routard par AVI International :*** *40, rue Washington, 75008 Paris. ☎ 01-44-63-51-00. • avi-international.com • Ⓜ George-V.* Enrichie année après année par les retours des lecteurs, *Routard Assurance* est devenue une assurance voyage incontournable. Tout est compris : frais médicaux, assistance rapatriement, bagages, responsabilité civile... Vous avez besoin d'un médecin, d'un conseil médical ou d'une prise en charge dans un hôpital ? Appelez simplement le plateau *AVI Assistance* disponible 24h/24, leur réseau est l'un des plus complets actuellement. Vous avez eu des frais de santé en voyage ? Envoyez les factures à votre retour, *AVI* vous rembourse sous une semaine. Avant votre départ, n'hésitez pas à les appeler pour des conseils personnalisés. Ce que l'on a aimé : pas d'avance à faire, ils s'occupent de tout. Un seul réflexe avant de partir : téléchargez l'appli mobile pour garder le contact avec l'assistance 24h/24 et disposer de l'un des meilleurs réseaux médicaux à travers le monde.

■ ***AVA :*** *25, rue de Maubeuge, 75009 Paris. ☎ 01-53-20-44-20. • ava.fr •*

Ⓜ *Cadet.* Un autre courtier fiable pour ceux qui souhaitent s'assurer en cas de décès, d'invalidité ou d'accident lors d'un voyage à l'étranger, mais surtout pour bénéficier d'une assistance rapatriement, perte de bagages et annulation. Attention, franchises pour leurs contrats d'assurance voyage.

■ ***Pixel Assur :*** *18, rue des Plantes, BP 35, 78601 Maisons-Laffitte.* ☎ *01-39-62-28-63.* ● *pixel-assur.com* ● *RER A : Maisons-Laffitte.* Assurance de matériel photo et vidéo tous risques (casse, vol, immersion), dans le monde entier. Devis en ligne basé sur le prix d'achat de votre matériel. Garantie à l'année.

ARGENT, BANQUES, CHANGE

Avertissement

Si vous comptez effectuer des retraits d'argent aux distributeurs, il est ***très vivement conseillé d'avertir votre banque avant votre départ*** (pays visités et dates). En effet, ***votre carte peut être bloquée dès le premier retrait*** pour suspicion de fraude. C'est de plus en plus fréquent. Bonjour les tracasseries administratives pour faire rentrer les choses dans l'ordre, et l'on se retrouve vite dans l'embarras ! Vous pouvez aussi ***relever votre plafond de carte*** pendant votre déplacement. Utile surtout pour la caution des locations de voitures et les garanties dans les hôtels.

Pour un retrait, ***utilisez de préférence les distributeurs attenants à une agence bancaire.*** En cas de pépin avec votre carte (carte avalée, erreur de code secret...), vous aurez un interlocuteur dans l'agence, pendant les heures ouvrables.

- Le ***dollar canadien*** ($) est différent du dollar américain. Primo, il n'est pas vert, mais de toutes les couleurs, et vaut un peu moins (***environ 0,70 €*** fin 2017). Les Québécois ont tendance à dire ***piastre*** (un terme qui a survécu depuis la Nouvelle-France ; prononcez « piass ») pour dollar, ***sous*** et ***cennes*** pour cents.
- Si vous ne payez pas en espèces, vous pouvez ***régler avec une carte de paiement.*** Elles sont acceptées presque partout, à l'exception notable de certains gîtes. Attention toutefois, une ***commission variable*** est prise par votre banque à chaque opération : plus le montant de l'opération est faible, plus elle sera proportionnellement élevée.
- ***Distributeurs automatiques de billets*** partout (« guichets automatiques » ou, en territoire anglophone, *ATM* ou *cash machine*). Avant le départ, pensez à bien ***vérifier la date d'expiration de votre carte*** ainsi que le seuil maximum de retrait hebdomadaire autorisé par votre banque. Une ***commission fixe*** étant prélevée par votre banque pour chaque retrait, en plus d'une commission variable, il est préférable de retirer de grosses sommes plutôt que de multiplier les opérations. Des commissions supplémentaires (2-3 $) sont appliquées par certaines banques canadiennes et dans les commerces qui proposent le service de retrait d'argent.
- ***Carte de paiement toujours exigée pour la location de voitures.***
- ***Change :*** dans les banques et les bureaux de change. On trouve même, dans certaines villes, des machines qui changent les billets étrangers. La commission perçue (en général, 5 $ maximum dans les banques) et le taux varient d'un endroit à l'autre. Il est rarement très bon dans les petites villes.
- Dans les magasins, on vous demandera souvent si vous voulez payer ***« cash »*** ou ***« comptant »,*** c'est-à-dire en argent liquide.

En cas de perte ou vol de cartes de paiement

Avant de partir, notez bien le numéro d'opposition propre à votre banque en France (il figure souvent sur votre contrat, au dos des tickets de retrait ou à côté des distributeurs de billets), ainsi que le numéro à 16 chiffres de votre carte. Bien entendu, conservez ces informations en lieu sûr et séparément de votre carte.

Par ailleurs, l'assistance médicale se limite aux 90 premiers jours du voyage et l'assistance véhicule aux cartes haut de gamme (renseignez-vous auprès de votre banque). ***N'oubliez pas aussi de vérifier la date d'expiration de votre carte avant votre départ !***

– ***Carte Bleue Visa :*** *numéro d'urgence (Europ Assistance), ☎ (00-33) 1-41-85-85-85 (24h/24). • visa.fr •*
– ***Carte MasterCard :*** *numéro d'urgence, ☎ (00-33) 1-45-16-65-65. • mastercardfrance.com •*
– ***Carte American Express :*** *numéro d'urgence, ☎ (00-33) 1-47-77-72-00. • americanexpress.fr •*

Besoin urgent d'argent liquide

Vous pouvez être dépanné en quelques minutes grâce au système ***Western Union Money Transfer.*** L'argent vous est transféré en moins d'1h. La commission, assez élevée, est payée par l'expéditeur. Possibilité d'effectuer un transfert auprès d'un des bureaux *Western Union* ou, plus rapide, en ligne, 24h/24 par carte de paiement (*Visa* ou *MasterCard*).
Même principe avec d'autres organismes de transfert d'argent liquide comme ***MoneyGram, PayTop*** ou ***Azimo.*** Transfert en ligne sécurisé, en moins d'1h.
Dans tous les cas, ***se munir d'une pièce d'identité.*** Toutefois, en cas de perte/vol de papiers, certains organismes permettent de convenir d'une question/réponse-type pour que vous puissiez récupérer votre argent. Chacun de ces organismes possède aussi des applications disponibles sur téléphone portable. Consulter les sites internet pour connaître les pays concernés, les conditions tarifaires (frais, commission) et trouver le correspondant local le plus proche : *• westernunion.com • moneygram.fr • paytop.com • azymo.com/fr •*
– Autre solution, envoyer de l'argent par ***la Poste*** : le bénéficiaire, muni de sa pièce d'identité, peut retirer les fonds dans n'importe quel bureau du réseau local. Le transfert s'effectue avec un mandat ordinaire international (jusqu'à 3 500 €), et la transaction prend 8-10 jours vers l'international. Plus cher, mais plus rapide, le mandat express international permet d'envoyer de l'argent (montant variable selon la destination – 34 au total) sous 2 jours maximum, 24h lorsque la démarche est faite en ligne. Infos : *• labanquepostale.fr •*

Carte prépayée Travelex

La carte prépayée *Cash PassportTM* (qui remplace les chèques de voyage) fonctionne comme une carte bancaire. Muni d'une pièce d'identité, il suffit de se rendre en agence de change et de charger le budget voyage désiré en dollars sur la carte. Elle peut aussi être commandée en ligne sur *• travelex.fr •* avant d'être collectée en agence sur présentation des documents d'identité. L'utilisateur peut ensuite la recharger à tout moment depuis le site *• travelex.fr •* partout dans le monde.
Une fois à l'étranger, elle est utilisable chez 32 millions de commerçants et distributeurs de billets. Pratique pour régler une note de resto ou d'hôtel, sans frais bancaires ni commission. Sûre, la carte n'est pas liée au compte bancaire de l'utilisateur et elle est protégée par une puce et un code PIN personnel. Assistance

internationale d'urgence 24h/24 en cas de perte ou de vol. La carte est alors remplacée gratuitement sous 24h avec des fonds d'urgence.

ACHATS

– ***Le sirop d'érable :*** vous n'y couperez pas, c'est l'achat incontournable par excellence, délicieux quand il est de qualité ! Parfait pour les cadeaux et souvenirs, que ce soit sous la forme de sirop ou de ses dérivés, comme le sucre, les bonbons et le beurre à tartiner. On peut l'acheter dans des boutiques pour touristes mais le mieux est de le faire directement ***dans une érablière,*** après la visite de la cabane à sucre. Principales régions productrices : les Bois-Francs et la Beauce, qui se proclame d'ailleurs « pôle mondial de l'acériculture » (exploitation d'érablières). Vous en trouverez également sur le chemin de la Gaspésie, à Saint-Jean-Port-Joli par exemple, à la limite du Bas-Saint-Laurent. Sinon, on peut acheter du sirop d'érable en *cannes* (boîtes de conserve) de qualité dans presque tous les magasins d'alimentation. Le sirop peut être extra-clair, clair, médium, ambré ou foncé selon son âge et la force de son goût (les sirops clairs, plus légers, plus subtils, convenant particulièrement bien aux crêpes ou aux gaufres, et les ambrés, plus forts, à la cuisine). Pour s'y retrouver, il existe des ***classifications*** selon la qualité : le « sirop d'érable pur de catégorie A » est clairement distingué des sirops d'érable de moindre qualité, ceux de la « catégorie de transformation ». Les ***sirops de catégorie A*** sont déclinés en quatre sous-catégories : « sirop d'érable doré au goût délicat », « sirop d'érable ambré au goût riche », « sirop d'érable foncé au goût robuste » et « sirop d'érable très foncé au goût prononcé ».

– ***Les bons produits locaux : vins et cidres de glace*** (chers), bières de ***microbrasseries,*** alcools de petits fruits, ***confitures de baies*** (canneberges, bleuets...), condiments, miels, thés et tisanes inuit...

– ***Les catalognes en guenilles :*** couvertures lourdes tissées avec de vieux tissus de récup de toutes les couleurs, découpés en bandes de 2 à 3 cm. On s'en sert aussi comme petits tapis de déco, souvent très colorés. C'est notamment en Gaspésie qu'il faut les acheter. Il y a aussi les *courtepointes,* l'équivalent des patchworks, et, en Acadie, les *tapis hookés* (faits avec des bandes de tissus crochetées).

– ***Les vêtements techniques et le matériel de sports*** **outdoor** ***:*** du casque de vélo à l'équipement de golf en passant par le matériel de pêche et de camping, les prix sont largement inférieurs à ceux pratiqués en France et le choix généralement plus large. Les équipements de vélo du Québécois Louis Garneau sont extrêmement populaires. La chaîne *Mountain Equipment Co-Op* (dite *MEC,* une coopérative comme son nom l'indique) est la mecque des campeurs, grimpeurs et kayakistes.

– ***L'artisanat amérindien :*** il est cher quand il est beau et fait main. On trouve aussi des fanfreluches bon marché. Achetez dans les réserves, l'argent ira directement aux Amérindiens et, de plus, c'est moins cher (car détaxé) ! Au choix : calumets, mocassins, statuettes, attrapeurs de rêves *(dream catchers),* bijoux et peaux tannées.

– ***Les produits dérivés :*** vous noterez bien vite cette pratique typiquement nord-américaine : une auberge de jeunesse qui vend un T-shirt à son logo, un resto ou un bar, un *mug* maison, un *tote bag* pour faire son shopping... Des souvenirs sympas quand on a particulièrement aimé un lieu.

Horaires des magasins

Dans les grandes villes, les magasins sont souvent ouverts tous les jours, généralement aux heures suivantes : du lundi au mercredi de 9h30 ou 10h à 17h30 ou 18h, les jeudi et vendredi jusqu'à 21h, le samedi jusqu'à 17h et le dimanche de 10h (ou 12h) à 17h.

BUDGET

> **VIVE LE PROGRÈS !**
>
> *Les billets canadiens de 5, 10, 20, 50 et 100 dollars sont en plastique (polymère). Ils durent trois fois plus longtemps que le papier, résistent au lavage... et sont bien plus difficiles à imiter.*

Le coût de la vie au Canada est globalement un peu plus élevé qu'en France. Ne vous attendez pas à des vacances bon marché. Précision importante : à quelques exceptions près concernant certains hébergements, au Canada, ***tous les prix indiqués s'entendent hors taxes*** (***et hors pourboire*** dans les restos et les bars). Celles-ci s'élèvent à 14,975 % au Québec et 13 % en Ontario. Elles sont ajoutées à la caisse au moment de payer. Selon les régions, les hébergements (excepté les campings et les auberges de jeunesse) peuvent être soumis à une taxe de 3-3,5 % sur le prix de la nuitée.

Attention, les prix mentionnés dans nos fourchettes de prix et dans le guide sont également hors taxes, sauf mention particulière, car ***tous les hébergements ne facturent pas systématiquement les taxes*** (TPS, TVQ et taxe d'hébergement). Ils s'entendent aussi ***hors pourboires.*** Voilà pourquoi nous mentionnons parfois « taxes comprises » pour certains hébergements. ***Les prix des chambres varient selon la saison et le confort,*** mais nous ne le répétons pas forcément à chaque fois.

Hébergement

Sauf si vous campez (et encore, ça dépend où...), ce poste risque de grever lourdement votre budget. La situation fluctue cependant quelque peu selon les provinces et/ou la fréquentation touristique des endroits visités. Les prix dans les grandes villes (Montréal, Québec) et l'Ontario sont particulièrement élevés, y compris dans certaines AJ. Si l'on trouve encore au Québec des chambres d'hôtes (les « gîtes ») abordables, en Ontario, une double en *B & B* tourne plutôt autour de 120-160 $. Partout, cependant, ces hébergements chez l'habitant restent moins chers que les hôtels ; en plus, le petit déjeuner, généralement copieux, y est inclus. Au niveau des motels, cela varie entre 60 et 200 $ la nuit selon le lieu, la saison et le taux de remplissage...

Notez également que ***tous les hébergements ne facturent pas systématiquement les taxes*** (TPS, TVQ et taxe d'hébergement). Il s'agit de certaines auberges de jeunesse et des gîtes gérés par des particuliers dont le chiffre d'affaires annuel n'excède pas 30 000 $ (considéré par le fisc québécois comme « Petit Fournisseur »). De même, la taxe d'hébergement ne s'applique pas toujours. Elle ne s'applique pas à la location d'un espace de camping, dans une unité d'hébergement de centre de vacances, dans les auberges de jeunesse, et si vous restez moins de 6h ou plus de 31 jours au même endroit.

– ***Bon marché :*** de 25 à 40 $ l'emplacement de camping ou le lit en dortoir en auberge de jeunesse (sachant que dans les villes importantes ou en Ontario, cette catégorie peut être revue à la hausse et le lit en AJ atteindre les 50 $) ou de 50 à 80 $ la double. Il n'est pas rare, non plus, qu'une double en AJ entre plutôt dans la catégorie « Prix moyens ». Au ***camping,*** les prix varient en fonction du nombre de services inclus (eau, électricité, égout). Un emplacement sans service coûtera 15-20 $ alors qu'un emplacement avec 2 ou 3 services peut grimper jusqu'à 40 $.

– ***Prix moyens :*** de 80 à 110 $ la chambre double. C'est la catégorie de prix de nombreux gîtes et motels. Les prix les plus bas sont généralement avec salle de bains partagée, les plus hauts avec salle de bains privée.

- ***Chic :*** de 110 à 200 $ la double. Ce sont les tarifs des hôtels, des auberges et des gîtes de charme.
- ***Très chic :*** plus de 200 $ la double.

Repas

Faire ses courses au supermarché revient plutôt moins cher qu'en Europe. Ce qui n'est absolument pas le cas pour un repas au restaurant, d'autant plus *dispendieux* (comme on dit ici) qu'il faut ajouter taxes et pourboire (près de 30 % pour les deux cumulés !).
Dans les régions francophones, les restos proposent souvent des ***menus « spécial du jour »*** le midi et « ***table d'hôtes*** » le soir. En général, le menu « table d'hôtes » s'obtient en majorant de 10-12 $ le prix du plat principal. On a ainsi droit à une entrée (soupe ou salade), un dessert et, éventuellement, à une boisson chaude ou froide. Le midi, les tarifs sont beaucoup moins élevés que le soir. En revanche, les portions sont moins généreuses.
Voici nos ***fourchettes de prix*** pour un menu ou un plat copieux :

- ***Bon marché :*** de 10 à 15 $.
- ***Prix moyens :*** de 15 à 25 $.
- ***Chic :*** de 25 à 35-40 $.
- ***Très chic :*** plus de 35-40 $.

Carburant

Si le prix du carburant fluctue, il reste toujours un poil moins cher qu'en France. Compter entre 1,15 et 1,30 $ le litre de sans-plomb classique.

Visites des musées et sites naturels

Vous qui venez peut-être au Canada pour les grands espaces et la nature, vous découvrirez aussi que, même dans ce domaine, TOUT se paie : l'accès aux parcs nationaux et provinciaux, mais pas seulement. Il n'est pas rare de devoir sortir son porte-monnaie pour admirer une chute d'eau ou emprunter des chemins de randonnée. On a même vu des parkings payants en pleine nature ! Nous indiquons les tarifs par adulte, mais il existe presque toujours des réductions pour enfants, étudiants (sur présentation de la carte) et seniors, ainsi que des « forfaits famille ».
L'accès aux sites naturels est globalement assez cher, de même que celui des musées (10-20 $ par personne).

CLIMAT

- Il peut faire ***très chaud en été,*** mais un pull pour les soirées et un imper en cas de pluie restent nécessaires. Pour ceux qui comptent observer les baleines à bord d'un Zodiac : il fait très froid sur l'eau, y compris à la belle saison. Donc, prévoir pulls, grosses chaussettes, écharpe et un bon coupe-vent.
- Les indications suivantes valent pour la partie sud du pays. En ***mai et septembre,*** jours agréables (18-20 °C) mais nuits fraîches. En ***juin,*** le mercure commence à grimper (env 22 °C). En ***juillet et août,*** on peut avoir vraiment chaud (24-27 °C). En ville, les climatiseurs tournent à plein régime (mais bon, il pleut aussi en moyenne 8 jours par mois...). En ***octobre,*** ça chute sec (moins de 12°C). En ***novembre,*** froid et début du gel. En ***décembre, janvier et février,*** on entre dans la période la plus froide (0 °C à - 5 °C ; parfois jusqu'à - 40 °C, au pire), avec de superbes journées ensoleillées. C'est la saison du ski, des randonnées à motoneige ou des courses à raquettes, même si le réchauffement global de la planète menace l'englacement des lacs et des rivières. Au sud de Québec, la présence de la neige n'est plus, comme avant, automatique. Les amateurs du « vrai hiver » très blanc et glacé auront intérêt

à aller au Saguenay. Là-bas, rendez-vous assuré avec le *barbier,* ce vent qui transforme les moustaches en stalactites. En ***mars et avril,*** c'est le temps du redoux tant espéré. Si le dégel transforme généralement les villes en vaste étendue de *sloche* (gadoue de neige fondue), la période n'en est pas moins agréable et ensoleillée avec, certains jours, l'ouverture providentielle des cafés-terrasses. C'est aussi la période où l'on va en famille dans les cabanes à sucre pour la tire d'érable.

Hiver et contre tout

« Il n'y a pas de mauvaise température,
il n'y a que de mauvais vêtements ! »
(Un Québécois anonyme)

Certains Québécois vous diront que leur rêve est de devenir suffisamment riches pour passer l'hiver en Floride. Leur leitmotiv : éviter ces mois où les arbres se déguisent en extravagants chandeliers de cristal, même au cœur de Montréal. Ils sont près de 1 million de *snowbirds* à quitter le pays à cette période, pour quelques semaines ou pour tout l'hiver, se rendant « dans le Sud, au soleil, se baigner dans la mer » (Charlebois).
Pour comprendre les Québécois, il faut prendre la mesure de leur météo. Imaginez l'arrivée des colons français : 20 morts sur 28 au cours du premier hiver passé sur les rives du Saint-Laurent ! Le souvenir est encore inscrit dans la mémoire collective. Aujourd'hui, dans un monde de chauffage central, de doudounes et d'isolation thermique, l'hiver québécois reste un défi, mais il est depuis longtemps apprivoisé par les habitants.

L'été indien

L'automne est ponctué par un phénomène particulier au continent nord-américain : l'été indien. Après les premiers frissons survient normalement une vague de chaleur qui perdure une bonne semaine (parfois plus, parfois moins). La végétation suspend sa marche vers le dénuement et offre des couleurs, des nuances uniques et propres au Nouveau Monde. L'Est canadien se visite idéalement durant ce moment magique qui s'étend, grosso modo, de la dernière semaine de septembre à la mi-octobre en fonction de la latitude. Au fait, savez-vous pourquoi on appelle ainsi cette période ? Parce que les Amérindiens d'autrefois profitaient de cette période de redoux pour constituer leurs dernières réserves avant l'hiver.

LA COULEUR DE L'ÉRABLE

À la fin de l'été, quand la lumière et la force du soleil décroissent, la photosynthèse, qui produit la chlorophylle des plantes, cesse peu à peu. Le vert des feuilles se dégrade, révélant d'autres pigments plus stables : du jaune orangé au pourpre. L'intensité des couleurs est fonction du soleil et de la température : il faut qu'il fasse frais sans geler. Ces deux facteurs augmentent la concentration en sucre. Plus une espèce contient de sucre, plus le rouge est intense, ce qui explique l'écarlate splendide des feuilles d'érable.

Le (très) Grand Nord

Dans sa province grande comme trois fois la France, le Québécois vit surtout au sud, près des rives du fleuve Saint-Laurent et des grandes rivières affluentes. Les quatre cinquièmes des Québécois se regroupent là. Le Grand Nord québécois, c'est aussi le Nunavik : un territoire grand comme la France où vivent... 12 000 habitants (à 90 % inuit) ! Soit plus de 40 km^2 par habitant ! On y trouve en tout et pour tout 14 villages inuit répartis le long des côtes, et un village répondant au doux nom de Whapmagoostui (« rivière du béluga »).

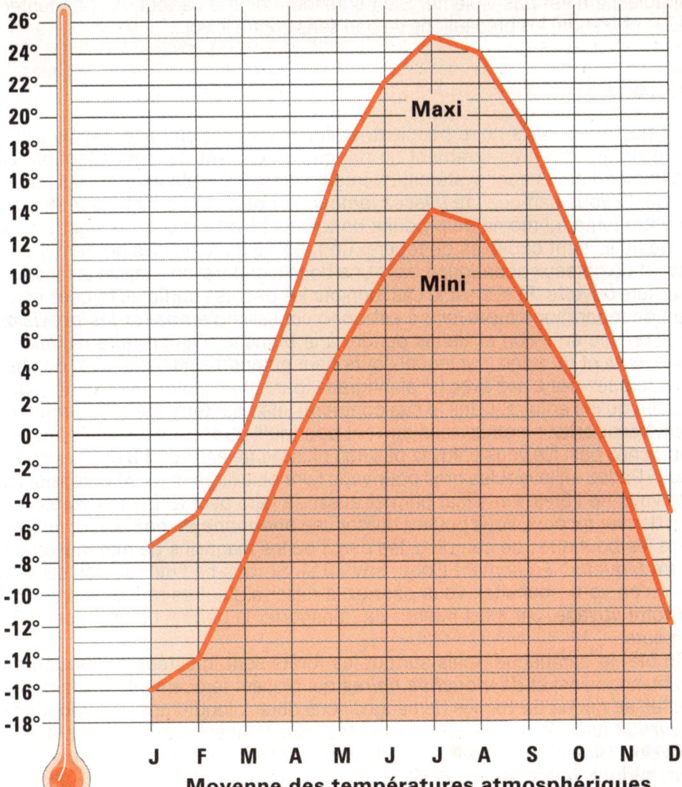

Moyenne des températures atmosphériques

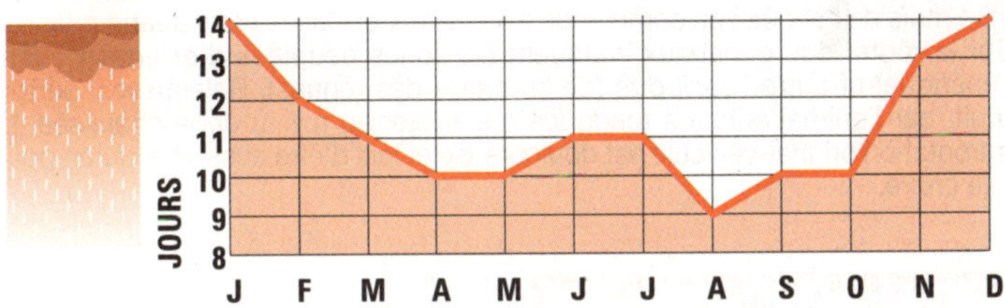

Nombre de jours de pluie

CANADA (Québec)

DANGERS ET ENQUIQUINEMENTS

En ville

Taux de criminalité faible, délinquance quasi inexistante, le Québec et l'Ontario sont des ***destinations très sûres.*** Les villes sont très sûres, et la société canadienne n'est pas violente. Bien entendu, comme partout, ne pas tenter le diable et prendre les précautions de bon sens contre le vol...

Dans la nature

– De nombreux ***ours*** noirs peuplent les forêts de l'est du pays. Même s'ils ne représentent que très rarement un danger, il convient de faire attention. Des recommandations sont systématiquement faites aux visiteurs dans les zones à risque. Si vous campez, ***ne laissez jamais de nourriture*** à l'intérieur ou à côté de votre tente, ni même de produits de toilette ! L'odorat des ours est si développé qu'ils sont capables de repérer un tube de dentifrice (ils adorent !) ou un paquet de gâteaux abandonné dans une boîte à gants si on a laissé la fenêtre de la voiture ouverte. Et si c'est le cas, bonjour les dégâts : portières forcées et gros frais de réparations à prévoir ! Il est donc conseillé d'***emballer les provisions*** dans un sac en nylon et de les pendre à la branche d'un arbre, à distance de votre tente et du tronc (sur lequel l'ours peut grimper) à au moins 3 m du sol. Si vous tombez nez à nez avec un plantigrade (par nature plutôt réservé), tout porte à croire qu'il s'enfuira. Dans le cas contraire, jetez par terre toute nourriture que vous transportez ; mettez-vous au vent pour qu'il puisse vous sentir et ne vous approchez pas. Ne vous enfuyez pas non plus : votre ami court bien plus vite que vous ! Parlez en levant les bras pour vous faire plus large et plus impressionnant que vous ne l'êtes. Un sifflet permet aussi de faire peur à un ours agressif. En tout dernier recours, vous pouvez utiliser une ***bonbonne de gaz poivré*** (en vente dans les boutiques de camping, les parcs ou les magasins de matériel *outdoor* genre *Mountain Equipment Coop,* env 40 $). Si vous ne l'utilisez pas sur place (ce qu'on vous souhaite), vous pourrez la refiler à d'autres randonneurs à la fin de votre voyage, car il est interdit de transporter la bonbonne en avion, même en soute.

– En été, la campagne, mais surtout les forêts sont infestées de ***moustiques*** (ou maringouins) et de ***mouches noires*** qui piquent férocement. Évitez de vous gratter, au risque de voir les démangeaisons durer... longtemps. Les ***mouches à chevreuil*** (taons), actives dans la journée, affectionnent particulièrement le cuir chevelu... Si vous prévoyez de camper ou de vous promener dans les parcs, surtout, surtout, ***munissez-vous de répulsifs*** (voir la rubrique « Santé » plus loin), évitez de vous parfumer et de porter des vêtements aux couleurs foncées. Juin est le pire mois de l'année ; ça commence à se calmer en juillet, mais quand même...

– Sur la route, des panneaux indiquent les zones peuplées d'***orignaux*** (élans d'Amérique) et autres ***caribous*** (de la famille des rennes). Ralentissez, surtout la nuit, car l'animal ébloui a tendance à s'arrêter au milieu de la chaussée. La confrontation orignal-véhicule est douloureuse et loin d'être aussi rare qu'on pourrait le croire.

DÉCALAGE HORAIRE

Quand il est 18h en France, il est 12h au Québec et en Ontario (donc - 6h).

ÉLECTRICITÉ

Les fiches électriques nord-américaines (110 V) sont à deux broches plates. Vous aurez donc besoin d'un ***adaptateur.*** En cas d'oubli, vous pourrez vous en procurer un dans les aéroports, à la réception de la plupart des hôtels ou dans une boutique d'électronique. Attention : si vous achetez du matériel sur place, prévoyez d'acheter aussi l'adaptateur qui convient pour utiliser le matériel une fois à la maison...

FÊTES ET JOURS FÉRIÉS

Certaines dates sont utiles à connaître car de nombreux Québécois utilisent ces fêtes comme référence chronologique ! Exemple : « ouvert jusqu'à l'Action de grâces ». Euh... jusqu'à quand ?
- ***Congés du Nouvel an :*** 1er et 2 janvier.
- ***Lundi de Pâques*** (ou Vendredi saint selon les entreprises).
- ***Journée nationale des Patriotes :*** le lundi précédant le 25 mai. Le même jour, ***fête de la reine Victoria*** dans le reste du Canada.
- ***Fête nationale du Québec :*** c'est la fameuse ***Saint-Jean-Baptiste,*** soit le 24 juin. C'est à cette date que la saison touristique débute véritablement.
- ***Fête nationale du Canada :*** 1er juillet.
- ***Fête du Travail :*** 1er lundi de septembre (eh ben non, ce n'est pas le 1er mai). Ce week-end de 3 jours est l'un des plus importants de l'année et tout est complet partout ! Passé cette date charnière, de nombreux musées et attractions du pays adoptent des horaires restreints, ou ferment carrément. Les hôtels se font ensuite moins chers (sauf pendant l'été indien).
- ***Action de grâces :*** ou *Thanksgiving Day,* soit le 2e lundi d'octobre. Sert également de référence pour la fin de la saison touristique.
- ***Jour du Souvenir :*** 11 novembre.
- ***Congés de Noël :*** 25 et 26 décembre.

Festivals

Les Québécois adorent les festivals. Il y en a pour tous les goûts, à toutes les époques de l'année, avec cependant une forte concentration en été. Le festival Juste pour rire de Montréal, le festival Montréal en lumière, le Festival d'été de Québec, son carnaval, les Fêtes du Québec maritime, mais aussi des événements plus petits, à la renommée de géant, comme le festival en chanson de Petite-Vallée... et des centaines d'autres dans toute la province. Quant aux festivals de jazz et de cinéma de Toronto, leur notoriété dépasse largement les frontières de l'Ontario. On vous indique les plus importants pour chaque ville.

■ ***Festivals et Événements Québec (FEQ), et Société des attractions touristiques du Québec (SATQ) :*** ☎ *514-252-3037 ou 1-800-361-7688.* • *attractionsevenements.com* • Ces 2 organismes ont pour mission de promouvoir les festivals et événements du Québec.

■ ***ROSEQ (Réseau des organisateurs de spectacles de l'est du Québec) :*** ☎ *418-723-4323.* • *roseq.qc.ca* • Implanté dans les régions du Bas-Saint-Laurent, de la Gaspésie, de Charlevoix et de la Côte-Nord, le ROSEQ est spécialisé dans la promotion des jeunes artistes – chanteurs et musiciens en particulier.

HÉBERGEMENT

Si vous partez entre fin juin et fin août, pensez à ***réserver longtemps à l'avance.*** En plein été, certains établissements affichent complet plusieurs mois avant la pleine saison. On pense notamment aux hébergements, très courus, ***à l'intérieur des parcs nationaux.*** Garantissez-vous une place en accédant à la réservation en ligne dès qu'elle est disponible.

Campings

Le Canada est l'un des pays les mieux organisés pour le camping ! Toutefois, nombre d'établissements n'ouvrent pas avant juin et ferment à partir de septembre ou à la mi-octobre au plus tard. Ceux disposant d'hébergements en dur que l'on peut chauffer à l'aide d'un poêle, du type mobile homes, yourtes ou chalets, ont une saisonnalité plus étendue. Si vous aimez vraiment camper, privilégiez les ***campings dits « rustiques »,*** même s'ils sont souvent moins bien équipés, voire pas du tout. Cela dit, la plupart des campings aménagés dans les parcs disposent de sanitaires avec douches chaudes (souvent payantes), d'une buanderie (laverie), d'abris ou de salles aménagées en cas d'intempéries. Sur chaque emplacement, on trouve le plus souvent un foyer pour faire du feu (prévoyez une petite grille pour vos brochettes) et une table de pique-nique. On peut la plupart du temps acheter un ballot de bois à l'accueil.

Les prix varient ***selon l'emplacement et les « services »*** : eau, électricité et système d'égouts pour les « motorisés ». Ceux qui voyagent en camping-car privilégieront les sites offrant une alimentation en 30 ampères – la seule susceptible de faire fonctionner l'air conditionné en plus des autres appareils.

Enfin, certains campings louent des cahutes sommaires, des ***minichalets,*** des ***tentes aménagées*** (tentes *Huttopia* ou tentes prospecteur) ou des ***bungalows,*** avec ou sans sanitaires. Les plus confortables disposent d'une cuisinette (avec plaques chauffantes et frigo) et d'un barbecue extérieur. Attention, très souvent, les draps (la « literie », en québécois) ne sont pas fournis : le mieux est d'apporter son sac de couchage.

On peut aussi consulter en ligne les sites des parcs nationaux et provinciaux (voir la rubrique concernée dans « Hommes, culture, environnement ») ainsi que ● *campingquebec.com* ●, le guide des campings au Québec.

Auberges de jeunesse

Les AJ canadiennes sont dans l'ensemble formidables : chaleureuses, sources de bons tuyaux sur la région et point de rencontre de voyageurs. Propres, même si parfois un peu foutoir, elles ont toutefois un inconvénient : leurs ***tarifs.*** Ils atteignent jusqu'à 50 $ par personne au cœur de l'été dans les grandes villes ou dans certaines AJ renommées ! Le plus souvent, ça tourne plutôt autour de 30-35 $ le lit. Les ***draps et serviettes*** sont généralement fournis, ou disponibles à la location (3 $ environ) ; sinon, prévoir un ***sac de couchage.*** Parfois, votre propre linge ne sera pas accepté car susceptible de contenir de petites bébêtes... ! Beaucoup d'AJ proposent aussi des chambres privées avec ou sans sanitaires. Et pour tous, cuisine équipée et espaces communs (parfois un simple salon, parfois un bar follement animé).

Pas de limite d'âge pour y séjourner au Canada. Dans les auberges affiliées au grand réseau *Hostelling International,* attendez-vous à payer 4-5 $ de plus si vous n'êtes pas adhérent. Toutefois, ces 4-5 $ valent un timbre et au bout de six timbres, on vous remettra une carte de membre. Certaines AJ du Québec et d'Ontario, bien que non membres du réseau *Hostelling International,* accordent parfois un rabais aux détenteurs de la carte, afin d'attirer de la clientèle.

– ***Rens et résas : Hostelling International,*** ● *hihostels.ca* ●

Résidences d'étudiants (CEGEP)

L'hébergement estival dans les universités peut s'avérer une solution intéressante si vous n'êtes pas trop sensible aux ambiances moroses des résidences... L'inconvénient, c'est que les facs sont souvent éloignées du centre (mais pas toujours) et qu'elles ne sont ouvertes que sur une courte période (souvent de juin à mi-août). Il vaut mieux réserver bien à l'avance (possible par Internet pour certaines facs). L'avantage, c'est qu'on y trouve, à prix modérés, un certain confort : salle de bains privée (le plus souvent), cuisine collective, laverie, etc. Certaines des résidences sont conçues de manière à ce que deux chambres partagent une salle de bains : parfait pour les familles ou amis. Pour l'ambiance et la déco, on repassera...

Gîtes, auberges, chambres d'hôtes

Plutôt que l'hôtel, nous conseillons les ***gîtes,*** l'équivalent de nos chambres d'hôtes. Dans les zones anglophones de l'Est canadien, on parle de ***Bed and Breakfast*** et dans le Canada francophone, on emploie le joli et chaleureux terme de ***Couette et Café.*** C'est l'occasion de connaître le Québec de l'intérieur. L'***accueil*** et la ***convivialité*** y rivalisent avec l'***abondance du petit déjeuner*** (compris dans le prix). Ce petit déjeuner (appelé « déjeuner » au Québec) est d'ailleurs une véritable institution qui permet parfois de goûter aux produits régionaux et de manger très léger le midi, voire pas du tout.

Dans ce type d'hébergement, il n'est ***pas rare que les salles de bains soient partagées.*** La salle de bains privée fait inévitablement grimper la note. À ce propos, vous remarquerez que les Québécois sont très friands de ce qu'ils appellent les *bains sur pattes,* des baignoires comme au bon vieux temps qui, parfois, se trouvent dans la chambre même. Les *bains-tourbillon* (jacuzzi) sont aussi très appréciés (et facturés plus cher).

Les plus grandes maisons abritent souvent des ***auberges,*** à mi-chemin entre le gîte et l'hôtel. Souvent plus proches de la demeure de charme, elles se situent en majorité dans la catégorie « Chic ».

La ***classification par soleils ou étoiles*** (de 0 à 5) permet de définir le niveau de confort du gîte, mais certains 4 ou 5 soleils qui mettent à votre disposition peignoirs et sèche-cheveux peuvent très bien n'avoir aucun charme et les chambres être toutes petites.

Au Québec, le terme *Gîtes du Passant* est un label attribué par l'Association de l'agrotourisme et du tourisme gourmand du Québec, qui délivre des certificats *« Terroir & saveurs du Québec ».* Il existe également une autre association, elle aussi très sérieuse, celle du *Réseau des gîtes classifiés* (Québec et Nouveau-Brunswick).

– ***Fumeurs :*** dans la totalité des hébergements, le « fumage » est interdit. Cette interdiction est stricte, pour des raisons légales et de sécurité : la plupart des maisons sont en bois !

– ***Familles :*** même si cela n'est jamais affiché (car c'est interdit), sachez que les enfants ne sont pas les bienvenus dans tous les gîtes ou les auberges, surtout dans les adresses un peu chic qui tiennent à préserver le calme pour le bien-être de leurs clients... La limite d'âge est souvent de 12 ans minimum.

Pour ***réserver,*** vous pouvez passer par l'office de tourisme ; si nos adresses sont complètes, ils sauront lesquelles sont encore disponibles et les contacteront souvent pour vous. Bon à savoir, les offices de tourisme ne recommandent que les hébergements qui leur payent une cotisation, et leur liste n'est donc pas exhaustive.

■ ***Gîtes et Auberges du Passant – Association de l'agritourisme et du tourisme gourmand du Québec :*** *4545, av. Pierre-de-Coubertin, à **Montréal.** ☎ 514-252-3138. • gitesetaubergesdupassant.com •*

■ ***Réseau des gîtes classifiés :*** *10, rue de la Chapelle, à **La Malbaie** (Québec). ☎ 418-665-2323. • gites-classifies.qc.ca •*

■ ***GîtesCanada :*** *• gitescanada.com •* Un recensement très complet des gîtes, *B & B* et chambres d'hôtes.

Hôtels et motels

La plupart des hôtels ressemblent à ceux qu'on trouve aux États-Unis : assez onéreux pour les hôtels de centre-ville et plus abordables en ce qui concerne les motels.

Dans les deux cas, les chambres ont toujours une salle de bains privée, presque toutes une TV, le wifi et la clim, et généralement une cafetière, un frigo, voire un micro-ondes. Nous indiquons le prix pour 2 personnes, mais il n'est pas rare qu'une chambre possède 2 lits doubles *queen-size,* ce qui permet de loger à 4 (2 adultes et 2 jeunes enfants). Compter alors environ 20-30 $ par personne supplémentaire, parfois plus. ***Il arrive aussi que le petit déjeuner soit inclus,*** mais on parle généralement d'un café servi dans un gobelet en polystyrène et de quelques muffins industriels. Si les motels se situent la plupart du temps en périphérie, ils ont le gros avantage de toujours disposer d'un parking gratuit. Alors qu'avec un hôtel en ville, attendez-vous à payer cher pour vous garer : jusqu'à 20-30 $ pour un ***parking*** privé extérieur !

Location d'appartements ou de maisons

Une formule intéressante en famille (plus d'espace, la possibilité de prendre des repas sur place représentant une économie non négligeable), mais à deux, pas forcément beaucoup moins cher qu'un hôtel. Tout dépend encore une fois de la demande pour la période souhaitée et du standing de l'hébergement.
Pour réserver, on peut passer par une ***plateforme internet de mise en relation entre propriétaires et locataires*** (type *Airbnb*). L'offre est très tentante : prix attractifs, choix exponentiel dans tous les styles, du petit studio fonctionnel meublé Ikea à la mythique cabane au Canada, en passant par la maison de ville bobo avec jardinet en plein Montréal... Les budgets les plus modestes pourront aussi tout simplement louer un bout de canapé.

■ ***Airbnb :*** • *airbnb.com* • Des centaines de chambres (avec ou sans salle de bains privative), apparts, cabanes et maisons à tous les prix (de 60 à plus de 500 $ la nuit). En cherchant bien et en s'y prenant à l'avance, on peut louer des lieux assez étonnants. On paie en ligne, mais le proprio ne reçoit l'argent qu'après votre arrivée, ce qui limite les risques d'arnaques.

■ ***Homelidays :*** • *homelidays.com* •

■ ***VRBO :*** • *vrbo.com* • En anglais seulement.

Échange de maisons ou d'appartements

Il s'agit d'échanger son propre logement (que l'on soit propriétaire ou locataire) contre celui d'un adhérent du même organisme dans le pays de son choix. Cette formule offre l'avantage de passer des vacances au Canada à moindres frais, en particulier pour les jeunes couples avec enfants. Voici deux agences qui ont fait leurs preuves (s'y prendre à l'avance pour l'été) :

■ ***Intervac :*** ☎ *05-46-66-52-76.* • *fr.intervac-homeexchange.com* • *Adhésion annuelle dès 105 €, avec possibilité de tester gratuitement le service pdt une période limitée.*

■ ***Homelink International :*** ☎ *04-42-27-14-14.* • *homelink.fr* • *Adhésion annuelle env 125 € (pour les mêmes services).*

LIVRES DE ROUTE

Littérature contemporaine

– ***La Servante écarlate*** (1987), de Margaret Atwood (J'ai lu). Les servantes, dans ce roman d'une noirceur impitoyable sur le monde de demain, sont les rares femmes encore en mesure d'avoir des enfants dans un État policier pollué par les produits chimiques et les radiations nucléaires, et où humanité et amour n'existent plus. Dans ce récit, devenu aujourd'hui aux États-Unis un manifeste féministe anti-Trump, les femmes sont les « procréatrices » de la société. Comme dans toute son œuvre, Margaret Atwood (née à Ottawa en 1939) explore les grands thèmes de notre temps d'une plume satirique et chirurgicale.

– ***Chroniques du Plateau-Mont-Royal,*** de Michel Tremblay (éd. Actes Sud, 1 171 pages). Une plongée captivante et savoureuse dans le Montréal des années 1940 et 1950, en compagnie du plus populaire des écrivains québécois. À lire aussi, du même auteur : *Un ange cornu avec des ailes de tôle, Le Cœur découvert, C't'à ton tour Laura Cadieux,* la trilogie *La Diaspora des Desrosiers...*

– ***Pélagie-la-Charrette*** (1979), d'Antonine Maillet (Grasset). Déportée de son Acadie en 1755 vers la Géorgie, Pélagie Bourg, dite Le Blanc, veuve, décide de rejoindre sa terre natale. Accompagnée par d'autres exilés, elle se lance dans une périlleuse odyssée de 10 ans. Une véritable épopée humaine, écrite dans un français coloré, violent, acadien, qui sublime la dimension héroïque d'une femme incarnant le courage de nos lointains cousins. Un roman couronné du prix Goncourt. Du même auteur, lire également ***La Sagouine,*** recueil de nouvelles acadiennes imagées et truculentes.

– ***Les Fous de Bassan*** (1982), d'Anne Hébert (Seuil). Une poignée de loyalistes restés fidèles au gouvernement anglais durant la guerre d'Indépendance émigre vers une terre côtière, située entre cap Sec et cap Sauvagine, où les autorités canadiennes leur concèdent un droit de chasse et de pêche. Ce lieu providentiel, baptisé Griffin Creek par une communauté fervente, cache en vérité une fureur sauvage derrière son aura sacrée.

– ***La Tournée d'automne*** (1993), de Jacques Poulain (Actes Sud). Avant de partir pour sa tournée d'été (la dernière ?) le long de la Côte-Nord, à bord de son bibliobus, le chauffeur rencontre un groupe d'artistes français et, parmi eux, une femme qu'il commence à aimer. De village en village, ils se retrouvent et se rencontrent un peu plus et toujours un peu mieux. Une ode au temps qui passe mais qui n'empêche pas les gens de s'aimer !

– ***Les Aurores montréales*** (1996), de Monique Proulx (éd. du Boréal). Une étonnante mosaïque de nouvelles, fort différentes par les thèmes ou le ton mais formant néanmoins un ensemble bien cohérent, sorte de méli-mélo à l'image de Montréal. En multipliant les points de vue et les angles, l'auteur se coule dans la peau de divers Montréalais et réinvente à chaque fois une manière de voir et de dire, peignant ainsi un portrait vivant de la ville.

– ***Une saison dans la vie d'Emmanuel*** (1996), de Marie-Claire Blais (éd. du Boréal). Le destin de certains des 16 enfants d'une famille pauvre durant la première saison d'Emmanuel, le dernier-né. Jean le Maigre est poète et tuberculeux, Héloïse la Mystique échoue dans une maison close, le Septième s'adonne à toutes sortes d'activités illicites, et la grand-mère gouverne toute la maisonnée. Ce classique de la littérature québécoise aborde des sujets sombres dans un langage cru mais toujours tendre.

– ***Nikolski*** (2005), de Nicolas Dickner (éd. Libretto). Trois récits parallèles tissent ce beau roman plein de fantaisie et d'atmosphère : celui d'un jeune libraire de Montréal ; celui de Noah, un jeune Amérindien ayant passé toute sa jeunesse à bourlinguer avec sa mère en camionnette dans la Saskatchewan ; et celui de Joyce, une jeune fille descendante de pirates et flibustiers. Noah et Joyce décident de prendre leur vie en main et de tenter leur chance à Montréal. Les trois personnages ne vont alors cesser de se croiser, se frôler... sans jamais se rencontrer.

– ***Zombi Blues*** (2007) et ***Bizango*** (2011), de Stanley Péan (J'ai Lu et Les Allusifs). Deux polars teintés de fantastique qui entraînent le lecteur dans les bas-fonds de la société québécoise, mais aussi, et surtout, dans l'univers de la communauté haïtienne à Montréal.

– ***La Constellation du Lynx*** (2010), de Louis Hamelin (éd. du Boréal). Une œuvre de fiction mais inspirée d'un fait bien réel qui a marqué l'histoire québécoise : la crise d'octobre 1970 (lire en fin de guide, dans « Hommes, culture, environnement », la rubrique « Histoire. Trudeau et le FLQ »). À travers l'enquête menée par l'écrivain Samuel Nihilo sur l'assassinat du ministre du Travail Pierre Laporte par le FLQ en 1970, Louis Hamelin nous présente d'une plume libre, imagée et pleine d'humour, quels pourraient être les dessous de cet assassinat qui a entraîné l'invocation de la « loi des Mesures de guerre » par le Premier ministre Pierre Elliott Trudeau, le père de Justin.

- ***Chronique de la dérive douce*** (2012), de Dany Laferrière (Le Livre de Poche). Après avoir vécu quelque temps à Miami, l'écrivain haïtien le plus montréalais qui soit nous narre ici sa première année à Montréal, en 1976, tout frais débarqué de Port-au-Prince pour fuir les Tontons macoutes. C'est un roman d'apprentissage, celui d'une nouvelle vie et d'une nouvelle ville, par un jeune homme d'à peine 25 ans. Une très belle écriture, alternant prose et vers libres. Du même auteur, membre de l'Académie française depuis 2015, lire aussi ***Tout ce qu'on ne te dira pas, Mongo*** (2015).
- ***Canada*** (2013), de Richard Ford (Points). Great Falls, Montana, début des années 1960. Les époux Bev et Neeva Parsons s'improvisent braqueurs de banque, commettent un hold-up et sont rapidement arrêtés et emprisonnés. C'est leur fils Dell, la soixantaine, adolescent au moment des faits, qui raconte ce geste insensé qui a changé sa vie. Il fait aussi le récit de l'« après » : son exil forcé au Canada où il découvre, au sein d'une nature sauvage, les grands espaces et la force brutale des hommes du Saskatchewan... Émergent alors des questionnements subtils sur la possibilité et la valeur du bonheur, sur notre compréhension de l'existence et de ses basculements.

Les classiques

- ***Voyages au Canada*** (1565 et 1612), de Jacques Cartier (éd. Comeau et Nadeau). De ses multiples voyages au Canada réalisés sur ordre du roi, l'aventurier Cartier relate ici ceux effectués entre 1534 et 1543, qui concernent essentiellement Terre-Neuve, le golfe du Saint-Laurent et l'actuel Québec. Un témoignage brut, sans fioritures, mais qui ravira les lecteurs les plus aguerris et les passionnés d'histoire.
- ***La Chasse-galerie*** (1891), d'Honoré Beaugrand (Bibliothèque québécoise). Le conte québécois le plus populaire met en scène des bûcherons coincés dans leur chantier de travail à la veille de Noël. Nostalgiques de leur fiancée, ils signent un pacte avec Satan, qui les fera voler en canot d'écorce jusqu'au lieu de leur choix pourvu qu'ils ne prononcent ni injures ni le nom de Dieu. Serment difficile à tenir lorsque l'on a festoyé toute la nuit... Issu de vieilles légendes poitevines, ce conte a été mis à l'écrit par Beaugrand, maire de Montréal entre 1885 et 1887.
- ***Maria Chapdelaine*** (1914), de Louis Hémon (Le Livre de Poche). Installée avec sa famille dans l'épaisseur des forêts québécoises, cette jeune paysanne s'éprend d'un jeune coureur des bois qui doit partir au loin mais lui promet de revenir. Elle l'attend, ignorant qu'il est mort dans une tempête de neige. Un chef-d'œuvre de la littérature du terroir québécois, écrit par un Breton ! Il est aussi critiqué pour sa célébration de l'immobilisme car, comme le dit le père de Maria : « Au Québec, rien ne doit mourir et rien ne doit changer ! »
- ***Bonheur d'occasion*** (1945), de Gabrielle Roy (éd. du Boréal). Florentine est serveuse dans les quartiers pauvres de Montréal. Sa mère enchaîne grossesse sur grossesse et son père recherche désespérément un moyen de faire vivre décemment sa famille. La jeune fille s'évade dans son amour pour Jean et repousse les avances du doux et sage Emmanuel. Sur fond de Seconde Guerre mondiale, de misère sociale et d'ambitions brisées, ce roman poignant nous livre des destins à la Zola, nobles et tragiques, en quête de bonheur. Un magnifique portrait de groupe.
- ***Les Plouffe*** (1948), de Roger Lémelin (J'ai Lu). Le Québec des années 1940, pétri de religion, raconté à travers les démêlés souvent loufoques de la famille Plouffe. Ses hommes attachants, Théophile le père, typographe de l'Action

chrétienne, Napoléon, Guillaume et Ovide, ses fils, restent dans la mémoire de tous les Québécois : l'adaptation du roman à la télé a tourné en boucle pendant 6 ans d'affilée !

– ***L'Avalée des avalés*** (1966), de Réjean Ducharme (éd ; Gallimard, Folio). L'histoire de la petite Bérénice, née d'une mère catholique et d'un père juif qui ont décidé de se livrer une guerre sans merci, allant jusqu'à se partager leurs rejetons. Pour cacher ses doutes et ses angoisses, Bérénice se révolte et ne rêve plus que de guerres et d'incendies... Une œuvre passionnante et majeure de la littérature québécoise.

Les BD et autres

– ***La Chasse-galerie*** (2000), de Vincent Vanoli (éd. de La Pastèque). Le conte d'Honoré Beaugrand (voir plus haut) revisité par un bédéiste français qui, en s'écartant quelque peu de la trame narrative originale, donne au conte un ton franchement comique. De belles illustrations en noir et blanc.

– ***Magasin général,*** de Régis Loisel et Jean-Louis Tripp (Casterman). La série se déroule au début des années 1920, à Notre-Dame-des-Lacs, un village du Québec rural à l'époque de « la grande noirceur » où l'Église catholique fait peser sur les campagnes le lourd couvercle de sa rigueur morale. Elle gravite autour de Marie, veuve avant l'heure et héritière du principal commerce local, qui donne son nom au récit peuplé de personnages intenses et savoureux. L'irruption d'un étranger dans la petite communauté va la réconcilier avec le bonheur d'aimer, d'être aimée, mais pas de la manière que l'on pourrait imaginer...

– ***Paul à Québec,*** de Michel Rabagliati (éd. de La Pastèque). On adore cette série culte au Québec, couronnée au Festival d'Angoulême 2010 par le prestigieux prix Fauve. Cette sixième aventure de Paul est un hymne à la vie profondément touchant. La maladie de son beau-père et sa mort sont évoquées avec des mots simples et justes, d'une grande tendresse. La chaleur des Québécois, leur esprit de famille et, bien sûr, leur humour sont omniprésents. Quant aux personnages, ils sont aussi attachants que les dessins sont simples. C'est *cute,* quoi !

– ***Essex County*** (2010), de Jeff Lemire (Futuropolis). Le hockey et puis aussi l'amitié, l'amour, la solitude sont autant de sentiments puissants qui guident les personnages de ce roman graphique sobre, au style quasi cinématographique. Le scénario, efficace, fait des allers et retours dans le temps, sur les traces d'une famille à la destinée tragique, dont les membres sont éparpillés entre la très grande ville en mutation, Toronto, et la campagne profonde de l'Ontario.

– ***Les Pionniers du Nouveau Monde*** (depuis 1982), de Jean-François Charles (Glénat). Une belle et longue série retraçant, à travers une galerie de personnages fictifs, l'histoire de la colonisation du Québec au XVIIIe s. Traite des peaux, déportation des Acadiens, guerre de Sept ans avec l'Angleterre, relations avec les Premières Nations... Une fresque à hauteur d'hommes, portée par le pinceau lyrique et précis de Jean-François Charles, qui a transmis sa palette au dessinateur Ersel à compter du 7e tome pour conserver l'écriture du scénario.

– ***Le Tour du Québec en B.D.*** (2003-2009), de Jean-François Gaudet et Hugues Poirier (éd. Le vent qui vente). Avec, en toile de fond, une région touristique différente pour chacun des six albums, la collection met en scène une galerie de personnages pittoresques qui font découvrir, à travers leurs péripéties teintées d'humour, les attraits de leur région. Les lieux touristiques sont rendus avec un souci du détail et une précision architecturale, pour le plus grand plaisir des lecteurs, qui reconnaîtront les lieux qu'ils ont visités. Les dialogues sont truffés d'expressions locales et d'allusions à la réalité culturelle québécoise. Collection disponible au Canada seulement (liste des points de vente sur le site de l'éditeur : ● *leventquivente.com* ●).

POSTE

Dans les grandes villes du Québec, les postes sont souvent excentrées, mais on trouve des comptoirs postaux dans les grandes pharmacies, chez les dépanneurs, etc. Ces « mini-postes » proposent tous les services, donc pas besoin de chercher ailleurs. ***Affranchissement pour l'Europe horriblement cher : 2,50 $*** (plus 0,38 $ de taxes !) pour une carte ou lettre de 30 g maximum. À vous décourager d'écrire des cartes postales...

LA LETTRE AU PÈRE NOËL

Dans de nombreux pays, les lettres envoyées au Père Noël sont traitées par les services postaux qui répondent à tous les jeunes expéditeurs. Le Canada ne faillit pas à la règle et a mis en place une adresse et un code postal spéciaux (Pôle Nord, H0H 0H0), rappelant, on le sait tous, le rire caractéristique du Père Noël.

SANTÉ

Au Canada, ***les frais de santé sont très élevés*** pour les touristes étrangers (tarifs hospitaliers de 1 000 à 2 000 $ par jour selon la province et les hôpitaux). Les hôpitaux et cliniques sont plus formalistes qu'aux États-Unis et exigent la présentation d'une carte personnelle d'assurance pour accepter une admission. Il est donc indispensable de prendre, avant votre départ, une ***assurance voyage intégrale avec assistance rapatriement*** (voir plus haut la rubrique « Avant le départ »).

Urgences

☎ ***911 : numéro gratuit à composer 24h/24*** pour tout type d'urgence.
Les ***urgences hospitalières*** sont souvent très, très engorgées, et les délais de prise en charge très longs.

Risques et maladies

Dès la fin de l'hiver, les ***moustiques*** et ***simulies*** (mouches noires) prolifèrent et attaquent les animaux à sang chaud – l'homme en l'occurrence – avec une agressivité rare, même sous les tropiques. Seules solutions : ***moustiquaires*** et ***vêtements couvrants*** imprégnés de répulsif spécial vêtements (pour une protection optimale), ***répulsifs cutanés*** efficaces. Sur place, dans les magasins spécialisés dans le camping, on trouve toute une gamme de produits adaptés au pays. Mais attention, étant fortement dosés, ils sont généralement inutilisables avant 12 ans. Et mauvais pour votre santé en tout état de cause. Si vous voyagez avec des enfants, achetez-en plutôt avant le départ, par exemple, la gamme d'insecticides spécialisés ***Insect Ecran,*** qui existe à la fois en version cutanée mais aussi en solution de trempage, résistante à plusieurs lavages pendant 2 mois. Vous pouvez aussi opter pour les ***vêtements en filets,*** genre minimoustiquaire de tête, à accrocher à votre casquette, ou bien carrément l'équivalent de la combinaison d'apiculteur (cette dernière ne se trouve qu'au Canada). Pas très sexy mais autrement plus judicieux pour l'environnement !
Par ailleurs, les ***tiques*** sont très nombreuses dans toutes les zones forestières et arbustives, autant dire la quasi-totalité du sud du Canada. Elles peuvent transmettre une redoutable infection : la ***maladie de Lyme.*** Pour l'éviter, lors de tout séjour rural : ***bannissez les vêtements blancs*** (qui les attirent), ***couvrez-vous*** bien la tête (chapeau), les bras, les jambes et les pieds ; ***examinez-vous régulièrement de la tête aux pieds*** pour limiter les risques (il faut 24h à une tique pour

transmettre la maladie). Faites-vous aider pour les parties difficilement accessibles comme le dos ou le cuir chevelu... En cas de doute, voir rapidement un médecin qui prescrira un traitement antibiotique d'au moins 3 semaines.

■ ***Catalogue Santé Voyages :*** les ***produits et matériels utiles aux voyageurs,*** assez difficiles à trouver, peuvent être achetés par correspondance sur le site de *Santé Voyages* • *sante-voyages.com* • Infos complètes toutes destinations, boutique Web, paiement sécurisé, expéditions Colissimo Expert ou Chronopost *(rens : ☎ 01-45-86-41-91, lun-ven 14h-19h).*

Vaccins

Aucun vaccin exigé sur le sol nord-américain mais, comme partout, soyez à jour de vos ***vaccinations « universelles »*** : tétanos, polio, coqueluche et diphtérie (Repevax), hépatite A et B. Le vaccin préventif contre la ***rage*** (maladie transmissible par à peu près tous les mammifères, y compris les chauves-souris) est recommandé pour tout séjour prolongé en zone rurale ou en contact avec des animaux.

SITES INTERNET

• ***routard.com*** • Le site de voyage n° 1, avec plus de 800 000 membres et plusieurs millions d'internautes chaque mois. Pour s'inspirer et s'organiser, près de 300 guides destinations actualisés, avec les infos pratiques, les incontournables et les dernières actus, ainsi que les reportages terrain et idées week-end de la rédaction. Partagez vos expériences avec la communauté de voyageurs : forums de discussion avec avis et bons plans, carnets de route et photos de voyage. Enfin, vous trouverez tout pour vos vols, hébergements, voitures et activités, sans oublier notre sélection de bons plans, pour réserver votre voyage au meilleur prix.
• ***quebecoriginal.com*** • Site touristique officiel du Québec.
• ***ontariotravel.net/fra/home*** • Site touristique officiel de l'Ontario.
• ***quebecregion.com*** • Un site consacré à la ville de Québec et sa région, qui répertorie de nombreuses visites et activités.
• ***mtl.org/fr*** • Le site officiel de Montréal : gastronomie, *nightlife,* culture... on n'en rate pas une miette !
• ***voir.ca*** • Magazine culturel très complet sur Montréal et Québec. Théâtre, expos, concerts, un agenda permet de suivre la programmation.
• ***montreal.eater.com*** • Les meilleurs restos/brunchs/bars du moment, dans une ville d'un alléchant foisonnement culinaire. En anglais. Dans le même style : • ***mtlblog.com*** •
• ***velo.qc.ca*** • Le site de l'association Vélo Québec. Propose de nombreux parcours à vélo. Et • ***ontariobybike.ca*** • en version ontarienne... Sinon • ***pistescyclables.ca*** • un site conçu spécialement pour les amoureux de la petite reine. Le design est un peu vieillot, mais les infos sont précieuses !
• ***japprendslequebecois.com*** • Jasez-vous le québécois ? Non ? Alors ce site vous initiera à l'accent, aux expressions et à l'intonation par de courtes leçons audio. Amusant comme tout !
• ***immigration-quebec.gouv.qc.ca/fr/informations/apprendre-quebec/index.html*** • Le petit guide des nouveaux immigrants au Québec : que savoir, que faire en débarquant ?

TABAC

Il est strictement ***interdit de fumer*** dans les édifices publics et même dans un rayon de 9 m autour des portes et fenêtres du bâtiment concerné ! Cela vaut aussi pour les moyens de transport, restos, bars, boîtes, terrains de sport... et même sur les terrasses ! Ne pensez pas gruger avec votre cigarette électronique, son usage est soumis à la même loi. En outre, les cigarettes sont encore plus chères qu'en France. Les gros fumeurs auront intérêt à apporter leurs clopes dans leur valise (maximum 200 ou 200 g de tabac, à condition d'avoir plus de 18 ans). Ou alors à se coller des patchs !

TAXES ET POURBOIRES

Les taxes d'abord...

Les prix affichés ne sont pas ceux que vous paierez réellement. En passant à la caisse (quel que soit le produit ou le service), le client doit payer des ***taxes*** en plus. Au Québec, il y en a deux : la taxe de vente du Québec, appelée ***TVQ,*** qui s'élève à 9,975 %, plus la ***TPS*** fédérale (taxe sur les produits et services), qui s'élève à 5 %. Le tout revient donc à 14,975 % de plus que les prix indiqués. En Ontario, la taxe s'élève à 13 %. En matière d'hébergement, sauf si vous campez ou si vous logez en auberge de jeunesse, vous n'échapperez pas à la taxe spécifique et supplémentaire de 3,5 % par nuit et par chambre au Québec – ou de 2-3 $, ça dépend des régions. Cela dit, ***tous les hébergements ne facturent pas systématiquement les taxes*** (TPS, TVQ et taxe d'hébergement) car certaines adresses gérées par des particuliers, dont le chiffre d'affaires annuel n'excède pas 30 000 $, ne sont pas tenus de les appliquer. Bien demander. De même, la taxe d'hébergement ne s'applique pas toujours. C'est le cas des campings, de certaines unités d'hébergement de centre de vacances et des auberges de jeunesse. Au resto, il faudra encore ajouter le service (voir ci-après).
Bref, gardez donc en tête qu'avec la taxe de vente plus le pourboire, vous voilà à ***25-30 % de plus que le prix affiché...***

... et le pourboire !

Le montant brut de l'addition est sur fond rose :

$	15 %	20 %	$	15 %	20 %	$	15 %	20 %	$	15 %	20 %
1	0.15	0.20	***11***	1.65	2.20	***21***	3.15	4.20	***55***	8.25	11
2	0.30	0.40	***12***	1.80	2.40	***22***	3.30	4.40	***60***	9	12
3	0.45	0.60	***13***	1.95	2.60	***23***	3.45	4.60	***65***	9.75	13
4	0.60	0.80	***14***	2.10	2.80	***24***	3.60	4.80	***70***	10.50	14
5	0.75	1	***15***	2.25	3	***25***	3.75	5	***75***	11.25	15
6	0.90	1.20	***16***	2.40	3.20	***30***	4.50	6	***80***	12	16
7	1.05	1.40	***17***	2.55	3.40	***35***	5.25	7	***85***	12.75	17
8	1.20	1.60	***18***	2.70	3.60	***40***	6	8	***90***	13.50	18
9	1.35	1.80	***19***	2.85	3.80	***45***	6.75	9	***95***	14.25	19
10	1.50	2	***20***	3	4	***50***	7.50	10	***100***	15	20

Eh non, le service n'est pas compris ! ***Dans les restos*** (et partout où l'on est servi à table), ***il faut laisser au moins 15 % de la note finale avant taxes.*** Au Canada, les serveurs ont un salaire fixe très bas, et la majeure partie de leurs revenus provient des *tips*. Ils sont d'ailleurs imposés sur le montant des pourboires qu'ils doivent théoriquement empocher !

Le pourboire est une institution à laquelle vous ne devez pas déroger. Les Français possèdent la réputation d'être particulièrement radins et de laisser plutôt moins que les 15 % traditionnels, parfois même rien du tout. Dans certains restos, du coup, le service *(gratuity)* est parfois ajouté d'office sur la note quand les clients sont étrangers. Dans ce cas, évidemment, ne payez rien en plus. Le pourboire conseillé est parfois indiqué sur la note, ce qui évite tout malentendu ! Si vous êtes nul en calcul, pas de panique, les terminaux de cartes de paiement proposent de le calculer pour vous (en effet, ils vous demandent en général d'indiquer soit la somme que vous souhaitez laisser, soit le pourcentage).

L'ORIGINE DU *TIP*

*Au XVIII*e *s, le patron d'un café outre-Manche eut l'idée de disposer sur son comptoir un pot portant l'inscription* To Insure Promptness *(littéralement « Pour assurer la promptitude »). Les clients pressés y glissaient quelques pièces pour être servis plus vite. Les initiales formèrent le mot* tip, *devenu un incontournable du savoir-vivre nord-américain.*

Lorsque l'on est servi au comptoir (dans les *coffee shops*, les self-services, les bars), ***le tip n'est pas obligatoire.*** En revanche, il est de coutume de laisser un petit quelque chose...

Idem pour les ***taxis*** : il est de coutume de laisser 15 % en plus de la somme indiquée au compteur. Si vous oubliez, on ne se gênera pas pour vous faire remarquer vertement votre impair, et pour cause : les chauffeurs gagnent un salaire de misère.

Prévoir des pièces de 1 ou 2 $ pour tous les petits boulots de service où le pourboire est de mise (bagagiste dans un hôtel, par exemple).

TÉLÉPHONE ET INTERNET

Règles de base pour téléphoner au Canada

- ***Canada → France :*** 011 + 33 + numéro du correspondant (sans le 0 initial).
- ***France → Canada :*** 00 (tonalité) + 1 + indicatif de la région (l'« indicatif régional ») + numéro du correspondant à sept chiffres.
- ***Appels locaux à l'intérieur même des régions : composer le numéro complet à 10 chiffres,*** c'est-à-dire l'indicatif régional suivi du numéro à sept chiffres. En revanche, le numéro d'urgence ☎ 911 est valable quelle que soit la localité. Par souci de cohérence, les numéros de téléphone sont présentés dans le texte avec les indicatifs téléphoniques.
- ***Les numéros de téléphone gratuits à l'intérieur du pays commencent par 1-800, 1-855, 1-866, 1-877 et 1-888.*** Ce service gratuit peut être limité à une zone spécifique du Canada ou des États-Unis, mais il peut aussi couvrir les deux pays. La plupart des établissements touristiques en ont un, et nous les indiquons aussi souvent que possible. Ils ne fonctionnent pas depuis l'Europe.
- ***Évitez de téléphoner depuis les postes fixes des hôtels,*** qui pratiquent presque toujours des tarifs rédhibitoires. Et il arrive souvent qu'une communication téléphonique soit facturée même si l'appel n'a pas abouti ! Il suffit parfois de laisser sonner 4 ou 5 coups dans le vide pour que le compteur tourne.

Le téléphone portable en voyage

De nouvelles mesures de sécurité sont en vigueur depuis 2015 dans les aéroports : les ***appareils électroniques*** (smartphones, tablettes, portables...) ***doivent être chargés*** et en état de fonctionnement ***pour tous les vols allant ou passant par les États-Unis et Londres.*** Les agents de contrôle doivent pouvoir être en mesure de les allumer. Par précaution, ayez votre chargeur à portée de main. Si votre appareil est déchargé ou défectueux, il sera confisqué. Cette mesure étant susceptible d'être étendue à d'autres aéroports, nous vous conseillons de charger vos appareils électroniques avant le vol, quelle que soit votre destination.

Le routard peut utiliser son propre téléphone portable au Québec avec l'option « Monde », à condition qu'il soit ***tri-bande ou quadri-bande*** (seuls les mobiles 3G/4G fonctionnent en Amérique du Nord).

– ***Activer l'option « international » :*** elle est en général activée par défaut. Pensez sinon à contacter votre opérateur pour souscrire à l'option (gratuite) au moins 48h avant votre départ.

– ***Le « roaming » ou itinérance :*** c'est un système d'accords internationaux entre opérateurs. Concrètement, cela signifie que lorsque vous arrivez dans un pays, le nouveau réseau local s'affiche automatiquement. Vous recevez rapidement un sms de votre opérateur qui propose un ***pack voyageurs*** plus ou moins avantageux, incluant un forfait limité de consommations téléphoniques et de connexion internet.

– ***Forfaits étranger inclus :*** certains opérateurs proposent des forfaits où ***35 jours de roaming par an sont offerts*** dans le monde entier. On peut donc cumuler plusieurs voyages à l'étranger sans se soucier de la facture au retour. Attention, si SMS, MMS et appels sont souvent illimités, la connexion internet est, elle, limitée. D'autres opérateurs offrent carrément le ***roaming toute l'année vers certaines destinations.*** Renseignez-vous auprès de votre opérateur.

– ***Tarifs :*** ils sont propres à chaque opérateur et varient en fonction des pays (le globe est découpé en plusieurs zones tarifaires). ***N'oubliez pas qu'à l'international, vous êtes facturé aussi bien pour les appels sortants que les appels entrants,*** idem pour les textos. Donc quand quelqu'un vous appelle à l'étranger, vous payez aussi. Soyez bref !

– ***Acheter une carte SIM sur place :*** une option avantageuse pour certaines destinations. Il suffit d'acheter à l'arrivée, dans les boutiques de téléphonie ou à l'aéroport, une carte SIM locale prépayée chez l'un des opérateurs (*Bell, Telus, Virgin Mobile, Rogers...* par exemple). On vous attribue alors un numéro de téléphone local et un petit crédit de communication. Attention, on ne peut plus vous joindre sur votre numéro habituel mais uniquement sur ce nouveau numéro. Avant de payer, essayez cette carte SIM dans votre téléphone – préalablement débloqué – afin de vérifier si celui-ci est compatible. Ensuite, les cartes pour recharger votre crédit de communication s'achètent facilement dans les boutiques de téléphonie mobile, supermarchés, stations-service...

La connexion internet en voyage

– ***Se connecter au wifi*** à l'étranger est le seul moyen d'avoir accès au web gratuitement si vous ne disposez pas d'un forfait avec *roaming* offert.

Le plus sage consiste à ***désactiver la connexion*** « données à l'étranger » (dans « Réseau cellulaire »). On peut aussi mettre le portable ***en mode « Avion »*** et activer ensuite le wifi. Attention, le mode « Avion » empêche, en revanche, de recevoir appels et messages.

Au Québec, une grande majorité d'hôtels, de restos, bars et mêmes certains espaces publics disposent d'un réseau gratuit.
– Une fois connecté au wifi, vous avez accès à tous les services de la ***téléphonie par Internet. Whatsapp, Messenger*** (la messagerie de *Facebook*), ***Viber et Skype*** permettent d'appeler, d'envoyer des messages, des photos et des vidéos aux quatre coins de la planète, sans frais. Il suffit de télécharger – gratuitement – l'une de ces applis sur son smartphone. Elle détecte automatiquement dans votre liste de contacts ceux qui utilisent la même appli.

En cas de perte ou de vol de votre téléphone portable

Avant de partir, notez (ailleurs que dans votre téléphone portable !) votre numéro IMEI, utile pour bloquer à distance l'accès à votre téléphone en cas de perte ou de vol. Comment avoir ce numéro ? Il suffit de taper sur votre clavier *#06# puis reportez-vous au site • *mobilevole-mobilebloque.fr* •
Vous pouvez aussi suspendre aussitôt votre ligne, ce qui permet d'éviter de douloureuses surprises au retour du voyage ! Voici les numéros des quatre opérateurs français, accessibles depuis la France et l'étranger (possible aussi de demander la suspension de votre ligne depuis leurs sites internet) :

– ***Orange :*** *depuis la France, ☎ 0800-100-740 ; depuis l'étranger, ☎ + 33-969-39-39-00.*
– ***Free :*** *depuis la France, ☎ 3244 ; depuis l'étranger : ☎ + 33-1-78-56-95-60.*
– ***SFR :*** *depuis la France, ☎ 1023 ; depuis l'étranger : 📱 + 33-6-1000-1023.*
– ***Bouygues Télécom :*** *depuis la France comme depuis l'étranger, ☎ + 33-800-29-1000 (service et appel gratuits).*

Internet et wifi

Wifi disponible gratuitement presque partout (hôtels, *B & B,* AJ, cafés, bars, restos, offices de tourisme...). En revanche, ***cybercafés*** en voie d'extinction.

Attention piratage !

Les wifi publics sont devenus de véritables passoires ! Il est devenu très facile, même pour un débutant, de s'introduire sur un réseau. La seule parade véritablement fiable est de ne fréquenter que des sites « certifiés ». Ils commencent par « https:// » et affichent souvent un petit cadenas à côté de l'adresse. Dans ce cas, vos transmissions sont cryptées et donc sécurisées. Les sites les plus sensibles et populaires, comme les banques, ont tous une connexion certifiée.
Enfin, si vous utilisez un ordinateur en libre-service, évitez, dans la mesure du possible, d'entrer votre mot de passe ou toute information sensible ! Une quantité phénoménale de ces postes est infectée par des « enregistreurs de frappes », qui peuvent transmettre vos données à un destinataire mal intentionné. Et si malgré tout, vous utilisez ces postes, pensez à bien vous déconnecter et à ne pas cliquer sur l'option « enregistrer mon mot de passe ».

TRANSPORTS

Location de voitures

C'est souvent en réservant depuis l'Europe qu'on obtient les meilleures conditions. Si vous louez sur place, demandez sans ambages « Quel est votre meilleur tarif ? ». Pour louer une voiture, il faut ***avoir au minimum 21 ans,*** mais la plupart des agences demandent un supplément quotidien (25 à 30 $ par jour) aux chauffeurs de moins de 25 ans ; certaines refusent même de leur louer. ***Quel que soit l'âge,***

posséder une carte de paiement de type Visa ou MasterCard ; elle sert de garantie aux loueurs. Le ***permis de conduire français*** est reconnu au Canada (1 an de permis minimum pour une location).

L'hiver, demandez des véhicules équipés de ***pneus neige*** (avec supplément mais plus sûrs que les pneus « quatre saisons »). En revanche, ils sont rarement disponibles au sud de la ville de Québec.

■ ***BSP Auto :*** *☎ 01-43-46-20-74 (tlj).* *• bsp-auto.com • Remise spéciale de 5 % aux lecteurs de ce guide avec le code « ROUTARD18 ».* Les prix proposés sont attractifs et comprennent le kilométrage illimité et les assurances. *BSP Auto* propose exclusivement les grandes compagnies de location sur place, assurant un très bon niveau de service. Le plus : vous ne payez votre location que 5 jours avant le départ.

■ Et aussi : ***Hertz*** *(☎ 0825-861-861, 0,15 €/mn ; • hertz.com •),* ***Avis*** *(☎ 0821-230-760, 0,08 €/mn ; • avis.fr •),* ***Europcar*** *(☎ 0825-35-83-58, 0,15 €/mn ; • europcar.fr •)* et ***Budget*** *(☎ 0825-00-35-64, 0,15 €/mn ; • budget.fr •).*

Location de *motorisés* (camping-cars)

On parle aussi de « roulotte »... Bonne idée pour partir en famille ou à plusieurs. Le réseau de location est étendu et l'on trouve des camping-cars dans toutes les régions du Canada. Nombreuses formules : aller simple ou circuit en boucle, kilométrage illimité ou pas, forfaits autoguidés, etc. Idéal pour vivre au rythme de la démesure canadienne.

Conduire au Canada

Conduire une voiture automatique

Il n'y a pratiquement que cela au Canada. Voici la signification des différentes commandes internes :

P : Parking (à enclencher lorsque vous stationnez).

R : Reverse (marche arrière).

N : Neutral (point mort).

D : Drive (position de conduite que vous utiliserez quasiment tout le temps).

1, 2 et 3, ou I et L : vous sélectionnez votre propre rapport de boîte (bien utile en montagne ou dans certaines côtes, mais ça consomme plus d'essence).

Il n'y a que ***deux pédales : le frein et l'accélérateur. Pour démarrer,*** rester sur la position P, sinon le moteur ne se lance pas. Ensuite, pour oublier vos vieux réflexes, calez votre ***pied gauche*** dans le coin gauche, et ne l'en bougez plus jusqu'à la fin de votre périple. On se sert uniquement du ***pied droit*** pour accélérer ou freiner. Les véhicules récents refusent carrément de quitter le point « P » tant que vous n'avez pas posé le pied sur le frein, non mais !

- ***Vitesse limitée*** à 30 ou 50 km/h en ville et à 90 km/h (parfois 100 ou 110 km/h) sur autoroute. Respectez bien les limitations de vitesse, car les contrôles sont fréquents. Dans la région de Québec, les autorités locales se sont même récemment équipées de radars mobiles installés sur des camionnettes. C'est redoutablement efficace ! Des panneaux indiquent la présence possible des radars sur les sections à risque. Sauf spécificités locales, les routes sont larges, mais peuvent être un peu gondolées à cause des fortes amplitudes thermiques.

Bonne nouvelle : ***les autoroutes sont majoritairement gratuites*** (sauf la 30 au sud de Montréal et la 407 au nord de Toronto).

- ***Feux tricolores :*** appelés « lumières », ils sont situés ***après*** le carrefour et non avant comme chez nous. Si vous marquez l'arrêt au niveau du feu, vous serez donc en plein carrefour. Autant vous dire qu'après une ou deux incartades (et la frayeur qui va avec !), on prend vite le pli !
- ***Tourner à droite au feu rouge, à une intersection :*** à condition d'être sur la voie de droite et sauf indication contraire (flèche tournant à droite barrée ou flèche

rouge au feu), vous pouvez tourner à droite au feu rouge après avoir marqué l'arrêt et vous être assuré que la voie est libre. Exception à la règle : l'île de Montréal, où c'est strictement interdit ainsi qu'à certaines heures dans la ville de Québec (c'est indiqué par un panneau, soyez vigilant).

– ***« Virage protégé au clignotement du feu vert » :*** aux intersections, cela signifie que vous êtes prioritaire et que vous pouvez tourner sans risque, la file d'en face étant à l'arrêt.

– ***La priorité à droite n'existe pas au Canada.*** Aux croisements dotés de stops pour toutes les voies (ou ***feux rouges clignotants***), la règle veut que le premier arrivé passe en premier.

– Quand un ***bus scolaire jaune*** s'arrête, des feux rouges s'allument et un petit panneau « Arrêt » s'affiche sur la portière du conducteur. Toutes les voitures doivent s'arrêter, celles qui suivent comme celles qui viennent en face. Interdit de redémarrer avant que les clignotants s'éteignent, même s'il n'y a pas d'enfants... C'est l'une des pires infractions au code de la route et l'amende est très salée.

– ***Parkings dans les grandes villes :*** assez chers, particulièrement ceux des hôtels. Mais ***stationner dans une rue de Montréal ou de Québec est un véritable casse-tête*** ! Ici, le stationnement est interdit le jeudi et le vendredi entre 9h et 10h d'avril à octobre ; là, c'est interdit le mardi avant 21h ; là encore, c'est payant 24h/24, etc. ***Bien lire les panneaux.*** Même les Québécois y regardent à deux fois avant de laisser leur véhicule en toute quiétude... Concernant les ***stationnements payants par horodateur,*** il faudra mémoriser son numéro d'emplacement et le saisir sur le clavier avant de payer. Dans certaines villes, notamment Montréal, pas besoin de poser son justificatif de paiement sur le tableau de bord, le règlement est enregistré dans l'horodateur avec votre numéro d'emplacement. On peut également ***régler de son téléphone portable,*** avec sa carte bancaire. Attention, les contrôles sont très fréquents et l'amende pour défaut de paiement ou interdiction de stationnement va de 53 $ à plus de 100 $. Quant au stationnement sur une voie de bus, devant une entrée de bâtiment administratif ou une borne d'incendie, c'est direct une ***mise en fourrière !*** Bref, utiliser les parkings publics vous évitera bien des désagréments. Enfin, si malgré tout vous avez chopé une prune, vous pouvez régler votre ***amende*** en ligne sur : ● *servicesenligne2.ville.montreal.qc.ca/sel/constats/accueil.do* ●

Train *(Via Rail)*

– ***Site officiel des trains canadiens :*** ● *viarail.ca* ● *Rens et résas depuis la France : ☎ 01-42-78-37-26.* ● *discoverytrains.net* ●

Pratique pour effectuer de longs trajets entre les grandes villes (Montréal-Québec, Montréal-Toronto, Ottawa-Toronto, etc.) mais pas pour sillonner l'intérieur des provinces, mal – voire pas du tout – desservies.

Les trains canadiens sont lents mais confortables. La liaison la moins lente relie Montréal et Toronto (550 km) en un peu moins de 5h. En classe *Économie,* les tarifs jeune (12-25 ans) ou senior (plus de 60 ans) sont accordés sur simple présentation d'une carte d'identité. Les enfants de moins de 2 ans voyagent gratuitement, et les moins de 12 ans bénéficient d'une remise de 50 %.

Pour ceux qui comptent sillonner le pays en train, le ***Canrailpass-Réseau*** permet d'effectuer 7 à 10 allers simples partout au Canada sur une période de 60 jours ; valable seulement pour les places assises (supplément à payer pour les voitures-lits). On opte pour les forfaits *Grandes économies* (choix des places limité) pour 700-900 $, *Économies* (un peu plus polyvalent) pour 770-1 000 $, ou *Réseau illimité* (1 300 $). Il existe aussi la carte ***Canrailpass-Corridor,*** même principe mais sur une période de 21 jours seulement, dans le sud du Québec et de l'Ontario (Québec, Montréal, Ottawa, Kingston, Toronto, Niagara Falls...). Tarif adulte : 300-700 $. Réduction d'environ 10 % dans les deux cas pour les enfants, jeunes, plus de 60 ans et détenteurs d'une carte ISIC.

Bus

Souvent ***plus pratique et plus rapide que le train,*** il permet de parcourir de très longues distances d'une traite (jusqu'aux États-Unis). *Greyhound* dessert l'essentiel du territoire ; *Coach Canada* dessert plutôt l'Ontario et le Québec. Quant à la *low-cost Megabus,* elle dessert à des prix défiant toute concurrence Montréal et l'Ontario, dans des bus modernes avec wifi gratuit. Dans la Belle Province, il y a surtout *Orléans Express* et *Intercar.* En Gaspésie, les minibus du réseau *Régîm* assurent les liaisons non effectuées par *Orléans Express* (parfois uniquement sur réservation ou selon la demande). À deux ou plus, la location d'une voiture se révèle vite plus avantageuse, car les réseaux et les fréquences ne sont guère étendus. En revanche, pour le routard solitaire, c'est relax et l'occasion de faire plein de belles rencontres. Chez *Greyhound,* les étudiants et les membres de *Hostelling International* obtiennent entre 25 et 50 % de rabais. Intéressez-vous aussi aux tarifs *advance purchase* (de - 25 % à - 50 %) pour les résas bien à l'avance, et *web only* (les mieux, dans les - 40 % à - 50 %).

Principales compagnies

■ ***Greyhound Canada :*** ☎ *1-800-661-8747.* • *greyhound.ca* •
■ ***Coach Canada :*** ☎ *1-800-461-7661.* • *coachcanada.com* •
■ ***Megabus :*** • *frca.megabus.com* •
■ ***Orléans Express :*** ☎ *1-888-999-3977.* • *orleansexpress.com* • De Montréal à la Gaspésie, cette compagnie dessert une bonne partie du Québec centre et oriental.
■ ***Intercar :*** ☎ *1-800-806-2167.* • *intercar.ca* •
■ ***Régîm :*** ☎ *1-877-521-0841.* • *regim.info* •

Avion

La compagnie *low-cost WestJet* (• *westjet.com* •) dessert près de 40 destinations dans le pays et bien d'autres aux États-Unis et dans les Caraïbes.

Auto-stop

On dit « faire du pouce » en québécois, *hitchhiking* en anglais. La pratique n'est pas bien vue en Amérique du Nord, mieux vaut opter pour le covoiturage (payant, mais vraiment peu dispendieux).

Covoiturage

Il existe plusieurs organismes mettant en relation les conducteurs et les passagers. Un excellent système qui réduit considérablement le budget transport !
Le plus connu est ***Amigo Express*** (• *amigoexpress.com* •) qui fonctionne partout au Canada.

Drive-away

Cette formule, très à la mode dans les années 1980-1990, a été remise au goût du jour par ***Hit The Road*** (• *hittheroad.ca* •). Le principe ? Vous conduisez la voiture de quelqu'un, généralement sur une longue distance, à travers le pays ou vers les États-Unis, pour la livrer en un lieu convenu à l'avance. La compagnie fait payer le service au proprio de la voiture et vous dédommage plus ou moins des frais d'essence. Un vrai *road trip,* mais dans un temps imparti !

LE QUÉBEC

MONTRÉAL ET SES ENVIRONS

MONTRÉAL

1,7 million d'hab.

• Pour les plans de Montréal et celui du métro, se reporter au plan détachable en fin de guide.

« **Mon cœur est à Port-au-Prince, mon corps à Miami et mon âme à Montréal.** »
Dany Laferrière

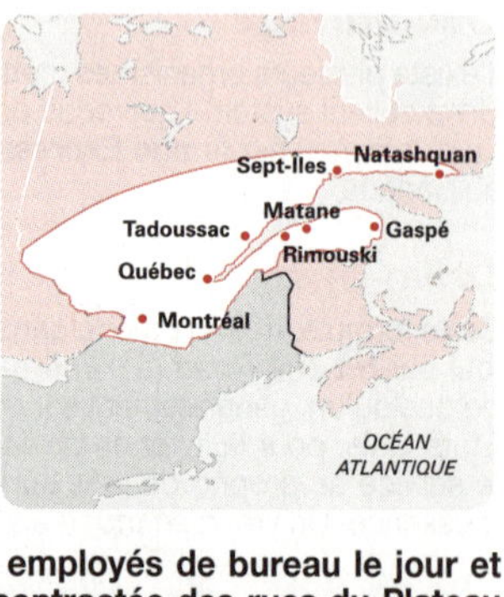

Ça commence comme une grande ville américaine classique, avec son réseau d'autoroutes qui enlacent les gratte-ciel et plongent au cœur de larges avenues découpées à angle droit.
Mais en y regardant de plus près, Montréal s'apparente plutôt à une espèce de patchwork (désolés pour l'anglicisme !) de quartiers à l'atmosphère bien différente. Pas besoin d'arpenter des kilomètres de bitume pour passer d'un monde à l'autre : pour goûter successivement à la douce excitation d'un *Downtown* livré aux employés de bureau le jour et presque déserté la nuit, à l'atmosphère décontractée des rues du Plateau et du Mile End, avec leurs bars et leurs restos tendance, se laisser séduire par le minuscule quartier chinois ou être franchement emballé par l'humeur festive du Quartier latin ou carrément déjantée du Village gay. Sans compter les parcs farcis d'écureuils, les pelouses tondues ras du quartier résidentiel d'Outremont ou les maisons victoriennes de Westmount. Bref, une ville

comme un kaléidoscope, enrichie par un étonnant mariage de communautés. Loin d'être une métropole stressante, Montréal cultive une douceur de vivre à la limite de l'indolence : des habitants affables, des cafés où l'on prend son temps, des petits commerces. Côté vie nocturne, ça bouge presque tous les soirs de la semaine ! Une énergie intense, qui sert un programme culturel varié, et teinte les rapports humains de simplicité et de chaleur, rendant les soirées montréalaises uniques. Bref, Montréal, c'est l'Amérique dans toute sa diversité. Un nouveau monde en quelque sorte...

Orientation

Montréal est situé sur une île (eh oui !) de 500 km², délimitée par le fleuve Saint-Laurent au sud et la rivière des Prairies au nord.

Le ***boulevard Saint-Laurent*** est l'axe historique nord-sud de Montréal. Il divise la ville en deux parties : ouest et est. De part et d'autre de ce long boulevard, une même rue peut porter le terme Est ou Ouest dans son intitulé. Faites attention, car ces rues sont très longues : bien vérifier s'il s'agit de la section est ou ouest de la rue. Du sud au nord, moins de problèmes, tous les numéros partent du fleuve Saint-Laurent. Le boulevard Saint-Laurent marque une sorte de frontière imaginaire. À l'ouest, les beaux quartiers, majoritairement anglophones, le quartier des affaires et *Westmount,* le secteur résidentiel de la bourgeoisie anglophone. À l'est, les quartiers francophones et les usines. Ces différences ont maintenant tendance à s'estomper grâce aux travaux de rénovation opérés en centre-ville, au brassage des populations et à l'immigration nouvelle, notamment de Français, qui sont de plus en plus nombreux depuis quelques années à venir tenter leur chance ici.

– ***Le Vieux-Montréal :*** au sud, c'est le quartier originel, où les premiers colons se sont installés au XVIe s. Autrefois ceint de remparts (rasés en 1817), il s'étend entre les rues McGill, Saint-Antoine, Berri et de La Commune. Vous y passerez forcément lors de votre séjour, car c'est le quartier le plus touristique de Montréal. Toujours très animé, envahi par les piétons, il fait bon s'y promener à la recherche des vestiges du passé. Le Vieux-Montréal est bordé par le Vieux-Port, brillamment réaménagé dans les années 1990.

– ***Le centre-ville (ou Downtown) :*** c'est l'Amérique des gratte-ciel, le quartier des affaires, des bureaux aux vitres étincelantes et des larges avenues commerçantes (notamment la rue Sainte-Catherine). Étendu au sud du parc du Mont-Royal, entre Atwater (plutôt anglophone) et la place des Arts (plutôt francophone), c'est un peu un quartier de transition entre les deux communautés linguistiques. Il abrite aussi le petit quartier chinois et la prestigieuse université anglophone de McGill (la plus ancienne du Québec).

– ***La Petite Bourgogne :*** ancien quartier ouvrier notoire tombé en décrépitude consécutivement à la fermeture du canal de Lachine en 1970. Il connaît aujourd'hui un certain renouveau. La rue Notre-Dame en est l'épine dorsale. On y trouve restos pour fines gueules, bars branchés et quelques boutiques de déco...

– ***Le Quartier latin :*** avec la rue Saint-Denis pour épine dorsale, c'est un quartier fortement étudiant et francophone, où la vie nocturne bat son plein tous les jours de l'année. Siège de l'UQAM (Université du Québec à Montréal) depuis les années 1970, il accueille une ribambelle de bars, de restaurants, de cinémas, ainsi que de nombreuses animations de rue... Impossible de s'ennuyer ici !

– ***Le Village :*** il se résume à une portion de la rue Sainte-Catherine, entre les rues Saint-Hubert et Papineau, ainsi que les rues adjacentes. C'est, depuis le début des années 1980, le ***quartier gay*** de Montréal, connu pour son animation nocturne, ses nombreuses discothèques (pas seulement ouvertes aux homos, précisons-le), ses cabarets *drag-queens,* ses saunas pour hommes et ses bars à l'ambiance décontractée. La rue devient piétonne durant l'été.

– ***Le Plateau Mont-Royal :*** les maisons à 2 ou 3 étages dotées d'un escalier de fer en façade sont typiques de ce vaste quartier résidentiel situé au nord du centre-ville. L'avenue du Mont-Royal en est l'artère principale : bordée de commerces à touche-touche, c'est l'une des rues les plus indiquées pour le shopping (pardon : le « magasinage » !). Autrefois pauvre et ouvrier, ce Plateau devenu branché et bobo est habité par les classes moyennes francophones. Il abrite aussi de nombreux gîtes (chambres d'hôtes), bars et restaurants.

– ***Le Mile End :*** partie nord-ouest du Plateau Mont-Royal, dont il ne se différencie guère à première vue. Naguère paupérisé et délaissé, il s'est métamorphosé en quartier alternatif et branché dans les années 2000. Ce serait un peu l'équivalent de *Brooklyn* à New York. Le Mile End concentre d'excellents restos, bars, boîtes de nuit, friperies vintage mais aussi de nombreuses start-up et labels de musique pointue. C'est un quartier très cosmopolite et bilingue, où vivent notamment les communautés portugaise, grecque et juive.

– ***Outremont :*** à l'ouest de l'avenue du Parc, c'était une municipalité indépendante jusqu'à sa fusion avec Montréal en 2002. Quartier huppé, peuplé surtout de francophones ; on y trouve des boutiques chic et des restos haut de gamme.

– ***Westmount :*** au sud-ouest du parc du Mont-Royal, il a préféré garder son indépendance, et c'est donc une municipalité à part entière. Un peu l'équivalent d'Outremont pour les anglophones, mais encore plus bourgeois, avec des maisons victoriennes cossues, précédées d'un gazon à l'anglaise. C'est en fait l'une des villes les plus riches du pays.

– ***Hochelaga-Maisonneuve :*** situé à l'est de la ville, le long du Saint-Laurent, il est tout l'opposé. Ancien quartier ouvrier francophone, il s'embourgeoise peu à peu mais reste assez populaire. C'est là que se trouvent le Parc olympique et le Biodôme.

– ***Rosemont-la-Petite-Patrie :*** immense arrondissement qui occupe le nord-est de la ville. À l'ouest du quartier, on trouve la « Petite Italie », nommée ainsi suite à deux vagues d'installation d'ouvriers italiens, au XIXe s, puis dans les années 1950-1960. Intéressant pour ses *trattorias,* ses églises, et le marché Jean-Talon.

– ***Côte-des-Neiges – Notre-Dame-de-Grâce :*** au nord-ouest du parc du Mont-Royal (dont il administre une partie), c'est l'arrondissement le plus peuplé de Montréal. Il abrite l'université de Montréal, plusieurs collèges et l'École polytechnique : beaucoup d'étudiants dans les parages, donc !

Arriver – Quitter

En avion

Tous les vols internationaux se posent à Montréal-Trudeau (anciennement Dorval), à 22 km au sud-ouest du centre de Montréal.

✈ ***Aéroport de Montréal*** *(hors plan détachable par A4)* **:** ☎ *514-394-7377 ou 1-800-465-1213.* • *admtl.com* • *Site très complet (horaires des vols, des navettes, tarifs, etc.).* À l'aéroport, les services habituels : consigne à bagages (niveau Arrivées ; fermée minuit-4h), *ATM,* bureau de change (taux peu intéressant)... Le bureau d'informations touristiques est ouvert 24h/24. Les agences de location de voitures sont situées dans le parking, face aux Arrivées.

➢ ***Bus express vers le centre-ville :*** ☎ *514-786-4636.* • *stm.info* • Bus no 747, bon marché et on ne peut plus direct ; départs ttes les 10-20 mn, 24h/24. Le *pass* coûte 10 $. Valable pendant 24h sur le réseau de transports publics urbains (métro et bus). Également forfait 3 jours, hebdo ou mensuel (lire « Transports » dans « Montréal utile »). Achat au distributeur (avec une carte *Visa* ou en liquide). Le bus remonte le boulevard René-Lévesque, desservant une dizaine d'arrêts pour finir à Berri-UQAM, centre névralgique de la ville (gare routière, nombreuses connexions). Compter 40 mn-1h selon trafic.

➢ ***Taxis :*** un employé vous indiquera la marche à suivre. Tarif fixe pour le centre-ville : 40 $.

En bus

Gare d'autocars de Montréal *(zoom détachable Centre, D4) : 1717, rue Berri. ☎ 514-842-2281. • gamtl.com • Ⓜ Berri-UQAM.* Consignes et bureau de change. Pour de nombreuses destinations, il est préférable, soit d'acheter ses billets 1 semaine à l'avance (surtout vers New York), soit de se renseigner sur les forfaits touristes. Dans les deux cas, il est possible de gagner jusqu'à 40 % de réduction.

Plusieurs ***compagnies d'autobus grandes lignes*** :

- ***Orléans Express :*** *☎ 514-395-4000 ou 1-888-999-3977. • orleansexpress.com •*
- ***Limocar :*** *☎ 866-692-8899. • limocar.ca •*
- ***Intercar :*** *☎ 800-806-2167. • intercar.qc.ca •*
- ***Galland :*** *☎ 877-806-8666. • galland-bus.com •*
- ***Maheux :*** *☎ 819-797-3200. • autobusmaheux.qc.ca •*
- ***Greyhound :*** *☎ 800-661-8747. • greyhound.ca •*
- ***Megabus :*** *☎ 705-748-6411 ou 866-488-4452. • frca.megabus.com •*

➢ ***Pour Trois-Rivières et Québec :*** nombreux bus quotidiens. Env 2h de trajet pour Trois-Rivières et 3h15 pour Québec.

➢ ***Pour la Gaspésie et le Nouveau-Brunswick :*** bus avec *Orléans Express.* Pour Gaspé, env 15-16h de trajet en bonne saison, avec changement à Rimouski.

➢ ***Pour les Laurentides :*** env 2-3 bus/j. avec les compagnies *Galland* et *Maheux.* Terminus à Mont-Laurier pour la première, à Rouyn-Noranda pour la seconde. Durée du trajet : 4h45 avec *Galland* et env 9h avec *Maheux* (plus d'arrêts, et itinéraire différent).

➢ ***Pour Lanaudière :*** une quinzaine de bus/j. pour Joliette (circuit 50), nettement moins pour Saint-Donat (circuit 125) avec les bus du Conseil régional de transport de Lanaudière *(départ du Terminus Radisson, 7155, rue Sherbrooke Est). Rens : • jembarque.com •*

➢ ***Pour Ottawa, Hull et Gatineau :*** bus ttes les heures 5h15-minuit avec *Greyhound.* Compter 2h30 de route pour Ottawa. Correspondances pour Toronto.

➢ ***Pour Toronto :*** bus ttes les heures 6h30-21h avec *Megabus.* Compter env 6h de trajet.

➢ ***Pour Sherbrooke et les Cantons-de-l'Est :*** avec *Transdev Limocar,* env ttes les heures 6h-20h30. Env 2-3h30 de trajet.

➢ ***Pour New York :*** env 8 bus/j. 7h30-23h45 avec *Greyhound.* Prévoir 7h45-9h20 de route (les plus rapides sont ceux de nuit car ils marquent moins d'arrêts).

➢ ***L'épopée Montréal-Vancouver :*** 1 départ/j. avec *Greyhound.* Compter 75h de voyage soit 3 jours et 4h ! Bref, c'est la grosse expédition (4 916 km), mais il faut bien penser aux fanatiques de *road movies...* Assez cher quand même : plus de 400 $, taxes comprises ; mais slt 275 $ env si on achète son billet à l'avance...

En train

Gare centrale *(plan détachable, C4) : 935, rue de la Gauchetière Ouest ; une autre entrée sur University et Belmont. ☎ 1-800-268-9503 ou 1-888-VIA-RAIL. • viarail.ca • Depuis les États-Unis : ☎ 1-800-872-7245 (Amtrak). Réduc de 30 % si résa 10 j. à l'avance et 20 % min 5 j. avt le départ (selon dispos) ; également des tarifs de dernière minute (jusqu'à - 50 % !).* Arrivées et départs depuis/vers le reste du Québec et du Canada, ainsi que depuis les États-Unis. Consignes *(lun, mar, jeu et sam 5h15-18h30 ; mer, ven et dim 7h30-19h).* On peut laisser ses bagages pendant 24h max en présentant un billet de train valide.

➢ ***Pour la ville de Québec :*** 5 départs/j. 6h20-18h25. Trajet env 3h30.

➢ ***Pour Ottawa et Toronto :*** 4-6 trains/j. pour Ottawa et une dizaine pour Toronto. Compter env 2h de trajet pour Ottawa et 5h pour Toronto.

En minibus

➢ ***Vers Gaspé :*** *Taxi Fortin et Fils (qui assure la liaison depuis 1949 !). ☎ 418-269-3454. • taxifortin.com • Départs mar, jeu et sam en minibus (11 places). Résa conseillée 2-3 j. à l'avance. Compter env 110 $ pour Gaspé.* On vient vous chercher là où vous êtes dans Montréal, ce qui est bien pratique. Plus rapide que le bus (comptez quand même 12-14h pour Gaspé, arrêts pipi et repas inclus). Tarif : 115 $ (aller Montréal-Gaspé).

En stop et covoiturage

Ici, on dit : « Je vais sur le pouce à... »

– ***Amigo Express :*** *• amigoexpress.com •* Il en coûte 7,50 $ pour devenir membre d'*Amigo Express*. L'inscription se fait en ligne. Un trajet Montréal-Ottawa vaut env 13-15 $.

– ***Le Réseau de Covoiturage :*** *☎ 877-774-8607. • covoiturage.ca •* Inscription gratuite en ligne.

LE QUÉBEC

Adresses et infos utiles

Informations touristiques

🅸 ***Centre Infotouriste*** *(Tourisme Québec ; plan détachable, C4,* ***1****) :* *1255, rue Peel, sur le sq. Dorchester. ☎ 514-873-2015 ou ☎ 1-877-266-5687. • mtl.org • Ⓜ Peel. 9 mai-9 oct tlj 9h-18h ; le reste de l'année, 9h-17h. Fermé 25 déc et 1er janv.* Une mine de renseignements sur Montréal et les autres régions du Québec. Accueil excellent. Demander la « carte touristique officielle » de Montréal (plan très précis), *Le Guide Touristique de Montréal* – brochure très complète. En plus, accès à de nombreux services : résas d'hôtels, de gîtes, de certaines résidences étudiantes, visites guidées, location de voitures, plan des pistes cyclables de la ville et des environs...

🅸 ***Bureau d'accueil touristique Vieux-Montréal*** *(zoom détachable Centre, D4,* ***5****) :* *174, rue Notre-Dame Est (entre les rues Saint-Vincent et Jacques-Cartier). • mtl.org • Ⓜ Champ-de-Mars. Tlj : mai et oct 10h-18h, juin-sept 9h-19h. Fermé nov-avr.* C'est le petit bureau saisonnier du Vieux-Montréal. On y trouve la documentation de base sur la ville.

– ***Cité Mémoire :*** *ts les soirs de la tombée de la nuit à 23h (minuit de mi-mai à mi-sept). • montrealenhistoires.com •* Appli gratuite à télécharger : « Montréal en Histoires ». Parcours urbain multimédia gratuit, en tout une vingtaine de tableaux projetés sur les murs, le sol ou même les arbres de la vieille ville, illustrant un fait marquant de l'histoire de Montréal, un personnage connu ou une tranche de vie.

Représentations étrangères

■ ***Consulat de France*** *(plan détachable, C4,* ***2****) :* *1501, McGill College, au 10e étage, bureau 1000. ☎ 514-878-4385. • consulfrance-montreal.org • Ⓜ McGill. Bus no 24 (arrêt Sherbrooke – McGill-College) et no 15 (arrêt Sainte-Catherine-University). Lun-ven 8h30-12h (16h30 par tél).*

■ ***Consulat de Belgique*** *(plan détachable, C4,* ***3****) :* *999, bd de Maisonneuve Ouest, suite 1600. ☎ 514-849-7394 ou 514-236-5402 (slt en cas d'extrême urgence). • canada.diplomatie.belgium.be/fr • Ⓜ Peel (sortie « Metcalfe »). Lun-ven 8h-13h (16h30 par tél).*

■ ***Consulat de Suisse*** *(plan détachable, B4) :* *1572, av. du Dr-Penfield (angle Côte-des-Neiges). ☎ 514-932-7181. • eda.admin.ch/montreal • Ⓜ Guy-Concordia puis bus no 165 ou no 435. Lun-ven 10h-13h (12h ven).*

■ ***Consulat des États-Unis*** *(zoom détachable Centre, C4) :* *1155 rue Saint-Alexandre ☎ 514-398-9695. • ca.usembassy.gov • Ⓜ Lun-ven 8h15-17h.* Prendre rendez-vous au préalable sur Internet.

■ ***Renouvellement du visa*** *(plan détachable, B4) :* ***Citoyenneté et Immigration Canada,*** *1010,* *rue Saint-Antoine Ouest, 2e étage. ☎ 1-877-858-3762 et 1-888-242-2100. • QC-Multi@cic.gc.ca • cic.gc.ca • Lun-ven 8h-16h. Sur place, slt sur rdv.* Fournit les formulaires à remplir pour les demandes de renouvellement du visa. Très difficile à joindre par téléphone. Commencer par consulter le site internet.

Services

■ ***Météo :*** *☎ 514-283-3010 ou 1-900-565-4000 (0,95 $/mn).* Prévisions enregistrées sur 5 jours pour la région de Montréal. Autre possibilité : *• meteo.gc.ca •* Pour des infos très précises, joindre directement un météorologue en appelant le numéro payant d'*Environnement et Changement climatique Canada* : *☎ 1-800-668-6767. • ec.enviroinfo.ec@canada.ca •*

■ ***Infos neige et travaux routiers : Transports Québec,*** *☎ 511. • transports.gouv.qc.ca •* Pour connaître les éventuels travaux (et donc bouchons) et l'état d'enneigement des routes.

Internet

ZAP est le réseau wifi gratuit de l'île de Montréal. Maillage et points d'accès sur *• zap.coop •* ou *• auth.ilesansfil.org/nodeextra/map •*

Urgences, santé

■ ***Infos santé :*** *• santemontreal.qc.ca •*

■ ***N° d'appel en cas d'extrême urgence :*** *☎ 911.*

■ ***Centre antipoison :*** *☎ 1-800-463-5060.*

✚ ***Hôpital Saint-Luc*** *(zoom détachable Centre, D4) : 1058, rue Saint-Denis. ☎ 514-890-8000. • chumontreal.qc.ca • Ⓜ Champ-de-Mars.* C'est le CHU de la ville, très central et majoritairement francophone. Notez que les cliniques médicales coûtent moins cher que les hôpitaux, à préférer donc pour des problèmes bénins. D'autant que certaines reçoivent les urgences sans rendez-vous (pas le w-e en revanche), par exemple la ***Clinique En Route*** *(895, rue de la Gauchetière Ouest, au niveau de la gare ferroviaire ; ☎ 514-954-1444 ; plan détachable, C4)* ou la ***Clinique Millénia*** *(150, rue Sainte-Catherine Ouest ; ☎ 514-287-2683 ; zoom détachable Centre, C-D4).*

■ ***Pharmacies : Jean Coutu*** est l'enseigne la plus répandue. La rue Sainte-Catherine Ouest, certes très longue, possède plusieurs de leurs succursales. *Vous pouvez vous rendre aux nos 677, 980 et 1675. En général, leurs horaires sont les suivants : lun-mar 8h-19h, mer-ven 8h-21h, sam 10h-18h. Celle du no 1675 est ouv tlj jusqu'à minuit (☎ 514-933-4221). Également au 865, rue Sainte-Catherine Est (☎ 514-842-9622 ; lun-ven 8h-22h, sam 9h-22h, dim 9h-21h) ou encore au 1058, rue Saint-Denis (☎ 514-287-7474 ; lun-ven 8h-18h). • jeancoutu.com •* ***Pharmaprix*** est l'enseigne concurrente.

Change

Évitez le bureau de change de l'aéroport Trudeau, dont le taux est plutôt défavorable. Mieux vaut aller dans les bureaux de change, que l'on trouve plutôt dans les quartiers touristiques (par exemple rue Notre-Dame, dans la vieille ville, rue Peel ou Sainte-Catherine dans le centre-ville, etc.).
La plupart des banques font le change, mais leurs horaires sont plus restreints. En cas de panne de distributeur, en revanche, elles peuvent délivrer de l'argent liquide sur présentation d'une carte de retrait et de 1 voire 2 pièces d'identité. Voir aussi la rubrique « Argent, banques, change » dans « L'Est du Canada utile ».

Tourisme

■ ***Aux Quatre Points Cardinaux*** *(zoom détachable Centre, D3,* ***7****) : 551, Ontario Est. ☎ 514-843-8116 ou 1-888-843-8116. • aqpc.com • Ⓜ Berri-UQAM (sortie station centrale de bus). Lun-mer 10h-18h, jeu-ven 10h-21h, sam 10h-17h.* Les grands spécialistes des cartes topographiques du Québec et du Canada. Tous les randonneurs leur rendront donc utilement visite.

■ ***Aventure Canada :*** *1142, Notre-Dame, suite 100, à Lachine. ☎ 1-514-*

634-50-00. • *aventurecanada.com* • Ⓜ *Papineau. Lun-sam 9h-17h.* Une agence dans la banlieue de Montréal spécialisée dans le tourisme d'aventure. Forfaits tout compris (guide, sac de couchage, transport, nourriture...) de la demi-journée à l'expédition de 24 jours. Également des « autotours ».

■ ***Club Voyages*** *(zoom détachable Centre, D4,* ***18****)* ***:*** *333, rue Notre-Dame E.* ☎ *514-338-1160 ou 1-888-732-8688.* • *clubvoyages.com* • *Lun-ven 9h-17h30 (20h jeu-ven), sam 10h-17h.* Cette agence de voyages brade des places de dernière minute sur les vols charters et forfaits vols + hôtels, surtout à destination du Sud (Cuba, Mexique, Antilles...) et aussi de l'Ouest canadien (Vancouver, Calgary) et de l'Europe. Possède plusieurs agences à Montréal et au Québec.

■ ***L'Autre Montréal*** *(zoom détachable Centre, C3,* ***17****)* ***:*** *3680, rue Jeanne-Mance, local 310.* ☎ *514-521-7802.* • *autremontreal.com* • Propose des visites guidées payantes de certains quartiers pour découvrir la ville sous ses multiples facettes.

Culture

■ ***Cinémas Cineplex :*** • *cineplex.com* • *Tarifs réduits avt 18h, réduc le mar soir. Sinon, billet env 12 $.* Parmi les cinémas du réseau, signalons le **Cineplex Odéon** *(350, rue Émery ; zoom détachable Centre, D4),* le **Cinéma Banque Scotia** *(977, rue Sainte-Catherine Ouest ; plan détachable, C4)* ou encore le ***Cinéma Starcité*** *(4825, av. Pierre-de-Coubertin ; plan détachable, G2).* En général, les cinés de l'est de la ville présentent des films en français seulement, alors qu'ils sont plutôt en anglais dans l'ouest. Signalons encore le beau ***Beaubien*** *(2396, rue Beaubien Est ;* Ⓜ *Beaubien ; plan détachable, E1 ;* ☎ *514-721-6060 ;* • *cinemabeaubien.com* •*),* spécialisé dans les films québécois et francophones.

■ ***Spectacles à tarif réduit :*** pour tenter à la dernière minute de trouver des places de spectacle à tarif réduit, s'adresser à ***La Vitrine*** *(zoom détachable Centre, D4,* ***12****)* ***:*** *2, rue Sainte-Catherine Est.* ☎ *514-285-4545.* • *lavitrine.com* • *Tlj 11h-20h (18h dim-lun).* Un service pratique, qui centralise les ventes pour tous les spectacles et festivals.

■ ***Radio :*** excellente musique rock et pop sur la station anglophone *CHOM* (97.7 FM). En français, on aime bien la station alternative communautaire *CIBL* (101.5 FM), ses émissions et sa programmation musicale éclectique, sans oublier *CHOQ,* la radio des étudiants de l'UQAM pour la qualité de sa programmation alternative et émergente • *choq.ca* •. Enfin, la station de variétés la plus populaire à Montréal, c'est *CKOI* (96.9 FM). La radio des tubes romantiques, c'est *Rouge FM* (107.3 FM). Enfin, la fréquence de *Radio-Canada* est 95.1 FM. Toutes ces radios peuvent aussi être écoutées en ligne sur leurs sites web respectifs.

Loisirs

■ ***Patinoires :*** une douzaine en plein air (non, pas l'été !). Sachez aussi que, même l'hiver, les patinoires peuvent fermer si les températures sont trop douces.

– ***Parc La Fontaine*** *(plan détachable et zoom détachable Le Plateau, D-E3)* ***:*** *3933, av du Parc-Lafontaine.* ☎ *514-706-9627.* Ⓜ *Sherbrooke (puis 5-10 mn à pied vers l'est). En principe, janv-fév, tlj 10h30 (10h w-e)-22h. Loc de patins : env 10 $.* On patine sur les eaux glacées d'un étang dans le cadre romantique et branché du Plateau.

– ***Vieux-Port, bassin Bonsecours*** *(zoom détachable Centre, D4-5)* ***:*** ☎ *514-496-7678 ou 1-800-971-7678.* Ⓜ *Champ-de-Mars. Déc-début mars ; lun-mer 10h-21h (22h jeu-dim). Entrée payante (env 7 $; réduc) et loc de patins sur place (10 $).* Un lieu enchanteur, avec vue sur la vieille ville et le fleuve.

– ***Atrium Le 1000*** *(plan détachable, C4)* ***:*** *1000, rue de la Gauchetière Ouest (entre Mansfield et la cathédrale).* ☎ *514-395-0555.* • *le1000.com* • Ⓜ *Bonaventure (à deux pas). Patinoire couverte, ouv tte l'année, sous une grande verrière lumineuse. En été, tlj 11h30 (12h30 w-e)-18h (21h sam et en hiver). Entrée : 7,50 $; réduc. Loc de patins : 7 $.* Petits restos sur place.

LE QUÉBEC

■ ***Piscines :*** *rens pour les loisirs de la ville de Montréal au ☎ 514-872-0311. • ville.montreal.qc.ca •* Montréal compte plus de 100 piscines extérieures et intérieures, et au moins autant de pataugeoires pour les tout-petits (notamment au parc La Fontaine) ! GRATUITES quand elles sont municipales (souvent ouvertes de 11h30 à 19h ou 20h). À part ça, signalons le complexe aquatique en plein air du parc Jean-Drapeau *(plan détachable, E5)* sur l'île Sainte-Hélène *(• parcjeandrapeau.com • ; tlj 10h-20h en été ; entrée adulte : env 8 $; forfait famille : env 18 $)* et les piscines couvertes du Parc olympique *(• parcolympique.qc.ca • ; entrée payante ; plan détachable, G2).*

Plage Jean Doré : au sud du parc Jean-Drapeau, sur le lac de l'île Notre-Dame *(plan détachable, D6). ☎ 514-872-0199. • parcjeandrapeau.com • Ⓜ Jean-Drapeau puis navette n° 767. De mi-juin à mi-août, tlj 10h-19h, puis 12h-19h jusque début sept. Entrée : 9 $; réduc ; gratuit moins de 3 ans.* Rafraîchissant lorsque Montréal fond sous la canicule. Également un complexe aquatique en été (lire « Piscines » ci-dessus). Une autre plage (la plage de l'Horloge) a été aménagée au Vieux-Port, au pied de la tour de l'Horloge *(zoom détachable Centre, D-E5),* mais la baignade y est interdite. C'est donc une plage pour la détente. *De mi-juin à début sept, tlj 11h-21h (19h lun-mar) – plus tard en cas d'animation ; début juin, slt le w-e. Rens : • vieuxportdemontreal.com •* Sur le sable blond, des transats avec vue sur le fleuve et la marina. On y est aux premières loges pour assister aux grands feux d'artifice estivaux.

Location de vélos et de rollers

Montréal peut se parcourir à vélo (avec quelques belles grimpettes). Pensez à porter un casque. La ville est équipée d'un très populaire système de ***vélos en libre-service, Bixi,*** totalisant 460 stations à travers la ville. Muni d'une carte de paiement, on s'enregistre à une borne, puis on retire un vélo. Cette formule revient néanmoins assez cher pour un touriste de passage : l'accès coûte 5 $/j. et 14 $ pour 3 j. ; la première demi-heure est gratuite, puis on paie 1,75 $ pour la demi-heure suivante, 3 $ pour celle d'après et, au-delà de 90 mn, 7 $ pour 30 mn supplémentaires. Sachez enfin que vous devrez faire un « dépôt de sécurité » de... 250 $ par carte de crédit ! Vous le récupérerez au bout de 10 jours, un peu rédhibitoire ! Plus d'infos sur : *• montreal.bixi.com •*

Les ***pistes cyclables*** sont bien aménagées et respectées par les automobilistes comme par les piétons. De plus, la circulation reste à toute heure étonnamment sage pour une ville de ce calibre. Le réseau cyclable de l'île de Montréal est relié à celui de la banlieue par des ponts aménagés, par un service de traversiers (bacs) ainsi que par le métro (vélos autorisés gratuitement en dehors des heures de pointe). Au total, près de 680 km de pistes cyclables sillonnent l'île de Montréal.

Dans le Vieux-Montréal

■ ***Ça Roule Montréal*** *(zoom détachable Centre, D5,* ***13****)* ***:*** *27, rue de la Commune Est. ☎ 514-866-0633 ou 1-877-866-0633. • caroulemontreal.com • Ⓜ Place-d'Armes. En été, tlj 9h-19h (18h si mauvais temps) ; hors saison, selon conditions météo (tél avt de venir). En principe, fermé déc-fév (mars et nov slt sur résa). Tarifs : vélo env 30 $/j., tandem 70 $/j. Un peu plus cher les w-e et j. fériés. Plan des pistes cyclables, casque et antivol fournis.* Propose également des tours guidés à vélo avec ***Guidatour*** *(• guidatour.qc.ca •). Env 68-80 $ la balade guidée, loc de vélo incluse. Résa indispensable. Départs à 9h30 (juil-août slt) ou 14h de la boutique.* Propose des ***tours thématiques*** d'une durée de 3 ou 4h avec un guide professionnel qui vous expliquera toutes les « montréalités » de la ville, du Vieux-Port au Mont-Royal en passant par le Quartier latin, le parc La Fontaine et le Vieux-Montréal.

Sur le Plateau Mont-Royal

■ ***Bicycletterie J.R.*** *(zoom détachable Le Plateau, D3,* ***14****)* ***:*** *201, rue Rachel*

Est, à l'angle de l'av. de l'Hôtel-de-Ville. ☎ 514-843-6989. • labicycletteriejr.com • Ⓜ Mont-Royal. Lun-mer 9h-18h (21h jeu-ven) ; w-e 10h-17h. Pause à midi. Loc de vélos env 20 $ pour 4h, 30 $/j., 75 $/sem (puis 65 $/sem supplémentaire), casque et antivol inclus.

■ ***Le Vélodidacte*** *(zoom détachable Le Plateau, D3,* ***15****)* **:** *4468, rue Brébeuf. ☎ 514-522-5499. • velodidacte.com • Ⓜ Mont-Royal. Mar-mer 9h-18h, jeu-ven 9h-20h, sam 10h-16h ; fermé dim-lun. Loc env 15 $ pour 3h, 30 $/j., casque et antivol inclus. Loue aussi des Fat-bikes env 25 $ pour 3h, 35 $/j.*

Transports urbains

Métro et bus

On circule facilement et rapidement dans Montréal en combinant ces deux moyens de transports en commun. ***Les réseaux de bus et de métro sont entièrement interconnectés*** ; on passe de l'un à l'autre gratuitement (pensez à conserver vos titres de transport pour les correspondances).

Le ***métro est en service de 5h30 à 0h30*** (1h le samedi). Sécurisé, simple et propre, mais il y fait toujours très chaud en toute saison. ***Vélos*** autorisés sous certaines conditions : en semaine 10h-15h et 19h-fermeture, ainsi que les week-ends et jours fériés toute la journée, sauf aux heures de pointe. ***Plan gratuit*** dans les stations, indiquant également les connexions du métro avec la « ville souterraine ».

Les bus sillonnent Montréal et ses environs ***en général de 5h15 à 1h ou 2h*** selon la ligne et le jour. Attention quand même aux fréquences des bus, qui se font parfois attendre un peu.

- ***Tarifs des titres de transport :*** si vous n'avez que quelques trajets à effectuer, vous pouvez acheter un ticket à l'unité pour 3,25 $, 2 unités pour 6 $ ou une carte de 10 tickets à 27 $; gratuit pour les moins de 5 ans. La *STM* propose aussi des ***cartes touristiques*** pour 1 jour (10 $) et 3 jours consécutifs (18 $).
- ***Cartes :*** ceux qui font un séjour prolongé pourront opter pour la ***carte hebdomadaire*** (du lundi au dimanche) à 25,75 $, ou 15,75 $ pour les 6-17 ans et 65 ans et plus (ajouter 6 $ pour l'achat de la carte), voire pour la ***carte mensuelle*** (valide du 1er au 31 du mois ; 83 $; réduc). Noter enfin l'existence d'une ***carte week-end*** (valable du vendredi 16h au lundi 5h ; 13,75 $), ainsi que la ***carte soirée,*** illimitée à partir de 18h, au prix de 5 $.
- ***Carte OPUS :*** il existe aussi une formule de ***carte à puce rechargeable,*** en vente toute l'année dans pratiquement toutes les stations de métro, les centres d'informations touristiques et les tabagies (bureaux de tabac). Compter 6 $ pour l'achat de la carte, à recharger ensuite à sa guise.

Plus de ***renseignements*** auprès des deux organismes qui gèrent le réseau des transports en commun, incluant les trains de banlieue :

■ ***STM*** *(Société des transports de Montréal)* **:** *☎ 514-786-4636. • stm.info •*

■ ***AMT*** *(Agence métropolitaine des transports)* **:** *☎ 514-287-8726. • rtm.quebec •*

En taxi

Facile de trouver un taxi à Montréal. Contrairement à leurs collègues français, les taxis québécois ne facturent jamais leur trajet jusqu'à votre adresse lorsque vous téléphonez à un central : le compteur ne démarre que lorsque vous montez à bord ; il n'y a pas non plus de supplément de nuit.

Nous vous conseillons *COOP (☎ 514-725-9885),* une compagnie efficace dont les chauffeurs sont propriétaires de leurs véhicules et tiennent donc beaucoup à leur bonne réputation. Mais il y en a d'autres, notamment la grosse compagnie *Champlain (☎ 514-271-1111).* Et n'oubliez pas le pourboire *(tip)* si vous ne voulez pas vous faire enguirlander !

Où dormir ?

Le ***Grand Prix de Formule 1,*** à la mi-juin, ouvre la saison des festivals et manifestations de toutes sortes qui remuent la ville jusqu'à fin septembre. Pendant cette période, ***réserver le plus tôt possible.*** La semaine du ***Festival international de jazz,*** de fin juin à début juillet, affiche parfois complet 1 an à l'avance !

CAMPINGS

Les Laurentides (et, dans une moindre mesure, ***Lanaudière***), situés à 1h-1h30 de route de la capitale, sont une alternative de séjour possible pour découvrir Montréal. Voir le chapitre « Les environs de Montréal » en fin de guide.

⛺ ***Campings du parc national d'Oka :*** *2020, chemin Oka, à* ***Oka.*** *☎ 450-479-8365 ; résas au ☎ 1-800-665-6527. • sepaq.com/pq/oka • parc.oka@sepaq.com • À 55 km de Montréal. Centre d'accueil du parc, à 1,5 km avt le village d'Oka. De début mai à mi-oct (tte l'année en camping rustique). Résa conseillée en hte saison. Empl. 30-45 $. Tentes* Huttopia *121 $ la nuit (4 adultes et 1 enfant), équipées et confortables mais apporter son couchage. Chalets (été et hiver) à partir de 150 $. Douches payantes.* Aménagé dans le parc national d'Oka, ce camping est très (trop ?) populaire, car il est l'un des plus beaux de la région. À 30 mn de Montréal, ce sont déjà les lacs et les forêts, donc aussi nos amis les moustiques... Rien que 900 emplacements ! Mais attention, pas d'endroit spécifique pour planter sa tente et on campe dans une futaie assez sombre. Jolie plage surveillée au bord du lac des Deux-Montagnes (cafétéria et restos sur place). Plein d'activités (école de voile, canoë-kayak, embarcation à pédales, surf à pagaie, location de vélos, etc.). À notre avis, mieux vaut mettre le cap sur Lanaudière ou les Laurentides, d'autant que camper ici ne vous dispense pas de payer, chaque jour, le droit d'accès au parc *(8,50 $/j ; réduc).*

⛺ ***Camping Saint-André :*** *au sud de Montréal, au 73, rang Saint-André, à* ***Saint-Philippe-de-la-Prairie.*** *☎ 450-659-3451. • lecampingstandre.com • Par l'autoroute 15, sortie 38, à env 30 km de Montréal, tourner à gauche et rouler 2 km, puis tourner à droite dans le rang Saint-André. De mi-mai à mi-oct. Empl. 28-34 $.* Un très beau site naturel, situé à env 20 mn de voiture de Montréal. Bien aménagé, avec de l'ombre, il dispose d'un petit plan d'eau charmant. Environ 90 emplacements pour les tentes, plaisants et au calme. Bon accueil. Piscine, aire de jeux pour enfants, terrain de pétanque, buanderie. Ni resto ni dépanneur, mais un supermarché à Candiac, à 4 km de là.

AUBERGES DE JEUNESSE

Dans le Vieux-Montréal

🏠 ***Auberge Saint-Paul*** *(zoom détachable Centre, D4,* ***41*** *) : 347, rue Saint-Paul Est. ☎ 438-386-1339. • aubergesaint-paul.com • Lits en dortoir 17-35 $/pers. Doubles 65-80 $, petit déj inclus.* Difficile de trouver meilleur emplacement ! En plein cœur du vieux Montréal, dans une demeure ancienne très bien réhabilitée, cette AJ tenue par une équipe jeune nous a bien plu. Tout y est arrangé avec intelligence et bien confortable. Dortoirs de 6 à 15 lits et chambres privatives impeccables et nettes. AC partout en été, chauffage en hiver. Cuisine équipée, infos sur la ville... Depuis le 3e étage, belle vue sur le marché Bonsecours.

🏠 ***Auberge alternative du Vieux-Montréal*** *(zoom détachable Centre, C5,* ***30*** *) : 358, rue Saint-Pierre. ☎ 514-282-8069. • auberge-alternative.qc.ca • À 10 mn à pied du métro Square-Victoria. Lits 20-31 $/pers. Doubles 55-100 $. Petit déj bio en sus (5 $). Résa indispensable.* Très agréable auberge indépendante et branchée écolo, installée dans un ancien entrepôt réhabilité, dans un coin tranquille du secteur historique. Un grand dortoir de 20 lits et 5 dortoirs de 4 à 10 lits, dont un réservé aux femmes. Tous sont très colorés, propres et joliment aménagés, avec des œuvres d'artistes émergents. Une chambre privative avec sanitaires à l'intérieur, sinon ils sont sur le palier. Pièce commune conviviale qui sert à tout : réception, salon, salle à manger et cuisine. Laverie et location de vélos.

Dans le Quartier latin et le Village

M Montréal *(zoom détachable Centre, D4,* ***40****) : 1245, rue Saint-André. ☎ 514-845-9803. • m-montreal.com • Ⓜ Berri-UQAM. Lits en dortoir 20-50 $/pers ; doubles avec sdb privée 60-120 $; petit déj inclus.* En plein cœur du Village, dans une rue calme et ombragée, une AJ version glamour. Le comptoir de la réception rose et blanche scintille sous un alignement de verres à pied ; au sous-sol se cache un immense bar aux canapés baroques, régulièrement animé de concerts. Les dortoirs, de 4 à 16 lits (dont 3 réservés aux filles), sont plus banals mais vraiment impeccables, tous avec casiers, sanitaires et ventilo. Vue sur la rue et les côtés de l'immeuble. Également des chambres privées avec un lit *queen-size* ou 2 petits lits. Très agréable terrasse sur le toit avec un jacuzzi.

Auberge Alexandrie *(zoom détachable Centre, D4,* ***60****) : 1750, rue Amherst. ☎ 514-525-9420. • alexandrie-montreal.com • Ⓜ Berri-UQAM. Lits en dortoir 18-31 $/pers ; doubles 65-90 $; petit déj et taxes inclus.* Dans une grosse bâtisse de brique, une AJ pour trekkeurs urbains tendance *hipster.* Béton et ferraille apparents, numéros de chambres tagués, salle commune façon parking souterrain habillé. Un genre de squat dans lequel il faudrait payer... Côté hébergement, dortoirs basiques de 6 à 20 lits avec salle de bains privée ou non et sans clim, et chambres privées climatisées avec kitchenette pour certaines. Cuisine. Terrasse sur le toit.

Samesun Montréal *(zoom détachable Centre, D4,* ***33****) : 1586, rue Saint-Hubert. ☎ 514-843-5739. • samesun.com/fr/montreal/ • Ⓜ Berri-UQAM. Lits en dortoir 26-28 $/pers ; doubles 115-140 $. Same sun for all,* le même soleil pour tous ! Cette auberge de chaîne, remarquablement située, abrite des dortoirs de 4 à 8 lits, propres et équipés : casiers, lampe de lecture et prise électrique pour chaque lit. Ensemble très bien tenu. Il y a aussi des chambres privatives, tout confort, avec salle de bains, dont 2 avec lit *king-size,* jacuzzi et miroirs au plafond. Ici, tout est fait pour les rencontres : belle cuisine commune, espaces à la fois lumineux et proprets, café gratis 24h/24, petit jardin sur l'arrière, soirées *bbq,* et des activités organisées.

Sur le Plateau Mont-Royal

Le Gîte du Parc La Fontaine *(zoom détachable Centre, E3,* ***31****) : 1250, Sherbrooke Est (angle Beaudry). ☎ 514-522-3910 ou 1-844-350-4483. • hostelmontreal.com • Ⓜ Sherbrooke. Ouv juin-août. En dortoir 4-6 lits, 28 $/pers ; doubles 75-80 $; draps, petit déj et taxes compris ; réduc avec la carte internationale d'étudiant. CB refusées.* À quelques minutes à pied du centre, un hébergement à mi-chemin entre gîte et AJ, possédant une trentaine de lits répartis en dortoirs (4 lits superposés) ou en chambres. Elles sont équipées d'un lavabo. Cuisine (le soir seulement), buanderie, salle TV. Aux beaux jours, le petit déj se prend sur la terrasse. Ambiance très conviviale.

Le Gîte du Plateau Mont-Royal *(zoom détachable Centre, D3,* ***32****) : 185, Sherbrooke Est. ☎ 514-284-1276 ou 1-877-350-4483. • hostelmontreal.com • Ⓜ Sherbrooke. Tte l'année. En dortoir 6-8 lits, à partir de 22 $/pers ; doubles 65-70 $. Draps, petit déj et taxes compris.* Dans une grande maison victorienne, une AJ de 90 places tenue par les mêmes propriétaires que le *Gîte du Parc.* La grande pièce commune sert à la fois de réception, de cuisine, de buanderie et de salle Internet. Les couloirs labyrinthiques conduisent aux dortoirs bien tenus (dont l'un aménagé sur le vaste toit-terrasse). Chambres privatives pour 1 à 4 personnes, toutes différentes, avec ventilo. Certaines ont un peu plus de cachet et possèdent une salle de bains individuelle. Celles sur l'arrière sont plus tranquilles. Sinon, plusieurs activités organisées ; *pub-crawl* tous les vendredis soir ; souper gratuit le dimanche en hiver.

Auberge Chez Jean *(zoom détachable Le Plateau, D3,* ***34****) : 4136, av. Henri-Julien. ☎ 514-843-8279. • aubergechezjean.com • Ⓜ Mont-Royal. Nuitées 25-30 $/pers, petit déj et taxes compris. Double 50 $.* Sur 3 étages, une AJ pas vraiment standard : ceux qui tiennent à leur nid douillet et intime passeront leur chemin ! Routard solitaire à la recherche d'un lieu convivial où faire plein de rencontres, cet endroit est peut-être pour toi. Matelas en mezzanine au-dessus de la petite salle commune avec piano, cuisine, et une « chambre » séparée par un rideau. Dans les étages inférieurs, quelques chambres privées pour 2 à 4 personnes et des petits dortoirs (4 à 8 lits). Un lieu pas banal, donc, mais bien tenu. Location de bicyclettes, sorties en groupe, repas communautaire.

Dans le centre-ville (Downtown)

L'Auberge Bishop *(plan détachable, C4,* ***62****) : 1447, rue Bishop. ☎ 514-508-8870. Résa recommandée en hte saison. Ⓜ Guy-Concordia. Lits en dortoir 25-34 $/pers, doubles 60-70 $, petit déj continental compris.* AJ privée nichée dans une grosse demeure aristocratique du XIXe s dont on a su conserver le charme, les cheminées ouvragées du rez-de-chaussée, le superbe escalier en bois sculpté, les vitraux, etc. Dortoirs (3, 9, 15 lits) mixtes (sauf 2 réservés aux femmes), chambres avec clim, *lockers*... Sanitaires collectifs. Cuisine aménagée, chaleureuse salle commune avec bar et accueil avenant.

Auberge de jeunesse de Montréal – Hostelling International *(plan détachable, B4,* ***70****) : 1030, rue Mackay. ☎ 514-843-3317 ou 1-866-843-3317. • hihostels.ca/montreal • Ⓜ Guy-Concordia ou Lucien-L'Allier. Lits en dortoir 20-45 $/pers avec la carte des AJ ; sans carte, ajouter 5 $. Draps fournis. Doubles 80-120 $, petit déj compris.* Dortoirs climatisés de 4 à 10 lits, tous équipés de douche et w-c, et une vingtaine de chambres privées avec AC aussi et TV. C'est propre, simple et hautement convivial malgré la taille de l'endroit (près de 230 lits). On peut y faire sa cuisine. Consigne, laverie automatique, parking à vélos, resto-bar, salle TV et billard. L'AJ organise des excursions, l'occasion de se faire des potes du monde entier !

COLLÈGES ET UNIVERSITÉS

La plupart ne fonctionnent que l'été et ferment leurs portes dès que les premiers étudiants pointent le bout de leur nez vers la mi-août ou même avant. On vous prévient, le cadre est rarement folichon.

Résidences universitaires de l'UQAM : *2 endroits ; l'****Auberge de l'Ouest,*** *dans le quartier des Spectacles (zoom détachable Centre, D4,* ***35****), au 2100, rue Saint-Urbain. ☎ 514-987-7747. Ⓜ Place-des-Arts. Et l'****Auberge de l'Est*** *(zoom détachable Centre, D4,* ***36****), dans le Quartier latin, au 303, bd René-Lévesque Est (angle Sanguinet). ☎ 514-987-6669. Ⓜ Berri-UQAM. Résas et infos sur • residences-uqam.qc.ca • De mi-mai à mi-août slt. Studios 95-100 $/j. pour 2 pers, doubles 90-95 $. Aussi appartements pour 3-8 pers.* Très central, c'est son gros avantage. Chaque résidence universitaire possède plus de 300 chambres mais attention, elles ne sont pas climatisées. On peut y louer des studios et des appartements équipés d'une cuisine et d'au moins une salle de bains. À l'*Auberge de l'Ouest,* certaines chambres sont accessibles aux personnes à mobilité réduite. Draps, couvertures et serviettes sont fournis et on peut stationner à l'intérieur (cher).

GÎTES TOURISTIQUES

Les prix varient selon la saison : nous vous donnons donc une fourchette indicative. Attention, nos meilleures adresses sont très demandées : en haute saison, mieux vaut s'y prendre à l'avance pour la réservation. Le petit déj est toujours inclus.

■ ***Association de l'Agrotourisme et du Tourisme Gourmand*** *(plan détachable, G2,* ***4****) : 4545, av. Pierre-de-Coubertin. ☎ 514-252-31-38 et 88.*

• gitesetaubergesdupassant.com • terroiretsaveurs.com • Ⓜ Pie-IX. Lun-ven 8h30-12h, 13h-16h30. Cette association s'occupe des réseaux des *Gîtes et Auberges du Passant* et des *Tables et Relais du terroir* du Québec.

Dans le Quartier latin et le Village

De prix moyens à chic

Gîte Le Simone et gîte Le Chasseur *(zoom détachable Centre, D4,* **71***) : 1571, rue Saint-André. ☎ 514-524-2002 ou 1-888-849-8866. • lesimone.com • Ⓜ Berri-UQAM. Tte l'année. Doubles env 60-120 $.* 2 maisons anciennes de 2 étages, chacune dans une rue plutôt calme. Intérieur bien arrangé : planchers d'époque et fenêtres à double vitrage, avec une vingtaine de chambres assez grandes et quelques apparts. Lumineuses, et décorées sobrement, certaines chambres sont climatisées et possèdent leur propre salle de bains, d'autres pas. Les espaces communs sont plaisants : petit salon internet, cuisine, bibliothèque, grande terrasse à l'arrière. Une belle adresse et un accueil gentil.

Gîte Le Saint-André-des-Arts *(zoom détachable Centre, D4,* **45***) : 1654, rue Saint-André. ☎ 514-527-7118 ou 1-866-527-7118. • bnb-montreal.com • Ⓜ Berri-UQAM. Doubles 90-115 $ (2 nuits min).* Dans une maison ancienne (1882) très bien tenue, 5 chambres coquettes (parquet) et climatisées, avec accès indépendant. 3 ont une salle de bains privée, les 2 dernières s'en partagent une. Microterrasse en hauteur qui donne sur un coin de verdure et sur les maisons du quartier : sympa à l'heure de l'apéro ! Buanderie et cuisine équipée à disposition, catalogue de films gratuits. Petit déj européen à base de produits maison. Très bon accueil.

Gîte Le St-Christophe *(zoom détachable Centre, D4,* **53***) : 1597, rue Saint-Christophe. ☎ 514-527-7836. • stchristophe.com • Ⓜ Berry-UQAM. Doubles 120-140 $.* Des briques jaunes, des volets roses, les couleurs gaies de la façade ne trichent pas et annoncent un endroit chaleureux et raffiné. On est accueilli par un homme affable et créatif qui a mis du rose, du rouge, du violet un peu partout dans la déco de son hôtel particulier du XIXe s. Les chambres, confortables et arrangées avec un goût exquis, ont une salle de bains privative, ventilo ou clim. Les parties communes ne manquent pas de style, entre vieux meubles, miroirs, lampadaires retro, tapis et canapés moelleux.

Sir Montcalm Gîte B & B *(zoom détachable Centre, E4,* **47***) : 1453, rue Montcalm. ☎ 514-522-7747. • sirmontcalm.com • Ⓜ Berry-UQAM. Doubles 150-180 $.* À deux pas du cœur animé du quartier du Village, voici une jolie maison en briques avec une façade partiellement couverte de plantes grimpantes. Le drapeau de la nation gay est bien accroché. On est accueilli par 2 hommes charmants et attentionnés qui proposent des chambres impeccables et confortables, de style contemporain, aussi belles que dans un hôtel 3 étoiles (toutes avec AC). Vue sur la rue ou l'arrière. Agréable petite cour-jardin avec des chaises longues. Excellent petit déj.

Angelica Blue B & B *(zoom détachable Centre, D4,* **58***) : 1213, rue Sainte-Élisabeth. ☎ 514-288-5969. • angelicablue.com • Ⓜ Berry-UQAM. Doubles 95-185 $.* En plein quartier latin, dans une rue calme, une maison bourgeoise de style victorien tenue avec le plus grand soin. Accueil avenant et souriant de la propriétaire. L'intérieur a du charme et du caractère. Les chambres sont bien arrangées et confortables, avec une bonne literie.

La Conciergerie *(zoom détachable Centre, D4,* **43***) : 1019, rue Saint-Hubert. ☎ 514-289-9297. • laconciergerie.ca • Ⓜ Berri-UQAM. Doubles 120-145 $.* Entre le Village et le Vieux-Montréal, ce *B & B* réparti sur 2 maisons victoriennes est plus proche du petit hôtel. 17 chambres décorées avec soin, dont 9 possèdent leur propre salle de bains. Mobilier sobre, ambiance bourgeoise chaleureuse, œuvres d'art bien choisies, la maison ne manque pas de caractère. Salle de fitness et jacuzzi en accès libre, petites terrasses pour bouquiner, solarium pour bronzer. Bon accueil.

La Loggia *(zoom détachable Centre, D-E4,* ***51****) : 1637, rue Amherst. ☎ 514-524-2493 ou 1-866-520-2493. • laloggia.ca • Ⓜ Berri-UQAM. Fermé janv-fév. Doubles 120-200 $.* Ce gîte en plein quartier gay propose 5 chambres doubles charmantes et confortables (dont 2 avec salle de bains à partager situées en demi-sous-sol). La déco, très réussie, conjugue beaux matériaux et couleurs chaleureuses. Nos préférées : la chambre du jardin (accessible par l'arrière) ainsi que la « romantique » située à l'étage. Cuisinette à disposition et petit déjeuner composé de produits locaux et bio que l'on peut déguster dans une cour à l'arrière, aux beaux jours. Location de vélos et visite de l'atelier de sculpture du Village.

Sur le Plateau Mont-Royal

De bon marché à prix moyens

Gîte La Lanterne *(zoom détachable Le Plateau, D2,* ***63****) : 1016, bd Saint-Joseph Est (et Boyer). ☎ 514-219-2547. • lalanterne.net • Ⓜ Laurier. Doubles 80-100 $, petit déj en self-service. CB refusées.* Plaisante demeure particulière, dont les 4 chambres, méticuleusement tenues, portent des noms liés aux arts : cinéma, littérature, photo, avec un décor et des objets s'y référant. Toutes avec parquet, certaines avec vitraux des années 1930. L'une des chambres possède sa salle de bains privée, les autres ont les toilettes sur le palier. Nos préférées donnent à l'arrière sur le jardin. Cuisine à disposition, buanderie, consigne à bagages... Petite terrasse ombragée à l'arrière. Accueil chaleureux.

Pensione Popolo *(zoom détachable Le Plateau, D2,* ***38****) : 4871, bd Saint-Laurent. ☎ 514-284-2863 ou 514-284-5691. • pensionepopolo.com • Ⓜ Mont-Royal ou Laurier. Doubles 65-100 $, appart 190 $.* À la frontière du Plateau et du Mile End, juste au-dessus du bar *Casa del Popolo* (voir « Où boire un verre ? Où s'éclater en musique ? Où danser ? »). Si vous venez pour faire la fête, que vous avez peu de sous à dépenser et que le son d'un concert au bar du rez-de-chaussée ne vous dérange pas, alors cette adresse est pour vous. Vous y trouverez 4 petites chambres joliment refaites au 3e étage, avec salle de bains partagée ou privée (pour les 2 familiales), cuisine commune et concerts gratuits inclus ! Un bon plan pour les fêtards.

Le 9 et Demi *(zoom détachable Le Plateau, D3,* ***39****) : 4133, bd Saint-Laurent. ☎ 514-842-4451. • le9etdemi.com • Ⓜ Mont-Royal. Résa très conseillée. Doubles 80-100 $, taxes comprises (2 nuitées min exigées). Petit déj non compris. CB refusées.* Un hébergement de style bohème et décontracté, dans l'esprit du quartier. Il s'agit d'un appartement très bien tenu, à mi-chemin entre l'auberge de jeunesse et le gîte, avec 6 chambres colorées et arrangées convenablement. Cuisine en libre accès, 2 salles de bains communes et une terrasse pour jaser. ***Annexe,*** dans le même esprit : *6529, rue Saint-Denis (plan détachable, D1, 77) ; Ⓜ Beaubien (à deux pas) ; même numéro de tél (résa au gîte principal) ; mêmes tarifs.* Belle maison en brique avec véranda sur colonnes. Quelques chambres de caractère, à la déco dépouillée, avec parquet verni (dont 1 quadruple). Cuisine équipée.

De prix moyens à chic

Le Rayon Vert *(zoom détachable Le Plateau, D3,* ***42****) : 4373, rue Saint-Hubert. ☎ 514-524-6774. • lerayonvert.ca • Ⓜ Mont-Royal. Double env 115 $, taxes comprises. Réduc à partir de 3 nuits. CB refusées.* Maison cossue typique du Plateau, tenue par la charmante Diane Bouchard qui reçoit si bien ses hôtes. 3 chambres (plus une en dépannage) se partagent 2 salles de douches. Confortables et élégantes, avec de jolis meubles, du parquet et de beaux tissus. Petite préférence pour la « Victorienne », ravissante avec ses moulures et son lustre. Exquis jardinet, que l'on admire de la salle des petits déj (bien copieux et bien bons, d'ailleurs) et depuis l'une des chambres.

La Petite Prune (zoom détachable Centre, D3, **46**) : 3422, av. Laval. ☎ 514-289-4482. Ⓜ Sherbrooke ou Saint-Laurent. Doubles env 100-130 $. Idéalement situé entre le Plateau et le Quartier latin, dans l'une de ces belles rues calmes et ombragées, cette maison abrite des chambres joliment arrangées avec des couleurs pastel, lilas, rose, mauve... C'est le goût de la discrète Akiko, une jeune Japonaise dévouée à ses hôtes. Les moins chères, plus petites, partagent la salle de bains ; les plus chères offrent un bon confort et pas mal d'espace. Copieux petit déj, style buffet, que l'on peut prendre sur la terrasse à l'arrière.

Chez François (plan détachable, E3, **73**) : 4031, av. Papineau. ☎ 514-239-4638. • chezfrancois.ca • À 10 mn à pied de la rue Saint-Denis par le beau parc La Fontaine. Ⓜ Mont-Royal ou Papineau. Doubles sans ou avec sdb 150-185 $, taxes comprises (un min de nuitées exigé à certaines dates). Parking privé gratuit. Dans un quartier calme, une solide maison avec de typiques escaliers métalliques en façade. 5 chambres de bon confort (avec AC) bien insonorisées, méticuleusement entretenues (niveau d'un hôtel 3 étoiles). Parquet en bois blond et beaux matériaux pour une ambiance aussi chaleureuse que l'accueil, avec, en prime, vue sur les arbres du jardin ou du parc. Savoureux et copieux petit déj (pain perdu, crêpe bretonne, gaufre et omelette, confiture maison, céréales...). Balcon commun et cuisine à dispo.

Dans le centre-ville (Downtown)

Au Cœur Urbain (plan détachable, B4, **74**) : 3766, chemin de la Côte-des-Neiges. ☎ 514-439-4003 et 1-855-439-4003. • giteaucoeururbain.com • Ⓜ Guy-Concordia. Doubles 155-180 $, taxes comprises. Parking payant. Belle et grande maison de 1925 de style anglo-breton offrant 5 chambres contemporaines d'excellent confort (AC, TV). Décorées dans un style élégant, épuré mais chaleureux, elles évoquent à la fois le Québec, la Bretagne, le Japon, la Russie et l'Afrique. Literie parfaite, couette en fibre de soie, draps et serviettes en coton bio équitable : la maitresse de maison a travaillé dans l'humanitaire, c'est une baroudeuse au grand cœur avec des goûts urbains et raffinés. Le petit déj se prend autour d'une grande tablée commune. Une très bonne adresse, au calme.

À l'est de la ville (Jardin botanique)

Gîte Dézéry (plan détachable, F3, **50**) : 3545, rue Dézéry. ☎ 514-972-4654. • gitedezery.com • Ⓜ Préfontaine, puis env 7 mn à pied. Doubles 135-160 $. Proche du Parc Olympique et du Jardin Botanique, un gîte chic et classe, proposant 4 chambres doubles avec salle de bains, clim, balconnet, télé câblée, frigo et une déco de type magazine mais sans trop en faire. Les plus grandes donnent sur l'arrière. Dans les espaces communs, vous vous sentirez comme à la maison : fontaine à eau, frigo, cafetière à dispo, petit salon pour lire. Savoureux petit déj préparé par le maître des lieux.

Gîte Le Sieur de Joliette (plan détachable, F3, **65**) : 2617, rue Joliette. ☎ 514-526-0439. • lesieurdejoliette.com • Ⓜ Joliette (sortie nord). Doubles à partir de 150 $ (taxes comprises). Légèrement excentré, mais le métro est à peine à 2 mn (ligne pour le centre-ville). Demeure particulière dans un quartier populaire tranquille. Propose 3 chambres de style bourgeois et cosy, dont 2 avec salle de bains au rez-de-chaussée et une en demi-sous-sol avec jacuzzi. Terrasse et agréable jardin sur l'arrière.

HÔTELS

Rappel, ***les prix indiqués ne comprennent pas les taxes.***

Prix moyens

Hôtel Abri du Voyageur (zoom détachable Centre, D4, **52**) : 9, rue Sainte-Catherine. ☎ 514-849-2922 ou 1-866-302-2922. • abri-voyageur.ca • Ⓜ Place-des-Arts. Doubles 65-160 $, studios avec cuisine 140-250 $, avec petit déj. Pas de parking. En plein quartier des Spectacles, un hôtel « économique » dans un immeuble en brique réhabilité avec soin, donnant sur 3 rues. Intérieur mariant brique brute, parquets vitrifiés et déco étudiée pour créer du volume. Toutes confortables (AC), les chambres économiques et standard peuvent accueillir 2 à 4 personnes et se partagent les salles de bains. Les *superior* sont plus grandes et possèdent 2 lits *queen-size* et une salle de bains privative. Ceux qui prendront racine dans le quartier choisiront les studios tout équipés, avec frigo, micro-ondes, gazinière et vaisselle. Accueil pro et affable.

☗ ***Auberge YWCA et Hôtel Y*** *(plan détachable, C4,* ***75****)* **:** *1355, bd René-Lévesque Ouest (angle Crescent). ☎ 514-866-9942. ● aubergeywca.com ● Ⓜ Lucien-L'Allier, Peel ou Guy-Concordia. Ouv 24h/24. À l'auberge YWCA, doubles 55-110 $; à l'hôtel Y, 80-125 $.* Situé près des gares, un peu à l'écart du centre. L'AJ est au 6e étage, et l'hôtel au 7e. 2 types de chambres à la déco tout à fait standard, suffisantes pour un court séjour. Salle de bains sur le palier pour les chambres économiques de l'AJ ; privatives dans la partie hôtel. Cuisine, salon et buanderie à disposition. Un bon rapport qualité-prix. Les bénéfices de ces structures financent une association pour femmes en difficulté.

☗ ***Hôtel Élégant*** *(zoom détachable Centre, D4,* ***54****)* **:** *1683, rue Saint-Hubert. ☎ 514-521-9797. ● hotelelegant.ca ● Ⓜ Berri-UQAM. Doubles 47-70 $, taxes comprises. Promos sur leur site.* Un hôtel basique et vieillot qui porte bien mal son nom, mais fonctionnel (clim, frigo, salle de bains) et à prix correct vu son emplacement, et c'est vraiment son seul atout. Dans la même rue, plusieurs autres hôtels du même genre pour dépanner.

Chic

☗ ***Hôtel Ambrose*** *(plan détachable, C4,* ***76****)* **:** *3422, rue Stanley (juste au nord de Sherbrooke). ☎ 514-288-6922. ● hotelambrose.ca ● Ⓜ Peel. Doubles 90-145 $. Promos sur leur site internet.* Une bien belle maison centenaire de style victorien, typiquement montréalaise, dans une rue tranquille. Même modernisée, elle a su garder son caractère : mobilier ancien, jolies boiseries, cheminées et bibliothèque. En tout, une vingtaine de chambres impeccables et tout confort (clim), dont les 2 moins chères sont tout de même assez étroites. Une suite familiale également.

☗ ***Hôtel Armor Manoir Sherbrooke*** *(zoom détachable Centre, D3,* ***55****)* **:** *157, Sherbrooke Est. ☎ 514-845-0915 ou 1-800-203-5485. ● armormanoir.com ● Ⓜ Sherbrooke. Doubles à partir de 140 $, taxes comprises. Réduc de 10 % si résa en direct (les appeler).* Sur Sherbrooke, large artère bruyante, une grande bâtisse en pierre grise à l'intérieur bien plus avenant. Une trentaine de chambres toutes décorées avec soin, avec AC, moulures et mobilier de style. Sous les combles, 4 chambres moins chères et agréables, à éviter si vous êtes grand.

☗ ***Château de l'Argoat*** *(zoom détachable Centre, D3,* ***56****)* **:** *524, rue Sherbrooke Est. ☎ 514-842-2046. ● hotel-chateau-argoat.qc.ca ● Ⓜ Sherbrooke. Doubles 145-180 $, petit déj et taxes incluses.* À la limite du Quartier latin et du Plateau du Mont-royal. Bien que situé sur une grande artère, le *Château de l'Argoat* (une demeure bourgeoise cossue) propose des chambres calmes et cosy, avec salles de bains privées. Certaines avec un bain tourbillon, les plus chères avec un beau mobilier ancien. Accueil très gentil. Un bon rapport qualité-prix.

☗ ***Hôtel-studio Anne Ma Sœur Anne*** *(zoom détachable Le Plateau, D3,* ***57****)* **:** *4119, rue Saint-Denis. ☎ 514-281-3187 et 1-877-281-3187. ● annemasoeuranne.com ● Ⓜ Mont-Royal. Doubles et studios 100-185 $, avec petit déj.* Un hôtel récent de taille moyenne, très bien situé au cœur du Plateau. Les chambres disposent toutes d'une salle de bains, de l'AC et d'une cuisinette bien équipée. Le frigo contient tout ce qu'il faut pour faire son petit déj, et des croissants sont livrés à votre porte chaque matin. Dans les chambres « économiques », le lit mural se replie pour laisser place à une table. Bref, c'est fonctionnel, à défaut d'avoir du charme. Les 2 chambres les plus chères possèdent une terrasse privée, les « économiques » sont petites et donnent sur la rue (à éviter, mieux vaut donner sur l'arrière). Accueil attentionné.

Hôtel Zéro 1 *(zoom détachable Centre, D4, **44**) : 1, bd René-Lévesque Est. ☎ 514-871-9696 et 1-855-301-0001. • zero1-mtl.com • Ⓜ Saint-Laurent (le bus de l'aéroport, le nº 747, s'arrête juste devant). Doubles 180-265 $. Promos sur Internet.* À l'entrée du Quartier chinois et au bord du boulevard Saint-Laurent, cet immeuble ancien en brique, restauré avec imagination, abrite un hôtel design et tendance. Chambres à la déco contemporaine (pas froide), bien agencées, lumineuses et de grand confort. En demander une dans les étages élevés, plus calmes.

Très chic

Le Petit Hôtel *(zoom détachable Centre, D5, **59**) : 168, rue Saint-Paul Ouest. ☎ 514-940-0360 ou 1-877-530-0360. • petithotelmontreal.com • Ⓜ Place-d'Armes. Doubles env 200-400 $, petit déj compris. 2 nuits min le w-e en été.* Au cœur du quartier historique, ce vieux bâtiment abritait jadis une manufacture de cuir et une petite usine de jouets. Aujourd'hui, c'est un superbe petit hôtel de charme, à la fois design et chaleureux. On y trouve une trentaine de chambres super confortables mais de tailles très différentes (S, M, L et XL, comme les fringues !), réparties sur 4 étages. Le mobilier contemporain se marie à merveille avec les volumes biscornus et les murs en pierres apparentes. Accueil attentionné.

Hôtel et restaurant de l'Institut ITQH *(zoom détachable Centre, D3, **61**) : 3535, rue Saint-Denis. ☎ 514-282-5120 ou 1-855-229-8189. Resto : ☎ 514-282-5155. • ithq.qc.ca • Ⓜ Sherbrooke. Doubles dès 180 $, petit déj compris. Au resto (fermé sam midi, dim et le soir lun), table d'hôtes 21 $ le midi et 31 $ le soir. Parking payant.* Derrière ce grand bâtiment design se cache l'*Institut de tourisme et d'hôtellerie du Québec,* accueillant un millier d'élèves. L'hôtel et le restaurant sont donc tenus par des apprentis (en période scolaire) ou par des stagiaires et employés (en été). Côté hôtel, les 40 chambres sont standard mais confortables et bien entretenues (la moindre des choses dans une école où l'on apprend le métier !). Toutes (sauf 2) ont un balcon. Côté fourneaux, les menus, servis dans l'agréable resto du rez-de-chaussée, sont concoctés par des étudiants en fin d'études, sous l'œil avisé de leurs professeurs.

Où manger ?

À Montréal, ville cosmopolite s'il en est, on peut faire un véritable ***tour du monde culinaire.*** Une centaine de groupes ethniques sont représentés dans des milliers de restaurants. Et, contrairement à chez nous, les cuisines étrangères ont su préserver leur authenticité au lieu de s'adapter systématiquement aux goûts occidentaux. Cela dit, on vous conseille vivement de tester la cuisine traditionnelle québécoise, qui regorge de surprises. Aviez-vous déjà entendu parler du pâté chinois, du ragoût de boulettes ou du pouding chômeur ? Ah, vous voyez ! Pour les fauchés, on trouve de nombreux stands culinaires (« foires alimentaires » ou *food courts*) dans les souterrains de la ville et les immenses stations de métro. Toutes les cuisines du monde y sont servies à prix modiques. C'est rapide et bien commode par mauvais temps...

Sachez aussi qu'il y a quelques années un Français a inventé la ***formule* « *Apportez votre vin* »**. Succès oblige, l'idée a rapidement fait école et, aujourd'hui, on ne compte plus les restos où l'on apporte sa propre bouteille achetée au *SAQ* (Service des alcools du Québec) du quartier, ce qui a le mérite de ne pas alourdir l'addition. Enfin, pour ceux qui viennent d'arriver, sachez que les « ***tables d'hôtes*** » au restaurant sont l'équivalent de nos menus complets et que ***le pourboire (tip) est obligatoire.***

Visites gourmandes (Food Tours)

– ***Tour gastronomique du Mile End*** *(Mile End Tasting & Cultural Walking Tour)* **:** *avec* ***Local Montreal Tours.*** *• localmontrealtours.com • Prix : 53 $/pers. Résa et paiement en ligne, en choisissant date et créneau horaire.* Cette excellente agence, dirigée par une équipe jeune et dynamique, propose des balades gourmandes et guidées à pied dans le quartier de Mile End, nouveau centre branché de la gastronomie montréalaise. Départ en petit groupe vers 11h-11h30, durée 3h. Les guides sont québécois mais donnent leurs explications plutôt en anglais, car les groupes sont souvent anglophones. Au cours du parcours, on teste 5 lieux de dégustation (boutique de bagels, chocolaterie, glacier artisanal, épicerie italienne, resto *vegan,* boucherie bio...). Cette balade gourmande est un de nos coups de cœur en 2017 !

Spécial petit déjeuner (« déjeuner » en québécois)

De nombreux restos populaires affichent des « ***spéciaux du déjeuner*** ». Vous pourrez avaler des œufs, du bacon, des rôties (du pain de mie grillé ; des toasts, quoi !), des « patates rôties » et du café pour moins de 10 $. Sachez aussi que la plupart des restos de Montréal affectionnent la formule du ***brunch,*** même en semaine.

☕ ***L'Évidence*** *(zoom détachable Le Plateau, D3,* ***92*****)** **:** *3817, rue Saint-Denis. ☎ 514-847-2267. Ⓜ Sherbrooke. Tlj 8h-23h. Petits déj 8-13 $; formule Lève-tôt moins chère servie jusqu'à 10h.* Petit bistrot contemporain prolongé d'une terrasse sur la rue. Sa carte aligne un large choix de bons petits déj aussi frais que copieux, servis jusqu'à 16h. Bien pratique pour les lève-tard ! Œufs bénédictine, baguettes, pancakes, omelettes, crêpes... et la spécialité maison : l'Évident, avec 2 œufs, des asperges, des champignons, un délice.

☕ ***Beautys*** *(zoom détachable Le Plateau, D2-3,* ***120*****)** **:** *93, av. du Mont-Royal Ouest (angle Saint-Urbain). ☎ 514-849-8883. Ⓜ Mont-Royal. Lun-ven 7h-15h ; w-e 8h-16h. Petits déj 8-13 $.* Ça ressemble à un *diner,* ça a l'atmosphère d'un *diner,* mais cette « luncheonette » possède un je-ne-sais-quoi qui en fait un incontournable. Son âge, peut-être, puisqu'elle fut fondée en 1942 par des commerçants juifs, Hymie et Freda Sckolnick. Le dimanche, les fans de brunch (pourtant prévenus) s'y massent à la file, faisant pression du regard pour qu'une table se libère. Outre ses omelettes et autres incontournables de la cuisine populaire, on y vient pour ses spécialités juives, fraîches et appétissantes, comme ces bagels au saumon fumé nappés de *cream cheese.* Un de nos coups de cœur dans cette catégorie !

☕ ***Chez Cora*** *(plan détachable, C4,* ***141*****)** **:** *1240, rue Drummond, entrée par la réception de l'hôtel Europa (Best Western). ☎ 514-286-6171. Ⓜ Guy-Concordia. Tlj 6h (7h dim)-15h. Petits déj 12-15 $.* Cette chaîne ne vaut pas tant pour son décor de banale cafétéria que pour ses « déjeuners » gargantuesques. Pléthore de crêpes, brioches, œufs et autres assiettes recouvertes de montagnes de fruits frais. « Santé », comme on dit ici, mais tellement copieux qu'on n'est pas sûrs que ce soit très diététique !

☕ ***L'Avenue*** *(zoom détachable Le Plateau, D3,* ***94*****)** **:** *922, av. du Mont-Royal Est. ☎ 514-523-8780. Ⓜ Mont-Royal. Brunchs, tlj 8h-16h. Fermé le soir. Plats 7-13 $.* C'est LE spot pour le brunch du week-end, avec évidemment une file d'attente démentielle le dimanche matin ! Jolie déco et endroit idéal pour se mélanger à la foule branchée du Plateau. Leurs « gastro-burgers » sont aussi copieux que succulents.

☕ ***Café Myriade*** *(plan détachable, B4,* ***140*****)** **:** *1432, rue Mackay. ☎ 514-939-1717. Ⓜ Guy-Concordia. Tlj 7h30 (9h w-e)-19h.* Un *coffee shop* de quartier, appartenant à une chaîne *(autres adresses : 1000, rue Sainte Catherine ; 251, rue Saint Viateur).* Ici, le p'tit noir est passé « à l'ancienne » dans des boules *Cona* (les vrais amateurs apprécieront) ou plus traditionnellement au percolateur, notamment pour les capuccinos. Sinon, muffins et autres viennoiseries à grignoter. Aux beaux jours, terrasse sur la rue (tranquille). Très populaire parmi les étudiants du coin.

Et aussi (voir plus loin), ***L'Oeufrier*** *(zoom détachable Centre, D-E3,* ***93****) : 1441, rue Amherst, angle avec la rue Sainte-Catherine. ☎ 514-507-2868. Ⓜ Beaudry. Ouv tlj 6h-15h. Fermé le soir. Plats 10-15 $.* ***Resto du Village*** *(zoom détachable Centre, E4,* ***133****) : 1310, rue Wolfe. ☎ 514-524-5404. Ⓜ Beaudry. Tlj 24h/24.* Pour sa longue carte d'œufs, pains dorés, crêpes et autres poutines. ***La Boîte Gourmande*** *(zoom détachable Le Plateau, D2,* ***137****) : 445, av. Laurier Est. ☎ 514-270-5222. Ⓜ Laurier. Lun-ven 7h-19h, sam-dim 9h-16h.* Pour son brunch du week-end. ***La Binerie Mont-Royal*** *(zoom détachable Le Plateau, D2,* ***124****) : 367, av. du Mont-Royal Est. ☎ 514-285-9078. Ⓜ Mont-Royal. Mar-mer 6h-14h ; jeu-sam 6h-14h, 17h-21h ; dim 7h30-15h. Fermé lun.* Fèves au lard, tourtières, œufs, du typiquement québécois. ***L'Anecdote*** *(zoom détachable Le Plateau, D3,* ***98****) : 801, rue Rachel Est. ☎ 514-526-7967. Ⓜ Mont-Royal. Tlj 11h (9h w-e)-22h.* Connu pour ses bénédictines (œufs pochés servis entre 2 tranches de pain rond toasté et nappés de sauce hollandaise).

Dans le Vieux-Montréal

Quartier historique bien réhabilité qui ne manque pas de charme. Les prix des restos y sont un peu plus élevés qu'ailleurs, sauf dans le quartier chinois.

Bon marché

Le Petit Dep *(zoom détachable Centre, D5,* ***105****) : 179, rue Saint-Paul Ouest. ☎ 514-284-9162. Ⓜ Place-d'Armes. Tlj 8h-23h.* « Dépanneur et café, magasin général depuis 1892 ». Au cœur du vieux quartier, c'est une boutique mixte qui fait à la fois dépanneur (épicerie) et café. L'intérieur est charmant, chaleureux et souvent plein de monde. On ne peut pas s'asseoir. On achète un croissant, une pâtisserie, une crème glacée à emporter et un café, voilà comment ça marche.

Olive et Gourmando *(zoom détachable Centre, C5,* ***104****) : 351, rue Saint-Paul Ouest. ☎ 514-350-1083. Ⓜ Square-Victoria. Tlj 9h-17h. Plats 8-18 $. CB refusées.* Très chaleureuse boulangerie-resto tout en bois, repérable à l'heure du coup de feu du midi. Ici, délicieux sandwichs et paninis chauds à la composition souvent originale, des salades de pâtes ou de légumes très créatives, des soupes fumantes... Et des brownies à tomber ! Bref, si vous voulez manger sain, c'est par ici que ça se passe, autour des grosses tables en bois dans ce gentil brouhaha !

Prix moyens

L'Usine de Spaghetti *(zoom détachable Centre, D4,* ***107****) : 273, rue Saint-Paul Est. ☎ 514-866-0963. Ⓜ Champ-de-Mars. Juste à côté de la pl. Jacques-Cartier. Tlj 11h30-22h. Plats 10-25 $; assiette du jour 18 $.* Dans un décor boisé et patiné par le temps, avec du beau parquet, des antiquités, des lustres kitsch et des croûtes sur les murs. Dickens aurait noirci des pages ici en mai 1842... Dans l'assiette, grand choix de pâtes bien cuisinées avec des sauces parfois originales. Mais aussi des crevettes épicées au safran, côtelettes d'agneau, poulet parmesan, salades...

Méchant Bœuf *(zoom détachable Centre, D5,* ***108****) : 124, rue Saint-Paul Ouest. ☎ 514-788-4020. Ⓜ Place-d'Armes. Tlj 17h-23h (0h30 jeu-sam, plus tard pour le bar). Fermé à midi. Plats 19-46 $; menu « bouffe-tard » après 23h.* Comment être méchant quand on est un si bon bœuf ? Les plus beaux morceaux (côtes de bœuf, filet mignon sur l'os...) sont aussi chers que juteux, mais les moins fortunés ne seront pas en reste, car les burgers de premier choix et les tartares au couteau sont très accessibles. Pour des entrées fraîches et fines, direction le « bar cru » et sa vitrine d'huîtres et fruits de mer. Le mariage de la brique et du bois baignant dans une lumière tamisée compose un cadre très chaleureux. DJ en fin de semaine.

The Keg *(zoom détachable Centre, D4-5,* ***111****) : 25, rue Saint-Paul.*

LE QUÉBEC

☎ 514-871-9093. Ⓜ Place-d'Armes. Ouv le soir slt, tlj 15h-0h30 (1h jeu, 2h ven-sam, minuit dim). Fermé le midi. Plats 27-40 $. Résa conseillée. En plein quartier touristique, voici le paradis des viandards : du bœuf sous toutes ses formes et à la cuisson savamment maîtrisée. Côtes de bœuf, bavettes, côtes levées... c'est pour elles que la clientèle se presse dans ce décor typique des *steak houses*. Hors viande, il y a quand même un salut à la carte : salades, soupes, sandwichs, tacos...et même des calamars.

🍴 ***Chez l'Épicier*** *(zoom détachable Centre, D4,* ***109****)* **:** *311, rue Saint-Paul Est. ☎ 514-878-2232. Ⓜ Champ-de-Mars. Ts les soirs 17h30-22h. Fermé à midi. Carte env 60 $.* À la tête de ce restaurant gastronomique au décor séduisant d'épicerie chic (aussi bar à vins), le chef élabore une cuisine contemporaine inspirée autant du terroir québécois que de ses expériences française, espagnole et asiatique. Aïe, aïe, aïe, que c'est bon ! Et, vu la présentation, pas étonnant qu'on lui ait attribué l'invention du concept de « divertissement culinaire ». Les palais voyageurs peuvent même acheter des produits du terroir (et d'ailleurs). C'est l'avantage de prendre ses repas dans une épicerie...

🍴 ***Club Chasse et Pêche*** *(zoom détachable Centre, D4,* ***110****)* **:** *423, rue Saint-Claude. ☎ 514-861-1112. Ⓜ Champ-de-Mars. Mar-sam 18h-22h30. Fermé dim-lun. Plats 38-45 $ (repas env 85 $).* Ambiance rétro, éclairage savamment dosé et décor à l'image de la cuisine de Claude Pelletier, gourmet passionné de gibier et de truite, de chasse et de pêche. À la carte : porcelet au risotto, le thon au Serrano, le riz noir à l'omble chevalier. Aux beaux jours, à midi, quelques tables au pied du château Ramezay. Une valeur sûre.

Dans le Quartier latin et le Village

Le bas de la rue Saint-Denis (du n° 1000 au n° 4000), que l'on appelle « Quartier latin », aligne une brochette de restos rapides et de bars à la fréquentation plutôt jeune et francophone : normal, l'université d'UQAM est le centre névralgique du quartier. Si le coin est loin d'être réputé pour sa gastronomie, on peut néanmoins s'y restaurer convenablement et à toute heure, avant ou après la tournée des bars. En poursuivant vers l'est, la rue Sainte-Catherine conduit au cœur du Village, le quartier gay de Montréal. Là encore, pas de grande table, mais de quoi se sustenter à tous les prix dans une ambiance festive et cosmopolite.

Bon marché

🍴 ***L'Oeufrier*** *(zoom détachable Centre, E4,* ***93****)* **:** *1441, rue Amherst, angle avec la rue Sainte-Catherine. ☎ 514-507-2868. Ⓜ Beaudry. Tlj 6h-15h. Fermé le soir. Plats 10-15 $.* Sandwichs, baguettes grillées, salades, crêpes et bien sûr la poutine. La carte est amusante à lire, car les noms des plats sont tous originaux et insolites : « Lucile part en camping » désigne une salade de thon au cheddar avec tomates séchées et fromage de chèvre... Et tout est comme cela chez *L'Oeufrier*. Attention, ce n'est pas un resto gourmet mais une chaîne populaire et économique, pas du tout branchée. C'est bon et copieux pour le prix. Idéal pour un brunch.

🍴 ***Resto du Village*** *(zoom détachable Centre, E4,* ***133****)* **:** *1310, rue Wolfe. ☎ 514-524-5404. Ⓜ Beaudry. Ouv 24h/24. Plats 8-17 $, burgers 6-11 $.* Petit bistrot discret, tranquille et bien pratique quand on sort affamé de chez *Mado* (voir « Où boire un verre dans le village ? »). Un des rares vrais restos ouverts non-stop et offrant un rapport qualité-prix remarquable ! Petite salle toute simple où se retrouvent les habitués du quartier. La carte affiche une ribambelle de plats : sandwichs club, œufs bénédictine, crêpes et pains dorés, omelettes, poutine, et aussi des steaks, du saumon...

🍴 ***Coop Café Touski*** *(plan détachable, E3,* ***105****)* **:** *2361, rue Ontario Est. ☎ 514-524-3113. Ⓜ Frontenac. Lun-ven 8h-21h, sam 9h-21h, dim 9h-16h. Plats 6-10 $. Brunch servi jusqu'à 15h30 en fin de sem.* Un peu excentrée, cette coopérative autogérée fonctionne avec des revenus 100 % autonomes. Ici, le principe, c'est de manger sain pour un tarif économique. La carte variée et copieuse va de la ratatouille aux burgers en passant par les soupes, les œufs, la cuisine *québ-mex* et quelques variations sur le sans gluten et le *vegan*. L'été, tables de pique-nique dans la cour, sous les érables ; l'hiver, dans l'une des petites salles au mobilier disparate.

Restaurant-Café Saigon *(zoom détachable Centre, D4,* ***97****) : 1280, rue Saint-André. ☎ 514-849-0429. Ⓜ Berri-UQAM. Lun-sam 11h-14h30, 17h-21h. Fermé dim. Soupes 4-10 $. Plats 10-20 $. CB refusées.* Derrière une façade banale se cache un petit resto en demi-sous-sol sans fenêtres mais très convivial. Accueil souriant, service vite expédié. À la carte, les plats traditionnels de la cuisine vietnamienne mais aussi des woks sur les thèmes de la crevette, du bœuf et du poulet (les végétariens demanderont la carte spécial tofus). Un petit piment vous avertit si le plat est épicé ou pas. On peut apporter sa bouteille de vin.

Zyng *(zoom détachable Centre, D4,* ***96****) : 1748, rue Saint-Denis. ☎ 514-284-2016. Ⓜ Sherbrooke. Tlj 11h30-22h (plus tard le w-e). Plats 10-13 $.* En chinois, le mot « Zyng » a 16 significations, dont « parfait », « raffiné » et « excellent ». Cette « nouillerie » au décor rafraîchissant sert une cuisine asiatique « fusion » saine, goûteuse et copieuse. Les soupes-repas calent bien leur homme. On peut aussi composer son bol en choisissant son type de pâtes (de blé, de riz...), ses légumes et éventuellement sa viande. Une adresse simple et sans prétention gastronomique, mais qui colle bien au style du quartier. Succursale : *1371, av. du Mont-Royal Est.*

Cinko *(zoom détachable Centre, D4,* ***184****) : 1643, rue Saint-Denis. ☎ 514-903-1641. Ⓜ Berri-UQAM. Tlj 11h-minuit. Plats 5 $.* En contrebas de la rue, avec une petite terrasse à l'air libre, le concept du *Cinko* est simple, tous les plats sont à 5 piastres ! Il y a du choix (burger, *nachos,* poutine, saumon...), et les affamés peuvent gonfler les portions pour quelques dollars de plus. À ce prix, le resto est souvent plein. Une bonne escale dans cette rue remplie de restos et de bars.

La Panthère Verte *(zoom détachable Centre, D4,* ***90****) : 1735, rue Saint-Denis. ☎ 514-303-1313. Ⓜ Berri-UQAM. Tlj 11h-22h (minuit ven-sam). Moins de 10 $.* Un des restaurants les plus verts de Montréal ! C'est leur slogan. Il s'agit d'une petite chaîne de fast-foods végétaliens, où on peut manger sain et pas cher si on n'est pas trop pressé. Lire aussi plus bas « Dans le centre-ville ».

De prix moyens à chic

Agrikol *(zoom détachable Centre, D3,* ***132****) : 1844, rue Amherst. ☎ 514-903-6575. Ⓜ Sherbrooke. Tlj 18h-minuit. Pas de résas. Plats 6-23 $.* Créé en 2015 par un des membres du groupe montréalais Arcade Fire, ce resto haïtien branché dans une petite maison du Village est une pépite. Certains critiques l'ont carrément sélectionné parmi les plus beaux restos du monde pour son style coloré et convivial ! Rien de m'as-tu-vu pourtant, tout est dans la simplicité : déco exotique, peinture murale, mobilier de récup, bar animé et cour intérieure aux beaux jours. Une bonne douzaine de « Koktel » à base de rhum. Carte réduite, c'est un bon signe, avec des plats servis en 2 formats : bananes plantain, accras, lambi et riz, poulet à la noix de cajou, et pain patate en dessert. Un voyage dans la culture culinaire des Haïtiens !

Au Petit Extra *(zoom détachable Centre, E3,* ***99****) : 1690, rue Ontario Est (près de Papineau). ☎ 514-527-5552. Ⓜ Papineau. Un peu excentré vers l'est. Lun-ven 11h30-14h30, 17h30-22h ; sam 17h30-22h30 ; dim 10h-14h30, 17h30-21h30. Résa conseillée. Tables d'hôtes 16-24 $ le midi ; repas à la carte env 40 $ le soir.* Ce n'est pas si petit, mais c'est vraiment extra. Grand resto-bistrot de style Art déco, évoquant aussi une auberge chic de la province française. On y mijote une cuisine bistronomique classique et d'inspiration française (canard, gibier, boudin), avec tout de même quelques incursions dans le terroir québécois.

Le Pèlerin-Magellan *(zoom détachable Centre, D4,* ***100****)* **:** *330, rue Ontario Est. ☎ 514-845-0909. Ⓜ Berri-UQAM. Resto-bar sem 11h-21h (22h30 mer-ven), w-e 9h-22h30 (21h dim). Plats 16-23 $; tables d'hôtes midi et soir 14-20 $.* Le Pèlerin, c'est une sorte de taverne de marins plutôt sobre, qui vaut surtout, aux beaux jours, pour sa belle terrasse verdoyante à l'arrière. La solide carte d'inspiration française reste dans le chapitre du classique (burger, bavette, tartiflette), mais chaque jour le chef propose quelques plats originaux selon l'inspiration du moment. Brunch le week-end, ambiance relax à toute heure. Bon choix de vins, de bières et de rhums.

Très chic

Bouillon Bilk *(zoom détachable Centre, D4,* ***89****)* **:** *1595, bd Saint-Laurent. ☎ 514-845-1595. Ⓜ Saint-Laurent. Lun-ven 11h30-14h30, 17h30-23h. Sam-dim, fermé à midi, mais ouv le soir. Plats 8-22 $ à midi, 17-36 $ le soir. Résa indispensable le w-e.* On passerait devant sans s'arrêter si on n'était pas attiré par cette grande salle lumineuse de style contemporain, où se coudoient les employés du quartier à l'heure du déjeuner. Mine réjouie, on les sent absorbés par cette cuisine canadienne moderne, qui revisite les classiques de l'assiette québécoise. Tout ça magnifié par une carte des vins à dérouter ceux qui se vantent d'avoir déjà tout bu ! Si votre porte-monnaie est du genre contrariant, essayez d'abord le **Restaurant Cadet,** le bar à vins de la maison *(zoom détachable Centre, D4,* ***88****)* : *1431, bd Saint-Laurent. ☎ 514-903-1631. Tlj 16h30-1h.*

Chez Ma Grosse Truie Chérie *(zoom détachable Centre, E3,* ***134****)* **:** *1801, rue Ontario (angle Papineau). ☎ 514-522-8784. Ⓜ Papineau. Mar-jeu 17h-22h, ven-sam 17h-23h. Fermé le midi et dim-lun. Plats 25-35 $. Parking gratuit.* Difficile de trouver un nom plus truculent que celui-ci pour un resto ! L'intérieur est aussi surprenant, tout en métal avec du mobilier de récup (les tables sont d'anciennes pistes de bowling), doublé d'une terrasse tout aussi originale. Ne pas escompter manger de façon intime, ici c'est longues tablées, chaises hautes et volume sonore poussé sur fort. Dans l'assiette, le cochon est roi, décliné en côtes, jarret, joues, pied... et en tout à la fois dans le Méga Tout Cochon, à partager à 4.

Dans le quartier chinois

Le minuscule quartier chinois *(Ⓜ Place-d'Armes)* aligne plusieurs restos asiatiques typiques et bon marché. Ils se situent dans la rue Clarke et autour de la rue de la Gauchetière. Laissez-vous guider par vos narines, vos yeux et vos oreilles.

Pho Bang New York *(zoom détachable Centre, D4,* ***103****)* **:** *1001, bd Saint-Laurent. ☎ 514-954-2032. Ⓜ Place-d'Armes. Tlj 10h-21h30. Compter env 12 $.* Un peu à l'écart des restos chinois parfois tape-à-l'œil, voici un petit vietnamien au décor dépouillé, très réputé pour ses excellentes soupes tonkinoises servies dans de grands bols. Demandez la soupe *(pho)* au bœuf *(bo)* ou au poulet *(ga)*, délicieuse ! L'endroit est parfois bruyant, mais c'est une bonne valeur dans un quartier qui n'en compte pas tant que ça. Tous les ingrédients sont frais, il n'y a pas de triche. Si c'est plein, le **Pho Cali** juste un peu plus haut, au n° 1011, n'est pas mal non plus.

Sur le Plateau Mont-Royal

Quartier à la fois résidentiel et animé, fief des Français expatriés, assez emblématique du Montréal qui bouge d'un point de vue créatif (boutiques de fringues, déco, livres, bijoux, etc.). Beaucoup de circulation sur les grands axes, mais dès qu'on les quitte pour emprunter les petites rues, c'est plus calme et vert. Mont-Royal reste un quartier très agréable et attractif pour magasiner.

Bon marché

La Banquise *(zoom détachable Le Plateau, D3,* ***136****)* **:** *994, rue Rachel Est. ☎ 514-525-2415. Ⓜ Mont-Royal.*

Tlj 24h/24. Poutines 8-16 $ (regular suffisante). La poutine étant le plat le plus populaire, pas étonnant que l'on fasse la queue dès l'aube dans cette institution ouverte 24h/24. 30 sortes différentes, pas moins, dont l'*Elvis,* la *T Rex,* l'*Obélix* (à la viande fumée), la *Mai 68* et grand choix de hamburgers, sandwichs, salades pour les anti-poutiniens ! Bonne sélection de bières artisanales. Du copieux et archi-copieux ! Si c'est complet, la rôtisserie portugaise en face, ***Ma Poule Mouillée,*** propose également une bonne poutine *(tlj 8h-22h).*

Santropol *(zoom détachable Le Plateau, D3,* ***116****) : 3990, rue Saint-Urbain (angle de Duluth). ☎ 514-842-3110. Ⓜ Mont-Royal ou Sherbrooke. Tlj 8h-23h. Sandwichs 10-12 $.* Un lieu très fréquenté, plutôt *granola* (végétarien en jargon local), mais pas que. Décor foutraque et coloré, ambiance détendue. Cour intérieure bucolique avec des plantes, des petits jeux d'eau. Rien de raffiné, mais de bons plats rustiques comme les aiment les bûcherons du grand nord : énormes sandwichs, bonnes soupes, salades géantes, succulents gâteaux et cafés bio issus du commerce équitable torréfiés par la *Brûlerie Santropol (6337, rue Clark ; ☎ 514-840-1000).* Également des thés et des tisanes maison, de savoureux milk-shakes, etc.

L'Anecdote *(zoom détachable Le Plateau, D3,* ***98****) : 801, rue Rachel Est. ☎ 514-526-7967. Ⓜ Mont-Royal. Ouv 11h (9h w-e)-22h (21h dim). Moins de 10-12 $.* Dans un angle de rues, un petit resto de quartier, lumineux et vintage avec ses box, banquettes de moleskine rouge, tables en inox et son juke-box. Jolie sélection de sandwichs et « hambourgeois » frais et originaux (steak de cerf, d'agneau, cari, menthe fraîche, etc.), glissés entre 2 tranches moelleuses de pain brioché maison. Également des salades colorées, des poutines et des bénédictines pour un petit déj tardif. Un bon plan pas cher.

Patati-Patata *(zoom détachable Le Plateau, D3,* ***117****) : 4177, bd Saint-Laurent (angle rue Rachel). ☎ 514-844-0216. Ⓜ Sherbrooke. Tlj 8h-2h. Moins de 10 $.* Petite « friterie de luxe » où se retrouvent les jeunes affamés du quartier. Une gargote de bord de route où l'on sert des poutines à gogo et de petits burgers au bœuf comme au poisson. Depuis des années, la qualité et les prix restent stables, ce qui explique – en plus des horaires élastiques – que les fidèles fassent souvent la queue devant cette façade peinte à l'arrache. Quelques tables et un comptoir pour consommer à l'intérieur.

La Boîte Gourmande *(zoom détachable Le Plateau, D2,* ***137****) : 445, av. Laurier Est. ☎ 514-270-5222. Ⓜ Laurier. Lun et ven 7h-17h, 7h-18h les autres jours de la sem, w-e 9h-15h. Petit déj 6 $ (« affamés » 8 $). Plats du jour 9-16 $. Excellent brunch le w-e.* Spacieuse, lumineuse et agréable cafétéria de quartier. Comptoir en marbre ou tables bien séparées, musique discrète, atmosphère vivante et chaleureuse pour une bonne petite cuisine franche et sincère, à consommer sur place comme à emporter. Plats du jour servis à la portion ou à la demi-portion pour les petites faims, salades variées, quiches, omelettes et de délicieux gâteaux maison. Fait aussi petite boutique de produits équitables.

Saint-Viateur Bagel & Café *(zoom détachable Le Plateau, D2,* ***123****) : 1127, av. du Mont-Royal Est. ☎ 514-528-6361. Ⓜ Mont-Royal. Tlj 6h-22h. Bagels 10-13 $. L'adresse originale du* Saint-Viateur Bagel *est au 263, rue Saint-Viateur, dans le Mile End, mais elle fait juste point de vente, pas de confection sur place.* Ce magasin du Plateau Mont-Royal est une des institutions juives du quartier : depuis 1957, on y cuit 24h/24 des rangées entières de bagels dans le beau four à bois. Pour déguster les bagels « garnis », c'est ici. Préférez ceux au sésame et choisissez la garniture. Le « traditionnel » est simple et excellent : crème, saumon, câpres et citron. Celui au poulet n'est pas mal non plus. Plus original, le bagel « omertà », à l'italienne évidemment. Également des tartinades (moins chères), soupes, salades et gâteaux.

Schwartz's *(zoom détachable Le Plateau, D3,* ***118****) : 3895, bd Saint-Laurent. ☎ 514-842-4813. Ⓜ Sherbrooke. Tlj 10h30-0h30 (1h30 ven, 2h30 sam). Viande chaude servie dès 10h30. Sandwichs moins de 10 $;*

assiettes garnies 10-22 $. CB refusées. Un autre lieu historique et incontournable de la cuisine juive à Montréal (depuis 1928), réputée dans tout le Québec. Burt Lancaster, Nana Mouskouri (si, si) et tant d'autres se sont attablés ici. La queue sur le trottoir est presque permanente. Les vitrines croulent sous la *smoked meat* et les bocaux d'énormes cornichons, le sol est graisseux, et l'accueil se fait à la chaîne, mais c'est pas grave. On vient ici pour un sandwich maison à emporter ou à manger sur place. S'il faut, on s'attable pour une assiette de viande fumée ou un gros steak cuit au charbon de bois. Pas d'autre alternative, ni dessert ni alcool. Autre spécialité, l'accueil expéditif de certains serveurs... Au n° 4320 du même boulevard, à 3 blocs au nord, le ***Bagel Etc.,*** bar préféré du chanteur canadien Léonard Cohen, qui habitait le quartier *(tlj 7h30-16h).*

|●| ***Maamm Bolduc*** *(plan détachable, E3,* ***145****) : 4351, rue de Lorimier (angle Marie-Anne). ☎ 514-527-3884. Ⓜ Mont-Royal. Un peu excentré. Tlj 8h-22h. Plats 8-15 $.* Un resto-snack de quartier, populaire et haut en couleur, réputé pour ses brunchs (prévoir de l'attente ou pointez-vous dès l'ouverture). Mis à part la sempiternelle poutine (spécialité de la maison), plein d'autres plats, genre pâté chinois, macaroni à la viande ou ragoût de boulettes, et des burgers variés et originaux ainsi que quelques plats végétariens et d'excellents gâteaux. Petite terrasse en bord de rue.

|●| ***Rôtisserie Romados*** *(zoom détachable Le Plateau, D3,* ***119****) : 115, rue Rachel Est (angle Bullion). ☎ 514-849-1803. Ⓜ Mont-Royal. Tlj 6h30-21h (22h jeu-sam). Plats 10-13 $.* Une rôtisserie portugaise dont la réputation a fait le tour de Montréal. Selon beaucoup, le meilleur poulet grillé de la ville, d'où souvent un peu d'attente. Également quelques plats (sardines...), du pain de maïs et d'exquis *pastéis de nata* (petits flancs croustillants), aussi bons qu'à Lisbonne. Salle sans charme pas faite pour un dîner en amoureux, mais on peut acheter et emporter.

|●| ***Aux Vivres*** *(zoom détachable Le Plateau, D2,* ***121****) : 4631, bd Saint-Laurent. ☎ 514-842-3479. Ⓜ Laurier ou Mont-Royal. Tlj 11h (10h w-e)-23h. Brunch sam-dim 10h-16h. Plats 12-16 $.* Un restaurant végétalien au décor propret, très années 1950, avec banquettes en skaï rouge, petits box et une cour plaisante à l'arrière. Tous les plats, sains et rassasiants, sont préparés à base de légumes de saison bio, de tofu ou de *tempeh* (soja fermenté), le tout sans aucun produit d'origine animale. Salades, soupe du jour, tofu grillé, le fameux *végépâté* (un classique québécois), jus frais, smoothies sans lait, etc. Une expérience culinaire 100 % *vegan* que l'inventivité des cuistots et les sauces excellentes parviennent à rendre savoureuse. Il y a aussi un bar à jus.

Boulangerie Hof Kelsten *(zoom détachable Le Plateau, D2,* ***91****) : 4524, bd Saint-Laurent. ☎ 514-840-9011. Ⓜ Sherbrooke. Mer-dim 8h-19h. Fermé lun-mar. Sandwichs 5-9 $. CB refusées.* La meilleure boulange de Montréal ! Pain au levain, au tournesol, au carvi (ou cumin des prés), au seigle, au kamut (blé de Khorasan, nord-est de l'Iran), mais aussi de délicieux sandwichs de saumon gravlax (mariné à la suédoise), de poitrine fumée, de poulet et même de foie haché ou végétarien. Salle en béton ciré avec un grand comptoir donnant sur le fournil du chef, Jeff Finkelstein, qui a travaillé dans de grands restos internationaux (dont le mythique *El Bulli* en Catalogne). Bon café et soupes pour compléter.

|●| ***La Binerie Mont-Royal*** *(zoom détachable Le Plateau, D2,* ***124****) : 367, av. du Mont-Royal Est. ☎ 514-285-9078. Ⓜ Mont-Royal. Mer-sam 6h (7h30 sam)-14h, 17h-21h ; dim 7h30-15h. Fermé lun tte la journée, mar et mer soir. Repas complet 10-16 $.* Un lieu minuscule et intact depuis son ouverture en 1938. Quelques tables à gauche et un long comptoir en bois à droite. Pour une dizaine de piastres (dollars, quoi !), vous pourrez tester le typique déjeuner québécois : soupe aux pois, haricots (fèves au lard) et l'« assiette maison » – tourtière, boulettes de viande, « patates pilées » et pouding chômeur. C'est copieux à défaut d'être diététique et raffiné. N'hésitez pas à arroser le tout d'une bière d'épinette *Marco,* fameuse boisson gazeuse à l'ancienne.

|●| ***L'Avenue*** *(zoom détachable Le Plateau, D3,* ***94****)* ***:*** *922, av. du Mont-Royal Est (entre Mentana et Saint-André).* ☎ *514-523-8780.* Ⓜ *Mont-Royal. Tlj 8h-16h. Brunchs 7-13 $ (voir plus haut « Spécial petit déjeuner ») ; burgers, salades et pâtes 10-15 $.* Décor branché, avec banquettes en alcôve, mur de brique graffité, Harley-Davidson au plafond et chute d'eau. Le tout en musique, *high level* évidemment. Crêpes, pains dorés au lait, œufs bénédictine, bagels, etc. Spécialité : le sandwich déjeuner 3 étages. Les portions généreuses en font un rendez-vous idéal pour les petits budgets et les affamés. Un bon plan, du moins quand on arrive à avoir une table !

Prix moyens

|●| ***Jano*** *(zoom détachable Le Plateau, D3,* ***118****)* ***:*** *3883, bd Saint-Laurent.* ☎ *514-849-0646.* Ⓜ *Sherbrooke. Mar-dim 15h-23h30. Fermé lun. Menu du jour env 19 $. Plats 7-23 $.* Un bon resto de grillades portugaises, reconnu depuis 1974. Spécialités du *Ribatejo* (région autour de Lisbonne) : sardines, pieuvre grillée, calamars, accras de morue... Copieux et servi dans un décor sans prétention par un personnel avenant.

|●| ***Le Jardin de Panos*** *(zoom détachable Le Plateau, D3,* ***128****)* ***:*** *521, rue Duluth Est.* ☎ *514-521-4206.* Ⓜ *Mont-Royal ou Sherbrooke. Tlj 11h30-22h30 (23h jeu-dim). Plats 16-27 $. On peut apporter son vin.* Une taverne grecque dans une belle maison blanc et bleu comme en Grèce (communauté non négligeable à Montréal), servant de bonnes et copieuses spécialités : bel assortiment d'entrées suffisant pour 2, salade grecque, *souvlaki* (grillades marinées) bien juteuses et savoureuses, yaourt au miel en dessert. Si c'est complet, le restaurant d'en face, ***Khyber Pass*** *(au n° 506, ouv 17h-23h),* propose de très bonnes spécialités afghanes (n'oubliez pas d'apporter votre bouteille non plus).

|●| ***Robin des Bois*** *(zoom détachable Le Plateau, D2,* ***125****)* ***:*** *4653, bd Saint-Laurent, angle avec la rue Villeneuve.* ☎ *514-288-1010.* Ⓜ *Mont-Royal. Lun-sam 11h30-22h. Fermé dim. Plats 8-19 $.* Dans une salle aérée et rustico-contemporaine, une cuisine 99 % maison aux parfums d'ici et d'ailleurs, avec ou sans gluten, végétarienne ou non avec des formules à partager... Soupes, sandwichs, salades, et plusieurs plats inspirés de l'Asie et d'ailleurs comme l'omelette Okonomiaki. Mais on ne vient pas uniquement ici pour les plats, car cette adresse est gérée en partie par des bénévoles (d'où le service un peu hésitant), et reverse ses profits à des organismes caritatifs. *Robin des Bois* est un justicier au grand cœur !

|●| ***L'Express*** *(zoom détachable Le Plateau, D3,* ***129****)* ***:*** *3927, rue Saint-Denis.* ☎ *514-845-5333.* Ⓜ *Sherbrooke. Tlj 8h (10h w-e)-3h (2h dim). Plats 15-27 $.* Avec son plancher à damier et ses boiseries lustrées, son grand bar en zinc, son style vintage, cette brasserie-bistro à la parisienne est une institution montréalaise. On apprécie ses plats classiques et vraiment bien ficelés (céleri rémoulade, rillettes, pot au feu, onglet aux échalotes, poulet de grain à la sauge et au citron...). Il n'est pas rare d'y croiser de nombreux artistes après les représentations. Atmosphère animée et décontractée, entretenue par une bonne carte des vins servis au besoin à la ficelle.

|●| ***Le Nil Bleu*** *(zoom détachable Centre, D3,* ***130****)* ***:*** *3706, rue Saint-Denis.* ☎ *514-285-4628.* Ⓜ *Sherbrooke. Tlj 12h-15h, 17h-23h. Plats 14-20 $.* Salle au décor chic orné de zébrures et d'objets rares d'Afrique, avec une touche contemporaine et moderne, une adresse pour déguster de délicieuses spécialités éthiopiennes. L'idéal est d'y aller à plusieurs, car le principe est de choisir chacun une spécialité différente (poulet, agneau... cuits dans des sauces plus ou moins épicées) et de partager. Ici, ni assiettes ni couverts, on mange avec l'*injira,* la traditionnelle crêpe éthiopienne à la farine de teff (donc sans gluten). Quelques plats végétariens comme les lentilles *(Yemesser Watt)...*

|●| ***Les Entretiens*** *(plan détachable, E2,* ***138****)* ***:*** *1577, av. Laurier Est (angle Fabre).* ☎ *514-521-2934.* Ⓜ *Laurier.*

Tlj 9h-23h (22h pour la cuisine). Plats 10-25 $. Tables d'hôtes le midi 13-15 $. Au cœur du Petit Laurier, un endroit chaleureux et tranquille : haut plafond ouvragé, ventilos, plancher patiné par le temps et cuisine en partie ouverte sur la salle. Dans ce cadre spacieux, on aime savourer des mets finement cuisinés mais chichement servis, il faut bien l'avouer. Goûtez à la panna cotta de saumon fumé, au burger végé, ou aux pâtes du jour... Pianiste et beau brunch le week-end. Service jeune et dynamique.

Chic

I●I *Au Pied de Cochon* *(zoom détachable Le Plateau, D3,* ***131****) : 536, rue Duluth Est. ☎ 514-281-1114. Ⓜ Mont-Royal ou Sherbrooke. Mer-dim 17h-minuit. Fermé lun-mar. Plats 22-54 $.* Un joli resto-bistrot tout en longueur, qui ne désemplit pas, tant ce *Pied de cochon* est connu et reconnu. Si bien qu'il n'a même pas pris la peine de mettre une enseigne ! Excellente atmosphère dans un brouhaha permanent. Sa cuisine typiquement québécoise s'est élevée au rang de gastronomie. C'est l'un des rares restos où vous pourrez manger une poutine au foie gras !

I●I *Le Quartier Général* *(zoom détachable Le Plateau, D-E2,* ***139****) : 1251, rue Gilford. ☎ 514-658-1839. Ⓜ Laurier. Tlj 11h30-14h30, 18h-22h. Fermé à midi sam-dim. Plats 26-31 $. Table d'hôtes midi env 25 $, soir env 40 $. Résa hautement recommandée. Pas d'alcool servi, apporter sa bouteille de vin.* Dans un secteur calme et hors des sentiers battus, LA table des gastronomes et branchés du coin. Grande salle plutôt sobre, avec cuisine ouverte et plats inscrits au tableau noir (5-6 choix d'entrées, plats et desserts). Cuisine fusion changeant au rythme des saisons, à base de produits locaux provenant d'une agriculture saine.

I●I *Maison Publique* *(plan détachable, E2,* ***122****) : 4720, rue Marquette (angle Gilford). ☎ 514-507-0555. Ⓜ Mont-Royal. Mer-ven 18h-22h30. W-e 10h30-14h, 18h-22h30. Fermé lun-mar. Plats 12-29 $; repas min 45 $.* Un bistrot-pub bobo par excellence, dans un cadre de pub gallois avec vieux plancher, boiseries et meubles en bois sombre... Pas de carte, les suggestions sont écrites au mur, au fond de la salle. Plats originaux, goûteux et savoureux, mais peu copieux... ce qui incite à en commander plusieurs, et faire lourdement grimper l'addition ! Une adresse bistronomique de haut vol, qui fait le plein chaque soir.

I●I *Lili.Co* *(zoom détachable Le Plateau, C2,* ***125****) : 4675, bd Saint-Laurent. ☎ 514-507-7278. Ⓜ Mont-Royal ou Laurier. Mar-mer 18h-23h, jeu-ven 18h-minuit, sam-dim 10h-15h et 18h-23h. Fermé lun. Brunch le w-e. Repas 35-40 $, menu dégustation 6 services 60-80 $.* De grandes baies vitrées sur l'angle de la rue, et une salle tout en longueur avec un bar où les clients sont à touche-touche. Voici une adresse dans la veine de ces néo-bistrots qui fleurissent un peu partout en ville. Comme souvent dans ce genre de lieux, on ne commande pas un plat mais plusieurs, dans des portions façon tapas. La maison a une préférence pour les abats mais n'oublie ni les légumes ni les fruits de mer. Le chef marie volontiers les produits d'ici aux goûts venus d'Asie.

Dans le Mile End et plus au nord

Le Mile End, qui occupe la partie nord-ouest du Plateau, concentre restos, bars et boîtes de nuit bien dans leur époque. Autrefois faubourg ouvrier, puis lieu d'accueil des immigrants juifs, portugais et grecs, il est devenu dans les années 1980 un véritable repaire d'artistes. Depuis, son esprit alternatif laisse peu à peu la place à une branchitude certaine, du genre barbe de bûcheron et chemise à carreaux (toujours eux !). N'empêche, on s'y promène avec un certain plaisir. Un peu plus au nord, le ***marché Jean-Talon*** permet de se restaurer à prix plancher.

Bon marché

Fairmount Bagel *(plan détachable, C-D2,* ***126****) : 74, rue Fairmount Ouest.*

☎ 514-272-0667. Ⓜ Laurier. Ouv 24h/24. Depuis 3 générations (1919), cette petite boutique-atelier du Mile End fabrique des bagels avec une farine canadienne non traitée (type Matzoh). La recette secrète du fondateur, un migrant juif venu de Russie, a été transmise à Irwin Shlafman, l'actuel propriétaire, qui emploie 35 personnes. La porte extérieure n'a toujours pas de serrure ! Il est fier de montrer la photo de son neveu, Gregory Chamitoff, astronaute de la NASA, qui avait emporté 18 bagels maison dans sa fusée en 2008 !

|●| ***La Panthère Verte*** *(plan détachable, D2,* ***127****)* **:** *160, rue Saint-Viateur Est, angle avec l'avenue Casgrain. ☎ 514-508-5564. Ⓜ Laurier. Tlj 10h (11h dim)-22h. Plats 4-10 $.* Adepte du développement durable et du recyclage, le fondateur de cette chaîne de restauration bio et végétarienne a basé son concept sur la fraîcheur des produits. Tout est sain, naturel et diététique. Décor dépouillé, gros tuyaux au plafond, vieux lustre, mobilier éco-rustique. À midi, les employés d'Ubisoft (le building en face) débarquent pour déguster les succulents *falafels,* soupes, salades, et tarte aux bleuets, délicieux dessert typique. Pour boire : smoothies, lait de soja, de riz, d'amande et de coco.

|●| ***Chez Claudette*** *(zoom détachable Le Plateau, D2,* ***87****)* **:** *351, av Laurier Est (angle Drolet). ☎ 514-279-5173. Ⓜ Laurier. Dim-mer 7h-minuit ; jeu-sam 24h/24. Plats 8-13 $.* Petit resto de quartier à la façade jaune canari. Dans une ambiance très conviviale, on y sert une flopée de poutines qui passent pour être les meilleures du coin. Petite portion, grande portion, épicées ou pas, rien n'arrête l'imagination du cuistot. Quelques burgers végés aussi. Petite terrasse aux beaux jours.

|●| ***Comptoir 21*** *(plan détachable, C-D2,* ***146****)* **:** *21, rue Saint-Viateur Ouest. ☎ 514-507-3474. Ⓜ Laurier. Tlj 11h30-23h (minuit jeu-sam). Plats 6-15 $.* Petit fast-food franchisé à l'esprit vintage où l'on s'installe autour d'un comptoir en forme de U pour jaser avec ses voisins. Sûrement le meilleur *fish & chips* de Montréal servi avec citron, salade de chou et sauce maison !

|●| ***Le Cagibi*** *(plan détachable, C-D2,* ***101****)* **:** *5490, bd Saint-Laurent. ☎ 514-509-1199. Ⓜ Laurier. Mar-ven 9h-minuit, sam-dim 10h30-minuit. Fermé lun midi mais ouv le soir. Sandwich env 8 $.* En face de l'immeuble d'Ubisoft (3e société de jeux vidéo au monde), voici un café artistique à l'image du quartier. Vieux mobilier de récup, radiateurs en fonte, planchers patinés. À l'ardoise, bons gros sandwichs végétariens, café équitable et bières artisanales. Et, chaque soir ou presque, sur la petite scène un show, un DJ, un petit concert. Pour poursuivre la soirée, y a qu'à traverser la rue jusqu'au ***Waverly,*** décor chic vintage et zik électro.

|●| ***Le Tartarin*** *(plan détachable, D1,* ***86****)* **:** *7070, av. Henri-Julien. ☎ 514-906-1114. Ⓜ Jean-Talon. Tlj 7h-18h (non-stop). Plats 6-12 $. CB refusées.* À 7 blocs au nord du quartier de Mile End, à l'intérieur du marché Jean Talon, un lieu réputé pour la fraîcheur de ses produits. *Le Tartarin* est une petite cantine aux plats appétissants d'un remarquable rapport qualité-prix. Les propositions du jour sont affichées, on commande au cuistot, on règle à la caissière et on file s'assoir sur une petite table.

Prix moyens

|●| ***La Salle à Manger*** *(zoom détachable Le Plateau, E3,* ***113****)* **:** *1302, av. du Mont-Royal Est. ☎ 514-522-0777. Ⓜ Mont-Royal. Tlj 17h-minuit. Fermé à midi. Plats 12-28 $.* Si vous passez par là, à l'est du plateau du Mont-Royal, faites une pause gourmande dans ce bon resto. La cuisine inventive varie selon le marché et les saisons, c'est déjà bon signe. Ici, on tourne le dos à la tradition « poutinesque », mais on reste attaché aux produits locaux : poissons, viandes, légumes du Québec ! Vive l'imagination aux fourneaux. Toutes les charcuteries sont maison *(lomo, tessa, coppa...).* Excellent accueil et service.

|●| ***Yokato Yokabai Ramen*** *(zoom détachable Le Plateau, D3,* ***115****)* **:** *4185, rue Drolet. ☎ 514-282-9991. Ⓜ Laurier. Lun-ven 12h-15h, 17h-22h ; sam-dim 12h-23h.* Yokato Yokabai signifie « c'est excellent » en japonais. Pas étonnant, donc, que ce resto japonais classique soit réputé pour ses excellentes soupes *(ramen)* préparées avec

des ingrédients naturels et frais. Le client indique sur une fiche les garnitures qu'il souhaite mettre dedans (oignon vert, algue, œuf, porc, poulet, tofu...). Le bouillon d'os de porc typique de la région d'Hakata (Hakata Tonkotsu) est un régal.

Dans le centre-ville (Downtown) et la Petite Bourgogne

Hors business et commerces de chaîne, le gros de l'animation se concentre autour de l'université McGill, avec beaucoup de restos à thème et de snacks pas trop chers. En allant vers le canal Lachine, la ***rue Notre-Dame,*** épicentre de la ***Petite Bourgogne,*** ancien quartier ouvrier notoire de Montréal, est en train de céder à une forme de branchitude certaine (bars, restos hors de prix, boutiques). Le ***marché Atwater,*** lui, s'avère un plan sympa pour casser la croûte pour pas cher, le midi aux beaux jours.

Bon marché

QDC Burger *(plan détachable, C4,* ***141****) : 1181, rue Crescent. Ⓜ Lucien-L'Allier. Ouv tlj jusque tard. Burgers 13-19 $.* En face du *Novotel* et derrière le restaurant (chic) *Queue de Cheval.* Un passage conduit à un parking intérieur au bord duquel se tient cette échoppe. On y confectionne de succulents burgers, et pour cause : la matière première vient du resto gastronomique *Queue de Cheval (QDC).* Pas de places assises mais quelques bancs en bois devant pour manger à l'air libre.

Le Warehouse *(plan détachable, C4,* ***135****) : 1446, rue Crescent. ☎ 438-383-5077. Ⓜ Lucien-L'Allier. Tlj 11h-3h. Menu env 5 $ « surtout en tt temps ».* Dans le secteur le plus animé et commerçant de la rue, face à *Hooters,* il y a souvent une file d'attente. Avec des prix aussi attractifs, on comprend pourquoi. Pas de gastronomie ici mais des sandwichs, des burgers, des *quesadillas,* des *pastas* et des salades, dans un décor de grande cantine jeune et fébrile.

La Panthère Verte *(plan détachable, B-C4,* ***90****) : 2153, rue Mackay. ☎ 514-903-4744. Ⓜ Guy-Concordia. Tlj 11h-22h (21h dim) Moins de 10 $.* Dans un demi-sous-sol débordant de plantes, ce petit resto végétalien et bio fait partie d'une chaîne adepte d'écologie et de diététique. On y pioche à l'ardoise falafels, végéburger, soupes, salades et gourmandises saines, fraîches, et bon marché. Belle sélection de délicieux smoothies au lait de riz, de coco, au concombre, à l'eau de rose, etc. Petite terrasse. Antennes dans le Quartier latin *(1735, rue Saint-Denis ; zoom détachable Centre, D4,* ***90****),* le Mile End *(101-160, rue Saint-Viateur Est, plan détachable, D2,* ***127****)* et sur le Plateau *(145, av du Mont-Royal Est).*

Fou d'ici *(zoom détachable Centre, C4,* ***112****) : 360, rue de Maisonneuve. ☎ 514-600-3424. Ⓜ Place-des-Arts. Lun-ven 8h-20h, sam 9h-18h. Fermé dim. Plats 10-12 $.* Cette épicerie fine comprend un très beau rayon traiteur. Chaque jour, un menu différent affiché au centime près façon « promo d'hypermarché » est concocté à partir de produits de qualité : délicieux sandwichs, goûteuses salades, tartares, sushis, etc. Pâtisseries pour le dessert. Stratégiquement situé près des festivals d'été, c'est l'endroit rêvé pour se préparer un pique-nique. On peut aussi manger sur place au bar à déjeuner (quelques tables).

Five Guys *(plan détachable et zoom détachable Centre, C4,* ***102****) : 698, rue Sainte-Catherine Ouest. ☎ 514-393-4343. Ⓜ McGill. Tlj 11h-23h (4h jeu-sam). Burger-frites env 12 $.* Rejeton d'une chaîne américaine très populaire, ce petit fast-food sert de savoureux burgers accompagnés de frites fraîches. Bien et suffisant pour combler un creux en sortie de bar. Salle à l'étage.

Gargotes du marché Atwater *(plan détachable, A-B5,* ***85****) : 138, av Atwater, près du Canal Lachine. Ⓜ Lionel-Groulx. Aux beaux jours slt. Tlj 7h-18h (19h jeu, 20h ven, 17h w-e). Moins de 10 $.* Côté nord du marché, nombreuses petites gargotes de produits du terroir : champignons, charcuterie, plats préparés (paella notamment), tacos, *bruschette,* brochettes, tapas, soupe miso, etc. Quelques maîtres glaciers ou chocolatiers pour les amateurs.

De prix moyens à chic

Le Café du Nouveau Monde *(zoom détachable Centre, D4,* ***114****) : 84, rue Sainte-Catherine Ouest (angle Saint-Urbain). ☎ 514-866-8669. Ⓜ Saint-Laurent. Lun 11h30-21h, mar-ven 11h30-minuit et sam 13h-minuit. Fermé dim. Résa conseillée. Plats 15-18 $ le midi, 17-25 $ le soir.* Dans le hall du *Théâtre du Nouveau Monde,* un charmant café-resto bondé les soirs de représentation. Grande salle au cadre vaguement Art déco, chaleureux et élégant, avec service en terrasse ou dans la véranda en été, Cuisine soignée : bon choix de salades, sandwichs et petits plats le midi, ainsi qu'une jolie carte de plats d'inspiration française le soir. Belle carte des vins.

Où se sucrer le bec ?

Dragon Beard Candy *(« Bonbons à la Barbe de Dragon » ; zoom détachable Centre, D4,* ***106****) : 52B, De La Gauchetière West. ☎ 514-529-4601. Ⓜ Place-d'Armes. Tlj 12h-19h30. 6 pièces, 3 $. 24 pièces, 10 $.* En plein quartier chinois, cette modeste gargote est la plus réputée ! Pourquoi ? Johnny Chin (né à Hong Kong) y fabrique la Barbe du Dragon, une friandise exquise naguère servie exclusivement aux empereurs chinois. Cette gâterie sucrée se compose d'arachides, de graines de sésame, de noix de coco et de chocolat.

Boulangerie M. Pinchot *(zoom détachable Le Plateau, D3,* ***160****) : 4354, rue de Brébeuf. ☎ 514-522-7192. Ⓜ Mont-Royal. Tlj 7h-19h30.* Sieur Pinchot est peut-être la preuve vivante qu'un nom peut influer sur un destin. Reprise en 2009 par Dame Haddad, la tradition du pain chaud continue de plus belle ! Excellentes viennoiseries (pains au chocolat, croissants, carrés aux dattes, etc.), pains spéciaux, sandwichs, bons fromages au lait cru, vente de sirop et de tire d'érable, crèmes glacées, etc. Étape idéale avant de partir piqueniquer au parc Lafontaine.

Boulangerie Les Co'Pains d'abord *(plan détachable, E2,* ***170****) : 1965, av. du Mont-Royal Est. ☎ 514-522-1994. Ⓜ Mont-Royal ou bus nº 97. Lun-sam 7h-19h (20h jeu-ven) et dim 8h-18h.* Encore une autre excellente boulangerie ! Fait partie d'une minichaîne née à l'orée du siècle et qui fait l'unanimité. Magnifiques croissants, macarons, éclairs, gâteaux au chocolat, tartes sucrées ou salées, sandwichs, pizzas, tartinades et des gâteaux bretons. Quelques tables pour boire un bon café équitable. Autres adresses : *418, rue Rachel E et 2727, rue Masson.*

Pasticceria Alati-Caserta *(plan détachable, D1,* ***171****) : 277, rue Dante (angle av. Saint-Julien). ☎ 514-271-3013. Ⓜ Jean-Talon. Lun 10h-16h, mar-mer 8h-18h, jeu-ven 8h-19h, sam 8h-17h, dim 9h-17h.* Dans la Petite Italie et à proximité du marché Jean-Talon, une authentique pâtisserie italienne située face à l'église Madonna della Difesa (N.D de la Défense) où Mussolini est encore représenté à cheval sur une fresque au-dessus de l'autel ! La vraie pâtisserie sans fioritures (et parfois sans le sourire), mais les babas au rhum et les *cannoli siciliani* sont à se damner !

Juliette et Chocolat *(zoom détachable Centre, D3,* ***161****) : 3600, bd Saint-Laurent. ☎ 438-380-1090. Ⓜ Sherbrooke et Place-des-Arts. Tlj 11h-23h (minuit ven-sam).* Il existe 5 boutiques de cette enseigne à Montréal. Comme le dit Juliette, la maîtresse des lieux : « J'aime les gens qui ont le cœur sur la main et du chocolat dans l'autre ». Dans ce magasin gourmand, tout est bon, et le chocolat est décliné de toutes les façons possibles : chaud, froid ou onctueux, sous forme de mousse ou de crème dans de délicieuses verrines, en gâteau, brownie (même sans gluten)... Le tout servi dans une grande salle chic et élégante.

Où déguster une bonne glace ?

Avec le soleil fleurissent les glaciers artisanaux, en particulier dans le quartier du Plateau. Notre best of.

Kem CoBa *(plan détachable, C-D2, **126**) : 60, av. Fairmount Ouest. ☎ 514-419-1699. Ⓜ Laurier. Fin avr-début oct, mar-dim 12h-21h. Fermé lun. Glaces en pot ou cornet 4-6,50 $.* Indiscutablement, le meilleur glacier de Montréal et du Québec, voire du Canada ! On doit faire la queue avant d'accéder au comptoir de cette petite salle où officient Vincent Beck et Ngoc Phan, un charmant couple franco-vietnamien. Ils se sont connus à l'école de pâtisserie-chocolaterie. Leur boutique conçue selon les règles du feng-shui propose des glaces maison aux saveurs exquises et classiques (fraise, vanille...) ou plus rares (feuille de pandanus, café vietnamien). Un coup de cœur !

Le Bilboquet *(plan détachable, C2, **173**) : 1311, av. Bernard. ☎ 514-276-0414. Ⓜ Outremont. De mars à mi-mai, lun-mer 11h-21h et jeu-sam 11h-23h30 ; fermé dim. De mi-mai à mi-sept, tlj 11h-23h30. De mi-sept à déc, tlj 11h-21h.* Un autre très bon glacier de Montréal. Délicieuses crèmes artisanales et une bonne cinquantaine de parfums : à la tire d'érable, miel-lavande, chocolat 70 %, pamplemousse, etc. Face au succès, plusieurs annexes ont vu le jour, notamment au *1600, Laurier Est (plan détachable, E2, **173**) ; tlj 13h-22h.*

Havre-aux-Glaces *(plan détachable, D1, **165**) : 7070, av Henri-Julien (dans le marché Jean-Talon). ☎ 514-278-8696. Ⓜ Jean Talon. Ouv aux beaux jours, tlj 9h-22h.* Glacerie artisanale de qualité : crèmes glacées, des sorbets et *granite*. Excellente pistache.

Meu Meu *(zoom détachable Le Plateau, D3, **162**) : 4458, rue Saint-Denis. ☎ 514-288-5889. Ⓜ Mont-Royal. En été slt, tlj midi-minuit.* Modeste et minuscule crèmerie artisanale ne travaillant que des produits naturels – bon, excepté le Nutella... –, bio pour certains. En tout, une cinquantaine de parfums, crèmes et sorbets, classiques comme originaux (banane-pécan-caramel, hibiscus...), certains confectionnés avec du lait de soja.

Le Patio *(zoom détachable Le Plateau, D3, **163**) : 836, av. du Mont-Royal. ☎ 514-524-0792. Ⓜ Mont-Royal. De mi-mai à mi-sept, tlj 11h30-23h30.* Un petit « bar laitier » avec une terrasse de poche au cœur du Plateau. Crèmes molles et dures, lait fouetté et près de 50 parfums, la plupart artisanaux : aux fruits (bleuet/myrtille, cerise, etc.), à la tire d'érable, érable et noix, etc.

Ripples *(zoom détachable Le Plateau, D3, **164**) : 3880, bd Saint-Laurent. ☎ 514-842-1697. Ⓜ Sherbrooke. Avr-sept, tlj midi-minuit.* Crèmes glacées artisanales (une trentaine de saveurs). Également du yaourt glacé et des sorbets. Des dizaines de saveurs différentes, du thé vert au capuccino. Coup de cœur pour le *kulfi* (chocolat à la cardamome).

Où boire un verre ? Où s'éclater en musique ? Où danser ? Ou les trois en même temps...

La vie nocturne à Montréal risque de vous laisser sur les rotules au bout de quelques nuits. Dire qu'elle est riche et intense ne suffit pas, c'est aussi l'une des plus économiques du monde occidental, au sens qu'il n'y flotte pas l'atmosphère viciée du profit maximum, ni le climat oppressant des lieux élitistes où l'on se sent de trop. Toute soirée digne de ce nom commence en général par un *« **5 à 7** »* en sortie de boulot, autour d'une pinte de bière ou un pichet de sangria, idéalement en terrasse l'été. Mais pas d'inquiétude, si les terrasses se replient avec les premiers frimas, l'animation des bars n'hiberne pas pour autant ! Vous serez surpris par la ***vitalité des cafés, bars et boîtes.*** Montréal est une ville ***cosmopolite*** qui bouge très fort, dans

LE QUÉBEC

un bouillonnement culturel permanent francophone-anglophone. Il y en a pour tous les goûts, donc, mais pas de faux espoirs non plus, car au Québec, la tolérance vis-à-vis de la consommation d'alcool est hyper stricte et tous les bars ferment à 3h pétantes ! Bref, c'est pas Berlin ! Celles et ceux qui veulent faire la bringue jusqu'à pas d'heure risquent de rester sur leur faim...

Côté concerts, les amateurs de ***jazz*** ne sauront où donner de l'oreille, tant Montréal regorge de lieux dédiés à la *blue note*. Avec comme point d'orgue le *Festival international de jazz* (se reporter à la rubrique « Fêtes et festivals » dans « Montréal utile. Fêtes et jours fériés »).

Côté ***boissons,*** on sirote d'abord de la ***bière,*** bien sûr. Enfin, des bières, plutôt, tellement la gamme de mousses micro-brassées ou importées du monde entier semble sans limite. Des ***cocktails*** aussi, souvent créatifs, inventés pour le seul lieu qui les sert. Et puis, allez savoir pourquoi, de la sangria.

Pour les spectacles, concerts et boîtes, se reporter à l'hebdo culturel gratuit *Voir* (● voir.ca ●) disponible en format papier un peu partout (grands hôtels, restos, dépanneurs, cafés, librairies, etc.) ou sur le site ● *nightlife.ca* ●.

Rappel, il est ***interdit de fumer dans tous les lieux publics,*** y compris les bars et les boîtes ainsi qu'à proximité de certaines terrasses extérieures (c'est en général indiqué).

Dans le Vieux-Montréal

Éminemment touristique, ce n'est pas un quartier où l'on sort, même si quelques terrasses se révèlent bien agréables pour un verre entre 2 balades.

🍸 ***Crew Collective & Café*** *(zoom détachable Centre, C4,* ***183****)* **:** *360, rue Saint-Jacques (angle rue Saint-Pierre). Ⓜ Place-d'Armes. Tlj 8h-20h.* La silhouette monumentale de cet immeuble du XIXe s rappelle qu'on est ici au cœur du Montréal de la haute finance à la Belle Époque. C'était le siège de la Royal Bank of Canada. Aujourd'hui classé monument historique, le building abrite toujours des bureaux, mais son immense salle au rez-de-chaussée a été aménagée en café, dans un décor luxueux digne d'un temple de l'argent. Ce qui ne veut pas dire que les prix sont élevés ! Les anciens guichets servent de comptoirs. On peut aussi y manger. Sans doute le café *vintage* le plus remarquable de la ville.

🍸 ***Terrasse de l'Auberge du Vieux-Port*** *(zoom détachable Centre, D5,* ***188****)* **:** *97, rue de la Commune Est. ☎ 514-419-1349. Ⓜ Champ-de-Mars ou Place-d'Armes. Ouv en été, jeu-dim 14h-minuit (23h dim). Fermé lun-mer.* Dans le hall de l'*Auberge du Vieux-Port,* prendre l'ascenseur jusqu'au dernier étage et de là l'escalier qui mène au toit. Installez-vous et goûtez à cette vue panoramique à couper le souffle : le port de Montréal, le dôme de la Biosphère, le Saint-Laurent, le port et les bateaux... Une pause appréciable dans le Vieux-Montréal. On peut y manger un morceau, mais c'est très cher.

🍸 ♩ ***Le Jardin Nelson*** *(zoom détachable Centre, D4,* ***189****)* **:** *407, pl. Jacques-Cartier. ☎ 514-861-5731. Ⓜ Champ-de-Mars. Lun-ven 11h30-22h (23h ven), w-e 10h-22h (23h sam). Fermé nov-mars.* Situé sur la place principale du Vieux-Montréal, ce bar-resto, certes touristique, se distingue par son immense terrasse intérieure ombragée par des auvents rétractables et des parasols. Sessions de jazz tous les jours midi et soir, et toute la journée en haute saison. Agréable pour boire un verre en fin d'après-midi. Fait aussi resto à prix moyens.

🍸 ♩ ***Les Deux Pierrots*** *(zoom détachable Centre, D5,* ***190****)* **:** *104, rue Saint-Paul Est. ☎ 514-861-1270. Programmation sur ● 2pierrots.com ● Ⓜ Champ-de-Mars. Ouv ven-dim 24h/24. Fermé lun-jeu. Entrée : env 7 $ (gratuit avt 21h30).* Une « boîte à chansons » comprenant un bar, un resto et une terrasse avec vue sur le port. Atmosphère jeune et enfiévrée, chaleureuse et décontractée. Chansons populaires dans le ronronnement des gens qui « jasent » de tout, de rien... Éminemment touristique mais sympa.

Dans le Quartier latin

Bar sur bar, bière sur bière, et des trottoirs envahis de – jeunes – fêtards, surtout rue Saint-Denis. Si ça, c'est pas un quartier qui bouge !

Les Foufounes électriques *(zoom détachable Centre, D4,* ***180****) : 87, rue Sainte-Catherine Est. ☎ 514-844-5539. • foufounes.qc.ca • Ⓜ Saint-Laurent. Tlj 15h-3h (21h-3h à l'étage). Entrée payante pour les concerts (3-30 $) ; 4-8 $ pour la boîte de nuit. Bière bon marché.* Grand bar-boîte de style punk et rock, aménagé dans une ancienne usine, qui reste un haut lieu des nuits montréalaises alternatives. *Les Foufounes* (mot enfantin québécois pour désigner les fesses) attirent les hipsters déjantés de la ville, les noctambules gothiques, les punky mais aussi des habitués propres sur eux, sans doute plus délirants à l'intérieur qu'à l'extérieur. Terrasses devant et derrière, billard, baby-foot... Sur la piste, on danse sur des musiques hard, rock, métal et autres...

L'Escalier *(zoom détachable Centre, D4,* ***185****) : 552, rue Sainte-Catherine Est. ☎ 514-419-6609. • lescalier-montreal.com • Ⓜ Berri-UQAM, sortie Sainte-Catherine. Tlj 16h-3h. Spectacles gratuits (musiques et shows variés) tlj 17h-21h.* Une porte discrète, avec un vieux panneau usé, mène à ce bar coloré de quartier alternatif, assez intime grâce à ses multiples petites salles de guingois. Fait aussi resto végétarien et bio. Bières pression, jus frais, cafés et thés équitables. Spectacles ou petits concerts chaque soir.

Le Sainte-Élisabeth *(zoom détachable Centre, D4,* ***203****) : 1412, rue Sainte-Élisabeth. ☎ 514-286-4302. Ⓜ Saint-Laurent ou Berri-UQAM. Tlj 15h-3h.* Très grand pub « européen » dans un vieil immeuble en brique. Endroit réputé pour ses bières, mais surtout pour sa vaste cour-terrasse à l'arrière avec son mur de lierre de 45 m de haut ! Grand choix de bières au fût : irlandaises, anglaises, belges et artisanales. Belle ambiance avec rock et blues en fond sonore.

Le 4e Mur *(zoom détachable Centre, D3,* ***181****) : 2021, rue Saint-Denis, derrière la porte marquée « Agence de détectives ». • le4emur.com • Ⓜ Berri-UQAM. Mar-sam 17h-3h, dim 19h-3h. Fermé lun. Résa conseillée (sur leur site). Cocktails 12-14 $.* Pas d'enseigne, seulement un portier comme indice. Trop facile, ça gâcherait presque le plaisir, celui de trouver la bonne brique, celle qu'il faut pousser pour faire pivoter le 4e mur. Caché en sous-sol, il s'agit d'un *speakeasy*, c'est-à-dire un bar clandestin comme du temps de la prohibition aux États-Unis. Les barmen demandaient aux clients de parler doucement pour ne pas éveiller de soupçons... Déco rétro étudiée, serveurs en bretelles et nœud pap', fauteuils de cuir, courette à l'arrière, fox-trot en fond sonore. Pour parfaire l'ambiance, chanteuse ou show burlesque, en alternance selon les soirs. Et bien sûr des cocktails inventifs, explosifs.

Eva B *(zoom détachable Centre, D4,* ***224****) : 2013, bd Saint-Laurent. ☎ 514-849-8246. Ⓜ Saint-Laurent. Tlj 11h-19h (12h-18h dim).* Vaste magasin tendance et multifonctionnel qui fait à la fois friperie, bistro-bar et espace pour les événements (voir rubrique « Achats », plus loin). On le cite ici, car il offre une belle terrasse et de quoi se sustenter en buvant un coup.

Le Bistro à Jojo *(zoom détachable Centre, D4,* ***184****) : 1627, rue Saint-Denis. ☎ 514-843-5015. • bistroajojo.com • Ⓜ Berri-UQAM. Tlj 12h-3h. Concerts tlj vers 22h-22h30.* Fondé en 1975 par Joe « Jojo » Lévis, c'est toujours une institution du blues dans ce quartier animé. Bas de plafond et sombre, aux murs de brique tapissés d'instruments de musique, de photos en noir et blanc, c'est la bonne adresse pour les fans de blues. Concerts chaque soir, dans une ambiance franchement conviviale et décontractée.

L'Amère à Boire *(zoom détachable Centre, D3,* ***181****) : 2049, rue Saint-Denis. ☎ 514-282-7448. Ⓜ Berri-UQAM. Tlj 13h-2h (3h ven-sam).* Les soirs de fin de semaine, les habitués se serrent près des murs de brique de cette brasserie artisanale. Parfois, la clientèle déborde sur la petite terrasse, pour descendre des pintes de *lager* à l'allemande ou à la tchèque. Toutes les bières sont brassées sur place. Ceux pour qui l'argument artisanal ne suffit pas à justifier une descente de mousse opteront pour le voisin, ***Randolph,*** « pub ludique » avec jeux de société en libre-service *(tlj à partir de 16h).*

🍸 ***La Distillerie n° 1*** *(zoom détachable Centre, D4,* ***95****) : 300, rue Ontario Est. ☎ 514-448-2461. Ⓜ Berri-UQAM ou Sherbrooke. Tlj 16h-3h.* Très réputé pour ses innombrables cocktails servis pour certains dans des bocaux en verre *Mason* et ses bières artisanales. On a bien aimé le Patriote, le Basilic Romantique et le Sésame Ouvre-toi... Ambiance jazz. Devant le succès – presque plus de monde dans la file d'attente que dans le bar –, une autre *Distillerie* s'est ouverte : *2047, av. du Mont-Royal (angle Lorimier).*

🍸 ***Abreuvoir*** *(zoom détachable Centre, D3,* ***182****) : 403, rue Ontario Est. ☎ 514-843-5469. • abreuvoir.ca • Ⓜ Berri-UQAM. Tlj 16h-3h (18h-3h dim) Soirée humour mer : 7-10 $.* Un bar pour s'abreuver, toujours bondé en soirée, vivant au rythme d'une fidèle clientèle estudiantine attirée par la grande variété de bières de qualité à prix raisonnables (vendues aussi au gallon, soit près de 4 litres !). Autre atout, la terrasse à l'arrière, ouverte à l'année car chauffée en hiver. Soirées à thème (100 % humour le mercredi, DJ le jeudi, karaoké le dimanche soir, etc.).

♩ ***Le Mtelus*** *(zoom détachable Centre, D4,* ***187****) : 59, rue Sainte-Catherine Est. ☎ 514-844-3500 et (billeterie, achat par tél) 1-855-790-1245. Ⓜ Saint-Laurent. • mtelus.com • Concerts payants.* Une des salles (2 300 places) de concerts les plus connues de Montréal. Après avoir changé plusieurs fois d'identité, ce lieu historique accueille les meilleurs groupes musicaux. S'y sont produits notamment David Bowie, les Rita Mitsouko, Björk, ou encore le Québécois Jean Leloup (qui y possède le record de représentations). Programmation sur Internet ou dans les hebdos culturels gratuits.

Dans le Village

C'est le ***quartier gay de Montréal,*** qui s'étend le long de la rue Sainte-Catherine Est, depuis la rue Saint-Hubert jusqu'à la rue Papineau ; cette portion est rendue piétonne en été. Autrefois malfamé, le Village a retrouvé aujourd'hui une bonne santé (et la sécurité) avec l'arrivée des gay people dans les années 1990, entreprenants et financièrement aisés. Impossible de rater cette rue Sainte-Catherine... vu la concentration de *rainbow flags* qui flottent devant certaines devantures. On y a même vu, comble de surprise, une église *gay friendly* ! Voici quelques adresses mais, pour en savoir plus, consulter le mensuel gratuit *Fugues (• fugues.com •).*

🍸 ♩ 👫 ***Mado*** *(zoom détachable Centre, D-E4,* ***206****) : 1115, rue Sainte-Catherine Est. ☎ 514-525-7566. • mado.qc.ca • Ⓜ Berri-UQAM. Tlj 16h-3h. Spectacle vers 23h, ts les soirs sauf lun. Entrée : 5 $.* Fameux cabaret-spectacle au décor inspiré des années 1920 où officie Mado. Ce sacré personnage mène pendant 1h environ une revue de *drag-queens* complètement déjantée. Façon *comedy club,* c'est plein d'énergie, d'humour ravageur (les Français se font bien chambrer !), de chansons, bien sûr... Juste après le spectacle, c'est danse à gogo jusqu'au petit matin. Meilleur soir, le mardi, mais les vendredis ne sont pas mal non plus, et les samedis aussi...

🍸 👫 ***Complexe Sky*** *(zoom détachable Centre, E4,* ***200****) : 1474, rue Sainte-Catherine Est. ☎ 514-529-6969. • complexesky.com • Ⓜ Beaudry. Tlj 11h-3h. Fait également boîte ven-sam 22h-3h ; entrée : env 6 $.* L'un des bars gays les plus anciens du quartier. Au 1er étage, le bar *Branché (ouv tlj à partir de 11h).* Au 2e, *le Ball Room* et le *Poptop (jeu-sam 22h-3h).* Au 3e étage, le *Sky Club* avec, en principe, soirées électro-pop les vendredi et samedi. L'été, de 11h à 3h, superbe terrasse sur le toit avec piscine et jacuzzi. Idéal pour parfaire son bronzage ou exhiber ses beaux pectoraux ! En fait, il se passe toujours quelque chose au *Sky* !

Sur le Plateau Mont-Royal et dans le Mile End

L'autre quartier qui bouge, vitalisé par le bouillonnement étudiant. Faune assez jeune, donc, mais plus mélangée que dans le Quartier latin, avec pas mal de trentenaires, voire de quadras, bien dans leurs pompes et leur porte-monnaie, venus flairer l'atmosphère bobo-branché voire alternative de certaines zones du Plateau.

Le gros de l'animation se concentre le long de l'avenue du Mont-Royal et sur le boulevard Saint-Laurent (entre Saint-Joseph et Roy), où bars et boîtes alignés à touche-touche se font une concurrence d'enfer à coups de décibels. Mais ça bouge encore, et de plus en plus, jusqu'au nord, dans le Mile End, le repaire hype de ceux qui se démarquent. C'est-à-dire beaucoup de monde...

La Casa del Popolo *(zoom détachable Le Plateau, D2,* ***38****) :* *4873, bd Saint-Laurent. ☎ 514-284-3804 ou 0122 (bureau). • casadelpopolo.com • Ⓜ Mont-Royal ou Laurier. À la frontière du Plateau et du Mile End. Tlj 12h-3h. Billet : 10-15 $ selon groupe.* Cette « maison du peuple » attire une faune bigarrée, turbulente et décontractée de hipsters. Petite scène pour les concerts (payants). Soirées DJ presque tous les jours (entrée gratuite). Salle pas très grande, mais courette fermée à l'arrière. On peut aussi y manger (plats et sandwichs végétariens), et même essayer de dormir au-dessus du bar (voir « Où dormir ? »).

Une fois chauffé à blanc, direction le ***Centro Social Español,*** presque en face. Bar à tapas au 1er niveau (ouvre à 17h) et salle de concerts à l'étage, la *Sala Rossa* (fermé lundi ; entrée payante), rouge comme le plaisir, où se produisent de bons petits *bands* de toutes sortes (underground, country, rock...).

Quai des Brumes *(zoom détachable Le Plateau, D3,* ***202****) :* *4481, rue Saint-Denis. ☎ 514-499-0467. • quaidesbrumes.ca • Ⓜ Mont-Royal. Tlj 16h-3h.* Le célèbre film de Marcel Carné n'a pas influencé la déco intérieure : plafonds moulés, boiseries, brasseurs d'air et vitraux. Néanmoins ça a du caractère. L''ambiance Art déco apporte un plus à ce bar « spectaculaire » réputé pour accueillir la scène émergente montréalaise. Chaque soir depuis les années 1980, la maison sert un spectacle à 22h. Musique indé, slam, poésie, performances visuelles, littérature... De quoi s'amarrer au *Quai des Brumes* pour un bon moment....

Dieu du Ciel ! *(zoom détachable Le Plateau, D2,* ***212****) :* *29, rue Laurier Ouest. ☎ 514-490-9555. Ⓜ Laurier. Lun-jeu 15h-3h, ven-dim 13h-3h.* Incontournable du quartier de Mile End, cette microbrasserie renommée attire en masse les aficionados de bonnes mousses artisanales, au goût marqué voire inédit (mangue, hibiscus, etc.). Cadre tamisé, atmosphère bien houblonnée, au service d'une ambiance bourdonnante et décontractée. Possibilité de grignoter. Petite terrasse sur la rue.

Le Divan Orange *(zoom détachable Le Plateau, D3,* ***192****) :* *4234, bd Saint-Laurent. ☎ 514-840-9090. Ⓜ Mont-Royal. • divanorange.org • Tlj sauf lun 16h-3h. Droit d'entrée lors des concerts : 5-10 $.* Un café-concert réputé pour son excellente programmation, permettant de découvrir des groupes locaux en devenir ou déjà confirmés. On pensait qu'il allait mettre la clef sous le paillasson en 2017 en raison de difficultés financières, mais non, il continue, jouant presque tous les soirs, plutôt du rock, mais aussi de l'électro, du folk... Agréable salle avec son long comptoir de bois et son vieux plancher usé. Sympa aussi pour boire un verre en fin d'après-midi.

Buvette Chez Simone *(zoom détachable Le Plateau, C2,* ***199****) :* *4869, av du Parc. ☎ 514-750-6577. Ⓜ Laurier. Tlj 16h-3h.* Du vin, des bulles, et un joyeux brouhaha, le long de tables en bois biscornues plongées dans la semi-pénombre, voilà ce qui se passe *Chez Simone.* Pour prolonger l'apéro, assiettes de charcuterie, de fromage et quelques petits plats de brasserie autour de 15 $. Et comme dit le vieux proverbe breton : « Si l'horizon n'est pas net, reste à la buvette » !

La Quincaillerie *(zoom détachable Le Plateau, D3,* ***196****) :* *980, Rachel Est. ☎ 514-524-3000. Ⓜ Mont-Royal. Mar-ven 17h-1h (3h jeu-ven), sam 19h-3h. Fermé dim-lun.* Un superbe décor qui a été conservé de l'ancienne vocation des lieux (une vraie quincaillerie). Salle tout en longueur, avec de beaux vestiges de son métallique passé.

Sombre comme il faut pour bricoler dans les coins et suffisamment branché pour tenter quelques soudures... aidé par l'un des 100 cocktails proposés. Un très joli bar d'ambiance et de caractère.

Le Majestique *(zoom détachable Le Plateau, D3,* ***191****) : 4105, bd Saint-Laurent. ☎ 514-439-1850. Ⓜ Sherbrooke. Tlj 16h (11h dim)-3h. Huîtres 12-33 $.* On s'installe sur des tables hautes, sur de moelleuses banquettes ou au comptoir parmi les bobos et *hipsters* locaux. Pour accompagner son verre de vin ou son cocktail, une assiette de tapas ou d'huîtres ou encore des petits plats de la mer (esturgeon, pieuvre...). Au final, on ne sait plus si c'est un bar ou un resto ! Bien surtout pour boire un verre au calme, car pour une fois la musique n'est pas trop forte.

Le Belmont sur le Boulevard *(zoom détachable Le Plateau, D3,* ***198****) : 4483, bd Saint-Laurent (angle de Mont-Royal). ☎ 514-845-8443. • lebelmont.com • Ⓜ Mont-Royal. Ven-sam 17h (21h sam)-3h. Fermé dim-jeu. Parfois soirées spéciales. Entrée : 5-15 $. Le Belmont* est à la fois un pub très anglais (table de billard, baby-foot, écrans vidéo...), une boîte et une salle de spectacles. En fin de semaine, on y crache tous styles de musiques (électro, rock, techno, house, hip-hop, hits...). Organise également des soirées d'improvisation théâtrale ou des séances de *speed-dating* ! Clientèle plutôt jeune.

Tokyo Bar *(zoom détachable Centre, D3,* ***194****) : 3709, bd Saint-Laurent. ☎ 514-842-6838. Ⓜ Sherbrooke. Jeu-dim 22h-3h. Fermé lun-mer. Entrée : 7-10 $.* Super boîte de nuit au nom nippon mais qui n'a rien de japonais dans le décorum. Cadre ultra-moderne sur plusieurs étages, avec une grande salle principale envahie de jeunes de toutes origines qui dansent sur de la funk, house, *old school,* R & B, soul. Et aussi une salle VIP avec son propre DJ. Canapés « jacuzzi » étonnants. Toit-terrasse pour humer Montréal *by night.*

Appartement 200 *(zoom détachable Centre, D3,* ***194****) : 3643, bd Saint-Laurent. ☎ 514-880-3354. • apt200.com • Ⓜ Sherbrooke. Tlj 19h-3h.* Si vous passez par là en hiver, vous reconnaîtrez le lieu à sa clientèle à moitié congelée qui attend dans la rue ! À l'intérieur, petite boîte briquetée, où les noctambules se retrouvent autour du billard ou des jeux d'arcade. Quand le DJ met le feu au *dancefloor,* l'ambiance est aussitôt pétaradante. Bref, l'*Appart',* c'est comme à la maison mais sans les voisins du dessous qui donnent des coups de balais.

Bílý Kün *(zoom détachable Le Plateau, D3,* ***195****) : 354, av. du Mont-Royal Est. ☎ 514-845-5392. • bilykun.com • Ⓜ Mont-Royal. Tlj 15h-3h.* Son nom signifie « cheval blanc » en tchèque. Joli bar branchouille qui ne désemplit pas, accueillant une clientèle de 30-40 ans, sans doute à cause de son élégante atmosphère. Chaque soir ou presque, de petits concerts jazz, blues et même du classique ; soirées DJ. Grand choix de « boissons » : bières en fût, vins de tous les horizons et alcools bien forts. Petite restauration et terrasse sur le trottoir. Au-dessus du bar, *O Patro Vys,* une salle dédiée aux manifestations culturelles et artistiques, notamment à la scène musicale émergente. *Rens : • opatrovys.com •.*

Monsieur Ricard *(zoom détachable Le Plateau, C2-3,* ***214****) : 4543, av. du Parc. ☎ 514-678-1862. Ⓜ Mont-Royal. Tlj 10h-3h.* Un bar convivial. Le comptoir colle comme là-bas, le Ricard coule à flots « parce que le pastis rend l'eau potable », les TV retransmettent les matchs de Ligue 1 (OM compris, pardi). À la mi-temps, on tête le cochonnet sur le terrain de pétanque à l'arrière.

Le Cagibi et Waverly *(plan détachable C-D2,* ***101****) : lire plus haut « Où manger dans le Mile End ? »* Enfilez votre chemise de bûcheron, et c'est parti pour un concert zarbi au *Cagibi* à débriefer autour d'un cocktail électro au *Waverly.*

Dans le centre-ville (Downtown) et la Petite Bourgogne

Comme il se doit, ce quartier d'affaires est presque déserté le soir. Il y a bien, si l'on aime le côté m'as-tu-vu, quelques bars et boîtes à la mode dans les élégantes rues Crescent et Stanley, et une série de bars assez standardisés sur la portion ouest de la rue Sainte-Catherine, une fois passé Guy. Rien à voir avec l'ambiance bon enfant du Quartier latin ou du Plateau. Quelques belles salles de concert, en revanche. Pour retrouver un peu d'animation, il faut gagner la *Petite Bourgogne,* dont l'épicentre est la rue Notre-Dame, aux abords du marché Atwater.

Upstairs *(plan détachable, B4,* ***211****) : 1254, rue Mackay. ☎ 514-931-6808. • upstairsjazz.com • Ⓜ Guy-Concordia. Tlj dès 20h. Entrée 10-15 € selon groupe. Plats 11-15 $ le midi, 18-30 $ le soir.* Ambiance chaleureuse et tamisée, dans ce petit club de jazz réputé pour la qualité et l'éclectisme de sa programmation (pas mal de groupes anglophones, world, etc.). Un public attentif se serre autour d'une grillade ou d'un burger, profitant en connaisseur des 3 sets du soir (chacun de 45 mn). Mieux vaut arriver tôt, ou réserver.

Biermarkt *(plan détachable, C4,* ***201****) : 1221, bd René-Levesque. ☎ 514-864-7575. Ⓜ Lucien-L'Allier ou Peel. Tlj 11h30-minuit (2h jeu, 3h ven-sam). Plats 20-35 $.* Porte à tourniquet, écrans géants sur boiseries lustrées, tabourets en skaï rouge, c'est un *sportsbar* version chic. D'abord réputé pour sa large sélection de bières, plus de 150 mousses venues d'une trentaine de pays, toutes servies à la pression (les fûts s'entassent en vitrine). Dans l'escalier grand style, un *Manneken-Pis* géant (en tout cas bien plus grand que l'original) domine les débats. Pour accompagner, *pub food* à la fois classique et soignée (*fish & chips,* travers de porc, *burger* au bœuf wagyu), huîtres et planches de fromage ou de charcuterie.

Mckibbin's Irish Pub *(plan détachable, B-C4,* ***204****) : 1426, rue Bishop. ☎ 514-288-1580. Ⓜ Peel. Tlj 11h30-3h.* Un vrai pub irlandais, avec tous ses signes distinctifs : brique, bois, vieux plancher usé, vitraux, lampes Tiffany et l'interminable comptoir de rigueur... Une douzaine de bières au fût, et énormément de choix pour manger (*burger,* salades, pâtes, *pies,* sandwichs). Groupes musicaux tous les soirs. Chaque année, la fête bat son plein le 17 mars pour la Saint-Patrick.

La Salsathèque *(plan détachable, C4,* ***210****) : 1220, rue Peel, au 3e étage. ☎ 514-875-0016. • clubsalsatheque.com • Ⓜ Peel. Jeu-dim 21h-3h. Fermé lun-mer. Entrée payante (env 10 $) ven-sam (orchestre).* Discothèque des années 1970 à la déco clinquante où l'on danse sur des rythmes latinos : salsa, merengue, mambo, lambada... Déhanchements sensuels et robes ultra-moulantes de rigueur. La clientèle est cubaine, brésilienne et colombienne. Pas B.C.B.G. pour un sou.

L'Astral *(zoom détachable Centre, C4,* ***207****) : 305, rue Sainte-Catherine Ouest. ☎ 514-288-8882. • sallelastral.com • Ⓜ Place-des-Arts. Billetterie ☎ 1-855-790-1245 ou • ticketmaster.com • Tlj sauf lun 11h30-17h (21h les soirs de spectacle et jeu-ven). Tarifs selon affiche.* En plein quartier des Spectacles, une belle salle rénovée de près de 700 places (seulement 200 assises), où les prix ne sont pas astronomiques. Il accueille le festival de jazz de Montréal et sert de lieu de rendez-vous pour les têtes d'affiches au fil de l'année. Belle programmation, donc. Mitoyen, le bistrot *Blue Menthal* fait aussi *jazz club* *(tlj 11h30-minuit).*

La Drinkerie Sainte-Cunégonde *(plan détachable, B5,* ***205****) : 2661, rue Notre-Dame Ouest. ☎ 514-439-2364. • drinkerie.ca • Ⓜ Lionel-Groulx. Tlj 15h-3h. Plats 12-16 $.* Envie d'un 5 à 7 prolongé et pas trop dispendieux ? C'est ici que ça se passe ! Sur la dizaine de bières en fût que propose cette néotaverne à l'atmosphère gentiment houblonnée, les 3 premières de la liste sont à un tarif ras des pâquerettes dès l'ouverture et jusqu'à 21h. Du coup, c'est un lieu de rencontre incontournable. En cas de petite faim, salades et sandwichs, des burgers végétariens et pourquoi pas une belle assiette de fromages. Tout ça en provenance directe du marché Atwater ! Soirées animées par un DJ du mercredi au samedi. De plus, le mercredi, soirée spéciale Vinyl !

Achats

Outre les adresses que l'on vous indique ici, on vous conseille de « magasiner » dans le quartier du Plateau Mont-Royal, très agréable pour la variété et l'originalité de ses boutiques : fripes, disquaires, librairies, médecine chinoise, etc. Bonne atmosphère.

Délices Érable & Cie *(zoom détachable Centre, D5, à côté de* ***190****) : 84, rue Saint-Paul Est. ☎ 514-765-3456. Ⓜ Place-d'Armes. Tlj 10h-23h.* Un beau magasin dédié surtout au sirop d'érable. On y vend aussi de la confiture de canneberge et du miel. Dégustation des produits sur place. La maison est connue, elle possède une boutique à l'aéroport. Prix sages pour la qualité proposée.

Boutique Kitsch'n Swell *(zoom détachable Le Plateau, D3,* ***222****) : 3972, bd Saint-Laurent. ☎ 514-358-6336. Ⓜ Sherbrooke. • boutiquekitschnswell.com • Lun-mer 11h-18h, jeu-ven 11h-20h, sam-dim 11h-17h.* Un magasin unique et insolite, qui rappelle les cabinets de curiosité d'autrefois. Se côtoient vêtements d'un autre âge, crinolines, robes de style pin-up et animaux empaillés (taxidermie), et aussi des objets anciens, ceintures, chaussures, accessoires rétro, et même des crânes de coyote et de lynx... Inspirée par les années 1950, la propriétaire ne manque ni d'idées ni de goût.

Fou d'Ici *(zoom détachable Centre, C4,* ***112****) : 360, bd de Maisonneuve. ☎ 514-600-3424. Ⓜ Place-des-Arts. Lun-ven 8h-20h, sam 9h-18h. Fermé dim.* Une épicerie fine qui réunit tous les meilleurs produits de la province. Grosse sélection de fromages et de charcuterie de qualité, biscuits, vinaigres artisanaux, sirop d'érable bio, thé du Labrador... De quoi rapporter plein de petites choses délicieuses à la maison. Fait aussi traiteur (voir « Où manger ? »).

Eva B *(zoom détachable Centre, D4,* ***224****) : 2013, bd Saint-Laurent. ☎ 514-849-8246. Ⓜ Saint-Laurent. Tlj 11h-19h (12h-18h dim).* Derrière la façade copieusement graffée de ce temple de la fripe aux odeurs de patchouli se cache un lieu à tiroirs avec un bistro-bar, une scène, un espace dédié aux créateurs, des tonnes d'objets vintage et un sous-sol rassemblant un fouillis de costumes plus extraordinaires les uns que les autres. Bref, de quoi y passer des heures...

HMV Mégastore *(plan détachable, C4,* ***230****) : 1020, rue Sainte-Catherine Ouest. ☎ 514-875-0765. Ⓜ Peel. Lun-ven 10h-21h, sam 9h-18h, dim 11h-18h.* CD innombrables à prix intéressants.

Complexe Les Ailes, Centre Eaton et Place Montréal Trust *(zoom détachable Centre, C4,* ***223****) : 677-705, rue Sainte-Catherine Ouest, entre McGill College et University. ☎ 514-288-3759. Ⓜ McGill.* 3 centres commerciaux luxueux reliés entre eux, pour ceux qui veulent magasiner à l'aise à la montréalaise.

Plusieurs ***marchés*** à Montréal, les 2 plus grands sont ouverts toute l'année.

Le marché Jean-Talon *(plan détachable, D1) : dans le quartier de Petite Italie au nord du Mile End, au 7070, av. Casgrain (coin rues Henri-Julien et Jean-Talon). ☎ 514-937-7754. • marchespublics-mtl.com • Ⓜ De Castelnau ou bus nº 55. Tlj 7h-18h (20h jeu-ven, 17h dim).* Le plus cosmopolite de Montréal. Coloré, bonne ambiance et pas cher. Si vous aimez faire des découvertes culinaires, allez-y ! Une ribambelle d'éventaires avec des tables pour grignoter sur place, notamment, une épicerie fine *(Marché des Saveurs)* spécialisée dans les produits québécois artisanaux, mais aussi des stands sud-américains, du Moyen-Orient, de grillades, de poutines et même une crêperie à la française *(La Crêperie du marché)*...

Le marché Atwater *(plan détachable, A-B5) : 138, av. Atwater (au sud de la rue Notre-Dame Ouest, dans le quartier de la Petite Bourgogne). ☎ 514-937-7754. Ⓜ Lionel-Groulx. Tlj 7h-18h (19h jeu, 20h ven, 17h w-e).* Marché plutôt « B.C.B.G. », favori des gourmets du Tout-Montréal. Un peu plus cher et moins « populaire » que le marché Jean-Talon, mais historique

(1933). On peut y accéder par la piste cyclable du canal de Lachine. Endroit idéal pour faire ses courses en vue d'un pique-nique en été, le long de l'eau et de la voie de chemin de fer. Location de vélos et de bateaux sur place. Fromages, fruits et légumes. Beaucoup de produits à base de sirop d'érable en mars et avril. C'est aussi un grand marché aux fleurs.

À voir. À faire

DES ÉGLISES À UN JET DE PIERRE

Le nombre d'églises à Montréal est si important (260 !) qu'il y a près d'un siècle, l'écrivain américain Mark Twain notait qu'il était impossible de lancer une brique dans les rues de la ville sans briser un vitrail ! L'explication de cette profusion est très simple : la religion a longtemps servi de fondement à la société canadienne mais, les deux communautés principales (anglaise et française) n'ayant pas le même culte, les lieux de prière se voyaient du même coup multipliés par deux...

Malgré son statut de métropole internationale, Montréal ne brille pas particulièrement par la magnificence de ses musées. Certains sont très agréables et instructifs, tandis que d'autres, plus petits et spécialisés, nous ont paru un peu « légers ». Nous indiquons ceux que nous trouvons les plus intéressants.

– ***La plupart des musées sont fermés le lundi,*** sauf si c'est un jour férié. À noter que ***le dernier dimanche de mai, tous les musées de la ville sont gratuits***.

– Si vous avez l'intention de visiter beaucoup de sites et musées, vous pouvez vous procurer la ***carte Musées Montréal.*** Il y a 3 forfaits au choix. Forfait 3 jours sur 3 semaines sans transport : 75 $ taxes comprises. Forfait 3 jours consécutifs avec transport STM illimité : 80 $. Le 3ᵉ forfait est valable 1 an et coûte 225 $. On peut acheter cette carte dans la plupart des musées, au *Centre Infotouriste (plan détachable, C4, **1**)*, au *Bureau d'accueil du Vieux-Montréal (zoom détachable Centre, D4, **5**)* ou en ligne • *museesmontreal.org* •

LE VIEUX-MONTRÉAL *(zoom détachable Centre)*

Ce quartier de 2 km² est délimité par les rues Saint-Antoine, Berri, de La Commune et McGill. C'est là que l'histoire de Montréal a commencé en 1642. Cependant, même si la rue Saint-Paul, rendue aux piétons l'été, conserve une belle homogénéité, n'allez pas imaginer une « vieille ville » à l'européenne, avec ses rues étroites et ses maisons anciennes. Ici, tout est très disparate quand bien même la ville s'est faite belle pour célébrer son ***375ᵉ anniversaire en 2017.*** Les vieilles maisons sont dispersées au milieu des entrepôts réhabilités, des banques et bâtiments administratifs qui prirent leur place au XIXᵉ s, mais aussi d'inévitables boutiques de fringues, d'antiquités et autres lieux de consommation.

C'est autour de la ***place Jacques-Cartier*** que l'on trouve les maisons les plus anciennes. Les fortifications quant à elles, devenues inutiles, furent rasées en 1817 afin de gagner un peu de place. Rénové dans les années 2000, le Vieux-Montréal dégage néanmoins un certain charme et une joyeuse animation avec cafés et restos où les visiteurs se pressent durant la belle saison.

– ***Pour en apprendre plus sur l'histoire du quartier,*** possibilité de ***télécharger l'appli gratuite Montréal en Histoires*** (voir le paragraphe « Tourisme » dans « Adresses utiles » plus haut), une carte interactive détaillant une vingtaine de points d'intérêt au fil des vieilles rues. Possibilité également de faire un petit circuit en boucle autour du quartier avec le bus nº 715 à partir de l'office de tourisme (arrêt « Peel » sur Peel Avenue ; *plan détachable, C4*).

Le château Ramezay, musée et site historique de Montréal *(zoom détachable Centre, D4)* **:** *280, rue Notre-Dame Est. ☎ 514-861-3708. • chateauramezay.qc.ca • Ⓜ Champ-de-Mars. En été, tlj 9h30-18h ; oct-mai, mar-dim 10h-16h30. Entrée : 11 $; réduc ; gratuit jusqu'à 4 ans. 50 % de réduc pour ceux qui veulent visiter le musée Stewart (marche dans les 2 sens) sur présentation du billet. Offre valable 10 j.*
Avec son toit d'ardoises, ses fenêtres en chien-assis et ses volets en bois, ce petit manoir fait curieusement penser aux gentilhommières de l'ouest de la France (Bretagne !). Construit en 1705 par Claude de Ramezay (alors gouverneur de Montréal), le château Ramezay devint tour à tour la résidence des gouverneurs de Montréal, le bureau de la *Compagnie des Indes* (à partir de 1745), puis la résidence des gouverneurs britanniques. Au XIXe s, il accueillit des fonctionnaires et diverses institutions (l'École normale, la faculté de médecine, ou encore la cour des magistrats). Premier bâtiment classé Monument historique au Québec (en 1929), il abrite aujourd'hui un musée.
Dans un écrin de boiseries anciennes (importées de Nantes à l'occasion de l'Exposition universelle de 1967), une petite collection retrace l'histoire du Québec et de Montréal depuis les Amérindiens jusqu'au début du XXe s : documents, costumes, tableaux, mais également de vraies reliques, comme la célèbre cloche de Louisbourg. Une visite à découvrir en passant d'une borne multimédia à l'autre. La cave renferme l'expo « Vivre à Montréal au XVIIIe s », avec meubles traditionnels d'époque et la reconstitution d'un intérieur typique de la Nouvelle-France. Également des expos temporaires. Voir aussi le jardin du Gouverneur.

Presque en face du musée se dresse le plantureux ***hôtel de ville,*** bâtisse néoclassique érigée entre 1872 et 1878, dans le style Napoléon III. C'est de son balcon que De Gaulle lança son fameux « Vive le Québec libre » à la fin de son discours. Juste derrière, de la place Vauquelin, panorama sur les buildings de la ville nouvelle.

Le musée Sir-George-Étienne-Cartier *(zoom détachable Centre, D4)* **:** *458, rue Notre-Dame Est. ☎ 514-283-2282 ou 1-888-773-8888. • parcscanada.gc.ca/cartier • Ⓜ Champ-de-Mars. De mi-juin à début sept, mer-dim 10h-17h ; sept-déc, ven-dim 10h-17h (2-24 déc, sam-dim 10h-17h30). Fermé de janv à mi-juin. Entrée : 4 $; réduc.* C'est l'ancienne maison du père de la Confédération, Sir George-Étienne Cartier (1814-1873), et l'une des rares maisons victoriennes (1860) ouvertes au public à Montréal. Un très bel exemple d'intérieur bourgeois du milieu du XIXe s, dont l'ambiance a été bien recréée : mobilier d'origine, repas servi sur la table, produits de toilette dans la salle de bains... Une excursion pédagogique dans la vie de ce personnage qui fut le moteur de la création du Canada.

➢ La visite du Vieux-Montréal se poursuit avec la ***Maison Papineau*** (1785 ; *zoom détachable Centre, D4*), 440, rue Bonsecours, où habita Louis-Joseph Papineau, dirigeant de l'insurrection nationaliste de 1837. Ce fut longtemps un hôtel avant que la maison ne soit achetée par l'État canadien qui en confia la gestion aux Parcs du Canada. On ne peut pas y entrer. ***Rue Saint-Louis*** *(zoom détachable Centre, D4),* au nº 446, très belle maison à « logements » (1890) en brique rouge, avec corniche victorienne, lucarnes moulurées et deux escaliers sinueux grimpant sur les côtés.

➢ Plus loin, au 445, rue Saint-Paul Est, la ***Maison Dumas*** (1800 ; *zoom détachable Centre, D4*). À deux pas, la ***Maison Brossard*** (1827) et la ***Maison du Calvet*** (1770 ; *zoom détachable Centre, D4*), 401, rue Bonsecours, à l'angle de la rue Saint-Paul Est. Aujourd'hui transformée en un hôtel de charme très cher...

Le marché Bonsecours *(zoom détachable Centre, D4)* **:** *350, rue Saint-Paul Est. ☎ 514-872-7730. Tlj 10h-18h.* Coiffé d'une tour à coupole, ce beau monument fut construit sur les vestiges du Théâtre royal, où se produisit notamment la troupe de Charles Dickens. Inauguré en 1847, il est devenu le grand marché public de la ville. Admirablement éclairé la nuit, le bâtiment a perdu tout cachet historique à l'intérieur, où se trouve une galerie marchande haut de gamme : boutiques de créateurs, designers, maroquiniers, bijoutiers... La vocation commerciale est restée, mais le charme s'en est allé...

➢ Plus à l'ouest, au 429, rue Saint-Vincent, la ***Maison Beaudoin*** (1780 ; *zoom détachable Centre, D4*) fut d'abord la demeure du shérif et marchand Edward William Gray, puis une auberge et une imprimerie au XIXe s. Incendiée en 1968, puis reconstruite, elle abrite aujourd'hui le luxueux hôtel *William Gray.* Retour à sa fonction hôtelière !

➢ Autre centre historique, la ***place d'Armes*** *(zoom détachable Centre, D4)* où s'élèvent, à gauche de la basilique Notre-Dame, le ***premier gratte-ciel de la ville*** et un autre qui rappelle, en beaucoup plus petit, la silhouette Art déco de l'Empire State Building. À droite de la basilique se tient le ***Vieux Séminaire de Saint-Sulpice*** *(zoom détachable Centre, D4-5),* le plus ancien bâtiment de Montréal. Construit de 1684 à 1687, le séminaire fut le centre du pouvoir politique et religieux de la colonie, du temps où la congrégation des Sulpiciens était « maître de Montréal ». Pendant 150 ans, les pères furent les propriétaires de l'île de Montréal. Le Vieux Séminaire n'est pas ouvert aux touristes.
Le reste de la place d'Armes se compose d'immeubles commerciaux du XIXe s. Le plus remarquable est celui de la ***Banque de Montréal*** *(zoom détachable Centre, D4),* directement en face de la basilique Notre-Dame. Déjà l'extérieur classique impressionne, mais c'est l'intérieur qui vous stupéfiera. Le plafond haut de 25 m s'appuie sur 32 colonnes corinthiennes. L'effet de grandeur et de puissance est très réussi. Et c'est gratuit, tout comme le ***musée de la Banque*** *(ouv lun-ven 10h-16h)* qui se trouve dans le hall. Numismates et billetophiles pourront faire un crochet par cette mini-expo retraçant l'évolution de la monnaie canadienne.

La basilique Notre-Dame (*zoom détachable Centre, D4*) **:** *110, rue Notre-Dame Ouest. ☎ 514-842-2925. • basiliquenotredame.ca • Ⓜ Place-d'Armes. En été, lun-ven 8h-19h (17h lun) ; sam 8h-16h, 18h15-20h ; dim 12h30-16h. Horaires réduits le reste de l'année. Entrée : 6 $, visite guidée incluse, ttes les 30 mn dès 9h ; réduc ; gratuit jusqu'à 6 ans. En été, aussi des visites guidées plus complètes incluant la visite des orgues, du 2e balcon et de la crypte. Messe le dim à 11h (permet d'entendre des chants et l'orgue remarquable).*
Basilique néogothique de 1829 avec des tours ajoutées en 1841 et 1843. Derrière une façade austère se cache un intérieur d'une grande richesse avec un décor chaleureux, exécuté par Victor Bourgeau, un des architectes québécois les plus prolifiques dans le domaine de l'architecture religieuse. Un curé, impressionné par la Sainte-Chapelle de Paris, demanda à Bourgeau de s'en inspirer.
Première surprise, la largeur de l'édifice, pas très habituelle pour une église néogothique. Ensuite, une certaine atmosphère chaleureuse se dégage de ce décor de bois richement sculpté, peint et doré à la feuille. Impression renforcée par la lumière bleutée des vitraux, qui retracent l'histoire religieuse de Montréal ainsi que les principales étapes de la fondation de la ville. Notez le ***gigantesque retable*** représentant des scènes du Nouveau Testament, la chaire abondamment sculptée, l'orgue (7 000 tuyaux !), mais surtout le ***sol en pente,*** l'architecte ayant conservé l'inclinaison naturelle du terrain (vers le Saint-Laurent). La basilique a vu défiler plusieurs célébrités dont le pape Jean-Paul II. Céline Dion y a célébré son mariage avec René Angélil en 1984, puis les funérailles grandioses de ce dernier début 2016... À droite du chœur, la chapelle du Sacré-Cœur surnommée « chapelle des mariages », en partie détruite par un incendie en 1978. Seul un morceau a conservé l'authentique décor néogothique. À noter également : le grand retable en bronze de Charles Daudelin (artiste local) représentant l'« Arbre de vie ».

Aura, spectacle multimédia : *• aurabasiliquemontreal.com • Séances le soir à 18h, 19h ou 20h (horaires variables, vérifier sur le site). Durée : env 45 mn. Billet : 23 $.* Ce spectacle multimédia illumine l'intérieur de la basilique Notre-Dame pour magnifier son architecture. Il ne s'agit pas d'un show religieux mais d'une œuvre artistique et musicale animée par 32 musiciens, un chœur et des orgues. Créé par une petite start up du Mile End, qui a déjà réalisé l'illumination de la Sagrada Familia à Barcelone, Aura est une incontestable réussite. Le spectacle devrait être maintenu en 2018 pour une nouvelle année, se renseigner.

➢ En descendant vers le Saint-Laurent, jetez un œil à l'***ancienne Bourse,*** au 453, rue Saint-François-Xavier. Derrière son porche à colonnes corinthiennes officie, depuis plus de 40 ans, le théâtre *Centaure*.

Plus bas, la ***place d'Youville*** *(zoom détachable Centre, C5)* révèle de vieux bâtiments (1694-1765) très bien restaurés, comme l'ancien ***hôpital général des Sœurs grises*** (voir encadré), aujourd'hui appelé la ***Maison de Mère d'Youville*** *(zoom détachable Centre, C5), au 138, rue Saint-Pierre. ☎ 514-842-9411. Lun-ven 8h-16h. Fermé sam-dim. Visite sur résa ; gratuit, mais donations appréciées.* Abrite un petit musée consacré à l'histoire de la maison, à Marguerite d'Youville (fondatrice des Sœurs grises) et aux frères Charon, qui ont fait édifier en 1693 cette maison de charité devenue ensuite l'hôpital général. Non loin de là, les ***écuries d'Youville*** (1827 ; *zoom détachable Centre, C5*), bel ensemble massif, trapu, aux fenêtres peu nombreuses. Pénétrez dans les jardins intérieurs au calme étonnant.

SŒURS GRISES... OU GRISÉES ?

Vous devez sans doute penser que le nom de « sœurs grises » fait référence à la couleur de leur habit. Eh non ! À l'époque, on soupçonnait ces nonnes de soigner leurs patients à grand renfort d'alcool. La fondatrice de l'ordre, Marguerite d'Youville, avait hérité d'une affaire de contrebande d'eau-de-vie après la mort de son peu vertueux mari. La gouaille populaire les surnomma alors les sœurs « grisées », c'est-à-dire ivres... Comme les gens sont méchants !

Le Centre d'histoire de Montréal *(zoom détachable Centre, C5)* **:** *335, pl. d'Youville. ☎ 514-872-3207. • ville.montreal.qc.ca/chm • Ⓜ Square-Victoria. Fin juin-début sept, mer-dim 10h-17h. Fermé lun-mar. Le reste de l'année, mer-dim 10h-17h. Entrée : 6 $; réduc ; gratuit jusqu'à 6 ans, famille (4 pers max) 15 $; audioguide gratuit, compter 1h30-2h de visite.* C'est le musée payant le moins cher de Montréal ! Cette ancienne caserne de pompiers abrite un petit musée chaleureux animé par une équipe dynamique et passionnée. L'exposition raconte de manière drôle et vivante les événements majeurs de l'histoire de Montréal en 6 étapes, depuis les premiers peuples amérindiens jusqu'à nos jours. Panneaux, vidéos, vieux objets, et parcours pour les enfants. Expos temporaires incluses dans le tarif d'entrée. N'hésitez pas à demander à l'accueil des infos sur le Vieux-Montréal, ils en connaissent un bout !

Pointe-à-Callière, Cité d'Archéologie et d'Histoire de Montréal *(zoom détachable Centre, D5)* **:** *350, pl. Royale. ☎ 514-872-9150. • pacmusee.qc.ca • Ⓜ Place-d'Armes. Fin juin-début sept, tlj 10h (11h w-e)-18h. Le reste de l'année, tlj 10h (11h w-e)-17h mais fermé lun. Entrée : 20 $ (!) ; réduc ; gratuit jusqu'à 4 ans. Billet famille 44 $. Minivisites guidées à thème (« capsules d'animation historique ») en français tte l'année (3 à 4/j. en été, un peu moins en hiver).*
Cette visite permet d'en apprendre un peu plus sur l'histoire du Québec en général et de Montréal en particulier. C'est à cet endroit précis que fut fondée la ville le 17 mai 1642 par le Champenois Paul Chomedey de Maisonneuve. À l'origine, il y avait sur ce site un fort puis un domaine avec un petit château construit à la fin des années 1600 pour Louis-Hector de Callière, gouverneur de Montréal et représentant du roi Louis XIV. Il cessa de guerroyer contre les Indiens hurons et iroquois, signa avec les tribus le traité de paix de 1701 que les historiens appellent La Grande Paix. C'est en mémoire de cet homme qu'aujourd'hui le site s'appelle Pointe-à-Callière.

La cité archéologique est composée de plusieurs édifices, dont le Pavillon de l'Éperon, la Maison des Marins et le pavillon spécialement construit pour le 375e anniversaire de la ville en 2017. On passe d'un bâtiment à l'autre en empruntant tantôt des souterrains, tantôt les anciens collecteurs d'égout de la ville. Le musée de l'Ancienne Douane abrite un ensemble de fouilles archéologiques bien mises en valeur.
La visite débute par une ***séance multimédia*** présentant l'histoire de la ville dans une salle hyper moderne. Puis on visite les ***fondations au sous-sol.*** Pour la petite histoire, sachez que ces vestiges ont été découverts lors de la construction du musée ! Du coup, architectes et muséographes ont dû revoir leurs plans. Même si les fondations ne sont guère spectaculaires, la mise en scène interactive est très bien faite. On y observe les restes d'un ancien cimetière (le premier cimetière catholique de la ville), le lit de la petite Rivière Saint-Pierre et des vestiges amérindiens. La visite se poursuit avec une expo permanente qui traite de manière ludique et interactive des relations entre pirates et corsaires à l'époque des guerres de course. Vos enfants apprécieront.
Enfin, le musée accueille également deux expos temporaires de qualité chaque année. Elles se situent à l'étage du bâtiment l'Éperon et dans la Maison des Marins.

Au dernier étage, le café-resto ***L'Arrivage*** *(lun 11h30-14h, mar-dim 11h30-16h – cuisine jusqu'à 14h30 slt)* offre une belle vue sur le port. On peut accéder au belvédère situé au 3e étage sans payer l'entrée du musée.

Le Vieux-Port *(zoom détachable Centre, D5)* **:** tout comme le Vieux-Montréal, les bords du Saint-Laurent ont connu une complète réhabilitation. Les Montréalais ont volontiers adopté ce quartier pour y faire leur jogging, du vélo, des pique-niques sur l'herbe. L'été, le port devient une vaste scène où l'on peut voir des spectacles, écouter des concerts, profiter de diverses animations et attractions (parcours acrobatique, tyrolienne, etc.) et même aller à la plage. Un parcours piéton agrémenté de panneaux explicatifs permet d'en apprendre un peu plus sur l'histoire portuaire de la ville.
Juste à côté de l'écluse se dresse la silhouette fantomatique du gigantesque ***silo à grains nº 5*** en attente de reconversion. L'architecte moderniste Le Corbusier s'extasia naguère devant ce silo disant que c'était le plus beau bâtiment du Canada ! Au pied du silo a été installé le premier ***spa flottant*** du monde, le *Bota-Bota (• botabota.ca •)*, un ancien bac traversier joliment réaménagé. On peut y prendre un bain à remous ou se faire masser en admirant le panorama.
Plus loin, passé le *Centre des sciences de Montréal* (voir plus bas), on longe de rigolotes boutiques logées dans des containers, jusqu'à atteindre l'***île Bonsecours,*** accessible par une passerelle piétonne et qui accueille souvent des expos intéressantes. Son bassin se transforme en patinoire l'hiver. Au pied de la tour de l'horloge, la ***plage de l'Horloge*** (de sable fin) donne sur le fleuve (*zoom détachable Centre, D5* ; voir plus haut « Loisirs » dans « Adresses utiles »). On y lézarde mais on ne s'y baigne pas. De nombreuses autres activités invitent à la découverte du quartier : excursions en bateau-mouche, en *jet boat,* en bus amphibie, etc. Enfin, chaque été, le célébrissime ***Cirque du Soleil*** dresse son chapiteau sur le Vieux-Port. Se renseigner auprès du kiosque d'info du Vieux-Port ou sur *• vieuxportdemontreal.com •*

Activités sportives au Vieux-Port : les amateurs d'activités en plein air (sans que cela soit du sport extrême) peuvent choisir le ***Zipline Montréal*** *(zoom détachable Centre, D5), Hangar 16, 363 rue de la Commune Est. ☎ 514-947-5463. • mtlzipline.com • En été, tlj 11h-21h (23h sam-dim). Tarif : 20 $, réduc.* C'est une tyrolienne urbaine fixée à 25 m de hauteur au-dessus du port, offrant des vues spectaculaires sur Montréal. Aussi le ***Wet Set*** *(zoom détachable Centre, D5), quai Jacques-Cartier. ☎ 514-701-9387. • wetsetmtl.com • Tlj en été, 10h-19h. Compter 49 $/pers pour 45 mn, et 110 $ pour 1h.* Ce sont des randonnées guidées au volant d'une motomarine qui permettent de découvrir la beauté de Montréal

LE QUÉBEC

depuis le fleuve Saint-Laurent. Enfin, pour les plus jeunes, le parc thématique familial ***Voiles en Voiles*** *(zoom détachable Centre, D5)* propose parcours aériens, escalade et jeux gonflables, dans un univers de bateaux pirates et de bateaux royaux, place des Vestiges. • *voilesenvoiles.com* •

Le Centre des sciences de Montréal *(zoom détachable Centre, D5) : quai King-Edward, sur le Vieux-Port. ☎ 514-496-4724 ou 1-877-496-4724. • centredessciencesdemontreal.com • Ⓜ Place-d'Armes. Horaires des expos : l'été, tlj 10h-17h ; de mi-sept à mi-juin, lun-ven 9h-16h, sam-dim 10h-17h. Entrée : 15 $ (23 $ avec l'expo temporaire) ; réduc. Film Imax : 12 $; réduc. Billet combiné expo permanente + 1 film Imax : 23 $ (31,50 $ avec l'expo temporaire) ; réduc.* Grand complexe scientifique installé dans un ancien hangar maritime du port. Son principal objectif est de faire réfléchir aux enjeux de notre planète tout en s'amusant. Prévoir un peu de temps pour profiter des différentes activités.

Expositions permanentes

– ***Science 26 :*** 26 îlots, 26 lettres de l'alphabet pour expérimenter la science de A à Z. Derrière chaque lettre, une notion clé expliquée par diverses activités ludiques et expériences. Ou, par exemple, lettre W : comment utiliser les watts de la lumière pour déplacer un avion ?

– ***Fabrik, défis créatifs :*** un atelier avec plein d'outils pour exercer votre sens pratique et votre inventivité. Petits et grands sont invités à assembler des objets de toutes sortes : un bolide, un bateau, un parachute, une catapulte...

– ***Clic ! La zone des petits curieux :*** espace de découvertes dédié aux 4-7 ans, qui pourront y construire une maison, des montagnes russes, assembler formes et couleurs, etc.

– ***Humain :*** section axée sur le corps humain et ses transformations. Les enfants peuvent manipuler des objets et en apprendre plus sur notre fonctionnement tout en s'amusant.

Également plusieurs autres ***expos, temporaires*** cette fois, et un ***cinéma Imax*** avec une programmation de grande qualité (attention, certaines séances sont en anglais).

|●| Possibilité de se restaurer sur place pour pas trop cher.

Les Fantômes du Vieux-Montréal *(zoom détachable Centre, D5) : 360, rue Saint-François-Xavier. ☎ 514-844-4021. • fantommontreal.com • Billetterie ouv 1h avt le spectacle. Départ à 20h30. Balades « Légendes et histoires » côté est du Vieux-Montréal : juil-août, ven, dim et mar-jeu ; de sept à mi-oct, tous les sam. Balades « Chasses aux fantômes » : horaires variables (19h ou 21h). Résa indispensable. Tarif : 23,50 $; réduc.* Une troupe d'acteurs et de conteurs vous fait découvrir de manière originale les légendes, les crimes et les fantômes qui hantent les coins de rue du Vieux-Montréal. Simple balade ou véritable jeu de piste muni d'un plan et d'une lanterne à la main. Très emblématique de la frénésie des Québécois pour les reconstitutions interactives, cette excursion insolite atteste de l'émergence d'une nouvelle génération de conteurs, Certains, très populaires, font désormais profession. La même association propose des tours guidés à vélo • *guidatour.qc.ca* • (voir aussi *Guidatour* dans les « Adresses utiles »).

L'HOMME LE PLUS FORT DU MONDE

Cyprien-Noé Cyr dit « Louis Cyr » (1863-1912) avait une force herculéenne. À 12 ans il travaillait comme bûcheron. À 18 ans, il était capable de soulever un cheval ! Il pouvait retenir pendant près d'une minute 2 paires de chevaux pesant au total plus de 2 t ! À Londres, en 1892, le « Samson canadien » (son surnom) fut proclamé l'homme le plus fort du monde. Il donna 2 500 représentations de tours de force et des spectacles de cirque. Cependant, force n'est pas longévité : il mourut à l'âge de 49 ans, devenant une légende populaire du Québec.

LE QUARTIER LATIN ET LE VILLAGE
(zoom détachable Centre)

La colonne vertébrale du Quartier latin est la rue Saint-Denis dans sa portion comprise entre les rues Sherbrooke et Sainte-Catherine. Dans ce haut lieu de la vie nocturne, carrefour des étudiants francophones, des touristes et des marginaux, les cafés-terrasses, restos et boîtes sont à touche-touche et ne désemplissent pas, de jour comme de nuit. On doit notamment cette hyperactivité à la présence voisine de l'UQAM (Université du Québec à Montréal). Aux beaux jours, c'est vraiment la fête, tout le monde squatte bancs et terrasses et les artistes de rue s'en donnent à cœur joie, notamment sur la ***place Émilie-Gamelin,*** près du métro Berri-UQAM. Encore plus d'animation en période de festival, c'est-à-dire pratiquement tous les jours en juillet-août !
Le ***Village, quartier gay (gai) de Montréal,*** s'articule le long de la rue Sainte-Catherine, entre Saint-Hubert et Papineau. Dans les années 1970, c'était un quartier pauvre et malfamé dans le bas de la ville. On l'appelait alors le « faubourg à la Mélasse ». L'Expo de 1967 et les Jeux olympiques de 1976 ont déclenché un changement radical qui s'est traduit par un renouveau social et culturel du quartier. Tout l'été, cette portion de « la Catherine » est entièrement rendue aux piétons et abrite une foule bigarrée de fêtards attirés par une animation intense et une ambiance très tolérante.

La Cinémathèque québécoise *(zoom détachable Centre, D4)* **:** *335, bd de Maisonneuve Est (pas loin de l'angle avec Saint-Denis). ☎ 514-842-9763. • cinematheque.qc.ca • Ⓜ Berri-UQAM (sortie « Saint-Denis »). Séance de film : 10 $; réduc. Expos gratuites sur le cinéma, tlj 12h (13h w-e)-21h. Médiathèque : mar-ven 9h30-17h.* LE grand centre de documentation cinématographique. Superbe programmation de films rares et de grands classiques, et l'une des plus importantes collections de films d'animation au monde. Deux salles de projection : appeler ou consulter le site web pour les horaires. À l'étage, passionnante expo permanente « Secrets et illusions » consacrée à l'histoire et l'évolution technologique des effets spéciaux. Tous les procédés sont détaillés, des effets d'optiques de Méliès à la *3D composing* et aux trucages numériques des films les plus récents. Café-bar de cinéphiles à l'arrière.

L'écomusée du Fier-Monde *(zoom détachable Centre, D3)* **:** *2050, rue Amherst. ☎ 514-528-8444. • ecomusee.qc.ca • Ⓜ Berri-UQAM. Mer 11h-20h, jeu-ven 9h30-16h (17h en été), w-e 10h30-17h. Entrée : 8 $; réduc ; gratuit jusqu'à 6 ans.* À deux pas du Village, ce minimusée est consacré à l'histoire industrielle et ouvrière de Montréal. C'est d'abord son nom qui attire l'attention, puis son architecture. L'écomusée est installé dans l'ancien Bain Généreux de 1927 (du nom du généreux donateur), où l'on venait se laver en l'absence de salles de bains dans les logements ouvriers. Du bain réhabilité aux coursives qui le surplombent, l'expo retrace à travers photos et témoignages la dure condition ouvrière à la fin du XIXe s et au début du XXe s, notamment à l'usine de tabac *W.C. MacDonald Incorporated.* Dans le Nouveau Monde aussi, la misère était réelle... Juste en face, un marché de 1932 construit tout en brique et toujours actif.

Le quartier chinois *(zoom détachable Centre, D4)* **:** circonscrit dans le minuscule quadrilatère formé par les boulevards René-Lévesque et Saint-Laurent, l'avenue Viger, et la rue de Bleury. L'épine dorsale en est la rue piétonne La Gauchetière. À l'entrée de ce Chinatown se dresse une haute arche rouge et or. Les migrants chinois vinrent au Canada au XIXe s pour construire le chemin de fer de l'Ouest. Ce n'est qu'en 1902 que ce quartier du centre-ville, naguère habité par des Irlandais (on l'appelait « Petit Dublin »), devint le quartier chinois de Montréal. Victimes de préjugés raciaux et soumis à des restrictions légales, les Chinois durent se cantonner à la partie basse du boulevard Saint-Laurent. La première génération y habita, mais la seconde s'installa dans les faubourgs. Aujourd'hui, ce quartier très animé, illuminé de néons et d'enseignes clignotantes, est plein de commerces et de restos asiatiques (en majorité chinois). Le quartier survit, en quelque sorte, après avoir subi les outrages de la construction d'une voie express et de grands développements urbains.

LE PLATEAU MONT-ROYAL *(zoom détachable Le Plateau)*

Très vaste quartier mesurant 4 km sur environ 2,5 km. Difficile de le parcourir à pied de long en large. À bicyclette, en patin à roulettes, à moto, oui. Paisibles par endroits, furieusement branchées ailleurs, les rues du Plateau, longtemps populaires, quadrillent aujourd'hui ***un quartier résidentiel et commerçant*** où se mélangent tous les âges et classes sociales. La population, majoritairement francophone, compte de nombreux expatriés venus de France. Sur 100 000 Français vivant à Montréal environ 28 % choisissent le Plateau pour sa qualité de vie indéniable qui répond à leurs habitudes de vie, surtout alimentaires.

QUESTION POUR UN CHAMPION

D'après vous, dans un pays aux hivers si rigoureux, pourquoi les escaliers des vieilles maisons sont-ils si souvent construits à l'extérieur ? Au XIXe s, l'urbanisme exigeait l'installation d'un petit jardin, côté rue. Cette surface habitable perdue était alors récupérée en construisant l'escalier... dehors.

Sur le Plateau, les riverains habitent de jolies maisons fleuries flanquées d'escaliers extérieurs métalliques souvent en colimaçon, sagement alignées le long de rues ombragées aux façades peintes d'immenses fresques. Les adeptes de lèche-vitrine, que les escaliers laissent peut-être de marbre, seront plus intéressés par la longue avenue du Mont-Royal : boutiques de mode à tous les prix, disques et livres neufs et d'occasion, artisanat original, objets farfelus et insolites... Nombreux cafés décontractés pour un brunch ou une pause dans la journée. On peut prolonger la balade jusqu'au beau parc La Fontaine, sillonné par les joggeurs et les écureuils. Le soir, c'est au tour des bars, boîtes et salles de concert en tout genre de prendre le relais. Bref, c'est à la fois bobo, populaire et chic, Montréal sous son meilleur jour.

LE MILE END *(plan détachable, C2)*

Petit quartier mais déjà grande réputation ! Nouveau repaire des *geeks* et des *hipsters,* des branchés urbains, des artistes nouvelle vague et des adeptes du régime *vegan* et sans gluten ! Situé entre le très résidentiel Plateau Mont-Royal et le quartier chic d'Outremont, voici Le Mile End ! Son nom signifie que c'est la fin de quelque chose, mais de quoi ? Il est délimité au sud par le boulevard Saint-Joseph, au nord par le boulevard Rosemont (viaduc Rosemont Van Horne), à l'est par la rue Saint-Denis, et par l'avenue du Parc à l'ouest.

Mile End forme un petit quadrilatère d'une dizaine de rues parallèles, entrecoupées de venelles secrètes et discrètes fleuries et verdoyantes, avec le cher grand axe tutélaire au milieu : le boulevard Saint-Laurent. Ancien quartier d'ateliers industriels désormais investi par les jeunes professionnels et les start-up, les lofts post-modernes, les magasins bio, les snacks alternatifs, les bars *lounge...*, sans oublier ces insolites boutiques hybrides qui vendent à la fois de la déco et des meubles design, des fringues et du café ! Mile End, c'est le quartier alternatif et créatif de Montréal, le plateau d'essayage, la rampe de lancement de la nouvelle modernité urbaine, toujours à la recherche d'idées. Est-ce un hasard si Ubisoft, 3e éditeur mondial de jeux vidéo, y est installé depuis 1997 dans l'édifice Peck, une ex-manufacture de chemises (au 5455, avenue de Gaspé) ? Rien ne meurt à Mile End, tout change, et tout se transforme !

LE CENTRE-VILLE *(Downtown ; plan détachable, B-C4-5 et zoom détachable Centre, C3-5)*

À l'ouest du boulevard Saint-Laurent, au sud de la rue Sainte-Catherine, s'étend le centre-ville à proprement parler. *Downtown* américain pur jus, on se fraie ici un passage entre les *golden boys* et les cohortes de jeunes branchés assoiffés de grandes marques internationales. Mais si l'on prend la peine de marcher le nez en l'air, on trouvera bien quelques surprises. Les tours de verre ne donnent pas que dans le luxe prétentieux et derrière l'apparente géométrie se bousculent d'innombrables facéties architecturales. Rapidement l'œil s'habitue au chaos et s'amuse à organiser les blocs d'un puzzle formé au fil des décennies, finalement beaucoup plus surprenant que la monotonie haussmannienne. Plus on descend vers Atwater, plus le quartier affirme son identité anglophone... Tandis que, en revenant vers le boulevard Saint-Laurent, côté place des Arts, le feeling devient un peu plus européen.

Le boulevard Saint-Laurent *(plan détachable, C1-2-3-4 et 5)* **:** c'est la *Main Street* de Montréal ! Un monument horizontal de béton, de bitume, de pierre et de brique ! Principale artère de la ville, le boulevard Saint-Laurent traverse celle-ci du sud au nord, droit et interminable, sur environ 11 km de longueur ! Depuis trois siècles, il est l'âme dynamique, le bras commerçant et travailleur, le cœur battant de la ville. Aucun boulevard n'a autant changé de visage depuis sa création en 1717. Chemin rural entre le fleuve et les terres agricoles de l'arrière-pays, c'est au XIXe s qu'il prend son essor, poussé par l'expansion de la ville. Les migrants irlandais, portugais, italiens, chinois et juifs y débarquaient puis ouvraient leurs petits commerces et leurs ateliers. Avec le temps, le boulevard forma une ligne de démarcation linguistique et sociale entre les francophones et les anglophones. À l'est, les francophones catholiques, et, à l'ouest du boulevard, les anglophones protestants et riches. Cette frontière s'est en grande partie effacée avec la modernisation et le mélange des populations.
Le boulevard, c'était aussi ***le lieu des premières*** : en 1896, l'édifice Robillard (détruit en 2016) organisa la première projection du cinématographe *Lumière en Amérique.* C'est là aussi que se trouvait le quartier des plaisirs, le ***Red Light District,*** avec ses maisons closes, ses cabarets, ses bars louches et ses salles de jeux. Il a disparu en 1960, nettoyé de sa pègre et de ses gangs, pour laisser la place à un ***quartier des Spectacles*** propret et socialement correct. Bref, ce n'est ni Broadway ni les Champs-Élysées mais un boulevard au caractère cosmopolite et vibrant, toujours en action.
Il n'est pas toujours très beau ce boulevard, bien que légendaire : immeubles hétéroclites parfois abimés, boutiques fatiguées, façades décrépites, locaux abandonnés, terrains vagues..., mais comme tout change, le boulevard évolue et se transforme. Il renaît toujours de ses cendres. Et voilà les hipsters, les créateurs de start-up, les artistes, les végétariens qui le réinvestissent, lui donnant un nouveau visage, surtout vers sa partie nord, dans le quartier de Mile End (voir ci-dessus). Du sang neuf pour une très vieille artère : telle serait la panacée de l'éternelle jeunesse !

La « Catherine » *(plan détachable, B-C-D4)* **:** la rue Sainte-Catherine, entre la rue Atwater et la rue Saint-Hubert. Ce sont les « Grands Boulevards » du coin, revus par les urbanistes américains. Mélange de populaire et de démesuré. Grands magasins, boutiques de mode, cinoches, trottoirs « chauds » à l'intersection de la rue Saint-Laurent... La parcourir à pied, pour mieux juger de la mutation de Montréal. Sur votre chemin, à la hauteur de Jeanne-Mance, vous croiserez la ***place des Arts,*** symbole de l'émergence culturelle du Québec des années 1960, avec son immense temple culturel comprenant de multiples salles de théâtre, de cinéma et de concert, ainsi que le musée d'Art contemporain. Ce secteur est le cœur de la *place des Festivals* (de jazz, de l'humour, Francofolies, etc.). Il a été grandement rénové, histoire de redonner un peu de lustre à ce quartier jadis laissé à l'abandon. La portion de la rue Sainte-Catherine située entre Jeanne-Mance et Saint-Dominique est désormais piétonne.

*** **Le musée des Beaux-Arts** (plan détachable, C4) **:** *1379-1380, rue Sherbrooke Ouest. ☎ 514-285-2000. • mbam.qc.ca • Ⓜ Guy-Concordia ou Peel. En été, tlj 10h-17h (21h mer, slt pour les expos temporaires) ; le reste de l'année, fermé lundi. Entrée collections permanentes : 15 $; réduc ; gratuit jusqu'à 30 ans, pour les seniors (plus de 65 ans) le jeu et pour tous les publics le dernier dim du mois. Grandes expos temporaires : 23 $ (15 $ 13-30 ans). Audioguide : 5 $.*
Fondé en 1860, le musée des Beaux-Arts est composé de 5 pavillons, situés de part et d'autre de la rue Sherbrooke Ouest et reliés par un passage souterrain. Les plus anciens ont gardé leur style classique tandis que le dernier construit (2016), le Pavillon pour la paix, est une œuvre architecturale d'une très grande modernité. Ce musée présente un vaste résumé de l'art mondial à travers les siècles, les collections permanentes permettant de parcourir les aspects les plus divers de la créativité artistique. Celle-ci touche véritablement à tout, servie par une magnifique muséographie. Le musée organise aussi jusqu'à trois grandes expositions temporaires annuelles. Ne surtout pas rater ce riche mini-Louvre ! Impossible de tout citer, en voici les points forts :

LE QUÉBEC

Pavillon Jean-Noël Desmarais (entrée principale, billetterie, boutique-librairie, expositions temporaires)
Outre la billetterie, il abrite le Centre des arts graphiques, le Carré d'Art contemporain (sous-sol) et l'Atelier international d'éducation d'art-thérapie Michel de la Chenelière (un mécène du musée). On y trouve aussi le *Beaux-Arts Restaurant*. Passage souterrain vers le Pavillon pour la paix et les autres pavillons.

Pavillon pour la paix Michal et Renata Hornstein (Art international)
Un nouveau joyau culturel pour la ville ! Inauguré en 2016, soit un an avant le 375e anniversaire de Montréal, ce bâtiment à l'architecture ultra-contemporaine abrite le 5e pavillon du « campus muséal ». Il a été nommé ainsi en l'honneur de ***Michal et Renata Hornstein,*** un couple de généreux mécènes et philanthropes montréalais, rescapés de l'Holocauste (ils sont décédés en 2016). En 2012, leur don exceptionnel de 100 tableaux de maîtres anciens a considérablement enrichi la collection d'art international du MBAM. Sur près d'un demi-hectare (6 niveaux), on découvre près de 750 œuvres exceptionnelles présentées dans des espaces lumineux magnifiés par une scénographie audacieuse et judicieuse. Ce pavillon remarquable constitue une sorte de « musée dans le musée ».
– ***Sous-sol 1 et 2 : l'Arbre de la Paix*** est une installation présentée dans la salle des familles de l'Atelier international d'éducation et d'art-thérapie Michel de la Chenelière. Les visiteurs peuvent y laisser un message personnalisé.
– ***Niveau 1 : du romantisme à l'art contemporain. L'art moderne de Daumier à Picasso.*** Peintures de Corot, Daubigny, Fantin-Latour... Des petits Renoir, Degas, Maurice Denis, Boudin... De remarquables Signac, Monet *(Falaise de Pourville le matin),* Cézanne, Vlaminck, Metzinger, Van Dongen *(Actrice dans le rôle de Hamlet),* Picasso *(Étreinte),* Modigliani, Otto Dix, Karel Appel, Léger, Miró et tant d'autres...
– ***Niveau 2 : du baroque au rococo, écoles française, italienne et anglaise des XVIIe et XVIIIe s.*** *Salle anglaise* : Thomas Lawrence, Reynolds, Hogarth, Romney... Élégant portrait de *Madame George Drummond,* de Gainsborough (mais on peut dire ça de tous ses portraits !). Puis les orientalistes et un surprenant *Le Point du Jour à Auteuil,* de Luigi Loir composé de petites touches comme Boudin... La ***galerie Napoléon*** (salle Ben Weider, du nom de son donateur, voir encadré) expose de nombreux objets personnels ayant appartenu à l'empereur Napoléon Ier, dont le fameux tricorne qu'il portait lors de la campagne de Russie en 1812. C'est une des plus importantes collections d'objets napoléoniens au monde !

- **_Niveau 3_** : magnifique ***Siècle d'or en Hollande et dans les Flandres.*** Un coup de cœur : *Moïse frappant la roche* (1610), de Hendrick de Clerk (le plus important des maniéristes flamands), superbe composition, exaltation de la nature, maîtrise totale de la technique picturale...Riche salle des paysages : Van Goyen, Ruysdael, Van de Velde. *Portrait de jeune femme* de Rembrandt... Ne pas rater non plus *Les Hespérides remplissant la corne d'abondance* de Cornelis Cornelisz.
- ***Niveau 4 : peintures et œuvres du Moyen Âge à la Renaissance.*** Avec de beaux vitraux catalans de Bernat Martorell (XVe s), la *Sainte Parenté* du maître du retable tardif de Salem (1500), couleurs éclatantes, visages très expressifs... *Christ dépouillé de ses vêtements* de Sigmund Holbein, remarquable composition, visages grotesques de la foule. Admirable Mantegna, détrempe et or sur toile de lin (façon grisaille), œuvres du Greco, de Tiepolo *(Apelle peignant le portrait de Campaspe)*, de Véronèse, de Bruegel le Jeune...

DE NAPOLÉON À SCHWARZENEGGER

Ben Weider (1923-2008) avait une passion : les hommes forts. Né dans une ferme québécoise, ce fils d'immigrants juifs fit fortune dans la fabrication de matériel de sport. Il dirigea la fédération culturiste internationale et contribua à lancer la carrière d'Arnold Schwarzenegger. Un autre homme fort fut sa seconde passion : l'Empereur Napoléon Ier. Sa collection d'objets napoléoniens était unique au monde. Ben Weider alla à Sainte-Hélène pour écrire un livre. Dans celui-ci, il défend la thèse de l'empoisonnement de Napoléon, non par les Anglais mais par les Bourbons méfiants. Ils auraient manipulé Montholon pour qu'il mette de l'arsenic dans le vin de l'Empereur....

Pavillon Michal et Renata Hornstein (Archéologie et Cultures du monde)

- ***Archéologie méditerranéenne :*** cette section regroupe près de 900 pièces allant des débuts de l'âge du bronze à la fin de l'Antiquité. Arts grec, égyptien, romain et moyen-oriental. Sculptures, bijoux, monnaies, sarcophages... remarquable collection d'objets en verre ancien (vases, lampes, bouteilles de parfum...).
- ***Art des Amériques :*** importante collection d'œuvres provenant des trois Amériques (Nord, centrale et Sud). La grande majorité des pièces sont **d'époque précolombienne** (avant le XVIe s). Les œuvres sont présentées par grandes aires archéologiques, notamment la Mésoamérique (du Mexique au Honduras, du Nicaragua au nord de l'Équateur, les Andes et les bassins de l'Amazone et Caraïbes).
- ***Art asiatique :*** superbes collections d'art chinois et japonais. Pour découvrir les temples, statues, disques rituels, petits bronzes, terres cuites, jades et céramiques. Ne pas manquer aussi ce beau lit-alcôve en bois ciselé polychrome du XIXe s... C'est un don de mécènes (Yvonne Callaway et Milo S. Smith). À noter aussi une collection de 3 000 boites à encens *(kogo)* ayant appartenu à l'homme d'État Georges Clemenceau.
- ***Arts africain et islamique :*** beaucoup d'objets africains (région sub-saharienne) ont été réunis par le prêtre jésuite Ernest Gagnon. L'art islamique porte autant sur le monde arabe que la civilisation de la Perse (Iran aujourd'hui). Verres et métaux ciselés, textiles et tapis orientaux, belles céramiques iraniennes. De l'Inde moghole, deux objets du XVIIIe s : un bol d'argent et un plumier aux incrustations d'or.

Pavillon Claire et Marc Bourgie (Art québécois et canadien)

1339, rue Sherbrooke Ouest. Pavillon hybride et insolite composé de l'ex-église Erskine et d'un édifice moderne, les deux étant accollés depuis 2011. Beau et riche panorama de l'art canadien, démarrant au 4e étage avec les artistes contemporains inuits sculptant sur stéatite, notamment Shorty Killiktee et son étonnant couple de caribous dressés sur leurs pattes arrière, ou encore l'angoissante migration de Joe Talirunnilik. En descendant les étages, on traverse ensuite les époques, en partant des premiers artistes québécois au début du XVIIIe s : art amérindien d'abord, puis l'époque des Salons (1880-1930) avec des portraits, paysages, scènes de vie aux styles variés (classique, naturaliste, impressionniste, etc.). On découvre ensuite « les chemins de la modernité » jusqu'aux diversités d'expressions de l'art contemporain, avec notamment le foisonnement créatif du groupe de Beaver Hall dans les années 1920. Ce pavillon abrite aussi la salle de concert Bourgie.

Pavillon Liliane et David M. Stewart (Arts décoratifs et design)
Couvrant une longue période artistique, c'est l'éblouissement par l'intelligence de la muséographie, la luminosité des salles, le choix des objets et des meubles, la subtile et dynamique confrontation des styles... Un hymne joyeux à l'inventivité, aux formes et aux couleurs, aux télescopages du kitsch le plus débridé avec le design le plus épuré... À voir aussi, le cabinet de curiosités et le Lab Design.

Jardin de sculptures du musée des Beaux-Arts
3410, av. du Musée. Cette avenue plantée d'arbres a les dimensions d'une modeste rue. Elle commence rue Sherbrooke et conduit à l'avenue des Pins. Une bonne partie de cette voie (mi-piétonne au commencement) est jalonnée de plusieurs sculptures contemporaines qui font partie du décor urbain et de l'environnement extérieur du musée des Beaux-Arts.

Le musée McCord *(plan détachable, C4) : 690, rue Sherbrooke Ouest. ☎ 514-398-7100. • musee-mccord.qc.ca • Ⓜ McGill. Tlj 10h-18h (21h mer, 17h sam-dim). Fermé lun en hiver. Entrée : 20 $, réduc ; gratuit jusqu'à 12 ans. Expos temporaires, tarifs spéciaux.* Au XIXe s, David Ross McCord, un notable érudit d'origine irlandaise, rassemble et fait don d'une collection de 15 000 objets en provenance de toute la colonie. Un fonds largement enrichi puisque le musée possède aujourd'hui plus de 1 million d'objets dans ses réserves ! Cela dit, seule une petite sélection est visible. Suffisant pour présenter une expo permanente consacrée aux Premières nations du Canada (costumes, coiffures, etc.), doublée d'une section balayant l'histoire de Montréal, de sa fondation à nos jours. À l'étage, expositions temporaires historiques sur des thèmes variés.

NUL N'EST PROPHÈTE DANS SON PAYS

Non loin du métro Guy-Concordia, une petite place porte le nom d'un oublié de l'histoire : Norman Béthune. Médecin canadien, humaniste, inconnu dans son pays, il est un héros en Chine populaire. Il rejoint en 1935 le parti communiste, monte des unités de soin lors de la guerre d'Espagne. En 1938, il suit la Longue Marche avec Mao Zedong. Dans des conditions affreuses, il sauve des milliers de vie et meurt en 1939... en sauvant une vie. Tous les écoliers chinois aujourd'hui connaissent cet humaniste au service d'une cause étrangère ! Sa tombe est en Chine. Sa statue sur la place a été offerte par Pékin.

Le musée d'Art contemporain *(le MAC ; zoom détachable Centre, C4) : pl. des Arts, 185, rue Sainte-Catherine Ouest (angle Jeanne-Mance). ☎ 514-847-6226. • macm.org • Ⓜ Place-des-Arts. Mar-dim 11h-18h (21h mer-ven). Fermé lun. Entrée : 15 $; réduc ; gratuit jusqu'à 12 ans et ½ tarif pour ts le mer dès 17h. Visites commentées.* Juste à côté du complexe culturel de la place des Arts, ce temple de l'art lumineux et spacieux présente des expos temporaires d'artistes de renommée internationale. Elles s'avèrent souvent de très bonne qualité. Une partie du musée est dédiée aux collections permanentes de 1939 à nos jours. Au total, un fonds de quelque 5 000 œuvres, dont seule une infime partie est exposée : d'où le sentiment d'une visite parfois un peu trop rapide.

Grévin Montréal *(zoom détachable Centre, C4) : 705, rue Sainte-Catherine Ouest, au 5e niveau du centre commercial* Eaton. *☎ 514-788-5211.*

• grevin-montreal.com • Ⓜ McGill. Lun-sam 10h-18h (dernier billet 17h), dim 11h-17h. Entrée (trop chère) : 22 $; 16 $ 6-12 ans. Inauguré en 2013, ce nouveau Grévin, bien dans la tradition des musées de cire, présente près de 120 personnages plutôt réussis dans de somptueuses mises en scène. De Jacques Cartier à la reine d'Angleterre en passant par Charlie Chaplin, Steve Jobs, le général de Gaulle, John Lennon et Yoko... Section originale, « Les coulisses » permet de se familiariser avec la technique de fabrication des figures de cire et de plonger dans l'ambiance d'un défilé de mode sous l'œil professionnel de Coco Chanel...
Café Grévin pour se restaurer et déguster de bons gâteaux.

LA MUSIQUE DE CHAMBRE DE JOHN ET YOKO

Le mythique hôtel Fairmont Queen Elisabeth, situé au 900, bd René-Lévesque, a vu passer du beau monde : la reine d'Angleterre, Charles de Gaulle, Mandela, Gorbatchev... Mais deux clients firent un passage encore plus mémorable : John Lennon et Yoko Ono. Refoulés des États-Unis où ils comptaient tenir un « bed-in » contre la guerre du Vietnam, les jeunes mariés choisirent Montréal pour se mettre au lit pendant une semaine. Cette grasse matinée s'avéra productive, puisque c'est dans la chambre 1742 qu'ils enregistrèrent la magnifique chanson « Give Peace a Chance ».

***Le Centre canadien d'architecture** (plan détachable, B4) : 1920, rue Baile. ☎ 514-939-7026. • cca.qc.ca • Ⓜ Guy-Concordia (sortie « Saint-Mathieu »). Mer-dim 11h-18h (21h jeu, 17h w-e). Fermé lun-mar. Entrée : 10 $; réduc ; gratuit enfants et étudiants, ainsi que pour ts le jeu dès 17h30. Possibilité de visites guidées du bâtiment ou des expos en cours.* Bâti autour d'une ancienne maison victorienne, voici un édifice d'une modernité et d'un équilibre remarquables. Les expositions temporaires sur l'architecture moderne ou ancienne sont généralement d'une très grande qualité. Études, plans, dessins, maquettes, etc. Beaux jardins dépouillés et superbe librairie spécialisée, très fournie. Dans son genre, un lieu rare.

***Le Centre Bell** (plan détachable, C4) : 1909, rue des Canadiens-de-Montréal. ☎ 514-932-2582 et 514-925-7777 (visites commentées). • centrebell.ca • Ⓜ Bonaventure ou Lucien-L'Allier. Billetterie ouv en été, lun-ven 12h-18h.* Stade de 21 273 places, le plus grand de la Ligue nationale de hockey, où jouent les fameux, incontournables et mythiques Canadiens de Montréal. La saison régulière de hockey s'étend d'octobre à avril. Mais si l'équipe carbure bien, la saison peut se prolonger jusqu'en juin. Le jour même du match, 2 000 billets sont en vente. Cela laisse une petite chance de se procurer de bonnes places plutôt chères (environ 100 $). D'autres moins bien placées mais plus abordables (environ 40 $). Pour être sûr de trouver de la place, mieux vaut réserver le plus tôt possible !

Pour qui voudrait voir un match pour moins cher (environ 10 $), l'autre option est d'assister aux ***rencontres universitaires*** à l'université McGill *(plan détachable, C4).* Matchs contre des équipes canadiennes et étasuniennes de bon niveau, puisque chaque année des étudiants passent pros. Au programme : hockey, bien sûr, mais aussi basket, baseball, football américain, etc. Plus d'infos sur *• mcgillathletics.ca •*

À TOISE, TOISE ET DEMIE

Montréal n'aura peut-être jamais de véritables gratte-ciel. En 1994, pour préserver la ligne d'horizon, un règlement d'urbanisme interdit la construction d'édifices plus hauts que Mont-Royal (233 m au-dessus du niveau de la mer). Le seul à avoir enfreint cette règle, c'est l'oratoire Saint-Joseph, mais on lui pardonne, car il fut achevé en 1967. C'est aussi la plus grande église du Canada et le 3e plus grand oratoire au monde. Amen !

Le parc du Mont-Royal *(plan détachable, A-B-C2-3)* **:** *plan du parc au Centre infotouriste ou, dans le parc, dans les centres d'infos du belvédère et de la maison Smith.* À ne pas confondre avec le Plateau Mont-Royal, quartier à l'est du mont Royal (voir plus haut). Impossible de manquer cette colline de 233 m de haut qui se voit de partout. Plus qu'une colline, pour les Montréalais c'est un symbole de la continuité de leur histoire. Ce parc de 200 ha, densément boisé et sauvage par endroits, est un poumon d'oxygène, une oasis de verdure, un lieu de pique-nique traditionnel des familles. Inauguré en 1876, le parc est l'œuvre de F. L. Olmsted, qui a aussi dessiné Central Park à New York (les deux n'ont cependant rien de comparable).

Il abrite 700 essences végétales, 200 espèces d'oiseaux et une vingtaine de mammifères. Du ***belvédère,*** splendide panorama sur Montréal. Le mieux est peut-être d'y monter à pied depuis l'avenue du Mont-Royal (compter une bonne heure de grimpette) ou par l'escalier (256 marches) démarrant à l'angle des rues Pins et Peel, et de faire le retour en bus n° 11 depuis le lac des Castors jusqu'au métro Mont-Royal. Ou alors l'inverse...

Une ***haute croix lumineuse*** de 31 m de haut culmine au sommet du parc, soit à 252 m. Construite en acier, elle a vu le jour grâce à plus de 100 000 bénévoles qui vendirent des timbres pour son financement. Inaugurée en 1924, elle pèse 26 tonnes. Visible à 80 km de distance, elle illumine le ciel de Montréal la nuit.

Dans le parc, sortir des routes principales et préférer les sentiers parcourant la forêt, notamment le *sentier de l'escarpement.* Il suit le flanc nord du parc au départ du belvédère, distribuant au passage plusieurs points de vue sur la ville. L'hiver, les chemins se transforment en pistes de ski de fond ou de raquettes et le *lac des Castors* (qui n'en a sans doute jamais vu la queue d'un) en patinoire.

En été, le ***parc voisin Jeanne-Mance*** *(plan détachable, C3 ; près du croisement entre l'av. du Parc et l'av. du Mont-Royal)* accueille chaque dimanche après-midi ensoleillé un rassemblement spontané de percussionnistes et autres artistes de rue : ***les Tam-tams du mont Royal*** s'accompagnent de danses, jongleries, et parfois même de joutes médiévales, le tout dans une ambiance fraternelle et endiablée. Juste à côté, petite scène musicale informelle. De l'électro, surtout...

UNE CROIX TRÈS PROTOCOLAIRE

Dis-moi ta couleur, je te dirai qui tu acclames ou qui tu pleures ! La couleur des ampoules de la croix lumineuse du Mont-Royal change selon les événements. Elles sont de couleur pourpre pour la mort d'un pape ou d'un roi, et jaune pour un couronnement. En temps normal, les ampoules sont blanches.

Au pied du mont, sur son versant ouest, se dresse l'***oratoire Saint-Joseph*** *(plan détachable, A3)* **:** *entrée par le 3800, chemin Queen-Mary. ☎ 514-733-8211. • saint-joseph.org • Ⓜ Côte-des-Neiges. Bus n°s 165 ou 166. (ascenseur). Parking payant sauf pour les pèlerins. Tlj 7h-20h30. Concert d'orgues dim à 15h30.* Construite par étapes entre 1926 et 1956, cette basilique frappe par son immensité et son austérité. Lieu de pèlerinage très fréquenté, cet oratoire roman domine tout le nord de Montréal par son énorme dôme, qui rappelle le *Duomo* de Florence. Ce serait le 3ᵉ plus grand dôme au monde, après Notre-Dame-de-la-Paix de Yamoussoukro et la basilique Saint-Pierre-de-Rome. L'oratoire Saint-Joseph témoigne de la foi catholique exceptionnelle des Canadiens francophones dans la première moitié du XXᵉ s. Il en est encore certains pour monter l'escalier gris, que vous voyez au centre, à genoux. Plus prosaïque, la bénédiction des motos qui a lieu chaque année à l'oratoire le dernier dimanche de mai ! Dans le jardin de l'oratoire Saint-Joseph, ***magnifique chemin de Croix*** composé de 17 sculptures grandeur nature en marbre de Carrare et en pierre naturelle de l'Indiana.

LE QUÉBEC

Autres lieux importants du quartier, l'immense ***cimetière Notre-Dame-des-Neiges*** qui s'étend sur l'autre versant, à côté du tout aussi impressionnant ***cimetière Mont-Royal*** (surface : 66 ha). À l'origine, le premier était réservé aux catholiques, le second aux protestants. Depuis 1975, cette distinction n'existe plus, mais les styles respectifs restent perceptibles. Sachez que le cimetière Mont-Royal est, après celui d'Halifax, celui où repose le plus grand nombre de victimes du *Titanic* (une douzaine). Parmi elles, vous trouverez la tombe de Charles Melville Hays, président du chemin de fer Grand Tronc, dont le corps ne fut identifié que grâce à sa montre en or, gravée à son nom. Minutieusement entretenus, ces énormes espaces verts ne sont pas que des lieux de sépultures, ils sont devenus d'étonnantes pépinières d'espèces végétales et un refuge pour les oiseaux migrateurs.

Les quartiers résidentiels de Westmount et Outremont : si vous avez le mollet alerte (ou un véhicule) et que vous aimez les belles maisons victoriennes, le quartier de Westmount *(plan détachable A-B-C2-3-4),* à l'ouest du Mont-Royal, devrait vous enchanter. Immense quartier verdoyant, très chic, voire tape-à-l'œil, il est celui de la riche bourgeoisie anglophone ayant fait fortune au XIXe s comme les Bronfman (groupe Seagram) ou les Molson. À Westmount, on est dans un autre pays, similaire à la banlieue de Londres ou de New York, avec des panneaux de signalisation en anglais et non plus en français. C'est là qu'est né le chanteur Leonard Cohen (au 599, Belmont Avenue), dans une riche famille juive canadienne. Maisons de style victorien ou tudor, entourées de pelouses tondues avec précision, mais aussi villas modernes avec des touches Art déco, néogothiques... Se balader notamment sur Summit Circle ou chercher la rue ***Redpath-Crescent*** *(plan détachable, C3),* accessible par l'avenue des Pins. C'est une impasse sinueuse, bordée des plus belles maisons de Westmount. Certaines sont de véritables petits manoirs ou châteaux construits entre 1910 et 1930. Nos coups de cœur : au no 1245, une maison de 1927, au no 1260, la maison du politicien Herbert Meredith, et, surtout, au no 1328, la demeure (1930) de Francis Stuart Molson, de la riche famille des brasseries Molson. Cette dernière est la plus imposante des demeures patriciennes de la rue.

– ***Le quartier d'Outremont*** *(plan détachable, B-C1-2),* au nord du mont Royal, est le quartier bourgeois francophone. Les maisons y sont plus sobres qu'à Westmount, mais d'une belle élégance quand même. C'est ici qu'habitèrent le chanteur Renaud, le politicien Alain Juppé dans son exil, et qu'habitent toujours les artistes Lewis Furey et Carole Laure. Outremont est aussi un quartier de prédilection de la communauté juive hassidique. Il n'est pas rare d'y croiser des hommes en habit noir, portant les cheveux en papillote, et parlant encore le yiddish. Voir notamment le *parc Saint-Viateur,* sur Bloomfield (angle Bernard), avec son plan d'eau... et ses danseurs de tango le dimanche. Vous seriez d'ailleurs étonné de voir à quel point les Montréalais aiment le tango (beaucoup de cours collectifs dans les parcs aux beaux jours).

Pour une pause glace, allez donc au ***Bilboquet*** *(plan détachable, C2,* ***173****)* : *1311, av. Bernard.* Voir plus haut, rubrique « Où manger une bonne glace ? ».

La ville souterraine et son cœur, la place Ville-Marie *(plan détachable, C4)* **:** le plus grand réseau souterrain au monde ! Une gigantesque toile d'araignée de 12 km^2, avec plus de 33 km de galeries qui suivent plus ou moins le tracé des lignes de métro 1 et 2. Pas moins de 500 000 personnes y circulent chaque jour. Ce réseau relie entre eux près de 1 500 commerces, dont 300 restos et bars, une dizaine d'hôtels, ainsi que des universités (McGill, UQAM...), des cinémas, des théâtres, le tout desservi par une dizaine de stations de métro. On peut errer des journées entières sans voir le jour et, l'hiver, magasiner sans craindre le froid !

Il existe près de 200 entrées pour accéder au Montréal souterrain, désormais appelé « RÉSO ». Son cœur historique – et aussi le segment le plus fréquenté – part de la place Ville-Marie (dessinée par l'architecte Pei, avec son gratte-ciel en croix qui a longtemps symbolisé le Montréal moderne). Mais on y entre aussi par

LE QUÉBEC

les grands centres commerciaux de la rue Sainte-Catherine *(centre Eaton, Place Montréal Trust...)*, par la gare ferroviaire ou encore les stations de métro Square-Victoria, Bonaventure, Place-d'Armes et Place-des-Arts. Consulter le plan de métro (gratuit) qui indique toutes les entrées possibles, repérables grâce au logo *RÉSO* (avec une flèche vers le bas dans le O).
– Signalons l'existence du festival ***Art Souterrain*** *(● artsouterrain.com ●)*, qui se tient chaque année en février-mars : les couloirs du RÉSO se transforment alors en galeries d'exposition pour des dizaines d'artistes contemporains. Ce rendez-vous grandit d'année en année, et le parcours artistique atteint désormais une dizaine de kilomètres.

Observatoire 360° – Au Sommet Place Ville-Marie *(plan détachable, C4)* **:** *3, place Ville-Marie ; entrée rue Cathcart. ☎ 514-544-8200. ● ausommetpvm.com ● Ⓜ McGill. L'entrée se fait à partir de l'accueil/billetterie au niveau -1 de la galerie commerciale (ascenseur direct). Fin juin à début sept, lun-jeu 10h-19h, ven-sam 10h-21h, dim 11h-18h. Billet : 19 $, réduc.* Une très belle tour moderne, d'architecture cruciforme, qui se dresse au-dessus du centre-ville. Au 46ᵉ étage, à plus de 185 m de hauteur, l'observatoire offre une vue époustouflante sur Montréal. Au 45ᵉ étage, une exposition interactive et ludique (sorte de jeu numérique et digital intitulé « Aimez des sujets, obtenez des missions ») pour comprendre l'esprit et la culture de Montréal.
|●| Au 44ᵉ étage de la même tour, la brasserie ***Les Enfants Terribles*** propose une cuisine montréalaise créative dans une grande salle lumineuse bénéficiant d'une vue admirable sur la ville. *☎ 514-544-8884. Lun-mer 11h30-22h, jeu-ven 11h30-23h, sam 10h-23h, dim 21h30. Plats 12-28 $.*

LA PETITE BOURGOGNE ET LE CANAL DE LACHINE
(plan détachable, A-B5)

Plus ou moins parallèle au canal de Lachine, la rue Notre-Dame Ouest est en quelque sorte la colonne vertébrale de la Petite Bourgogne. Ancien quartier d'ouvriers noirs, plutôt prospère, avant qu'il ne plonge consécutivement à la fermeture du canal de Lachine en 1970, ***l'ancien « Bronx montréalais »,*** terre natale du jazzman Oscar Peterson, connaît aujourd'hui une seconde jeunesse avec ses restos pour fines gueules, ses bars branchés et ses boutiques originales. Si le marché Atwater demeure l'un de ses temps forts pour une partie des habitants de Montréal vivant dans les quartiers sud-ouest, le canal de Lachine, lui, est une véritable bouffée d'oxygène pour l'ensemble des Montréalais.

Le quartier de la Petite Bourgogne *(plan détachable, B-C4-5)* **:** ancien quartier ouvrier (noir) et populaire qui s'était greffé autour du canal de Lachine et de ses usines. Délimité au nord par la rue Saint-Antoine, à l'est par la rue de la Montagne, à l'ouest par l'avenue Atwater, au sud par le canal de Lachine. Accès par les stations de métro Lucien-L'Allier *(plan détachable, C4)* et Lionel-Groulx *(plan détachable, B4-5)*. C'est aussi la balade à vélo idéale car le trafic est très modéré. Au fond se détache la silhouette massive de la brasserie *O'Keefe*. Pratiquement toutes les vieilles HLM et maisons ouvrières ont été démolies pour céder la place à de pimpants ensembles de brique rouge ; ce phénomène de gentrification donne une nouvelle physionomie au quartier.
Emprunter la ***rue Coursol*** *(plan détachable, B4)*, l'un des derniers paysages urbains typiques de la Petite Bourgogne. Alignement homogène de maisons ouvrières fort bien rénovées et vestiges de l'architecture du XIXᵉ s. Dans ce secteur vivent encore beaucoup de familles noires (héritières de celles qui construisirent le chemin de fer vers 1850) et d'immigrés haïtiens. Dans le prolongement de la rue Coursol, après le boulevard Georges-Vanier, joli alignement de maisons montréalaises typiques et colorées. Plus au sud, la rue Notre-Dame est en passe de devenir une des rues les plus en vue à Montréal.

LE QUÉBEC

Enfin, plus près du canal, le ***marché Atwater*** *(plan détachable, A-B5),* de style Art déco (à l'architecture un peu mussolinienne !). C'est le plus apprécié de Montréal, avec celui de ***Jean-Talon*** au nord de la ville.

Une ***superbe piste cyclable*** goudronnée aménagée à l'embouchure du ***canal de Lachine*** court le long du canal de l'Aqueduc et jusqu'au Vieux-Port. Une autre piste longe le fleuve, la bien nommée « piste des Berges ». Les abords du canal ont été réaménagés pour mettre en valeur cette voie de communication qui fut si importante au XIXe s et au début du XXe s. De 1824 à 1959, avant l'ouverture de la voie maritime, le canal de Lachine permettait l'accès aux Grands Lacs et au Midwest états-unien. Tous les grands bateaux et les cargos passaient par ce canal qui participa ainsi largement à l'expansion économique du Canada mais surtout des États-Unis. Voir nos adresses de location de vélos dans « Adresses utiles » pour faire cette balade. Pour le plan des pistes, consulter le site • *pistescyclables.ca* • qui propose une carte interactive et de nombreuses infos sur les excursions guidées et les activités nautiques (location de bateaux sans permis, kayaks, etc. avec *H2O Aventures* ; • *aventuresh2o.com* •).

C'EST ENCORE LOIN, LA CHINE ?

Samuel de Champlain remonta le Saint-Laurent un siècle après Jacques Cartier et fut bloqué par les rapides du fleuve. Le canal fut creusé plus tard pour assurer le passage des bateaux. Mais pourquoi ce nom Lachine ? Il viendrait d'une moquerie faite au XVIIe s au propriétaire des terres, l'explorateur Robert Cavelier de la Salle. Celui-ci cherchait en vain un accès vers la Chine (le fameux passage du nord-ouest) et pensait y être presque arrivé !

DANS LE PARC JEAN-DRAPEAU (plan détachable, E5-6)

Le parc Jean-Drapeau : *☎ 514-872-6120. • parcjeandrapeau.com • Accès en voiture à l'île Notre-Dame par le pont de la Concorde (parking obligatoire et cher, env 20 $/j). Accès à l'île Sainte-Hélène par le pont Jacques-Cartier (Ⓜ Jean-Drapeau) ou bus n° 769 du métro Papineau (quand la Ronde est ouv). Au départ du métro Jean-Drapeau, le bus n° 767 offre une visite agréable (dessert notamment la Ronde et la plage des îles). De mi-juin à mi-sept, pour piétons et cyclistes, accès par la navette fluviale, 4,25 $ l'aller, du quai Jacques-Cartier dans le Vieux-Port (☎ 514-281-8000 ; départs ttes les heures 11h-19h ; 9h-22h w-e). • navettesmaritimes.com • Plan du parc au centre d'info, à la sortie du métro Jean-Drapeau.*

Nommé d'après celui qui fut maire de Montréal pendant 30 ans, le parc Jean-Drapeau regroupe les îles Sainte-Hélène et Notre-Dame, formant ainsi un espace vert d'environ 2,6 km² dédié au divertissement et au sport. De l'Exposition universelle qui s'y tint en 1967, il ne reste que des jardins et quelques pavillons, dont celui de la France et du Québec, magnifique, transformé en casino (entrée gratuite, pertes payantes !), et celui des États-Unis, qui est devenu la Biosphère.

Paisible, baigné par le Saint-Laurent et presque exempt de circulation, le parc fait l'objet d'une balade très agréable, surtout sur l'***île Sainte-Hélène.*** Cette dernière rassemble en fait la majorité des choses à voir (dont un complexe aquatique – lire plus haut « Adresses utiles - Loisirs »).

L'***île Notre-Dame*** est, pour sa part, plutôt réservée aux activités sportives : vélo, « patins à roues alignées » (rollers), embarcations à pédales, canots, etc. On y trouve également une jolie plage pour pique-niquer et se baigner dans l'eau – filtrée – du Saint-Laurent *(plan détachable, D6 ; tlj de mi-juin à fin août 10h-19h, puis 12h-19h jusque début sept ; entrée : 9 $, réduc, pass famille 22,50 $).* C'est aussi là qu'on trouve le circuit Gilles-Villeneuve qui accueille le ***Grand Prix du Canada*** vers la mi-juin. Par bonheur, on peut marcher librement, et même faire du roller ou du vélo sur le bitume destiné aux courses de Formule 1. Environ un mois avant le Grand Prix, on installe les grillages, tribunes et autres stands, à ne pas manquer si vous êtes fan de F1 !

L'Homme *(plan détachable, E5)* **:** à la pointe ouest du parc, l'une des plus grosses sculptures *(stabiles)* de Calder, située sur un promontoire. On embrasse de là une vue surprenante sur la ville. La puissance sauvage du fleuve impressionne. Les dimanches d'été (de 14h à 22h), beaucoup d'ambiance lors des *Piknic electronik* qui attirent une foule hétéroclite venue pique-niquer sur fond d'électro *(● piknicelectronik.com ●).*

BIDONNAGE

Sur chaque sommet du pont Jacques-Cartier, on peut déceler une petite tour Eiffel (de 6 tonnes quand même !). On prétend qu'elles devaient servir à l'érection d'une grande tour Eiffel. Rien n'est plus faux, car ces embouts étaient prévus sur les plans originaux.

Le musée Stewart *(plan détachable, E5)* **:** *dans le dépôt fortifié britannique de l'île Sainte-Hélène, 20, chemin du Tour-de-L'Isle. ☎ 514-861-6701. ● stewart-museum.org ● Ⓜ Jean-Drapeau, puis env 10 mn de marche. Fin juin-début sept, mar-dim 10h-17h, fermé lun. 9 oct-25 juin, mer-dim 10h-17h, fermé lun-mar. Entrée : 15 $; réduc ; gratuit jusqu'à 12 ans. Forfait Musée McCord + Musée Stewart : 28 $, réduc. 5 visites guidées gratuites 10h-16h (en été slt). Parking payant.* Une moitié de ce bâtiment tout en longueur construit entre 1820 et 1824 accueille des expos temporaires, et l'autre moitié l'expo permanente *Histoire et mémoire.* Celle-ci retrace l'exploration et l'histoire du Canada du XVe s à 1840 pour l'essentiel. Il y a aussi une petite section contemporaine. À l'extérieur de l'édifice, en son centre, une ***tour en verre*** (vue sur la ville assez jolie du sommet) dessert les différents espaces d'expo. Au cours de la visite, qui commence au 2e étage et se termine au 1er, vous pourrez admirer de nombreuses ***cartes anciennes.*** La plus vieille (1528) est un portulan du cartographe Visconte de Maggiolo ; son état de conservation (les couleurs notamment) est étonnant. La vie en Nouvelle-France est aussi abordée sous différents angles (la place de la religion et de l'Église, les divertissements, l'hygiène, la mode), avec quelques objets pour illustrer le propos. Également une magnifique maquette interactive de Montréal en 1760. Bref, l'endroit idéal pour revoir (ou voir) son histoire du Canada et de Québec.

La Biosphère d'Environnement Canada *(plan détachable, E5)* **:** *160, chemin du Tour-de-L'Isle. ☎ 514-283-5000 (standard) ou 514-496-8435 (billetterie). ● ec.gc.ca/biosphere/ ● Ⓜ Jean-Drapeau. ♿ Juin-sept, tlj 10h-17h. D'oct à mi-déc, mer-dim 10h-17h. Le reste de l'année, jeu-dim 10h-17h. Fermé 18 déc-12 janv. Entrée : 15 $; réduc ; gratuit jusqu'à 17 ans. Parking payant.* Édifiée par l'architecte américain Buckminster Fuller pour le pavillon américain de l'Expo de 1967, puis offerte à la ville de Montréal, la sphère demeure un symbole architectural de la ville et reste ***l'édifice de ce type le plus important au monde.*** Cette grosse boule se compose de milliers de tétraèdres, mesure près de 63 m de haut pour un diamètre de 76 m et pèse environ 600 t. D'abord utilisée comme une oasis florale doublée d'une volière, la « peau » en acrylique de la sphère brûla en 1976... C'est en 1995 que le projet de Biosphère voit le jour.
Géré par le ministère canadien de l'Environnement, il s'agit d'un centre d'éducation et d'un lieu de rencontres scientifiques. Les expos, régulièrement renouvelées, peuvent durer plusieurs années, mais les thématiques restent les mêmes : environnement, météorologie, pollution, abordées à travers vidéos, expos interactives et expériences en laboratoire pour petits et grands. Également un film en 4D, projeté à 360° avec quelques effets sensoriels (vent, bruine), ode à l'inventivité de la nature... et à son recyclage par l'industrie ! Ou comment poursuivre sur le même modèle en le verdissant un peu... Un peu léger, donc, et vite parcouru.

La Ronde (plan détachable, E-F4-5) **:** *22, chemin MacDonald. ☎ 514-397-2000. • laronde.com • Ⓜ Jean-Drapeau. Bus nos 767 ou 769 (à partir du métro Papineau). Sur la pointe est de l'île Sainte-Hélène. De mi-mai à fin mai et sept-oct, slt le w-e 11h-19h ; l'été, tlj, en principe 11h-21h. Horaires très variables, disponibles sur leur site web. Fermé de nov à mi-mai. Entrée : billet d'un jour env 49 $ sur Internet ; réduc. Parking payant (22-26 $ selon l'événement).* Grand parc d'amusement avec montagnes russes (le *Goliath,* parmi les plus hautes d'Amérique du Nord), cabaret, spectacles pour enfants, resto, etc. Chaque année, de nouvelles attractions et animations voient le jour. Affluence bien répartie qui limite l'attente aux diverses attractions (*Passes Flash* possibles quand même). Spectacles de bonne qualité. En juin et juillet, grand concours de feux d'artifice. Pour y assister, on peut aussi se placer gratuitement sur le pont Jacques-Cartier, fermé à ces occasions.

La Grande roue de Montréal (plan détachable, F4) **:** *av. du Port, sur l'île Sainte-Hélène • lagranderouedemontreal.com • Lun-ven, 16h-23h, sam-dim 10h-23h. Billet : 25 $; réduc enfants et étudiants. Forfait famille (2 adultes, 2 enfants).* La plus grande roue de loisirs et d'observation du Canada se dresse au-dessus du lac aux Dauphins. Perché à 60 m de haut, elle offre un panorama exceptionnel sur la ville. Cabines climatisées en été et chauffées en hiver.

LE QUÉBEC

L'ESPACE POUR LA VIE ET LE PARC OLYMPIQUE
(plan détachable, G2)

Derrière son nom un peu naïf, l'*Espace pour la vie* regroupe au sein du parc Maisonneuve (l'ancien Parc olympique des Jeux de 1976) 4 sites consacrés à la nature et aux grands défis écologiques de l'humanité. Une vaste esplanade piétonne relie l'ensemble, au centre duquel trône l'emblématique Tour de Montréal, la tour penchée la plus haute du monde. Pour éviter les longues files d'attente (particulièrement l'été), on conseille de ***réserver en ligne ses billets,*** en outre possibilité de billets combinés et ***forfaits incluant la visite de plusieurs sites.***

Le Biodôme (plan détachable, G2) **:** *juste à côté de la tour du stade olympique, 4777, av. Pierre-de-Coubertin. ☎ 514-868-3000. • espacepourlavie.ca • Ⓜ Viau. ♿ Mars-fin juin, tlj 9h-17h ; en été, tlj 9h-18h ; le reste de l'année, tlj sauf lun 9h-17h. Prévoir au moins 1h30 pour la visite. Entrée : 20,25 $; 5-17 ans 10,25 $; famille 56 $ (5 pers max).* ***Billet couplé*** *(valable 1 mois, 1 visite slt) avec le Jardin botanique/Insectarium, ou avec le planétarium Rio Tinto Alcan.* ***Forfait 2 sites :*** *35 $/adulte, 5-17 ans 17,25 $, famille env 96 $ (5 pers max). Pour les autres forfaits, consulter leur site.*
À ne pas confondre avec la Biosphère du parc Jean-Drapeau. Le Biodôme est un vaste site de 7 000 m², recouvert, comme son nom l'indique, d'un grand dôme. Il a été créé dans l'enceinte de l'ancien vélodrome des Jeux olympiques de Montréal de 1976, en réutilisant notamment l'ancienne piste de compétition inclinée à 45°. À l'intérieur sont reconstitués quatre écosystèmes d'Amérique : la forêt tropicale, la forêt laurentienne, le golfe du Saint-Laurent et les régions subpolaires. Environ 250 espèces d'animaux, dont certaines en semi-liberté. Un ensemble superbement recréé, surtout pour les deux forêts, mais qui manque d'animaux (beaucoup sont peu ou pas visibles !). Mention spéciale malgré tout au bassin du Saint-Laurent et aux fascinants animaux marins de l'Arctique et l'Antarctique (manchots, guillemots, macareux moines...). La visite se termine par une collection de fossiles et un spectacle conté pour enfants dans un amphithéâtre *(pdt les vac scol slt).*

Le Jardin botanique et l'Insectarium (plan détachable, G2) **:** *entrée pour les voitures au 4101, rue Sherbrooke Est. ☎ 514-872-1400. • espacepourlavie.ca • Ⓜ Pie-IX. ♿ Pour ceux qui viennent en métro, entrée à l'angle nord-est de Sherbrooke Est et de Pie-IX. Parking payant (12 $/j.). De mi-mai à début sept, mar-dim 9h-18h (19h jeu-sam) ; fermé lun. Sept-oct, tlj 9h-21h ou 22h. Le reste de* *l'année, mar-dim 9h-17h ; fermé lun. Entrée : 20,25 $; 5-17 ans 10,25 $; famille 56 $. Billets couplés : voir leur site. Possibilité de visites guidées du jardin en hte saison (rens à l'entrée).*

Ses 22 000 espèces, sa trentaine de jardins thématiques et ses 10 serres répartis sur 73 ha en font le deuxième jardin botanique au monde après celui de Londres. À voir si possible à la belle saison, en prévoyant de passer au moins une demi-journée sur place, car le parc est immense. On conseille la balade à pied, même si, en été, il existe deux petits trains gratuits, l'un fait le tour du jardin et permet d'en avoir un aperçu complet en 40 mn, l'autre fait la liaison en continu avec la *Maison de l'Arbre* au bout du parc. Au hasard de vos déambulations, vous découvrirez : jardin chinois, jardin japonais et sa remarquable collection de bonsaïs (certains plus que centenaires !), jardin des Premières Nations, jardin alpin, plus d'un millier de variétés d'orchidées, en fleurs de fin janvier à avril, dont certaines très rares...

À l'entrée, ne pas oublier de faire un tour à l'***Insectarium,*** surtout si vous avez des enfants. La collection de papillons est particulièrement impressionnante, voir notamment les fameux ***papillons monarques,*** ces migrateurs qui partent chaque hiver passer les vacances au Mexique, où une fois arrivés, ils s'installent exactement au même endroit, dans les mêmes arbres, du même village mexicain. Aquariums d'insectes (phasmes, araignées, scorpions...), fourmilière en activité, observation de bêbêtes à la loupe... des milliers d'insectes vivants ou *punaisés* sous verre, et d'autres encore, dans la *Cour aux insectes,* à l'extérieur. Le tout didactique et ludique.

LE QUÉBEC

I●I ***Restaurant du jardin :*** *près de l'entrée principale et des serres d'exposition. Plat env 10-12 $.* Hamburgers, paninis, pizzas... Pratique après la visite, d'autant que la terrasse est bien agréable.

🎖🎖 🚸 ***Le planétarium Rio Tinto Alcan*** *(plan détachable, G2)* **:** *4801, av. Pierre-de-Coubertin (stationnement 3200, rue Viau). ☎ 514-872-4530. • espacepourlavie.ca • Ⓜ Pie-IX et Viau. Entrée : 20,25 $; 5-17 ans 10,25 $; famille 56 $ (5 pers max). Billets couplés : voir leur site. Projections en continu, ttes les 30 mn. Expo sur les météorites en accès libre.* Avec sa toiture végétalisée et ses deux canons braqués vers le ciel, le planétarium est un modèle du genre. Le monument porte le nom de son sponsor, la société canadienne Rio Tinto Alcan, première entreprise mondiale d'aluminium, dont le siège est à Montréal. Ses deux théâtres bénéficient des dernières technologies en matière de projections immersives : c'est la promesse d'un voyage bluffant à travers ciel et espace, à destination des apprentis astronomes et des simples curieux. Deux spectacles avec animateurs en live.

🎖🎖 🚸 **Le Parc olympique et la Tour de Montréal** *(plan détachable, G2)* **:** *3200, rue Viau. ☎ 514-252-4141 ou 1-877-997-0919. • parcolympique.qc.ca • Ⓜ Viau. L'ascenseur de la Tour de Montréal fonctionne fin juin-1er sept, tlj 9h (13h lun)-19h ; jusqu'à 18h (voire 17h) le reste de l'année ; fermé lun en hiver. Bien vérifier les horaires d'ouverture, susceptibles de changement à cause de sérieux travaux dans les années qui viennent. Entrée tour : env 24 $; 5-17 ans 12 $; famille 5 pers max 58 $. Billets combinés Observatoire + Musée Espace pour la Vie, env 40 $.*

C'est le site des Jeux olympiques de 1976, qui virent le sacre de la jeune gymnaste roumaine Nadia Comaneci. L'architecture audacieuse et, à l'époque, furieusement moderne, est due au Français Roger Taillibert. La structure est étonnante. Il a fallu pas moins de 400 000 m^3 de béton, 400 000 t d'acier, 225 km de câbles... Impressionnant, certes, mais pas très solide : le toit du stade a déjà été changé trois fois. De gros travaux d'entretien des structures sont programmés dans les années à venir. Enfin, ne manquez pas la grimpette en haut de la Tour de Montréal, la plus ***haute tour inclinée au monde*** (165 m de haut, inclinaison 45 degrés) ! Un impressionnant ascenseur-funiculaire vitré mène au sommet (durée 2 mn). Vue exceptionnelle sur la ville et les installations.

DANS LA PÉRIPHÉRIE DE MONTRÉAL

UN CAILLOU À PRIX D'OR

Trésor national des States, la roche lunaire prêtée par les États-Unis au Cosmodôme fait l'objet d'un contrat renouvelable tous les 4 ans. Son assurance atteint les nues, et sa manutention exige un protocole des plus strictement militarisé, car ce petit morceau de Lune rarissime est le seul au monde à être accessible au public. Souriez, vous êtes filmé !

Le Cosmodôme, camp spatial du Canada *(hors plan détachable par A1)* **:** *2150, autoroute des Laurentides, Laval. ☎ 450-978-3600 ou 1-800-565-2267. • cosmodome.org • Ⓜ Montmorency et bus n°s 61 ou 70. À 30 mn de voiture du centre de Montréal (si tt va bien). Pour y aller, autoroute 15 Nord ; sortie 8, bd Saint-Martin Ouest, puis à droite au 2e feu du bd Pierre-Péladeau et tt droit jusqu'à l'av. du Cosmodôme ; vous ne raterez pas l'entrée : une réplique de la fusée Ariane s'y dresse. 24 juin-début sept, tlj 9h-17h ; le reste de l'année, tlj 10h-17h. Entrée (expo + 1 mission de 60 mn) : 16,50 $ (réduc), forfait famille env 45 $. Expo + 2 missions de 60 mn : 30 $ (réduc), forfait famille 80 $.* Un grand centre vraiment bien conçu, dédié à l'espace et à son exploration. On y rencontre tous les grands hommes qui ont fait avancer l'humanité vers la connaissance de l'Univers. Le décor met tout de suite dans l'ambiance : un système solaire reproduit à l'échelle (enfin presque, sinon Pluton serait à Vancouver !), des répliques de sondes et de satellites, un scaphandre de la mission Apollo... Mais l'accent est surtout mis sur l'interactivité, notamment pour le jeune public (9 à 15 ans). On embarque pour une mission spatiale (virtuelle, évidemment), avec un objectif à réaliser au fil de nombreuses salles de préparations, qui se termine par un petit tour dans une réplique de la navette Endeavour, comme pour de vrai ! Ces camps spatiaux durent de 24h à 6 jours (on dort et on mange sur place ; réservation obligatoire). Au programme, de quoi travailler ses méninges et des simulateurs d'entraînement identiques à ceux utilisés par les astronautes dans la réalité ! Bref, de quoi vous faire regretter d'être un adulte !

La descente des rapides de Lachine *(hors plan détachable par A4)* **:** ***Les Excursions rapides de Lachine,*** *8912, bd Lasalle, à LaSalle. ☎ 514-767-2230 ou 1-800-324-RAFT. • raftingmontreal.com • Ⓜ Angrignon, ligne verte et autobus n° 110. À 20 mn du centre-ville, autoroute 20 Ouest, sortie 63 Pont Mercier ; puis sortie 2 Clément, et suivre les indications « rafting sur le Saint-Laurent ». Résa obligatoire. Rafting pdt 2h15 47 $, 13-18 ans 40 $, 6-12 ans 29 $, famille (parents, 2 enfants) 129 $;* jet-boating *(durée 1h15) 56 $, 13-18 ans 46 $, 8-12 ans 36 $, famille 154 $. Arriver 30 mn avant le début de l'activité, âge min 6 ans.* L'excursion de rafting dure 2h15 aller-retour, et celle du *jet-boating* 1h15. En rafting, on embarque sur un petit zodiac et on se déplace en pagayant. Le *jet-boating* est un gros Zodiac propulsé par un moteur avec lequel on fait des dérapages sur les eaux tumultueuses. Sensations garanties ! Départs tous les jours de 9h à 18h de mai à septembre, plus ou moins fréquemment selon l'affluence. Malgré les équipements fournis sur place, on revient totalement trempé car le Saint-Laurent est du genre lessiveuse (rapides type Colorado), donc prévoir des vêtements de rechange.

Surf sur le fleuve Saint-Laurent **:** *rens auprès de KSF (Kayak Sans Frontières), 7770, bd Lasalle. ☎ 514-595-7873. • ksf.ca • Cours pour débutant, loc de matériel et aussi balades en kayak de randonnée, kayak d'eau vive et SUP (Stand Up Paddle).*

Entre mai et septembre, il est possible de pratiquer le surf sur les vagues du Saint-Laurent. Ni houle ni mascaret mais de puissantes vagues stationnaires (ou statiques) dans un environnement de courants très forts et de rochers dangereux. Contrairement aux vagues de la mer, les ***vagues urbaines de Montréal*** ne sont pas créées par des courants marins mais par l'effet de vitesse de l'eau sur le fond rocheux. Elles peuvent dépasser 2 m de haut. Ces vagues ne ramènent pas le surfeur à la berge, il faut lutter contre les courants du fleuve pour y revenir. Surfer sur les vagues du fleuve n'est donc pas si facile.

Il y a ***2 gros spots*** : le site d'*Habitat 67 (plan détachable D5)* se trouve au niveau du 2600 avenue Pierre-Dupuy, en direction du pont Victoria. Traverser le parc, et prendre le sentier longeant le fleuve qui mène à la vague. Le second site *(hors plan détachable par A6),* plus au sud de la ville, est situé le long du boulevard Lasalle, entre la rue Gagné et la rue Raymond. L'accès à la vague se fait directement par le parc des Rapides.

☕ Les surfeurs de Montréal ont leur QG : le ***September Surf Café*** *(plan détachable, B5), 2471, rue Notre-Dame Ouest. ☎ 514-934-5000. Tlj 7h (8h sam)-22h (18h dim-mar).*

À voir également à ***Lachine,*** près du canal, le petit ***musée du Commerce de la fourrure*** *(1255, bd Saint-Joseph ; ☎ 514-637-7433)* installé dans un ancien entrepôt en pierre de 1803. L'expo tient dans une seule pièce, mais on apprend l'essentiel sur le commerce de la fourrure et la Compagnie de la Baie d'Hudson. *De mi-juin à début sept, tlj 10h-17h. Entrée : 4 $; réduc ; stationnement 1,50 $.*

CASTOR SENIOR !

Le feutre en poil de castor était apprécié pour sa souplesse et son imperméabilité. Mais ce n'est pas tout, car de nombreuses croyances étaient liées au castor. On pensait notamment que porter un feutre en poil de castor rendait plus intelligent, que les sourds portant de tels couvre-chefs recouvraient l'ouïe, ou encore que masser le cuir chevelu avec de l'huile de castor favorisait la mémoire !

Plus haut, le ***musée de Lachine*** *(1, chemin du Musée-de-Lachine ; ☎ 514-634-3478 ; ouv avr-nov, mer-dim 12h-17h et aussi mar en été ; GRATUIT)* est situé dans la maison LeBer-LeMoyne, un ancien poste de traite des fourrures de 1669. On y voit quelques objets amérindiens et coloniaux trouvés pendant les fouilles archéologiques, qui d'ailleurs se poursuivent. À côté de ce musée, en bordure du fleuve Saint-Laurent, l'art et la nature se rejoignent dans l'un des plus grands jardins de sculptures du Canada. Près d'une cinquantaine d'œuvres y sont exposées à l'air libre.

LES ENVIRONS DE MONTRÉAL

VERS L'EST

Le Centre de la nature du Mont-Saint-Hilaire : *422, chemin des Moulins,* ***Mont-Saint-Hilaire.*** *☎ 450-467-1755. • centrenature.qc.ca • Situé dans la vallée du Richelieu (région touristique de la Montérégie) ; à 20 mn à l'est de Montréal par l'autoroute 20 Est (sortie 115), puis la 229 Sud. Parc ouv tlj dès 8h jusqu'à 16h ou 20h selon saison. Entrée : 7 $; réduc ; gratuit jusqu'à 5 ans.* Une des vieilles montagnes montérégiennes. Plusieurs sentiers pédestres de différents niveaux mènent à des belvédères qui, par temps clair, offrent une vue spectaculaire sur la vallée du Richelieu et sur Montréal. Le Centre de la nature du Mont-Saint-Hilaire, classé Réserve de la biosphère par l'Unesco, appartient à l'université McGill (université anglophone de Montréal). Balades au milieu d'arbres centenaires, lac peuplé d'oiseaux aquatiques, loutres, chevreuils, rapaces… Au pied du mont, des vergers et cidreries où les citadins viennent s'adonner aux joies de l'« autocueillette » des pommes.

Le fort Chambly : *à* ***Chambly*** *(30 mn au sud-est de Montréal par l'autoroute 10 Est). ☎ 450-658-1585. • pc.gc.ca/fortchambly • De mi-mai à fin juin et de début sept à mi-oct, mer-dim 10h-17h ; fin juin-début sept, tlj 10h-18h. Fermé de mi-oct à mi-mai. Entrée : env 6 $; réduc dont tarifs famille env 14 $ (2 adultes et 5 enfants jusqu'à 17 ans).* Cet élégant fortin, tout d'abord bâti en bois (1665), a été reconstruit en pierre (1711) et soigneusement restauré par la suite. Installé au bord d'un magnifique et tumultueux cours d'eau, il servait à défendre l'accès au Saint-Laurent contre les incursions des Iroquois et des Anglais. Sa visite est particulièrement intéressante, car il ne reste presque plus de grands ouvrages militaires français au Canada. Qui plus est, le musée qu'il renferme est à la fois agréable et pédagogique, avec un parcours émaillé de citations, de vidéos, de cartes et d'objets détaillant l'enjeu des guerres qui faisaient rage à la fin du XVIIIe s entre Français et Anglais, attendu que les échauffourées avec les Amérindiens ont pris fin dès 1701. On apprend aussi des tas de choses sur le quotidien de la garnison et sur la rude vie des paysans qui trimaient pour le compte des seigneurs. Le staff du musée, adorable et passionné, organise des activités en relation avec le costume et l'architecture. Le départ de ces visites, irrégulier (selon affluence), est annoncé au micro. Après avoir vu le fort, baladez-vous un peu dans le parc. Sur Chambly même, trois parcours « patrimoine » à découvrir avec un audioguide couvrant une durée totale de 4h. Renseignements au ***Point d'accueil touristique de Chambly*** : *1900, av. de Bourgogne, à deux pas du fort. ☎ 450-658-0321. Tlj 10h-18h. Loc audioguide 7 $, pièce d'identité en guise de caution.*

Les Grillades du Fort : *1717, av. de Bourgogne, à deux pas du fort. ☎ 450-447-7474. Tlj midi et soir (brunch le dim). Tables d'hôtes 16-24 $ le midi, 26-42 $ le soir. Plats 17-25 $.* Une jolie maison en bois avec terrasse surplombant le fleuve. De quoi prendre l'air et profiter d'un panorama apaisant tout en dégustant la bonne cuisine de la chef portugaise, Patricia Atunes, notamment... les grillades (on s'en serait douté) et des tapas.

Les Cantons-de-l'Est *(ou l'Estrie)* **:** ***Tourisme Cantons-de-l'Est,*** *20, rue Don-Bosco Sud, à* ***Sherbrooke.*** *☎ 819-820-2020 ou 1-800-355-5755. • cantonsdelest.com •* On traverse cette région quand on descend vers les États-Unis par l'autoroute 10. Une très belle région vallonnée parsemée de lacs tièdes et de villas d'artistes autour de la ville de Magog et de villages environnants. De nombreux Montréalais y ont leur résidence secondaire. Pas mal d'activités sportives ou autres en été, ski à Bromont et au Mont-Orford l'hiver. Avis aux gourmands : la région des Cantons-de-l'Est compte une kyrielle d'auberges et de restaurants gastronomiques. Ceux-ci sont douillettement installés dans de belles maisons victoriennes, vestiges de l'époque des loyalistes, ces fidèles à la couronne d'Angleterre qui peuplèrent la région après l'indépendance américaine.

VERS LE NORD-OUEST : LES LAURENTIDES

• Carte Lanaudière-Laurentides *p. 137*

Parcs nationaux et régionaux, pourvoiries et réserves fauniques émaillent ce territoire d'une superficie de 22 000 km² situé à moins de 1h30 de route du centre de Montréal. Dans le cadre absolument sublime d'une nature sauvage qui change au gré des saisons, les amateurs de rando, de sports en eaux vives, de vélo de montagne (VTT) et d'activités hivernales (motoneige, ski, raquette, pêche blanche, etc.) seront comblés. Qui plus est, les Laurentides, c'est aussi un catalogue d'hébergements aussi originaux que variés, servis par de bonnes tables axées sur la cuisine du terroir. Bref, une vraie destination vacances !

LE QUÉBEC

Comment se rendre dans les Laurentides et s'y déplacer ?

En bus

Autobus Galland : *départ tlj à 7h30 et 14h ainsi que 17h55 les dim, lun, jeu et ven. Horaires sur* • *galland-bus.com* • Au départ de Montréal vers Mont-Laurier, dessert Saint-Jérôme (début de la piste cyclable du *P'tit Train du Nord*), Sainte-Adèle (1208, rue Valiquette), Val-David (arrêt 1417, Rte 117, devant le marchand de fruits et légumes), Sainte-Agathe, Saint-Faustin, Mont-Tremblant, Labelle et Rivière-Rouge.

Autocars Maheux : *Rens : ☎ 819-797-3200.* • *autobusmaheux.qc.ca* • Liaison Montréal-Rouyn-Noranda, desservant au passage Saint-Jérôme, Sainte-Agathe, Mont-Tremblant et Mont-Laurier.

Service de Transport adapté et collectif des Laurentides : *rens au ☎ 819-774-0485.* • *transportlaurentides.ca* • *citso.org* • Service de navettes entre Mont-Tremblant et Saint-Jérôme, environ 6-8 fois par jour en semaine *(3 bus/j. slt le w-e et j. fériés)*. Pratique car ***on peut prendre le bus avec son vélo.*** Également un service de Taxibus et d'autobus pour gagner les villages isolés situés en dehors de cet axe *(lun-ven slt)*.

Service de Transport collectif de la MRC de Matawinie : *rens au ☎ 450-834-5441, poste 7065.* • *mrcmatawinie.org* • Liaisons entre Saint-Donat-de-Montcalm et Sainte-Agathe-des-Monts, 2 fois/j. *(mat et ap-m)* en semaine.

À bicyclette

C'est l'épine dorsale d'un séjour dans les Laurentides. ***Le P'tit Train du Nord*** reprend le tracé d'une ancienne voie ferrée. Ce parcours est une piste cyclable l'été et une piste de ski de fond l'hiver (motoneige sur certains tronçons). Long d'environ 230 km, il relie Saint-Jérôme à Mont-Laurier. Sur cet itinéraire, taillé dans la plus vieille chaîne de montagne du monde, nous avons relevé quelques étapes situées à distance raisonnable de Montréal. Mais la région, qui ne manque pas d'attraits, est étendue, aussi les lecteurs curieux sauront-ils pousser au-delà du Mont-Tremblant, au pays de l'ours noir, de la truite arc-en-ciel et de l'orignal. • *laurentides.com* • ou • *pistescyclables.ca* •

Pour faire plaisir à ses mollets, l'***autobus Le P'tit Train du Nord*** assure le transport des bagages d'étape en étape. *Rens : ☎ 450-569-5596 ou 1-888-893-8356.* • *autobuslepetittraindunord.com* •

SAINTE-ADÈLE (12 627 hab.)

À une soixantaine de kilomètres au nord de Montréal, Sainte-Adèle déploie ses petits chalets autour de son lac tout rond. Petite station de sports d'hiver (et d'été), appréciée pour sa table, elle recèle aussi l'un des plus vieux cinémas du Québec.

Où dormir ? Où manger ?

Gîte Pantoufles et Pamplemousse : *1408, rue Archambault. ☎ 450-229-5312 ou 📱 514-441-7683.* • *pantouflespamplemousse.com* • *Depuis le bd de Sainte-Adèle, au niveau du nº 1365, prendre la rue Pilon, puis à droite la rue Archambault. Tte l'année. Double env 120 $, petit déj et taxes compris.* Dans une maison bourgeoise construite pendant la Seconde Guerre mondiale, Lise et Claude, aussi affables qu'attentionnés, vous reçoivent dans les 3 chambres qu'ils ont aménagées avec goût. Plancher en fines lattes de pin, stores vénitiens, tissus fleuris, lits doubles ou lits jumeaux, toilettes et lavabo privés... Tout ça respire fraîcheur et propreté,

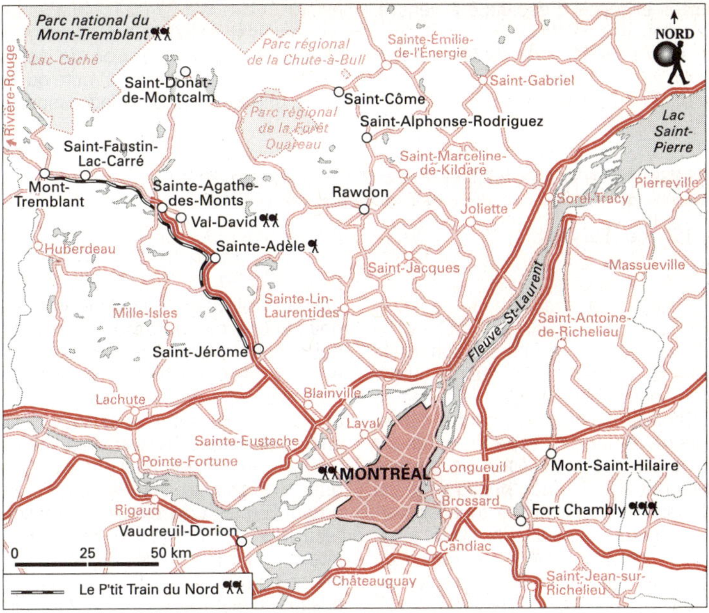

LANAUDIÈRE-LAURENTIDES

alors on s'accommodera sans histoire du fait de partager la douche. Accès indépendant, terrasse extérieure, et, au petit déj, pas moins de 4 services !

Bar-lounge Garçons ! : *1049, rue Valiquette. ☎ 450-745-1566. Dans le centre-ville. Tte l'année. Ouv à partir de 17h ; fermé lun-mar. Menus 3 services en sem env 25 $, le w-e 25-30 $.* Nicolas le Nantais et Jean-François le Québécois se sont rencontrés aux cours de sommellerie. Il en résulte cette adresse tout en saveurs, où, dans un cadre décontracté façon bistrot, les 2 compères servent une cuisine du marché d'inspiration française : morue au beurre nantais, tartare de saumon... Ici, la viande est si tendre qu'on la mange à la cuillère ! Si, si, essayez !

VAL-DAVID (4 639 hab.)

Ceint de collines et de bois, à la fois point de ralliement des amateurs de grimpe et des artistes plasticiens en quête de notoriété, Val-David fait partie de ces petits villages où il fait bon se décontracter quand arrive la fin de semaine. Les Montréalais ne s'y sont pas trompés. À l'instar des touristes nationaux qui déboulent ici en famille dès que le mercure se sent pousser des ailes, ils rappliquent pour se mettre au vert, égrener les galeries d'art ou chiner sur le marché d'été.

Adresses utiles

Bureau d'accueil touristique de Val-David : *2525, rue de l'Église. ☎ 819-324-5678 ou 1-888-322-7030, poste 4235. • valdavid.com • De mi-mai à mi-sept et de mi-déc à fin mars, tlj 9h-17h.* Docs sur les Laurentides, cartes et topos d'escalade à vendre. Excellent accueil de Lyne.

Roc & Ride Sports de Montagne : *2444, rue de l'Église. ☎ 819-322-7978. • rocnride.com • Tte l'année ; mars-oct, tlj 9h-17h (18h jeu, ven) ; fermé lun en hiver. Compter 50-60 $/24h pour un vélo de montagne (VTT) ; tarifs en ligne.* Boutique spécialisée. Loc de vélos pour adultes et enfants, de route ou de montagne et une flopée d'accessoires.

Où dormir ? Où manger ? Où sortir ?

LE QUÉBEC

Village Suisse : *1175, rue de la Sapinière. ☎ 819-322-2205 ou 1-877-978-4773. • villagesuisse.ca • Chalets rustiques avec 2 à 3 chambres pour 2 pers : 165-265 $. Réduc sur le site.* Un village de chalets construits dans les années 1950, répartis autour d'une petite piscine, non loin du lac de la Sapinière, à 10 mn du centre. Salon, cuisine équipée, espace extérieur privé. Bois fourni, accès au lac, piscine, glissade. « Plus » non négligeable : la livraison de bon pain frais tous les mardis, jeudis et samedis. Possibilité aussi de commander une fondue suisse et de louer des jeux de société à la réception.

Général Café : *1303, rue de la Sapinière. ☎ 819-322-6348. Tlj 8h-16h. Petit déj 6-12 $, sandwichs 8-15 $.* Un magasin général version XXIe s, tenu par une équipe de gourmets. Dans la petite salle, un peu les uns sur les autres, ou sur la petite terrasse. Les petits déj, servis toute la journée, sont inspirés de recettes anciennes. Le midi, sandwichs, quiches, soupes, salades originales et pâtisseries prennent le relais, à base de produits du terroir. Beaucoup de monde lors du brunch dominical !

Auberge et Microbrasserie Le Baril Roulant : *2434, rue de l'Église (pub) ; ☎ 819-320-0069 ; tte l'année, tlj : sept-mai 15h-1h, juin-août 12h-1h (ferme plus tard le w-e). 1430, rue de l'Académie ; ☎ 819-322-2280 (auberge) ; même saisonnalité que le pub mais resto ouv tlj 17h-22h en basse saison (à partir de 12h le w-e) et tlj 11h-22h en été. • barilroulant.com • À l'auberge, doubles avec sdb privée 120-150 $ (petit déj inclus), lits en dortoir 26-42 $/pers (pas de petit déj) ; plats 10-23 $.* Au départ, c'était un bar ambulant roulant, puis c'est devenu une microbrasserie festive et gourmande, mettant en scène bières et produits du terroir tout en enchaînant les événements... Aujourd'hui, *Le Baril* a roulé sa bosse et il est divisé en 3 lieux : le pub, où une vingtaine de bières sont servies à la pompe (plus quelques snacks pour éponger !) et où ont lieu les concerts et autres soirées jeux ; l'auberge, qui propose le gîte (propre mais un peu chérot quand même pour des chambres situées au-dessus du resto) et le couvert (agréable terrasse avec vue sur la rivière). On y sert une cuisine créative et éclectique, à base de bons produits locaux. Et enfin, la microbrasserie. Bref, une affaire qui tourne !

Le Mouton Noir : *2301, rue de l'Église. ☎ 819-322-1571. • bistromoutonnoir.com • Tte l'année lun-mer 8h (10h w-e)-21h (23h jeu-ven). Plats 10-15 $, tapas env 5-6 $.* Dans ce *diner* un peu déglingué règne une ambiance bon enfant et plutôt familiale. Si, sur la carte, la poutine et le poulet tiennent le haut du pavé, on y découvre aussi quelques burgers, soupes et un assortiment de tapas, pas renversants, mais bien faits. Le service, en revanche mériterait d'être plus efficace. Remarquez, en attendant, si le soleil est de la partie, les sofas de la terrasse extérieure vous tendent les bras ! Pour les spectacles, programmation sur leur site.

À voir. À faire

À l'Abordage ! : *2268, rue de l'Église (derrière le garage Fix Auto). ☎ 819-322-1234 • activites-plein-air-laurentides.com • Fin juin-sept, tlj 9h-16h30* *(dernier départ) ; basse saison, le w-e slt, 10h-15h30. Forfait kayak + vélo env 40 $/pers ; réduc, notamment si inscription avt 10h.* Une belle façon de découvrir les Laurentides en famille. Le principe est simple comme bonjour. Vous embarquez à bord d'un kayak ou d'un canoé (simple ou double) pour une petite descente de rivière sur 7 km. Ensuite, vous repartez à vélo par la piste du *P'tit Train du Nord*. Compter 3h en tout. Les fatigués peuvent rentrer en navette pour le même prix.

Le parc régional de Val-David – Val-Morin : *1165, chemin du Condor. ☎ 819-322-6999 (chalet Anne-Piché) ou 819-322-2834 (chalet Far Hill) • parcregional.com • Tte l'année. En été, forfait d'accès au parc 8-10 $ selon activité ; réduc. En hiver, compter 10-16 $; réduc. Matériel non fourni. CB refusées au chalet Anne-Piché.* Parois et blocs d'escalade, vélo de montagne (VTT), sentiers de rando. Tout un panel d'activités de pleine nature à partager avec vos loupiots hiver comme été.

SAINTE-AGATHE-DES-MONTS *(10 582 hab.)*

Ville grise au premier abord, Sainte-Agathe laisse apparaître, dans un second temps, un joli petit centre de maisons de brique rouge, avec une rue principale qui glisse en pente douce vers le lac. Son patrimoine architectural à vocation balnéaire du début du XXe s lui confère un certain charme. Comme Sainte-Adèle et Val-David, Sainte-Agathe est desservie par le *P'tit Train du Nord.* L'hiver, on dénombre plus de 50 km de pistes de ski de fond.

Adresses utiles

Bureau d'information touristique de Sainte-Agathe-des-Monts : *24, rue Saint-Paul (dans l'ancienne gare de style Queen Anne). ☎ 819-326-0457 ou 1-888-326-0457. • sainte-agathe.org •* Demander la brochure du circuit patrimonial qui détaille quelques vénérables demeures du début du XXe s, du temps où la ville comptait plusieurs sanatoriums. Compter 1h de visite. Sinon, docs sur les activités à faire sur le lac et dans les environs.

Hôpital Laurentien : *234, rue Saint-Vincent. ☎ 819-324-4000 ou 1-855-766-6387.*

Où dormir ? Où manger ?

Chez Girard : *18, rue Principale Ouest. ☎ 819-326-0922 ou 1-800-663-0922. • aubergechezgirard.com • Tte l'année. Doubles 100-120 $, petit déj compris ; ½ pens, ajouter 35 $/pers ; tables d'hôte 25-38 $.* Dans leur grande maison blanche de style balnéaire, Annick et Marco ont aménagé 3 chambres avec salle de bains privée. Clim en été, foyer à bois en hiver, déco thématique. Notre préférence va à la suite « Versailles » situé à l'étage. Bain thérapeutique (à air) dans certaines, frigo et micro-ondes dans toutes. Le resto, quant à lui, fleure bon les années 1960, avec ses tables dressées à l'ancienne. On y déguste une bonne cuisine du terroir. Excellent accueil.

Auberge aux Nuits de Rêve : *14, rue Larocque Ouest. ☎ 819-326-5042 ou 1-888-326-5042. • reve.ca • Tte l'année. Doubles 170-230 $, petit déj compris (promos en ligne).* Envie d'une chaude nuit ? Cet établissement, idéalement situé au bord du lac, propose des chambres à thème spécialement conçues pour les couples qui veulent s'éclater. De la *Tarzan & Jane* à la *César & Cléopâtre* en passant par la *Adam & Ève* et la *Suite James Bond* (notre préférée), la déco vous en met plein les mirettes. Évidemment, tout un tas d'extras : service traiteur livré en chambre, papouillothérapie et quelques gadgets étudiés. Aussi un beau jacuzzi format « olympique » ouvert sur le jardin. Accueil gentil.

La Table Ludique : *81, rue Saint-Vincent. ☎ 819-774-0750. Tte l'année. Mar-sam 11h-21h. Plats 15-25 $.* Dans un resto lumineux style « bistrot français » comme disent les Québécois, une adresse qui satisfera à la fois vos neurones et vos papilles. Le concept est simple : on dîne en jouant (mais on n'est pas obligé). Sur place, de nombreux jeux de société (boutique au sous-sol) et des soirées-jeux organisées régulièrement. Dans l'assiette, ces grands voyageurs proposent une « cuisine d'ici et d'ailleurs » plutôt bien faite, où toute attention est portée à la sélection des meilleurs produits. Vins de petits producteurs, bière de microbrasserie. Une adresse sympathique.

Où dormir dans les environs ?

Plusieurs *B & B* dispersés un peu partout dans le coin. Aussi des gîtes perchés, mais rien de bien folichon. Pour dormir dans les arbres, mieux vaut pousser vers Lanaudière.

Gîte & Café de la Gare : *362, rue de la Gare, à* ***Saint-Faustin-Lac-Carré.*** *☎ 819-688-6091 ou 1-888-550-6091. • gitedelagare.com • Tte l'année. Double 115 $, petit déj compris ; table d'hôtes (4 services) env 40 $/pers.* Dans une vieille demeure typique du coin, 3 chambres, toutes avec salle de bains (parfois sur le palier). Escalier grinçant, intérieur propret et déco passe-partout. La chambre « locomotive », située à l'étage, a notre préférence. Agréable verrière où sont servis le petit déj et le souper. Terrasse extérieure. Plein d'activités à faire dans le coin. Accueil courtois de Normand Caron, le proprio.

Auberge Archambault Inn : *221, rue Aubin, à 100 m du lac et de sa plage, à* ***Saint-Donat-de-Montcalm.*** *☎ 819-424-3542. • auberge-archambault.com • Au cœur du village. Doubles 70-105 $, petit déj complet compris.* Une auberge spacieuse tenue par Véronique et Prosper. Une douzaine de chambres propres, fraîches et dotées, pour la moitié d'entre elles, de salle de bains. Organisent des séjours à la carte suivant la saison (balades en traîneau à chiens, à raquettes, à ski, en quad, à cheval, etc.). L'été, barbecue, piscine.

À voir. À faire à Sainte-Agathe et dans les environs

Plage Major : *chemin du lac des Sables (en face du camping. Ouv 9h-19h. Adultes 10 $; réduc ; gratuit moins de 5 ans.* Belle plage offrant de nombreuses activités (école de voile, location de kayaks, beach-volley). 2 autres plages à Sainte-Agathe : la plage Tessier et la plage Sainte-Lucie.

Tyroparc : *400a, chemin du Mont Catherine. ☎ 819-324-2002 ou 1-844-324-2002. • sports-nature-laurentides.com • Du centre de Sainte-Agathe, prendre la rue Demontigny en direction du nord, passer sous l'autoroute, puis à droite le chemin de Château-Bleu (c'est fléché). Tte l'année (motoneige en hiver). Forfaits 70-130 $; réduc.* Des tyroliennes parmi les plus hautes et les plus longues du Canada ! Et tout un panel d'activités encadrées par des pros, pour se faire des petites montées d'adrénaline : *via ferrata,* escalade, descente en rappel, etc. Et même des nuits « *bed-in* », c'est-à-dire dans un hamac suspendu à plus de 100 m au-dessus du sol !

Le parc national du Mont-Tremblant : *à env 40 km au nord-ouest de Sainte-Agathe. Infos : ☎ 819-688-2281. Résas : ☎ 418-890-6527 ou 1-800-665-6527. • sepaq.com/pq/mot • Tlj : de mi-mai à sept, 7h-21h ; d'oct à mi-mai,*

9h-16h. Entrée : 8,50 $; gratuit jusqu'à 17 ans. Voici 2 des 5 points d'accès au parc : accueil de la Diable (3824, chemin du Lac-Supérieur, ***Lac-Supérieur.*** *☎ 819-688-2281) ; accueil de la Cachée (1002, rue du Lac-Caché,* ***La Macaza.*** *☎ 819-686-1880). On peut s'y rendre aussi directement de Montréal pour une excursion à la journée avec la* Nana *(Navette Nature). Rens et tarifs : • navette nature.com •*
Superbes collines boisées agrémentées de centaines de lacs et de cascades. Compte tenu de sa relative proximité de Montréal, le parc est assez fréquenté, ce qui n'empêche pas de croiser de nombreuses biches peu farouches. En dehors des nombreux sentiers de randonnée qui sillonnent le parc, plein d'activités à faire : canot (et même canot-camping avec réservation d'emplacements de camping le long de la rivière), kayak, baignade, pêche, *via ferrata*... Si vous êtes dans le coin en automne, c'est à ne pas manquer, pour les couleurs fauves et mordorées des arbres. Fantastique ! En hiver, vous pourrez aller skier à la station de Tremblant.

VERS LE NORD-EST : LANAUDIÈRE

• Carte Lanaudière-Laurentides *p. 137*

Bordée à l'ouest par les Laurentides et à l'est par la Mauricie, Lanaudière est une région agricole active aux portes de Montréal. Toute habillée de vert, offrant un paysage de vallées secrètes et de forêts, elle est aussi pleine de ressources pour le touriste en mal de grand air. Prisée hiver comme été, Lanaudière est aussi moins résidentielle que les Laurentides, si bien qu'il y souffle encore un parfum d'aventure...
➢ ***Pour s'y rendre en voiture :*** accès direct par l'autoroute 40, en direction de Trois-Rivières.

Comment se rendre dans Lanaudière et s'y déplacer ?

En bus

Joliette, le chef-lieu, est bien desservi à partir de Montréal. Sinon, une douzaine de sociétés de transport se partagent la primeur des usagers. Sur certaines lignes, de mi-avril à fin octobre, il est possible de ***voyager avec son vélo.*** *Rens : ☎ 450-759-5133 ou 1-866-755-2917. • jembarque.com • citso.org •*

Adresse utile

🅸 ***Tourisme Lanaudière :*** *3568, rue Church,* ***Rawdon.*** *☎ 450-834-2535 ou 1-800-363-2788. • lanaudiere.ca • Au rez-de-chaussée du centre psychiatrique. Juin-sept slt : lun-jeu 8h15-12h, 12h30-16h30, ven 8h-12h.* Toutes les infos sur la région et notamment sur les activités à faire autour de Rawdon (en québécois, prononcer « Randeune »).

Où dormir ? Où manger ?

⛺ ***Camping Summum de Saint-Côme :*** *2340, rang Versailles,* ***Saint-Côme.*** *☎ 450-883-1968 ou 1-800-559-1968. • campingsummum.com • Tte l'année. Empl. 1 tente à partir de 30 $; + 20 $ la tente en sus. Dépanneur et petit resto sur place (menu du jour 10 $).* Camping pas désagréable à la sortie de Saint-Côme, dont la piscine est accessible aux résidents extérieurs. Emplacement pour planter sa guitoune en limite du boisé, sinon quelques résidents à l'année. Bon accueil.

Gîte Le Vallon : *2221, rang Versailles,* ***Saint-Côme.*** *☎ 450-883-1346. • gitescanada.com • Un peu à l'écart du village, sur la Rte 347, direction Saint-Donat. Tte l'année. Double avec sdb privée 80 $, petit déj et taxes compris + 20 $/pers supplémentaire. Possibilité de souper pour 20 $ (réserver à l'avance).* Attention les yeux, ici on sert le meilleur petit déjeuner qu'on ait jamais mangé au Québec ! Thérèse, retraitée pleine d'énergie, propose 5 chambres plutôt grandes et agréables, quand bien même 4 d'entre elles se trouvent en demi-sous-sol (certaines se partagent une salle de bains). Salon télé, jardinet pour prendre le frais en été (et le rendre au poêle en hiver), on se sent bien. Qui plus est, Thérèse est une mine d'infos. Excellent accueil.

Kabania : *2244, chemin du Grand-Duc,* ***Notre-Dame-de-la-Merci.*** *☎ 819-424-0721. • kabania.ca • De la Rte 125, 17 km avant Saint-Donat, prendre à droite la Rte 347 sur env 2,1 km, puis encore à droite sur 300 m, puis à gauche. Tte l'année. Cabane pour 2 env 100 $,* cabañita *pour 2 env 70 $, pour 4 pers 175 $. Résa fortement conseillée.* Un concept écolo (toilettes sèches, énergie solaire, etc.) de cabanes haut perchées dans les arbres en lisière de la forêt Ouareau. Réception en self-service, chariot pour transporter ses bagages jusqu'à sa cabane, isolée dans la forêt mais rattachée à de beaux espaces communs couverts et démoustiqués, avec sanitaires nickel, jeux pour enfants, cuisine commune, bibliothèque, espaces-repas, etc. L'esprit ici, c'est de rencontrer l'autre, surtout le soir au coin du feu. Oubliez tout de suite les *cabañitas,* trop petites et sans hauteur sous plafond, attenantes à une pièce commune ouverte à tous vents. Préférez les plus chères. Sinon, plein d'activités hiver comme été, un coup de cœur !

Auberge Le Cheval Bleu : *414, route 343,* ***Saint-Alphonse-Rodriguez.*** *☎ 450-883-3080 ou 1-866-883-3080. • lechevalbleu.com • Sur la 40, sortie 122, vers Joliette. De Joliette, prendre la 343 Nord ; à env 5 km avt Saint-Alphonse-Rodriguez, sur la droite. Double avec sdb privée 102 $, petit déj inclus. En ½ pens, env 160 $/chambre. En saison, resto tlj à partir de 18h ; plats 12-30 $.* Monique, d'origine belge, est intarissable sur les activités à faire dans la région et a tissé un réseau qui vous en ouvrira toutes les portes (l'hiver, elle assure même le dépôt vers les différents sentiers de raquettes). Côté dodo, 5 chambres dont 2 se partagent la même salle de bains. Elles sont relativement basiques et décorées avec l'envie de faire du beau. Côté miam-miam, 80 sortes de bières belges et une cuisine qui va du tartare de bison aux cuisses de canard ou de pintade. Bref, rien que des produits locaux. Piscine dans le parc. Bon accueil d'Hector, le berger des Pyrénées.

Chez Roger l'Ermite : *335, 48e av, Rivière-de-la-Boule,* ***Saint-Côme.*** *514-993-3567. • chezrogerlermite.ca • À la sortie de Saint-Côme, direction Sainte-Émilie ; à partir de la station-service située au niveau de l'intersection pour La Chute-à-Bull, faire 1,4 km, puis à gauche sur la Rte 131, puis à 800 m encore à gauche (fléché). En été, camping env 40 $; nichette 1-3 pers 75 $; tte l'année, chalets 1-4 pers 130-150 $.* Dans un environnement naturel de toute beauté, plusieurs formules pour jouer les Robinsons-des-arbres, de la plus basique (camping, sanitaires et douche compris) à la plus élaborée (gîte très bien fini avec double vitrage, cuisine équipée, chauffage, literie, etc.), en passant par la nichette ouverte à tous vents. Bien isolés les uns des autres et accessibles en voiture, bien construits (Martin est du genre perfectionniste), ces petits nids d'amour n'attendent que votre envie de grimper aux arbres...

Restaurant-traiteur La Marguerite : *1041, rue Principale,* ***Saint-Côme.*** *☎ 450-883-6737. Tte l'année, tlj 5h-14h (20h jeu). Plats 15-25 $.* Salle banale. C'est le resto le plus élaboré du village. On y sert quelques côtes levées, des *fish & chips* ainsi que des plats en sauce comme l'osso bucco. Pizza honorable, sans plus, mais bien servie (on mange à 2 sur le petit format). Pensez à apporter votre bouteille.

Crêperie Les Copains d'Abord : *3284, 4e av,* **Rawdon.** *☎ 450-834-7654. Tte l'année, jeu-dim 11h (17h jeu)-21h (16h dim). Crêpes 10-20 $, entrée comprise.* Intérieur « tout bois » pour la *Crêperie-au-Canada* de cette coiffeuse originaire de La Guerche-de-Bretagne et de son conjoint *designer,* tous deux reconvertis dans la *krampouz* (en breton dans le texte). Elle apporte son amour du sarrasin, lui, son goût pour les choses bien faites. L'occasion de déguster des produits locaux avec *eun cout' cit'* !

À voir. À faire

La Terre des Bisons : *6855, chemin Parkinson,* **Rawdon.** *☎ 450-834-6718. • terredesbisons.com • Oct-mai et sept mer-dim 10h-17h ; juil-août tlj. Entrée : env 10 $; réduc.* La famille Toupin-Demontigny élève wapitis et bisons depuis des lustres. Du coup, elle a conçu ce petit musée; pas inintéressant, qui permet de faire le tour des grands mammifères d'Amérique du Nord et notamment du bison. L'occasion de se rappeler que les pionniers les exterminèrent en masse. Quelques bêtes reconstituées, une vidéo et de bonnes odeurs de campagne, crévindiou ! Visite de l'élevage *(le w-e à 15h en été ; même tarif ; réserver la veille).* Petite boutique de produits locaux.

Kinadapt : *1800, rue Laurin,* **Rawdon.** *☎ 450-834-4441. • kinadapt.com • Tte l'année, été comme hiver selon activités. Initiation au canicross 58 $, puis 29 $ les séances suivantes (préférable de téléphoner avant d'arriver à cause des chiens).* Carole Turcotte, la proprio de ce centre de plein air spécialisé dans la formation et l'entraînement de *musher* (meneur de chiens), parle le français, l'anglais et... le chien ! Normal, elle en a plus de 85 ! Si les toutous vous tentent, c'est l'occasion de venir faire un petit stage, même l'été, pour apprendre à guider un husky à la voix (accroché à lui, on appelle ça du *canicross*). Aussi d'autres activités d'été comme le vélo de montagne et la rando. L'hiver, c'est raquettes et traîneaux.

Arbraska : *4131, rue Forest Hill,* **Rawdon.** *☎ 450-834-5500 ou 1-877-886-5500. • arbraska.com • À l'extrémité de la rue Queen, env 100 m à gauche après l'accès à La Source Bains Nordiques. Tte l'année, tlj 9h-17h selon activité. Parcours dans les arbres : durée env 3h ; adulte 38 $; réduc (forfaits familiaux possibles). Rallye GPS avec énigmes 19-40 $ selon formule ; réduc. Résa en ligne conseillée.* Arbraska, c'est une bande de joyeux drilles qui vous proposent de grimper aux feuillus de jour comme de nuit, de vous laisser glisser sur une tyrolienne, d'escalader une *via ferrata* et de partir jouer les Indiana Jones en forêt, un GPS à la main, pour résoudre des énigmes. Bref tout un tas d'activités marrantes à faire en famille. Être au moins 4 pour permettre d'ouvrir un départ avec un guide. Éviter les créneaux horaires de 11h et 13h si on peut.

SUR LA ROUTE D'OTTAWA

Le parc national d'Oka : *2020, chemin Oka, à* **Oka.** *☎ 450-479-8365 ; résas : ☎ 1-800-665-6527. • sepaq.com/pq/oka • Accès de Montréal par l'autoroute 15 Nord (ou la 13 Nord), puis la 640 Ouest sur env 20 km ; au bout, prendre la 344 Ouest à droite. Centre d'accueil du parc à 1,5 km avt le village d'Oka. Entrée : 8,50 $/j. ; réduc ; forfait famille 17 $.* À 45 mn de Montréal, une belle forêt pour une journée de balade à agrémenter d'un pique-nique et d'une baignade en été. Bien sûr, vous ne serez pas tout seul... Jolie plage surveillée au bord du lac (cafétéria et restos sur place). Nombreuses activités à faire selon les saisons : rando, canoë-kayak, location de vélos (y compris des *fat-bike*s en hiver), ski de fond nocturne sur sentier éclairé et randonnées à raquettes... Animations enfants et adultes en saison. Possibilité de camper sur place (voir « Où dormir ? » à Montréal). Enfin, pour ceux qui voudraient traverser la rivière des Outaouais pour se rendre sur la rive d'Hudson, en face, pas besoin de faire des kilomètres (pas de pont), il suffit de prendre le traversier d'Oka *(23 juin-4 sept 6h-minuit – 7h dim, jusqu'à 22h slt le reste de l'année –, départ ts les quarts d'heure. • traverseoka.ca •).*

La maison de Félix Leclerc : *186, chemin de l'Anse, à* ***Vaudreuil-Dorion.*** *☎ 450-510-2840. • maisonfelixleclerc.org • Accès de Montréal par l'autoroute Félix-Leclerc, sortie 35. De mi-juin à début sept, tlj 10h-18h. Hors saison, ven 13h-21h, sam-dim 11h-17h. Entrée : 8 $; réduc.* Le grand homme qui fut, à ses débuts, auteur de théâtre, vécut dans cette villa du milieu du XIXe s, posée sur le bord du lac des Deux-Montagnes, de 1945 à 1966. C'est ici qu'il composa ses plus grands succès, dont le fameux « Petit Bonheur » ou encore « Moi, mes souliers ». À l'époque (1959-1961), ses potes Brel et Brassens vinrent même lui rendre visite. Un hommage empreint de nostalgie qui nous replonge dans le quotidien de l'auteur.

POMPES FUNÈBRES

Felix Leclerc, le père de la chanson québécoise, l'auteur du célébrissime Moi, mes souliers, *vécut toute sa vie sans quitter des yeux le E qu'il avait chipé sur la sépulture d'Antoine de Saint-Exupéry. Il est désormais enterré au cimetière de Saint-Pierre-de-l'île d'Orléans. Sur sa tombe, pas de fleurs mais une montagne de souliers qui ne cessent de fleurir...*

Auberge Willow : *208, rue Main à* ***Hudson.*** *☎ 450-458-7006. À 5 mn en voiture, près du traversier. En été, tlj 11h30-20h.* Une agréable terrasse pour déjeuner face au lac des Deux-Montagnes, d'un *fish & chips,* de moules-frites ou d'un hamburger maison...

Le parc Omega : *à peu près à mi-distance de Montréal (110 km) et d'Ottawa (80 km). Sortie nº 210 de l'autoroute 50, à* ***Montebello.*** *☎ 819-423-5487. • parcomega.ca • Ouv tte l'année. 18 juin-5 sept, tlj 9h-17h ; 10h-16h en hiver. Fermeture du parc 2h plus tard en été, 1h plus tard en hiver. Entrée (selon saison) : adultes 24-28 $, enfants 2-5 ans 9-10 $, 6-15 ans 17-20 $.*

Un parc magnifique que parcourt un chemin de 15 km. Au programme : orignaux, loups, wapitis, bisons, ours noirs... le tout dans de superbes paysages. À toute heure de la journée, vous rencontrerez des dizaines d'animaux qui attendent paisiblement le long de la route que les visiteurs leur offrent des carottes (en vente à la boutique). Assez étonnant. Seules deux espèces sont enfermées dans des enclos : les loups (commentaire passionnant qui explique les règles immuables et hiérarchiques des meutes) et les ours bruns. Un concentré de la nature, mais aussi de l'histoire du Québec : sentier des Premières nations amérindiennes, avec totems illustrant chaque nation. Également un sentier de la colonisation qui relate les temps forts de l'histoire du pays depuis le passage de Champlain il y a 400 ans (poste de traite, ferme ancestrale...). Le poste de traite était une cabane où les colons échangeaient avec les Indiens de la verroterie contre des fourrures. On y expose la peau de la plupart des animaux qui furent à l'origine de la conquête du Canada. Les Indiens, eux, étaient très intéressés par les wapums : ces colliers ornés de perles de verre qu'ils arboraient autour du cou.

L'OURS, CET INCONNU

Malgré son poids, l'ours grimpe aux arbres, et c'est un nageur hors pair. Pendant l'hibernation (3-4 mois), sa température baisse, et son rythme cardiaque diminue. Il a, à cette période, la particularité de ne pas perdre de poids. Omnivore, il adore le miel, et ce n'est pas une légende. À sa naissance, l'ourson naît aveugle et édenté. Il ne pèse que quelques centaines de grammes.

LE QUÉBEC

Possibilité d'hébergement sur place en ***tente prospecteur, chalet*** ou ***tipi très confort.*** Un endroit merveilleux à découvrir en famille. Les rencontres avec les biches sont fréquentes. Quelques ***restos*** dans le village.

Le château Montebello : *392, rue Notre-Dame, à* ***Montebello.*** *☎ 819-423-6341.* • *fairmont.com/montebello* • Cet hôtel incroyable fut construit dans les années 1930 par un club de milliardaires qui ne trouvaient rien à leur goût. Le gigantesque bâtiment bâti grâce à 10 000 poutres de cèdre rouge et en forme d'étoiles à 6 pointes fut achevé en... 3 mois (mais bon, on avait utilisé les grands moyens, notamment 3 500 ouvriers). En 1981, l'hôtel accueillit le G7 avec Reagan, Thatcher et Mitterrand. Depuis 1970, c'est un hôtel de luxe racheté par des... Chinois (gloups !). On peut aussi se contenter d'un dîner dans une salle assez incroyable ou profiter, en été, du buffet à volonté au bord du lac. Les sportifs utiliseront la piscine d'époque pour quelques dollars. Bon, les riches ont plutôt bon goût.

LA MAURICIE

• Carte *p. 147*

Pour parler comme une brochure touristique, la Mauricie a beaucoup à vous offrir, autant d'un point de vue naturel, avec son beau parc national, que d'un point de vue culturel, avec sa capitale, Trois-Rivières, une petite ville dynamique dotée d'un très beau musée sur l'industrie papetière.

TROIS-RIVIÈRES

130 400 hab.

• Plan *p. 148-149*

À mi-chemin entre Montréal et Québec, Trois-Rivières est l'une des villes les plus anciennes d'Amérique du Nord (après Québec). Fondée en 1634, elle doit son élégante architecture à l'essor exceptionnel de l'exploitation forestière entre 1850 et 1880. Malheureusement, un terrible incendie endommagea une partie de ce patrimoine en 1908. Entre 1910 et 1925, les industries se développèrent, notamment celle de la pâte à papier, propulsant la ville au rang de capitale mondiale du papier. C'est à trois usines encore actives aujourd'hui que l'on doit l'odeur de chou qui flotte parfois au-dessus de la ville.
Centre industriel fragilisé par la crise et les délocalisations, Trois-Rivières a vécu une renaissance à partir des années 1990, jusqu'à devenir aujourd'hui la capitale internationale de la poésie : outre le grand festival qu'elle accueille chaque année en octobre, elle héberge aussi la Fédération internationale de la

poésie. Le petit centre-ville historique, très mignon avec ses élégantes demeures en brique, en bois, donne directement sur le fleuve Saint-Laurent. Aux premiers rayons de soleil, les terrasses sont pleines à craquer. On ne passerait pas toutes ses vacances ici, mais la halte est agréable et réserve quelques belles surprises. Et puis... vous en connaissez beaucoup, vous, des villes qui ont un monument au poète inconnu (sur la place Alphonse-Pliché, dans le parc Champlain) ?

TROIS-RIVIÈRES, LA MAL NOMMÉE

Non, malgré son nom, il ne coule pas trois rivières à Trois-Rivières ! L'endroit aurait été ainsi baptisé au début du XVIIe s par sieur Dupont-Gravé, navigateur au service de Samuel de Champlain. Celui-ci, en arrivant, aperçut en effet ce qu'il crut être trois rivières. Il s'agissait en réalité des trois chenaux que forment l'île Saint-Quentin et l'île de la Poterie à l'embouchure de la rivière Saint-Maurice.

Arriver – Quitter

En bus

Terminus Orléans Express *(plan B3)* **:** *275, rue Saint-Georges. ☎ 819-374-2944. • orleansexpress.com • Sur le parking à côté de l'*Hôtel Delta.

➢ ***De/vers Montréal et Québec :*** env 5 liaisons/j. avec Montréal et Québec. Trajet : 1h45-2h50.

En voiture

L'autoroute 40 relie Trois-Rivières à Montréal et Québec. On peut aussi prendre la clé des champs en empruntant le ***chemin du Roy*** (qui suit en grande partie la 138), ouvert en 1737, qui relie aussi Montréal à Québec via Trois-Rivières, en suivant le Saint-Laurent. La partie la plus séduisante de cet itinéraire se trouve entre Trois-Rivières et Québec. De Montréal, la sortie de la ville est longue et ce n'est qu'à partir de Saint-Sulpice que les rives se dégagent (sans constructions disgracieuses) et que les petites villes traversées se font plus coquettes.

Adresses utiles

Bureau d'information touristique *(plan B3)* **:** *1457, rue Notre-Dame Centre. ☎ 819-375-1122 ou 1-800-313-1123. • tourismetroisrivieres.com • De mi-juin à fin août, tlj 9h-19h ; le reste de l'année, lun-ven 9h-17h, w-e 10h-16h (fermé en hiver).* Plan de la ville, vente de cartes routières et possibilité de réserver hôtels, chambres d'hôtes, etc. Offre une journée de stationnement gratuit en centre-ville.

■ ***Location de vélos :*** voir l'office de tourisme pour les différentes adresses de loueurs (la liste a tendance à changer chaque année...).

■ ***Navette fluviale :*** l'été, une navette fluviale relie Trois-Rivières à Bécancour, sur l'autre rive du Saint-Laurent, et propose de petites croisières. Informations à l'office de tourisme.

Où dormir ?

Camping du lac Saint-Michel *(hors plan par A2,* ***10****)* **:** *11650, rue du Clairon. ☎ 819-374-8474. • campingunion.com/trois-rivieres-saint-michel • De l'autoroute 55 Nord, sortie 191 ; à 2 km au nord des Forges-du-Saint-Maurice. Ouv de mi-mai à fin sept. Empl. 2 pers env 32-50 $ selon type ; chalets 105-140 $ pour 2 adultes et 2 enfants. Douches payantes.* Sur

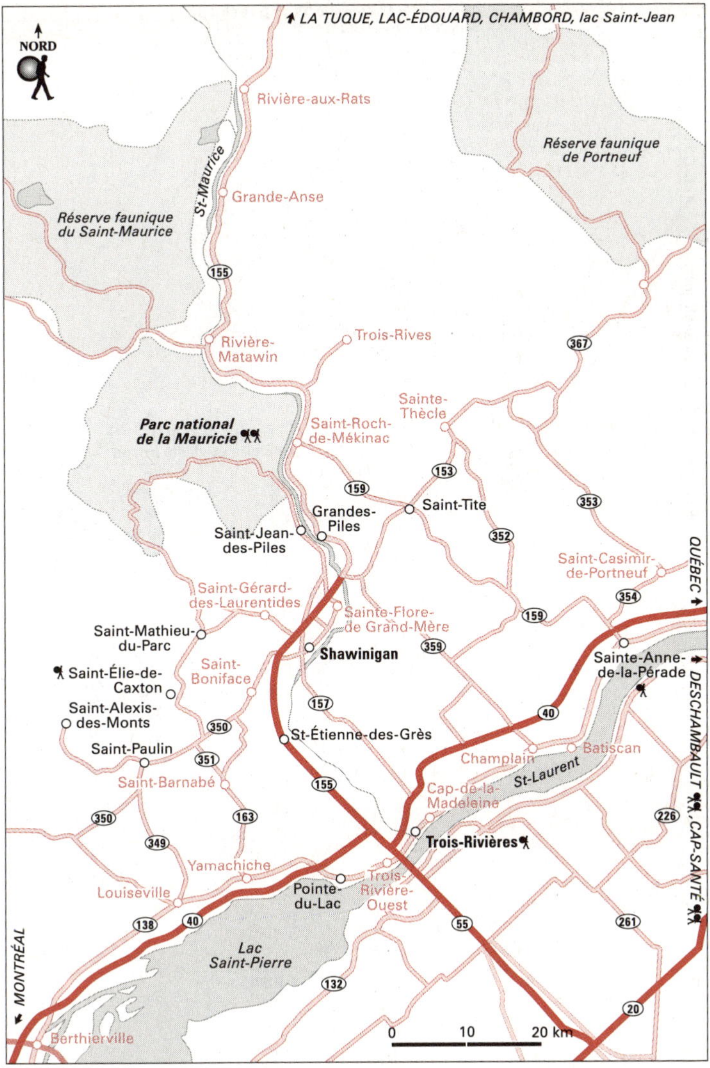

LA MAURICIE

15 ha, 150 emplacements en sous-bois, prairies ou en bord de rivière, malheureusement pas toujours suffisamment espacés. Également des chalets avec chambre, cuisinette et salle de bains (draps en sus, assez chers). Pour se distraire ou se défouler : lac artificiel (une mare plutôt), piscine, terrains de sport, location de vélos. Correct pour une étape.

Auberge de jeunesse HI de Trois-Rivières *(plan A2,* ***11****)* **:** 497, rue

Radisson. ☎ 819-378-8010 ou 1-877-378-8010. • hihostels.ca/troisrivieres • Réception 9h-12h, 16h-21h. Lits en dortoir (4-8 lits) avec ou sans carte de membre 28-32 $; doubles 63-70 $; familiales pour 4 pers env 80-88 $. Parking gratuit. AJ de poche conviviale (seulement 2 dortoirs non mixtes de 6 et 8 lits et quelques chambres), logée dans une agréable petite maison avec terrasse et coin jardin à l'arrière. C'est simple, propre, lumineux et bien équipé : salon TV cosy, cuisine, laverie, barbecue, et même des vélos à louer. Sympa, comme l'ambiance.

Gîte Loiselle (plan B2, **12**) **:** 836, rue des Ursulines. ☎ 819-375-2121. • giteloiselle.com • Doubles 95-130 $,

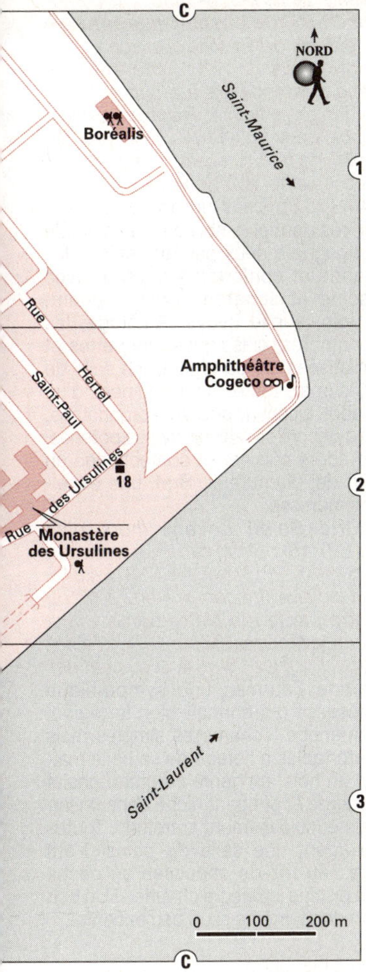

■ **Adresses utiles**

i Bureau d'information touristique (B3)

Où dormir ?

10 Camping du lac Saint-Michel (hors plan par A2)
11 Auberge de jeunesse HI de Trois-Rivières (A2)
12 Gîte Loiselle (B2)
14 Motel Canadien (hors plan par B1)
15 Gîte Saint-Laurent, Gîte Soleil Levant et Auberge du lac Saint-Pierre (hors plan par B3)
16 Studios du Huard (B2)
18 Auberge-gîte Le Fleurvil (C2)
19 Hôtel Oui Go ! (B3)

Où manger ?

20 Le Sacristain (B2)
22 Le Bureau de Poste (B3)
23 Café Frida (B3)
24 Poivre Noir (B3)
26 Le Buck (B2)
27 Coco Tango (A3)

Où boire un verre ou un bon café ? Où sortir ?

30 Le Temps d'une Pinte (B3)
40 Nord-Ouest Café (B3)
41 Gambrinus (hors plan par A2)

TROIS-RIVIÈRES

avec petit déj (3 plats au choix) et parking. Également un appart en sous-sol. Idéalement situé, dans une jolie demeure du quartier historique, avec véranda de charme. Les 4 chambres, à l'étage, sont cosy à souhait (parquet, meubles en bois sombre, tapisseries fleuries...) et disposent toutes d'un lavabo et de toilettes. Elles se partagent en revanche la douche, mais quelle douche ! Immense, en granit, elle a de l'allure. Et pour les voyageurs au dos ruiné, un cabinet d'ostéopathie, tenu par la fille des charmants proprios.

Studios du Huard *(plan B2, **16**) : 42, rue Saint-Louis. ☎ 819-375-8771. • studiosduhuard.com • Doubles env 95-115 $ (2 nuits min, mais négociable* *selon disponibilités). Parking.* Cette poignée de studios nickel et bien équipés (coin cuisine, salles de bains complètes...) occupent une séduisante maison du quartier historique, dans une rue tranquille à deux pas de la promenade surplombant le fleuve. Pour qui recherche l'autonomie, c'est l'adresse idéale.

Auberge-gîte Le Fleurvil *(plan C2,* ***18****) : 635, rue des Ursulines. ☎ 819-372-5195. • fleurvil.qc.ca • Doubles 100-120 $, avec parking et petit déj.* Proche du centre, cette grande maison de plain-pied propose des chambres fonctionnelles et confortables avec ou sans salle de bains privée. Agréable et lumineuse salle à manger pour un copieux petit déj. Mais le vrai plus, c'est la petite piscine au milieu des fleurs. Très appréciable entre deux balades !

Hôtel Oui Go ! *(plan B3,* ***19****) : 1413, rue Notre-Dame Centre. ☎ 819-840-2868. • hotelouigo.com • Doubles env 135-160 $.* De l'ancienne banque qui occupait le bâtiment à l'origine ne subsiste qu'une antique porte blindée à chaque étage ! Pour le reste, ce bel édifice 1900 a été métamorphosé en un charmant hôtel contemporain et intimiste : accueil et salle de petit déj cosy, chambres sobres et lumineuses au mobilier design, confort optimal... L'adresse décontractée chic et branchée de la ville, tenue par une équipe chaleureuse.

Un peu plus excentré

Motel Canadien *(hors plan par B1,* ***14****) : 1821, rue Notre-Dame Est, secteur Sainte-Marthe-du-Cap. ☎ 819-375-5542. • motelcanadien.ca • À env 8 km du centre-ville, sur la 138, en direction de Québec (autoroute 40, sortie 205). Doubles à partir de 50 $, avec petit déj continental.* Surtout, ne vous fiez pas à l'allure assez banale ni à la situation au bord d'une grande rue : la déco est si soignée qu'on ne se croirait pas dans un motel, mais dans un établissement chaleureux à taille humaine ! Chaque chambre a sa propre personnalité, avec même une cheminée pour certaines. Accueil charmant de Joëlle et Alain, un couple de Toulousains qui a pris ses quartiers ici. Plein d'infos à glaner.

Gîte Saint-Laurent *(hors plan par B3,* ***15****) : 4551, rue Notre-Dame Ouest. ☎ 819-378-3533 ou 1-866-866-3533. • bbsaint-laurent.ca • À l'entrée de la ville en venant de Montréal par la 138 ; juste après le grand pont, prendre à droite la 1re rue qui longe le fleuve. Résa conseillée. Doubles env 100-110 $, avec petit déj et parking inclus ; également un appart avec cuisine équipée pour 2-4 pers (110-185 $).* Dans un agréable quartier résidentiel ombragé, un coin de campagne à deux pas du centre-ville. Grande et confortable maison, avec piscine et superbe jardin donnant, au loin, sur le fleuve. À l'étage, les 4 chambres, classiques, coquettes et climatisées, se partagent une salle de bains (mais toutes sont équipées d'un lavabo). Quant à l'adorable propriétaire, qui a décoré sa maison de ses poteries, elle adore cuisiner et confectionne un petit déj plantureux. Bref, une excellente adresse.

Gîte Soleil Levant *(hors plan par B3,* ***15****) : 300, carré Léo-Arbour. ☎ 819-377-1571 ou 1-877-876-5345. • gitesoleillevant.com • À env 8 km du centre par la rue Notre-Dame Ouest direction Montréal (sortie 187 de l'autoroute). Doubles 70-95 $, avec petit déj.* Martine Fournier, une sympathique Suissesse qui connaît bien la région, a aménagé 3 chambres simples mais confortables à l'étage de sa belle maison en bois, un genre de grand chalet moderne et pimpant niché dans un jardin méticuleusement entretenu. Toutes partagent une salle de bains. Petit luxe : au rez-de-chaussée se cache une piscine intérieure chauffée ! Un bon plan donc, même si un peu excentré.

Plus chic dans les environs

Auberge du lac Saint-Pierre *(hors plan par B3,* ***15****) : 10911, rue Notre-Dame Ouest,* ***Pointe-du-Lac*** *(sortie 187 de l'autoroute). ☎ 819-377-5971. • aubergelacst-pierre.com • Doubles à partir de 135 $. Au resto, compter 25-30 $ le midi, tables d'hôtes 47-61 $ le soir.* Grosse bâtisse en brique rouge en bord de lac, dans un environnement bucolique. Confort, calme et sérénité assurés. Chambres modernes et spacieuses dotées de tout le confort, plus chères côté lac. Hôtel réputé également pour sa gastronomie d'inspiration française, avec Alain Pénot aux manettes (chef de l'année 2010, au Canada). Pour se refaire une santé, piscine, sauna et massage aux pierres chaudes.

Où manger ?

Spécial petit déjeuner

☕ ***Coco Tango*** *(plan A3,* ***27****) : 1695, rue Royale. ☎ 819-378-5110. Mer-dim 7h-15h, plus le soir jeu-sam. Compter env 15 $, café non inclus.* Du noir, du rouge, des banquettes et de profonds fauteuils, un décor un brin branchouille pour des petits déj pas donnés mais copieux. Pas mal de choix sucré et salé, et une spécialité, les bénédictines, ces œufs pochés couchés sur un pain rond toasté et nappés de sauce hollandaise.

De bon marché à prix moyens

☕ 🍴 ***Café Frida*** *(plan B3,* ***23****) : 15, rue des Forges. ☎ 819-841-1334. Tlj 8h-22h (minuit jeu-sam). En-cas et plats env 5-15 $.* Avec les cageots de fruits et de légumes qui s'entassent à l'entrée, on comprend illico le message : ici, on privilégie le frais ! Le résultat, ce sont de belles salades, des plats métissés colorés, des brunchs copieux, ou tout simplement des toasts pour caler une petite faim. Sans chichis et sympa, à l'image de l'ambiance jeune et décontractée, des jeux à disposition, et même des soirées cinéma en v.o. ! Mais le vrai plus, c'est la super vue sur le Saint-Laurent depuis la salle et les terrasses.

🍴 ***Le Sacristain*** *(plan B2,* ***20****) : 300, rue Bonaventure. ☎ 819-694-1344. Lun-ven 10h-16h. Formules env 14-25 $; sandwichs, quiches et salades 7-12 $.* Café de poche installé dans une église reconvertie, où les vitraux ne sont plus aux fenêtres mais au plafond. Au menu, de délicieux sandwichs grillés, salades, soupes et desserts, ainsi qu'un plat mijoté, le tout concocté maison à partir de produits de saison. On vous l'accorde, ici, on ne fait pas dans la quantité, mais dans la variété et le goût. Ajoutez une agréable terrasse... et vous comprendrez pourquoi cette église ne manque pas de fidèles !

🍴 ***Le Bureau de Poste*** *(plan B3,* ***22****) : 317, rue des Forges. ☎ 818-840-3389. Tlj 11h-3h.* Le bon plan de Trois-Rivières, devant lequel la queue s'allonge à toute heure et pour cause, tous les plats sont à 4,95 $! Évidemment, on ne fait pas dans le délicat, mais le rapport qualité-prix est indiscutable et il y a du choix (burger, pâtes, tacos, etc.). Gros succès auprès des jeunes qui apprécient le cadre de taverne rustique et la musique forte.

🍴 ***Le Buck*** *(plan B2,* ***26****) : 142, rue Saint-François-Xavier. ☎ 819-519-2825. Tlj sauf lun 11h30-21h (22h jeu-sam, dim midi slt). Plats env 20-27 $. Le Buck,* c'est le fruit de l'association d'un fameux traiteur local et de la célèbre microbrasserie du *Trou du Diable.* Autant dire qu'on y boit très bien, et qu'on se régale de bons plats de type gastropub, élaborés avec des produits locaux (burger de cerf, *fish & chips* revisité, bonbon de saumon fumé sur place...). Avec sa belle salle de taverne cosy et sa terrasse romantique, c'est *the place to eat* !

🍴 🍷 Penser également au cadre génial de ***La Terrasse aux Confluents,*** installé au musée ***Boréalis*** (lire « À voir. À faire »).

🍴 Voir également ***nos adresses pour boire un verre,*** plus bas, qui servent toutes à manger.

De chic à très chic

🍴 ***Poivre Noir*** *(plan B3,* ***24****) : 1300, rue du Fleuve. ☎ 819-378-5772. Monter l'escalier à l'entrée du tunnel. Tlj sauf lun et le midi mar. Le midi, menus à partir de 21 $; le soir, plats 25-45 $ ou menu dégustation 70 $. Menu tapas en terrasse mar-dim dès 17h30 (13h le w-e).* C'est la belle table de la ville.

LE QUÉBEC

On y vient bien sûr pour sa cuisine savoureuse aux influences française, asiatique et sud-américaine, mais aussi pour profiter de son cadre sobre et moderne, et surtout de sa superbe terrasse en surplomb du fleuve. Venir plutôt le midi pour profiter de l'excellent rapport qualité-prix du menu. Le soir, l'addition s'envole, mais quelle fête ! Parmi les plats phares : le tartare de bison au couteau, le canard de Pékin du lac Brôme entier (pour 2), et le bœuf *wagyu* (ou de Kobe, si vous préférez).

Où boire un verre ou un bon café ? Où sortir ?

Nord-Ouest Café *(plan B3,* ***40****)* **:** *1441, rue Notre-Dame Centre. ☎ 819-693-1151. Tlj 11h30-3h.* Dans une salle tout en longueur où se mêlent brique et murs ocre, bières microbrassées ou d'importation (une centaine en bouteilles et une trentaine en fûts !), scotchs, whiskies et cocktails coulent à flots. Petite terrasse. À l'étage, concerts (du blues au rock plus alternatif) certains soirs (entrée parfois payante), vernissages... Possibilité de grignoter pizzas et burgers pour dépanner. Une bonne adresse festive pour prendre le pouls de Trois-Rivières.

Gambrinus *(hors plan par A2,* ***41****)* **:** *3160, bd des Forges. ☎ 819-691-3371. À env 3 km du centre-ville, dans une maison discrète, sur la droite, à l'angle de la rue du Père-Marquette. Tlj sauf dim 11h (15h sam)-1h.* Une sympathique microbrasserie artisanale très appréciée des locaux, qui viennent entre amis écluser quelques verres en grignotant un burger, une salade, une poutine ou des moules. Une vingtaine de bières différentes brassées sur place (certaines primées). Dommage que la terrasse soit juste au bord d'une route passante. Petit concert le mardi soir.

Le Temps d'une Pinte *(plan B3,* ***30****)* **:** *1465, rue Notre-Dame Centre. ☎ 819-694-4484. Tlj 7h-minuit (1h jeu-sam).* Le soir, c'est le temps d'une pinte, mais en journée... on se régale plutôt d'un bon café ! Car cette microbrasserie est aussi un torréfacteur ! D'où une déco atypique et chaleureuse, où les pompes à bière font bon ménage avec une belle machine à torréfier. Grande terrasse relax à l'arrière.

Amphithéâtre Cogeco *(plan C2)* **:** *100, av. des Draveurs. ☎ 819-378-2009. • amphitheatrecogeco.com •* C'est ici que sont proposés les grands concerts et que se déroulent les principales manifestations. Demandez le programme !

Où découvrir l'une des meilleures cabanes à sucre ?

Cabane à sucre Chez Dany *(hors plan par A2-3)* **:** *195, rue de la Sablière. ☎ 819-370-4769 ou 1-800-407-4769. • cabanechezdany.com • De l'autoroute 40, sortie 192 (bien indiqué par panneaux bleus tt le long de l'itinéraire). L'une des très rares cabanes à sucre du Québec ouv tte l'année : tlj de juil à mi-oct, repas 11h30-14h30, visite 8h30-16h ; mai-juin, repas et visite sur résa ; mars-avr, mer-dim ; nov-fév, slt sur résa. Repas (tt compris) 20 $. Visite (env 10 mn) gratuite.* Dany Néron et son équipe savent faire partager leur passion pour le sirop d'érable qu'ils font « frissonner » toute l'année. La petite visite permet d'apprendre l'essentiel sur le processus de fabrication, mais on vient surtout pour le repas comprenant une dizaine de plats à volonté : oreilles de crisse, fèves au lard, jambon, crêpes au sirop d'érable, omelette, pâté à la viande... Atmosphère conviviale et festive garantie, même si très touristique. Et pour le dessert, une séance de tire à l'érable sur la neige, même l'été ! Balades dans les bois aussi. Boutique de produits et de souvenirs bien sûr.

À voir. À faire

– Si vous souhaitez visiter plusieurs sites, la ***carte Musées de Trois-Rivières*** (vendue à l'office de tourisme : 30 $) donne accès à une dizaine de musées, à 1 jour de stationnement, ainsi que, pendant l'été, à des visites guidées ou, selon le calendrier, au déplacement en bus touristique.
– Pour ***découvrir la ville à pied,*** l'office de tourisme offre un *Guide des circuits thématiques* (poésie, religion, patrimoine, etc.). Celui de la poésie vous mène, par exemple, devant une centaine de plaques (la ville en compte plus de 300) ainsi que devant le monument du poète inconnu et la boîte à poèmes dans laquelle toute âme inspirée est invitée à déposer sa petite feuille. Au moment du festival, tous les poèmes contenus dans la boîte sont accrochés à un fil dans le parc Champlain.

Boréalis *(Centre d'exposition sur l'industrie des pâtes et papiers ; plan C1)* **:** *200, av. des Draveurs (à 15-20 mn à pied du centre). ☎ 819-372-4633. • borealis3r.ca • Juin-sept, tlj 10h-18h ; oct-mai, tlj sauf lun 10h-17h. Visite avec guide ou audioguide (45 mn-1h env) 10 $; visite « expérience » (env 1h30) 14 $; réduc. Départs des visites guidées simples ttes les 30 mn et visites « expérience » régulièrement. Également un parcours audioguidé dans le quartier, évoquant son histoire à travers des témoignages d'habitants (5 $).* Grâce à sa position stratégique à l'embouchure de la rivière Saint-Maurice et au bord du Saint-Laurent, Trois-Rivières devint rapidement un carrefour fluvial incontournable pour la navigation et le commerce du bois. À la fin du XIXe s, elle pratique une exploitation forestière intensive. Au début du XXe s, le développement de la presse papier aux États-Unis entraîne une très forte demande en bois de la part du voisin américain. Mais en 1910, une loi interdit d'exporter le bois coupé sur les terres publiques : si les États-Unis veulent du bois pour leur papier, ils doivent désormais le transformer en papier au Canada, et donc y installer leur entreprise papetière. C'est ainsi que Trois-Rivières connaît un énorme boom de cette industrie dans la première moitié du XXe s.
Boréalis est installé dans l'ancien centre de filtration du CIP (Canadian International Paper), la branche canadienne de l'International Paper basé à New York. Exploitée de 1920 à 2000, cette vaste usine de papier fut démolie en 2006, à l'exception de ces quelques bâtiments habilement réhabilités en musée. La visite est tout simplement passionnante. Organisée autour d'une immense machine à papier d'époque, l'exposition moderne évoque toutes les facettes de l'industrie papetière : l'invention du papier, l'exploitation forestière, les techniques d'élaboration des différents types de papier, le métier des draveurs (le dernier flottage date de 1995), la vie quotidienne des ouvriers... De nombreux témoignages et documents agrémentent le parcours, pendant lequel on peut même toucher et sentir la pâte à papier ou encore coiffer un casque pour se plonger dans la cacophonie de l'usine. Après un détour par la prise d'eau à l'extérieur (tour où les pompes s'enfoncent dans la rivière), la visite se termine par une balade dans les anciens réservoirs où s'entassaient quelque 1,4 million de litres ! Quant à la visite « expérience », elle s'adresse surtout aux familles, avec un atelier de fabrication de papier artisanal et une chasse au trésor ludique et instructive dans les réservoirs d'eau (les « voûtes »).

Pour prolonger le plaisir, la pause s'impose au joli bistrot ***La Terrasse aux Confluents*** *(dans l'enceinte du musée ; ouv de mi-juin à mi-sept, tlj jusqu'à 21h (17h dim-lun) ; plats env 15-19 $ le midi, 16-28 $ le soir).* Stratégiquement située face à l'île Saint-Quentin, en surplomb du confluent du Saint-Laurent et de la rivière Saint-Maurice, sa terrasse est tout simplement la plus belle de la ville ! Côté cuisine, les infrastructures sont limitées, mais on peut y déjeuner correctement autour d'une salade-repas et d'un sandwich, ou s'offrir un dîner romantique en picorant une planche de charcuterie, ou en se régalant d'un plat sous vide préparé par le fameux restaurant ***Poivre Noir*** et réchauffé sur place (voir « Où manger ? De chic à très chic »).

La vieille ville : on y déniche quelques beaux édifices anciens, comme le ***manoir Boucher de Niverville*** *(plan B2 ; 168, rue Bonaventure),* la plus ancienne maison de Trois-Rivières (1668), joliment rénovée, qui abrite des expositions très instructives sur l'histoire de la ville et le quotidien en Nouvelle-France aux XVIIe et XVIIIe s *(fin mai-début oct, tlj 10h-18h (12h-17h sept-oct) ; fermé sinon ; entrée avec audioguide 4 $; réduc).* Sinon, la ***galerie d'art du parc du manoir de Tonnancour*** *(plan B2 ; 864, rue des Ursulines ; ☎ 819-374-2355 ; • galeriedartduparc.qc.ca • ; mar-ven 10h-12h, 13h30-17h et w-e 13h-17h ; GRATUIT),* du XVIIIe s, présente des œuvres contemporaines souvent étonnantes, et accueille une biennale de sculpture contemporaine les années paires. Quant au ***monastère des Ursulines*** *(plan C2 ; 734, rue des Ursulines ; ☎ 819-375-7922 ; • museeursulines.qc.ca • ; mars-avr, mer-dim 13h-17h ; mai-nov, mar-dim 10h-17h – tlj fin juin-août ; entrée 5 $, réduc),* où vivent encore quelque 60 religieuses, il mérite une courte halte pour visiter la chapelle et un petit musée sur l'implantation des Ursulines à Trois-Rivières (elles furent les premières à prendre en charge l'éducation des filles et, de 1697 à 1866, dirigèrent également, un peu contre leur gré, l'hôpital de la ville). Enfin, dans un registre moins historique mais plus ludique, les curieux jetteront un coup d'œil au ***magasin général Lebrun*** *(plan B3 ; 1411, rue Notre-Dame Centre ; tlj en été 10h-17h (9h-18h w-e) ; GRATUIT ; visites guidées 6 €),* une réjouissante reconstitution d'une échoppe d'antan, où toutes sortes d'antiquités authentiques sont exposées aux côtés de babioles et de friandises à vendre.

Le musée québécois de Culture populaire et la vieille prison (plan B2) **:** *200, rue Laviolette. ☎ 819-372-0406. • culturepop.qc.ca • En été, tlj 10h-18h ; le reste de l'année (sauf Noël-Nouvel An), mer-dim 10h-16h (17h w-e). Pour la prison, visite guidée slt (1h) ttes les 30 mn (3 fois/j. hors saison) ; réservée aux plus de 12 ans. Pour les familles avec jeunes enfants, choisir la visite « Sentence mineure » : 1 fois/j. en été slt. Entrée : 13 $ pour le musée, 15 $ pour la prison ; billet combiné : 21 $; réduc.* Le musée ne présente que des expos temporaires, conséquentes et en général intéressantes, toutes ayant trait à la culture populaire. C'est toutefois la prison qui attire le plus de visiteurs. En service de 1822 à 1986, elle ne traitait que de la petite criminalité (dont la paresse et l'oisiveté !) et on y entrait dès l'âge de 12 ans. Solide construction (murs de 1 m d'épaisseur) conçue pour 40 détenus, elle en accueillit jusqu'à 120 ! Pas terribles comme conditions, mais c'était sans doute mieux qu'avant 1822, lorsque les prisonniers étaient entassés dans les caves de l'église Saint-James. La visite guidée évoque la vie carcérale au quotidien dans les années 1960-1970, à travers le labyrinthe des 20 cellules et cachots, en passant par le bureau du gouverneur. Certains guides sont même d'anciens gardiens ou détenus (mais pas nécessairement de cette prison), ce qui garantit des témoignages exceptionnels et une atmosphère très particulière. Avant de partir, petite halte dans la cour pour jeter un coup d'œil à une série de bâtiments de ferme, caractéristiques du XIXe s et provenant de différents villages.

Le parc de l'île Saint-Quentin *(hors plan par B1)* **:** *au confluent de la rivière Saint-Maurice et du Saint-Laurent, sur la 138 en direction de Québec. ☎ 819-373-8151. • ilesaintquentin.com • Mai-oct, tlj 9h-21h ; fin déc-mars, tlj 11h (9h le w-e)-16h30. Entrée : env 5 $/adulte et 3 $/voiture ; réduc.* Superbe espace vert idéal pour une journée de détente, avec pistes cyclables, belle plage et piscine publique, aire de jeux, terrains de sport, sentiers pédestres, etc. Camping « sauvage » autorisé (sans services), mais feu de camp interdit. Activités hivernales également (raquettes, patinoire, etc.).

Manifestations

– ***FestiVoix*** **:** *fin juin-début juil. ☎ 819-372-4635. • festivoix.com •* Pendant une dizaine de jours, plusieurs scènes réparties dans le centre-ville accueillent des groupes lyriques, jazz, populaires, émergents, ethniques et traditionnels. Festival

très populaire (seuls les gros concerts sont payants), qui génère beaucoup d'animation dans les rues, fermées aux voitures pour l'occasion (notamment la rue des Forges).
– ***Festival international de la poésie :*** *début oct. ☎ 819-379-9813. ● fiptr.com ●* Dix jours d'activités autour de la poésie : concerts, expos, films, lectures publiques...

DANS LES ENVIRONS DE TROIS-RIVIÈRES

Le sanctuaire Notre-Dame-du-Cap *(hors plan par B1) : 626, rue Notre-Dame, secteur Cap-de-la-Madeleine. ● sanctuaire-ndc.ca ● À 3,5 km du centre-ville, sur la 138 en direction de Québec.* Inaugurée en 1964, cette immense basilique dressée au bord du Saint-Laurent est un important lieu de pèlerinage. Curieusement, les Haïtiens des États-Unis y viennent en masse. Intérieur très surprenant : coupole et piliers recouverts de mosaïques de piscine, rangées de confessionnaux.

Le site historique national des Forges du Saint-Maurice *(hors plan par A2) : 10000, bd des Forges. ☎ 819-378-5116 ou 1-888-773-8888. ● pc.gc.ca ● À env 10 km du centre-ville (suivre simplement le bd des Forges). De mi-juin à début sept, tlj 10h-17h. Entrée : 4 $; réduc. Visite guidée pdt l'été.* Sur le site de la première entreprise sidérurgique du Canada (en activité de 1730 à 1883), dont il ne reste plus que de maigres vestiges dispersés dans un vaste parc bucolique. On a toutefois reconstitué la Grande Maison, qui servait autrefois d'entrepôt, de bureau, de magasin, de chapelle et de logement, pour y présenter d'intéressantes expositions et une maquette animée (15 mn) qui retracent l'histoire des forges et le quotidien des ouvriers et de leurs familles (un petit village s'était créé autour de celles-ci). Mais le plus impressionnant, c'est la reconstitution, plus loin dans le parc, de la grande roue à eau qui actionne les soufflets d'un haut-fourneau symbolisé aujourd'hui par une tour métallique (on peut y grimper !). Tout autour du mécanisme (mis en route régulièrement par les guides), une salle renferme plusieurs maquettes et vitrines sur le travail à la forge et les techniques de fabrication de la fonte. Enfin, prévoir un peu de temps pour profiter du sentier qui chemine entre les vestiges de ce site étendu.

Hydravion Aventure : *à **Saint-Étienne-des-Grès.** ☎ 819-609-9358. ● hydravion.ca ● À une quinzaine de km au nord-ouest de Trois-Rivières, sortie 206 autoroute 55 N. Dès 99 $ pour 30 mn de vol.* Tenu par un Français, ancien pilote de Mirage. De sa base privée, on part à la conquête des grands espaces canadiens couverts de lacs et forêts. Paysages splendides et intacts. En atterrissant sur l'eau, l'hydravion atteint des endroits inaccessibles autrement. Et avec le maximum de sécurité puisque l'eau est omniprésente et permet donc de se poser partout.

LE PARC NATIONAL DE LA MAURICIE

À 60 km au nord de Trois-Rivières, au cœur des Laurentides (l'une des plus anciennes chaînes de montagnes de la planète), le parc national offre, sur 544 km², une véritable mosaïque de lacs, de cascades et de petits monts boisés. Près de 470 espèces végétales et 190 espèces d'oiseaux y sont recensées. Il abrite également quelques espèces animales menacées comme le loup de l'Est ou le lynx (devenu très, très discret ces dernières années). Plein de sentiers pédestres permettent de découvrir des paysages superbes et sauvages qui raviront les amoureux du calme et de la nature. Avec un peu de chance, vous apercevrez peut-être des castors, des huarts à collier ou des orignaux...

Bien sûr, au-delà de la rando, moult activités à faire en été : pêche, baignade, balades en canot amérindien *(rabaska)* et nombreuses sorties avec des naturalistes, sans oublier le ski de fond en hiver. Location de canoës-kayaks dans les secteurs de Shewenegan, du lac Édouard et de Wapizagonke.

Arriver – Quitter

➢ ***En voiture :*** par l'autoroute 55 Nord depuis Trois-Rivières (sorties 226 pour l'entrée de Saint-Jean-des-Piles ou 217 pour l'entrée de Saint-Mathieu).

➢ ***En train :*** *la gare la plus proche se trouve à **Shawinigan,** 1560, rue de la Station. ☎ 1-888-842-7245. • viarail.ca •* À env 20 km de l'entrée de Saint-Jean-des-Piles... pas très pratique.

➢ ***En bus :*** aucune liaison depuis Shawinigan ou Trois-Rivières. Reste le pouce !

Adresse et infos utiles

ℹ ***Centres d'accueil touristiques principaux :*** *le centre le plus important se trouve à **Saint-Jean-des-Piles.** ☎ 819-538-3232. • pc.gc.ca/mauricie • Fin mai-début sept, tlj 7h-21h30 ; de sept à mi-oct, tlj 9h-16h30 (21h30 ven). Fermé le reste de l'année (sf janv-mars).* Centre d'interprétation sur les écosystèmes, la faune et la flore, et diaporama en 3D sur le parc. Plans et cartes fournis gratuitement. Plein d'infos également sur les environs du parc. *Autre centre d'info dans le secteur de **Saint-Mathieu-du-Parc.** Mêmes horaires d'ouverture.*

Attention, de gros travaux de réfection d'infrastructures sont prévus en 2018, *entraînant la **fermeture** possible de routes, campings, et terrains de pique-nique, voire même de certaines entrées du parc. Rens et détails : • pc.gc.ca/fr/pn-np/qc/mauricie/visit/infrastructure •* ***Site à consulter avec attention avant votre visite du parc*** *pour éviter les mauvaises surprises une fois sur place (travaux, secteurs fermés...).*

– ***En hiver*** *(janv-mars),* ***l'accès au parc*** se fait seulement par le secteur de Saint-Jean-des-Piles.

– ***Entrée*** à régler à l'entrée du parc (à Saint-Jean-des-Piles ou à Saint-Mathieu) : *env 8 $/j. ; réduc.*

Où dormir ?

⛺ ***Campings :*** *résas (dès début mai) au ☎ 1-877-737-3783 (lun-ven 7h-19h). • reservation.parcscanada.gc.ca • Arrivée 13h-21h30. En été, emplacements (6 pers max) 26-30 $/j., droit d'entrée quotidien au parc en sus ; frais de résa : 11-13 $.* Il existe 3 campings dans le parc, ouverts de mi-mai à mi-oct : ***Rivière-à-la-Pêche*** *(secteur de Saint-Jean-des-Piles, à 5 km de l'entrée ; 223 empl.) ;* ***Wapizagonke*** *(27 km de l'entrée Saint-Mathieu, 37 km de l'entrée Saint-Jean-des-Piles ; 219 empl.)* et ***Mistagance*** *(3 km de l'entrée Saint-Mathieu ; 91 empl. ; pas d'abri cuisine).* Bien équipés, avec sanitaires et généralement la possibilité de cuisiner.

🏠 ***Gîtes :*** *résa conseillée en été au ☎ 819-537-4555. • info-nature.ca • Compter 35-40 $/pers dim-jeu, 70 $ ven-sam (2 nuits obligatoires) pour le* Wabenaki *et 73 $ pour l'*Andrew *; frais de résa : 12 $.* C'est à pied, à vélo ou en canot (distance : 3,5 km) que l'on accède à ces 2 gîtes distants de 100 m, dans le secteur de Saint-Gérard, route de Saint-Mathieu. Bâtiments en bois rond du XIXe s, anciens clubs privés de chasse et de pêche. L'un, ***Wabenaki,*** dispose de 3 dortoirs d'une capacité d'environ 30 personnes (6, 8 et 14 lits) et d'une cuisine équipée. Bois gratuit pour le foyer. Apporter duvet et nourriture. L'autre, ***Andrew,*** possède 4 chambres de 4 personnes. Sanitaires et douches dans les 2. Mêmes prestations que le *Wabenaki.*

Où dormir ? Où manger dans les environs du parc ?

Attention, les dimanche et lundi, les restos du secteur sont bien souvent fermés, même en été (sauf à Shawinigan, mais ce n'est pas tout près du parc).

À Saint-Jean-des-Piles

Camping Douce Évasion : *625, rang Saint-Olivier. ☎ 819-538-3617. • campingdouceevasion.com • En arrivant à Saint-Jean-des-Piles (env 8 km après la sortie de l'autoroute), prendre à gauche dans rang Saint-Olivier et continuer 2 km. Ouv de mi-mai à sept. Empl. 2 pers 32-41 $, taxes comprises.* Environnement bucolique à souhait. On aurait presque l'impression d'être dans un immense jardin parfaitement entretenu et coquet, avec des emplacements dispersés sur de grandes pelouses plantées d'arbres, qui s'étendent à perte de vue. Jeux pour enfants et petite piscine. Sentiers de randonnée tout proches.

Gîte aux Traditions : *1515, rue Principale. ☎ 819-538-4395. • giteauxtraditions.com • Doubles env 75-95 $ selon confort, avec petit déj. Tables d'hôtes 39-54 $.* Ici, les traditions ne sont pas forcément canadiennes ! Car madame est bulgare et monsieur est grec... même si tout le monde parle parfaitement le français. L'avantage, c'est qu'on se régale de savoureuses spécialités aux saveurs méditerranéennes ou balkaniques ! Quant aux chambres, elles sont nickel et agréables (dont une suite familiale avec salle de bains privée). Une excellente adresse, notamment grâce à l'accueil très chaleureux et de bon conseil.

Auberge aux Goglus : *1404, rue Principale. ☎ 819-538-3070. • aubergeauxgoglus.com • Resto slt le soir, mer-dim. Doubles env 95-125 $, avec petit déj. Tables d'hôtes 39-57 $ (réduc pour les résidents).* Au cœur du village, une petite auberge intimiste et très douillette où Éric et François s'efforcent d'offrir le meilleur à leurs hôtes : quelques chambres personnalisées (avec peignoirs dans les salles de bains), un jardin intime à l'arrière, et même un spa pour se relaxer en revenant du parc. Très romantique ! À table, la cuisine est dans le même esprit, à la fois gourmande et soignée, privilégiant les ingrédients locaux.

Le P'tit Canot : *1440, rue Principale. ☎ 819-538-6000. En saison, tlj 8h-22h (23h ven-sam). Plats env 7-15 $.* Une petite cantine de quartier très populaire. Le soir, entre les nombreux habitués et les touristes de passage, c'est vraiment blindé. Cuisine de bistrot simple mais très généreuse et bon marché : poutine (dont une au confit à déconseiller aux timorés !), burgers variés, pâtes, pizzas... Terrasse animée.

Restaurant Zélé : *3230, chemin de Sainte-Flore, 50ᵉ av., Shawinigan (quartier Grand-Mère). ☎ 819-729-0466. À env 8 km en direction de Shawinigan. Mer-dim 17h30-22h. Plats env 22-40 $.* Installé dans une ancienne boutique, ce charmant bistrot de briques et de bois propose à l'ardoise une savoureuse cuisine du marché d'inspiration française. Ce n'est pas donné, mais c'est bon, frais, et servi avec le sourire par une équipe jeune et dynamique. Agréable véranda pour se régaler en terrasse.

À Saint-Élie-de-Caxton

Adorable village dont le héros est le célèbre conteur Fred Pellerin. Il présente d'ailleurs de façon vivante et émouvante son village (le *Monde de Fred*) sur son site web *(• fredpellerin.com •).*

– **Petit bureau d'accueil touristique :** *52, chemin des Loisirs. ☎ 819-221-2839. Ouv en été, 9h30-17h30.*

L'Adèle au Bois Dormant : *2351, av. Principale. ☎ 819-221-4077. Ouv fin avril-oct. Double 60 $.* En plein centre du village, une gentille demeure offrant 4 chambres modestes et propres (avec salle de bains partagée). Accueil charmant de l'hôtesse. Une adresse authentique, toute simple, mais pleine de sérénité et tenue méticuleusement. La providence des petits budgets... et des autres aussi !

Le Rond Coin : *340, rue Saint-Louis. ☎ 819-221-3332. • lerondcoin.com • Traverser le village,*

LE QUÉBEC

puis c'est indiqué. Petite yourte 3 pers (avec toilettes sèches) 105 $; 2 « camps de bûcheron » (chalets très « rustiques », apporter duvet, bougies et lampe de poche) 105 $; tente prospecteur (4 pers) 75 $; roulotte gitane (2 pers) 105 $; camion romanichel (2 pers) 105 $; loge (2 pers) 90 € ; igloo en bois (6 pers) 125 $. Emplacement camping 20 $. Resto tlj 9h-19h (21h ven-sam). Petits plats 6-10 $. Voici un établissement particulièrement original ! Vaste yourte abritant un chaleureux bistrot-resto avec pour spécialité les *gridchises,* délicieux sandwichs au fromage grillé déclinés de plusieurs manières. Accompagnés d'une bonne soupe maison, de trempettes à l'érable (légumes frais à grignoter) et d'une bière microbrassée, ça fait un bon repas sur le pouce. Soirées cabaret chaque semaine en saison (vers 19h). Côté couchage, on fait aussi dans l'alternatif, avec des yourtes, des chalets rustiques, une roulotte et même un van baba aménagé en chambre ! C'est rigolo, mais sans aucun confort (sanitaires dans le bâtiment principal, parfois éloignés du site, et draps non fournis pour les yourtes et les chalets).

À Saint-Mathieu-du-Parc

Auberge Saint-Mathieu-du-Lac : *2081, chemin Principal. ☎ 819-532-3397. • auberge-st-mathieu-du-lac.com • À deux pas du centre en direction du parc. Resto ouv aux non-résidents slt sur résa mer-dim 17h-20h. Doubles avec sdb et petit déj dès 90 $. Plats env 15-25 $.* Au bord d'un lac charmant, une auberge que le propriétaire a bâtie de ses mains avec des *boom,* ces pieux assemblés en digues qui guidaient les billots pour le flottage du bois. Une dizaine de chambres doubles et familiales avec une belle déco en bois, dont 6 côté lac. Canot, canoë ou kayak, jacuzzi, spa, sauna compris dans le prix, et massages en sus. Côté fourneaux, une cuisine régionale savoureuse mettant en scène gibier, volailles et produits du coin. En hiver, forfaits possibles avec chemin de patinage en forêt, motoneige ou traîneau à chiens.

Gîte, chambres et chalet à Saint-Mathieu-du-Parc : *1901, chemin Principal. ☎ 819-532-1062. • gitechambrechaletstmathieuduparc.com • Doubles 75-90 $ (dégressif) ; chalet env 150 $ pour 2.* Ici, on ne fait pas les choses à moitié : la sympathique famille à la barre de cette petite entreprise dynamique propose 3 gîtes, 2 chalets, et même un bistrot coloré et chaleureux ! On a donc le choix entre l'intimité de jolis chalets tout équipés (l'un d'eux, isolé au bord d'un lac, dispose de kayaks), ou l'atmosphère conviviale des gîtes qui rassemblent chacun quelques chambres mignonnes, tout en boiseries, mais à l'isolation phonique parfois un peu juste. Dans tous les cas, le rapport qualité-prix est bon et l'accueil au top !

À Saint-Paulin

De bon marché à prix moyens

Camping Belle Montagne : *2470, chemin de la Belle-Montagne. ☎ 819-268-2881. • campingbellemontagne.ca • À env 4 km vers Saint-Alexis-des-Monts. Ouv de mi-mai à mi-oct. Empl. 35-44 $.* Situé à proximité de la rivière du Loup, grand camping pas vraiment intime, mais confortable (4 étoiles). Environnement sympa, même si les emplacements les mieux équipés ne sont pas ombragés (à l'inverse des rustiques qui sont installés en forêt). Quelques chalets à louer également. Resto, dépanneur, buanderie, piscine, tennis. Baignade, jeux pour enfants et location de canoës. Bon accueil.

Gîte le Grandelinois : *3401, chemin de la Grande-Ligne. ☎ 819-268-2252. • gitegrandelinois.com • À env 3 km vers Saint-Élie-de-Caxton. Doubles env 110-125 $.* Isolée en pleine campagne mais proche de tout, cette grande maison cosy ne manque pas d'atouts : de belles chambres nickel et tout confort (toutes avec salles de bains privées et balcons), une vaste terrasse avec piscine, et un excellent petit déj servi par un couple adorable. Un bon point de chute.

Aux Berges du Lac Castor : *3800, chemin des Allumettes. ☎ 819-268-3339. • laccastor.com • Venant* *de Saint-Paulin, à env 4 km vers Saint-Élie-de-Caxton, après un pont, prendre une piste à gauche pdt env 6 km (panneaux). Env 25-40 $ en camping, et 65-200 $ pour 4 pers (plus cher le w-e).* C'est le paradis des amoureux de la nature et des familles ! Isolé au bout d'une piste forestière et précédé par un totem sculpté histoire de se mettre dans l'ambiance écolo, le site se répartit sur les berges d'un lac ravissant. Il y a une plage, des embarcations pour canoter, des jeux pour les enfants, et bien sûr des kilomètres de sentiers. Quant aux hébergements, il y en a pour tous les goûts, du camping aux yourtes, en passant par les cabanes rustiques et les gîtes tout équipés. C'est simple, propre, bien organisé, et vraiment convivial, à l'image de la grande cuisine à disposition et du petit bistrot chaleureux où l'on sert des plats sains !

Plus chic

Auberge Le Baluchon et l'éco-café Au Bout du Monde : *3550, chemin des Trembles. ☎ 819-268-2555 ou 1-800-789-5968. • baluchon.com • Venant de Saint-Paulin, vers Saint-Élie-de-Caxton, route à droite (bien indiqué). Doubles à partir de 190 $. Plats env 12-18 $ au déj au* Bout du Monde*.* Immense complexe touristique dans une superbe nature, réparti sur plusieurs sites. Spécialisé dans les forfaits en tout genre : découverte de la nature, équitation, santé, spa, soins et massages (mon tout assez cher, sauf si vous êtes sportif !), etc. Chambres au confort douillet dans des auberges disséminées sur la propriété. Ce qui nous a intéressés dans cette adresse, c'est plutôt l'éco-café *Au Bout du Monde,* pittoresque brasserie rustique rendant hommage aux produits locaux et au commerce équitable. Parfait pour un déjeuner autour d'excellentes charcuteries du coin, de burgers « revisités », ou d'un chili con carne de bœuf highland... le tout accompagné d'une bonne bière artisanale. Épicerie fine avec des produits très originaux. Quant à la cabane à sucre *La Table du Roy,* elle ne fonctionne qu'au printemps. Piscines intérieures et extérieures chauffées, spa.

À Saint-Alexis-des-Monts

Le village, agréable, se trouve à une trentaine de kilomètres au sud-ouest du parc national de la Mauricie.

De bon marché à prix moyens

Gîte de la St-Lawrence : *91, rue Saint-Olivier. ☎ 819-265-3351 ou 514-891-8196. Dans le village. Doubles 85-95 $, avec petit déj.* À côté de l'église, 3 chambres confortables dans une petite maison de caractère style Nouvelle-Angleterre, avec salon commun cosy et balcon pour bouquiner. Sous les arbres centenaires, piscine, terrasse et jacuzzi. Bon petit déj aux accents québécois, et accueil chaleureux de Micheline et Charles Lemay.

Gîte La Chaumière des Tourelles : *1128, rang du Moulin. ☎ 819-265-2248. 📱 819-996-2246. • chaumieredestourelles.com • Au niveau de l'église, suivre la direction de l'*Hôtel Sacacomie *; tourner à droite au bout de la rue Saint-Olivier (et début du rang Sacacomie) ; c'est 2 km plus loin (fléché). Doubles 105-140 $, avec petit déj.* Une adresse insolite qui baigne dans le vert, et l'on ne parle pas seulement de l'environnement (magnifique), au milieu des arbres, avec chant de la rivière en fond sonore, mais aussi des toits, des volets, des huisseries et de la déco en général. La maison, qui hésite entre le chalet suisse et le château de la Belle au bois dormant revu par Disney, abrite des chambres thématiques soignées. Si le kitsch n'est jamais très loin, rassurez-vous, le confort, lui, est bien là ! Loue également de beaux chalets (2-8 personnes) parfaitement équipés mais chers. Possibilité de baignade dans la rivière à côté.

La Pourvoirie du Lac Blanc : *1000, domaine Pellerin. ☎ 819-265-4242. • pourvoirielacblanc.com • Sur la 349, venant du sud vers Saint-Alexis, prendre une route à droite avant d'arriver au village (bien indiqué). Doubles dès 135 $; 220 $ pour 2 en ½ pens.* Grand complexe touristique en pleine nature, en bord de lac. Accueil pro et chambres confortables. Les « classiques » suffisent bien... On peut également préférer l'intimité des chalets dispersés sur le domaine, tout équipés mais pas donnés. Cuisine régionale de qualité : os à moelle de bison grillé à la fleur de sel et cheddar vieilli de l'Isle-aux-Grues, cerf rouge du Québec, filets de truite de Saint-Alexis... Nombreuses activités pour familles et enfants et délicieuse baignade dans le lac.

Microbrasserie Nouvelle France : *90, rivière aux Écorces ; au sud du village. ☎ 819-265-4000. Tlj 11h-20h (21h ven-sam). Plats env 13-26 $.* On a l'impression de pénétrer dans un magasin général du bon vieux temps, avec ses boiseries chaleureuses et son décor hétéroclite digne d'un musée : vieux canoë, pièges, peaux et trophées de chasse... et même une table de repassage ! Amusant, mais si on fait une halte, c'est d'abord pour les bières d'anthologie et la cuisine de brasserie sans complication et généreuse (moules, grillades, burgers, salades...). Service dynamique et souriant. Terrasse spacieuse.

Plus chic

Serenita : *1130, rang Rivière-aux-Écorces. ☎ 819-265-3288 ou 1-855-245-3288. • serenita.ca • Doubles 100-110 $, avec petit déj. CB refusées.* Une magnifique demeure en bois perdue au milieu de la forêt, au bord d'un lac et d'une rivière chantante. Environnement de rêve, sérénité assurée et accueil hors pair d'Edy, excellente cuisinière, et de Louis-Pierre, pas avare en bons conseils. Chambres personnalisées, douillettes (les moins chères donnent sur la belle véranda), qui se partagent des salles de bains impeccables. Idéal pour se ressourcer, d'autant que la maison propose toute une gamme de soins et massages et de nombreuses activités : kayak, embarcation à pédales, vélo, raquettes et ski de fond l'hiver... ou tout simplement un peu de lecture sur les terrasses au bord de l'eau. Un grand moment : le jacuzzi extérieur au soleil couchant...

Hôtel Sacacomie : *4000, rang Sacacomie. ☎ 819-265-4444 ou 1-888-265-4414. • sacacomie.com • À 15 km de Saint-Alexis (fléché). Doubles 180-300 $; en ½ pens, à partir de 350 $ pour 2.* Un rêve de cabane au Canada ! Imaginez une gigantesque bâtisse tout en rondins de bois avec une centaine de chambres rustiques (parfois un brin vieillissantes cela dit), blottie à flanc de colline dans une forêt à perte de vue et surplombant un lac dont le rivage s'étire sur plus de 40 km ! Spectaculaire réception, tout en billes de pin atteignant parfois 1 m de diamètre, avec cheminée qui crépite, trophées de chasse et autres peaux d'ours. Et un restaurant avec grande terrasse panoramique (cuisine locale). Pas moins de 65 km de sentiers de randonnée et une superbe plage privée aménagée en contrebas (longue volée de marches pour y accéder !) autour du lac, avec, en accès libre, embarcations à pédales, canots et kayaks. Parmi les activités payantes (chères, à réserver avant votre arrivée si possible) : équitation, hydravion, pêche, kayak, observation des ours et des castors et un géo-spa taillé dans le roc (cascades, piscines... mais réservé aux plus de 16 ans). En hiver, raquettes, ski de fond, traîneau à chiens, motoneige, etc. Un coin de paradis qui vaut le déplacement si l'on peut se le permettre, même si l'accueil est parfois impersonnel.

À Grandes-Piles

Gîte La Capitainerie du Passant : *740, 3e Av. ☎ 819-538-8507. • capitaineriedupassant.com • Doubles env 90-120 $, avec petit déj.* Haut perché dans une rue tranquille, ce gîte tout en boiseries joue à fond la carte du grand large : cordages, bibelots et outils de navigation pour la déco, et des noms évoquant l'équipage d'un bateau pour les jolies chambres (avec ou sans salles de bains privées). Mais le vrai plus, c'est la vue panoramique sur la rivière depuis la terrasse. Un vrai nid de pie !

Auberge Le Bôme : *720, 2e Av. ☎ 819-538-2805. • bome-mauricie.com • Tte l'année sauf nov et avr. Doubles 115-170 $, avec petit déj. Plats env 30-35 $.* À deux pas de la rivière Sainte-Marie, une ravissante maison de 1876 tenue par un couple franco-italo-québécois chaleureux. Elle comprend un salon cosy, une agréable terrasse, et une dizaine de chambres pleines de charme, avec des bains à remous pour les plus chères. Quant au resto, il propose une vraie cuisine de terroir italo-française où tout est fait maison à base de produits bio de la ferme (lapin, fromages, etc.). Ici, on travaille autant l'omble chevalier que le caribou et le bison, sans oublier la traditionnelle tarte aux bleuets en saison... Une belle adresse chic mais pas prétentieuse pour un sou.

Pub Pruneau : *521, 5e Av. ☎ 819-533-0167. À l'entrée de Grandes-Piles. Tlj 11h-21h (22h l'été). Burgers 6-12 $, plats 12-22 $.* Petit casse-croûte tout simple servant frites belges maison, pizzas (3 tailles). Grande spécialité de burgers « deluxe » *juicy* et copieux, et bon choix de viandes à prix modérés. Accueil plein de gentillesse, patronne adorable.

En remontant la 155, vers le nord

La route 155 évolue fort joliment au côté de la rivière Saint-Maurice jusqu'à La Tuque avant de remonter jusqu'à Chambord, au bord du lac Saint-Jean.

La Seigneurie du Triton, Village Innusit : *1893, chemin du Triton, à* **Lac-Édouard.** *☎ 819-653-2150. • seigneuriedutriton.com • À env 150 km au nord de Shawinigan. Sur la route 155, tourner à droite à la borne 150, 30 km après La Tuque (panneau bleu indiquant la direction de* La Seigneurie*) ; en arrivant à Lac-Édouard, téléphoner impérativement pour réserver un bateau ; prévoir ensuite 10 km, dont 7 sur une route difficilement praticable, puis plus rien, sinon un parking pour le véhicule, et plus de réseau téléphonique. Également un train direct Montréal-Lac-Édouard (mais pas tlj). Résa obligatoire. Ouv de mi-mai à mi-oct. Chalet 85 $/pers, doubles 120-150 $/pers avec ou sans sdb privée, tipi 90 $/pers, repas inclus. Plus différentes formules et forfaits pour les pêcheurs.* D'accord, c'est loin, mais vous vivrez une expérience unique ! *La Seigneurie,* l'établissement principal (1870), est l'ancien club privé de la pourvoirie du lac Édouard. Une poignée de membres passionnés de pêche et de chasse, obligatoirement fortunés (droits d'accès prohibitifs) et influents, y avaient leurs entrées, parmi lesquels Rockefeller, Roosevelt ou Churchill. *La Seigneurie* est restée dans son jus : trophées de chasse, boiseries patinées, parquets craquants, fauteuils club... Quant aux chambres, elles sont d'un confort simple et rustique (ni verrou, ni TV, ni réseau pour les portables), pour ne pas dire vétustes, mais bourrées de charme ! Certaines ont leur salle de bains mais celles du bâtiment d'origine, le Club House, se partagent encore des sanitaires à l'étage. Le site est littéralement exceptionnel. Une nature sauvage, de l'eau et des forêts à perte de vue, silence absolu et activités forcément nature : randonnée autour du lac, cueillette de fruits sauvages, observation des castors. Le soir, tout le monde se retrouve dans la salle à manger pour dîner, puis au salon pour une partie de cartes. Également, pour ceux que l'aventure amérindienne tente, un village de 6 tipis, pouvant accueillir jusqu'à 12 personnes. Confort rudimentaire (très bon duvet fourni), mais activités géniales liées au mode de vie des Amérindiens et des anciens trappeurs (balade en *rabaska,* contes et légendes autour du feu de camp). Une destination hors du temps à ne pas manquer.

À voir à Saint-Élie-de-Caxton

Garage de la Culture : *2191, av. Principale. Juin-août, tlj 11h-18h ; de sept à mi-oct, tlj 13h30-18h.* Genre de petite maison de la culture, installée dans un ancien garage à la façade colorée. Souvenirs du village, œuvres d'artisans et artistes locaux. À côté, miniparcours botanique.

DANS LES ENVIRONS DU PARC NATIONAL DE LA MAURICIE

Observation d'ours noirs avec le gîte Aux Berges du Saint-Maurice : *2369, rue Principale, à* ***Saint-Jean-des-Piles.*** *☎ 819-538-2112 ou 1-800-660-2112. • cdit.qc.ca/absm • Env 1 km avant l'entrée du parc. Sorties ts les soirs juin-oct à 19h (plus tôt à partir de sept). Durée : env 1h30. Âge min : 5 ans. Résa fortement conseillée. Prix : env 35 $/pers, 20 $ enfant ; forfait famille 99 $ (réduc pour les résidents du gîte).* Il y a environ 125 ours noirs dans le parc. Les nounours étant appâtés, les chances d'en voir sont donc très importantes. Blotti dans un refuge protégé par des moustiquaires, on a même parfois l'occasion d'en découvrir des groupes entiers. Un beau moment en compagnie d'Éric, intarissable sur les ursidés. On est remboursé si on n'aperçoit pas d'ours !

SACRÉ TEDDY !

Theodore Roosevelt était un habitué de la Seigneurie du Triton, où il venait chasser l'ours. À l'époque, l'ours était un animal terriblement craint et terrifiant. Tout le contraire de ce qu'il vit surgir devant lui au cours d'une partie de chasse : attendri par un ourson, il décida de l'épargner. Cet événement est à l'origine de la création de l'ours en peluche. Le président lui a même légué son surnom : Teddy Bear !

LE QUÉBEC

Manifestation

– ***Festival western de Saint-Tite :*** *à* ***Saint-Tite,*** *pdt 10 j. début sept. ☎ 1-877-493-7837. • festivalwestern.com • Résa conseillée.* Ce village de 4 000 habitants, ancienne capitale des bûcherons, accueille le deuxième événement western du Canada (après le *Stampede* de Calgary) et plus de 400 000 festivaliers ! Ambiance western très sympa, dans un cadre rural où tout est facile et pas trop cher. Une arène de 7 000 places accueille de grands rodéos (les meilleurs d'Amérique du Nord selon l'*International Professional Rodeo Association*).

SHAWINIGAN

52 000 hab.

Située à une trentaine de kilomètres de Trois-Rivières sur les rives de la rivière Saint-Maurice, Shawinigan est une petite ville sans grand charme mais pas désagréable, qui vit tranquillement dans le souvenir nostalgique de son très riche passé industriel. Car Shawinigan est le berceau de l'électricité au Québec, et fut créée de toutes pièces à la fin du XIXe s lorsque les ingénieurs décidèrent d'y construire des centrales hydroélectriques pour profiter de l'énergie de deux puissantes chutes. Grâce à ces dernières, elle fut la première ville au Québec à se doter de l'éclairage public. C'est aussi ici que fut construite la première aluminerie du pays. Mais Shawinigan a su trouver un souffle nouveau en se tournant vers le secteur tertiaire, et grâce à la réhabilitation d'anciennes friches industrielles en pôle touristique. Ceux qui, pour se loger, préfèrent la ville à l'humidité des forêts pourront en faire un camp de base pour visiter le parc national de la Mauricie tout proche.

Où dormir ?

⛺ 🏠 ***Parc de l'île Melville :*** *sur l'île Melville. ☎ 819-536-7155 ou 1-866-536-7155. • ilemelville.com • Juste en face de la Cité de l'énergie. AJ ouv tte l'année sur résa ; camping ouv mai-oct. Chambres 4-6 pers 68-93 $, loc des draps en sus. Emplacements (max 2 adultes et 2 enfants) 25-40 $. À l'entrée du parc, camping de transit (env 20 $).* En bordure de la rivière Saint-Maurice, un camping plutôt agréable et une auberge de jeunesse basique, mais bien tenue, avec 12 chambres de 4 à 6 lits, cuisine équipée et laverie. Piscine. Le parc, qui propose de multiples activités sportives, attire beaucoup de monde en saison et n'est pas l'endroit rêvé si vous recherchez le calme et la tranquillité.

🏠 ***Les P'tits Pommiers :*** *2295, rue Albert-Dufresne. ☎ 819-537-0158. • gitelesptitspommiers.com • À Shawinigan Sud. Sur la route 157 (ou 12e Av.), en venant du nord, prendre à gauche sur la 119e rue, puis dans son prolongement la rue Lacoursière et tourner à droite dans la rue Albert-Dufresne. Double sans sdb 80 $, avec petit déj.* Dans un quartier résidentiel très tranquille, une maison moderne renferme 3 chambres à la déco contemporaine, qui se partagent 2 salles de bains. Ce n'est pas très grand, c'est un peu sombre mais c'est très bien tenu, et puis... le véritable atout du lieu se trouve dans la qualité de l'accueil ! Cerise sur le gâteau, il y a même une piscine chauffée dans le jardin.

🏠 ***La Maison sous les Arbres :*** *1002, Hemlock. ☎ 819-537-6413. • maisonsouslesarbres.com • Doubles 90-125 $, avec petit déj.* Une grosse maison bourgeoise du début du XXe s qui hébergea d'abord les premiers bâtisseurs de la ville puis l'école secondaire anglophone. Chambres tirées au cordeau avec de beaux parquets et une déco raffinée. 2 d'entre elles se partagent la salle de bains, tandis que la « Rose des Vents », plus grande et plus chère, a la sienne, un grand et beau lit en fer forgé et une superbe terrasse. Très belle vue sur la rivière Saint-Maurice depuis le jardin. Accueil chaleureux de Catherine et Jacques.

Où manger ? Où boire un verre ?

Bon marché

🍴 🍷 ***Le Palais :*** *563, 5e rue de la Pointe. ☎ 819-536-7081. Tlj 7h30 (9h dim)-18h (21h jeu-ven, 17h le w-e). Plat du jour 6-10 $.* Mi-cafétéria, mi-boulangerie-pâtisserie au cadre contemporain offrant un large choix de plats du jour, quiches, salades et autres soupes, à base de produits locaux. Les gâteaux d'Alain Garceau (2 fois pâtissier de l'année) sont aussi à ne pas négliger ! Sans oublier les chocolats artisanaux, bons pains, fromages du cru, confitures...

Prix moyens

🍴 ***Le Radoteux :*** *610, 5e rue de la Pointe. ☎ 819-537-4545. Tlj sauf lun-mar 11h (17h-w-e)-21h. Plats au déj env 13-15 $, le soir env 15-40 $; table d'hôtes 28-38 $.* Décor contemporain un peu sophistiqué, façon *lounge,* et cadre spacieux pour une bonne cuisine de bistrot classique. Carpaccio, tartare, salades diverses, bon choix de viandes, poisson et fruits de mer... Grande terrasse agréable.

🍴 🍷 ***Le Trou du Diable – Broue Pub :*** *412, av. Willow. ☎ 819-537-9151. Tlj sauf dim 15h-23h (1h mer-jeu, plus tard ven-sam). Resto 17h-21h mar-dim. Plats 14-29 $.* Célèbre microbrasserie québécoise, où l'on peut aussi grignoter un bout (carte restreinte offrant une ou deux salades, des burgers, pâtes et plats de viande ou poisson) pour accompagner les divines bières maison à la pompe et aux noms toujours pittoresques. Terrasse.

🍴 ***La Pointe à Bernard :*** *692, 4e rue de la Pointe. ☎ 819-537-5553. Mar-sam 11h30-14h30, 17h-21h (20h hors saison). Plats 12-15 $ au déj, 12-25 $*

le soir. Une ambiance de bistrot chaleureux avec quelques tableaux, une musique agréable et un accueil irréprochable. Dans les assiettes, une bonne cuisine, plutôt classique pour les plats les plus simples (pizzas, pâtes, salades) et plus fine et élaborée quand on arrive aux poissons, viandes ou plats du chef.

À voir

La Cité de l'énergie : *1000, av. Melville. ☎ 819-536-8516 ou 1-866-900-2483. • citedelenergie.com • De mi-juin à fin sept, tlj 10h-17h ; dernière entrée pour la visite complète à 14h. Entrée : 19 $ pour la visite courte (sans les centrales), 25 $ pour la complète ; réduc ; forfait famille. Pour la visite complète (env 4h),* ***se munir de son passeport*** *pour pouvoir accéder à la centrale de Shawinigan. Possibilité de revenir le lendemain si l'on n'a pas le temps de tt voir le même jour.*
La visite vaut le détour. Car la Cité de l'énergie regroupe en réalité différents sites majeurs, tous complémentaires. La première étape, c'est bien sûr le musée, qui comprend d'abord un ***spectacle multisensoriel*** décoiffant (sans jeu de mots !) sur les énergies qui composent notre univers. Puis on poursuit avec une ***exposition historique*** ludique sur la ville et son développement depuis la construction de la première centrale, avant d'enchaîner avec un ***espace de réflexion*** qui incite les visiteurs à s'interroger sur les différents moyens de production d'énergie, et ceux qu'il faudrait privilégier à l'avenir. Enfin, après un détour par l'amusant ***musée des cadeaux du monde*** (une collection hétéroclite de présents reçus par Jean Chrétien lorsqu'il était Premier ministre), direction l'impressionnante ***tour panoramique*** (un ancien pylône de 115 m qui permettait aux câbles de traverser le Saint-Laurent !) pour profiter d'une vue plongeante sur les forêts constellées de lacs de la Mauricie. De retour sur terre, on attaque la deuxième partie du programme (c'est la visite longue) : un bateau permet de rejoindre la rive opposée, où un trolleybus conduit les visiteurs à la ***centrale de 1899,*** désormais désaffectée, pour en découvrir les entrailles, avant de participer à toutes sortes d'ateliers façon Cité des Sciences (sur l'hydroélectricité, l'aluminium, les pâtes et papiers...). Après la théorie, la pratique : la visite s'achève dans une ***centrale de 1910*** toujours en activité, où les alternateurs et les turbines tournent à plein régime dans un vacarme assourdissant. Très impressionnant !
– En juillet-août, ***spectacle nocturne*** avec acrobates, acteurs, danseurs *(mar-sam ; tarif : env 70 $, réduc)...*

LE CHEMIN DU ROY ENTRE TROIS-RIVIÈRES ET QUÉBEC

Si vous n'êtes pas pressé pour rejoindre Québec (vous êtes en vacances, non mais !), ne manquez pas d'emprunter la *route 138* qui longe le fleuve. Dans cette partie, cet « itinéraire bis » s'avère plus bucolique qu'entre Montréal et Trois-Rivières et offre, ici et là, de belles percées sur le Saint-Laurent dans sa longue étreinte salée avec l'Atlantique. Les villages semés sur ses rives sont plutôt mignons, bordés de pimpantes maisons. Vous noterez que, parfois, le *chemin du Roy* se désolidarise de la 138 pour vous conduire dans une rue de vieilles maisons ou un coin un peu plus champêtre.

Sainte-Anne-de-la-Pérade : de fin décembre à mi-février, la rivière Sainte-Anne prend un visage étonnant, se couvrant de 600 petites cabanes dont les planchers sont percés pour laisser passer... des fils de pêche ! C'est la pêche au *poulamon,* ou « petit poisson des chenaux », qui attire chaque année environ 100 000 Québécois. C'est, bien entendu, l'occasion d'une fête endiablée et très arrosée...

Deschambault : un ravissant petit village. Les abords de son église sont pleins de poésie, avec le surprenant cimetière, le couvent de 1861, la mairie qui vous transporte en Louisiane, et la rive du Saint-Laurent, où de petites falaises pointent timidement le bout de leur nez. Juste à côté, le *vieux presbytère* de 1816 ressemble à une maisonnette bretonne.

Portneuf : la ville, située à l'embouchure de la rivière du même nom, offre le charme typique des agglomérations sur le Saint-Laurent. Son quai en eau profonde, auquel est accolée une petite marina, s'étire sur 1 km pour s'arrêter à proximité du chenal maritime. Ici, on pratique la « pêche à la fascine », à l'aide d'un filet installé perpendiculairement à la jetée ; les prises sont principalement constituées d'anguilles.

Cap-Santé : le *Vieux-Chemin,* connu comme étant l'une des plus belles rues du Canada, domine le Saint-Laurent.

QUÉBEC ET SES ENVIRONS

Non seulement la ville de Québec est belle, mais en plus elle jouit d'une superbe nature juste à sa porte, avec des montagnes où il fait bon skier l'hiver, ou encore, un peu plus au nord, le parc de la Jacques-Cartier et la réserve faunique des Laurentides. Ambiance plus champêtre et agricole sur l'île d'Orléans, véritable verger et potager de sa grande voisine.
À l'échelle du Canada, les distances sont courtes entre Québec et ses attraits périphériques. Si vous êtes motorisé, il vous suffira donc de trouver un hébergement à votre goût et de rayonner à partir de là.

QUÉBEC (LA VILLE)

530 000 hab.

• Plan d'ensemble *p. 168-169* • Plan I *p. 170-171* • Plan II *p. 173*

Si vous arrivez de Montréal avec l'idée que vous allez retrouver le même genre de ville, la surprise sera totale. Québec ressemble autant à Montréal que Saint-Malo à Chicago. En 1672, le gouverneur Frontenac écrivit à Colbert : « Rien ne m'a paru si beau et si magnifique que la situation de Québec. » Vous nous avez compris, Québec, c'est une vieille ville séduisante, de taille modérée, et qui puise son originalité dans son décor de film de cape et d'épée. Classée au Patrimoine mondial de l'Unesco, elle est tout à fait unique dans l'Amérique des gratte-ciel. Les Yankees ne s'y sont pas trompés,

d'ailleurs : ils rappliquent en masse remplir leurs narines d'un authentique parfum d'exotisme. Et nous, on a vite fait de se laisser prendre au charme de Québec la fortifiée regardant de haut le Saint-Laurent, même si la vieille ville est très pomponnée et éminemment archi touristique l'été.

UN PEU D'HISTOIRE

La difficile installation française

En ***1535,*** le ***navigateur Jacques Cartier*** accoste au bord de la rivière Saint-Charles, à proximité du village iroquois de Stadaconé. Là, 500 Indiens vivent au cœur d'une communauté qu'ils appellent « Kanata » (« village »). Le premier hivernage est terrible : les survivants retournent en France au printemps. Pendant les 50 années suivantes, personne n'ose braver à nouveau l'hiver. L'engouement pour les fourrures va servir de catalyseur.

L'ORIGINE DE QUÉBEC

Québec viendrait de Kebec, mot algonquin signifiant « là où la rivière se resserre » choisi par Samuel de Champlain, en 1608, pour nommer ce lieu. Effectivement, les deux rives du Saint-Laurent se rapprochent à la hauteur de la ville de Québec.

Au début du XVIIe s, le poil de ***castor*** canadien, transformé en feutre, sert notamment à fabriquer des couvre-chefs. Or, la traite des peaux implique la création de ***comptoirs*** (les postes de traite) à l'intérieur des terres. Dans ce contexte, l'aventure coloniale éveille l'intérêt d'Henri IV, qui mandate des ***expéditions*** financées par des intérêts commerciaux.

De 1603 à 1608, ***Champlain*** cartographie et cherche le meilleur emplacement pour établir une colonie. Après avoir tenté deux fois sa chance en Acadie, il choisit ***Québec,*** en ***1608,*** pour son intérêt stratégique : doté d'une belle rade, le site marque la limite de navigabilité pour les bateaux à voile, un cap s'élève au niveau du rétrécissement du fleuve et un affluent, la rivière Saint-Charles, permet d'entrer dans les terres.

COMMENT CHAMPLAIN FINANÇA SES EXPÉDITIONS

Samuel de Champlain n'était qu'un modeste capitaine de navire. Pour financer une expédition au Québec, il rajouta une particule à son nom et, à 40 ans, il épousa Hélène Boullé, âgée de... 12 ans. Richissime, son beau-père était secrétaire de la chambre du roi et lui octroya une dot de 6 000 livres.

Champlain établit son « Abitation » à l'emplacement actuel de la place Royale. Lors du premier hiver, 20 personnes sur 28 meurent de scorbut et de dysenterie. En ***1609, une alliance est signée avec les Indiens montagnais.*** Les Français et une centaine d'« alliés » indiens repoussent avec succès un assaut des ennemis traditionnels iroquois. Sans la bienveillance des milliers de Montagnais, aucun établissement français n'aurait été possible. Ils vont pourtant être floués par un traité leur promettant de la farine contre l'autorisation de semer et de monter un magasin... Comme l'a rappelé un chef indien : « On s'est tassé sur le banc pour faire une place et on s'est retrouvé assis par terre. »

Le commerce démarre. ***Louis Hébert,*** premier agriculteur de la colonie, s'établit en 1617 avec femme et enfants. Considéré comme un autre « père du peuple québécois », il deviendra procureur du roi. En 1624, Champlain investit le cap Diamant et construit le fort Saint-Louis pour mieux protéger la jeune colonie, déterminant le futur plan de la ville, divisée en sections haute et basse. À la mort de Champlain en 1635, Québec, alors à peine peuplée de 200 habitants, reste très fragile. Mais, en 1660, son nouveau titre de ***capitale de la Nouvelle-France*** assoit sa domination commerciale et religieuse.

À la fin du XVIIe s, de nombreux colons arrivent enfin de l'ouest de la France, rejoints par un millier de « filles du roi », des orphelines dotées par le souverain. La population atteint 1 300 habitants en 1681. Parti de Québec en 1682, ***Robert Cavelier de La Salle revendique la Louisiane et agrandit la Nouvelle-France*** jusqu'au delta du Mississippi. Les premières fortifications sont élevées en 1693, 3 ans après l'échec d'une attaque britannique.

La déroute puis la domination anglaise

À la suite du traité d'Utrecht de 1713 qui cède notamment l'Acadie à l'Angleterre, la Nouvelle-France commence à se recroqueviller autour du Saint-Laurent. En pleine guerre de Sept Ans, une flotte anglaise commandée par le général James Wolfe jette l'ancre près de Québec en 1759 et bombarde la ville à partir de l'été. Après une victoire des Français sur la rive droite de la rivière Montmorency, Wolfe tente un coup audacieux. Il débarque en amont de Québec, escalade la falaise et, depuis les hauteurs des ***plaines d'Abraham,*** défait en une seule salve meurtrière les troupes françaises du marquis de Montcalm sorties de la ville, et force peu après la ville, aux deux tiers détruite, à capituler.

LES PLAINES D'ABRAHAM

Même si la bataille prit une tournure tragique avec la mort des deux commandants en chef, Wolfe et Montcalm, aucune référence biblique n'est à relever dans cette vaste étendue. Le nom des plaines provient de leur propriétaire au XVIIe s, un obscur colon nommé Abraham Martin, passé à la postérité pour avoir été jeté en prison à l'âge de 60 ans à la suite du « dévergondage d'une luronnesse de 16 ans » !

En avril 1760, le maréchal de Lévis remporte la bataille de Sainte-Foy, mais le sort des Québécois est scellé par l'arrivée de renforts anglais. Les Français se replient à Montréal, qui tombe à son tour en septembre. En 1763, l'essentiel des territoires français d'Amérique du Nord est cédé à la Grande-Bretagne par le traité de Paris. Québec, qui compte alors 7 000 habitants, devient capitale de la « Province of Quebec ».

Devant l'échec de sa politique d'assimilation et la menace d'une révolte aux États-Unis, l'Angleterre, par l'Acte de Québec de 1774, rétablit ***l'usage de la langue et du droit français,*** et agrandit le territoire provincial au-delà des Grands Lacs. Les Québécois, satisfaits, affectent en retour une neutralité bienveillante quand les Américains tentent d'envahir le Canada en 1775. À la suite de l'indépendance des États-Unis, proclamée en 1776, un gros millier de loyalistes anglais émigrent dans la région de Québec. Le ***Bas-Canada francophone*** naît en 1791, ***Québec en est la capitale.***

Au début du XIXe s, la peur d'une attaque américaine motive la construction de la ***citadelle,*** véritable Gibraltar nord-américain mais qui ne servira jamais. De nombreux Irlandais fuyant la famine s'installent en ville, dont l'économie est portée par le commerce du bois et la construction navale.

Vers l'indépendance

Le ressentiment des francophones éclate en 1837-1838 lors de l'insurrection des patriotes. Ils revendiquent plus de démocratie et d'autonomie, voire l'indépendance. Le retour de bâton a lieu en 1840 : les ***provinces de Québec et d'Ontario*** sont administrativement unies, et l'anglais déclaré seule langue officielle. Devant ces brimades, des milliers de Québécois migrent vers les États américains de la Nouvelle-Angleterre. Québec servira épisodiquement de capitale au pays, notamment de 1859 à 1865, avant que la Confédération canadienne de 1867 n'accorde définitivement ce titre à Ottawa. Malgré tout, l'université de Laval, première de langue française, est fondée à Québec en 1852.

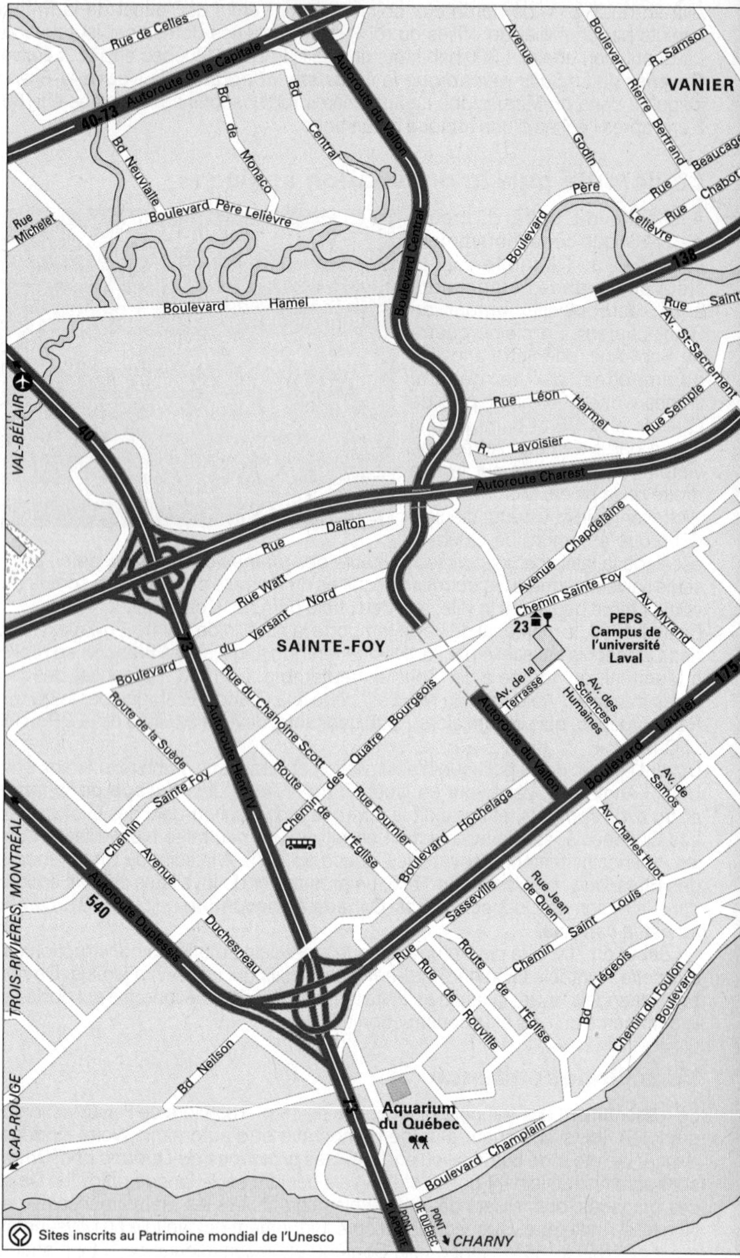
VANIER
SAINTE-FOY
PEPS Campus de l'université Laval
Aquarium du Québec
23
VAL-BÉLAIR
TROIS-RIVIÈRES, MONTRÉAL
CAP-ROUGE
PONT PLAPORTE
PONT DE QUÉBEC
CHARNY
Rue de Celles
40-73 Autoroute de la Capitale
Autoroute du Vallon
Avenue Godin
Boulevard Pierre Bertrand
R. Samson
Bd de Monaco
Bd Central
Bd Neuvialle
Rue Michelet
Boulevard Père Lelièvre
Rue Beaucage
Rue Chabot
Boulevard Central
138
Boulevard Hamel
Rue Saint
Av. St-Sacrement
Rue Léon Harmel
Rue Semple
R. Lavoisier
Autoroute Charest
40
Rue Dalton
Avenue Chapdelaine
Rue Watt
Boulevard du Versant Nord
Chemin Sainte Foy
Av. Myrand
73
Av. de la Terrasse
Av. des Sciences Humaines
175
Boulevard Laurier
Route de la Suède
Rue du Chanoine Scott
Chemin des Quatre Bourgeois
Autoroute Henri IV
Route de l'Église
Rue Fournier
Boulevard Hochelaga
Av. de Samos
Av. Charles Huot
Chemin Sainte Foy
Avenue Duchesneau
540
Autoroute Duplessis
Rue Sasseville
Rue Jean de Quen
Chemin Saint Louis
Route de l'Église
Rue de Rouville
Bd Liégeois
Chemin du Foulon
Boulevard
Bd Neilson
Boulevard Champlain
Sites inscrits au Patrimoine mondial de l'Unesco

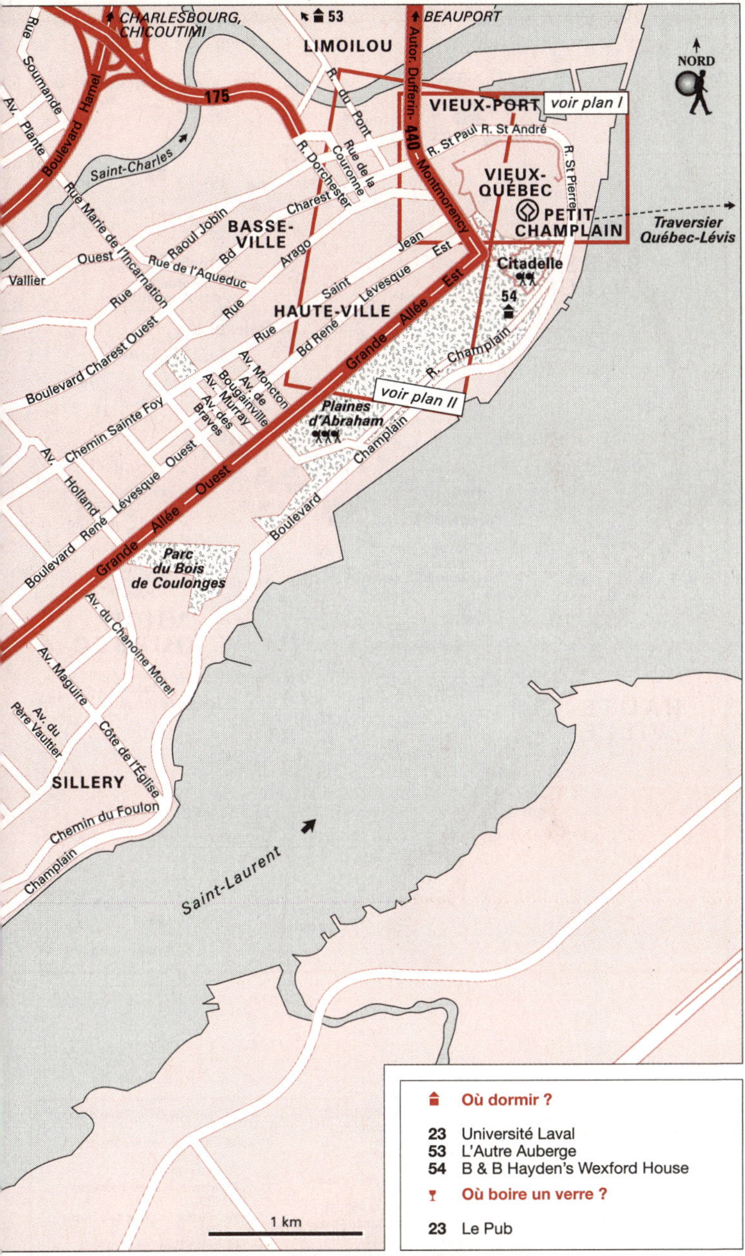

QUÉBEC – Plan d'ensemble

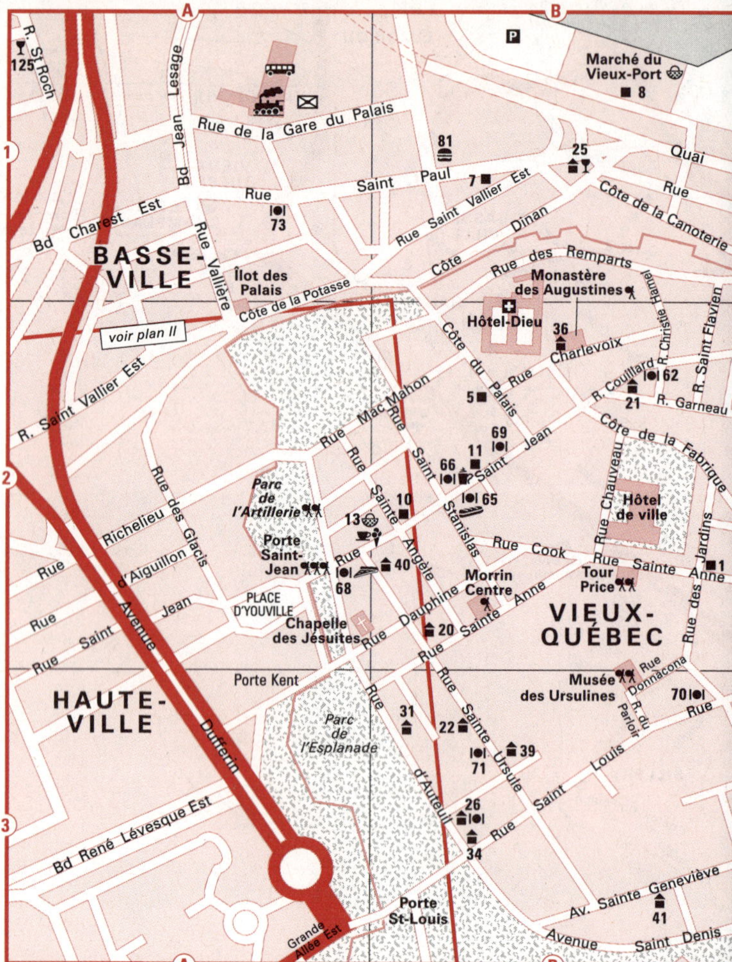

■ **Adresses utiles**

- i Centre Infotouriste (C2)
- 1 Caisse populaire Desjardins (B2)
- 2 Délégation Wallonie-Bruxelles (C2)
- 4 Consulat des États-Unis (C3)
- 5 Pharmacie Dubé, Perrault & Villeneuve et Hertz (B2)
- 7 Cyclo Services (B1)
- 8 Écolocyclo (B1)
- 10 Jac & Gil (presse ; B2)
- 11 Librairie Pantoute (B2)
- 16 Vieux Port Yachting (C1)

Où dormir ?

- 20 Auberge de jeunesse de Québec (B2)
- 21 Auberge de la Paix (B2)
- 22 La Maison Sainte-Ursule (B3)
- 25 Hôtel Belley (B1)
- 26 Auberge La Chouette (B3)
- 31 Hôtel Le Manoir d'Auteuil (B3)
- 34 Manoir de l'Esplanade (B3)
- 35 Auberge de la Place d'Armes (C2)
- 36 Hôtel du Monastère des Augustines (B2)
- 37 Hôtel 71 (C2)
- 39 Maison James-Thompson (B3)
- 40 Gîte Le Coureur des Bois (B2)
- 41 Hôtel Cap Diamant (B3)

Où manger ?

- 26 Restaurant Apsara (B3)

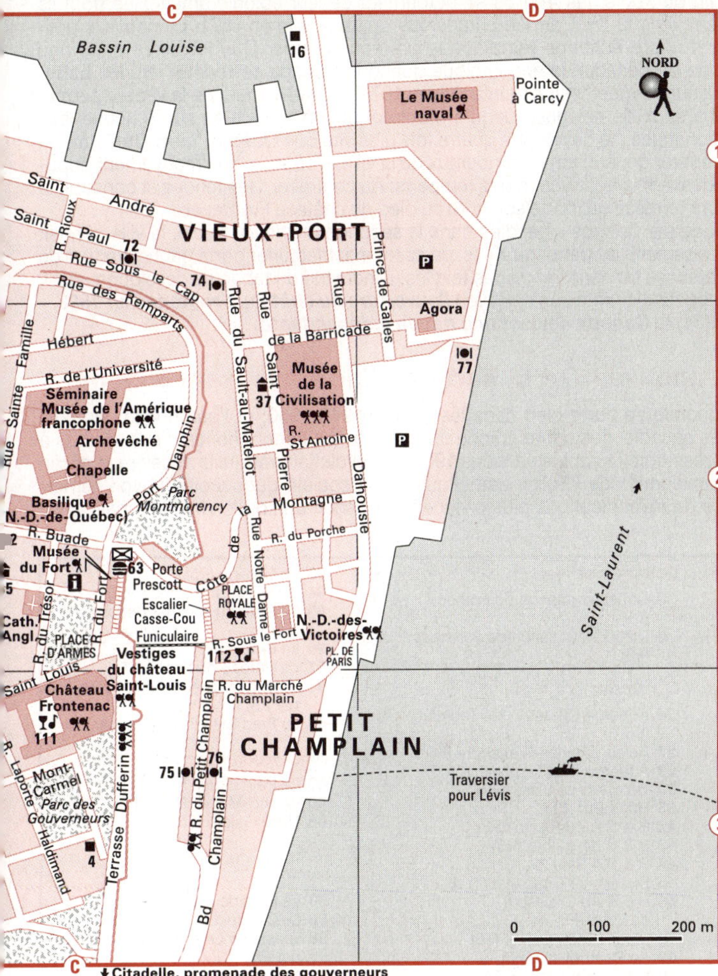

QUÉBEC – Plan I

62 Chez Temporel (B2)
63 Le Chic Shack (C2)
65 Café-boulangerie Paillard (B2)
66 Les 3 Garçons (B2)
68 Sapristi (A2)
69 Chez Boulay Bistro Boréal (B2)
70 Aux Anciens Canadiens (B3)
71 Le Saint-Amour (B3)
72 SSS et Le Saint-Malo (C1)
73 Mille et Une Pizzas (A1)
74 Le Brigantin (C1)
75 Le Lapin Sauté (C3)
76 Le Cochon Dingue (C3)
77 Le Café du Monde (D2)
81 Chez Victor (B1)

Où se sucrer le bec ?

13 Les Délices de l'Érable (A-B2)

Où boire un verre ? Où sortir ?

25 Belley (B1)
111 1608 (C3)
112 Bistrot Le Pape Georges (C2)
125 La Barberie (A1)

Achats

13 Les Délices de l'Érable (A-B2)

À la fin du XIXe s, les Anglais se détournent de leur colonie américaine dont ils sentent venir la fin. L'armée britannique quitte la ville en 1871. La nouvelle politique du libre-échange remplace le protectionnisme. Québec entre dans une période de décadence économique quand le Canada se tourne vers les États-Unis pour commercer. Le train arrive en 1879, et l'avènement de la vapeur permet aux bateaux de naviguer jusqu'à Montréal qui, mieux située sur le nouvel axe des échanges, se développe quatre fois plus vite que Québec. ***Lord Dufferin,*** un gouverneur général tombé amoureux de la ville, s'oppose à un mouvement populaire désirant la destruction des remparts. Au contraire, il les rénove et construit la célèbre terrasse qui porte son nom au pied du château Frontenac.
Frappée par de gros incendies dans la seconde moitié du siècle, la ville connaît heureusement, au début du XXe s, un essor manufacturier porté par l'ouverture de nombreuses tanneries et usines textiles. L'industrie du tabac se développe aussi, et le tourisme pointe son nez avec ***l'ouverture du château Frontenac en 1893. En 1931, le Canada devient une nation indépendante.***

Le renouveau et la fierté de l'héritage francophone

L'économie se porte bien dans les années 1940-1950, et l'autonomie des provinces canadiennes est renforcée. Le souhait des francophones d'être maîtres à bord ressurgit. Durant les années 1960, la Révolution tranquille accélère le déclin de la mainmise de l'Église catholique sur la société québécoise et voit l'émergence de revendications plus civiques. Elle reçoit un soutien indirect mais lourd

Adresses utiles

- **3** Consulat général de France (F6)
- **6** Discount (location de voitures) (F6)

Où dormir ?

- **24** Auberge Château des Tourelles (E6)
- **27** Relais Charles-Alexandre (F6-7)
- **29** Auberge Aux Deux Lions (E6)
- **30** Hôtel Art de Vivre (E7)
- **33** Hôtel Pur (E5)
- **42** B & B Au Petit Roi (F6)
- **43** B & B de la Tour (E6)
- **44** B & B 4 Saisons (E7)
- **45** Bienvenue Chez Mimi (E6)
- **46** B & B Au Croissant de Lune (F5)
- **48** Manoir Mon Calme (F6)
- **49** Au Beau Milieu (E5)
- **50** La Maison Daulac (E4)
- **51** Le 253 Couette et Café (E5)
- **55** B & B Asseline de Ronval (E5)

Où manger ?

- **60** Le Cosmos (F6)
- **61** Café Krieghoff (E6)
- **64** Bügel (E6)
- **81** Chez Victor (E6)
- **82** Crêperie-bistrot Le Billig (E5)
- **84** MNBAQ Restaurant (E7)
- **85** Le Moine Échanson (F5)
- **86** Nina (E5)
- **87** Au Bonnet d'Âne (E6)
- **88** Graffiti (E7)
- **90** Le Parlementaire (F5)
- **91** La Boîte à Pain (E5)
- **93** La Cuisine (E5)
- **94** L'Affaire est Ketchup (E5)
- **95** Le Café du Clocher Penché (E5)
- **96** Le Cercle (E5)
- **97** Le Bureau de Poste (E5)
- **98** Brasserie Griendel (hors plan par E5)
- **99** Le Pied Bleu (hors plan par E5)

Où se sucrer le bec ?

- **80** Le Pain Grüel (E6)
- **100** Choco-Musée Érico (F5)
- **101** Tutto Gelato (F5)

Où boire un verre ? Où sortir ?

- **93** La Cuisine (E5)
- **96** Le Cercle (E5)
- **98** Brasserie Griendel (hors plan par E5)
- **113** Maurice (F6)
- **114** Ninkasi du Faubourg (F5)
- **115** Les Voûtes de Napoléon (F6)
- **116** L'Inox (F6)
- **118** Jules et Jim (E6)
- **119** Le Projet (E5)
- **120** Le Sacrilège (E5)
- **121** Le Temps Partiel (F5)
- **123** Le Drague (F5)
- **124** La Korrigane (E5)
- **127** Mac Fly Bar Arcade (E5)
- **128** Bateau de Nuit (E6)
- **129** Noctem (E5)

À voir

- **130** Cimetière et église Saint-Matthew (F5)

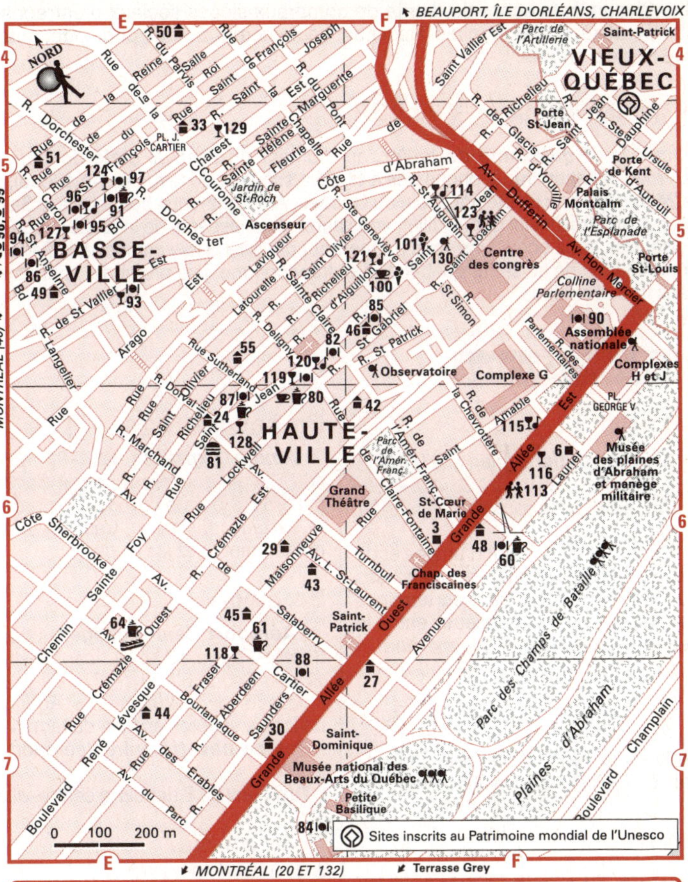

QUÉBEC – Plan II

de conséquences quand ***de Gaulle,*** en 1967, prononce son célèbre « ***Vive le Québec libre*** » à Montréal. ***Le français devient seule langue officielle en 1977.*** La majorité de la population de la ville vote pour l'indépendance lors du deuxième référendum manqué de 1995. La province est reconnue « ***nation au sein d'un pays uni*** » depuis 2006, mais la question de l'indépendance continue de perturber les relations entre le Québec et l'État fédéral.

Pour les quelque 6 millions de touristes (dont 1 million d'étrangers) qui visitent annuellement la ville, les querelles intestines ne troublent en rien l'émerveillement ressenti. Cela n'échappe pas à ***l'Unesco,*** qui a inscrit ***le Vieux-Québec*** au ***Patrimoine mondial*** de l'humanité en 1985, en tant que seule ville d'Amérique du Nord à avoir conservé son aspect colonial fortifié. Il est d'ailleurs amusant de constater à quel point cette belle du Canada profite avec succès d'un héritage plus franco-britannique qu'exclusivement hexagonal. Le succès se traduit aussi sur le plan économique. Québec fait preuve d'un dynamisme échevelé, abrite de nombreux sièges sociaux d'entreprises et crée beaucoup d'emplois. Résultat : seulement 4,5 % de chômage, autant dire le plein emploi.

À QUEL MOMENT Y ALLER ?

Durant la ***1re quinzaine de juillet,*** au moment du Festival d'été de Québec (LA manifestation francophone des arts de la scène et de la rue en Amérique), ou le ***24 juin,*** jour de la fête nationale du Québec. Arrangez-vous pour être à la Saint-Jean à Montréal et ici début juillet, vous aurez deux aspects de la fête à la québécoise. Ces deux occasions vous permettront de vivre la joie immense, la fierté de la population de se sentir québécoise et francophone, joie profonde, spontanée, sans fard ni artifices.

Arriver – Quitter

En bus

Gare routière *(plan I, A1) : 320, rue Abraham-Martin. ☎ 418-525-3000. • orleansexpress.com • intercar.ca • À l'arrière de la gare du Palais. Consigne.* C'est le point d'arrivée et de départ de tous les bus. La plupart des bus s'arrêtent également au terminus de Sainte-Foy, en banlieue, entre le centre et l'aéroport *(3001, chemin des Quatre-Bourgeois ; ☎ 418-650-0087 ; plan d'ensemble).*

➢ Liaisons vers Montréal, Trois-Rivières (et d'autres communes le long de la route 138), La Malbaie, Tadoussac, Baie-Comeau et la Gaspésie.

En train

Gare du Palais *(plan I, A1) : sur le Vieux-Port. ☎ 1-888-842-7245. • viarail.ca • Guichets tlj 4h45 (6h45 le w-e)-18h (plus 18h45-21h mer, ven et dim). Consigne (lun-ven 4h45-22h, sam 6h45-18h, dim 6h45-22h).*

Gare de Sainte-Foy : *au sud de la ville. Pour y aller, le plus simple est de prendre le bus au départ de la gare du Palais (avec un billet valide).*

➢ Liaisons vers le Bas-Saint-Laurent, la Gaspésie et les Maritimes.

En covoiturage

■ ***Amigo Express :*** *☎ 1-877-264-4697. • amigoexpress.com • Service facturé 5 $/pers le voyage, puis prévoir le partage des frais.* Très populaire, notamment chez les jeunes.

En avion

✈ ***Aéroport Jean-Lesage :*** *situé à* ***Sainte-Foy*** *(à 15 km du centre-ville). ☎ 418-640-3300 ou 1-877-769-2700. • aeroportdequebec.com •* Agences de loc de voitures en face du terminal.

– ***Pas de navette*** entre l'aéroport et la ville.

– ***Taxi :*** env 35 $ depuis le centre-ville.

Pour passer sur l'autre rive

Traversier Québec-Lévis *(plan I, C-D3)* **:** à pied, à vélo ou en voiture, c'est le meilleur moyen de rejoindre Lévis, sur l'autre rive du Saint-Laurent. De là, route 132 en direction de la Gaspésie (ou l'autoroute 20 pour les pressés). Infos dans la rubrique « Se déplacer en ville » plus bas. Lire aussi le paragraphe consacré au traversier dans la rubrique « À faire ».

Topographie

Pas bien compliqué. La ville est à taille humaine. On se repère vite. Sachez simplement que vous aurez surtout affaire à ***3 quartiers distincts*** *(plan d'ensemble).*

Tout d'abord le ***Vieux-Québec*** *(plan I).*

C'est la vieille ville, entourée de murailles, installée sur son promontoire dominant le fleuve Saint-Laurent, à l'ombre du célèbre château Frontenac. Des passages dans les remparts (portes Saint-Jean et Saint-Louis) permettent d'accéder à la ***Haute-Ville*** (*plan II,* en partie), un quartier encore construit sur les hauteurs, où l'on trouve les édifices publics (Assemblée nationale, Centre des congrès...). On s'y promène sur de larges avenues sereines et arborées ou bien animées comme l'avenue Cartier, la rue Saint-Jean ou la Grande-Allée, bordées de restos et de bars branchés. Pour descendre la colline, on emprunte des escaliers et de petites rues charmantes qui s'inclinent parfois abruptement.
Arrivé en bas, on se retrouve dans le quartier de la ***Basse-Ville*** ou quartier Saint-Roch (une partie du *plan II*), plus récent. On y a sélectionné une poignée d'hébergements, mais aussi des restos et des bars, car cet ancien faubourg ouvrier est devenu très branché, sans y perdre son âme pour autant.

Se déplacer en ville

À pied

Tout le centre peut se parcourir à pied, mais attention, ça grimpe. Au fil de la balade, on n'arrête pas de monter et de descendre, notamment les escaliers entre Basse-Ville et Haute-Ville (répertoriés sur le *plan II*). Si vous en êtes à marcher sur les genoux, vous pourrez toujours prendre le funiculaire entre le quartier de la place Royale et le château Frontenac. L'exercice physique quotidien est obligé si on loge dans la ville basse ! Pour alléger un peu la grimpette, ascenseur à l'angle des rues Arago est et de la Couronne *(plan II, E5).* L'hiver, de bonnes chaussures à crampons sont essentielles pour ne pas tomber sur le Q...uébec.

En voiture

Mieux vaut ne pas avoir de voiture pour visiter Québec. La circulation, gentillette, peut inciter à conduire... mais les problèmes commencent quand il s'agit de se garer : horodateurs omniprésents et chers au centre, durée de stationnement limitée et règles compliquées. Un véritable casse-tête ! Alors, à moins de vous diriger vers les faubourgs (rester attentif aux panneaux, demander conseil aux riverains), il vaut bien mieux oublier sa voiture au parking pour quelques jours. La plupart d'entre eux sont « dispendieux » *(env 17-25 $/j.).* Pour les situer, voir sur nos plans ou ceux distribués par le bureau touristique. L'hiver, la conduite automobile dans les côtes de la ville effraiera tous ceux qui n'habitent pas les Alpes.

En bus et taxi

■ ***Bus locaux :*** *☎ 418-627-2511. • rtcquebec.ca • Tlj 6h (7h le w-e)-minuit. Tarifs : trajet 3 $ (0,50 $ plus cher si acheté à bord) ; réduc 6-18 ans ; pass journée 8,50 $, pass 5 j. (lun-ven) 29 $, w-e 15,50 $.* N'hésitez pas à appeler la *RTC,* on prend le temps de vous répondre. Attention, avoir la monnaie exacte pour payer dans le bus, ou acheter son ticket à l'avance dans les dépanneurs ou les pharmacies. Pour les trajets et horaires, voir le site internet (pas de fiches papier).
– ***VéloBus :*** *mai-oct.* Porte-vélos dont sont équipés les Métrobus n°s 800, 801 et 802. Gratuité pour le vélo, 2 engins par bus maxi.
🚗 ***Taxis Coop :*** *☎ 418-525-5191. • taxiscoop-quebec.com •*

En bateau

■ ***Traversier Québec-Lévis*** *(plan I, C3) : en face du 64, bd Champlain (côté fleuve). ☎ 1-877-787-7483. • traversiers.com • Lun-ven, départs ttes les 20-30 mn 6h20-19h30, ttes les heures 19h30-2h20 ; fréquences légèrement restreintes le w-e. Tarifs : piéton ou cycliste env 3,60 $; voiture (incluant le conducteur) env 8,50 $; réduc.* Franchit le fleuve Saint-Laurent en 10 mn de traversée jusqu'à la ville de Lévis. Lire aussi la rubrique « À faire ».

Adresses et infos utiles

Informations touristiques

Centre Infotouriste *(plan I, C2)* **:** *12, rue Sainte-Anne (devant le château Frontenac). ☎ 1-877-266-5687 (appel gratuit du Canada et des États-Unis, lun-ven 9h-17h).* • *quebecoriginal.com* • *Dernière sem de juin-fin août, tlj 9h-18h (17h le reste de l'année).* Accueil efficace. Très bien documenté sur la ville et toute la province : cartes routières, brochures... Plusieurs stands indépendants proposent leurs services : croisières sur le fleuve, tours de la ville en minibus, visites guidées... et même un comptoir de *Tourisme Wendake* (la réserve indienne dans les environs de Québec). Également un bureau de change et un central de réservations pour l'hébergement couvrant l'ensemble de la province.

Argent

■ **Distributeurs et bureaux de change :** nombreux dans les quartiers touristiques. Également un bureau de change dans le *Centre Infotouriste (plan I, C2)* et des distributeurs dans les centres commerciaux et chez certains dépanneurs.

■ **Caisse populaire Desjardins** *(plan I, B2,* ***1****)* **:** *19, rue des Jardins, angle rue Sainte-Anne. Lun-ven 10h (9h lun)-15h (18h jeu).* Change les devises étrangères. Distributeurs 24h/24 (carte *Visa* seulement).

Représentations étrangères

■ **Consulat général de France** *(plan II, F6,* ***3****)* **:** *500, Grande-Allée Est. ☎ 418-266-2500.* • *consulfrance-quebec.org* • *Lun-ven sur rdv 8h30-12h. Fermé w-e et j. fériés.*

■ **Délégation Wallonie-Bruxelles** *(plan I, C2,* ***2****)* **:** *43, rue Buade. ☎ 418-692-4148.* • *wbi.be/quebec* • *Dans la galerie commerciale, au 5e étage. Lun-ven 8h30-16h30.* Représentation à caractère culturel, éducatif et économique.

■ **Consulat des États-Unis** *(plan I, C3,* ***4****)* **:** *2, rue de la Terrasse-Dufferin. ☎ 418-692-2095.* • *ca.usembassy.gov/embassy-consulates/quebec/* • *Service des visas sur rdv slt. Lun-ven 9h-16h sauf fêtes canadiennes et américaines.*

Urgences

■ **Pharmacie Dubé, Perrault & Villeneuve** *(plan I, B2,* ***5****)* **:** *38, côte du Palais (devant l'hôtel-Dieu). ☎ 418-692-4252. Lun-ven 9h-18h, sam 9h-17h, dim 10h-15h.*

Hôtel-Dieu de Québec *(plan I, B1-2)* **:** *11, côte du Palais, Vieux-Québec. ☎ 418-525-4444.*

– **Info Santé :** *☎ 811.* Une infirmière répond aux questions.

Excursions, visites guidées

■ **Les Tours du Vieux-Québec** *(plan I, C2)* **:** *guichet au Centre Infotouriste. ☎ 418-664-0460 ou 1-800-267-8687.* • *toursvieuxquebec.com* • Large éventail d'excursions en bus sur Québec, la côte de Beaupré et l'île d'Orléans. De mi-juin à fin octobre, formule à la journée : bus rouge à ciel ouvert, arrêt à 12 sites (circuit « Montez et descendez » ; 36 $). Combiné possible avec croisière guidée sur le fleuve.

■ **Les Tours Voir Québec** *(plan I, C2)* **:** *guichet au Centre Infotouriste. ☎ 418-694-2001 ou 1-866-694-2001.* • *toursvoirquebec.com* • *Départs tte l'année, à 10h30 nov-avr et 14h mai-oct (départ supplémentaire à 11h30 juil-août). À partir de 30 $/pers ; réduc famille.* Promenades guidées à pied de 2h à 2h30 dans le Vieux-Québec. De 2 à 15 personnes. Visites à vélo également.

■ **Promenades fantômes** *(plan I, C2)* **:** *guichet au Centre Infotouriste. ☎ 418-692-0624.* • *promenadesfantomes.com* • *2 thèmes : « Crimes en Nouvelle-France » (tte l'année, tlj sauf mer et sam en saison) et « Légendes et Superstitions » (juil-oct slt). Départ à 20h. Durée : 1h30. Tarif : 20 $ pour « Les Crimes », et 25 $ pour « Les Légendes » ; réduc.* Visites animées par des acteurs en costume grimés en criminels du passé.

Location de voitures ou de vélos

■ **Hertz** (plan I, B2, **5**) **:** *44, côte du Palais.* ☎ *418-694-1224.* • *hertz.com* • *Lun-ven 7h-18h, w-e 8h-17h.*
■ **Discount** (plan II, F6, **6**) **:** *1220, pl. George-V Est (dans l'hôtel Château Laurier).* ☎ *1-844-562-2886.* • *dis countquebec.com* • *Tlj 8h-17h (15h le w-e). Succursale, moins chère, dans le quartier Limoilou (240, 3e rue). Lun-ven 7h30-18h, w-e 8h-15h.* Tarifs intéressants, mais prestations inférieures à celles des grandes compagnies.
■ **Cyclo Services** (plan I, B1, **7**) **:** *289, rue Saint-Paul.* ☎ *418-692-4052 ou 1-877-692-4050.* • *cycloservices.net* • *Lun-ven 9h-17h30, w-e 10-17h. Loc de vélos 17-25 $ pour 2h, 38-76 $/j. selon modèle (casque et cadenas compris) ; prix dégressifs. Également des tandems.* Outre la location, organise des visites de la ville ou des environs (sur résa).
■ **Écolocyclo** (plan I, B1, **8**) **:** *160, quai Saint-André.* ☎ *418-692-2517 (poste 301).* • *ecolocyclo.net* • *De mi-mai à mi-sept, tlj 9h-18h. À partir de 16 $ pour 2h.* Vélos classiques, électriques, tandems... bref, tout le nécessaire pour arpenter le secteur en petite reine dans cette boutique qui a aussi une antenne sur l'île d'Orléans (☎ *418-828-0370).*

Loisirs

Pour les spectacles, on peut par exemple se procurer le mensuel *Voir* (• *voir.ca* •), distribué gratuitement dans pas mal d'endroits (librairies, restos, dans la rue...). Également un agenda culturel dans *Le Soleil,* grand quotidien de Québec.

■ **Jac & Gil** (plan I, B2, **10**) **:** *1050, rue Saint-Jean. Tlj 8h-21h (22h ven-sam).* Quotidiens français, revues, pas mal de guides touristiques et une petite sélection de poches.
■ **Librairie Pantoute** (plan I, B2, **11**) **:** *1100, rue Saint-Jean.* ☎ *481-694-9748. Tlj 9h30-22h (en hiver : 9h30-19h du dim au mer, 9h30-21h du jeu au sam). Également une antenne dans la Basse-Ville : 286, rue Saint-Joseph (tlj jusqu'à 18h, 21h jeu-ven).* Très grande librairie proposant un large choix de romans, beaux livres, cartes routières et guides de voyage.
■ **Piscines :** *réseau de piscines extérieures gratuites, ouv en général de mi-juin à fin août, tlj 11h30 (ou 12h)-19h (ou 19h30). L'une d'elles est située dans le parc Notre-Dame-de-la-Garde, au 305, bd Champlain, au sud du Vieux-Québec. Une autre au 255, Grande-Allée Ouest, dans le joli parc du musée des Beaux-Arts. Dans un genre différent, le* village-vacances Valcartier *(voir, à Wendake, « Dans les environs de Wendake ») est un gros parc aquatique en été, situé en périphérie de Québec.*
■ **Patinoires extérieures :** *nov-mars. Gratuites, et on peut y louer des patins. La plus pittoresque est celle de la pl. d'Youville (☎ 418-641-6256 ; tlj 10h-22h), mais on aime aussi celles du parc de l'Esplanade, 60, rue d'Auteuil, et du parc Notre-Dame-de-la-Garde, 305, bd Champlain.*

Où dormir ?

En été, difficile et nettement plus cher de se loger, surtout durant les ***week-ends du Festival d'été*** et les ***Fêtes de la Nouvelle-France*** (début août), ainsi qu'au moment du ***Carnaval*** (en février). Évitez donc de chercher un toit à la dernière minute ! Réservez ou arrivez de bonne heure (avant 10h) dans les AJ et les hôtels. Si tout est plein ou trop cher à votre goût, sachez qu'il y a beaucoup de motels très abordables sur le boulevard Hamel, une large avenue sans âme à l'américaine, et que les villes des environs ont aussi de jolis petits nids à vous proposer. Les tarifs indiqués ci-après correspondent à la haute saison (de juin à octobre).

CAMPINGS

⛺ ⌂ **Camping Juneau :** *155, chemin du Lac, à* ***Saint-Augustin-de-Desmaures.***

LE QUÉBEC

☎ 418-871-9090 ou 1-866-871-9090. • campingjuneau.com • ♿ À 12 km à l'ouest de Québec, par l'autoroute 40 Ouest, sortie 300 Sud ; bien fléché depuis l'autoroute. Desservi par bus depuis la ville. Ouv mai-oct. Emplacements 30-46 $; chalets 2-8 pers 75-175 $/j. Camping agréable et convivial, situé au bord d'un petit lac en pleine forêt. Les places proches du rivage sont toutefois réservées aux chalets. Plus de 80 emplacements avec tables et foyers. Équipement correct : douches gratuites (rare), buanderie, dépanneur, jeux de plein air sur un beau et vaste gazon, snack-bar. Activités : spa, pêche, embarcations à pédales, canots, vélos. Pas mal de monde en saison, mais l'endroit est bien tenu, dans la bonne humeur.

Camping municipal de Beauport : *95, rue de la Sérénité, à* ***Beauport*** *(à 7 km au nord-est du Vieux-Québec). ☎ 418-641-6112, 418-641-6045 (hors saison) ou 1-877-641-6113. • centrepleinairbeauport.ca • Du centre-ville, Métrobus n° 800, jusqu'au terminus de Beauport, ensuite bus n° 55 jusqu'à la pharmacie, à 1 km env du camping. En voiture, autoroute 40 Est (sortie 321) ; emprunter la rue Labelle (direction nord), puis l'av. Larue (direction est) et, enfin, le bd Louis-XIV (direction nord) ; compter env 20 mn. Ouv début juin-début sept. Emplacements env 38-47 $.* Largement boisé, tout proche d'un lac et de la rivière Montmorency (donc de la chute du même nom). Camping de 135 places agréable et bien aménagé. Snack, laverie, dépanneur, piscine, location de canots et de vélos, terrain de sport et grande aire de jeux pour les enfants. Point de départ de sentiers de ski de fond et de raquettes en hiver.

AJ ET RÉSIDENCES UNIVERSITAIRES

Auberge de jeunesse de Québec *(plan I, B2,* ***20****) : 19, rue Sainte-Ursule. ☎ 418-694-0755 ou 1-866-694-0950. • hostellingquebec.com • Ouv 24h/24. Résa conseillée avr-oct. En dortoir 6-12 lits, 27-32 $/pers ; en dortoir 4 lits, 30-35 $/pers ; doubles 75-80 $ sans sdb et 90-125 $ avec ; réduc d'env 10 % pour les membres d'*Hostelling International *; draps inclus (ainsi que le petit déj, mais pas pour les dortoirs 6-12 lits). Parking municipal payant à proximité (17 $/j.).* Installée dans une ancienne bâtisse du régime français, bien rénovée, c'est une bonne adresse dans sa catégorie. Immense : 279 lits au total. Une énorme ruche avec dédale tarabiscoté d'escaliers et de couloirs. Les dortoirs et les chambres avec parquet sont propres, agréables, et tous ventilés à défaut d'être climatisés. Plusieurs salons (dont un avec TV), grande salle commune et bar avec billard, terrasse pour les BBQ. Plein d'infos et pas mal de visites gratuites. Consigne, machine à laver (payante), cuisine. Bon plan : les chambres familiales pour 4 personnes, assez confortables pour pas trop cher.

Auberge de la Paix *(plan I, B2,* ***21****) : 31, rue Couillard. ☎ 418-694-0735. • aubergedelapaix.com • Ouv 24h/24. Env 30-32 $/pers en dortoir, taxes, draps et petit déj compris ; double avec sdb à partager env 80 $ en hte saison ; triple env 125 $.* Idéalement située au cœur de la vieille ville, cette petite auberge un peu *roots* mais conviviale de 60 lits squatte une maison ancienne, de quoi dégager un charme certain. Terrasse agréable dans la cour à l'arrière, plancher partout et une propreté satisfaisante dans les 5 chambres privées et les dortoirs colorés de 4 à 8 lits (apporter un cadenas pour les casiers). Cuisine tout équipée, salon avec jeux à disposition. Seul bémol : les lieux peuvent être bruyants, on s'en doute...

Université Laval *(plan d'ensemble,* ***23****) : service des résidences, cité universitaire, local 1604, pavillon Alphonse-Marie-Parent. ☎ 418-656-2921 ou 5632 pour les chambres avec sdb. • ulaval.ca • Très excentré, à 20-30 mn en bus (nos 800 ou 801) du centre-ville. En voiture, remonter le chemin Saint-Louis puis l'av. Laurier sur env 5 km ; tourner ensuite dans l'av. des Sciences. Ouv mai-fin août ; hte saison en juil-août. Doubles avec ou sans sdb env 70-100 $; réduc étudiants.* Petites chambres basiques et sans charme mais propres, avec sanitaires à l'étage. Également des studios équipés (tarifs sur demande). Environnement de grand campus à l'américaine, verdoyant et aéré, mais les bâtiments sont franchement laids. Mieux vaut avoir le moral solide ! Loin du centre et pas si bon marché, c'est plutôt une adresse de dernier recours si on ne trouve rien d'autre.

■ ***L'Autre Auberge :*** *voir plus loin la rubrique « Gîtes touristiques. Plus excentré ».* Pour ses 2 chambres pour 4 personnes confortables et surtout ses parties communes géniales.

HÔTELS

Les hôtels sont chers. Leurs tarifs baissent sensiblement de novembre à mai, sauf pendant le Carnaval. On rappelle que les prix annoncés sont sans les taxes (ajouter 18 %, avec la taxe municipale).

De prix moyens à chic

■ Jeter un œil à l'***Auberge de la Paix*** et surtout à l'***Auberge de jeunesse de Québec,*** qui proposent des chambres doubles ou familiales (pour 3-4 personnes) à prix intéressants (voir plus haut).

■ ***La Maison Sainte-Ursule*** *(plan I, B3, **22**) : 40, rue Sainte-Ursule, Vieux-Québec. ☎ 418-694-9794. • maisonste-ursule.com • Doubles 50-120 $.* Sympathique petit hôtel familial, simple mais impeccable, appliquant des tarifs compétitifs pour le Vieux-Québec. En tout, une quinzaine de chambres, toutes différentes. Les moins chères, dont 3 partagent une salle de bains, logent dans la bâtisse principale, vieille maison de 1786 qui a le cachet (pierres apparentes) et les défauts de l'ancien (isolation sur rue moyenne, équipements parfois désuets). Changement de décor autour de la jolie cour fleurie à l'arrière, distribuant au gré des escaliers extérieurs et des petites terrasses des chambres modernes, de taille variable, toutes avec douche (pas de clim). Une bonne option donc, même si la maison ne sert pas de petit déj et ne dispose pas de parking.

■ ***Hôtel Belley*** *(plan I, B1, **25**) : 249, rue Saint-Paul, pl. du Marché-du-Vieux-Port, Vieux-Port. ☎ 418-692-1694. • hotelbelley.com • Doubles avec sdb 90-170 $.* Son principal atout, c'est son emplacement stratégique au Vieux-Port, au pied de la vieille ville et à proximité immédiate de la gare du Palais, même s'il est soumis à pas mal de trafic. Pour le reste, cette maison de caractère abritant un café branché renferme une poignée de chambres pas bien grandes, mais sobres, modernes, et d'un confort suffisant. Ce n'est clairement pas le meilleur plan de la ville, mais cela reste très correct.

De chic à très chic

■ ***Auberge Château des Tourelles*** *(plan II, E6, **24**) : 212, rue Saint-Jean, Vieux-Québec. ☎ 418-647-9136 ou 866-346-9136. • chateaudestourelles.qc.ca • Doubles 110-180 $, studios 140-230 $, avec petit déj. Parking payant.* Bien située, à équidistance du Vieux-Québec et du quartier branché de l'avenue Cartier, cette belle bâtisse de 1898 renferme un hôtel de caractère alliant le charme de l'ancien au confort d'aujourd'hui. Une véritable atmosphère familiale et conviviale, à l'image du salon commun où l'on sirote le café en papotant. Chambres, studios (petite cuisine équipée) et suites séduisants, avec en commun couleurs douces, vénérable parquet, double vitrage, belle salle de bains... Quelques-uns avec terrasse et jacuzzi, ou balcon. Pour les familles, suite avec 2 chambres séparées. Mais la cerise sur le gâteau, c'est la grande terrasse en haut avec vue exceptionnelle. Accueil pro et chaleureux et de bons tuyaux à glaner !

■ ***Auberge Aux Deux Lions*** *(plan II, E6, **29**) : 25, bd René-Lévesque, Haute-Ville. ☎ 418-780-8100 ou 1-877-777-9444. • aubergeauxdeuxlions.com • Doubles 140-230 $, petit déj en sus. Stationnement 16 $/j.* Cette maison ancienne prolongée par une annexe moderne abrite une auberge de qualité, où les briques et les vieilles pierres font bon ménage avec une belle déco contemporaine. Chambres spacieuses et bien insonorisées, certaines avec un coin cuisine (plusieurs sont adaptées aux familles). Salon TV-musique, cuisines équipées, machine à laver, sèche-linge, et agréable courette sont par ailleurs à la disposition des hôtes. Si l'on ajoute un excellent accueil, à la fois pro et relax, on obtient une très bonne adresse conviviale.

Auberge La Chouette (plan I, B3, **26**) : *71, rue d'Auteuil, Vieux-Québec. ☎ 418-694-0232. • aubergelachouette.com • Face au parc de l'Esplanade. Doubles avec sdb 100-135 $.* Situation stratégique dans une belle maison de 1845, au-dessus du *Restaurant Apsara* (voir « Où manger ? Dans le Vieux-Québec »), pour ce petit hôtel discret tenu par une accueillante famille cambodgienne. 10 chambres propres et confortables (clim, salles de bains nickel), plus ou moins spacieuses, avec 1 ou 2 lits, joliment décorées dans des tons gais et frais. Côté parc, vue agréable sur le ballet des calèches. Un bon rapport qualité-prix.

Hôtel Cap Diamant (plan I, B3, **41**) : *39, av. Sainte-Geneviève. ☎ 418-694-0313 ou 1-888-694-0313. • hotelcapdiamant.com • Doubles 115-175 $.* Dans une rue centrale mais à l'écart de la circulation, une demeure historique cossue de 1826, prolongée par un paisible jardin sur l'arrière. Une adresse de charme donc, remarquable pour son ameublement et sa déco d'antiquaire. Les chambres sont réparties en différentes catégories selon le volume, l'orientation et la taille des lits. Les plus belles, mansardées, se trouvent au 2e étage... mais le loft avec son balcon est un vrai coup de cœur ! Petit déj continental servi dans la véranda. Accueil attentif. À éviter avec des enfants.

Relais Charles-Alexandre (plan II, F6-7, **27**) : *91, Grande-Allée Est, Haute-Ville. ☎ 418-523-1220. • relaischarlesalexandre.com • Doubles env 150-170 $, avec petit déj continental. Parking payant.* Sise dans un quartier cossu en bordure des plaines d'Abraham, cette belle bâtisse en brique avec tourelles d'angle abrite un hôtel à taille humaine, aux chambres classiques et élégantes. Ambiance feutrée, chambres fraîches et confortables, avec parquet et parfois des bow-windows. Accueil sympathique. Une adresse de charme, mais qui n'accepte pas les enfants en bas âge.

Manoir de l'Esplanade (plan I, B3, **34**) : *83, rue d'Auteuil, Vieux-Québec. ☎ 418-694-0834. • manoiresplanade.ca • Doubles 150-200 $, avec petit déj. Parking payant.* Très bien situé à deux pas de la porte Saint-Louis, dans une solide demeure labyrinthique construite en 1845 pour les sœurs ursulines. Une trentaine de chambres classiques, pas bien grandes mais très confortables, certaines avec parquet et pierres apparentes. Accueil agréable.

Hôtel Art de Vivre (plan II, E7, **30**) : *170, Grande-Allée Ouest, Haute-Ville. ☎ 418-525-9726 ou 1-800-782-9441. • leC3hotel.com • Doubles 105-190 $.* Jolie maison ancienne... mais entièrement rénovée dans un style contemporain et branché. Chambres design à l'esprit zen, avec foyer d'ambiance, statues de bouddhas... Confort impeccable, bien sûr. Agréable terrasse à l'arrière de la maison. Excellent accueil.

Hôtel Le Manoir d'Auteuil (plan I, B3, **31**) : *49, rue d'Auteuil, Vieux-Québec. ☎ 418-694-1173. • manoirdauteuil.com • Doubles 120-250 $.* Belle demeure datant de 1835. Intérieur feutré, très cossu, avec mobilier et boiseries des années 1930 et 1950, au service d'un confort très actuel. Seulement une quinzaine de chambres, douillettes, les plus chères très spacieuses (les moins chères sont mansardées, ce qui ne manque pas de charme). Certaines donnent sur le parc de l'Esplanade. Édith Piaf descendit dans la no 8. Terrasse sur l'arrière pour le petit déj (non inclus), qui varie au fil des saisons. Accueil charmant. Que de bonnes surprises quand on en a les moyens ! Prêt de vélos.

Hôtel Pur (plan II, E5, **33**) : *395, rue de la Couronne, Basse-Ville. ☎ 1-800-267-2002. • hotelpur.com • Doubles à partir de 140 $.* Pur ? Épuré plutôt, à l'image d'une déco design minimaliste, qu'il s'agisse des parties communes ultramodernes ou des chambres éclatantes. Confort maximal, bien sûr, même si la sobriété a des limites (quelques rangements supplémentaires ne seraient pas de trop). Mais la vue depuis les étages élevés vaut le détour, de même que les services haut de gamme (piscine, sauna, salle de gym...). Un bel établissement dans la catégorie des hôtels urbains high-tech.

Auberge de la Place d'Armes *(plan I, C2,* ***35****)* **:** *24, rue Sainte-Anne, Vieux-Québec.* ☎ *418-694-9485 ou 1-866-333-9485.* • *aubergeplacedarmes.com* • *Doubles env 140-190 $, avec petit déj. Parking payant.* Adresse de charme, très centrale, dans une des rues les plus touristiques du Vieux-Québec. Sur 3 niveaux, une vingtaine de chambres douillettes à la déco élégante (meubles d'antiquaires, pierres ou briques apparentes, et même parfois une cheminée), sur la rue (bien insonorisées) ou sur l'arrière. On prend le petit déj au resto du rez-de-chaussée, avec terrasses sur la rue, ou dans la courette. Accueil très pro et chaleureux.

Hôtel du Monastère des Augustines *(plan I, B2,* ***36****)* **:** *77, rue des Remparts, Vieux-Québec.* ☎ *418-694-1639 ou 1-844-694-1639.* • *monastere.ca* • *Chambres « authentiques » à partir de 85 $/pers, « contemporaine » à partir de 105 $/pers, petit déj et accès au musée inclus (lire plus loin « À voir »).* Installé dans l'ancien couvent des Augustines, cet hôtel désormais géré par des laïcs se pense toujours comme un lieu dédié à la spiritualité. Un hébergement atypique, donc, puisqu'on peut y loger dans les anciennes cellules des nonnes, les « authentiques », avec lit en fer individuel, petit bureau pour potasser la bible et salle d'eau. Seule concession à la modernité, les matelas moelleux et les chambres à 2 lits (et l'abstinence, alors ?). Une sobriété monacale un peu moins marquée dans les chambres « contemporaines », avec clim, lit *queen-size* et salle de bains privée. On vient ici se ressourcer ! De quoi convertir ses vacances en retraite spirituelle, avec même un panel d'activités (yoga, relaxation, etc.) incluses dans le prix, qui justifient un peu plus les tarifs élevés.

Très, très chic

Hôtel 71 *(plan I, C2,* ***37****)* **:** *71, rue Saint-Pierre, Vieux-Port.* ☎ *418-692-1171 ou 1-888-692-1171.* • *hotel71.ca* • *Doubles à partir de 230 $. Parking payant.* Le *71* a pris le parti du design contemporain tous azimuts. Épuré, spacieux, il offre partout un confort sans faille et de grandes hauteurs sous plafond. Quelques vestiges du bâtiment d'origine (c'était le siège de la première banque de la ville) ont été conservés : ici un pilier de béton qui donne des airs de loft, là une salle de bains aménagée dans un ancien coffre-fort. À partir du 4e étage, on a des vues splendides sur le Saint-Laurent, le château Frontenac... ou les 2 en même temps ! Pour ceux qui ont décidé de se payer une folie. Accueil et service hyper pros.

GÎTES TOURISTIQUES

L'avantage d'un hébergement à prix plus abordable, calme, confortable et convivial. Il y en a pour tous les goûts, dans tous les secteurs. En été, n'oubliez pas de réserver bien à l'avance car ces maisons particulières proposent seulement 3 à 5 chambres (la limite légale dépend du quartier, selon qu'il est à vocation résidentielle ou commerciale). Autre avantage, le petit déj est toujours inclus.

Dans le Vieux-Québec *(intra-muros)*

Chic

Maison James-Thompson *(plan I, B3,* ***39****)* **:** *47, rue Sainte-Ursule.* ☎ *418-694-9042.* • *bedandbreakfastquebec.com* • *Doubles avec sdb env 100-125 $ (moitié prix l'hiver). Parking inclus.* Une très belle maison de la fin du XVIIIe s, classée Monument historique. Il y a même encore une meurtrière qui servait, au temps de la colonie, à se débarrasser d'un visiteur indésirable d'un coup de feu ! De l'ancien, donc, mais avec des installations modernes (salles de bains impeccables). Belles et grandes chambres colorées et personnalisées, dont certaines mansardées et toutes de bois vêtues. Petit salon TV cosy au dernier étage, vaste salle à manger au rez-de-chaussée pour le bon et plantureux petit déj, et terrasse. Beaucoup de charme et une atmosphère vraiment conviviale. Greg, guide touristique, est anglophone, mais sa femme et associée Guitta parle le français.

Gîte Le Coureur des Bois (plan I, B2, **40**) : *15, rue Sainte-Ursule. ☎ 418-692-1117 ou 1-800-269-6414. • lecoureurdesbois.quebec • Doubles 130-170 $, avec petit déj. Chalet possible pour 3-4 pers.* À proximité immédiate de l'animation de la rue Saint-Jean, une maison en brique de 1850, aux chambres sobres, confortables et parfaitement tenues. Celles d'en haut, avec salle de bains à partager, gagnent en intimité ce qu'elles perdent en taille. Salle de petit déj chaleureuse, et terrasse avec balcon donnant sur l'adorable jardin caché à l'arrière. Une bonne adresse, à l'image de l'accueil.

Dans la Haute-Ville

Quartier résidentiel calme et cossu, à une quinzaine de minutes à pied du Vieux-Québec, et bien desservi par les bus.

Prix moyens

B & B Au Petit Roi (plan II, F6, **42**) : *445, rue Burton. ☎ 418-523-3105 ou 1-877-523-3105. • petitroiquebec.com • Doubles avec ou sans sdb 80-130 $. CB refusées.* Retiré dans une rue peu passante, un *B & B* convivial, paisible et confortable. Salon commun oriental avec TV et bouquins, cafetière, frigo et micro-ondes... Les chambres, à la déco un peu chargée, se partagent une belle salle de bains pour 2 d'entre elles, tandis que les 2 vastes suites ont la leur et peuvent accueillir jusqu'à 4 personnes. Terrasse et balcon à l'arrière. Tenu par un couple marocain aux petits soins avec ses hôtes. Riche et délicieux petit déj où tout est fait maison. Bref, impeccable pour se ressourcer entre deux balades.

B & B Asseline de Ronval (plan II, E5, **55**) : *354, rue Richelieu. ☎ 418-524-3588. Double env 100 $, avec sdb partagée.* Bien situé, en contrebas de la pittoresque rue Saint-Jean, dans un coin tranquille. Petit immeuble traditionnel avec vieux parquet et briques apparentes, offrant 3 chambres pas bien grandes mais cosy et douillettes : bonne literie, clim et frigo commun. Accueil plein d'attentions.

Bienvenue Chez Mimi (plan II, E6, **45**) : *70, rue Fraser. ☎ 418-524-9161. • chezmimib@gmail.com • Doubles env 80-100 $, avec petit déj et parking. CB refusées.* À l'étage d'un petit immeuble convivial, un appartement disposant de 3 belles chambres (dont 2 avec bains), coquettes dans leurs couleurs dragée. Salon cosy pour se détendre entre deux balades. Tenue impeccable, petit déj copieux et délicieux. Accueil très agréable de la souriante Mimi, une retraitée qui materne littéralement ses hôtes. Une bien bonne adresse dont l'accueil est plébiscité par tous.

B & B de la Tour (plan II, E6, **43**) : *1080, av. Louis-Saint-Laurent. ☎ 418-525-8775 ou 1-877-525-8775. • bbdelatour.com • Fermé pdt les fêtes de fin d'année. Double sans sdb env 100 $, avec petit déj et parking.* Dans une rue calme stratégiquement située, une jolie maison à la déco *old style* élégante et impeccablement tenue, tout en fleurs dès les beaux jours. 2 salles de bains à partager pour 3 chambres cosy. Petit déj qui cale bien, pris dans la belle salle à manger, sur fond de musique classique. Salon attenant confortable et terrasse à l'arrière. Accueil sympathique. Un excellent rapport qualité-prix.

B & B Au Croissant de Lune (plan II, F5, **46**) : *594, rue Saint-Gabriel. ☎ 418-522-6366. • aucroissantdelune.com • Doubles sans sdb 100-135 $, avec petit déj.* Installée dans une rue tranquille à deux pas de l'active rue Saint-Jean, cette adresse est idéalement située pour rayonner à pied en ville. Impeccable, d'autant que les 3 petites chambres sont mignonnes et parfaitement tenues (la plus grande, sur 2 niveaux, peut même accueillir une 3e personne). Excellent accueil, attentif et attentionné, à l'image du petit déjeuner généreux.

Chic

B & B 4 Saisons (plan II, E7, **44**) : *287, bd René-Lévesque Ouest. ☎ 418-525-6426. • bb4saisons.com •*

Doubles 100-160 $, avec petit déj et parking. Un gîte douillet, tenu par les chaleureux Joscelyne et Denis. Leur grande maison située dans un quartier résidentiel propose 3 jolies chambres et une suite à la déco personnalisée, toutes climatisées et avec salle de bains privative (une seule se trouve en dehors de la chambre). La propreté est exemplaire, et le gros petit déj est différent d'un jour à l'autre. D'ailleurs, la déco de la salle à manger change elle aussi selon les saisons... à l'exception quand même des nombreux tableaux ! Bref, des prestations à la hauteur et une bonne humeur communicative qui en font un excellent point de chute.

Manoir Mon Calme (*plan II, F6,* **48**) **:** *549, Grande-Allée Est. ☎ 418-523-2714. • manoirmoncalme.com • Doubles 110-170 $. Parking payant.* À deux pas du Vieux-Québec et de l'animation de la Grande-Allée, imposante bâtisse victorienne offrant des chambres classiques un peu désuètes mais avec un espace et une hauteur de plafond plutôt rares. Petit déj pas terrible en revanche.

Dans la Basse-Ville

Saint-Roch est un quartier en pleine effervescence. Cet ancien faubourg industriel, laissé à l'abandon dans les années 1950-1970, a été habilement revitalisé jusqu'à devenir très prisé. Il abrite désormais une foule de commerces, de restos de qualité et de bars branchés. On adore cette ambiance détendue et spontanée, nettement moins touristique que celle du Vieux-Québec.

De prix moyens à chic

Au Beau Milieu (*plan II, E5,* **49**) **:** *464, rue Saint-Anselme. ☎ 418-905-4636. • aubeaumilieu.com • Double 90 $, avec petit déj.* Cette adorable maison de brique et de bois est l'une des dernières à avoir survécu aux rénovations massives qui ont transformé le quartier. Elle trône donc « au beau milieu », pleine de charme, et presque étonnée d'être encore là. Les 3 chambres, avec salle de bains commune pour celles de l'étage, plairont aux routards qui placent le naturel et la convivialité au-dessus du confort moderne standardisé. La maison est meublée de beaux objets chinés et dispose d'une courette avec préau pour prendre le petit déj et se relaxer. Détendu et chaleureux, votre hôte, Daniel, l'est assurément. Au final, l'une des adresses les moins chères mais aussi l'une de celles qui possèdent le plus de personnalité.

La Maison Daulac (*plan II, E4,* **50**) **:** *293, av. Daulac. ☎ 418-525-2458. • maisondaulac.com • Doubles env 95-100 $, avec petit déj.* C'est excentré, mais cette jolie maison de la fin du XIXe s compte 3 chambres ravissantes, hyper douillettes et tenues avec soin. Les 2 du rez-de-chaussée se partagent des sanitaires avec douche et bains, tandis que celle du sous-sol possède sa propre salle de bains. Partout, bon confort et literie de qualité. Il y a même une très agréable petite terrasse derrière la maison pour savourer l'excellent petit déj, composé notamment des crêpes réputées de votre hôtesse, Cécile Paradis, qui vous réservera à coup sûr un accueil divin.

Le 253 Couette et Café (*plan II, E5,* **51**) **:** *253, rue de la Reine. ☎ 418-647-0590 ou 1-866-647-0590. • le253.com • Doubles sans ou avec sdb 115-140 $.* Mario et Michel tiennent ces 3 belles chambres colorées et décorées avec brio (Michel est artiste peintre). Celles qui se partagent la salle de bains disposent toutes d'un lavabo. Cuisine conviviale et grand salon. Le plus, c'est l'agréable terrasse qui domine le jardin, à l'arrière de la maison. Ambiance très amicale et petit déj de qualité.

Plus excentré

Gros avantage : dans ces quartiers, on peut garer gratuitement son véhicule et rallier le centre en bus.

De bon marché à prix moyens

L'Autre Auberge (*hors plan d'ensemble,* **53**) **:** *1151, 1re Av. ☎ 418-204-1225. • lautreauberge.com • Bus no 801 pour*

LE QUÉBEC

le centre. De la rue du Pont (plan II), passer le pont qui débouche sur la 3e Av., puis tourner à gauche au niveau de la 12e rue pour rattraper la 1re Av. (parallèle à la 3e Av. donc). Double sans sdb 85 $; lit en dortoir 32 $; avec petit déj. Installée au cœur du Vieux-Limoilou, un quartier familial bien dans son jus (mais qui commence à devenir à la mode), cette adresse se définit comme un gîte alternatif. Comprendre qu'il s'agit d'une petite structure confortable, décorée avec goût (à l'image des espaces communs conviviaux avec bouquins, musique et aquarium !) et bien équipée (cuisine à disposition), mais à l'esprit très routard, bref, bourrée de personnalité. Côté couchage, on a le choix entre 2 doubles classiques, et 2 chambres pour 4 (avec un grand lit et un lit à étage à chaque fois) qui se partagent des salles de bains impeccables. Les familles avec enfants y sont d'ailleurs choyées. C'est sans doute dû à l'accueil féminin, souriant et attentionné ! Vélos à louer.

Chic

B & B Hayden's Wexford House *(plan d'ensemble,* ***54****) : 450, rue Champlain. ☎ 418-524-0524. • haydenwexfordhouse.com • Accès par le bus n° 1 qui passe ttes les 15 mn. Doubles 140-160 $, avec petit déj et parking (2 nuits min en été).* Ancrée entre la falaise et le Saint-Laurent, au pied de la citadelle, cette ancienne auberge irlandaise du XIXe s a retrouvé sa fonction première : accueillir des voyageurs. Les 3 petites chambres mansardées ont chacune leur salle de bains, dans la chambre pour l'une et attenante pour les 2 autres. Déco joliment désuète, avec des tapisseries genre toile de Jouy et du mobilier ancien. Très bien tenu. Le petit déj est servi dans une salle à manger dotée d'une belle cheminée. Une adresse classe et calme, à moins de 20 mn à pied de la vieille ville.

Où manger ?

Spécial petit déjeuner

Bügel *(plan II, E6,* ***64****) : 164, rue Crémazie Ouest, Haute-Ville. ☎ 418-523-7666. Tlj 7h-21h (19h dim-lun). Bagels simples 5-8 $, garnis 10-16 $.* Charmant petit café de quartier produisant ses propres bagels artisanaux bien charnus, servis simplement à tartiner ou dans de belles et fraîches assiettes complètes, nourries de produits majoritairement locaux, voire bio. Idéal pour un petit déj sain et savoureux, donc, comme pour caler un creux à toute heure de la journée. Petite terrasse sur le trottoir, à l'ombre des arbres.

Le Cosmos *(plan II, F6,* ***60****) : 575, Grande-Allée Est, Haute-Ville. ☎ 418-640-0606. Petit déj tlj 7h (8h w-e)-14h. Env 10-18 $.* Le branché *Cosmos* (voir plus loin « Dans la Haute-Ville ») s'anime dès le petit déj, décliné en de très nombreuses formules (œufs, « bénés », crêpes, etc.) avec l'abondance pour dénominateur commun. Les bons jus ne sont pas compris, mais leurs demi-versions sont suffisantes. Terrasse très agréable.

Café Krieghoff *(plan II, E6,* ***61****) : 1091, av. Cartier, Haute-Ville. ☎ 418-647-1429. Petit déj tlj 7h-11h15 (14h30 w-e). Env 7-19 $.* Le rendez-vous matinal des locaux. Choix complet de petits déj déclinés dans les gammes « Œufs », « Crêpes », « Gourmands » et « Santé ». Honnête et copieux. Le plus maison, c'est le véritable café allongé, eh oui, ça arrive, et ça fait d'ailleurs du bien, même si la 2e tasse est payante. Terrasse très agréable.

Autres pistes matinales à suivre : ***Les 3 Garçons, Le Pain Grüel, Au Bonnet d'Âne, La Boîte à Pain*** (voir plus loin).

Dans le Vieux-Québec (intra-muros)

Le quartier le plus fréquenté par les touristes malgré tout, on y trouve quelques adresses de qualité. Soyez prévoyant, dans le Vieux-Québec, on soupe tôt.

Bon marché

Le Chic Shack *(plan I, C2,* ***63****) : 15, rue du Fort. ☎ 418-692-1485. Tlj 11h-21h (22h avr-oct, mais 15h slt dim-mer nov-mars). Burgers 7-13 $ (ou 18 $ pour celui au homard en saison !).* Sympathique petit resto de burgers, hyper central et bien aéré, prolongé d'une agréable terrasse sur la place. Bons et copieux, les burgers sont préparés avec du pain fabriqué par un boulanger local et de la viande du canton. Également des salades, des soupes du jour et des poutines pour les amateurs. Une petite adresse très populaire.

Chez Temporel *(plan I, B2,* ***62****) : 25, rue Couillard. ☎ 418-694-1813. Tlj 10h-21h. Plats 10-15 $.* On aime beaucoup ce tout petit café à l'ambiance bohème et décontractée, idéale pour papoter. Clientèle d'étudiants et d'habitués de tous âges. Pas de véritable cuisine, mais une série d'en-cas bons et pas chers : soupes épaisses, croques, quiches, assiettes de croûtons et salade, etc.

Café-boulangerie Paillard *(plan I, B2,* ***65****) : 1097, rue Saint-Jean. ☎ 418-692-1221. Tlj 7h-21h (22h ven-sam). Petites formules env 10-15 $; salades et sandwichs 9-10 $.* Une cafét' au cadre moderne, lumineux et aéré, profitant des hauts plafonds d'une belle demeure. De longues tables de réfectoire, pour consommer relax sur place, prolongent l'espace vente à emporter. Potage du jour, large gamme de salades et de sandwichs maison chauds ou froids, en petites ou grandes portions, cohabitent avec différents pains et baguettes, glaces et viennoiseries. Également de bons petits déj.

Prix moyens

Les 3 Garçons *(plan I, B2,* ***66****) : 1084, rue Saint-Jean. ☎ 418-692-3900. Tlj 7h (8h le w-e)-22h (23h ven-sam). Plats 11-20 $; petits déj 10-16 $; déj 14-16 $.* Célèbre resto québécois pris d'assaut du matin au soir. On commence la journée par un copieux petit déj, « santé » ou plus calorique. Mais le must, ce sont leurs hamburgers, à base de viande fraîchement hachée (choix entre bœuf, porc, poulet, poisson) et de produits choisis (pain de chez *Paillard,* patates de l'île d'Orléans, bacon artisanal), le tout accompagné de mayo maison, nature ou aromatisée. Un sans-faute (même si la viande, conditions sanitaires drastiques oblige au Canada, est peut-être un peu trop cuite pour certains puristes) ! La salle aussi est très réussie, dans le genre loft, avec des tons rouges et noirs, une mezzanine et un beau mur en pierre. La terrasse, toujours bondée, donne sur cette rue très passante.

Sapristi *(plan I, A2,* ***68****) : 1001, rue Saint-Jean. ☎ 418-692-2030. Tlj 11h30-23h. Plats 15-20 $.* Forts du succès de leur *burger bar,* les joyeux drilles des *3 Garçons* (voir plus haut) ont remis le couvert, mais dans une version italienne ! Résultat, on note le même souci dans le choix des ingrédients, pour des plats de pâtes ou des pizzas qui tiennent vraiment bien la route. Servis avec le sourire... et surtout sur la terrasse planquée à l'arrière, c'est encore meilleur !

Restaurant Apsara *(plan I, B3,* ***26****) : 71, rue d'Auteuil, lié à l'Auberge La Chouette (voir « Où dormir ? »). ☎ 418-694-0232. Lun-ven midi et soir, le w-e slt pour le dîner (17h30-23h). Plats 12-20 $.* Resto géré par la sympathique famille Khuong, qui propose des spécialités cambodgiennes, vietnamiennes ou thaïlandaises. Ni dragons ni lanternes rouges, mais une salle un peu sombre, au romantisme intime, avec tout de même quelques statues thaïes pour le look asiatique. Service diligent.

De chic à très chic

Chez Boulay Bistro Boréal *(plan I, B2,* ***69****) : 1110, rue Saint-Jean. ☎ 418-380-8166. Tlj 11h30 (10h w-e)-22h. Formules déj env 15-20 $; plats le soir env 20-35 $.* La seconde adresse de Jean-Luc Boulay, chef prestigieux du *Saint-Amour* (voir plus loin), fait le bonheur des gourmands en proposant des plats innovants centrés sur le territoire québécois nordique. Dans sa cuisine ouverte, Arnaud Marchand a banni l'huile d'olive pour lui préférer celle de canneberge, et privilégie des produits du terroir boréal (viandes, poissons...) pour réaliser des menus aussi goûteux que soignés. Impeccable ! Évidemment, le midi c'est simplifié, mais déjà un régal. Et comme le service est au top, de même que le cadre de bistrot contemporain décoré d'éléments sylvestres, les formules déj sont tout simplement une aubaine !

Aux Anciens Canadiens *(plan I, B3, **70**) : 34, rue Saint-Louis (angle rue des Jardins). ☎ 418-692-1627. Tlj 12h-21h30. « Spécial » (jusqu'à 17h45) env 20 $ (mais gare aux suppléments éventuels) ; le soir, plats 25-60 $; table d'hôtes 50 $.* Installé dans l'une des plus anciennes maisons de Québec (1675), ce très célèbre resto tire son nom du roman éponyme de Philippe Aubert de Gaspé, ex-chef de la police locale qui vécut ici au début du XIXe s et devint écrivain à la faveur d'un séjour... en prison. Au menu, de bonnes spécialités régionales bien roboratives, genre gibier, fèves au lard et tourtières. Vous voilà prévenu ! Séduisant décor d'assiettes anciennes, estampes, beaux objets, etc. Service et accueil impeccables, mais atmosphère évidemment très touristique, d'où des prix franchement surévalués en soirée.

Le Saint-Amour *(plan I, B3, **71**) : 48, rue Sainte-Ursule. ☎ 418-694-0667. Lun-ven midi et soir, le w-e slt pour le dîner (18h-22h). Résa conseillée, surtout le soir. Le midi, plats 18-35 $; le soir, table d'hôtes 70 et... 125 $!* L'une des meilleures tables de Québec, voire du Québec. Vue sur les cuisines vitrées où les cuistots s'affairent autour du chef, Jean-Luc Boulay. Belles salles, dont la plus grande est un magnifique jardin d'hiver. Nappes blanches, chandelles et plantes vertes composent une ambiance chic, en adéquation avec une cuisine française imaginative et savoureuse, préparée à base de produits du terroir et présentée avec soin. La spécialité : le foie gras du Québec. Une valeur sûre.

Au pied de la vieille ville : quartiers Petit Champlain et Vieux-Port

Quartiers plutôt chers pour manger. La bonne alternative, c'est d'acheter des produits locaux au marché du Vieux-Port et d'aller pique-niquer sur les quais ou sur les quelques tables installées sur l'herbe.

Bon marché

Mille et Une Pizzas *(plan I, A1, **73**) : 363, rue Saint-Paul ; face à la gare. ☎ 418-692-1910. Tlj 11h-23h. Pizzas 11-33 $ selon taille.* Déco de cafétéria, terrasse sur le trottoir. Le charme n'est pas son fort, mais les locaux s'y bousculent pour des pizzas aussi nombreuses que réussies ; des dizaines de garnitures différentes, dont quelques créations audacieuses (au foie de morue, à l'esturgeon fumé...). Grandes tailles (jusqu'à 18 pouces) pour les familles.

Chez Victor *(plan I, B1, **81**) : 300, rue Saint-Paul. ☎ 418-781-2511. Tlj 11h-21h (21h30 jeu-ven, 22h sam). Plats 10-20 $ (breuvage inclus le midi en sem).* Excellents burgers gourmets. Lire plus loin « Dans la Haute-Ville ».

Prix moyens

Le Cochon Dingue *(plan I, C3, **76**) : 46, bd Champlain. ☎ 418-692-2013. Tlj 7h (8h le w-e)-22h (23h ven-sam). Petite formule 10 $ le midi ; plats 15-25 $.* Ici, le cochon est à la fête (filet mignon, côtes levées), mais la carte décline aussi salades, potages, burgers, plats de poisson, pâtes, croques, tartines, etc. Les mômes ont leur menu « Petit cochon » avec cahier de jeu, et les gourmand(e)s leur carte de « cochonneries » (d'énooormes desserts). Bref, il y en a pour tous les goûts et tous les budgets. Une adresse bon enfant, sans génie mais de qualité tout à fait correcte.

SSS *(plan I, C1, **72**) : 71, rue Saint-Paul. ☎ 418-692-1991. Ouv midi et soir (soir slt le w-e), jusqu'à 22h30. Plats 18-30 $.* SSS, soit... « *Simple Snack Sympathique* » ! Trop modeste, on adore son cadre au décor sophistiqué, ses beaux tableaux modernes sur murs de schiste, ses lustres originaux... Tables hautes, en salle ou sur la miniterrasse pour déguster une belle cuisine à prix encore abordables. Quelques classiques : les côtes levées fumées et grillées, la poutine au canard confit, le *crab cake* aïoli poêlé... Accueil gentil, service efficace, bonnes portions, inhabituel pour un quartier hautement touristique !

|●| ***Le Saint-Malo*** *(plan I, C1,* ***72****) : 75, rue Saint-Paul. ☎ 418-692-2004. Tlj 11h30-14h30, 17h30-22h. Plats 16-34 $.* Décor vieux bistrot, cadre intime et chaleureux, joli plafond décoré, murs de pierre noire recouverts d'une abondance de petits objets souvenirs... Depuis plus de 30 ans, *Le Saint-Malo* régale avec ses bons vieux plats classiques des régions françaises : confit de canard, boudin noir aux pommes... Vins chérots en revanche. Accueil franc.

|●| ***Le Brigantin*** *(plan I, C1,* ***74****) : 97, rue du Sault-au-Matelot. ☎ 418-692-3737. Tlj 11h30-21h (22h ven-sam). Le midi, menus 12-18 $; le soir, plats env 15-28 $, table d'hôtes 30-36 $.* Jolie terrasse très prisée aux beaux jours ou salle carrelée de noir et blanc, façon échiquier. Cuisine traditionnelle (confit, boudin, etc.) simple et fraîche, pas compliquée mais soignée. Accueil souriant, détendu et attentionné.

|●| ***Le Lapin Sauté*** *(plan I, C3,* ***75****) : 52, rue du Petit-Champlain. ☎ 418-692-5325. Tlj 11h (9h le w-e)-22h (22h30 ven-sam). Plats 16-27 $ (ajouter 15 $ pour la table d'hôtes).* Dans cette rue ultra-touristique, cette petite salle bistrotière, doublée d'une terrasse absolument charmante, est une bonne surprise. Spécialité maison, le lapin (on s'en serait douté) : en confit, en feuilleté, en terrine... Appétissantes formules brunchs le week-end, avec pain baguette, confiote maison et pommes de terre sautées au gras de canard. Une table certes touristique, mais à la longévité rassurante.

De prix moyens à chic

|●| ***Le Café du Monde*** *(plan I, D2,* ***77****) : 84, rue Dalhousie. ☎ 418-692-4455. Dans le terminal de croisières. Dos au musée de la Civilisation, prendre la petite rue en face (fléché). Tlj 11h30-23h (22h lun-mer) ; brunch le w-e 9h-14h. Plats env 16-34 $. Table d'hôtes le soir 32-43 €. Parking gratuit pdt 2h.* Sans la vue sur le Saint-Laurent et le port, on se croirait dans une brasserie parisienne. Salle immense, grand bar arrondi, serveurs sanglés dans leurs tabliers blancs. Même le niveau sonore, assez élevé, y est. Plats classiques très convenables dans l'ensemble, certains bien franchouillards comme le boudin aux pommes, le confit de canard ou les escargots. Beau choix de vins.

Dans la Haute-Ville

On y compte en gros 3 quartiers. D'abord, le *quartier Saint-Jean-Baptiste,* autour de la partie hors les murs de la rue Saint-Jean. Repaire d'étudiants, ce vieux quartier populaire et chaleureux est maintenant branché, donc plus cher. Plus loin, l'*avenue Cartier* est très animée et un poil chic. Enfin, la *Grande-Allée* concentre un maximum de restos très touristiques, avec terrasses à touche-touche. Ambiance bruyante et « m'as-tu-vu », style Champs-Élysées mais sans boutiques.

Bon marché

🍔 ***Chez Victor*** *(plan II, E6,* ***81****) : 145, rue Saint-Jean. ☎ 418-529-7702. Tlj 11h30-22h (22h30 ven-sam). Plats 8-19 $ (boisson incluse le midi en sem).* L'adresse remporte un franc succès (le soir, attente à prévoir) pour sa vaste gamme de burgers « gourmets » : à la merguez, au brie et à la confiture de poivron, au saumon, au sanglier, au tofu... Aussi des poutines, parmi les meilleures de la ville. Clientèle d'habitués, plutôt jeunes, et de quelques touristes perdus par ici. Cadre sobre et contemporain, petite terrasse en été. Un classique.

|●| ***Crêperie-bistrot Le Billig*** *(plan II, E5,* ***82****) : 481, rue Saint-Jean. ☎ 418-524-8341. Tlj 11h (10h le w-e)-22h. Galettes et crêpes 10-22 $.* Un bistrot joyeux et chaleureux, impeccable pour goûter d'excellentes et copieuses galettes de sarrasin et des crêpes sucrées à arroser d'un bon petit cidre artisanal québécois. À moins de se laisser tenter par l'un des plats proposés à

l'ardoise, comme une andouillette ou des ris de veau. Une bonne pause bretonnante adaptée à tous les budgets.

Bügel *(plan II, E6,* ***64****)* **:** *lire plus haut « Spécial petit déjeuner ».* De bons gros bagels artisanaux, simplement tartinés ou accompagnés de légumes bien frais, pour un en-cas revigorant.

Prix moyens

Le Moine Échanson *(plan II, F5,* ***85****)* **:** *585, rue Saint-Jean. ☎ 418-524-7832. Tlj 16h (14h w-e)-22h (23h jeu-sam). Conserves gourmandes 4-10 $, plats 15-20 $.* Une « boîte à vins » tenue par des échansons passionnés n'usurpant pas ce qualificatif raffiné. La cuisine suit les saisons, la sélection de pinards les envies. Inscrits sur l'ardoise, des conserves gourmandes (rillettes, terrines, rollmops...) et des planches à partager en fonction de l'appétit. Portions légères proposées avec le verre de vin idéal (beaucoup de domaines nature). Une référence décontractée dans la catégorie « dégustation ». Tonneaux sur le trottoir ou petite salle style bistrot.

Au Bonnet d'Âne *(plan II, E6,* ***87****)* **:** *298, rue Saint-Jean. ☎ 418-647-3031. Tlj 8h-21h (22h jeu-sam). Formules déj en sem 12-17 $; plats 14-23 $.* On le coiffe avec plaisir, ce *Bonnet d'Âne,* pour profiter du cadre en bois convivial de l'ancien magasin général, reconverti en cantine de quartier décorée de vieux jouets et spécialisée dans la carte... scolaire. Car ici, on goûte un burger du monde (option géographie, donc), à moins d'opter pour une pizza référence à un personnage historique ou un sandwich béni, option catéchisme. Simple, très convenable, et surtout pas trop cher. Sert aussi des petits déj très copieux. Jolie terrasse en retrait de la rue.

Le Cosmos *(plan II, F6,* ***60****)* **:** *575, Grande-Allée Est. ☎ 418-640-0606. Tlj 7h (8h w-e)-23h (minuit ven-sam et 22h dim-mar). Plats 13-26 $.* Grand resto aux horaires XXL, toujours animé. Déco contemporaine design et branchée, musique *lounge.* Cuisine hyper variée, honorable et très copieuse dès le petit déj (voir « Spécial petit déjeuner » plus haut). Salades, pizzas, pâtes, sandwichs, burgers, *nachos...* Grillades et autres tartares sont souvent traités « fusion ». L'été, on y va surtout pour la vaste terrasse au bas de la Grande-Allée, histoire de voir et d'être vu.

De chic à très chic

MNBAQ Restaurant *(plan II, E7,* ***84****)* **:** *dans le pavillon central du musée des Beaux-Arts. ☎ 418-644-6780. Tlj le midi, le soir mer-sam. Fermé lun hors saison. Formule déj 22 $; le soir, plats 28-32 $.* C'est à une star de la gastronomie québécoise, Marie-Chantal Lepage, que le musée a confié ses espaces de restauration. Il y a donc le snack et le café, mais, pour se faire plaisir, c'est dans le restaurant du pavillon central que cela se passe. D'abord, parce que la salle contemporaine ouvre sur une belle terrasse donnant sur le parc, ensuite, parce que la cuisine soignée vaut le détour. Le soir, c'est dispendieux, mais le midi, les menus permettent de goûter à des plats du jour frais et savoureux à prix doux. Un bon plan dans sa catégorie.

Graffiti *(plan II, E7,* ***88****)* **:** *1191, av. Cartier. ☎ 418-529-4949. Tlj sauf sam midi 11h30-14h30, 17h-23h. Brunch dim 9h-14h30. Le midi, formules 16-28 $; le soir, tables d'hôtes 35-44 $.* Dans un quartier vivant et huppé, une belle adresse au décor cosy et soigné, avec ses verres gravés, ses banquettes gris métal et sa terrasse agréable. Accueil dans le même esprit, pro et décontracté. Le chef y concocte une excellente cuisine italo-française de tradition, mais non dénuée de créativité. Remarquable cave à vins. Une table de qualité.

Le Parlementaire *(plan II, F5,* ***90****)* **:** *1045, rue des Parlementaires, dans le Parlement. ☎ 418-643-6640. Lun-ven 8h-14h30 ; brunch certains dim. Résa conseillée. Présenter une pièce d'identité puis passer au contrôle de sécurité type aéroport. Petit déj env 13 $ (servi slt pdt la session parlementaire, pas l'été donc) ; plats env 16-30 $.* C'est le resto de l'Assemblée nationale (lire la rubrique « À voir »). Service classe, dans la salle à manger utilisée pour les officiels. Majestueux décor style Beaux-Arts et fine cuisine à base de produits québécois. Pour se croire un grand de ce monde, le temps d'un repas ! En revanche, c'est souvent complet : réservez !

Dans la Basse-Ville et aux alentours

Beaucoup de bonnes adresses dans ce quartier branché et populaire à la fois.

De bon marché à prix moyens

|●| ☕ ***La Boîte à Pain*** *(plan II, E5,* ***91****) : 289, rue Saint-Joseph Est. ☎ 418-647-3666. Tlj 6h30-20h (17h30 dim). Sandwichs 7-8 $.* Boulangerie artisanale très populaire dans le quartier pour sa large gamme de sandwichs – celui au saucisson *calabrese* est particulièrement bon – et ses alléchantes viennoiseries et pâtisseries. On vient aussi y prendre son petit déj, car l'expresso est excellent (café bio).

|●| ***Le Bureau de Poste*** *(plan II, E5,* ***97****) : 296, rue Saint-Joseph Est (angle Dorchester). ☎ 418-914-6161. Tlj 11h-3h. Plat 4,95 $!* Tabernacle, c'te maudite vieille poste, c't'une aubaine ! ça coûte presque gratuit ! Tous les plats sont à 4,95 piastres ! Bon, d'accord, il peut avoir quelques suppléments si l'on est gourmand, mais dans l'ensemble, burgers, sandwichs, pâtes et autres plats roboratifs se défendent bien pour le prix. D'ailleurs, il y a souvent foule dans la salle aux allures de taverne. Les étudiants adorent !

|●| 🍷 ***La Cuisine*** *(plan II, E5,* ***93****) : 205, rue Saint-Vallier Est. ☎ 418-523-3387. Lun-mer 11h-1h, jeu-ven 11h-3h, sam 14h-3h, dim 14h-1h. Plat env 11 $; menu env 15 $.* Petite cuisine simple, bon marché et très correcte : lasagnes, pâté chinois (un cousin du hachis parmentier), croques améliorés, grosses salades. Mais ce qui vaut surtout le coup d'œil, c'est la déco de récup aux couleurs toniques, vintage jusqu'aux jeux vidéo des années 1980 en libre-service, sur fond de rock'n roll, pop ou autres rythmes frétillants, quand les DJs débarquent en fin de semaine à partir de 22h. Autant dire qu'il y a de l'ambiance dans cette *Cuisine* festive et chaleureuse, active jusqu'à l'extinction tardive des feux et tout aussi adéquate pour prendre un verre.

|●| ***Le Pied Bleu*** *(hors plan II par E5,* ***99****) : 179, rue Saint-Vallier Ouest. ☎ 418-914-3554. Mer-sam 11h30 (10h sam)-14h, 18h-21h30 ; dim 10h-14h. Plats env 15-25 $. Brunch env 15-18 $. Le Pied Bleu,* c'est la charcuterie des copains, une échoppe artisanale où l'on ne fabrique que du bon. D'ailleurs, leur boudin collectionne les médailles ! Mais la bonne idée, c'est d'avoir ouvert un petit bistrot rétro hyper convivial à côté de la boutique, pour régaler les amateurs d'excellentes charcuteries, de saucisses, de tripes, d'andouillettes, et bien sûr de l'incontournable boudin, tous accompagnés de fèves au lard, de champignons cuisinés, ou de pommes de terre sautées. Avec un verre de vin nature, c'est le bonheur. Un vrai bouchon à la québécoise !

|●| ***Nina*** *(plan II, E5,* ***86****) : 410, rue Saint-Anselme. ☎ 581-742-2012. Tlj sauf mar 11h-22h (23h ven-sam). Pizzas 14-20 $.* Du blanc, juste du blanc. Difficile de faire plus épuré comme déco. Enfin, il y a tout de même des piles de bois, dressées contre les murs, de quoi alimenter le four, puisque c'est pour lui qu'on s'entasse comme des bûches dans un brouhaha communicatif. De ce four sortent des pizzas dites napolitaines, et c'est vrai qu'elles en ont tous les attributs : la pâte gonflée et moelleuse, la fraîcheur des garnitures (mozzarella, roquette, *prosciutto,* etc.). On s'y croirait, si ce n'était l'ambiance relax et branchée, si typique du quartier.

|●| 🍷 ***Brasserie Griendel*** *(hors plan II par E5,* ***98****) : 195, rue Saint-Vallier Ouest. ☎ 581-742-2884. Tlj 15h (13h w-e)-1h (3h jeu-sam). Plats 15-25 $.* C'est d'abord une brasserie artisanale. Ce qui signifie qu'on y boit fort bien, qu'il s'agisse de leurs propres bières ou des bibines invitées. Mais pour une fois, ce pub est aussi un bon resto : tartares, burgers, *tataki* de thon et autres planches de charcuterie font mieux que de la figuration ! Ajoutez un cadre rétro-industriel réussi et de larges baies vitrées donnant l'impression d'être en

LE QUÉBEC

terrasse lorsqu'elles sont ouvertes, et vous obtenez une l'une des adresses dynamiques et branchées qui marche le mieux dans le coin !

De prix moyens à chic

|●| ***L'Affaire est Ketchup*** *(plan II, E5,* ***94****)* **:** *46, rue Saint-Joseph Est. ☎ 418-529-9020. Tlj sauf lun, services à 18h et 20h30. Résa conseillée. Plats 22-28 $.* Le bouche à oreille a très vite porté aux nues la cuisine gourmande de ce tout petit resto de quelques tables seulement, avec sa minicuisine ouverte aux regards. On croirait dîner dans la salle à manger de copains ! C'est en tout cas l'occasion de découvrir de bons plats du terroir (ris de veau, pigeonneau, porcelet...), à base de produits soigneusement sélectionnés chez les meilleurs commerçants du quartier. Et comme les fidèles ne manquent pas, il faut désormais s'accommoder des horaires un peu stricts de chaque service si l'on veut participer aux agapes.

|●| ***Le Café du Clocher Penché*** *(plan II, E5,* ***95****)* **:** *203, rue Saint-Joseph Est. ☎ 418-640-0597. Juste à côté de Notre-Dame-de-Jacques-Cartier, l'église au clocher penché, évidemment ! Ouv 11h30-14h, 17h-22h sauf dim soir-lun. Brunch le w-e 9h-14h. Le midi, table d'hôtes 17-20 $; le soir, plats env 21-27 $.* Grande salle de bistrot branché à la sobre déco de bois (une ancienne banque), avec, au mur, des expos de peinture et photos. La fine cuisine de marché reflète un réel amour du métier, avec quelques classiques comme le tartare de saumon au pamplemousse ou le boudin noir au bacon épicé. Les desserts valent aussi qu'on s'y intéresse de près. Service attentionné et conseils judicieux pour les vins. Une adresse qui portera les gourmands au 7e ciel.

|●| ***Le Cercle*** *(plan II, E5,* ***96****)* **:** *226-228, rue Saint-Joseph Est. ☎ 418-948-8648. Tlj 11h30 (9h w-e)-0h30 (3h jeu-sam). Le midi, formules 17-19 $; le soir, plats 17-40 $.* Bar design, restaurant gastronomique, salle de concerts ou galerie d'art ? *Le Cercle* est un mélange de tout cela. La musique *lounge* baigne un décor industriel avec hauts plafonds, look urbain tendance, mur-écran avec projections, gigantesque bar flanqué d'une haute vitrine où sont entreposés les vins. Plats élaborés revisitant les produits du cru et bon brunch le week-end. Desserts à tomber. En revanche, les vins ne sont pas donnés. Voir aussi « Où boire un verre ? Où sortir ? ».

Où se sucrer le bec ?

Le Pain Grüel *(plan II, E6,* ***80****)* **:** *375, rue Saint-Jean, Haute-Ville. ☎ 418-522-7246. Mar-sam 7h-18h30 (17h sam).* Premières fournées au chant du coq. Une boulangerie « créative » qui propose plusieurs pains différents tous les jours (épeautre, noisette, citron... et même aux algues). Si vous passez devant, vous n'y résisterez pas ! Viennoiseries et pâtisseries pour le petit déj : chocolatine, dentelle de pralin, éphémère à la crème de marrons... hmm ! Super, mais ne venez pas trop tard : ça marche du tonnerre et les étals se vident rapidement !

Choco-Musée Érico *(plan II, F5,* ***100****)* **:** *634, rue Saint-Jean, Haute-Ville. ☎ 418-524-2122. Tlj 10h30 (11h dim)-18h (21h jeu-ven).* Une adresse à faire fondre les amoureux du chocolat. Ici, il y en a de toutes sortes, de toutes origines. Les glaces sont succulentes, et les cornets monstrueux ! C'est aussi un minuscule musée (gratuit), avec de belles vitrines remplies d'objets anciens et des vidéos sur les techniques de fabrication. Recettes sur le site ● *ericochocolatier.com* ●

Tutto Gelato *(plan II, F5,* ***101****)* **:** *716, rue Saint-Jean, Haute-Ville. ☎ 418-522-0896. Tlj 9h30-20h (21h ven-sam). Ouv parfois plus tard en très hte saison.* Quand un Italien consciencieux fabrique ses propres glaces, il y a de bonnes raisons d'espérer le meilleur. *Tutto Gelato* ne déçoit pas : crèmes onctueuses à souhait, sorbets délicieux et, bien sûr, selon les saisons, des parfums qui sortent de l'ordinaire (figue, avocat... en tout, 36 saveurs).

Les Délices de l'Érable *(plan I, A-B2,* ***13****) : 1044, rue Saint-Jean, Vieux-Québec. ☎ 418-692-3245. En saison, tlj 10h-23h.* Gaufres à l'érable, sorbets et pâtisseries (muffins, mousses...) à déguster sur place ou à emporter. L'été, on peut en profiter pour goûter la fameuse tire d'érable sur neige, qui se pratique normalement entre mars et avril.

Où pique-niquer dans Québec ?

S'il fait beau, que vous en avez assez des restos ou que vous commencez à être fauché, imitez les autochtones et savourez votre frichti au grand air ! Une fois ravitaillé (chez les épiciers de l'avenue Cartier par exemple), profitez de l'une des tables de pique-nique du ***parc des Champs-de-Bataille – Les plaines d'Abraham,*** au sud du Vieux-Québec *(plan d'ensemble).* Préférez la partie ouest, plus calme et avec vue sur le fleuve, ou la portion entre l'avenue Saint-Denis et la citadelle, très belle (mais sans tables). De mi-juin à mi-août, rejoignez les locaux qui grignotent sandwichs et salades tout en écoutant les concerts gratuits donnés du jeudi au dimanche soir (dès 20h) dans le ***kiosque Edwin-Bélanger,*** proche du musée national des Beaux-Arts. Au programme : jazz, blues, musiques du monde... Les berges de la ***rivière Saint-Charles*** sont également populaires. En tout cas, ne laissez rien traîner en partant ; ici, on respecte vraiment l'environnement !

LE QUÉBEC

Où boire un verre ? Où sortir ?

Comme partout au Canada, il n'y a pas de vraie séparation entre les lieux où l'on va boire un verre et ceux où l'on va danser ou écouter de la musique live. La plupart des endroits combinent allègrement les 3 activités selon les soirs. Souvent de bons groupes de rock et de blues, tandis que lieux alternatifs et repaires de DJs se multiplient. N'oublions pas les boîtes à chansons, qui rassemblent toujours leur clientèle fervente de folk québécois.

Dans le Vieux-Québec (intra-muros)

Peu d'endroits où sortir dans cette partie très touristique de la ville.

1608 *(plan I, C3,* ***111****) : dans le luxueux hôtel du château Frontenac. ☎ 418-692-3861. Lun-jeu 14h-minuit, ven-dim 13h-1h.* Rien à voir avec les autres adresses, c'est sûr. Fauteuils club disposés en rond (on est dans l'une des tours du château), autour du comptoir derrière lequel s'agitent les shakers. En toile de fond coule le Saint-Laurent. Ambiance chic et feutrée mais pas si intime, le lieu n'étant pas grand et assez passant.

Au pied de la vieille ville : quartiers Vieux-Port et Petit Champlain

Peu d'animation dans ces rues, hormis un défilé permanent de touristes autour de la place Royale.

Bistrot Le Pape Georges *(plan I, C2,* ***112****) : 8, rue Cul-de-Sac (petite rue piétonne en angle qui va de Champlain à Notre-Dame). ☎ 418-692-1320. Tlj 12h (16h lun-mer)-3h.* Petit bistrot à vins chaleureux, installé dans une charmante maison en pierre avec cheminée et terrasse. Décor voûté et rustique où passent à l'occasion des chansonniers québécois. Sélection de vins au verre, fromages et charcutailles. Bonne ambiance.

Belley *(plan I, B1,* ***25****) : 249, rue Saint-Paul. ☎ 418-692-4595. Au rdc de l'hôtel du même nom (voir « Où dormir ? »). Tlj 8h-minuit.* Dans une belle maison typique du Vieux-Port, un petit bar animé drainant une clientèle de tous âges. Bières de microbrasserie et billard. Terrasse en été donnant sur une placette fréquentée par les joueurs de boules.

Le long de Grande-Allée (Haute-Ville)

Le long de la célèbre avenue s'égrène une multitude de bars avec terrasse du genre interchangeables et autant de boîtes branchées. On y croise beaucoup de jeunes, *lipstick* et cheveux gominés, mais aussi pas mal de touristes dans une ambiance plutôt bruyante et très commerciale.

L'Inox *(plan II, F6, **116**) : 655, Grande-Allée Est. ☎ 418-692-2877. • brasserieinox.com • Tlj 11h-3h.* « Là où est la bière commence la civilisation ! » Beau credo, non ? Les grandes cuves en inox trahissent l'activité microbrasserie de ce vaste bar contemporain à la déco minimaliste. 6 bières principalement, les « régulières », auxquelles s'ajoutent des « saisonnières ». Clientèle hétéroclite et souvent bruyante. On peut toutefois se réfugier sur la grande terrasse.

Maurice *(plan II, F6, **113**) : 575, Grande-Allée Est. ☎ 418-647-2000. • mauricenightclub.com • Jeu-sam 22h30-3h. Entrée payante.* Prénom désuet (en l'honneur de Duplessis) pour une boîte plébiscitée par les clubbers. Au 1er étage d'une sorte de minimanoir qui tient de la fourmilière, on se trémousse sur des rythmes différents, avec *go-go dancers* dans tous les coins. Au 2e étage, l'***ultra lounge Charlotte,*** avec soirée latino ou *old school* le vendredi.

Les Voûtes de Napoléon *(plan II, F6, **115**) : 680 A, Grande-Allée Est. ☎ 418-640-9388. En sous-sol. Tlj 21h30-3h. Entrée gratuite, consos à prix corrects.* Minuscule boîte à chansonniers installée dans une cave voûtée, où l'on donne un concert chaque soir. Comme la scène est très proche du public, l'ambiance monte vite en température.

Dans l'avenue Cartier (Haute-Ville)

À moins de 1 km de la Grande-Allée. Ancien fief étudiant, embourgeoisé ces dernières années. Un coin très plaisant pour prendre un verre en fin d'après-midi ou en soirée.

Jules et Jim *(plan II, E6, **118**) : 1060, av. Cartier. ☎ 418-524-9570. Tlj 11h30-3h.* Comme le film de Truffaut dont il porte le nom, ce petit bar d'habitués est devenu un classique. Belles tables basses en bois d'ébénisterie et banquettes molletonnées. On vient y descendre une pression ou siroter des scotchs en écoutant Piaf, Brel, Reggiani, ou un morceau de jazz. Assiettes de charcuterie et de fromage pour caler les p'tits creux. Atmosphère intime et apaisante. Idéal pour discuter entre potes.

Rue Saint-Jean et autour (Haute-Ville)

Le Sacrilège *(plan II, E5, **120**) : 447, rue Saint-Jean. ☎ 418-649-1985. Tlj 12h-3h.* Sous l'œil d'un joyeux moine presque défroqué (jolie enseigne !) s'épanouit ce bar de quartier avec murs de pierre et tables en mosaïque artisanale, prolongé par une verrière ouvrant sur une cour arborée, et égayée d'expos de peinture. Dur d'y dénicher une place, tant cette oasis urbaine est courue ! En plus de l'*happy hour* à toute heure (si, si !) sur une sélection de pressions artisanales, on retrouve ici les 2 ingrédients d'une bonne soirée québécoise : convivialité et animations (concerts, théâtre, spectacles...).

Bateau de Nuit *(plan II, E6, **128**) : 275, rue Saint-Jean. ☎ 418-977-2626. Ouv de 19h lun-mar, 17h mer-ven, 20h w-e, jusqu'à 3h.* Amarré discrètement (pas d'enseigne, il faut monter au 1er étage), ce petit pub patiné offre l'un des plus grands choix du Québec pour les bières de microbrasserie (et bouteilles du monde entier)... Cadre chaleureux avec lumière tamisée où la clientèle communie avec ferveur dans le culte de la cervoise ! Musique rock à fond et concerts régulièrement. Très convivial.

Le Projet *(plan II, E5, **119**) : 399, rue Saint-Jean. ☎ 418-914-5322. Tlj 11h30-1h (2h mer, 3h jeu-sam). Formule déj 16 $; plats env 15-16 $.* Un beau projet, que ce pub chaleureux où les serveurs souriants font partager leur passion pour les meilleures bières de microbrasseries du Québec. Au tableau noir, coincé sous les médaillons et les moulures du plafond, il y en a une grosse vingtaine, que l'on peut goûter si on hésite. Sympa ! Et pour éponger, la courte carte propose les classiques de pub (poutines, burgers, *fish & chips*), mais plutôt mieux réussis que la moyenne. De quoi passer une bonne soirée !

Le Dragüe *(plan II, F5,* ***123****) : 815, rue Saint-Augustin (entre la rue Saint-Jean et la rue Saint-Joachim).* ☎ *418-649-7212.* • *ledrague.com* • *Tlj 10h-3h pour le bar principal et la terrasse ; boîte de nuit jeu-sam 23h30-3h.* Complexe dédié à la musique, la fête et la... drague, évidemment ! Présenté comme LE bar gay de Québec, on y retrouve en fait une clientèle panachée. D'ailleurs, seul le *Bar 3,* à l'étage, est exclusivement masculin. Sinon, nombreux espaces différents pour boire un verre, danser, et assister à des shows de drag-queens tous les jeudis et vendredis, et parfois le dimanche. Dans la boîte, au sous-sol, tonalité musicale différente chaque soir (électro, pop, rap...). Grande terrasse.

Ninkasi du Faubourg *(plan II, F5,* ***114****) : 811, rue Saint-Jean.* ☎ *418-529-8538. Tlj 12h-3h.* Un grand pub festif à l'entrée de cette portion de la rue Saint-Jean. Des soirées concerts et DJ, poker, quiz, karaoké, vidéos insolites, ligue d'improvisation, etc. Bar au rez-de-chaussée et à l'étage. Terrasse vite pleine, vite rugissante. Que des bières de microbrasseries, et la possibilité de grignoter. Billard et plusieurs baby-foot. Belle ambiance !

Le Temps Partiel *(plan II, F5,* ***121****) : 698, rue d'Aiguillon (parallèle à la rue Saint-Jean).* ☎ *418-522-1001.* • *letempspartiel.com* • *Tlj 16h-3h ; concerts ou DJ sam dès 22h.* Organisé sous forme de coopérative, ce bar de quartier hisse l'étendard de la culture alternative. Grande salle rectangulaire bien *roots* où coulent des bières locales à prix plancher. Le samedi, projections de films décalés, concerts et autres spectacles. Billard (gratuit le week-end) et jeux. Un peu mort en semaine. Pour les amateurs d'insolite.

Dans la Basse-Ville

Surtout dans le quartier Saint-Roch, ancien quartier ouvrier, sans fard et sans frime, qui voit se multiplier les bonnes adresses : microbrasseries, bars culturels, boîtes en vogue... On y croise des gens de tous âges et de toutes conditions, aussi bien des artistes que des fonctionnaires (l'ENA québécoise est installée ici). C'est à la fois branché, populaire et cosmopolite, bref, une bouffée d'air frais quand on commence à saturer de l'atmosphère ultra-touristique du Vieux-Québec.

La Korrigane *(plan II, E5,* ***124****) : 380, rue Dorchester.* ☎ *418-614-0932.* • *korrigane.ca* • *Tlj 11h30-1h.* Excellente ambiance dans cette microbrasserie dont la réputation a vite dépassé les frontières du quartier. *Pale ale,* rousse ou *stout* bien crémeuse en font un détour obligatoire pour les amateurs de bonne mousse. Assortiments pour goûter un petit verre de chaque, à siroter sur la terrasse animée en retrait de la rue ou dans la grande salle dépouillée donnant sur les cuves.

La Barberie *(plan I, A1,* ***125****) : 310, rue Saint-Roch.* ☎ *418-522-4373.* • *labarberie.com* • *Tlj 12h-1h.* Un peu excentré mais presque toujours plein. Le secret ? Une large sélection de bières artisanales brassées maison, servies avec le sourire dans une salle colorée ou sur l'immense terrasse noyée sous les arbres. Et comme c'est bien bon, on se laisse facilement tenter par le fameux carrousel à partager (une dizaine de chopines !). Hyper convivial.

Mac Fly Bar Arcade *(plan II, E5,* ***127****) : 422, rue Caron.* ☎ *418-528-7000. Tlj 16h-3h.* Dans la catégorie « bars décalés », le *Mac Fly* est un incontournable. Déjà, avec sa déco vintage très années 1970-1980 (fauteuils en plastique moulé, vieilles enseignes...), il ne passe pas inaperçu, mais ce qui le distingue vraiment, c'est sa collection de baby-foot, de flippers, et sa salle bourrée de bornes arcades ! Les nostalgiques de Pac Man ou de Mario Bros seront aux anges ! Hyper régressif et marrant comme tout.

Noctem *(plan II, E5,* ***129****) : 438, rue du Parvis.* ☎ *581-742-7979.* • *noctem.ca* • *Tlj 11h-3h.* Et une microbrasserie de plus dans ce quartier décidément en plein boom ! Celle-ci occupe un angle stratégique, et draine une clientèle festive dès la sortie des bureaux sur sa terrasse ou dans sa salle moderne donnant sur les cuves. Bonnes bières et bonne ambiance... à condition d'aimer la musique qui pulse à plein régime !

La Cuisine (*plan II, E5,* ***93***) **:** *lire plus haut « Où manger ? ».* Atmosphère décontract et sympathique dans ce bar-resto vintage et alterno.

Brasserie Griendel (*hors plan II par E5,* ***98***) **:** *lire plus haut « Où manger ? ».*

Le Cercle (*plan II, E5,* ***96***) **:** *226-228, rue Saint-Joseph Est. ☎ 418-948-8648. • le-cercle.ca • Tlj 11h30 (9h w-e)-0h30 (3h jeu-sam). Lire plus haut « Où manger ? ».* Bar branché et salle de concerts, avec des shows variés presque tous les soirs. Programmation sur leur site. Bonne liste de vins (chers) et de bières artisanales.

Le Pub (*plan d'ensemble,* ***23***) **:** *dans le pavillon Alphonse-Desjardins de l'université Laval, à Sainte-Foy. ☎ 418-656-7075. Tlj 11h-2h. Voir « Où dormir ? ».* Loin du centre, ce bar décontracté s'adresse surtout à ceux qui restent un bon moment à Québec. Haut lieu de la vie estudiantine, il est blindé à la rentrée et en fin d'année universitaire, mais assez mort en été. Aux beaux jours, une vaste terrasse se love au creux d'une place. Bonne musique et bière de microbrasserie.

LE QUÉBEC

Achats

Marché du Vieux-Port (*plan I, B1*) **:** *160, quai Saint-André. Tlj 9h-18h (17h le w-e) ; janv-avr, jeu-dim slt.* Menacé de déménagement, le marché tient encore bon, soutenu par les habitants du quartier. Fruits et légumes de producteurs (la plupart en provenance de l'île d'Orléans), fromages, cidre de glace, douceurs (comme les macarons de *Pralines et Chocolat*)... Parfait pour improviser un pique-nique avec des produits frais et typiques. Par ailleurs, *La Cuisine du Marché* *(ouv 9h-17h)* propose quelques plats abordables sur une terrasse au bord du fleuve.

Les Délices de l'Érable (*plan I, A-B2,* ***13***) **:** *1044, rue Saint-Jean, Vieux-Québec. ☎ 418-692-3245. Tlj 10h-21h.* Le produit culte du Québec est décliné sous toutes ses formes : sirop, biscuits, thé ou café aromatisé, beurre, gaufres, etc. Idéal pour des petits cadeaux sucrés à offrir au retour.

À voir

Tout peut se faire ***à pied*** sans problème en calculant un peu son coup (voir « Se déplacer en ville »). Nous, on aime beaucoup le soir pour les illuminations et le côté décor de théâtre, que prennent les places, bâtiments et ruelles.

Voici un ***parcours par quartiers*** (avec quelques petits détours !), qui couvre tous les sites, musées et attractions principales.

Dans le Vieux-Québec *(intra-muros)*

Commençons par la ***rue Saint-Jean,*** mais dans sa partie hors les murs. Au nº 755, l'***église Saint-Matthew*** est bordée par le plus vieux ***cimetière*** urbain du Québec (1772 ; *plan II, F5,* ***130***). On y trouve les tombes (avec notice explicative) de célébrités de l'histoire québécoise, notamment Alexander Cameron (la plus ancienne), soldat de l'armée de Wolfe mort en 1759, le frère de Walter Scott, Henry Hope, gouverneur de la province... Du nº 685 au nº 699, la pittoresque et odorante ***épicerie Moisan*** *(plan II, F5 ; ☎ 418-522-0685 ; lun-sam 8h30-21h, dim 10h-19h).* En activité depuis 1871, elle a conservé son cachet d'époque, et regorge de vins, charcuteries, fromages, pâtisseries, thés, cafés, chocolats, etc., et d'idées de cadeaux... Quelques tables.

En passant la ***porte Saint-Jean*** *(plan I, A2),* on pénètre dans la vieille ville, dont la ***rue Saint-Jean,*** animée et touristique, est l'artère principale. Sur la droite, grimpant vers la porte Saint-Louis, la ***rue d'Auteuil*** aligne quelques belles maisons du XVIIIe s, notamment la *maison Péan* (1750) au n° 61.

Le site patrimonial du parc de l'Artillerie *(plan I, A2)* **:** *2, rue d'Auteuil (en descendant vers la rue McMahon). ☎ 418-648-7016 ou 1-888-773-8888. • pc.gc.ca/fortifications • De mi-mai à mi-oct, tlj 10h-17h (18h fin juin-août). Entrée : 4 $; réduc ; famille 10 $. Audioguide inclus (et conseillé). Le site fait aussi partie de la visite guidée des fortifications (voir plus loin).* Cet espace vert, partiellement en libre accès, est un lieu stratégique dans l'histoire de Québec ; des ouvrages de défense s'y élevèrent avant qu'il devienne une cartoucherie et le premier arsenal militaire au Canada. Aujourd'hui, l'ancienne fonderie accueille un centre d'interprétation des défenses de Québec. Vaste plan-relief de la ville de 1808, section sur l'évolution des fortifications depuis les premiers remparts de Champlain, vestiges de la poudrière. À deux pas, la visite se poursuit dans la puissante *redoute Dauphine,* où l'on découvre une collection d'uniformes ainsi que les reconstitutions d'une cuisine (avec son feu qui crépite !), du mess des officiers (décoré d'armes anciennes), du logement de fonction du surintendant de la fonderie (habité jusqu'en 1958) et des casernements des soldats. Quant aux casemates, elles ont évidemment servi de prison ! Une visite d'un bon rapport qualité-prix, d'autant que les enfants peuvent se déguiser et participer à un jeu de piste. L'été, la balade s'étoffe même de démonstrations de tirs à la poudre noire (au fusil à poudre, quoi).

Le monastère des Augustines *(plan I, B1-2)* **:** *32, rue Charlevoix. ☎ 418-694-1639. • monastere.ca • En été, tlj 10h-18h ; le reste de l'année, tlj sauf lun 10h-17h. Entrée : 10 $; réduc. Visite guidée l'été (1h15) à 10h30, 13h30 et 15h30 ; hors saison, mar-ven à 10h30 et 15h30 ; 15 $; réduc.* Ce musée occupe l'ancien couvent des Augustines, sœurs hospitalières débarquées de Dieppe en 1639 pour fonder le premier hôpital de Québec – et même d'Amérique du Nord –, soit l'hôtel-Dieu adjacent, repris par l'État dans les années 1960. Moderne et très épuré, il évoque l'histoire de la congrégation à travers une collection d'objets liturgiques et usuels, de manuscrits, tableaux, témoignages vidéo, etc. Noter par exemple le coffre aux trois cadenas des trois sœurs arrivées les premières en 1639, ou le détail du costume que portaient les religieuses jusque dans les années 1940. Également une section dédiée à l'évolution des pratiques médicales et une apothicairerie. Cela dit, ceux que le sujet intéresse suivront plutôt une visite guidée, au risque de rester, sinon, sur leur faim.

En descendant la rue Saint-Jean, on rencontre quelques ***rues pittoresques*** *(plan I, B2).* La *rue Couillard,* épine dorsale du Quartier latin, porte le nom de l'un des premiers habitants français au Canada, arrivé en 1613. Plus loin, la *rue Sainte-Famille (plan I, C2)* avec, au n° 15, la *maison Touchet* (milieu XVIIIe s), étonnante, dont les combles et la cheminée occupent les trois quarts du volume (ne se visite pas).

Le musée de l'Amérique francophone *(plan I, C2)* **:** *2, côte de la Fabrique. ☎ 418-643-2158. • mcq.org • Fin juin-début sept, tlj 10h-17h ; le reste de l'année, w-e slt 10h-17h. Entrée : 8 $; réduc ; gratuit jusqu'à 11 ans. Billet combiné avec expo temporaires.* Dans les majestueux et imposants bâtiments de l'ancien séminaire de Québec (1663), où fut fondée l'université Laval. C'est le musée le plus ancien du Canada (1806), constitué à partir des collections d'art sacré et d'objets rassemblés par les religieux de l'université qui enseignèrent aux premiers étudiants (sculptures, instruments scientifiques, livres rares, tableaux, monnaies, médailles, dessins et estampes). La plupart des expositions sont temporaires, mais de grande qualité, et s'intéressent à l'histoire et à l'évolution de la culture francophone en Amérique du Nord. Quant à la section permanente, elle retrace le parcours des colons qui ont choisi de faire le grand saut en s'installant au Canada, à travers une muséographie moderne et intelligente : les différentes explorations, les motivations économiques, religieuses et financières des pionniers, la fondation des premiers villages... Très instructif. Ne manquez pas par ailleurs de visiter la *chapelle* désacralisée, qui sert de salle de concerts ou de conférence.

La basilique-cathédrale Notre-Dame-de-Québec *(plan I, C2)* **:** *16, rue de Buade. ☎ 418-692-2533. • notre-dame-de-quebec.org • Tlj 7h (8h dim)-16h ou 19h selon saison. GRATUIT.* Cette austère basilique des années 1920 s'élève là où Samuel de Champlain bâtit une première chapelle en 1633, au cœur de la plus ancienne paroisse d'Amérique du Nord. Entre ces deux dates, plusieurs constructions successives s'embrasèrent, à dessein, comme lors du siège de Québec en 1759, ou par accident. L'église actuelle renferme en son chœur un admirable baldaquin de style Louis XIII.

De la rue Buade, emprunter la ***ruelle du Trésor*** pour rejoindre la ***rue Sainte-Anne.*** C'est là que les colons venaient payer leurs impôts au Trésor royal de France.

LE QUÉBEC

Le musée du Fort *(plan I, C2)* **:** *10, rue Sainte-Anne. ☎ 418-692-2175. • museedufort.com • Avr-oct, tlj 10h-17h ; fév-mars et nov, jeu-dim 11h-16h. Fermé déc-janv mais ouv pdt les vac de Noël. Projection en alternance en version française (à la demie) et anglaise. Entrée : 8,50 $; réduc.* Un petit spectacle son et lumière (une maquette animée) de 30 mn retrace les grandes batailles de Québec, dont celle des plaines d'Abraham (voir plus loin le parc des Champs-de-Bataille).

À côté du plus vieil hôtel de la ville, le *Clarendon* (1870), rue Sainte-Anne, s'élève la magnifique ***tour Price*** *(plan I, B2),* de style Art déco. C'est le premier gratte-ciel de la ville, vous ne pourrez pas le manquer, on le croirait sorti de Gotham City. Jetez un œil sur les bas-reliefs du hall. Au bout de la rue Sainte-Anne, on rejoint la ***place de l'Hôtel-de-Ville.***

Morrin Centre *(collège et vieille prison ; plan I, B2)* **:** *44, chaussée des Écossais. ☎ 418-694-9147. • morrin.org • L'été, visite guidée (env 45 mn) tlj, ttes les heures 10h30-17h30 (18h30 w-e) ; slt le w-e hors saison (téléphoner). Entrée : 11 $; réduc ; gratuit moins de 9 ans.*
Étonnante histoire que celle de ce bâtiment austère du début du XIXe s. Première prison de la ville de 1812 à 1867, il fut transformé ensuite en collège anglophone, les lieux étant devenus trop petits et surtout trop mal fichus ; les fenêtres des cachots du rez-de-chaussée donnaient directement sur la rue, facilitant grandement les évasions ! Une reconversion toutefois peu probante : si près de 60 000 prisonniers croupirent ici (meilleur client, un Irlandais embastillé 200 fois pour état d'ivresse !), seuls 300 étudiants y usèrent leurs culottes en 35 ans, entraînant la fermeture de l'établissement qui sombra dans l'oubli.
La visite guidée débute dans une petite section muséographique avant de prendre le chemin des anciennes cellules qui n'ont pas été modifiées, glauques à souhait. C'est évidemment l'occasion d'évoquer les terribles conditions de détention, les châtiments corporels et les absurdes travaux forcés qu'on imposait aux prisonniers (comme marcher des heures durant sur un moulin à pédales n'actionnant... rien). On poursuit dans les étages par les parties attribuées au collège : la salle de bal, l'ancien labo de chimie, très moderne pour l'époque (il était même doté d'une chambre noire), et la belle bibliothèque de style victorien, toujours en activité.

Le musée des Ursulines *(plan I, B2-3)* **:** *12, rue Donnacona. ☎ 418-694-0694. • museedesursulines.com • Tlj sauf lun 10h (13h oct-avr)-17h. Entrée : 10 $; réduc ; gratuit moins de 13 ans.*
Aménagé dans un couvent toujours en activité, ce musée, pas bien grand mais fascinant, est consacré à la plus ancienne communauté religieuse enseignante du Québec, et à sa mission d'éducation des filles. Remarquable muséographie très moderne.
– ***Rez-de-chaussée :*** petites maquettes sur l'évolution de la construction du couvent depuis sa création en 1639. Nombreux souvenirs, parchemins, objets

retrouvés lors de fouilles. Dans un tout autre registre, ne pas rater la section remarquable sur le délicat travail de broderie pour lequel les sœurs étaient réputées : parements d'autels (qui se distinguent par leurs étonnants hauts-reliefs) et chasubles sont de véritables trésors !

– ***1er étage :*** la première partie, « Briller en société », présente la préparation des jeunes filles aux différents arts : dessin et peinture, travaux à l'aiguille, dentelle, musique, etc. La section suivante, « Le Temps des leçons », introduit un débat franc sur le rôle de l'éducation des femmes au XIXe s. Femmes savantes ou épouses cultivées dont sont fiers les maris ? Émouvants petits témoignages comme ce *Manuel complet de la maîtresse de maison et de la parfaite ménagère* de 1834... Souvenirs de classe, instruments d'astronomie, sections minéralogie, maths, chimie, physique...

– ***2e étage :*** « Le Premier jour » décrit les premiers pas dans la communauté jusqu'au moment de prononcer les vœux pour celles qui se destinent à être religieuses. Vidéos captivantes sur le noviciat (2 ans) et la cérémonie de vêture. Quant à la section « Au son de la cloche », elle évoque la vie au pensionnat pour les élèves, avant leur retour dans le monde. Là encore, expo significative des livres de l'époque : cours de politesse, civilité des jeunes personnes, traits caractéristiques d'une mauvaise éducation, etc. Et bien d'autres thèmes comme les jeux et la camaraderie. Toute une époque ! Enfin, ne pas manquer, en juillet-août, la découverte du jardin du couvent, un secret bien gardé pendant quatre siècles !

Le château Frontenac *(plan I, C3)* **:** *1, rue des Carrières. Il ne se visite pas, mais rien n'empêche de l'admirer depuis l'extérieur ou d'aller prendre un verre au bar 1608 (voir « Où boire un verre ? Où sortir ? »).*
Perché sur le cap Diamant, le château Frontenac, du nom de Louis de Buade, comte de Frontenac et flamboyant gouverneur de la Nouvelle-France, est à Québec ce que la tour Eiffel est à Paris : le symbole et la fierté d'une ville. Fait surprenant pour une icône nationale : né de la volonté de développer le tourisme de luxe à Québec, c'est un hôtel depuis son ouverture en 1893. En 1943, Roosevelt et Churchill y préparèrent, avec le Premier ministre canadien, le débarquement des Alliés en Normandie et la poursuite des opérations en Méditerranée.
Construit par l'architecte de la tour Price (lire plus haut) pour le compte de la compagnie de chemin de fer *Canadian Pacific,* cette combinaison insolite de Renaissance française et de romantisme écossais est à l'origine du style « château » qui fera florès en Amérique du Nord. Parmi les nombreux agrandissements et aménagements, le plus emblématique reste l'érection, en 1926, de l'imposante tour centrale qui domine le cap. L'aménagement intérieur est tout aussi grandiose que les façades : nombre de meubles et d'objets furent d'ailleurs choisis par Viollet-le-Duc.

La terrasse Dufferin *(plan I, C3)* **:** *au pied du château Frontenac.* Plancher en bois, kiosques et bancs d'où l'on jouit d'une vue merveilleuse sur le Saint-Laurent. Très animée en journée, enveloppée de la douceur du soir au crépuscule. En 1838, 4 ans seulement après l'incendie du château Saint-Louis (voir ci-après), le gouverneur Durham fit monter une première terrasse de 50 m de long, directement par-dessus les ruines. Plus tard, lord Dufferin la fit rallonger et agrémenter de kiosques. C'est cette version de plus de 400 m, inaugurée en 1879, que l'on parcourt aujourd'hui. De là, départ du funiculaire vers la Basse-Ville pour ceux que les escaliers rebutent *(tlj jusqu'à 22h ou 23h30 selon saison ; trajet : 3 $).*
– La terrasse se poursuit par la ***promenade des Gouverneurs,*** longue de 655 m avec une succession de 310 marches d'escalier et de longues passerelles en bois, qui longent la citadelle côté fleuve pour aboutir aux plaines d'Abraham, offrant de beaux panoramas sur le Saint-Laurent.

Les vestiges des Forts-et-Châteaux-Saint-Louis *(plan I, C3)* **:** *sous la terrasse Dufferin ; entrée par le kiosque Lorne. Le billet s'achète au bureau de Parcs Canada situé dans le kiosque Frontenac, à côté de la statue de Champlain.*

☎ 418-648-7016 ou 1-800-773-8888. • pc.gc.ca • De mi-mai à mi-oct, tlj 10h-18h (17h de début sept à mi-oct). Entrée : 4 $; réduc. Visites guidées à 9h15 et 10h15. Bâti en 1620 à la demande de Samuel de Champlain, ce fortin devenu château servit de résidence aux gouverneurs de la Nouvelle-France, puis de la *Province of Quebec* après la conquête anglaise. D'abord en bois, puis en pierre, agrandi plusieurs fois avant d'être fortifié à la Vauban sous les ordres de Frontenac, il finit par brûler en 1834 à cause d'un feu de cheminée mal contrôlé. Bien qu'il n'en reste que des pans de murs, on devine assez facilement, aidé par les guides et les bornes digitales, l'usage de chaque pièce : cuisine, latrines... Seuls quelques objets ont échappé aux flammes (vaisselle, accessoires du quotidien). Vestige le plus spectaculaire, la gigantesque glacière située à l'entrée : des cubes de glace étaient entreposés dans cet énorme trou, puis l'on disposait les vivres par-dessus (l'ancêtre du frigo !).

Retour ***rue Saint-Louis,*** où l'on trouve, au n° 25, la *maison du duc de Kent* (vers 1700) et, au n° 17, la *maison Maillou* de 1736.

La citadelle *(plan d'ensemble)* **:** *☎ 418-694-2815. • lacitadelle.qc.ca • Mai-oct, tlj 9h-17h ; nov-avr, 10h-16h. Entrée : 16 $; réduc. Visite guidée de 1h obligatoire, le lieu est une base militaire en activité (départs ttes les 15-20 mn). Également des visites nocturnes de 1h30 avec un guide costumé fin juin-fin oct, ven-dim à 19h ou 20h selon mois : 22 $; réduc.* Construite à partir de 1820 sur le modèle des fortifications à la Vauban... mais par les Anglais ! Visite guidée intéressante de la garnison active occupée par le Royal 22e Régiment, avec un détour par la poudrière, une casemate, et les remparts hérissés de canons pour profiter d'une vue imprenable sur le Vieux-Québec. La citadelle abrite également différentes expositions, dont un musée interactif (armes, témoignages) retraçant l'histoire du 22e bataillon et de ses nombreuses interventions dans le monde entier (deux guerres mondiales, Corée, Afghanistan...).

– En été, on peut assister à la ***relève de la garde*** à la british tous les matins à 10h *(sf j. fériés ou en raison de contraintes opérationnelles),* ainsi qu'au changement de sentinelles toutes les 2h. Le mercredi à 18h, c'est carrément la retraite, avec descente solennelle du drapeau, défilé et coups de fusil en l'air.

La résidence du Gouverneur *(plan d'ensemble)* **:** *dans l'enceinte de la citadelle, mais la gestion est différente. ☎ 418-648-4322. • gg.ca • Fin juin-début sept, visite tlj 10h-16h30. De sept à mi-oct, w-e 12h-16h. Sur résa le reste de l'année. Visite guidée obligatoire de 45 mn : GRATUIT.* Bon à savoir : le bâtiment étant situé au cœur de la citadelle, la visite permet d'y jeter un coup d'œil au passage. Quant à la résidence en elle-même, elle renferme une poignée de salles d'apparat et de salons cossus où les grands de ce monde devisent lorsqu'ils sont de passage à Québec. L'occasion d'en apprendre un peu plus sur la fonction du gouverneur général, avant d'aller découvrir la superbe vue sur le Saint-Laurent depuis la terrasse panoramique. Intéressant si on a un peu de temps.

Balade sur les remparts **:** entre la citadelle et la porte Saint-Jean, il est possible de se balader librement sur l'enceinte fortifiée qui protégeait autrefois Québec. Il suffit de suivre le « chemin de ronde » tapissé de pelouse, au sommet des remparts. Possibilité également de suivre une ***visite guidée*** de 1h30, avec *Parcs Canada,* au départ du kiosque Frontenac sur la terrasse Dufferin *(☎ 418-648-7016 ou 1-888-773-8888 ; • pc.gc.ca • ; de mi-mai à mi-oct, tlj à 10h30, plus 14h30 en hte saison ; 10 $, entrée au parc de l'Artillerie incluse, ainsi que l'accès à une casemate pdt la visite ; réduc).* Construites au XVIIIe s, les murailles sont en excellent état, mais elles ont eu très chaud ! Vers 1870, les urbanistes les considèrent comme une entrave au développement de la ville et décident de les abattre. Premières disparues : les portes monumentales. Mais voilà qu'arrive à Québec un nouveau gouverneur, un certain lord Dufferin. Séduit par les remparts, il fait arrêter le démantèlement et ordonne la reconstruction des portes récemment disparues, pas à l'identique mais plutôt dans un style *Gothic revival* très en vogue à l'époque !

En suivant les remparts, on franchit d'abord la ***porte Saint-Louis.*** En contrebas, les deux têtes en bronze de Churchill et Roosevelt rappellent que les deux hommes se rencontrèrent ici en 1943 pour causer de l'intervention alliée en Europe. De là, un coup d'œil à droite : la rue Saint-Louis et la vieille ville, ses rues étroites, ses calèches et ses trois siècles d'histoire. À gauche : la Grande-Allée, son trafic automobile et, tout près, le vaste édifice qui abrite le parlement du Québec. Même télescopage des époques du sommet de la porte Saint-Jean.
Si vous êtes parti du château Frontenac, que vous avez suivi la promenade Dufferin, puis celle des Gouverneurs, longé la citadelle et parcouru les remparts, vous aurez fait les trois quarts du tour du Vieux-Québec.

Dans la Haute-Ville *(autour de la Colline parlementaire)*

Les plaines d'Abraham ou parc des Champs-de-Bataille *(plan II, F6-7)* **:** *le long de la rive nord du Saint-Laurent.*
Magnifique, l'un des plus grands parcs urbains du monde, par ailleurs au cœur de l'histoire québécoise. À la suite d'une longue guerre de position, c'est ici qu'eut lieu la bataille éclair (20 mn !) qui coûta la vie à Montcalm et au général anglais (15 partout !) et livra Québec aux Anglais en septembre 1759. Les deux ***tours Martello,*** dont le profil se détache sur les plaines, datent du début du XIXe s, quand la menace d'une invasion américaine pressa les Anglais de renforcer leur système défensif. Jamais utilisées, elles peuvent aujourd'hui être visitées (voir plus loin).
Un nouveau bond dans le temps et quelques pas dans le parc, jusqu'à l'angle des rues Général-de-Montcalm et Wilfrid-Laurier (derrière l'hôtel *Loews*), conduisent à la ***statue du général de Gaulle,*** inaugurée en 1997, 30 ans après le célèbre « Vive le Québec libre ! ».
– ***Sports d'hiver au parc :*** *avec les* Amis des plaines d'Abraham *(kiosque au niveau du musée des Beaux-Arts).* ☎ *418-649-6476. De mi-déc à fin mars selon météo, tlj 8h30-16h. Loc de raquettes et skis de fond, respectivement 15 et 30 $ (10 et 15 $ enfant) la ½ journée. CB refusées.* Quand le parc se couvre d'un beau manteau neigeux hivernal, des pistes sont tracées.

Le Musée des plaines d'Abraham *(plan II, F6)* **:** *835, av. Wilfrid-Laurier.* ☎ *418-649-6157 ou 1-855-649-6157.* • *lesplainesdabraham.ca* • *Tte l'année, tlj 9h-17h (17h30 juil-août). L'été, billet combiné valable 2 j. pour le musée, le tour en bus et la tour Martello 1 : 17 $; 13-17 ans 12,50 $; 5-12 ans 5,50 $; famille 42 $. Hors saison, musée seul : 13,50 $; 13-17 ans 11 $; 5-12 ans 4,50 $; famille 34 $.*
– ***Le musée :*** à l'accueil, petite collection d'objets découverts pendant les fouilles, puis à l'étage, projection sur un écran à 180° d'un film de 25 mn retraçant les batailles des plaines d'Abraham, de Montmorency et de Sainte-Croix, suivi de *Batailles,* une expo interactive et ludique présentant toutes sortes de plans, de maquettes et d'uniformes ainsi que de poignants témoignages autour de la guerre de Sept ans. Sympathique, mais un peu cher pour le contenu.
– ***Le tour du parc avec le bus d'Abraham :*** *juil-début sept, tlj. Plusieurs départs 10h-16h, dont 2 en français. Env 40 mn.* Abraham Martin (ou sa femme Marguerite), vieil ami de Champlain, vous présente le parc auquel il a laissé son prénom !
– ***L'artilleur de la tour :*** *tte l'année.* Exposition guidée et animée par des officiers britanniques sur l'histoire des tours Martello, leur fonction et la vie des militaires qui y étaient casernés.
D'autres activités interactives et visites animées pour enfants et adultes, parmi lesquelles :
– ***Le raquetteur :*** *déc-mars selon enneigement, à partir de 10 ans, 17 $.* Sortie récréative en raquettes traditionnelles sur le chemin tracé par l'histoire sportive des plaines d'Abraham. Lanterne en soirée et chocolat chaud inclus. Convivialité assurée.

Le manège militaire *(plan II, F6)* **:** *805, av. Wilfrid-Laurier.* Construit en 1887 par Eugène-Étienne Taché, comme le Parlement, c'est le deuxième plus important patrimoine militaire de la ville après la citadelle. Ravagé par un incendie en 2008, sa reconstruction a été entamée en 2015.

L'Assemblée nationale du Québec *(plan II, F5)* **:** *entrée à l'angle de l'av. Honoré-Mercier et de Grande-Allée Est, devant la porte Saint-Louis. ☎ 418-643-7239. • assnat.qc.ca • Tlj fin juin-début sept ; le reste de l'année, lun-ven slt, 9h-16h15. Visite guidée gratuite de 40 mn (téléphoner pour les horaires exacts qui changent tlj). Pièce d'identité demandée. Contrôle de sécurité type aéroport.* Construit en 1877, dans un style Second Empire s'inspirant du Louvre de Napoléon III, c'est l'un des rares grands bâtiments d'architecture française à Québec. La façade est ornée de 24 statues de bronze représentant les personnages marquants de l'histoire du Québec. À l'intérieur, on visite la salle des débats, la salle du Conseil législatif, la galerie des présidents. Et aussi la belle décoration du resto *Le Parlementaire,* où l'on peut même se restaurer (voir « Où manger ? Dans la Haute-Ville »). Possibilité d'assister aux débats quand il y a session.

JE ME SOUVIENS...

Devise officielle du Québec depuis 1939, cette inscription gravée sur le fronton du Parlement se retrouve aujourd'hui sur toutes les plaques minéralogiques de la Belle Province. La façade de l'édifice reprend tel un Panthéon les personnages marquants de l'histoire du Québec : Britanniques, Amérindiens et hommes de loi français. Alors, cette petite phrase inscrite dans un ruban, sous les armoiries de la province, résume à elle seule l'histoire du peuple québécois : je me souviens... de mes racines, de mon histoire, et surtout de mes origines françaises !

L'observatoire de la capitale, édifice Marie-Guyart *(plan II, F5)* **:** *1037, rue de la Chevrotière. ☎ 418-644-9841 ou 1-888-497-4322. • observatoire-capitale.com • De fév à mi-oct, tlj 10h-17h ; le reste de l'année, tlj sauf lun 10h-17h. Entrée : env 14 $; réduc ; gratuit jusqu'à 12 ans.* À 221 m d'altitude, au 31e étage d'un immeuble bâti en 1965. Expo interactive sur l'histoire de la ville et écrans tactiles permettant de repérer les différents monuments. Des guides sont à disposition pour vous raconter, avec passion, l'histoire de leur cité. Vue impressionnante sur la ville à 360°. Dommage que cela soit si cher.

Le musée national des Beaux-Arts du Québec *(MNBAQ ; plan II, E7)* **:** *179, Grande-Allée Ouest. ☎ 418-643-2150 ou 1-866-220-2150. • mnbaq.org • Bus no 11 depuis la pl. d'Youville. Ouv 10h-18h (21h mer) ; fermé lun sauf fériés. Entrée : 20 $; réduc ; gratuit moins de 12 ans et ½ tarif mer 17h-21h. Expos temporaires incluses. Visite guidée à télécharger ou tablettes à louer à l'accueil (6 $). Visites commentées tlj l'été centrées sur une sélection d'œuvres.*
Avec son nouveau musée des Beaux-Arts, la ville se hisse au rang des grandes cités culturelles internationales. Il faut dire que le plus vaste musée national au Québec ne passe pas inaperçu : pas moins de quatre pavillons se partagent une vingtaine de salles d'exposition, permettant d'offrir une vision d'ensemble dense et variée de l'art québécois depuis le XVIIe s. Le fonds est d'ailleurs si riche que les œuvres sont présentées par roulement, à l'exception bien sûr des plus remarquables.
D'emblée, le ***pavillon Lassonde*** annonce les ambitions fortes du MNBAQ : conçu par le cabinet OMA et inauguré en 2016, ce vaste bâtiment aérien posé en proue sur la Grande-Allée est le nouvel écrin de l'art contemporain au Québec. Desservis à l'intérieur par un superbe escalier monumental en spirale, et à l'extérieur par un surprenant escalier suspendu, ses espaces lumineux renferment des expositions temporaires et une section retraçant l'évolution de l'art contemporain depuis les années 1960 : les influences qui l'ont marqué, les principaux mouvements qui en découlent, et les artistes phares qui les représentent, comme Ferron, Molinari, ou BGL, dont la fameuse voiture en bois ne laisse pas indifférent !

Le 2e étage se partage entre la salle dédiée à l'art décoratif et au design, et celle qui accueille l'exceptionnelle collection d'art inuit léguée par Raymond Brousseau en 2005, après y avoir consacré sa vie. Les œuvres exposées, principalement des sculptures contemporaines à base de pierre locale, de bois, d'os de baleine et de tendons de renne, permettent de plonger dans l'univers magique du Grand Nord canadien.
Vient alors le moment d'emprunter le long souterrain permettant de rejoindre le reste du site. Et là, surprise, tout l'espace est occupé par la gigantesque fresque *Hommage à Rosa Luxembourg,* du peintre et sculpteur Jean-Paul Riopelle. Avec ses 40 m d'envergure, c'est le seul endroit où cette œuvre pouvait être présentée dans son intégralité !
Arrivé au ***pavillon central*** (dont les espaces de découverte s'adressent surtout aux familles), on a le choix entre le ***pavillon Charles-Baillairgé*** ou le ***pavillon Gérard-Morisset (réouverture en 2018).*** Tout les oppose. Le premier est une ancienne prison, active de 1867 à 1967, dédiée à des figures majeures de l'art moderne au Québec (Jean Paul Lemieux, Alfred Pellan, Fernand Leduc, et, encore lui, Jean-Paul Riopelle !), tandis que le second est un bâtiment néoclassique de 1933, dont les moulures et autres colonnes sont bien raccord avec les collections d'art historique. L'art colonial d'abord, avec statuaire et orfèvrerie religieuse (belle porte de sacristie ciselée de 1675). Puis on enchaîne avec une galerie de portraits, dont 180 tableaux ayant échappé aux affres de la Révolution française (splendide *Mise au tombeau* de Lagrenée). Également des peintres marquants du XIXe s, comme Théophile Hamel, dont on peut voir la palette, un autoportrait, et un beau tableau, *Les Nièces,* de facture classique, mais à la touche joyeuse et colorée. Et puis J.-B. Roy-Audy (intéressants dessins), Joseph Légaré (et son spectaculaire *Incendie de la rue Saint-Jean*), J.-B. Côté (beaux paysages), Antoine Plamondon (portraits de la bourgeoisie)...
Parmi les œuvres de la fin du XIXe s et de la première moitié du XXe s, réunies dans la section « Tradition et Modernité », portraits accrocheurs évoquant les expressionnistes, avec Paul-Émile Borduas *(Portrait de Simone Aubry),* et les tableaux d'un autre géant de la peinture québécoise, Alfred Pellan. Également du mobilier des années 1930-1940.

|●| Bon à savoir : on mange bien au musée ! Au choix, un bon ***snack*** dans la prison *(sandwichs, salades, soupes env 7-8 $),* un ***café chic*** au pavillon Lassonde *(env 15-20 $)* et un ***resto haut de gamme*** dans le pavillon Central, mais à prix doux le midi (voir « Où manger ? »).

Dans le quartier Petit Champlain
(au pied de la vieille ville)

Depuis la terrasse Dufferin, descendre vers ce vieux quartier pittoresque par la côte de la Montagne et l'***escalier Casse-cou.*** L'atmosphère est assez lourdement touristique, autant être prévenu. Pour éviter la grimpette, gardez plutôt le funiculaire (2,25 $) pour le retour, quand il faut monter...

La maison Louis-Jolliet *(plan I, C3)* **:** *16, rue du Petit-Champlain.* Construite en 1683 pour Louis Jolliet, le découvreur du Mississippi (avec le jésuite Marquette), qui y vécut jusqu'à sa mort en 1700, elle abrite aujourd'hui la gare inférieure du funiculaire.

La rue du Petit-Champlain *(plan I, C3)* **:** ancienne rue (on dit même que c'est la plus ancienne d'Amérique du Nord) où se réfugiaient, au XIXe s, les habitants les plus pauvres de Québec, notamment les immigrants irlandais. Aujourd'hui entièrement restaurée et éminemment touristique, au point d'avoir perdu beaucoup de son caractère même si elle reste très mignonne.

La Batterie royale : au bout de la pittoresque rue Sous-le-Fort s'élève l'un des principaux éléments de défense de la ville, construit en 1691. Les 10 bouches à feu ont été offertes par la France au Québec.

La place Royale *(plan I, C2)* **:** entourée d'édifices et de demeures des XVIIe et XVIIIe s, cette place est considérée comme le berceau de la civilisation française en Amérique du Nord. C'est en effet ici que Samuel de Champlain construisit, le 3 juillet 1608, sa première cabane au Canada. L'emplacement du fortin de 1624 est marqué sur le sol par un dallage spécial. Au centre, buste de Louis XIV en majesté, qui rappelle qu'en 1663 la Nouvelle-France fut élevée au rang de province administrée par un gouverneur.

L'église Notre-Dame-des-Victoires *(plan I, C2)* **:** *sur la pl. Royale. ☎ 418-692-1650. Mai-oct, tlj sauf pdt les offices, 7h (8h dim)- 16h (19h selon saison) ; fermé le reste de l'année, ouv slt pour les concerts.* La plus ancienne église en pierre du continent, construite en 1688 sur les fondations de la maison de Champlain. C'est l'une des plus anciennes du Québec. Restaurée à deux reprises. Ex-voto en forme de navire à l'intérieur.

Les fresques en trompe l'œil : le plus célèbre de ces grands murs peints est la *fresque des Québécois* qui habille l'angle de la rue Notre-Dame et de la côte de la Montagne. L'immense tableau (420 m²) présente, sur fond de quatre saisons, les grands personnages (voir le panneau explicatif) et la petite histoire de la ville, de Frontenac (le plus prestigieux gouverneur de la Nouvelle-France) jusqu'à des petits joueurs de hockey qui portent les couleurs des fières équipes de Québec... Sur la *fresque du Petit-Champlain,* située à l'extrémité ouest de la rue du Petit-Champlain, une trentaine de personnages liés à la vie maritime. Autres fresques murales : celle de l'*hôtel-Dieu,* au coin de la rue Charlevoix et de la côte du Palais *(plan I, B2),* sur les piliers de l'autoroute 440, près de la gare...

Dans le quartier du Vieux-Port

Le quartier du Vieux-Port s'est métamorphosé de façon radicale depuis quelques années. Rénovation des maisons anciennes, des entrepôts, qui abritent aujourd'hui cafés, restos, magasins d'antiquités, appartements, etc. Une transformation intelligente qui allie de façon harmonieuse passé et modernité. Ne pas manquer de déambuler dans les rues Saint-Paul et Saint-André et le long des quais parcourus de pistes cyclables, alternant complexes industriels – les emblématiques silos Bunge, joliment illuminés la nuit –, espaces verts et marina.
Sur les quais s'étend aussi l'***Agora*** *(plan I, D2),* une immense scène en plein air accueillant des spectacles l'été, en général gratuits.

Le musée de la Civilisation *(plan I, C2)* **:** *85, rue Dalhousie ; entrée également rue Saint-Pierre. ☎ 418-643-2158 ou 1-866-710-8031. ● mcq.org ● Fin juin-début sept, tlj 10h-17h ; le reste de l'année, tlj sauf lun 10h-17h. Entrée : 16 $; 12-17 ans 5 $; gratuit jusqu'à 11 ans. Demander le programme des animations. Cafétéria avec terrasse.*
Une visite incontournable. Installé au bord du Saint-Laurent, à l'endroit même où les premiers colons s'établirent au XVIIe s, ce musée riche et passionnant aborde la civilisation sous tous ses aspects (histoire, archéologie, sociologie, ethnologie, technologie...). Et s'il se consacre d'abord à la culture québécoise, c'est dans une perspective d'ouverture sur le reste du monde : explorer la richesse des différences, découvrir les modes de vie des uns et des autres. D'où de nombreuses ***expositions temporaires*** de grande qualité, venant compléter les deux expos permanentes décrites ci-après. Comme dans la plupart des musées québécois, une attention toute particulière est apportée aux enfants, avec de nombreux ateliers et animations. Également des visites guidées thématiques tout au long de la journée.

– ***C'est notre Histoire, Premières Nations et Inuits du XXIe s :*** pour comprendre l'histoire épique et le mode de vie des 11 nations autochtones du Québec, et faire la différence entre Inuits, Algonquins, Hurons-Wendat, Cris, Micmacs, Mohawks... Tous les sujets sont abordés avec précision et sobriété, certains douloureux (les tentatives de christianisation et d'assimilation, la création des réserves), d'autres passionnants (le nomadisme, les techniques traditionnelles de pêche et de chasse), mais tous illustrés par des objets magnifiques. Parmi les plus remarquables, on note un canot de 11 m de long en écorce de bouleau (suspendu au-dessus des têtes), matériau idéal pour la navigation car léger, malléable et imperméable. Ou encore un costume de cérémonie d'un chef huron et un canot de haute mer des Micmacs. Expo à visiter en priorité si vous êtes en famille.

FUMER LE CALUMET DE LA PAIX

Le calumet, qui a donné le mot « chalumeau », désigne une pipe. C'est un élément puissant de la culture des Amérindiens et un symbole religieux. La fumée relie l'Indien au Grand Esprit. Représentant l'honneur et le caractère sacré de toute vie, le calumet est utilisé pour sceller des alliances et consacrer marchés et traités. La cérémonie du calumet consiste à souffler la fumée aux quatre points cardinaux, qui représentent les éléments de la vie spirituelle.

– ***Le Temps des Québécois :*** passionnant ! La petite et la grande histoire du Québec, traitée à travers objets évocateurs (comme la maquette de l'habitation de Champlain), témoignages sonores, films d'époque ou didactiques, etc. Tous les événements majeurs (fondation de la ville, conquête anglaise, révolte des Patriotes, industrialisation, etc.) et leurs conséquences, aussi bien historiques que sociologiques, sont passés en revue, de façon très accessible. La Révolution française, par exemple, fut un choc terrible pour les colons français qui étaient plutôt royalistes. À propos des flux migratoires par exemple, on apprend qu'outre la population originaire de France, largement majoritaire, les immigrés étaient tout sauf anglais : écossais, irlandais, protestants allemands ou juifs d'Europe centrale. Autre étonnement : 1 million de Québécois quittèrent le Canada entre 1830 et 1930 pour participer à l'industrialisation américaine. Une large section s'attarde enfin sur la Révolution tranquille des années 1960, cocktail de libération des mœurs, de marginalisation de l'influence de l'Église, d'essor de l'État-providence et des revendications souverainistes, qui transforma les fondements de la société québécoise.

Le Musée naval *(plan I, D1)* ***:*** *170, rue Dalhousie, à l'angle du bassin Louise et du fleuve Saint-Laurent. ☎ 418-694-5387. • mnq-nmq.org • Juin-oct, tlj 10h-12h, 13h-17h. GRATUIT.* Un minimusée sur l'histoire de l'artère vitale du Canada : le fleuve Saint-Laurent, des premiers peuplements amérindiens aux tentatives d'invasion des Britanniques jusqu'aux attaques des *U-Boote* allemands.

La rue Sous-le-Cap *(plan I, C1-2)* ***:*** l'une des plus anciennes rues du Québec, longtemps l'une des plus pauvres de la ville, peuplée de familles d'immigrés irlandais. Coincée entre la rue Saint-Paul et la falaise abrupte du cap Diamant, elle est parcourue d'escaliers extérieurs et de passerelles en bois reliant les maisons à leurs dépendances adossées au rocher. La très belle vue plongeante depuis la rue des Remparts révèle aussi les jolies terrasses aménagées par les nouveaux propriétaires...

En poursuivant la balade, on croise quelques édifices dignes d'intérêt, notamment celui de la ***Société du port de Québec,*** superbement restauré. Également le ***bâtiment de la douane,*** construit en 1856 dans un style italien avec une grande colonnade et des masques de pierre sculptée. Autrefois, un escalier le reliait au fleuve. Dans la ***rue Saint-Paul,*** anciennement popu aujourd'hui huppée, alternance de boutiques d'antiquaires et de galeristes.

Au bout de la partie ouest de la rue Saint-Paul, le long du fleuve, deux architectures originales : l'***immeuble de Santé et Bien-être social*** avec ses tourelles, clochetons, multiples pignons à lucarnes et son toit en cuivre. Tout à côté, la magnifique ***gare du Palais,*** merveilleusement restaurée, se donne des airs de manoir, avec ses toits immenses à hautes lucarnes.

Plus loin

L'Aquarium du Québec *(plan d'ensemble)* **:** *1675, av. des Hôtels, au pied du pont de Québec. ☎ 418-659-5264 ou 1-866-659-5264. ● sepaq.com ● À une dizaine de km à l'ouest du centre. De la pl. d'Youville, bus nº 25 puis 10 mn de marche. En voiture, sortie 132 de l'autoroute 73 Sud. De juin à mi-oct, tlj 9h-17h ; le reste de l'année, tlj 10h-16h. Entrée : 19 $; 3-17 ans 9,50 $; réduc.* Un complexe qui réjouira les gamins, entre le parc, le zoo marin et l'aquarium. Pléthore de bassins bien sûr, peuplés de la faune de tous les océans du globe, avec passage par un court tunnel « sous-marin » et des bassins de contact, où caresser le dos des raies ou des étoiles de mer. Original, une salle des méduses presque psychédélique, avec jeux de miroirs et de lumières. Pas de grands requins qui font peur en revanche mais, dans des piscines extérieures, des morses, des phoques (spectacle deux fois par jour l'été), et même des ours blancs qu'on ne caresse pas, eux. Aire de pique-nique avec jeux d'eau. Snacks et glaciers sur place.

LE QUÉBEC

À faire

L'été

➢ ***Visites guidées et tour de la ville en bus :*** voir la rubrique « Excursions, visites guidées » dans les « Adresses et infos utiles ».

➢ Pour les couples romantiques, ***promenade en calèche*** dans le Vieux-Québec. On les trouve dans le parc de l'Esplanade *(plan I, A-B3)* et place d'Armes, devant le château Frontenac.

➢ ***Balades à vélo :*** il y a quelques pistes cyclables à Québec. Demander la carte du réseau cyclable à l'office de tourisme (bien faite et utile). Les plus sportifs pousseront depuis le centre-ville jusqu'à la chute de Montmorency et l'île d'Orléans, par le corridor du littoral, le long du Saint-Laurent. Super balade. Voir les « Adresses et infos utiles » pour la location.

➢ ***Le parc linéaire de la rivière Saint-Charles :*** il s'agit d'un sentier pédestre de 32 km, reliant le bassin Louise *(plan I, C1)* au lac Saint-Charles, où la rivière du même nom prend sa source. Les berges ont été joliment aménagées pour être accessibles aux randonneurs en toute saison. Également une boucle de 8 km pour les vélos et patins, des embarcadères pour canoës, et en hiver, un circuit à raquettes ainsi qu'un petit sentier de patinage et des « glissoirs ». Sur la route, ne pas manquer les rapides et la chute de Kabir Kouba (28 m de haut).

➢ ***Traverser le fleuve Saint-Laurent,*** pour admirer la vieille ville de Québec et le château Frontenac **:** c'est probablement la perspective la plus spectaculaire sur le Vieux-Québec. Des compagnies organisent des croisières sur le fleuve, mais le ***traversier Québec-Lévis*** est de loin la solution la plus économique. Embarquement dans le quartier Petit Champlain *(plan I, C3)* ; voir la rubrique « Se déplacer en ville » plus haut. Panoramas très photogéniques, surtout le matin quand la lumière rasante du soleil éclaire la ville, et la nuit quand la ville s'illumine. Très impressionnant l'hiver lorsque la glace craque !
On peut ensuite rester sur le bateau et revenir à Québec ou opter pour une promenade dans ***Lévis,*** ville résidentielle mignonnette à l'abri des hordes de touristes. Beau parc doté d'une vue panoramique sur le Vieux-Québec.

– **Voile :** *au* ***Vieux Port Yachting*** *(plan I, C1,* ***16****), sur le Vieux-Port, 155, rue Dalhousie. ☎ 418-692-0017. • vpy.ca • De mi-mai à fin sept.* Un club de voile fondé en 1984. On navigue sur des quillards. Et sur un plan d'eau exceptionnel : le fleuve Saint-Laurent ! Ça change de la Manche... Location de voiliers avec ou sans skipper (une quinzaine de bateaux de 9 à 15 m). Sympa, la balade de 3h « Introduction à la voile » *(env 70 $/pers ; taxes incluses ; moins de 13 ans non autorisés à bord).* Larguez les amarres, moussaillons !

L'hiver

Une ribambelle d'activités, du patinage en extérieur au ski de fond en passant par la promenade à raquettes, les attelages de traîneaux ou le séjour en igloo : infos à l'office de tourisme.

– **Les Glissades de la Terrasse :** *sur la terrasse Dufferin. ☎ 418-829-9898. De mi-déc à mi-mars, tlj 11h-23h, 3 $ env.* Pour un prix modique, trois toboggans à dévaler en luge dans un des plus beaux lieux de Québec, entre le château Frontenac et le Saint-Laurent. Super sensations (les plus casse-cou atteignent 90 km/h !). Aussi une patinoire accessible pour une poignée de dollars, location de patins incluse.

TERRAIN GLISSANT

La situation devient vite ubuesque lorsqu'un touriste demande en été à un Québécois où il peut bien trouver un toboggan pour ses bambins ! D'origine algonquine, le terme « toboggan » désigne ici un traîneau utilisé pour la glisse en hiver. Pour les plus sportifs, la version olympique du toboggan traditionnel est le bobsleigh. Il est représenté sur les billets de 5 $. En traversant l'Atlantique, le terme a dérivé pour désigner les fameux « glissoirs » des jardins publics.

Fêtes et manifestations

– **Carnaval de Québec :** *de fin janv à mi-fév. Infos : ☎ 1-866-422-7628. • carnaval.qc.ca •* Plus grande célébration de l'hiver au monde, le Carnaval de Québec « s'éclate » pendant une quinzaine de jours. Intense et familial. Grande parade, courses en canot sur le fleuve et en traîneau à chiens sur la terre ferme, concours de sculptures de neige, bain de neige (en sous-vêtements, avec gants et chaussures) ; et, bien sûr, le Bonhomme Carnaval. Rassemble plus de 1 million de « carnavaleux » chaque année.
– **Fête nationale du Québec :** *ou fête de la Saint-Jean, 24 juin. • fetenationale.quebec •* Tout est fermé ce jour-là. Le 23 juin au soir, une marée humaine déferle dans les rues. Grand concert sur les plaines d'Abraham.
– **Fête du Canada :** *1er juil.* Tout est fermé aussi.
– **Festival d'été de Québec :** *10 j. début juil. ☎ 418-529-5200 ou 1-888-992-5200. • infofestival.com •* Environ 800 artistes venus d'une vingtaine de pays offrent un programme extraordinairement riche de 400 spectacles (la plupart gratuits) dans les parcs du Vieux-Québec : concerts de folk, de jazz, chansons, spectacles de rue, animations pour jeune public, et même de la musique classique... Atmosphère joyeuse et disciplinée.
– **Transat Québec/Saint-Malo :** *ts les 4 ans. Prochain départ en 2020. • transatquebecstmalo.com •* Dans le sillage de Jacques Cartier, les équipages larguent les amarres pour 3 000 miles sans escale. Au cours de la semaine qui précède, on peut admirer de près les monocoques, catamarans et trimarans géants. Ambiance garantie sur le port pour le départ.
– **Grands Feux Loto-Québec :** *15 j. en août. Infos et billetterie : ☎ 418-692-3736. • lesgrandsfeux.com •* Concours de feux d'artifice en musique sur le

Saint-Laurent, à hauteur du bassin Louise *(plan I, C1)*. Pour y aller, bus spéciaux *RTC*. Croisières spéciales également pour admirer le spectacle depuis le pont d'un bateau (renseignements au Centre Infotouriste).

– ***Fêtes de la Nouvelle-France :*** *5 j. début août, principalement dans le quartier Petit Champlain. Rens : ☎ 418-694-3311.* • *nouvellefrance.qc.ca* • Reconstitutions historiques, défilés de géants et acteurs en costume d'époque (XVIIe et XVIIIe s) retracent l'histoire des Amérindiens et des premiers arrivants. Certaines animations sont payantes, nécessité alors d'acheter un « médaillon » pour y participer *(12 $; gratuit jusqu'à 12 ans).*

– ***Fête du Travail :*** *1er lun de sept.* Tout est fermé, sauf certains musées. Peu de gens ont le cœur à la fête ce week-end-là, puisqu'il marque la fin de la haute saison touristique... et des vacances pour beaucoup de Canadiens.

WENDAKE

1 600 hab.

À une quinzaine de kilomètres au nord de Québec, à côté de Loretteville. Wendake, appelé Village-Huron jusqu'en 1985, est une réserve amérindienne qui peut déconcerter tous ceux qui s'attendent à découvrir un village indien façon western ou alors une réserve un peu sinistre, comme c'est parfois le cas. Les Hurons-Wendat installés là ne semblent pas vivre différemment des autres Québécois (mêmes maisons, mêmes voitures et mêmes croyances religieuses, les jésuites ayant bien fait leur boulot !), et on peut traverser la réserve sans se rendre compte qu'on est en territoire autochtone.

Au fait, on parle de village, mais avec sa surface et sa situation, Wendake (prononcer « Wouëndaké ») ressemblerait davantage à un quartier puisqu'il est tout petit et s'étend sur quelque 2 km de long et moins de 1 km de large. Sur les 3 200 Hurons-Wendat vivant au Québec aujourd'hui, 1 600 seulement vivent à Wendake. La réserve souffre en effet cruellement du manque de terres et de place pour accueillir toute sa communauté.

Wendake ne fait donc pas dans le spectaculaire, mais un détour par son petit musée et ses sites permet de découvrir l'histoire et le quotidien d'une communauté méconnue.

– *Pow-wow :* tous les ans, le dernier week-end de juin (du vendredi après-midi au dimanche : entrée : 15 $ pour les 3 jours), Wendake accueille son grand *pow-wow,* qui attire entre 15 000 et 18 000 personnes. Ce grand rassemblement consiste principalement en un concours de danses et de chants traditionnels.

LA VIE DE LA RÉSERVE

Nous sommes ici dans le fief de la nation huronne-wendat (prononcer « ouayendat »). Son drapeau représente un castor, des raquettes et un canot. Elle possède son école, et sa propre police. Un grand chef élu au suffrage universel tous les 4 ans et six autres chefs sont chargés de faire fonctionner cette microsociété, de préserver l'héritage culturel du peuple huron et de défendre les intérêts de la nation.

Comment y aller ?

➢ ***En voiture :*** par l'autoroute 73 Nord (sortie 154). Située sur le bd Bastien, en direction de Loretteville.

➢ ***En navette :*** de fin juin à mi-sept, 5 départs/j. 9h30-17h depuis le Centre Infotouriste de Québec jusqu'à l'hôtel

Premières Nations (retour 10h-16h30). Env 15 $ A/R ; gratuit moins de 5 ans.
➢ ***À vélo :*** pour les mollets les plus costauds, possibilité d'arriver à vélo par le réseau de pistes cyclables de Québec qui est rattaché à celui de Wendake. Compter au moins 2h.

Adresses utiles

■ ***Tourisme Wendake :*** *dans le hall de l'*Hôtel-musée Premières Nations*, pl. de la Rencontre.* ☎ *418-847-1835 ou 1-888-WENDAKE.* • *tourismewendake.ca* • *De mi-juin à mi-oct, tlj 9h30-17h30 ; le reste de l'année, mer-sam 8h-16h30.*
■ ***Location de vélos :*** *à la boutique* ***Le Pédalier,*** *99, bd Bastien.* ☎ *418-842-2734.* • *pedalier.ca* • *Lun-ven 9h30-17h30 (21h jeu-ven), sam 9h-17h.*
■ ***Canots Légaré :*** *12766, bd Valcartier.* ☎ *418-843-7979.* • *canotslegare.com* • *Loc avr-sept, tlj 9h-17h (de juin à août : 18h dim-mer, 21h jeu-ven et 19h sam). Fermé dim en avr.* Pour ceux qui souhaitent découvrir la rivière Saint-Charles et ses méandres, cette entreprise familiale loue des embarcations en tout genre et pour tous niveaux.

Où dormir ? Où manger ?

■ ***La Huronnière :*** *415, Chef-Maurice-Sébastien.* ☎ *418-845-4118.* • *lahuronniere.com* • *Résa conseillée. Doubles avec sdb env 115-125 $, avec petit déj.* Le genre d'endroit avec le p'tit je-n'sais-quoi qui, instantanément, vous fait vous sentir bien. L'extérieur de cette maison moderne en brique rouge n'offre pourtant rien de bien particulier. Mais la porte poussée, on découvre un grand salon lumineux avec baie vitrée ouvrant sur la piscine. Quant aux chambres, situées à l'entresol, elles sont confortables, peuvent éventuellement accueillir des familles et se partagent un petit espace salon avec frigo, café, thé et minifour à disposition. Mais comme souvent, ce qui fait vraiment la différence, c'est l'accueil chaleureux.
■ ***Hôtel-musée Premières Nations :*** *5, pl. de la Rencontre « Ekionkiestha' ».* ☎ *418-847-2222 ou 1-866-551-9222.* • *tourismewendake.ca* • *Doubles 130-260 $, petit déj en sus (env 17 $).* La façade aveugle de cet hôtel s'avère un peu déroutante au premier abord, mais reprend en réalité l'architecture du fumoir algonquien et de la maison longue. Une fois à l'intérieur, on découvre une structure hyper cosy, entièrement vitrée sur l'arrière (le hall, les chambres et le resto donnent tous sur la forêt et la rivière), qui allie tradition et modernité avec élégance. Les matériaux nobles (beaucoup de bois) et une déco épurée couleur terre y côtoient un bel artisanat traditionnel, façonné pour l'hôtel par des artisans des Premières Nations. Dans chaque chambre, de petites peaux de castor, de renard ou de coyote, et un sol de salle de bains en pierres de rivière. Également un espace spa selon les rites wendat et, pour les aventuriers, la possibilité de dormir dans la maison longue voisine (c'est rugueux, mais les commodités sont à l'hôtel) !
■ ***Restaurant Nek8arre :*** *à l'intérieur du village huron reconstitué, juste à l'entrée.* ☎ *418-842-4308. Ouv en saison 11h30-15h. Menu 20-35 $.* Resto amérindien dans une maison en bois. Cuisine uniquement huronne-wendat à base d'ingrédients traditionnels : maïs, fèves, pommes de terre, courges, haricots, riz sauvage, gibier et poisson. Et selon arrivage : bison, caribou, chevreuil, truite arc-en-ciel, canard, perdrix et wapiti. Le menu comprend également une entrée de viandes fumées et des soupes à la citrouille, aux graines de tournesol, aux courges, ainsi que la fameuse *sagamité* (plat national des Hurons-Wendat, composé de fèves rouges, maïs lessivé et quelques morceaux de viande) et la *banique* (pain sans levain). C'est vraiment bon, et les prix

sont plus qu'honnêtes pour un repas original. Cela dit, hyper touristique et nombreux groupes. Pour plus de calme, choisir la terrasse.

Restaurant La Traite : *pl. de la Rencontre, dans l'hôtel* Premières Nations. ☎ *418-847-0624. Tlj 7h-21h. Formule déj 18 $; table d'hôtes le soir 46-82 $ (3 à 6 services).* C'est la belle table de la réserve, où le célèbre chef (souvent primé et auteur de nombreux bouquins) revisite la cuisine wendat dans une version gastronomique. Carpaccio de wapiti, saucisses de cerf et autres spécialités de bison braisé sont préparés avec talent, accompagnés de légumes locaux travaillés avec modernité, et servis avec élégance dans un cadre ethno-chic chaleureux. Ça vaut le coup, surtout pour les petits menus du midi.

À voir. À faire

Il existe un ***forfait découverte*** *(18,50 $/adulte)* incluant la visite du musée Huron-Wendat, de la maison Tsawenhohi, de la maison longue Ekionkiestha', de l'église Notre-Dame-de-Lorette, de la Fresque du peuple wendat et la découverte de la chute Kabir-Kouba. Il s'agit en fait d'une visite guidée (2h30), au tarif intéressant compte tenu du prix du musée. Également des soirées ***Mythes et Légendes*** (1h30) organisées toute l'année dans la maison longue traditionnelle en compagnie d'un conteur *(sur résa slt, env 35 $; réduc ; gratuit moins de 5 ans). Infos via • tourismewendake.ca •*

Le site traditionnel huron-wendat Onhoüa-Chetek8e reconstitué : *575, rue Stanislas-Kosca.* ☎ *418-842-4308. • huron-wendat.qc.ca • Tlj 9h-17h (dernière visite à 16h). Visite guidée obligatoire (env 45 mn) ; départs env ttes les 30 mn en hte saison. Entrée : env 14 $; 13-17 ans 11 $; 7-12 ans 9 $. Également des forfaits incluant visite, spectacle et/ou repas.* Le village, entouré de hautes palissades (comme le village d'Astérix), s'étend sur 1 ha environ et témoigne de la vie d'autrefois chez les Hurons-Wendat. Après une danse de bienvenue, les guides en costume présentent tour à tour un tipi traditionnel, une maison longue en bois et en écorce entièrement meublée (c'est là que les Indiens vivaient en petite communauté), un fumoir et un séchoir à viande, une hutte de sudation, la cabane du chamane... Kiosques didactiques sur la société des Faux-Visages, les premiers contacts avec les Européens, la situation des Premières Nations du Québec et sur la vie contemporaine de Wendake. Très touristique mais intéressant. Grande boutique de souvenirs, bien entendu. Le site propose aussi des activités (en sus), comme les sorties en canot, des jeux amérindiens, du tir à l'arc, etc.

Le musée Huron-Wendat et la maison longue Ekionkiestha' : *pl. de la Rencontre « Ekionkiestha' ».* ☎ *418-847-2260. • museehuronwendat.ca • Dans l'hôtel* Premières Nations. *De mi-mai à mi-oct, tlj 9h30-17h (16h de mi-mai à mi-juin et de sept à mi-oct). Visite guidée (incluse dans le prix) à 10h, 13h30 et 16h (à 10h et parfois 13h30 hors saison). Attention, la maison longue n'est visible que pdt la visite guidée ! Entrée : 14,50 $; réduc.* Ce petit musée bien fait épouse les formes d'un bâtiment aux allures de tipi. Panneaux explicatifs et vitrines s'organisent par conséquent en arcs de cercle, et présentent l'histoire de la communauté (parallèlement à celle de la colonisation européenne), sa culture et ses traditions. Mais le clou de la visite, c'est la découverte de la maison longue reconstituée avec soin. Palissade de 10 m de haut, entrée en chicane, mobilier, ustensiles et équipements, rien ne manque. On s'y croirait !

Balade dans Wendake : la jolie petite église (Notre-Dame-de-Lorette) rassemble autour d'elle des magasins d'artisanat wendat. Si l'on trouve, de-ci, de-là, quelques objets fabriqués à Hong Kong ou Taiwan, l'essentiel de la production est authentique. Maquettes, calumets de la paix, chaussures, tapis muraux en poil de caribou... Il serait dommage aussi de passer à côté de la très belle *chute Kabir-Kouba.* Celle-ci se trouve sur le sentier de la Saint-Charles qui, en 32 km, vous permet de suivre la rivière, de son embouchure au niveau du Vieux-Port à Québec jusqu'à sa source, le lac Saint-Charles.

– ***Faire du vélo ou du canoë :*** *adresse de loueur dans « Adresses utiles ».* Aux beaux jours, en parcourant la piste cyclable le « Corridor des cheminots », vous croiserez ici ou là une tortue, un cerf, un loup ou encore un ours « végétaux ». Ces derniers représentent les huit clans traditionnels des Wendat (les quatre autres étant le serpent, le faucon, le porc-épic et le castor).

DANS LES ENVIRONS DE WENDAKE

Le village-vacances Valcartier : *1860, bd Valcartier, à* ***Saint-Gabriel-de-Valcartier.*** *☎ 418-844-2200 ou 1-888-384-5524. • valcartier.com • Suivre le bd de la Faune jusqu'au bd Valcartier, tourner à droite et parcourir les derniers 13 km. En été (juin-fin août), 10h-19h (17h pdt quelques j.) ; en hiver (en principe déc-fin mars), 10h-21h (17h certains j.). Tarifs hte saison et w-e : 30-35 $; réduc. Tarifs saison basse : 42 $, ou 30 $ après 16h ; réduc.* L'été, c'est un grand parc aquatique avec des dizaines d'attractions : piscine à vagues, rivière « d'aventure », immenses toboggans et joyeuses cascades à dévaler sur des bouées. Mais c'est encore plus fun en hiver, quand petits et grands tournoient sur des pentes glacées à bord de drôles d'embarcations aux looks de chambre à air ou s'adonnent à une séance de rafting sur neige ! De quoi passer une bonne journée. On peut aussi en profiter pour visiter l'***hôtel de Glace*** *(• hoteldeglace-canada.com •).* Hyper commercial, une copie de l'hôtel de glace suédois. Comme hôtel, c'est excessivement cher, et on y dort plutôt mal (eh oui, il fait froid !). Mais c'est vraiment une curiosité exceptionnelle. D'ailleurs, très populaire. Visite chère, mais on ne voit pas ça tous les jours.

LA RÉSERVE FAUNIQUE DES LAURENTIDES ET LE PARC NATIONAL DE LA JACQUES-CARTIER

À ne pas confondre avec la région des Laurentides, qui, elle, est située au nord de Montréal. C'est en 1895 qu'est créé le parc des Laurentides, une des plus grandes réserves naturelles du Québec, au relief varié, avec plusieurs sommets pointant à plus de 1 000 m, et habité par toutes sortes d'animaux sauvages (lynx, ours noirs, loups, orignaux, castors...) et plus de 130 espèces d'oiseaux. Celui-ci n'est alors qu'une réserve forestière et un lieu de loisirs (de chasse et de pêche principalement) qui s'étend sur près de 10 000 km² et abrite plus de 2 000 lacs et rivières. En 1981, le parc change de nom et de vocation : il devient la réserve faunique des Laurentides sur 7 861 km², le parc national provincial de la Jacques-Cartier sur 670 km² dans sa partie sud, et le parc national provincial des Grands-Jardins à l'est, sur 380 km² (voir plus loin « Charlevoix. L'intérieur de Charlevoix »). Les deux derniers lieux ne sont pas gérés comme le premier et n'ont pas la même vocation. Selon les saisons, la réserve est dédiée à la villégiature combinée à la pêche, à la chasse ou aux randonnées à skis et à raquettes, mais pas à la randonnée pédestre proprement dite (il n'y a pas de sentiers pour cela). Pour se balader sur des sentiers aménagés ou descendre des rivières à bord de diverses embarcations, il faut aller au parc de la Jacques-Cartier, du nom de la principale rivière qui le traverse.

Comment y aller ?

Réserve faunique des Laurentides

➢ ***En voiture :*** à env 30-45 mn du centre-ville de Québec ; prendre la 73 Nord, qui devient la 175 Nord, jusqu'à l'accueil Mercier situé au km 94.

Parc national de la Jacques-Cartier

➢ ***En voiture :*** à env 30 mn de Québec ; prendre par la 73 Nord qui devient la 175 Nord et tourner à gauche au km 74, secteur de la Vallée. Une seule entrée, au sud du parc (pas de sortie au nord).

➢ ***En bus de Québec et Montréal :*** avec *Intercar* (☎ *1-888-861-4592 ;* • *intercar.ca* •). Arrêt au parc de la Jacques-Cartier. Trajet : env 40-45 mn de Québec. Le bus s'arrête à 800 m de l'entrée du parc, d'où il reste à parcourir env 11 km jusqu'au Centre de découverte et de services.

Adresse et infos utiles

– ***Réserve faunique des Laurentides :*** *fermé d'avr à mi-mai et en nov. Accès gratuit, mais activités et hébergements sont payants.*

🅸 ***Camp Mercier :*** *tlj 7h30-21h l'été.*

– ***Parc de la Jacques-Cartier :*** *ouv tte l'année. Entrée : env 8,50 $/j. ; gratuit moins de 18 ans.* • *sepaq.com/pq/jac* •

🅸 ***Centre de découverte et de services :*** *à 10 km de l'entrée du parc (sortie 182). Tlj 7h30-22h l'été ; horaires restreints hors saison.* Vous y trouverez un centre d'accueil, un dépanneur, une boutique et la présentation de la faune et de la flore du parc.

Où dormir ?

⛺ 🏠 ***Hébergements dans la réserve faunique des Laurentides :*** ☎ *1-800-665-6527.* • *sepaq.com/rf/lau* • *En camping, emplacements (max 4 pers) 31-52 $; tente* Hékipia *100-120 $ pour 4 pers (draps non fournis). Pour les chalets, résa indispensable, bien à l'avance en saison.* Plusieurs types de logements dans la réserve. 2 campings bien équipés (avec bloc sanitaire et laverie) sont ouverts de mi-juin à fin août ; parmi eux, le *Camping Belle-Rivière* propose quelques tentes « prêt-à-camper » (appelées ici tente *Hékipia* mais équivalent des tentes *Huttopia*). Quant aux chalets, ils sont tout équipés (cuisine, salle de bains), généralement situés au bord d'un lac ou d'une rivière, et sont regroupés par secteurs ; chaque regroupement de chalets a son territoire de pêche (et celui-ci comprend plusieurs lacs). Dans les Laurentides, le logement est souvent loué avec un système de forfait combinant hébergement et activité (pêche, chasse, ski...). Il existe même des forfaits familiaux.

⛺ 🏠 ***Hébergements dans le parc de la Jacques-Cartier :*** ☎ *1-800-665-6527.* • *sepaq.com/pq/jac/* • *Emplacement (max 4 pers) 35 $ dans les campings aménagés, 30 $ dans les campings rustiques et les canot-campings ; tente* Huttopia *et yourtes (jusqu'à 4 pers) à partir de 105 $; chalets 2-6 pers à partir de 115 $.* Le parc possède 4 campings rustiques (avec toilettes sèches, mais aucun bloc sanitaire), 2 campings aménagés avec services et bloc sanitaire, et 3 canot-campings (uniquement accessibles par voie d'eau, sans bloc sanitaire mais avec toilettes sèches). Possibilité également de loger dans une yourte, dans une tente *Huttopia* ou en chalet plus ou moins rustique (dans les plus basiques, il vous faudra apporter vos draps, que l'on peut toutefois louer à l'accueil, ainsi que de quoi cuisiner et manger, de l'eau potable et de quoi s'éclairer ; toilettes sèches, mais aucune douche).

Où dormir dans les environs ?

Aventures Nord-Bec : *voir « À faire dans les environs ».*

Chalet Nahelé : *30, chemin Bon-Air,* **Stoneham.** *• hebergementstoneham.com/30-bon-air/ • Env 350-450 $/ nuit pour 8 pers. Résa conseillée.* À quelques pas des pistes, ce chaleureux chalet occupe un grand terrain privé bordé par une rivière. Il compte 3 chambres et 2 salles de bains, dont une avec douche et l'autre avec baignoire. La petite cabane dans le bois abrite elle aussi une chambre. En tout, 8 personnes peuvent s'installer dans ce chalet aux tons boisés. On y trouve tout le confort pour une grande tribu : cuisine tout équipée, barbecue, lave-linge, sèche-linge et un spa. Au fait, *Nahelé* signifie « la belle forêt » en amérindien.

Auberge du Jeune Voyageur : *12, montée des Cassandres,* **Stoneham.** *☎ 418-848-7650. • jeune-voyageur.com • De Québec, sur la 175, ne pas sortir à Stoneham mais continuer jusqu'au km 76 (2 km après le parc de la Jacques-Cartier) et prendre à gauche (rue des Anémones) ; continuer 400 m et prendre à droite à la fourche. Double sans sdb env 90 $, triples env 110-130 $ et quadruple env 150 $ (tarifs selon nombre d'adultes et d'enfants), avec petit déj.* Un sympathique couple de Suisses vous accueillent dans leur ravissant chalet fleuri, en pleine nature. Au total, 5 chambres simples et agréables (certaines pouvant accueillir jusqu'à 4 personnes), se partageant des salles de bains nickel, dans une ambiance très chalet de montagne. Outre le cadre chaleureux tout de bois clair, le gros avantage de cette adresse est sa cuisine tout équipée à disposition entre 18h et 21h.

À faire

Dans la réserve faunique des Laurentides

Les activités varient selon les saisons : l'été, la réserve est avant tout dédiée à la ***pêche*** (omble chevalier, omble de fontaine ou truite mouchetée et touladi ou truite grise). On peut venir pour pêcher à la journée *(env 19 $ sans embarcation/ pers, 60 $ avec pour 1 pers et 80 $ pour 2)* ou avec un forfait hébergement-pêche. La pêche y est très réglementée et soumise à des quotas ; chaque jour, vous devrez faire enregistrer vos captures. Les cyclistes aguerris y trouveront aussi quelques pistes de ***VTT.*** De fin août à début octobre, c'est la saison de la ***chasse*** au gros gibier (l'orignal surtout, mais aussi un peu l'ours). De mi-octobre à mi-novembre, c'est la chasse au petit gibier (lièvre, gélinotte huppée, tétras du Canada...). De décembre à début avril, c'est un magnifique domaine de ***ski de fond*** et pour les ***raquettes,*** connu pour l'abondance et la qualité de sa neige.

Dans le parc de la Jacques-Cartier

Selon les saisons, on peut randonner, canoter, pêcher ou skier dans le parc. On y trouve une quinzaine de ***sentiers pédestres*** (les boucles allant de 1,7 km à 16 km), presque autant de sentiers à parcourir à ***raquettes,*** cinq pistes de ***ski de randonnée*** et trois ***pistes cyclables.*** Le *sentier des Loups* (pour les randonnées à pied ou à raquettes), qui fait 10 km aller-retour (compter environ 3h30), est particulièrement populaire et offre une très belle vue sur les vallées de la Jacques-Cartier et de la Sautauriski.
La pièce maîtresse du parc étant la rivière Jacques-Cartier et sa très belle vallée, une belle façon de la découvrir est sur l'eau. Que ce soit en ***canot*** ou en ***kayak*** (voire en *stand-up paddle*), il y en a pour tous les niveaux (location du matériel sur place et possibilité de navette pour revenir à votre point de départ).

À faire dans les environs

– **Aventures Nord-Bec :** *4, chemin des Anémones, à* **Stoneham.** *☎ 418-848-3732. • traineaux-chiens.com • De Québec, sur la 175, ne pas sortir à Stoneham mais continuer jusqu'au km 76 (2 km après le parc de la Jacques-Cartier) et prendre à gauche. Résa obligatoire. Empl. de camping pour 4 pers env 33 $, douche comprise. Chalet pour 4 pers et cabane env 140 $. Formule hébergement en ½ pens env 90 $/pers. Possibilité de repas québécois sur résa env 25 $.* Isolé dans un magnifique coin de nature, ce complexe familial et convivial est spécialisé dans la randonnée en traîneau à chiens. Il y en a tout de même 90 *(visite du chenil env 7 $ en été ; gratuit en hiver pour les clients)* : malamutes d'Alaska, huskys sibériens et nivalais... C'est l'activité principale, et il faut vraiment venir en hiver pour vivre cette expérience unique dans un traîneau conduit par un *musher* ou, mieux, par vous-même... Sachant que le site fait 120 ha et qu'il y a 35 km de piste (dont 20 km pour la rando), les balades ne manquent pas. Sinon, on peut se laisser tenter par les stages de survie (sur 1 ou 2 jours), ou, l'hiver, par les balades en hélico. Côté infrastructures, possibilité de camper (en été) sur un superbe site en sous-bois au bord de la rivière, avec accès aux sanitaires communs et à la buanderie. Sinon, chalets et hébergement original dans une hutte (appelée « niche », pour rester dans le thème !) et même dans une cabane perchée (pas trop haut) dans les arbres. Accueil chaleureux des proprios angevins.

L'ÎLE D'ORLÉANS

7 000 hab.

• Plan *p. 213*

L'île d'Orléans, patrie d'adoption de Félix Leclerc, fut, voilà près de quatre siècles, l'un des premiers foyers de peuplement des pionniers français. Elle en garde encore aujourd'hui un petit air de Normandie en plein Québec et compte toujours une trentaine de familles descendant directement des premiers occupants. En la découvrant couverte de vignes sauvages, Jacques Cartier la baptisa « île de Bacchus ». Ce n'est qu'en 1935 qu'elle fut reliée au continent par un pont. Avant cela, il fallait s'y rendre en bateau ou, en hiver, à pied sur le Saint-Laurent gelé.

Sur ses 67 km de pourtour, c'est un paysage parsemé de maisons en pierre, de vieilles fermes et de petites bâtisses en bois, dont une cinquantaine date encore du régime français. Églises en pierre et minuscules chapelles de procession combleront les fans d'architecture rurale. Malgré l'afflux des gens de la ville, attirés par la douceur du paysage et le parfum d'histoire, l'île conserve sa vocation agricole. Ses pommes (à partir de la mi-août) sont réputées – ne manquez pas de goûter au cidre, très éloigné de son cousin normand. C'est aussi le royaume des fraises fin juin-début juillet et des framboises puis des bleuets en juillet. Possibilité d'y trouver un job au moment des différentes cueillettes (surtout à Saint-François). Si c'est la saison, goûtez aussi la fameuse tire d'érable dans l'une des nombreuses cabanes à sucre. Peut-être un peu dur à digérer, mais tellement bon.

À vrai dire, l'île ne regorge pas d'activités. Le mieux est d'en faire le tour à vélo et de prendre son temps pour musarder et respirer l'atmosphère du passé. On peut y pratiquer, l'hiver, la pêche blanche ainsi que le ski, et se balader en traîneau à chiens ou à raquettes.

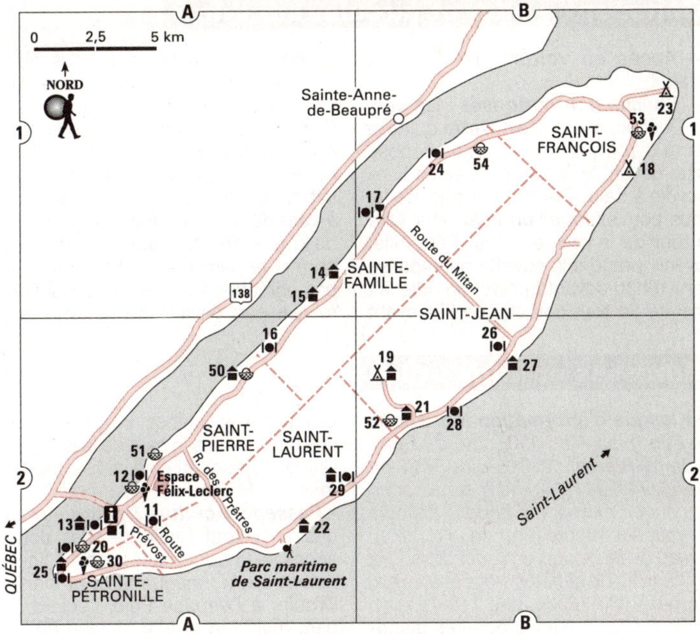

L'ÎLE D'ORLÉANS

Adresses utiles

- Kiosque d'information touristique de l'île (A2)
- 1 Écolocyclo (location de vélos) (A2)

Où camper ? Où dormir ? Où manger ? Où boire un verre ?

- **11** Buffet Maison (A2)
- **12** La Monnaguette (A2)
- **13** Les Ancêtres (A2)
- **14** Gîte de la Picardie (A1)
- **15** Gîte À la Brunante (A1)
- **16** Cabane à sucre Le Relais des Pins (A2)
- **17** Pub Le Mitan (B1)
- **18** Camping Orléans (B1)
- **19** Auberge Le P'tit Bonheur (B2)
- **20** Le Panache Mobile (A2)
- **21** Dans les Bras de Morphée B & B (B2)
- **22** Auberge L'Île Flottante (A2)
- **23** Camping d'Argentenay (B1)
- **24** La Roulotte du Coin (B1)
- **25** Auberge La Goéliche (A2)
- **26** La Boulange (B2)
- **27** Gîte La Cinquième Saison (B2)
- **28** Le Resto de la Plage (B2)
- **29** Le Moulin de Saint-Laurent (A2)
- **50** Gîte du Domaine Steinbach (A2)

Où se sucrer le bec ? Où acheter de bons produits ?

- **12** La Monnaguette (A2)
- **20** Le Vignoble de Sainte-Pétronille (A2)
- **30** Chocolaterie de l'Île d'Orléans (A2)
- **50** Domaine Steinbach (A2)
- **51** La Nougaterie Québec (A2)
- **52** Confiturerie Tigidou (B2)
- **53** Chocolaterie de l'Île d'Orléans, succursale de Saint-François (B1)
- **54** Les Fromages de l'Isle d'Orléans (B1)

Comment y aller et circuler sur l'île ?

➢ ***Accès en voiture*** par un pont (gratuit).

➢ ***Spécial non-motorisés :*** lun-ven, de Québec, une petite ***navette*** quitte le Carré d'Youville à 14h et vous dépose juste devant le magasin de vélos *Écolocyclo* à Saint-Pierre d'Orléans. De là, vous pouvez ***louer un vélo*** pour faire le tour de la pointe Sainte-Pétronille, revenir, prendre la navette qui repasse vers 18h30 devant *Écolocyclo.* Elle fait ensuite un tour complet de l'île avant de rentrer sur Québec pour vous déposer à Beauport (de là, prendre une autre navette pour regagner le centre-ville). Rien ne vous empêche de ne prendre la navette retour que le lendemain (4,50 $ l'aller simple). Sinon, c'est aussi tout à fait envisageable d'y aller directement ***à vélo depuis Québec*** (une quinzaine de km). ***Piste cyclable*** tout du long, hormis le passage du pont qui n'est pas agréable. Possibilité de visiter en route le parc de la chute Montmorency.

Adresses et infos utiles

🅸 ***Kiosque d'information touristique de l'île*** *(plan A2)* ***:*** *490, côte du Pont, à* ***Saint-Pierre.*** ☎ *418-828-9411 ou 1-866-941-9411.* • *iledorleans.com* • *Continuer 1 km après le pont toujours tt droit, sur le côté droit de la route au niveau du feu rouge. Juin-début sept, tlj 8h30-18h ; de sept à mi-oct et avr-mai, lun-ven 8h30-16h30, w-e 11h-15h ; en hiver, fermé le w-e.* Brochures disponibles et guide local (1 $). Peut aussi vous aider à trouver un hébergement.

■ ***Location de vélos :*** ***Écolocyclo*** *(plan A2,* ***1****), 1153, chemin Royal, à* ***Saint-Pierre.*** ☎ *418-828-0370. L'été, tlj 10h-18h ; en demi-saison, sur résa en sem et le w-e 10h-18h. Fermé l'hiver. Vélo env 38 $/j., avec casque et cadenas. Également un forfait loc pour ceux qui ne peuvent se déplacer (on vient vous chercher à l'hôtel).* Ont aussi un magasin à Québec. Proposent enfin une balade dans le parc de la Jacques-Cartier le jeudi en saison *(résa obligatoire : 75-85 $ selon type de vélo).*

– ***Passeport culture :*** pour ceux qui désirent « tout » voir, ce *pass* donne accès à l'économusée de la liquoristerie *La Monnaguette,* à la maison Drouin, à l'espace Félix-Leclerc, au parc maritime et à la Maison de nos aïeux. Prix : 25 $ par personne taxes comprises, valable 1 an. En vente au bureau d'accueil touristique et dans les sites.

– L'édition spéciale de l'été du ***journal local*** *Autour de l'île d'Orléans* est un véritable guide touristique qui présente hébergements, restaurants et musées, et donne le calendrier des événements (les récoltes notamment).

SAINT-PIERRE

Le premier village sur votre gauche, à 2,5 km du carrefour après le pont. Fort belle *église* classée Monument historique, édifiée en 1717, la plus ancienne du Québec encore debout. La décoration intérieure n'a pas bougé. Étonnant parquet jaune, plafond peint, etc. Notez le chauffage « central ». On peut y voir les longs box qui se fermaient sur les côtés et le « banc des marguilliers », box à trois places bien séparé de l'assistance et occupé par des fidèles qui secondaient le curé dans l'organisation de la paroisse. La fonction était très prestigieuse à l'époque. Artisanat local. Dans le *cimetière* situé à 5 km de l'espace Félix-Leclerc *(sur la gauche du chemin Royal, à l'angle de l'av. de l'Anse),* vous trouverez la tombe de l'immense chanteur Félix Leclerc, mort ici le 8 août 1988. On vient pieusement y déposer des chaussures « orphelines » en mémoire de sa célèbre chanson *Moi, mes souliers.* À 1 mn en voiture du pont de l'île, l'espace Félix-Leclerc célèbre la vie et l'œuvre de celui que les Québécois nomment simplement « Félix » et qui a fait découvrir la chanson canadienne francophone aux Français, il y a presque un demi-siècle.

– ***L'espace Félix-Leclerc*** *(plan A2) : 1214, chemin Royal. ☎ 418-828-1682. • felixleclerc.com • Mai-nov, tlj 9h30-17h30 (slt mer-dim début mai et en nov). Fermé le reste de l'année. Entrée : 8 $; réduc.* Petit musée consacré à l'œuvre et la vie de l'artiste (quelques objets personnels, des enregistrements et une vidéo de 20 mn). Cela dit, à moins d'être fan, on reste un peu sur sa faim. Concerts tout au long de l'été.

Où dormir ? Où manger ?

Gîte du Domaine Steinbach *(plan A2, **50**) : 1865, chemin Royal. ☎ 418-828-0000. • domainesteinbach.com • Doubles avec sdb env 120-140 $ (+ taxes), avec petit déj.* Un vrai cocon ! Car cette jolie maison renferme de belles chambres tout confort, un salon commun pour bouquiner les nombreuses B.D. à dispo, et même une petite piscine chauffée profitant d'une superbe vue. Rien ne manque, jusqu'à la bouteille de cidre de glace offerte ! Parfait pour les amoureux (le gîte est inadapté aux familles).

Buffet Maison *(plan A2, **11**) : 995, route Prévost. ☎ 418-828-2287. Tlj 8h (9h le w-e)-18h (20h jeu-ven, 17h30 le w-e). Sandwichs, salades et tartes env 6-8 $.* Il s'agit d'un traiteur de qualité chez qui vous pourrez faire vos emplettes avant de partir en balade, à moins d'utiliser les 2 ou 3 tables sur la galerie qui dépannent bien.

La Monnaguette *(plan A2, **12**) : 1225, chemin Royal. ☎ 418-828-2525. Ouv slt juin-sept pour le glacier, tlj 10h-20h (plus tôt début juin et sept). Cave à vins ouv tte l'année (10h-20h l'été). Plats 13-20 $. Visite guidée possible du site, avec dégustations 15 $.* Son autre nom est *Cassis Monna & Filles,* car c'est le père, Bernard Monna, qui a eu l'idée de cultiver le cassis (appelé aussi « gadelle noire ») et d'ouvrir un resto en déclinant toutes les qualités de ce délicieux petit fruit. La maison est aujourd'hui incontournable : d'abord, parce que le cadre est beau (super terrasse face aux plantations, avec le fleuve et le pont en toile de fond), ensuite, parce que les plats de bistrot améliorés se défendent bien (poutine au canard confit et cassis, sandwich au porc... et cassis, etc.). Avec un verre de sangria, de kir ou de cidre maison (tous au cassis !), c'est impeccable. Également une petite expo sur le cassis, un espace dégustation *(env 2,50 $),* et un comptoir de crèmes molles (fabriquées avec les cassis du domaine).

Les Ancêtres *(plan A2, **13**) : 1101, chemin Royal. ☎ 418-828-2718. • lesancetres.ca • Ouv slt le soir, à partir de 17h, tlj sauf lun hors saison. Résa conseillée. Doubles 150-190 $ selon vue (dîner sur place demandé sam soir). Plats 16-32 $.* Ah, la belle adresse chic que voilà ! D'abord, on vient pour son site, une vaste auberge avec terrasse et vue superbe sur le Saint-Laurent, la chute Montmorency et le pont illuminé le soir. Ensuite, pour sa cuisine du terroir, savoureuse et soignée. Aussi une poignée de chambres douillettes au cadre romantique, dotées de tout le confort espéré (certaines avec balcon). Un grand merci à ces *Ancêtres* de nous avoir envoyé du passé le goût du moment présent.

Où se sucrer le bec ?
Où acheter de bons produits ?

Domaine Steinbach *(plan A2, **50**) : 1865, chemin Royal. ☎ 418-828-0000. Mai-oct, tlj 10h-19h ; nov-fév, jeu-dim 11h-16h ; mars-avr, tlj 10h-17h. Fermé janv. Dégustation : 3-5 $.* Possède plus de 4 000 pommiers... et élabore 6 sortes de cidres, dont l'un à 19° ! Mais comme la maison propose également toutes sortes de moutardes, de chutneys et de confitures, la dégustation ici ne manque pas d'originalité : dans un premier temps, on picore à volonté parmi tous les pots en libre-service (produits vinaigrés, gelées, confits...), puis, lorsqu'on a bien fait le tour des produits, on participe à une dégustation en bonne et due forme des alcools (dont l'excellent cidre de glace). Plutôt généreux comme principe !

La Monnaguette *(plan A2,* ***12****) :* *voir plus haut « Où dormir ? Où manger ? ».* Pour découvrir des vins et alcools à base de cassis cultivé sur l'île (des vins sucrés, dont un plus madérisé, mais aussi de la crème de cassis, de la sangria...).

La Nougaterie Québec *(plan A2,* ***51****) :* *1367, chemin Royal. ☎ 418-991-0889. Tlj l'été 10h-17h.* Halte gourmande bienvenue pour observer la fabrication à travers une large baie vitrée, et faire le plein de nougat à l'érable ou aux bleuets.

SAINTE-FAMILLE

La route suit sans cesse le Saint-Laurent en surplomb, livrant une belle perspective sur la rive nord. Sainte-Famille est la capitale de la fraise et de la framboise. Quelques fermes anciennes, parfois tricentenaires, avec leurs granges à l'architecture remarquable. Adorable chapelle de procession en bord de route ou, en face, l'une des plus ravissantes maisons de l'île avec galerie extérieure sculptée. Là aussi, une séduisante église à trois clochetons, construite en 1749, à l'intérieur richement décoré, chœur à demi-coupole, encadré de deux élégantes galeries à balustrades. Dans le bas de Sainte-Famille, sur votre droite, superbe maison Canac-Marquis, avec sa grande pelouse fleurie et son toit rouge vif. Le village est l'une des haltes favorites des oies bernaches. Enfin, pour les amateurs d'histoire et d'atmosphère, on peut visiter une maison de 1730, la ***Maison Drouin,*** sans conteste le bâtiment le mieux préservé de l'île puisque pratiquement inchangé et sans aucun confort moderne... bien qu'il fut habité jusqu'en 1984 *(2958, chemin Royal ; ☎ 418-829-0330 ; en saison, tlj 10h-18h ; de sept à mi-oct, jeu-sam de 11h – 10h sam – à 16h ; fermé de mi-oct à mi-juin ; entrée avec visioguide : 6 $).* Quant aux amateurs de généalogie, ils feront un crochet par la ***Maison de nos aïeux*** *(2485, chemin Royal ; en saison, tlj 10h-18h ; de sept à mi-oct, tlj 10h-16h ; de mi-oct à mi-déc, lun-ven 10h-16h ; fermé de mi-déc à mi-juin ; entrée : 5 $, gratuit moins de 12 ans ; les 2 maisons 10 $).*

➢ La ***route du Mitan,*** qui part juste en face du pub *Le Mitan,* traverse l'île et plusieurs érablières. Plutôt joli et très tranquille.

Où dormir ? Où manger ? Où boire un verre ?

Gîte À la Brunante *(plan A1,* ***15****) :* *2217, chemin Royal. ☎ 418-829-2624. • alabrunante@oricom.ca • Doubles avec ou sans sdb env 90-120 $, avec petit déj. CB refusées.* Un petit gîte pimpant au charme intime et bien agréable, car Denise sait accueillir ses hôtes. Ses 3 chambres, dont une avec salle de bains privée, mais pas dans la chambre, sont nickel et confortables. Petite piscine et magnifique jardin, avec une vue divine ! Un bon plan.

Gîte de la Picardie *(plan A1,* ***14****) :* *2259, chemin Royal. ☎ 418-829-3832. Doubles avec ou sans sdb env 105-115 $. CB refusées.* Située face au fleuve dans un grand et magnifique verger, cette maison nickel est tenue par un sympathique couple de retraités issu d'une famille de musiciens (pas mal d'instruments à disposition pour ceux qui sont tentés !). Les chambres à l'étage partagent la salle de bains mais ont une terrasse offrant un superbe panorama sur la campagne et sur le Saint-Laurent. Au sous-sol, la « Suite vieillotte », un peu sombre mais fraîche, a un très grand salon, une salle de bains et une toute petite chambre. Framboises et fruits du jardin au petit déj en saison. Une adresse simple et agréable.

La Roulotte du Coin *(plan B1,* ***24****) :* *2875, chemin Royal. ☎ 418-829-2646. Tlj 11h-19h l'été. Compter env 7-15 $.* Ou du coin-coin, plutôt ! Parce que dans cette roulotte attenante à une ferme, la spécialité, c'est le canard. Il se balade dans les enclos, on en parle en détail dans la grange aménagée pour les visites, et bien sûr... on le retrouve au menu du casse-croûte ! Les (excellentes) frites maison sont cuites dans le gras de canard, la poutine est à l'effiloché de canard, le sandwich est aux rillettes, et il y a même de savoureuses saucisses au foie gras. Ajoutez une mayo maison et un jus local, et il ne reste plus qu'à s'attabler dans le jardin pour ripailler !

Pub Le Mitan *(plan B1,* ***17****) :* *2471, chemin Royal. ☎ 418-829-0408. Tlj 11h30-20h pour la cuisine (21h jeu-sam), 22h pour le bar (minuit jeu-sam) ; horaires réduits hors saison. Plats 13-17 $.* Au cœur du village, une microbrasserie installée dans l'ancien bureau télégraphique et premier central téléphonique de l'île, aujourd'hui rénové avec une terrasse et une vue lointaine sur le fleuve. Si vous avez le foie qui va avec, laissez-vous tenter par la palette de dégustation des bières maison, brassées avec l'eau sulfureuse de l'île. Également des plats de pub classiques pour dépanner, du style saucisses, burgers, pizza 9 pouces, soupe à l'oignon et à la bière, tartes aux pommes maison. Du solide, quoi !

Cabane à sucre Le Relais des Pins *(plan A2,* ***16****) :* *2013, chemin Royal. ☎ 418-829-3455. Ouv slt fin juin-début sept, tlj, le midi et sam soir. Formules env 17-24 $; brunch (dim) à volonté env 15 $.* Grande salle en bois, genre cantine rustique, ce qui est de règle dans les cabanes à sucre. Cuisine québécoise typique, pas très chère, mais pas formidable non plus : soupe aux pois, fèves au lard, tourte à la viande... On vient surtout pour l'ambiance sympa, très prisée des groupes.

LE QUÉBEC

Où acheter de bons produits ?

Les Fromages de l'Isle d'Orléans *(plan B1,* ***54****) :* *2950, chemin Royal. ☎ 418-829-0177. Tlj de mi-juin à mi-oct 10h-18h (11h-17h sept-oct). Assiettes de dégustation env 15-18 $.* Accueil en costume d'époque. Pour découvrir les produits des fermes locales et surtout le *paillasson,* premier fromage fabriqué en Amérique... Bien d'autres fromages et savoureuses productions comme la faisselle à l'érable, le beurre de pomme, la saucisse sèche à la bière noire, la gelée de concombre...

SAINT-FRANÇOIS

À 15 km de Sainte-Famille, l'un des bouts de l'île. Le fleuve Saint-Laurent s'élargit tout à coup et se prend pour la mer. Vue sur l'archipel de Montmagny, l'île Madame et l'île aux Ruaux. Sur votre gauche, le cap Tourmente et le mont Sainte-Anne. Église de style breton datant de 1734, la plus petite de l'île.

Où camper ?

Camping d'Argentenay *(plan B1,* ***23****) :* *334, route d'Argentenay. ☎ 418-829-3311. • campingpointedargentenay.com • Au bout de la route d'Argentenay. Ouv de mi-juin à fin août. Réception 8h-20h. Empl. (2 adultes et 2 enfants) env 35 $, ou env 18 $/pers, avec douche.* Géré par les scouts de la région de Québec. C'est rustique en diable, nature et sous les bois, juste à côté d'une érablière. Tout n'est pas fait ici pour rentabiliser chaque centimètre carré, et, le moins qu'on puisse dire, c'est qu'on ne se marche pas dessus et que les emplacements, éparpillés en forêt le long d'un chemin de terre, sont bien distants les uns des autres. Chacun dispose de sa table de pique-nique. Petit bloc sanitaire basique mais propre, et piscine pas toute jeune mais qui a le mérite d'exister. En cas de grosse pluie, en revanche, le coin s'avère bien humide (et le chemin d'accès boueux).

Camping Orléans *(plan B1,* ***18****) : 3547, chemin Royal. ☎ 418-829-2953 ou 1-888-829-2953. • campingorleans.com • À la sortie de Saint-François. Ouv de mi-mai à mi-oct. Empl. (4 pers max) 37-57 $. Douches payantes.* Confortable camping, très bien tenu, presque un peu trop policé ! Les sites les plus chers ont tous les services et la vue sur l'eau, mais ce ne sont pas nécessairement les plus agréables. Les moins chers, au milieu des bosquets, sous les arbres, sont en effet un peu plus « nature », même s'ils sont bien proches les uns des autres. Équipement correct (douches payantes, quand même... !), avec dépanneur, buanderie, piscine (chauffée), aire de jeux, basket, badminton et pétanque. Bien, mais un peu cher.

Où se sucrer le bec ?

Chocolaterie de l'Île d'Orléans, succursale de Saint-François *(plan B1,* ***53****) : 3501, chemin Royal. ☎ 418-828-2252. Tlj l'été.* Pas besoin de courir à l'autre bout de l'île pour se régaler, l'incontournable chocolaterie ayant eu la riche idée d'installer une annexe dans l'ancien presbytère de Saint-François. Et comme leurs formidables crèmes molles ne souffrent pas du court voyage, la dégustation sur un banc face au fleuve est un grand moment de gourmandise !

SAINT-JEAN

À 12 km de Saint-François, ce beau village s'étire longuement en un chapelet de très jolies maisons toutes pimpantes, avec balcons fleuris. Un de nos coins préférés, car la côte fait vraiment « maritime ». Importante paroisse fondée en 1679, considérée comme la « capitale » de l'île, Saint-Jean produisit autrefois la majorité des pilotes qui remorquaient les gros navires sur le fleuve. En 1834, il y en avait 45 nés et vivant ici. En 1975, le dernier d'entre eux vendit sa maison pour s'installer à Québec. Petite promenade à pied dans le village bien agréable, d'autant plus qu'elle permet de lire tous les panneaux au bord de la route qui vous racontent l'histoire de Saint-Jean.

Où dormir ? Où manger ?

Auberge Le P'tit Bonheur *(plan B2,* ***19****) : 186, côte Lafleur, secteur Saint-Jean. ☎ 418-829-2588. • leptitbonheur.com • Tourner au niveau du pont de la rivière Lafleur ; la côte grimpe sec. Doubles avec ou sans sdb 87-100 $, avec petit déj. En camping, forfait pour 2 env 24 $, douches comprises. En tipi ou en igloo, 47 $/pers, avec équipement et petit déj.* Bonne ambiance, dans cette auberge relax installée dans une maison de 1647, qui serait d'ailleurs la plus vieille au Canada. La cuisine à disposition et la salle à manger commune facilitent les rencontres ! Côté couchage, les chambres sont simples, nickel et confortables (dans la partie récente, elles sont plus grandes et bénéficient pour certaines de douche avec luminothérapie !). Et pour les amateurs, il y a même des activités. En été : initiation à la fabrication de bijoux indiens et de capteurs de rêves. En hiver : raquettes, balades guidées en traîneau à chiens, à motoneige, en kitesurf des neiges... Accueil sympa et sans façons. Une adresse bien routarde, un peu en décalage avec l'embourgeoisement de l'île, qui s'avère impeccable pour les familles !

Gîte La Cinquième Saison *(plan B2,* ***27****) : 4711, chemin Royal. ☎ 418-203-0558. • cinquiemesaison.net • Doubles 120-140 $, avec petit déj.* Jean-Yves et Pierre ont tenu pendant longtemps l'un des meilleurs gîtes de Montréal avant de s'installer ici. Super idée, car c'est l'une des adresses les plus attachantes de l'île ! Cette élégante demeure de 1837 comprend 3 chambres pas bien grandes, mais personnalisées et fort agréables, pas très modernes mais d'excellent confort. Pour se relaxer, il y a un salon douillet avec TV, mais tout le monde préfère bien sûr lézarder dans le jardin soigné se déroulant jusqu'au fleuve. Vraiment bien, à l'image d'un accueil attentif et du bon petit déj.

Dans les Bras de Morphée B & B *(plan B2, **21**) : 5474, chemin Royal. ☎ 418-829-3792. • danslesbrasdemorphee.com • Doubles 140-175 $, avec petit déj.* Difficile de rester insensible au charme de cette belle maison en pierre. Perchée sur une hauteur au milieu d'un ravissant jardin fleuri, elle propose des chambres très personnalisées et pleines de cachet, au confort irréprochable. Ajoutez un petit déj soigné, un spa et un accueil aux petits oignons, et vous obtenez le point de chute idéal pour les amoureux en quête de romantisme !

La Boulange *(plan B2, **26**) : 4624, chemin Royal. ☎ 418-829-3162. De mi-juin à début sept, tlj 7h30-17h30 (17h dim) ; 2de quinzaine d'avr, w-e slt ; mai et oct, jeu-dim ; sept, mer-dim ; nov-déc, ven-dim. Fermé janv-mars. Compter env 5-10 $.* Cette excellente boulangerie occupe désormais l'ancien presbytère, et dispose d'une agréable terrasse pour boire un café tranquille, tout en regardant l'église au toit rouge et le majestueux fleuve juste derrière... Très bons produits, du petit déj au goûter : viennoiseries, pizzas, fèves au lard, sandwichs, pains spéciaux et quelques productions du terroir local.

Le Resto de la Plage *(plan B2, **28**) : 4879, chemin Royal. ☎ 418-829-3315. De mai à mi-oct, tlj 11h30-21h. Plats env 15-22 $.* Grande brasserie touristique dotée d'une vaste salle climatisée, mais c'est bien sûr pour la belle terrasse les pieds dans l'eau que les gens viennent. Honnête cuisine classique à prix abordables : poisson, fruits de mer, burgers, poutines, grillades, pâtes, pâtisseries (fruits des champs sur faisselle, tiramisù, gâteau aux carottes), glaces... Bref, pour toutes les envies. Grand parking bien pratique.

LE QUÉBEC

Où se sucrer le bec ?

Confiturerie Tigidou *(plan B2, **52**) : 5508, chemin Royal. ☎ 418-203-1300. De mi-juin à fin oct, tlj, mais horaires variables entre 9h et 17h.* C'est un piège à gourmands ! Car aussitôt entré dans cette charmante boutique, les odeurs provenant des marmites donnent envie de tout goûter. Mais c'est une très bonne idée, car les confitures, les gelées et les sirops sont à se damner, tous préparés de façon artisanale avec les meilleurs ingrédients (sucre de canne bio, herbes du jardin, et surtout les fruits de saison de l'île). Il y a même des curiosités, comme de l'érable aromatisé à la fraise. Mais la cerise sur le gâteau, c'est qu'on peut s'installer au café attenant pour s'offrir un petit déj ou une pause sucrée avec des crêpes, des *scones*, ou des croissants, et bien sûr toutes ces bonnes choses. Miam !

SAINT-LAURENT

À 11,5 km de Saint-Jean. C'est ici, précisément, que débarquèrent Wolfe et ses troupes pour entreprendre le siège de Québec. Parmi ses officiers, le célèbre navigateur-explorateur James Cook, découvreur des grandes îles du Pacifique.

Où dormir ? Où manger ?

Auberge L'Île Flottante *(plan A2, **22**) : 7127, chemin Royal. ☎ 418-828-9476. • ileflottante.com • Doubles avec sdb env 95-130 $, avec petit déj.* Dans une des vieilles maisons de l'île (1836), 5 jolies chambres pleines de caractère : parquet ancien, lambris de bois, grande salle commune avec cheminée. Dans certaines, la cabine de douche est directement dans la chambre. Quant aux familles, elles choisiront de préférence le petit chalet pour 6 personnes, isolé dans le jardin et doté d'une cuisine. Très pratique ! Cela dit, tous les hôtes sont autorisés à pique-niquer en terrasse face au Saint-Laurent, en utilisant si besoin le micro-ondes et le frigo à disposition dans un abri. Vraiment top, à l'image de l'accueil chaleureux.

Le Moulin de Saint-Laurent *(plan A2,* ***29****) : 754, chemin Royal. ☎ 418-829-3888 ou 1-888-629-3888. • moulinstlaurent.qc.ca • En occupation double, plusieurs prix à partir de 120 $; la majorité des chalets 135-210 $. Plats 10-22 $ au déj ; table d'hôtes le soir env 36-51 $.* Ce charmant moulin historique renferme un restaurant au cadre rustique et chaleureux. Mais on vient surtout pour les chalets. Répartis le long du Saint-Laurent de l'autre côté de la petite route, ils sont agréables, vastes (2 à 10 personnes, 1 à 6 chambres) et confortables : salle à manger avec TV, salle de bains avec baignoire à remous pour certaines, cuisine équipée... Très relaxant.

À voir

Le parc maritime de Saint-Laurent *(plan A2) : 120, chemin de la Chalouperie. ☎ 418-828-9673. • parcmaritime.ca • De mi-juin à mi-oct, tlj 10h-17h. Visite guidée ou avec visioguide : 5 $; gratuit moins de 12 ans.* Sur le site d'un ancien chantier maritime qui s'arrêta en 1967. La visite commence par l'ancienne chalouperie Godbout, un bâtiment dans son jus datant de 1837 où l'on a reconstitué un atelier avec toute la panoplie d'outils et quelques modèles de chaloupes. Puis, dispersés dans le parc à proximité des vestiges des quais, d'autres bateaux rappellent qu'à la fin du XIXe s, plus de 40 chalouperies alimentaient les arsenaux de Québec ! Une vraie spécialité locale. Enfin, petite halte dans un dernier kiosque pour découvrir une maquette du chantier maritime et quelques vidéos sur la construction navale.

SAINTE-PÉTRONILLE

L'un des plus mignons villages de l'île, lieu de résidence privilégié des artistes et de riches Américains au XIXe s, car on ne pouvait pas y pratiquer l'agriculture en raison du relief escarpé. Secteur toujours assez riche, avec de belles villas enfouies dans les arbres centenaires. Ici, calme et repos total, avec une vue pittoresque sur Québec.

Où dormir ? Où manger ?

Auberge La Goéliche *(plan A2,* ***25****) : 22, rue du Quai. ☎ 418-828-2248. • goeliche.ca • Doubles env 120-300 $ selon saison et catégorie, avec petit déj. Plats env 16-20 $ au déj, 24-36 $ le soir.* Isolée au bout d'une impasse, cette auberge à taille humaine occupe une situation idéale face au fleuve et Québec. Pas de jaloux, toutes les jolies chambres fort douillettes profitent de la vue, de même que le resto (plats de terroir bien réalisés, avec une pointe d'inventivité pour certains), les terrasses les pieds dans l'eau, et même la piscine ! Parfait pour se détendre, d'autant que l'accueil est aux petits soins.

Le Panache Mobile *(plan A2,* ***20****) : 8705, chemin Royal. ☎ 418-692-1022. Juin-sept, tlj 11h-17h (20h juil-août, 16h sept). Plats 15-25 $.* C'est sûr, ce *Mobile* a du panache ! Il s'agit bien d'un *food truck,* mais version luxe, car géré par l'un des meilleurs (et très cher) restaurants de Québec. Résultat, burgers, guédilles au homard et autres poutines au canard confit ont du goût, et sont servis sur une terrasse géniale surplombant les vignes, et, au loin, les chutes de Montmorency. Et comme *Le Panache* est accolé à l'espace de dégustation du *Vignoble de Sainte-Pétronille,* on peut y choisir une bouteille avec un faible droit de bouchon. Santé !

Où se sucrer le bec ?

***Chocolaterie de l'Île d'Orléans** (plan A2, **30**) : 8330, chemin Royal. ☎ 418-828-2252. Tlj 9h30-20h.* Attention, vous ne serez pas seul, beaucoup de succès pour la délicieuse crème glacée molle aux fraises et toutes ces sortes de choses « saucées » de chocolat noir (hmm !)... Sorbets rhum-raisin, « pâte à biscuits » et autres parfums venus d'ailleurs. Diaboliquement bon ! Terrasse avec balancelle et grand parking (parfois insuffisant cela dit).

***Le Vignoble de Sainte-Pétronille** (plan A2, **20**) : 8705, chemin Royal. ☎ 418-828-9554. Mai-oct, tlj 11h-17h (20h juil-août, 16h sept). Dégustations env 2-5 $. Dégustations assorties d'une visite des vignes et des chais avec un sommelier à 11h et 16h, 15 $.* La route des Vins passe par Sainte-Pétronille, principalement connue pour son blanc assez doux et tout à fait honorable, issu du croisement entre les vignes sauvages qui peuplaient l'île et les cépages aurore, chancellor et Prince of Wales. Une curiosité locale à comparer avec un autre cru insolite, un brut nature vinifié selon la méthode champenoise !

LE QUÉBEC

ENTRE QUÉBEC ET CHARLEVOIX

Le dépliant *La Route de la Nouvelle-France* (disponible à l'office de tourisme de Québec) détaille différentes haltes possibles sur 50 km, le long de l'avenue Royale (ou route 360) plantée d'élégantes maisons traditionnelles et de superbes résidences de l'aristocratie québécoise.

LE PARC DE LA CHUTE MONTMORENCY

Près de Beauport, à env 12 km du Vieux-Québec. ☎ 418-663-3330. • sepaq.com/ct/pcm • Bus n° 800 (à prendre du terminus d'Youville) direction Beauport. 2 accès : par le haut, au 2490, av. Royale, ou par le bas, au 5300, bd Sainte-Anne (depuis l'autoroute 440 Est, embranchement avant le pont qui mène à l'île d'Orléans). Fin juin-fin août, tlj 8h30-19h30 ; fin avr-fin juin et fin août-fin oct, tlj 9h-17h (18h w-e et fin août-fin oct). Nombreux jours et horaires différents suivant les mois d'hiver, téléphoner. Entrée gratuite, mais parking 7-11 $ (possibilité cependant de se garer sur l'av. Royale en haut des chutes ainsi qu'au niveau du resto Au Sommet des Chutes, *toujours sur l'av. Royale). Téléphérique A/R : env 14 $; réduc.* Via ferrata *22-48 $/pers selon difficulté. Tyrolienne double de 300 m : 25 $.* Plus haute de 30 m (83,50 m) mais moins impressionnante que celles du Niagara, la belle chute Montmorency est exploitée au maximum sur le plan touristique ; on n'y passe pas des heures, mais le détour vaut le coup pour se balader sur les passerelles et le pont suspendu, profiter des points de vue, et emprunter les escaliers qui s'agrippent à la falaise (prévoir un poncho !). Ceux qui n'envisagent pas de se parfaire les fessiers (487 marches, quand même !) prendront le téléphérique, mais c'est payant. Pour certains, elle est à son top quand elle gèle en hiver pour former le « pain de sucre ». Rappelons qu'elle ne manque pas d'allure non plus au moment du concours de feux d'artifice, vers la fin juillet. En haut, un bar-resto, un petit musée (gratuit) consacré à l'histoire du site, et, sur l'autre rive, l'emplacement où le général Wolfe installa son camp militaire. En soirée, la chute Montmorency est illuminée : c'est de toute beauté !

À faire

– ***L'escalade du « pain de sucre » :*** *avec* ***AventureX,*** *☎ 418-647-4422 ou 1-800-ROC-GYMS. • aventurex.net • De janv à mi-mars, w-e 9h-16h. Env 119 $; réduc.* Cette école enseigne l'escalade de glace depuis plusieurs décennies. Intéressant pour les initiés et inoubliable pour les débutants.

CHÂTEAU-RICHER ET SAINTE-ANNE-DE-BEAUPRÉ

Château-Richer est une jolie et paisible bourgade qui s'étend le long de la 138 et de l'avenue Royale, et Sainte-Anne-de-Beaupré un petit village qui vit pour son immense et célèbre basilique en granit blanc.

Où dormir ? Où manger ?

De nombreux motels sans charme jouent à touche-touche le long du boulevard Sainte-Anne. Rien d'étonnant puisque les pistes de ski du Mont-Sainte-Anne (voir plus loin) ne sont qu'à une dizaine de kilomètres.

B & B Le Royal Champêtre : *5494, av. Royale,* ***Boischatel.*** *☎ 418-822-3500 ou 1-866-762-1800. • leroyal champetre.com • Doubles 110-145 $, avec petit déj.* Grande et élégante demeure surplombant un paysage exceptionnel. Les chambres sont à son image, spacieuses, au décor soigné dont la thématique suit les saisons, et surtout de très bon confort. Mais ce qui fait la différence, c'est l'accueil plein de bon conseils et le petit déj d'anthologie concocté à partir de produits régionaux : muffins, gâteaux, confitures, tout est fait maison. Un excellent point de chute (on n'est pas près d'oublier le panorama sur l'île d'Orléans, dans la lumière rasante d'une merveilleuse fin d'après-midi...).

Gîte Un Air d'Été : *8988, bd Sainte-Anne, Château-Richer (en direction de Baie-Saint-Paul). ☎ 418-824-5210 ou 1-888-922-8770. • unairdete.com • Doubles env 90-155 $, avec petit déj.* Un gîte étonnant. Dissimulée par des talus qui la séparent de la grande route, cette vaste maison contemporaine occupe une situation privilégiée au bout d'une langue de terre entourée d'eau... Elle renferme 5 chambres douillettes et très confortables (dont 3 avec bains privés). Mais ce qui justifie vraiment une halte, ce sont tous les petits plus : un salon TV commun, une salle de sport, une cuisine équipée à disposition, et, à l'extérieur, un vaste jardin en bord de fleuve, avec une belle piscine chauffée, un jacuzzi, et même un canot pour rêver sur le plan d'eau. Assurément, on est ailleurs !

Auberge Baker : *8790, av. Royale, Château-Richer. ☎ 418-824-4478 ou 1-866-824-4478. • auberge baker.com • Resto tlj midi et soir, jusqu'à 21h30. Doubles 90-150 $; maison de village 165-325 $ (2-6 pers). Formules déj env 15-26 $; plats env 20-40 $; table d'hôtes à partir de 40 $.* Charmante auberge de 1840 offrant des chambres à l'ancienne, confortables, et pleines de cachet dans l'ancien grenier : poutres apparentes de bois brut, mobilier de famille, riches tissus... On adore la « Baker » et la « Cloutier » avec leur plafond cathédrale. Quant au resto, il propose des classiques revisités et des valeurs du terroir québécois à faire craquer le Bouddha en plein jeûne ! Cadre romantique de pierres sèches, lumière tamisée et atmosphère détendue, service impeccable teinté d'une familiarité de bon ton... Une bien bonne étape !

À voir

La basilique Sainte-Anne-de-Beaupré : *entre la 138 et l'av. Royale, à Sainte-Anne-de-Beaupré. ☎ 418-827-3781. Tlj 8h-17h (18h dim, 21h en été). GRATUIT.*

« Inloupable »... Consacré à sainte Anne, mère de la Vierge Marie et patronne des marins de la province, le sanctuaire original datant de 1658 se développa de manière démesurée pour son petit village à la suite, dit-on, de nombreux miracles. C'est pourquoi la basilique attire énormément de pèlerins en quête de guérison. Le 26 juillet, pour la Sainte-Anne, c'est le Lourdes américain. Remarquez l'amoncellement de béquilles sur les piliers de l'entrée.

Le cyclorama de Jérusalem : *8, rue du Sanctuaire, à Sainte-Anne-de-Beaupré. ☎ 418-827-3101. • cyclorama.com • À côté de la basilique. De mi-mai à mi-oct, tlj 10h-17h (9h-18h juil-août). Entrée : 12 $; réduc. Durée : 15 mn.* Installé en 1895, ce panorama circulaire, peint à Chicago par un maître français du genre, mesure 14 m de haut et 110 m de circonférence, soit 1 540 m^2 de toile consacrés à Jérusalem et sa campagne environnante au moment de la crucifixion. Il s'agit d'un des derniers panoramas circulaires du monde, l'essor du cinématographe ayant eu raison de ce genre d'attraction autrefois très populaire. Depuis une estrade centrale, on est absorbé dans un paysage d'un réalisme surprenant dont la composition et le thème biblique sont appuyés par un commentaire audio qui détaille bâtiments et personnages. Intéressant, mais tout de même bien vieillot !

LE PARC DU MONT-SAINTE-ANNE

Situé à 40 km environ au nord-est de Québec. Prendre l'autoroute 440 Est, puis la 138 ou la 360 Est (avenue Royale) en direction de Sainte-Anne-de-Beaupré. À Beaupré (au-delà de Sainte-Anne), suivre les panneaux « Mont-Sainte-Anne » et « Saint-Ferréol » (à respectivement 4 et 10 km).

Adresse et infos utiles

Point d'information touristique : *au pied des pistes de la station, 2000, bd du Beau-Pré. ☎ 418-827-4561 ou 1-888-827-4579. • mont-sainte-anne.com •*
*– **En été :** parc de fin mai à mi-oct, tlj 9h-16h. Entrée parc : 8 $; réduc. Télécabine : 21 $ A/R ; réduc.*
*– **En hiver :** station de ski ouv en principe fin nov-début avr, 9h-16h en sem, 8h30-16h le w-e. Tarifs : ski de fond env 30 $/j, alpin env 80 $/j, réduc.*

À voir. À faire

En été

➢ ***Vers le sommet :*** l'été, le droit d'entrée donne accès aux nombreux sentiers de rando qui rejoignent le sommet. Prévoir 2h de grimpette pour environ 800 m de dénivelée. Télécabine pour les plus pressés et les moins sportifs. Là-haut, panorama splendide sur le Saint-Laurent, le cap Tourmente (réserve d'oiseaux) et l'île d'Orléans, ainsi que plusieurs boucles permettant des balades (jusqu'à 45 mn de marche).

➢ ***La chute Jean-Larose :*** *dans le parc, par le chemin des Chutes.* Une boucle de 4 km démarre côté sud de la 360, au niveau du parking de la station du Mont-Sainte-Anne. Composée de trois cascades dévalant 68 m, la chute n'est pas très spectaculaire, mais c'est l'occasion d'une balade dans un coin assez peu fréquenté et, pour les courageux, d'une trempette dans de petits bassins naturels.

➢ ***Le sentier Mestashibo :*** *même départ que pour la chute.* Dix kilomètres assez accidentés jusqu'au village de Saint-Ferréol. Compter 4 à 6h l'aller. Cette section du sentier transcanadien remonte le joli canyon de la rivière Sainte-Anne, franchie sur d'aériennes passerelles. Combinable avec le chemin des Chutes. Faisable dans l'autre sens, évidemment.

– Le mont Sainte-Anne est la mecque du ***vélo de montagne*** (notre VTT, ce terme signifiant « quad » au Québec), qui est pratiqué ici sous toutes ses variantes. Prévoir environ 16 $ pour le simple usage des sentiers et 36 à 45 $ selon le nombre de remontées ; il existe également des tarifs demi-journée. Également du ***parapente*** (baptême biplace), du ***canyoning*** accessible aux débutants (à la chute Jean-Larose), et même un ***golf*** (très cher !).

En hiver

Une belle station de sports d'hiver, facilement accessible, bien desservie par les bus et très correctement aménagée avec 200 km de sentiers pour le ***ski de fond*** et 71 pistes de ski alpin de tous niveaux. Ici, la journée ne se termine pas au coucher du soleil, puisqu'un tiers du domaine est éclairé pour la pratique du ski nocturne. Attention, la face nord du mont Sainte-Anne, avec son vent glacé, est vraiment froide.

À voir. À faire dans les environs

Le canyon Sainte-Anne : *à **Saint-Joachim.** ☎ 418-827-4057. • canyonsa.qc.ca • À 6 km de Sainte-Anne-de-Beaupré ; suivre la route 138 Est (fléché). De mai à mi-oct, tlj 9h-17h (18h fin juin-fête du Travail). Entrée : 13,50 $, taxes comprises ; 13-17 ans 10,50 $; 6-12 ans 7,50 $.* Hautes de 74 m, les chutes ont creusé ce canyon vertigineux plein d'arcs-en-ciel que l'on découvre par des sentiers ponctués de belvédères, de vues spectaculaires et de passerelles, dont l'une est suspendue 60 m au-dessus des flots. Le site connaît aujourd'hui un succès mérité (plus de 100 000 visiteurs annuels) : balades superbes, sentier « Roc-ambolesque » pour les plus jeunes, *via ferrata,* tyroliennes accessibles à partir de 7 ans et aires de pique-nique (ou même de quoi se restaurer pour ceux qui n'auraient pas prévu). La *via ferrata de la Chute* a été spécialement conçue pour aventuriers avides de sensations extrêmes... Poussées d'adrénaline garanties. Quant à la nouvelle attraction insolite Air Canyon (qui permet d'avoir une vue époustouflante sur le canyon), elle offrira plus d'un frisson aux amateurs !

CHARLEVOIX

• Carte *p. 227*

On l'affirme avec force : impossible de voyager au Québec sans rendre visite à Charlevoix. Cette belle région est la conséquence d'une série de phénomènes géophysiques exceptionnels. Des glaciations successives y ont en effet creusé, modelé et usé le paysage. La mer de Champlain recouvrit

également longtemps les terres, y déposant des couches d'argile. Et puis, histoire de compléter le tableau, une énorme météorite s'y écrasa, il y a environ 350 millions d'années, et forma un cratère de 56 km de diamètre, bouleversant le relief et façonnant le paysage de Charlevoix. Il s'agit aujourd'hui du plus grand cratère habité de la planète. Résultat : un paysage d'une douceur extraordinaire qu'il faut aborder avec délicatesse et « consommer » comme si l'on dégustait un château-lafite de 30 ans d'âge.
La région produit aussi certains des plus intéressants aliments du terroir québécois, des fromages et de l'agneau notamment.
Last but not least, Charlevoix est la première région habitée par l'homme à s'être vu attribuer le statut officiel de Réserve mondiale de la biosphère par l'Unesco (en 1988). Petite précision linguistique pour terminer : on ne dit pas « le » Charlevoix, mais « Charlevoix », tout simplement.

BAIE-SAINT-PAUL

7 400 hab.

• Plan *p. 229*

Cachée au fond d'une vallée, aux formes et couleurs veloutées, Baie-Saint-Paul est une excellente base pour entamer l'exploration de Charlevoix. La ville elle-même ne possède pas de monuments prestigieux, mais on flâne avec plaisir dans les jolies rues du centre historique rythmées par les clochers argentés, avant de prolonger la balade jusqu'à la superbe baie. Stratégiquement située, Baie-Saint-Paul accueille des touristes en nombre toujours plus important, notamment depuis qu'elle s'affirme comme une petite capitale artistique. Un succès qui se prolonge même en hiver, lorsque la station voisine du *Massif* fait alors le plein de skieurs et de randonneurs venus des quatre coins du Québec *(infos sur • lemassif.com •).*

L'EMPIRE DU SOLEIL

En 1984, une modeste troupe d'artistes de rue de Baie-Saint-Paul a été choisie pour participer au 450e anniversaire de la découverte du Canada. Le Cirque du Soleil est né, avec quelques acrobates. Aujourd'hui, ce sont 4 000 employés de 50 nationalités différentes, dont plus de 1 300 artistes, qui produisent une vingtaine de spectacles chaque année à travers le monde, y compris à Las Vegas ! Une petite affaire devenue grande donc, tant et si bien qu'elle a été rachetée en 2015 par un consortium regroupant des fonds d'investissements américains et chinois.

Arriver – Quitter

En bus

Terminal des bus Intercar *(plan B2)* **:** *infos et ventes au comptoir de la gare ferroviaire de l'*Hôtel Le Germain*. ☎ 418-240-4124. • intercar.ca •*
➢ ***De/vers Québec*** (1h15) ***et La Malbaie*** (45 mn) **:** 2 liaisons/j. (slt 1 le w-e).
– ***Aucun bus direct*** pour Montréal.

En taxi ou en voiture

➢ ***De Québec :*** emprunter l'av. Royale (dite route de la Nouvelle-France) et non l'horrible bd Sainte-Anne (route 138). Il s'agit en effet d'une vieille route bordée de maisons, de galeries d'art et de petits commerces qui distillent l'esprit séculaire du Québec. Elle rejoint la 138 dans Charlevoix.

➢ ***De/vers Saint-Joseph-de-la-Rive*** (port d'embarquement pour l'Isle-aux-Coudres) **:** aucun bus. Il vous reste donc le pouce (on appelle les stoppeurs les « pouceux » au Québec) ou le taxi. *Taxi 5000 (☎ 418-435-5000)* et *Real Fortin (☎ 418-435-3860).* Compter min 35 $, plus le pourboire.

En train

➢ ***De la chute Montmorency ou de La Malbaie :*** *avec le train de Charlevoix (gare à l'*Hôtel Le Germain*). ☎ 1-844-737-3282. • reseaucharlevoix.com* • De mi-juin à mi-oct, 3 départs/j. mer-dim. Tarif : 52 $ aller simple, et jusqu'à 70 $ A/R (respectivement 30 et 40 $ depuis La Malbaie) ; réduc. Plus qu'un vrai moyen de transport, ce petit train léger (2 wagons slt !) est surtout un prétexte pour faire une paisible et très jolie balade entre fleuve et montagne.

Adresses et infos utiles

i ***Tourisme Charlevoix*** *(hors plan par A2,* ***1****)* **:** *belvédère Baie-Saint-Paul, 444, bd Monseigneur-de-Laval (route 138). ☎ 418-665-4454 ou 1-800-667-2276. • tourisme-charlevoix.com • En été, tlj 8h30-19h ; hors saison, tlj 9h-16h.* Riche documentation sur tous les centres d'intérêt de Charlevoix.

i ***Bureau d'information touristique de Baie-Saint-Paul*** *(plan B2,* ***2****)* **:** *6, rue Saint-Jean-Baptiste. ☎ 418-665-4454 ou 1-800-667-2276. Fin juin-début sept, tlj 9h-18h ; hors saison, tlj 9h-17h (16h l'hiver).* Pour les infos plus spécifiques sur la ville.

– ***Marché public*** *(plan B2,* ***15****)* **:** *dim de fin juin à mi-oct, env 10h-14h, à l'*Hôtel Le Germain *(voir chapitre « Où dormir ? »).* L'occasion de rencontrer les producteurs et artisans de la région. Ateliers culinaires divers et spectacles en plein air gratuits.

– ***Baiecycle :*** *☎ 418-435-5514. • baiecycle.org • Env 10 $ la ½ journée et 20 $ la journée ; également des vélos enfants (réduc).* Baie-Saint-Paul dispose d'une sorte de système de vélo partagé. 6 stations en ville et autour. Instructions et infos sur les points de vente sur les bornes des stations.

Où dormir ?

Campings

⛺ 🏠 ***Camping Le Genévrier*** *(hors plan par A1,* ***12****)* **:** *1175, Monseigneur de Laval, route 138 (à 3 km vers Saint-Urbain). ☎ 418-435-6520 ou 1-877-435-6520. • genevrier.com • Ouv mai-oct pour le camping, tte l'année pour les loc. Emplacements 31-42 $; chalets (2-8 pers) 85-300 $.* Grand camping (400 emplacements) confortable, dans un bel environnement. Le plus, ce sont les infrastructures et activités : resto, tennis, minigolf, plusieurs lacs (dont un pour se baigner ou faire de l'embarcation à pédales), 15 km de chemins de randonnée et VTT... Également d'agréables chalets en rondins tout équipés.

⛺ 🏠 ***Camping du Gouffre*** *(hors plan par B1,* ***16****)* **:** *439, chemin Saint-Laurent. ☎ 418-435-2143 ou 1-866-435-2143. • campingunion.com • À 6 km du centre ; prendre la rue Fafard qui se poursuit par la rue Leclerc, puis peu après à gauche (indiqué). Ouv début mai-fin sept. Emplacements env 34-46 $; douches payantes. Chalets 2-8 pers avec sdb 140-190 $/nuit, puis dégressif. Aussi quelques roulottes et tentes insolites équipées.* Beau camping, vaste et verdoyant, proposant différents types de terrains : les rustiques, sans ombre ; les sauvages, dans la nature et auxquels les voitures n'ont pas accès, mais aussi un bon nombre d'emplacements ombragés et accessibles en voiture. Laverie, piscine, petite plage sur la rivière, aire de jeux, fermette pour les enfants, tennis, sentiers pédestres, pêche, épicerie sur place. Accès payant aux loisirs pour les

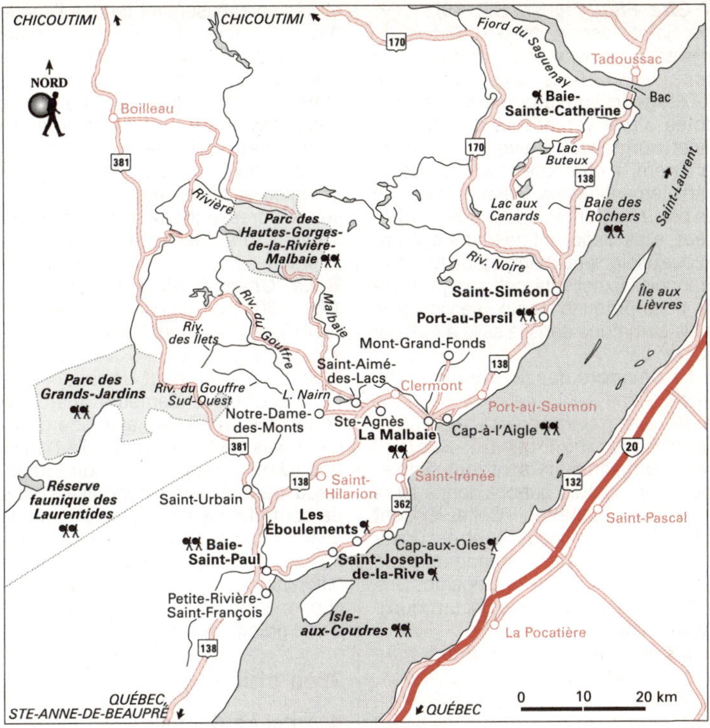

CHARLEVOIX

visiteurs extérieurs. Bref, plutôt sympa, à condition de s'accommoder des règlements un peu stricts.

De bon marché à chic

Gîte Chez Marie-Marthe Bouchard (plan B1, **11**) : *43, rue Saint-Joseph. ☎ 418-435-2927. Double avec sdb partagée 75 $, avec petit déj. CB refusées. Parking.* Une des adresses les moins chères de la ville, mais qui ne conviendra pas à tout le monde. Maison très simple, tout comme les 4 chambres, pas bien grandes, mais l'ensemble est bien tenu. Accueil sans façons, chaleureux et drôle, d'un couple de retraités très gentils. Bonnes confitures maison. Dans l'agréable jardin, petit bassin et, en guise de nains, quelques flamants roses sur le gazon. Un bon plan si l'on n'est pas trop exigeant.

Gîte Terre Ciel (plan B2, **18**) : *113, rue Sainte-Anne. ☎ 418-435-0149. • giteterreciel.com • Double env 130 $, familiale 170 $, avec petit déj.* Grande et vénérable demeure centenaire au bord de la rivière du Gouffre, avec un grand jardin fleuri et arboré. Chambres toutes de bois blanc, couleurs et tissus pimpants, salle de bains nickel... Parties communes fort agréables, petite biblio, coin lecture, cuisine et frigo à dispo. Mon tout très bien tenu. Mais le plus de ce gîte, c'est l'accueil souriant et très prévenant de David, qui concocte un succulent petit déjeuner, fait lui-même son pain et des gaufres d'anthologie... Accueille souvent des groupes de musique et c'est l'enchantement de chaleureuses soirées autour du braséro. Un gîte exceptionnel, c'est dit !

Gîte Fleury *(plan B2,* ***19****) : 102, rue Saint-Joseph. ☎ 418-435-3668. • gitefleury.com • Doubles avec sdb partagée 85-95 $, avec petit déj.* À l'étage d'une charmante maison dotée d'une véranda et d'un joli jardinet qui descend jusqu'au bord de la rivière, 4 chambres lumineuses et parfaitement tenues. L'espace manque un peu, mais sinon, très joliment arrangées, elles disposent de tout le confort. Accueil soigné et charmant de Mario et François. Excellents petits déj à base de bons produits locaux, servis sur la table commune dans la salle à manger conviviale.

La Chambre des Maîtres *(plan B2,* ***20****) : 109, rue Sainte-Anne. ☎ 418-435-3059. • lachambredesmaitres.com • Doubles avec sdb 110-140 $, avec petit déj.* Les maîtres, ce sont tout simplement les peintres qui ont donné leurs noms aux chambres ! Celles-ci sont agréables et lumineuses, et occupent une belle maison aménagée avec goût de façon sobre et élégante. Une excellente adresse tenue par un couple sympathique.

Le Noble Quêteux *(hors plan par A2,* ***13****) : 8, côte du Quêteux. ☎ 418-240-2352 ou 1-866-744-2352. • noblequeteux.com • En venant de Québec, tourner à droite au bureau de Tourisme Charlevoix, 4 km avant Baie-Saint-Paul ; c'est à 400 m en contrebas. Double avec sdb 120 $, avec petit déj.* Joliment situé, dans la campagne, dans une belle demeure de 1830 avec un jardin et des balcons offrant une vue magnifique sur le fleuve. Autrefois, la maison recueillait les « quêteux » ; aujourd'hui, elle abrite une poignée de chambres classiques à la déco champêtre (dont 2 avec terrasse privée). Bon petit déj à base de produits maison ou du terroir. Marielou connaît bien la région et n'est pas avare en bons conseils.

Au Clocheton *(plan B2,* ***14****) : 50, rue Saint-Joseph. ☎ 418-435-3393 ou 1-877-435-3393. • auclocheton.com • Fermé en nov. Doubles avec sdb 115-145 $, avec petit déj. Studio env 135 $.* Belle résidence centenaire dont le romantique jardin longe la rivière. Intérieur tout aussi charmant et très soigneusement tenu, à l'image des 2 chambres cosy à la déco dans l'air du temps (dont une suite top avec salon et entrée indépendante). Mais pour ceux qui souhaitent plus d'autonomie, il y a même un agréable studio avec cuisinette ! Le matin, petit déj copieux mélangeant produits de la région et pâtisseries maison diverses. L'adresse idéale pour un séjour douillet, d'autant que l'accueil est adorable.

La Grande Maison *(plan A1,* ***17****) : 160, rue Saint-Jean-Baptiste. ☎ 418-435-5575 ou 1-800-361-5575. • grandemaison.com • Doubles env 115-150 $, avec petit déj et spa.* Ce fut d'abord une demeure aristocratique, puis un hôpital, avant de devenir le plus vieil hôtel de la ville (1913), très joliment rénové au fil du temps. Beau parquet verni conduisant vers de confortables chambres pleines de charme, certaines avec une baignoire sur pied à l'ancienne. Mais ce qui fait la différence, c'est l'excellent accueil et le superbe spa. Bref, tout le confort digne d'une grande maison...

Très chic

Hôtel Le Germain *(plan B2,* ***15****) : 50, rue de la Ferme. ☎ 1-844-240-4700. • legermainhotels.com • Dortoir (4 lits) 180 $, double et studio à partir de 200 $.* Coup de cœur pour cet hôtel contemporain au concept original, posé au terminus du célèbre train du Charlevoix. Un « hôtel terroir », rendant hommage à l'architecture rurale, au travail des paysans et aux bons produits de la nature. 5 bâtiments construits précisément à la place d'une ancienne ferme (qui brûla jadis, mais dont il subsiste une petite bâtisse). Plus de champs de blé, mais un grand potager qui fournit les légumes du resto et un marché public le dimanche. Élégant décor des parties communes, vastes volumes au design imaginatif. Près de 150 chambres à l'unisson, spacieuses et lumineuses, à la déco raffinée (bois blanc, tons doux), illustrées de photos géantes de la vie paysanne, avec de magnifiques salles de bains, douche à l'italienne et tout le confort rêvé !

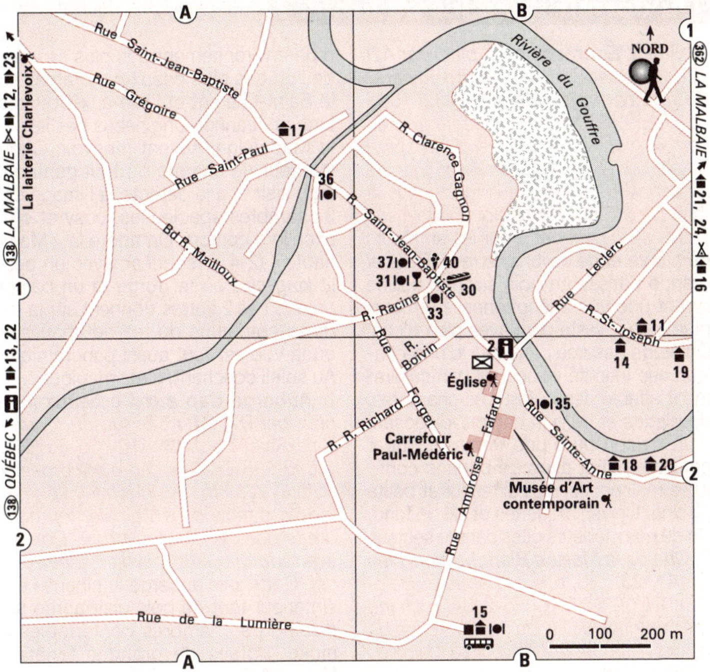

BAIE-SAINT-PAUL

Adresses utiles

- 1 Tourisme Charlevoix (hors plan par A2)
- 2 Bureau d'information touristique de Baie-Saint-Paul (B2)
- 15 Marché public et Charlevoix Éco-Mobilité (B2)

Où dormir ?

- 11 Gîte Chez Marie-Marthe Bouchard (B1)
- 12 Camping Le Génévrier (hors plan par A1)
- 13 Le Noble Quêteux (hors plan par A2)
- 14 Au Clocheton (B2)
- 15 Hôtel Le Germain (B2)
- 16 Camping du Gouffre (hors plan par B1)
- 17 La Grande Maison (A1)
- 18 Gîte Terre Ciel (B2)
- 19 Gîte Fleury (B2)
- 20 La Chambre des Maîtres (B2)
- 21 Gîte Au Perchoir (hors plan par B1)
- 22 Gîte L'Écureuil (hors plan par A2)
- 23 Gîte de la Maison Blanche (hors plan par A1)
- 24 Auberge Cap aux Corbeaux et Nature et Pinceaux (hors plan par B1)

Où manger ?

- 15 Le Bercail (B2)
- 30 Joe Smoked Meat (B1)
- 31 Le Saint Pub & Microbrasserie Charlevoix (B1)
- 33 Café des Artistes (B1)
- 35 Le Mouton Noir (B2)
- 36 Ah la Vache ! (A1)
- 37 Chez Bouquet (B1)

Où manger une glace en été ?

- 40 Fraîcheurs et Saveurs (B1)

Où dormir dans les environs ?

Gîte L'Écureuil *(hors plan par A2,* ***22****) : 264, rue Principale,* ***Petite-Rivière-Saint-François.*** *☎ 418-632-1058 ou 1-877-632-1058. • gitelecureuil.com • À env 10 km au sud de Baie-Saint-Paul. Venant de Québec, à droite au panneau de ville, puis route dans la forêt sur 2,5 km. Fermé nov. Double env 100 $, avec petit déj.* Pour les amateurs de nature et de colibris, le rêve. Belle et grande bâtisse en bois sur une colline livrant une vue exceptionnelle, en surplomb d'un vaste parc avec plan d'eau. Quiétude assurée ! Intérieur d'une chaleureuse intimité et accueil particulièrement affable des hôtes. Les chambres, douillettes et de bon confort, disposent d'un balcon ou d'une terrasse. Super petit déj-buffet avec de bonnes confitures maison. Jacuzzi extérieur et petite piscine. L'hiver, raquettes et ski de fond. Un de nos meilleurs gîtes dans le secteur.

Gîte de la Maison Blanche *(hors plan par A1,* ***23****) : 28, rue du Lac-Ami, Baie-Saint-Paul. ☎ 418-435-2454. • charlevoix.net/gites • Ouv de mai à l'Action de grâces. Prendre la 138 vers La Malbaie ; à env 10 km de Baie-Saint-Paul, juste avant la bifurcation pour Saint-Urbain et la route des Montagnes, tourner à gauche. Double avec sdb 100 $, avec petit déj.* Une grande maison au calme proposant 4 chambres très bien tenues et agréables. Situation agréable, face à un bel étang peuplé de canards, et coquet jardin avec piscine chauffée. Le charme de l'adresse tient beaucoup à l'accueil généreux de Michel, qui reçoit ses hôtes comme des amis. Super !

Gîte Au Perchoir *(hors plan par B1,* ***21****) : 443, Cap-aux-Rets. ☎ 418-435-6955. • auperchoir.com • Doubles env 130-170 $, mémorable petit déj inclus.* En surplomb d'une petite route côtière, cette chambre d'hôtes profite d'un environnement des plus serein et de l'un des plus beaux panoramas sur le Saint-Laurent et l'Isle-aux-Coudres. Line et Jeannot, originaires des îles de la Madeleine, savent recevoir. Cadre intérieur de charme où tout contribue au plaisir et à la détente, à l'image des 3 chambres spacieuses, cosy et d'un excellent confort. On adore la « Marée haute » (2-4 personnes), avec un beau lit *king-size* en fer forgé et un balcon privé... Les 2 autres donnent sur la terrasse commune du rez-de-chaussée, où la vue est tout aussi panoramique. Au soleil couchant, c'est magique...

Auberge Cap aux Corbeaux *(hors plan par B1,* ***24****) : 62, rue du Nordet, Baie-Saint-Paul. ☎ 418-435-5676 ou 1-800-595-5676. • cap-aux-corbeaux.com • À 5 km du centre-ville ; sur la 362, direction La Malbaie, tourner à droite dans la rue du Nordet. Doubles avec sdb 120-160 $, avec copieux petit déj.* Cette jolie auberge lumineuse et à l'intérieur tout de bois clair abrite une dizaine de chambres confortables et nickel dotées de grandes fenêtres. L'une d'elles possède une baignoire à remous, mais toutes jouissent d'une jolie vue sur la baie. Ambiance paisible et cosy dans un beau coin de nature où sont dispersées des maisons cossues.

Nature et Pinceaux *(hors plan par B1,* ***24****) : 33, rue Nordet. ☎ 418-435-0020. • natureetpinceaux.qc.ca • Doubles 110-145 $, avec petit déj.* Perché sur une colline, ce gîte récent (mais construit dans le séduisant style régional) profite d'un environnement paisible face au fleuve, et offre 5 chambres spacieuses meublées et décorées de façon cosy... Couette en duvet, baignoire sur pattes. Généreux petit déjeuner en 3 services à partir de produits frais et accueil affable.

Où manger ?

De bon marché à prix moyens

Joe Smoked Meat *(plan B1,* ***30****) : 54, rue Saint-Jean-Baptiste. ☎ 418-240-4949. Tlj sauf dim 11h-21h (22h jeu-sam). Sandwichs 12-18 $.* Un sympathique local tout en bois, décoré de tableaux sur le jazz et d'instruments de musique, avec un comptoir et une petite salle où l'on vous servira un bon et gros sandwich à la viande fumée, fondante comme il se doit. En version sous-marin, vous aurez même droit à des oignons, du piment, du steak, des poivrons, du fromage, des tomates, etc. ! Épatant avec une bière d'épinette maison.

|●| 🍸 ***Le Saint Pub & Microbrasserie Charlevoix*** *(plan B1, **31**) : 2, rue Racine (et Saint-Jean-Baptiste). ☎ 418-240-2332. Tlj 11h30-22h (23h ven-sam, 21h30 dim). Plats 12-27 $.* Un pub qui marche fort ! Grâce ses excellentes bières artisanales, bien sûr (pour les amateurs, possibilité de visiter la brasserie située dans la zone commerciale), mais aussi grâce à ses plats classiques plutôt bien réalisés (moules, grillades, burger, salades) et ses spécialités houblonnées, comme le foie gras à la vache folle. Vraiment sympa, surtout si l'on s'installe sur la vaste terrasse abritée.

|●| ***Café des Artistes*** *(plan B1, **33**) : 25, rue Saint-Jean-Baptiste. ☎ 418-435-5585. Tlj 10h30 (10h le w-e)-22h (23h ven-sam). Table d'hôtes env 16 $; plats 13-19 $.* Une petite institution locale, très vite remplie. Jolie salle avec sièges en osier et toiles sur les murs en fonction des expos du moment. Terrasse de poche sur l'avant, ou plus grande et abritée à l'arrière, au calme. Dans l'assiette, des pâtes, des pizzas, ou des salades, le tout simple et honnête. De quoi faire un repas correct dans une bonne ambiance... et surtout sans trop se ruiner.

De prix moyens à plus chic

|●| ***Le Mouton Noir*** *(plan B2, **35**) : 43, rue Sainte-Anne. ☎ 418-240-3030. Tlj 17h30 (11h30 le w-e)-22h. Plats 15-30 $. Table d'hôtes 32-41 $.* Cadre tout en bois, ambiance intime et fond sonore jazzy pour une fort belle cuisine. Le chef breton mêle joliment produits du terroir et saveurs plus méditerranéennes. Ne manquez pas notamment le mijoté d'épaule de porc... avant de terminer par le célèbre *carrot pie* ! Le tout à savourer en salle ou, aux beaux jours, sur la séduisante terrasse à l'arrière donnant sur la rivière. Un des meilleurs restos de la ville, qui fut longtemps le quartier général du *Cirque du Soleil*. On les comprend !

|●| ***Chez Bouquet*** *(plan B1, **37**) : 39, rue Saint-Jean-Baptiste. ☎ 418-435-6839. Tlj 7h-21h. Le midi en sem, plats 13-20 $; le soir, table d'hôtes 39 $, plats env 23-64 $.* On aime bien cet écobistrot au cadre paisible et lumière tamisée, soucieux de faire travailler les producteurs locaux et de proposer une cuisine saine et soignée. Résultat, ris de veau, raviolis au homard et autres carrés de chevreau sont joliment servis, et surtout se goûtent bien (le midi, c'est plus simple, on pioche plutôt parmi les salades, les guédilles et les *fish & chips*). Vins nature et bio au tableau noir (France, Italie, Californie). Accueil souriant. Assure aussi l'hébergement *(Auberge La Muse)*.

|●| ***Ah la Vache !*** *(plan A1, **36**) : 73, rue Saint-Jean-Baptiste. ☎ 418-760-8383. Ouv mer-dim à partir de 18h. Fermé lun-mar. Plats 19-35 $. Table d'hôtes 40-50 $.* Pour changer de la poutine, direction cette minuscule enclave helvétique bourrée de charme. Déco montagnarde de rigueur (cloches, skis et tout le tremblement), ambiance chaleureuse (on finit souvent par papoter avec les voisins), et, à la carte, des croques, des saucisses et des salades le midi, des raclettes, des fondues et des croûtes le soir. Tout est généreux et préparé avec des ingrédients de qualité : fromages suisses (ou locaux... pour l'exotisme !), excellentes charcuteries... Et pour boire un coup, c'est simple, chacun apporte sa propre bouteille. Sympa !

Chic

|●| ***Le Bercail*** *(plan B2, **15**) : à l'*Hôtel Le Germain*, 50, rue de la Ferme. ☎ 418-240-4123. Tlj 11h30-23h (minuit sam). Carte 12-25 $.* C'est le bar à tapas du bel hôtel design de la ville. Cadre lumineux et sophistiqué, avec immense piano ouvert au milieu. Également quelques plats de type bistrot bien réalisés (pizzas, tartares, salades...).

Où manger une glace en été ?

Fraîcheurs et Saveurs (*plan B1, 40*) : *64 A, rue Saint-Jean-Baptiste.* ☎ *418-435-7772. Tlj 11h-20h en été (voire plus tard).* Ici, on déguste les bonnes glaces artisanales de *L'Armoire à Glaces,* le spécialiste de Charlevoix installé au cœur de la laiterie Charlevoix (voir plus loin). Délicieuse glace à l'érable et aux noix !

À voir

Le musée d'Art contemporain (*plan B2*) : *23, rue Ambroise-Fafard.* ☎ *418-435-3681 • macbsp.com • En été, tlj 10h-17h ; hors saison, tlj sauf lun 11h-17h. Entrée : 14 $; réduc ; gratuit moins de 12 ans.* Voici le haut lieu de l'art contemporain à Baie-Saint-Paul, dédié aux expositions temporaires. Chaque année, présentation des œuvres du symposium (voir ci-après).

Le carrefour culturel Paul-Médéric (*plan B2*) : *4, rue Ambroise-Fafard.* ☎ *418-435-2540. De juin à mi-oct, tlj sauf lun 10h-17h (tlj juil-août) ; hors saison, jeu-dim 10h-17h. GRATUIT.* Expositions temporaires d'artistes de Charlevoix. Tous les étés (en août) se déroule le *Symposium international d'art contemporain* de Baie-Saint-Paul à l'*Aréna,* derrière le centre d'art. Des artistes réalisent devant le public une œuvre sur un très grand format, dans une ambiance de fête. Et puis, mi-septembre, c'est *Rêves d'automne,* un festival de peintres exposant dans les rues de la ville...

Dans le centre, avez-vous noté que l'***église*** (*plan B2*) possède deux tours asymétriques, petit caprice d'architecte facétieux ?

La laiterie Charlevoix (*hors plan par A1*) : *1167, bd Monseigneur-de-Laval (route 138).* ☎ *418-435-2184. • fromagescharlevoix.com • Sur la 138 en direction de La Malbaie, à env 6 km de Baie-Saint-Paul. Tlj 8h-19h (17h en hiver). De mi-mai à mi-oct, plusieurs visites guidées/j. de la laiterie (1h ; env 12 $/pers).* Tout le monde connaît cette fromagerie familiale pour ses bons produits réalisés selon des méthodes artisanales. Dans la boutique, une large baie vitrée permet d'observer les employés au travail (surtout le matin). Mais ceux qui veulent en savoir plus suivront la visite guidée, qui détaille tout le processus de fabrication et présente la collection la plus importante du Québec sur l'industrie laitière de 1890 à nos jours.

SOS VACHE EN DANGER !

Le fromage 1608 est fabriqué avec le lait de vaches amenées de France de 1608 à 1670 (et à l'origine de la race canadienne). En 1900, on comptait plus de 500 000 têtes, aujourd'hui moins de 500... Réimplantées en 2007 dans trois fermes de Charlevoix, ces braves bêtes fournissent donc le lait pour ce fromage. Un souvenir original à rapporter... Sa texture crémeuse est très plaisante en bouche, et vous contribuerez à la sauvegarde de cette belle canadienne rousse !

À faire

➢ Remonter la rue Sainte-Anne jusqu'à l'embouchure de la rivière sur le Saint-Laurent (environ 1,5 km), au niveau du quai. Joli paysage, surtout dans la lumière du couchant. L'été, cependant, couvrez-vous, car les moustiques aspirent eux aussi aux promenades et aux pique-niques vespéraux ! L'aire est parcourue de quelques sentiers, où l'on trouve, notamment, l'*Habitat 07*, une maison conçue pour être écologiquement indépendante.

– ***Charlevoix Éco-Mobilité*** *(plan B2,* ***15****)* **:** *50, rue de la Ferme (à la gare de Baie-Saint-Paul). ☎ 418-633-2712. • charlevoixecomobilite.com •* Envie de découvrir La Malbaie et Charlevoix le nez au vent mais les mollets au repos ? Cette petite entreprise loue des vélos électriques *(35 $/h, 65 $ la ½ journée et 95 $/j.).* Aussi des excursions guidées en vélo-taxi : vous admirez le paysage et écoutez les explications du guide-pédaleur) ou des excursions dans l'arrière-pays à moto, avec un guide-chauffeur là encore (et vous assis à l'arrière ou dans le side-car).

– ***Les randonnées Nature-Charlevoix* :** *☎ 418-435-3864. • randonneesnature.com • Tte l'année sur résa. Env 48-60 $ selon rando (2h-env 5h30).* Organisme dont la mission est de mettre en valeur le cratère de Charlevoix. Créé par deux ingénieurs forestiers fous amoureux de la région, ce centre organise notamment des randonnées accompagnées par un guide naturaliste, ou encore une excursion en bus à travers la campagne pour visiter le fameux cratère.

– ***Katabatik*** *(plan B2)* **:** *210, rue Sainte-Anne, sur le quai. ☎ 418-435-2066 ou 1-800-453-4850. • katabatik.ca • Kiosque ouv mai-oct, tlj 8h-18h30.* Descente de la rivière du Goufre en kayak, excursion en kayak de mer, *paddle*, location de vélos *(8 $/h)* : les propositions ne manquent pas, mais ce n'est vraiment pas donné.

SAINT-JOSEPH-DE-LA-RIVE

225 hab.

Pittoresque port d'embarquement pour l'Isle-aux-Coudres, coincé entre mer et montagne, à une quinzaine de kilomètres par la route côtière pour La Malbaie. Malgré sa petite taille, Saint-Joseph fut tout de même l'un des plus importants chantiers navals du Québec. Une descente spectaculaire vous y plonge avec ravissement. Dans les années 1920-1930, pour grimper les pentes de Saint-Joseph en voiture, il fallait le faire... en marche arrière. En effet, en l'absence de pompe, l'essence ne montait plus au carburateur ! Imaginez la scène pour aller faire ses courses...

Où dormir ? Où manger ?

De prix moyens à plus chic

***La Maison sous les Pins* :** *352, rue Félix-Antoine-Savard. ☎ 418-635-2583. • maisonsouslespins.com • Doubles env 105-160 $, avec petit déj inclus. Le soir, table d'hôtes 40 $.* Charmante maison en bois de 1943, ancienne demeure de capitaine. Atmosphère conviviale, avec 7 chambres joliment décorées de façon thématique. Un lieu intimiste au charme un peu suranné mais indéniable. Spa, avec massage suédois et bain à remous extérieur. Bonne cuisine et gril en terrasse.

***Auberge Beauséjour* :** *569, chemin du Quai. ☎ 418-635-2895 ou 1-800-265-2895 • aubergebeausejour.com • Fermé fin oct-début nov. Doubles env 120-150 $ avec petit déj (95-135 $ sans).* Grosse demeure centenaire en bois au milieu d'un grand jardin. Plus de 90 ans d'expérience dans l'hospitalité. Une vingtaine de chambres au style champêtre un peu daté, mais douillettes et bien tenues. Intéressant rapport qualité-prix pour une étape.

***Arthur Café* :** *chemin du Quai (à droite avant d'arriver au traversier).*

LE QUÉBEC

Tlj le midi en saison à partir de 11h. Snacks env 5-11 $ (env 15 $ pour la guédille au homard). C'est le casse-croûte sympa et sans chichis du village. Il mérite une halte, car poutines, burgers et sous-marins sont au-dessus de la moyenne. Mais ce qui fait vraiment galoper les connaisseurs, c'est la fameuse guédille au homard du vendredi ! Fraîche, copieuse et bonne... mais en quantité limitée. Venir à 12h max pour en profiter ! Accueil chaleureux.

À voir. À faire

L'économusée de la Papeterie Saint-Gilles : *304, rue Félix-Antoine-Savard. ☎ 418-635-2430 ou 1-866-635-2430. • papeteriesaintgilles.com • Mai-oct, tlj 9h-17h (pour voir les ouvriers travailler, venir en sem 9h-15h) ; hors saison, sur rdv. GRATUIT (sf groupes).* Fondée en 1965 par l'écrivain Félix-Antoine Savard, cette petite papeterie artisanale a acquis une réputation mondiale pour la fabrication du papier chiné entièrement fait main, selon les procédés du XVIIe s, et incrusté de feuilles et fleurs de la région (épervière orangée, salicaire mauve, phragmite, etc.). En semaine, vous assisterez aux défibrage, tamisage, pressage, séchage et calandrage du coton. Également une intéressante vidéo sur les étapes de la fabrication, des expositions temporaires, et la collection complète des œuvres créées par la maison. Bien sûr, c'est aussi l'occasion de renouveler joliment votre papier à lettres.

Le Musée maritime de Charlevoix : *305, pl. de l'Église. ☎ 418-635-1131. • museemaritime.com • En face de la papeterie. De mi-mai à mi-oct, tlj 9h-17h. Entrée : 7 $; réduc ; gratuit jusqu'à 11 ans. Visite guidée possible en été.* De la fin du XVIIIe s jusqu'aux années 1970, on construisait des goélettes dans cette région du Saint-Laurent, pour transporter le bois et ravitailler les villages avant que des routes fiables soient construites. C'est sur l'ancien chantier naval (fermé en 1972) qu'est installé ce riche musée. La visite vaut le coup, car elle comprend une belle expo sur l'évolution des goélettes depuis le XVIIIe s, et une balade captivante (et un jeu de piste pour les petits !) dans les bâtiments d'époque : la scierie, l'atelier, la forge et le bureau du chantier, tous restés dans leur jus et enrichis par d'intéressantes sections sur la construction des bateaux. Mais ce qui motive vraiment la visite, ce sont les deux goélettes et le remorqueur à cale sèche que l'on peut explorer de fond en comble, ou plutôt des cales aux postes de pilotages. En partant, un coup d'œil sur une troisième goélette inaccessible au public, mais qui a encore fière allure.

À côté du Musée maritime, un artisan fabrique des ***santons de Charlevoix*** *(303, rue de l'Église ; ☎ 418-635-2521 ; mai-sept, tlj 10h-17h ; oct-nov, lun-ven 10h-12h, 13h-16h).* Les figurines, bien faites mais pas données, représentent les figures habituelles de la Nativité mêlées à des personnages et des édifices de la région. Jésus naît donc dans un vieux village de Charlevoix !

L'église de Saint-Joseph-de-la-Rive : *chemin de l'Église. Tlj 9h-18h en été.* La décoration intérieure, inspirée des thèmes de la mer, date de 1964. Originellement conçue comme « chapelle d'été », sa construction fut permise sous la condition qu'elle ne serve qu'aux étrangers venus séjourner au bas des Éboulements l'été. Les habitants devaient plutôt fréquenter l'église des Éboulements. Cette obligation prit fin en 1931, avec l'arrivée d'un curé permanent.

Le bord de mer : deux plages où l'on peut se baigner. L'une à gauche du quai d'embarquement, l'autre à côté de l'exposition maritime.

L'ISLE-AUX-COUDRES

1 300 hab.

• Plan *p. 237*

Découverte par Jacques Cartier en 1535 lors de son deuxième voyage, cette petite île est un site agréable, tout en eau et collines, rappelant parfois l'Écosse... Cartier s'étonna d'y trouver tant de « coudres » (des noisetiers), d'où son nom. Il aurait pu être plus inquiétant, puisque l'île, longtemps inhabitée, servit d'abord uniquement de halte pour enterrer les marins morts en mer. Elle ne fut colonisée qu'à partir de 1720 par des missionnaires, surnommés les « Marsouins » et d'une affabilité légendaire. Ils furent longtemps constructeurs de goélettes, ces « voitures d'eau » dont il ne reste que quelques exemplaires disséminés autour de l'île et un musée à ne pas manquer.
La route qui fait le tour de l'île ne compte que 23 km et constitue une jolie balade à vélo.
Quelques spécialités culinaires québécoises faciles à trouver sur l'île : la soupe aux gourganes (grosses fèves rouges), l'éperlan frit, la tourtière grand-mère, le « pâté croche » (en demi-lune) ou à l'éperlan, la tarte au sucre ou à la rhubarbe. Destination estivale avant tout, l'île tourne au ralenti en hiver, bien que quelques activités de neige soient proposées. Mais, même en été, n'espérez pas trop sortir le soir... Vous entrez dans une zone de quiétude et de repos, suivez le rythme !

Arriver – Quitter

– Pour ceux qui viennent en bus de Québec : celui-ci s'arrête à Baie-Saint-Paul. Donc, pour rejoindre le traversier à Saint-Joseph-de-la-Rive, tendez le pouce, louez une voiture ou appelez un taxi à Baie-Saint-Paul : *Taxi 5000 (☎ 418-435-5000)* ou *Real Fortin (☎ 418-435-3860)* ; au moins 35 $, plus le pourboire.

➢ ***Traversier :*** *rens au ☎ 1-877-787-7483. • traversiers.com •* A/R gratuit de Saint-Joseph-de-la-Rive. Dernière sem de juin-début oct, départs ttes les heures 6h30-10h30 et 18h30-23h30, et ttes les 30 mn 10h30-18h30. Mai-fin juin et sept, ttes les heures 6h30 (7h30 w-e)-21h30, puis à 23h30. En basse saison, ttes les heures 6h30-9h30, puis à 11h30 et 13h30, puis ttes les heures 15h30-19h30, puis à 21h30 et 23h30. Retour depuis l'Isle-aux-Coudres : en basse saison, même rythme que depuis Saint-Joseph, mais 30 mn de moins (6h au lieu de 6h30, dernier départ à 22h en janv-fév). Traversée : 15 mn. Attention : un monde fou le w-e. L'attente peut s'avérer très longue dim ap-m car chaque bateau n'embarque que 50-70 voitures.

Adresses et infos utiles

Infos touristiques et banque

🅸 ***Bureau d'information de l'association touristique régionale de Charlevoix*** *(ATRC ; plan)* ***:*** *1024, chemin des Coudriers. ☎ 418-665-4454 ou 1-866-438-2930. • tourismeisleauxcoudres.com • En sortant du bateau, à droite en haut de la côte. Fin juin-début sept, tlj 8h-16h ; en demi-saison, ouv slt sam 9h-17h et dim 9h-14h30. Fermé l'hiver.*

■ ***Distributeur d'argent 24h/24*** *(ATM)* ***: Caisse Desjardins*** *(plan,* ***4****), 29, chemin de la Traverse.*

Location de vélos

Avec ses 3,5 km sur 10 km, l'île n'est pas très grande, et on en fait vite le tour. En revanche, seule la partie sud est vraiment plate et facilement praticable en famille.

■ ***Vélo Coudres*** *(plan, **2**) : 2926, chemin des Coudriers, La Baleine. ☎ 418-438-2118 ou 1-800-438-2118. ● velocoudres.com ● À 5 km du débarcadère. 2e w-e de juil-3e w-e d'août, navette gratuite à l'arrivée du traversier pour le centre de loc. De mi-mai à mi-oct, tlj 8h-env 18h. Env 10 $/h et 35 $/j.* Grand choix de vélos bien entretenus : VTT, randonneurs, tandems (certains avec 2 vélos adultes et un pour enfant derrière), quadricycles (rosalies), remorques enfants...

Commerces

Vous trouverez des bouteilles de gaz et tout le petit matériel d'usage courant à la station-service-garage-quincaillerie ***O. Dufour*** *(plan, **3** ; 1233, chemin des Coudriers ; ☎ 418-438-2408 ; lun-sam 8h-12h, 14h-18h, 17h sam).* Pour l'alimentation, un petit supermarché bien fourni, le ***Marché Bonichoix*** *(plan, **6** ; 3337, chemin des Coudriers ; tlj 8h-23h en saison).*

Où dormir ? Où manger ? Où écouter de la musique ?

Devenue un haut lieu de tourisme, l'île ne manque pas d'hôtels et de motels divers. Certains d'entre eux sont de véritables usines à touristes. Nous vous indiquons les plus calmes et les mieux situés.

Campings

Malgré la présence des moustiques, le camping est plutôt une bonne alternative sur l'île.

Camping Sylvie *(plan, **10**) : 1275, chemin des Coudriers, Saint-Bernard. ☎ 418-438-2420. ● campingsylvie.com ● Ouv juin-fin sept. Empl. tente 2 pers env 18 $, avec douche ; chalets 70-110 $ pour 2-6 pers. CB refusées.* L'équipement est très basique, pour ne pas dire sommaire (un seul bloc sanitaire à l'entrée du camping), mais le site est agréable, tout en longueur, avec des emplacements ombragés. Pour dépanner, quelques petits chalets vétustes peuvent faire l'affaire si l'on n'est pas trop exigeant. Correct pour une étape compte tenu du prix.

Camping Leclerc *(plan, **11**) : 333, chemin de la Baleine. ☎ 418-438-2217 ou 2984. ● famille-leclerc.charlevoix.net ● Ouv de mi-mai à mi-oct. Empl. tente 2 adultes (et éventuellement 2 enfants) à partir de 32-47 $, avec douche. Double (au motel) 83 $, 100 $ pour 4.* Près de 130 emplacements entourés d'arbres et bien isolés des flux touristiques dans un bel espace avec pelouses et une vue sympa sur le fleuve, de l'autre côté de la route. Casse-croûte de dépannage, avec pain frais, tous les jours et jeux. Loue aussi une dizaine de chambres de motel sans grand charme et datées, mais propres, confortables, et à bon prix. Accueil dynamique et souriant.

Bon marché

Boulangerie Bouchard *(plan, **30**) : 1648, chemin des Coudriers, secteur Saint-Louis. ☎ 418-438-2454. En saison, tlj 8h30-18h ou 19h ; le reste de l'année, en principe tlj, mais horaires réduits. Moins de 10 $.* Une petite institution locale. Habitués, promeneurs et cyclistes font une halte pour acheter sandwichs, sous-marins, pâté croche, petites pizzas, ketchup maison, pains et pots de rillettes à la dinde. Pour le sucré : brioches, croissants, pets de sœur, tartes grand-mère ou du verger, au sucre, etc. Bon et pas cher. Quelques tables aux beaux jours face au fleuve.

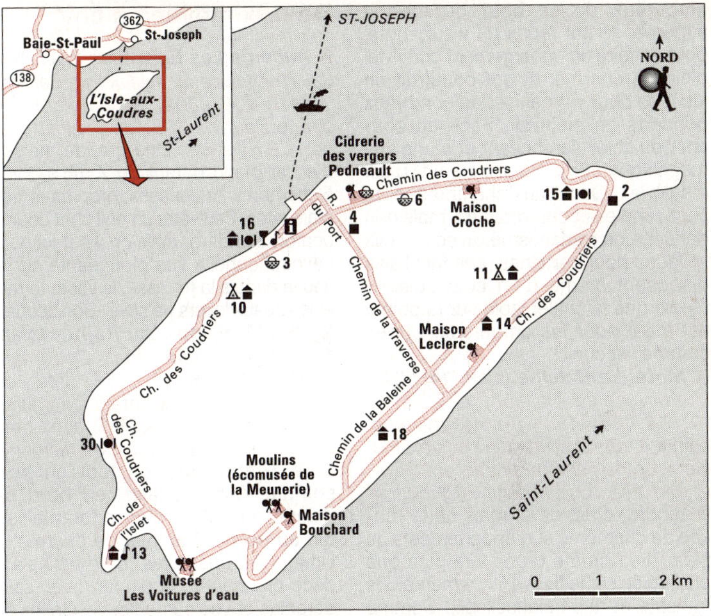

LE QUÉBEC

L'ISLE-AUX-COUDRES

■ Adresses utiles	Où dormir ? Où manger ? Où écouter de la musique ?
Bureau d'information de l'ATRC	**10** Camping Sylvie
2 Vélo Coudres (location de vélos)	**11** Camping Leclerc
3 O. Dufour	**13** Le Havre Musical de L'Islet
4 Caisse Desjardins (distributeur d'argent 24h/24)	**14** Motel La Baleine
6 Marché Bonichoix	**15** Hôtel du Capitaine
	16 Auberge La Fascine
	18 Auberge Les Églantiers
	30 Boulangerie Bouchard

Prix moyens

Auberge La Fascine *(plan,* ***16****) : 1064, chemin des Coudriers. ☎ 418-438-1010. • aubergelafascine.com • Resto tlj sauf lun midi et soir jusqu'à 20h (19h sam et jusqu'à épuisement des stocks dim). Doubles env 60 $ à l'auberge, 75-90 $ dans l'annexe. Plats env 15-30 $.* Carton plein pour *La Fascine* ! En journée, c'est un bistrot convivial au look rétro pour faire la pause avec les habitués ; à l'heure des repas, c'est un resto où l'on sert une bonne cuisine simple et saine (tartares, burger végétarien, pita à l'effiloché de porc, tous accompagnés de salades et de légumes grillés pour changer des frites !), et le soir, c'est un pub festif qui programme d'excellents concerts. Et il y a même des chambres sans chichis, propres et confortables (salles de bains privées pour toutes, et cuisine pour l'une d'elles). Évidemment, les soirs de concert, mieux vaut choisir l'annexe ! Accueil jeune et dynamique.

Le Havre Musical de L'Islet *(plan,* ***13****) : 71, chemin de l'Islet. ☎ 418-438-2423. • motelislet.com • À l'extrémité sud de l'île. De mi-mai à mi-oct. Doubles 85-150 $.* Une adresse hors norme, car les propriétaires sont de célèbres musiciens et chefs d'orchestre québécois ! Tombés amoureux de ce bout du monde superbe, ils ont repris un vieux motel pour en faire un hébergement convivial plein de charme, et ont construit un kiosque pour y organiser de nombreux concerts en plein air. Face au coucher du soleil flamboyant et à une vue magnifique sur le Saint-Laurent, c'est magique... Quant aux chambres, elles sont simples et confortables, mais non dénuées de romantisme, avec de jolis voilages pour certaines. Les familiales disposent même d'un coin cuisine, tandis que le chalet isolé sur la pointe est idéal pour les amoureux. Super, comme l'accueil !

Motel La Baleine (plan, **14**) : *274, chemin de la Baleine, La Baleine. ☎ 418-438-2453. • motellabaleine.com • À côté du bureau de poste. Double avec ou sans cuisinette env 75 $; appart avec cuisine env 90 $ pour 4.* D'accord, c'est daté, mais cette rangée de chambres et d'appartements de plain-pied profite d'une vue plus que privilégiée sur le fleuve (il y a même des transats et des balancelles !). Comme c'est propre et bien équipé, c'est un vrai bon plan, surtout pour les familles. Également quelques chalets sur l'arrière. Accueil très sympa.

De prix moyens à chic

Auberge Les Églantiers (plan, **18**) : *82, chemin de la Baleine, La Baleine. ☎ 418-438-2500. • leseglantiers.com • Doubles 105-125 $, avec petit déj. CB refusées.* Une grande maison bleu et blanc datant du XVIIIe s, avec 5 chambres lumineuses, propres et très plaisantes. Peut-être un poil cher pour le confort standard, mais on vient ici pour l'exceptionnelle vue plongeante sur le fleuve depuis la terrasse, le vaste terrain et les beaux levers de soleil. Bon accueil.

Hôtel du Capitaine (plan, **15**) : *3031, chemin des Coudriers, La Baleine. ☎ 418-438-2242 ou 1-888-520-2242. • hotelducapitaine.com • Doubles 120-170 $, avec petit déj. Table d'hôtes pour les résidents 30 $.* Grande maison tout en bois sombre, façon chalet, en bord de rivière, au milieu d'un adorable jardin au calme. Pas mal de charme, à l'image des chambres confortables à la déco champêtre, la plupart avec salle de bains et vue sur le fleuve. Celles de l'annexe sont toutefois plus simples. Table d'hôtes correcte. Piscine d'eau salée chauffée et jacuzzi. Accueil chaleureux.

À voir

Le musée Les Voitures d'eau : *1922, chemin des Coudriers. ☎ 418-438-2208 ou 1-800-463-2118. De mi-juin à mi-sept, tlj 10h-17h ; de mi-mai à mi-juin et de mi-sept à mi-oct, w-e 10h-17h. Entrée : env 7,50 $; réduc ; gratuit moins de 5 ans.* Un musée attachant et plein de nostalgie sur la navigation et l'histoire maritime de l'île, aménagé par l'ancien capitaine Éloi Perron, père du patron du motel voisin. Ce musée est donc une histoire de famille, avec un petit côté facteur Cheval... Présentation un rien vieillotte, désordonnée, bricolée, mais ça lui donne du charme et les collections sont riches ! Bric-à-brac extraordinaire de souvenirs de la mer, outils, instruments, objets domestiques de bord, maquettes de bateaux, « criards à air », fanaux, émouvantes photos anciennes, etc. Au rayon moteurs, voir l'anecdote de la grosse racine d'épinette jaune qui aidait à soutenir la force de l'hélice. À l'étage, exposition de tableaux représentant les différentes goélettes du Québec, avec musique et commentaires. À l'extérieur, belle expo de balises, des chaloupes, et, clou de la visite, la goélette *Mont-Saint-Louis,* où l'on peut embarquer pour découvrir les cales, la cabine et la timonerie.

Les moulins de l'Isle-aux-Coudres (écomusée de la Meunerie) : *36, chemin du Moulin, Saint-Louis. ☎ 418-760-1065. • lesmoulinsdelisleauxcoudres.com • De mi-mai à mi-oct, tlj 10h-17h. Env 3 visites guidées/j. Entrée : env 9 $; réduc ; gratuit moins de 6 ans.* Un site original qui regroupe à la fois un moulin à eau, un moulin à vent et une maison de meunier. Après une petite exposition sur la vie des insulaires (illustrée notamment par les charmantes sculptures en bois d'Alfred Desgagnés), on part se balader sur le site pour découvrir la retenue d'eau et le canal qui alimentent le moulin à eau. Celui-ci fut construit en 1825, mais, devenu insuffisant, on édifia un moulin à vent en 1836 pour prendre le relais en hiver quand l'eau venait à manquer. Ils cessèrent de fonctionner en 1948. Dans la maison du meunier, présentation très vivante et didactique de la vie de l'artisan et de sa femme (qui s'appelait, ça ne s'invente pas, Desmeules !). Parmi les objets présentés, remarquer une émouvante pétition des habitants de l'île pour la construction d'un moulin en 1815 car, à l'époque, il fallait prendre le risque de traverser le fleuve en bateau pour pouvoir utiliser les moulins des Éboulements et de Baie-Saint-Paul... Puis vient le moment des démonstrations (pendant les visites guidées) : roue à aube, meules et blutoir tournent à plein régime pour fabriquer la farine vendue à la boutique. Impressionnant ! Enfin, on termine par l'exploration du moulin à vent (superbement restauré) et du four à pain. Très complet.

La cidrerie des vergers Pedneault : *3384, chemin des Coudriers. ☎ 418-438-2365. • vergerpedneault.com • Tlj, tte l'année : 8h-19h l'été ; jusqu'à 18h en demi-saison et 17h l'hiver.* Ce fameux producteur de pommes (ainsi que poires, prunes, cerises et autres amélanchiers), et donc de cidre, a ses vergers sur l'île depuis 1918. Possibilité de goûter gratuitement les bons alcools maison, dont l'emblématique cidre de glace, et de visiter une courte exposition sur la cidrerie (de la cueillette à l'embouteillage). À l'automne, plutôt que d'acheter ses pommes au supermarché, on peut les acheter au verger, en les cueillant soi-même.

La maison Leclerc : *124, chemin de la Baleine.* Petite maison en pierre qui date de 1750. On ne peut pas visiter l'intérieur, mais les propriétaires, bons princes, permettent que l'on fasse le tour de la maison. Aucun rapport avec le chanteur Félix Leclerc.

La maison Bouchard : *à l'entrée de Saint-Louis, sur la droite. Emprunter le chemin du Ruisseau jusqu'au bout.* L'une des premières maisons de l'île, construite au début du XVIIIe s. Ne se visite pas car la famille Bouchard y demeure toujours. Mais, là encore, possibilité d'aller sur le terrain pour prendre quelques photos.

La maison Croche : *3094, chemin des Coudriers.* Au passage, jeter un œil sur cette étrange maison qui tangue...

LES ÉBOULEMENTS

1 200 hab.

Village s'élevant lentement le long du Saint-Laurent. C'est ici que serait tombée la fameuse météorite. Paysage également modifié par un énorme glissement de terrain, à la suite d'un tremblement de terre en 1663. Rue Principale, possibilité de visiter, successivement, le *moulin des Éboulements* (1790), puis la *forge d'Arthur Tremblay,* atelier centenaire avec tous ses outils.

Où dormir ? Où se sucrer le bec ?

Villa des Roses : *2407, rue du Fleuve (route 362 Est). ☎ 418-635-2733. • giteetaubergedupassant.com/villadesroses • Doubles sans ou avec sdb 75-90 $, avec petit déj. CB refusées.* Une agréable maison traditionnelle avec véranda sur la rue principale, précédée par un petit bout de jardin. Intérieur nickel, beau parquet ciré, mobilier d'autrefois. Atmosphère vraiment familiale (notre hôte est né dans la maison) et accueil très chaleureux qui met tout le monde à l'aise. À l'étage, chambres vieille école avec couvre-lits fleuris et bibelots ad hoc (dont 2 avec salle de bains), parfaitement tenues et confortables. Le charme serein des demeures pleines de souvenirs et d'âme (admirer le beau et vénérable fourneau dans la cuisine)...

La Chocolaterie du Village : *2215, rue du Village. ☎ 418-635-1651.* Pour les becs sucrés, de bons chocolats, ou également des glaces (pas fabriquées par la chocolaterie) que l'on peut tremper dans le chocolat maison.

DANS LES ENVIRONS DES ÉBOULEMENTS

Cap-aux-Oies : *hameau situé sur la route 362, à env 6 km des Éboulements, à l'endroit précis où le fleuve Saint-Laurent devient mer. Descente assez raide ; arrivé en bas de la pente, à la 1re patte-d'oie, prendre à gauche ; c'est à 1 km env.* À la plage, située le long de la voie ferrée, on peut, à marée haute, se baigner dans une eau qui atteint quand même un taux de 24 % de salinité (la mer est à 33 %) !

Gîte du Cap-aux-Oies : *48, Cap-aux-Oies, Les Éboulements. ☎ 418-635-2689. De mai à mi-oct. Double env 75 $, avec petit déj. CB refusées.* Si vous voulez être au calme, on vous accueillera bien volontiers dans cette charmante maison en bois tricentenaire. Pour les amoureux de nature et de tranquillité, l'idéal ! 4 petites chambres toutes simples avec 2 salles de bains à partager. Notez que le vénérable plancher de la maison est en pente. Peut-être pour arriver plus vite au petit déj copieux et varié (hmm, les confitures maison, les crêpes, le pain doré...) ?

LE QUÉBEC

LA MALBAIE

9 200 hab.

• Plan *p. 241*

« Oh, la malle baye ! » s'écria Champlain dans un excellent vieux français, furieux de découvrir son bateau échoué dans la baie à marée basse. Il n'en suffit pas plus pour que le site prenne ce drôle de nom négatif, La Malbaie, à cause de ce fâcheux excès de batture (partie du rivage découverte à marée basse)... Petite précision : depuis la fin des années 1990, la ville de La Malbaie regroupe en fait plusieurs villages, d'où cette impression d'éparpillement et de ville sans fin. La Malbaie est aujourd'hui divisée en secteurs : Pointe-au-Pic (le premier sur la 362 quand on arrive du sud, bien joli avec ses rues résidentielles et verdoyantes), Sainte-Agnès (dans les terres, au bord de la 138 en venant de Baie-Saint-Paul), La Malbaie (le centre), Rivière-Malbaie (après le pont en allant vers le nord), Cap-à-l'Aigle (charmant village en contrebas de la 138, en roulant vers le nord) et Saint-Fidèle (sur la 138, après Cap-à-l'Aigle).

Arriver – Quitter

En bus

Gare routière des bus Intercar *(plan A-B1) : • intercar.ca • Arrêt des bus et tickets en vente au dépanneur OTIS, 46, rue Sainte-Catherine, secteur La Malbaie (☎ 418-665-2264).*

➢ ***De/vers Québec*** (2h30) ***et Baie-Saint-Paul*** (45 mn) **:** 2 bus/j. (slt 1 le w-e).

➢ ***De/vers Saint-Siméon*** (1h30), ***Baie-Sainte-Catherine*** (1h50) ***et Tadoussac*** (2h20) **:** 1 bus/j.

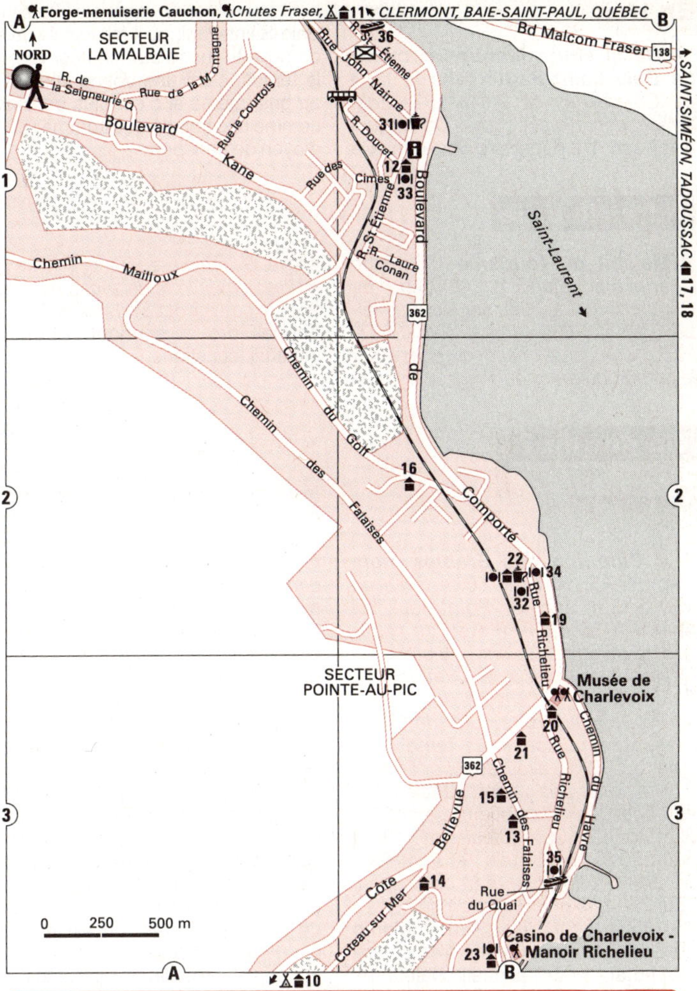

LA MALBAIE

■ **Adresse utile**

- Maison du tourisme (B1)

Où dormir ?

- **10** Camping des Érables (hors plan par A3)
- **11** Camping des Chutes Fraser (hors plan par B1)
- **12** Auberge de jeunesse (B1)
- **13** Gîte Les Milles Roches (B3)
- **14** Maison Frizzi (B3)
- **15** Auberge La Châtelaine (B3)
- **16** Gîte Dentelles et Pignons (B2)
- **17** Maison Victoria Inn (hors plan par B1)
- **18** La Mansarde (hors plan par B1)
- **19** La Maison des Rives (B2)
- **20** Le 500 Richelieu (B3)
- **21** La Remontée (B3)
- **22** Auberge Chez Truchon (B2)
- **23** Le Manoir Richelieu (B3)

Où petit-déjeuner ?
Où manger ?

- **22** Café Chez Nous et Auberge Chez Truchon (B2)
- **31** Pains d'Exclamation ! (B1)
- **32** La Bohème (B2)
- **33** L'Orchidée (B1)
- **34** Auberge La Marmite (B2)
- **35** Le Patriarche Express et Le Patriarche (B3)
- **36** Joe Smoked Meat (B1)

En train

➢ ***De la chute Montmorency ou de Baie-Saint-Paul :*** *avec le train de Charlevoix. ☎ 1-844-737-3282.* • *reseaucharlevoix.com* • De mi-juin à mi-oct, 1/2 départs/j. ven-dim. Ce petit train léger (2 wagons slt !) dessert Baie-Saint-Paul, où il fait escale, avant de repartir jusqu'aux chutes. Si on a le temps, c'est une bonne alternative au bus, même si c'est plus considéré comme une balade que comme un vrai moyen de transport.

Adresse utile

ℹ ***Maison du tourisme*** *(Tourisme Charlevoix ; plan B1) : 495, bd de Comporté (route 362), secteur La Malbaie. ☎ 418-665-4454 ou 1-800-667-2276.* • *tourisme-charlevoix.com* • *Sur le grand boulevard qui longe le bord du fleuve. De mi-juin à août, tlj 9h-19h ; de mi-mai à mi-juin et de sept à mi-oct, tlj 9h-17h ; de mi-oct à mi-mai, tlj 9h-16h.* Accueil pro et souriant. Abondant matériel touristique.

Où dormir ?

Campings

Camping des Érables *(hors plan par A3,* ***10****) : 635, côte Bellevue (route 362), secteur Pointe-au-Pic. ☎ 418-665-4212 (l'été) ou 450-668-5700 (hors saison).* • *camping deserables.qc.ca* • *En venant de Saint-Irénée, à l'entrée de Pointe-au-Pic, sur la droite. Ouv de juin à mi-sept. Emplacements tente pour 2 pers 27-35 $, avec douche. Loc de 2 belles villas très cosy et parfaitement équipées : la* villa Julie *(6 pers) 200-225 $/nuit en sem (3 nuits min), w-e 500-570 $ pour 2 nuits ; et la* maison canadienne *(8 pers), slt hors saison, 250-270 $ (3 nuits min) en sem, w-e 600-650 $ pour 2 nuits.* En surplomb du Saint-Laurent, un site très agréable, autant pour l'accueil chaleureux que pour le cadre génial. Vue superbe depuis les terrasses panoramiques, comme depuis un grand nombre des emplacements dispersés dans la verdure sur plusieurs niveaux. Sanitaires impeccables. Un petit camping convivial et intimiste (pas de *RV's* ici !) qui ne manque pas de charme, à l'image de son plan d'eau mignon comme tout.

Camping des Chutes Fraser *(hors plan par B1,* ***11****) : 500, chemin de la Vallée, secteur Rivière-Malbaie. ☎ 418-665-2151.* • *campingchutesfraser.com* • *À 5 km du centre ; en direction de Cap-à-l'Aigle, traverser le pont, puis tourner aussitôt à gauche et faire env 3 km (bien indiqué). Accueil dans l'épicerie. Ouv de mi-mai à mi-oct (selon météo). Emplacements tente (4 pers) env 30-42 $; douche chaude payante, mais droit d'entrée pour les chutes inclus. Cabine 2 pers avec cuisinette et sdb env 55 $; également des chalets 2-4 pers, 95-125 $/nuit, 575-650 $/sem. Entrée visiteur, avec accès à l'aire de pique-nique et à la piscine : 5 $ (réduc).* Pas tout à fait dans un camping mais plutôt une sorte d'immense « parc naturel » sur plusieurs kilomètres carrés, avec des routes de campagne, des chutes et près de 350 emplacements fort éloignés de l'entrée. Certes, on est accueilli par d'énormes pylônes électriques qui traversent les collines, mais, rassurez-vous, ils sont cantonnés à l'entrée du site. Grand choix de terrains dans les bois, services et loisirs en tout genre. Également 4 petites cabines pouvant accueillir 2 personnes, à louer l'été, et 6 chalets disponibles à l'année. Côté services : épicerie à l'entrée (n'oubliez pas la plaquette de beurre, sinon il faut reprendre la voiture !), laverie, piscine (bonnet de bain obligatoire), aire de jeux et minigolf. Et puis les chutes, bien sûr, ainsi qu'un observatoire, un lac et la possibilité de pratiquer la pêche à la ligne dans la rivière.

Bon marché

Auberge de jeunesse (plan B1, **12**) : *435, rue Saint-Étienne. ☎ 418-202-0697. • auberge-jeunesse.ca • Lits en dortoir env 21-30 $; doubles env 70-100 $ (petit déj inclus en chambre individuelle).* Petite AJ conviviale nichée dans une maison en brique de caractère, en plein centre, dans le quartier des bons restos. Dortoirs classiques de 4, 6 et 12 lits superposés, avec lampe individuelle, *lockers*... Sanitaires communs convenables. Au 1er étage, 5 chambres individuelles dont l'une avec bains privés, les autres se partagent 2 salles de bains. Cuisine équipée, salon TV, buanderie, local à vélos... Et, plus que tout, un bon accueil. En revanche, c'est inadapté aux familles et couche-tôt, car il y a un pub sur place, vraiment sympa mais très festif !

De bon marché à prix moyens

Gîte Les Milles Roches (plan B3, **13**) : *870, chemin des Falaises, secteur Pointe-au-Pic. ☎ 418-665-3344. • millesroches.charlevoix.qc.ca • Double avec sdb 70 $, sans petit déj.* Le petit déj n'est pas proposé, mais il y a une cuisine à disposition qui rend bien des services. Et pour le prix, on est content de loger dans cette belle maison planquée dans un jardin verdoyant. Les chambres simples, propres et colorées, sont toutes dotées d'une salle de bains et sont regroupées à l'étage entièrement réservé aux hôtes. Un bon plan.

Auberge La Châtelaine (plan B3, **15**) : *830, chemin des Falaises, secteur Pointe-au-Pic. ☎ 418-665-4064. • aubergelachatelaine.com • Doubles avec sdb 95-150 $, avec petit déj.* Rapport qualité-prix du tonnerre pour cette très belle demeure pleine de caractère, idéalement située dans un jardin au cœur d'un paisible quartier résidentiel. Les chambres sont soignées et confortables (parquet, meubles choisis), les terrasses et les balcons permettent de profiter de la vue, le petit déj servi dans une élégante salle à manger est bon, et l'accueil est aussi souriant qu'efficace. Du sur-mesure !

Maison Frizzi (plan B3, **14**) : *55, Coteau-sur-Mer, secteur Pointe-au-Pic. ☎ 418-665-4668. • lamaisonfrizzi@hotmail.com • Mai-fin oct. Double avec sdb partagée 100 $, avec petit déj.* Raymonde et son époux Adolf, originaire du Tyrol italien, accueillent avec beaucoup de gentillesse les visiteurs dans leur grande maison moderne tirée à quatre épingles. Les 4 chambres dans les tons pastel, claires et spacieuses, sont très confortables et toutes dotées d'un cabinet de toilette. Côté fleuve, un jardin et une terrasse avec une vue sur le fleuve qui fait l'honneur et le bonheur des Frizzi (comme dirait John Huston). Copieux petit déj avec fruits, œufs, céréales, viennoiseries, yaourts et pain maison. Calme et sérénité garantis !

Gîte Dentelles et Pignons (plan B2, **16**) : *40, côte Saint-Antoine. ☎ 418-665-9801. • gitedentellesetpignons.com • Double env 90 $, avec petit déj.* Situé dans un quartier résidentiel calme et arboré. Élégante demeure ancienne de 1900, avec son toit caractéristique, ses lucarnes, sa romantique véranda. Ancienne résidence d'été de sir Charles Fitzpatrick, gouverneur général du Canada à l'époque. Accueil adorable des hôtes et l'impression de pénétrer dans une maison de poupée. 4 chambres hyper cosy (se partageant 2 salles de bains), certes pas trop grandes, mais pleines de charme. Notre préférée, la « Victoria » et son camaïeu de roses... Salon à l'avenant, beau parquet, mobilier cossu, objets précieux et familiers. Généreux petit déj. Grand jardin paisible et fleuri.

Maison Victoria Inn (hors plan par B1, **17**) : *726, rue Saint-Raphaël. ☎ 418-665-1022. • victoria.charlevoix.qc.ca • De juin à mi-oct. Double env 100 $ (avec sdb partagée) et suite 170 $, avec petit déj.* Dans l'adorable quartier résidentiel de Cap-à-l'Aigle. Ravissante maison traditionnelle sur une butte fleurie et gazonnée, face au fleuve... Situation exceptionnelle ! Une dizaine de chambres personnalisées, aucune identique, meublées et décorées dans le style victorien. Les moins chères sont plus simples et plus petites, mais restent néanmoins très agréables. Suites spacieuses vraiment extra, avec entrée indépendante. Parfois une baie immense laisse entrer le Saint-Laurent dans la chambre. Jardin en pente douce vers la rive, véranda pour déguster la sérénité du paysage... Tout est parfait, jusqu'à l'accueil chaleureux.

■ ***La Mansarde*** *(hors plan par B1,* ***18****) : 187, rue Saint-Raphaël. ☎ 418-665-2750. • aubergelamansarde@videotron.ca • Doubles env 90-140 $, avec petit déj.* Ça vaut la peine de pousser jusqu'à Cap-à-l'Aigle : le quartier est beau et les maisons ont dans l'ensemble de l'allure. C'est le cas de *La Mansarde,* réfugiée au fond d'un grand carré de gazon. Et comme ses chambres à la jolie déco champêtre sont confortables et nickel, on y pose bien volontiers ses valises ! Petit déj à tomber et accueil très sympa.

■ ***La Maison des Rives*** *(plan B2,* ***19****) : 830, rue Richelieu, secteur Pointe-au-Pic. ☎ 418-665-4107 ou 1-877-665-4107. • maisondesrives.ca • Doubles env 80-125 $, avec petit déj.* Maison traditionnelle donnant sur le Saint-Laurent et offrant 8 jolies chambres pas toujours très grandes, mais de bon confort. Celles côté fleuve sont bien sûr plus chères. Côté ville, bien aussi, mais pas de clim. Bon petit déj à partir de produits frais. Atout majeur, très central et plein de bons restos alentour. Accueil sympathique et attentif.

■ ***La Remontée*** *(plan B3,* ***21****) : 95, côte Bellevue, secteur Pointe-au-Pic. ☎ 418-665-3757 ou 1-877-665-3757. • laremontee.com • Au bord de la 362, sur la droite en arrivant de Saint-Irénée. Doubles avec sdb 70-115 $; studios 2 pers 115-140 $; apparts 4-6 pers (2-3 chambres) 160-230 $.* Dans une grande structure bordée d'annexes, des hébergements au confort et au charme variant selon le prix : de la chambre de motel basique au p'tit nid d'amour avec cheminée et baignoire à remous, en passant par les studios et les apparts. Les studios ont une cuisinette, les apparts une vraie cuisine, et les 2 disposent d'une cheminée et d'un balcon. Dans l'ensemble, teintes douces, belles salles de bains, literie ferme, lumière et propreté sont au rendez-vous. Évidemment, côté route, il n'y a pas la vue sur le fleuve et c'est bruyant.

Chic

■ ***Auberge Chez Truchon*** *(plan B2,* ***22****) : 1065, rue Richelieu, secteur Pointe-au-Pic. ☎ 418-665-4622 ou 1-888-662-4622. • aubergecheztruchon.com • Doubles 85-175 $, petit déj en sus.* Bel hôtel de charme dans une séduisante maison victorienne de 1901, en brique et bois, à galeries, au fond d'un joli jardin. Chambres spacieuses et cosy. La déco est totalement réussie, et l'ensemble s'avère soigné et feutré. Table de qualité (voir « Où petit-déjeuner ? Où manger ? »).

■ ***Le 500 Richelieu*** *(plan B3,* ***20****) : 500, rue Richelieu (réception au 496), secteur Pointe-au-Pic. ☎ 418-665-7768. Doubles avec sdb 105-125 $.* Avec des chambres en enfilade dont les entrées indépendantes donnent directement dans la rue, cette bâtisse de plain-pied pourrait s'apparenter à un motel de poche en ville ! Intrigant, mais efficace, d'autant que chaque appartement est de bonne taille, fonctionnel, bien équipé (frigo, micro-ondes, clim) et profite d'une belle vue sur la baie. Accueil très sympa.

Très chic

■ |●| ***Le Manoir Richelieu*** *(plan B3,* ***23****) : 181, Richelieu. ☎ 418-665-3703. • fairmont.com • Doubles à partir de 190 $ (réduc sur leur site internet).* Édifié en 1899, l'hôtel brûla totalement en 1928 et fut reconstruit en style « château français ». Rendez-vous de l'aristocratie et de la jet-set internationale, golf légendaire, un des plus célèbres d'Amérique (inauguré par le président des États-Unis de l'époque, William H. Taft). En 1998, pour son centenaire, 140 millions de dollars furent investis pour une rénovation totale. Aujourd'hui, il offre plus de 400 chambres à des prix pas déraisonnables si on traque les promos. Excellent confort (restos, boutiques, piscines intérieure et extérieure, espace de remise en forme, exceptionnel buffet de petit déj et brunch). Rien ne manque pour le bien-être de la clientèle.

Où petit-déjeuner ? Où manger ?

De bon marché à prix moyens

Pains d'Exclamation ! (plan B1, **31**) : *398, rue Saint-Étienne, secteur La Malbaie. ☎ 418-665-4000. Mar-dim 6h30-17h30 (17h dim). Fermé lun. Env 5-12 $.* Célèbre boulangerie artisanale au décor chaleureux (plusieurs longues tables communes en bois, avec les couverts dans les tiroirs !). Plus de 30 pains traditionnels ou spéciaux pour le pique-nique, viennoiseries et pâtisseries au beurre, délicieux sandwichs du jour garnis d'ingrédient locaux, tarte au fromage (à la crème et aux pommes) et salades. Côté gâteaux, excellent crumble aux bleuets. Super pour un petit déj ou un très bon repas sur le pouce. Petite terrasse.

Le Patriarche Express (plan B3, **35**) : *30, rue du Quai, secteur Pointe-au-Pic. ☎ 418-665-9692. L'été, tlj 9h-19h. Sandwichs env 6-7 $, plats env 15-18 $.* C'est le casse-croûte de l'une des meilleures tables de la ville ! Autant dire qu'il y a du niveau, et que les sandwichs valent le coup. Mais le vrai bon plan, ce sont les plats du jour à emporter, ou à réchauffer avec le micro-ondes de la petite terrasse accolée au restaurant chic. Parfait pour un déjeuner rapide, mais de qualité !

Café Chez Nous (plan B2, **22**) : *1075, rue Richelieu, secteur Pointe-au-Pic. ☎ 418-665-3080. Tlj 7h-20h (21h jeu-sam). Petits déj (jusqu'à 11h ; 13h le w-e, en été et les j. fériés) 7-19 $; plats 11-18 $; table d'hôtes 22-28 $.* Un joli petit décor très *coffee shop* au cœur du quartier de la ville qui bouge (OK, tout est relatif : dans la rue qui s'anime un peu le soir...). Agréable terrasse, nappes au style « papier journal » et chaises à paillettes un brin décalées. Ambiance décontractée, petits déj variés et sains, et petite restauration sans complication mais qui fait bien le job (*wraps,* salades, sandwichs, croque-monsieur, pâtes et plats, comme la brochette de veau charlevoisien). Et, pour couronner le tout, de bons cafés et un accueil souriant.

Joe Smoked Meat (plan B1, **36**) : *263, rue Saint-Étienne, secteur La Malbaie. ☎ 418-202-4044. Tlj 11h-21h (22h ven-sam). Sandwichs 10-19 $.* C'est la même maison que celle de Baie-Saint-Paul : cadre simple et agréable, pour avaler sans façons un sandwich bien calorique à la viande fumée, fondante comme il se doit. Également des sous-marins et des plats de pâtes tout aussi costauds. Bien pour un repas rapide et pas cher.

De prix moyens à chic

La Bohème (plan B2, **32**) : *955, rue Richelieu, secteur Pointe-au-Pic. ☎ 418-202-0544. Tlj 11h-22h (slt le soir hors saison). Plats 22-50 $ (jusqu'à 60 $ si on se laisse tenter par le homard !).* Intérieur chaleureux façon saloon, avec une ribambelle de souvenirs de l'Ouest, le vrai ! L'endroit idéal si vous salivez à l'évocation d'une bavette, si se blottir tout contre un contre-filet ou chérir un filet mignon est devenu votre désir le plus fou... Enfin, bref, la viande est ici d'une grande tendreté, car elle provient des *Northridge Farms,* où elle est sélectionnée à la main, persillée et vieillie au moins 28 jours. Seul point noir : le service, un peu long, et le bruit (surtout quand il y a des concerts, en général le vendredi soir). En été, terrasse fort prisée.

L'Orchidée (plan B1, **33**) : *439, rue Saint-Étienne. ☎ 418-665-1070. Tlj 17h30-21h30. Plats env 12-44 $, table d'hôtes 27-48 $.* Très appréciée des gens du coin, cette adresse a le mérite de proposer une carte pour toutes les envies et toutes les bourses. On peut donc se contenter d'un burger ou de pâtes, comme se faire plaisir avec des plats de viande et de poisson plus élaborés. C'est simple, bon, et servi avec le sourire dans une salle animée dont la baie vitrée donne sur le Saint-Laurent.

Auberge La Marmite (plan B2, **34**) : *1090, rue Richelieu. ☎ 418-665-6600. Ouv le soir. Plats env 20-30 $; table d'hôtes 40-55 $.* Bon resto abrité dans la verrière d'une belle demeure centenaire de style victorien. Fine cuisine régionale, recettes classiques vivifiées, jolie présentation... Accueil affable.

De chic à très chic

Le Patriarche (plan B3, **35**) : *30, rue du Quai, secteur Pointe-au-Pic. ☎ 418-665-9692. Avr-début nov, tlj sauf lun 17h-21h. Résa quasi indispensable. Table d'hôtes 42-65 $. Menu végétarien.* Dans une vieille maison croquignolette de 1860, ce petit resto cosy et chaleureux de moins de 10 tables est idéal pour les repas en tête à tête. Le chef, bien inspiré, se met en quatre pour servir de délicieux produits québécois, avec un amour pour les légumes, travaillés de façon originale. Ceux-ci viennent d'ailleurs décorer joliment chaque plat. Cuisine fine mais pas radine, assiettes plutôt bien remplies ! Service pro et attentionné.

Auberge Chez Truchon (plan B2, **22**) : *1065, rue Richelieu, secteur Pointe-au-Pic. ☎ 418-665-4622 ou 1-888-662-4622. Tlj 7h30-21h (fermé au déj hors saison). Petits déj 10-16 $; brunch 20 $. Le midi, plats env 12-18 $; le soir, table d'hôtes 35-60 $.* Le chef, Dominique Truchon, propose ici une savoureuse cuisine charlevoisienne au goût du jour, avec le poisson du moment ou des viandes locales accommodées à des saveurs plus méditerranéennes. Le midi, en été, la carte s'étoffe d'une sélection de plats plus simples, de type bistrot : poutine, burger de cerf... Le tout dans un beau cadre, dans les élégants salons intérieurs, ou sur la galerie de la terrasse face au jardin fleuri.

LE QUÉBEC

À voir. À faire

Le musée de Charlevoix (plan B3) : *10, chemin du Havre, secteur Pointe-au-Pic. ☎ 418-665-4411. • museedecharlevoix.qc.ca • Au bord du fleuve. De juin à mi-oct, tlj 9h-17h ; le reste de l'année, tlj 10h (13h le w-e)-17h. Entrée : 8 $; réduc ; gratuit moins de 6 ans.* Créé en 1975, le musée retrace d'abord, à travers cartes, objets et documents d'archives, les différentes étapes du peuplement de Charlevoix, dont l'apogée se situe sous l'occupation anglaise dans la seconde partie du XVIIIᵉ s. Devenue un mélange de vieille France et de vieille Écosse, la région connaît au XIXᵉ s un vif essor de l'exploitation du bois et de l'industrie du papier, produits que les goélettes se chargeaient de transporter sur la côte nord. Vie au bord du fleuve formidablement restituée : peintures rappelant les paysages des premiers découvreurs, collection pittoresque d'« appelants » de canards, maquettes de bateaux... Histoire de la navigation sur le Saint-Laurent et temps des grands voiliers. Tout sur la vie paysanne au quotidien. Splendide collection et objets en bois d'art populaire. Outils traditionnels et saga du bois. Plusieurs expos temporaires, toujours en rapport avec Charlevoix, sont présentées dans une grande salle attenante et dans la rotonde à l'étage. Belle vue de la terrasse, on est situé sur le havre de Pointe-au-Pic. À deux pas, jetez aussi un œil à l'église en pierre de Murray Bay (200, boulevard de la Comporté) si vous vous intéressez à l'histoire de la communauté protestante locale.

La forge-menuiserie Cauchon (hors plan par A1) : *323, chemin de la Vallée, secteur Rivière-Malbaie. ☎ 418-665-2160 ou 3152. • forgecauchon.com • De La Malbaie, sur la 138, à gauche après avoir passé le pont en direction de Cap-à-l'Aigle. De juin à mi-oct, tlj 10h-17h ; sur rdv hors saison. Visite guidée slt (1h). Entrée : 6 $; réduc.* Fondée en 1882, à une époque où le quartier était très actif avec des moulins à farine, une scierie et des ateliers de cardage de la laine. Elle ferma en 1963. La visite commence à la forge, au rez-de-chaussée, avec une démonstration du forgeron, et se poursuit à la menuiserie, à l'étage. Pour les jours de pluie...

Le casino de Charlevoix *(plan B3) : 183, rue Richelieu, secteur Pointe-au-Pic. ☎ 418-665-5300 ou 1-800-665-2274. • casinos.lotoquebec.com • Très bien fléché. Mai-oct, tlj 10h (9h w-e)-1h (3h ven-sam) ; en basse saison, tlj 11h-minuit (10h-3h le w-e). Interdit aux moins de 18 ans, même accompagnés des parents.* Nous ne sommes pas de grands amateurs de casinos, mais celui-ci est vraiment un haut lieu du tourisme régional. Entre fleuve et montagnes, il est relié au très chic hôtel *Fairmont Le Manoir Richelieu.* Ce sont les terrasses qui bordent l'hôtel qui valent le déplacement. Le Charlevoix sauvage est ici dans un écrin de luxe européen. En fin de semaine (les vendredi et samedi), on peut aussi profiter, pour le prix d'une consommation, des concerts organisés dans le *lounge.* Vous pouvez aussi vous promener librement dans une partie du manoir-hôtel, qui est ouverte à tout le monde.

➢ **Sentiers de randonnée :** au départ de l'hôtel *Le Manoir Richelieu,* plusieurs sentiers de 1,5 à 17 km offrent un bon aperçu des particularités de la nature de Charlevoix. Très beaux points de vue sur le Saint-Laurent, au bord duquel on peut descendre. Un sentier de 3 km jalonné de panneaux explicatifs sur les planètes mène aussi jusqu'à un observatoire gratuit et ouvert à tous.

Cap-à-l'Aigle : en contrebas de la route express 138, au nord-est du centre-ville, ce secteur de La Malbaie est un charmant lieu de villégiature. Calme assuré dans cet endroit qui a globalement conservé son aspect du XIXᵉ s ; seule l'église moderne détonne quelque peu. C'est aussi un village à la vocation agricole depuis toujours. Les champs s'élèvent par-derrière sur la colline et livrent, de-ci, de-là, de belles architectures rurales. Au passage, sur Saint-Raphaël, un coup d'œil à la charmante église anglicane *St. Peter-on-the-Rock* du XIXᵉ s.

Les chutes Fraser *(hors plan par A1) : entrée par le* Camping des Chutes Fraser *(voir « Où dormir ? »). Ouv de 8h au coucher du soleil. Droit d'entrée : 5 $/adulte pour les chutes, la piscine (bonnet de bain obligatoire) et l'aire de pique-nique ; réduc.* Larges chutes tombant en escalier, au pied desquelles on peut descendre. Quelques tables pour pique-niquer et de petits sentiers pour se promener. Les chutes sont jolies, mais on conseille avant tout l'endroit aux familles avec enfants, qui pourront gambader partout et se baigner dans la piscine.

PORT-AU-PERSIL

Oublié par les automobilistes pressés qui ratent la petite route qui y mène, Port-au-Persil se révèle être l'un des plus beaux hameaux de Charlevoix. Le port fut construit en 1870 pour le transport du bois destiné à la pâte à papier. La goélette était à l'époque la reine du fleuve. Entre 1860 et 1959, il se construisit 346 bateaux. Suprématie de la route, lent déclin et coût élevé des bateaux mirent fin à cette noble industrie. Amis lecteurs, la voiture se mettra elle-même en première dès que s'amorcera la descente. On ne vous en dit pas plus. Venez ! Tout en bas, charmant petit port et amas de gros rochers. Une petite rivière se jette en cascade dedans. Tout à côté, une émouvante chapelle presbytérienne au bord de l'eau. Un endroit rêvé pour les âmes bucoliques.

Où dormir ?

Gîte La Bertrande : *490, chemin du Port-au-Persil. ☎ 418-471-1234. • gitelabertrande.ca • En haut du hameau, en direction de Saint-Siméon.*

Double env 100 $, avec petit déj. Quel cadre ! En surplomb du village et du fleuve, on peut difficilement trouver mieux que cette maison pimpante pour une halte reposante loin des foules. Et le confort n'est pas en reste : les petites chambres sont joliment arrangées (avec salles de bains partagées), le salon commun est cosy à souhait, et le petit déj est varié et généreux. Tout pour plaire, jusqu'à l'accueil chaleureux.

SAINT-SIMÉON

1 450 hab.

Port d'embarquement du traversier pour Rivière-du-Loup. C'est également la capitale de l'éperlan, que l'on fête joyeusement à la mi-juillet. À part cela, ce n'est pas un endroit où l'on séjourne. Son charme ne saute pas aux yeux. Au maximum, une étape sur la route...

Adresses utiles

Kiosque d'information touristique : *494, rue Saint-Laurent (sur la route 138). Fin juin-début sept, tlj 9h-17h ; début sept-fin oct, w-e slt. Fermé le reste de l'année.*

Bus Intercar : *vente de billets et arrêt à la station* Ultramar, *517, rue Saint-Laurent.* ☎ *418-638-5373.* • *intercar.ca* • 1 liaison/j. avec La Malbaie, Baie-Saint-Paul et Québec.

Où dormir ?

Plusieurs *chambres à louer* le long de la rue principale, pour dépanner seulement. Et aussi :

Camping Lévesque : *40, route Port-aux-Quilles (route 138).* ☎ *418-638-5220.* • *quebecweb.com/campinglevesque* • *En bord de mer, à env 3 km de Saint-Siméon, en direction de Tadoussac ; prendre le chemin de terre à droite. Ouv mai-oct. Empl. tente (4 pers max) 21-31 $.* Moyennement ombragé, mais ce bel endroit est assez sauvage et idéalement situé au bord du fleuve (il arrive même qu'on aperçoive des baleines !). Une trentaine d'emplacements à peine : ambiance calme et conviviale garantie. Possibilité d'acheter pain, lait, beurre et œufs. Laverie et petite aire de jeux. Plage de sable sur le terrain. Bon accueil.

Motel Vue Belvédère : *130, rue du Quai.* ☎ *418-638-2227 ou 1-800-463-2263.* • *motelbelvedere.com* • *En surplomb de l'embarcadère du traversier. Avr-oct. Doubles et familiales 80-170 $ selon saison et affluence. Loc également de chalets (2-8 pers).* Bien situé pour le coin. Plusieurs bâtiments renferment différents types de chambres selon situation (côté fleuve ou piscine) et confort (plus ou moins grandes, avec ou sans cuisine, avec ou sans clim), mais essayez de ne pas vous faire refiler une piaule côté route (sans vue, pour le coup). Rapport qualité-prix très correct pour une nuit. Pas de petit déj, mais casse-croûte à proximité.

Achats

Poterie de Port-au-Persil : *1001, rue Saint-Laurent (sur la 138 en direction de La Malbaie).* ☎ *418-638-2349.* • *poteriedeportaupersil.com* • *De mai à mi-oct, tlj 10h-16h30 (9h30-17h30 juin-sept).* Très bel artisanat de grès et de faïences, présenté dans un vaste hangar jaune paille. Petit café avec terrasse à l'arrière.

Ferme et érablière Le Boisé : *371, chemin de l'Érablière (embranchement sur la 138 à env 1 km de Saint-Siméon vers La Malbaie, puis par une bonne route en terre battue pdt 1 km). ☎ 418-665-5844. Ouv tte l'année : de juin à mi-nov, en principe tlj 9h-16h30 (15h oct-nov) ; hors saison sur résa.* Petite entreprise artisanale et familiale (2 500 arbres) qui joue surtout sur la grande finesse de ses produits. La dynamique patronne sait parler de son métier avec passion, et a même aménagé une petite expo pour mieux présenter son métier. Production de sucre et beurre d'érable, de caramel (avec lait concentré), de gelée et pomme à l'érable... et même de moutarde de bouleau et de confiture aux bleuets. Parfait pour des emplettes gourmandes !

DANS LES ENVIRONS DE SAINT-SIMÉON

Les Palissades, parc d'aventure en montagne : *1000, route 170, à 12 km de Saint-Siméon, direction Saguenay-Lac Saint-Jean. ☎ 418-647-4422. • aventurex.net • Activités payantes :* via ferrata *(w-e slt nov-avr, tlj mai et oct ; dès 49 $), tyrolienne (20 $).* Un très beau site au milieu de la forêt, au pied d'une falaise granitique de 4 km. Aménagé en parcours d'aventure en montagne, dont deux en *via ferrata* équipées de câbles de sécurité, avec un pont suspendu à 70 m de haut, une descente en rappel, 15 km de sentiers aménagés au milieu de belles falaises rocheuses et ponctués de belvédères, de nombreux parcours d'escalade jusqu'à 400 m de hauteur, une tyrolienne au-dessus d'un lac d'origine glaciaire. L'hiver, ces chemins se parcourent raquettes aux pieds, et on peut tenter aussi la *via ferrata* des glaces (escalade de glaçons géants !). Personnel compétent et passionné pour répondre à toutes vos questions. Possibilité de camping « sauvage » et d'hébergement en dortoir et en chalet. Douches chaudes, spa et sauna inclus dans le tarif. Cuisine communautaire et tables de pique-nique. Idéal pour des vacances sportives !

➢ ***La traversée Saint-Siméon/Rivière-du-Loup :*** *le* Trans Saint-Laurent *effectue la traversée en 65 mn. Rens : ☎ 418-638-2856 ou 5530 à Saint-Siméon, ☎ 418-862-5094 à Rivière-du-Loup. • traverserdl.com • Avr-déc, tlj. Ne fonctionne pas janv-fin mars env (selon météo). En principe, 4 traversées/j. juil-août, 3-4 traversées avr-juin et sept-nov, 2 en déc. Tarif aller : env 46 $/voiture, 30 $/moto et 19 $/adulte ; réduc.* À bord, petit bureau de tourisme, restaurant, salle de jeux pour les enfants, salon détente. En été, il est conseillé d'arriver au moins 1h30 avant (et 30 mn au printemps et à l'automne).

BAIE-SAINTE-CATHERINE

290 hab.

Tout au nord de Charlevoix, ce village étiré le long du Saint-Laurent, près du confluent du Saguenay, connaît un certain essor depuis que les croisiéristes s'y sont installés (on n'y trouve toutefois qu'un nombre limité d'adresses). On y voit les baleines aussi bien que de Tadoussac. Voire mieux : le panorama sur l'embouchure du fjord qui se découvre depuis le centre d'interprétation de Pointe-Noire est bien plus vertigineux. Pour plus d'infos sur l'impact des croisières auprès des baleines, reportez-vous à « La Côte-Nord. Les baleines, mythe ou réalité ? ».

Arriver – Quitter

En bus

Arrêt de bus Intercar : *devant l'hôtel-resto Le Vacancier, 329, route 138. ☎ 418-237-4395. • intercar.ca •*

➢ **De/vers Tadoussac, Québec, Baie-Saint-Paul et La Malbaie :** 1 bus/j., sur résa slt (sinon, il ne s'arrête pas !). Pour rejoindre Tadoussac de Baie-Sainte-Catherine, on peut aussi marcher jusqu'au traversier, à 2 gros km au nord du *Vacancier.*

En traversier

➢ **De/vers Tadoussac :** traversée gratuite, 24h/24, d'une rive à l'autre du Saguenay (durée 10 mn). Fréquence : ttes les 20 mn 8h20-21h20, 30 mn-1h le reste de la journée.

Où dormir ?

Gîte La Maison Rochefort : *475, route 138. ☎ 418-237-4010. • lamaisonrochefort.com • Doubles avec ou sans sdb 65-105 $, avec petit déj.* Cette élégante bâtisse en bois du début du XIXe s bénéficie d'une vue remarquable sur le Saint-Laurent. On peut en profiter depuis le beau terrain bien entretenu devant la maison, depuis la verrière à la douce chaleur, et même de son lit depuis certaines chambres. Les autres n'ont pas la vue, mais sont tout aussi nickel et confortables. Une belle adresse, cosy et coquette, où les sympathiques propriétaires sont aux petits soins pour leurs hôtes et servent un bon petit déj. Si c'est complet, on vous proposera peut-être une chambre dans le motel plus bas. L'intérêt est alors plus limité.

Gîte Entre Mer et Monts : *476, route 138. ☎ 418-237-4391 ou 1-877-337-4391. • entre-mer-et-monts.com • Doubles sans sdb 72 $, avec sdb 85 $. Petit déj inclus.* Agréable maison classique au bord de la route, avec 4 chambres à l'ancienne mais très bien tenues et confortables, dont 2 au rez-de-chaussée ouvrant sur l'accueil et la cuisine. Les 2 autres, en rez-de-jardin, sont un peu sombres mais donnent sur un petit salon plus tranquille et disposent d'une entrée indépendante. Sanitaires communs nickel à chaque étage. Quant au petit déj, c'est un must dans son genre, composé de spécialités locales et de douceurs maison. Vraiment bien, à l'image d'un accueil gentil comme tout et attentionné. Un très bon rapport qualité-prix.

Chez Sam : *300, rue Leclerc. ☎ 418-237-4040. • cafechezsam.com • Lit en dortoir 25 $ (+ 2 $ pour les draps) ; doubles 100-110 $.* Ce café atypique (voir « Où manger ? »), installé dans l'ancien presbytère, propose, à l'extérieur, une cabane-dortoir de 10 lits très basique (mais propre). À l'étage, une poignée de chambres restées dans leur jus : planchers usés par le temps, meubles chinés, et couvre-lits colorés. L'une avec coin douche et toilette dans la chambre, les autres avec vraie salle de bains. Sans chichis et rustique, donc, mais l'atmosphère et l'accueil font la différence.

Où manger ?

Chez Sam : *300, rue Leclerc. ☎ 418-237-4040. Tlj 11h-21h (plus tard pour le bar) ; hors saison, en fin de sem slt. Plats 15-28 $ (ajouter 15 $ pour la table d'hôtes).* Installé dans l'ancien presbytère, c'est le café cool et un brin bohème du village. On se sent comme chez soi dans cette maison pleine de charme, au plancher de guingois et au mobilier dépareillé. Et, une fois installé dans la verrière, c'est le bonheur : on profite d'une belle vue sur le Saint-Laurent tout en grignotant un gros « sandwich repas », une chaudrée, ou une soupe. Le soir, on peut se laisser tenter par les bons plats mijotés, comme le cassoulet « québécouet » au sirop d'érable. Vraiment sympa, même si les tarifs, un peu surévalués, pourraient être aussi cool que la déco.

La Bouffe du Passant : *dans l'hôtel-motel Baie-Sainte-Catherine, 294, route 138. ☎ 418-237-4271. Le midi, plats 8-15 $; le soir, plats env 14-25 $ ou table d'hôtes 27-42 $.* Bonne cuisine classique. Le midi, tout un choix de petits plats sans prétention (sandwichs, salades...) et très abordables. Cadre simple. Aussi des chambres à louer correctes.

La Grande Alliance : *362, route 138. ☎ 418-237-4018. Tlj, 9h-21h (plus tôt hors saison). Plats env 11-22 $.* Au sud de Baie-Sainte-Catherine, honnête resto de bord de route entre la cantine de quartier et le routier. On ne fait pas le détour exprès, mais si on s'en tient aux plats de brasserie les plus simples (club-sandwich, salades...), on n'en ressort pas fâché et ça dépanne bien pour pas trop cher. Accueil sympa.

À voir. À faire

Le centre d'interprétation et d'observation de Pointe-Noire : *sur la route 138, à 1 km au nord de Baie-Sainte-Catherine, juste avant le traversier. ☎ 418-237-4383. • pc.gc.ca • De mi-juin à mi-sept, tlj 10h-17h ; de mi-sept à mi-oct, ven-dim 10h-17h. Entrée : env 6 $; 6-16 ans env 3 $.* Situé sur un cap au cœur du parc marin du Saguenay-Saint-Laurent (au confluent des deux cours d'eau), Pointe-Noire est reconnu comme l'un des meilleurs endroits du globe pour observer les bélugas et les petits rorquals. On peut aussi voir des phoques gris. Panorama impressionnant – et plongeant – depuis les passerelles et les différents belvédères qui s'étagent jusqu'au bord de l'eau. Plusieurs télescopes sont laissés à votre disposition. Dans le centre, qui occupe l'ancienne maison du gardien, petite expo moderne et interactive (vidéos, écrans tactiles) sur les phénomènes de la confluence Saguenay-Saint-Laurent, traduits sous vos yeux par une grande barre de courant dessinant des sinuosités d'écume blanchâtre.

UN PHARE UN PEU ALLUMÉ

De Pointe-Noire, un étrange îlot en forme de champignon se détache au milieu des eaux du Saint-Laurent : le phare du Haut-Fond-Prince. Il doit son nom au prince de Galles, qui trouva malin de s'y échouer au XIXe s... Assemblé en cale sèche à Montréal à la suite de cet enlisement royal, le phare fut remorqué et ancré sur place pour guider les navires vers l'étroit chenal du Saguenay.

Observation des baleines : *avec la compagnie* ***AML*** *(☎ 1-866-856-6668 ; • croisieresaml.com •), qui propose les mêmes excursions de 2 ou 3h qu'à Tadoussac, mais au départ de Baie-Sainte-Catherine. Tarifs : selon type d'embarcation et durée, env 70-80 $/pers ; réduc et forfait famille ; gratuit moins de 6 ans sur les gros bateaux. Sorties de mi-mai à mi-oct, avec des départs réguliers juin-début sept. Parking : 5 $.* Ce sont les croisières de Tadoussac qui passent prendre les gens ici et refont la boucle inverse au retour. Deux types d'excursions : celles en gros bateaux avec commentaires au micro (plan-plan mais confortable, avec snack à bord), ou en Zodiac (interdites aux moins de 6 ans), pleines de sensations mais plus sportives. Prévoir des vêtements chauds et imperméables. Lire aussi plus loin la rubrique « À faire. Observation des baleines. Croisières » à Tadoussac.

DANS LES ENVIRONS DE BAIE-SAINTE-CATHERINE

La baie des Rochers : *à 20 km au sud, en direction de Saint-Siméon. Au cœur du hameau de Baie-des-Rochers, prendre à gauche et suivre la route jusqu'au bout (sur 4 km).* Petite baie croquignolette très mignonne et reposante. Cet agréable site naturel est aménagé de plusieurs sentiers de promenade (gratuits !). On peut aussi y pique-niquer.

L'INTÉRIEUR DE CHARLEVOIX

Cette balade dans l'intérieur des terres est sans doute la partie la plus riche et la plus « nature » de Charlevoix, en tout cas un complément indispensable à votre pérégrination côtière. Paysages vallonnés et boisés dégagent une paix incroyable. Là où la forêt se fait austère, de plantureux pâturages adoucissent le paysage. Artistes, peintres et photographes viennent depuis longtemps puiser leur inspiration dans les longs plateaux de l'arrière-pays, les vallées verdoyantes et fertiles, parsemées de pittoresques fermes. Venez vous perdre dans les chemins de rangs autour de Saint-Hilarion, dont beaucoup sont encore en terre battue. Découvrez des gîtes paumés, habités par des gens à l'écart du tourisme routinier. En bref, venez retrouver une authenticité des choses et des êtres toujours intacte...

MONT-GRAND-FONDS

À 15 km de La Malbaie, c'est la montagne de l'arrière-pays, station de sports d'hiver calme et familiale. Paysage splendide. L'hiver, idéal pour le ski de randonnée ; en été, belles balades à pied, mais moins intéressant.

SAINT-AIMÉ-DES-LACS

Par la route intérieure 138 (Baie-Saint-Paul/La Malbaie), on parvient à ce petit centre de villégiature, gaiement éparpillé autour de plusieurs lacs paisibles. Baignade et planche à voile.

À voir

Le musée de la Drave de Charlevoix : *216, rue Principale. ☎ 418-439-3828 ou 418-663-2758. Sur la route des Montagnes. Mai-oct, en principe tlj 9h-20h ; hors saison, sur résa. Entrée : contribution volontaire.* Plus qu'un musée, c'est d'abord un formidable lieu de mémoire. Celle des draveurs qui ont contribué à écrire l'histoire du Québec ! De l'extérieur, devant la cabane en bois et le hangar, on pense que la visite n'excédera guère la demi-heure. Sauf que cette visite guidée n'est pas vraiment standard, car le propriétaire des lieux fut draveur pendant 25 ans, jusqu'en 1987, année où la drave fut interdite. Et comme c'est l'un des derniers témoins de cette époque épique, on mesure la chance de pouvoir partager avec lui des anecdotes et des explications qui viennent des tripes et sont pleines d'humour. Il y a de tout dans ce musée, des collections de matériel, des souvenirs personnels, et même des choses qui n'ont aucun rapport avec la drave (vieux magazines de mode, laveuses, distributeur de boissons). Mentions spéciales pour les motoneiges et autres véhicules destinés au transport du bois sur la rivière ou du ravitaillement pour les hommes (dont deux magnifiques bombardiers en bois construits en 1946 et 1951, en parfait état de marche). Un lieu vraiment atypique. Si vous aimez les explications claires et bien léchées, les objets sous vitrine, ce n'est pas pour vous. Si au contraire vous êtes sensible aux lieux atypiques pleins d'histoire(s) et aux personnages hauts en couleur, foncez-y !

Le parc des Hautes-Gorges-de-la-Rivière-Malbaie : *☎ 1-800-665-6527. • sepaq.com • À env 40 km au nord-ouest de La Malbaie. En voiture depuis la route 138, par Saint-Aimé-des-Lacs, puis par la route des Montagnes, soit une belle route forestière goudronnée. Prévoir le plein et un pique-nique. De mi-mai à mi-oct, tlj. Entrée : env 8,50 $; 6-17 ans env 4 $. Empl. tente (max 6 pers) env 31-36 $; tentes équipées* Huttopia *(max 4 pers) 100-120 $. Cafétéria au centre* *de services du Draveur, à 8 km de l'entrée.* Toutes infos à l'accueil Félix-Antoine-Savard, du nom de l'auteur de *Menaud, maître-draveur* (en vente sur place). Ce vaste parc enserrant une somptueuse vallée se décompose en cinq espaces : les hauts monts, le plateau du lac Scott, la vallée de la rivière Malbaie, celle de la rivière des Martres, et enfin le plateau ouest. Panoramas et chutes d'eau superbes, belles parois rocheuses atteignant 1 048 m à la montagne des Érables, et végétation extrêmement variée. D'anciens chemins tracés par les travailleurs forestiers d'antan permettent de se promener à vélo ou à pied dans une nature foisonnante, à la végétation, aux essences et reliefs insolites et très variés. En particulier, la randonnée vers l'*acropole des Draveurs* (6h aller-retour ; 800 m de dénivelée) offre un magnifique panorama. Côté faune, selon votre chance, vous pourrez peut-être observer aigles royaux, balbuzards pêcheurs, grands pics, martres, orignaux et caribous. Navettes gratuites obligatoires en saison pour circuler dans le parc (sauf pour les campeurs qui peuvent rallier leurs emplacements). On peut également louer des vélos, des canots et des kayaks sur place. Mais la principale attraction familiale, c'est la croisière sur la rivière Malbaie en bateau-mouche *(36 $/adulte)* ou en canot de 12 personnes, où il faut pagayer *(2h30 ; env 17 $/adulte).* Infos à l'accueil Félix-Antoine-Savard.

NOTRE-DAME-DES-MONTS

Délicieuse route secondaire depuis Saint-Aimé-des-Lacs, zigzagant entre les sommets les plus élevés de la région, plongeant dans d'adorables vallées riantes. Nombreuses fermes et granges typiques en bois. Le village apparaît tout mignon, niché au creux de la montagne.

Où dormir ?

Le Gîte de Pousse-Pioche : *17, rang Saint-Thomas. ☎ 418-439-2110. • lesrandonneesboreales.com • L'accès le plus simple est par Saint-Aimé-des-Lacs, par une piste parfaitement carrossable partant sur la gauche juste après le lac Brûlé (en direction du parc des Hautes-Gorges). Juin-nov. Double, avec sdb partagée pour les 2 chambres, 90 $, avec petit déj.* C'est une maison jaune, pas adossée à la colline, mais en pleine campagne. Et Dieu sait qu'elle est jolie par ici la campagne ! Le décor ? Une petite mare, un jardin avec des bancs, une grange typique de Charlevoix et une cabane où l'on plume la volaille pour le souper. À l'étage, 2 chambres simples et pimpantes, à la déco champêtre. Petit déj « santé » avec légumes du potager bio, fruits sauvages et produits locaux. Au fait, le pousse-pioche est l'instrument qui servait à arracher les souches dans le temps. Bon accueil de Lison et Sylvain.

SAINTE-AGNÈS

Depuis la fin des années 1990, le charmant petit village encore authentique de Sainte-Agnès est en réalité un des secteurs de La Malbaie, au même titre que Cap-à-l'Aigle ou Pointe-au-Pic.

Où dormir ?

Gîte Bootlegger : *4, rue du Patrimoine, face à l'église. ☎ 418-439-3711. • maisondubootlegger.com • Doubles avec sdb à partager ou non 50-75 $, petit déj compris. Résa à la maison du Bootlegger. Navette gratuite entre les 2 (pratique si on veut boire tranquillou à la fête le soir !).* Dans l'ancien presbytère, 12 belles chambres joliment décorées (à l'ancienne pour certaines, ou dans un style rétro et branché pour d'autres), toutes bien confortables, avec beaucoup de bois clair et des couleurs pimpantes. Pas mal de tableaux réalisés par le propriétaire égaient également la maison. Agréables terrasse et jardin, cuisine à disposition. Mais la vraie surprise, c'est le vaste loft tout équipé dans les combles ! Hyper cosy.

À voir

La maison du Bootlegger : *110, ruisseau des Frênes. ☎ 418-439-3711. • maisondubootlegger.com • Juil-sept, tlj 10h-16h30 ; juin et oct, le w-e slt. Visite guidée de 1h : 10 $; 6-12 ans 5 $; ou incluse dans la table d'hôtes du soir du resto ; réduc.* Bâtie en 1860 à une vingtaine de kilomètres de là, cette solide maison rustique fut démontée, transportée et assemblée de nouveau (uniquement avec tenons, mortaises et chevilles) en 1939, à la demande du nouveau propriétaire, un certain Norie Sellar. Mais le rusé entrepreneur en profita pour apporter de nombreuses et discrètes modifications à la bâtisse, prévoyant d'en faire un tripot clandestin en pleine prohibition sous le nom de *Club des Monts.* Du beau boulot, puisqu'il ne s'est jamais fait prendre ! Ami de JFK, ceci expliquait peut-être cela ? En tout cas, elle renferme bien des surprises savoureuses, comme le réjouissant et inattendu trajet labyrinthique destiné à confondre la police ! Le guide vous rappellera d'abord le sens du mot *bootlegger,* évoquera sans aucun doute l'histoire de Sarah the Pig, vous fera visiter l'étonnante salle de jeux et la chambre de la femme du patron, et vous demandera sûrement de rentrer le ventre pour communiquer avec Elvis... Une visite particulièrement originale !

LE CLUB DÉMON ?

On se demande si le proprio l'a fait exprès ou si le diable est intervenu. En tout cas, le lieu semble flirter en permanence avec les jeux de mots. Déjà, ouvrir un débit de boissons du temps de la prohibition quand on s'appelle Sellar (« cellar » veut dire « cave » en anglais), ensuite l'appeler le Club des Monts *(club Démon ?), c'est transgresser la morale puritaine en permanence...*

|●| Possibilité de manger sur place, car c'est aussi un ***steak house*** génial. Le cadre surchargé est marrant comme tout, la cuisine est généreuse et goûteuse (bonnes viandes au feu de bois, mais aussi des burgers bien faits), et la maison fabrique ses propres sauces. Mais on vous prévient tout de suite, on vient d'abord ici pour l'fun, pour descendre plus qu'une canette de bière et non pour un dîner en tête à tête (animation, concerts et danse qui déménagent tous les soirs !). Et comme la formule remporte un gros succès, la réservation s'impose ! *Pour le midi, aux mêmes horaires et périodes que le musée ; steaks 25-35 $ mais* Burger Boot, *poutines et autres plats de pub env 10-18 $. Pour le dîner (avec concert), ts les soirs de juin à mi-sept (en avr-mai et de mi-sept à mi-déc, les ven et sam soir) en table d'hôtes slt 46-63 $.*

SAINT-URBAIN

C'est près d'ici que débute la fameuse « Traversée de Charlevoix » à skis, à pied ou à vélo *(☎ 418-639-2284 ; • traverseedecharlevoix.qc.ca •).* Longue d'une centaine de kilomètres,

L'ÉTRANGE ÉPIDÉMIE DE NOËL

Pendant la prohibition, les files d'attente chez le médecin s'allongeaient considérablement les veilles de fête... C'étaient les seuls à pouvoir prescrire légalement de l'alcool !

elle se fait à pied en 7 jours et 6 nuits. Six lieux d'hébergement aménagés tous les 16 à 24 km (un chalet et un refuge à chaque fois).

Où dormir ?

La Bougie Verte : *68, rang Saint-François. ☎ 418-639-2286. • gitelabougieverte.com • Au nord de Saint-Urbain, au km 8 de la route 381, en direction du parc des Grands-Jardins (à 13 km). Doubles avec sdb 125-135 $, avec petit déj. Loft (4 pers) 180 $.* Susan sait accueillir ses hôtes. Ses 4 chambres sont coquettes et tout confort, celles de l'étage bénéficiant même de balcons et d'un petit salon commun. Très belle cuisine aménagée de mobilier ancien. Agréable véranda pour prendre le petit déj aux beaux jours face à la verte pelouse, avec confitures maison, œufs du poulailler et produits du terroir. Enfin, les berges du petit lac sont impeccables pour lézarder au retour de la balade. Un superbe point de chute.

À voir dans les environs

Le parc des Grands-Jardins : *sur la route 381. ☎ 418-439-1227 ou 1-800-665-6527 (résas). • sepaq.com/pq/grj • À 35 km au nord de Baie-Saint-Paul. Ouv tte l'année. Poste d'accueil du Mont-du-Lac-des-Cygnes (au km 21 de la route 381) ouv de fin mai à mi-oct, tlj 8h30-20h (ferme plus tôt en sem), ainsi que pour les fêtes de fin d'année et les w-e jusqu'à fin mars. Au cœur du parc, le centre Arthabaska (fin mai-début oct slt, tlj, horaires variables) propose quasiment les mêmes services (infos, doc et dépanneur) mais délivre en plus les forfaits pour la pêche et loue des canots et des kayaks. Entrée du parc : 8,50 $/j. par pers, à régler aux bornes d'entrée du parc ou aux postes d'accueil ; gratuit moins de 18 ans. Emplacements tente (max 6 pers) 24-36 $; tentes* Huttopia *(max 4 pers) à partir de 100 $; chalets à partir de 110 $.* Via ferrata *46-74 $ (avec guide) ; droit d'entrée en sus.* Le parc des Grands-Jardins, couvrant 380 km², est situé dans l'arrière-pays, sur un haut plateau (750 m) bénéficiant d'un microclimat qui a favorisé le développement d'un paysage de taïga, à savoir une forêt boréale de conifères, avec un épais tapis de lichen. La protection de ce lichen, ainsi que celle d'un troupeau de caribous, fut d'ailleurs à l'origine de sa création en 1981. Bouleaux et épinettes noires sont également de la partie. Un véritable îlot de Grand Nord à moins de 120 km de Québec, dont le sommet à 1 100 m d'altitude s'appelle le mont de l'Enfer. Plus de 120 lacs, dont la plupart sont d'origine glaciaire (le lac Turgeon est l'un des plus fréquentés pour le canotage). Il est donc possible d'y faire de belles randonnées, au cours desquelles on pourra observer un grand nombre d'animaux : canards, huards, hérons, mésangeais du Canada, écureuils, et parfois même... des ours ! Cependant, ne soyez pas étonné de fouler par endroits des sols calcinés : le parc a subi de terribles incendies en 1991 et 1999, qui ont d'ailleurs donné vie à de nouvelles formes de lichen, les *Cladonia cristatella* (tiges vertes, fleurs rouges). Plusieurs ***balades de 1 à 6h*** permettent de découvrir le parc. La plus populaire (mais pas la plus facile) est celle du mont du Lac-des-Cygnes (boucle de 4h aller-retour par le lac Pioui) ; départ du centre d'accueil du même nom, on grimpe jusqu'à 1 000 m, et la vue est extraordinaire (le vent aussi, servi bien frais : prenez votre petite laine !). Départs de balades guidées une fois par jour en saison du centre Arthabaska (résa indispensable). Également des « causeries » en saison (sur l'ours, le caribou, les incendies, etc.). Et une ***via ferrata,*** sur le sommet ouest du mont du Lac-des-Cygnes. Accompagné d'un guide professionnel, émotions et super panoramas sur la vallée du Gros-Bras garantis. Formule pour débutant de 3h30 environ. Voir sur leur site : *• sepaq.com/pq/grj •*

LE SAGUENAY

• Carte *p. 258-259*

Administrativement, il s'agit en fait de la région Saguenay-Lac-Saint-Jean (un des bastions des souverainistes québécois, soit dit en passant). Celle-ci s'étend le long de la rivière Saguenay. Touristiquement parlant, le Saguenay offre autant d'attraits que le lac Saint-Jean, notamment pour le superbe fjord du Saguenay, qui forme à la fois la colonne vertébrale du territoire et son principal centre d'intérêt.

AU NOM DU BLEUET

Après le grand incendie de 1870 qui ravagea les pourtours du lac Saint-Jean, les paysages de la région furent recouverts de bleuets (myrtilles). Puis cette « perle bleue » délicieuse est devenue la principale culture fruitière du Saguenay, presque un symbole, au point que ses habitants sont surnommés « les Bleuets » dans tout le Québec !

Jacques Cartier, qui explora le premier l'embouchure du Saguenay dans le Saint-Laurent, fit une description très enthousiaste du territoire à François Ier. Il ne s'aventura toutefois pas en amont. La région, difficile d'accès, vécut longtemps du seul commerce des fourrures. La colonisation ne débuta véritablement qu'en 1838 avec la création de nombreuses scieries, puis, au début du XXe s, d'usines de pâte à papier et d'alumineries. Leurs rejets toxiques (dont le mercure) ont gravement pollué les eaux du fleuve, menaçant la survie du béluga. Ils sont aujourd'hui mieux contrôlés, même si cette question est loin d'être réglée. Ironie du sort, c'est la terrible inondation de 1996, si dévastatrice pour l'homme, qui a le plus contribué à protéger l'environnement en lessivant les sédiments et en enfouissant une bonne partie des polluants. Malheureusement, ce sont les proliférantes algues rouges qui poussent désormais les bélugas à s'échouer sur les rives...

En arrivant du sud, plusieurs routes s'offrent à vous pour rejoindre le Saguenay. La plus belle est sans aucun doute la route 381, à partir de Baie-Saint-Paul (région de Charlevoix). Très peu fréquentée, elle présente des paysages à couper le souffle et arrive directement à La Baie. De Saint-Siméon, on peut monter par la route 170, qui ménage des morceaux de parcours superbes et arrive à Petit-Saguenay. Enfin, de Québec, la jolie route 175 traverse les paysages de forêt de la réserve faunique des Laurentides et arrive à Chicoutimi.

Pour plus d'infos sur la région : • *saguenaylacsaintjean.ca* •

PETIT-SAGUENAY

690 hab.

À 14 km à l'est de L'Anse-Saint-Jean, ce village blotti entre les montagnes offre l'un des plus beaux points de vue sur le fjord du Saguenay depuis

sa jetée. Le nom du village vient de la rivière qui le traverse et se jette dans le Saguenay... Profitez des sentiers pédestres longeant le cours d'eau et admirez, au passage, le style élégant des pêcheurs qui courtisent le saumon.

Adresse et info utiles

@ *Bureau d'information touristique :* *61, bd Dumas. ☎ 418-272-3219. • petit-saguenay.com • En face de la station-service. Fin juin-début sept, tlj 9h30-19h30 ; début sept-début oct, en principe tlj 12h-17h30.* Accueil charmant, plan de la région et nombreux conseils de balades.

– ***Pas de distributeur,*** le plus proche est à L'Anse-Saint-Jean, à 14 km.

Où dormir ?

Rivière Petit-Saguenay : *100, rue Eugène-Morin. ☎ 1-877-272-1169. • petitsaguenay.com • À gauche après le pont en venant de Saint-Siméon, puis longer la rivière sur 3 km. Ouv 1er juin-15 oct. Empl. tente (4 pers max) 21-29 $. Chalets rustiques 2-8 pers 75-175 $, draps en plus. Yourte (8 pers) env 135 $.* Situé dans le centre de villégiature du pôle d'activités du Petit-Saguenay (voir « À faire »). Dans un cadre forestier et tranquille, l'endroit regroupe une trentaine d'emplacements de camping ombragés dans un sous-bois et, près de la rivière, une yourte et 7 chalets rustiques bien équipés. Le plus ancien, pour 8 personnes, avec cheminée en pierre et véranda, est séculaire. Prévoir un bon antimoustiques ! Propose des activités comme l'observation et la pêche au saumon (en saison), canotage, randonnées...

Gîte Marie-Claire : *54A, rue du Pré. ☎ 418-272-2592. • marie-clairehoude@hotmail.com • À gauche avant l'église en allant vers le quai. Mai-oct. Double avec sdb partagée 70 $, petit déj et taxes inclus.* Les charmants propriétaires habitent sur place. Ils louent des petites chambres simples mais confortables et soignées. Salon TV à dispo, ainsi que le barbecue dans le jardin. Une bonne petite adresse pour les budgets serrés.

Gîte Escale au Presbytère : *46, rue Tremblay. ☎ 418-608-8827. • escaleaupresbytere.com • Doubles avec sdb partagée ou privée 85-95 $, petit déj et taxes inclus.* Dans un ancien presbytère, restauré dans un style contemporain, la charmante Clara propose quelques chambres arrangées avec soin. Elles ont des noms très catholiques : « Vicaire », « Curé », « Bedeau » ou « Évêque », sans oublier la « Ménagère » ! Toutes sont lumineuses, spacieuses et confortables. Celles à l'étage partagent une salle de bains. Elles donnent sur le jardin avec vue sur la vallée boisée.

Gîte Les Deux Pignons : *115, rue Dumas (route 170). ☎ 418-272-3091 ou 1-877-272-3091. • pignons.ca • À l'entrée du village en venant de Saint-Siméon. Fermé en avr et aussi en automne. Doubles 110-145 $.* Régine, la joviale propriétaire, accueille ses hôtes comme des amis. Ses 5 chambres sont réparties dans une petite maison typique au pied d'un versant boisé. Toutes sont différentes, dans un style champêtre chaleureux. Cuisine commune à disposition des hôtes. Au petit déj, Régine a toujours un petit mot pour chacun et n'est pas avare en bons conseils. Bref, un lieu accueillant qui ne manque pas de caractère.

Auberge du Jardin : *71, rue Dumas (route 170). ☎ 418-272-3444 ou 1-888-272-3444. • aubergedujardin.com • Fermé en nov. Doubles 139-200 $. Table d'hôtes (le soir slt, ouv aux non-résidents sur résa avant 17h30) 26-35 $; menu du jour 20 $.* Une agréable maison moderne en bois, dotée de grandes baies vitrées, au cœur d'un vaste parc paysager.

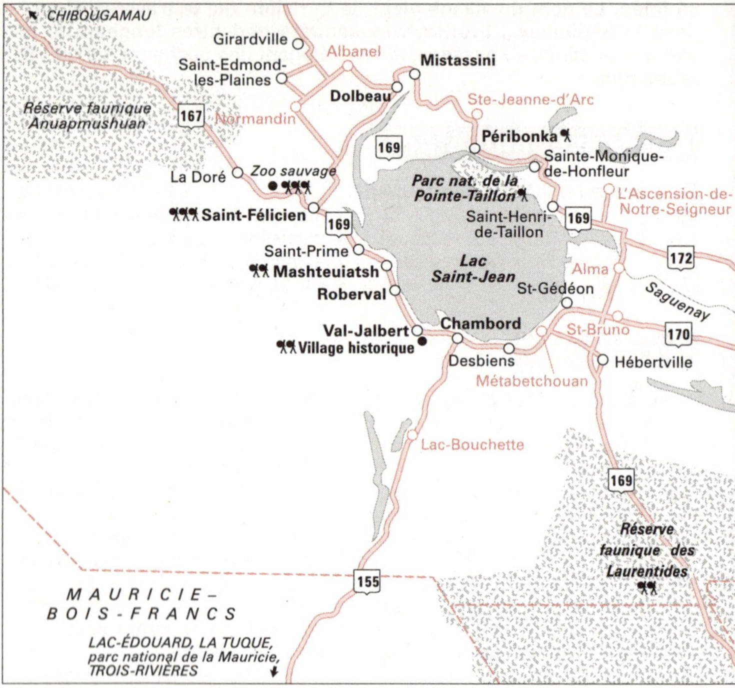

Chambres classiques (voire un peu datées pour certaines), mais de bon confort. La cuisine mêle saveurs régionales et traditions françaises. Accueil très pro et plein d'infos sur les balades dans le coin.

Où manger ? Où boire un verre ? Où sortir ?

Léz'Arts Café Bistro : *59, bd Dumas (route 170). ☎ 418-272-3000. En face de la station-service. De juin à mi-oct, tlj 12h-21h (22h jeu, 23h ven-sam). Plats 10-18 $.* Le choix est limité dans ce bourg. Dans une ancienne étable reconvertie, ce café-bistrot se distingue par ses concerts occasionnels et ses expos d'artistes locaux. Restauration légère sans prétention (pizzas, soupes, paninis) et bon poisson fumé maison. Ne pas être pressé, les plats sont faits à la commande, un à un, tranquillement.

À faire

Randonnées, pêche au saumon en été, ***raquettes*** et ***motoneige*** en hiver : renseignez-vous l'été au bureau d'info touristique ou directement au site ***Rivière Petit-Saguenay*** et dans les hôtels l'hiver. Vous pouvez acheter un permis de pêche pour la journée, louer le matériel et vous initier au plaisir bien particulier

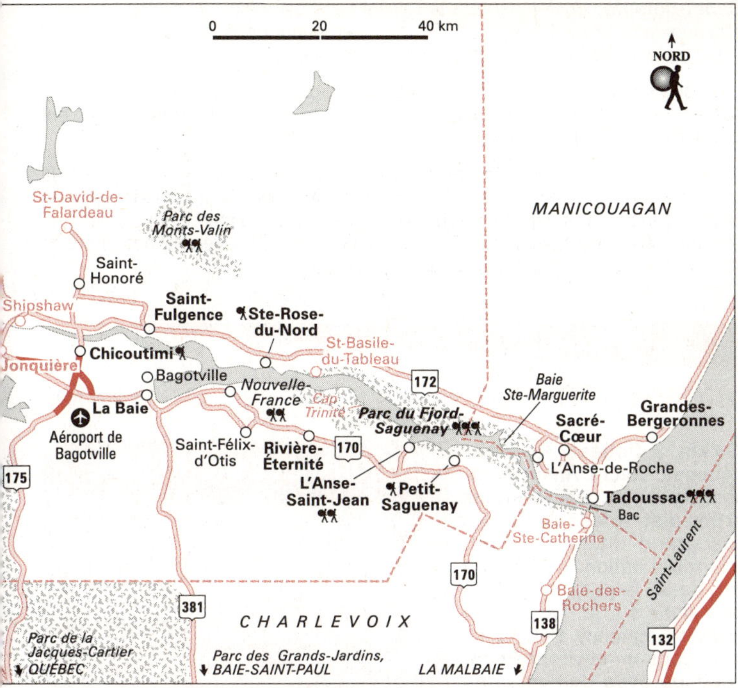

LE SAGUENAY ET LE LAC SAINT-JEAN

(mais onéreux) du saumon en eau vive, dans une trentaine de sites officiels (et très contrôlés). Vivement conseillé de s'assurer les services d'un guide : la pêche à la mouche est assez technique, les rotations sur les fosses doivent avoir lieu toutes les 15 mn et, de plus, les saumons pêchés sont obligatoirement remis à l'eau s'ils dépassent 63 cm (on peut éventuellement garder les autres). Votre guide s'en chargera sans dommage pour eux. Quota limité à un saumon par jour et par personne. Une quarantaine seulement est pêchée chaque année à Petit-Saguenay, les plus grands atteignant environ 90 cm pour 6,5 à 7 kg. Quant à ceux qui ne sont pas pêcheurs, le site d'observation de la fosse 24, situé au chemin des Chutes (au kilomètre 46 de la route 170 vers Saint-Siméon, à 10 km du village), leur permettra peut-être d'en apercevoir quelques spécimens en été (mais ils ne sont pas toujours au rendez-vous !).

– **Pêche au saumon :** *dans la rivière Petit-Saguenay, au site* Rivière Petit-Saguenay. ☎ *1-877-272-1169. Loc de matériel (env 10 $/j.) et vente des permis de pêche (env 40 $/j.). Pour une initiation avec un guide, compter 170 $ tt compris (cher !).*

➢ ***Randonnées pédestres :*** le sentier du site *Rivière Petit-Saguenay* chemine le long des berges de la rivière Petit-Saguenay sur 8 km. Certains se contentent du tronçon menant jusqu'au pont suspendu sur la rivière du Portage (5 km aller-retour). Autre option : le *sentier des Poètes,* un parcours de 10 km, plus boisé, reliant le quai de Petit-Saguenay au quai de L'Anse-Saint-Jean.

– ***Canot-détente :*** *également au site* Rivière Petit-Saguenay. *Loc avec transport jusqu'au site de mise à l'eau 57 $.* Descente en canot dans le secteur des eaux mortes de la rivière Petit-Saguenay sur une distance de 10 km.

➢ ***Balade sur le quai :*** pour un magnifique point de vue sur le fjord du Saguenay, poussez jusqu'à la jetée. Au solstice d'été, le soleil se couche très exactement dans l'axe du Saguenay. Vue sur 30 km.

La ***plage de l'anse Saint-Étienne,*** à 13 km (fléché à gauche avant la sortie de Petit-Saguenay, sur la route 170, puis direction Saint-Siméon jusqu'au village-vacances), s'étale sur plusieurs kilomètres. Étroite à marée haute, elle peut atteindre 200 m de large à marée basse. Les plus chanceux verront des phoques s'y poser pour la sieste et des bélugas de passage.

L'ANSE-SAINT-JEAN

1 230 hab.

À 34 km à l'ouest de Petit-Saguenay, voici L'Anse-Saint-Jean. Il se compose de deux parties distinctes : le bourg sans grand intérêt au bord de la route nationale 170 et, à 6 km de là, le petit port charmant niché sur la rive sud de la rivière Saguenay. Celui-ci se blottit dans un environnement bucolique avec des versants boisés, des prés, des jardins fleuris en été, et de nombreuses maisons typiques en bois avec véranda extérieure. Rien ne défigure ce village de poupée classé parmi les plus beaux villages du Québec. Ce fut la première bourgade fondée en 1838 dans le Saguenay. Séduisantes balades par le *sentier de la montagne Blanche,* menant à de jolis points de vue.

UN MONARQUE CATHODIQUE

L'Anse-Saint-Jean est devenue, en 1997, la première monarchie municipale d'Amérique, avec, à sa tête, le roi Denys Ier, désigné par référendum et couronné en l'église du village devant quelque 1 500 personnes ! Ce monarque administra très sérieusement son miniroyaume durant 3 ans, avant de céder sa place. But de la manœuvre ? Promouvoir le tourisme à L'Anse-Saint-Jean.

Adresses utiles

Bureau d'information touristique : *147, route 170. ☎ 418-272-2974 (été) ou 2633 (hiver). • lanse-saint-jean.ca • De fin juin à mi-sept, tlj ; de mi-sept à mi-oct, le w-e slt.* Minuscule kiosque d'info à l'orée du village, à 100 m à gauche avant la station-service quand on vient de Chicoutimi.

Distributeur : *à la supérette **Bonichoix,** 160, route 170.*

Où dormir ?

Camping

Camping de l'Anse : *325, rue Saint-Jean-Baptiste. ☎ 418-272-2554. • campingdelanse.ca • Au bord du fleuve, dans le village. Ouv de mi-mai à mi-oct. Empl. 30-42 $. Douches payantes.* Camping municipal pas très grand, on s'entasse un peu en haute saison avec environ 150 emplacements délimités par des haies (les meilleurs, peu ombragés, font face à l'embouchure de la rivière Saint-Jean dans le fjord). Bien équipé, avec blocs sanitaires propres, buanderie, piscine (l'été), tennis, minigolf et practice, jeux pour enfants et terrain de pétanque. Pas de snack mais cuisine communautaire, accès direct au *Bistro de l'Anse* et à la *Pâtisserie Louise* à proximité pour le petit déj.

Bon marché

Auberge du Bout du Monde : *40, chemin des Plateaux. ☎ 418-272-9979. • boutdumonde.ca • Avant l'entrée du village, à droite sur la rue principale, au niveau du 173, rue Saint-Jean-Baptiste, puis continuer sur 1,5 km en montée. Env 25 $/pers, en dortoir, 50 $ en chambre privée ; yourte 2 pers 70 $; taxes incluses. CB refusées.* Pas vraiment au bout du monde, car facile d'accès, mais un univers jeune, dans une ambiance saine et écolo, proche de la forêt. Dans les années 1970 s'y installèrent des hippies venus de tous les horizons. Aujourd'hui, ce sont les randonneurs et les amateurs de nature qui logent dans cette drôle de bâtisse flanquée d'une tour en bois. L'auberge se compose de 3 dortoirs de 4 lits (superposés) et de 4 petites chambres privées. Aucun luxe, juste une douche commune et un w-c pour tout le monde... mais une bonne odeur de bois qui emplit l'atmosphère et une salle commune chaleureuse (jeux, bouquins...). Machine à laver, sèche-linge et cuisine à dispo. Plein d'activités : randonnée, kayak de mer, voile sur la rivière, ski, raquette...

De prix moyens à chic

Le Gîte du Capitaine : *274, rue Saint-Jean-Baptiste. ☎ 418-272-4444. • giteducapitaine.net • Juste après l'église. Ouv mai-oct. Double avec sdb partagée 85 $, taxes incluses.* L'ancien propriétaire, un capitaine, a construit lui-même la maison en 1920, d'où le nom. Elle appartient aujourd'hui à Marielle et Daniel, qui ont décoré les 4 petites chambres de l'étage d'un arc-en-ciel de couleurs *latinas* – souvenirs de leurs années passées au Guatemala et en Bolivie. La plupart donnent côté route et fjord, d'autres sur le côté et l'arrière de la maison (plus calme, mais peu de vue). Cuisine à disposition et agréable salon. Savoureux et copieux petit déjeuner.

Gîte L'Ouverture du Cœur : *37, chemin Saint-Thomas Sud, à 4,7 km du centre du village. ☎ 418-272-1296. • ocœur@me.com • À la hauteur du n° 147 de la rue Saint-Jean-Baptiste, prendre le pont Florac, puis à gauche sur 1,5 km en longeant la rivière. Doubles 80-95 $, taxes incluses. Min 2 nuits.* Dans une clairière entourée de bois, voici une grande maison pour séjourner au calme et dans un environnement exceptionnel. Les propriétaires vivent à côté. Intérieur bien équipé et confortable, vaste salon, belle cuisine, et à l'étage, 2 chambres spacieuses et une familiale, décorées dans le style rustique chic. Salle de bains privée ou à partager. Le maître des lieux, Victor, ostéopathe professionnel, pourra vous prodiguer un massage dans son cabinet. Petit déj végétarien et bio.

Auberge La Fjordelaise : *370, rue Saint-Jean-Baptiste. ☎ 418-272-2560 ou 1-866-372-2560. • fjordelaise.com • Tt au bout du village. Doubles 80-125 $, petit déj inclus. Table d'hôtes 35-37 $.* Cette jolie maison en bois de 1902 reconnaissable à sa longue véranda (style Louisiane) possède la plus belle vue du village, au-dessus de la plage et face au fjord. Excellent accueil. Avec son annexe, la *Maison Rosalie,* elle propose une dizaine de chambres de charme, fort bien tenues (déco sobre, joli parquet et mobilier, balcon pour les plus chères). Le resto est ouvert aux résidents comme aux non-résidents. Savoureuse cuisine qui suit les saisons, avec gibier ou poisson, mitonnée avec soin par Rita, l'adorable maîtresse de maison.

Auberge des Cévennes : *294, rue Saint-Jean-Baptiste. ☎ 418-272-3180 ou 1-877-272-3180. • auberge-des-cevennes.qc.ca • À la hauteur du pont couvert. Ouv de mi-mai à mi-oct. Doubles 80-115 $.* En bord de route, belle demeure centenaire en bois aux chambres meublées à l'ancienne, qui ne manquent pas de charme. Les moins chères sont vraiment étroites et un peu bricolées, les plus onéreuses ont cheminée et petit salon. La plupart donnent sur une grande galerie extérieure avec une vue partielle sur le fjord. Celles donnant sur l'arrière sont plus calmes mais sans vue. Accueil souriant et attentionné. Autre avantage : le parking gratuit.

Chalets sur le Fjord : *354, rue Saint-Jean-Baptiste. ☎ 418-272-3430 ou 1-800-561-8060. • chalets-sur-le-fjord.com • Près de la marina. Studios 2 pers 89-147 $; apparts et chalets 4 pers 150-240 $; tarif dégressif dès 3 nuits ; également des chalets à 2 étages pour 6, 8 et 18 pers.* Une structure touristique réunissant plusieurs chalets et maisons en bois, dans le style du pays. Plusieurs types d'hébergements : studios, « condotels » et chalets, tous avec salle de bains et cuisinette au minimum (frigo, plaques et micro-ondes). Les studios sont des maisonnettes en bois accolées les unes aux autres (avec miniterrasse), juste derrière la grosse maison de la réception (qui fait aussi resto). Les chalets sont regroupés un peu plus loin, sous les arbres, et assez espacés pour préserver l'intimité de chacun. Ils possèdent jusqu'à 6 chambres, tous avec cuisine et vraie terrasse. Logements fonctionnels et déco neutre mais agréable. Seul bémol : les canapés-lits peu confortables. À dispo de tous : une piscine, un jacuzzi et des aires de barbecue abritées.

Où manger ? Où boire un verre ?

De prix moyens à chic

Le Bistro de l'Anse : *319, rue Saint-Jean-Baptiste. ☎ 418-272-4222. De fin mai à mi-oct. En été, tlj 12h-1h. Plats 9-19 $.* Il n'y a pas beaucoup de choix pour manger au village. Cette adresse est notre option numéro 1. C'est une maison traditionnelle du Saguenay, en bois, avec un grand pré d'herbe devant qui s'étend jusqu'au bord de la rivière. Style pub canadien, chaleureux et convivial, où l'on est bien, été comme hiver. Au menu : soupe du jour, salades variées à partir de produits bio, pizzas, *fish & chips,* burger de cerf rouge et bonnes bières de microbrasserie (la bière maison est très bonne). Service diligent et jeune. Belle programmation de concerts, le week-end, qui anime ce calme village.

Le Café du Quai : *358 A, rue Saint-Jean-Baptiste. ☎ 418-608-8425. Mai-oct. Tlj 8h-20h. Crêpes ou salades 8-17 $.* Face à la marina, Sébastien, expatrié breton, a ouvert, figurez-vous quoi ? Une crêperie, bien sûr ! Si vous êtes las de la poutine et du burger, voici une belle alternative : crêpes au fromage de chèvre, au saumon fumé, à la saucisse de cerf rouge... que des produits locaux. Et aussi au sirop d'érable ou au caramel beurre salé. Agréable terrasse et service cordial.

À voir. À faire

Le site du « 1 000 dollars » : non, ce n'est pas un sentier qui mène à la fortune, ni un gag du Loto québécois ! À 500 m de l'église, en allant vers la rivière Saguenay, sur la droite, un chemin balisé conduit à un site d'observation et d'interprétation du billet de 1 000 $. C'est en effet la vue de ce belvédère avec son pont couvert qui figurait sur l'ancien billet de 1 000 $ (aujourd'hui retiré de la circulation).

L'Anse-de-Tabatière : *passé le pont couvert, continuer tt droit sur 6 km la piste longeant le littoral. Le site faisant partie du parc du Fjord-du-Saguenay, il est payant si vous n'avez pas encore réglé l'accès au parc pour la journée (9 $/pers ; gratuit jusqu'à 17 ans).* Il s'agit d'une boucle de 500 m avec points de vue sur le fjord. Le parcours commence (et finit) par un énorme pylône électrique qui s'intègre mal dans le paysage... Même si les vues sur le fjord sont belles, cela nous semble bien cher, voire abusif de demander de payer l'accès au parc pour ce qui n'est qu'une vue !

Le sentier des Chutes : *passer le pont couvert et prendre la piste 500 m plus loin à gauche ; à 1 km, une pancarte indique le point de départ de la promenade.* Le joli sentier à travers bois mène à une cascade (1,5 km) puis à un belvédère, d'où la vue est superbe. En continuant, vous accéderez à la montagne Blanche (565 m). Itinéraire en boucle d'environ 13 km sur un chemin qui monte sans cesse (et, attention, vous arrivez aussi dans le parc du Fjord-du-Saguenay, donc n'oubliez pas votre porte-monnaie ! Et de bonnes chaussures de marche, car le sol peut s'avérer glissant).

– ***Randonnées à cheval :*** ***Centre équestre des Plateaux,*** *34, chemin des Plateaux. ☎ 418-272-3231. • cedp.ca • Même accès que pour l'*Auberge du Bout du Monde *(voir « Où dormir ? »). Mai-oct, départs tlj à 8h et 13h. En été, env 75 $ pour 3h et 140 $ pour la journée. Randos de plusieurs j. et leçons d'équitation (30 $/h) possibles sur résa.* Un club bien entretenu, avec un encadrement sérieux et un bon accueil. Balades guidées jusqu'au fleuve, entre les résineux et les chemins tortueux du Saguenay. Plutôt pour les débutants, les cavaliers émérites risquent de trouver les sorties un peu trop tranquilles. Organise aussi des balades en traîneau en hiver.

LE QUÉBEC

– ***Balades en kayak :*** ***Fjord en Kayak,*** *marina de L'Anse-Saint-Jean, 359, rue Saint-Jean-Baptiste. ☎ 418-272-3024 ou 1-866-725-2925. • fjordenkayak.ca • Sortie en kayak de mer dès 61 $ pour 3h. Possibilité aussi de louer slt le kayak ou même des vélos (15 $ pour 2h, 25 $/j.). Également des sorties pour petits (dès 3 ans).* Petite entreprise familiale proposant des excursions, plus ou moins longues, vers l'île Saint-Louis, dans le fjord, vers les caps, et même des randonnées de 1 à 5 jours avec retour en bateau. Leur équipement est en parfait état : la moitié des kayaks (en fibre de verre) sont renouvelés tous les ans, et des combinaisons isothermes sont fournies.

– ***Croisières :*** *la compagnie* ***Les Croisières du Fjord Saguenay*** *(☎ 418-543-7630 ou 1-800-363-7248. • croisieresdufjord.com •) propose 4 balades/j. au départ de L'Anse-Sant-Jean, 1er juil-début sept à 9h, 10h, 13h et 14h30 vers le secteur Baie-Éternité du parc du Saguenay (voir le chapitre suivant). Compter env 58 $; réduc ; famille 144 $. Propose également, juil-sept, 2 liaisons/j. avec Tadoussac. Compter 72 $ l'A/R ; réduc ; famille 185 $. Possibilité de billet combiné avec une excursion aux baleines. Quel que soit le choix, préférer un départ le mat plutôt que l'ap-midi pour profiter d'une escale.* Les balades durent 5h30. Ce sont des bateaux-mouches métalliques et couverts, de 20 m de long, pouvant contenir de 72 à 330 passagers.

Ski alpin : *au centre touristique du Mont-Édouard, en hiver. Infos : ☎ 418-272-2927. • montedouard.com • Forfait 41 $/j. ; réduc ; famille 95 $.* Le mont Édouard est la septième montagne du Québec (650 m) et la station aménagée sur ses pentes propose plus de 18 km de pistes. Également quelques parcours de raquettes et ski nordique.

– ***Pêche blanche*** (pêche à travers la glace) ***:*** *rens auprès des* ***Chalets du Fjord*** *au ☎ 418-272-3430 ou 1-800-561-8060. • chalets-sur-le-fjord.com •*

– ***Chiens de traîneau :*** ***Entre Chien et Loup,*** *190, chemin Périgny. ☎ 418-272-1540. • entrechienetloup.ca • 95 $ la demi-journée (2h env), et 205 $ la journée (4h de traîneau). Autre option, balade de 2 j.-2 nuits (200 km) avec logement sous tente amérindienne.* Cette petite entreprise conviviale propose des balades à taille humaine (5 équipages max, y compris celui du guide), dans une ambiance chaleureuse. Les chiens sont des Malamutes (chiens croisés avec des loups), surnommés « locomotives des neiges ».

RIVIÈRE-ÉTERNITÉ ET LE PARC DU FJORD-DU-SAGUENAY

Le parc du Fjord-du-Saguenay se divise en trois secteurs, répartis de part et d'autre du Saguenay : celui de la Baie-Éternité (avec accès par Rivière-Éternité sur la rive sud), celui de la baie Sainte-Marguerite (vers Sacré-Cœur, sur la rive nord) et celui de la Baie-de-Tadoussac. S'étendant donc grosso modo de Tadoussac à la baie des Ha ! Ha ! (ne riez pas, c'est son nom !), ce parc national du Québec protège un fjord, soit une profonde vallée glaciaire large de 2 km en moyenne et longue d'une centaine, où coule la rivière Saguenay.

Un lieu sauvage et unique en son genre au Québec, délimité par des falaises qui s'élèvent par endroits sur plus de 300 m de haut – et se prolongent de 250 m en profondeur. Les eaux salées chargées de plancton venues du Saint-Laurent au rythme des marées pénètrent le Saguenay jusqu'à la hauteur de Saint-Fulgence, près de Chicoutimi. La rencontre des environnements forestier et marin engendre une importante biodiversité, tant en surface qu'en dessous. On observe ainsi régulièrement des phoques et des bélugas, surtout dans le secteur de la baie Sainte-Marguerite. Les eaux froides sont même fréquentées par le requin du Groenland ! Pas d'inquiétude pour la baignade : il n'est pas dangereux.

Le secteur de la *Baie-Éternité* est l'endroit où le fjord s'avère le plus spectaculaire : gardant les abords de la baie, les *caps Éternité* et *Trinité* dressent leurs parois abruptes à respectivement 350 et 330 m au-dessus des eaux. Des sentiers de randonnée dans la forêt (30 km de pistes en tout) permettent d'accéder à différentes aires panoramiques d'où la vue sur le fjord est superbe. Il faut toutefois du mollet et du souffle pour bien en profiter.

L'accès au secteur de la Baie-Éternité et à son centre d'interprétation se fait depuis le bourg de *Rivière-Éternité,* sur la route 170, à 62 km avant Chicoutimi.

Adresse utile

🅸 ***Poste d'accueil :*** *à l'entrée du parc, à Rivière-Éternité. ☎ 418-272-1556 ou 1-800-665-6527 (central de résas à Québec). De mi-mai à mi-oct, tlj 9h-16h (21 juin-1er sept, 8h-21h). Entrée du parc : 8,50 $/pers ; réduc. Gratuit pour les enfants de moins de 12 ans.* Le bureau gère à la fois les infos sur le parc et l'accueil pour l'hébergement.

Où dormir ?

⛺ ***Camping de Baie-Éternité :*** *dans le parc, à 4 km de l'entrée, sur le chemin de Baie-Éternité. ☎ 418-272-1556 ou 1-800-665-6527. • sepaq.com/pq/sag • Emplacements (max 6 pers) 30-43 $; camping rustique 31 $. Tentes Huttopia tt équipées 100-120 $ pour 4 pers. Douches payantes.* On plante sa tente au calme, sous les arbres, à 3 km du fjord. Les sites s'éparpillent dans la forêt, chacun avec table en bois et barbecue. Pas de snack ni d'eau potable dans le parc, mais épicerie-boucherie au village. Le camping rustique consiste en une plate-forme de bois avec des crochets. Les tentes *Huttopia* sont des « prêts-à-camper ». À disposition : abri, buanderie, sanitaires, jeux pour enfants et poste de vidange pour camping-cars. Eau potable et ravitaillement (petite épicerie) au village de Rivière-Éternité.

En été, vente d'antimoustique à la cabane de l'accueil.

Auberge du Presbytère : *412, rue Principale. ☎ 418-272-2376 (Mme Johanne). Doubles 52-61 $.* Les propriétaires ne vivent pas là mais à côté. Ils louent des chambres dans cette maison moderne attenante à l'église. Elles sont impeccables, confortables (avec salle de bains privative ou commune), donnant sur le jardin et la petite rivière. Coin salon et cuisine à disposition des hôtes. Petit déj servi le matin par les propriétaires. Une bonne adresse bien tenue.

Chalets de Rivière-Éternité : *voir le centre d'accueil dans « Adresse utile ». Loc de chalets bien équipés pour 2 pers 95-115 $; 145-170 $ pour 4.* À noter que ces chalets ne sont pas au cœur du parc, mais à l'entrée (moins nature, donc).

À voir. À faire

Le centre de découverte et de services Le Fjord du Saguenay : *à 3 km du camping, dans le parc, au bout de la route. ☎ 418-272-1556. De mi-mai au 20 juin, 10h-17h en sem et 8h30-17h30 le w-e. De mi-juin à début sept, tlj 8h-19h30. Début sept-début oct, mar et mer 10h-17h et jeu-lun 8h30-17h30. Enfin, début oct-fin oct, tlj 9h-16h.* Pour tout savoir sur le fjord, la faune et la flore. C'est le point de départ du sentier menant à la statue de la Vierge du cap Trinité. Vente de cartes des sentiers de rando. Activités découverte et animations gratuites tous les jours (voir programme affiché). Également des visites thématiques payantes.

➢ Nombreuses **_randonnées_** (voir petite brochure éditée par le parc). Ne pas manquer le *sentier de la Statue du cap Trinité* (à ne pas confondre avec celui qui va vers le cap Trinité, débutant derrière le centre d'accueil), qui conduit à la statue de Notre-Dame-du-Saguenay, perchée sur le premier des trois paliers du cap Trinité. Haute de 7,5 m et pesant plus de 3 t, elle a été érigée en 1881 par un voyageur de commerce miraculeusement sauvé des eaux glacées. Environ 3 à 4h de marche aller-retour, avec une bonne grimpette suivie d'une redescente. Le long du sentier, beaux points de vue sur la rivière Saguenay. Possibilité de rencontrer marmottes, tamias rayés, écureuils, gélinottes huppées et faucons pèlerins – mascottes du parc, qui nichent sur les falaises. Au bout du sentier, superbe panorama sur le fjord.

- **_Bon à savoir :_** même s'il fait chaud, garder un gilet ou un T-shirt à manches longues pour se protéger des mouches noires (en juin et juillet surtout). Pensez aussi au répulsif antimoustique.

- **_Croisières sur le fjord :_** *avec la compagnie* ***Les Croisières du Fjord Saguenay.*** *● croisieresdufjord.com ● Juil-août, 2 départs/j. du débarcadère du parc, à Rivière-Éternité. Départs assurés à partir de 15 pers. Compter 60 $/pers ; les billets s'achètent au centre de découverte et de services.* La croisière du matin dure 4h et celle de l'après-midi 1h30. On fait le tour de la baie, ce qui permet d'admirer les caps Éternité et Trinité et leurs falaises spectaculaires, mais aussi le fjord du Saguenay, des chutes d'eau, plusieurs échoueries de phoques et la célèbre statue de la Vierge. On a mieux aimé la croisière longue (avec escale à L'Anse-Saint-Jean).

- On peut préférer une balade sur le fjord en **_Zodiac_** (2h), en **_kayak de mer_** (2 ou 3h), ou même en **_rabaska_** (2h) – ce canot amérindien en écorce utilisé par tous les coureurs des bois aux XVIIe et XVIIIe s. *Les sorties en Zodiac et kayak ont lieu 2-3 fois/j. en plein été (1 seule le w-e la 1re quinzaine de juin et de sept à mi-oct). Coût : 40-50 $ pour 2-3h. Le rabaska n'est disponible que sur résa ; prix : env 16 $.*

Les crèches de Noël : *dans le village de Rivière-Éternité, au sous-sol de l'église paroissiale. ● villagedecreches.com ●* Une coutume incite les habitants du bourg à construire chaque année des crèches devant leur maison. En hiver, il y en a jusqu'à 150. Même si vous passez en été, vous pourrez en voir plusieurs : soit dans le soubassement de l'église, où un petit musée en présente une sélection *(en été, tlj 9h-17h ; entrée 5 $),* soit au parc des Artistes (en bord de route, à gauche en quittant le village vers Chicoutimi), où sont exposées de manière permanente une quinzaine de crèches de plus grand format.

DANS LES ENVIRONS DE RIVIÈRE-ÉTERNITÉ ET DU PARC DU FJORD-DU-SAGUENAY

Le site de la Nouvelle-France : *370, Vieux-Chemin,* ***Saint-Félix-d'Otis.*** *☎ 418-544-8027 ou 1-888-666-8027. • authentikcanada.com/village-nouvelle-france-saguenay • Env 16 km après Rivière-Éternité, en allant vers La Baie, tourner à droite 2 km avant Saint-Félix (fléché), et suivre une petite route secondaire sur 8 km. Début juin-fin août, tlj 9h-15h30. Fermé lun. Visites guidées à 9h15, 11h30, 12h30, 13h30 et 15h15. Tarif : 13 $; 6-14 ans 6 $.* Le site charmant de l'anse à la Croix, au bord du Saguenay, fut choisi comme lieu de tournage du film *Robe noire,* grand succès au Québec en 1991, et ensuite du téléfilm *Shehaweh.* Vingt-quatre bâtiments y furent construits avec un grand souci du détail pour recréer le décor du poste de Québec en 1634 : le fort Champlain, la mission des jésuites, des fermes de colons, et même une étonnante maison huronne en bois... Après le tournage, au lieu de tout détruire, la municipalité a conservé les décors pour en faire un site touristique. Quelle riche idée ! Pendant 1h30, la visite guidée permet de découvrir ces bâtiments plus vrais que nature, d'autant qu'on y croise plusieurs comédiens en costume. Intéressant, même pour ceux qui n'ont pas vu les films en question. Tout l'intérêt réside non pas dans les cabanes mais dans les commentaires passionnants des guides.

Camping municipal : *400, sentier Saint-Hilaire,* ***Saint-Félix-d'Otis.*** *☎ 418-697-1617 ou 1-888-697-1617. • campingstfelixdotis.com • Sur la 170, entre Saint-Félix et La Baie. Ouv 20 mai-10 sept. Emplacements (2 adultes + 2 enfants max) env 25-45 $. Loc de chalets et d'une roulotte, mais plutôt à la sem.* En pleine nature, plus de 200 emplacements peu ombragés dispersés au bord du lac. Plage surveillée, volley, jeux, fast-food (sandwich, pizza, hamburger, poutine). Beaucoup de monde en saison, attiré par la plage (payante).

Gîte du Chien Noir : *337, chemin du Lac-à-la-Croix,* ***Saint-Félix-d'Otis.*** *☎ 418-544-5596. • gitechiennoir.com • Suivre les indications pour le site de la Nouvelle-France ; à 2 km du croisement avec la route 170, prendre à droite et continuer sur la piste sur env 6 km. Double 80 $. Pour les hôtes, menu (sur résa le mat) 25 $.* Pour vivre heureux, vivons cachés dans la forêt ! Telle pourrait être la devise de Ginette et Clément, les propriétaires de cette belle maison située au bord d'un lac, loin du brouhaha du monde moderne. Seulement 2 chambres confortables (salle de bains commune) à la déco très soignée. À votre disposition, un petit sauna, un salon, une terrasse avec jacuzzi, des fauteuils au bout du ponton, et, sur le lac, des embarcations à pédales, des kayaks... En prévenant avant, Ginette pourra aussi vous concocter un délicieux repas. Une adresse exceptionnelle !

LA BAIE

18 700 hab.

À seulement 27 km à l'est de Chicoutimi, La Baie n'est pas un gros village mais une petite ville industrielle. Le paysage est bien marqué (mais pas défiguré pour autant) par les vastes installations portuaires visant à

transborder bauxite et aluminium (groupe Rio Tinto-Alcan). Soyons réalistes, c'est l'exploitation des ressources naturelles qui a permis une implantation humaine ici. Autrefois, il n'y avait aucun touriste, et les usines s'implantaient au plus proche de l'eau.
Aujourd'hui, la ville développe une activité touristique toute nouvelle avec la création d'un quartier neuf et pimpant, autour de sa petite marina. Une station balnéaire en devenir, donc, où l'on trouvera de bons hébergements pouvant servir de point de chute pour sillonner la région. L'hiver, La Baie devient un centre de « pêche blanche » sur la glace. Dans ces 1 500 à 2 000 cabanes parfois chauffées, on attrape les poissons d'eau douce et d'eau salée qui vivent dans le fjord.

Adresse et info utiles

ℹ @ ***Bureau de tourisme :*** *900, rue Mars, dans le Pavillon des croisières, au port. ☎ 418-698-3157 (poste 6070) ou 1-800-463-6565. • saguenay.ca • En été, tlj 8h-19h30 ; hors saison, lun-ven 8h30-12h, 13h-16h30.*
■ ***Autobus touristique :*** *fin juin-fin août, mar-sam.* Sur le principe du *hop-on and hop-off,* 3 autobus municipaux rouges assurent un circuit touristique à La Baie, Chicoutimi et Jonquière, interconnectés entre eux à l'office de tourisme de Chicoutimi. Le billet coûte 15 $, est valable 3 jours, et offre une réduction de 20 % dans les principaux sites à visiter. Passage toutes les 30 mn-1h entre 8h30 et 17h. Achat du billet au chauffeur ou dans les bureaux de tourisme.

Où dormir ?

Précisons que le territoire de La Baie est très, très étendu. Par conséquent, du centre-ville, il n'est pas rare de devoir parcourir une bonne dizaine de kilomètres pour rejoindre les adresses ci-après.

De bon marché à prix moyens

🏠 ***Auberge de jeunesse Les Mains Tissées :*** *7643, chemin des Chutes. ☎ 418-544-4456. • lesmainstissees.ca • À env 10 mn du centre de La Baie en voiture et déjà dans la campagne ; du centre, sur la 170 (rue Bagot) en direction de Larouche, prendre à gauche sur la 381 (av. du Port), puis à droite dans le chemin des Chutes. Ouv avr-oct. Lit en dortoir 30 $; double avec sdb partagée 70 $; petit déj 6 $.* Mieux vaut avoir les mains tissées que liées ! Voilà une charmante auberge originale qui a les mains libres et de l'imagination : non seulement elle fait partie d'un beau projet à caractère social, mais il s'agit en plus d'une maison « reconstituée » avec des matériaux de récup. Le résultat n'est pas bricolé mais alternatif et bien arrangé. On peut évidemment reprocher au lieu le manque d'espace et le nombre limité de douches, mais c'est tellement cosy, chaleureux et intime (un seul dortoir mixte de 4 lits et 4 chambres doubles à l'étage). Petite cuisine équipée, salon à disposition des hôtes et grande terrasse surplombant la rivière.
🏠 🍴 ***Gîte La Grange aux Hiboux :*** *521, rue Mars. ☎ 418-544-7716. • lagrangeauxhiboux.com • À 200 m de l'office de tourisme. Ouv tte l'année. Double avec sdb partagée env 80 $, petit déj inclus.* Petite maison familiale qui abrite un resto au rez-de-chaussée (voir plus loin « Où manger ? »), et 3 chambres confortables et gaies à l'étage, à la déco style bateau. Toutes partagent une salle de bains unique, une cuisine équipée et un petit salon agréable. L'une des rares adresses en plein centre-ville, pratique pour ceux qui ne sont pas véhiculés !
🏠 🍴 ***Gîte Les 13 Lunes :*** *2261, sentier David-Gauthier. ☎ 418-544-5784 ou 1-888-544-5784. • 13lunes@royaume.*

com • À env 12 km du centre-ville, par la 170 en direction de Saint-Félix, puis à gauche après la scierie vers le site de la Nouvelle-France par la route côtière. Double avec sdb partagée 75 $, petit déj inclus. Table d'hôtes env 25 $ (sur résa). Au bout d'un long chemin verdoyant, on arrive enfin à cette jolie maison à flanc de colline surplombant le fjord, dans un environnement naturel unique. Accueil attentionné de Noémie, l'adorable propriétaire. Elle propose à ses hôtes 3 chambres aménagées comme il faut. Et quelle belle vue sur le fjord du Saguenay ! Un escalier permet même de descendre jusqu'à la baie, où l'on peut se baigner. Encore une autre adresse exceptionnelle, loin de l'agitation, au cœur de cette nature réparatrice.

Gîte Le Ravenala : *4202, chemin Saint-Jean. ☎ 418-697-6015. • ravenala.qc.ca • À env 8 km du centre de La Baie. À la pyramide des Ha ! Ha !, passer le pont puis prendre à gauche et continuer sur 3 km. Double 98 $.* Le *ravenala,* c'est le nom de l'arbre exotique du voyageur. Dans un environnement campagnard et paisible, une charmante maison de 1876 avec une belle terrasse et une véranda donnant sur un grand jardin paysager. 3 chambres confortables arrangées avec délicatesse (il y a même l'AC), avec 2 salles de bains à partager sur le palier. Accueil aimable et courtois de Guy et de Gilles.

Gîte À la Vieille École : *5762, chemin Saint-Martin. ☎ 418-544-5094. • gitescanada.com/vieilleecole • À 11 km de La Baie. Prendre la route de l'Anse-à-Benjamin, la suivre jusqu'au croisement avec le chemin Saint-Martin (routes bitumées). La maison est sur la droite, au bord de la route, très bien indiquée. Double 125 $.* Coquette maison québécoise, peinte en rouge et blanc, entourée de champs, dans un paysage vert et bucolique. On est reçu par un couple de retraités très accueillants. Les 4 chambres sont climatisées, avec salle de bains privée, et décorées avec du mobilier chiné. Un sentier descend à la plage privée (fjord à 800 m). Demander au maître des lieux de vous parler de sa cabane de pêche sur le fjord gelé en hiver, ainsi que des aurores boréales. Il est un fin connaisseur de la nature. Un de nos coups de cœur dans la région !

Chic

Auberge des Battures : *6295, bd de la Grande-Baie Sud. ☎ 418-544-8234 ou 1-800-668-8234. • hotelsaguenay.com • À la sortie de La Baie, en direction de Saint-Félix-d'Otis. Doubles avec sdb 130-200 $. Table d'hôtes 30-50 $.* Cette grande bâtisse en bois surplombe le fjord et dispose d'un grand parking à l'arrière. Les plus belles chambres ont un balcon avec une vue remarquable sur le fjord. Confortables (AC et bonne literie), avec déco standard et fonctionnelle, elles donnent du côté du fjord ou sur la forêt à l'arrière. Fait aussi resto *(Les Outardes)* : table d'inspiration française dans la salle à manger panoramique.

Où manger ?

Bistro Café Summum : *786, rue Victoria. ☎ 418-544-0000. Tlj 7h-23h (cuisine fermée à 22h, 21h dim-mer). Formule déj (avant 14h) 14-18 $; plats 13-23 $.* Installé dans un ancien entrepôt (1926) en brique rouge, ce café-resto tendance présente une carte « bistronomique » à prix abordables : tartare de bœuf ou de saumon, pizzas, burgers, poutine au fromage Boivin, crevettes tempura, légumes grillés au fromage de chèvre... et l'ardoise varie selon les jours. Des soupers-spectacles sont régulièrement organisés, ainsi que des concerts en fin de semaine.

La Grange aux Hiboux : *521, rue Mars. ☎ 418-544-7716. Tlj sauf lun midi et mar midi. Formule buffet à midi (en sem, jusqu'à 14h) et le soir à la carte, plats 16-30 $.* Le nom est poétique. Sur le plan pratique, tout est net, impeccable, hyper-propre, ce n'est pas une volière pour oiseaux nocturnes ! Face à la rivière Saguenay, ce petit resto figure parmi les très bonnes tables de la région. On apprécie le bon buffet de produits frais proposé le midi à prix d'ami, mais plus encore les plats finement travaillés par un jeune chef talentueux.

Opia : *865, rue Victoria. ☎ 418-697-6742. Mar-ven 11h-14h et 16h-22h. Sam-dim, ouv le soir 16h-22h. Fermé lun. Plats à l'ardoise le midi 9-17 $; le soir 16-42 $.* C'est la bonne adresse, plus raffinée que la moyenne, et appréciée par les locaux pour sa déco colorée, son accueil souriant et ses plats originaux. 5 sortes de moules en saison, pâtes savoureuses, pizzas, et les plats du chef comme la chaudrée de la mer (crevettes, homard, saumon, pétoncles et beurre blanc) ou le goûteux steak au whisky. Bon rapport qualité-prix.

À voir

Le musée du Fjord : *3346, bd de la Grande-Baie Sud. ☎ 418-697-5077. • museedufjord.com • Fin juin-début sept, tlj 9h-18h ; hors saison, mar-ven 9h-16h30, w-e 13h-17h. Entrée : 15 $; réduc ; gratuit jusqu'à 5 ans ; famille 35 $. L'été, visite guidée ttes les heures, comprise dans le billet.* À travers l'histoire et la biodiversité d'un fjord, c'est toute la richesse naturelle du Saguenay que l'on découvre ici. Les enfants apprécient l'aquarium, les bassins tactiles, le vivarium. Lors de la visite guidée, possibilité de toucher des bestioles comme un bernard-l'hermite, un scorpion ou une mygale ! Si cela vous tente ! Le clou de la visite est la salle de projection 3D en forme de vaste cockpit de vaisseau futuriste où l'on pourra faire une balade en immersion avec les baleines dans les profondeurs du fjord. Le musée propose en outre toutes sortes d'animations instructives (comprises dans le prix d'entrée), comme la collecte d'organismes marins à marée basse qu'on observe ensuite au microscope, l'analyse de l'eau du fjord après prélèvement, ou la visite des quartiers historiques de la ville. Riches expos temporaires de temps en temps.

La pyramide des Ha ! Ha ! : *rue Monseigneur-Dufour. ☎ 418-698-3200. Fin juin-fin août, tlj 9h (10h le w-e)-17h. Entrée : 3 $; réduc. Visite guidée incluse.* Petit monument en forme de pyramide, composé de 3 000 panneaux de signalisation pour commémorer le terrible déluge de 1996. Une œuvre de Jean-Jules Soucis, le « ville penseur », très certainement fasciné par les mathématiques et les symboles. Quelques panneaux explicatifs pour comprendre la logique de son architecture. Accès à son sommet pour un point de vue sur la baie. La pyramide sert, en outre, de scène de spectacle en été.

DES INDIENS EN BRETAGNE !

Après son 3e voyage d'exploration au Canada, en juillet 1536, le navigateur breton Jacques Cartier revient à Saint-Malo avec 10 Indiens du Saguenay capturés par traîtrise, dont le chef Donnacona et ses deux fils. Trois d'entre eux sont baptisés à Saint-Malo le 25 mars 1538. Du jamais vu à l'époque ! Donnacona vivra 3 ans avant de s'éteindre en Bretagne en 1539. Ces Indiens Iroquois et Micmac du Saguenay sont donc les premiers Indiens de l'histoire ayant mis les pieds en France !

La passe à saumons Rivière-à-Mars : *3232, chemin Saint-Louis. ☎ 418-697-5093. • riviereamars.qc.ca • À la sortie de la ville par la D 381, à gauche. Juin-début oct, tlj 8h-20h. Entrée : 3,75 $; réduc ; gratuit jusqu'à 12 ans.* Cette passe migratoire de la Rivière-à-Mars a été bâtie pour accroître la population des saumons. Un centre d'interprétation permet de découvrir ce grand migrateur océanique. On s'émerveille devant l'intelligence de cet animal exceptionnel doté d'un radar intérieur qui le conduit mieux qu'un GPS vers son lieu de naissance après des milliers de km en mer. Un petit poste d'observation permet de voir, à travers une baie vitrée, les saumons à moins de 1 m.

Le musée de la Défense aérienne : *6513, chemin Saint-Anicet, à* ***Bagotville,*** *sur la 170 en direction de Chicoutimi. ☎ 418-677-7159. • museebagotville.ca •*

De mi-juin à début sept, tlj 9h-17h ; le reste de l'année, sur résa. Visite guidée de la base à 10h, 13h et 15h (résa conseillée). Entrée : 15 $; réduc. En 1943, une base aérienne fut créée afin de protéger les installations portuaires et l'usine d'aluminium Rio Tinto-Alcan. Elle est toujours en service, et c'est aujourd'hui la seule base d'aviation de chasse dans l'est du Canada. La visite se fait en bus, avec, pour les chanceux, la possibilité de voir décoller des appareils de guerre à l'entraînement. Le musée raconte son histoire. En juin, grand spectacle aérien.

À faire

Observation de l'ours noir avec Okwari Aventures : *7400, chemin des Chutes. ☎ 418-697-5132. • okwari.riviereamars.com • À env 10 km du centre-ville par la 170 en direction de Larouche, prendre à gauche la 381, puis à droite le chemin des Chutes. Forfait de base : 27 $; réduc. Forfait ½ journée et journée complète en fonction de la taille de votre groupe.* Cette association gérée par la municipalité propose une intéressante sortie d'observation de l'ours noir dans son habitat naturel. Après une courte conférence dynamique, un guide vous conduit à un mirador d'observation sur une colline, à 10 km du centre d'accueil. La collation quotidienne attire les ours et l'on est quasi garanti d'en voir une vingtaine. Propose également d'autres excursions à la journée (rencontre avec des Amérindiens, observation de l'orignal, du castor, balade en *rabaska*...), mais assez onéreuses.

Les Croisières du Fjord Saguenay : *900, rue Mars (à l'entrée du bureau du tourisme pour la billetterie) ; embarcadère quai de Bagotville, à* ***La Baie.*** *☎ 1-800-363-7248. • croisieresdufjord.com • Fonctionne juil-août. Tarifs : 60-77 $ selon croisière ; réduc ; gratuit jusqu'à 5 ans.* Propose des croisières (durée 7h30 ou 8h) pour découvrir la superbe baie des Ha ! Ha !, l'une avec une escale à Sainte-Rose-du-Nord, l'autre avec un arrêt en plus au parc du Fjord et à L'Anse-Saint-Jean. Vous admirerez au passage les caps Trinité et Éternité, qui dressent leurs murailles à plus de 300 m de haut. Également des navettes maritimes à horaires fixes pour relier un point à un autre, de La Baie à Tadoussac.

Spectacle

La Fabuleuse Histoire d'un royaume : *au théâtre du Palais municipal (1831, 6e Av.). Résas : ☎ 418-698-4080 ou 1-888-873-3333. • fabuleuse.com • De mi-juil à fin août, 2-4 représentations/sem, mer-sam. Entrée adulte : 50-60 $; enfant : env 15 $.* Chaque été, 150 comédiens bénévoles font revivre l'histoire du Saguenay-Lac-Saint-Jean et de ses habitants à travers un spectacle haut en couleur. Un énorme succès dans tout le Québec depuis les années 1980. Les effets sont impressionnants : chevaux, show laser, tirs de canon et déluge de 26 000 l d'eau (sur scène !) pour commémorer la tragédie de 1996 suite à la rupture d'un barrage. Un spectacle malgré tout traditionnel et familial.

CHICOUTIMI

68 100 hab.

• Plan *p. 272-273*

Chicoutimi, la capitale régionale du Saguenay-Lac-Saint-Jean, semble devoir son nom aux Innus : dans leur langue, *shkoutimeou* désignerait l'endroit « jusqu'où l'eau est profonde ». C'est en effet en aval de la ville que se forme

le profond fjord du Saguenay, dont les eaux scindent la cité en deux. Celle-ci a été fusionnée à Jonquière et La Baie en 2002 et renommée « Ville Saguenay ». Chicoutimi abrite l'université de la région (beaucoup de jeunes dans le coin, donc !), le conservatoire et l'orchestre symphonique régional. La ville, bordée par deux chaînes de montagnes, les Laurentides et le massif des Monts-Valin, n'a pas de charme sur le plan architectural mais demeure vivante, tant d'un point de vue culturel que par l'animation qui règne dans ses bars et cafés.

Arriver – Quitter

Terminus Intercar *(plan A2)* **:** *55, rue Racine Est, à l'angle de la rue Morin. ☎ 418-547-2167 ou 1-888-547-6784. • intercar.qc.ca •* Liaisons locales et régionales. Sur place, petit resto bien propre, pas cher et plutôt agréable pour une gare routière.

➢ ***De/vers Québec et Montréal :*** pas de liaison directe. Il faut aller à Jonquière et, de là, prendre le bus pour Québec. 4 départs/j. 6h-17h. Durée : env 3h.

➢ ***De/vers Tadoussac :*** 1 bus/j., sf mar, mer et sam. Passe par Saint-Fulgence, Sainte-Rose-du-Nord et Sacré-Cœur. Durée du trajet : 1h40.

➢ ***De/vers le lac Saint-Jean :*** dessert ts les villages de la côte sud et est du lac (Chambord, Roberval, Saint-Félicien) jusqu'à Dolbeau (avec arrêt à Val-Jalbert). 1-2 bus/j. au départ de Chicoutimi, 1-3 bus/j. dans l'autre sens. Durée du trajet : env 4h.

Adresses utiles

i @ ***Office de tourisme municipal*** *(plan B2)* **:** *295, rue Racine Est. ☎ 418-698-3167 ou 1-800-463-6565. • saguenay.ca • Juin-août, tlj 8h-19h30 ; hors saison, lun-ven 8h30-12h, 13h-16h30.* Accueil souriant et efficace. Vente du billet de l'***autobus touristique*** qui permet aux visiteurs non véhiculés de faire la tournée des sites à voir dans les 3 arrondissements de Saguenay (le billet coûte 15 $, est valable 2 jours et offre des réductions dans les sites). Autre ***point d'information*** à l'entrée de la ville *(2555, bd Talbot Ouest, angle avec le bd du Royaume Ouest ; ☎ 418-698-3157 ou 1-800-463-6565 ; mêmes horaires).*

■ ***Location Talbot*** *(plan A2,* ***3****)* **:** *74, rue Jacques-Cartier Est. ☎ 418-549-3888 ou 1-800-549-2411. • loctalbot@videotron.ca • Lun-sam 7h-17h (16h sam). Fermé dim.* Antenne de la compagnie de location de voitures *National.*

■ ***Librairie Les Bouquinistes*** *(plan B2,* ***2****)* **:** *392, rue Racine Est. ☎ 418-543-7026. Lun-ven 9h-17h (21h jeu-ven), sam 9h30-17h, dim 10h-16h.* Bonne collection d'auteurs québécois et autres, au cas où vous seriez en panne de littérature !

Où dormir ?

De bon marché à prix moyens

Auberge de jeunesse de Saguenay - La Maison Price *(plan A2,* ***9****)* **:** *110, rue Price Ouest. ☎ 418-549-0676 ou 1-877-549-0676. • ajsaguenay.com • Lits en dortoir 30-35 $, double 70 $.* Dans une des plus vieilles maisons de la ville (1870), aujourd'hui Monument historique et autrefois le magasin général de la compagnie Price. Un peu excentrée et en bord de route bruyante (emplacement pas terrible), cette AJ accueillante abrite des dortoirs juste corrects avec des casiers (4 à 7 lits simples). Et aussi 3 chambres privatives, dont une familiale (salles de bains communes). L'entretien pourrait être meilleur. Cuisine et salle à manger à dispo, salon des voyageurs convivial,

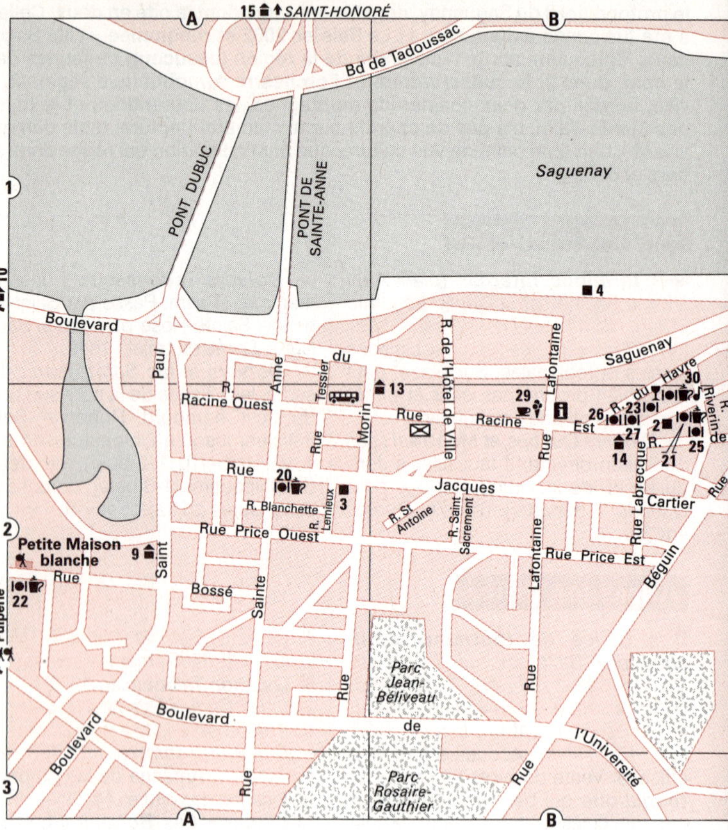

■ **Adresses utiles**

- Office de tourisme municipal (B2)
- **2** Librairie Les Bouquinistes (B2)
- **3** Location Talbot (A2)
- **4** Tours Aventure Fjord et Monde (B1)

Où dormir ?

- **9** Auberge de jeunesse de Saguenay – La Maison Price (A2)
- **10** La Maison sur la Butte (hors plan par A1)
- **11** Château Murdock (C2)
- **12** La Maison du Séminaire (C2)
- **13** Hôtel du Fjord (B1-2)
- **14** Auberge Racine (B2)
- **15** Gîte du Lac Docteur (hors plan par A1)

et *Bar à Pitons* festif au sous-sol (soirées Jazz & scotch, micro ouvert, spectacles...). Location de vélos, sauna, laverie.

La Maison sur la Butte *(hors plan par A1,* ***10****) :* 684, bd du Saguenay Ouest. ☎ 418-549-7128. • gitelamaisonsurlabutte.com • *Sortir de la ville vers Jonquière (route 372). Située sur une butte, juste au-dessus de la grand-route, à env 2 km du centre. Accès par la rue Théberge, puis tt de suite à droite*

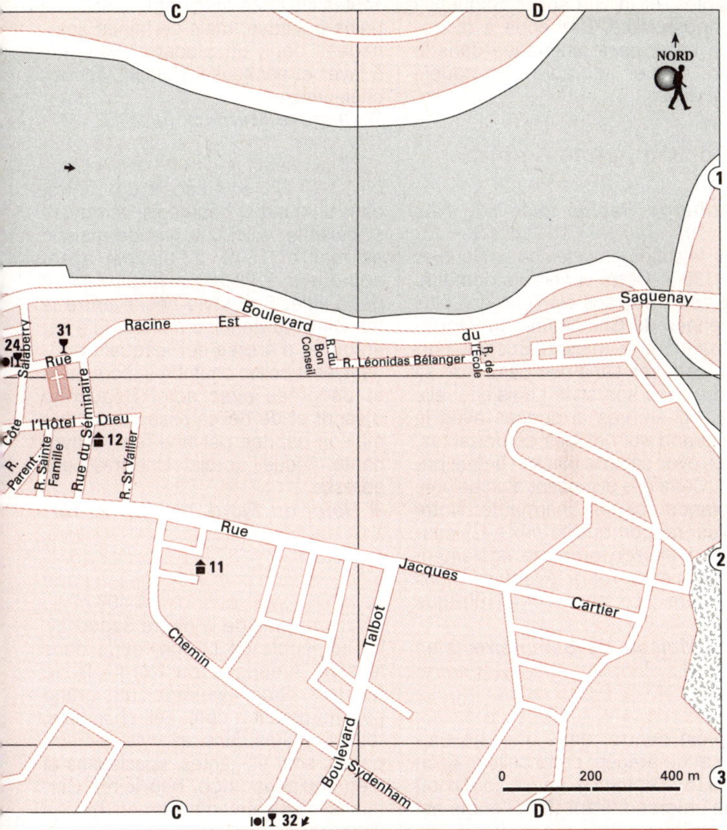

CHICOUTIMI

Où manger ?

- **20** Café Mont Royal (A2)
- **21** Café-Croissant (B2)
- **22** Café du Presbytère (A2)
- **23** La Cuisine (B2)
- **24** Le Merlin (C1)
- **25** Entrecôte Riverin (B2)
- **26** Sud Café (B2)
- **27** La Parizza (B2)

Où se sucrer le bec ?

- **29** Chocolaterie Bons Délices (B2)

Où boire un verre ?

- **30** Café Cambio (B2)
- **31** La Tour à Bières (C1)
- **32** La Voie Maltée (hors plan par C3)

dans la rue Rodolphe. Double env 75 $, taxes et petit déj compris. Maison traditionnelle avec sa petite véranda, au sommet d'une butte surplombant la route. Abrite 3 petites chambres mansardées proprettes et sans prétention, avec salle de bains à partager. Les gros pylônes électriques plantés sur le côté de la maison sont un brin dissuasifs, et les bruits de circulation de la route en contrebas peuvent faire peur... Cela dit, fenêtres fermées, les nuits y sont paisibles, et la vue sur le Saguenay est appréciable. Barbecue à disposition et terrasse aménagée dans le jardin. Accueil adorable d'un couple de retraités.

De prix moyens à chic

☗ ***Auberge Racine*** *(plan B2,* ***14****) :* *334, rue Racine Est. ☎ 418-543-1919. • aubergeracine.com • Doubles 114-130 $.* Cette vénérable demeure de près de 150 ans est l'une des plus anciennes de Chicoutimi (on l'appelait naguère la maison Bossé). Fort bien restaurée sans rien perdre de sa patine, avec son style Louisiane, elle offre 4 chambres arrangées avec le plus grand soin et très confortables, toutes avec salle de bains et entrée privées. Certaines disposent d'un balcon. Ambiance cosy et charmante. Notre meilleur rapport qualité-prix à Chicoutimi. La maison organise également les croisières *Tours Aventure Fjord et Monde* (voir plus loin la rubrique « À faire »).

☗ ***La Maison du Séminaire*** *(plan C2,* ***12****) :* *285, rue du Séminaire. ☎ 418-543-4724. • lamaisondusesminaire.com • Doubles 105-115 $.* En plein centre, dans une rue paisible et ombragée, cette belle maison de 1915 surplombe un joli jardin où trône un grand tilleul. Tout l'étage est réservé aux hôtes. Il comprend une cuisine équipée, un salon, et des chambres cosy, à la déco ancienne mais de caractère : couette en plumes d'oie, draps en percale, bonne literie. Toutes les chambres ont une salle de bains privative, mais certaines aménagées dans un placard ! Machine à laver et sécheuse à dispo. Accueil chaleureux.

☗ ***Château Murdock*** *(plan C2,* ***11****) :* *129, côte Terre-Forte. ☎ 418-592-8938. • chateaumurdock.com • Doubles 130-150 $.* À l'écart du centre, dans un quartier bourgeois, verdoyant et paisible, voici une grande maison de maître (1949, 23 pièces) ayant appartenu à l'homme le plus riche de la ville. Son style hésite entre le manoir et la gentilhommière. Elle est entourée d'arbres sur lesquels donnent les 4 belles chambres, coquettes et décorées avec soin. Beaucoup d'esprit et de délicatesse dans cette maison habitée par une famille avenante. Accueil cordial. Une très belle adresse.

☗ ***Hôtel du Fjord*** *(plan B1-2,* ***13****) :* *241, rue Morin, face à la gare routière. ☎ 418-543-1538 ou 1-888-543-1538. • hoteldufjord.com • Doubles à partir de 125 $, avec petit déj.* À 400 m du centre, et près de la rivière Saguenay, un immeuble de brique rouge dans le style Amérique du Nord « Road Movie ». Gros avantage : un grand parking gratuit à côté. Les chambres, toutes refaites dans un style contemporain, sont élégantes, spacieuses et bien équipées (frigo, bouilloire). Certaines disposent d'un grand balcon fleuri. En demander une donnant sur le parking à l'arrière, elles sont plus calmes que les autres. Il y a aussi un bar-pub. Une bonne adresse fonctionnelle à l'accueil très pro.

Où dormir dans les environs ?

☗ ***Gîte du Lac Docteur*** *(hors plan par A1,* ***15****) :* *431, rue Honoré, lac Docteur,* ***Saint-Honoré****. ☎ 418-673-4428. • gitedulacdocteur.com • À 14 km au nord de Chicoutimi, juste après l'aérodrome (c'est bien indiqué). Double 85 $.* Au bout d'un long chemin forestier, on attend une récompense, et elle arrive enfin sous forme d'une ravissante maison posée sur la rive bucolique du lac Docteur. Avec un pareil nom, ce lac est un bon remède au stress, beauté et tranquillité faisant office de soin ! La demeure abrite 3 petites chambres simples partageant une même salle de bains. Côté plus, mentionnons la sérénité des lieux, la vue depuis le ponton de baignade, l'accès à la cuisine et au *gazebo* du jardin (pergola avec barbecue). Enfin, tout cela ne serait rien sans l'accueil exceptionnel.

Où manger ?

De bon marché à prix moyens

🍽 ☕ ***Café Mont Royal*** *(plan A2,* ***20****) : 6, rue Jacques-Cartier Est. ☎ 418-543-6427. Lun-ven 4h-19h, sam 4h-13h, dim 5h-13h. Formules déj 6-8 $.* Modeste bâtiment en brique à l'angle de deux rues. Salle agréable du style cafétéria (on aime le bar avec ses sièges métalliques rétro) avec des habitués qui apprécient la sélection de petits déj plutôt copieux et peu onéreux. Spécialité de fèves au lard et crêpes maison. Accueil bonhomme.

🍽 ☕ ***Café-Croissant*** *(plan B2,* ***21****) : 406, rue Racine Est. ☎ 418-545-7211. Tlj 7h-23h. Formules déj 6-8 $.* Cette cafétéria sans prétention présente l'avantage de proposer toute une gamme de muffins (canneberge-orange, citron-pavot, etc.), œufs, bacon, rôties (toasts)... et même des galettes de sarrasin bon marché. Bonne adresse pour le petit déj. Le midi, on compose son sandwich à la carte.

🍽 ☕ ***Café du Presbytère*** *(plan A2,* ***22****) : 240, rue Bossé. ☎ 418-543-6578. Lun-ven 8h-14h, sam-dim 8h30-12h (13h dim). Fermé le soir. Formule avec plat, dessert, thé ou café env 13-14 $.* Un peu excentré, derrière une église du quartier du Bassin, et en face de la Petite Maison blanche, voici un ancien presbytère chargé d'histoire. Un esprit social et philanthropique y règne toujours même si ce n'est plus un lieu 100 % religieux. On s'y occupe de la jeunesse et de réinsertion. Petite salle simple aux tables en bois, et agréable terrasse devant un jardin paisible. Bons petits déj et, le midi, sélection du jour de petits plats, sandwichs chauds ou froids et salades.

🍽 ***La Parizza*** *(plan B2,* ***27****) : 337, rue Racine Est. ☎ 418-973-9232. Tlj jusqu'à 22h. Menu du jour 10 $, pizzas 12-30 $.* Une pizzeria unique, exceptionnelle, sans comparaison. Point de margherita ni de reine ici, mais des pizzas de création aux mélanges audacieux, savoureuses et croustillantes. Des pizzas rouges, blanches, rosées, vertes, exotiques (à la crème de coco) et des ingrédients frais et cuisinés maison (farine bio). Ce pizzaïolo créateur, c'est Wilfried, un expat français.

De prix moyens à plus chic

🍽 ***Sud Café*** *(plan B2,* ***26****) : 317, rue Racine Est. ☎ 418-549-5777. Lun-sam 11h30-14h, 17h30-23h. Fermé sam midi et dim. Menu du jour env 13 $, et 25-30 $ le soir.* Au pied d'un immeuble en brique tout en arrondi, une salle à l'atmosphère intime avec des coins et recoins agrémentés de plantes vertes et une petite terrasse sous véranda. Le midi, plats aux accents méditerranéens. Cuisine du Pérou le soir, c'est le pays d'origine du patron, Marcos. Tout est goûteux, servi avec gentillesse. Une excellente adresse, aux prix imbattables !

🍽 ***La Cuisine*** *(plan B2,* ***23****) : 387 A, rue Racine Est. ☎ 418-698-2822. Lun-ven 11h-13h30, 17h-21h ; sam-dim, ouv slt le soir. Plats 15-28 $; table d'hôtes saisonnière 47-50 $.* La salle, tout en longueur, affirme un style design avec ses fauteuils en suédine, ses banquettes rouges et son éclairage recherché. Bonne cuisine d'inspiration française : tartare de bœuf québécois, pavé de saumon, poulet à la bière... Et aussi quelques plats asiatiques ou italiens, des moules et un bon choix de pâtes. Service souriant et bon rapport qualité-prix dans l'ensemble.

🍽 ***Entrecôte Riverin*** *(plan B2,* ***25****) : 260, rue Riverin. ☎ 418-543-3178. Mar-mer 11h-14h et 17h-22h (sam 17h-23h). Fermé sam midi, dim et lun. Burger 16 $ (10 $ le mar !), pâtes 15-16 $, viande 20-40 $. Apportez votre vin !* Facilement repérable avec son bœuf rouge grandeur nature en guise d'enseigne, vous voici dans le temple du viandard. Côtes levées, entrecôtes, bavettes, filet, le choix est large, autant que celui de la cuisson proposée de « froid à l'intérieur » à « carbonisé mais encore un peu saignante ». Les carnivores seront aux anges dans cette salle à la déco contemporaine et minimaliste ! N'oubliez pas d'apporter votre vin (pas en vente sur place).

Le Merlin (plan C1, **24**) : *461, rue Racine Est. ☎ 418-602-1225. Mar-mer 17h-21h, jeu-sam 16h30-22h. Fermé dim-lun.* « *Vigne, chère et plaisirs* », voici un vaste resto-bar à vins chic, à la déco contemporaine, avec cuisine ouverte. Carte inspirée par la France, assez créative (jarret d'agneau, raviolis de canard à la sauce périgourdine, foie gras poêlé...). Une cuisine de marché (la carte change selon l'arrivage), tendance bistronomique. Pour une dégustation à bas coût, les plats sont proposés aussi en entrée, idéal pour accompagner un verre.

Où se sucrer le bec ?

Chocolaterie Bons Délices (plan B2, **29**) : *244, rue Lafontaine. ☎ 418-545-1660. Tlj 10h (12h dim)-22h.* Avis aux gourmands : cette bonne chocolaterie propose notamment de délicieuses truffes au sirop d'érable et, en saison, pléthore de créations autour du bleuet. En été, la crème glacée molle, à tremper dans toutes sortes de sauces au chocolat, dont une à l'érable !

Où boire un verre ?

Café Cambio (plan B2, **30**) : *405, rue Racine Est. ☎ 418-549-7830. Resto tlj 8h-23h. Au Sous-Bois, mer-sam 19h-2h. Menu du jour env 14 $.* Ce café-coopérative, doublé d'une microbrûlerie et d'une scène musicale très animée au sous-sol *(Le Sous-Bois)*, compte parmi les lieux les plus sympathiques de la ville. Aussi bien pour le petit déj, un en-cas simple le midi ou une bière le soir. Grande salle à l'ambiance alternative, accueillant des expos temporaires, petite vitrine de produits bio et commerce équitable, meubles chinés... Au fond, un petit coin cosy pour s'installer tranquillement. Un endroit comme on les aime.

La Tour à Bières (plan C1, **31**) : *517, rue Racine Est. ☎ 418-545-7272. Mar-sam 6h-3h ; dim-lun 16h-minuit.* En face de la belle cathédrale, dans une maison ancienne dotée d'une véranda, avec une tour pour profiter de la vue sur le Saguenay. En fût ou en bouteille, la bière est la reine de cette microbrasserie où elle est déclinée sous toutes les couleurs, avec tous les arômes possibles. Le patron est fier de la Blanche du Fjord, qui peut être considérée comme la spécialité de la maison. Clientèle d'habitués, principalement étudiante.

La Voie Maltée (hors plan par C3, **32**) : *777, bd Talbot, au niveau de la rue Amyot, sortie sud de la ville, côté gauche de la route. Vous devez faire un demi-tour un peu plus loin pour retrouver la bonne file. C'est bien indiqué. ☎ 418-549-4141. Tlj 11h30-3h. Plats 8-16 $. Grand parking à côté.* Excentré, au bord d'une grande route, mais vaut le déplacement. De la brique, des tables en bois, un vaste bar central, des écrans de TV, un coin salon cosy et de belles cuves qui dévoilent l'activité de microbrasserie de la maison ! Alors on fait comme les nombreux habitués : on choisit parmi les bières aux noms évocateurs *(Grincheuse, Libertine, Polissonne...)*, et l'on profite de l'atmosphère animée qui déborde sur la terrasse. Pour éponger, des plats simples (à base de bière !) et de très bons burgers.

À voir

La pulperie (hors plan par A2) : *300, rue Dubuc. ☎ 418-698-3100 ou 1-877-998-3100. • pulperie.com • 20 juin-4 sept, tlj 9h-18h ; le reste de l'année, mer-dim 10h-16h. Entrée : 14,50 $, réduc, mais les vestiges sont en accès libre ; forfait 21 $ incluant le centre d'histoire Sir-William-Price à Jonquière (sans date d'expiration). Audioguide gratuit.*

Fondée en 1896 sur le bord de la rivière Chicoutimi, aux eaux tumultueuses, la pulperie était un fleuron de l'industrie canadienne. Les vestiges des vieux bâtiments, massifs et austères, témoignent de ce qui fut la première industrie régionale : la pâte à papier. C'est l'arrivée du train à Chicoutimi, en 1893, puis celle de l'électricité, l'année suivante, qui permirent cet essor, sous la coupe de la puissante famille Price. Véritable État dans l'État, la compagnie émettait ses propres monnaies, les *pitons* et les *grimaces,* utilisées pour payer les ouvriers... et les pousser à acheter dans les magasins *Price.* La pulperie ferma à la suite de la crise économique en 1930. Le site fut sauvé de la démolition en 1978 et classé.

Le seul bâtiment d'origine encore en état abrite le Musée régional, qui comprend des sections permanentes et temporaires. La première s'intéresse à l'histoire des lieux : les fondateurs, les techniques de fabrication du papier, mais aussi les balbutiements du syndicalisme. Des images d'archives et témoignages poignants illustrent les difficiles conditions de vie des travailleurs, notamment celles des enfants. Une autre salle évoque l'histoire du premier poste de traite de fourrure avec les Amérindiens, en 1671. Demandez la tablette électronique pour comparer le point de vue des principaux protagonistes, Amérindiens et marchands européens. Passé la salle des maquettes et les intéressantes expos temporaires, on découvre l'***espace Arthur-Villeneuve,*** qui réunit les œuvres du barbier de Chicoutimi devenu peintre naïf. Son œuvre la plus insolite est sa propre maison, entièrement peinte de fresques illustrant l'histoire régionale. Elle fut déplacée ici grâce à un système de vérins hydrauliques (voir la vidéo retraçant cette épopée cocasse). Ne s'arrêtant pas à sa maison, Arthur Villeneuve peignit près de 4 400 toiles, et ce jusqu'à sa mort en 1990.

À l'extérieur, visite des vestiges et fouilles en cours, ainsi que des moulins de la pulperie (gratuit).

UN PEINTRE PAS BARBANT

Barbier de son état, Arthur Villeneuve ne commença à peindre qu'en 1957, à 47 ans, après avoir entendu le curé expliquer la parabole des talents ! Il commença timidement sur les murs de son salon... Deux ans plus tard, sa maison était peinte du sol au plafond ! En 1994, la maison fut déplacée d'un seul tenant dans l'enceinte de la pulperie.

La Petite Maison blanche *(plan A2)* **:** *rue Bossé. • petitemaisonblanche.com • De mi-juin à août, tlj 9h-21h ; sept et w-e d'oct 9h-17h. Fermé de mi-oct à mi-juin. Entrée : env 6 $; famille 15 $. Audioguide 2 $.* On vous parlera sans doute de la Petite Maison blanche, car c'est un symbole. Les 19, 20 et 21 juillet 1996, un terrible déluge de pluie s'abattit sur la région, faisant céder digues et barrages, et causant la destruction de plus de 500 habitations. En 3 jours, la région avait reçu 2 m d'eau ! Curieusement, alors que les flots emportaient tout sur leur passage, cette modeste maison échappa au désastre. Un miracle ? Toujours est-il qu'elle représente aujourd'hui le symbole du courage et de la détermination des Saguenéens. La courte visite retrace l'épopée des occupants de la maison et l'importante médiatisation de l'événement (maquettes, photos, vidéo longuette et robots animés du couple âgé de propriétaires, stupéfiant de réalisme).

À faire

La zone portuaire *(plan B1)* **:** *49, rue Lafontaine ; plusieurs accès à partir du bd du Saguenay. ☎ 418-698-3025. • zoneportuaire.com • Concerts et festivals en période estivale. Marché ouv juin-sept, tlj 9h-21h.* Ce vaste parc longeant la rivière Saguenay est devenu le lieu de rencontre par excellence des Chicoutimiens. Parcourez à pied, à vélo ou à rollers les promenades aménagées. Profitez-en pour casser la croûte et laissez vos enfants s'amuser dans les aires de jeux. En hiver, ski de fond, et petit marché aux beaux jours.

Tours Aventure Fjord et Monde (plan B1, **4**) : *174, rue Jacques-Cartier Est. Embarcadère dans la zone portuaire, bd du Saguenay Est. ☎ 418-290-8687 ou 1-800-363-7248. Résas en ligne • fjordenligne.com • fjordetmonde.ca • Fonctionne 1er juil-4 sept. Tarif : 90 $; réduc ; gratuit jusqu'à 5 ans ; famille (2 adultes, 2 enfants) env 250 $.* Une excursion guidée de 8h en minibus pour découvrir les villages bordant le fjord, suivie d'une minicroisière de 2h30 pour un retour en bateau de L'Anse-Saint-Jean jusqu'à Chicoutimi. Très agréable, richement documenté et bien organisé. On peut aussi partir de La Baie (excursion de 8h aussi).

Festivals

– ***Festival Saint-Honoré dans l'vent :*** *3 j. mi-juin, à l'aéroport de Saint-Honoré.* Important regroupement de cerfs-volants, vols de démonstration de coucous...
– ***Festival des bières du monde et des vins de Saguenay :*** *sur 2 w-e consécutifs en juil.* De belles dégustations à la clé !
– ***Festival international Rythmes du monde :*** *9 j. début août. • rythmesdumonde.com •* Musique et danse prennent possession du centre-ville. Rythmes africains, cubains, tziganes, salsa, etc. Une belle ambiance cosmopolite.

SAINT-FULGENCE

2 000 hab.

À 10 km à l'est de Chicoutimi, sur la rive nord du Saguenay, et 30 km à l'ouest de Sainte-Rose-du-Nord, Saint-Fulgence est la porte d'entrée du fjord du Saguenay et du parc national des Monts-Valin. C'est à ce niveau du fjord qu'a lieu la rencontre de l'eau salée et de l'eau douce. Une belle étape, particulièrement appréciée des ornithologues, notamment lors du rassemblement des bernaches (oies sauvages), vers la fin du mois d'avril.

Où dormir ? Où manger ?

Toutes nos adresses sont situées sur un chemin carrossable bordant le fjord. On y accède par la route 172 en direction de Tadoussac ; après le village, au niveau du kilomètre 100, prendre à droite.

Parc Jaseux : *250, chemin de la Pointe-aux-Pins (au bout du chemin). ☎ 418-674-9114 ou 1-888-674-9114. • capjaseux.com • Ouv de mi-mai à début oct. Empl. tente 23-34 $. Cabanes dans les arbres et hébergements insolites (4 pers) à partir de 215 $/nuit ; cabines en rondins (4-6 pers) 75-105 $.* Dans un magnifique parc au bord du fjord, un complexe proposant différents types d'hébergements très nature. Cabines en bois rond, cabanes perchées dans les arbres, originales sphères suspendues au-dessus d'une ravine ou dans un dôme transparent. Sans eau ni électricité (toilettes sèches), ils ont tout du refuge de trappeur canadien perdu dans la forêt. Quant au camping, il y a 2 options : le camping rustique ou le camping aménagé (tentes, roulottes). Les emplacements pour tentes, bien espacés les uns des autres, offrent une immersion dans une nature préservée. Toutes sortes d'activités payantes sont proposées : kayak, *via ferrata,* parcours accrobranche extrême et tyroliennes géantes *(compter 40-46 $)...* ou gratuites, comme la rando ou la plage. Une très belle adresse.

Le Gîte de l'Artisan : *119, chemin de la Pointe-aux-Pins. ☎ 418-674-1344. 📱 418-557-0467. • gitedelartisan.webplus.net • Doubles avec ou sans sdb privée 85-100 $; lofts-studios (4-6 pers) avec kitchenette 100-110 $ pour 2.* L'artisan, c'est Pierre. Sa femme s'appelle Linda. Cet ancien menuisier a construit lui-même son chalet sur une colline surplombant le fjord. Ils reçoivent leurs hôtes avec beaucoup de gentillesse. Pour dormir, chambres douillettes et climatisées, décorées dans un style trappeur et bois vernis. Salon chaleureux et cosy. Les familles trouveront un refuge idéal dans l'un des lofts cosy perchés à l'étage de la grange voisine. Une vraie adresse de charme dans un environnement serein et paisible.

Gîte Aux Bons Jardins : *127, chemin de la Pointe-aux-Pins. ☎ 418-674-2896. • auxbonsjardins.com • Double 110 $; en maisonnette ou dans le chalet annexe 130-140 $. Attention : min 3 nuits.* Mariko et Richard ont quitté la grande ville dans les années 1970 pour un retour à la terre et à la nature ! Depuis cette époque, ils pratiquent l'autosuffisance dans leur ferme de 400 ha où vivent chèvres, brebis, canards. Tout ce qu'ils peuvent faire par eux-mêmes, ils le font. Les légumes bio poussent dans le jardin et les pommiers dans le verger. Les chambres sont réparties entre leur chalet principal et 2 autres chalets rustiques dans le jardin – celui du Ruisseau et la Maisonnette de la Paix –, arrangées dans le style « homme des bois », avec un confort minimum mais suffisant. Une demeure où souffle l'esprit du retour à la nature et ses valeurs. Ce ne sont pas d'ex-babas-cools mais de courageux pionniers du développement durable !

Au P'tit Marché, Bergerie la Vieille Ferme, boutique et éco-gîte : *163, chemin de la Pointe-aux-Pins. ☎ 418-674-1237. Plus bas que les gîtes précédents, au bord du fjord. Juil-août, tlj en continu 12h-20h ; de mi-sept à mi-oct, le w-e plus le soir en sem. Fermé 1re quinzaine de sept et de mi-oct à juin. Formules déj 15-20 $; repas en « table fermière » 18-27 $; plats 13-22 $. Écogîte familial 220 $ la nuit.* Non loin du fjord, une petite ferme agrotouristique dirigée par Carmen, une jeune et dynamique fermière. On peut simplement prendre un snack à la boutique ou s'attabler plus sérieusement dans la serre à tomates qui fait office de salle à manger. Repas goûteux à base d'agneau, de charcuterie, de poissons fumés et de bons légumes bio du jardin. La boutique vend aussi les bons produits de la ferme (charcuterie locale, fromages, pièces à rôtir, limonade au cassis ou à la rhubarbe) et un succulent pain maison (avis aux campeurs et chambreurs du coin !). Petit parcours de visite possible dans l'exploitation. Possibilité de dormir dans l'écogîte au-dessus de la boutique, un « loft campagnard » tout équipé, idéal pour une famille. Une excellente adresse à tous points de vue !

LE QUÉBEC

À voir

Le Chevrier du Nord, économusée de la Laine : *71, rang Saint-Joseph. ☎ 418-590-2755. • chevrierdunord.com • De mi-mai à mi-oct, lun-sam 9h-16h ; fermé dim. De mi-oct à mi-mai, slt ven-sam 9h-16h. Entrée : 4,50 $.* Une ferme familiale qui abrite une chèvrerie artisanale. On peut voir le cheptel d'une soixantaine de chèvres angora, découvrir l'atelier et les techniques traditionnelles de récolte du mohair ainsi que sa transformation en articles vestimentaires.

DANS LES ENVIRONS DE SAINT-FULGENCE

Le parc national des Monts-Valin : *360, rang Saint-Louis. ☎ 418-674-1200. • sepaq.com/pq/mva • Emprunter le rang Saint-Louis sur 17 km pour parvenir jusqu'à l'accueil. Tlj 8h-18h (20h ven-sam, 16h30 ou 17h sept-mars). Fermé avr-mai et de mi-oct à mi-déc. Entrée : 8,50 $; famille 17 $; gratuit pour les moins de 17 ans.* À l'accueil, en plus de l'habituel centre d'interprétation (explications sur la faune, la flore et la géologie du coin), infos complètes sur les nombreuses activités. Randonnées pédestres de différents niveaux de difficulté, à travers vallées, parois rocheuses, lacs et ruisseaux, pratique de la pêche en lac *(env 80 $/j. avec canot)* ou en rivière *(60 $/j.)*, canotage le long des méandres de la rivière Valin, au ras des tourbières, ou sur le lac Martin-Valin *(env 47 $/j.).* Avec un peu de chance, vous croiserez des castors, des lynx, voire un orignal ou même un ours ! Et, si vous y êtes en août, goûtez l'une des neuf variétés de bleuets qui poussent ici à l'état sauvage. En hiver, plusieurs sentiers de ski nordique et de raquettes totalisent 70 km de pistes. En cette saison, l'incontournable reste la ***vallée des Fantômes,*** une forêt d'arbres pétrifiés au sommet des monts. La neige, le vent et le froid figent les sapins en de curieuses formes ! Quant aux couleurs de l'automne, elles sont féeriques ! Un superbe parc à découvrir au fil des saisons.

Différentes possibilités d'***hébergement*** dans le parc : camping rustique *(22-30 $ pour 6 pers),* en chambre dans le grand chalet Antoine-Dubuc *(42-43 $/pers),* ou dans l'un des 6 chalets très confortables en bordure de la baie d'Alexis ou tout en baies vitrées en pleine forêt *(125-150 $ pour 2-4 pers).* Propose également des forfaits tout compris en hiver.

SAINTE-ROSE-DU-NORD

400 hab.

Avec L'Anse-Saint-Jean sur la rive sud, certainement notre village préféré sur la rive nord du fjord Saguenay. À 24 km à l'est de Saint-Fulgence et 98 km à l'ouest de Tadoussac, dans une échancrure naturelle de la montagne, voici une bourgade idéale, archétype à taille humaine des villages entre mer et montagne ! Dans un vallon verdoyant baigné par les eaux du fjord, au pied de hauts pitons rocheux couverts de forêts, une quarantaine de maisons colorées se blottissent autour de la rue principale. Cette « rue » se termine par un modeste embarcadère (à peine un port) où les bateaux de croisière font escale pour le déjeuner. Du plus haut piton, panorama époustouflant sur le fjord et la cuvette.

DES POISSONS SOUS LA GLACE

Le fjord du Saguenay, même glacé, demeure le seul endroit au Québec où l'on peut pêcher le poisson de fond en hiver. Au plus froid de l'hiver, de janvier à mars, plus de 1600 cabanes colorées sont installées sur l'épaisse couche de glace, de Saint-Fulgence à L'Anse-Saint-Jean. Un paysage blanc et surréaliste avec ces pêcheurs emmitouflés dans leurs bicoques, attendant le poisson à travers des orifices percés dans la glace !

Adresse utile

Office de tourisme : *pavillon de la Montagne, à droite à l'entrée du village, au niveau du restaurant* Mina. *☎ 418-675-2250. • ste-rosedunord.qc.ca • 13 juin-10 oct, tlj 10h-18h.* Bien documenté sur toutes les balades et activités de plein air à faire dans le coin.

Où dormir ?

Bon marché

Auberge de jeunesse Aventure Rose des Vents : *136, rue du Quai. ☎ 418-675-2625. • aventurerosedesvents.com • Lit en dortoir 25 $, double 70 $.* Les bons vents du nord nous ont conduits vers cette belle AJ de petite taille, installée dans l'ancien presbytère du village à côté de l'église. Accueil par une « éco-équipe » jeune, adepte du développement durable, dans une ambiance chaleureuse. Dortoirs bien tenus

(4 ou 6 lits), avec fenêtres et salle de bains privée. Aussi 2 chambres privatives, plus intimes, à la déco sobre et nette, avec sanitaires à partager. Sert aussi le petit déj et le souper (collectif). Cuisine commune, grande terrasse couverte avec vue panoramique sur le fjord et le village. Location de kayak de mer, *paddle*. Rampe de mise à l'eau (kayak) à moins de 200 m.

De prix moyens à chic

Gîte Le Manoir de l'Anse : *489, rue de la Descente-des-Femmes, lieu-dit L'Anse d'En-Bas. ☎ 418-675-1226. • lemanoirdelanse.com • À 1,6 km à l'est du village. Dans le bourg, avant l'église, prendre à gauche une route bitumée et continuer jusqu'au bout du cul-de-sac. Double avec sdb partagée 90 $.* Niché au bord d'une anse adorable entre 2 vallons verdoyants, ce gîte offre 3 chambres coquettes et impeccables (dont une familiale), distribuées autour d'un salon avec à dispo une salle à manger, une cuisine et une terrasse. Pour la vue, une chambre donne sur le fjord, et les autres sur le jardin. Petite piscine en prime. Accueil fort cordial et avenant de France. La meilleure adresse à Sainte-Rose.

Gîte au Jardin Potager : *177, rue des Pionniers. ☎ 418-675-1055. • www3.sympatico.ca/jardin.potager • Compter 90 $ pour 2 pers, 140 $ pour 4-5.* Face à un vaste potager dominant le fjord, une maison plus que centenaire avec sa vieille véranda et ses murs en bois vert pastel. Abrite des chambres kitsch avec canevas et portraits des ancêtres (les Villeneuve arrivés au Canada en 1635) aux murs, broderies et mobilier ancien, lino sur parquet craquant... du paysan pur jus. Ce gîte plein d'authenticité a servi de cadre à un film *(Le Bonheur de Pierre)* avec notre Pierre Richard national. Malgré sa déco datée, il offre un confort acceptable, des salles de bains correctes et un bel accueil ! Dans le pré, un hangar conserve des machines agricoles anciennes (« le cirque agricole du fjord »).

Studio de l'Anse d'En-Bas : *454, rue de la Descente-des-Femmes. ☎ 418-675-1160. • www3.sympatico.ca/france.lafond • Env 120 $ pour 2 pers, 140 $ pour 4. Pas de petit déj.* Même propriétaire que le gîte *Le Manoir de l'Anse.* Cette dame n'habite pas là mais un peu plus loin. Elle loue ici un appartement familial installé sous les combles de la maison. 2 chambres colorées avec salle de bains commune, cuisine américaine équipée, lave-linge... et balcon donnant sur le fjord. Idéal pour une famille.

De chic à très chic

La Pourvoirie du Cap au Leste : *☎ 418-675-2000 ou 1-866-675-2007. • capauleste.com • À env 15 km de Sainte-Rose-du-Nord. Au km 88, un panneau l'indique, prendre le chemin forestier non bitumé sur 7 km. Fermé en avr et en nov. Résa fortement conseillée. Refuge 75 $/nuit. Doubles 120-160 $. Chalets (4 pers) 180-200 $. Pensez à réserver aussi vos repas (demander la ½ pens), car le site est très isolé !* Au cœur d'un parc de 300 ha, ce domaine de 12 chalets surplombe le fjord du Saguenay et offre un panorama impressionnant. Côté logement, on privilégie l'esprit écolo-chic : les chambres rustiques, aux noms amérindiens, sont sobres et sans TV par principe. Également 6 chalets de construction plus récente, très réussis en version plus luxe. Il y a aussi un refuge (gros chalet en rondins) sans eau ni électricité avec un poêle à bois pour se réchauffer. Table d'hôtes le soir autour d'un menu unique élaboré avec des produits en partie de la ferme, cuisinés avec soin. Quant au bar, filez sur les bières microbrassées ! Diverses activités sont proposées : 3 sentiers de randonnée, pêche, canotage et baignade au lac, observation d'ours et de cerfs rouges, chants autour d'un feu de camp tous les soirs ; et, en hiver, découverte de la forêt boréale à raquettes, traîneau à chiens, pêche blanche ou motoneige. Aussi un centre de bien-être avec piscine, sauna et massage. Enfin, aire de jeux pour enfants et prêt de vélos.

Où manger ?

Rose Café : *sur le quai du Saguenay. 581-882-2354. De mi-juin à mi-oct, tlj 8h-22h. Plats 8-14 $.* Petit chalet pour se rassasier de *bruschette,* salades, tourtières ; quiches maison, bagels au saumon fumé et autres *croûtes gourmandes* préparées avec entrain par la sémillante Linda. Les petits déjeuners sont aussi très bons et copieux. Simple et pas cher. Si c'est plein chez Rose, allez à côté, au ***3G,*** qui sert aussi de la cuisine rapide et une succulente crème molle fourrée au beurre d'érable.

Chez Mina : *220, rue du Quai. ☎ 418-675-1386. Tlj midi et soir (à vérifier quand même sur place). Fermé d'avr à mi-mai et en nov. Menu env 16 $ le midi, 19-20 $ le soir.* Au cœur du village, dans un petit chalet aux couleurs du drapeau canadien, Micheline, expatriée française et femme du maire, a ouvert ce petit resto dans sa propre maison. Le midi, formule simple destinée aux gens de passage, plus convivial le soir. Cuisine régionale bien mitonnée : genre tourtière, rôti de porc, jambon à la bière ou à l'érable, tarte aux bleuets...

À voir. À faire

Le musée de la Nature : *199, rue de la Montagne. ☎ 418-675-2348. • museedelanature.com • Tlj 8h45-20h30 (18h30 de mi-sept à mi-mai ; sinon sonner). Entrée : 7 $; réduc.* Dans sa petite maison, Agnès Grenon, une adorable mamie toute frêle, a accumulé une multitude d'objets et d'éléments provenant de la nature environnante. Quand on lui a demandé combien de pièces elle exposait, elle nous a répondu qu'elle s'était arrêtée de compter à partir de 3 000... On découvre donc sa collection, des requins pêchés dans le Saguenay, des têtes d'ours, de loups, des rapaces empaillés, des loupes (excroissances d'arbres) extravagantes... C'est le musée imaginaire de dame Agnès, son cabinet de curiosités qu'elle commente avec humour et dont les noms lui échappent quelquefois.

– ***Croisière :*** *port de Sainte-Rose, avec les* ***Croisières du Fjord Saguenay.*** *☎ 418-675-7630 ou 1-800-363-7248. • croisieresdufjord.com • Fonctionne de juin à mi-oct. Env 50-70 $/pers ; réduc.* En été, 2 départs quotidiens à 10h, retour à 16h15 avec escale à L'Anse-Saint-Jean (durée 6h15) et autre départ à 13h avec retour à 16h (durée 3h).

LE LAC SAINT-JEAN

• Carte *p. 258-259*

Son nom indien est *Piékouagami* : le « lac plat ». C'est une mer intérieure de plus de 1 000 km², ancienne cuve glaciaire nourrie par les eaux d'une

dizaine de rivières, qui offre aujourd'hui quelques plages sablonneuses. La route suit malheureusement peu le pourtour du lac, contrairement à la *véloroute des Bleuets,* une piste cyclable de 256 km de long qui en fait le tour. Cette dernière est d'ailleurs probablement la meilleure façon de découvrir cette région.
Les activités autour du lac ne manquent pas, cependant. En été, observation de la nature et des animaux (notamment au formidable *Zoo sauvage* de Saint-Félicien), kayak de mer, rafting, et, en hiver, traîneau à chiens, motoneige, pêche blanche, randonnée à raquettes, etc. Mais le lac Saint-Jean est aussi un lieu historique important et la visite de la pulperie de Val-Jalbert et du village amérindien de Mashteuiatsh sont des incontournables pour revivre les grandes heures de son histoire. Côté spécialités culinaires, ne pas manquer de goûter à la *tourtière* (tourte à la viande), à la tarte aux bleuets (en été) et aux fromages locaux (la région fourmille de fromageries).

– En ***hiver,*** entre mi-janvier et mi-mars, le lac est gelé. Les locaux pratiquent alors le ***patin à glace,*** le ***chien de traîneau,*** la ***motoneige*** et, bien sûr, la ***pêche blanche*** (sur la glace) : truite, saumon d'eau douce (ouananiche), brochet et perche.
– La région a un site officiel bien fait et complet : *• lacsaintjean.com •*
➢ Pour ceux qui ne sont pas motorisés, les bus *Intercar (• intercar.ca •)* desservent 2-3 fois/j. les villes autour du lac et les relient à Jonquière et Chicoutimi sur le Saguenay. Départ de Chicoutimi tlj sauf mer à 8h45 et tlj à 16h30, en direction de Dolbeau avec arrêts à Alma, Jonquière, Métabetchouan, Desbiens, Chambord, Val-Jalbert, Roberval, Saint-Félicien, et Dolbeau. Durée totale du trajet Chicoutimi-Dolbeau : 3h45. Une autre ligne relie 2-3 fois/j. Québec et les villes du lac. Possibilité aussi de prendre le train qui relie 3 fois/sem Montréal à Jonquière en passant par Chambord.

LA VÉLOROUTE DES BLEUETS

La *véloroute des Bleuets (rens : ☎ 1-866-550-4541 ; • veloroutedesbleuets.com •),* dont le nom évoque bien sûr les myrtilles, couvre plus de ***256 km de piste goudronnée*** (du plat, essentiellement) et traverse 16 communes différentes, d'Alma à Dolbeau-Mistassini en passant par Saint-Félicien, puis par le parc national de la Pointe-Taillon pour revenir sur Alma et fermer la boucle. La véloroute est ouverte « officiellement » chaque année de mi-mai à mi-octobre.
Il existe ***4 Maisons du vélo autour du lac*** : la principale est à ***Alma*** *(1692, av. du Pont-Nord, juste à droite de l'office de tourisme ; ☎ 418-668-4541 ; de mi-juin au 1er sept, tlj 8h30-17h30),* les 3 autres à la marina de Roberval, à Hébertville et aux *Halles des Bleuets* à Dolbeau-Mistassini. Vous y trouverez la brochure officielle avec toutes les cartes détaillées.
– Deux agences proposent un ***service de « navette de bagages »*** permettant de rouler léger et de retrouver ses affaires de gîte en gîte. Partant de Chambord à 8h30, 2 véhicules assurent le transport quotidiennement (du 1er juin à fin septembre), l'un allant vers Saint-Félicien et l'autre vers Alma.
Avec l'agence de *Gilles Girard (1859, rue Principale à Chambord ; ☎ 418-342-6651 ou 1-888-342-6651),* pour un circuit de 3 ou 4 jours, le service revient à 40 $ par personne pour une valise moyenne et 10 $ par jour supplémentaire. Compter 5 $ pour une tente ou une glacière, et la même somme additionnelle si l'un de vos gîtes n'est pas un gîte participant.
Avec l'agence *Équinox (1385, chemin de la Marina, au complexe touristique de Dam-en-Terre, à Alma ; ☎ 418-480-7226 (été) ou 418-668-7381 ; • equinoxaventure.ca •),* le service coûte 9-11 $ selon la taille du bagage transporté. Propose des circuits de 3, 4, 5, et 6 jours autour du lac (à partir de 180 $).
– Enfin, le long de la véloroute, vous trouverez ***35 aires de pique-nique,*** des ***réparateurs de vélos,*** et même des ***bénévoles*** en maillots rouges

(les « ambassadeurs de la véloroute ») pour vous renseigner ou vous aider en cas de pépin. Ah, au fait, les marcheurs et les rollers eux aussi sont de plus en plus nombreux à l'emprunter... alors, faites attention à eux !
– Et, pour vous mettre l'eau à la bouche, lisez *Le Tour du lac en 21 jours,* de Danielle Dubé et Yvon Paré (éditions XYZ).

CHAMBORD

1 800 hab.

Situé à 9 km à l'est de Desbiens, au carrefour des routes 155 et 169 et sur la ligne de chemin de fer Montréal-Jonquière, Chambord est donc aussi accessible par le train. Non, Chambord n'a rien à voir avec le château de Chambord, c'est une localité toute simple et agréable, pratique pour les cyclistes qui veulent rejoindre la véloroute des Bleuets. Non loin de là, le village historique de Val-Jalbert est l'attraction touristique majeure des environs.

Adresses et info utiles

i @ *Petit kiosque touristique :* *1811, route 169. En été, tlj 8h-20h.*
i @ *Bureau d'information touristique du Lac Bouchette :* *377, rue commerciale, en fait c'est la route 155, au Lac Bouchette. ☎ 418-348-9319. Juin-sept, tlj 9h-19h.* À une trentaine de km au sud de Chambord et du lac Saint-Jean, ce bureau d'information intéressera ceux qui arrivent par le sud en venant du parc de la Mauricie. Bon aperçu de toutes les possibilités de balades, de visites et d'activités autour du lac Saint-Jean. Excellent accueil.
➢ ***De/vers Montréal et Jonquière :*** 3 trains/sem. Départs lun, mer et ven de Chambord pour Jonquière (durée 1h). Pour Montréal, trains mar, jeu et dim. Pas de guichet, résas sur le site • *viarail.ca* •

Où dormir ?

Camping Desmeules : *117, rang Desmeules. ☎ 418-346-5292. Après Desbiens, sur la 169, prendre la 1re route à gauche juste après le pont sur la rivière Métabetchouan. Ouv de mi-mai à mi-sept. Emplacement tente (4 pers max) 18-23 $; 30 $ pour un camping-car. Douches payantes. CB refusées.* Au bord de la rivière Métabetchouan, un petit camping à taille humaine. Le terrain est plat, vert et un peu ombragé par des bouleaux. Sanitaires sommaires. Laverie, plagette, location de chaloupes et possibilité de pêcher.
Motel Lac Saint-Jean : *577, route 169, à 4 km ouest de Desbiens. ☎ 418-342-6334 ou 1-877-342-6334.* • *motellacstjeanchambord.site* • *Mai-nov. Résa indispensable en été. Doubles 90-130 $, petit déj inclus ; chalets 4 pers avec cuisine env 100-120 $.* Un vrai et beau motel sur la rive sud du lac, avec un accueil du tonnerre de Patrice Couture. Le dynamique propriétaire propose des chambres (une vingtaine) avec baie vitrée et balcon regardant le lac (calmes, car dos à la route). Elles sont nettes et propres, toutes confortables, avec une déco standard, frigo, ventilo, carrelage et parquet. Feu de camp quasiment chaque soir en été, au bord de l'eau, avec le coucher du soleil à la place de votre feuilleton préféré.

Où manger ? Où boire un verre ? Où acheter de bons produits dans les environs ?

Microbrasserie du Lac Saint-Jean : *120, rue de la Plage,* ***Saint-Gédéon.*** *☎ 418-345-8758. De mi-mai à sept, tlj 11h30-minuit (1h jeu-dim). De sept à mi-mai, jeu-ven 15h-minuit, w-e 11h30-minuit (19h dim) ; fermé lun-mer. Menu midi 13 $; plats 15-28 $. Visite de la distillerie dim à 11h30 en été.* De toutes les microbrasseries testées au Québec (et croyez bien que nous prenons cette mission très au sérieux), celle-ci figure dans le peloton de tête ! Des bières artisanales au goût bien marqué, maintes fois récompensées, comme celle aromatisée avec des copeaux de bois de tonneau de Jack Daniel's. Bon petit resto à l'étage ou en terrasse au bord de la route. Concerts de jazz le vendredi soir en été.

Fromagerie Médard : *10, chemin de Quen,* ***Saint-Gédéon.*** *☎ 418-345-2407. En été, tlj 8h-20h ; hors saison, mer-dim 9h-18h.* On y élabore avec passion et patience différents fromages de vaches brunes de race suisse. *Le 14 Arpents* et *Le Rang des îles,* de forme carré et inspiré du pont-l'évêque, *Les Petits Vieux* et *Le Médard,* cheddar frais ou affiné, à pâte ferme ou molle, etc. Une institution.

Fromagerie Lehmann : *291, rang Saint-Isidore,* ***Hébertville.*** *☎ 418-344-1414. • fromagesduquebec.qc.ca • À env 30 km au sud d'Alma. Juin-sept, jeu-dim 11h-17h ; oct-mai, ven-dim 11h-16h. Env 30 $/kg. CB refusées. Dégustation gratuite.* En pleine campagne, une fromagerie dont la réputation dépasse les frontières du lac Saint-Jean. D'origine suisse, Marie et Jacob Lehmann ont importé leurs bonnes recettes et les appliquent grâce au lait cru de leurs vaches brunes, sans OGM ni pasteurisation dans le processus. Au catalogue, près de 80 sortes de fromages (chèvre et brebis aussi) ! Le plus réputé est certainement le *Valbert,* mais le *Kénogami* et le *Pikauba* sont également excellents.

DANS LES ENVIRONS DE CHAMBORD

Le parc de la Caverne « Trou de la Fée » : *chemin du Trou de la Fée, 7e Av., à 7,5 km au sud de* ***Desbiens.*** *☎ 418-346-1242. • cavernetroudelafee.ca • De mi-juin à mi-août, tlj 9h-19h ; de mi-août à mi-oct, tlj 10h-18h. Entrée (caverne + parc) : 20 $ (5-11 ans 12,50 $) ; tyroliennes 25 $. Forfaits parc + tyrolienne : 40 $; 27,50 $ 5-11 ans. Compter 3h30 (plus 1h15 pour les tyroliennes).*

Reconnu Merveille naturelle, ce parc offre un des plus beaux paysages du Québec et des parcours de conception originale. Exploration du canyon par la promenade de la conduite d'amenée d'eau, puis par des passerelles accrochées aux caps de roc jusqu'aux rapides de la rivière Métabetchouane, en passant par les vestiges d'une centrale hydroélectrique des années 1920.

La visite de la caverne, en revanche, est moins intéressante : longue attente, passages étroits, et, au final, peu de chauves-souris à voir, la plupart ayant été décimées par une maladie ou qui ne reviennent que pour hiberner (prévoir une petite laine). Pour les plus téméraires, avides de sensations fortes, la traversée du canyon sur 350 m par deux tyroliennes à 50 m de hauteur, reliées entre elles par une *via ferrata,* est spectaculaire. Attention, la visite requiert une bonne santé physique et surtout de bonnes chaussures !

Rafting : ***H2O Expéditions,*** *125, rue du Quai (route 169),* ***Desbiens.*** *☎ 418-346-7238 ou 1-866-697-7238. • aventure-expedition.com • Juste avant le petit pont qui mène à Chambord. À partir de 60 $/pers pour une descente de 3h, combinaison fournie ; env 95 $ pour celle de 5h de la rivière Mistassibi à Dolbeau ; luge d'eau (70 $) et canyoning également.* Un spot de rafting à Desbiens et un autre (nettement plus difficile) à Dolbeau. Cours d'initiation et descente accessible à tous, mais une des plus mouvementées du Québec ! Une belle expérience.

Îlot de verdure, ***Saint-Gédéon,*** situé aux abords du lac, offre de jolies plages et un agréable sentier pédestre.

LE VILLAGE HISTORIQUE DE VAL-JALBERT

À 8,3 km à l'ouest de Chambord. La création, en 1901, d'une pulperie (usine de production de pulpe de bois destinée à la fabrication du papier) autour d'une puissante chute d'eau est à l'origine du village de Val-Jalbert. Achetée par des Américains en 1904, la pulperie est finalement revendue à la compagnie de Chicoutimi 5 ans plus tard. Naît alors le concept d'un village modèle pour loger les ouvriers et leurs familles, avec un aqueduc, des égouts, l'électricité, le téléphone et une école tenue par des religieuses. Le village vivait pratiquement en autarcie et devint même officiellement municipalité en 1915. En 1926, il comprenait 80 maisons et environ 950 habitants. La crise économique et les concentrations dans les industries papetières conduisirent assez rapidement à la fermeture de la pulperie en 1927.
Abandonné jusqu'à la fin des années 1960, le village a été transformé en attraction touristique et est classé site historique. C'est sans doute la raison pour laquelle ce beau village-musée en bois est aussi bien conservé... Ici, pas de béton. L'endroit est grand (et intéressant), on peut facilement y passer la demi-journée.

Arriver – Quitter

➢ ***En voiture :*** signalé depuis la route 169, en direction de Roberval.
➢ ***En bus :*** avec *Intercar,* 2-3 liaisons/j. avec Alma, Chambord, Roberval, Saint-Félicien et Dolbeau ; 1-3 liaisons/j. avec Jonquière et Chicoutimi ; 2-3 liaisons/j. avec Québec et Montréal.

Où dormir ? Où manger ?

– Pour tous les hébergements, infos et résas au : ☎ *418-275-3132 ou 1-888-675-3132.* • *valjalbert.com* •

Camping : *juste à l'extérieur du village et accessible à tous les publics. Ouv de fin mai à mi-sept. En mai, le w-e slt. Résa conseillée. Empl. env 28-44 $; abri-tente 1-4 pers env 50 $, minichalets 4 pers env 85-150 $, les plus chers avec sanitaires et tous avec cuisinette. Réduc de 10 $ sur l'entrée du site de Val-Jalbert.* Dès qu'on sort un peu des premiers aménagements de l'entrée (partir sur la gauche en entrant), on découvre un très grand site avec de beaux emplacements pour les tentes sous les arbres et au bord de la rivière. Propose aussi un nouveau concept d'abri-tente, en bois. Une autre façon de dormir à la belle étoile ! Laverie, piscine (ouverte de juin à août, aussi à ceux qui logent dans le village). Attention aux moustiques et mouches noires, en mai-juin. Prévoir un répulsif.
Chambres d'hôtes : *le village abrite 16 chambres (2-4 pers) situées dans 4 maisons restaurées dans la rue centrale et 8 au-dessus du vieux magasin général. Ouv fin mai-début oct. Voitures interdites dans le village, parking à l'arrière mais brouette fournie pour le transport des bagages ! Forfait en ½ pens env 290 $ pour 2 pers, entrée du site comprise ; forfait famille (2 adultes + 2 enfants) 300-370 $.* Belles

chambres à la déco épurée et plutôt contemporaine, mais avec quand même une petite touche années 1920. Quant au confort, tout est là, y compris la lampe de poche pour se promener le soir dans le village non éclairé !

Le Bistro du Moulin, en journée, est une sandwicherie plutôt fine qui propose 2 plats du jour (dont la tourtière du lac Saint-Jean) et d'autres en-cas à base de produits locaux *(sandwich env 8 $).* À côté, le beau et bon ***Restaurant du Moulin*** où ceux qui dorment dans le village dîneront. Table d'hôtes *(env 46 $ – 22 $ enfants ; 2 services à 17h et 19h30 ; résa obligatoire au 418-275-3132).*

Possibilité aussi d'acheter des petites choses à grignoter au ***magasin général*** et d'apporter son propre pique-nique.

À voir

Le village historique de Val-Jalbert : *• valjalbert.com • De fin mai à mi-oct, tlj 10h-17h (9h-18h de mi-juin au 20 août, le w-e slt la dernière sem de mai). Entrée : env 28 $ (téléphérique inclus) ; enfants 6-16 ans 14 $; famille (2 enfants et plus) 65 $; réduc ; gratuit jusqu'à 6 ans. Pour découvrir le parc en famille, chasse au trésor interactive avec GPS inclus dans le prix. Tablette audioguide 12 $.*

Visite très intéressante à plusieurs titres, mais il faut disposer d'environ une demi-journée, en déjeunant sur place. Il serait en effet dommage de ne pas réaliser toute la promenade (minimum 2,5 km) et de ne pas découvrir l'aspect historique et social que cachent ces vieilles bâtisses.

Des panneaux livrent des tranches de vie de cette communauté ouvrière, et il faut bien sûr prendre le temps de les lire. La visite commence en trolleybus qui vous embarque jusqu'au village et vous offre une petite visite commentée des lieux (15 mn). Une fois déposé sur le site même, libre à vous de vous y promener et d'y fureter, de repartir avec le trolleybus ou de revenir tranquillement à pied jusqu'à l'accueil.

Pour une promenade à pied, pourquoi ne pas commencer par le ***couvent-école Saint-Georges,*** un bel édifice centenaire tout en bois et bardeaux très bien conservé (salle de classe, infirmerie, chapelle). Quelques ***maisons d'ouvriers*** avec le mobilier d'époque et des affichettes donnent aussi des indications de dates d'occupation, noms des habitants, influences architecturales, etc. Se rendre ensuite au magasin général avec son vieux comptoir, aujourd'hui transformé en boutique (son destin !).

On arrive enfin au ***moulin*** et à ***l'impressionnante chute Ouiatchouan*** de 72 m (21 m plus haut que celles du Niagara) à l'origine de la naissance du site industriel. Cette chute est l'un des symboles visuels du Québec. Pour mieux l'admirer, on peut grimper à mi-chute, jusqu'à la plate-forme vitrée qui permet d'admirer toute la puissance de la belle. Le moulin, un bâtiment industriel restauré où se trouvent les vestiges des anciens mécanismes de la pulperie, recèle un intéressant circuit d'interprétation avec maquettes et postes vidéo donnant des infos précises sur la fabrication de la pâte à papier et, en point d'orgue, un passionnant ***spectacle multisensoriel*** de 25 mn sur 360° (avec effet pluie, neige et projection de personnages sur cascade d'eau) retraçant l'histoire du site depuis sa création. Un inconvénient : le fort accent du commentaire le rend difficilement compréhensible...

De là, on pourra emprunter ***le téléphérique*** pour accéder au belvédère dominant la chute. Les courageux grimperont les 764 marches en admirant le paysage. Vue superbe sur le lac Saint-Jean. De là-haut, ***sentier pédestre*** qui mène à la chute Maligne. D'autres sentiers, dont un de 26 km menant au lac Bouchette.

Face au moulin, une toute ***nouvelle minicentrale hydroélectrique*** redonne une vraie activité industrielle au site, mais vous ne la verrez pas aux premiers abords car elle est dissimulée sous un bâtiment construit en panneaux de bois, afin de préserver l'origine du lieu. Visite possible des turbines qui se trouvent à l'intérieur du moulin construit en 1901. Enfin, pour finir, ne surtout

pas manquer le village des maisons abandonnées. Accessible par le chemin à droite quand on tourne le dos à la chute. Les photographes se régaleront de ces belles maisons tout en bois et bardeaux, et surtout de celles non restaurées dont les ruines sont particulièrement photogéniques.
– ***Visites théâtralisées :*** de fin mai à début octobre, des comédiens interprètent avec beaucoup d'humour des personnages ayant réellement vécu à Val-Jalbert dans certains bâtiments, comme à l'école ou encore à la poste... Tous les jours de mi-juin à mi-août, à 11h30, 12h45 et 16h30, tout ce beau monde est convoqué sur la galerie du magasin général pour une représentation savoureuse...

ROBERVAL

10 100 hab.

C'est la plus grosse ville au bord du lac Saint-Jean. Tout y est pourtant très paisible. Évitez quand même la route principale, vraiment moche. Quelques belles demeures anciennes sur le boulevard Saint-Joseph (dont la *maison Donaldson* au nº 464, ancien magasin général de 1871) et dans la petite rue Notre-Dame, qui longe le bord de l'eau.

UN PEU D'HISTOIRE

Avec ses jardins léchés par les vagues du lac, la ville porte le nom du premier vice-roi de la Nouvelle-France, Jean-François la Rocque de Roberval. Il tenta sans succès de pénétrer au Saguenay dès le XVIe s. Aujourd'hui capitale mondiale de la natation en eau libre, elle accueille depuis 1955 la *Traversée du lac Saint-Jean à la nage,* fin juillet. De Péribonka jusqu'ici, les athlètes parcourent 32 km à la nage dans une eau plus que fraîche. Les plus courageux font même le retour !

Où dormir ?

■ ***Gîte Les 2 Sœurs :*** *484, bd Saint-Joseph.* ☎ *418-275-4243.* ● *les2soeurs.com* ● *Dans le centre-ville, près de l'hôpital, au bord du lac. Double sans ou avec sdb 110 $, petit déj et taxes inclus. Apparts 2-4 pers 120-130 $, sans petit déj.* Cette grande, belle et vieille maison de style (un ancien presbytère) entourée d'un jardin ombragé abrite 5 jolies chambres spacieuses avec salon-cuisinette à disposition. Seule la plus grande, une familiale, a sa propre salle de bains, les autres doivent la partager. Notre préférée, la nº 24, a 2 fenêtres avec vue sur les arbres et le lac. Aussi un appartement avec 2 chambres et une cuisine équipée, aménagé dans l'ancien garage, à côté de la maison.

Où manger ?

Bon marché

|●| ***La Bonne Cuisine :*** *562, bd Marcotte-Roberval.* ☎ *418-275-6605 Tlj 4h-minuit. Plats 7-17 $.* Une bonne grosse maison sur la droite de la route nationale 169, en direction de Saint-Félicien. Bof, l'emplacement n'est pas génial, mais on s'en moque. On se gare facilement sur le grand parking. C'est, dirait-on, un routier pour routards ! Déco des années 1970, des box et des banquettes en skaï. Cuisine locale sans fard et

sans triche, à prix sages. Spécialité : le filet de doré (un poisson du lac). Bon accueil.

Prix moyens

Emporte-moi, Resto et Salon de thé : *815, bd Saint-Joseph. ☎ 418-765-0171. Tlj 7h30-22h. Plats 7-30 $.* Inutile de s'emporter sans raison, car voici que le vent du lac nous pousse vers ce remarquable resto en plein centre de la petite ville. On pourrait passer devant sans le voir, dommage, car c'est de loin ce qu'il y a de mieux à Roberval à prix sages ! Exquise cuisine locale, service aimable et diligent. Tout est frais, bien cuisiné : pâtes du jour, burgers vegan ou au saumon et bons desserts.

Le Port d'Attache : *860, rue Arthur. ☎ 418-765-1200. En plein centre, à l'étage de la capitainerie de la marina. Tlj 7h-21h (22h ven-sam). Fermé de mi-oct à avr. Menu du jour 12-15 $. Plats 11-34 $.* Dans un bâtiment en bois du port de plaisance, ce resto est tenu par 3 sœurs (dont des jumelles). Les baies vitrées offrent une vue superbe sur le lac, mais il y a aussi la terrasse sur le toit et un mirador. Cuisine bien mijotée avec de bons produits de la terre et de la mer : viandes délicieuses, fondue vigneronne, poisson frais et aussi des pâtes ou des pizzas.

MASHTEUIATSH (POINTE-BLEUE)

2 300 hab.

À 7 km au nord de Roberval et 22 km à l'est de Saint-Félicien. Il s'agit d'une réserve indienne créée en 1856 par le gouvernement canadien et habitée aujourd'hui par des Montagnais (appelés également Pekuakamiulnuatsh ou plus simplement Ilnus). Ne vous faites pas d'illusions : ça ressemble à n'importe quel village québécois assez banal. Tout l'intérêt de l'endroit, ce sont ses habitants, avec lesquels il faut chercher à communiquer pour mieux comprendre l'importance de leur culture et de leur philosophie, reposant sur les valeurs et les richesses de la nature...

Cependant, les Amérindiens, qui ne sont pourtant pas d'un naturel bavard, s'ouvrent aux touristes de passage et développent des lieux d'accueil pour transmettre leurs savoir et traditions, notamment avec le site à ciel ouvert *Uashassihtsh,* au cœur de leur communauté. D'excellents guides indiens proposent des balades en canot et des excursions de pêche ou de chasse dans la région. Quelques boutiques dans la réserve vendent des fourrures et un bel artisanat (sculptures, raquettes, mocassins...), ou proposent un atelier de fabrication de capteur de rêve. L'occasion de découvrir une autre culture...

Par ailleurs de grands rassemblements sont organisés, comme celui des *Premières Nations* à la mi-juillet avec compétitions sportives, animations, *pow-wow* (danses et chants), ou le *festival Atalukan* de contes et légendes, début août...

– Pour plus d'informations sur la communauté Ilnu, consulter le site ● *surlestracesilnu.ca* ●

Adresse utile

Carrefour d'accueil Ilnu : *1516, rue Ouiatchouan. ☎ 418-275-7200 ou 1-888-222-7922. ● kuei.ca ● Juin-fin août, 8h-17h (18h en juin).* Très bon accueil et plein de doc sur la réserve Ilnu. Peut vous trouver des guides indiens (lire plus haut), et, en été, possibilité de visite guidée de la communauté *(20-35 mn ; 3 $).*

Où dormir ? Où manger ?

Camping Plage Robertson : *2202, rue Ouiatchouan. ☎ 418-275-1375. À l'entrée de la réserve. Ouv de mi-mai à début oct. Empl. tente (4 pers) env 22-39 $/j., et 140-245 $/sem.* Ce camping est appréciable surtout pour sa plage couverte de sable, longue de 500 m (accès payant aux non-résidents). Sinon, l'endroit compte nombre d'habitués (en camping-car), et l'on s'entasse un peu. Heureusement, les emplacements « sauvages » sont légèrement à l'écart et assez ombragés. Aire de jeux, dépanneur, et un resto-snack, ***Le Raf'Inné*** *(compter 10-25 $),* une bonne surprise pour un resto de camping (saumon fumé maison, spécialités locales...). Location de vélos pour la véloroute des Bleuets.

Gîte Massinak : *1928, rue Ouiatchouan. ☎ 418-671-0896. • kuei.ca • Doubles 70-95 $. CB refusées.* Massinak veut dire tortue en langue Ilnu. Au bord du lac, au nord du bourg, proche de la piste de la véloroute des Bleuets, voici une modeste demeure fort bien située. Intérieur agréable et chaleureux, sans luxe ostentatoire. Les 3 chambres bien arrangées et confortables (sanitaires privés ou partagés) donnent sur le jardin et le lac.

Maison Robertson : *1645, rue Ouiatchouan. ☎ 418-275-8375. • aubergemaisonrobertson.ca • Doubles 95-130 $.* Cette belle demeure historique du XIXe s, tout en bois, appartient à la même famille depuis 5 générations. Les Robertson ont fait carrière dans la chasse et la traite de la fourrure (écolos, s'abstenir). Les murs sont ornés de photos des ancêtres. Ici et là, de nombreux animaux naturalisés, dont un loup et un orignal tués par le père de Claude, l'actuel propriétaire. Maison avec 6 chambres lambrissées, assez rustiques, les meilleures avec vue sur le lac. On se croirait dans une cabane de pourvoirie ! Organise des balades en canoë et des sorties pêche sur le lac.

À voir

Le site Uashassihtsh : *1514, rue Ouiatchouan. ☎ 418-275-4842 ou 1-888-222-7922. • cultureilnu.ca • En bordure du lac, derrière le centre d'accueil Ilnu. De mi-juin à début sept, tlj 10h-18h. De mi-sept à mi-oct, sur résa. Fermé en hiver et au printemps. Entrée : 15 $; 6-12 ans 9 $; réduc ; famille 43 $.* Naguère, les Amérindiens du Canada étaient refoulés vers des endroits dont les colons ne voulaient pas. Avec le temps et la résilience de l'histoire, les voici réhabilités, appréciés, loués souvent pour leur sagesse et leur culture ancestrale. Voilà les Ilnus chez eux, en bordure du lac, dans un site de transmission culturelle, à la fois symbolique et passionnant. Cette ethnie accueillante et communicative cherche à faire connaître sa culture, transmise de génération en génération depuis des millénaires. Pour le visiteur, c'est l'occasion d'apprécier son savoir-faire artisanal en découvrant une dizaine de stands de fabrication d'objets utilitaires en cuir, en bois, en os, des ateliers de tannage de peau d'orignal, de réparation de canot en toile ou de filets de pêche... À l'issue de la visite, vous saurez enfin prononcer, et sans l'aide d'un orthophoniste, « *Kuei aux Pekuakamiulnuatsh de Uashassihtsh à Mashteuiatsh* » ! Et pour dire « merci », c'est *tshinishkumitin.*

Le Musée amérindien : *1787, rue Amishk. ☎ 418-275-4842 ou 1-888-875-4842. • cultureilnu.ca • Fin avr-fin sept, tlj 10h-18h. Entrée : 12 $; 6-12 ans 8 $; réduc ; famille 36 $. Le bâtiment sera fermé pour travaux jusqu'au printemps 2018.* Certes, le bâtiment est laid, mais on y trouve une intéressante exposition sur l'histoire, la vie et l'évolution, sous tous leurs aspects, des Indiens montagnais du lac Saint-Jean. Film de 15 mn sur la pêche, la chasse, l'installation d'un campement... Également des expos temporaires concernant d'autres peuples amérindiens, des expos d'artistes locaux et des ateliers. Boutique. À l'extérieur, petite expo sur les plantes utilisées par les Ilnus.

DANS LES ENVIRONS DE MASHTEUIATSH

Le musée de la vieille fromagerie Perron *(musée du Fromage cheddar)* **:** *148, av. Albert-Perron,* ***Saint-Prime,*** *à 10 km à l'ouest de Mashteuiatsh. ☎ 418-251-4922 ou 1-888-251-4922. • museecheddar.org • 24 juin-18 août, tlj 9h30-18h (dernier atelier 17h). En basse saison, 9-23 juin et 19 août-26 sept, 10h-17h (dernier atelier 16h). Visite guidée (obligatoire) ttes les heures : 15 $; 6-12 ans 8 $; famille 40 $. Compter 1h30-2h pour l'ensemble.*
Installé dans une ancienne fromagerie, reconstituée à l'identique comme en 1895, ce musée est une émouvante remontée dans le temps.
Sur les 1 266 fromageries artisanales qui existaient dans les années 1890, c'est la seule restante. Au rez-de-chaussée, labo moderne et atelier de fabrication (pour s'exercer à faire soi-même son cheddar) ; à l'étage, l'habitat du fromager et de sa famille. On découvre l'histoire de Joseph Perron, l'ancêtre, son épouse et leurs 12 enfants. On apprend ici ce qu'était autrefois la solidarité familiale face aux épreuves. À l'issue de la visite, petite dégustation de cinq sortes de cheddar ou d'une vingtaine pour les passionnés qui ont opté pour un atelier de dégustation. Petit film permettant de comparer le mode de production actuel à celui d'origine. Pour l'anecdote, sachez que le cheddar *Perron* est l'un des préférés de la reine d'Angleterre !

Chez Perron : *598, rue Principale,* ***Saint-Prime.*** *☎ 581-584-3164. Au carrefour central du village, sur la route nationale 169. Boutique : tlj en été, 8h-20h. Resto : 20 juin-5 sept, tlj 11h-20h (22h jeu-sam) ; en hiver, tlj 11h-14h (20h ven-sam). Petit déj complet au cheddar 5-11 $; plats 19-30 $.* Restaurant-boutique de la fromagerie *Perron* (fromage au détail, saucisses et produits locaux sous vide). Il mérite une halte pour son copieux petit déj que l'on prend au comptoir. Pour un repas classique québécois : poutine, fondue et autres plats à prix moyens.

La plage de Saint-Prime : jolie, en forme de croissant.

SAINT-FÉLICIEN

10 300 hab.

Au nord-ouest du lac Saint-Jean, c'est ici qu'il faut faire une étape avant de visiter l'incontournable et superbe « zoo sauvage ». Comme dans beaucoup de villes nord-américaines, les faubourgs sont moches, mais le centre de Saint-Félicien, autour de la rue principale bordant la rivière Ashuapmushuan, est un endroit charmant, ombragé et agréable.

Adresse et info utiles

@ *Bureau de tourisme :* *1209, bd Sacré-Cœur, situé au rdc de l'hôtel de ville. ☎ 418-679-9888 ou 1-877-525-9888. • ville.stfelicien.qc.ca • En été, tlj 8h (8h30 ven-dim)-19h30 ; de sept à mi-oct, tlj 8h30 (10h dim)-12h, 13h30-17h30 ; le reste de l'année, fermé à 16h30 et le w-e.* Bien documenté et accueillant. Possibilité de réserver un hébergement. Infos sur les bus.

L'arrêt de bus est situé à environ 1 km du centre-ville, devant le supermarché *IGA (1199, bd Saint-Félicien),* presque à la jonction des routes 169 et 167.

LE QUÉBEC

Où dormir ?

Camping

Camping Saint-Félicien : *2206, bd du Jardin. ☎ 418-679-1719 ou 1-866-679-1719. • campingstfelicien.com • Juste avant le zoo, en bordure de la route 167. Ouv de mi-mai à mi-oct. Emplacements 25-47 $/nuit, douche incluse. Chalets 4-7 pers 100-140 $/nuit ; roulottes et yourtes 110-130 $.* Un camping gigantesque et bien équipé, comprenant 400 emplacements en partie ombragés, avec la forêt au bout du terrain. Attention, souvent complet malgré sa taille ! Dépanneur, resto, buanderie, nombreux équipements sportifs, jeux d'eau et piscine sur place.

De prix moyens à chic

Gîte Couleur Soleil : *1116, rue Philomène-Savard. ☎ 418-679-8529. • gitecouleursoleil.com • À l'entrée de la route 167 en direction du zoo, prendre tt de suite à gauche après l'*Hôtel des Jardins. *Doubles sans ou avec sdb privée 85-100 $, petit déj inclus.* Dans un quartier résidentiel, une maison couleur paille à l'extérieur soigné, et c'est pareil à l'intérieur. Les 3 chambres en sous-sol sont pimpantes et agréables, même si les fenêtres sont petites. Cuisinette et salon à dispo. Les épingles plantées sur une carte de France témoignent de la provenance de tous ceux qui ont logé là, et ils sont nombreux ! Il faut dire que Dyane Thibeault accueille ses hôtes comme s'ils étaient de sa famille.

Gîte À Fleur d'Eau : *1016, bd Sacré-Cœur. ☎ 418-679-0784. • giteafleurdeau.com • Résa conseillée. Double 125 $, petit déj et taxes inclus ; également un appart 2-4 pers en sous-sol.* À deux pas du centre-ville, une jolie maison en bois, peinte en vert, au bord de l'eau, abritant 5 chambres coquettes et très bien aménagées. La plus économique donne sur la rue, les autres sur une belle terrasse couverte surplombant la rivière. Confortables (ventilo, AC), elles ont toutes leur salle de bains privative sauf une. Délicieux muffins et confitures maison au petit déj. Une bonne adresse, tenue par un couple charmant, accueillant et jovial.

La Maison Banville – Gîte café-bistro : *1086, bd Sacré-Cœur. ☎ 418-613-0888. • lamaisonbanville.com • Bistro : en été, tlj 11h-20h (16h dim-lun) ; en basse saison, lun-ven 11h-16h (14h ven) et fermé sam-dim. Doubles env 100-130 $. Plat le midi env 13 $; table d'hôtes (ven-sam slt, sur résa) 45 $.* En plein centre, dans une vieille maison restaurée avec goût, 5 chambres à la déco zen avec des murs blancs et du parquet. Jolie vue sur la rivière à l'arrière. Une partie du rez-de-chaussée est occupée par le *Café-Bistro,* où l'on sert de bons cafés, sandwichs à base de produits locaux, gâteaux maison et soupe du jour. Très bonne table d'hôtes en fin de semaine.

Maison d'Amy Rose : *1122, rue Sainte-Anne. ☎ 418-697-5933. • charlotte676.wixsite.com/lamaisondamyrose • Doubles 95-115 $, petit déj copieux et taxes inclus.* Dans un quartier résidentiel, la gentille Mme Landry aime la couleur rose et tient sa maison avec beaucoup de soin. Il n'y a que 3 chambres toutes mignonnes avec salle de bain privative. Pas de vue particulière, elles ouvrent sur la cour extérieure et les maisons du quartier. Petit frigo à disposition, accès à la cuisine et à la salle à manger sur demande.

Hôtel de la Boréalie : *862, bd du Sacré-Cœur. ☎ 418-613-3332. • hoteldelaborealie.com • Doubles 120-160 $.* Situé à l'entrée de la ville (à 2 km du centre), sur la droite de la route principale, en venant de Roberval. Un emplacement pratique, car on se gare facilement. Hôtel moderne et fonctionnel, au bord de la rivière Ashuapmushuan, composé de 2 parties : le gros bâtiment (où se trouve l'accueil) et une sorte de motel attenant. Très confortables (bonne literie), bien équipées (AC partout), les chambres donnent sur la rivière pour les plus chères et sur le parking pour les économiques (partie motel). Pas de mauvaise surprise : c'est moderne et très bien tenu.

LE QUÉBEC

Où manger ? Où boire un verre ?

Ô Pied Marin : *1065, rue Bellevue Sud. ☎ 418-307-5052. Tlj mai-oct, 11h (8h w-e)-21h. Table d'hôtes (jeu-sam) 19 $. Plats 10-30 $.* Situé sur la rive nord de la rivière Ashuapmushuan, dans un petit centre de loisirs, ce restaurant profite d'une belle terrasse et d'une jolie vue sur la marina. Cuisine régionale savoureuse et bien élaborée avec des produits locaux bien sélectionnés. Bon accueil.

La Marée-Terre : *1142, bd du Sacré-Cœur. ☎ 418-630-4498. 1er mai-fin août, lun-sam 11h-20h (21h ven-sam) ; fermé dim. Horaires différents en basse saison. Plats 13-17 $. Apportez votre vin, moins cher qu'à la carte (le dépanneur à côté en vend).* L'accueil jovial de la propriétaire et la cuisine franchement bien mijotée en font une bonne adresse, pour le soir de préférence. On a aimé le duo terre-mer qui mêle bœuf, pétoncles et crevettes. Aussi un beau choix de grillades et d'excellentes viandes.

Pâtisserie Chez Grand-Maman : *1883, bd du Jardin (sur le bord de la route 167, 2 km avant le zoo). ☎ 418-679-5551. Lun-ven 9h-17h, w-e 11h-17h. Menu env 15 $ avec soupe, tourtière et tarte aux bleuets.* On vient ici non seulement pour les pâtisseries (l'incontournable tarte aux bleuets), mais pour les plats campagnards à emporter, comme les cretons, les fèves au lard, les soupes à la gourgane ou les tourtières... Tout est fait maison évidemment ! Pas mal de choix pour se faire un petit repas au camping ou au gîte. Quelques tables pour se poser également.

Microbrasserie La Chouape : *1134, bd Sacré-Cœur. ☎ 418-613-0622. De mi-juin à fin août, tlj 15h-minuit. Fermé dim-mar le reste de l'année.* Pour d'excellentes bières bio, c'est ici qu'il faut faire une pause. Cette microbrasserie de qualité utilise l'orge produite sur l'exploitation familiale depuis 1881. Un doux breuvage que l'on retrouve un peu partout dans la région. Quelques grignotines pour faire descendre tout ça. Cadre agréable avec une belle terrasse avec vue sur la rivière Ashuapmushuan. Service dynamique et souriant. Que demander de plus ?

Où dormir ? Où manger dans les environs ?

Gîte Aux Saveurs du Lac : *2170, chemin du lac Ouitouche,* ***La Doré.*** *☎ 418-256-8262. • auxsaveursdulac.com • À env 28 km au nord-ouest de Saint-Félicien. À 8 km après La Doré (et 20 mn du zoo) par la route 167, prendre le chemin à gauche. Des panneaux indiquent le gîte. Double 93 $; 125 $ pour 4. Table d'hôtes pour les clients slt 25 $/pers.* Au bout d'un long chemin forestier, voici qu'apparaît cette petite maison au bord d'un très beau lac (canoës, kayaks et embarcations à pédales à dispo). C'est ici qu'Aurore et Rémy, expatriés lorrain pour lui, picarde pour elle, ont choisi de s'installer. Ils proposent 2 petites chambres colorées et une familiale qui se partagent 2 salles de bains. Très agréable terrasse pour profiter de la vue magnifique sur le lac. Bonne table d'hôtes où Aurore se fait plaisir à concocter des petits plats à base de produits du cru. Au petit déj, pain, confiture et yaourt maison.

À voir

Le zoo sauvage et le centre de conservation de la biodiversité boréale de Saint-Félicien : *2230, bd du Jardin. ☎ 418-679-0543 ou 1-800-667-5687. • zoosauvage.org • À env 10 km au nord-ouest de Saint-Félicien par la route 167 vers Chibougamau. Avr-mai et sept-oct, tlj 9h-17h. Du 1er juin à fin août, 9h-18h (19h de mi-juil à mi-août). Entrée : 39 $ (55 $ avec le parcours*

nocturne Anima Lumina*) ; étudiant et senior 33,50 $ (47 $ avec* Anima Lumina*) ; 6-14 ans 27,50 $ (38 $ avec* Anima Lumina*) ; 3-5 ans 16,50 $ (même tarif avec* Anima Lumina*). Forfait famille 120 $ (168 $ avec* Anima Lumina*). Moins cher l'hiver. Audioguide 4 $ ou application téléchargeable gratuitement sur son portable. Parking gratuit.*
Si vous n'avez ni le temps ni la témérité de partir sur les traces des animaux sauvages du Québec, ce formidable zoo est pour vous. C'est plus un sanctuaire, une réserve qu'un zoo. On pourra observer la quasi-totalité de la faune canadienne évoluant en liberté dans un environnement proche de celui où ils vivent à l'état sauvage. La visite commence dans le pavillon d'accueil avec la projection d'un ***film multisensoriel*** de 15 mn, qui peut être complétée par un autre film de 40 mn en 3D sur les animaux de l'ère glaciaire *(6 $ en sus, réduc).*
– La visite proprement dite du zoo sauvage se déroule en deux parties, la première se fait à pied dans un ***parcours sécurisé*** d'une durée d'environ 3h. On vous conseille de commencer par celle-ci pour assister à la collation de chaque espèce. Les horaires sont affichés sur le parcours. On découvrira ainsi l'Arctique avec les mascottes du zoo, les fameux ***ours blancs,*** ainsi que les ours grizzlis et les tigres de l'Amour. De l'Arctique, on atterrit en pleine forêt mixte jusqu'à la Mongolie, avec un arrêt à la ***miniferme*** où les enfants apprécieront d'approcher de très près les animaux et de se rafraîchir avec les jeux d'eau. Ne manquez pas de pousser jusqu'à ***la pouponnière*** où les bébés animaux malades ou orphelins sont recueillis par une équipe aux petits soins. D'ailleurs, vous pouvez même entrevoir la ***mini-clinique vétérinaire.*** On continue vers l'Asie avec les macaques japonais et les tigres de l'Amour (les plus gros du monde) en passant par les montagnes où vous ferez la rencontre des mouflons d'Amérique et leurs impressionnantes cornes.
– La 2e partie du parcours consiste en une ***visite commentée en train.*** Comptez une bonne heure à bord d'un petit train grillagé circulant au milieu de la société des animaux dans de superbes et vastes espaces pour observer entre autres des wapitis, ours noirs, bisons, bœufs musqués, orignaux, caribous, les dangereux loups gris et les adorables chiens de prairie. Passionnant ! Vous traverserez un poste de traite reconstitué, un ***camp de trappeurs,*** où des comédiens interpellent avec humour les visiteurs. Bref, de quoi passer une journée inoubliable tant pour les petits que pour les grands auprès d'animaux qui semblent heureux (et se reproduisent) dans cet environnement.
Possibilité également de prendre le forfait ***« Randonnée-aventure au pays des caribous »,*** soit 26h dans le parc pour la modique somme de 310 $ par adulte... Il comprend des visites approfondies du parc en minibus, du canotage, une nuit dans un espace clôturé sous une tente prospecteur et les repas. Sinon, d'autres animations sont proposées sur réservation, notamment l'envers du décor, une visite nocturne *Anima Lumina,* etc.
– ***Anima Lumina :*** il s'agit d'un parcours pédestre et nocturne, long de 1,5 km dans la forêt. De nombreux effets lumineux sont projetés sur les arbres et la montagne. Spectaculaire, à ne pas manquer !
|●| Plusieurs ***cafétérias*** sur place, dont une avec terrasse *(La Chaudrée des Bois).*

DANS LES ENVIRONS DE SAINT-FÉLICIEN

Le moulin des Pionniers : *4205, chemin des Pionniers, à* ***La Doré,*** *à 20 km au nord-ouest de Saint-Félicien et 12 km du zoo. ☎ 418-256-8242 ou 1-866-272-8242. ● moulindespionniers.com ● De mi-juin à fin sept, tlj 9h-18h. Entrée : 18 $ (23 $ avec l'animation théâtrale) ; 12-18 ans 14 $; gratuit jusqu'à 11 ans ; réduc ; famille 45 $. Compter 3h de visite.* En fait de moulin, il s'agit d'une scierie actionnée par la force hydraulique. Celle-ci fonctionna de 1889 à 1976. Aujourd'hui, c'est une des seules scieries de ce genre encore en état de marche au Québec. La visite de ce site historique, intéressante et très pédagogique, se

fait avec des comédiens costumés comme à l'époque qui font revivre les lieux. Démonstration de sciage, de forge, de drave, de fabrication d'objets mécaniques... Possibilité de poursuivre la promenade sur un sentier d'interprétation, le long d'une ***passe migratoire d'ouananiches*** (saumons d'eau douce) ou en montant au sommet de la haute tour d'observation qui offre une très jolie vue sur le site.
– ***De juillet à mi-août,*** les vendredi et samedi après-midi à 13h30, ne pas manquer la ***représentation théâtrale,*** où une vingtaine de comédiens simulent un tournage humoristique de film retraçant l'histoire du site.

Possibilité de déjeuner sur la terrasse du restaurant ***La Maison-Marie*** et de dormir dans un hébergement de type auberge de jeunesse dans une chambrette avec 4 lits simples *(25 $/nuit par pers).* On peut aussi loger dans le grand chalet ***« La Maison du Conteur »,*** bien restauré, avec 2 chambres, une grande salle commune et une cuisine *(11 juin-18 sept, 140 $/nuitée et 100 $ en basse saison).*

DOLBEAU-MISTASSINI

14 500 hab.

À 30 km au nord-ouest de Peribonka. Comme son nom le laisse entendre, cette ville est née de la fusion des villes de Dolbeau et de Mistassini en 1997, d'où son aspect éclaté et la difficulté que l'on peut avoir à s'y repérer. Deux grandes rivières arrivent ici du Grand Nord et déferlent en torrents puissants. C'est la nature sauvage dans un écrin d'urbanité et de vie joyeuse, notamment pendant la période du Festival western (mi-juillet) et du festival du Bleuet (début août). Si vous avez un *bus pass,* vous êtes maintenant au bout de votre route. C'est ici la fin des transports publics... De belles plages le long de la rivière (dont la plage municipale surveillée et gratuite) et une des plus belles portions de la véloroute des Bleuets.

Adresse utile

Bureau de tourisme de Maria-Chapdelaine : *265, bd des Pères, en bordure de la route 169. ☎ 418-276-7646. De mi-juin à début sept, tlj 8h-22h.* Dans les Halles du Bleuet, qui abrite aussi la boutique *La Crémière du Nord* (artisanat) et la Maison du vélo (prêt gratuit).

Où dormir ?

Camping

Camping de l'Amicale : *480, rue de l'Amicale. ☎ 418-374-2546 ou 418-695-5387 (hors saison). • campingdelamicale.com • À 25 km de Dolbeau-Mistassini. À la sortie de la ville, en direction d'Alma par la route 169, prendre à droite et continuer encore sur 17 km jusqu'à la plage de Vauvert. Ouv de mi-juin à début sept. Empl. 22-27 $, douche incluse dans le prix.* Camping familial et tranquille, établi au bord d'une des plus belles plages du lac Saint-Jean, longue de 7 km. Emplacements ombragés. Peu d'équipements (juste un dépanneur et quelques jeux pour les enfants), on vient ici pour se reposer et communier avec la nature. Convivial et paisible, donc.

Prix moyens

Gîte 40 Laverdure : *40, rue Laverdure. ☎ 418-276-2136 ou 418-671-3804. • gite40laverdure@gmail.com •*

À 8 km avant Dolbeau, sur la route 373 en venant de Saint-Félicien, prendre à droite au km 16 (fléché). De la route 373 au gîte, env 2,5 km de chemin bitumé. Double avec sdb partagée env 90 $, taxes incluses ; réduc de 10 $ dès la 2e nuit. Dans un environnement exceptionnel, été comme hiver, cette belle demeure moderne (dans le style canadien), entourée d'un vaste et paisible jardin, domine la rivière Mistassini. Elle possède un ponton de baignade, une pergola, et une cuisine d'été (dans le jardin). Au sous-sol, 3 chambres impeccables autour d'un salon cosy. La plus grande donne sur la rivière, et elle est vraiment confortable. Les 2 autres sont plus petites et peu lumineuses (l'une sans fenêtre, l'autre avec un simple vasistas). Accueil chaleureux et l'une des plus belles plages de la région juste en face.

DANS LES ENVIRONS DE DOLBEAU-MISTASSINI

GIRARDVILLE

À environ 35 km au nord-ouest de Dolbeau (et 50 km au nord de Saint-Félicien). Cette petite commune sans caractère apparent est l'une des dernières frontières avant la forêt boréale et les abords du Grand Nord québécois (même si c'est Chibougamau la dernière grande ville répertoriée dans la région). Le principal intérêt ici est de prendre son temps et de séjourner dans l'une des adresses très « nature » du coin ou, encore mieux, de réserver en hiver chez un spécialiste de la rando en traîneau à chiens, histoire de réaliser un vieux rêve de gosse...

À voir. À faire dans la région

Aventuraid et le parc à loups Mahikan : *2395, rang de la Pointe. ☎ 418-258-3529. • aventuraid.qc.ca • Traverser le village, passer le pont sur la rivière Ouasiemsca, en haut de la côte prendre à droite au Panneau Parc Mahikan, faire 4 km sur le rang de gravelle. Pour le parc à loups pas d'accueil ; il faut sonner à la maison d'*Aventuraid*. Entrée : 12 $; réduc enfant ; visite guidée 25 $. Visite de contact avec les loups : 65 $.*
Gilles, un Méridional installé au Québec depuis bien longtemps avec sa compagne Marie-Christine, est devenu l'un des spécialistes des randos en traîneau à chiens. Son chenil d'environ 70 chiens (malamutes, huskys, esquimaux canadiens) est très bien tenu. Il a même réalisé son autre rêve : ouvrir un parc à loups pour démystifier l'image inquiétante de cet animal sauvage. Le parc Mahikan comprend trois vastes enclos avec des loups gris et des loups arctiques. Impressionnant si l'on prend le temps de les observer, d'écouter les explications et de visiter le petit centre d'interprétation. Enfin, pour la rando en traîneau à chiens, Gilles ne prend que de petits groupes (un guide pour quatre attelages max). Différents forfaits de 5 à 13 jours avec transferts depuis Québec, hébergement, repas, initiation, guide, tout l'équipement, visite du parc à loups (et à la fin, trottinette des neiges pour se détendre !). Également des forfaits en été, avec canotage, observation des animaux, descente de rivières, etc. Certaines expéditions (les plus faciles) sont ouvertes aux enfants. Bref, une expérience que l'on ne saurait trop vous recommander pour vous en souvenir pendant vos vieux jours...
Également plusieurs formules d'hébergement, à tous les prix : en camping sous sa propre tente dans le parc à loups avec accès au bloc sanitaire *(env 30 $/pers)*, en chambres de 2-4 personnes dans un gîte à l'atmosphère proche de l'AJ avec sauna, cuisine commune et lave-linge à dispo *(double 105 $, taxes, petit déj et accès au parc à loups compris)*, sous une tente prospecteur avec poêle à bois en hiver *(95 $ pour 2 pers)*, dans une yourte ou encore dans des cabanes rustiques en bois pour 3-6 personnes, avec vue directe sur un des enclos *(170 $ pour 2 pers)*

et accès au sauna pour tous. Possibilité de location de matériel de camping et de canots pour descendre les rivières environnantes de manière autonome et sans guide. Pour les adeptes des séjours nature dans la plus grande simplicité, en toute tranquillité, c'est le rêve, et pour sentir les loups, rien de tel que de passer une ou plusieurs nuits près d'eux... Mais prévoir un antimoustiques puissant !

Attractions boréales : *999, rang 10, à* ***Saint-Edmond-les-Plaines.*** *☎ 418-679-6946. À 5 km au sud de Girarville ; accès par la route 169 puis par un long chemin forestier.* En été comme en hiver, Tony propose de nombreuses activités de plein air : canot aventure, randonnée avec observation de la faune et de la flore, pêche sur le lac, découverte de la région... En hiver, initiation et expédition en traîneau à chiens d'une durée de 1 à 2 semaines, en autonomie totale : la grande aventure ! Également de la motoneige et de la rando à raquettes. Groupes de six personnes maxi. Possibilité de forfaits avec hébergement dans des chalets rustiques, en pleine forêt, et cuisine au feu de bois.

PÉRIBONKA

500 hab.

À 16 km de Sainte-Monique-de-Honfleur, ce petit village tranquille et très agréable possède deux perles sur la route 169 : une auberge de jeunesse originale, située sur une petite île, et l'un des musées les plus littéraires du Québec, le musée Louis-Hémon.

Où dormir ?

Camping

Camping municipal de Péribonka : *330, 2e Av. ☎ 418-374-2967. • peribonka.ca • Ouv de mi-juin à mi-sept. Emplacements (jusqu'à 6 pers) 35-50 $. Prêt-à-camper 115 $. Yourte 140 $.* Dans le village, en retrait de la route principale, petit camping de 96 emplacements. Propose 5 sites de prêt-à-camper (équipés d'électricité) ainsi qu'une yourte de type mongol. Ombrage relatif, malgré les nombreux arbres (hauts mais pas larges). Laverie, aire de jeux, minigolf et piscine chauffée. Possibilité de location de kayaks, canoë et vélos.

Prix moyens

Au Petit Bonheur : *374, rue Plante. ☎ 418-374-2328. • bleugite.com/gite/aubergite-au-petit-bonheur • À Péribonka même, à l'angle de la route 169 et de la rue qui précède la rivière. Juin-sept. Doubles 90-100 $, petit déj et taxes inclus.* Difficile d'être malheureux à Péribonka avec un nom pareil ! Voici une gentille maison blanche avec galerie et terrasse abritant 4 petites chambres sous les combles, simples et colorées, toutes avec une petite thématique charmante. 2 sont avec salle de bains privative et les autres avec sanitaires à partager. Bon petit déj avec pain maison et accueil cordial de Brigitte.

Où dormir ? Où manger dans les environs ?

À Sainte-Monique-de-Honfleur

Auberge L'Île du Repos : *105, chemin de l'île du Repos, à 15 km de Péribonka, à la limite de Sainte-Monique-de-Honfleur et à l'embouchure de la rivière Péribonka. ☎ 418-347-5649. • iledurepos.com • Ouv de mi-mai au 1er oct. Résa conseillée. Resto ouv 24 juin-1er sept. Au camping, empl. (2-4 pers) 28,50 $; nuit en* *dortoir 3-4 lits env 32 $; petits chalets avec chambre privée (sdb partagée ou privée) 80-100 $; chalet familial 148 $ pour 4-6 pers. À la carte 15-30 $, table d'hôtes 26-31 $.* Peut-être l'hébergement le plus intéressant pour les routards qui voudraient séjourner près du lac Saint-Jean en été. Imaginez une île avec ses plages de sable et sa petite forêt, où l'on a éparpillé des chalets-dortoirs, des chalets plus confortables avec des sanitaires et des emplacements pour tentes (avec feu de camp). Une cinquantaine de lits en tout. Les emplacements les plus ombragés sont ceux du côté nord. Cuisine commune à disposition. Un endroit tranquille (bien que très fréquenté en haute saison), géré par une équipe de jeunes, affables et accueillants. Moustiquaires dans les chambres et répulsif en vente à l'accueil. Baignade interdite mais on peut jouer au volley-ball, au croquet, ou louer des vélos. De plus, nombreuses activités culturelles en fin de semaine, en plein été, dont des concerts de jazz, de rock ou de chansonniers *(de gratuit à 40 $ selon groupe).*

Centre touristique Sainte-Monique : *900, rang 6 Ouest. ☎ 418-347-3124 ou 1-877-347-3124. • ctouristiquesm.com • Juin-sept. Empl. (jusqu'à 6 pers) 30-45 $. Chalet env 155 $ pour 4 pers.* À l'entrée nord du parc de la Pointe-Taillon, un terrain de camping champêtre avec environ 80 emplacements et des chalets entièrement équipés avec 2 chambres, salon, sanitaires et cuisine. Piscine, buanderie, salle commune, aire de jeux, étang de pêche et location de vélos.

Gîte Le Petit Hôtel : *137, rue Saint-Jean. ☎ 418-347-1433 ou 1-866-347-1433. • gitelepetithotel.com • ♿ Dans Sainte-Monique, au bord de la 169. Doubles 60-80 $.* Un nom bien choisi pour cet établissement un peu particulier qui tient à la fois du petit hôtel et du gîte. Les chambres, modestes et suffisamment confortables (douche-w-c) ont le mérite d'être propres et pas chères. Accueil aimable.

À Saint-Henri-de-Taillon

Gîte Au Bonheur du Voyageur : *356, route 169. ☎ 418-347-2298. • aubonheurduvoyageur.ca • Double 75 $.* En venant de Péribonka, c'est à gauche de la route 169, dans une grande courbe, au niveau de l'église du village. Coquette demeure familiale habitée par des gens affables qui proposent 2 chambres bien tenues au sous-sol (salle de bain à partager) et une autre à l'étage avec vue sur le jardin (barbecue, cabanon). *Au Bonheur du Voyageur :* un nom qui ne triche pas !

Gîte La Villa Victorienne : *432, rang 3 Ouest. ☎ 418-347-5959. • gitelavillavictorienne.com • Doubles 92-112 $.* À 1,5 km au nord du bourg, dans un bouquet d'arbres sur une butte, à droite de la route 169 en venant de Péribonka. Comme son nom l'indique, c'est une belle demeure bourgeoise de style victorien. On est reçu par un couple accueillant et attentionné. La plus belle est la chambre n° 1, en bleu et blanc, avec lit à baldaquin et 2 fenêtres ouvrant sur le jardin. C'est la seule avec une salle de bains privative. Petit ventilo dans les chambres mais climatisation dans toute la maison.

Casse-croûte Chez Ju-Ly : *434, rue de l'Hôtel-de-Ville. ☎ 418-347-4698. Ouv avr-fin août, tlj jusqu'à 20h. Menu 14 $.* Sur la droite de la route 169, en entrant dans le village. Avec ses rayures bleu et blanc, on dirait un bar de plage, mais c'est une simple baraque prolongée par une tente. On y sert de la nourriture locale, fraîche et franche : salades, hamburgers, steaks, poutine... et, bien sûr, la tarte aux bleuets. Accueil très souriant et cordial.

À voir

Le musée Louis-Hémon : *700, route Maria-Chapdelaine. ☎ 418-374-2177. • museelh.ca • Sur la route 169, entre Péribonka et Sainte-Monique. 22 juin-3 sept, tlj 9h-17h ; le reste de l'année, mar-ven 9h-16h. Entrée : 8 $, réduc ; famille 22 $.* Le musée se compose de trois bâtiments. On visite, notamment, la *maison Samuel-Bédard,* où l'écrivain travailla comme garçon de ferme pendant presque 6 mois. Ensuite, la bâtisse moderne (qui sert de pavillon d'accueil hors saison), où est évoquée toute sa vie sous forme de photos, de lettres, de peintures et d'objets personnels. Un haut obélisque accueille toutes les différentes éditions existantes de son roman *Maria Chapdelaine,* et des écrans diffusent des extraits d'adaptations pour le cinéma ou la télévision. Les acteurs Jean Gabin et Madeleine Renaud sont venus à Péribonka en 1934 pour le tournage du film réalisé par Julien Duvivier. Les extérieurs avaient été tournés dans la région de Mistassini. Une autre adaptation du roman est signée Gilles Carle (1983), avec Carole Laure, une authentique Québécoise de Montréal, dans le rôle-titre. Un circuit de découverte rappelle les lieux clés du roman. Des expositions temporaires également et une représentation théâtrale humoristique en saison *(de fin juin à mi-août, lun-mar à 19h ; 15 $, réduc).*

|●| Possibilité de pique-niquer sur le site.

VIE ET MORT D'UN ROUTARD

En 1913, Louis Hémon posta un manuscrit intitulé Maria Chapdelaine *au journal* Le Temps, *à Paris. Puis il fut violemment heurté par une locomotive à Chapleau (Ontario) et mourut. Il ne vit donc pas son œuvre publiée, faisant de Péribonka un village célèbre dans le monde entier. Le temps d'une vie très brève, Louis Hémon, né à Brest en 1880, fut une sorte de routard sans attaches.*

LE PARC NATIONAL DE LA POINTE-TAILLON

Ô surprise ! Voici un merveilleux petit territoire de 92 km² réunissant à la fois des paysages de forêt, de rivière, de lac et de plage (en eau douce). Il s'agit en fait d'un sanctuaire naturel, encore sauvage, très protégé, qui représente un concentré des paysages fondamentaux du Québec. À cet environnement exceptionnel s'ajoutent des étendues de dunes, des tourbières et des marécages où vivent des familles d'orignaux, de castors, des sauvagines, des bernaches... Il ne manque plus que les ours, mais ils craignent l'homme et vivent davantage à l'intérieur des forêts, pas ici.

Le parc de la Pointe-Taillon couvre une grande presqu'île qui forme une vaste et longue bande de terre sablonneuse s'avançant dans les eaux du lac Saint-Jean. Ici, pas de collines, aucune montagne, mais 14 km d'une plage de sable fin bordant une forêt de pins, de bouleaux et de peupliers. Par endroits, on se croirait en Finlande ou en Suède.

Il fait bon s'y arrêter et se détendre un peu, après les surdoses de kilomètres. On peut y camper « rustiquement », faire de la rando, du vélo (45 km de pistes), du canoë-kayak, pique-niquer ou encore une trempette dans le lac...

Arriver – Quitter

➢ Le parc national est bordé à l'est par la route 169. Il existe 2 entrées : la principale, au sud-est du parc, accessible par le rang 3 de ***Saint-Henri-de-Taillon*** arrive au centre d'accueil et à la plage Taillon ; la seconde, de ***Sainte-Monique-de-Honfleur,*** au nord-est par le rang 6, arrive à un poste d'accueil secondaire. De ce dernier démarre un sentier de randonnée exclusivement réservé aux marcheurs et aux cyclistes, qui traverse du nord au sud la presqu'île (compter 8 km).

➢ Un accès (payant) par ***navette nautique*** pour les cyclistes de la ***véloroute des Bleuets*** relie, au nord-ouest, la marina de Péribonka à la *Pointe-Chevrette.* Cette navette fonctionne du 17 juin au 5 sept à raison de 8 traversées quotidiennes de 10h à 17h. La piste cyclable passant par le parc national, un droit d'entrée vous sera donc demandé comme pour tous les visiteurs sans vélo qui empruntent la navette nautique (8 $, réduc). En revanche, si vous traversez le parc en moins de 2h, on vous rembourse en sortant (gardez le ticket !).

Adresse et infos utiles

■ ***Centre d'accueil du parc national de la Pointe-Taillon :*** *835, rang 3 Ouest,* ***Saint-Henri-de-Taillon.*** *☎ 418-347-5371 (en saison) ou 1-800-665-6527. • sepaq.com/pq/pta • De mi-juin à début sept, tlj 8h-21h (20h de mi-août à début sept) ; aux intersaisons, tlj 9h-17h. Fermé de mi-oct à fin mai.* Situé à 5 km de la route 169.

■ ***Centre de découverte :*** *ouv aux horaires du centre. GRATUIT.* Le parc de la Pointe-Taillon ne déroge pas à la règle et propose l'habituelle expo sur la faune et la flore locales, doublée d'une section plus consacrée à la géologie. Maquette en 3D du parc. Muséographie ludique et constructive.

– ***Entrée du parc :*** *8,50 $/j. ; réduc ; gratuit jusqu'à 17 ans. Parking payant (3 $/voiture).*

– Location de vélos sur place *(14 $/h, 39,50 $/j.),* tandems, remorques pour enfant, embarcations à pédales, canots et kayaks *(env 15-23 $/h selon le type de kayak, récréatif ou de mer, simple ou double).* Atelier de réparation de vélos au pavillon de location.

Où camper ?

Campings « rustiques » dans le parc national de la Pointe-Taillon : *emplacements (6 pers max) env 24-25 $/nuit selon site, droit d'entrée en plus ; prêt-à-camper en tente* Huttopia *env 100-120 $/nuit pour 4 pers, chalets 2-4 pers 135-161 $.* Il y a 5 sites dans le parc pour du camping presque sauvage, et 75 emplacements en tout. Aucune voiture ne peut y accéder. Ces campings ne sont accessibles qu'à pied, à bicyclette (par la piste cyclable) ou par la navette nautique *(8 $/pers ; 20 $ pour l'île Bouliane).*

Le *site des Castors* est situé face au lac, à 2 km du centre d'accueil, le *site du Prospecteur* se trouve 2 km plus loin, toujours face au lac. Le *site Pointe-Chevrette* est le plus éloigné et donc le plus sauvage, à 20 km du secteur Taillon, et, comme le *site de l'Île Bouliane,* il est en bordure de la rivière Péribonka... Les 2 premiers possèdent une trentaine d'emplacements, les 2 derniers seulement 6.

Enfin, le 5e site, *Les Migrateurs,* situé entre les deux premiers, est réservé aux tentes *Huttopia* (les « prêt-à-camper » avec toit en toile mais plancher et mobilier). Toilettes sèches sur place dans les différents sites et toujours un point d'eau mais non potable. À l'accueil, douches (payantes) et restauration (mais attention, c'est fermé le soir).

– ***Conseils :*** prévoir en quantité suffisante une bonne réserve de ravitaillement (nourriture), de l'eau potable et un répulsif anti-moustiques (ils sont nombreux en été). Ne pas compter sur votre téléphone portable. Vérifier la durée de votre randonnée. S'informer des prévisions météorologiques avant de partir. Ne pas nourrir les animaux.

À voir. À faire

La plage : en fait, la quasi-totalité de la rive sud de la presqu'île ne forme qu'une seule et longue plage de 14 km, dont la partie la plus fréquentée, au niveau du centre d'accueil, fait tout de même 6 km... Nombreux équipements : tables de pique-nique, jeux pour les enfants... Possibilité aussi de longer la plage par le sentier qui fait tout le tour de la pointe.

– ***Activités nature et observation des animaux :*** plus on avance vers l'embouchure de la rivière Péribonka, plus c'est sauvage et peu fréquenté. Commence alors un monde secret et touffu où se cachent des castors, des orignaux, des bernaches, des sauvagines... D'ailleurs, au moment de la période migratoire, des milliers d'oiseaux s'arrêtent ici. Le parc propose plusieurs activités de découverte de la faune et de la flore, et des randonnées animées par des guides professionnels du parc : histoire d'un village disparu, l'étang du castor, l'univers mystérieux de la tourbière, sur la piste de l'orignal...

LA CÔTE-NORD

« Mon pays, ce n'est pas un pays, c'est l'hiver... »
Gilles Vigneault (natif de Natashquan)

La Côte-Nord, c'est le Québec du mythe. Celui des pionniers, des baleines bondissant hors de l'eau et du « boutte de la route ». Un Québec où la nature rime avec démesure, offrant des paysages sans verticales ou presque, avec d'un côté un « boisé » sans fin et de l'autre l'infini des grèves léchées par les eaux froides du Saint-Laurent. Une route ponctuée de villes grises d'où partent des bateaux au ventre alourdi de minerais.
D'abord vient la Haute-Côte-Nord avec Tadoussac et le Manicouagan, qui offre vallons et rivières, et des lacs sertis de forêts, refuge de l'ours noir. C'est le royaume des naturalistes observant les baleines, quand elles viennent casser la croûte à l'embouchure du Saguenay. Une région éminemment touristique et suffisamment proche de Montréal pour que l'on puisse s'y rendre en voiture sans casser sa tirelire ou sacrifier tout le temps de ses vacances.
Ensuite, à mesure que l'on descend le Saint-Laurent, la route égraine un chapelet de villes minières et de villages endormis dans l'histoire. C'est un pays de rivières tumultueuses, de tourbières et de forêts, où l'épinette règne sans partage. Paradis des pêcheurs de saumon, il recèle quelques bonnes adresses qui permettront de faire étape pour ceux qui auraient caressé l'idée de monter visiter Terre-Neuve en voiture.
Et puis, la région de Duplessis et sa capitale, Sept-Îles, accessible en avion depuis Montréal, puis en voiture de location jusqu'à Kegaska. L'archipel des Mingan en est l'épicentre touristique, avec ses îles à la beauté sauvage, colonisées par les oiseaux de mer. Là commence le Québec arctique,

avec ses paysages à couper le souffle et une météo à faire de vous un champion de Scrabble en moins de 15 jours ! Dans ces landes recouvertes dès les frimas par un épais manteau de neige, la végétation nanifiée par le vent doit batailler pour survivre. Tout comme les hommes qui y vivent, d'ailleurs, dont l'hospitalité légendaire n'est pas un vain mot.
Enfin, Kegaska, qui signe le « boutte » de la route et le début de la Basse-Côte-Nord. Porte d'entrée vers des aventures plus « océaniques », voire carrément boréales vers Blanc-Sablon, à bord du traversier qui ravitaille les villages esseulés de la côte, l'été, ou à scooter des neiges en hiver par la fameuse « Route Blanche » qui relie Kegaska aux confins du Labrador.

LES BALEINES, MYTHE OU RÉALITÉ ?

L'observation des baleines est devenue un facteur d'attractivité touristique important pour Tadoussac et sa région. Des baleines, il y en a, c'est sûr, car l'embouchure du Saguenay est propice au développement de petits organismes marins (krill et consorts) nécessaires à leur alimentation. La difficulté, c'est de les voir car elles passent la plupart du temps sous l'eau, on s'en doute, et ne remontent que pour respirer et éventuellement se faire prendre en photo...
Le problème, c'est qu'en été, quand la saison bat son plein, il y a vraiment beaucoup de bateaux sur l'eau, ce qui finit par les déranger, elles qui sont là pour se faire un peu de gras en prévision de l'hiver. Conscientes du problème, les autorités ont édicté une charte stipulant la manière dont elles doivent être approchées. Pas moins de 400 m des espèces en voie de disparition (comme les bélugas et les rorquals bleus) et pas moins de 200 m des autres.
Des baleines, depuis le bateau, vous en verrez, certes, mais de loin, attendu que les clichés de carte postale du type « queues plongeantes » ou « rorqual à bosse s'élevant dans les airs » relèvent d'un photographe super équipé doublé d'un hyper chanceux. Cela dit, la balade est agréable s'il fait beau et les explications de votre capitaine – souvent un passionné – sont généralement dignes d'intérêt. En outre, certains jours, on a autant de chances, sinon plus, d'observer lesdits mammifères depuis le bord, notamment à l'entrée du Saguenay, à Tadoussac, puisque certains petits rorquals ou bélugas pointent le bout de leur nez à moins de 15 m du bord !

Des baleines de toutes les couleurs

Les baleines sont des cétacés qui se divisent en deux groupes : ***ceux à fanons*** (les mysticètes) et ***ceux à dents*** (les odontocètes).
Les *mysticètes* comptent une dizaine d'espèces dans le monde, dont cinq fréquentent le Saint-Laurent. Les voici par ordre croissant de taille : ***petit rorqual*** (environ 7 m), ***rorqual à bosse, baleine noire, rorqual commun*** (environ 20 m), et enfin le ***rorqual bleu,*** la plus grosse créature de la terre ! Elle peut atteindre 25 m de long et peser jusqu'à 120 t !
Les *odontocètes,* réunissent toutes les espèces à dents : ***narval, marsouin, dauphin, béluga*** (la star de Tadoussac), globicéphale, orque épaulard et enfin, le plus gros d'entre eux, le ***cachalot,*** un plongeur hors pair puisqu'il est capable de descendre à 1 000 m de profondeur, mais il est rare dans le Saint-Laurent.

CHAMPS (MAGNÉTIQUES) CONTRE CHANTS (DES BALEINES)

Personne n'a encore pu expliquer pourquoi les baleines à bosse pouvaient voyager des milliers de kilomètres sans dévier de plus d'un degré de leur trajectoire, quoi qu'il arrive. Un système de GPS probablement très élaboré ! Les marins ont maintenant le leur et peuvent télécharger, sur leur portable, l'application Whale Alert, *leur permettant d'éviter les collisions avec les cétacés... Les accidents, c'est assez !*

L'homme : leur pire ennemi

L'homme chasse les baleines depuis toujours. Une activité devenue lucrative à partir du XVIe s, notamment sous l'impulsion des Basques, puisque les baleines leur fournissaient de la graisse pour les lampes, des lubrifiants (utilisées en horlogerie), les savons, les cosmétiques, les parfums, les cires, les bougies... mais aussi ivoire, cuir, spermaceti et ambre gris. Leur lard était même vendu à Paris ! Quant aux fanons, ils servaient à fabriquer corsets et ombrelles... Les baleines d'un soutien-gorge ou d'un parapluie, ça vous dit quelque chose ?
Au XIXe s, avec les premiers vapeurs équipés de canon-harpons, la chasse eut tôt fait d'évoluer en hécatombe. Face à la demande croissante en huile des pays industrialisés, près de 1,5 million de baleines furent exterminées. Aujourd'hui, bien que sa chasse soit interdite depuis 1986, certains pays comme le Japon, la Norvège ou l'Islande la pratiquent encore...

Comment se déplacer le long de la Côte-Nord ?

En bus

De Québec et Tadoussac, la compagnie ***Intercar*** *(☎ 418-627-9108 ou 1-888-861-4592 ; • intercar.qc.ca •)* dessert la Côte-Nord jusqu'à Havre-Saint-Pierre. Fréquence réduite à sa plus simple expression (bien se renseigner) et tarifs pas spécialement donnés. Au-delà, c'est le bateau qui prend le relais jusqu'à Blanc-Sablon, quand bien même la route parvient jusqu'à Kegaska.

En voiture

Le mieux est de louer un véhicule avec kilométrage illimité à Montréal ou à Québec, et de monter jusqu'à Tadoussac si ce sont les baleines qui vous intéressent. Les voyageurs au long cours continueront leur périple jusqu'à Kegaska, d'où ils embarqueront avec leur véhicule pour Blanc-Sablon (voir ci-après « En bateau »). De là, possibilité, soit de boucler par la route du Labrador (à condition d'avoir loué un véhicule avec suffisamment de garde-au-sol), qui termine à Baie-Comeau, soit de traverser pour Sainte-Barbe (Terre-Neuve). De Terre-Neuve, un ferry permet de gagner North-Port-Sydney en Nouvelle-Écosse à partir de Port-aux-Basques ; une fois en Nouvelle-Écosse, facile de rejoindre la Gaspésie. Renseignements pour la route du Labrador *(☎ 511 ; • quebec511.info •)* ; pour les traversées Terre-Neuve/Labrador *(☎ 1-866-535-2567 ; • gov.nl.ca/ferryservices/ •)* et entre Terre-Neuve et North-Port-Sydney en Nouvelle Écosse *(☎ 1-800-341-7981 ; • marineatlantic.ca •).*
Ceux qui disposent de peu de temps mais souhaitent malgré tout visiter la Minganie (notamment l'archipel des Mingan) prendront l'avion jusqu'à Sept-Îles où ils loueront un véhicule.

En bateau

Le bateau ***Bella Desgagnés*** *(☎ 1-800-463-0680 ; • relaisnordik.com •)* dessert la Côte-Nord, à partir de Rimouski et de Matane (Gaspésie) en direction de Sept-Îles vers Port-Menier (île d'Anticosti), puis Havre-Saint-Pierre, Natashquan, Kegaska, La Romaine, Harrington Harbour, Tête-à-la-Baleine, La Tabatière, Saint-Augustin et Blanc-Sablon. En principe, le bateau fait halte au moins 1h30 dans chaque port, ce qui permet de jeter un coup d'œil (des visites et des services de transport sont organisés à certaines étapes), mais les conditions météo obligent parfois à des modifications. Passage simple ou forfaits incluant cabine et repas – à réserver obligatoirement très à l'avance si l'on souhaite embarquer un véhicule en été (c'est souvent complet). ***Attention, le bateau se retrouve parfois bloqué à cause des icebergs et peut prendre de 24 à 48h de retard.*** Jetez un œil sur le site pour voir si votre bateau est prévu à l'heure à bon port.

Traversier pour la Gaspésie

Petite note à l'intention de ceux qui souhaiteraient rallier la Côte-Nord depuis la Gaspésie, ou l'inverse. Les ports sont nombreux (on les détaille dans les chapitres concernés), les fréquences convenables... mais tout cela demeure insuffisant en haute saison ! Les places sont souvent prises d'assaut plusieurs jours, voire plusieurs semaines à l'avance.

En avion

Sept-Îles est la plaque tournante régionale du trafic aérien, desservie en direct depuis Québec et Montréal par *Air Canada* et quelques compagnies privées. De là, on rejoint au choix Havre-Saint-Pierre, Natashquan, puis la Basse-Côte-Nord avec *Air Labrador,* mais ce n'est franchement pas donné.

■ ***Air Canada :*** *☎ 1-888-247-2262. • aircanada.com •* **Air Canada Jazz,** filiale régionale du groupe, dessert également Sept-Îles.

■ ***Provincial Airlines :*** *☎ 1-800-563-2800. • palairlines.ca •*

■ ***Air Liaison :*** *☎ 1-888-589-8972. • airliaison.ca •*

■ ***Pascan :*** *☎ 1-888-313-8777. • pascan.com •*

■ ***Air Inuit :*** *☎ 1-800-361-2965. • airinuit.com •*

SACRÉ-CŒUR

1 880 hab.

Bout de la route du Fjord et porte d'entrée de la Haute-Côte-Nord, Sacré-Cœur est un village sans grand intérêt, traversé par la route 172. En revanche, la côte du fjord du Saguenay est magnifique et paisible, particulièrement la baie de *L'Anse-de-Roche* et celle de *Sainte-Marguerite,* où évoluent des bélugas (voir plus haut « Les baleines, mythe ou réalité ? »).

Où dormir ? Où manger dans le coin ?

Toutes nos adresses sont au bord du fjord (à ***L'Anse-de-Roche*** ou à ***L'Anse-Creuse***). Pour *L'Anse-de-Roche,* depuis la route 172 en venant de Sainte-Rose-du-Nord, prendre à droite à 4 km avant Sacré-Cœur et continuer sur 10 km jusqu'au fjord du Saguenay. Pour *L'Anse-Creuse,* depuis la route 172 en venant de Tadoussac, prendre à gauche dans le village, la rue Principale, juste après l'*Épicerie Robert Simard,* c'est à environ 8 km.

⛺ ▲ ***Camping et auberge de jeunesse Au Sommet du Fjord :*** *450, chemin de l'Anse-à-Pierrot. ☎ 418-236-1083. • sommetdufjord.com • À droite au carrefour central de L'Anse-de-Roche. De mi-mai à mi-oct. Emplacement campeurs 15 $/pers ; double à l'auberge à partir de 70 $; chalet pour 4 pers 165 $.* Difficile de trouver plus tranquille dans le coin ! Pour les campeurs, des emplacements rustiques en lisière de forêt, avec cuisine d'été et sanitaires rudimentaires, mais surtout une poignée d'autres sur un belvédère dominant le fjord, à 10 mn de grimpette de l'accueil. À l'auberge, 3 chambres simples se partagent une salle de bains, avec cuisine et espace commun vraiment chaleureux. Enfin, pour les familles, 2 minichalets en forme de A, sur l'arrière, avec salle de bains privée, cuisinette. Un peu sombre et vraiment *roots.* Le plus, c'est le jacuzzi dans la forêt. Excellent accueil.

▲ ***Alfred le Voisin d'Oscar :*** *306, rang Saint-Joseph. ☎ 418-571-0533. • alfredoscar.com • De Sacré-Cœur, prendre la rue Principale, au niveau de l'Épicerie Robert Simard, c'est à env 8 km. Tte l'année (sf vac d'hiver). Yourtes 1-4 pers 163-183 $.* Imaginez 4 yourtes tout confort, isolées les unes des autres en pleine cambrousse et disposant d'une vue splendide sur le Saguenay. C'est le concept qu'a choisi Denise depuis qu'elle a investi les terres que lui ont léguées ses grands-pères Alfred et Oscar. À l'intérieur, un poêle, une cuisine tout équipée et 4 couchages (possibilité de lit d'appoint). Très bien pensé, avec ses larges pans vitrés et son éclairage zénithal, l'intérieur est très lumineux. Sinon, salle de bains avec baignoire, toilettes sèches, et de quoi recharger son smartphone à l'énergie solaire. Bref, tout pour se la jouer trappeur en famille mais version confort !

Casta Fjord : *340, chemin de l'Anse-de-Roche (sur le quai de la marina). ☎ 418-514-8580. Mai-oct, tlj 11h-22h (21h pour la cuisine). Plats 15-30 $.* Un vrai coup de cœur pour ce petit resto, niché dans une sublime et calme baie, avec une vue *fjord-midable* ! La cantatrice en question, c'est France, qui soigne ses hôtes avec de petits plats simples mais frais et confectionnés maison. Déguster une terrine de gibier suivie d'un saumon fumé ou d'un homard, en regardant passer les bélugas qui filent sur leur corridor migratoire, ça vous tente ? Le top, c'est au coucher du soleil !

À voir. À faire

Le parc national du Fjord-du-Saguenay, secteur baie Sainte-Marguerite : *sur la route en venant de Sainte-Rose, avant Sacré-Cœur. ☎ 418-272-1556 ou 1-800-665-6527. • sepaq.com/pq/sag • Accueil de juin à mi-oct, tlj 8h30-21h (10h-17h de sept à mi-oct). Entrée : 8,50 $; gratuit jusqu'à 17 ans. Les amateurs de nature y trouveront 3 campings en plein bois, au bord de la rivière. Tarifs sur leur site internet.* Autrement connue sous le nom de « baie des Bélugas », la baie Sainte-Marguerite accueille, de juin à octobre, ces petits cétacés tout blancs. On est quasiment sûr d'en apercevoir depuis le belvédère, situé à environ 1h de marche du poste d'accueil (7 km aller-retour mais sentier très facile, même avec des enfants). La balade à travers bois est superbe, et, à l'arrivée, la vue majestueuse. Le parc propose également tout plein d'activités : *via ferrata,* kayak de mer, location de chaloupes et de vélos, balades en Zodiac sur le Saguenay, etc. Avis aux bons marcheurs, le sentier du fjord se poursuit après le belvédère jusqu'à Tadoussac à environ 20 km.

TADOUSSAC

802 hab.

• Plan *p. 307*

Montréal : 480 km ; Québec : 220 km ; Baie-Comeau : 199 km ; Sept-Îles : 430 km ; Havre-Saint-Pierre : 640 km ; Kegaska : 860 km.

***Totochkak* (« mamelle » en langue innue, en référence aux deux collines arrondies qui dominent la ville à l'ouest) s'amarre au confluent du Saguenay et du Saint-Laurent. Le vent y souffle fort, mais le panorama sur les eaux turbulentes, aux lignes de marée sans cesse mouvantes, est grandiose. Au plus fort du reflux, les bateaux renoncent même à s'aventurer dans l'embouchure du fjord, tant la force des eaux est grande.**

Au port, les jolies maisons en bois, la vieille chapelle et l'ancien poste de traite, aujourd'hui transformé en musée, rappellent le caractère historique de Tadoussac : c'est ici que fut créé le premier comptoir à fourrures de la vallée du Saint-Laurent. Aujourd'hui, le plus vieux village du Québec vit au rythme des touristes qui débarquent ici en masse à la belle saison pour

observer les baleines. Dès le mois de juin, plusieurs festivals s'y déroulent, scellant ainsi le côté « rassembleur » de la ville. Une effervescence somme toute assez brève, puisque dès la mi-octobre la ville s'endort à nouveau jusqu'au printemps.

UN PEU D'HISTOIRE

Avant même l'arrivée de Jacques Cartier, baleiniers et pêcheurs européens fréquentent déjà les lieux. Ils sont basques, bretons ou normands, ils ont trouvé refuge dans la baie de Tadoussac, la plupart du temps suite à une fortune de mer. Au contact des Amérindiens, lesquels se réunissaient aux confluents du Saguenay et du Saint-Laurent depuis des temps immémoriaux, certains se muent en coureurs des bois, tant et si bien que dès le XVIe s, une foire estivale attire quelque 2 000 personnes ici ! Les fourrures, de castor surtout, s'y échangent contre perles de verre et outils de métal.

En 1600, Pierre Chauvin, un marchand de Honfleur, obtient du chef innu (Montagnais) de Tadoussac le droit de construire un comptoir. Trois ans plus tard, Champlain scelle une alliance plus large avec les autochtones, donnant véritablement naissance à la Nouvelle-France.

Puis les missionnaires prennent le relais dans le but d'évangéliser les populations natives. En témoigne encore aujourd'hui son église, la première chapelle en bois érigée au Canada. Plus tard, sous l'impulsion des Britanniques et notamment d'un certain sir William Price, l'industrie forestière voit le jour. Elle permettra à la région de se développer. Enfin, dès la fin du XIXe s, attirés par le climat plutôt clément qui règne dans la région en été, les premiers touristes débarquent. Ils sont aujourd'hui près de 300 000 à visiter Tadoussac chaque année.

Arriver – Quitter

En bateau

➢ ***Traversier de/vers Baie-Sainte-Catherine*** (juste de l'autre côté de l'embouchure du Saguenay) *:* bac gratuit, ttes les 15-20 mn 7h-21h20, et ttes les 40 mn-1h la nuit ; service 24h/24. Durée de la traversée : 10 mn. Si vous êtes chanceux, vous apercevrez des bélugas ou des petits rorquals. Attention, en période de festival ou le week-end en été, prévoir de l'attente.

En bus

🚌 ***Arrêt de bus*** *(plan B1) : 443, route du Bateau-Passeur, à la station-service Erco, sur la route 138. ☎ 418-235-1113.*

➢ ***Vers Québec et Montréal :*** 2 bus/j., tlj à 9h30 et 14h30.

➢ ***Vers Chicoutimi*** (et correspondance pour le ***lac Saint-Jean***) *:* 4 bus/sem, dim, lun, jeu et ven, à 14h40. Par la rive nord du Saguenay, via Sacré-Cœur, Sainte-Rose-du-Nord et Saint-Fulgence.

➢ ***Vers Baie-Comeau :*** 2 bus/j., tlj à 13h55 et 21h35. Correspondance pour Havre-Saint-Pierre via Sept-Îles mais en sem slt. Prenez de préférence le premier bus si vous comptez dormir à Sept-Îles le soir.

Adresses et info utiles

ℹ @ ***Maison du tourisme de Tadoussac*** *(plan A2) : 197, rue des Pionniers. ☎ 418-235-4744 ou 1-866-235-4744. • tadoussac.com • Ouv mai-oct slt : de mi-mai à début sept, tlj 9h-19h ; début mai et sept-oct, tlj sauf dim 9h-17h.* Efficace et compétent. Beaucoup de doc sur la ville et la région du Manicouagan.

■ ***Caisse populaire Desjardins*** *(plan B2,* ***1****) : angle rue des Pionniers et Bord-de-l'Eau. Lun-ven 10h-14h (17h jeu).* Distributeur et change.

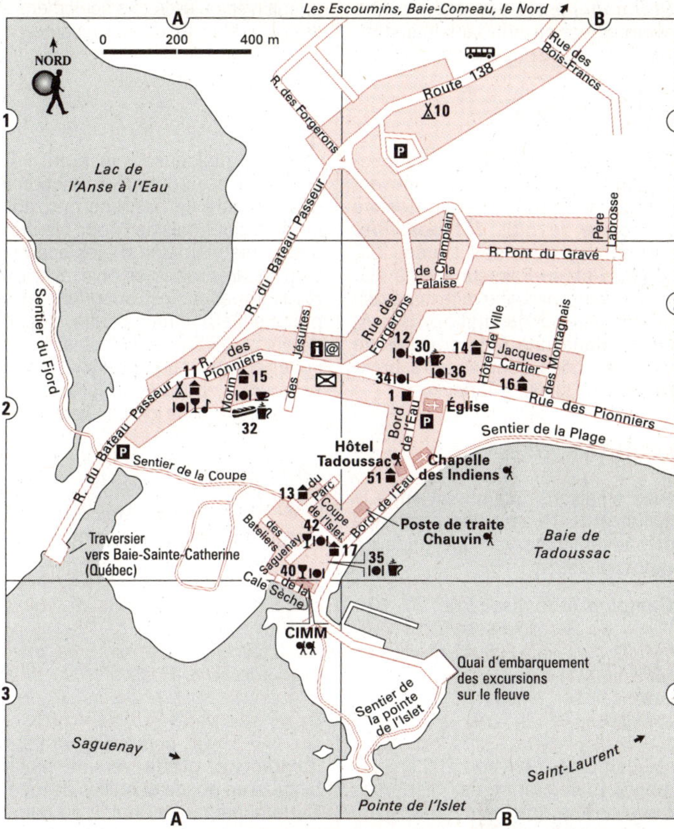

TADOUSSAC

Adresses utiles

- @ Maison du tourisme de Tadoussac (A2)
- **1** Caisse populaire Desjardins (B2)

Où dormir ?

- **10** Camping Tadoussac (B1)
- **11** La Maison Majorique – Eau Berge de Tadoussac (A2)
- **13** Gîte Le Roupillon (A2)
- **14** Gîte du Goéland (B2)
- **15** Auberge Madeleine Fortier (A2)
- **16** Maison Hovington (B2)
- **17** Auberge La Merveilleuse (A-B2)
- **18** La Maison Alexis (hors plan par B2)
- **20** Domaine des Dunes (hors plan par B2)
- **51** Hôtel Tadoussac (B2)

Où manger ?

- **12** Le Bateau (B2)
- **30** Café Bohème (B2)
- **32** La Bolée (A2)
- **34** Bistro Chez Mathilde (B2)
- **35** Le Pick Up Grillé (A2)
- **36** Auberge-restaurant La Galouïne (B2)

Où se sucrer le bec ?

- **32** À l'Emportée (A2)

Où boire un verre ? Où sortir ?

- **11** La Maison Majorique – Eau Berge de Tadoussac (A2)
- **40** Le Gibard (A2)
- **42** Au Père Coquart Café (A2)

P ***Stationnement :*** attention, le stationnement est payant dans le centre-ville, mais on trouvera un parking gratuit (véhicules légers seulement) au-dessus de la maison du tourisme.

Où dormir ?

Beaucoup d'hébergements à Tadoussac, mais les prix sont élevés. Souvent complets en saison, il est nécessaire de ***réserver le plus tôt possible.*** Attention, les adresses situées sur la rue du Bateau-Passeur sont à éviter à cause du passage incessant des camions dès 5h du matin... Sacré-Cœur et dans une moindre mesure Les Bergeronnes sont aussi à privilégier pour un séjour à Tadoussac.

Campings

En haute saison, notamment entre le 15 juillet et le 15 août, les campings sont souvent réservés une année à l'avance, pensez-y !

Camping Tadoussac *(plan B1,* ***10****) :* *428, rue du Bateau-Passeur. ☎ 418-235-4501 ou 1-855-708-4501. • vacancesessipit.com • ♿ Ouv de mi-mai à oct selon hébergements. Env 30-52 $. Possibilité aussi de « prêt-à-camper » 125 $ pour 4 pers (2 lits doubles).* Vaste camping d'environ 200 emplacements bien ombragés, dispersés sur une colline dominant Tadoussac, avec par endroits une superbe vue sur le fleuve. Privilégiez les emplacements bénéficiant du panorama (évidemment les plus chers). Sanitaires propres, laveuses-sécheuses, bois de chauffage et aires de jeux. Salle communautaire.

Domaine des Dunes *(hors plan par B2,* ***20****) : 585, chemin du Moulin-à-Baude. ☎ 418-235-4843. • domainedesdunes.com • À 3 km du centre. Tte l'année. Empl. tente (jusqu'à 4 pers) env 30 $, camping-car 40 $. Chalets (2-6 pers) 145-175 $ pour 2 pers (30 $/pers supplémentaire) ; « prêt-à-camper » pour 3 pers 146 $ en chalet ou tipi. Douche payante.* Si vous recherchez la tranquillité, voici, à moins de 5 mn du centre, quelques petits chalets récents, avec terrasse, installés dans un cadre boisé. Vous aurez le choix entre « Castor bricoleur », « Perdrix niaiseuse » et autre « Orignal original »... Intérieur fonctionnel : une chambre en bas, une mezzanine, un petit coin cuisine. Pour planter sa tente, une vingtaine d'emplacements bien séparés, dans les bois, avec sanitaires impeccables, buanderie et une petite salle communautaire. Location de vélos *(28 $/j.)* et activités diverses (« hébertisme finlandais », en gros parcours d'équilibre en forêt ; circuits d'interprétation le long du fleuve...).

Bon marché

La Maison Majorique – Eau Berge de Tadoussac *(plan A2,* ***11****) : 158, rue du Bateau-Passeur. ☎ 418-235-4372. • ajtadou.com • ♿ À 200 m en sortant du traversier, côté droit. Env 25 $ en dortoir de 4-7 pers le 1er j. (21 $ les j. suivants) ; 2 chambres privées avec sdb 60 $. Possibilité de planter la guitoune pour 12 $/pers sur un site boisé, à l'arrière. Petit déj 4,50 $, souper 11 $. Taxes comprises.* Ambiance dreadlocks, gratte version picking, binouze en pogne et grolles de rando... Cette auberge est un lieu de rassemblement pour les adeptes de « la Route ». Faut dire que l'ambiance est du genre chaleureuse, voire carrément festive (ne comptez pas sur un sommeil réparateur) dans cette grosse bâtisse en bois plantée sur le bord de la 138. Restauration matin et soir, et cuisine accessible pour se faire son frichti. Salon cosy, bar avec billard et terrasse. En revanche, mieux vaut ne pas être trop regardant sur la propreté, l'entretien des chambres, sanitaires et parties communes laissant franchement à désirer. Un bon plan pour celles et ceux qui veulent randonner dans le coin, d'autant qu'on vous assure le transfert vers les sites de rando les plus éloignés. Une adresse pour nos lecteurs les plus *roots*.

La Maison Alexis *(hors plan par B2,* ***18****) : 389, rue des Pionniers.*

LE QUÉBEC

☎ *418-235-1231 ou 4372 (résas hors saison). À 200 m après l'entrée du golf, côté gauche quand on vient de Tadoussac. Ouv de mi-juin à début sept. Env 25 $ en dortoir de 4-8 pers ; petit déj 4,50 $; taxes comprises. CB refusées.* C'est chez Constance mais ça pourrait être chez *La Jeanne* de Brassens. L'escalier craque un max et les meubles accusent la patine des ans, dans cette vénérable demeure tout en bois, isolée dans la verdure. Ici, pas de wifi, faut retirer ses chaussures et, passé 21h30, mieux vaut la mettre en veilleuse si on tape le carton dans la cuisine ! Quant aux couchages (draps fournis), ils se répartissent en dortoirs de 4, de 6 ou de 8. Opter de préférence pour ceux de l'étage, plus agréables que ceux du sous-sol. À partir d'ici, plein de choses à faire, il suffit de demander à Constance !

Auberge Madeleine Fortier *(plan A2,* ***15****) : 176, rue des Pionniers (réception au motel* L'Anse-à-l'Eau*).* ☎ *418-235-4215 ou 4313. • aubergemadeleinefortier@outlook.com • Juin-oct. Doubles 55-80 $.* Carole, la fille de Madeleine, propose à l'étage de sa maison de famille 6 chambres pas bien grandes, mais claires et parfaitement tenues, avec 2 salles de douche et une salle de bains communes. Certaines sont communicantes. Pas de petit déj, mais il y a tout ce qu'il faut pour se le faire soi-même. Un très bon rapport qualité-prix compte tenu de la situation.

Prix moyens

Gîte du Goéland *(plan B2,* ***14****) : 261, rue Hôtel-de-Ville.* ☎ *418-235-4474. • gitedugoeland@gmail.com • Mai-oct. Double 100 $ (25 $/pers supplémentaire), petit déj compris.* Dans une petite maison installée sur les hauteurs de ville, un gîte à la déco fraîche, joliment aménagé par Lila et Sylvain, les jeunes proprios. Les 4 chambres – assez petites mais vraiment plaisantes et à l'accès indépendant – sont sobres, douces et délicieusement calmes (pas de TV ici !). Petit jardin sur l'arrière. Accueil à l'image du lieu, raffiné et discret. Une de nos adresses préférées à Tadoussac.

Gîte Le Roupillon *(plan A2,* ***13****) : 141, rue du Parc.* ☎ *418-235-4353 ou 1-866-752-4353. • leroupillon.ca • Mai-oct. Doubles 92-97 $ (25 $/pers supplémentaire), petit déj compris, taxes incluses. CB refusées.* Situé dans un quartier résidentiel calme, juste au-dessus du port, *Le Roupillon* abrite 5 petites chambres mansardées, accessibles par un escalier extérieur. Elles partagent 2 salles de bains. Mais le vrai plus de la maison, c'est toute la partie récréative mise à la disposition des hôtes : un petit bout de jardin avec des jeux pour les enfants et un barbecue pour les parents, une salle de détente avec billard, baby-foot, des vélos pour partir en balade... Bon accueil de Jo-Ann et de Stéphane, les maîtres des lieux.

De prix moyens à chic

Maison Hovington *(plan B2,* ***16****) : 285, rue des Pionniers.* ☎ *418-235-4466. • maisonhovington.com • Mai-oct. Résa impérative en été. Doubles 105-125 $, petit déj compris.* Cette demeure en bois de 1865 a beaucoup de cachet. Ses propriétaires, Lise et Paulin Hovington, descendent d'une famille de navigateurs. Leur maison a conservé un caractère bien trempé, avec une déco un brin chargée et un confort cosy à l'anglaise. Les 5 chambres, colorées, élégantes et douillettes (peignoir dans chacune d'entre elles), ont toutes une salle de bains privée. En prime, vue magnifique sur la baie de Tadoussac pour la plupart. Petit déj servi dans de la vaisselle ancienne. Le charme d'une autre époque...

Auberge La Merveilleuse *(plan A-B2,* ***17****) : 113, Coupe-de-l'Islet.* ☎ *418-235-4396. • lamerveilleuse.com • Située devant la baie. Doubles 130-190 $, pavillon pour 4-5 pers 230 $, petit déj compris.* Dans le quartier animé de Tadoussac (bars musicaux), une charmante maison de 1887, dispose de 3 chambres à la déco contemporaine, lumineuses et de grand confort. Certaines offrent une superbe vue sur la baie, tout comme la salle à manger où sont servis de délicieux petits déj. En revanche, éviter le pavillon situé à l'arrière de la maison, nettement surfacturé et trop proche du café voisin.

Chic

Hôtel Tadoussac *(plan B2,* ***51****) : 165, rue du Bord-de-L'Eau. ☎ 418-235-4421. • hoteltadoussac.com • Mai-oct. Doubles 130-170 $, petit déj en plus.* Sorti de terre dès 1864, démoli en 1941 puis reconstruit et agrandi, ce long bâtiment de style balnéaire, reconnaissable à son toit rouge, est bien ancré dans le paysage de Tadoussac. Avec ses 150 chambres et ses 2 restos, il offre un lieu de villégiature idéal pour ceux qui ont quelques moyens. Évidemment, tout le confort attendu dans cette catégorie de prix, avec par-dessus le marché une grande piscine très appréciée quand soleil et chaleur sont de la partie.

Où manger ?

Attention, en dehors de la saison touristique, seul le resto du motel ***Chantmartin*** est ouvert *(412, rue du Bateau-Passeur, route 138 ; ☎ 418-235-4733 ; tte l'année 6h30-21h30 ; jusqu'à 23h en été).* Il offre de la bonne grosse *comfort food,* comme disent nos amis anglophones.

De bon marché à prix moyens

Le Pick Up Grillé *(plan A2,* ***35****) : 139, rue du Bord-de-l'Eau. ☎ 418-235-1420. De mai à mi-oct, tlj 10h-22h (jusqu'au dernier client en basse saison). Env 12-18 $.* Mignonnette petite maison marron et blanc, devancée par une terrasse en espalier et un coin de pelouse, face au port. La carte propose burgers goûteux, plats simples et bons, salades aussi croquantes que copieuses et bien assaisonnées. Le plat-signature de la maison est la guédille de homard. L'essayer, c'est l'adopter. Parfait aussi pour le petit déj, avec un vrai expresso ! Une adresse d'un bon rapport qualité-prix.

Café Bohème *(plan B2,* ***30****) : 239, rue des Pionniers (face à l'église). ☎ 418-235-1180. Mai-oct, tlj 8h-22h (23h juil-août). Plats 15-28 $ le midi, 22-39 $ le soir.* L'ancien magasin général de Tadoussac abrite aujourd'hui un café pimpant et chaleureux, doté d'une petite déco sympa avec collection de vieux appareils photo et expos temporaires. Grand choix de petits déj, délicieuses pâtisseries maison et petits plats simples plutôt réussis (souper servi à partir de 15h !). C'est ici que se trame la vie culturelle de Tadoussac, un lieu de rencontre chaleureux et convivial avec quelques soirées musicales de temps en temps.

Le Bateau *(plan B2,* ***12****) : 246, rue des Forgerons. ☎ 418-235-4427. Tlj 11h-14h30, 17h-21h30 (en continu juil-août). Formule 13 $ le midi et 20 $ le soir, thé ou café compris.* Fille du pays, Mireille exploite aujourd'hui le resto de sa grand-mère. Son concept est simple comme bonjour : un buffet à volonté pour un prix forfaitaire. Intérieur années 1970 et couverts de cantine mais vue superbe pour une nourriture qui vous rappellera vos années au pensionnat. Les papilles aventurières s'essaieront à la tarte au vinaigre, la spécialité de la maison. Rien d'exceptionnel, mais on en sort rassasié.

De prix moyens à plus chic

La Bolée *(plan A2,* ***32****) : 164, rue Morin. ☎ 418-235-4750. Mai-oct, slt le soir 17h30-21h30. Plats 13-26 $; table d'hôtes dès 36 $.* Dans une grande maison jaune, que Bruno, épicurien devant l'Éternel, a construite lui-même. À la fois chef et sommelier, notre homme propose une table des plus élégante, qui vous donnera l'occasion de goûter à la bavette de bison ou autres produits de la mer : pétoncles (coquilles Saint-Jacques), morue, homard, crabe des neiges ou flétan. Opter de préférence pour la verrière, très agréable pour un dîner en amoureux. Une bonne adresse.

Bistro Chez Mathilde *(plan B2, **34**) : 227, rue des Pionniers. ☎ 418-235-4443. Tlj juin-oct 11h-15h, 18h-23h. Plats env 14-20 $ le midi, 25-35 $ le soir.* Un bistrot pour tous les goûts mais plutôt orienté viandards ! Le midi, choisir la jolie salle au cadre convivial pour quelques petits plats simples, sandwichs, croques, pizzas, et salades plus travaillées que d'habitude. Mais, pour se faire vraiment plaisir, on revient le soir profiter d'une carte inventive. Service jeune et attentif. Pianiste et contrebassiste tous les soirs en saison. Kiosque à l'extérieur pour contenter une petite fringale.

Auberge-restaurant La Galouïne *(plan B2, **36**) : 251, rue des Pionniers. ☎ 418-235-4380. Mai-oct. Plats 13-17 $ le midi ; table d'hôtes 30-75 $ le soir.* Cuisine régionale classique qui navigue entre gibiers et produits de la mer. Le tout servi dans la salle coquette d'une maison datant de 1880, ou en terrasse. Martin Brisson, le chef, est un natif du coin ; il propose une belle sélection de produits « terroir boréal » et possède son propre fumoir. Un peu dispendieux tout de même. Sinon, de p'tites choses toutes simples et moins coûteuses le midi.

Où se sucrer le bec ?

À l'Emportée *(plan A2, **32**) : 164 B, rue Morin. ☎ 418-235-4752. En saison, tlj 6h30-18h30.* Boulangerie-pâtisserie proposant quelques viennoiseries, du pain et de quoi farcir son « sous-marin » (sandwich en québécois) pour partir en rando. Quelques salades et du fromage aussi. Manque juste une petite terrasse au soleil du matin.

Où boire un verre ? Où sortir ?

Le Gibard *(plan A2, **40**) : 137, rue du Bord-de-l'Eau. ☎ 418-235-4534. Avr-oct, tlj 10h30-3h ; à partir de 16h en avant-saison.* Tenue avec charme par Nancy et Isabel, cette mignonne maison en bois, toute petite et conviviale, bénéficie d'une vue directe sur la baie depuis ses grandes fenêtres. Atmosphère chaleureuse et cadre très coloré, où les habitués descendent leur pression en jouant aux échecs. *Happy hour* sympathique pour le 5 à 7, spectacles, soirées DJ et concert avec micro ouvert le mardi. Choix de petits casse-croûte (croissants garnis, pizzas, gâteaux... et spaghettis à 4,50 $ le vendredi soir, faut bien ça !).

La Maison Majorique – Eau Berge de Tadoussac *(plan A2, **11**) : voir « Où dormir ? ».* Son bar-billard en forme de cale de bateau est toujours très animé. Ceux qui font « la Route » s'y retrouvent tous les soirs, pour quelques *jam-sessions* improvisées ou parler d'écologie autour du feu avec les étudiants du cru rentrés au bercail pour leur boulot d'été. C'est l'un des lieux majeurs de la vie nocturne de la petite ville, avec de la musique presque chaque soir.

Au Père Coquart Café *(plan A2, **42**) : 115, rue Coupe-de-l'Islet. ☎ 418-235-1170. Juin-sept, tlj 11h-22h pour la cuisine, 11h-3h pour le bar.* Cadre intérieur en bois, mais ce café chaleureux vaut surtout pour son ambiance conviviale, son choix d'une douzaine de bières pression (autant en bouteille) et sa tranquille terrasse. Cuisine simple et moyenne, mais bon marché (pizzas, sandwichs, salades...). Du jeudi au samedi soir en été, la maison se mue en « boîte à chansons » dès 20h-20h30. On y gratouille du blues, du rock et l'inévitable folk québécois.

À voir

Le CIMM *(Centre d'interprétation des mammifères marins ; plan A3) : 108, rue de la Cale-Sèche, près du port. ☎ 418-235-4701. • gremm.org • Ouv* *mai-oct ; horaires variables (9h-20h juin-sept). Entrée : env 12 $ + taxes ; réduc ; gratuit jusqu'à 17 ans. Parking exorbitant.* Ce centre de recherche a créé un petit centre d'interprétation des baleines afin de mieux faire connaître les cétacés qui fréquentent les eaux locales : régime alimentaire, communication, reproduction, etc. Une grande carte réactualisée chaque semaine indique leur position et leur nombre dans le Saint-Laurent. La problématique environnementale est aussi abordée, notamment avec le cas du béluga, espèce en voie de disparition, dont l'échouage des mort-nés s'est sérieusement accru depuis 2010 à cause du réchauffement climatique (diminution du couvert de glace). Un film de 15 mn présente le travail des chercheurs, puis des naturalistes répondent aux questions des visiteurs et organisent des animations gratuites dans le jardin en été. La visite du centre en lui-même est libre (compter 1h-1h30) ; au cours de celle-ci, deux spécialistes des baleines, en liaison directe avec les équipes de recherches, vous feront partager leur passion pour ces grosses bébêtes. Ils s'interrogeront avec vous sur le pourquoi du saut des baleines ou vous apporteront quelques détails croustillants sur l'anatomie des rorquals bleus lors de l'accouplement... Loin d'avoir épuisé toutes les ressources en matière de sensibilisation, ils ont aussi mis au point un *baleinophone,* imitant le cri du rorqual à bosse. Essayez-le !

La chapelle des Indiens *(plan B2)* **:** *rue du Bord-de-l'Eau, dans la descente menant au port, après l'église en pierre. ☎ 418-235-1415. De mi-juin à mi-oct, tlj 10h-19h. GRATUIT (mais donation bienvenue).* Construite en 1747-1750 par un missionnaire jésuite grâce à la générosité de l'intendant de France, c'est la plus ancienne chapelle en bois encore existante au Canada.

Le poste de traite Chauvin *(plan B2)* **:** *157, rue du Bord-de-l'Eau. ☎ 418-235-4657. • smq.qc.ca • De juin à sept, tlj 10h-12h, 13h-19h (horaires variables). Entrée : 5 $; réduc.* Reconstitution pittoresque du premier poste de traite (entièrement en bois) du Canada, bâti en 1599-1600 par un dénommé Pierre Chauvin qui venait de Honfleur, mandaté par le roi Henri IV. On y troquait des fourrures entre Français et Amérindiens. À l'intérieur, toute petite mais intéressante expo évoquant la traite des fourrures, ainsi que deux vidéos de 12 mn chacune retraçant l'histoire des premiers contacts entre colons et Amérindiens sous forme de dessins projetés.

VENDRE LA PEAU DE L'OURS

À l'époque où les postes de traite fleurissaient un peu partout, la donne n'était pas tout à fait la même entre Anglais et Français. Les premiers, appelés « voyageurs », étaient salariés sous contrat tandis que les seconds, les « coureurs des bois », étaient des travailleurs indépendants.

L'hôtel Tadoussac *(plan B2)* **:** *165, rue du Bord-de-l'Eau. ☎ 418-235-4421. • hoteltadoussac.com •* Impossible de le manquer : longue bâtisse blanche au toit rouge à clocheton, qui est le symbole bâti de la ville. Le premier hôtel *Tadoussac* date en fait de 1864, mais il fut par la suite démoli et reconstruit en 1942 par la *Canada Steamship Line.* C'était l'escale de choix des riches Anglais en croisière sur le fleuve... Il a aussi servi de décor au film *Hotel New Hampshire,* adapté du roman de John Irving (avec Jodie Foster, entre autres). Voir plus haut « Où dormir ? ».

À faire

Petites balades

Plusieurs sentiers pédestres au départ du village, notamment dans le parc du Saguenay ainsi que dans Tadoussac même.

➢ ***Le sentier de la Coupe*** *(plan A2)* **:** il permet de rejoindre directement le port depuis le traversier. Départ à la hauteur de l'hôtel *George* et débouché dans la rue Coupe-de-l'Islet (qui donne dans la rue du Bord-de-l'Eau). Le sentier trace une boucle supplémentaire dans le parc et offre de beaux panoramas sur le village et le fjord. Durée de la boucle : 40 mn (1,2 km).

➢ ***Le sentier de la pointe de l'Islet*** *(plan A-B3)* **:** départ derrière la boutique *La Marée* (près du CIMM) ou de l'extrémité du quai. Il longe la côte déchiquetée jusqu'à la pointe de l'Islet et contourne toute la presqu'île. Circuit en boucle de 30 mn (1,3 km) avec panneaux d'interprétation. En saison, on voit bien les bélugas et les petits rorquals au large de la pointe pour peu qu'on soit un peu patient. On est là exactement à l'endroit où les eaux du Saguenay rencontrent celles du Saint-Laurent.

➢ ***Balade à Pointe-Rouge*** *(hors plan par B2)* **:** suivre la plage vers l'est (en vérifiant bien l'heure des marées). Marche d'environ 1h aller-retour jusqu'à la pointe. Les chanceux apercevront des baleines.

Grande randonnée

➢ ***Le sentier du Fjord*** *(plan A2)* **:** *résas des refuges au ☎ 418-236-1556 ou 1-800-665-6527. • sepaq.com/pq/sag • Départ de la station piscicole, juste au-dessus du quai du traversier. Vous pouvez y garer votre voiture. Accès au parc : 8,50 $/j. ; gratuit jusqu'à 17 ans ; réduc.*
Un petit sentier superbe et facile (3,2 km) conduit à Baie-Sainte-Marguerite. On arrive alors à un belvédère d'où l'on peut généralement apercevoir des bélugas, spécialement entre juin et octobre. Un autre chemin remonte le lac de L'Anse-à-l'Eau et suit une partie du fjord du Saguenay à travers le parc jusqu'à l'Anse de la Passe-Pierre. En tout, environ 42 km, à parcourir en 3 jours. Il est possible de dormir dans les refuges du parc national (jusqu'à 12 places) mis à la disposition des randonneurs. Il en existe trois : l'un à l'anse à la Boule, un autre à l'anse Creuse et le troisième à l'anse de la Barge. Pour les purs et durs, plusieurs sites de camping (anse à la Boule, anse à la Passe-Pierre, pointe du Moulin et baie Sainte-Marguerite – le seul accessible en voiture, territoire favori des bélugas).
Comme cette randonnée est longue, on conseille de se faire accompagner et de ne faire que le retour (ou vice versa). Contactez ***La Maison Majorique – Eau Berge de Tadoussac*** (voir plus haut « Où dormir ? »), qui s'occupe des transferts *(compter 20-30 $/pers selon distance).* Pour les moins aventureux, on peut emprunter la navette jusqu'au cap de la Boule et revenir à Tadoussac dans la journée (environ 12 km) ; le parcours est magnifique.

Observation des baleines

À la hauteur de Tadoussac (mais également plus à l'est), le Saint-Laurent accueille à la belle saison plusieurs espèces de baleines. Il y a beaucoup moins de chances d'en voir au printemps (surtout avant juin) et en hiver. On aperçoit également plusieurs phoques dans le coin. Avant de partir, on vous conseille de passer faire un tour au ***CIMM*** (références plus haut, dans « À voir »), histoire de vous familiariser avec les cétacés, leurs habitudes, leurs régimes alimentaires. Et aussi pour ***consulter la carte, remise à jour quotidiennement, des lieux où batifolent les baleines...*** ou pas !

Observation terrestre

Il est possible de voir les baleines depuis la terre ferme en allant sur les rochers de Tadoussac (pointe de l'Islet et Pointe-Rouge). Elles viennent parfois à moins de 15 m du rivage ! On peut alors entendre leur souffle puissant ! Pour voir des « gros modèles », il faudra descendre le Saint-Laurent jusqu'au cap de Bon-Désir entre Les Bergeronnes et Les Escoumins, car les mastodontes ne remontent que très rarement jusqu'à l'entrée du fjord. À l'ouest (prendre le traversier), on en observe également du côté de la Pointe-Noire ou encore près de Baie-Sainte-Catherine. La terre ferme permet de les observer sans se ruiner, sans polluer et sans les déranger. Les centres d'interprétation et d'observation sont payants *(env 12 $, famille 20 $),* mais, du parking, on voit déjà très bien avec ses jumelles !

Kayak

On peut aussi partir à leur rencontre en kayak. Mais pas question d'y aller seul ! Ces sorties se font toujours accompagné.

■ ***Mer et Monde Écotours :*** *en saison, présence d'une guitoune blanche à même la plage de Tadoussac, face à la marina, en contrebas de la rue du Bord-de-l'Eau (nº148), au niveau du poste de traite Chauvin. Sinon, se rendre aux Bergeronnes, au camping* Mer et Monde Écotours *(voir « Où dormir ? » aux* ***Bergeronnes****). ☎ 418-232-6779 ou 1-866-637-6663. • meretmonde.ca • Les principales sorties sont proposées aux Bergeronnes, mai-oct. Excursion de 3h30, dans le fjord du Saguenay, env 66 $, ou de 8h, env 121 $; réduc.* Le fjord est vraiment un bel espace à découvrir en kayak. Paysage grandiose avec de petites anses secrètes dans lesquelles les bélugas aiment à se regrouper. Pour les forfaits « baleine » à la demi-journée, 3 départs par jour à 8h, 12h et 16h. Pour la journée complète, départ à 8h, retour à 16h, repas du midi compris.

LE QUÉBEC

Croisières

À Tadoussac, tout le monde vous proposera des « croisières » d'observation, à commencer par votre hôtelier... À Tadoussac même, il existe deux compagnies qui se valent à peu près. La plus petite est ***Otis Excursions*** *(431, rue du Bateau-Passeur ; ☎ 418-235-4537 ou 1-877-235-4197 ; • otisexcursions.com •),* entreprise familiale qui n'utilise que des Zodiac de 12 à 36 passagers. La seconde propose des sorties en gros bateau traditionnel ou en Zodiac : ***Croisières AML*** *(117, rue des Pionniers ; ☎ 418-235-4642 ou 1-800-563-4643 ; • croisieresaml.com •). En général, 3-4 départs/j. en pleine saison. Ttes les compagnies pratiquent à peu près le même tarif, soit env 70 $/pers pour une balade de 3h en bateau 500-700 places (env 65 $ pour 2h) ou 75 $ pour 3h en Zodiac.*

En tout état de cause, excepté en très haute saison où il est préférable de réserver, prenez votre billet au dernier moment afin d'être sûr que le temps soit clément. Prévoyez polaire et coupe-vent, il fait froid sur le fleuve (l'eau est à 4 °C !), même en plein été. À noter qu'à bord d'un Zodiac et malgré les combinaisons fournies, c'est la douche assurée, car dès qu'il y a un souffle de vent, les creux se forment, et les vagues arrosent copieusement les passagers. Les bateaux sont plus confortables en revanche. Enfin, quand la saison bat son plein, le CIMM souligne qu'il est préférable d'observer les baleines à bord de gros bateaux, plutôt qu'en Zodiac de faible capacité. Bref, à vous de voir.

Festivals

– ***Festival de la chanson de Tadoussac :*** *fin juin, pdt 4 j. ☎ 418-235-4108 ou 1-866-861-4108. • chansontadoussac.com • Concert 10-45 $; forfait festival également.* Concerts de chanson, de rock et de blues sur le front de mer et dans plusieurs cafés du village. Super ambiance.

– ***Festival des migrateurs :*** *en sept, pdt 2-3 j. ☎ 1-877-637-1877. • festivalmigrateurs.com •* Sessions d'observation dans différents spots de la région, conférences, croisières, activités ornithologiques, notamment baguage des nyctales. Bref, plein de chouettes activités.

DANS LES ENVIRONS DE TADOUSSAC

Observation de l'ours noir (hors plan par B1) : *62, route 138 à env 8 km à l'est de Tadoussac (env 4 km au-delà de l'embranchement pour Sacré-Cœur, au niveau de l'accueil de la pourvoirie des lacs à Jimmy. ☎ 418-235-4814. • vacanceses sipit.com • Départ tlj à 18h45 ; prix par adulte pour 1h30 d'observation env 40 $, taxes comprises, réduc. Si vous ne voyez pas d'ours, vous êtes autorisé à revenir le lendemain.* La pourvoirie des lacs à Jimmy est un milieu de lacs et de forêts où évoluent plusieurs familles d'ours noirs. Des animaux en totale liberté, que les rangers en charge du site ont décidé de nourrir, afin de permettre aux touristes de les observer. On est pratiquement assuré d'en voir (environ à une trentaine de mètres), mais la balade vaut surtout pour les infos données par les rangers. N'oubliez pas votre petite laine même en été et surtout un répulsif pour insectes, sinon ce sont les ours qui regardent les moustiques bouffer les touristes !

L'observatoire d'oiseaux de Tadoussac (hors plan par B2) : *dans le secteur des dunes, à 6 km à l'est du village, dans le prolongement de la rue des Pionniers. GRATUIT.* Plus que des dunes, il s'agit de hautes banquettes de sable, déposées à l'ère glaciaire, qui forment des sortes de collines dorées dévalant vers le Saint-Laurent. Des belvédères, la vue sur le rivage est vraiment somptueuse, et si Tadoussac est réputée pour ses baleines elle l'est également pour l'ornithologie puisqu'elle est située sur un couloir de migration qui voit passer plus de 150 espèces chaque année.

LES BERGERONNES ET LES ESCOUMINS

688 et 1 978 hab.

À 24 km au nord-est de Tadoussac, Les Bergeronnes s'accrochent au flanc des collines surplombant le Saint-Laurent. Leur nom vient de Samuel de Champlain qui, voyant des hirondelles de mer sur la plage, les prit pour des bergeronnettes. Beaucoup moins connus (moins touristiques et donc moins chers) que Tadoussac, Les Bergeronnes font face à une fosse marine très propice aux mammifères marins et constituent de ce fait un lieu idéal d'observation. On peut même y apercevoir la baleine bleue, elle qui aime avoir de l'espace ! À une quinzaine de kilomètres plus au nord, Les Escoumins, village sans grand intérêt, est le point de départ des traversiers pour Trois-Pistoles en Gaspésie. *Service de mi-mai à mi-oct (résa impérative 15 juil-15 août), avec la CNB. 1-3 traversées/j. selon période et marée ; rens et résas à* ***Trois-Pistoles*** *au ☎ 418-851-4676 ou 1-877-851-4677. • traversiercnb.ca •*

Adresses et info utiles

Information Les Bergeronnes : *505, rue du Boisé, Les Bergeronnes. ☎ 418-232-6595 (en été) ou 6326 (hors saison). • bergeronnes.net • Le long de la route principale (route 138). Ouv de juin à mi-oct : en été 11h30-18h30 ; horaires réduits avant et après saison.* Liste des gîtes et hôtels, et toutes les infos touristiques sur le Manicouagan.

Bureau d'accueil touristique Les Escoumins : *154, route 138, Les Escoumins. ☎ 418-233-2663 (en été) ou 2766 (hors saison). • tou rismemanicouagan.com • De début juin à mi-sept, tlj 9h-19h (plus tôt en fin de saison).* Infos locales et vente de produits du coin.

– **Festival de la baleine bleue :** *3 j. fin juil-début août. Rens : ☎ 418-232-3590.* Spectacles, activités de plein air, jeux, etc.

LE QUÉBEC

Où dormir aux Bergeronnes et aux Escoumins ?

Attention, aux Bergeronnes et aux Escoumins comme à Tadoussac, en haute saison, les emplacements de camping peuvent être réservés dès octobre de l'année précédente.

Campings

Camping rustique de Mer et Monde Écotours : *20, chemin Jalbert, sur la 138, à* ***L'Anse-à-la-Cave,*** *à mi-chemin entre Les Bergeronnes et Les Escoumins. ☎ 418-232-6779 ou 1-866-637-6663. • meretmonde.ca • Ouv de mi-mai à mi-oct. Résa fortement conseillée. Compter 36 $ jusqu'à 4 pers ; tente « prêt-à-camper » 135 $ pour 2-4 pers ; refuge 5 places 140 $. Loc de tente, sacs de couchage et draps 30 $ pour 2 pers.* Une trentaine d'emplacements de camping (très) rustiques à flanc de rocher, en partie sur plates-formes de bois, directement en bordure du Saint-Laurent. Coucher du soleil sur le fleuve et réveil matinal au chant du ressac. Magnifique. Également des tentes « prêt-à-camper » très agréables et bien équipées, magnifiquement placées face au fleuve, avec 2 lits doubles (sacs de couchage fournis). Mais le must, ce sont les 2 refuges de 5 places avec leur grande baie vitrée face au large, leur gazinière extérieure et leurs matelas à même le plancher. Bloc sanitaire avec douche et toilettes pour tout le monde. C'est d'ici que partent les excursions en kayak de mer de la compagnie (voir plus loin « L'observation des baleines »).

Camping municipal Bon-Désir : *198, route 138, à 3 km direction Les Escoumins. ☎ 418-232-6297. • campingbondesir.com • Ouv de mai à mi-oct. Empl. 27-43 $; ajouter env 6 $/tente et 7 $/pers. Douches payantes.* Site immense et superbe tout en dénivelée, profitant de vues magnifiques sur le Saint-Laurent. L'herbe est épaisse, en tapis, et les emplacements en partie ombragés sont dispersés au gré des (7 !) petits lacs, des bois et du rivage. Salle commune tout équipée (frigo, micro-ondes, machine à laver, billard, baby-foot, TV) à la disposition des campeurs, aire de jeux pour les enfants. Des sentiers permettent de rejoindre le quai des Bergeronnes (5 km) et le cap de Bon-Désir (3 km). Le camping loue des jumelles *(compter 7 $ la ½ journée).*

Prix moyens

La P'tite Baleine : *50, rue Principale (angle rue de la Mer), Les Bergeronnes. ☎ 418-232-6756. • giteetaubergedupassant.com/baleine • Tte l'année. Double 95 $, petit déj et taxes compris. CB refusées.* Ce gîte occupe la plus vieille demeure du village (1842). 3 générations de Ross ont précédé Geneviève dans ce qui fut l'ancien magasin général des Bergeronnes. La patine du temps, les planchers qui craquent, les couvre-lits faits main et les meubles anciens donnent de l'âme au lieu. En tout, 4 petites chambres et une familiale, du kitsch au coquet sobre, se partagent 2 salles de bains. L'accueil très chaleureux de Geneviève vous enchantera et son petit déj est un pur moment de bonheur. À l'arrière, grand jardin fleuri pour prendre le temps de vivre.

Gîte du Bassin : *217, rue du Bassin, Les Bergeronnes. ☎ 418-232-6413 ou 1-877-232-6413. Mai-oct slt. Doubles sans ou avec sdb privée 75-80 $ (15 $/pers supplémentaire), petit déj et taxes compris. CB refusées.* Dans une rue tranquille un peu à l'écart du village, un gîte tout simple, géré par Mathiew, petit-fils des anciens proprios. Si vous aimez les bibelots et autres fanfreluches, les 4 chambres à l'étage vous séduiront. Bon et riche petit déj avec des confitures maison. Un bon rapport qualité-prix.

Gîte Chez les Petit : *56, rue Principale, Les Bergeronnes. ☎ 418-514-8606. • gitepetit.net • De mai à mi-sept. Doubles avec ou sans sdb privée à partir de 90 $, petit déj et taxes compris. CB refusées.* Dans leur chaleureuse maison, Janet et Jean-Claude disposent de 4 chambres coquettes, dont 2 familiales où peuvent loger 3 voire 4 personnes. 2 d'entre elles seulement possèdent leur propre salle de bains. Leur petit déj est un modèle du genre. Qui plus est, les Petit donnent beaucoup de tuyaux sur leur région, et ne sont pas peu fiers de Marie-Claude, leur fille, chanteuse du groupe Boogie Wonder Band !

Chic

■ |●| ***Auberge La Rosepierre :*** *66, rue Principale, Les Bergeronnes. ☎ 418-232-6543 ou 1-888-264-6543. • rosepierre.com • Tte l'année. Doubles 92-113 $ (18 $/pers supplémentaire), petit déj compris.* Cette auberge de granit rose, posée au milieu d'un grand jardin, possède une dizaine de petites chambres disposant toutes d'une salle de bains. TV, cafetière, machine à expresso dans les plus chères... Sabine et Thomas, débarqués de leur Suisse natale, ont fait ce qu'il fallait pour contenter leurs hôtes. Petit salon pour papoter, resto pour prendre pension. De quoi attendre au chaud l'arrivée des baleines. Bon accueil.

■ ***Chalets de l'Anse-à-Jos, Chalets de l'Anse-à-Yves, et Condos Natakam :*** *46, rue de la Réserve, à côté de la station-service, à* ***Essipit*** *(réserve innue située aux Escoumins). ☎ 418-233-2266 ou 1-888-868-6666. • vacancesessipit.com • Chalets 136-187 $, condos 132-181 $.* Ouverts seulement de mi-mai à mi-octobre, les 5 chalets en forme de A au toit rouge de l'*Anse-à-Jos* font face à une très jolie crique, tandis que les 3 chalets de l'*Anse-à-Yves* se perchent sur une courte falaise, au-dessus des eaux du Saint-Laurent : le grand calme et les yeux dans le bleu ! Intérieur fonctionnel, avec 2 chambres, salle de bains, kitchenette équipée et salon avec TV. Quant aux condos *Natakam,* ouverts toute l'année, il s'agit d'appartements récents réunis dans différentes petites unités, le tout isolé au bout d'une route privée face à la baie (terrasse ou balcon pour tout le monde). Idéal pour les familles.

Où manger aux Bergeronnes et aux Escoumins ?

Bon marché

|●| ***La P'tite Cochonne :*** *482, rue de la Mer, Les Bergeronnes. De mi-juin à oct, tlj 6h-17h (selon fournées et saison).* Chantal et Éric (sculpteur à ses heures) tiennent leur *boulange* traditionnelle sur le bord de la route menant au quai des Bergeronnes. Pain au levain, fougasses, brioches, tartes salées, et un kouign-amann à tomber par terre ! Tables de pique-nique pour consommer sur place.

De prix moyens à plus chic

|●| ***Restaurant du Boisé :*** *140, route 138 ; à 1 km au nord du bourg des Bergeronnes. ☎ 418-232-1375. Mai-oct, tlj 18h-22h. Plats 15-40 $, table d'hôtes pour 10 $ de plus, formules pour 2 (copieux) 65 $.* *Diner* québécois au bord de la route principale. Intérieur sobre, table en granit, serviette en papier et couverts de cantine. Service agréable pour une cuisine du cru plutôt axée sur la mer. Excellente morue, que ce soit en filet ou en *fish & chips.* Les desserts ne sont pas mal non plus.

|●| ***La Pêcherie Manicouagan :*** *152, rue Saint-Marcellin, Les Escoumins. ☎ 418-233-3122. De mi-mars à fin déc, tlj 8h-21h (horaires élargis pdt la saison du crabe). Le midi 16-20 $. Le soir, plats env 16-35 $.* D'un côté la poissonnerie, de l'autre le resto, autant dire que le poisson frétille encore quand il arrive dans votre assiette ! Dans une salle largement vitrée tournée vers la baie, un service exclusivement féminin vous propose un bon choix de produits de la mer : crabe des neiges, flétan, morue, sole et turbot, homard et crevettes, tout ça en sauce ou nature, avec juste un filet de citron. Bref, de quoi faire le plein de phosphore avant une bonne partie de Scrabble.

|●| ***Auberge La Rosepierre :*** *66, rue Principale, Les Bergeronnes. ☎ 418-232-6543 ou 1-888-264-6543. L'été, tlj 17h30-21h30. Table d'hôtes 32-40 $. Résa obligatoire si vous ne dormez pas à l'auberge.* Madame aux fourneaux, monsieur au service, les proprios de cette auberge cosy ont pris le parti de bichonner leurs hôtes. Dans une atmosphère surannée, sur des tables bien dressées donnant sur le jardin, ils proposent une cuisine du marché terre-mer sans pour autant oublier les végétariens.

À voir. À faire

Le Centre d'interprétation et d'observation du cap de Bon-Désir : *13, chemin du Cap-de-Bon-Désir, à peu près à mi-chemin entre Les Bergeronnes et Les Escoumins. ☎ 418-232-6751 (en saison) ou 418-235-4703 (hors saison). • parcmarin.qc.ca • De mi-juin à début sept, tlj 9h-18h ; de début sept à mi-oct, mer-dim 9h-17h. Entrée : 8 $; réduc.* Au cœur du parc marin du Saguenay-Saint-Laurent, ce site permettra aux plus chanceux d'entre vous d'observer, depuis le rivage, diverses espèces de mammifères marins dont les plus grosses baleines, car ces demoiselles rechignent souvent à s'aventurer plus en amont. Un sentier de 500 m y mène. On y rencontre aussi des naturalistes qui dévoilent les secrets de l'estuaire du Saint-Laurent : la vie sur ses rives, la faune sous-marine, la navigation, etc. Le phare du cap de Bon-Désir, toujours en fonction, voisine avec le centre d'interprétation (minuscule expo sur le littoral et la faune) et une dépendance abritant la vieille machinerie du *criard de brume* (corne de brume). Site pittoresque pour pique-niquer au pied du phare. Petit café pour s'abriter en cas de mauvais temps. Le week-end et le mercredi, sur le coup de 10h30, dans le cadre d'une animation appelée « *30 pieds chez Neptune* », les plongeurs du centre rapportent quelques invertébrés du fond du Saint-Laurent. C'est pour eux l'occasion de sensibiliser le public à la fragilité du milieu.

Le Centre de découverte du milieu marin : *41, rue des Pilotes, à* **L'Anse-aux-Basques,** *env 3 km au sud des Escoumins. ☎ 418-233-4414 (en saison) ou 418-235-4703 (hors saison). • pc.gc.ca • ♿ De mi-juin à début sept, tlj 9h-18h ; de début sept à mi-oct, ven-dim 9h-17h. Entrée : 8 $; 15 $ pour l'activité « Le Saint-Laurent en direct » (mer-dim en hte saison, jeu-dim en avant et après saison ; horaire selon demande : téléphoner car les places sont limitées).* L'exposition permanente, ludique et interactive, permet de découvrir le Saint-Laurent sous-marin, la fragilité de son écosystème et les raisons de la présence des baleines en ces lieux. Mais le plus insolite ici, c'est d'assister en direct, confortablement installé dans la salle de projection, aux explorations des plongeurs biologistes du centre. Une bonne façon de plonger sans se mouiller ! Très intéressant, mais n'espérez pas voir une baleine. C'est plutôt l'occasion de découvrir en détail les mystères des fonds marins : oursins, anémones de toutes les couleurs, crustacés. Les mordus de *snorkelling* (nage avec palme, masque et tuba) pourront louer du matériel de plongée, pour aller faire des ronds dans l'eau à proximité du centre. À noter également que l'été, le samedi le plus proche de la pleine lune, un concert de jazz « *On jazz sous la lune* » est servi au public à partir de 20h. *Rens : ☎ 418-232-6653 ; • odysseeartistique.jimdo.com •*

Archéo Topo : *498, rue de la Mer, à la marina des Bergeronnes, au-dessus du bureau des croisières* Essipit. *☎ 418-232-6286. • archeotopo.com • ♿ Mai, tlj 9h-17h ; juin et de sept à mi-oct, tlj 9h-18h ; juil-août, tlj 8h-20h. Entrée : 8 $, enfant 4 $; réduc.* Archéo Topo a pour vocation de retracer, au cours d'une visite guidée, l'histoire de l'occupation humaine en Côte-Nord. Le secteur est effectivement fort riche : l'homme serait arrivé dans la région il y a au moins 8 000 ans. Il a fallu néanmoins la ténacité d'un certain Louis Gagnon, un original dont les aventures sont évoquées dans une vidéo, pour que les scientifiques s'intéressent enfin aux artefacts retrouvés dans le coin. Le petit musée en détaille certains (aussi bien des traces de campements indiens que des vestiges plus récents de postes de traite), et évoque le métier d'archéologue. Intéressant. Également une section avec des animaux remarquablement bien taxidermisés (rare) ainsi que des expos temporaires et une librairie spécialisée en histoire, anthropologie et archéologie. Les jours de mauvais temps, les enfants prendront part aux différents ateliers de travail manuel. Petit café avec quelques snacks.

L'observation des baleines

Observation terrestre

Au ***cap de Bon-Désir,*** les rochers constituent un poste d'observation plus que parfait : on est loin de la ville, et quand la météo est clémente, la vue est dégagée. Accès par le *centre d'interprétation* (lire ci-avant « À voir. À faire »). Cela dit, n'espérez pas voir grand-chose entre mi-octobre et début mai (même si ça arrive parfois).

Kayak

■ ***Mer et Monde Écotours :*** *au camping du même nom (voir plus haut « Où dormir ? ») et infos au 20, chemin Jalbert. ☎ 418-232-6779 ou 1-866-637-6663. • meretmonde.ca • Excursion à la ½ journée 66 $, à la journée 121 $.* C'est une dynamique équipe de guides professionnels qui vous invite à découvrir les plus beaux endroits du parc marin du Saguenay-Saint-Laurent, tout en respectant la faune et les consignes de sécurité (c'est important !). Depuis le magnifique site de l'Anse-à-la-Cave, on découvre un petit paradis regorgeant de richesses écologiques et archéologiques. Dans le coin évoluent une dizaine d'espèces de mammifères marins (certains s'approchent parfois à moins d'une dizaine de mètres de la côte), ainsi que 3 sortes de phoques et de nombreux oiseaux marins. Des excursions « soleil levant » et « son et lumière » sont également proposés ainsi que des ***sorties encadrées en paddle-board.*** Équipement haut de gamme complet fourni et repas compris pour les excursions à la journée.

LE QUÉBEC

Observation sur l'eau

Le paysage touristique des Bergeronnes-Les Escoumins est différent de celui de Tadoussac : ici, seules trois compagnies proposent des excursions aux baleines, et uniquement en Zodiac. Cependant, à certaines périodes, les baleines se faisant rare au niveau des Bergeronnes, et pour assurer le coup, les Zodiac ont tendance à remonter jusqu'à l'embouchure du Saguenay pour éviter de faire chou blanc. Juste en face Tadoussac, donc, tant et si bien que qu'on se paie l'aller-retour à fond la caisse juste pour le plaisir d'être aspergé ! Autant dire que ça peut ne pas plaire à tout le monde...

■ ***Croisières Essipit :*** *498, rue de la Mer, Les Bergeronnes. ☎ 418-232-6778 ou 1-888-868-6666. • vacancesessipit.com • Juin-début oct ; en général, min 2 départs/j. et jusqu'à 4 en plein été. Croisières de 2h pour 58 $; réduc.*

■ ***Croisières Neptune :*** *507, rue du Boisé ; à côté du bureau d'info, Les Bergeronnes ; ou 50, route 138 (angle avec rue des Pilotes), Les Escoumins. ☎ 418-232-6716, 418-233-6790 ou 1-877-763-7886. • croisieresbaleinestadoussac.com • De mi-mai à mi-oct ; mêmes fréquences que Essipit. Min 3 pers. Croisières de 2h, 53 $, réduc.* Conseil : réservez plutôt aux Escoumins, d'où partent les bateaux de la compagnie si vous voulez échapper au transfert par bus depuis Les Bergeronnes.

■ ***Les Écumeurs du Saint-Laurent :*** *31, rue des Pilotes, Les Escoumins. ☎ 418-233-2141 (en saison) ou 418-554-6311 (hors saison). • lesecumeurs.com • De mi-mai à mi-oct ; mêmes fréquences que plus haut, avec la particularité d'offrir 10 % de remise pour ceux qui s'inscrivent au départ de 7h. Croisières d'env 2h, 51 $, réduc.*

EN ROUTE POUR KEGASKA

À partir des Escoumins, il reste un peu plus de 800 km jusqu'à Kegaska, petit village de pêcheurs de Terre-Neuviens anglophones, qui signe à la fois le « boutte de la route » et la limite avec la Basse-Côte-Nord.

En chemin, quelques incontournables, comme l'archipel des Mingan, des villages dignes d'une toile d'Edward Hopper et des villes grises sans grand intérêt d'où partent les traversiers pour la Gaspésie, l'île d'Anticosti ou les ports de la Basse-Côte-Nord inaccessibles en voiture. Un itinéraire taillé dans le boisé, qui accompagne le Saint-Laurent jusqu'à son embouchure et ravira les amateurs de grands espaces. Plus on descend le fleuve, plus les stations-service deviennent rares, autant le savoir. Dernière chose : à moins d'avoir un penchant avéré pour le folk québécois qui passe en boucle à la radio, bien choisir sa playlist, car la route est longue, très longue !

– ***Aucune pompe à essence*** ouverte 24h/24 entre Tadoussac et Forestville.

PORTNEUF-SUR-MER *(726 hab.)*

Portneuf est un village de carte postale, parallèle à la 138 (on ne la voit pas). Une première étape possible pour ceux qui souhaitent prendre le traversier à Forestville ou à Baie-Comeau. Sa longue plage, où le temps s'écoule au rythme des marées, porte à la rêverie. Devant, par-delà les vertes battures, une longue barre de sable semblant flotter sur l'eau accueille de juin à septembre une grande quantité d'oiseaux. Un site d'observation privilégié pour les ornithologues.

– ***Ni carburant ni resto*** au village.

Où dormir ?

Gîte La Nichée : *46, rue Principale. ☎ 418-238-2825 ou 1-888-966-2825. • gitelanichee.com • Double 70 $ (25 $/pers supplémentaire), petit déj et taxes compris. CB refusées.* Voici une adresse très familiale, où vous serez chaleureusement accueilli par un adorable couple de retraités. Joachim (le maître du petit déj) et Camille (la reine des confitures) proposent 5 chambres avec lavabos (très bibelots et froufrous !) absolument nickel, avec 2 salles de bains communes et un petit appart tout équipé pouvant accueillir 5 personnes qui se connaissent bien (pas d'intimité). Les accros à Internet iront surfer ailleurs.

Gîte La Marée : *199, rue Principale. ☎ 418-238-1324 ou 1-866-787-1324. • gitelamaree@gmail.com • Tte l'année. Double 70 $, petit déj et taxes compris. CB refusées.* Dans sa coquette maison qui fait face à « la mer », Sylviane propose 3 chambres doubles, avec possibilité de lit d'appoint. La déco est assez sobre. Côté pratique, une grande cuisine pour préparer et consommer ses repas et 2 salles de bains (avec douche au rez-de-chaussée et baignoire au 1er). Côté loisirs, une belle terrasse surplombant les marais salés, idéale pour observer les oiseaux.

Où dormir ? Où manger dans les environs ?

Gîte Baie du Soleil Couchant : *26, rue du Barrage, à la sortie de **Longue-Rive** (15 km avant Portneuf en arrivant des Escoumins). ☎ 418-231-2238. • baiedusoleilcouchant.com • Doubles 90-100 $. Dîner sur résa 15-20 $, mais on peut cuisiner soi-même.* C'est « ma cabane au Canada » mais version luxe ! Car ce grand chalet en bois rond idéalement situé face aux marais, à deux pas du Saint-Laurent, est un vrai cocon en plus d'être un havre de tranquillité. Il offre une poignée de chambres très cosy à l'étage et une très grande chambre avec lit *king-size* au rez-de-chaussée *(juin-oct slt).* Toutes se partagent une salle de bains. Le plus ici, ce sont les espaces communs, limite surdimensionnés, et quel plaisir d'entendre Yves parler de « ses » oiseaux ! Pour ne rien gâcher, on y mange fort bien (important, dans un coin où les restos ne sont pas légion).

À voir. À faire dans les environs

Le Centre d'interprétation des marais salés : *741, route 138, à* ***Longue-Rive,*** *15 km avant Portneuf en arrivant des Escoumins. ☎ 418-231-1077. Fin juin-fin août, dim-ven 10h-17h, sam 8h30-17h30. GRATUIT.* Avec près de 250 ha, ces marais, sont l'une des principales aires d'escale pour les migrateurs survolant la Côte-Nord. Si vous passez par là à l'automne, empruntez le petit sentier situé derrière le centre (expo minuscule) pour observer bernaches, canards barboteurs et autres oies des neiges en provenance directe du Grand Nord. Une petite halte au *point d'info* de Longue-Rive *(de juin à mi-oct tlj 8h-18h ; ☎ 418-231-2020)* vaut la peine (situé au niveau du pont), pour profiter de la vue de petites chutes... depuis un pont suspendu ! Amusant.

Le bureau d'accueil touristique de Portneuf-sur-Mer : *391, rue Principale. ☎ 581-323-1050. De mi-juin à mi-sept, tlj 9h-17h.* Docs sur la région, bien sûr, mais la particularité ici, c'est que le bureau d'info vous propose de ***descendre la rivière Portneuf en canoë*** sur environ 25 km. Pour ça, il assure un service de navette gratuit vers l'amont *(réserver la veille au bureau touristique ou en téléphonant au ☎ 418-623-6813 ; départ tlj à 8h et à 14h, 20 $/canoë 2-3 places).* La rivière est tranquille, on peut le faire avec des enfants (pêche, baignade possible). Il y a juste un portage à faire pour contourner le barrage Portneuf-III.

FORESTVILLE (3 203 hab.)

Ville-étape et site du traversier pour Rimouski. Motels, supermarchés, stations-service, etc.

➢ ***Traversier pour Rimouski :*** *☎ 1-800-973-2725 (été) ou 418-562-2933 (hiver). • traversier.com •* Traversées mai-fin sept, d'une durée de 1h. De mi-juin à fin août, 3 traversées/j. Avant et après, c'est plus aléatoire (généralement 2/j.) ! Résa impérative longtemps à l'avance. Arriver min 30-45 mn avant l'heure de départ (sinon, billet annulé !). Compter 27 $/adulte, 48 $/voiture et 7 $/vélo (pour l'aller slt) ; réduc.

BAIE-COMEAU

22 000 hab.

Tadoussac : 199 km ; Sept-Îles : 229 km ; Havre-Saint-Pierre : 441 km ; Kegaska : 651 km.

Ville industrielle dénuée de charme, Baie-Comeau, capitale de la région Manicouagan, est à la fois le point de départ de la route du Labrador et le port principal des traversiers en provenance de Matane, en Gaspésie. C'est surtout une ville de passage, notamment une escale pour croisiéristes. Une ville qui, malgré les efforts entrepris par les autorités pour attirer les visiteurs (musées et visites organisées), peine visiblement à trouver son public, car les prix pratiqués sont chers...

BONNE PÂTE

Baie-Comeau sortit de terre en 1936. Confronté à une croissance exponentielle de ses ventes, l'éditeur du Chicago Tribune *et du* New York Daily News, *Robert McCormick, avait un besoin sans cesse accru de papier... Pourquoi ne pas se fournir à la source ? Une usine fut fondée, qui tourna bientôt à plein régime. Trois ans plus tard, une famille d'ouvriers, les Mulroney, donnait naissance à un petit Brian... futur Premier ministre du Canada.*

Arriver – Quitter

En bus

Intercar : *675, bd Laflèche (devant la station-service Petro-Canada). ☎ 418-598-9298. • intercar.ca •*

➢ ***De/vers Sept-Îles (via Godbout et Port-Cartier) :*** 1 bus/j. ; départ de Baie-Comeau à 16h45. Trajet : 3h20.

➢ ***De/vers Tadoussac :*** via Pessamit, Forestville, Portneuf-sur-Mer, Les Escoumins et Les Bergeronnes. 1 départ/j., à 11h30. Trajet : 3h env.

En bateau

➢ ***Traversier pour Matane, en Gaspésie :*** *☎ 1-877-562-6560. • traversiers.com •* Horaires variables selon saison : en général, 1 traversée/j. tlj sf sam, en général l'ap-m (sf mer, où c'est le mat) en été et 5/sem en hiver et au printemps. Se présenter au moins 30-45 mn avant le départ. Résa impérative longtemps à l'avance. Env 20 $/adulte (27 $ A/R) et 48 $/voiture. Possibilité aussi de partir de Godbout, à 56 km plus au nord, mêmes fréquences mais départ tlj sf dim mais le mat (sf mer où c'est l'ap-m) et traversée un peu plus rapide. *☎ 1-877-562-2500.*

En voiture, vers le Labrador

➢ La ***route 389*** *(Trans Québec-Labrador)* relie Baie-Comeau à Fermont (Québec). Un parcours de 564 km qui se poursuit sur 549 km vers Happy-Valley Goose Bay via Labrador City et Churchill Falls, en tant que route 500. Enfin, la route 510 termine la boucle vers Blanc-Sablon via le détroit de Belle-Isle. À l'arrivée, pas moins de 1 720 km au compteur. Si la partie Québec se fait en voiture de tourisme sans trop de problèmes, malgré des portions non revêtues, à partir de Labrador City en revanche, mieux vaut avoir un 4x4. En tout cas, bien se renseigner sur l'état des différentes routes avant de s'y engager.

Pour la partie Québec : *• quebec511.info •*

Pour la partir Labrador : *• roads.gov.nl.ca •*

Adresse utile

Bureau d'information touristique de la ville de Baie-Comeau : *1660, rue de Bretagne. ☎ 418-296-8178 ou 1-888-589-6497. • ville.baie-comeau.qc.ca • Dans le théâtre, au rdc. Juin-sept, tlj 8h-20h ; hors saison, tlj 8h-12h, 13h-17h. Juil-août, un second bureau est ouv à l'entrée de la ville en arrivant de Tadoussac, au 3503, bd Laflèche (entrée sur l'arrière ; tlj 8h-20h).*

Où dormir ?

Ville carrefour, on trouve à Baie-Comeau un choix d'hôtels et de motels le long de la route 138 qui traverse la ville, principalement dans le secteur ouest. La partie la « moins moche » se situe dans le secteur est, là où, au pied d'une usine « toussotante », une alignée de bâtiments de brique rouge enserre une ruelle qui passe pour être la plus agréable de la ville. Sinon, dans le même quartier, la marina et le ***Jardin des Glaciers,*** un centre d'interprétation sur la période glaciaire construit spécialement pour les croisiéristes en escale (bof !).

De prix moyens à chic

Hôtel Le Manoir : *8, av. Cabot ; secteur est. ☎ 418-296-3391 ou 1-866-796-3391. • manoirbc.com • Doubles 100-200 $, petit déj compris. Parking gratuit.* Dans une vaste bâtisse, fondée par Robert R. Mc Cormick, le magnat de la presse américaine, à la veille de la Seconde Guerre mondiale. Une soixantaine de chambres tout confort, empreintes d'une atmosphère qui hésite entre le cosy et le vieillot. Superbe terrasse face à « la mer », petits salons pour éplucher la presse économique en compagnie de quelques cols blancs échoués ici pour affaires. Accueil professionnel.

Où manger ? Où boire un verre ?

De bon marché à prix moyens

Le Manoir du Café : *5, pl. La Salle ; secteur est ☎ 418-294-6652. Tlj 7h (7h30 le w-e)-22h. Plats 10-15 $.* Bonne odeur de café quand on entre dans cette salle bourdonnante où se retrouvent les habitués du quartier, du petit déj au dîner. Plats simples : croques, salades, burgers, omelettes... Service décontracté.

Le Saint-James : *20, av Cartier ; secteur est (sur la marina). ☎ 418-296-0045. Tlj sauf lun 7h30-21h. Plats 25-30 $.* Grand resto vitré qui domine la marina. Où que l'on prenne place ici, la mer est là, et jusque dans son assiette... Car James Mondrzejewski, le chef et proprio, a compris depuis longtemps que les maîtres mots du commerce poissonnier sont la propreté de l'établissement et la fraîcheur des produits. Il a donc toute latitude pour exercer son art. Ce qu'il fait bien. Un seul regret : que la carte des vins, au demeurant fort raisonnable côté prix, ne soit pas plus étoffée.

Très chic

La Cache d'Amélie : *37, av. Marquette (en face de l'église Sainte-Amélie) ; secteur est. ☎ 418-296-3722. Mar-sam 18h-21h (dernières commandes). Fermé fin déc-fin janv. Env 35-60 $.* Dans l'ancien presbytère, une maison élégamment décorée de quelques tableaux bien choisis. Elle abrite l'une des meilleures tables de la Côte-Nord ! Délicieuse cuisine gastro franco-québécoise, joliment mise en scène dans les assiettes. Choix limité mais service parfait, ambiance feutrée et belle carte des vins. Dispendieux – comme on dit ici – mais vraiment bien.

LE QUÉBEC

DANS LES ENVIRONS DE BAIE-COMEAU

Le parc nature de Pointe-aux-Outardes : *4, rue Labrie Ouest, Pointe-aux-Outardes, à une trentaine de km au sud de Baie-Comeau. ☎ 418-567-4226 ou 4227. • parcnature.com • Accueil ouv de début juin à mi-oct, tlj 9h-17h (8h-20h de fin juin à mi-août). Accès : 9,50 $; visites guidées de début juin à mi-août (4/j. ; durée : 1h30 env).* Rares sont les sites qui présentent autant de milieux différents sur un si petit espace : marais salés, *boisés* (bosquets), tourbières, dunes, etc. Au total, pas moins de huit écosystèmes différents ! Un sentier en boucle permet de les aborder en 1h de marche environ. Deux tours d'affût permettent de zieuter les oiseaux (près de 255 espèces différentes aperçues ici). En été, balades guidées pour partir à la découverte des plantes médicinales. Baignade possible, eh oui ! Car la mer, qui se retire ici sur près de 4 km à marée basse, se réchauffe progressive à marée montante.

Possibilité de planter sa guitoune sur place *(env 20 $/nuitée, accès aux sanitaires et à l'électricité compris)* où de crécher dans une cabane aménagée en forme de nichoir géant *(nuitée en « prêt-à-camper » pour 1-5 pers, env 155 $, couchage fourni ; apporter slt sa nourriture et son eau potable).*

Les barrages Manic : *☎ 1-866-526-2642. • hydroquebec.com/visitez • Juin-août, visites guidées gratuites de Manic-2 et Manic-5 à 9h, 11h, 13h30 et 15h30 (durée env 1h30).* Si le barrage Manic-2 est à 20 mn de Baie-Comeau, il faut, en revanche, parcourir 214 km pour accéder à l'immense barrage Manic-5. C'est le plus grand barrage à voûtes multiples du monde, haut de 214 m ! La route qui y mène est goudronnée mais sinueuse. Prévoyez un peu moins de 3h pour y parvenir. Bref, ça vous prend la journée pour faire l'aller-retour...

ENTRE BAIE-COMEAU ET SEPT-ÎLES

LA POINTE-DES-MONTS

Un petit détour depuis la route 138 pour arriver au sein d'un site chargé de symbole. Érigé en 1830, à l'endroit où le Saint-Laurent passe de 45 à 100 km de largeur, le phare de la Pointe-des-Monts est l'un des plus vieux d'Amérique. La pointe du phare, accessible par une passerelle, est une propriété privée. On peut tout à fait s'y balader sans visiter les bâtiments, à condition de payer son écot *(env 2 $)*.

Où dormir ? Où manger ?

Gîte du Phare de Pointe-des-Monts : *1937, chemin du Vieux-Phare. ☎ 418-939-2332 ou 1-866-369-4083. • pointe-des-monts.com • De mi-mai à mi-oct. Plats 15-18 $.* Appellation un poil usurpée car il s'agit en fait d'un petit resto-snack qui permet de se refaire une santé avant de reprendre la route, sans plus. La maison propose bien aussi quelques chalets mais le rapport qualité-prix est loin de nous avoir emballés.

Auberge La Maison du Gardien : *1830, chemin du Vieux-Phare. ☎ 418-939-2400. • pharedepointedesmonts.com • De mi-mai à fin sept. Double 125 $, petit déj compris ; forfait souper 25 $.* La maison du gardien, attenante au phare, a été aménagée en une attachante petite auberge. À l'étage, 4 chambrettes mansardées sans prétention (literie mollassonne), se partagent une salle de bains commune. Le soir, la maîtresse de maison prépare le souper à ses hôtes. On y déguste notamment d'excellentes lasagnes aux fruits de mer. Accueil courtois.

À voir

Le phare de Pointe-des-Monts : *1830, chemin du Vieux-Phare. ☎ 418-939-2400. De mi-juin à début sept, visite avec audioguide tlj 9h-17h (dernière vidéo à 16h). Entrée : 12 $.* Classé Monument historique, le phare de Pointe-des-Monts (haut de 29 m), habillé comme il se doit de rouge et de blanc, s'amarre à un îlot rocheux plat relié au continent par une passerelle. Il fut le premier grand phare dressé sur la Côte-Nord, à une époque où les naufrages faisaient des ravages. Il abrite sur ses sept étages une exposition mettant en scène la navigation sur le fleuve et la vie de ses gardiens (qui habitaient le phare, la maison voisine ayant été construite pour les naufragés). L'occasion d'apprendre que les brûleurs du fanal fonctionnaient jadis à l'huile de phoque ou de baleine ! Superbe panorama depuis le sommet. Au pied, quelques tables invitent à un pique-nique bucolique. Dans l'annexe, une vidéo retrace l'épopée des gardiens de phare de 1830 à 1964.

COUP DE SEMONCE

Deux canons pointent encore vers le large, au pied du phare de la Pointe-des-Monts. Souvenir d'une escarmouche avec les forces anglaises ? D'un bastion militaire disparu ? Rien de tel. Les pièces d'artillerie servaient en fait à guider les navires les jours de brume : elles étaient tirées à blanc toutes les 15 à 60 mn en fonction de l'épaisseur du brouillard !

LA POINTE-AUX-ANGLAIS ET RIVIÈRE-PENTECÔTE

La Pointe-aux-Anglais est un petit village bordé par une large plage d'une dizaine de kilomètres de long. C'est ici que les Britanniques, venus attaquer Québec une seconde fois en 1711, se sont échoués. Le petit ***musée Louis-Langlois*** *(☎ 418-799-2212 ; de mi-juin à mi-août, tlj 9h30-16h30 ; GRATUIT)* raconte cette tragique fortune de mer. Également quelques vitrines sur la vie au village.
À une douzaine de kilomètres au nord, ***Rivière-Pentecôte*** – qui tire son nom de la Pentecôte 1535, date à laquelle Jacques Cartier découvrit ces terres au cours de son deuxième voyage – était à la fin XIXe s l'un des centres industriels les plus importants de la Côte-Nord. À l'époque, la scierie comptait plus d'une centaine d'hommes et pas moins de 40 000 billots de planches d'épinettes étaient expédiés dans toute l'Europe. L'activité de pâte à papier qui suivit déclinera à partir de 1910 pour être réduite à néant au départ de la *Canadian International Paper* en 1975. Aujourd'hui, le site naturel dans lequel était implantée l'usine a retrouvé toute sa majesté.
– ***Deux dépanneurs*** et ***une station-essence*** à La Pointe-aux-Anglais.

LE QUÉBEC

Où dormir ? Où manger ?

🏠 🍽 ***Auberge du Nord-Côtier :*** *4373, rue des Pionniers, Rivière-Pentecôte. ☎ 418-799-1241. • adnc@bell.net • Tte l'année. Doubles 80-110 $, petit déj et taxes compris ; forfait souper 25-50 $.* Dans un hôtel centenaire dominant la baie, Éliane et Patrick vous accueillent dans leur « chez-eux ». Un établissement tout en nuances et en petites attentions qui, à ses heures, fait aussi salle de spectacle, lieu de causeries et galerie d'art. À l'étage, 4 chambres, dont la moitié possèdent leur propre salle de bains et la vue sur la mer. Au rez-de-chaussée, un petit salon bien poêlé, où il est doux de jaser jusqu'à pas d'heure. Côté table, les papilles des résidents ont été confiées à Régine Morency, une chef expérimentée qui a fait ses classes dans les plus grands restos de Montréal. Autant dire qu'ici, on passe un bon moment, hiver comme été d'ailleurs, car les activités à faire dans la région ne manquent pas. Une bonne étape.

PORT-CARTIER (6 689 hab.)

Située juste au-dessus du 50e parallèle nord, l'ancienne « Portage-des-Mousses » des autochtones innus, aujourd'hui Port-Cartier, voit le jour en 1915 sous l'impulsion du magnat de la presse Robert McCormick, qui baptise l'endroit Shelter Bay. Commence alors l'histoire de la pâte à papier. Propriété privée de la *Quebec North Shore Paper Company,* Shelter Bay connaîtra même la fée électricité dès 1920, soit 30 ans avant que les grandes villes de la côte ne soient électrifiées. Le grand incendie de 1955 sonnera le glas de l'activité. Le *Centre d'interprétation de l'histoire de Port-Cartier (45, rue Portage-des-Mousses ; de mi-juin à sept, tlj 9h-12h, 13h-18h ; GRATUIT)* raconte l'étonnante histoire de cette ville. Sinon, quelques campings en ville et dans les proches environs, un café-concert réputé pour la qualité de sa programmation et un petit front de mer agréable quand le soleil est de la partie.

Où dormir ? Où manger ? Où boire un verre ?

⛺ ***Camping municipal Le Paradis :*** *21, bd du Portage-des-Mousses. ☎ 418-766-7137. • campingleparadis.com • Ouv de mi-juin à mi-sept. Emplacements pour tente 25-37 $, taxes comprises.* L'ensemble est modeste mais tranquille. On peut rejoindre le centre par une balade d'une quinzaine de minutes, le long de la Rivière-aux-Rochers. Sanitaires simples mais impeccables et accueil gentil.
⛺ 🏠 ***Base de Plein-Air Les Goélands :*** *816, route 138, à une dizaine de km au sud de la ville. ☎ 418-766-8706. • baselesgoelands.com • Tte l'année. Accueil lun-ven 8h-16h (le w-e, téléphoner avant d'arriver). Nuitée en dortoirs de 5-6 lits*

env 30 $/pers, yourte 1-4 pers 70 $ (résa obligatoire). Un centre de plein air qui propose, l'été, activités nautiques et rando, et l'hiver, ski de fond et raquettes. Quelques dortoirs dans un grand chalet situé en limite du boisé. La literie est bonne, les couettes sont fournies. Si vous vous pointez à deux et qu'il y a de la place, on vous réserve un dortoir pour vous tout seuls. Mais le must ici, c'est la yourte (une construction hexagonale en bois en fait). Posée au bord de l'eau dans un coin isolé, c'est un véritable petit havre de tranquillité. Idéal pour une « robinsonnade boréale ». Un vrai coup de cœur.

Resto-pub Le Remous : *25, av. Parent. ☎ 418-766-3070. Dans le centre. Tlj sauf lun 11h (16h le w-e et en hiver)-22h. Table d'hôtes 14-20 $ le midi, 29-38 $ le soir.* Dans une grande salle sans chichis, une des meilleures tables de la ville, avec terrasse donnant sur la rivière aux beaux jours. Belles assiettes généreuses et cuisine bien faite à base de poisson et de fruits de mer. Également quelques grillades, salades et sandwichs.

Café-théâtre Graffiti : *50, chemin des Îles. ☎ 418-766-3513. • legraffiti.ca • Sur l'île McCormick. Ouv de mi-juin à fin août, mer-dim : resto 16h-19h, bar 14h-21h. Plats 13-23 $. Tte l'année pour les spectacles.* Le lieu de rendez-vous le plus tonique de la ville, où l'on vient boire un verre, prendre un repas ou écouter un concert. Programmation des événements sur leur site.

SEPT-ÎLES

25 884 hab.

Montréal : 910 km ; Québec : 650 km ; Tadoussac : 430 km ; Baie-Comeau : 229 km ; Havre-Saint-Pierre : 212 km ; Kegaska : 430 km.

Sept-Îles, capitale de la région Duplessis, n'est reliée au reste du Québec par la route que depuis les années 1960. Aujourd'hui grand port industriel, au débouché du chemin de fer du Labrador, sa population fluctue en fonction du cours des matières premières (fer, aluminium, etc.), gros pourvoyeur d'emplois. La ville en elle-même ne casse pas trois pattes à une bernache. En revanche, bien desservie par *Air Canada,* elle offre l'avantage de pouvoir embarquer à bord du bateau qui fait route vers la Basse-Côte-Nord sans pour autant se taper la route depuis Québec ou Montréal. En ville, quelques musées vite vus et de bons restos de poisson et fruits de mer.

Arriver – Quitter

En bus

Terminus des bus : *126, rue Monseigneur-Blanche. ☎ 418-962-2126. • intercar.qc.ca •*

➢ ***De/vers Baie-Comeau (via Port-Cartier, Rivière-Pentecôte, Pointe-aux-Anglais) :*** tlj 1 bus/j., à 8h15. Trajet : env 3h15. À Baie-Comeau, correspondance dans la foulée vers Tadoussac ; continuation vers Québec en changeant à Hauterive.

➢ ***De/vers Havre-Saint-Pierre (via Rivière-au-Tonnerre, Magpie, Longue-Pointe, Mingan) :*** 1 bus/j. lun-ven ; départ à 12h45 et arrivée à 15h30. Retour le mat à 5h30, arrivée à 8h, correspondance pour Québec et Montréal.

En bateau

Le Bella Desgagnés : *265, rue des Pionniers. ☎ 418-968-4707 ou 1-800-463-0680. • relaisnordik.com •* Assure, avr-janv, 1 liaison/sem (mar) vers Havre-Saint-Pierre et Natashquan avant de desservir les villages de la Basse-Côte-Nord jusqu'à Blanc-Sablon. Pour plus de détails, reportez-vous à la rubrique « Comment se déplacer le long de la Côte-Nord ? » au début de « La Côte-Nord ».

En avion

✈ ***Aéroport de Sept-Îles :*** *1000, bd Laure Est, à 7 km à l'est du centre-ville.* ☎ *418-962-8211.* Sept-Îles est desservie depuis Montréal et Québec par plusieurs compagnies dont *Air Canada*. Se reporter à la rubrique « Comment se déplacer le long de la Côte-Nord ? » de « La Côte-Nord ».

En train

■ ***Bureaux des transports ferroviaires Tshiuetin :*** *148, bd des Montagnais.* ☎ *418-960-0982.* • *tshiuetin.net* • *Lun et jeu 9h-12h, 13h-16h ; mer et ven ouvre à 10h, mar l'ap-m slt.*

➢ 2 liaisons/sem (lun et jeu à 8h, retour mar et ven, même heure) vers ***Schefferville*** (aux portes du Nunavik) à travers l'ouest du Labrador. Pour ***Labrador City,*** descendre à *Émeril Jonction* ; puis continuer par ses propres moyens. Une ligne mythique, reprise par une compagnie amérindienne regroupant 3 tribus natives. Compter min 12h de trajet, plus incidents de parcours (fréquents), pour avaler les quelque 360 km. Wagon-resto. Pourquoi aller à Schefferville, nous direz-vous ? Pour s'y perdre, pour respirer l'air de la forêt boréale en chemin et celui d'une ancienne ville minière où ne résident plus que 200 habitants.

Adresses utiles

ℹ @ ***Maison du tourisme de Sept-Îles :*** *1401, bd Laure (route 138).* ☎ *418-962-1238 ou 1-888-880-1238.* • *ville.sept-iles.qc.ca* • *tourismeseptiles.ca* • *Juin-fin août, tlj 8h-20h ; le reste de l'année, lun-ven 8h-16h30 (pause à midi).* Doc sur la ville et la région, accueil très compétent.

ℹ ***Kiosque saisonnier du parc du Vieux-Quai :*** *face à la marina, à droite du resto* La Cage aux Sports *; de mi-juin à mi-août, tlj 8h-20h.*

ℹ ***Tourisme Côte-Nord :*** *312, av. Brochu.* ☎ *418-962-0808 ou 1-888-463-0808.* • *tourismecote-nord.com* • *Lun-jeu 8h30-12h, 13h-17h ; ven 8h30-12h.* Renseignements très complets sur toute la région. Excellent accueil.

Où dormir à Sept-Îles et dans les environs ?

Quelques mornes hôtels de chaîne en ville, pour ceux qui embarquent sur le *Bella Desgagnés.* Sinon, une auberge de jeunesse et 2 gîtes pour routards en escale, dont un dans les proches environs.

⌂ ***Auberge internationale Le Tangon :*** *555, av. Cartier.* ☎ *418-962-8180.* • *aubergeletangon.com* • *À 20 mn de marche de la station de bus. Lit en dortoir (4-6 lits) 25 $; double 55 $.* Dans cette ancienne école datant de 1931, très colorée et bien tenue, de (très) petits dortoirs et une poignée de chambres avec salle de bains à partager, impeccables. Mais ce qui fait vraiment la différence, c'est l'accueil chaleureux de Julie qui, après de nombreuses années passées à San Francisco, est venue s'installer ici ! Et comme elle a apporté avec elle beaucoup de soleil, l'esprit est chaleureux, le salon accueillant (piano, bouquins, jeux de société...), et la terrasse idéale pour se faire des copains et glaner quelques bons tuyaux avant de reprendre la route. Laverie. Cuisine. Une bonne étape.

⌂ ***Petit hôtel Le Repos du Guerrier :*** *136, bd des Montagnais à Uashat (quartier innu).* ☎ *418-962-6377.* • *agara.ca/gite* • *En entrant dans Sept-Îles quand on arrive de Tadoussac, prendre à droite aux premiers feux (bd des Montagnais). Tte l'année. Doubles sans ou avec sdb 80-90 $, loft 175 $.* Hébergement communautaire du complexe Agara, initiative autochtone créée pour perpétrer la tradition innue. En demi-sous-sol, 5 chambres se partagent 3 salles de bains. C'est frais, agréablement meublé, et la cuisine à dispo est un vrai plus. Aussi, un grand appart pour 2 ou 3 personnes avec cuisine tout équipée, salon, salle d'eau gigantesque avec baignoire à pattes. La communauté fabrique elle-même bottes et mocassins. Petite boutique de souvenirs.

Gîte aux Bois-Verts : *14, rue des Alouettes,* ***Clarke City*** *(Gallix pour le GPS). ☎ 418-583-2822. • lucie_bois vert@hotmail.ca • À env 35 km à l'ouest de Sept-Îles. Tte l'année. Doubles 75-85 $, petit déj et taxes compris. CB refusées.* Dans un hameau tranquille à deux pas de la plage, Gilles et Lucie vous ouvrent leur maison. Au total, 3 chambres très coquettes situées à l'étage. Elles respirent la fraîcheur : parquet de bois blanc, déco soignée, on se sent bien ici. Chacune possède ses propres commodités, seule la douche est à partager. Au rez-de-chaussée, grand salon pour papoter. Le cas échéant, on peut apporter son manger. Barbecue, terrasse. Petit déjeuner sucré-salé copieux et servi avec le sourire. Une bonne adresse, y compris en hiver, puisque la station de sports d'hiver du mont Gallix n'est qu'à 4 km.

Où manger ? Où boire un verre ?

Les Terrasses du Capitaine : *295, av. Arnaud. ☎ 418-961-2535. Lun-ven 11h-14h (dernière commande 13h30), 16h-21h ; w-e slt 16h-21h. Plats 20-40 $.* Côté pile, une poissonnerie ; côté face, un resto, largement vitré sur le port. Autant dire que la fraîcheur des produits est irréprochable chez cette famille qui fut la première à pêcher la crevette au Québec ! On se régale d'un filet de morue, de flétan, ou encore de pétoncles (« coquilles Saint-Jacques »), sans oublier le crabe des neiges. Le tout individuellement ou en assortiment façon « assiette du capitaine ». Service efficace d'un personnel en uniforme de marin qui virevolte entre les tables. Ambiance pas guindée pour un sou. La meilleure adresse en ville pour les produits de la mer.

Chez Omer : *372, av. Brochu. ☎ 418-962-7777. Tlj sauf dim 11h-21h. Plats 20-40 $.* Dans le cadre feutré et cosy d'un Martini Bar à l'américaine, enveloppé d'une petite musique jazzy. Pour une fois, on préférera les tables côté rue. Dans l'assiette, du poisson évidemment, mais aussi des pizzas et des grillades. Le tout servi par un personnel attentionné. Clientèle de quinqua-sexa venue passer un bon moment. Une institution locale qui vit quand même un peu trop sur sa réputation.

Pub Saint-Marc : *588, av. Brochu. ☎ 418-962-7770. Tlj resto 11h30-23h (minuit sam) ; le bar ferme à 3h. Plats 15-30 $.* Une bonne quinzaine de bières québécoises produites en microbrasserie et autant de plats, mais pas donnés et plutôt sans éclats pour vos papilles. Éviter les moules. Ambiance décontractée, très 35-45 ans, et terrasse plaisante, à l'ombre d'un érable et abritée du vent.

À voir

Le musée Shaputuan (Maison de la transmission de la culture innue) : *290, bd des Montagnais. ☎ 418-962-4000. Tte l'année. En été, ouv lun-ven 8h-17h ; w-e 13h30-17h. Entrée : 7 $; réduc. Visite guidée possible (incluse) mais rare.* Une poignée de vitrines présentant très sommairement la culture innue, par le biais de quelques artéfacts et des panneaux explicatifs.

Le Musée régional de la Côte-Nord : *500, bd Laure (route 138).*

UNE BÊTE À TOUT FAIRE

La vie du peuple innu (Montagnais) gravitait jadis presque entièrement autour du caribou. Chassé dans les terres du Nord au cours de l'été, celui-ci fournissait à la fois viande, peau et os, utilisés pour se nourrir, se vêtir et façonner mille objets du quotidien : tambours, sacs, outils et hameçons, etc. Le chaman (sorcier) entrait en contact avec l'esprit de Papakassi, le maître des animaux, qui l'aidait à guider les troupeaux vers les meilleurs pâturages.

☎ 418-968-2070. • mrcn.qc.ca • Fin juin-début sept, tlj 9h-17h. Le reste de l'année, mar-jeu 10h-12h, 13h-17h ; ven 10h-17h ; w-e 13h-17h. Entrée : 7 $; réduc. Billet combiné avec le Vieux-Poste : 15 $. La petite exposition permanente évoque les grandes lignes de l'histoire régionale. Une belle présentation qui manque cependant un peu de fond. On notera tout de même la réplique d'un « renard » datant du XVe s, une tablette en bois qui permettait à l'homme de quart de noter la route du bateau en fonction des vents, donc de suivre la marche du navire. Également des expos temporaires.

Vieux-Poste : *rue Shimun, Uashat (secteur innu ; accès par le bd des Montagnais). ☎ 418-968-6237. • vieuxposte.com • Fin juin-août, tlj 10h-18h (17h lun). Entrée : 12 $; réduc.* L'ancien poste de traite de la Compagnie de la Baie d'Hudson a été reconstitué avec son église et quelques bâtiments dans lesquels on trouve des expos sommaires et parfois interactives sur le mode de vie de l'époque. En été, visite guidée par des étudiants en costume d'époque. Boutique de produits locaux. Un peu cher pour ce que c'est.

LE QUÉBEC

DANS LES ENVIRONS DE SEPT-ÎLES

L'archipel des Sept Îles : *infos à la Maison du tourisme (voir « Adresses utiles » plus haut).* Les sept îles qui ont donné son nom à la ville flottent juste à l'orée de la baie. Grande-Basque, la plus accessible, est sillonnée par 11 km de sentiers. En été, des guides interprètes proposent des visites guidées jusqu'à l'un des deux belvédères. On peut y camper, mais c'est rustique (se renseigner auprès de la *Maison touristique de Sept-Îles*). On se rend sur l'île en « croisière » *(Les Croisières du Capitaine, de mi-juin à sept env 8 départs/j., ☎ 418-968-2173, • lescroisieresducapitaine.com •). Simple traversée 25 $; excursion de 2h (1h d'arrêt sur l'île) 60 $, réduc. Départ à partir de 4 pers min. CB refusées.*

Clarke City et l'Aluminerie Alouette : *160, rue du Moulin, **Clarke City.** ☎ 418-583-2223. Fin juin-début sept tlj 10h-17h.* Petit centre d'interprétation sur une ville fondée en 1898 par les frères Clarke, éditeurs d'encyclopédies et de dictionnaires. Clarke City connut son heure de gloire grâce à la pâte à papier entre 1920 et 1950. L'hôtesse en charge de l'accueil vous fera faire la visite. Intéressant.
Sinon, à une quinzaine de kilomètres de là, l'***Aluminerie Alouette*** (l'usine que l'on voit depuis le front de mer de Sept-Îles), l'un des leaders d'aluminium première fusion au monde, propose des visites guidées en été. *Rens et résas : 400, chemin de Pointe-Noire, **Clarke City.** ☎ 418-964-7342. • alouette.com • 2 visites/j. de mi-juin à mi-août, mar-sam à 8h45 et 13h15 ; durée 2h. GRATUIT.*

Festival

– ***Innu Nikamu :*** *1re sem d'août, 100, rue des Montagnais, à **Mani-Utenam** (Maliotenam), à la sortie est de Sept-Îles. ☎ 418-927-2476. • innunikamu.ca •* Pendant 3 jours, du jeudi au dimanche, « L'Indien chante » – et danse. Innus, Cris, Inuits, et même parfois tribus amazoniennes, c'est le lieu de rendez-vous de nombreux peuples autochtones.

ENTRE SEPT-ÎLES ET HAVRE-SAINT-PIERRE

À l'est de Sept-Îles débute la Minganie, pays à la beauté sauvage, constitué d'une alternance de tourbières aux eaux noires et de bois d'épinettes traversés par de puissantes rivières. Peut-être la portion du littoral la plus évocatrice, avec ses villages engourdis, quadrillés de larges artères parcourus par

les pick-up surdimensionnés des bûcherons aux chemises « carreautées », comme on dit par ici. N'hésitez pas à quitter la route 138 pour aller les explorer. À 85 km à l'est de Sept-Îles, la route traverse la grande rivière Manitou, une sorte de lessiveuse qui se précipite vers le golfe du Saint-Laurent en une chute haute de 35 m. Une halte routière (avec un point d'information) et deux sentiers ont été aménagés pour profiter du joli panorama.

– ***Les chutes de Manitou :*** *de mi-juin à début oct, tlj 9h-17h ; 3 $.* À noter que le sentier situé derrière le point d'information, long de 650 m, conduit seulement aux cascades (très belles). En revanche, le sentier Est qui démarre après le pont relie à la fois les cascades et les chutes (1,3 km aller).

– ***Pas d'essence*** entre Maliotenam et Rivière-au-Tonnerre (110 km).

RIVIÈRE-AU-TONNERRE *(300 hab.)*

Avec ses maisons en bois posées face à la mer et son imposante église à étage dont le clocher déchire le ciel en lambeaux, Rivière-au-Tonnerre est une véritable carte postale du paysage nord-côtier. À partir d'ici, les postes à carburant se raréfient, l'épinette devient moins hardie et la route n'en finit pas d'en finir. Pas grand-chose à y faire, en revanche, à part jeter un coup d'œil à l'église Saint-Hippolyte, construite par les Eudistes au début du XXe s.

– ***Banque, carburant, poste, supérette*** ouverts toute l'année et ***un resto*** ouvert en saison seulement.

LONGUE-POINTE-DE-MINGAN *(500 hab.)*

Située face aux îles les plus occidentales de l'Archipel-de-Mingan, Longue-Pointe est un passage obligé pour tous ceux qui souhaitent se rendre sur l'île aux Perroquets. En effet, de mi-avril à début septembre, c'est ici que l'on peut observer le « perroquet de mer », autrement dit le macareux moine, symbole de la Ligue française pour la protection des oiseaux. Mais Longue-Pointe c'est aussi le *MICS,* un centre de recherche où les touristes peuvent partager le quotidien des biologistes qui étudient les baleines. À deux pas du centre d'interprétation, qui regroupe à la fois Parcs Canada et le MICS, quelques adresses pour faire escale, ainsi que deux opérateurs de tourisme qui proposent leurs services pour se rendre dans les îles ou partir observer les baleines.

Adresse utile

ℹ ***Centre d'accueil et d'interprétation de Longue-Pointe-de-Mingan :*** *625, rue du Centre (même bâtiment que le MICS).* ☎ *418-949-2126 ou 1-888-773-8888.* • *pc.gc.ca/mingan* • *De mi-juin à début sept, tlj 8h30-17h (fermé 12h-13h en début et fin de saison). Entrée env 10 $, réduc ; taxes incluses.* Toutes les infos sur la réserve de parc national de l'Archipel-de-Mingan, les diverses activités (randonnées, visites guidées, permis de camper, etc.) et les différentes possibilités de s'y rendre. Petite expo sur l'archipel.

Où dormir ?

Sur l'archipel en lui-même, des campings rustiques (se renseigner au *Centre d'accueil et d'interprétation*). Possibilité également de passer la nuit dans l'ancienne maison du gardien du phare sur l'île aux Perroquets (☎ *418-949-0005 ou 1-855-717-5657 ;* • *ileauxperroquets.ca* •). Situation idéale pour les férus de zoziaux qui pourront observer les macareux avant l'arrivée des autres touristes, mais les hébergements sont chers. Sinon, quelques campings sur le continent même, ainsi que des locations de meublés gérées par les 2 entreprises qui proposent des excursions. Assez chers aussi.

⛺ ***Camping de la Minganie :*** Entreprise touristique Loiselle, *109, rue de la Mer. ☎ 418-949-2307 ou 1-866-949-2307. • tourisme-loiselle.com • Ouv mai-fin sept. Emplacements tentes et camping-cars 19-27 $; cabines 50 $.* Le terrain, dénudé, s'étire face au golfe, avec quelques sites plus abrités adossés aux épinettes. En revanche, aucune intimité : emplacements au coude à coude et route à proximité. Les jours de pluie, on peut se rabattre sur les minibungalows équipés. C'est tout petit et l'on partage les sanitaires avec les campeurs, mais ça permet au moins d'être au sec !

🏠 ***Gîte La Chicoutée :*** *198, rue de la Mer. ☎ 418-949-0030. • chicoutee.com • Double 90 $, petit déj compris. Studio pour 2-4 pers 145-175 $.* Au bout d'une bande de jardin, une jolie maison offrant 5 chambres mansardées assez petites mais plaisantes, toutes avec vue sur la mer, et 3 salles de bains à partager. Sur l'arrière, un petit studio tout équipé, idéal pour une famille ou un séjour plus long. Accueil exquis de Pauline, aussi délicieux que ses petits déj servis dans l'accueillante salle à manger. Repas sur demande. Certainement l'adresse la plus agréable du coin.

Où manger ?

|●| ***Le Macareux Dodu :*** *152, rue de la Mer. ☎ 418-949-2560. Mai-oct, lun-jeu 17h-21h, ven-dim 11h30-14h et 17h30-22h. Plats 15-30 $.* Une petite cantine au cadre basique, avec miniterrasse face au Saint-Laurent (et une rue entre les deux !).

À voir. À faire

La station de recherche des Îles Mingan (MICS) : *378, bord de la Mer (même bâtiment que le Centre d'accueil et d'interprétation de Longue-Pointe-de-Mingan. ☎ 418-949-2845. • rorqual.com • De mi-juin à mi-sept, tlj 9h-17h30. Visites guidées 4 fois/j. à 9h30, 10h45, 13h15 et 15h. Entrée : 10 $; réduc. Sorties en mer 140 $/pers.*

Ce prestigieux petit centre pourrait bien compter parmi vos plus beaux souvenirs du Québec. On peut y accompagner les chercheurs au cours d'une journée d'étude en mer, ces excursions en Zodiac contribuant au financement de la recherche. Les sorties durent minimum 6h. Départ vers 7h30, mais téléphoner à 6h pour vous faire confirmer la sortie et passer obligatoirement la veille pour s'inscrire et essayer les vêtements de flottaison. En cas de mauvaise météo, on est remboursé intégralement ou l'on change de date.

Il existe également des formules plus longues, permettant aux amateurs de partager le quotidien des chercheurs durant une semaine. Une formule en pension complète pour une immersion totale. Pas donné cependant.

Le centre comporte également une exposition intéressante sur les baleines, montée par des biologistes enthousiastes qui répondront volontiers à vos questions. Au programme aussi : un film de 30 mn sur le rorqual bleu et une salle acoustique pour écouter les sons émis par différents cétacés.

Excursions dans la réserve du parc national de l'Archipel-de-Mingan : si l'opérateur de tourisme basé à Havre-Saint-Pierre, plus à l'est, propose plus d'excursions vers les îles, Longue-Pointe-de-Mingan est nettement plus pratique pour ceux qui voudraient se rendre sur l'île aux Perroquets et sur l'île Nue. La première, une petite île sans relief, cernée par une demi-couronne de courtes falaises, est le domaine du macareux moine. Cet élégant volatile en livrée, emmanché d'un bec orangé et chaussé de même, ne fait rien comme tout le monde : pas de nid mais un terrier, à la manière des lapins !

L'île Nue, quant à elle, offre un paysage de lande herbacée ainsi que quelques monolithes de pierre calcaire que la mer n'a pas fini de manger. Ils s'apparentent à ceux des îles Quarry et Niapiskau, proposées dans les excursions de Havre-Saint-Pierre, mais sont moins spectaculaires. On peut y rester camper (permis à demander au centre d'interprétation). Des sorties en chaloupe (8-12 passagers) de 3h30 (trois par jour en plein été) sont proposées par l'*Entreprise touristique Loiselle* (● tourisme-loiselle.com ●) et par les *Excursions du Phare* (● minganie.info ●). *Compter env 70 $ pour 3h30 (2 escales) et 105 $ pour 5h45 (3 escales).* Ces compagnies, qui monopolisent le marché, proposent aussi un service de bateau-taxi pour les randonneurs et les campeurs qui souhaitent se rendre sur les îles.

ANTICOSTI ? UN COÛT INOUÏ

En 1895, le fabricant français de chocolat Menier acheta l'île d'Anticosti (au large de Longue-Pointe-de-Mingan) pour la somme fabuleuse de 125 000 $. Longue de 217 km sur 48 km de large, elle était pratiquement inhabitée. Il construisit un château, un hôtel, un port, des entrepôts. Il importa 220 cerfs (166 000 aujourd'hui !) pour assouvir sa passion de chasseur. Menier n'en profita guère puisqu'il mourut subitement en 1913.

Camping autorisé sur certaines îles de mi-juin à mi-septembre, moyennant une traversée en bateau effectuée par un prestataire reconnu par *Parcs Canada. Tarif d'accès à l'archipel env 6 $, taxes comprises. Ensuite : nuitée en camping env 16 $; ou nuit en « prêt-à-camper »* (kit oTENTik) *120 $ (emporter son sac de couchage, son eau potable et sa nourriture). Ajouter le permis de feu obligatoire (9 $/nuitée, provision de bois comprise) et des frais de résa, par tél (☎ 1-877-737-3783 ; 14 $) ou via le site (● reservation.pc.gc.ca ● ; 11 $).* Toilettes sèches et foyers aménagés sur place. Apporter vivres et eau pour 2 jours de plus que le séjour prévu en cas d'intempéries qui vous obligeraient à rester sur les îles.

HAVRE-SAINT-PIERRE

3 515 hab.

Sept-Îles : 212 km ; Kegaska : 210 km.

La petite ville minière de Havre-Saint-Pierre constitue, à l'instar de Longue-Pointe-de-Mingan, un point de départ possible vers la réserve du parc national de l'Archipel-de-Mingan. Ici, d'un jardin à l'autre, d'une maison à l'autre, les couleurs acadiennes flottent de manière ostentatoire : drapeau français frappé au coin d'une étoile dorée, rappelant l'origine des fondateurs du port. Tous, ou presque, descendent de pêcheurs madelinots installés en 1857.

– ***Tous services.*** Attention, le bus qui parcourt la Côte-Nord s'arrête ici.

VOYAGEURS MALGRÉ EUX

Comment appelle-t-on les habitants de Havre-Saint-Pierre ? Des Cayens. Une déformation du mot Acadiens, qui ressemble à s'y méprendre aux Cajuns de Louisiane. L'occasion de réaliser l'étendue du territoire où migrèrent ces Français, premiers colons avant la conquête anglaise (1713) de la région. En 1755, ceux qui restaient furent déportés pour avoir refusé de prêter allégeance à la couronne britannique : ils craignaient d'être enrôlés dans l'armée pour se battre contre les Français. C'est ce qu'on a appelé le Grand Dérangement, qui fut, en fait, une violente déportation.

Arriver – Quitter

En bus

Arrêt de bus : *843, bd de l'Escale (angle Boliva), devant le magasin Variété Jomphe. ☎ 418-538-2033. • intercar.qc.ca • Magasin tlj 9h-22h. Le mat, quand le bus passe, on monte dedans sans ticket et on régularise au prochain arrêt (ou au terminus).*

➢ ***De/vers Sept-Îles (via Longue-Pointe, et Rivière-au-Tonnerre) :*** départ à 5h30 lun-ven ; arrivée à 8h pour la correspondance avec Québec et Montréal.

En bateau

Le ***Bella Desgagnés*** *(☎ 1-800-463-0680 ; • relaisnordik.com •)* relie Havre-Saint-Pierre à la Basse-Côte-Nord, en direction de Terre-Neuve. Reportez-vous à la rubrique « Comment se déplacer le long de la Côte-Nord ? » au début de « La Côte-Nord ».

Adresse utile

@ ***Centre d'accueil du portail Pélagie-Cormier :*** *1010, promenade des Anciens, à la marina. ☎ 418-538-2512 ou 1-888-538-2512 (municipalité). • havresaintpierre.com • ☎ 418-538-3285 ou 1-888-773-8888* (Parcs Canada). *• porthsp.ca • pc.gc.ca/mingan • De mi-juin à mi-sept, tlj 8h-20h.* Le portail Pélagie-Cormier regroupe le bureau d'info sur la Côte-Nord et notamment la Minganie, celui de la réserve de parc national de l'Archipel-de-Mingan, le stand de services maritimes Boréale et un petit café pour s'en jeter un en étudiant la météo sur son smartphone. On y trouve toutes les infos sur l'archipel et les permis de camper. Expos sur les îles Mingan et leurs fossiles.

Où dormir ?

Camping

Camping municipal : *1730, rue Boréale. ☎ 418-538-2415 ou 2717 (hors saison). • havresaintpierre.com • Ouv juin-début sept. Empl. tente, sans ou avec services 22-28 $.* Installez-vous de préférence le long de la plage (pas de services, en revanche), s'il n'y a pas trop de vent – sinon, repliez-vous sur les emplacements de la zone boisée à l'arrière du camping.

De bon marché à prix moyens

Auberge Boréale : *1288, rue Boréale. ☎ 418-538-3912 ou 2706. • aubergeboreale.com • Mai-oct. Doubles 60-75 $, taxes incluses. Pas de petit déj. CB refusées.* Une auberge de poche conviviale, proposant une dizaine de chambres de petite taille (avec 3 salles de bains à partager) mais mignonnes comme tout, chacune ayant sa couleur. Cuisine et salle à manger à la disposition des hôtes. Enfin, à l'étage, petite terrasse. La propriétaire, Gabrielle Tanguay, est aussi simple et adorable que son auberge. Une bonne étape avant de prendre « la mer ».

Gîte 4 Saisons : *1264, rue Boréale. ☎ 418-538-1329. • gite4saisons.com • Doubles avec sdb 80-85 $, petit déj inclus. Séjour de 2 nuits min exigé en été. CB refusées.* Dans une jolie maison en bois, 5 chambres à la déco soignée, impeccables et délicieusement douillettes (il y a même des peignoirs dans les salles de bains !). Salon commun et barbecue à dispo dans le tout petit jardin. La plage est à 50 m. Cécile et son mari vous reçoivent avec chaleur et grande gentillesse, tout en vous donnant plein de tuyaux pour découvrir la région.

Chez Françoise : *1122, rue Boréale. ☎ 418-538-3778. • gitechezfrancoise.com • Tte l'année. Doubles ou « studios » 70-95 $, petit déj inclus (servi* *en chambre). CB refusées.* Dans sa grande maison à la géométrie aussi surprenante que sa déco, Françoise vous propose 5 chambres doubles, toutes avec cuisinette (à partager pour le tarif le moins cher) et salle de bains privée. Le petit déj, lui, est servi dans la chambre. Bon accueil.

Où manger ?

Chez Julie : *1023, rue Dulcinée. ☎ 418-538-3070. Tlj 16h-22h. Plats 23-30 $; plateau de fruits de mer 2 pers 80 $.* Une institution depuis les années 1970. La salle a d'ailleurs gardé une touche *seventies,* avec ses banquettes en skaï, façon *diner.* Dans l'assiette, poissons et fruits de mer tout frais et bien présentés (excellent homard au prix du poisson !). Également grillades, pizzas, burgers ou sandwichs... et en dessert, la tarte aux plaquebières (les fameuses *chicoutés*).

La Promenade : *1197, promenade des Anciens. ☎ 418-538-1718. Tlj 11h (7h le w-e)-21h. Plats 15-30 $.* Un resto prisé des locaux où l'on mange plutôt bien, en profitant de la vue sur la mer. À la carte se bousculent homard, crabe et autres fruits de mer en duo, en combo et en plateau, bref, à gogo. Sinon, pizzas, salades, sandwichs...

Où boire un verre ? Où sortir ?

Bar L'Écoutille : *promenade des Anciens. Face à la marina. Tlj dès 13h.* Le bon endroit pour faire une pause-café en terrasse ou un 5 à 7 devant une bière. Billard et concerts réguliers (parfois payants).

À voir. À faire à Havre-Saint-Pierre et dans les environs

La maison de la culture Roland-Jomphe : *957, rue de la Berge (en retrait du quai). ☎ 418-538-2450 ou 2717 (hors saison). • havresaintpierre.com • De mi-juin à début sept, tlj 9h-21h. Entrée : 2,50 $, réduc. Audioguide 5 $ (pièce d'identité demandée).* Enfin un musée d'un rapport qualité-prix correct ! Roland Jomphe, c'est le grand monsieur de Havre-Saint-Pierre. Poète, il a choisi un nom pour chacun des fameux monolithes de l'archipel, mais il a surtout contribué à faire connaître cet espace naturel. Si la maison de la culture rappelle bien sûr sa biographie, elle s'intéresse principalement à l'histoire de la ville. Le petit musée se décompose en plusieurs sections interactives (nombreux documents audio et vidéo), évoquant tour à tour les origines du Havre, les activités typiques du coin, la prospérité soudaine liée à la découverte du titane dans la région, le rapport à la religion... Le musée n'est certes pas bien grand, mais il est intéressant et joliment agencé ; quant à l'audioguide, il vous permet de découvrir le bord de mer en écoutant les récits des anciens (compter 30-45 mn).

La réserve du parc national de l'Archipel-de-Mingan : *1010, promenade des Anciens (portail Pélagie-Cormier). ☎ 418-538-3285 ou 3331 (hors saison), sinon 1-888-773-8888. • pc.gc.ca/mingan • Accès à l'archipel (de mi-juin à mi-sept) : droit d'entrée env 6 $. Camping autorisé sur certaines îles, de début ou mi-juin à début sept ; nuitée env 25 $, permis de feu obligatoire compris. Tentes* oTENTik *(« prêt-à-camper ») sur l'île Quarry env 120 $ (jusqu'à 6 pers). Toilettes sèches et foyers. En plein été, résa indispensable (frais de résa 11-14 $ par Internet ou tél). Apporter vivres et eau potable pour 2 j. de plus que le séjour prévu en cas d'intempéries fortes.*

LE QUÉBEC

Une véritable dentelle d'îles et d'îlots sauvages s'étend sur 175 km le long du littoral, de part et d'autre de Havre-Saint-Pierre (entre Longue-Pointe-de-Mingan et Aguanish, pour être précis). Contrairement à la géologie de la région, principalement constituée de roches métamorphiques (gneiss et granite), l'archipel des Mingan est constitué de roches sédimentaires calcaires (d'où la présence de fossiles). Résultat : de superbes monolithes sculptés par l'érosion (surtout à Niapiskau et Quarry). Dans l'archipel vit une grande variété d'oiseaux de mer, dont le célèbre macareux moine qui débarque ici entre mi-avril et début septembre. À ce propos, il est intéressant de prendre connaissance du *code d'éthique sur l'observation des oiseaux marins.* Nombre de phoques et de baleines évoluent aussi dans les parages. Plein de balades possibles, avec des sentiers très bien aménagés, en partie surélevés pour ne pas abîmer ce milieu très fragile. Les guides du parc proposent des visites accompagnées sur les îles plus importantes. Procurez-vous le programme d'interprétation de l'année auprès d'eux.
Au port du Havre-Saint-Pierre, seul un excursionniste propose ses services :

■ ***Services maritimes Boréale :*** *1010, promenade des Anciens (portail Pélagie-Cormier). ☎ 418-538-2865 ou 1-866-538-2865. • smboreale.com •* Assure un service de bateau-bus (en Zodiac) pour les îles de juin à mi-septembre. Sont desservies : Niapiskau, Quarry et Grande-Île (uniquement Grande-Île pour les campeurs), à raison de 1 ou 2 voyages par jour (départ à 10h ; retour à 11h30 pour les campeurs, 16h45 pour les randonneurs du jour). Idéal pour se balader en toute liberté ou pour camper. Compter 25-80 $ selon la distance. Un service de bateau-taxi est aussi mis à disposition mais avec des horaires précis *(généralement 3 départs/j., mat, midi et soir ; téléphoner la veille pour connaître l'horaire exact en fonction de la destination choisie).* Propose également des excursions en bateau de 3h30 à 5h30 dans le secteur centre de l'archipel, avec des escales sur les îles de Niapiskau, Quarry et/ou Fantôme, ainsi qu'une excursion de 4h qui permet d'approcher les îles à Calculot des Betchouanes où nichent des macareux moines (avec une escale sur la Petite île au Marteau). Balades assurées par les guides du parc, à la découverte des monolithes et de la flore locale. Compter 60-90 $ selon le type d'excursion.

NATASHQUAN *(250 hab.)*

Après plusieurs centaines de kilomètres de paysages à la fois nordiques et marins, voici ce qui fut un certain temps le « boutte » de la route ! On comprend mieux le caractère quasi insulaire des habitants quand on sait que ce village n'est relié au réseau routier que depuis une vingtaine d'années seulement !
Bourg acadien fondé en 1855 par des Madelinots pêcheurs de morue, Natashquan est aussi le pays du poète-chanteur Gilles Vigneault. Le village fait d'ailleurs référence à ses chansons, comme une trame poétique retraçant la vie si particulière de ces hommes de labeur et d'isolement.
Une étape d'autant plus agréable qu'au plus fort de l'été, la mer à bonne température autorise la baignade !
En hiver, Natashquan est une étape agréable de la ***Route Blanche*** qui relie Baie-Johan-Beetz à Blanc-Sablon à motoneige.
– ***Tous services.***

Arriver – Quitter

En bateau

Aucun bus ne desservant Natashquan, les non-motorisés peuvent toujours prendre le *Bella Desgagnés* *(• relaisnordik.com •)* au départ de Havre-Saint-Pierre (mer à 6h45). Bien vérifier les horaires, qui peuvent être fluctuants en fonction de la météo. Certains bateaux peuvent même parfois être retardés de 24 à 48h. Arrivée à Natashquan du bateau en provenance de Havre-Saint-Pierre mer à 13h30 (appareillage 15h pour Blanc-Sablon) ; arrivée du bateau en provenance de Blanc-Sablon sam à 21h15 (appareillage 22h15 pour Rimouski). Pour plus de détails, consulter la rubrique « Comment se déplacer le long de la Côte-Nord ? » au début de « La Côte-Nord ».

En voiture

À partir de Natashquan, les 55 km qui mènent à Kegaska ne sont pas revêtus. Conduire avec prudence en cas de pluie.

Adresse utile

Bureau d'accueil touristique de Natashquan : *24, chemin d'En-Haut, face à la municipalité. ☎ 418-726-3054 ou 1-866-726-3054. • copacte natashquan.net • De fin juin à mi-sept, tlj 8h-17h.* Profitez-en pour admirer la jolie expo photo : une bonne partie de la population de Natashquan et Pointe-Parent campe sur les murs.

Où dormir ?

Camping municipal Chemin Faisant : *à la sortie est du village, en direction de Pointe-Parent. ☎ 418-726-3697 ou 3362 (hors saison). • campingquebec.com/duplessis/camping-municipal-chemin-faisant.html • De mi-juin à mi-sept. Empl. tente 26-33 $.* Camping tout simple, dans un superbe site. Emplacements au choix entre les arbres, à l'abri du vent dans la partie boisée, ou carrément dans les dunes. Sanitaires propres, buanderie, bois et glace en vente à l'accueil. Un point noir tout de même : les mouches (noires justement) et les maringouins, bien présents. Un sentier rejoint la pointe des Galets en 15 mn environ.

Auberge Le Port d'Attache : *70, rue du Pré. ☎ 418-726-3569 ou 1-877-726-3569. • aubergeleportdattache.ca • À l'entrée du village, sur la droite. Doubles sans ou avec sdb privée 85-110 $, petit déj compris.* Tenue par Magella Landry, un ancien pêcheur, cette sympathique auberge de 8 chambres (dont 6 avec vue sur la mer) est à la fois conviviale et chaleureuse. Le petit salon est idéal pour papoter au coin du poêle ou feuilleter les livres à disposition. Chambres simples, pas bien grandes mais plaisantes, offrant tout ce dont on a besoin. Certaines sont dotées d'un petit balcon pour contempler la mer.

Où manger ? Où boire un verre ?

Pas de resto digne de ce nom et tout ferme en hiver. Seule *L'Échouerie* rouvre ses portes à l'occasion, en principe le vendredi soir. En été, mieux vaut faire la route jusqu'à Aguanish.

Restaurant Le Goût du Large : *9, rue du Pré. ☎ 418-726-3333. Mars-oct, tlj 11h-20h30. Plats 15-35 $.* Le resto, dont la salle jaune paille surplombe la petite rivière Natashquan, n'est pas désagréable. Ici, une clientèle locale d'ouvriers en pause se mélange aux touristes. Sandwichs, pizzas, plats de poisson et de fruits de mer, et même quelques riz chinoisants. Pas à tomber par terre mais les restos ne sont pas légion dans le coin.

Café-bistro de L'Échouerie : *55, rue des Galets. ☎ 418-726-6005. De mi-juin à mi-sept, tlj 8h-20h pour la cuisine (22h pour le bar). Plats 10-24 $.* Grande bâtisse bleue sur le site des Galets (lire « À voir. À faire »), stratégiquement située face à la plage avec une petite terrasse bien agréable les jours ensoleillés. Un lieu de vie à l'image des animations quasi quotidiennes en été : musique, théâtre, expos, projections... On peut évidemment y boire une bonne bière ou un verre de vin, mais aussi y déguster salades, croque-monsieur, soupes et bons plats du jour.

Où manger dans les environs ?

Fumoir Le Goynish : *237, rue Jacques-Cartier, à* ***Aguanish*** *(22 km avant Natashquan). ☎ 418-533-2357. Juin-sept, tlj 11h-20h. Plats 13-22 $.* Quelques tables dans la boutique-resto, et une petite carte autour du produit phare de la maison : le saumon fumé à l'érable qui, d'ailleurs, embaume tout l'établissement. Franchement, on en a rarement mangé de si bon, maigre et salé juste comme il faut, presque fruité. Également quelques plats de fruits de mer, et de timides propositions carnées pour les inconditionnels. Pizza au saumon ou fruits de mer sur commande. Une adresse toute simple, d'un bon rapport qualité-prix.

À voir. À faire

Les Galets et la plage : regroupé sur la presqu'île des Galets, cet ensemble de petites remises toutes de bois construites, les pieds dans le sable et le nez au vent, rappelle la vie des pêcheurs de morue d'autrefois. On emmagasinait ici les poissons séchés et salés, ainsi que les huiles de loups-marins. Le site est accessible depuis le pôle d'accueil touristique par une agréable promenade.

Le centre d'interprétation Le Bord du Cap : *32, chemin d'En-Haut. ☎ 418-726-3054. Juin-sept, horaires variables. Entrée : 7 $; gratuit jusqu'à 12 ans.* Petit musée régional sous forme de magasin général joliment reconstitué. Exposition de certaines œuvres de Gilles Vigneault, de photographies présentant l'histoire de Natashquan en une quarantaine de thématiques : musique, pêche, santé, faune, activités saisonnières...

La vieille école : *24, chemin d'En-Haut. ☎ 418-726-3054. Fin juin-sept, horaires variables. Entrée : 10 $; réduc.* L'ancienne école (1913), longtemps à l'abandon, a retrouvé sa jeunesse grâce à une équipe de bénévoles. Elle abrite une petite expo originale consacrée aux principaux personnages des chansons de Gilles Vigneault.

> **LIVRAISON EXPRESS**
>
> *Avant que Natashquan ne soit relié par la route, c'est l'avion postal qui assurait la livraison des commandes faites par correspondance : denrées, alcool, vêtements... Quand la météo empêchait l'avion de se poser, tout devait être largué du ciel sans garantie pour l'acquéreur. Un jour, la mère de Gilles Vigneault, voyant les colis atterrir sans ménagement, craignit le pire ! Par chance, sa vaisselle était programmée sur un autre vol...*

➢ ***Excursions sur la rivière*** **Aguanish (canyon Trait-de-Scie) :** *rdv 250, route Jacques-Cartier,* ***Aguanish.*** *☎ 418-533-2228 (bureau d'accueil d'Aguanish). Fin juin-début sept, tlj 8h30-16h30. Env 40 $; visite guidée d'env 2-3h, départs à 9h et à 13h. Résa conseillée.* Ceux qui ont un peu de temps peuvent envisager une balade sur la rivière Aguanish, située 25 km avant Natashquan. Les sorties se font en chaloupe de cinq à six personnes, à l'occasion de visites guidées, qui combinent canotage et petites promenades jusqu'au canyon du Trait-de-Scie.

KEGASKA

110 hab.

Petit port anglophone, recroquevillé autour d'une jolie baie en croissant de lune, Kegaska vit au rythme des arrivées et des départs de ses bateaux de pêche. Car ici, l'activité principale, c'est la traque au crabe des neiges, une grosse araignée de mer qui rougit les étals des poissonniers dès le printemps.
À Kegaska se termine la route 138 et commence la Basse-Côte-Nord. Une grève offerte à la furie des vents, qui s'émiette en îlots déserts jusqu'à Blanc-Sablon. Pas grand-chose à faire dans le village, si ce n'est le traditionnel selfie devant le panneau « Fin » de la route 138, en attendant que la poupe du *Bella Desgagnés* pointe vos envies d'ailleurs...
– Un magasin général qui sert du ***carburant.*** Un ***resto*** ouvert en été et une jolie petite ***pension.***

Arriver – Quitter

En bateau

Sauf quand il est contrarié par la météo, le ***Bella Desgagnés*** *(• relais nordik.com •)* fait escale à Kegaska aux beaux jours le mercredi à 17h45 dans le sens Rimouski/Blanc-Sablon et le samedi à 17h dans l'autre sens. L'escale dure respectivement 2h et 1h30. En hiver, consulter le site internet.

Où dormir ? Où manger ?

☗ ***Auberge Brion :*** *1re à gauche après la pompe à carburant (c'est fléché). ☎ 418-726-3738. • bbrk@cgocable.ca • Tte l'année. Doubles 90-140 $; petit déj 12,50 $; table d'hôtes sur résa 25-30 $.* Tenue par Ruth Kippen, fille de Kegaska mariée à un Madelinot, une auberge qui fleure bon les soirées à refaire le monde. Au total, une petite vingtaine de chambres : 3 dans la maison proprement dite, une dizaine dans une sorte de petit « motel » attenant, et les autres dans une bicoque jaune dominant le port. Elles possèdent toutes leur propre salle de bains (cafetière, frigo et micro-ondes pour certaines). Cuisine commune et table d'hôtes tout en saveurs. Ruth gère aussi la *Pourvoirie Leslie Foreman,* 3 petits chalets *(de mi-juin à mi-oct slt)* posés en bordure de la rivière à une demi-douzaine de kilomètres à la sortie de la ville. Idéal pour se mettre au vert.

|●| ***Resto-épicerie CJ'S :*** *49 B, chemin Jacques-Cartier. ☎ 418-726-3888. Tt de suite à droite, quand on fait face au panneau « Fin » de la route 138. Tte l'année pour l'épicerie, juil-août pour le resto (tlj lun-jeu le midi slt, ven-dim midi et soir selon demande). Plats 10-13 $.* Resto lambrissé bien propret avec vue sur la mer à travers les fenêtres. Cuisine basique du marin rentré au port : lasagnes, pâtes, filets de poissons au riz, etc. Aussi des sandwichs et quelques salades maison.

À voir. À faire

L'épave du Brion : en 1976, le *Brion,* un navire de cargaison des îles de la Madeleine, s'échoue à 1 km de Kegaska. Depuis, la carcasse rouillée du bateau fait le bonheur des photographes. Un sentier pédestre a été aménagé pour aller le voir (bien se renseigner avant de partir).

Cabotage jusqu'à Blanc-Sablon : d'avril à octobre, le *Bella Desgagnés* assure la desserte des villages de la Basse-Côte-Nord en horaires « d'été ». Un voyage empreint de poésie vers de « petits bouts du monde » aux noms évocateurs : La Romaine, Harrington-Harbour (où fut tourné le film *La Grande Séduction*), Tête-à-la-Baleine, La Tabatière... Autant de petites maisons colorées pour servir le gris du ciel, que l'on aborde l'esprit lavé par les embruns et quelquefois l'estomac de traviole, faut bien l'avouer...

La Route Blanche : dès que les rivières sont suffisamment gelées, la Route Blanche, qui relie Kegaska à Blanc-Sablon, est praticable à motoneige. Une expérience inoubliable à vivre avec un guide expérimenté. *Rens :* ***Voyages Coste,*** *coopérative de solidarité en tourisme équitable. 22, rue de l'Église (grande maison bleue face à la mer), Rivière-au-Tonnerre. ☎ 418-465-2002 ou 1-877-573-2678. • voyagescoste.ca •*

CHAUDIÈRE-APPALACHES

Depuis Québec, il faut prendre le traversier (c'est le plus amusant) jusqu'à Lévis, ou franchir le pont jusqu'à Charny, pour accéder à cette région située sur la rive droite du Saint-Laurent et bordée au sud par le Maine (États-Unis). Reconnaissons que beaucoup de voyageurs filent au plus vite vers les régions du Bas-Saint-Laurent et de Gaspésie. Pourtant, de nombreux villages pleins de joliesse et de caractère valent leur pesant d'arrêts. En voiture, préférez la route 132 qui longe le Saint-Laurent à la monotone autoroute 20.

– Pour plus d'infos, association touristique Chaudière-Appalaches : ☎ *1-888-831-4411. • chaudiereappalaches.com •*

DE LÉVIS À MONTMAGNY

Cette portion de la rive du Saint-Laurent compte deux villages classés parmi les plus beaux du Québec : *Saint-Michel-de-Bellechasse* et *Saint-Vallier.* Un autre, *L'Islet-sur-Mer,* se situe après Montmagny. Effectivement très photogéniques, ils sont les points d'orgue de ces 50 km de jolie route côtière bordée de terres agricoles. Ils abritent de belles et vieilles maisons en bois, et s'enorgueillissent d'églises et de chapelles de procession, le tout dans un environnement verdoyant et fleuri en été.

Où dormir ? Où manger ? Où faire ses courses ?

Gîte Auprès du Clocher : *92, rue Principale, à* ***Saint-Michel-de-Bellechasse.*** *☎ 418-884-2820. • aupresduclocher.net • Près de l'église. Doubles avec ou sans sdb privée 90-150 $, petit déj et taxes inclus.* Cette vénérable maison porte magnifiquement ses 200 ans ! Les 5 chambres, dont une suite sous les combles, y sont vraiment mimi et spacieuses. Ameublement chiné avec goût et déco d'autrefois traitée avec gaieté. Parquet brut, mobilier peint (piano compris) et salon avec cheminée y distillent une ambiance chaleureuse.

Aux Deux Brioches : *37, rue Principale, à* ***Saint-Michel-de-Bellechasse.*** *☎ 418-804-0666. Mer-dim 7h-17h (oct-avr, ven-dim slt).* Après les chambres chez l'habitant, voici la « boulangerie chez l'habitant », dans une jolie maison blanche chapeautée d'une toiture verte. L'espace boulangerie est assez minuscule, mais cela ne diminue en rien la qualité des pains et viennoiseries préparés en grande partie à base de produits bio. L'idéal : les accompagner d'un excellent café maison et déguster le tout, soit sur la terrasse, soit dans la minisalle à l'étage.

Coopérative La Mauve : *348, rue Principale, à* ***Saint-Vallier.*** *☎ 418-884-2888. Tlj 9h-18h (17h30 sam, 17h dim).* Le territoire de Bellechasse est une région connue pour son agriculture, et cette coopérative permet de découvrir une quarantaine de producteurs bio du secteur (mais pas seulement). Intéressant pour ceux qui ont la possibilité de cuisiner, d'autant que la coopérative transforme elle-même la viande achetée auprès d'éleveurs locaux et propose une jolie sélection de brochettes, saucisses, etc.

À voir. À faire

Croisières et visites guidées de Grosse-Île : *organisées par* Croisières Lachance, *marina de* ***Berthier-sur-Mer.*** *☎ 1-855-268-9091. • croisieresaml.com • De mai à mi-oct. Durée : env 6h. Tarif : 54 $; 6-12 ans 30 $.* Une île pas si grande mais suffisamment pour servir de station de quarantaine à des millions d'immigrants en route pour l'Amérique, jusque dans les années 1930. Elle accueillit notamment beaucoup d'Irlandais et nombre d'entre eux y périrent en 1847 lors d'une terrible épidémie de typhus : 5 000 âmes y sont ainsi enterrées, soit l'un des plus grands cimetières irlandais hors d'Irlande. Entre 1942 et 1957, l'île fut aussi une base militaire expérimentale où se déroulaient en secret des expériences liées à la guerre bactériologique. Visite animée par des personnages en costume d'époque. Propose également des croisières vers l'archipel de l'Isle-aux-Grues (voir à Montmagny).

L'Atelier du Voiturier : *15, rue Durantaye, à* ***Saint-Michel-de-Bellechasse.*** *☎ 418-884-3644. Perpendiculaire à la rue principale du village, donnant sur la 132. De mi-juin à mi-oct, tlj 10h (13h dim)-16h30. GRATUIT, mais donation bienvenue.* Passionné de western, Daniel commença par fabriquer des maquettes en bois de diligences, carrioles, berlines, fiacres et autres voitures du passé canadien ; toutes conçues à partir de photos et documentées historiquement. Puis, pour mettre en scène son étonnante collection, il réalisa patiemment un diorama de fermes, de granges, de maisons et d'églises. Toutes ces bâtisses existent réellement : il peut s'agir de la grange du voisin, d'une maison de l'île d'Orléans ou encore d'une ferme de Charlevoix. Résultat : on obtient un très joli panorama de l'architecture québécoise qui s'est vu décerner le prix du patrimoine en 2011. La collection compte aujourd'hui 510 personnages, 398 chevaux, 350 voitures et une soixantaine de bâtiments (l'espace étant trop petit, tout n'est pas exposé). Une belle rencontre avec la culture populaire québécoise.

MONTMAGNY

11 500 hab.

Petite ville connue pour son étonnant *Festival de l'oie des neiges* ou oie blanche. Le centre, se développant « côté terre » de la route 132, est innervé par la jolie rue Saint-Jean-Baptiste, située dans l'axe de l'église. Dotée de quelques belles demeures, Montmagny devient chaque année, début septembre,

le *Carrefour mondial de l'accordéon.* En face, l'archipel de l'Isle-aux-Grues rassemble un chapelet de petites îles qui servent de réserve de chasse ou de refuge aux oiseaux. La plupart sont privées.

Adresse et info utiles

Bureau d'information touristique de Montmagny et les îles : *45, av. du Quai. ☎ 418-248-9196 ou 1-800-463-5643. • montmagnyetlesiles.chaudiereappalaches.com • Sur le quai du traversier. Tlj 8h30-19h (16h30 hors saison).*

– Vous pouvez découvrir Montmagny à votre rythme en téléchargeant sur votre smartphone ou tablette ***l'application « Baladodécouverte » :*** *• baladodecouverte.com/circuits/322/au-coeur-du-vieux-montmagny-histoire-et-architecture •*

À voir

Le musée de l'Accordéon : *301, bd Taché Est (route 132) ; un peu en retrait de la route, près de la rivière. ☎ 418-248-7927. • accordeonmontmagny.com • En été, tlj 10h-16h ; hors saison, lun-ven slt. Entrée : 8 $; réduc.* Si aujourd'hui la fabrication d'accordéons est devenue industrielle en Europe, elle reste artisanale au Québec et l'histoire qui lie Montmagny à cet instrument remonte à loin ; la ville, d'ailleurs, abrite encore un facteur d'accordéon. Si le musée n'est pas très grand, la collection de pianos à bretelles, de tous âges, genres et provenances, est, elle, importante. On y découvre aussi d'autres instruments à anche, comme les étonnants *cécitum* et *mélophone,* dont la forme rappellerait plutôt celle d'instruments à cordes. Plusieurs vidéos intéressantes, dont l'une montrant les étapes de la fabrication. Une table interactive permet aussi d'écouter le son des différents instruments.

DANS LES ENVIRONS DE MONTMAGNY

L'Isle-aux-Grues : *• isle-aux-grues.com • Traversier au départ de Montmagny : ☎ 418-234-1735. • traversiers.com • Avr-déc, 3-4 traversées/j. (30 mn) dans chaque sens selon marées. GRATUIT.* Seule île de l'archipel habitée en permanence, elle fait environ 4 km de long sur 1 km de large. Des images bucoliques se détachent de l'horizon fluvial, peuplé de quelque 200 espèces d'oiseaux. Plusieurs auberges et gîtes, un camping, un resto et un café (parmi eux, l'auberge *Les Maisons du Grand Héron* loue des tipis et des yourtes ; *• maisonsdugrandheron.com •*). Pas de distributeur d'argent sur place. Déplacement à pied ou à vélo. Prévoyez un antimoustiques si vous y séjournez.

Le Musée maritime du Québec : *55, rue des Pionniers Est (route 132), à* ***L'Islet-sur-Mer.*** *☎ 418-247-5001. • mmq.qc.ca • Mars-mai, mer-dim 10h-16h ; juin, tlj 10h-17h ; 24 juin-début sept, tlj 9h-18h ; début sept-nov, tlj sauf lun 10h-16h ; déc-fév, pour les groupes slt. Entrée : 12 $, visites guidées et animations incluses ; 8 $ 6-17 ans (gratuit en dessous).* Conçu en l'honneur de Joseph-Elzéar Bernier, fils du village et grand

SOUS-MARINS FANTÔMES

Durant la Seconde Guerre mondiale, les U-boote nazis profitèrent de la largeur de l'estuaire du Saint-Laurent pour remonter le fleuve et torpiller les convois qui partaient de Montréal vers la Grande-Bretagne. Pour ne pas effrayer la population, le gouvernement canadien décida de taire cet événement à l'opinion publique. Cet épisode de la guerre demeure encore assez méconnu des Québécois.

explorateur méconnu de l'Arctique canadien, ce musée lui consacre l'une de ses expos. Outre la chalouperie, où l'on peut admirer les différents types d'embarcations fluviales et apprendre leurs usages, l'exposition dédiée à la navigation sur le Saint-Laurent et la visite d'un authentique brise-glace, on y découvre aussi deux lieux inhabituels lors de deux visites guidées passionnantes (de 45 mn chacune). L'une vous ouvre les portes des réserves du musée, où sont conservées de très belles maquettes de bateaux du Saint-Laurent ; l'autre vous entraîne dans un stupéfiant hydroptère, un prototype conçu pour donner la chasse aux sous-marins russes. Quelques animations également chaque jour à heure fixe, dont deux pour les enfants : l'animation *Grand mât* (qui consiste à l'escalade d'un mât) et une initiation aux nœuds marins.

|●| ***La Salicorne :*** *16, chemin des Pionniers, à* ***L'Islet-sur-Mer.*** *☎ 418-247-1244. Au bord de la route 132, face à l'église. Ouv de mai à oct : en hte saison, tlj 11h-20h30 ; de mai à mi-juin et sept-oct, jeu-dim. Menus midi 13-19 $; carte 20-32 $.* Cette vénérable maison blanche constitue une halte idéale sur la route : la cuisine à base de produits locaux incorpore des épices et des savoir-faire venus du monde entier. Métissé, créatif et délicieux ! Également quelques pizzas inventives. Jolie terrasse face à la mer.

SAINT-JEAN-PORT-JOLI

3 300 hab.

L'activité principale de ce village tranquille en bordure du Saint-Laurent est la sculpture sur bois. Cet art fut remis au goût du jour par les trois frères Bourgault dans les années 1940, qui ouvrirent sur place une école de sculpture sur bois (aujourd'hui transférée à Québec). De nos jours, plusieurs dizaines de sculpteurs y produisent aussi bien des souvenirs pour touristes que de véritables chefs-d'œuvre dignes des plus grands artistes. Guide des sculpteurs disponible au bureau d'information touristique, qui vous renseignera aussi sur tous les musées du coin, dont nous n'indiquons que les principaux.

Adresse utile

i ***Bureau d'information touristique :*** *22, av. de Gaspé Ouest (route 132), près de l'église. ☎ 418-598-3747. En saison, tlj 9h-19h30 ; de mi-oct à juin, slt le w-e 9h-17h.* Peut vous aider à trouver un logement dans la région.

Où dormir ?

Camping Au Bonnet Rouge : *76, av. de Gaspé Est (route 132). ☎ 418-598-1919. • campingaubonnetrouge.com • Ouv de mi-mai jusqu'à mi-oct. Emplacement 30-45 $.* Un petit camping propre et plutôt sympathique. Un peu envahi par les camping-cars, certes, mais les quelques sites réservés aux tentes sont de beaux espaces herbeux et ombragés, avec table de pique-nique et barbecue. Petite piscine payante.

Gîte Au Boisé Joli : *41, av. de Gaspé Est. ☎ 418-598-6774. • auboisejoli.com • Ouv Pâques-fin oct. Doubles avec sdb partagée 95-120 $, taxes et petit déj inclus.* 5 chambres très confortables dans cette jolie maison en bois, au toit rouge, en plein centre-ville. Du parquet partout, même dans les 4 salles de bains à partager ! Jardin avec accès privé au fleuve, que l'on aperçoit aussi depuis une belle terrasse. L'accueil du proprio aveyronnais est excellent et le petit déj, original et raffiné.

Où manger ?

Libellule : *17, pl. de l'Église (sur le parking). ☎ 418-598-9644. Début mai-fin oct, tlj 7h30-21h. Plats 8-16 $; menu économique en sem env 15 $.* Joyeux snack coloré, avec un comptoir convivial en fer à cheval, ou bien la terrasse. Salades, bagels, pizzas et pitas, mais aussi plein de super desserts et de la limonade artisanale aux fruits rouges (apporter sa bière ou son vin). Le tout à base de produits régionaux. Bon et pas cher.

Boulangerie Sibuet : *306, route de l'Église. ☎ 418-598-7890. Ouv tte l'année, tlj (sf lun hors saison) 7h30-18h. Plats 6-12 $.* Envie d'une bonne viennoiserie ? D'une excellente tarte à la crème et au sirop d'érable ? D'un petit déj à la française ou à la québécoise ? D'un bon pain au levain (nombreuses variétés, notamment le vendredi) ? D'un bon café ? D'un en-cas salé (croissant fourré, sandwich, soupe) ? Eh bien, arrêtez-vous dans cette boulangerie où tout est fait maison ! À emporter ou à consommer dans les petites salles ou en terrasse.

Café Bistro OK : *9, rue des Pionniers Ouest (face au quai). ☎ 418-598-7087. Tlj 7h-21h. Plats 13-28 $.* Entre la marina et le cimetière, un resto tout en bois, à l'intérieur comme à l'extérieur, illuminé de grandes baies vitrées et bordé de belles terrasses. Séduisantes propositions au petit déj. Sinon, c'est salades, sandwichs, bonnes *flammenkueche* (même si elles ressemblent étrangement à des pizzas !), pâtes, burgers et grillades. Rien de bien original, donc, mais outre le cadre très sympa, tout est bon, frais et bien préparé. À l'étage, le **pub Ras L'Bock** *(tlj 16h-3h, midi le w-e)* mérite lui aussi le détour. Cadre là encore tout en bois, avec une grande terrasse, où l'on déguste les bonnes bières de la microbrasserie locale du même nom (et de quelques autres).

La Coureuse des Grèves : *300, route de l'Église (route 204). ☎ 418-598-9111. Tlj 8h-23h. Le midi, plats 13-35 $; le soir, formules 22-50 $.* Un nom plein de poésie qui va très bien à cette maison au toit bleu prolongée d'une grande terrasse couverte. Petits déj complets et gourmands. Pour le midi, salades, pâtes ou menu du jour, le tout bien tourné et gentiment bourgeois. Lapin, viandes en sauce, homard en saison et foie gras, une spécialité de la région. Exposition d'artistes québécois et diverses activités culturelles.

LE QUÉBEC

À voir. À faire à Saint-Jean-Port-Joli et dans les environs

L'église : étonnante avec sa pierre rose et son toit rouge surmonté d'élégants clochetons argentés. À l'intérieur, bancs et autel de bois sculpté. Elle date de 1779 et faillit être démolie en 1920 par la population qui la trouvait moche et trop vieille, mais le curé menaça d'abandonner la paroisse si l'on touchait à son église !

Le musée des Anciens Canadiens : *332, av. de Gaspé Ouest (route 132), à 3 km de l'église. ☎ 418-598-3392. De mi-mai à mi-oct, tlj 8h30-17h30 (20h juin-août). Entrée : 8 $; réduc ; famille 20 $.* Ce musée consacré à la sculpture sur bois offre, dans ses quatre salles, un aperçu intéressant de la production locale à travers près de 300 œuvres inspirées de la vie quotidienne québécoise ou de personnalités (on voit aussi bien René Lévesque que Harry Potter !). En été, un sculpteur installe son atelier dans le musée. Et sinon, une vidéo vous montre toutes les étapes de la conception d'une sculpture.

L'Épopée de la Moto : *309, av. de Gaspé Ouest (route 132). ☎ 418-598-1333. • epopeedelamoto.com • Proche du musée des Anciens Canadiens (côté opposé de la route). Ouv de fin mai à mi-oct, grosso modo 9h30-17h : tlj de mi-juin à début sept ; tlj sauf lun en sept-oct ; ven-dim de fin mai à mi-juin. Entrée : 8 $; réduc ; gratuit moins de 12 ans.* Plus de 100 motos fabriquées entre 1903 et 2002.

Chromes rutilants, raretés et bizarreries (deux roues motrices, scooter-side-car Harley !), des expos temporaires renforçant un fonds qui va des motos de police à celles de tout terrain, présence de nombreuses machines japonaises et européennes sur un continent américain plutôt monomaniaque de la Harley... De quoi réjouir tous les motards et sympathisants.

Le théâtre d'été La Roche à Veillon : *547, av. de Gaspé Est. Fin juin-début sept, mar-sam à 20h30.* La grande salle rustique accueille un théâtre d'été réputé. Juste à côté, le restaurant *La Boustifaille* (une institution locale) offre une cuisine généreuse, à la bonne franquette, mais pas très fine.

➢ Belle ***balade au lac des Trois-Saumons*** avec une vue extra du belvédère sur la région.

Le moulin à farine de la Seigneurie des Aulnaies : *à 13 km à l'est de Saint-Jean, à **Saint-Roch-des-Aulnaies.** ☎ 418-354-2800. Juin-août, tlj 9h30-18h ; de sept à mi-oct, le w-e slt. Visite : env 13 $ (moulin et manoir) ; réduc ; gratuit moins de 12 ans.* Intéressant pour comprendre le processus de fabrication de la farine grâce à cette roue de 7 m de haut. Des guides costumés vous font également visiter le *manoir des Aulnaies*, une belle demeure victorienne de 1853. Si vous avez du temps, jetez un œil au superbe jardin.

LE QUÉBEC

Visiter une érablière (ou cabane à sucre)

Le sirop d'érable est au Canada ce que la vodka est à la Russie : une passion nationale ! Au cours d'une visite, on apprend plein de choses sur l'arbre, la façon de récolter « l'eau d'érable » et les processus de transformation aboutissant au sirop. La récolte et la fabrication ont lieu à la charnière entre hiver et printemps (mars-avril). À cette période, on profite à plein du processus (bouilloire en action) et l'on peut participer à une cérémonie pittoresque et gourmande, la tire sur neige. On ne vous en dira pas plus sur celle-ci, si ce n'est que son seul nom rend joyeux petits et grands Québécois.

L'érablière M.-A.-Deschênes : *483, 2e rang Ouest. 📱 418-234-2517 ou ☎ 418-598-6606. Prendre la 204 direction Saint-Aubert ; tt de suite après le pont de l'autoroute, tourner à droite et continuer pdt 3 km. Tlj 9h-18h. Résa conseillée. Visite (1h30 env) : compter 5 $; réduc.* Trajet de 4 km entre la maison et l'exploitation, un endroit charmant et convivial. Visite instructive suivie d'une dégustation.

L'érablière Bois-Joli : *896, route de l'Église. ☎ 418-598-6686. • erabliereboisjoli.com • Emprunter la 204, direction Saint-Aubert ; après le pont de l'autoroute, prendre la branche droite de la fourche et suivre le panneau. Mars-oct ; visites guidées tlj 10h-17h (résa préférable hors saison). Tarif : 5 $.* Compter env 1h de visite suivie par la dégustation des différents produits vendus sur place. Là encore, instructif et sympathique.

Fêtes et manifestations à Saint-Jean-Port-Joli et dans les environs

- ***Fête d'Hiver :*** *début fév. • fete-hiver.com •* Festival de sculptures sur neige.
- ***Internationale de la sculpture :*** *env 10 j. en juil, ts les 2 ans (années paires). • internationale-sculpture.com •*
- ***Fête des Chants de marin :*** *mi-août. • chantsmarins.com •* Trois à cinq jours consacrés à la chanson du large...
- ***Festival du bûcheux :*** *dernier w-e d'août, à **Saint-Pamphile** (à env 50 km de Saint-Jean, près de la frontière américaine). • festivaldubucheux.ca •*

Ce rendez-vous de bûcherons attire beaucoup de monde : concours de *scier-corder,* lancer de haches, fendage de bûches, ainsi que des concerts et des animations.
– ***Festival du poulet :*** *à la fin de la 1re sem de sept, à* ***Saint-Damase,*** *petit village à quelques km au sud.* Barbecues et activités en tous genres (shows, courses de voitures, tournois), un rendez-vous assurément populaire !

LE BAS-SAINT-LAURENT

La région touristique du Bas-Saint-Laurent s'étend sur la rive sud du fleuve Saint-Laurent, entre Chaudière-Appalaches et la Gaspésie, de La Pocatière à Sainte-Luce-sur-Mer. Sur presque 200 km, on peut suivre les panneaux qui indiquent la *route des Navigateurs.* Elle correspond à la route 132 et à de jolies bretelles desservant les villages du bord de fleuve. Ici, on commence à parler et à vivre la mer. À partir de Rivière-du-Loup, le fleuve s'élargit pour former l'estuaire dit maritime, où l'eau douce rencontre l'eau salée, et de très grandes marées donnent au paysage un aspect changeant. Paisibles villages qui furent autant de seigneuries au XVIIe s, et grosses exploitations agricoles modernes défilent le long de la route. Quelques passages sans relief jalonnés de silos à grains, puis, tout à coup, un site plus attractif, planté d'un phare, apparaît au détour d'une colline. Les forêts et lacs du plateau et des terrasses de l'arrière-pays sont autant d'invitations à la balade et, au final, bien qu'il soit tout petit mais fort joli, le parc du Bic constitue la grande attraction naturelle du coin.
Les villes modestes mais animées, comme Rimouski et Rivière-du-Loup, sont reliées à la rive opposée par de fréquents traversiers. Une raison de plus pour venir de partout jusqu'ici, admirer les plus beaux couchers de soleil au monde après Hawaii, à en croire les revues internationales de photographie !

KAMOURASKA

630 hab.

Membre émérite de l'association des plus beaux villages du Québec, « là où il y a du jonc au bord de l'eau », en langue algonquine, surplombe un fleuve ici magique, bordé à l'horizon nord par les montagnes de Charlevoix. Si vous souhaitez poser vos valises un peu plus longtemps dans la région, ce

ravissant village et ses alentours constituent une belle étape (beaucoup plus pittoresque que Rivière-du-Loup, par exemple).
Historiquement l'une des premières colonies de la rive sud, le village doit une partie de sa beauté et de sa célébrité au « toit Kamouraska », unique dans le pays avec son profil de coque de bateau renversée. On y distingue un large éventail de maisons aux styles différents : victorienne avec véranda sculptée, Mansart américaine, basses et tout en longueur, aux toits sombres de bardeaux, ou encore Nouvelle-Angleterre.
Kamouraska fut immortalisée par le roman du même nom d'Anne Hébert, qui, inspiré d'un fait-divers, fut aussi porté à l'écran. C'est également la patrie de René Chaloult – l'inventeur du drapeau fleurdelisé du Québec (un fieffé conservateur !) –, d'Eugène-Étienne Taché – auteur de la devise *Je me souviens,* inscrite sur les plaques des voitures – et d'un dénommé Adolphe Basile Routhier – qui a écrit l'hymne national *Ô Canada.* Bref, c'est le Québec « pur sirop d'érable », un haut lieu de pêche à l'anguille, un rendez-vous de cormorans.

Adresse et info utiles

i *Bureau d'accueil touristique :* *69 A, av. Morel (route 132), derrière l'église, sous le musée. ☎ 418-492-1325. • kamouraska.ca • Juin-début sept, tlj 9h-18h.* Peut vous aider à réserver une chambre.

■ ***Visite guidée de la ville avec monsieur Chapais :*** *de mi-juin à mi-oct, tlj vers 13h. Durée : env 45 mn ; 5 $/pers. Rdv près de l'office de tourisme.* Ce monsieur Chapais est aisément repérable à son chapeau haut de forme et sa canne. Il vous entraîne à la découverte du Kamouraska de son époque, à savoir celui du XIXe s.

Où dormir ?

Gîte Au Petit Bonheur : *116, av. Morel. ☎ 418-492-3247. • giteaupetitbonheur.com • Double 80 $, petit déj non inclus (possibilité de le préparer sur place). Loc de vélos.* À l'étage d'une adorable maisonnette, 3 chambres joyeuses, propres et toutes simples. Cuisine commune tout équipée pour faire sa popote, que l'on peut ensuite manger sur un bout de terrasse. Une bonne affaire pour les budgets serrés.

Auberge des Îles : *198, av. Morel (route 132). ☎ 418-492-7561. • aubergedesiles.ca • Doubles sans ou avec sdb privée 115-125 $, suite 190 $, petit déj compris. Plats le soir 20-35 $.* On est bien, à l'*Auberge des Îles,* une charmante maison du XIXe s qui domine en belvédère le Saint-Laurent et les îles juste en face. De la véranda, la vue est géniale, surtout au coucher du soleil. Idéal pour goûter une cuisine bien maîtrisée et élégante, qu'il s'agisse d'un filet mignon, d'un ris de veau ou, plus simplement, d'une salade et d'un plat de pâtes. Côté chambre, on fait dans le rustique de charme, avec du mobilier chiné, quelques jolies toiles et un vieux parquet qui craque. Bon petit déj cuisiné. Très sympa, comme l'accueil sincère et chaleureux.

Où manger ? Où acheter de bons chocolats ?

Toutes nos adresses se trouvent à proximité de la place principale, près de l'église.

Boulangerie Niemand : *82, av. Morel. ☎ 418-492-1236. Juil-août, tlj 8h-18h ; juin et sept-oct, jeu-dim slt ; mai, ven-dim slt.* Très belle maison victorienne avec véranda sur le fleuve. Fabrication artisanale utilisant principalement de la farine complète moulue maison à partir de grains issus de l'agriculture biologique. Pains divers, viennoiseries, et aussi une sélection de produits du terroir comme des vinaigres, mueslis et confitures de fruits régionaux.

Pêcheries Ouellet : *38 A, av. Morel. ☎ 418-492-1872. Mai-oct, tlj 9h-18h ; le reste de l'année, sur résa.* Fumoir artisanal, produisant depuis 1902 truites, anguilles, saumons, esturgeons (plus rare !), moules et pétoncles réputés. Goûter aussi les « merrines », de délicieux pâtés de poisson. Pas de tables sur place : on les achète pour les tartiner sur du pain *Niemand,* avant d'aller pique-niquer au bord du fleuve.

Le Bistrot de la Mer – Poissonnerie Lauzier : *57, av. Morel. ☎ 418-492-7988. Tlj 11h30-21h. Plats 13-19 $.* D'un côté la poissonnerie, de l'autre le comptoir où l'on passe commande d'une soupe de poisson, d'un tartare de saumon, d'une salade de truite et saumon fumé, ou encore d'un *lobster roll* (« sandwich au homard »). Et puis on déguste le tout dans la petite salle ou dans la véranda. Simple et bon.

Café-bistrot Côté Est : *76, av. Morel. ☎ 418-303-0739. Juil-août, tlj 10h-21h ; mai-juin et sept-oct, jeu-dim 11h-21h (16h dim). Plats 10-17 $ le midi, 20-26 $ le soir.* Ce café-bistrot installé dans une majestueuse demeure historique du centre-ville propose à toute heure de la journée des petits plats saisonniers simples, mais très frais et sortant de l'ordinaire. Petits déj, soupes, sandwichs, salades et autres burgers sont joliment composés à partir des meilleurs produits locaux (notamment les viandes). Même si l'intérieur est beau et accueillant, rien de tel pour déguster tout cela que de s'installer sur la superbe terrasse surélevée, à l'arrière, dans le jardin, avec vue sur l'eau.

Chocolaterie La Fée Gourmande : *65C, av. Morel. ☎ 418-492-3030. • lafeegourmande.ca • Ouv avr-oct, tlj 9h-18h.* Les gourmands s'arrêteront ici pour une pause chocolatée ou pour déguster une glace maison ou une crêpe sur la petite terrasse. Les plus aguerris s'attaqueront à la poutine glacée : caloriphobes s'abstenir !

LE QUÉBEC

À voir

Le musée de Kamouraska : *69, av. Morel (derrière l'église). ☎ 418-492-9783. • museekamouraska.com • Fin juin-sept, tlj 9h-17h ; hors saison, horaires réduits et variables (janv-mai sur résa slt). Entrée : 10 $; réduc.* Raconte l'histoire et la vie quotidienne des habitants de Kamouraska autrefois : outils agricoles, patrimoine religieux, enseignement, pêche et navigation, évocation des gloires locales citées en intro. Toutes les pièces exposées proviennent de dons effectués par les gens du coin. Programmation d'expos temporaires et activités.

Le centre d'art de Kamouraska : *111, av. Morel. ☎ 418-492-9458. • kamouraska.org • De mi-juin à début sept, tlj 10h-17h (21h jeu) ; d'avr à mi-juin et début sept-fin oct, jeu-dim 11h-16h. Entrée : 5 $; réduc.* Construit à la fin du XIXe s dans un style médiéval plutôt surprenant, cet ancien palais de justice, transformé ensuite en salle de bal, héberge désormais un centre d'art. Expos temporaires (généralement de qualité) d'artistes québécois contemporains.

SUR LA ROUTE ENTRE KAMOURASKA ET NOTRE-DAME-DU-PORTAGE

Où dormir ? Où boire un verre ?

Camping de la Sebka : *273, route 132 Ouest, à* ***Saint-André-de-Kamouraska.*** *☎ 418-493-9984. • sebka.ca • 3 km avant Saint-André. Ouv de mi-mai à mi-oct. Emplacement (max 4 pers) env 25 $.* Près de 75 emplacements de type semi-sauvage pour tentes ou tentes-roulottes de petite taille. Le cadre est superbe, en revanche il n'y a pas d'eau potable (bidon en vente à la réception), et le confort est très basique : tables de pique-nique, aire de feu, mais douche (payante) dans une seule partie du site et toilettes rudimentaires. L'endroit idéal pour vivre les fabuleux couchers de soleil de la région et s'adonner aux activités proposées par la *Sebka* (lire « À voir. À faire »).

Auberge des Aboiteaux : *280, route 132 Ouest, à* ***Saint-André-de-Kamarouska.*** *☎ 418-493-2495. • aubergedesaboiteaux.com • À proximité du Camping de la Sebka, à env 5 km de Kamouraska et 4 km de Saint-André. Double env 120 $, taxes et petit déj compris.* Hors de tout village, une belle maison bleu-violet blottie au bout d'une charmante pelouse plantée de pommiers. Aménagée avec goût et attention, elle abrite des chambres douillettes, dont 2 sous les combles. Petit déj généreux changeant chaque jour et cuisinette à disposition pour se préparer des repas légers.

Tête d'Allumette : *265, route 132 Ouest, à* ***Saint-André-de-Kamouraska.*** *☎ 418-493-2222. Ouv tte l'année ; en saison, tlj 11h-1h.* Cette microbrasserie a beau être nichée au milieu de nulle part, cela n'empêche pas les foules d'accourir ! Il faut dire qu'en plus des bonnes bières produites sur place, le cadre est on ne peut plus convivial dans cette maison en bois aux murs de couleurs vives. Sans parler de la terrasse donnant sur les prés qui descendent jusqu'au fleuve !

À voir. À faire

La Maison de la prune : *129, route 132 Est, à* ***Saint-André-de-Kamouraska.*** *☎ 418-493-2616. À la sortie de Saint-André, direction Notre-Dame-du-Portage ; enseigne très discrète (voire absente parfois). D'août à mi-oct, tlj 9h-17h30 ; le verger est accessible slt dim à 10h30, sur résa, lors d'une visite commentée (1h30). GRATUIT.* Au XIXe s, ce verger renommé dans toute la région exploitait plus de 1 400 pruniers de Damas (l'une des plus anciennes variétés du Québec et grande tradition horticole de la région) et des dizaines de pommiers, cerisiers... Tombé dans l'oubli dans les années 1940, il fut réhabilité en 1978. Dans le magasin d'époque, on peut faire provision de confitures artisanales, de gelées de menthe, pommes ou gadelles, et de coulis. Également des vinaigres de prune au thym ou à la menthe sauvage. Petite expo sur l'histoire de la propriété dans un ancien grenier à grains derrière la maison.

– **Rando, kayak et escalade :** *avec la* ***Société d'écologie de la batture du Kamouraska (Sebka),*** *273, route 132 Ouest, à* ***Saint-André-de-Kamouraska.*** *☎ 418-493-9984. • sebka.ca • 3 km avant Saint-André. De mi-mai à mi-oct, tlj 10h-18h (8h-21h en hte saison). Résa obligatoire sauf rando. Tarifs : rando 3 $/pers ; escalade 85 $ pour 6h, réduc enfants ; kayak de mer (en hte saison slt et min 14-15 ans) 65 et 75 $/pers pour 4 et 6h.* La *Sebka* exploite avec respect le superbe paysage de battures (marais salés) de la baie de Saint-André, tourné vers les îles du Kamouraska et dominé par les « monadnocks », ces montagnes isolées typiques de la région. Centre d'accueil et d'information à l'entrée, zones de pique-nique et camping (voir « Où dormir ?... ») à l'intérieur. On y trouve 12 km de sentiers de rando variés, boisés ou ouverts sur les panoramas, et 110 voies d'escalade de tous niveaux, tracées sur un quartzite idéal. Côté mer, départ depuis le 57, avenue Leblanc (près du quai de Kamouraska) d'excursions allant d'une demi-journée (horaire selon les marées) à 4 jours.

NOTRE-DAME-DU-PORTAGE

1 270 hab.

L'endroit a bien changé depuis l'époque lointaine où les Amérindiens venaient y pêcher, avant de porter leurs canots jusqu'aux lacs, à 40 km dans les terres, pour la chasse hivernale. D'où le « portage »... Ce fut aussi un lieu de passage pour les missionnaires et les coureurs des bois.

À 5 km de Rivière-du-Loup, ce patelin fait aussi partie de l'association des plus beaux villages et vit régulièrement, comme toute la côte alentour, des couchers de soleil allant du superbe au stupéfiant. Pensez-y au moment de faire votre planning de la journée ! Pour ces raisons, Notre-Dame est devenu un lieu de villégiature paisible et chic, où de belles demeures anciennes converties en résidences de luxe voisinent avec des pavillons complètement kitsch et ostentatoires. Malgré ce succès résidentiel, les superbes jardins fleuris qui descendent en pente douce jusqu'au fleuve distillent une ambiance propice aux amoureux. À défaut de sentiments à partager, près des quais, les pêcheurs solitaires iront taquiner les éperlans. Le regard porte loin, jusqu'à l'autre rive où les caps des Laurentides se distinguent, précédés de l'île aux Lièvres. Sur la droite, le fjord du Saguenay s'ouvre tout grand sur l'horizon. L'odeur des algues ne trompe pas, ici commence la mer, et les baleines ne sont jamais très loin.

Où dormir ? Où manger ?

Chute Couette et Café : *408, route du Fleuve (à l'est de l'église). ☎ 418-862-5367 ou 1-888-739-5367. • chutecouettecafe.com • Tte l'année. Doubles 80-120 $, copieux petit déj compris.* Maison récente, à la décoration personnalisée, abritant 5 jolies chambres douillettes, dont 2 avec salle de bains privée et 3 avec vue sur le fleuve. Les lumières du Saint-Laurent viennent aussi baigner le salon agrémenté d'un feu de bois et d'un balcon, ainsi qu'une terrasse jardinée proche d'une chute de poche. Laveuse-sécheuse (payante) et cuisine à dispo.

Auberge sur Mer : *363, route du Fleuve (côté est par rapport à l'église). ☎ 418-862-0642 ou 1-888-622-0642. • aubergesurmer.ca • Mai-oct. Doubles 70-130 $. Table d'hôtes 35-45 $. Loc de vélos et kayaks.* Belle auberge, presque les pieds dans l'eau ! Chambres réparties entre une annexe de style motel et le bâtiment principal, celui de la réception, qui abrite aussi un beau salon commun (avec piano) et le resto. Pour les secondes, celles du 1er étage sont plus spacieuses que celles du 2e étage, plus simples ; certaines possèdent même un balcon avec vue sur le Saint-Laurent. Dans l'annexe, les chambres, plus chères, bénéficient d'une déco lumineuse, avec une jolie petite touche balnéaire ; toutes donnent sur une longue terrasse au bord du fleuve (et celles du rez-de-chaussée disposent d'une kitchenette très pratique) : vous voici aux premières loges pour jouir de l'embrasement crépusculaire. On profite également du spectacle depuis le resto, où l'on sert une cuisine classique et raffinée. Accueil adorable.

RIVIÈRE-DU-LOUP

19 500 hab.

Ce gros bourg sans grand charme est un important carrefour entre Charlevoix (par le traversier), le Nouveau-Brunswick, la Gaspésie et Québec-ville. On y embarque aussi à la découverte des îles du Bas-Saint-Laurent. Au centre, il fait bon rencontrer les Loupérivois dans l'artère principale, assez animée en soirée. La majorité de nos adresses de restos et de bars se concentrent dans cette rue Lafontaine.

Arriver – Quitter

En bus

Terminal des bus Orléans Express : *à l'agence* Petro-Canada, *317, bd de l'Hôtel-de-Ville. ☎ 418-862-4884. • orleansexpress.com • Excentré à l'ouest, proche de la sortie 503 de la route 20.*

➢ ***De/vers Québec :*** 4 bus/j. ; 2 d'entre eux s'arrêtent partout et, dans les 2 sens, l'un des bus dessert Rivière-du-Loup en pleine nuit. Trajet : 2h30-4h.

➢ ***De/vers Montréal :*** 4 bus/j., dont 1 seul direct, mais de nuit (changement à Québec pour les 3 autres). Trajet : 5h-6h30.

➢ ***De/vers Rimouski*** (de là, correspondances pour la ***Gaspésie***) ***:*** 3 bus/j. Trajet : 1h30.

➢ ***De/vers les Provinces maritimes :*** 2 bus/j. avec ***Moncton*** (Nouveau-Brunswick ; trajet : env 9h) ; 1 bus/j. avec ***Halifax*** (Nouvelle-Écosse ; trajet : env 14h), mais avec changement à Moncton. Liaisons assurées par les *Maritime Bus (● maritimebus.com ●).*

En train

Gare ferroviaire Via Rail : *615, rue Lafontaine, à l'angle de Fraserville. Billetterie : ☎ 418-867-1525. Horaires des trains et résas : ☎ 1-888-842-7245.*

➢ Rivière-du-Loup se trouve sur la ***ligne Montréal-Halifax*** ; 3 trains/sem dans les 2 sens.

En bateau

➢ ***Traversier pour Saint-Siméon*** (rive opposée du Saint-Laurent, région de Charlevoix) ***:*** *199, rue Hayward, à Rivière-du-Loup, ☎ 418-862-5094 (message enregistré) ou 9545 ; à Saint-Siméon, ☎ 418-638-2856 ou 5530. ● traverserdl.com ●* Tte l'année sf janv-mars. Juil-août, 4 traversées/j. dans les 2 sens ; mai-juin et sept-nov, 3 traversées/j. dans les 2 sens ; horaires variables selon marées. Pas de résas possibles pour les voitures, on applique la règle « premier arrivé, premier embarqué ». En été, être sur place au moins 1h30 à l'avance (30 mn au printemps et en automne). Trajet : 1h. Env 20 $/pers (A/R sans débarquer 25 $) ; réduc (gratuit moins de 6 ans). Voiture : ajouter 45 $. Vélo 7 $.

Adresse utile

Bureau d'information touristique : *189, bd de l'Hôtel-de-Ville. ☎ 418-862-1981 ou 1-888-825-1981. ● tourismeriviereduloup.ca ● De mi-juin à août, tlj 8h30-19h30 ; de sept à mi-oct, en sem 8h30-16h30, w-e 11h-16h ; de mi-oct à mi-juin, lun-ven 8h30-12h, 13h-16h30.* Dans une maison isolée en bordure d'un parking, en face du musée du Bas-Saint-Laurent.

Où dormir ?

Camping

Camping municipal de la Pointe : *2, côte des Bains, au croisement avec le bd Cartier (entrée du parc de la Pointe). ☎ 418-862-4281 (en saison) ou 8783 (hors saison). ● campingmunicipaldelapointe.ca ● À 5 km du centre-ville. Ouv de mi-mai à fin sept. Emplacement tente 26 $, camping-car 36-40 $.* Un camping plutôt agréable, près du fleuve, mais sans accès direct, car il occupe une hauteur entre les routes ceinturant le parc. Verdoyant et ombragé, calme, bien équipé, les tentes y bénéficient d'espaces « sauvages » sous les arbres ou de quelques jolis emplacements avec « bac à planter sa tente » ; en revanche, pour planter les sardines, il va falloir jouer un peu du maillet car les surfaces sont assez dures !

Bon marché

Auberge internationale de Rivière-du-Loup : *46, rue de l'Hôtel-de-Ville (à 100 m de celui-ci). ☎ 418-862-7566. ● aubergerdl.ca ● ♿ Service de pick-up possible à la gare ou au traversier. Résa conseillée en hte saison et obligatoire l'hiver. En dortoir 4-6 lits env 30 $/pers, double env 70 $, taxes et petit déj inclus. Réduc pour les membres de* Hostelling International *; carte en vente sur place. Dîner* *(à 19h, en hte saison slt) env 10 $.* Une AJ occupant une ancienne maison de notables, qui a conservé sa belle entrée et son parquet, et une ancienne grange sur l'arrière aménagée en chambre pour 5. Un beau cadre, malheureusement un peu gâché par une équipe très sympa mais peu professionnelle. Dortoirs vétustes en versions unisexes ou mixtes. Sanitaires peu nombreux et pas toujours bien entretenus. Piano et TV dans la salle commune, terrasse agréable à l'arrière avec espace barbecue. Cuisine à disposition. Point positif : l'AJ organise toute une série d'activités à petit prix, bénéficiant du label « Écotourisme Québec », et donc orientées connaissance et préservation du milieu naturel : rando en montagne, à vélo, escalade, observation des oiseaux et mammifères marins depuis les rives (à partir du 15 juin).

Prix moyens

Auberge La Sabline : *343, rue Fraser Ouest (quartier Saint-Patrice). ☎ 418-867-4890 ou 1-800-470-4890. À 5 km du centre en direction de Notre-Dame-du-Portage, prendre la petite route proche du fleuve. Doubles sans ou avec sdb privée 100-125 $, petit déj inclus.* Dans un secteur très vert un peu excentré mais au calme dans un beau jardin, magnifique maison de la fin du XIXe s entièrement réservée aux hôtes (les propriétaires habitent la maison juste derrière). Grand salon lumineux, une suite avec bibliothèque au rez-de-chaussée et, à l'étage, 3 chambres (dont 2 avec salle de bains à partager) ainsi qu'une véranda. Aménagement soigné, confortable et douillet (quelques meubles anciens, bonne literie, moquettes moelleuses). Des divans-lits permettent de créer de petites chambres familiales.

Auberge de l'Anse : *100, route de l'Anse-au-Persil (route 132 Est), à 6 km du centre-ville. ☎ 418-867-3463 ou 1-800-556-0406. • aubergedelanse.com • À proximité de la plage de la Pointe de Rivière-du-Loup, à 2 mn de l'embarcadère du traversier. Mai-oct. Doubles avec sdb 85-115 $.* Là, l'auberge ressemble davantage à un petit motel. Une dizaine de chambres au style désuet mais propres et claires, et surtout profitant d'une terrasse avec vue formidable sur le Saint-Laurent. Certaines, dotées d'un coin salon, peuvent accueillir 4 personnes. Bien pour une étape.

Où manger ?

Au Pain Gamin : *288-290, rue Lafontaine. ☎ 418-862-0650. En été, tlj sauf dim 8h-18h (17h sam) ; le reste de l'année, mar-ven 9h-18h (17h sam). Env 8-10 $.* Cette boulangerie artisanale travaille levains et farines biologiques. En dehors des pains et viennoiseries, également des fougasses, pans-bagnats et soupes du jour, qui peuvent se consommer sur place, en terrasse ou dans une petite salle pimpante, en buvant un café.

Café L'Innocent : *460, rue Lafontaine. ☎ 418-862-1937. Ouv mar-dim (dim slt le midi). Fermé dim soir-lun. Plats 15-20 $.* Café-resto chaleureux servant des petits déj et plats simples, comme des crêpes, des riz frits, des sandwichs, des pâtes avec, à chaque fois, une version végétarienne. Le tout mijoté à partir de produits locaux. Ici, on favorise le circuit court. Installé dans une maison combattant la pente du haut de la rue. Déco hétéroclite, atmosphère bohème sur fond de variété française et citations poétiques aux murs. Jolie terrasse.

Le Café du Clocher : *419, rue Lafontaine. ☎ 418-862-1616. Tlj 7h (8h le w-e)-17h.* Murs jaunes, petites tables carrées en bois clair : un cadre simple et chaleureux pour déguster du café sous toutes ses formes, que l'on peut également acheter en vrac. Formules pour le petit déj et le midi (soupes, paninis et sandwichs). Glaces à emporter.

Symposium : *364, rue Lafontaine. ☎ 418-860-4825. Lun-ven 11h30-22h (minuit jeu-ven), w-e 16h-minuit (21h dim). Menu déj en sem 13 $; plats 11-26 $.* Bistrot contemporain très lumineux proposant des plats de brasserie simples et bien ficelés, aux influences d'ici et d'ailleurs, comme on dit (plats d'inspiration asiatique, mais aussi tartares, *ribs*, burgers...).

Où boire un verre ? Où sortir ?

L'Estaminet : *299, rue Lafontaine, à l'intersection avec la rue Saint-Louis. ☎ 418-867-4517. • restopubestaminet.com • Tlj 7h (8h le w-e)-23h (minuit jeu, 1h sam).* Pub-resto classique proposant plus de 150 bières différentes (commentées sur la carte) et un assortiment de pressions dans une ambiance qui va de bon enfant à plus chaud le week-end. Au rayon fringale, cuisine de pub basique et consistante.

Aux Fous Brassant : *262, rue Lafontaine. ☎ 418-605-1644. • auxfousbrassant.com • Mer-dim 15h (13h w-e)-1h ; tlj en été.* C'est la microbrasserie de la ville, jeune, pimpante, à l'atmosphère décontractée et chaleureuse. Au fond, une vitre permet d'observer les cuves où fermentent les créations de la maison. Sinon, on peut déguster une sélection des meilleures bières artisanales de la région, en salle ou en terrasse.

À voir

Le parc des chutes de Rivière-du-Loup : *dans le centre. Prendre la rue Lafontaine puis la rue Frontenac jusqu'au bout ; c'est fléché.* Une passerelle surplombe la masse d'eau qui tombe de 33 m (tout de même !)... En hiver, il est possible d'escalader la glace. Si vous avez des fourmis dans les jambes, plusieurs sentiers pédestres innervent ce site de 50 ha.

Le musée du Bas-Saint-Laurent : *300, rue Saint-Pierre. ☎ 418-862-7547. • mbsl.qc.ca • En face du bureau d'info touristique. De fin juin à mi-oct, tlj 9h-17h ; hors saison, mer-dim 13h-17h. Entrée : 7 $; réduc.* Musée d'art contemporain et d'ethnologie locale. Petite expo interactive et multimédia très ludique sur l'histoire de la région (plus de 180 000 photos prises dans les années 1900-1950 ont été numérisées !), diaporama sur la ville et présentations temporaires d'artistes contemporains québécois.

Le manoir seigneurial Fraser : *32, rue Fraser. ☎ 418-867-3906. • manoirfraser.com • De fin juin à mi-sept, tlj 9h30-17h. Entrée : 7 $; réduc. Visite libre ou guidée.* Résidence des seigneurs Fraser jusqu'en 1979, et magnifiquement restaurée aujourd'hui, cette demeure victorienne de la fin du XIXe s permet de découvrir l'histoire de cette puissante famille et son influence dans l'essor de Rivière-du-Loup, qui s'appela d'ailleurs Fraserville de 1850 à 1919... Les différentes pièces (salon, salle à manger, chambres...) sont meublées d'époque et présentent de nombreux objets ayant appartenu à la famille (armes, kilt...). Au sous-sol, attenant à l'ancienne cuisine, un film en 3D retrace l'histoire de la ville racontée par ses habitants, tandis qu'une partie de l'étage est occupée par une galerie d'art. Enfin, une visite guidée originale offre, en plus de la description du manoir, de partir à la découverte des différents sites en ville qui ont marqué l'histoire de la famille (à noter que, pour découvrir le rêve du projet urbain des seigneurs Fraser, une brochure avec itinéraire est également disponible au bureau d'info touristique).

Station exploratoire du Saint-Laurent : *80, rue MacKay. ☎ 418-867-8796. • romm.ca • Au parc de la Pointe, proche de l'embarcadère (panneaux). Juin-sept, tlj 9h30-17h. Entrée : 7,50 $; réduc.* Toute petite station exploratoire proposant de courtes expos et des films sur les espèces marines qui peuplent le Saint-Laurent, le tout présenté au cours de visites guidées (à heures fixes) sympas (surtout lors de la découverte du bassin tactile).

À faire

➢ ***Le circuit patrimonial :*** une brochure, disponible à l'office de tourisme, permet de suivre un parcours dans la ville. En chemin : églises, parc, maisons anciennes (dont quelques belles résidences victoriennes).

Croisières AML : *200, rue Hayward (marina). ☎ 1-866-856-6668. • croisieresaml.com • De mi-juin à mi-sept ; départs à 9h30 et 13h30. Résa obligatoire en plein été. Adulte : 70 $; réduc ; 6-17 ans 35 $; forfait famille 170 $.* Par rapport à celle de Tadoussac, la sortie, plus longue (3h30), est moins riche en baleines mais complétée par l'observation du fleuve, des îles, des phares, des bélugas et des phoques. La plus forte concentration de baleines est visible la 2de quinzaine de juillet. On peut aussi réserver pour les excursions de la côte nord, rejointe par traversier puis en 20 mn de route.

➢ ***Le parc linéaire Petit-Témis :*** sous ce drôle de nom se cache une piste cyclo-pédestre de 135 km reliant Rivière-du-Loup à Edmundston (au Nouveau-Brunswick). Aménagée sur d'anciens rails de chemin de fer, elle longe, entre Témiscouata-sur-le-Lac et Dégelis, une grande partie du ***parc national du lac*** « sans fond », ***Témiscouata.*** Brochure avec itinéraire à l'office de tourisme.

LE PARC NATIONAL DU LAC-TÉMISCOUATA

Fabuleux mariage d'eau et de forêt, ce parc national mérite largement que l'on fasse un crochet depuis la route côtière vers l'intérieur des terres. Il étale ses 175 km² le long du plus grand lac de la région, le lac Témiscouata. Né de la puissance des glaciers, cette formidable étendue d'eau invite au calme et à la contemplation. Randonnées, vélo, nautisme et activités de découverte permettent aux visiteurs de s'imprégner de l'esprit d'un territoire riche de 10 000 ans d'histoire humaine au cœur d'une nature préservée. Avis aux routards avec bambins, le secteur du Grand-Lac-Touladi est plus orienté pour les familles, car le lac est plus petit et moins tumultueux. C'est aussi la zone historique du parc avec un Jardin des Mémoires et un sentier des Curieux de nature (voir plus loin « Randonnées à pied »). Pensez aux jumelles pour observer les chevreuils et les pygargues à tête blanche.

Adresses et infos utiles

- ***Accès au parc :*** *ouv tte l'année, jusqu'au coucher du soleil. Tarif : 8,50 $/j. par pers ; gratuit moins de 18 ans.*
- ***Entrées :*** il y en a 3. C'est là que l'on paie. S'il n'y a personne, on paye soi-même en laissant ses sous dans une enveloppe d'autoperception. L'entrée principale est celle située au nord du parc, c'est l'entrée ***secteur Squatec*** *(400, chemin de la Vieille-Route, à Squatec).* Compter 55 km depuis Trois-Pistoles par les routes 293, puis 295 et 90 km depuis Rimouski par la route 232. L'autre se trouve au sud du parc, au ***secteur Saint-Juste*** (idéal si vous arrivez du Nouveau-Brunswick). Enfin, la dernière entrée est celle du ***secteur Dégelis,*** au sud-est, mais elle est moins utilisée, car ce petit secteur est séparé du reste du parc.

Centres de découvertes et de services et bureaux d'infos : *☎ 418-855-5508. • sepaq.com/pq/tem/ •* Il y en a 5 en tout. D'abord ceux des 3 entrées : le secteur Squatec abrite le centre de services du Petit-Lac-Touladi, le secteur Saint-Juste accueille le centre de services de la Passerelle, et l'entrée du secteur Dégelis abrite le centre de services des Grands-Pins. Il en existe 2 autres : le centre de découverte et de services de l'Anse-à-William et celui du Grand-Lac-Touladi. On trouve un point info dans chacun et, selon le centre, des douches, connexion wifi, minidépanneur, premiers soins...

■ ***Location de vélos :*** *compter 28 $ pour 4h et 40 $ la journée.* Les embarcations se louent à l'Anse-à-William, au Grand-Lac-Touladi et aux Grands-Pins.

■ ***Location de canoës, kayaks, embarcations à pédales et paddles :*** *compter 16-24 $/h selon embarcation ou 44-65 $/j.* Location à l'Anse-à-William, au Grand-Lac-Touladi et à la Passerelle.

Où camper ? Où manger dans le parc ?

Dans le parc, du ***camping*** seulement, mais avec 3 niveaux de confort. L'option basique est ***d'apporter sa propre tente,*** compter alors 31-39 $ l'emplacement selon le nombre de services choisis. Environ 140 sites au total, répartis entre l'Anse-à-William et le Grand-Lac-Touladi. Sanitaires, minidépanneur, premiers soins, aire de jeux et point info sur les 2 sites. On peut sinon dormir en ***refuge*** *(de juin à oct ou nov),* compter alors 28 $/pers. Le confort est rudimentaire, mais on a un toit au-dessus de la tête s'il se met à pleuvoir. Enfin, ceux sans matériel opteront pour des ***tentes Huttopia,*** montées sur plate-forme, équipées avec chauffage, réchaud, frigo et ustensiles de cuisine. Mais il faut apporter son sac de couchage. Résa fortement conseillée en été, au ☎ *1-800-665-6527* ou sur • *sepaq.com/pq/tem* • Une dizaine de tentes *Huttopia* à l'Anse-à-William et une quinzaine aux Grands-Pins. Ajouter aux tarifs ci-dessus les taxes, mais aussi le prix d'entrée au parc, qui doit être payé chaque jour.

Aucun resto ni snack sur place. Faites vos provisions avant. Sinon, on trouve de quoi se dépanner aux... ***dépanneurs,*** postés à l'entrée de chaque secteur !

À voir. À faire

➢ ***Randonnées à pied :*** 8 sentiers totalisent plus de 35 km de randos dans le parc. Durée : de 2 à 4h selon l'itinéraire choisi. Les vrais marcheurs s'attaqueront au Sentier national, qui traverse tout le parc (37 km ; hébergement en refuge ou camping). On vous indique ci-dessous les principales randos, mais elles sont toutes décrites dans le guide du visiteur, que l'on trouve à chaque point info. Les sentiers sont accessibles de juin à octobre.

Randonnée du Draveur : *8,4 km A/R ; 3h.* Elle relie le sentier des Curieux de nature au Jardin des Mémoires. Idéal pour les plus jeunes, le premier s'étire sur 700 m avec 6 stations de jeux qui évoquent différentes périodes de l'histoire du parc et son occupation (tyrolienne, tipi, mur d'escalade). Le sentier longe ensuite le Grand-Lac-Touladi pour rejoindre le Jardin des Mémoires, un des sites les plus riches sur le plan archéologique. Des panneaux et un puits de fouilles y évoquent les liens millénaires entre nature et culture sur le territoire du parc.

Sentier Montagne-du-Fourneau : *boucle de 5,8 km ; 2h.* Accessible à tous, ce sentier traverse une pinède classée écosystème forestier exceptionnel, c'est l'une des balades les plus populaires. Belvédère avec panorama superbe sur le lac.

Sentier Montagne-de-Chert : *boucle de 5,5 km ; 2h.* Sinuant au cœur d'une érablière, c'est le sentier vedette du parc à l'automne. Les feuilles flamboyantes plantent un décor somptueux.

Randonnées à vélo : les cyclistes peuvent louer des vélos sur place mais également rejoindre le parc national depuis la Route Verte. La navette royale permet de traverser le lac Témiscouata en 15-20 mn, pour rejoindre l'Anse-à-William. De là, 21 km de route asphaltée permettent de profiter d'un parcours sinueux avec relief. Le retour se fait souvent par le traversier du Quai-de-Saint-Juste, au sud du parc.

LES ÎLES AUX LIÈVRES ET DU POT-À-L'EAU-DE-VIE

Au large de Rivière-du-Loup, une dizaine de petites îles sauvages aux noms imagés s'égrènent sur le Saint-Laurent : île aux Lièvres, archipels du Pot-à-l'Eau-de-Vie et des Pèlerins. Certaines furent habitées par de rares colons et gardiens du phare. Aujourd'hui, elles sont le royaume de multitudes d'oiseaux, de phoques... et de quelques lièvres ! Plaisir garanti pour tous les amoureux de la nature.
Pour tous renseignements, consulter • *duvetnor.com* •

DES ÎLES PROTÉGÉES PAR UN ORGANISME PRÉCURSEUR EN MATIÈRE D'ÉCOTOURISME

Fondé en 1979 par un petit groupe de biologistes menés par Jean Bédard, l'organisme sans but lucratif *Duvetnor* a pour vocation l'étude et la préservation de la faune et de la flore des îles du Bas-Saint-Laurent. Si ce programme est principalement financé par la récolte du duvet d'eider dont on garnit édredons et autres doudounes, *Duvetnor* est aussi, depuis 1989, un pionnier en matière d'écotourisme et de développement durable : il organise avec intelligence et respect de l'environnement les transports, visites et hébergements sur l'île aux Lièvres et l'île principale du petit archipel du Pot-à-l'Eau-de-Vie, les seules accessibles au public. Un seuil maximal de visites saisonnières a été soigneusement fixé. Ce n'est qu'une fois la nidification des oiseaux terminée que l'on peut explorer l'île aux Lièvres dans sa totalité. Certains tronçons bien balisés ne sont accessibles qu'après les derniers jours de juillet.

Arriver – Quitter

Embarquement à la ***marina*** (voir *Duvetnor* ci-après), juin-fin sept. Pour l'île aux Lièvres, horaires variables selon marées. Se présenter 30 mn avant le départ. Stationnement sans frais. A/R 45 $; réduc. Pour l'île du Pot-au-Phare (archipel du Pot-à-l'Eau-de-Vie), lire plus loin « Croisières commentées » dans « À voir. À faire ».

Adresse et info utiles

■ ***Société Duvetnor :*** *200, rue Hayward (marina), Rivière-du-Loup.* ☎ *418-867-1660 ou 1-877-867-1660.* • *duvetnor.com* • *Résas à partir d'avr slt.* Organise transports, visites et hébergements sur les îles accessibles au public.
– Attention, ***sur l'île, les cartes de paiement ne sont pas acceptées.***

Où dormir ? Où manger ?

Campeurs et locataires de chalets ne devront pas oublier d'emporter les provisions nécessaires au séjour.

Sur l'île aux Lièvres

⛺ ***Camping sauvage :*** *infos détaillées à la marina (lieu du paiement) ou à l'arrivée sur l'île. Juin-sept. Emplacement pour 4 pers env 35 $.* Une vingtaine de places réparties sur 4 sites. Seul le *Camping de la Plage* dispose d'eau potable et de douches gratuites. Les autres sites se trouvent tout autour de l'île : pour les rejoindre depuis le débarcadère, compter de 1h de balade facile à 3h de marche difficile (12 km) dans le cas du superbe *Camping Les Bélugas.* De nombreux campeurs restent au moins 2 jours pour déplacer leurs bivouacs au gré de leurs balades autour de l'île.

Les Chalets : *rens via • duvetnor.com • Juin-sept. Chalets 140-200 $/j. (base 4 pers) pour les plus anciens et 200 $ pour 2 pour les plus récents, frais de traversée en sus. Résas 2 nuits min.* Toutes proches de la rive, non loin du quai, 6 coquets chalets pour 2 et pour 4 à 6 personnes, bien séparés les uns des autres. Cuisine entièrement équipée, grand salon baigné de lumière, une, voire 2 salles de bains, 2 ou 3 chambres doubles (mais certains chalets ne sont équipés que de lits individuels).

|●| ***L'Auberge :*** *juin-sept. Selon saison et confort, forfait 175-230 $/j. par pers sur la base d'une occupation double avec sdb, incluant 3 repas et la traversée A/R ; tarif dégressif à partir de la 2ᵉ nuit.* 9 chambres de plain-pied, à deux pas de la rive. Grande terrasse entourée d'arbres, avec vue sur le large. Salle à manger réservée aux clients de l'auberge.

|●| ***Café de la Grande Course :*** *en face du quai. Juil-août, tlj 8h-18h ; sept, 10h-18h.* Boissons chaudes et froides, et petite restauration (sandwichs, soupes). Quelques articles de dépannage également.

Sur l'île du Pot-au-Phare

|●| ***Nuitée au Phare :*** *• duvetnor.com • De mi-juin à mi-sept. Forfait en chambre double 175-210 $/j. par pers, incluant la traversée A/R, la nuit au phare, 2 repas et une collation, l'accès aux sentiers du Pot-au-Phare, une croisière et une excursion commentées ; tarif dégressif à partir de la 2ᵉ nuit. Enfants de moins de 10 ans théoriquement refusés (se renseigner, c'est au cas par cas).* Entièrement restauré par l'équipe de *Duvetnor* après des années d'abandon, ce phare blanc et rouge, qui domine l'archipel du Pot-à-l'Eau-de-Vie depuis 1861, est une étape exceptionnelle. Chose rare, la tour fait corps avec la maison de l'ancien gardien où sont arrangées les 3 belles chambres rétros avec salle de bains partagée. Du coup, on peut y accéder quand on veut, pour profiter d'un coucher du soleil, d'un ciel étoilé ou de l'éclat d'une nuit d'orage. Romantique en diable !

À faire

Seule l'île aux Lièvres est librement accessible aux marcheurs. L'archipel des Pèlerins est fermé à toute visite pour protéger la colonie de petits pingouins la plus importante de la région ; on peut néanmoins l'observer depuis un bateau.

Excursions commentées : *• duvetnor.com • Juin à fin sept, le tour du Pot sans débarquement tlj à 12h30, 25 $ (durée 1h30) ; de mi-juin à mi-sept avec débarquement et visite du phare, tlj à 14h, env 44 $, durée 3h ; réduc.* Découverte des côtes découpées et de la faune des îles du Pot-à-l'Eau-de-Vie. La plus longue permet d'y débarquer pour approcher les oiseaux et visiter le phare. D'autres circuits possibles incluent l'archipel des Pèlerins ou les phares de l'estuaire.

Randonnées sur l'île aux Lièvres : *une carte détaillée vous sera remise dès votre arrivée sur l'île, accompagnée de consignes et conseils pour la balade.* 45 km de sentiers faciles sillonnent cette étroite langue de terre longue de 13 km. Belle couverture forestière, aucun animal dangereux et pratiquement pas un maringouin, un vrai paradis ! À 3 km du quai, vous pourrez observer les phoques assoupis à la pointe est de l'île. Depuis la côte nord, vue magnifique sur la région montagneuse de Charlevoix et des chances d'apercevoir bélugas et petits rorquals (pensez aux jumelles !). Si vous ne manquez ni de temps ni d'endurance, vous pousserez jusqu'aux grandioses paysages de la pointe ouest.

CACOUNA

1 920 hab.

À 12 km à l'est de Rivière-du-Loup. Ces syllabes musicales désignent le « village du porc-épic » (de l'indien malécite *kakoua-nak*), classé parmi les plus beaux du Québec. Attirés par la joliesse et la verdure du coin, de riches Montréalais anglophones rejoignirent les Acadiens établis ici depuis 1758.

Où dormir ?

Gîte La Veilleuse : *1073, rue du Patrimoine. ☎ 418-862-8353. Doubles avec ou sans sdb 90-110 $, taxes et petit déj inclus.* À l'étage d'une maison au bord de la route, 3 chambres parfaitement et très gentiment tenues. L'une dispose de sa propre salle de bains et sa déco tout en bois rappelle celle d'un chalet douillet. Les autres jouent sur les couleurs douces pour vous donner l'impression d'un vrai cocon.

Où se sucrer le bec ?

Glaces Ali Baba : *1600, rue du Patrimoine. ☎ 418-862-1976. Au milieu de nulle part, sur la 132, entre Cacouna et Isle-Verte, à côté d'une station-service. Avr-oct, tlj 8h-22h.* Une institution qui régale son monde depuis près de 30 ans ! Glaces artisanales aux parfums variés et offrant quelques associations inhabituelles.

À voir

Emprunter par exemple la ***rue du Quai,*** qui descend vers l'***anse de la Fontaine-Claire.*** Ce joli site était autrefois très fréquenté par les bateaux marchands, mais aussi par les premiers vacanciers, amateurs de croisières et autres pique-niques. Les Indiens malécites y campaient pour louer leurs services en tant que guides ou pour vendre leur artisanat. Aujourd'hui, il y a bien une réserve, la plus petite du Canada (0,17 ha !), mais elle n'est pas habitée en permanence (il faut dire que leur population est estimée à 780 personnes). À voir encore dans le village : l'***intérieur de l'église*** et de nombreuses ***demeures.***

DANS LES ENVIRONS DE CACOUNA

L'île Verte (Notre-Dame-des-Sept-Douleurs) : accessible par l'embarcadère du village d'Isle-Verte, situé sur la terre ferme à 18 km de Cacouna et 27 km de Rivière-du-Loup, elle abrite le premier phare construit sur le fleuve (1809). C'est aussi la seule île du Bas-Saint-Laurent qui soit habitée à l'année par une petite trentaine d'irréductibles attachés à leur bout de terre long de 12 km ! Longtemps coupée du « continent », elle a conservé une authentique vie rurale. En revanche, excepté les hébergements sur place (un motel-restaurant et des gîtes), rien n'y est vraiment fait pour accueillir les touristes. Aucun sentier de randonnée ne permet d'arpenter vraiment l'île. Voitures, vélos et promeneurs se partagent les deux routes (plutôt des pistes, bien défoncées par endroits) : l'une franchit l'île d'est en ouest, et l'autre du nord au sud. On peut aussi faire le tour de l'île en passant par la grève (prendre de bonnes chaussures) ; il faut alors compter la journée. Sur place, trois sites à visiter (billet commun à acheter au centre d'interprétation 15 $, ou 7 $ par site) : le ***phare,*** le ***musée du Squelette,*** et le ***centre d'interprétation de l'École Michaud*** qui propose une intéressante petite expo sur la vie des insulaires.

– ***Infos :*** ● *ileverte-tourisme.com* ● Attention, si vous y passez la journée, prévoyez votre pique-nique : il n'y a aucun magasin sur l'île.

– ***Accès :*** l'hiver, un pont de glace permet l'accès à pied, à skis de fond ou à motoneige. De fin avr à mi-nov, accessible en bateau mais à marée haute seulement. Par conséquent, il n'est pas toujours possible d'y passer simplement la journée. Si la première marée intervient beaucoup trop tôt, le ferry n'assure des rotations que l'ap-m, et à intervalles très rapprochés, ce qui ne laisse guère de temps sur place. 2-5 traversées/j. selon marées. Ferry transportant les passagers et une douzaine de véhicules (mais la voiture est franchement inutile, et très chère, si vous y allez pour la journée). Trajet : 30 mn. Tarif aller : env 7 $/pers ; réduc ; voiture env 40 $. En hte saison, résa fortement conseillée pour les passagers et indispensable pour les véhicules *(☎ 418-898-2843 ; ● traverseileverte.quebec ●).*

– ***Location de vélos :*** au motel *L'Entre Deux Marées (☎ 418-860-7425).*

TROIS-PISTOLES

3 465 hab.

Il était une fois un marin qui, voyant son gobelet d'argent emporté par le courant de la rivière, s'écria : « Voilà trois pistoles perdues ! » Ainsi fut baptisé ce gros bourg où les Basques venaient chasser la baleine, bien avant le passage de Jacques Cartier. Au large, l'*île aux Basques* et les *Razades* servent de sanctuaires à nombre d'espèces d'oiseaux, comme les goélands argentés, canards eiders, hérons bleus ou bihoreaux à couronne noire.

Arriver – Quitter

En bateau

➢ ***Traversier pour Les Escoumins*** *(rive nord)* **:** *11, av. du Parc (avant d'arriver à la marina). ☎ 418-851-4676 ou 1-877-851-4677. ● traversiercnb.ca ●* De mi-mai à mi-oct ; selon marées et mois, 2-3 départs/j. dans chaque sens. Arriver 45 mn avant le départ. Durée : 1h30. Résa obligatoire. Tarif aller : env 20 $/pers (26 $/pers l'A/R dans la même journée) ; env 35 $ avec vélo l'A/R dans la même journée ; 45 $/voiture l'aller. Traversier saisonnier et de petite capacité : 42 véhicules, 200 pers.

En bus

Arrêt Orléans Express : *sur la 132, au sud du bourg, non loin de la rue Jean-Rioux. ● orleansexpress.com ●*

Adresses utiles

Bureau d'information touristique : *51, route 132 Ouest (à l'entrée de la ville). ☎ 418-851-3698. • tourismelesbasques.com • De mi-juin à mi-oct, tlj 9h-19h (16h sept-oct). Hors saison, s'adresser au **centre local de développement des Basques,** 400, rue Jean-Rioux. ☎ 418-851-3206. • mrcdesbasques.com • Lun-ven 8h30-12h, 13h-16h30.*

Où dormir ?

Camping

Camping municipal de Trois-Pistoles : *100, rue Chanoine-Côté (section nord, vers le fleuve). ☎ 418-851-4515. • campingtrois-pistoles.com • À 1,5 km de la route 132, vers le fleuve (indiqué). Ouv fin mai-début sept. Emplacements 35-41 $.* Beau camping très bien aménagé, spacieux et ombragé, baigné par l'air marin et le parfum des pins. Buanderie et dépanneur. Activités : piscine chauffée (accès libre), minigolf, sentiers botaniques, location de vélos, et belvédère pour admirer le Saint-Laurent (non visible depuis les emplacements). Pêche à la truite à proximité.

Prix moyens

La Rose des Vents : *80, 2e rang Ouest. ☎ 418-851-4926. • gites-classifies.qc.ca/rosven.htm • À 5 km du centre-ville ; de la 132, prendre la 293, puis la 1re route à droite et continuer pdt 4 km. Double 110 $, taxes et petit déj inclus.* Cette belle maison gris-bleu sur 3 niveaux jouit d'une superbe situation, au milieu des champs, sur les hauteurs de la ville, avec vue sur le Saint-Laurent. Et un grand vent de convivialité souffle sur l'intérieur chaleureux : le rez-de-chaussée n'est qu'une seule grande pièce ouverte où se trouvent le salon et la cuisine ; le petit déj y est servi face à une baie vitrée donnant sur les champs et la mer. Quant aux chambres, sobres et confortables, il fait vraiment bon s'y (re)poser.

Gîte La Marbella : *96, rue Notre-Dame Ouest (rue principale). ☎ 418-851-4704 ou 1-866-851-7839. • gite-lamarbella.ca • Double avec sdb privée ou partagée env 85 $, petit déj compris.* Une maison centenaire située en plein centre-ville. Au-dessus d'une librairie-boutique de souvenirs, 2 salons communs et 5 chambres très agréables avec lavabo, et pour certaines une douche (w-c sur le palier). Propre, confortable et joliment aménagé. Jardinet à l'arrière.

Gîte Le Bouquet de Marguerites : *112, rue Notre-Dame Ouest. ☎ 581-645-8787. • lebouquetdemarguerite@outlook.com • Double env 85 $, petit déj inclus.* En centre-ville, dans une petite maison blanche de 1846, 3 chambres partageant toutes la même salle de bains. L'ensemble est assez étroit mais pimpant (et fleuri pour 2 d'entre elles), comme l'accueil, chaleureux et pétillant. Agréable petite véranda à l'étage pour contempler le Saint-Laurent au loin. Cuisine à disposition.

LE QUÉBEC

Où manger ?

Grains de Folie : *1, rue Notre-Dame Ouest. ☎ 581-645-8282. Tlj 7h (8h le w-e)-18h (23h juin-sept). Menu le midi env 13 $; sandwichs 8-12 $.* Cela sent rudement bon le grain torréfié dans ce petit café chaleureux à l'atmosphère décontractée, voire un tantinet bohème. Quelques tables pour profiter de la soupe du jour, d'une salade et de sandwichs préparés à la commande avec les meilleurs produits du coin, tout en parcourant les journaux ou en profitant de l'expo du moment.

À voir

L'église Notre-Dame-des-Neiges : *30, rue Notre-Dame Est. ☎ 418-851-4031. • eglisetrois-pistoles.com • Fin juin-début sept, tlj 9h (11h dim)-16h30. Entrée : 4 $, audioguide compris.* Difficile de la louper... Construite entre 1882 et 1888, c'est la starlette du diocèse de Rimouski. Dehors, joli contraste entre le coloris chaleureux de la pierre et l'éclat argenté de la toiture aux multiples clochetons. Dedans, remarquables colonnes corinthiennes et un étonnant baldaquin au-dessus de l'autel. Beau tabernacle sculpté dans la chapelle, derrière le chœur.

Le musée Saint-Laurent : *552, rue Notre-Dame Est. ☎ 418-851-2345. • museestlaurent.com • Fin juin-début sept, tlj 9h-17h. Entrée : 5 $; réduc.* Dans les années 1960, Adrien Côté acheta une vieille automobile pour attirer les clients vers son motel. Puis une deuxième, une troisième... et, 15 ans plus tard, il ouvrait un musée ! Animé par la même passion, son fils a repris le flambeau et continue d'étoffer cette superbe collection de véhicules des années 1930 à 1970 (dont une Packard 1933, pièce unique en Amérique), toutes en état de marche et régulièrement mises à contribution pour des tournages. Parmi les différentes voitures, motos ou camions, on trouve quelques curiosités, comme la première motoneige avec patins et chenilles conçue par Landry, ou encore tout un bric-à-brac d'outils, machines et maquettes divers.

La Maison du notaire : *168, rue Notre-Dame Est. ☎ 418-851-1656. • maisondunotaire.ca • De début juin à mi-oct, tlj 9h30-17h. Entrée : 5 $.* Petite visite audioguidée pour qui voudrait se familiariser avec un intérieur caractéristique (et bourgeois) de la fin du XIXe s. Un peu court mais pas inintéressant. Également une boutique d'artisanat et une galerie d'art (expo-vente d'artistes locaux), libres d'accès pour leur part.

À faire

Excursions à l'île aux Basques : *marina de Trois-Pistoles. ☎ 418-851-1202. • provancher.qc.ca • Juin-sept, 1 départ/j. 7h-17h30 selon marées. Durée : env 3h. Tarif : env 30 $; réduc.* Le gardien de l'île, Jean-Pierre Rioux, organise des visites commentées de l'île, à la découverte de son histoire, de sa faune et de sa flore. Vestiges des fours qui servaient à faire fondre la graisse des baleines. Il propose aussi des sorties pour la seule observation des phoques *(durée 1h30 ; 25 $/pers).*

Balades sur les grèves : si vous êtes motorisé, faites un tour à 13 km de Trois-Pistoles, en direction de Rimouski, du côté de Saint-Simon-en-Mer (à 4 km du Saint-Simon « des terres »). Un petit éden québécois : modestes cabanons, demeures plus cossues et quelques chalets à louer ou à vendre y flirtent avec la plage rocailleuse et la petite falaise. Pour une grève plus proche de Trois-Pistoles, emprunter le chemin de la Plage au-delà du camping municipal.

Rando dans l'arrière-pays : *dépliant au bureau touristique.* Le tronçon littoral basque du sentier national du Bas-Saint-Laurent relie le littoral à l'arrière-pays vallonné. Jusqu'à 14 km de balade variée dans l'axe de la rivière, dispensant de beaux panoramas : grèves, battures, belvédères, champs semés de fermes partant à l'assaut des collines et zones boisées.

Kayak de mer : *avec la* ***Coop Kayak de mer des Îles,*** *60, av. du Parc. ☎ 418-851-4637 ou 1-877-851-4637. • kayaksdesiles.com • Juin-sept. 3 excursions proposées 55-110 $/pers, équipement compris (dont combi isotherme). Résa obligatoire.* Excursion dans un environnement marin approprié aux débutants. Celle du « coucher du soleil » (3h30) est notamment très sympa.

LE PARC NATIONAL DU BIC

À mi-chemin de Trois-Pistoles et Rimouski, enclavé entre mer et montagne, le parc du Bic est tout petit, à peine 33 km², mais n'en est pas moins divin ! Anses, presqu'îles, promontoires, collines et marais composent un paysage magnifique, qu'on peut saisir de manière quasi aérienne depuis le belvédère du pic Champlain (346 m). On vient ici pour marcher sur les sentiers, pédaler sur les pistes aménagées et observer la faune, composée de mollusques, poissons, oiseaux de rivage et phoques. En revanche, n'oubliez surtout pas de vous munir d'une bonne protection antimoustiques !

LA POINTE DU BIC ? *TOO BIG !*

La légende raconte que, lors de la création du monde, l'ange chargé de disposer les montagnes sur la Terre calcula mal la quantité : comme il lui en restait trop à la fin, il se délesta du surplus en mer, juste au-dessus du Bic. C'est pourquoi, dit-on, il y a tant de montagnes ici !

Adresses et infos utiles

– ***Accès au parc :*** *ouv tte l'année, jusqu'au coucher du soleil. Tarif : 8,50 $/j. par pers ; gratuit jusqu'à 17 ans.*

– ***Entrées :*** il y en a 2, distantes d'environ 5 km. Celle du *Cap-à-l'Orignal* à l'ouest, peu après le village de Saint-Fabien en venant de Trois-Pistoles (marquée par une simple guérite pour s'acquitter du droit d'accès), et celle de *Rivière-du-Sud-Ouest* à l'est, la principale, juste avant le village du Bic.

ℹ ***Bureau d'info :*** *à l'entrée principale du parc, à* ***Rivière-du-Sud-Ouest.*** *☎ 418-736-5035 ou 1-800-665-6527. • sepaq.com/pq/bic • De mi-juin à début sept, tlj 8h-21h ; aux intersaisons, tlj 10h-17h ; déc-avr, ven 13h-18h30, w-e 10h-16h.* C'est là que l'on paie les hébergements. Brochure gratuite avec plan du parc et des sentiers, liste des activités, horaires des marées, etc.

ℹ ***Centre de découvertes et de services :*** *central, à l'intersection des 2 routes venant des entrées du parc. ☎ 418-736-5035. Fin juin-début sept, tlj 9h-17h.* Exposition permanente, diaporama et projections audiovisuelles abordant les différentes facettes du parc. « Causeries » thématiques et sorties guidées, quotidiennes et gratuites.

■ ***Location de vélos :*** *au centre d'accueil du* ***Camping Rivière-du-Sud-Ouest*** *(voir plus loin). ☎ 418-736-5035. Tarifs : 31 $ pour 4h et 44 $ la journée.*

Où camper ? Où manger dans le parc ?

Ceux qui désirent dormir ***en gîte ou à l'hôtel*** devront loger dans les environs, à Saint-Fabien, au secteur Le Bic de Rimouski (voir plus loin).

Dans le parc, ***camping*** seulement. Ceux sans matériel trouveront quelques ***yourtes*** et aussi (de mai à septembre seulement) des ***tentes Huttopia*** (montées à demeure sur plate-forme, équipées avec chauffage, réchaud, frigo et ustensiles de cuisine). Pour les yourtes comme pour les tentes *Huttopia,* il faut apporter son sac de couchage. ***Résa fortement conseillée en été,*** au *☎ 1-800-665-6527* ou sur *• sepaq.com/pq/bic •* Arrivées et départs à 15h pour les tentes ; pour les yourtes et les tentes *Huttopia,* clés données à partir de 17h et départ avant 12h. Ajouter aux tarifs ci-après les taxes, mais aussi le prix d'entrée au parc, qui doit être payé chaque jour.

Camping Rivière-du-Sud-Ouest : *voisin de l'entrée du même nom. Env 35-45 $.* Le plus important (140 emplacements) et le mieux équipé : eau et électricité, plusieurs blocs sanitaires, buanderie et le seul dépanneur du parc. Bruyant car situé au bord de la route 132 et pas très ombragé. N'y aller que par nécessité.

Camping Rioux : *à l'intérieur du parc, entre la ferme Rioux et la baie des Ha ! Ha ! Emplacements 35-45 $; tentes* Huttopia *pour 4 pers 115-135 $.* Plus rudimentaire mais dans un secteur beaucoup plus joli et isolé que le précédent. Environ 40 places (sans eau ni électricité) et 2 blocs sanitaires. Certains emplacements disposent d'une vue superbe sur la baie.

Camping La Coulée : *partie ouest du parc. Emplacement env 35 $, avec le bois pour les flambées.* 9 emplacements seulement, très rustiques, presque du camping sauvage : toilettes sèches, pas de bloc sanitaire. Accès seulement à pied (environ 1,3 km de marche) ou... en kayak par le fleuve ! Services disponibles au *Camping Rivière-du-Sud-Ouest.*

Yourtes : *à 1 km de l'entrée Rivière-du-Sud-Ouest. Env 125-145 $ pour 4 pers.* Version moderne du traditionnel habitat mongol. Meublées (table, armoire, banquette) et entièrement équipées (frigo, cuisinière et ustensiles, chauffage par poêle). Clé de voûte pour observer les étoiles. Tournées vers une anse, proche de l'île aux Amours. Le pied... Toilettes sèches sur place, douches au *Camping Rivière-du-Sud-Ouest.*

Croque-Nature : *dans la ferme Rioux. Tlj 9h-17h30 en saison.* Sandwichs, café.

– Sinon, bien sûr plein d'endroits où ***pique-niquer.***

À voir. À faire

➢ ***Sites remarquables :***

– ***Le pic Champlain :*** belvédère aménagé avec vue à 180° sur la partie nord (dont la baie des Ha ! Ha !). Compter 1h30-2h à pied pour l'aller-retour. La balade, qui grimpe en douceur, se fait presque entièrement sous les arbres avec, en chemin, quelques points de vue, vers le sud cette fois. Si nécessaire, une navette y conduit *(fin juin-début sept, 12h-14h30 ttes les 30 mn ; env 9 $ l'A/R, réduc).*

– Faire le tour des différentes anses qui mènent au ***cap à l'Orignal.*** Tutoyer ses photogéniques rochers par la grève même si l'on ne prend pas le sentier sauvage (voir plus haut).

– ***La baie des Ha ! Ha ! :*** on la découvre sur la route de la ferme Rioux. Son nom est l'objet de diverses interprétations et légendes. Selon l'une d'elles, une femme implorant les vagues de lui rendre son enfant perdu dans la baie entendit un murmure, « Ha ! Ha ! Ha ! », comme une berceuse que chantaient les flots à son petit disparu. Mais, pour les plus cartésiens, c'est juste le bruit de l'eau frappant les récifs...

– Enfin, comment ne pas citer l'***anse à Mouille-Cul*** ?

➢ ***Randonnées :*** se procurer le plan gratuit. À chaque départ d'itinéraire, panneaux explicatifs très complets.

– Douze ***sentiers pédestres*** (26 km en tout), de 20 mn à 4h de marche, de niveau facile en général, car il y a peu de relief ; seule celle jusqu'au pic Champlain (346 m) grimpe un peu, mais cela reste très gentil.

– En été, le centre d'interprétation du parc propose des ***balades thématiques quotidiennes,*** agréables et faciles.

– 15 km aménagés pour le vélo, répartis en quatre pistes de 1 à 5 km de long le trajet aller.

L'ANCÊTRE DE LA PANNE D'ESSENCE

Dans l'archipel du Bic, l'une des îles fut baptisée par les locaux l'île aux Amours en raison du grand nombre d'amoureux qui se laissaient prendre « par mégarde » par la marée montante... et gagnaient ainsi quelques heures supplémentaires de romance !

– Marche ***le long du littoral*** : possible sur quelques sentiers sauvages, notamment autour de la presqu'île de la Montagne à Michaud. ***Attention !*** **CONSULTEZ LA TABLE DES MARÉES.** Certains passages sont très difficiles d'accès à marée haute.
– ***En hiver :*** 30 km de sentiers balisés pour les ***raquettes*** et 15 km pour le ***ski de fond.*** Pour vivre la banquise de près. Possibilité de dormir en refuge ou en yourte.

Observation d'oiseaux et de phoques : les colonies de phoques communs se dorent la pilule au Cap-Caribou ou à la Pointe-aux-Épinettes ; pour les oiseaux, c'est au belvédère Raoul-Roy, et surtout en mai. Renseignez-vous auprès des postes d'accueil ou du centre d'interprétation, qui organisent des sorties et postes d'observation en compagnie de guides naturalistes.

DANS LES ENVIRONS DU PARC NATIONAL DU BIC

Le secteur ***Le Bic de Rimouski,*** en surplomb du port naturel du Havre-du-Bic, bien abrité des courants par les formations rocheuses du parc, est probablement le lieu de villégiature le plus pittoresque et le plus agréable de la région. On trouve cependant des gîtes très corrects à ***Saint-Fabien*** et son pendant « sur mer ».

Adresse utile

Bureau d'accueil Saint-Fabien : *33, route 132, à **Saint-Fabien,** proche du croisement avec la route de la Mer. ☎ 418-869-3333. • parcdubic.com • De mi-juin à début sept, tlj 9h-21h ; de début sept à mi-oct, tlj 9h-12h, 13h-17h.* Édite une petite brochure couvrant la région qui englobe le parc.

Où dormir ? Où manger ?

Domaine Floravie : *100, route Santerre, secteur **Le Bic de Rimouski.** ☎ 418-736-4000. • domainefloravie.com • Sur la 132, en direction de Rimouski, après Le Bic et l'embranchement pour l'autoroute, accès par une petite route sur la gauche. Ouv de mi-mai à mi-oct. Doubles 135-175 $; 20 $/pers supplémentaire par j. ; séjour min 2 nuits ; tarif dégressif à partir de 3 nuits ; chambre 1 pers 65 $ (tarif dégressif dès la 2e nuit).* 7 jolies maisonnettes sur roues, en bois coloré, dispersées dans un vaste pré, au bord de l'eau. Dans un cadre idyllique, quoi ! Fabriquées par le propriétaire des lieux, tout y est pensé pour réduire l'impact environnemental au maximum. Parfaitement équipées (toilettes, douches, cuisine, literie, mais pas d'eau potable). On y (ré)apprend très vite à économiser l'eau, les différentes sources d'énergie... et ses mouvements, car l'espace y est aussi assez restreint ! Devant chaque cabane, une table de piquenique, des fauteuils, de quoi faire un feu de bois. Les voyageurs solitaires peuvent également opter pour l'une des chambres dans une structure en dur : pas très grandes elles non plus, elles sont néanmoins coquettes et douillettes, avec salle de bains et cuisine à partager.

Auberge des Îles du Bic : *141, rue J.-Romuald-Bérubé, au secteur **Le Bic de Rimouski.** ☎ 418-736-5008 ou 1-888-736-5008. • aubergebic.qc.ca • Ouv mai-fin oct. Doubles 105-140 $, petit déj compris.* Grande et belle demeure bleue de 2 étages avec galerie extérieure. Un charme indéniable, qu'on retrouve dans la vaste salle à manger rustique, le salon douillet ou les 10 chambres confortables et spacieuses : mobilier ancien, parquet de bois clair, tissus fleuris ou dans les tons bleus. Bains sur pattes dans plusieurs chambres. Jardin avec spa. Petit déj complet. Loue également des apparts dans l'immeuble adjacent.

Les Rêves et... Veillées : *14, 7e Av., à **Saint-Fabien.** ☎ 418-869-1313. Dans* *le village, derrière l'église. Fermé nov. Bistrot tlj 8h-21h en saison ; slt jeu-dim hors saison. Double avec sdb partagée 100 $, petit déj inclus.* Point de demeure patrimoniale ici, mais une maison à la façade rouge et orange et à l'intérieur des années 1950, avec le charme et les inconvénients de l'époque ! Parquet qui craque, lits pas très grands, insonorisation légère, une seule salle de bains pour tout le monde. En revanche, l'accueil y est très attentionné, le petit déj à base de produits locaux soigné, et le lieu a une vraie personnalité. En plus, les hôtes ont à leur disposition une belle cuisine équipée. Les fainéants de la tambouille pourront toutefois descendre au bistrot du rez-de-chaussée pour manger l'un des petits plats maison à base, eux aussi, de produits locaux.

Auberge du Mange Grenouille : *148, rue de Sainte-Cécile-du-Bic, au secteur* ***Le Bic de Rimouski.*** *☎ 418-736-5656. • aubergeduman gegrenouille.qc.ca • Mai-oct. Doubles sans ou avec sdb privée 90-210 $, petit déj compris ; nuitées en ½ pens obligatoire en hte saison. Resto slt le soir 17h30-21h (résa impérative). Table d'hôtes 42-55 $; menu dégustation 65 $.* Cet ancien magasin général garni de pignons blancs et coiffé d'un toit vert s'appelle *Mange Grenouille* en clin d'œil aux *frog-eaters,* le surnom donné aux Français par les anglophones. Dans les chambres comme dans les espaces communs et le resto, la déco baroque et très théâtrale est truffée de trompe-l'œil et de mises en scène cocasses. Les propriétaires sont issus du monde du spectacle et se sont lâchés ! 8 chambres occupent l'ancienne partie de l'auberge. Les salles d'eau communes sont à la hauteur du reste. Dans les annexes, 14 chambres élégantes et douillettes. Jardin à l'anglaise et jacuzzi extérieur sous pavillon avec vue superbe. Cuisine raffinée, mitonnée par un chef travaillant des produits régionaux (omble, cerf, crabe des neiges, bison) et souvent bio, et superbe carte des vins. Au sous-sol, un bar à vins, pour déguster un cru au verre et des tapas, autour du piano à queue. Une adresse vraiment unique, qui ne laisse pas indifférent : on adore... ou pas.

Folles Farines : *113, rue de Sainte-Cécile-du-Bic, au secteur* ***Le Bic de Rimouski.*** *☎ 418-736-8180. Côté « terre » de la voie ferrée. Juil-août, tlj 8h-18h30 (18h dim) ; fermé lun-mar aux intersaisons ; ouv slt ven-dim en basse saison.* Dans une petite maison jaune et bleu, cette boulangerie est l'amie des randonneurs et des gourmets en général. Pains au levain classiques ou originaux (pommes, noix, figues), *bruschette,* pizzas à pâte fine et viennoiseries artisanales délicieuses. Petit comptoir avec tabourets hauts pour manger un morceau sur place.

Les Affamés du Bic : *138, rue Sainte-Cécile-du-Bic, au secteur* ***Le Bic de Rimouski*** *(à côté de l'Auberge des Îles du Bic). ☎ 418-736-1442. Tlj 11h30-21h (20h hors saison). Plats 15-20 $ le midi, 20-30 $ le soir.* Un petit resto plébiscité pour son excellent rapport qualité-prix et sa cuisine savoureuse qui n'hésite pas à s'aventurer hors des sentiers battus, tout en privilégiant les bons produits locaux. Déco chaleureuse et conviviale : solides tables en bois, chaises colorées, cuisine ouverte... Brunch très couru le dimanche. Accueil jeune et dynamique.

Chez Saint-Pierre : *129, rue Mont-Saint-Louis, au secteur* ***Le Bic de Rimouski.*** *☎ 418-736-5051. Face à l'église. Mai-déc, mer-dim 17h-21h (également mar de mi-juin à mi-sept). Résa conseillée. Table d'hôtes à partir de 50 $, menu dégustation 75-95 $.* La chef, Colombe Saint-Pierre, concocte une nouvelle cuisine québécoise à base de plantes, herbes et produits locaux. Ambiance raffinée, cadre élégant, accueil impeccable : c'est l'une des très bonnes adresses gastronomiques du coin. Petite terrasse sur le côté.

À faire

Excursions en kayak de mer, observation des phoques, oiseaux et couchers de soleil : pour découvrir les oiseaux et les mammifères marins du parc du Bic comme les phoques gris ou communs, les cormorans à aigrette ou les eiders à duvet. Pour le kayak, venir en maillot de bain, pull et coupe-vent, une combi est fournie.

➢ ***Au départ du havre du Bic :*** *avec* ***Aventures Archipel.*** *☎ 418-736-5035 (en saison) ou 1-800-665-6527. • aventuresarchipel.com • Ouv fin mai-fin sept. Excursions à la ½ journée (env 3h ; le mat, l'ap-m et au coucher du soleil) ou à la journée (env 6h30) ; respectivement env 70 et 145 $.* Balades en kayak, encadrées par des guides professionnels, membres d'organisations écotouristiques et d'observation de la faune.

– ***Balade à cheval :*** *avec le* ***Ranch Saint-Fabien,*** *131, 1er rang Ouest, à* ***Saint-Fabien*** *(chemin fléché, passant sous la voie ferrée). ☎ 418-869-3484. • ranchstfabien.com • Balades à cheval 1h-1 j. ; env 40-140 $. Résa obligatoire.* Dans cette grange au toit bleu, un sympathique fermier organise toute une gamme de sorties à cheval, allant de la courte promenade accessible aux enfants et débutants jusqu'à la journée complète. Exploration de l'arrière-pays vallonné (lacs, forêts et collines), et même galop dans le sable en bord de mer.

Balade à Saint-Fabien-sur-Mer : *par la route de la Mer depuis la 132.* Dans cette région, de nombreux bourgs ont une extension vers la mer. Ici, on trouvera une poignée de chalets à louer et de gîtes. Possibilité de rejoindre l'extrémité ouest du parc du Bic comme le camping de la Coulée depuis L'Anse-à-Capelans ou le pic Champlain à partir du belvédère Raoul-Roy.

– ***Concerts aux îles du Bic :*** *1re quinzaine d'août, pdt 5 j. env. ☎ 418-736-0036. • bicmusique.com •* Pendant ce festival annuel de musique de chambre, plusieurs soirées-concerts (payants) ont lieu à l'église du Bic et dans d'autres endroits. Un pique-nique musical est également organisé à la ferme Rioux !

RIMOUSKI

49 300 hab.

Capitale régionale du Bas-Saint-Laurent et centre océanographique du Québec, Rimouski se situe à mi-chemin entre Québec et Gaspé. Son nom d'origine indienne signifie « terre de l'orignal ». Meurtrie par un gigantesque incendie en 1950, c'est aujourd'hui une ville proche du parc national du Bic et de la Gaspésie, dynamique et plutôt animée en soirée. Pour vous repérer, notamment dans la rue Saint-Germain, sachez que, comme d'hab', c'est l'église qui marque la frontière entre l'est et l'ouest. Le soir, on aime flâner sur la promenade aménagée le long de l'eau, en se mêlant aux joggeurs et familles.

Arriver – Quitter

En bus

Terminus des bus Orléans Express : *90, av. Léonidas Sud. ☎ 418-723-4923. • orleansexpress.com • Depuis le centre, prendre la 132 Est, puis, dans les faubourgs, bifurquer sur une perpendiculaire.*

➢ ***De/vers Gaspé :*** 1 bus/j. via Mont-Joli, Matane, Cap-Chat, Sainte-Anne-des-Monts, Mont-Louis, Grande-Vallée et Rivière-au-Renard. Trajet : env 6h30. Également un trajet par le sud mais plus long.

➢ ***De/vers Québec et Montréal :*** 3 départs/j. avec changement à Québec pour aller à Montréal. Trajet : env 4h pour Québec et 8h pour Montréal.

En bateau

➢ ***Traversier pour Forestville*** *(rive nord du Saint-Laurent)* ***:*** *sortie est de la ville (route 132), en direction de*

Pointe-au-Père. ☎ 418-725-2725 ou 1-800-973-2725. • traversier.com • De mi-mai à fin sept. Résa hautement conseillée, jusqu'à 1 sem à l'avance en hte saison. 2-4 traversées/j. Tarifs : 24 $/aller (A/R dans la même journée 27 $) ; réduc ; 48 $/voiture (conducteur non compris). Traversée rapide (1h) en catamaran. Attention, les traversées sont annulées en cas de fort vent.

Adresse utile

Office de tourisme : *50, rue Saint-Germain Ouest, sur le front de mer. ☎ 418-723-2322 ou 1-800-746-6875. • tourismerimouski.com • De mi-juin à août, tlj 8h30-19h30 ; de sept à mi-oct, lun-ven 9h-18h, w-e 11h-16h ; le reste de l'année, lun-ven 9h-12h, 13h-16h30.* Délivre un permis de stationnement, gratuit pour les touristes, valable 3 jours. Télescope pour observer les oiseaux dans la baie.

Où dormir à Rimouski et dans les proches environs ?

CÉGEP : *320, rue Saint-Louis. ☎ 418-723-4636 ou 1-800-463-0617. • cegep-rimouski.qc.ca • Au-delà des bâtiments universitaires, après la voie ferrée. Juin-juil slt. Simples et doubles avec sdb partagée env 40-55 $.* Cette immense résidence étudiante, dans un immeuble de béton austère, loue l'été ses quelque 400 chambres aux voyageurs (étudiants ou non). TV, micro-ondes et frigo dans les plus chères, cuisine commune pour les autres. Laverie (payante) à disposition. Pas vraiment l'image des vacances idéales (c'est très basique et assez triste), mais un super tarif...

Gîte Victoria : *77, rue Saint-Pierre. ☎ 418-723-4483. • gitevictoria@hotmail.com • Ouv tte l'année. Doubles sans ou avec sdb privée 85-100 $, taxes et petit déj compris.* Jolie maison en brique de style victorien, légèrement en retrait de la rue. Une poignée de chambres aux couleurs pastel, douillettes et mignonnes, avec balcon, dont une, très grande, avec bains sur pattes. Propre et soigné. Ambiance tranquille, « comme à la maison » grâce au salon décoré de petits bibelots, au beau jardin arrière avec terrasse et bancs, et à l'accueil tip-top de Robin. Copieux petit déj.

Motel Bienvenue : *1057, rue du Phare,* ***Pointe-au-Père.*** *☎ 418-724-4338. • motelbienvenue.com • À proximité du site historique maritime. En hte saison, doubles avec sdb privée env 92 €, avec sdb et cuisine 117-142 $, taxes incluses.* Dans un quartier plutôt résidentiel, bordé par l'eau, une petite structure composée de 2 bâtiments : l'un récent, l'autre un peu moins, mais tous deux parfaitement tenus et avenants. Dans le second, cela va des chambres les plus simples à celles avec cuisinette équipée, vraiment pratiques et pas désagréables du tout, même si le mobilier y est assez hétéroclite. Les plus chères, dans le bâtiment récent, n'ont peut-être pas le charme d'un gîte, mais elles ont pour elles d'être assez spacieuses, pratiques et plutôt jolies. Accueil charmant.

Où manger ? Où faire une pause sucrée ?

Le Crêpe Chignon : *140, av. de la Cathédrale. ☎ 418-724-0400. Tlj 7h (8h le w-e)-21h (23h ven, 22h sam). Crêpes salées 8-15 $.* Café-crêperie à l'atmosphère conviviale et écolo, proposant des salades et des crêpes (salées ou sucrées) garnies au maximum avec des produits locaux ou issus du commerce équitable. Intérieur simple et chaleureux, et petite terrasse sur la rue. Juste à côté, la maison a ouvert *Le P'tit Crêpe,* pour un en-cas sur le pouce ou un goûter gourmand.

Les Affamés de Rimouski : *200, av. de la Cathédrale. ☎ 418-730-7767. Tlj sf dim en été. Fermé sam midi, dim et lun soir hors saison. Plats env 11-17 $. Ajouter 1 $ pour une entrée.* La carte est courte : 3 entrées, 4 plats, 3 desserts, ne cherchez pas plus loin ! Le menu change chaque jour avec le marché et l'inspiration du chef. Du frais, du local, et parfois des touches exotiques, garnissent des assiettes colorées et joliment présentées. Poutine, parmentier de canard, fleurs de courgette, beignets de crevettes, et on en passe... Sûrement une des plus agréables surprises de notre séjour !

Le Bercail : *166 A, av. de la Cathédrale. ☎ 418-730-6565. Mar-dim 11h-23h (21h dim). Fermé lun. Plats 13-16 $.* L'endroit, très simple avec seulement quelques fenêtres donnant au ras de la rue, ne paie vraiment pas de mine, mais voilà, avec le piano, les jeux de société, le coin pour enfants, les journaux, il y règne un esprit tranquille, simple et convivial. En plus, les cafés sont bons, les petits plats goûteux. C'est simple (salades, œufs cocotte, croque-monsieur, plus les « chiens chauds » le soir) mais pas banal, d'autant que, là encore, le tableau noir vous donne la liste des producteurs locaux approvisionnant cette coopérative de solidarité décidément très sympathique. Également une belle sélection de bières artisanales, de rhums et quelques concerts et autres animations.

Central Café : *31, rue de l'Évêché Ouest. ☎ 418-722-4011. Tlj 11h (16h dim)-22h. Plats 12-20 $.* Resto très populaire, joliment installé dans une maison victorienne en brique datant de 1920, où se succèdent une terrasse ombragée et des petites salles intimes. Carte à rallonge : salades, pâtes, pizzas fines ou épaisses, burgers de luxe et inventifs à composer soi-même. Spécialité d'escalope de veau poêlée. Qualité et quantité sont au rendez-vous. Une magnifique collection de plus de 800 « cabanes à oiseaux » habille les murs ! Accueil souriant.

LE QUÉBEC

Où boire un café ?
Où déguster une bonne glace ?

La Brûlerie d'Ici : *91, rue Saint-Germain Ouest, à l'angle de la rue Saint-Louis. ☎ 418-723-3424. Tlj 7h (8h le w-e)-23h.* Ambiance voyageuse : planisphère au plafond, ventilateur à pales, coin avec des fauteuils profonds. Musique discrète, plantes vertes et expos complètent la déco de cette jolie brûlerie, impeccable pour le petit déj, avec un caoua (large choix de moutures) et un gros croissant.

Chocolaterie-pâtisserie Aux Bienfaits : *1, rue de l'Évêché Ouest. ☎ 418-723-3311. Avr-oct, tlj 10h-21h en principe.* Chocolatier-glacier artisanal et bar laitier, installé dans une belle maison classée datant de 1930, à tour d'angle et galerie. Beau choix de crèmes molles, glaces et sorbets maison que les gourmands feront enrober de pur chocolat. Boutique attenante vendant des tablettes de chocolat, une sélection de thés et cafés et différents produits locaux. Table à l'intérieur et dehors en été pour grignoter de délicieux sandwichs.

Où boire un verre ? Où sortir ?

Le Bien, Le Malt : *141, av. Belzile. ☎ 418-723-1339. • lebienlemalt.com • Tlj 15h-minuit (2h jeu-sam).* Cette microbrasserie jeune et dynamique fait bien les choses : bonnes bières (c'est la base), bonne petite bouffe pour accompagner (pas mal de bio), bonne ambiance (une équipe sympa... et des habitués qui le sont aussi !), bon agenda : concerts, expos, débats, conférences. Carton plein !

Le Barista : *voisin de* La Brûlerie d'Ici. *Tlj jusqu'à 23h (minuit jeu-sam).* Salle de style pub, chaleureuse et cosy avec ses rayonnages de bibliothèque. Longue terrasse. Carte complète de boissons. Sangria en été.

À voir à Rimouski et dans les proches environs

Le Musée régional : *35, rue Saint-Germain Ouest, face à l'office de tourisme. ☎ 418-724-2272. • museerimouski.qc.ca • De mi-juin à fin août, tlj 9h30-18h ; de sept à mi-juin, mer-dim 10h30-17h (20h jeu). Entrée : 6 $; réduc ; sept-juin, gratuit jeu 16h-20h.* L'histoire de la première église de pierre de l'est du Québec (1824) est mouvementée puisque, après être devenue séminaire, elle fut transformée en couvent. Son architecture subit alors de sérieux changements : clochers et clochetons disparurent au profit d'un toit on ne peut plus banal. En 1950, la partie de Rimouski dans laquelle elle se trouve fut ravagée par un grand incendie, mais l'église résista et, en 1972, après avoir été restaurée (et avoir retrouvé un toit plus digne d'une église), elle devint un musée régional. Aujourd'hui, seules des expos temporaires – intéressantes et de qualité – y sont présentées, celles-ci pouvant avoir trait aussi bien à l'art contemporain qu'à l'histoire régionale ou aux sciences.

La maison Lamontagne : *707, bd du Rivage, Rimouski Est. ☎ 418-722-4038. • maisonlamontagne.com • À 5 km du centre, sur la route 132, en direction de Pointe-au-Père. Fin juin-début sept, tlj 9h-18h ; ouv slt ven-dim 9h-17h début sept-début oct. Entrée : 5 $; réduc.* Construite vers 1740, voici l'une des trois dernières maisons à colombages du Québec. À part quelques meubles anciens, pas grand-chose à voir à l'intérieur, mais visite commentée avec explications intéressantes. Expositions sur l'histoire et l'architecture ancienne. Concerts dans le jardin le dimanche après-midi de mi-juillet à mi-août.

Le site historique maritime de la Pointe-au-Père : *1000, rue du Phare. ☎ 418-724-6214. • shmp.qc.ca • À 10 km du centre de Rimouski par la route 132 Est. Début juin-début oct, tlj 9h-18h. Entrée : 4 $ pour le phare ; 10 $ pour l'Empress ; 16 $ pour le sous-marin ; billet combiné : 25 $ pour les 3 ; réduc.*
L'un des sites les plus intéressants du Bas-Saint-Laurent et de la Gaspésie, tant sur le plan patrimonial que sur le plan historique. Il rassemble au même endroit (une portion de côte qui s'avance en proue dans le fleuve) trois espaces remarquables : un authentique sous-marin désarmé, un phare et ses dépendances, et le *pavillon Empress of Ireland,* un musée poignant consacré à l'un des naufrages les plus tragiques de l'histoire. Dans la nuit du 29 mai 1914, après une collision avec un charbonnier norvégien, l'*Empress of Ireland,* luxueux paquebot de la *Canadian Pacific Cy* en partance pour Liverpool, sombra dans les eaux glacées du Saint-Laurent en moins de 15 mn. Le naufrage fit plus de 1 000 morts et des centaines de blessés. Malgré ses nombreuses ressemblances avec la disparition du *Titanic,* 2 ans plus tôt, ce drame fut vite oublié, éclipsé par l'imminence de la Première Guerre mondiale. Un parcours immersif en 4 zones amène le visiteur à vivre toute l'histoire et les secrets du transatlantique : le navire, le naufrage, la mémoire des passagers et l'épave. Photos, maquette, témoignages d'époque et objets retrouvés dans les fonds marins invitent à un véritable voyage à rebours. Un excellent film complète la visite en évoquant le contexte historique, avant de retracer les dernières heures du navire.

JAMAIS DEUX SANS TROIS ?

*Au lendemain du naufrage de l'*Empress of Ireland*, 2 ans après celui du* Titanic*, William Clark avait de quoi s'interroger sur son curieux destin. Car cet ouvrier irlandais, spécialiste des chaudières de transatlantiques, a survécu aux deux catastrophes ! Pour lui, « le* Titanic *a sombré comme un bébé qui s'endort », alors que « l'*Empress *a roulé comme un cochon dans la boue ». Il aurait même fait partie des rescapés du* Lusitania*, navire anglais torpillé par l'armée allemande en 1915. Mais c'est peut-être là que l'histoire devient légende !*

À voir également, juste en face, le 2e plus grand phare canadien (33 m), construit en 1909 (et complètement rénové en 2017 !), dont on peut gravir les 128 marches et visiter les annexes. La maison du gardien de phare abrite une exposition sur les recherches archéologiques sous-marines menées par *Parcs Canada,* ainsi qu'une section consacrée aux différentes méthodes utilisées pour plonger jusqu'à l'épave de l'*Empress.* À côté, le hangar renfermant la corne de brume accueille, en plus de toutes les machineries d'usage, une exposition sur les signaux sonores.
Enfin, on visite l'impressionnant sous-marin *Onondaga,* avec sa drôle de bosse à la proue, qui fut en opération de 1967 à 2000. La visite, audioguidée, entraîne les sous-mariniers d'un jour dans les entrailles de la bête, de la salle des moteurs à celle des torpilles, en passant par les différents mess, cuisines et autres salles de commandement où les ordinateurs clignotent comme si le bâtiment était en opération. Si le cœur vous en dit, vous pouvez passer une nuit à bord *(résa obligatoire ; à partir de 85 $ pour une couchette dans le carré des matelots ; réduc).*

À faire

➢ 🚶 ***Balades sur des sentiers d'interprétation :*** départ dans le *parc Beauséjour,* au niveau du boulevard de la Rivière, sur la rive est de la rivière Rimouski. Trois sentiers de 5 km environ chacun, aménagés autour du littoral et de la rivière Rimouski, en partie dans le parc Beauséjour. Le sentier « Littoral » suit le fleuve et le marais salé jusqu'au rocher Blanc ; les sentiers « Éboulis » et « Draveur », situés de chaque côté de la rivière et accessibles aussi à vélo, proposent un circuit en boucle (attention, « Éboulis » est en partie fermé, pour raisons de sécurité). On apprend notamment à identifier oiseaux et végétaux. On peut se contenter de se promener dans le parc Beauséjour, aménagé de pistes cyclables et de sentiers pédestres. En été, pique-niques musicaux le dimanche midi, et animations le soir. Location d'embarcations à pédales, canots et kayaks.

➢ 🚶 ***Excursion à l'île Saint-Barnabé :*** *organisée par l'office de tourisme ; départ de la marina de Rimouski Est. ☎ 418-723-2280. • ilestbarnabe.com • De mi-juin à début sept. Départs ttes les 30 mn 9h-14h30 ; dernier retour à 18h15. Tarif : env 20 $; réduc.* Cette petite île de 6 km de long sur 300 m de large, en face de Rimouski, est parcourue de 20 km de sentiers de rando, accessibles à tous. Nombreux oiseaux, hérons et phoques ; flore superbe. Camping sur place.

– ***Le Domaine Valga :*** *300, chemin des Écorchis, à* ***Saint-Gabriel-de-Rimouski.*** *☎ 418-739-4200. • domainevalga.com • À 30 mn de Rimouski. Juin-août, tlj 9h-18h et ouv slt le w-e en sept (sur résa hors saison). Tarif : 33 $ adulte ; réduc.* Visitez le parc aérien de la Forêt de Maître Corbeau avec ses 5 parcours dans les arbres et la plus grande tyrolienne au Québec. Prévoir environ 3h. Autres activités sur place (kayak, *paddle*) et hébergement en auberge ou chalet en bois rond, au bord d'un lac.

Manifestations

– ***Festi-jazz :*** *4 j. fin août-début sept, au moment de la fête du Travail. Infos : ☎ 418-724-7844. • festijazzrimouski.com •* Une vingtaine de spectacles organisés dans plusieurs salles et bars de la ville, ainsi que dans la rue.
– ***Carrousel international du film :*** *1 sem début oct. ☎ 418-722-0103. • carrousel.qc.ca •* Une vingtaine de courts et longs-métrages en compétition, jugés par un jury cosmopolite d'ados. Le plus important festival « jeune public » du Canada.

DANS LES ENVIRONS DE RIMOUSKI

Le canyon des Portes de l'Enfer : *1280, chemin Duchenier, à* ***Saint-Narcisse-de-Rimouski.*** *☎ 418-735-6063. • canyonportesenfer.qc.ca • À 35 km au sud de Rimouski ; prendre la route 232, direction Saint-Narcisse-de-Rimouski. De mi-mai à mi-oct, tlj 9h-17h (8h30-18h30 début juil à mi-août). Entrée : 14 $; réduc. Resto ouv juil-août. Camping sauvage (résa obligatoire) 29 $ l'emplacement + droits d'accès en sus ; toilettes sèches, douche possible mais pas d'eau potable.* Depuis la chute du Grand-Sault, le canyon s'étire sur près de 5 km, entre des parois abruptes et boisées. Après l'hiver, les « draveurs » empruntaient autrefois cette périlleuse voie d'eau pour acheminer le bois jusqu'au Saint-Laurent. Quinze kilomètres de sentiers pédestres avec points d'observation ont été aménagés dans une très belle forêt mixte, peuplée de pins blancs et rouges et de cèdres centenaires. Vue assez impressionnante depuis la plus haute passerelle du Québec, à plus de 60 m au-dessus du canyon. Les 300 marches du sentier de la « Descente aux Enfers » seront un supplice pour certains (sans oublier la remontée...), mais la récompense est à la hauteur de l'effort !

SAINTE-LUCE (2 850 hab.)

L'atmosphère maritime qui s'ébauche à Rimouski s'affirme vraiment 10 km plus loin dans cette charmante station balnéaire, au creux d'une anse joliment incurvée. Sans contredit, comme on dit au Québec, l'une des plus belles de la côte. Mais Sainte-Luce vaut surtout pour la bronzette : la température de l'eau oscille entre 4 et 10 °C en plein été... le maillot de bain ne se mouillera pas souvent !

Où dormir ? Où manger ? Où boire un verre ?

Gîte La Maison des Gallant : *40, route du Fleuve Ouest. ☎ 418-739-3512 ou 1-888-739-3512. • gites-classifies.qc.ca/gallant.htm • Tte l'année. Doubles avec sdb partagée 85-95 $, petit déj compris.* Dans une belle maison de 1920, 3 chambres habillées de lambris, parquets d'origine, mobilier ancien, et décorées de beaux objets. Toutes confortables, même si la « Grand-père », la moins chère, est vraiment petite. On ira chercher de l'espace sur la terrasse panoramique, équipée d'un jacuzzi. À l'arrière, un magnifique jardin s'étend jusqu'à la plage. Accueil chaleureux.

Gîte Le Moulin Banal du Ruisseau à la Loutre : *156, route du Fleuve Ouest. ☎ 418-739-3076 ou 1-866-939-3076. • gitemoulinbanal.com • Ouv de mi-juin à sept. Doubles sans ou avec sdb privée 100-110 $, petit déj compris.* Le nom est à rallonge, mais ce gîte cosy le mérite. Car, fait rare, il occupe une belle maison en pierre, un ancien moulin à farine posé sur la berge et bordé par le ruisseau qui actionnait la roue. La vue sur le fleuve est géniale (terrasse les pieds dans l'eau, petit bout de plage privée), les salons communs sont pleins de cachet (avec piano...), et les chambres, coquettes, ont le charme de l'ancien. Une excellente adresse et un très bon accueil.

L'Anse aux Coques : *31, route du Fleuve Ouest. ☎ 418-739-4815. Face à la baie, à 100 m de l'église en allant vers l'est. Ouv mai-sept ; juil-août, tlj 7h30-22h ; juin, tlj 11h30 (8h30 le w-e)-21h30 ; en juin, ouv midi et soir ; mai, ouv soir slt en sem et midi et soir le w-e ; sept, ouv jeu-dim. Plats 15-30 $.* Café-bistrot spécialisé dans les poissons et fruits de mer : palourdes, moules-frites et pêche du jour. Également des pizzas fines, salades et *fish & chips.* Ambiance marine dans cette agréable brasserie à la véranda chauffée, prolongée d'une grande terrasse très souvent prise d'assaut.

À voir

L'église de Sainte-Luce : *à l'extrémité de l'anse. Fin juin-début sept, tlj 9h-17h.* Bordée d'un cimetière marin, cette grande église de pierre grise fut bâtie en 1838 par l'un des plus célèbres architectes québécois. Sobriété extérieure, intérieur particulièrement lumineux (beaux vitraux) et acoustique renommée.

LA GASPÉSIE

• Carte *p. 374-375*

Une péninsule ceinturée de 3 000 km de côtes baignées par l'estuaire et le golfe du Saint-Laurent ! La mer est omniprésente, avec ses histoires et légendes peuplées de chasseurs de baleines et de pêcheurs, ses récits de naufrages et ses colonies d'oiseaux et de mammifères marins. Et puis, tout proche, il y a les montagnes et collines où coulent les rivières à saumons, recouvertes de forêts où se réfugient orignaux, castors, ours et caribous.
***Gaspésie* vient du micmac *gespeg* : « là où finit la terre ». Dernier hoquet des monts Appalaches, ses côtes rocheuses et son climat rappellent la Bretagne, avec parfois un zeste de solitude sauvage très norvégienne.**
Outre ses richesses topographiques et naturelles, elle présente aussi, à la perfection, l'un des visages du Québec : celui d'une population presque exclusivement francophone et très attachée à ses traditions. Vous serez étonné et charmé par le sourire et la gentillesse naturelle des Gaspésiens ! Autant que les paysages, cet accueil exceptionnel rend la Gaspésie attachante et le voyage chaleureux.

Voyager en Gaspésie

Une route d'environ 885 km ceinture toute la côte gaspésienne, en longeant la côte. Les autobus ***Orléans Express*** *(● orleansexpress.com/fr/gaspesie/ ●)* desservent les principales municipalités de la péninsule : utile pour couvrir de grandes distances, surtout quand on s'aperçoit que le « pouce », ce n'est pas toujours le pied ! Attention, ces bus longent la côte et ne traversent les terres que dans la vallée de la Matapédia. La solution la plus adaptée pour les routards piétons consiste à utiliser les services du ***Régîm*** (réseau de transport collectif de la Gaspésie et des îles de la Madeleine), dont les lignes couvrent l'essentiel du territoire et proposent des arrêts dans la majorité des sites et centres d'intérêt. Tarif : 4 $ par trajet (ou 30 $ le carnet de 10 tickets), à régler comptant à bord des minibus (prévoir l'appoint). *Rens : ☎ 1-877-521-0841. ● regim.info ●* On ne le reprécise pas à chaque fois, mais ces bus desservent tous les villages que nous traitons.

LA CÔTE

SAINTE-FLAVIE

900 hab.

Porte d'entrée de la Gaspésie, ce petit village à 30 km de Rimouski est l'occasion d'un dilemme : posé au début de la boucle qui fait le tour de la péninsule, c'est ici qu'il faut choisir entre la route nord (Matane...) ou la route sud (Causapscal, Matapédia...). Nous, on a choisi celle du nord ! Le guide suivra cette présentation. Si vous filez vers le sud, vous serez toujours du bon côté de la route, au bord de l'eau. À vous de choisir...

Adresse utile

ℹ ***Association touristique régionale de Gaspésie :*** *1020, bd Jacques-Cartier, en bordure de l'autoroute, en direction de Mont-Joli. ☎ 418-775-2223 ou 1-800-463-0323. • tourisme-gaspesie.com • Ouv tlj de mai à mi-oct, fermé sam le reste de l'année. Horaires variables.* Marquant la porte de la Gaspésie, elle est très bien approvisionnée en brochures et guides touristiques.

Où dormir ? Où manger ?

🏠 ***Gîte Entre Chien et Loup :*** *788, route de la Mer (route 132), à env 5 km de Sainte-Flavie en direction de Matane, côté mer. ☎ 418-785-0812. • giteentre chienetloup.com • Double 85 $, taxes et petit déj inclus.* De l'extérieur, quelconque, on ne devine pas la qualité de ce gîte tenu à la perfection par un couple dynamique et très sympathique. Leurs 3 chambres, à l'entresol, sont toutes à l'arrière de la maison, orientées vers le large et, par conséquent, très calmes. De la terrasse, belle vue sur le jardin qui dégringole jusqu'au rivage. Déco soignée, bon confort (peignoirs, salle de bains commune impeccable, machine à laver et sèche-linge à dispo), et plein de gentilles attentions, comme le salon cosy réservé aux hôtes ou les délicieux petits déj cuisinés (crêpes et muffins maison). On vous y réserve certainement le meilleur accueil du coin !

🏠 |●| ***Centre d'art Marcel-Gagnon :*** *564, route de la Mer (route 132), à la sortie est de Sainte-Flavie, côté mer. ☎ 418-775-2829. • centredart.net • Auberge et resto ouv de fin avr au 1er dim d'oct. Resto ouv tlj 7h30-21h. Doubles 110-150 $ selon vue, petit déj compris. Table d'hôte 30-35 $; plats 15-35 $.* Impossible de louper cette auberge entourée d'étonnantes sculptures (lire « À voir »). Au bord de la mer, la grande bâtisse en bois et pierre compte 10 chambres impeccables, de bon confort. Attention, seules les plus chères profitent de la vue sur le fleuve (et donc du coucher du soleil), d'une baignoire et d'un bon espace. Dans la mignonne salle à manger les pieds dans le sable et face au Saint-Laurent, cuisine locale à prix abordables : pas mal de poissons et fruits de mer, un bon choix de viandes, pizzas et salades. La table d'hôtes, le soir, offre un excellent rapport qualité-prix. Aux beaux jours, terrasse privée pour faire bronzette ou admirer le coucher du soleil.

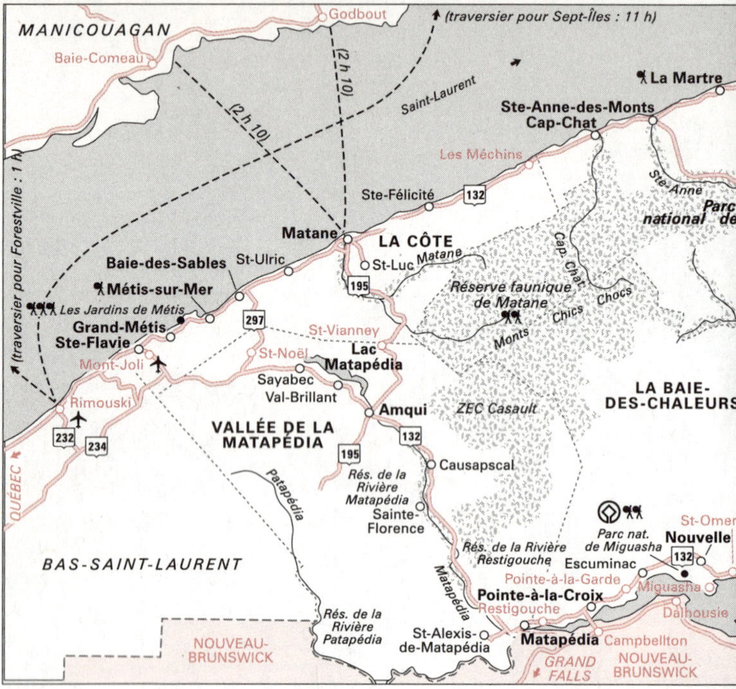

Gîte La Roseraie : *525, route de la Mer. ☎ 418-775-1400. • gitelaroseraie.ca • Doubles avec sdb privée 80-90 $, taxes et petit déj compris.* Des bibelots ethniques aux coquillages en passant par les frises aux murs, on peut trouver la déco chargée, voire vieillotte. Mais cela n'enlève rien à la qualité des 5 chambres, profitant toutes d'une salle de bains privée. Éviter juste celle qui donne sur la route assez passante. Sur l'avant, une véranda où l'on prend le petit déj en regardant la mer, qui s'étend de l'autre côté du bitume. Ambiance familiale ; les enfants sont les bienvenus.

La Cantine des Navigateurs : *270, route de la Mer (route 132). ☎ 418-785-0088. Ouv fin avr-début sept (saison du homard), tlj 10h30-20h. Sandwichs 10-16 $; plats 15-20 $.* Posée au bord de l'eau, cette cantoche aux larges vitres profite d'un panorama superbe. On s'installe dans la salle boisée en toute simplicité, ou en terrasse si le temps le permet, et on commande au comptoir un sandwich (les fameuses « guédilles ») au crabe, au homard, aux crevettes ou une poutine de la mer pour les estomacs les plus solides. Une bonne option pour manger sur le pouce, avec les locaux.

À voir

Le centre d'art Marcel-Gagnon : *voir « Où dormir ? Où manger ? » ; mêmes période et horaires d'ouverture.* L'antichambre de l'hôtel-resto, tenu par une famille d'artistes (on l'aurait deviné !), est à la fois boutique et galerie d'art. Dehors,

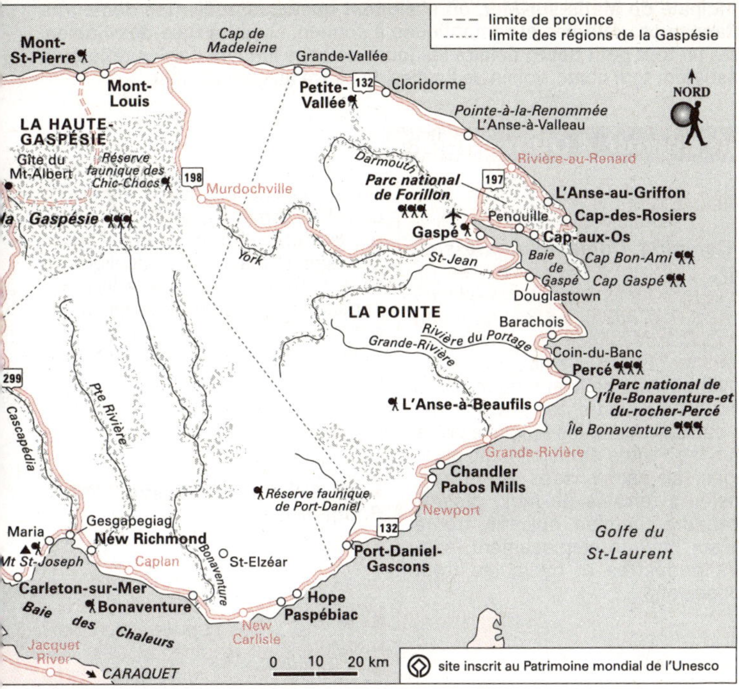

LA GASPÉSIE

le « Grand Rassemblement », procession d'énigmatiques silhouettes filiformes, s'étire du parking à l'estran où la marée le submerge journellement. Ici, on découvre les multiples talents de la famille Gagnon, à commencer par Marcel, le père, suivi par sa femme Ghislaine, leurs enfants Guillaume et Isabelle. Peintre, sculpteur, poète, le père fondateur n'en a pas pour autant perdu son sens des affaires (même si c'est son fils qui gère la galerie aujourd'hui). La production familiale se décline sur tous supports, de la carte postale au poster géant, du T-shirt au mug à café.

DE SAINTE-FLAVIE À MATANE : GRAND-MÉTIS, MÉTIS-SUR-MER ET BAIE-DES-SABLES

env 1 000 hab.

À mi-chemin entre Rimouski et Matane, le joli village de *Grand-Métis* a les pieds dans l'estuaire du Saint-Laurent. Un peu plus loin, *Métis-sur-Mer,* fondé par des Écossais, et *Baie-des-Sables.* La meilleure façon de découvrir cet enchaînement est de quitter la 132 pour la petite route parallèle à la mer, d'abord appelée Beach Road, puis rue Principale et enfin rue de la Mer quand elle atteint Baie-des-Sables. On avoue un petit coup de cœur pour la rue

Principale de Métis-sur-Mer, où s'alignent quelques opulentes demeures britanniques, colorées et romantiques à souhait. Quant à Baie-des-Sables, c'est un tout petit bourg éclairé les jours de belle lumière par les reflets du presbytère tout blanc, voisin de l'église de pierre au gros clocher.

Où dormir ? Où manger ?

Camping

⛺ ***Camping Domaine Annie-sur-Mer :*** *394, route 132, à l'entrée de Métis-sur-Mer (en allant vers Matane).* ☎ *418-936-3825.* • *campingunion.com* • *Ouv de mi-mai à fin oct. Emplacements 31-45 $.* Camping de taille moyenne très bien aménagé. Si la pelouse du centre est envahie par les camping-cars, les emplacements pour les tentes sont joliment aménagés, au calme, sous les arbres. Plusieurs terrains de jeux, piscine extérieure chauffée, épicerie, trou à feu sur chaque emplacement, sentiers pédestres et cyclables, tour d'observation.

Prix moyens

|●| ***Le Matelot :*** *21, route 132, à Baie-des-Sables.* ☎ *418-772-6501. Ouv tlj juin-sept. Plats 20-25 $. Résa conseillée.* Sa réputation n'est plus à faire ! On vient de loin pour décortiquer une carcasse de homard, suçoter des pinces de crabe ou avaler des crevettes nordiques jusqu'à plus faim. Dans la vaste salle flotte un joyeux brouhaha, entre conversations animées et tintements de pinces à crustacés. Portions généreuses et service souriant. Pssst, on a adoré les crevettes mandarine, on vous laisse la surprise.

|●| ☕ ***Villa Estevan et Café-Jardin :*** *200, route 132, dans les jardins de Métis (lire « À voir »). De mi-juin à début sept.* Villa *tlj 11h30-14h30 (10h-14h brunch du dim) ; plats 20-25 $ et brunch env 20 $.* Café *tlj jusqu'à 17h ; plats 10-15 $.* La carte, courte et classique au resto, fait la part belle aux produits frais de la région : saumon, agneau, légumes de saison... La salle à manger de la jolie maison manque un peu de chaleur à notre goût, mais si vous êtes dans le coin un dimanche d'été, les fameux brunchs musicaux réchauffent l'atmosphère. Option plus simple mais aussi bucolique, le *Café,* situé sur le côté de la *Villa,* est impeccable pour un déjeuner rapide composé de sandwichs et de soupes du jour. Installez-vous sous les kiosques fleuris.

Chic

🏠 |●| ***Auberge du Grand Fleuve, Bouquin-Couette :*** *131, rue Principale, à Métis-sur-Mer.* ☎ *418-936-3332.* • *aubergedugrandfleuve.qc.ca* • ♿ *Quasi en face de l'église. Ouv juin-fin sept. Double côté rue env 95 $. Pour celles côté fleuve, ½ pens obligatoire (avec dîner et petit déj) 230-280 $. Menu midi 16 $; table d'hôtes le soir 52 $.* La maison principale, une bâtisse tout de bleu vêtue et datant de 1934, abritait à l'origine un magasin général, avant de devenir un hôtel en 1941. Depuis, elle s'est adjoint une annexe en bois, et toutes deux ont quasi les pieds dans l'eau et bénéficient d'un cadre remarquable. Les chambres de l'annexe sont plus spacieuses, donnent sur le jardinet ou la mer et jouissent d'une belle terrasse. Globalement, chambres lumineuses et confortables : bois clair, couleurs pastel, accessoires modernes ou créations régionales. Les patrons, un couple d'anciens bouquinistes bretons, n'ont pas renié leur ancienne passion : il y a des livres partout ! La demi-pension, obligatoire pour les chambres côté fleuve, n'a rien d'une contrainte quand on découvre le raffinement et la variété de la table d'hôtes 5 services, élaborée avec de bons produits locaux. La grande salle, chaleureusement boisée et vitrée, est en prise directe avec le coucher du soleil.

À voir

🞉🞉🞉 Les jardins de Métis : *200, route 132. ☎ 418-775-2222. • jardinsdemetis.com • Fin mai-début sept, tlj 8h30-18h (20h juil-août) ; fermeture de la caisse 1h avant (2h avant en juil-août). Entrée : 20 $; 14-18 ans 10 $; gratuit 13 ans et moins. Sur place : resto, café, aire de pique-nique, boutiques.*
Mitis signifie « rivière bordée de petits peupliers » en langage micmac. L'art des jardins porté à son paroxysme. Magnifiques, surtout du printemps à la mi-septembre, ils s'étendent sur 90 ha parcourus de plans d'eau et de somptueuses allées odorantes, où serpente un ruisseau. Outre la beauté du lieu, sa richesse est époustouflante : plus de 3 000 variétés de plantes, souvent exotiques. Certaines sont rarissimes, comme le fabuleux pavot bleu de l'Himalaya. Mais même les fleurs les plus classiques, plantées ici par milliers, nous font tourner la tête. Déambulez dans l'allée royale et vous nous comprendrez... Dans un autre genre, le jardin de pommetiers atteint des sommets de délicatesse.
Ce petit paradis végétal, de style anglais, est le fruit du travail obstiné d'Elsie Reford (1872-1967), héritière de ce domaine acquis à la fin du XIXe s par son oncle, un riche aristocrate attiré par la rivière voisine Mitis, une riche rivière à saumon. La *villa Estevan,* somptueuse résidence d'été de 37 pièces construite en 1887, puis agrandie en 1927, abrite désormais un musée (objets de famille, photos anciennes, sections sur le quotidien de l'époque et quelques pièces reconstituées), ainsi qu'un restaurant couru (voir « Où dormir ? Où manger ? » plus haut). Malheureusement, le musée est un peu vide et la visite guère palpitante...
Les gestionnaires de cet héritage poursuivent deux autres objectifs : la création, au cœur des jardins éphémères, du *festival international des Jardins* (tous les ans, de mi-juin à mi-octobre) où des artistes de tous pays (paysagistes, sculpteurs...) rivalisent d'imagination ; la préservation, dans le cadre du *parc de la rivière Mitis* (voir ci-après).

🞉 Le parc de la rivière Mitis : *900, route de la Mer. ☎ 418-775-2969. • parcmitis.com • De mi-juin à fin août, tlj 9h-17h. Entrée : 5 $; réduc.* Protège et met en valeur le paysage littoral et ses écosystèmes à travers des aménagements originaux et respectueux : expo sur le Saint-Laurent dans le bâtiment d'accueil, 2,5 km de sentiers conduisant à l'embouchure de la rivière, et des points de vue sur le fleuve, notamment depuis une tour d'observation de 8 m. Également 10 sites de camping sauvage *(pas de douche ; 15 $ l'emplacement)* avec vue sur la baie.

MATANE

14 200 hab.

Encore un nom micmac ; il signifie « vivier de castors »... Les Rochelais y pratiquèrent la traite des fourrures dès le début du XVIe s. Aujourd'hui, c'est surtout une petite ville peuplée de chantiers navals et d'usines de transformation de la fameuse crevette de Matane. Centre névralgique de la région de la côte, Matane est avant tout, pour les voyageurs, le point le plus oriental pour rejoindre en traversier la rive nord de l'estuaire du Saint-Laurent, ou se diriger vers le sud de la Gaspésie par la route 195 qui rejoint la 132. Soyons honnêtes, la ville ne dégage pas un charme fou, mais elle compte quelques bonnes adresses pour se restaurer. Le marché du samedi *(10h-15h fin juil-fin sept)* **est aussi l'occasion de remplir son panier de bons produits du coin.**

Arriver – Quitter

En bateau

➢ ***Traversier pour Godbout ou Baie-Comeau*** *(rive nord de l'estuaire) : bureau au 1410, rue Matane-sur-Mer. ☎ 418-562-2500 ou 1-877-562-6560. • traversiers.com • À l'ouest du centre (30 mn de marche), sinon prévoir env 10 $ en taxi. De mi-juin à début sept, bureau tlj 7h-18h ; le reste de l'année, tlj 9h-17h.* Service tte l'année. Selon marées et saisons, 1-2 traversées/j. dans les 2 sens pour les 2 destinations. Durée : env 2h10 pour les 2 destinations. Résa conseillée pour les véhicules (plusieurs j. à l'avance en été). Attention : se présenter plus de 45 mn avant le départ, sinon la résa est automatiquement annulée (et des frais seront exigés). Tarifs : aller simple env 20 $/pers (réduc) et env 48 $/voiture (conducteur non compris).

En bus

🚌 ***Terminal des bus Orléans Express :*** *521, rue du Phare Est (route 132) ; jonction rue Jacques-Cartier. ☎ 418-562-4856. Au niveau du dépanneur* Couche Tard *accolé à la station-service* Irving. 1 bus/j. dans les 2 sens sur la route Rimouski-Gaspé.

Adresse utile

ℹ ***Bureau d'accueil touristique :*** *968, av. du Phare Ouest. ☎ 418-562-1065 ou 1-877-762-8263. • tourisme matane.com • De mi-juin à fin sept, tlj 9h-18h (19h juil-août).* Coquettement installé dans un ancien phare à l'entrée ouest de la ville. Minimusée consacré au fleuve et visite commentée du vieux phare en juillet-août *(4 $).* Office très bien documenté, avec des cartes détaillées de toute la région. Boutiques de souvenirs.

Où dormir ?

Camping

⛺ ***Camping Rivière Matane :*** *150, route L.-F.-Dionne. ☎ 418-562-3414. • campingmatane.com • À env 3 km du traversier. Depuis la 132, prendre la 195 vers Amqui ; tourner à droite au feu après l'usine. Ouv de mi-juin à mi-sept. Emplacements 28-40 $; tentes prospecteur 80-90 $ pour 6 pers.* Superbe camping aux emplacements isolés dans différentes sections calmes et plaisantes, au cœur d'une forêt. De la verdure et de l'ombre pour tous. Dépanneur, buanderie, jeux pour enfants, jardin communautaire. Également 2 tentes prospecteur sur plate-forme, avec lits, table, réchaud et glacière (le camping version luxe en fait !). Les ornithologues, en herbe ou confirmés, se passionneront pour le marais peuplé d'oiseaux et de castors (poste d'observation).

De prix moyens à chic

🏠 ***Gîte des Îles :*** *29, av. Desjardins. ☎ 418-562-6688. • gitescanada.com/legitedesiles • Doubles 87-97 $ avec petit déj.* 2 chambres seulement, avec salle de bains à partager (baignoire à remous !), dans cette petite maison rouge pimpant du centre de Matane. Déco certes un peu chargée, mais confort douillet et très bon petit déj. Accueil enthousiaste de Maryse.

🏠 ***Auberge Bruine Océane :*** *125, rue Druillettes. ☎ 418-562-5766. • bruineoceane.ca • Au bord de la 132 ; prendre la petite rue juste avant celle tournant vers le centre-ville. Ouv tte l'année. Doubles 90-125 $, petit déj en sus.* C'est une maison bleue, non pas adossée à la colline, mais juste à l'entrée du centre-ville et d'un quartier résidentiel. Les 5 chambres à la déco soignée et cossue sont chaleureuses : mur en pierre ici, mur en lambris colorés là, et partout de très belles salles de bains. Seul bémol pour celle du sous-sol qui manque (en toute logique !) vraiment de luminosité. Certains trouveront le style un peu chargé, mais tous s'accorderont sur le petit déj de roi (gaufres, crêpes, omelette, confiture maison...) et l'accueil chaleureux plein d'entrain.

Hôtel-motel Belle Plage : *1310, rue de Matane-sur-Mer. ☎ 418-562-2323 ou 1-888-244-2323. • hotelbelleplage.com • À l'entrée de la ville, près du quai du traversier. Ouv de mi-mai à mi-oct. Doubles avec sdb 75-160 $.* Hôtel-motel à la déco classique années 1970, qui s'étire face à la mer, avec des chambres réparties entre plusieurs bâtisses. Les moins chères, dans le bâtiment principal, sont confortables et spacieuses, mais donnent sur le parking ; moyennant supplément, c'est vue directe sur l'eau. Les chambres les plus belles (et les plus chères) se trouvent dans les annexes accolées à la bâtisse principale : élégantes, elles bénéficient d'un balcon avec vue sur mer. L'ensemble manque un peu de personnalité, et on aimerait que la moquette disparaisse pour remoderniser le tout, même si le confort est bien là, et le coin très calme. Une bonne option pour la proximité du traversier.

Où manger ? Où boire un verre ?

De bon marché à prix moyens

Toujours Dimanche : *443, av. Saint-Jérôme. ☎ 418-566-2030. Dans la rue principale. Tlj 7h-19h (17h dim) en saison. Plats et en-cas 5-8 $; menu déj env 13 $.* Face à son succès, cette bonne boulangerie s'est agrandie d'une charmante salle aux lignes bien dans l'air du temps. En plus de sa sélection de savoureux gâteaux ou viennoiseries, on y propose chaque jour soupes, salades, pizzas ou tartes à déguster sur place ou à emporter.

La Fabrique : *360, av. Saint-Jérôme. ☎ 418-566-4020. Dans la rue principale, proche de l'église. Tte l'année, tlj 11h30-1h (3h ven-sam) ; cuisine 11h30-22h. Plats 12-17 $.* Derrière les vitres, les cuves dévoilent le genre de produits fabriqués ici : des bières, et des bonnes ! Avec un burger bien juteux et des frites maison, une belle salade ou une poutine, tous préparés avec le maximum de produits locaux, c'est l'association idéale. Un pub chaleureux et décontracté, où vous trouverez toujours de l'animation : concerts, lectures, projections de films à l'étage... S'il n'y a pas foule, demandez une petite visite de la microbrasserie.

Crêperie-brûlerie Cafés du Monde : *338, av. Saint-Jérôme. ☎ 418-562-8002. Dans la rue principale, proche de l'église. Horaires variables mais en principe ouv tlj 7h-20h en sem et 8h-16h le w-e. Petit déj 5-14 $; plats 10-17 $.* Petit établissement où l'on s'attable dans une salle pas franchement engageante, mais ne vous arrêtez pas à ce détail. Très bien à toute heure, dès le petit déj, copieux et varié, en version léger, costaud ou tradi, accompagné d'un bon café (large choix de types et provenances), ou pour avaler sandwichs, crêpes salées ou sucrées, et salades. Simple et bon.

De prix moyens à chic

Poissonnerie Boréalis : *985, av. du Phare Ouest. ☎ 418-562-7001. Tlj 8h-21h. Plats 17-25 $.* On rentre par la poissonnerie et ses étals glacés avant de s'installer sur une table haute dans un cadre plutôt frisquet. Et on pioche, au choix, directement sur l'étalage ou la carte (ou encore dans les surgelés pour la popote maison). La vedette maison, c'est bien sûr la crevette de Matane, mais on trouve aussi du crabe et du homard en saison, et du poisson extra frais. Tartares, grillades, sushis, *fish & chips,* salades ou poutines, on décline les produits iodés à l'infini. Service parfois approximatif, mais on y mange bien sans attaquer le porte-monnaie.

Cargo : *dans le* Riotel Matane, *250, av. du Phare Est.*

☎ 418-566-2651. Tlj matin, midi et soir (parfois en continu). Bar ts les soirs 16h-23h (21h dim). Formules midi 13-18 $. Sinon, plats 15-25 $ (plus cher pour la viande). C'est le resto-bar design et tendance de Matane. Matériaux bruts (bois, acier, pierre) et style industriel en guise de clin d'œil au patrimoine maritime de la ville, vue superbe sur le Saint-Laurent, en salle ou sur la terrasse, cuisine variée, voyageant de la terre à la mer et atmosphère chaleureuse : bref, de quoi passer un agréable moment.

Où dormir ? Où manger dans les environs ?

Camping

Pour ceux qui rêveraient d'une expérience nature à la canadienne, la ***réserve faunique de Matane*** (lire « À voir. À faire à Matane et dans les environs ») propose 2 beaux campings et des chalets en pleine nature.

De bon marché à prix moyens

Le Manoir des Sapins : *180, bd Perron, à* ***Sainte-Félicité.*** *☎ 418-733-8182 ou 1-877-733-8182. • manoirdessapins.com • À 20 km de Matane vers Sainte-Anne-des-Monts. Fermé nov-déc. Café ouv slt l'été, fermé lun-mar. En dortoir de 6 lits, env 25 $/pers ; doubles 55-60 $. Plats env 10 $.* Cette superbe auberge de jeunesse n'est pas en forêt, mais idéalement située, face à la mer, dans une vieille maison pleine de cachet. Aucune prétention côté auberge : déco kitsch et vieillotte, dortoirs et chambres en toute simplicité avec sanitaires sur le palier (lavabo dans la plupart), mais l'accueil et l'ambiance chaleureux nous font rapidement prendre nos aises. Ambiance fraternelle et conviviale dans la grande salle de café colorée (coin jeux pour les enfants, piano, bouquins...), largement ouverte sur la mer. À la carte côté café : crêpes et sandwichs pour caler les petites faims. Bon à savoir : les familles sont ici les bienvenues !

Gîte Le Lové du Pionnier : *1, rue Noël, à* ***Saint-Luc-de-Matane.*** *☎ 418-562-1935 ou 1-866-211-7202. • gitescanada.com/lelovedupionnier • À 8 km de Matane. Prendre la direction du CÉGEP, puis la route de Saint-Luc. Double avec sdb commune env 85 $, taxes et petit déj compris.* Au cœur du village, dans une maison centenaire avec un grand terrain à l'arrière. À l'étage, 4 petites chambres colorées et confortables (bien qu'un peu kitsch), avec des salles de bains communes impeccables. Accueil charmant et excellent petit déj pour prendre des forces avant la balade. Car, si vous le désirez, Michel vous fera observer les castors dans sa réserve privée voisine et vous donnera de bons conseils pour aller voir les orignaux (il est guide pour le parc). En hiver : motoneige et traîneau à chiens. Une très bonne adresse.

Gîte Confort et Chocolats : *129, av. Ulric-Tessier, à* ***Saint-Ulric.*** *☎ 418-737-1879. • giteconfortetchocolats.com • À env 12 km à l'ouest de Matane. Doubles 75-95 $, familiale 4-5 pers 95-140 $, petit déj inclus.* D'un côté de cette élégante maison, l'antre de la tentation, avec la chocolaterie, de l'autre, le gîte. Les chambres, confortables, sont parfaitement conçues pour les familles, accueillies ici à bras ouverts. Toutes ont leur propre salle de bains. Notons quelques efforts de déco, plutôt plaisants. Ambiance simple et conviviale.

Où acheter du poisson fumé ?

Les Fumoirs Raoul-Roux : *1259, rue Matane-sur-Mer. ☎ 418-562-9372. Le long de la mer, en face de l'hôtel-motel Belle-Plage. Tlj (sf w-e de janv à mi-avr) 8h-18h.* Vente de crevettes, truites, flétans et saumons fumés : très bon ! La maison existe depuis 1957 et expose de chouettes photos de pêche en noir et blanc.

À voir. À faire à Matane et dans les environs

Le centre d'observation de la montée du saumon : *260, av. Saint-Jérôme, dans le centre-ville, près de la mairie, au pied du barrage Mathieu-d'Amours. ☎ 418-562-7006. • rivierematane.com • De mi-juin à début sept, tlj 8h-18h45. Entrée : 5 $; réduc.* Chaque année, en principe de mi-juin à septembre, quelque 3 000 saumons atlantiques délaissent l'océan pour rejoindre leur rivière natale, la Matane. La passe migratoire creusée dans le barrage leur permet de nager plus loin vers leurs zones de reproduction, situées environ 100 km en amont. L'une des fonctions du poste d'observation est de les recenser. À l'extérieur (accès gratuit), vue sur les bassins qu'ils doivent franchir pour rattraper la dénivelée. À travers les parois vitrées de l'intérieur du poste *(payant),* vous assisterez aux efforts colossaux déployés par ces gros poissons pour remonter le courant. Cela dit, ne vous attendez pas à des sauts ni rien de ce genre, ils ne font que passer d'un bassin à l'autre, et l'intérêt est ici avant tout scientifique. Des panneaux expliquent l'histoire mouvementée des barrages, de la pêche et de la protection.

La promenade des Capitaines : *le long de la rivière Matane, entre le Vieux-Port et le barrage, en plein centre.* Agréable promenade avec panneaux d'interprétation sur la tradition maritime de la ville à travers l'histoire de ses capitaines les plus illustres. Baissez les yeux, les saumons sont juste en dessous.

La réserve faunique de Matane : *bureau d'info et de résas au 257, rue Saint-Jérôme, à Matane. ☎ 418-562-3700 ou 1-800-665-6527. • sepaq.com/rf/mat • Accueil lun-ven 8h30-12h, 13h-16h. Autre bureau d'info à l'entrée de la réserve :* Accueil John, *ouv début juin-fin oct. C'est aussi l'entrée principale de la réserve (accès par la route 195, en direction d'Amqui). Entrée à la réserve libre et gratuite à l'année mais interdite en période de chasse, de début sept à mi-nov. Prévoir de quoi manger et boire (car rien sur place) et un bon antimoustiques. En saison, possibilité de louer des chalets 6-9 pers avec ou sans forfait activité, à la nuit ou pour des séjours prolongés ; à partir de 150 $ la nuitée. Camp rustique 6-8 pers, à partir de 90 $ la nuitée. Emplacement camping 24 $ (avec eau potable, douche et w-c à disposition).*
À 42 km dans les terres, voisine à l'ouest du parc national de la Gaspésie, cette vaste réserve de 1 300 km² abrite, entre autres, des chevreuils, des ours et la plus grande concentration d'orignaux du Québec (particulièrement du côté de l'étang à la Truite). Une incursion dans celle-ci est une excellente façon de mieux sentir la nature québécoise : ses forêts, ses lacs... et ses pistes un rien défoncées ! L'avantage : on peut se promener gratuitement en voiture sur les quelques pistes qui la traversent ou sur ses sentiers de randonnée, ou encore réserver des activités à la carte (parmi celles-ci, l'observation de l'orignal au crépuscule ou les sorties à la rencontre de l'ours noir font partie des musts). On peut aussi acheter un permis de pêche, louer un kayak ou encore s'essayer au canyoning.

Possibilité de louer des chalets tout équipés, dispersés dans la réserve, mais réservez bien en avance, car ils sont populaires (et pour cause, vu leur situation !). On peut aussi ***camper*** sur l'un des deux sites prévus à cet effet. Le premier est à l'*Accueil John,* soit à l'entrée de la réserve, sur une grande étendue herbeuse et ombragée. Le cadre du second est encore plus idyllique : les emplacements sont répartis sous les arbres, au bord de ***l'étang à la Truite.*** Au bord de ce même étang se trouve le petit centre d'interprétation de l'orignal qui fait aussi point info. On vous met en garde, cet étang à la Truite est à environ 40 km de l'entrée de la réserve ; prévoir au moins 1h pour le rejoindre.
Enfin, il existe un compromis entre le camping et le chalet : le ***camp rustique.*** Pour 6-8 personnes, il compte une cuisine équipée, un frigo et des toilettes sèches à proximité mais pas de salle de bains.

LA HAUTE-GASPÉSIE

À partir d'ici, et jusqu'à Gaspé, la route côtière 132 devient plus spectaculaire. Au détour de ses multiples virages, on découvre des villages de pêcheurs étirés le long du ruban de bitume ; des falaises abruptes plongeant dans la mer, des plages de sable ou de galets, bordées de maisons blotties au fond d'une anse. Magnifique ! Si la tendance naturelle est de lever le pied de l'accélérateur, vérifiez tout de même dans le rétroviseur qu'une file ne se forme pas derrière vous !

CAP-CHAT

2 600 hab.

Progressivement, la falaise s'adoucit en talus herbu, laissant le village de Cap-Chat rejoindre le niveau du Saint-Laurent.
Certains prétendent que le rocher en forme de chat accroupi au bord du fleuve serait à l'origine du nom du village. Mais la vérité serait ailleurs : le village s'appelait autrefois *Cap-Chastes,* du nom du bailleur de fonds de Champlain en 1612, le lieutenant général Aymar de Chastes, transformé rapidement en *Cap-Chatte* par les habitants. Le curé de la paroisse, trouvant cela pas assez « chaste » (où avait-il les idées ?), *Cap-Chastes* fut rebaptisé *Cap-Chat...*

Arriver – Quitter

En bus

🚌 ***Terminal des bus Orléans Express :*** *24, rue Notre-Dame Est.* ☎ *418-786-2022. Au niveau du dépanneur* Denis Francoeur. 1 bus/j. dans les 2 sens sur la route Rimouski-Gaspé.

Où dormir ? Où manger ?

Prix moyens

🏠 ***Auberge Micho :*** *202, rue Notre-Dame Est (route 132).* ☎ *418-786-5955. • aubergemicho.com • Ouv de mi-mai à mi-oct. Double avec sdb privée env 85 $, petit déj en sus.* Cette jolie maison blanc et bleu décline le thème marin, de sa façade où volent des mouettes aux murs décorés de maquettes de bateaux et photos de mer. À la barre de ce navire, Jean vous réserve un accueil chaleureux et souriant. Il tient avec grand soin la quinzaine de chambres, au confort et à la propreté exemplaires. Soucieux du bien-être de ses clients, il ne laisse aucun détail au hasard, à commencer par l'exceptionnel petit déjeuner. Sans aucun doute l'une de nos meilleures adresses dans le coin.

🏠 ***La Maison entre Mer et Montagnes :*** *6, rue Notre-Dame Est (route 132).* ☎ *418-786-3071. • maisonmermontagnes.com • Ouv à l'année. Doubles 90-100 $, taxes et petit déj inclus.* Charmante, cette maison jaune et rouge datant de 1836 est l'une des pionnières du village.

Seulement 5 chambres tenues avec soin par un couple adorable. Deux d'entre elles ont gardé leur style d'époque avec joli parquet et déco fleurie, nos préférées. Les 3 autres sont plus simples et plus étroites, mais toutes parfaitement tenues. Accueil aux petits soins, et petit déj délicieux. Jetez un coup d'œil à la cuisinière de 1949, vintage !

Auberge Au Crépuscule : *239, rue Notre-Dame Ouest (route 132). ☎ 418-786-5751 ou 1-866-786-5751. • aucrepuscule.com • À l'entrée ouest de Cap-Chat. Double avec sdb privée 90 $, taxes et petit déj inclus ; chalet pour 2 pers 110 $, taxes incluses mais sans petit déj.* Bienvenue chez André et Nancy, dont la bonne humeur contagieuse garantit un séjour chaleureux, d'autant que leurs 3 chambres se révèlent impeccables et confortables. Si besoin, 2 chambres supplémentaires occupent l'entresol, mais elles manquent cruellement de lumière. Bon petit déj et accès à une portion de berge privée pour humer l'air du large. Sur celle-ci, possibilité de louer des petits chalets pour quelques dollars de plus, tout simples mais avec cuisinette et vraiment superbement situés, au calme, au bord de l'eau. Tables de pique-nique et baleines au large !

Valmont Plein Air : *10, rue Notre-Dame Est (route 132). ☎ 418-786-1355. • valmontpleinair.com • Hébergement ouv tte l'année ; bistrot mai-déc, tlj (slt jeu-dim en mai et oct-déc) 8h-21h. Chalets 4 pers 120-160 $; 10 $/pers supplémentaire. Petits déj 5-12 $. Le midi, plats 13-22 $; le soir, table d'hôtes 32-44 $.* Ce pavillon marron et bleu abrite une agréable salle de bistrot généreusement vitrée et tournée vers le fleuve. Parquet et mobilier boisé, profonds fauteuils et lumières douces, c'est simple, relax et chaleureux, on salue la déco fort réussie (c'est assez rare). Cuisine maison savoureuse, allant des burgers et *fish & chips* aux plats plus élaborés de poisson ou de viande, agrémentés à l'occasion d'un soupçon d'exotisme. Le *Valmont* propose aussi des activités de plein air dans la région (lire « À voir. À faire »). Et, pour se loger, direction les beaux chalets colorés d'en face, modernes et tout confort, pouvant accueillir jusqu'à 6 personnes : 2 chambres, dont une en mezzanine, coin salon avec TV, cuisine équipée. Vraiment joli !

Gîte Rêve et Réalité : *216, rue Notre-Dame Est (route 132). ☎ 418-786-2465. Doubles avec ou sans sdb privée 85-105 $, taxes et petit déj inclus.* À la sortie de Cap-Chat, cette jolie maison face à la mer profite d'une belle vue sur la baie des Goémons, mais c'est l'accueil très chaleureux des dynamiques propriétaires qui motive la visite. Plein de bons conseils, ils mitonnent aussi de délicieux petits déj (gâteaux, confitures maison, crêpes aux bleuets... servis face à l'antique cuisinière) et tiennent à la perfection leurs mignonnes petites chambres. Chaleureux salon où l'on se réchauffe autour du poêle à bois.

LE QUÉBEC

À voir. À faire

Éole Cap-Chat : *route 132, à l'ouest de Cap-Chat, direction Village-du-Cap. ☎ 418-525-5285. • eolecapchat.com • De mi-juin à début sept, tlj 9h30-17h. Entrée : 20 $; réduc.* À moins qu'il fasse grand brouillard ou que vous ayez un sérieux problème de vue, vous devriez voir de loin ces immenses éoliennes. Il y en a près de 80 (et plus de 130 dans le secteur, si l'on compte celles de Matane), et c'est assez fascinant à voir, pour peu qu'on accepte le principe

DRÔLE DE MOULIN À VENT

Le clou du parc, c'est Éole, l'éolienne à axe vertical la plus haute du monde. Son invention, qui remonte aux années 1930, est celle d'un ingénieur français, Georges Darrieus (1888-1979). L'éolienne fonctionnait quelle que soit la direction du vent mais, aujourd'hui, elle est à l'arrêt. On peut découvrir l'intérieur du monstre technologique qui fait quand même 110 m de haut.

de ces installations gigantesques qui, pour certains, abîment le paysage, mais procurent une énergie gratuite inépuisable. La visite guidée du site (prévoir 1h30), précédée par un film d'introduction à l'accueil, s'avère très instructive, détaillant les enjeux de cette énergie verte et les aspects technologiques, avant de se rendre au pied du « dieu des Vents », Éole (voir l'encadré). Les plus curieux grimperont aux échelles intérieures *(30 $/pers)* pour atteindre la plateforme perchée à 100 m de haut. Beau panorama. Sujets au vertige, s'abstenir !

– ***Canoë-kayak :*** *avec* ***Valmont Plein Air*** *(voir « Où dormir ? Où manger ? »). Env 20-40 $/pers selon parcours choisi ; réduc.* Trajet en navette jusqu'à 5 ou 15 km en amont de la rivière Cap-Chat, puis descente de niveau (débutant à intermédiaire) et durée variables.

SAINTE-ANNE-DES-MONTS

7 000 hab.

À 87 km de Matane, cette petite ville constitue un QG idéal avant de partir à l'assaut du superbe parc national de la Gaspésie. Pas désagréable, la bourgade s'allonge en plusieurs secteurs sur une côte rocheuse et découpée, entre mer et montagne. Proche du port, l'église du centre sépare les sections est et ouest des rues principales : la 1re Avenue du bord de mer et sa parallèle, le boulevard Sainte-Anne (route 132) qui devient Perron en filant en direction de La Martre. Quelques bonnes tables et un chouette musée sur la faune marine du Saint-Laurent, au cas où le ciel ferait grise mine.

Arriver – Quitter

En bus

Terminal des bus Orléans Express : *85, bd Sainte-Anne Ouest. ☎ 418-763-9176. Au niveau du dépanneur Cadeko (station Petro-Canada).* 1 bus/j. dans les 2 sens sur la route Rimouski-Gaspé. Également desservi par les navettes de la compagnie *Régîm* • *regim.info* •

Adresses utiles

Bureau d'accueil touristique de la Haute-Gaspésie : *96, bd Sainte-Anne Ouest (route 132). ☎ 418-763-0044. De fin juin à mi-sept, tlj 9h-18h. Fermé le reste de l'année.* Toutes les infos touristiques sur la région et le parc de la Gaspésie.

Supermarché Metro : *à l'angle des routes 132 et 299. Tlj 8h-21h.* Pratique pour faire ses courses avant de se rendre dans le parc de la Gaspésie... et même le parc de Forillon, car vous ne retrouverez pas de supermarchés aussi bien fournis avant Gaspé.

Où dormir ?

De bon marché à prix moyens

Auberge Festive Sea Shack : *292, bd Perron Est (route 132). ☎ 418-763-2999 ou 1-866-963-2999.* • *aubergefestive.com* • *À 13 km à l'est de Sainte-Anne-des-Monts, dans le secteur du Ruisseau-Castor. En contrebas de la route, sur le côté gauche quand on vient de l'ouest. Mai-oct. Tarifs (taxes comprises) : lit en yourte 30-40 $;*

chalets privés 2-9 pers 38-48 $/pers, literie incluse ; camping 15-25 $/ pers (avec accès aux équipements de l'auberge). Réduc de 5 $ avec la carte Hostelling International *(sf pour le camping). Résa quasi obligatoire !* Face à une plage sauvage et isolée de la route, l'*Auberge Festive* est un concept dont le credo serait : farniente ou activités nautiques la journée, grosse fiesta la nuit. S'adresse aux jeunes ou à ceux qui en ont l'esprit, et qui n'envisagent pas de dormir des masses. Ensemble correct mais un peu sommaire et vieillissant, façon grand campement *roots* et désordonné. Yourtes, chalets (avec ou sans kitchenette), dortoirs, camping, malgré la centaine de places, tout est rapidement pris d'assaut, pensez à réserver bien en avance. Pour tout le monde, salles de bains communes (et mixtes !), salon avec canapés défoncés, grande cuisine et salle à manger avec terrasse dominant la mer. Possibilité, l'été, de casser la croûte au *food truck Barberousse.* Un must : le jacuzzi à l'extérieur ! Passons au festif, maintenant... Un bout de tropique en pleine Gaspésie ! Beaucoup de couleurs, bar sous paillote *(fermeture à 3h),* musique, gros feux sur la plage et concerts presque tous les soirs. On peut d'ailleurs y assister sans dormir sur place *(env 10 $ l'entrée).* Bref, une auberge qui porte bien son nom !

■ ***Gîte Monts et Mer :*** *218, 1re Av. Est. ☎ 418-763-3136. • montsgitemer.qc.ca • À la sortie de Sainte-Anne en direction de Gaspé. Doubles avec sdb privée ou non 76-105 $, petit déj compris.* Situation idéale à la sortie de la ville, au calme sur une petite falaise dominant le Saint-Laurent. Une poignée de chambres claires aux baies largement ouvertes sur l'estuaire et ses couchers du soleil incandescents, dont on profite également depuis la terrasse. 5 chambres au total (dont une pour 4 personnes) réparties entre le corps principal et l'aile de la maison. Si la déco reste très traditionnelle, voire un peu surannée, le confort est bien là. Micro-ondes, frigo et vaisselle à disposition. Seul bémol : l'insonorisation parfois un peu juste entre les chambres. Sinon, tenue parfaite et accueil aux petits soins, plein de bons conseils sur les activités à faire dans le coin.

■ ***Auberge Chez Bass :*** *170, 1re Av. Ouest (sur le front de mer). ☎ 418-763-2613. • chezbass.com/fr/auberge • Selon saison, doubles 75-90 $, petit déj compris.* Seulement 5 chambres, claires et propres, dont 2 avec vue sur la mer. Jolie déco, aux teintes marines : parquet sombre, maquettes de bateaux, mobilier vintage et clin d'œil à Tintin aux murs. Toutes possèdent leur propre salle de bains dont certaines se résument à une simple douche dans un coin de la chambre. Une bonne adresse en plein centre, qui fait aussi pub (voir ci-après).

De prix moyens à chic

■ ***Auberge du Vieux Faubourg :*** *45, 1re Av. Ouest. ☎ 418-763-5345. • auberge-vieux-faubourg@globetrotter.net • Doubles avec sdb privée env 95 $ au rdc ; 125-145 $ à l'étage.* En plein centre du village, cette auberge qui ne paye pas de mine réserve pourtant de belles surprises. Les chambres spacieuses affichent une déco soignée et un bon confort : parquet, excellente literie, salle de bains privées, propreté irréprochable... Les moins dispendieuses sont au rez-de-chaussée et les plus chères à l'étage, avec un balcon sur le Saint-Laurent. C'est la seule adresse en plein centre à profiter d'une telle vue ! Seule fausse note : le petit déj un peu sommaire.

■ ***La Seigneurie des Monts :*** *21, 1re Av. Est. ☎ 418-763-5308 ou 1-800-903-0206. • bonjourgaspesie.com • Doubles 135-160 $, suite 185 $, petit déj compris.* Auberge ancestrale dont l'histoire remonte à 1864 puisqu'elle fut celle du premier maire de Sainte-Anne. Une vingtaine de chambres grand confort, lits aux grosses couettes douillettes, le tout joliment aménagé en style ancien, voire un peu plus moderne dans l'annexe. Chacune a accès à une terrasse. Plusieurs pièces communes cosy et au cachet certain : poêle à bois, piano ancien, bar-bureau de poste de fin 1800, qui donnent de l'âme à l'ensemble. Accueil adorable.

Auberge Château Lamontagne : *170, 1re Av. Est. ☎ 418-763-7666. • chateaulamontagne.com • En bord de mer. Double 130 $, petit déj compris. Chalets 4-6 pers, 175-235 $/ nuit.* Cette auberge n'a sans doute rien d'un château, mais elle occupe un site qui en est digne ! Perchée au sommet d'une falaise surplombant la mer et la ville, cette belle bâtisse construite en 1874 ne manque pas d'allure, à l'image des parties communes cosy. Seulement 7 chambres au total, à la déco un peu austère, mais confort et propreté irréprochables. Loue aussi des chalets tout équipés, en surplomb du Saint-Laurent.

Où manger ? Où boire un verre ? Où faire une pause sucrée ?

De bon marché à prix moyens

Marie 4 Poches : *111, bd Sainte-Anne Ouest. ☎ 418-763-4775. Tlj 7h30-19h (17h30 hors saison).* Une douce odeur de chocolat titille les narines dès la porte d'entrée. Ou alors c'est celle du beurre chaud qui nous fait fondre. Pains artisanaux, viennoiseries et gâteaux, en se léchant les doigts ou en faisant trempette dans le café, on en redemande. Également des soupes et sandwichs pour les petits creux salés.

Délice de la Mer : *25, bd Sainte-Anne Ouest. ☎ 418-764-0344. Tlj 10h-18h (20h jeu-ven, 17h dim). Compter env 15 $/pers.* Fromages, salades fraîches, rillettes de la mer, bagels au saumon, pains, biscuits, bières... on pioche dans les rayons de cette épicerie fine pour se concocter un déjeuner équilibré. La majorité des produits sont bios et locaux. À emporter ou à déguster sur place à l'étage. Une bonne option, moins chère et plus rapide qu'un resto.

Pub Chez Bass : *170, 1re Av. Ouest. (sur le front de mer). ☎ 418-763-2613. Tlj 11h (15h w-e)-1h. Plats 15-28 $.* Tonneaux, gouvernail et autres pièces marines viennent enrichir la déco de ce pub chaleureux et spacieux. Les clients s'installent au comptoir ou dans différents recoins plus ou moins intimes. Cuisine variée, typiquement pub (*fish & chips,* pâtes, pizzas, bons burgers) ou plus recherchée mais globalement d'un bon rapport qualité-prix. On y vient aussi pour descendre une mousse entre copains, comme les locaux. Fait aussi auberge ; voir plus haut « Où dormir ? ».

De prix moyens à chic

Restaurant-poissonnerie du Quai : *3, 1re Av. Ouest (entre l'église et Exploramer). ☎ 418-763-7407. Tlj en saison 9h-20h. Plats 15-30 $; table d'hôtes le soir 30-45 $.* Large choix de poissons et fruits de mer qui font l'intérêt de cette adresse très populaire mariée à une poissonnerie. Morue, crevettes, homard et turbot sont bien au rendez-vous, à la carte et aux menus, à des prix attractifs et sous toutes les formes : salade, sandwich, soupe, chaudrée, avec des pâtes et en plats. La salle n'est pas des plus chaleureuse, alors concentrez-vous sur votre assiette.

La Broue dans l'Toupet : *90, bd Sainte-Anne Ouest. ☎ 418-763-3321. Resto de l'*Hôtel et Cie. *Ouv tte l'année, midi et soir en sem, le soir slt le w-e. Plats 12-16 $ le midi et 20-30 $ le soir ; table d'hôtes 42-52 $.* La situation avec vue sur le parking et la station-service de l'autre côté de la route ne fait pas rêver, mais le cadre du resto est chaleureux, élégant et plutôt intime. Au déjeuner, la carte courte joue la simplicité : *fish & chips,* sandwichs, burgers... Le soir, le menu maintient un bel équilibre entre terre et mer, les plats fins et travaillés (mais toujours généreux) côtoient pâtes et pizzas tout aussi bonnes mais à prix un poil plus doux.

Achats gourmands

Couleur Chocolat : *36, 2e rue Ouest. ☎ 418-763-7535. Tlj 10h-17h30.* Le chocolatier le plus célèbre de Gaspésie (c'est dire !). Carl Pelletier travaille ses fèves de cacao avec des produits locaux : algues, essences de la forêt gaspésienne, ou plus simplement gros sel, caramel ou praliné, une halte de choix pour les gourmands. Dommage que la boutique soit si aseptisée.

À voir. À faire

Exploramer : *1, rue du Quai (face à l'église). ☎ 418-763-2500. • exploramer.qc.ca • De début juin à mi-oct, tlj 9h-17h ; excursions en mer, sur résa, tlj à 11h, 13h30 et 15h30 (sf en cas de mer agitée) ; cueillette de poissons sur résa, tlj. Tarifs : entrée env 15 $; excursion env 48 $; cueillette env 32 $; combiné musée + excursion 55 $; combiné musée + cueillette 42 $; réduc.*
Centre de découverte et d'exposition entièrement dédié au monde marin du Saint-Laurent.
– Intéressante section du sous-sol, où les guides naturalistes commentent les bassins et panneaux qui détaillent la faune et la flore du Saint-Laurent. La richesse des eaux, les fortes variations de températures et de profondeurs (- 535 m pour le chenal) expliquent l'incroyable diversité de cette véritable mer intérieure. On y découvre anémones, oursins, homards, crabes des neiges, loups de mer et encore des pêches, poules et autres « lasagnes » de mer... Il est même possible de manipuler certaines espèces et de comprendre pourquoi il vaut mieux ne pas avoir une haleine de concombre de mer !
L'étage abrite une expo temporaire et une autre, permanente, « Requins, 100 millions de morts ». Sur un long mur, on peut mesurer son gabarit par rapport à ceux des requins, dessinés ici à échelle réelle. Alors, on se sent riquiqui face aux 12 m du requin pèlerin ? Et matez un peu cette mâchoire de requin blanc : 230 quenottes bien acérées ! L'expo présente aussi les dangers qui menacent ces gros poissons pleins de dents, considérés à tort comme des mangeurs d'hommes, alors que l'homme reste son principal prédateur.
– ***Excursion en haute mer :*** en Zodiac ; compter 1h30. Découverte de l'écosystème et remontée de casiers à crabes, puis réalisation de tests océanographiques.
– ***Cueillette de poissons :*** sorties à pied sur une portion de littoral, où un filet retient toutes sortes d'espèces que les guides présentent en détail (crabes, homards, poissons...). Eh oui, on dit bien cueillette, car les bestioles sont relâchées.
– *Exploramer* parraine aussi le programme ***Fourchette Bleue,*** qui a pour objectif la saine gestion des ressources marines et qui encourage les restaurants et les poissonneries du Québec à offrir, parmi les nombreuses espèces comestibles du Saint-Laurent, des saveurs méconnues, dans une perspective de protection de la biodiversité. Ce programme vient appuyer les efforts des pêcheurs pour diversifier leurs prises et réduire la surpêche de certaines espèces. Les établissements participant à ce programme sont repérables au logo *Fourchette Bleue* en devanture.

LE CONCOMBRE DE MER, CET INCONNU

Lorsqu'elles sont agressées, les holothuries, le nom scientifique de ces éboueurs des fonds marins, émettent de longs filaments très gluants et rejettent même une partie de leurs organes internes ; projetée par l'orifice cloacal, cette masse collante recouvre et immobilise l'ennemi – crabe ou poisson. Les Polynésiens entourent ces filaments autour de leurs pieds pour marcher sur les récifs de corail.

➢ ***Canyoning, kayak de mer :*** *avec* ***Eskamer,*** *292, bd Perron Est.* ☎ *418-967-2999 ou 1-866-963-2999.* • *eskamer.ca* • *Compter 45-130 $/pers selon activité.* Sorties en kayak de mer avec options rivière et canyoning ou observation des baleines en plus. Combinaison possible entre plusieurs activités.

➢ ***Paddle, snorkeling, apnée, pêche :*** *avec* ***Shack à l'Eau*** *; voir* Sea Shack *dans « Où dormir ? ».* ☎ *418-763-2999 ou 1-866-963-2999.* • *aubergefestive.com* • *Compter 20-55 $/pers selon activité.* L'auberge de jeunesse propose quelques activités en mer, avec prêt de matériel (notamment les combinaisons ; eh oui, l'eau est fraîche !).

LA MARTRE

245 hab.

Adorable hameau, en surplomb de la route et du Saint-Laurent. Jolie église en bardeaux de cèdre du début du XXe s et très photogénique phare, tout de rouge vêtu.

– Le village est desservi par les navettes de la compagnie *Régîm* • *regim.info* •

Où dormir ?

L'Ours qui Mousse, Couette et Café : *10, rue des Écoliers.* ☎ *418-288-5352.* • *loursquimousse.wordpress.com* • *Du phare, remonter la rue qui longe l'église. Doubles avec sdb partagée 80-90 $, taxes et délicieux petit déj inclus.* La maison, haut perchée et isolée, offre un beau point de vue sur le Saint-Laurent. Et depuis la terrasse, où les colibris volètent autour des abreuvoirs, le calme a un doux goût de paradis ! Du bois, du bois, partout du bois, et de grandes baies dans le salon chaleureux, où crépite le poêle en soirée. Cette ambiance de chalet de montagne douillet se retrouve à l'étage dans les petites chambres sous les toits. Quant à l'accueil, il est aussi charmant que le nom de cette bien jolie tanière. Au petit déj, on retrouve les produits du verger et du potager, accompagnés de pain et confitures maison, miam ! Un de nos coups de cœur en Gaspésie !

À voir

Le musée des Phares : *10, av. du Phare (en haut de la 132).* ☎ *418-288-5698.* • *museedesphares.org* • *Juin-sept, tlj 9h-17h (mais les horaires varient en fonction de l'affluence). Entrée phare et musée : 12 $; phare seul : 8 $.*
Construit en 1906 face au clocher de l'église qu'il dépasse d'une tête (au grand dam du curé de l'époque), ce phare octogonal tout en bois rouge fut automatisé en 1968, et son dernier gardien le quitta en 1972. La visite guidée (plutôt courte, environ 20 mn) revient sur l'exceptionnel système d'horlogerie, avec câble et poids d'origine. Tout en haut, après avoir admiré la superbe lanterne, on profite d'une vue géniale sur le grand large.
Dans l'ancienne maison voisine, un petit musée retrace l'histoire du système d'aide à la navigation au Canada, et de tous leurs mécanismes optiques aujourd'hui démodés par le GPS : remarquables lanternes, lentilles, réflecteurs et autres systèmes d'éclairage permettent de se faire une idée précise de l'évolution des techniques. À l'étage, une expo est consacrée au *Viper* et à l'*Antigua,* deux bateaux qui firent naufrage dans les environs, en 1779 et 1911.

LE PARC NATIONAL DE LA GASPÉSIE

Prévoir du temps pour le découvrir, il vaut vraiment le coup ! Sur plus de 800 km², le paysage alpin englobe 25 sommets de 1 000 à 1 270 m appartenant aux monts McGerrigle et à une section des Chic-Chocs, nom micmac signifiant « montagnes infranchissables »...
Avec l'altitude, la sapinière à bouleaux fait rapidement place à la forêt boréale, puis à la toundra des sommets. Au point culminant du mont Albert, le climat correspond à celui de zones qu'on retrouve à 1 000 km plus au nord. La flore, très riche, est marquée par l'abondance de rhododendrons de Laponie et d'azalées naines. Côté faune, c'est le seul parc où l'on peut observer trois espèces de cervidés emblématiques du Québec : l'orignal, vedette des rencontres au détour d'un sentier, le cerf de Virginie et, particulièrement menacée, la dernière horde de caribous des bois au sud du fleuve Saint-Laurent.
Les périodes d'ouverture de certains secteurs dépendent des conditions climatiques et de protection de la nature. Nous les donnons à titre indicatif plus bas, mais il est judicieux de se renseigner à nouveau avant de planifier votre découverte. La période idéale de visite s'étire de juillet à septembre, quand tous les sentiers sont accessibles. Sinon, la neige reste au sol près de 275 jours dans l'année. En hiver, donc, place aux skis et aux raquettes.
Sachez qu'il s'agit du 2e parc national le plus étendu du Québec, une journée ne suffira pas à le parcourir. L'idéal est d'y dormir une nuit... et plus si affinités !

Comment y aller ?

➢ ***En voiture privée :*** l'entrée et le centre de découverte du parc sont respectivement à 16 et 40 km au sud de Sainte-Anne-des-Monts, par la route 299 qui traverse tout le parc pour déboucher sur la côte sud, dans la région de Carleton (voir « La baie des Chaleurs », plus loin). En été, on peut longer la frontière du parc par les routes 16 et 2 et ressortir sur la rive nord de la péninsule gaspésienne, à Mont-Saint-Pierre ; il s'agit en réalité de 2 pistes de terre ou gravillonnées par endroits, parsemées de nids-de-poule ; compter 70 km (env 1h30 de trajet) depuis le centre d'interprétation. Attention au GPS qui indique parfois l'entrée du parc à 3 km de Sainte-Anne-des-Monts, c'est FAUX !

➢ ***En bus :*** liaison entre le bureau d'accueil touristique de Sainte-Anne-des-Monts et le centre de découverte. De fin juin à sept, départ de Sainte-Anne-des-Monts tlj à 8h, retour depuis le centre de découverte à 17h. Tarif A/R : 7,50 $; réduc.

Adresse et infos utiles

– ***Accès au parc :*** *ouv tte l'année. Compter 8,50 $/j. ; gratuit pour les 17 ans et moins. Droit d'entrée à payer systématiquement pour tt hébergement à l'intérieur du parc. Si vous arrivez en dehors des heures d'ouverture du centre de découverte, des enveloppes d'auto-perception sont à votre disposition pour régler votre droit d'entrée.*

– ***Rens et résas :*** *☎ 418-763-7494 ou 1-800-665-6527. • sepaq.com/pq/gas •*

– ***Conseils :*** faites vos courses à Sainte-Anne (voir plus haut), car dans le parc, il n'y a qu'un minidépanneur et les restos du *Gîte du Mont-Albert*.

– ***Équipement :*** prévoir son répulsif antimoustiques, de bonnes chaussures, des vêtements chauds (même en juillet et août) et une paire de jumelles.

Centre de découverte et de services : *dans le parc, secteur mont Albert (voisin du gîte). Fin juin-début sept, tlj 8h-20h ; horaires réduits hors saison. Fermé de Pâques à mi-mai et de mi-oct à fin déc. S'adresser au* Gîte du Mont-Albert *après fermeture.* S'y procurer la brochure du parc qui détaille les sentiers, hébergements et activités payantes ou gratuites prévues le jour de votre visite. Au programme : vidéos, causeries avec un guide naturaliste, randos guidées, contes et légendes... Boutique souvenirs, minidépanneur, toilettes et douches gratuites dans ce même bâtiment.

Où dormir ?

CAMPINGS À L'INTÉRIEUR DU PARC

Campings aménagés

Selon nombre de services, compter 31-40 $ l'emplacement pour 6 pers en été.

Camping du Mont-Albert : *1981, route du Parc (route 299), à 2 km au sud du* Gîte du Mont-Albert. *Ouv de mi-juin à début oct et de mi-déc à fin avr.* Le plus grand (82 emplacements) et l'un des plus confortables : sanitaires bien équipés, laverie. Emplacements ombragés mais sans électricité. Également des tentes *Huttopia.*

Camping La Rivière : *en face du* Gîte du Mont-Albert, *au bord de la rivière (logique !). Ouv de mi-mai à début oct.* Plus boisé et plus sauvage que le précédent mais bien équipé. Une douzaine de places pour les véhicules avec électricité, et une trentaine d'emplacements pour les tentes. Bloc sanitaire.

Camping du Lac Cascapédia : *au bord du lac du même nom, par la route 11. Ouv début juin-fin sept (ouverture selon conditions climatiques).* Env 70 emplacements ombragés. Ni eau potable (vente de bidons aux points services) ni électricité pour les véhicules (fonctionne à l'énergie solaire comme le *Camping du Mont-Albert*). De fin juin à début septembre, location de kayaks, canots et *stand-up paddles.*

Camping du Mont Jacques-Cartier : *à l'entrée est du parc. On y accède soit à partir du village de Mont-Saint-Pierre en prenant la route 2 (sur 27 km), soit depuis le centre d'interprétation, par la route 16 (sur 45 km). Ouv fin juin-fin sept.* Bien équipé, une trentaine d'emplacements. Surtout destiné à ceux qui ne veulent faire que l'ascension du mont Jacques-Cartier.

Campings rustiques

Tarif : 25 $ l'emplacement, taxes incluses. 4 sites réservés à la grande randonnée, le long de la Grande Traversée (voir plus bas « Randonnées »). Plateforme en bois convenant aux tentes autoportantes. Toilettes sèches. Feux interdits.

Tentes *Huttopia*

Compter 100-120 $. Capacité maximale : 6 pers (4 adultes et 2 enfants), mais on est plus à l'aise à 4. Une quinzaine de tentes *Huttopia* au **Camping du Mont-Albert.** Équipement tout confort : 2 chambres séparées d'un rideau, trou à feu, équipement de cuisine, poêle chauffant, éclairage, petit frigo et table de pique-nique avec ses chaises. Structures montées sur une plateforme de bois. Il ne manque que la literie (possibilité de louer les draps sur place).

HÔTEL, CHALETS ET REFUGES

Refuges communautaires : *chalets en bois, proches du* Camping du Mont-Albert, *ou en pleine nature. Compter env 31 $/pers. Bloc sanitaire à proximité.* Rudimentaires mais bien conçus, ils comprennent 4 groupes de

2 bannettes superposées (donc 8 lits), organisés autour d'un gros poêle à bois, quelques chaises et tables. Électricité. N'oubliez pas votre sac de couchage. À côté, bloc sanitaire bien tenu.

⌂ ***Chalets équipés :*** *proche du* Gîte du Mont-Albert *et du centre de découverte, ainsi que dans le secteur ouest (route 11 vers le lac Cascapédia). Chalets 2-8 pers 120-360 $.* Les plus luxueux (très agréables et bien équipés) se trouvent à proximité du *Gîte du Mont-Albert.* Ceux munis de cuisine sont ouverts à l'année. Les moins chers, plus rustiques, bénéficient d'un cadre plus sauvage, aux abords du lac Cascapédia. C'est la formule la plus intéressante, mais prévoir son approvisionnement. Le secteur de Petit-Saut abrite aussi des chalets, accessibles seulement en hiver par des pistes de ski ou en raquettes.

⌂ |●| ***Gîte du Mont-Albert :*** *dans le parc, à 1,5 km du centre d'interprétation. ☎ 418-763-2288 ou 1-866-727-2427. Doubles 100-170 $, petit déj inclus.* Le terme « gîte » est trompeur, car il s'agit d'un hôtel au luxe certain, bien que non ostentatoire, avec piscine chauffée, sauna, et services de massothérapie ! La soixantaine de chambres spacieuses et vraiment confortables avec vue sur le mont Albert sont réparties entre l'auberge et le grand pavillon (à 2 mn de marche). La déco mêle habilement charme rustique et élégance contemporaine. Agréable espace salon, bar et resto (possibilité de forfaits en demi-pension), tous profitant d'une gigantesque hauteur sous charpente, d'amples baies vitrées et d'un foyer. Très bien situé, tout près des sentiers de randonnée.

Où manger ?

|●| ***Resto du Gîte du Mont-Albert :*** *ouv tlj début juin-début oct et fin déc-fin mars. Table d'hôtes 37-47 $. Brunch dim d'été (sur résa) env 28 $.* Salle à la déco montagnarde où trône la tête d'un gigantesque orignal. En revanche, l'ambiance n'est vraiment pas celle d'une auberge de montagne, mais d'un restaurant plutôt chic, à la cuisine raffinée. Pour les budgets plus serrés, le gîte offre 2 autres options : le bistro *(ouv slt le midi)* et le grill *(ouv slt le soir).* À la carte : hot dogs, sandwichs, burgers, salades... *(Plats env 10-20 $).*

À faire

– Parmi les ***activités*** qu'offre le parc : pêche, canotage, ski et raquettes en hiver, observation des caribous sur les monts Albert et Jacques-Cartier, etc. Vélo de montagne possible sur les routes secondaires (en gravier) mais pas sur les sentiers de randonnée. Mais aussi, en cas de mauvais temps : projections vidéo, animations théâtrales, causeries animées par un guide... Le guide du visiteur (disponible au centre de découverte) recense toutes les activités, payantes ou gratuites, sous forme d'agenda.
– ***Les animaux du parc :*** une faune variée. Cerf de Virginie, caribou des bois et des sommets, loutre, vison, martre pêcheuse (appelée aussi pékan), lynx, tétra, pygargue, aigle royal, gélinotte huppée et eider à duvet... Sans oublier la star du parc : l'orignal, présent dans tous les secteurs, mais c'est au mont Ernest-Laforce (voir plus bas) qu'on a le plus de chance de l'observer.

Randonnées

Le parc compte 130 km de sentiers balisés, de toutes longueurs et difficultés. On vous en détaille quelques-unes, mais elles sont toutes décrites dans le guide du visiteur.

Le mont Jacques-Cartier : *accès par la route 16. Pour rejoindre le sentier (interdit en voiture privée), service d'autobus depuis le centre de découverte (départ à 9h, retour à 16h ; prix A/R env 18 $) ou plusieurs navettes A/R par j. depuis le* Camping du Mont Jacques-Cartier *(env 8 $). 24 juin-fin sept, 10h-16h slt. Interdit d'entreprendre sa rando avant l'heure prescrite.* Un des sentiers phares du parc ! Rando de 4 à 5h aller-retour par le même ancien chemin militaire sous les feuillus et les épineux menant à la pierre du dôme, rasé par les vents froids et secs. Deuxième sommet le plus élevé du Québec (1 268 m) après le mont d'Iberville des Torngats (1 652 m), le mont Jacques-Cartier est un sanctuaire pour la horde menacée des caribous. On les laisse d'ailleurs tranquilles à partir de fin septembre pour la reproduction, et de mai jusqu'à fin juin pour les mises bas. Malgré l'opportunité d'observer le grand cervidé et les très beaux panoramas du sommet, on préfère la boucle du mont Albert (voir ci-après).

Le tour du mont Albert : *départ du centre d'interprétation. De mi-juin à sept.* Un autre incontournable ! Partir de bonne heure pour accomplir sereinement cette superbe mais assez difficile boucle (soit 17,4 km, 6 à 8h de marche), si votre forme physique et les conditions climatiques le permettent. Débute par le bien nommé sentier de la Montée (3h de dénivelée importante). Au sommet, dépaysement assuré : une réplique québécoise d'un plateau du Grand Nord, qui n'est pas sans rappeler non plus la toundra ! Descente de l'autre côté par le sentier du Lac (ou de la Cuve-du-Diable), très rocailleux et en pente abrupte. Bonnes chaussures indispensables.

Le pic du Brûlé : *à partir du lac Cascapédia. Début juin-début oct.* Boucle de 13 km (5h de marche) passant par le mont Ernest-Ménard. On marche sur les crêtes, vue superbe sur les éoliennes et le Saint-Laurent. Très beau mais réservé aux marcheurs aguerris.

Le tour du mont Ernest-Laforce : *à l'est du centre de découverte, par la route 16, puis embranchement. Mai-nov.* Petite boucle facile de 4,5 km (env 1h30 de marche) qui mène au sommet du mont Ernest-Laforce, d'où l'on s'offre un beau panorama à 360° sur tout le parc ! Allez-y avant 12h pour avoir la meilleure vue sur le mont Albert. Une chouette balade avec des enfants. Très facile d'y apercevoir des orignaux (au crépuscule notamment). On dit que c'est la balade au meilleur rapport effort-récompense de tout le parc.

Le lac aux Américains : *à l'est du centre de découverte, par la route 16, puis embranchement. Mai-nov.* Cette promenade très facile conviendra aux marcheurs pressés : 2,6 km aller-retour sur le même sentier (1h de marche). On peut combiner cette balade avec le tour du mont Ernest-Laforce, c'est l'option idéale pour une journée en famille. Le nom du lac vient des botanistes originaires des États-Unis qui, au début du XXe s, avaient installé leur camp de base sur ses rives. Occupant le fond d'un des plus beaux cirques glaciaires du Québec, le site est franchement magnifique, surtout en fin d'après-midi, quand la belle lumière rasante donne au paysage ce relief si particulier.

La Grande Traversée : *entre les monts Logan et Jacques-Cartier. Accès aux départs par navette depuis le centre de découverte. Résa obligatoire.* Traverse le parc d'ouest en est sur 100 km. Véritable trekking au sens étymologique du terme – les brochures du parc parlent d'expédition –, il s'agit en fait d'une section du sentier international des Appalaches (SIA, • *sia-iat.com* •). À faire à pied ou à ski sur des durées allant de 2 à 10 jours. Pour la traversée au complet, comptez 10 jours (10 à 15 km par jour) et 9 nuits en refuge ou camping rustique, situé en général au fond d'un vallon ou près d'un point d'eau. Certains emplacements étant vite pris d'assaut, résa obligatoire l'été.

MONT-SAINT-PIERRE

160 hab.

Et soudain surgit Mont-Saint-Pierre, tapi au fond d'une large anse entourée de collines abruptes. Village minuscule blotti contre une plage de sable noir, dans un site assez exceptionnel. Du village, en saison, route d'accès au parc de la Gaspésie (secteur du mont Jacques-Cartier).
Tous les ans en juillet, le village accueille *La fête du Vol libre* où se rassemblent les adeptes de parapente et de deltaplane. Si vous passez dans le coin à ce moment-là, c'est l'occasion d'effectuer un baptême en tandem avec un instructeur, ou simplement de vous joindre à la fête. *Infos sur* *• deltaplanetandem.ca •*
– Le village est desservi par les navettes de la compagnie *Régîm* • *regim.info* •

Où dormir ? Où manger ?

Camping

Camping municipal de Mont-Saint-Pierre : *103, rue Pierre-Godefroi-Coulombe. ☎ 418-797-2250 ou 2298 (hors saison). Un peu éloigné de la route principale (direction « parc de la Gaspésie »), à 2 km du village. Ouv début juin-début sept. Emplacement env 28 $, taxes comprises. Douches payantes.* Un camping très nature, vaste et très arboré, au creux d'une belle vallée où coule une rivière. Les emplacements (sous les arbres pour la plupart) bénéficient tous de leur table de pique-nique et de leur trou à feu. Sanitaires assez rustiques mais propres et nombreux services (payants) : buanderie, bois, tennis, ping-pong, location de cannes à pêche. Vente de recharges de gaz. Une bonne adresse, au calme et à la fraîche.

Prix moyens

Resto de l'hôtel Mont-Saint-Pierre : *60, rue Prudent-Cloutier. ☎ 418-797-2202. Ouv tlj 6h-22h en principe. Petits déj 7-15 $; plats 10-25 $.* Un bon point de chute pour se sustenter à toute heure de la journée. Au menu, d'appétissants petits déj hyper complets, des sandwichs, poutines et pâtes aux fruits de mer côtoient des plats de viande ou poisson plus élaborés. Mignonne déco tout en rotin et agréable véranda tournée vers le large.

À voir. À faire

La réserve faunique des Chic-Chocs : *116, rue Prudent-Cloutier. ☎ 418-797-5214 ou 1-800-665-6527 (résas). • sepaq.com/rf/chc • Accès par la route 198 depuis* ***l'Anse-Pleureuse.*** *Tte l'année ; accueil lun-ven 8h-12h, 13h-16h.* La réserve, située principalement à l'est du parc national de Gaspésie, couvre près de 1 130 km². Elle doit son nom aux célèbres montagnes de l'extrémité nord des Appalaches, véritable colonne vertébrale de la Gaspésie. Elle abrite une quinzaine de chalets qu'on loue à la nuit ou sur plusieurs jours en forfait (les forfaits « prêt à pêcher » ou « pêche avec hébergement » étant les plus abordables). Nombreuses activités possibles évoluant au gré des saisons : randonnées pédestre et équestre, raquettes, ski, observation de la faune. C'est aussi (et avant tout) une zone de chasse, de pêche et de cueillette.

MONT-LOUIS

1 100 hab.

L'anse de Mont-Louis, située à 7 km de Mont-Saint-Pierre, ressemble beaucoup à sa voisine, bien qu'encore plus petite. Un peu plus loin, à l'Anse-Pleureuse, une bifurcation par la route 198 rejoint Gaspé à travers les terres, économisant ainsi une trentaine de kilomètres. Là, le lac de l'Anse-Pleureuse, avec ses tables de pique-nique, offre une halte de choix pour casser la croûte sereinement. De notre côté, on préfère continuer sur la splendide route côtière, quitte à avaler quelques kilomètres en rab.

– Le village est desservi par les navettes de la compagnie *Régîm* ● regim.info ●

Où dormir ? Où manger ?

Auberge L'Amarré : *30, 1re Av. Est. ☎ 418-797-2323. ● aubergelamarre.com ● Doubles avec sdb env 85-90 $. Resto tlj en saison 8h-20h. Petits déj 7-18 $; plats 15-32 $.* On a flashé sur cette maison rose pétant. La salle boisée, aux lumières douces et tons chauds, abrite un café-resto réconfortant, où l'on sert de revigorants petits déj, mais aussi de bons plats de bistrot (burgers, salades) et d'autres plus travaillés à base de produits iodés. On peut aussi s'arrêter pour une pause goûter en avalant un cookie et un café sur la terrasse ensoleillée. Mais c'est l'étage qui réserve les plus belles surprises. 5 belles chambres tout confort, aux tons marins et colorés : parquet vernis, cagettes de bois en guise de tables de chevet, rideaux et coussins pimpants assortis : on adore !

Auberge des Belles-Sœurs – Restaurant L'Eau à la Bouche : *24, 1re Av. Est (route 132). ☎ 418-797-5000. ● aubergedesbellessoeurs.com ● Double avec sdb partagée env 80 $, taxes comprises. Pas de petit déj. Resto tlj en saison, 11h30-22h ; en hiver, slt ven-dim 16h30-20h. Plats 15-30 $; le soir, on ajoute 10 $ pour transformer le plat de son choix en formule table d'hôtes.* Petite auberge familiale (et vert fluo !) où 4 chambres confortables mais un brin désuètes nichent au-dessus du restaurant. Douillettes comme tout, elles se partagent une même salle de bains. Côté resto, on goûte une bonne cuisine mettant en scène les produits de la région avec quelques envolées originales, le tout accompagné de vins gaspésiens. On peut aussi se contenter d'une soupe, de pâtes, voire d'un sandwich au saumon fumé. Accueil tout sourire et service efficace.

Achats

Atkins et Frères : *1, rue Chanoine-Richard. ☎ 418-797-5059. De mi-juin à mi-sept, tlj 8h-20h (18h en juin et sept) ; le reste de l'année, lun-ven 8h-16h.* Excellente maison spécialisée dans les poissons fumés à chaud ou à froid, dont de délicieux maquereaux, des rôtis de saumon fondant, ou encore des bouchées de saumon au sirop d'érable. Possibilité de goûter si vous ne savez que choisir. LA référence en Gaspésie !

À voir. À faire

Peu après Mont-Louis, la ***route 132*** s'apparente presque à une voie sur berge, coincée entre une falaise feuilletée de strates et la mer qui happe les rambardes de béton. Au-delà de l'anse photogénique de Gros Morne, le mur rocheux se résorbe en pierriers venant lécher le bord de la route. De généreuses rampes coupent à travers les collines et libèrent un moment le voyageur de l'étreinte marine. Promontoires, belvédères, autant d'opportunités de pauses et de photos... Pour un arrêt pique-nique, filez au phare du Cap de Madeleine, dont les tables en bois surplombent la rivière... Madeleine !

LA POINTE

La région tourmentée de la Pointe, appelée « Land's End » (fin de la terre) en anglais, voit la lèvre inférieure de l'estuaire du Saint-Laurent se déchirer dans le sel des flots. Par-delà l'océan, à 5 000 km (mais presque à la même latitude), c'est une autre fin de terre, le Finistère breton, qui pointe son étrange symétrie.

PETITE-VALLÉE

180 hab.

Depuis la route 132, 8 km après le joli bourg de Grande-Vallée qui marque l'entrée dans la région de la Pointe, une petite route descend vers la mer et en ce lieu étonnant. Le hameau est lové sur une avancée de terre formant une anse, au pied d'un vallon, dans un cadre tout simplement... enchanteur.
Depuis plus de 30 ans, Petite-Vallée accueille le festival Village en chanson, réputé dans toute la Gaspésie, et plus loin. Malheureusement, pendant l'été 2017, un incendie a ravagé le théâtre de la Vieille Forge, lieu historique de l'événement. Un bel élan de solidarité s'est alors lancé pour remettre sur pied au plus vite ce haut lieu de culture et de vie. Le théatre devrait renaître de ses cendres en 2019.

Où dormir ? Où manger ? Où boire un verre ?

Auberge La Maison Lebreux : *2, rue de la Longue-Pointe. ☎ 418-393-2662 ou 1-866-393-2662. • lamaisonlebreux.com • Ouv mai-oct. Doubles avec sdb partagée 80-100 $, taxes et petit déj inclus. Chalet env 150 $/j. (taxes incluses mais pas le petit déj) ; réduc à partir de 2 nuits.* Superbement située sur le rivage, cette auberge à l'ancienne propose 8 chambres simples au papier peint fleuri au 1er étage, dont 4 ayant vue sur la mer et certaines avec lavabo, qui se partagent 2 salles de bains. Juste à côté, une poignée de jolis chalets, plantés au bord de l'eau, offrent une option économique pour les familles ou petits groupes d'amis (capacité maximale 6 personnes). Des pelouses vertes, de l'air frais et parfois des phoques paressant devant la maison... Quand le festival arrive, le calme fait place à l'animation nocturne. Une adresse familiale, à l'accueil charmant, et ça fait plus de 40 ans que ça dure !

Café de la Vieille Forge : c'est dans cette construction au bord de l'eau, que dans les années 1980 Petite-Vallée est devenu le village de la chanson. Détruit par un incendie en 2017, il devrait rouvrir en 2019.

À faire

Le Village en chanson : *☎ 418-393-2222 (infos et billets). ● festivalenchanson.com ● De mi-juin à mi-sept env ; horaires et tarifs variables selon spectacles.* Extraordinaire, ce petit village vibre et voyage au rythme de la chanson ! Chansonniers, concerts, pièces de théâtre et chanteurs confirmés ou moins connus s'y succèdent. Petite-Vallée est une véritable pépinière de talents. On assiste aux shows en prenant une bière ou en mangeant un morceau sur des tables abritant plein d'objets dédiés à la musique. Point d'orgue de la saison : le ***Festival en chanson*** (fin juin-début juillet) qui réunit des artistes locaux et internationaux. En 2017, un incendie a réduit en cendres le théâtre. Espérons que l'immense mouvement de solidarité permette de relancer rapidement les festivités. En 2018, le festival aura à priori lieu sous un chapiteau. On espère la reconstruction du *Café de la Vieille Forge* pour 2019.

DANS LES ENVIRONS DE PETITE-VALLÉE

Adresse utile

Bureau d'information touristique : *884, bd de L'Anse-à-Valleau, le long de la route 132, à **L'Anse-à-Valleau.** ☎ 418-269-3310. ● cldans@hotmail.com ● De début juin à mi-oct, tlj 9h-18h (17h oct).* Bien documenté sur toute la région de la Pointe.

Où dormir ? Où manger ?

Hôtel-motel Grande Vallée des Monts : *37, rue du Quai, **Grande-Vallée.** ☎ 418-393-2648 ou 1-800-380-1190. ● hmgvm.com ● En entrant dans le village, tout de suite à gauche. Tte l'année. Double env 95 $. Plats 12-30 $.* Blotti dans une petite anse, cet hôtel réserve un superbe décor aux touristes en quête de calme. Une douzaine de chambres seulement, à la déco soignée et au confort douillet. Les tons et le style naviguent entre mer et montagne, pour des chambres douillettes et confortables, même si les standards sont un peu plus étriquées. Au pied de l'hôtel, la plage ! Et l'hiver, c'est un refuge idéal pour les motoneiges. Côté resto, les locaux ne sont pas avares en compliments ! Excellents poissons et fruits de mer.

Restaurant-motel L'Étoile du Nord : *1, route du Pêcheur, à **Pointe-à-la-Frégate (Cloridorme).** ☎ 418-395-2966. ● etoiledunord.net ● Ouv mai-oct. Double env 80 $, petit déj non inclus ; forfait ½ pens env 180 $ pour 2. Plats 16-20 $.* Largement en retrait de la route, cet hôtel, installé dans une vaste et ancienne maison (1878), bénéficie d'un site superbe en bord de mer. Intérieur chaleureux, tout en bois blond, et terrasse sur bande de gazon au bord de l'eau. Dans un bâtiment annexe, chambres de style motel très bien tenues et agréables, au charme un brin désuet. Bonne cuisine, goûteuse et relevée, préparée avec des produits frais et servie dans une petite salle à manger face à la mer. Et parfois, une baleine qui passe par là ! Une halte très recommandable.

À voir. À faire

Le phare de Pointe-à-la-Renommée : *200, chemin de la Pointe-à-la-Renommée. ☎ 418-269-3310. ● pointe-a-la-renommee.ca ● Entre Grand-Étang et L'Anse-à-Valleau ; accès par un chemin non asphalté de 4 km partant de la* *route 132 (bien indiqué). De mi-juin à fin sept, tlj 9h-17h. Accès au site, en extérieur, don suggéré de 2 $. Sinon, visite guidée du phare et de l'expo Marconi : 6 $ chacun ou 10 $ les 2 ; réduc.* Campé dans un superbe panorama, le phare de Pointe-à-la-Renommée accueillit en 1904 la première station radio maritime Marconi en Amérique du Nord. Centre stratégique de communication pendant les deux guerres mondiales, ce joli phare rouge, déserté dans les années 1960, fut démonté et expédié à Québec en 1977. Mais les locaux réussirent à le faire rapatrier en 1997. Il fut alors classé Monument historique ! Dans la maison du phare, courte expo sur la vie des gardiens (maquettes, petit film...), avant de grimper jusqu'à la lanterne pour profiter de la vue. Quant au bâtiment voisin, il accueille quelques panneaux sur Marconi, le génie de la TSF, et sur ses travaux. Pas indispensable, cependant.

UNE STATION CONVOITÉE

En 1904, Marconi installa à Pointe-à-la-Renommée la première station radio maritime en Amérique du Nord. Le site devint par la suite un centre si stratégique de communication pendant les deux guerres mondiales qu'un espion allemand réussit même à s'y faire embaucher comme opérateur radio en 1940-1945 ! Le DRH a dû se faire engueuler.

➢ Plusieurs ***sentiers de randonnée*** partent du phare (dont des boucles) de 0,7 km à 5 km. Niveau familial à aguerri (le SIA passe par là), pour parcourir cette côte fréquentée par les phoques et les baleines. Documentation sur les randos disponible au bureau d'information touristique de L'Anse-à-Valleau.

L'ANSE-AU-GRIFFON

Ce nom ferait écho aux « fonds gris » de la mer, à un bateau du XVIIIe s portant le nom de cette chimère, mi-lion, mi-aigle, ou encore au diable retenant dans ses griffes une chaloupe de naufragés. Pour ceux qui viennent de l'ouest, c'est la première halte touristique sur le périmètre du parc Forillon. On y trouve justement un centre d'accueil.

Adresses utiles

ℹ ***Centre d'accueil du parc Forillon :*** *344, bd Renard Est, sur la route 132 entre Rivière-au-Renard et L'Anse-au-Griffon. ☎ 1-888-773-8888. Ouv de mi-juin à fin août. Pour plus d'infos, voir « Le parc national de Forillon » plus loin.*

■ ***Centre culturel Le Griffon :*** *557, bd Griffon (route 132), côté mer. ☎ 418-892-5679. • cafedelanse.com •* Cet ancien entrepôt frigorifique des années 1940 accueille aujourd'hui, en plus du café-resto *Café de l'Anse* (voir plus loin), des ordis avec accès Internet, des expos photos, concerts et ateliers d'artistes. Ce n'est pas un office de tourisme.

Où dormir ? Où manger ?

⛺ ***Camping Griffon :*** *421, bd Griffon (route 132), à mi-chemin entre le centre d'accueil du parc et le centre culturel (voir plus haut). ☎ 418-892-5938 ou 1-877-892-5938. • campinggriffon.com • Ouv mai-sept. Emplacements 20-40 $.* Petit terrain boisé, joliment situé sur une falaise surplombant les flots (un chemin sur le côté rejoint la mer). En revanche, l'espace y est beaucoup plus restreint et offre moins d'intimité que nombre d'autres campings.

Trou à feu sur chaque emplacement. Équipement commun : buanderie, sanitaires propres, cuisine (avec espace où manger à l'abri), minidépanneur. Jeu de palets, aire pour les enfants et terrain de pétanque.

Auberge de jeunesse Griffon Aventure : *829, bd Griffon (route 132). ☎ 418-360-6614. • aubergegaspe.com • Ouv mai-oct. Camping env 30 $ pour 2. Dortoir 25 $/pers. Chalets privés (4-8 pers) 85-130 $ pour 2 et 10 $/pers supplémentaire ; bateau (6 pers) 95-140 $ pour 2 et 10 $/pers supplémentaire ; tentes prospecteur (2-5 pers) 70-90 $ pour 2. Réduc de 10 % sur les chalets et les nuits en dortoir pour les membres de* Hostelling International. Attention, méga coup de cœur ! Une adresse géniale, qui se distingue par un esprit fraternel et une sincère démarche écoresponsable : récupération des eaux de pluie, compost, tri sélectif, on respecte Dame Nature. Étonnante salle commune, façon campement rustico-cosy avec son bar en forme de bateau et le coin salon avec billard, baby-foot, guitare... Du dortoir aux chalets privés (la plupart avec kitchenette et frigo), le tout a beaucoup d'allure, mais la palme revient au vieux crabier réhabilité en gîte. Ce bateau de pêche accueille désormais chambre, cuisine et salle commune en sa cabine ! Quant au site, superbe et généreusement boisé, il cache de magnifiques emplacements bien planqués, mais aussi des tentes prospecteur. Belle terrasse avec hamacs et feu de camp ! Location de vélos et de combinaisons de plongée. Cerise sur le gâteau : un escalier avec accès direct à la mer.

Café de l'Anse : *à l'intérieur du centre culturel Le Griffon. ☎ 418-892-0115. Ouv de mi-juin à fin sept, tlj 8h-21h ; hors saison, ouv slt le w-e 8h-13h. Petits déj 6-15 $; plats 12-26 $.* Agréable, la vaste salle boisée profite des hauts plafonds du bâtiment. Dehors, grande terrasse face à la mer. Vu que c'est la seule adresse correcte à des dizaines de kilomètres à la ronde, l'endroit est pris d'assaut en saison (venir plutôt vers 20h30 – mais pas après ! – que 19h). Carte proposant des snacks, des pizzas ou des plats plus régionaux, notamment poissons et crustacés. Aussi de copieux petits déjeuners. Autant le cadre et le service sont sympas, autant les prix sont un peu élevés pour les portions servies et la qualité proposée.

À voir. À faire

Le manoir Le Boutillier : *578, bd Griffon. ☎ 418-892-5150. • manoirleboutillier.ca • De mi-juin à début oct, tlj 9h-17h. Entrée (visite guidée env 45 mn) : 8 $; réduc ; tarif familial.* Élégante demeure à l'éclatante façade jaune, construite au milieu du XIXe s par John Le Boutillier, un des riches magnats de la morue originaire de l'île de Jersey – vous entendrez probablement encore parler de lui... Des guides en tenue d'époque mènent une visite pittoresque de l'intérieur reconstitué avec des meubles d'époque (cuisine, parloir, bureau du gérant, chambres), guidée par des animateurs en costume. Belles collections d'argenterie et de porcelaine. Petit centre culturel, salon de thé avec large choix de pâtisseries, boutique artisanale.

➢ **Canyoning :** *de mi-juin à début sept. Env 80 $/pers, taxes incluses.* Sorties énergiques de 5h, avec pas mal de toboggan sur falaises, proposées par l'équipe de *Griffon Aventure* (voir plus haut « Où dormir ? Où manger ? »).

CAP-DES-ROSIERS

Il n'y a guère plus de rosiers sauvages sur ce cap balayé par les vents, juste un petit village paisible perché sur les falaises, sous la protection du plus

haut phare du Canada. L'avancée rocheuse, témoin de nombreux naufrages, marque pour les marins la démarcation entre l'estuaire et le golfe du Saint-Laurent. Cap-des-Rosiers, avec Cap-aux-Os, est l'un des deux points de chute pour l'exploration du parc Forillon.

Où dormir ?

Motel du Haut Phare : *1334, bd Cap-des-Rosiers (route 132), devant le phare. ☎ 418-892-5533 ou 1-866-492-5533. • motelduhautphare.com • Ouv fin mai-début oct. Doubles sans ou avec cuisinette 80-115 $. Roulottes 4 pers, 430-470 $ pour 3 nuits (séjour min).* L'emplacement est en or : toutes les chambres sont de plain-pied et ont les fenêtres braquées sur la mer et les falaises de l'autre côté de la baie, où les baleines s'aventurent à l'occasion. Magnifique ! Mais ce n'est pas l'unique atout. L'accueil, disponible et chaleureux, met tout le monde à l'aise. Niveau confort, les chambres, jolies et bien équipées, sont d'un rapport qualité-prix performant (surtout celles qui disposent d'une kitchenette). Roulottes à louer également. En bref, super !

À voir

Le phare de Cap-des-Rosiers : *1331, bd Cap-des-Rosiers (route 132). ☎ 418-892-5767. • pharecapdesrosiers.ca • Fin juin-fin sept, tlj 8h-18h (dernière visite à 17h). Accès au site, en visite libre (extérieurs slt) : 3 $. Visite guidée ttes les heures : env 10 $; réduc.* En 1858, il fut construit pour enrayer les naufrages à répétition de la côte. Cette élégante tour des mers effilée de pierre et recouverte de marbre est le phare le plus haut du Canada : 34 m, soit 1 m de plus que celui de Pointe-au-Père... La visite guidée évoque différents naufrages (dont le plus terrible, celui du *Carrick,* un navire irlandais qui sombra en 1848), retrace le contexte de construction du phare, présente la salle des machines, puis invite ceux qui en ont le courage à gagner la lanterne. Superbe vue bien méritée sur toute la pointe, après avoir grimpé les 122 marches.

LE PARC NATIONAL DE FORILLON

Terre et mer sont ici entrelacées à la perfection... Le parc s'étend entre le golfe du Saint-Laurent et la baie de Gaspé, là où les falaises abruptes et le littoral ciselé marquent la fin des Appalaches. Dans les masses rocheuses atteignant jusqu'à 600 m d'altitude, la mer a sculpté une succession d'escarpements, d'anses et de grottes souterraines. Proche de l'océan, le mélange de forêt boréale et de toundra alpine abrite une faune exceptionnelle. Le randonneur patient apercevra peut-être l'orignal, le renard roux, le castor, et même l'ours noir (environ 80 individus recensés) ou le lynx, plus farouche encore... Phoques, dauphins, petits rorquals et baleines à bosse croisent en bord de mer, où cohabitent plus de 200 espèces d'oiseaux. Jumelles utiles.
Bon à savoir : le parc n'est ouvert que de juin à début octobre. Le secteur nord est consacré aux sentiers de randos, tandis que le secteur sud combine randos, activités sportives et sites à visiter.
Malgré la petite taille du parc, déplacement sans véhicule assez difficile. Toutefois, le stop est une bonne alternative en haute saison.

Adresses et infos utiles

Petite intro pour ne pas s'emmêler les pinceaux. Le parc compte ***2 entrées principales*** où l'on s'acquitte des droits d'accès : celle du secteur nord et celle du secteur sud. Il compte aussi ***4 points d'informations*** : à L'Anse-au-Griffon, à l'entrée du secteur nord, à l'entrée du secteur sud et à Penouille. On s'y procure, entre autres, le guide du visiteur.

– ***Contact du parc :*** ☎ *1-888-773-8888.* • *pc.gc.ca* •
– ***Accès :*** *prévoir 8 $/j. par pers (titre valable jusqu'à minuit le jour de l'achat) ; réduc.*

🛈 ***Centres d'accueil et de renseignements :*** *ts 2 situés sur la route 132, hors de la zone payante du parc ; l'un sur la côte nord de la pointe (voir « L'Anse-au-Griffon » ; de de mi-juin à fin août, tlj 10h-18h) ; l'autre au sud, à l'entrée de la presqu'île de Penouille (de mi-juin à début sept, tlj 9h-17h – 19h fin juin-fin août).* Des tas d'infos sur les hébergements et les activités proposées, dont l'indispensable Guide du visiteur avec plan du parc.

LE QUÉBEC

Où dormir ? Où manger ?

Dans la section payante du parc : camping seulement (dont quelques tentes *oTENTik* et un micro-cube). Pour tout autre type d'hébergement, voir L'Anse-au-Griffon, Cap-des-Rosiers et Cap-aux-Os.

– ***Résas et tarifs du camping :*** ☎ *418-368-5505 ou 1-877-737-3783.* • *reser vation.pc.gc.ca* • *Résa conseillée en hte saison (frais supplémentaires de 11 $ par Internet et env 14 $ par tél). Emplacements 26-33 $; en abris semi-ouverts, env 15 $/pers ; gratuit en formule « sauvage » (mais pré-enregistrement obligatoire), accès à pied.*

⛺ ***Camping Petit-Gaspé :*** *secteur sud. Ouv fin juin-début sept.* Vraiment mignon, planté de conifères et agréable, c'est notre préféré. Emplacements bien séparés avec table, banc et barbecue. Centre récréatif du parc à proximité : piscine, tennis, dépanneur et buanderie.

⛺ ***Camping du Cap Bon-Ami :*** *secteur nord. Ouv fin juin-début sept. Pour les tentes slt.* Terrain non boisé. Panorama fantastique sur les falaises à quelques minutes de marche seulement.

⛺ ***Camping des Rosiers :*** *secteur nord. Ouv juin-début oct.* Beaucoup plus grand, semi-planté de feuillus. Très fréquenté. Vue sur la mer depuis certains emplacements. Terrain de jeux pour les enfants. Accès à une plage de galets à 5 mn à pied.

⛺ ***Camping sauvage et abris-dortoirs :*** *plusieurs aires, situées sur les sections « Les Crêtes » et « Les Lacs » du SIA (lire « À voir. À faire. Randonnées » plus loin). Gratuit pour le camping ; 15 $/pers pour l'abri-dortoir. Résa obligatoire au centre d'accueil ou aux postes de perception.* 3 sites de camping avec un maximum de 10 personnes par site. Toilettes sèches et tables de pique-nique. Feux de bois interdits. Attention, absence de point d'eau : en apporter suffisamment. Également 2 abris-dortoirs à 3 murs permettant de camper sans apporter sa tente (4 personnes par abri).

🏠 ***Tentes oTENTik :*** *résa conseillée. Env 100 $/nuit pour une tente non équipée (slt des matelas), 120 $/nuit avec cuisine équipée (mais apporter son sac de couchage) ; pour ttes, sanitaires communs.* Installées notamment au *Camping Petit-Gaspé* et au *Camping des Rosiers.* Mode de séjour très sympa, pour 6 personnes maximum.

🏠 ***Micro-cube :*** *résa conseillée. Au* Camping des Rosiers. *Env 90 $/nuit pour 2 pers.* Un cube en bois avec de larges fenêtres pour les campeurs qui tiennent à leur confort mais veulent garder un lien avec la nature : lit double, tables de chevet, électricité, table de pique-nique et trou à feu.

|●| ☕ ***Cafétéria self-service et café-snack :*** *dans le centre récréatif du parc*

(secteur sud) et à Penouille. Snacks et plats 5-15 $. On a plus de choix à la cafét' du centre récréatif : salades, sandwichs, poutine, et petite sélection de plats (burgers, hot-dogs...). À Penouille : choix très restreint (sandwichs, salades et gâteaux) mais pas de plats chauds. Qualité moyenne, mais ça dépanne. Les randonneurs ont intérêt à faire leurs courses avant d'entrer dans le parc.

À voir. À faire

Sites remarquables et plages

Les falaises du cap Bon-Ami : *accessibles en voiture.* Site splendide, ce lieu d'observation des oiseaux est incontournable ! Au sommet du cap, des panneaux aident à reconnaître la gent ailée qui niche à portée de vue. Un escalier descend vers la plage, tandis qu'un sentier grimpe vers le mont Saint-Alban (voir « Randonnées » plus loin).

Cap Gaspé : *par le sentier Les Graves.* La pointe de la pointe, dans une ambiance de fin de terre. Surplombé d'un phare. Prendre le sentier en contrebas pour parfaire l'impression.

Le magasin général Hyman & Sons : *route de Grande-Grave, secteur sud. Ouv juin-début oct : tlj 10h-17h fin juin-début sept, 10h-16h le reste du temps. GRATUIT.* Authentique magasin général restitué dans son jus, avec son antique caisse enregistreuse et ses rayonnages bien garnis. On y expose de tout (des vêtements aux articles pour animaux, en passant par les outils et les aliments...). À l'étage, petite section sur les activités saisonnières, tandis qu'à l'arrière un ancien entrepôt renferme une expo sur la pêche, les techniques de préparation et le commerce de la morue.

La maison de pêcheur de l'anse Blanchette : *route de Grande-Grave, secteur sud. Ouv fin juin-début sept, tlj 10h-17h. GRATUIT.* Belle ferme des années 1900-1920, dont l'ameublement et l'aménagement des différents bâtiments (grange, remises, étables...) ont été reconstitués. Dans la maison d'habitation, des guides en costume racontent la vie des pêcheurs de morue au début du XXe s. Pittoresque à souhait. Petit film dans la grange.

La maison Dolbel-Roberts : *route de Grande-Grave, secteur sud. Fin juin-début sept, tlj 13h-17h. GRATUIT.* Perchée à flanc de colline, cette maison typique (1915) dominant la mer renferme une petite expo sur tous ceux qui sont venus peupler la péninsule et ceux qui en ont été expropriés à la création du parc. Acadiens en exil, Jersiais et Guernesiais, autant de cultivateurs et de pêcheurs qui ont fini par s'implanter en créant des communautés en fonction des appartenances (religieuses et linguistiques). Quelques objets du quotidien témoignent des modes de vie de l'époque.

LE PRIX D'UN PARC

En 1970, la création du parc national de Forillon entraîna l'expropriation de plus de plus de 225 familles, soit 1 000 habitants ! Même les maisons des ancêtres furent abandonnées (et détruites pour la majorité d'entre elles), si bien qu'aujourd'hui encore les blessures morales sont à vif.

Section sud, secteur gratuit du parc. Ceux qui ne sont pas frileux iront se tremper les gambettes à la belle ***plage de Penouille*** (eau peu profonde ; parfait pour les familles) ou à celle de **Cap-aux-Os.** À défaut, enfilez une combi et louez un *paddle* !

Randonnées

Nombreuses possibilités de balades et randos dans le parc, tous niveaux et toutes durées. On vous en décrit quelques-unes, mais le guide du visiteur (disponible aux centres d'accueil) les détaille toutes.

Prélude à Forillon : il s'agit d'une boucle de moins de 1 km (environ 15 mn) sur des passerelles en bois, autour du centre d'interprétation. Tout le parc en condensé, avec panneaux explicatifs et panorama superbe.

La Chute : *accès par la 132, entre Cap-des-Rosiers et Cap-aux-Os. Hors du secteur payant.* Boucle de 1 km le long d'un cours d'eau. Jolie chute d'eau de 17 m qui coule sur une paroi moussue, pour goûter à la quiétude et à la fraîcheur de la forêt.

Le mont Saint-Alban : *secteur payant ; accès par le flanc nord ou sud (Cap Bon-Ami ou Petit-Gaspé).* Cette boucle de 7,8 km (3h de marche tranquille) conduit à une tour d'observation située sur la falaise, à 283 m d'altitude. On peut aussi faire la rando sur un sentier aller-retour depuis le parking du cap Bon-Ami, compter alors 1h30 en tout. Une fois là-haut, superbe panorama à 360°, mais attention au vertige ! Par beau temps, on aperçoit même le rocher Percé, à 80 km de là. C'est l'une de nos randos préférées. Presque magique de bon matin quand la lumière se reflète sur les falaises. Cette vue se mérite, et le début du sentier, méchamment pentu, pourrait en décourager certains. Accrochez-vous, le dénivelé se calme rapidement.

LE QUÉBEC

Les Graves : *à partir du parking de l'anse aux Amérindiens (secteur payant).* 8 km aller-retour (2h30) par un sentier le long de la côte. Passages boisés, landes et vues en surplomb sur les anses avant d'entamer une montée abrupte vers le cap Gaspé (voir plus haut), surnommé le « bout du monde », car c'est le point le plus à l'est de la Gaspésie. C'est ici que termine (ou commence, ça dépend comment on voit les choses) le sentier international des Appalaches.

Les Crêtes, les Lacs : *accès multiples par la route 197, la 132 et depuis l'intérieur (payant) du parc.* Ces sentiers difficiles de longue randonnée (plus de 15 km chacun en aller simple) font partie du sentier international des Appalaches (SIA), reliant le mont Katahdin (Maine, USA) au cap Gaspé, à l'extrémité de Forillon... Ils sont réservés aux randonneurs aguerris, avec possibilité de dormir dans l'arrière-pays. Se renseigner dans les centres d'accueil ou d'interprétation du parc.

Activités sportives, observation de la faune et du littoral

➢ **Location d'équipements sportifs :** *avec* ***Éco Récréo,*** *1238, bd Forillon ;* ***plage de Penouille.*** *☎ 418-360-7292. • ecorecreo.ca •* Location de vélos et rosalies (ou quadricycles, comme on dit ici), *paddles,* embarcations à pédales et kayaks.

➢ **Sorties en kayak de mer :** *avec* ***Cap Aventure,*** *au miniport de* ***Grande-Grave*** *(secteur payant sud). ☎ 418-892-5056. • capaventure.net •* Le bureau principal est basé à Cap-aux-Os (voir chapitre suivant dans « À voir. À faire »), mais il y a un kiosque dans le parc Forillon.

Observation des baleines : *avec* ***Croisières Baie de Gaspé,*** *au miniport de* ***Grande-Grave*** *(secteur payant sud). ☎ 418-892-5500 ou 1-866-617-5500. • baleines-forillon.com • Juin-début oct. Résa conseillée. En hte saison, jusqu'à 4 départs/j. 8h-17h30. Tarif : 75 $, taxes comprises ; réduc ; tarif familial.* Virée en zodiac d'environ 2h30 en compagnie d'un guide contant la vie fascinante de ces géants des mers. Quel que soit le temps, pensez à vous habiller très chaudement, car sur l'eau, même en été, il fait frisquet (ou plutôt frette, comme on dit par ici) ! Un imperméable vous est fourni gratuitement sur place. Location de jumelles.

Plongée en apnée avec les phoques et plongée sous-marine : *avec* ***Plongée Forillon,*** *au miniport de* ***Grande-Grave*** *(secteur payant sud). ☎ 418-892-5888. • plongeeforillon.com • De juin à mi-oct. Compter 85 $/pers ; taxes et équipement compris, mais entrée dans le parc en sus.* Le sympathique Danny vous emmènera nager avec les phoques dans la baie de Gaspé. Pas de panique, la température de l'eau est assez douce, et on porte une combi. Même les enfants peuvent y aller ! Balade de 3h. Également des sorties pour plongeurs diplômés.

CAP-AUX-OS

1 000 hab.

Charmant petit bourg s'étendant le long du littoral, entre la baie de Gaspé et les grandes forêts d'épineux du parc Forillon. Pratique et agréable pour se loger pas cher pendant que l'on sillonne le parc (l'entrée sud n'est guère loin). Quant aux os, ce seraient ceux des baleines... qui venaient s'échouer régulièrement sur la grève.

Où dormir ? Où manger ?

Bon marché

Auberge de jeunesse internationale Forillon : *2095, bd Grande-Grève (route 132). ☎ 418-892-5153 ou 1-877-892-5153. • aubergeinternationaleforillon.com • Ouv mai-oct. Lit en dortoir env 30 $/pers, double avec sdb partagée 70 $, literie comprise. Emplacement camping 20 $/pers.* Bien située, cette AJ comprend des dortoirs de 4 à 6 lits, dont certains mixtes, et 8 chambres privées, bien pour les familles de 3-4 personnes. Sanitaires communs convenables. L'ensemble mériterait un bon coup de frais et un petit effort de déco, on a trouvé les chambres tristounettes et un peu sombres. À l'arrière, quelques emplacements de camping. Cuisine bien équipée et laverie. Pratique, donc, mais pour le charme, on repassera !

Auberge La Petite École de Forillon : *1826, bd Forillon (route 132). ☎ 418-892-5451. • auberge-ecoleforillon.com • À la sortie de Cap-aux-Os, en direction de Gaspé. Ouv tte l'année. Lits en dortoir 25-30 $/pers, doubles 65-80 $.* Jusqu'en 1997, ce bâtiment de brique et de bois abrita l'école de Cap-aux-Os. Aujourd'hui, il accueille les voyageurs et offre grosso modo les mêmes commodités qu'une auberge de jeunesse : cuisine bien équipée, buanderie, salle TV, salle de sport. Pour les chambres, toutes avec sanitaires partagés, cela va du petit dortoir (mixte, 8 lits) aux chambres doubles (avec grand lit ou petits lits) ou encore familiales pour 4 personnes. C'est simple, assez sonore, mais les chambres, spacieuses, sont impeccablement tenues. Pour la déco et l'ambiance, mauvaise pioche !

La Maison d'à côTHé : *463, bd Forillon (route 132). ☎ 418-360-0056. Ouverture variable mais tlj en été. Plats env 15 $.* C'est une maison bleue, non pas adossée à la colline mais posée en bord de route. On s'arrête volontiers dans ce charmant salon de thé pour déguster une sélection de petits plats maison : soupes, quiches, taboulé, *bruschetta*... mais aussi gaufres et muffins pour les gourmands. Tout est bio et fait maison ! À l'intérieur, c'est une vraie maison de poupée.

Chic

Les Chalets du Parc : *1231, bd Forillon (route 132). ☎ 1-866-892-5873. • chaletsduparc.com • En face du poste d'accueil de Penouille. Ouv de juin à mi-oct. Chalets 2-6 pers 160-250 $.* Juste au-dessus de la plage de Penouille, et donc tout près de l'entrée sud du parc Forillon, ces chalets colorés offrent une bonne option pour un petit séjour familial dans le coin. La plage et les activités sportives et nautiques sont juste de l'autre côté de la route. Tout équipés, avec salle de bains, cuisine, salle à manger, barbecue, les chalets s'égrènent le long d'un chemin grimpant en lacet. Les plus chers profitent d'une vue magnifique sur la baie de Gaspé. Dommage que les arbres ne créent pas plus d'intimité et qu'on soit un peu trop proches les uns des autres. D'autres chalets, plus petits mais tout aussi confortables, à 2 km de là.

Où manger ?

Le Baleinier : *2089, bd Grande-Grève. ☎ 418-892-6184. Tlj 8h-21h30. Plats et snacks 12-25 $.* Au-dessus d'une boutique souvenirs, petit resto familial sans prétention, avec terrasse donnant sur la mer. Simple, bon et pas cher : soupes, bagels, sandwichs, pâtes et burgers, plus tout l'éventail des produits de la mer, la carte est longue comme la route 132 ! Tout n'est pas frais mais ça peut dépanner.

À voir. À faire

– ***Kayak de mer :*** une superbe manière de découvrir les paysages marins de la baie de Gaspé et de saluer les colonies de phoques, qui viennent allègrement batifoler autour des embarcations.

■ ***Cap Aventure :*** *2052, bd Grande-Grève (dans un kiosque en contrebas de la route, face à la mer). ☎ 418-892-5055 ou 1-877-792-5055. • capaventure.net • Début mai-début oct. Env 65 $/pers, taxes comprises ; réduc et tarifs familles.* Cap sur l'aventure avec cette équipe de passionnés travaillant en symbiose avec l'*AJ Forillon.* Sorties de 3h, matin ou soir. Excursions à la demi-journée ou à la journée possibles. Autre bureau dans le secteur sud du parc national Forillon (voir au chapitre précédent dans « Activités sportives »).

■ ***Aube sur Mer :*** *2172, bd Grande-Grève. ☎ 418-360-4073. • aubesurmer.com • Réception dans un pavillon octogonal au bord de la route. Fin juin-fin sept. Compter 45-75 $ selon durée de la sortie (2-6h). Camping 25 $ le site ; yourtes 2 pers 65 $, 20 $/pers en sus.* Autre équipe sérieuse et très sympa, qui organise également de belles sorties en voilier. Propose aussi des plateformes de camping, ainsi que des yourtes en location pour 6 personnes max (avec douche en plein air, toilettes sèches...), isolées et face à la mer. Des forfaits combinent hébergement et activités.

GASPÉ

15 200 hab.

Nouvelle petite leçon de micmac : *Gaspé* vient de *gespeg,* qui signifie « fin des terres ». Mais Gaspé s'enorgueillit plutôt d'être le début du pays, puisque c'est ici que Jacques Cartier planta une croix en 1534, « découvrant » ou plutôt prenant possession du Canada au nom du roi de France.

Gaspé est aujourd'hui le centre administratif et la principale agglomération de la péninsule gaspésienne. Pas de panique

UN REFUGE SECRET POUR LA ROYAL NAVY

En 1940, les nazis menaçaient d'envahir l'Angleterre. La baie de Gaspé fut choisie par l'état-major pour servir de repli à la flotte de guerre britannique basée à Scapa Flow, en Écosse. Des travaux d'aménagement furent entamés pour accueillir les vaisseaux de Sa Majesté. Heureusement, la Royal Air Force garda la maîtrise du ciel contre la Luftwaffe de Goering, et la suprématie anglaise sur les mers fut sauvegardée.

quand même, ça reste une petite ville dont on fait rapidement le tour du centre. Rien de particulier, si ce n'est une jolie baie et une certaine douceur de vivre. Par ailleurs, si la ville peut sembler calme (voire un peu morne) en saison comparée à Percé, elle a le mérite de ne pas s'éteindre complètement à l'automne, une fois tous les touristes partis.
Savoir qu'en venant de Haute-Gaspésie, si nécessaire, la route 197 coupe la péninsule à partir de Rivière-au-Renard et rejoint Gaspé deux fois plus vite que la 132.

Arriver – Quitter

En bus

Bus Orléans Express : *au motel Adams, 20, rue Adams. ☎ 418-368-1888.*
➢ ***De/vers Rimouski :*** 1 bus/j. via la côte nord. Trajet : env 6h40. De Rimouski, possibilité de rejoindre ***Québec*** et ***Montréal.***
➢ ***De/vers Percé :*** avec *Orléans Express* ou bien en navette *Regîm (☎ 1-877-521-0841 ; • regim.info •).*

En avion

✈ ***Aéroport :*** *par l'extrémité sud de la route 198 ; proche de la jonction avec la 132. ☎ 418-368-7097.*
➢ *Air Canada* dessert ***Montréal*** et ***Québec,*** avec 1 ou 2 vols/j.

Adresse utile

ℹ @ ***Bureau d'information touristique :*** *1-8, rue de la Marina. ☎ 418-368-6335. • cctgaspe.org/tourisme/ • De l'autre côté du pont, à côté de l'ancienne gare ferroviaire. Juil-début août, tlj 8h30-19h ; de mi-août à mi-oct, tlj 8h30-17h30 ; le reste de l'année, lun-ven 8h30-16h30.* Bien documenté sur la ville.

Où dormir ?

Bon marché

CÉGEP de la Gaspésie : *94, rue Jacques-Cartier. ☎ 418-368-2749. • cegepgim.ca • Réception dans le bâtiment rouge à droite de l'entrée principale. Ouv de mi-juin à mi-août. Chambre 1 pers env 50 $, apparts 5-8 pers avec sdb 110-150 $; draps et serviettes fournis et taxes comprises.* Résidence d'étudiants très centrale qui accueille les touristes l'été. Déco inexistante et aménagements avant tout fonctionnels mais, même si les lieux ne débordent pas de charme, cela reste tout à fait convenable et propre. Au choix : des appartements avec cuisine équipée, souvent sur 2 étages ; des chambres individuelles avec salle de bains ou bien des chambres simples avec les espaces communs à partager (cuisine et salle de bains à chaque étage). Laverie et salle de billard.

De prix moyens à chic

Gîte Le Phénix : *55, York Est. ☎ 418-368-4358. • gitephenix.com • Tte l'année. De l'autre côté du fleuve, en face du centre-ville, sur la route pour Percé (la route principale et non la 132). Doubles 100-135 $, petit déj inclus.* Cette belle maison de 1837, au perron entouré d'hortensias, abrite 3 chambres joliment tenues. Toutes sont élégantes et offrent un réel confort, même si on apprécierait une déco moins « sérieuse » pour redonner un peu de peps. Agréable véranda d'où l'on contemple le jardin fleuri et le fleuve en contrebas. Excellent petit déj mais accueil un brin réservé.

Hôtel Plante : *137, rue Jacques-Cartier. ☎ 418-368-2254 ou 1-888-368-2254. • hotelplante.com • Tte l'année. Doubles avec sdb 100-150 $. Box petit déj 10 $/pers.* Avec ses clochetons turquoise aux allures de petit château de princesse, on se croirait chez Mickey ! En plein centre mais bien en retrait de la rue, dans une enclave avec vue sur la baie, ce grand motel abrite une quarantaine de chambres, réparties dans différents bâtiments. Les chambres tout à fait classiques sont parfois équipées d'une cuisinette et les *deluxe* profitent d'un peu plus d'espace et d'une tablette avec connexion Internet. Également des studios sur 2 étages avec cuisinette et lit *queen-size*.

Motel Adams : *20, rue Adams. ☎ 418-368-2244 ou 1-800-463-4242. • moteladams.com • Tte l'année. Doubles avec sdb 75-130 $, petit déj inclus.* Ce complexe très central et sans charme héberge aussi le guichet des bus *Orléans Express* et un resto de type cafétéria à l'américaine et cuisine ad hoc. Rien d'extraordinaire, mais ça tient la route : une centaine de chambres assez spacieuses et propres, à la déco classique de motel (et donc moquette au sol...).

Chic

Auberge sous les Arbres : *146, rue de la Reine. ☎ 418-360-0060 ou 1-844-360-0060. • aubergesouslesarbres.com • Tte l'année. Doubles 110-160 $, petit déj (excellent buffet) inclus pour les supérieures et les suites.* La plus belle adresse du centre-ville. Cette superbe demeure abrite une quinzaine de chambres seulement, au cachet et au confort de haute voltige : beau parquet, papier peint graphique et coloré, meubles anciens, excellente literie, et salon pour les suites. On aime beaucoup aussi le coin cheminée où l'on s'installe volontiers en piochant un livre dans la bibliothèque, ou bien la terrasse colorée où lézarder les belles journées d'été. Perchée au-dessus de l'auberge, une maisonnette toute équipée et charmante conviendra aux familles ou couples d'amis. Accueil très pro et charmant.

Les Chalets du Bout du Monde : *1141, route de Haldimand. ☎ 418-368-0042. • chaletsduboutdumonde.com • À 10 mn au sud de Gaspé ; accès par la route 132. Tte l'année. Env 235-300 $/nuit hors juil-août ou 900-1 445 $/sem selon saison le chalet jusqu'à 6 pers (loc à la sem obligatoire juil-août).* Face à l'estuaire de la rivière Saint-Jean, ces beaux chalets, bien séparés les uns des autres, sont impeccables pour se ressourcer. Côté confort, c'est irréprochable (équipement haut de gamme, bonne literie, machine à laver et à sécher le linge, hamacs, barbecue, jacuzzi pour certains...). Côté activités, le dynamique et très sympathique propriétaire a tout prévu : aire de jeux pour les enfants, vélos et kayaks gratuits (piste cyclable à deux pas et embarcadère sur place), y compris les raquettes pour les balades hivernales !

Où manger ? Où boire un verre ? Où sortir ?

Marché des Saveurs Gaspésiennes : *119, rue de la Reine. ☎ 418-368-7705. De mi-juin à fin août, lun-sam 8h-20h (18h sam), dim 9h-18h ; hors saison, horaires très variables... Env 8-12 $.* Épicerie fine de qualité proposant bagels et petits plats. Ici, rien que du frais avec chaque jour une suggestion maison et une recette de sandwich qui change chaque semaine. On peut compléter son repas avec des fruits ou des biscuits vendus dans les rayons (mais au prix un peu surévalués). Petite terrasse.

Le Café des Artistes : *101, rue de la Reine (tt près du pont). ☎ 418-368-3366. Tte l'année, tlj 7h-22h30 (la cuisine ferme à 20h). Plats 12-16 $.* Impossible de louper cette jolie maison à l'angle de la rue, dotée d'une terrasse. Elle accueillit les premiers postes télégraphiques, les offices de tourisme de Gaspé, et même la mairie (!), avant d'être convertie en brûlerie. D'excellents grains sont torréfiés dans la grosse machine qui trône au milieu. Levez la tête sur les amusantes maquettes de bois qui flottent au-dessus de vous : fous de Bassan, baleines, cheval à bascule... Revenons à notre assiette : beau choix de petits déj et petits plats à prix relativement doux, souvent servis avec boisson et salade : sandwichs, pâtes maison, pizzas, salades. Un chouette endroit !

Le Brise-Bise : *135, rue de la Reine. ☎ 418-368-1456. Tte l'année. Tlj 11h-22h au resto, 11h-3h au bar. Résa possible le midi slt ; arrivez très tôt le soir. Plats 12-30 $.* Resto-pub chaleureux sur 2 petits étages, avec vue sur la rivière York. Ambiance cosy au rez-de-chaussée avec terrasse sur la rue, et atmosphère pub à l'étage inférieur avec terrasse sur la baie. Cuisine tous budgets : plats rapides comme les inévitables bagels au saumon fumé, burgers, poutine aux crevettes, saveurs italiennes (*pasta,* pizzas), et, géographie oblige, saveurs océanes, de la bouillabaisse gaspésienne au homard de saison, en passant par le club sandwich au crabe. L'un des incontournables de la ville, alors préparez-vous à poireauter le soir, surtout s'il y a un concert...

À voir. À faire

Le Berceau du Canada : *• berceauducanada.com • Au bord de l'eau, côté centre-ville, en face du centre commercial* Place Jacques Cartier. *De fin juin à mi-sept, tlj 10h30-18h. Entrée : 5 $ pour la maison principale (dégustation de thé et biscuit inclus) et sur donation pour les sites de la pointe.*
Deux types d'espaces ici : celui en extérieur, accessible à toute heure et gratuitement, et les maisons reconstituées abritant plusieurs petites expos. C'est ici que l'on a déplacé en 2014 la croix en granit fabriquée pour le 400e anniversaire de la découverte du Canada, à l'endroit même où Jacques Cartier aurait érigé la sienne en 1534. Tout autour, des panneaux vous retracent l'histoire de Gaspé. Les différentes maisons sont, quant à elles, des reproductions de bâtisses du vieux Gaspé.
Les 8 bâtisses reconstituées s'étendent sur environ 500 m, et l'on trouve là la taverne, le magasin général, l'entrepôt, la base navale, une bâtisse consacrée à l'histoire des transports à Gaspé et à Jacques Lesseps (1883-1927), aviateur français auquel on doit les photos aériennes qui ont permis de cartographier la Gaspésie. Tout au bout (ou presque), la *Maison Horatio Le Boutillier* est la seule maison d'origine mais, avant 2014, elle se trouvait de l'autre côté du fleuve.
L'été, des concerts, festivals et projections en plein air sont organisés, ainsi que des spectacles sons et lumières relatant l'histoire de Gaspé, depuis la présence micmac jusqu'à aujourd'hui. Voir programmation sur le site internet.

Le musée de la Gaspésie et le monument à Jacques Cartier : *80, bd Gaspé. ☎ 418-368-1534. • museedelagaspesie.ca • À la sortie de la ville en direction du parc Forillon. Juin-oct, tlj 9h-17h ; le reste de l'année, mer-dim 10h (12h30 le w-e)-17h. Entrée : 11 $; entrée + film 15 $, sans les taxes ; réduc.*
Ce musée pluridisciplinaire consacré à l'histoire et à la culture locales organise plusieurs expos temporaires soulignant l'identité gaspésienne. Quant à la section permanente, elle entraîne le visiteur dans un rapide mais complet

CAPITALISME SAUVAGE

En 1909 éclata à Rivière-au-Renard une révolte des pêcheurs de morue contre leur armateur jersiais (de Jersey, donc anglophone). Ce système, où les pêcheurs étaient payés en nature dans les magasins de la compagnie, les plaçait ainsi sous sa dépendance, sans compter une rétribution très basse. La compagnie fit appel à l'armée contre les manifestants, qui réclamaient une juste augmentation de leur salaire. Il y eut 20 arrestations, un procès en anglais, et les meneurs furent condamnés à de lourdes peines.

tour de la Gaspésie. On y explore la région d'ouest en est, de la mer à la montagne, des origines à aujourd'hui, à la rencontre des hommes et des femmes qui l'ont façonnée. Le billet d'entrée donne aussi accès à la Gaspésienne, un bateau typique du coin, qui naviguait beaucoup entre 1950 et 1980, avant de se faire détrôner par les chalutiers. Il n'en reste que trois dans le monde, mesurez votre chance ! Et maintenant, que diriez-vous d'un tour en mer ?
Grâce à des lunettes en réalité augmentée, on monte à bord de la Gaspésienne pour une sortie avec Thomas et Jos, deux sympathiques pêcheurs du coin. En se glissant dans la peau d'un reporter en 1963, ils vous raconteront un tas d'anecdotes sur la pêche, la vie à bord... Attention au mal de mer !
À l'extérieur, juste au-dessus, le lieu historique national du monument à Jacques Cartier se compose de six stèles en fonte, certaines inspirées des menhirs bretons de la patrie de l'explorateur. Y sont gravés des bas-reliefs commémorant sa rencontre avec les Amérindiens en 1534, quand il érigea, lors de son premier voyage, cette croix monumentale de 30 pieds qui vaut à Gaspé le titre de berceau du Canada.

Le site d'interprétation de la culture micmac de Gespeg : *783, bd Pointe-Navarre. ☎ 418-368-7449 ou 1-866-870-6005. • gespeg.ca • À 8 km du centre de Gaspé en direction du parc Forillon, juste avant le pont qui traverse la rivière Dartmouth ; dans un bâtiment moderne sur la gauche, pas très bien indiqué, proche d'une grande église blanche. De mi-juin à mi-oct, tlj 9h-17h. Entrée : 11 $ (petite dégustation comprise) ; réduc. Visite guidée env 1h30.*
À la fin du XVIe s, les Micmacs s'installèrent dans la région et sont encore à peu près 8 000 au Québec. Contrairement à leurs frères de La Baie, ils n'ont pas de réserve dans les environs et ne parlent plus leur langue. Mais ils répondent présents pour guider, en costume, la passionnante visite de campements datant de 1675, reconstitués à partir d'écrits d'un père missionnaire récollet.
Les Micmacs étaient des semi-nomades qui changeaient de campement au fil des saisons, mais qui, à chacune d'entre elles, revenaient au même endroit. Très respectueux de la nature, ils se servaient des mêmes structures de bois pendant plusieurs années. Le site en extérieur, à l'arrière, reconstitue ces différents campements. Au fil de la visite, vous apprendrez comment la connaissance intime de leur environnement permettait aux Micmacs de se loger, se vêtir, se nourrir et se divertir en respectant le rythme des saisons, d'exploiter ingénieusement végétaux et animaux. Légendes et coutumes sont aussi abordées, le tout agrémenté de petites démonstrations et de présentations des outils et ustensiles traditionnels. Pour compléter et enrichir la visite extérieure (ou la remplacer en cas de mauvais temps), une petite exposition propose de nombreux panneaux explicatifs et des collections d'objets intéressants.

La plage de Haldimand : *à l'embouchure de la rivière Saint-Jean, en direction de Percé, en restant sur la 132.* Joli sable et panorama, c'est l'une des plus populaires de la Gaspésie. Pinèdes, cottage, petite route qui musarde lui donnent beaucoup de charme. Ici, la baignade, c'est pour les courageux, mais la bronzette et les jeux de balles, pour tout le monde. Une piste cyclable de 10 km relie la plage à l'office de tourisme, en centre-ville.

➢ **Location d'équipements sportifs :** *avec* ***Éco Récréo,*** *30, rue de la Plage. ☎ 418-360-7292. • ecorecreo.ca •* Location de vélos et rosalies, *paddles,* embarcations à pédales et kayaks.

➢ **Croisières Gaspé sur mer :** *10, rue de la Marina. ☎ 418-360-3305. • croisieresgaspesurmer.com • De mi-juin à mi-oct. Sorties 35-50 $/pers, ou 80 $ avec le repas. Durée : 2-3h.* Simon, le sympathique capitaine du *Neptune,* propose des sorties vers la baie de Gaspé, en journée ou au soleil couchant. Le soir, c'est plateau homard ! Une jolie idée pour découvrir Gaspé sous un angle nouveau : celui de l'eau.

Festival

– ***Musique du bout du monde :*** *5 j. début août (et préfestival 5 j. avant).* • *musiqueduboutdumonde.com* • Animations de rue, théâtre, danse, ateliers pour petits et grands et de nombreux concerts, dont celui du dimanche matin, à l'aube, au cap Bon-Ami. La plupart sont gratuits, sauf les têtes d'affiche.

LA ROUTE DE GASPÉ À PERCÉ

La carte postale est résolument différente désormais : le paysage se fait plus doux, vallonné, tantôt breton avec ses maisons blanches et ses minifalaises, tantôt finlandais lorsque les sapinières viennent faire trempette, entre deux prés vert tendre recouverts de fleurs jaunes ou mauves.
Après *Douglastown,* vous traverserez *Prével* et admirerez en passant le magnifique terrain de golf de Fort-Prével. Puis vous pourrez vous arrêter à *Saint-Georges-de-Malbaie,* juste pour vérifier que le *rocher de l'Indien* est toujours là. Ensuite, subjugué par la beauté du *barachois de Malbaie,* vous ne manquerez probablement pas d'y faire une halte.

LES BARACHOIS

Un drôle de nom pour désigner une étendue d'eau séparée de la mer par un cordon littoral de gravier, de sable ou de galets, laissant une passe qui permet les échanges avec le milieu marin. Vous verrez plus d'une quinzaine de barachois entre Gaspé et Matapédia, le long de la route 132, comme ceux de Malbaie, Port-Daniel, Paspébiac, Bonaventure, Carleton Miguasha et Pointe-à-la-Garde. Typiques des paysages de la côte gaspésienne sud, il s'agit en général de plans d'eau situés à l'estuaire d'une rivière, et donc formés principalement d'eau douce (comme à Bonaventure), ou parfois plus lagunaires, comme celui, salé, de Carleton. Ces espaces de transition, entre terre et mer, forment des écosystèmes d'une richesse incroyable et offrent un poste d'observation de la faune idéal pour les voyageurs.

Où dormir ? Où manger ?
Où acheter de bons produits ?

🏠 ***Auberge (hostel) de Douglastown :*** *28, av. Saint-Patrick (derrière l'église), à* ***Douglastown.*** *☎ 418-368-0288.* • *douglastown.net* • *À 15 km au sud de Gaspé. Tte l'année. Sept-juin, réception lun-ven 9h-18h ; fin juin-août, tlj 8h-21h. Lit en dortoir avec sdb partagée env 32 $, doubles 55-70 $ et familiales (4 pers) 80-90 $, literie et petit déj basique inclus.* Bâtiment fonctionnel abritant une dizaine de chambres au total. Buanderie payante, cuisine à dispo (café et gaufres surgelées le matin), et piano dans la salle commune. L'auberge, une ancienne école, fait partie du centre communautaire du village : aire de jeux pour les enfants, et un vaste gymnase au sous-sol. Idéal pour des vacances en famille. Belle vue sur la baie et le barachois de la rivière Saint-Jean. Rien de bien folichon côté déco, mais on favorise le fonctionnel avec des chambres assez vastes.

🏠 🧺 ***Gaspésie Sauvage :*** *34, av. Rooney, à* ***Douglastown.*** *☎ 418-368-2296.* • *gaspesiesauvage.com* • *En venant de Gaspé, tourner à droite juste après l'église et poursuivre jusqu'au bout de la route ; tourner à gauche av. Baird, puis à droite et suivre la route jusqu'à apercevoir le n° 34 (bien planqué). Gîte ouv tte l'année ; boutique ouv juin-oct, tlj 8h-16h. Appart 4 pers*

270 $ pour 2 nuits ou 900 $/sem. Roulotte 4 pers, 80 $/nuit (2 nuits min). La famille qui vit ici cueille les produits sauvages frais de ses terres (les champignons surtout, mais aussi diverses plantes, baies ou fleurs) et les sèche. On retrouve ses produits (champignons, algues, confitures, infusions...) dans les boutiques du coin, mais ils sont aussi utilisés par nombre de restaurateurs ou autres professionnels du goût (comme la chocolaterie *Couleur Chocolat* à Sainte-Anne-du-Mont). Juste au-dessus de sa toute petite boutique dans la forêt, cette famille loue un joli petit nid chaleureux, pour 2 nuits minimum, construit de ses mains avec le bois de sa forêt. Encore plus dépaysant, la nuit en roulotte au cœur de la forêt. Venir ici, c'est en fait découvrir un mode de vie qui vise au maximum à l'autosuffisance alimentaire (d'où le potager, les bêtes, le four à pain, etc.). En tout cas, la situation, dans la forêt, est déjà en elle-même un véritable retour à la nature et correspond, selon nous, à une douce idée du bonheur. Un énorme coup de cœur !

Le Café Couleurs : *1004, route 132 Est, à* ***Barachois.*** *☎ 418-645-2745. À 15 km de Percé. De début juin à mi-sept, tlj 9h-17h. Plats 10-20 $.* Belle maison haute en couleurs pimpantes, posée face au barachois. La maîtresse des lieux confectionne gâteaux, bagels, salades et gaufres légendaires, ainsi qu'une sélection de plats du moment annoncés au tableau noir. Le tout se déguste accompagné d'un excellent café, dans la bonne humeur, dans une salle très colorée agrémentée d'expos temporaires ou sur la jolie terrasse avec vue sur le rocher Percé à l'horizon !

Camp de base Coin du Banc : *315, route 132 Est, à* ***Coin-du-Banc.*** *☎ 418-645-2907. 7 km avant Percé. Tte l'année. Doubles avec sdb privée ou partagée 65-120 $; chalets 90-160 $; petit déj en sus.* Cette ancienne entreprise de transformation de homard n'est vraiment pas un lieu comme les autres. L'ensemble de bâtiments en bardeaux de cèdre aux toits et volets verts occupe un grand terrain qui court jusqu'à la plage. Sur les 6 chalets (2 à 6 personnes, aménagés dans un style rustique plein de caractère), 3 font face à la mer et se prolongent en de photogéniques terrasses sur pilotis. Une dizaine de petites chambres occupent également l'étage de la longue bâtisse, servant aussi de réception. Au rez-de-chaussée de cette dernière se succèdent des petites salles à manger. Habillé de bois, l'ensemble est à la fois chaleureux, un brin farfelu et bohème. Le proprio, fondu de sport, en fait un camp de base pour une foule d'activités en plein air, autant en mer qu'en montagne. Belle plage de 6 km en contrebas.

À faire

Le sentier de la Rivière aux Émeraudes : *env 9 km avant Percé. En arrivant de Gaspé, après Bridgeville, guettez le panneau « Rivière du Portage » sur la droite de la route. Parking un peu en retrait.* Voici le point de départ d'un sentier de 27 km reliant Coin-du-Banc à L'Anse-à-Beaufils. Mais pas besoin de marcher si longtemps pour découvrir le plus beau site de la rando. Le *sentier de la Rivière-aux-Émeraudes* (7 km) mène à une chute d'eau et à un site sauvage de toute beauté. La couleur émeraude de l'eau lui vaut son surnom de conte de fées. On est d'accord, le lieu est magique ! Pour info, un second parking permet de se garer à seulement 1 km de la chute d'eau. Mais la découverte n'est que plus belle lorsqu'on a marché 6 km de plus pour mériter ce bel instant.

PERCÉ

3 300 hab.

On y allait déjà dans les années 1930... les artistes se donnaient rendez-vous dans ce site sauvage de toute beauté, souvent comparé à Étretat. À quelques

encablures du rivage de la baie se dresse le célébrissime rocher, tandis que, un peu plus au large, l'île Bonaventure sert de refuge aux oiseaux marins (les colonies de fous de Bassan en particulier). Côté terre, des collines comme les monts Sainte-Anne (340 m) et Blanc (370 m), ainsi que les caps avoisinants, dessinent l'écrin de cette scène magique. En son centre, un village, aujourd'hui entièrement dédié au tourisme. Eh oui, c'est le seul coin de Gaspésie où l'on peut parler de tourisme « de masse » !

Qu'importe, la magie opère toujours, même si le site est en danger. À l'hiver 2016, d'importantes tempêtes ont ravagé le littoral de l'anse du sud et plusieurs bâtiments ont été engloutis par les vagues. Qu'en pensent les climatosceptiques ? Un vaste projet de réaménagement a été lancé en 2017 (construction d'une promenade en bois sur les quais, réaménagement d'une plage de galets...), et Percé devrait s'être refait une beauté d'ici l'été 2018. Pour info, si vous venez hors saison (soit de mi-octobre à mi-mai), vous risquez d'avoir bien du mal à vous loger, et encore plus à vous nourrir, presque tout est fermé.

CAVALE CRIMINELLE

En 1968, recherché en France, Mesrine partit se cacher au Québec. Un an plus tard, il quitta avec sa maîtresse le motel des Trois Sœurs à Percé, où l'on découvrit peu après le corps étranglé d'Évelyne Le Bouthillier, la propriétaire de celui-ci. Le couple passa illégalement la frontière des États-Unis avant d'être arrêté et extradé vers le Québec pour le procès. Ils réussirent à s'évader de la prison de Percé mais furent repris le lendemain. Jacques Mesrine et Jeanne Schneider ont été respectivement condamnés à 10 et 5 ans pour l'enlèvement du milliardaire Deslauriers, mais acquittés dans l'affaire Le Bouthillier (Mesrine a toujours nié). Ils retournèrent en prison. Et continuèrent leur série de délits et d'évasions, jusqu'en 1972, quand Mesrine revint en France.

Arriver – Quitter

➢ ***De/vers Gaspé :*** 1 bus/j. dans les 2 sens avec *Orléans Express* (*• orleansexpress.com •*). Les arrêts sont sur la route 132, juste à côté du Bureau d'accueil touristique. Les navettes de la compagnie *Régîm* (*• regim.info •*) desservent aussi Percé.

Adresses utiles

ℹ ***Bureau d'accueil touristique :*** *142, route 132 Ouest. ☎ 418-782-5448. • perce.info • Dans le centre du village. De mi-mai à mi-oct, tlj 9h-17h (8h30-19h juil-août).* Location d'iPod *(2 $)* pour découvrir la ville de façon audioguidée (circuit historique d'une trentaine d'étapes).

ℹ ***Office de tourisme du rocher Percé :*** *9, rue du Quai. ☎ 418-782-2258. • routedurocherperce.com • Avant l'embarcadère pour l'île Bonaventure. Tte l'année : lun-ven 8h-21h en hte saison, sinon 8h-17h.* Moins complet que le bureau d'accueil, plus axé prestations (consigne à bagages, w-c publics...).

■ ***Marché Ami :*** *184, route 132 Ouest. En retrait de la route, derrière le pub* Pit Caribou. *Tlj 7h-22h.* Le seul petit supermarché du village.

Où dormir ?

Si les prix sont élevés en haute saison (où il est fortement ***conseillé de réserver à l'avance***), ils sont en revanche ***plus bas que dans le reste***

du pays hors juillet et août, car la concurrence est rude entre les nombreux établissements hôteliers. Hors saison, il reste quelques gîtes ouverts, mais il faut réserver.

Campings

⛺ ***Camping de la Baie de Percé :*** *180, route 132 Ouest. ☎ 418-782-5102 ou 1-844-782-5102. • campingbaiedeperce.com • Accueil dans le bâtiment du Géoparc. Ouv début juin-début oct. Emplacements 28-40 $; « prêt-à-camper » 92-102 $ pour 2 pers.* Situé au cœur de Percé, au calme entre la baie et le mont Sainte-Anne. Ne vous fiez pas aux premiers emplacements à l'entrée, bien encombrés : le site s'étend encore loin derrière et propose de beaux emplacements à découvert ou à l'ombre, dans des espaces boisés, tous équipés d'une table de pique-nique et d'une aire de feu. Premiers arrivés, premiers servis, arrivez tôt pour choisir le meilleur spot ! Quelques tentes « prêt-à-camper » avec vrai lit, mobilier et radiateur. Sanitaires nickel, douches payantes. Du fond du site partent de nombreux chemins de randos (voir plus loin « Le Géoparc » dans la rubrique « À voir. À faire »).

⛺ ***Camping Côte Surprise :*** *335, route 132 Ouest. ☎ 418-782-5443 ou 1-866-799-5443. • campingperce.com • À la sortie sud de Percé, à 15 mn à pied du centre-ville. Ouv de mai à mi-oct. Emplacements 28-47 $, taxes incluses.* En pleine saison, on peut se sentir un peu coincé dans ce joli petit camping pris entre la route et la falaise, mais l'espace réservé aux tentes est plutôt agréable. On choisit : c'est soit côté falaise et sans ombre, sur des pelouses, mais avec vue directe sur le rocher et l'île Bonaventure, soit sous les arbres dans le petit bosquet. Les camping-cars jouent en revanche à touche-touche et manquent cruellement d'intimité. Emplacements pas très grands, mais sanitaires dans la maison principale bien tenus et une salle à manger à l'abri.

⛺ 🏠 ***Nature Océan, chalets et camping :*** *400, route 132 Ouest. ☎ 418-782-2400 ou 1-877-682-2400. • natureocean.com • À 3 km au sud de Percé. Ouv de mi-mai à mi-oct. Emplacements 26-45 $; chalets 80-205 $.* Petit coup de cœur pour ce camping familial tenu avec passion par Jason et Doris. Les chalets et emplacements sont répartis sur de grandes pelouses avec, pour les tentes, des petits espaces sous les arbres. Le tout surplombe la baie et offre un panorama sublime. Les beaux chalets, accueillant 2 à 6 personnes (1 ou 2 chambres), sont spacieux et parfaitement équipés : canapés, salle de bains, bonne literie, kitchenette, vaisselle, micro-ondes, TV... Table de pique-nique, évier extérieur et parfois barbecue. Bien espacés, ils disposent d'une terrasse avec vue dégagée. Jason les a construits de ses propres mains ! Et Doris fabrique du mobilier pour équiper tout ça ; un beau travail d'équipe. Salle commune chaleureuse avec TV, jeux de société et canapés. Ils proposent aussi des chalets plus proches de la mer, vers Cap-d'Espoir, à 10 mn de Percé.

De bon marché à prix moyens

Dans le centre-ville

🏠 ***Auberge de jeunesse La Maison Rouge :*** *125, route 132 Ouest. ☎ 418-782-2227. • lamaisonrouge.ca • Ouv de mi-mai à mi-oct. Lit en dortoir 30 $ (draps inclus) ; doubles avec sdb privée ou partagée 85-100 $.* À l'entrée nord de Percé, au milieu d'une vaste pelouse, se dresse une belle propriété ancienne. Construite en 1872 ; l'intérieur, authentique, ne manque pas de cachet : parquet, bel escalier, lambris et mobilier traditionnel. Certaines chambres donnent directement sur le rocher Percé, ce sont évidemment nos préférées. À côté, dans la vaste grange réaménagée, 4 dortoirs, dont 1 réservé aux femmes, avec casiers individuels. Cuisine bien équipée et salles de bains dans chaque bâtiment. Le soir, on squatte la terrasse et on cause autour d'un barbecue avec ses voisins de chambrées. Très bon accueil.

🏠 ***Gîte À l'Abri du Vent :*** *44, rue du Cap-Barré. ☎ 418-782-2739 ou*

1-866-782-2739. • *alabriduvent.ca* • *Au-dessus du cimetière et de l'église de Percé. En venant de Gaspé, prendre sur la droite à la hauteur du motel* Les Trois Sœurs. *Juin-début oct. Doubles avec sdb privée 90-115 $, taxes et petit déj compris.* Pavillon moderne et confortable, dans un quartier résidentiel au pied des collines et sentiers de rando. 5 chambres très douillettes, à la déco un peu kitsch (coussins à strass et bibelots) mais au confort indéniable. Salon commun et jardin où l'on peut prendre son petit déj. Bel accueil, chaleureux et sincère.

La Maison Réhel : *42, rue de l'Église.* ☎ *418-782-2910.* • *gitelamaisonrehelbb.com* • *Ouv de mi-juin à mi-sept. Double avec sdb partagée 95 $, petit déj inclus.* Dans l'agréable quartier résidentiel, au calme, près de l'église, cette belle demeure centenaire est impeccablement tenue. Joli perron où l'on s'installe volontiers sous les géraniums suspendus. Confortables, les 5 chambres ont un joli petit côté rétro et fleuri. Accueil adorable.

Motel Le Macareux : *262, route 132 Ouest.* ☎ *418-782-2414 ou 1-866-602-2414.* • *motel-perce-macareux.com* • *Vers la sortie sud de Percé (côté terre). Début mai-fin oct. Doubles sans ou avec sdb privée 45-85 $; pas de petit déj.* Pour l'hébergement, il faut s'adresser à la boutique de souvenirs. Chambres très simples mais propres, à des prix difficiles à concurrencer. Les moins chères sont au-dessus du magasin et se partagent des salles de bains communes ; la plus riquiqui dépannera les routards à sec *(30 $ la double).* À l'arrière, dans la partie motel, des chambres plus larges avec salle de bains privée et cuisinette équipée (pour les plus chères). Accueil sympathique et disponible. Un bon plan dans sa catégorie.

À 3 km du centre-ville

Gîte Chez Despard : *468, route 132 Ouest.* ☎ *418-408-0067.* • *chezdespard@live.com* • *À Cap-Blanc (à 3 km au sud du centre), légèrement en retrait de la route, côté terre. Double avec sdb partagée env 75 $, taxes et petit déj compris.* Loin de l'agitation se dresse une adorable maison violette entourée de fleurs multicolores. Cet intérieur agréable aux couleurs chaudes abrite 4 chambres de poupée, toutes simples, avec 2 salles de bains communes. Copieux petit déj, muffins préparés avec les fruits du jardin, lui-même joliment fleuri. Dès votre arrivée, Lucille saura vous mettre à l'aise dans sa demeure familiale un peu bohème. Sa règle d'or : « Bucolisons et papotons ! »

De prix moyens à chic

Dans le centre-ville

Motel Impérial : *208, rue Principale.* ☎ *418-782-2861 ou 1-800-821-9177.* • *imperialmotel@globetrotter.net* • *Ouv de mi-mai à mi-oct. Doubles avec sdb privée 100-130 $. Réception dans la boutique de souvenirs.* Un hôtel tout en simplicité qui aligne sa quinzaine de chambres un peu en retrait de la rue principale de Percé. S'il porte le nom de motel, les prestations méritent, elles, davantage de considération. Les chambres sont de belle taille, modernes (parquet et carrelage, bye-bye la moquette) et impeccablement tenues. Petit frigo et machine à café dans toutes. Accueil chaleureux et plein de bons conseils.

Gîte Au Presbytère : *47, av. de l'Église.* ☎ *418-782-5557 ou 1-866-782-5557.* • *perce-gite.com* • *Ouv début mai-oct ; sur résa le reste de l'année. Doubles sans ou avec sdb privée 85-140 $, petit déj compris ; 20 $/pers supplémentaire.* Juste à côté de l'église, face au cimetière, l'ancienne demeure du curé s'est mue en un grand gîte élégant, abritant 5 jolies chambres (pouvant accueillir 4, voire 5 hôtes). Habillées de couleurs douces, leurs tailles variables sont toujours raisonnables. Au rez-de-chaussée, la belle véranda vitrée s'ouvre sur un intérieur chic et confortable. Délicieux petit déj maison. Grand jardin. Belle adresse, où l'on se sent comme chez soi.

Au Pic de l'Aurore : *1, route 132 Ouest.* ☎ *418-782-2151 ou 1-866-882-2151.* • *percechalet.com* • *En venant de Gaspé, juste avant d'amorcer la descente vers le village de Percé. Ouv de fin mai à mi-oct. Studios et chambres type motel (capacité 2-4 pers*

+ 2 enfants max) 80-220 $; chalets avec ou sans kitchenette ou cuisine complète 2-7 pers 80-210 $. Quelle vue ! Vertigineuse du haut de la falaise, avec la mer d'un côté, le célèbre rocher Percé de l'autre (sous un angle original) et le village en contrebas. Les chalets aux murs couverts de rondins de bois sont ravissants. Meublés dans un esprit rustique et chaleureux, ils sont idéaux pour une famille. Côté motel, vastes chambres (avec cuisinette) tout confort prolongées par des balcons avec vue géniale. Petit déj continental servi dans le grand bâtiment principal d'où l'on jouit du panorama et de la chaleur de la cheminée. Une caméra filme aussi en direct la colonie de phoques qui lézarde en contrebas. 2 promontoires surplombent la falaise pour profiter du spectacle.

Auberge Au Fil des Saisons : *232, route 132 Ouest. ☎ 418-680-2325. • aubergeperce.com • En plein centre. Ouv mai-début nov. Doubles avec sdb 85-130 $, petit déj compris.* Dans une demeure de style victorien, 6 jolies chambres réparties entre le rez-de-chaussée, pour les plus économiques, et le 1er étage pour les *deluxe* (un peu plus grandes). Déco soignée et claire. Accueil chaleureux.

À 3 km du centre-ville

Gîte du Capitaine : *10, chemin du Belvédère, sur le Cap-Blanc. ☎ 418-782-5559 ou 1-877-512-5559. • giteducapitaine.com • À 3 km au sud de Percé. Ouv de mi-juin à sept. Doubles avec sdb 125-175 $, petit déj compris ; réduc à partir de 3 nuits.* À l'écart de la route 132, sur un site incomparable, face à la mer et au rocher, gîte pimpant (3 chambres et un chalet) tenu par Daria et Urs, un charmant couple de Suisses allemands francophones. Jolies chambres lambrissées à la propreté très helvétique, équipées de peignoirs, ventilos et même d'un iPad ! L'une d'entre elles peut accueillir jusqu'à 4 personnes, tandis que le « chalet de la Capitainerie » dispose d'une literie pour 2 et d'une cuisinette avec micro-ondes. Thé ou café avec chocolat suisse à 16h, servi dans le salon tout vitré (longue-vue pour contempler le paysage). Depuis la pelouse qui plonge vers le bleu de la mer, on peut assister au lever du soleil sur le rocher Percé.

Où manger ? Où prendre un bon petit déj ? Où boire un verre ?

Bon marché

Boulangerie-café Le Fournand : *194, route 132 Ouest. ☎ 418-782-2211. Fin mai-oct, tlj 7h30-18h30 (7h-21h en hte saison). Petits déj, salades ou en-cas 6-7 $.* Pour bien démarrer la journée, avec un expresso ou un café serré, accompagné d'une bonne viennoiserie. Salle agréable, atelier de fabrication ouvert. Très pratique aussi pour un déjeuner sur le pouce : sandwichs, tartes, salades... À consommer à l'intérieur, en terrasse ou à emporter.

Pub Pit Caribou : *182, route 132 Ouest. En saison, tlj 11h-3h, horaires plus restreints le reste de l'année.* La fameuse microbrasserie de L'Anse-à-Beaufils, située à une dizaine de kilomètres de Percé, a son pub ici, en ville, dans l'un des anciens magasins généraux des Robin. Belle et haute salle en bois, style grange, où le tout Percé se retrouve pour descendre des mousses le soir. Concerts fréquents.

De prix moyens à très chic

Mille Délices : *172, route 132 Ouest. ☎ 418-782-5616. À l'entrée du parking du Géoparc. De juin à mi-oct, tlj 11h-21h. Sandwichs 15-25 $; plats 18-30 $.* Une carte longue comme le front de mer. Au choix : du vite préparé comme les poutines, les sandwichs et pizzas (à emporter), ou, plus intéressant peut-être, de simples plats à base de poisson et fruits de mer. Pantagruélique et plutôt bon marché. On apprécie la grande terrasse où faire le plein de vitamine D.

LE QUÉBEC

🍴 ***La Maison du Pêcheur :*** *157, route 132 Ouest. ☎ 418-782-5331. De juin à mi-oct, tlj 11h-14h30, 17h-21h30. Plats de poisson env 25-40 $; pizzas 15-27 $; table d'hôtes env 40-55 $.* C'est LE resto chic de la ville. Salle contemporaine, aux lumières tamisées et à la déco marine agréable. Excellente cuisine régionale où dominent poissons et crustacés d'une grande fraîcheur. Un peu plus démocratiques, les pizzas cuites au four, pâtes fraîches et viandes sont aussi un bon choix. Loin d'être modeste, cette « cabane du pêcheur » est une table réputée.

🍴 ☕ ***La Maison Mathilde :*** *85, route 132 Ouest. ☎ 418-782-2349. Juin-sept, tlj pour le petit déj 7h-10h30 et le soir 17h30-21h30. Petits déj 8-15 $; plats le soir 23-35 $.* C'est l'adresse romantique du coin. Cette jolie maison bleue se compose d'une salle cosy prolongée par une véranda braquée sur la mer. Atmosphère paisible et décontractée (mieux vaut ne pas être pressé, d'ailleurs), qui permet de goûter sans hâte à une cuisine locale soignée et bien présentée. Si le menu fait la part belle au poisson, les carnivores y trouveront néanmoins quelques plats de viande. Service très sympathique. Au petit déj, les gaufres à la crème et aux fruits feront saliver les plus gourmands.

🍴 ☕ ***La Morutière :*** *249, route 132 Ouest. ☎ 418-782-5380. En hte saison, tlj 7h-21h30. Petit déj 10-15 $; le midi, plats 15-22 $; le soir, plats 25-35 $ et table d'hôtes 32-38 $.* Plats variés et bien cuisinés (*fish & chips*, poissons frais, *pasta*...) dégustés dans un cadre boisé bénéficiant d'un emplacement privilégié face à la mer. Si le rapport qualité-prix est intéressant le midi, il est beaucoup moins évident le soir, où l'on paye surtout le cadre.

À voir. À faire

LE GÉOPARC

Géoparc de Percé : *180, route 132 Ouest. • geoparcdeperce.com • ☎ 418-782-5112. Ouv tte l'année. Sentiers et belvédères accessibles gratuitement mais activités payantes. Parcours Tektonik 15 $, plateforme vitrée 8 $, les 2 combinés 20 $, tyrolienne (plateforme incluse) 20 $; réduc et autres forfaits disponibles. Parking 9 $ pour 24h (réduc avec certains forfaits).*
Un Géoparc, qu'est-ce-que c'est ? Simplement une zone géographique dont on valorise les richesses géologiques. Le but : conservation, éducation et géotourisme. Le site s'étend ici sur plus de 555 km² et regroupe un paquet d'activités : sentiers et circuits de randonnée, belvédères, pavillon expérientiel, aire de jeux, il y en a pour tous les âges ! Un incontournable de la ville.
- ***Tektonik :*** un parcours interactif dans le noir, mené par un fascinant jeu de lumières. Ici, les pierres murmurent des légendes, les murs bougent et forment le rocher Percé, une liseuse de bonne aventure nous fait voyager dans le temps... Bluffant ! Compter 45 mn de parcours.
- ***Plateforme vitrée :*** suspendue à 200 m d'altitude, les jambes tremblotent avant d'oser y poser un pied. Une fois au bout (soufflez un bon coup !), le panorama est superbe. Service de navette (payant) pour ceux qui n'auraient pas le courage de grimper là-haut.
- ***Tyrolienne :*** harnaché, on file jusqu'à 50 km/h sur un câble de 220 m. Un peu cher tout de même pour 25 secondes de descente.
- ***Aire de jeux :*** un espace intérieur consacré aux enfants. Filets, bouées et toboggans s'inspirent de l'univers marin.
- ***Randonnées :*** *dans les collines et monts environnants. Se munir du plan à l'accueil du Géoparc.* Les itinéraires partent du camping du Géoparc. De niveau facile à intermédiaire, ils sinuent au cœur de la forêt pour déboucher parfois sur un belvédère avec panorama fantastique, ou mieux, au sommet

du mont Sainte-Anne ou du mont Blanc (bien plus petit que celui des Alpes, rassurez-vous !). De 400 m à 2,5 km, vous pouvez bien sûr en combiner plusieurs et marcher toute la journée si ça vous plaît !

LE PARC NATIONAL DE L'ÎLE-BONAVENTURE-ET-DU-ROCHER-PERCÉ

Le parc national se divise en 3 secteurs : le secteur Charles Robin (à terre), le rocher Percé et l'île Bonaventure. *Infos : ☎ 418-782-2240. • sepaq.com/pq/bon •*

Le secteur Charles Robin

4, rue du Quai. Le droit d'entrée à l'île Bonaventure donne aussi accès au centre de découverte du parc. Bon à savoir : le billet pour l'île est aussi valable la veille de votre visite de l'île ou le lendemain.

– ***La Neigère :*** *de fin mai à mi-oct, tlj 9h-16h (17h de début juin à mi-sept).* Salon d'accueil et boutique nature. C'est aussi le point de vente pour les billets d'accès à l'île.
– ***Le Chafaud :*** *de fin mai à mi-oct, tlj 9h-16h (17h de début juin à mi-sept).* Cet ancien lieu de transformation et de stockage de la morue abrite, au rez-de-chaussée, le centre de découverte du parc national de l'Île-Bonaventure-et-du-rocher-Percé. On y présente d'intéressantes expos permanentes sur l'histoire, la géologie, la faune et la flore du coin. Projection d'un passionnant documentaire sur les mœurs des fous de Bassan. Visite conseillée en prélude à celle de l'île Bonaventure. Au 1er étage, on trouve le musée Le Chafaud (voir ci-dessous).
– ***Musée Le Chafaud :*** *au 1er étage du bâtiment Le Chafaud, accès par la rampe extérieure. ☎ 418-782-5100. • musee-chafaud.com • Fin juin-fin sept, tlj 10h-19h. Entrée : 5 $.* Petit musée privé consacré au patrimoine architectural local et à la création artistique inspirée par Percé. La petite collection permanente rassemble quelques belles pièces, comme une figure de proue du XIXe s, mais l'essentiel de l'espace est occupé par des expos temporaires d'artistes locaux.
– ***La Saline :*** *de mi-juin à fin août, tlj sf dim à 19h30 (à 20h30 sam). Gratuit.* Causeries thématiques et soirées animées par de talentueux conteurs. L'une d'elles, « Trucs de fous », permet d'assister à la désopilante métamorphose d'un homme en... fou de Bassan !

Le rocher Percé

La meilleure vue se fait depuis le bateau qui file à l'île Bonaventure. Pour ceux qui n'auraient pas le pied marin, le belvédère offre une des plus belles prises de vue depuis la terre.

Le belvédère du Mont-Joli et la vue sur le rocher Percé : *accès 1 $.* S'il est fortement déconseillé de s'approcher à pied du célèbre rocher (chute de pierres), on le voit très bien depuis le belvédère situé au bout de la rue du même nom. Formé il y a 375 millions d'années d'un calcaire riche en fossiles, cet immense rocher que les vagues ont progressivement détaché de la terre ferme mesure aujourd'hui 433 m de long, 80 m de haut et pèse environ 5 millions de tonnes. Le pilier planté dans son prolongement est le vestige d'une ancienne arche qui s'effondra en 1845. L'espérance de vie de celle qui reste est estimée à 300 ans (maximum). C'est que, inéluctablement, l'érosion poursuit son œuvre et fait perdre chaque année quelque 300 t de roches à cette cathédrale minérale.

L'île Bonaventure et la colonie des fous de Bassan

Accessible de mi-mai au 2e w-e d'oct, tlj 9h-17h (16h à partir de mi-sept). Entrée : env 8,50 $/pers, à acquitter en arrivant sur l'île (mais prévoir la file d'attente en *hte saison) ou sur la terre ferme ; gratuit pour les 17 ans et moins. Avant d'embarquer pour l'île, il est judicieux d'avoir visité le centre de découverte (voir plus haut « Le Chafaud », secteur Charles Robin).* Connue pour ses eaux poissonneuses par les Indiens micmacs et les morutiers bretons, normands et basques bien avant le passage de Jacques Cartier, l'île fut habitée à partir du XIXe s par des familles (jusqu'à 35 en 1831) au service des établissements de pêche jersiais *Robin* et *Le Boutillier.* Racheté en 1971 par le gouvernement, ce petit bout de terre (un peu plus de 4 km²) devint parc national en 1985. À la belle saison, les phoques se dorent la pilule sur les rochers qui l'entourent, des baleines, des dauphins à flanc blanc et des requins pèlerins croisent plus au large et, partout, on peut observer des oiseaux (l'île est le refuge de quelque 250 000 oiseaux migrateurs), dont une myriade de petits pingouins, guillemots et mouettes, et, bien sûr, les stars incontestées de l'île, les fous de Bassan.

CE MYSTÉRIEUX CAPTAIN DUVAL

On trouve son patronyme à tous les coins de rue : sur l'enseigne d'un bar, à la devanture d'une boutique, affublé d'une barbe respectable et pipe au bec sur la proue d'un des bateaux amarrés au quai... Qui était donc ce marin au long cours ? Un flibustier redouté, un capitaine courageux, un héros de guerre ? Eh non, Captain Duval fut tout simplement le premier marin qui mit sa chaloupe au service des touristes pour les emmener autour de l'île Bonaventure et du rocher Percé. Il en avait marre de pêcher les morues !

Ceux-ci se rassemblent de fin mars à octobre sur les falaises orientales, formant la deuxième plus grande colonie mondiale de cette espèce (la plus importante étant en Écosse). Et sincèrement, le spectacle mérite vraiment le déplacement. Le temps de la reproduction et de la nidification, quelque 110 000 individus battent des plumes sur ce gros caillou !

Impressionnant, grâce à sa vision binoculaire, cet oiseau marin repère les bancs de poissons de très haut, avant de fondre dessus dans une position aérodynamique exclusive, inspirant les plus grands ingénieurs aéronautiques. Il atteint alors sa vitesse de pointe, plus de 60 km/h, ce qui lui vaut sûrement son surnom de « fou », fêlé venu de « Bassan », du nom de Bass Rock, îlot de la côte est de l'Écosse où l'espèce fut découverte.

C'EST FOU !

Le fou de Bassan, l'un des plus grands oiseaux marins, doit son nom au fait qu'il pénètre dans l'eau à la vitesse vertigineuse de 100 km/h. Les poissons sont d'ailleurs assommés par l'onde de choc et sont avalés aussitôt. Voilà qui facilite le boulot.

D'une envergure de près de 2 m, l'élégant volatile arbore un beau plumage blanc rehaussé de jaune au niveau du cou, et des yeux bleu clair cerclés de gris. Son long bec est denté pour y retenir sa pêche. Attention à ne pas en approcher vos mains ! Loin de perdre le nord, chaque fou retrouve année après année le même emplacement minuscule et la même compagne sur l'île. C'est d'ailleurs la fidélité au lieu précis plus qu'au compagnon qui cimente le couple ! Après l'éclosion de l'unique œuf de la famille et les premiers battements d'ailes de l'oisillon, le formidable routard des mers retrouve la solitude au large des côtes de la Floride et du golfe du Mexique.

➢ ***Visite guidée de l'île :*** *depuis le ponton de l'anse à Butler (lieu du débarquement). De mi-juin à mi-sept, tlj vers 10h (prendre le 1er bateau). Durée : env 2h. GRATUIT.* Randonnée jusqu'au sanctuaire des fous de Bassan, accompagnée par l'un des guides naturalistes du parc. En chemin, nombreuses explications sur la géologie, la faune et la flore de l'île. Une ***visite guidée***

à caractère plus historique *(de mi-juin à mi-sept, à 11h)* vous emmène sur les traces des anciens habitants de l'île (les derniers ayant été expropriés en 1971).

➢ ***Le Rallye du corsaire Duval :*** avant de partir à l'assaut du *chemin du Roy* ou du *sentier des Colonies,* vous pouvez vous procurer, à la boutique de l'île, le livret de cette chasse au trésor à faire en famille. Les enfants adorent et trouvent même un trésor en fin de parcours...

➢ ***Le circuit audioguidé « Des racines à la cime » du sentier des Mousses :*** un livret plein d'informations sur la faune et la flore, à retirer lui aussi à la boutique de l'île, avant de partir arpenter le *sentier des Mousses* (3,2 km).

➢ ***Randonnées sur l'île :*** 4 sentiers faciles s'enchaînent. Départ et retour au débarcadère. Le tour complet de l'île (8,5 km) prend environ 3h. Attention : approvisionnement en eau potable uniquement au *Resto des Margaulx* (voir plus haut) et au bout de la promenade de la colonie.
– Les plus impatients filent direct vers les fous de Bassan par le populaire *sentier des Colonies* (2,8 km ; 45 mn de marche) qui traverse une belle forêt boréale. Plus au nord, le *sentier des Mousses* (3,5 km, 1h15), plus étroit, plus nature, passe par de beaux sous-bois. Le *Paget* (3,7 km, 1h) parcourt bois et champs. Ces 3 sentiers peuvent être complétés par le *chemin du Roy* (1h30 aller). Ce dernier suit la côte en passant par le sud, avec accès à une petite plage. À voir également, les maisons des anciens habitants autour du cimetière.

La maison Le Boutillier : *proche du débarcadère. Tlj 9h-17h.* C'est là que logeaient les gérants du port de pêche jusqu'à la faillite de la compagnie *Le Boutillier* en 1926. Les différentes pièces à l'ameublement reconstitué (salon, salle à manger, cuisine, chambres...) permettent de découvrir le fonctionnement des compagnies morutières et la dure vie des pêcheurs.

LE QUÉBEC

Comment y aller ?

Deux compagnies se partagent le marché et travaillent ensemble pour assurer les liaisons de/vers l'île : celle des ***Bateliers de Percé*** et ***Les Croisières Julien Cloutier.*** Elles disposent de guichets un peu partout dans le village. Plusieurs départs quotidiens depuis le quai principal du port, 9h-16h ; dernier retour depuis l'île à 17h. Durée : 45 mn à l'aller, moins de 15 mn pour le retour. Compter env 35 $/pers (taxes incluses ; réduc enfants). Les deux affichent les mêmes tarifs et une fois le billet acheté, on peut grimper dans n'importe quel bateau. Le circuit consiste en l'approche du rocher Percé, puis le tour de l'île avant d'y débarquer (le retour est direct). Les deux compagnies proposent aussi des navettes directes vers l'île (on ne s'approche pas du rocher et on ne fait pas le tour de l'île) ; compter alors 25 $/pers ; réduc. Bien pour les porte-monnaie serrés mais on passe tout de même à côté d'un joli spectacle. Notre conseil : y aller le plus tôt possible le matin pour éviter la foule. Lors du tour de l'île, le bateau passe tout près des falaises où nichent les fous de Bassan, mais on peut aussi admirer des phoques, des goélands, des cormorans et quelques rares macareux...

Où manger ?

I●I ***Resto des Margaulx :*** *au niveau du débarcadère, près du point d'info. Début juin-fin sept, tlj. Salades et sandwichs env 10-20 $.* Géré par le parc, c'est la buvette de l'île. Sandwichs et salades « de luxe » (homard, crabe ou saumon fumé), soupe de poisson du chef, etc. Également une buvette (collation légère) au niveau de la colonie des fous de Bassan. On vous conseille plutôt de faire vos provisions à Percé et de pique-niquer sur le rivage.

Activités en plein air

Observation des baleines et phoques : *proposée par les compagnies **Bateliers de Percé** et **Julien Cloutier** (voir plus haut « L'île Bonaventure. Comment y aller ? »). • lesbateliersdeperce.com • et • croisieres-julien-cloutier.com • En hte saison, 2-3 sorties/j. Durée : 2-3h de balade en mer. Tarif : 80-85 $/pers (moitié prix enfants). Emporter des vêtements chauds.* Plusieurs espèces de baleines fréquentent la côte : la baleine à bosse (surtout de mai à juillet), la baleine bleue, le petit rorqual (toute la saison), le rorqual commun (juillet-août) et la baleine franche, ainsi que, du côté des squales, le rare requin pèlerin (d'août à septembre) avec sa grande gueule s'ouvrant pour engloutir des tonnes de plancton. Sans parler des nombreux phoques qui, durant la saison, viennent prendre le soleil au pied des falaises de l'île Bonaventure. Ouvrez bien grands les yeux pour apercevoir le jet d'eau qui permet de localiser les baleines... Pour info, il arrive aussi que l'on aperçoive des baleines en se rendant sur l'île Bonaventure.

Kayak de mer : *se renseigner au **Club Avolo,** 199, route 132 Ouest. ☎ 418-782-5403. • avolo.qc.ca • Env 55-125 $ selon durée (de 2h à la journée).* Superbes randos en mer pour s'approcher au plus près du rocher, voire pour croiser des baleines !

Cueillette d'agates et de jaspes : *plages du Coin-du-Banc ou de L'Anse-à-Beaufils.* Oui, vous avez bien lu, il s'agit bien de cueillir des pierres, celles qui se décrochent de la falaise pour être polies par l'érosion de la mer. Comme pour les champignons, deux qualités indispensables : chance et patience ! L'atelier-boutique ***Agate et Caillou*** propose aussi des excursions guidées *(67, route 132 Ouest, à Percé ; ☎ 418-782-2098 ; durée : env 1h30 ; env 20 $/pers – min 4 pers).*

L'ANSE-À-BEAUFILS

À 10 km au sud de Percé, petit port de pêche mignon, vivant et haut en couleur.

Où manger ? Où boire un verre ? Où déguster une glace ?

La Vieille Usine : *55, rue à Bonfils. ☎ 418-782-2277. Tlj de juin à mi-sept. Au resto, env 15-30 $.* Les anciens bâtiments de l'usine de transformation de poisson sont aujourd'hui reconvertis en « havre culturel touristique » vivant et chaleureux. La partie café-bistrot est une belle salle lumineuse avec charpente de bois blanc et déco marine. Au menu, collations et petits plats pour tous les goûts : sandwichs, pizzas, salades, moules, poissons, etc. Terrasse sur le quai, parfaite pour se désaltérer en assistant au retour de pêche. Côté festivités : spectacles dans le café-bistrot (les consos augmentent un peu) ou dans une salle aux allures de cabaret. L'un des événements phares, c'est le Festival de cinéma et d'art fin août (● *perceides.ca* ●). À l'étage, galerie-boutique vendant le travail d'artistes ou d'artisans locaux.

Aux Glaces de l'Anse : *58, rue à Bonfils. ☎ 581-353-0990. Juin-début sept, tlj 12h-20h.* Délicieuses crèmes molles à savourer sur la marina par une belle journée ensoleillée : bleuets bio, érable-pécan, ou classique chocolat... miam !

Achats

Microbrasserie Pit Caribou : *27, rue de l'Anse. ☎ 418-782-1444. ● pitcaribou.com ● Sur la marina. L'été, tlj 8h-21h ; hors saison, horaires réduits.* Amateurs de binouses, faites une halte à l'accueil de la microbrasserie pour faire le plein d'excellentes bières artisanales. On peut aussi siroter sa mousse sur la petite terrasse face au port. C'est bien moins cher que dans le commerce, et on peut en tester une ou deux. Pour les goûter toutes, c'est au pub *Pit Caribou,* à Percé, que cela se passe.

À voir

Le Magasin général historique authentique 1928 (sic) **:** *32, rue à Bonfils. ☎ 418-782-2225. ● magasinhistorique.com ● De mi-juin à début oct, tlj 10h-17h (dernière entrée à 16h15) ; hors saison, horaires restreints. Prévoir 1h-1h30 de visite. Entrée : 12 $ (taxes comprises) ; réduc.* Franchir le seuil du magasin général *Robin, Jones & Whitman,* c'est vivre un flash-back drôle et émouvant, quelque part entre 1928 et 1970, quand les villageois y trouvaient tout ce dont ils avaient besoin, du talc pour bébé au cercueil, en passant par la carriole à cheval, le service à café et l'huile de foie de morue ! Rachetés en 1972 par Gaston Cloutier, le magasin, le vaste entrepôt et le bureau du gérant retrouvent aujourd'hui, grâce à son fils Rémi (comédien plein d'esprit qui organise avec son équipe des visites théâtralisées), leur éclat d'antan. Les grands rayonnages d'origine regorgent de produits et de marques autrefois populaires, et les commis rétros ne manquent pas de bagout pour vous faire l'article... mais rien n'est à vendre ! Et qu'est-ce qu'on n'apprend pas sur la clientèle... notamment sur la vie agitée de Jacques Mesrine en cavale au Québec. Une façon originale et distrayante de découvrir l'histoire des gens du pays. Effluves de cirage, sons de la vieille caisse enregistreuse, vendeurs en costumes d'époque... on s'y croirait. Un grand moment !

CHANDLER, PABOS MILLS

7 700 hab.

La ville de Chandler et le cap de Pabos Mills se font face de part et d'autre de la baie du... Grand Pabos. *Pabos* proviendrait du mot micmac *papog* signifiant « eaux tranquilles ». Le coin est en effet ponctué de jolies plages, comme cette anse croquignolette à deux pas du parc du Bourg. Mis à part ça, la ville n'a pas grand intérêt. Même topo pour Chandler, où seule l'expérience *Nova Lumina* mérite une halte. Avant de repartir...

Arriver – Quitter

Terminus des bus Orléans Express : *à Chandler, au Couche Tard de la station-service Irving, 519, bd René-Lévesque Ouest. ☎ 418-689-6546. • orleansexpress.com •*

➢ 1 bus/j. dans les 2 sens sur la ligne Rimouski-Gaspé, par le sud. Également desservi par les navettes de la compagnie *Régîm (• regim.info •).*

À voir. À faire à Chandler et Pabos Mills

Le parc du Bourg de Pabos : *75, chemin de la Plage, à Pabos Mills. ☎ 418-689-6043. • lebourgdepabos.com • De mi-juin à mi-sept, tlj 9h-17h. Entrée : 5 $; réduc. Avec visite guidée (1h-1h30) : 10,50 $.* Site historique et archéologique retraçant la vie d'une seigneurie française du XVIIIe s, l'une des premières de Nouvelle-France à avoir vécu essentiellement de la pêche jusqu'à sa destruction par les Britanniques en 1758. Tout est expliqué sur de grands panneaux (à la lecture un peu indigeste). La visite comprend une salle d'exposition, où sont exposés des objets découverts au cours des fouilles (pas palpitant), ainsi qu'un petit sentier traversant les emplacements des bâtiments du domaine, aujourd'hui disparus, avant de déboucher sur la reconstitution d'une cabane de pêcheur. Si vous ne tenez pas à l'expo, allez flâner sur les jolies plages voisines, on y séchait autrefois la morue. Camping à proximité.

Nova Lumina : *155, rue de la Plage, à Chandler. ☎ 581-361-0065. • novalumina.com • Résas sur place en ligne ou par tél. De mi-juin à début oct, horaire en fonction du coucher du soleil. Tarif : 16 $; réduc ; gratuit 5 ans et moins.* Que se passe-t-il à Chandler ? Les étoiles sont tombées du ciel, sans explication. Votre mission : les guider et les ramener vers la voûte céleste. Au cœur de la nuit et de la forêt, les « pèlerins » sont invités à marcher le long d'un sentier de 1,5 km. Un joli spectacle de lumières anime et illumine votre route, rendant la forêt presque vivante.

PORT-DANIEL-GASCONS

2 500 hab.

À 80 km de Percé. Du haut d'une colline, on débouche soudain sur Port-Daniel-Gascons, un village bâti au fond d'une baie profonde parée d'une plage sablonneuse. La réserve faunique, pleine de petits lacs, peut être un agréable but de balade. Les ornithologues se posteront sur les rives du barachois pour admirer le va-et-vient des oiseaux.

Arriver – Quitter

Terminus des bus Orléans Express : *au restaurant* L'Étale, *542, route 132. ☎ 418-396-5545. • orleansexpress.com •*

➢ 1 bus/j. dans les 2 sens sur la ligne Rimouski-Gaspé, par le sud. Également desservi par les navettes de la compagnie *Régîm (• regim.info •).*

Adresse utile

Bureau d'information touristique : *8, route 132. ☎ 418-396-3215. À l'entrée du village sur la gauche, en venant de Percé. Juin-début oct, tlj 8h-17h (19h en été).* Aire de pique-nique, jeux pour enfants, douches, lave-linge et sèche-linge à disposition *(payants).*

Où dormir ? Où manger ?

Camping et chalets de la réserve faunique : *262, route du Parc, à 8 km de Port-Daniel. ☎ 418-396-2232 (poste d'accueil de mai à mi-oct) ou 1-800-665-6527. • sepaq.com/rf/pod • Ouv de mi-mai à fin sept. Emplacements 30-50 $; chalets 2-6 pers 125-220 $/nuit pour le chalet en villégiature ou à partir de 95 $/pers en forfait pêche.* Camping à l'entrée de la réserve, très bien à tous points de vue (site, propreté, sanitaires, accueil). Pour les chalets, très prisés pour la pêche et la chasse au petit gibier en saison, ils ne sont loués qu'en forfait pêche en mai-juin. En revanche, en juillet-août, il est possible de ne louer que la maison : c'est beaucoup moins cher, mais vous n'aurez pas le droit de pêcher. Les chalets disséminés dans la réserve sont tout équipés (mais plutôt rustiques) : cuisine, salle de bains, il ne vous reste plus qu'à apporter sacs de couchage et serviettes de toilette.

Gîte La Conche Saint-Martin : *252, route de la Rivière. ☎ 418-396-2481 ou 1-877-396-2491. • gitescanada.com/8562.html • Tte l'année. Doubles 100-120 $, avec petit déj. Table d'hôtes (sur résa) env 50 $.* Imposant chalet en bois rond que le proprio a construit de ses propres mains (chapeau !). Salon cossu et douillet, avec piano, bouquins sur la région et poêle à bois pour la flambée d'hiver. À l'étage, 3 chambres cosy toutes différentes, la plus chère se dotant d'une salle de bains avec baignoire thérapeutique. Du balcon, vue du barachois au coucher du soleil. Maisonnée idéale pour les ornithologues : on peut observer à la jumelle hérons, outardes et pygargues à tête blanche. Petit déj royal avec plein de bons produits du coin : pain maison, omelette sucrée, yaourt au sirop d'érable... Table d'hôtes à base de produits du terroir (et du jardin) mitonnés par Daniel, qui a servi comme chef aux meilleurs mess de l'armée canadienne, et ça se voit !

Gîte Le Manoir du Vieux Presbytère : *1, rue de l'Église. ☎ 418-396-5347. Collé à l'église. Ouv de mi-avr à oct. Doubles 105-115 $, taxes et petit déj inclus ; 25 $/pers supplémentaire.* L'ancien presbytère de Port-Daniel était à l'origine situé un peu plus bas, au bord de l'eau, mais lors de la construction de la voie ferrée, le prêtre fut exproprié et joliment dédommagé à en juger par la très belle demeure qu'il fit construire ! Les chambres coquettes ont conservé les principales caractéristiques de ces maisons historiques : parquet, lambris clairs aux murs. Les chambres situées dans la tourelle sont particulièrement lumineuses avec leurs nombreuses fenêtres donnant sur l'anse. La « Vicaire », avec son petit balcon privé, peut accueillir jusqu'à 4 personnes. La « Curé » et la « Ménagère », plus simples, n'en restent pas moins charmantes et douillettes. Accueil tout en douceur, délicatesse et humour !

Les Âcres Tranquilles : *252, route Gérard-Lévesque, à Port-Daniel Ouest. ☎ 418-396-3491 ou 1-866-302-3491. • gitescanada.com/3647.html • À la sortie de Port-Daniel, en direction de Bonaventure ; au bord de la 132, mais très en retrait de celle-ci. Tte l'année. Double avec sdb 100 $, avec petit déj.* On accède à ce gîte par une petite route qui fleure déjà bon la campagne. La belle maison blanche est entourée d'un jardin soigneusement entretenu, et l'intérieur garde cette même note champêtre : tapisseries ou couvre-lits à fleurs, on n'est pas si loin de l'époque de *La Petite Maison dans la prairie*. Pour compléter cette petite touche assez anglaise, une belle collection de théières dans le salon. On est moins fan des bibelots, chats en porcelaine et peluches... Accueil aussi soigné que l'entretien de la maison.

À voir. À faire

Réserve faunique de Port-Daniel : *262, route du Parc, à 8 km de Port-Daniel. ☎ 418-396-2232 ou 1-800-665-6527. • sepaq.com/rf/pod • Accès gratuit.* Une réserve surtout fréquentée par les pêcheurs pour ses 25 lacs et par les chasseurs pour son abondance en petit gibier. On y trouve aussi 2 sentiers de rando de 4-5 km chacun. Les chanceux croiseront peut-être un orignal, un coyote ou un chevreuil.

LA BAIE DES CHALEURS

Un nouveau visage de la Gaspésie se dévoile... la montagne s'éloigne progressivement et le relief devient moins spectaculaire. Pour être francs, entre Percé et Carleton, les paysages sont quelque peu monotones. Mais après Carleton, alors que la baie des Chaleurs devient l'estuaire de la rivière Ristigouche, vallons, cours d'eau et collines couvertes d'une luxuriante végétation réapparaissent. De ce fait, la baie des Chaleurs appartient au club des plus belles baies du monde. Elle doit son nom à Jacques Cartier, en raison de la brume qui l'enveloppait lorsqu'il l'a découverte, d'où cette impression fallacieuse que l'eau était chaude.

HOPE

600 hab.

Ne pas confondre avec New Hope. Halte agréable où passer la nuit avant de poursuivre sur la baie des Chaleurs. Le long de la falaise, petit sentier de 1,5 km menant à un rocher percé (bien indiqué).

Où dormir ?

Gîte à la Ferme MacDale : *365, route 132 (côté terre). ☎ 418-752-5270. • macdale.com • Doubles sans ou avec sdb privée 80-100 $.* Belle maison située en retrait de la route, au bout d'une allée arborée, au milieu d'une vaste pelouse où l'on se détend. Une poignée de chambres seulement, propres et claires, dont une grande familiale mansardée pouvant accueillir jusqu'à 5 personnes. En revanche, celles qui se partagent la salle de bains sont vraiment petites (mais aussi vraiment pas chères !). Excellent petit déj maison servi autour d'une grande tablée, dans le salon ouvert sur le beau jardin.

PASPÉBIAC

3 200 hab.

À 7 km de Hope. Le nom de ce havre naturel vient du mot micmac *ipsigiag,* la « batture rompue ». Seul véritable intérêt du village : le site historique du Banc-de-Pêche-de-Paspébiac, en bas du bourg, sur une langue de terre bordée par la mer.

Où manger ?

Restaurant L'Ancre : *sur le site historique du Banc-de-Pêche-de-Paspébiac (voir plus loin). ☎ 418-751-0026. Début juin-fin sept, tlj 11h-21h. Plats 15-35 $.* Cuisine régionale et familiale. Au menu : poissons, fruits de mer et morue, évidemment ! Également des salades-repas et des sandwichs. Rien de gastronomique, mais correct. Très fréquenté par les groupes en car qui visitent le site. Pensez à apporter votre vin !

À voir

Le site historique du Banc-de-Pêche-de-Paspébiac : *76, 3e rue, route du Quai. ☎ 418-752-6229. • shbp.ca • Début juin-fin sept, tlj 9h-17h. Entrée : 12 $; réduc. Compter 1h de visite.*

Ce complexe de pêche important fut construit à partir de 1783 par Charles Robin, commerçant aventureux originaire de Jersey. Après son décès, les frères Le Boutillier poursuivent son entreprise, en s'installant ici en 1838. Leurs deux compagnies firent de Paspébiac une plaque tournante pour le traitement et la transformation de la morue. Pêchée sous leur égide dans toute la région, elle était exportée vers l'Europe, l'Amérique du Sud et les Antilles. Des centaines d'ouvriers travaillaient dans cette véritable ville, avant le déclin qui suivit l'incendie d'une grande partie du site en 1964.

Sur la centaine de bâtiments originels, seuls 11 sont encore visibles (dont 8 visitables), comme le spectaculaire entrepôt BB, vaste bâtisse en bois de 5 étages aujourd'hui convertie en musée (intéressante expo sur la compagnie *Robin* et le commerce de la morue), la forge (démonstrations de façonnage de clous et autres outils), la charpenterie (évocation des ouvriers spécialisés venus de Jersey), la tonnellerie et les *cook rooms.* Le hangar abrite un magasin général avec des produits anciens. À l'époque, 840 morues s'échangeaient contre un baril de farine (soir un an d'approvisionnement). À voir aussi, les *vigneaults,* ces établis en bois

COMMERCE ÉQUITABLE

Les pêcheurs avaient deux techniques de conservation pour la morue : la saler dans des barils, et s'en retourner rapidement en France. Mais en raison du coût du sel, on faisait plutôt sécher la morue sur les côtes avant de repartir. Comme ce processus demandait un certain temps, les morutiers, dans leurs campements saisonniers, avaient le temps de commercer avec les Amérindiens. La fourrure devint donc un revenu d'appoint important pour les pêcheurs.

de cèdre construits pour le séchage de la morue. La visite est libre, mais dans plusieurs bâtisses des guides vous accueillent et vous expliquent ici la fabrication des tonneaux servant au transport des marchandises, là le travail de charpenterie. Les explications ou démonstrations sont souvent concises mais instructives, et l'équipe à l'accueil est franchement sympa.

BONAVENTURE

2 800 hab.

Fondée en 1760 à la suite de la déportation des Acadiens de la Nouvelle-Écosse, la ville de Bonaventure est aujourd'hui l'un de leurs plus importants bastions québécois. Ils y comptent pour 80 % de la population. C'est aussi l'une des premières stations balnéaires de la baie des Chaleurs rencontrées sur la route. Au programme : plage, descente de la rivière Bonaventure en kayak et, pour les amateurs, pêche au saumon. Vous remarquerez aisément le drapeau acadien, identique à celui de la France, avec une étoile dans la partie bleue.

Adresse utile

Bureau d'accueil touristique : *93, av. Port-Royal (route 132) ; juste à côté du musée. ☎ 418-534-4014. Début juin-sept, tlj 9h-16h (19h de mi-juil à mi-août).*

Où dormir ?

Camping Cime Aventures : *200, chemin A.-Arsenault. ☎ 418-534-2333 ou 1-800-790-2463. • cimeaventures.com • À 7 km du village, par la route qui part à droite juste avant l'église. Ouv début juin-fin sept. Emplacements (max 4 pers) 28-38 $ selon services ; tipis 4 pers et yourtes 6 pers, 50-90 $ pour toute l'unité (prévoir son sac de couchage) ; chalets ou écologis 2-10 pers, avec ou sans cuisinette, 120-290 $/nuit (on peut louer sa literie). Petits plats au café-bistrot 10-15 $.* Au bord de la rivière Bonaventure, un superbe site aménagé avec soin au cœur d'un bois, à l'écart des bruits de la civilisation. Le camping, sans service d'égout, est plutôt axé tentes. Les emplacements sont bien délimités, couverts d'une bâche pour protéger de la pluie... ou du soleil ! Les tipis (plancher en bois, lit, foyer) sont au bord de la rivière. Quant aux chalets circulaires sur pilotis, ils répondent au concept d'écologis. L'équipe, passionnée de nature, organise de nombreuses activités : descente de la rivière en canot, en bouée ou en kayak, apnée... et parcours d'accrobranche avec tyroliennes juste à côté. Très chouette café-bistrot tout en bois, très aéré, avec canoë au plafond pour vous mettre dans l'ambiance, et terrasse au bord de la rivière. Un vrai coup de cœur !

Auberge du Café Acadien : *168, rue Beaubassin. ☎ 418-534-4276. • cafeacadien.com • Au bout du chemin qui mène à la marina de Bonaventure. Juin-sept, tlj 7h-22h. Double avec sdb partagée env 80 $, petit déj compris. Plats à la carte 10-20 $ (jusqu'à 30 $ le soir).* Pimpante maisonnette avec, à l'étage, 5 petites chambres. Toutes simples, colorées et nettes, elles partagent 2 salles de bains. On aime leurs couleurs fraîches, le parquet ancien et les rayures aux murs. On retrouve cette même simplicité et bonne tenue dans les petits plats : le midi, soupe du jour, salades, croquettes de barbue gaspésienne ou saumon fumé maison. Le soir, légumes de saison et poissons sont à l'honneur. On peut aussi y prendre un robuste petit déj ou une simple crêpe en journée.

Les Chalets des Blés de Mer : *130, route 132 Est. ☎ 418-392-3943. • chaletbonaventure.com • En arrivant de Port-Daniel, après la poissonnerie du pêcheur et avant la passerelle, sur la gauche. De mi-mai à mi-oct. Loc possible sem ou nuitée. Chalets 4 pers 100-130 $/nuit, taxes incluses.* De la route, on ne voit pas la poignée de chalets jaune moutarde, ni le très joli site dont ils bénéficient : de grandes pelouses au bord de l'eau, un quai flottant. À l'intérieur, c'est simple : une chambre, un espace en mezzanine et le salon-salle à manger ouvert sur la cuisine. Idéal pour un séjour tranquille, au bord de l'eau. Seuls les hérons et les marmottes pourraient vous déranger !

Où manger ?

Boulangerie artisanale La Pétrie : *128, av. Grand-Pré. ☎ 418-534-3445. Dans la rue principale. Tlj 6h-18h (7h-16h30 sam) en été ; fermé dim-lun hors saison. Soupes, sandwichs, salades 6-10 $.* Avec un nom pareil, on s'attend au meilleur ! C'est le cas avec les pains spéciaux utilisés pour confectionner des sandwichs originaux et savoureux, à accompagner de bonnes salades ou soupes du jour. Idéal pour une pause gourmande, d'autant que la salle colorée dispose de bouquins, de B.D., et même d'un espace pour enfants. Juste à côté, une épicerie fine spécialisée dans les produits québécois, *Vert Pistache.*

Jack Crusoé : *143, av. du Grand-Pré. 📱 581-364-5225. Ouv mer-dim tte l'année ; fermé lun-mar. Plats env 15 $.* Un resto assez improbable dans ce coin. Pas de carte ou d'ardoise, on choisit directement dans la vitrine. Sylvain fait sa popote, avant de tout emballer sous vide. Les produits sont frais, plutôt bon marché, mais surtout savoureux. Fabuleuses côtes levées, effiloché de porc ou encore pavé de saumon s'accompagnent de salade de choux, gratin dauphinois ou poêlée de pommes de terre. Pour les campeurs que les raviolis en boîte découragent, ils peuvent acheter à emporter et préparer le tout sur un petit réchaud. Pour terminer, optez pour le café truffe ou le café rincette... on vous laisse la surprise !

Poissonnerie du Pêcheur, Salle à manger : *230, route 132 Est. ☎ 418-534-2434. Sur la gauche avant d'arriver à Bonaventure en venant de Port-Daniel. Pour la poissonnerie (vente à emporter) tlj 9h-21h mai-sept. Pour le resto, tlj midi et soir. Plats 15-35 $; table d'hôtes le soir 28-35 $.* Adresse connue de tous, où les bons effluves chatouillent les narines dès l'entrée. Salle conviviale prolongée par une terrasse chauffée avec vue sur le large. Toute la gamme des produits de la mer, bien entendu : assiette du pêcheur, du capitaine, fruits de mer, homard, etc. Les portions sont généreuses, les produits excellents et la note abordable. Patience de mise en cas d'affluence. Si vous souhaitez boire un verre, apportez votre bouteille !

La Chope à Soupe : *124, av. du Grand-Pré. ☎ 418-534-0072. De mi-juin à mi-sept, ouv lun-sam 11h-21h ; fermé dim. Horaires restreints le reste de l'année. Plats 10-17 $.* On s'installe dans cette maison planquée derrière une fausse rangée de bouleaux pour manger un repas léger, frais et bien fait. À l'ardoise, les propositions changent toutes les semaines : une poignée de soupes, petits plats, des pizzas originales. Le tout se pique de notes asiatiques, plutôt bienvenues dans une gastronomie qui manque parfois de piquant.

À voir à Bonaventure et dans les environs

Le Musée acadien du Québec : *95, av. Port-Royal (route 132). ☎ 418-534-4000. • museeacadien.com • De fin juin à mi-oct, tlj 9h-17h ; horaires variables* *le reste de l'année. Entrée : 12 $; réduc. Visite guidée à 10h et 14h. Audioguide : 4 $.* Intéressant petit musée où l'expo permanente bien illustrée rappelle les origines poitevines des Acadiens, et explique leur présence au Québec en raison du Grand Dérangement de 1755. Dans un bâtiment voisin, une collection d'une quarantaine de bâtiments de Bonaventure en modèle réduit, certains ayant aujourd'hui disparu, complète la visite.

MYTHIQUE ÉVANGÉLINE

Ce poème épique de Longfellow, publié en 1847 et qui narre la déportation des Acadiens, eut un grand effet sur la culture québécoise. La tragédie romanesque d'Évangéline fut traduite en 30 langues, puis adaptée avec succès au cinéma dans les années 1920, pour devenir l'emblème du combat français, l'héroïne de l'Acadie libre et éternelle.

Le Bioparc : *123, rue des Vieux-Ponts. ☎ 418-534-1997. • bioparc.ca • Début juin-début oct, tlj 9h-17h. Entrée : 24 $; 3-14 ans env 15 $; tarif famille.* Un petit parc animalier abritant une quarantaine d'espèces animales de Gaspésie présentées dans cinq écosystèmes de la région : phoques, loutres, couguar, lynx du Canada, loup gris, orignal, ours noir... Apparemment, c'est un des sites touristiques phares de Gaspésie ; nous, on l'a trouvé assez décevant et TRÈS cher !

La grotte de Saint-Elzéar : *à* ***Saint-Elzéar,*** *village situé à 15 km de Bonaventure (par la route partant de l'église). ☎ 418-534-3905. • lagrotte.ca • De mi-juin à début sept ; en saison, 3 visites/j. Prévoir la ½ journée. Résa obligatoire. Entrée (chère) : 45 $; réduc. Âge min : 6 ans.* Formée il y a près d'un demi-million d'années, c'est la plus vieille grotte du Québec. Deux superbes salles hérissées de stalagmites et stalactites... visibles après avoir emprunté une étonnante échelle métallique sécurisée. Emporter vêtements chauds et chaussures de sport : 4 °C et 100 % d'humidité !

À faire

– ***Les sorties en mer de L'Omirlou :*** *au quai de Bonaventure, rue de Beaubassin. ☎ 418-534-2955. • lomirlou.com • Mai-sept. Durée des sorties : 2-6h. Tarifs : 50-70 $.* Sylvain Arsenault vous invite à partager avec lui les secrets de son métier : la pêche côtière. En mai-juin, départ du port à 4h du mat pour aller lever les cages à homard (en août-septembre, c'est le crabe). Les lève-tard pourront aussi participer à des sorties de pêche aux maquereaux à des horaires plus cléments. Lui et son épouse possédant un gîte, ils proposent aussi des forfaits gîtes-repas-sortie en mer.

NEW RICHMOND

3 800 hab.

L'une des petites villes d'aspect typiquement anglo-saxon de cette région de la baie des Chaleurs, même si aujourd'hui 60 % de sa population est francophone. On la rejoint depuis la route 132 par les boulevards Perron Ouest et Est, qui délimitent un très bel environnement enclavé de forêts baignées par le barachois, parsemé de magnifiques demeures cossues, aux pelouses fraîchement tondues, respirant le calme séculaire.

Arriver – Quitter

➢ ***Rejoindre le Saint-Laurent, l'alternative de New Richmond :*** traverser la Gaspésie vers Sainte-Anne-des-Monts, en obliquant plein nord par la vallée de la dite *Transgaspésienne* (route 299), ou continuer plus à l'ouest en remontant la 132 par la *vallée de la Matapédia* vers Mont-Joli ou Matane, voilà un choix difficile entre 2 itinéraires qui font sensiblement le même kilométrage. À droite, Casca, massive et superbe ; tout droit, Mata, surprenante et colorée. On a un faible pour la seconde option, parce qu'elle réserve encore de belles surprises le long de la baie ; cette vallée est aussi plus séduisante et variée que la première, dont les belles montagnes couvertes de sapins rappellent un peu trop les Alpes aux accros de dépaysement que nous sommes. Mais ce n'est qu'un avis...

➢ 1 bus/j. dans les 2 sens sur la ligne Rimouski-Gaspé, par le sud. Également desservi par les navettes de la compagnie *Régîm (• regim.info •).*

Adresses utiles

🚌 ***Terminus des bus Orléans Express :*** *au* ***Gaz Bar,*** *132, route 132. ☎ 418-392-5115. • orleansexpress.com •*

ℹ ***Bureau d'information touristique :*** *en dehors de la ville, 401, route 299, au carrefour des routes 132 et du bd Perron Ouest. ☎ 418-392-7075. • villenewrichmond.com • Juin-sept, tlj 8h30-20h ; fermé le reste de l'année.*

DANS LES ENVIRONS DE NEW RICHMOND

La réserve micmac de Gesgapegiag et son église : *à* ***Maria,*** *à 10 km de New Richmond. Depuis la 132, en venant de New Richmond, tourner à gauche vers la Co-op Micmac.* Les jours ensoleillés, on aperçoit de loin les reflets métalliques, presque aveuglants, des pans de cette église en forme de wigwam géant. L'atmosphère chaleureuse de l'intérieur nous guide étrangement vers un petit autel, dédié à Catherine Tekakwitha. Cette jeune Mohawk – l'une des héroïnes du roman de Leonard Cohen *Les Perdants magnifiques* – quitta sa tribu pour se convertir au christianisme et suivre les missionnaires, avant de mourir vierge en 1680, à l'âge de 24 ans, devenant « le Lys » des Iroquois.

CARLETON-SUR-MER

4 000 hab.

Carleton, à prononcer à l'anglaise, est une petite station balnéaire réputée, sur les bords d'un barachois, au pied d'une chaîne de collines boisées. Apprécié pour la beauté de ses paysages, c'est aujourd'hui un centre touristique important de Gaspésie où, contrairement à la plupart des autres spots de la région, la majorité des établissements restent ouverts à l'année, même si l'activité se réduit fortement à partir de septembre. À fleur d'eau, le site est superbement mis en valeur par une longue promenade, la promenade des Acadiens, qui s'égrène tout le long du village. Promeneurs, joggeurs et pédaleurs s'y croisent, et chacun peut s'initier à l'ornithologie en observant les oiseaux frôler la surface du barachois.

Avis aux détenteurs de « téléphone intelligent », comme on dit ici : dans cette région, ils ont une sale tendance à passer automatiquement à l'heure du Nouveau-Brunswick, soit 1h plus tard. Le plus sage est d'anticiper en choisissant le réglage manuel.

Arriver – Quitter

Terminus des bus Orléans Express : *au resto Le Héron, 561, bd Perron. ☎ 418-364-3881.*

➢ ***De/vers Gaspé :*** 1 navette/j. *Régîm,* coordonnée avec l'horaire d'arrivée ou de départ du bus *Orléans Express* à Gaspé et qui vous récupère/dépose aux terminus de celui-ci. Résa indispensable au moins 24h à l'avance *(● regim.info ●).*

➢ ***De/vers Montréal :*** 1 bus/j. avec *Orléans Express,* avec changement à Rimouski. Passe par la vallée de Matapédia.

Adresse utile

Bureau d'accueil touristique : *au rdc du quai des Arts, 774, bd Perron (route 132). ☎ 418-364-3544. ● carletonsurmer.com ● Début juin-début sept, tlj 8h-20h.*

Où dormir ?

Camping

Camping de Carleton : *319, av. du Phare. ☎ 418-364-3992. Sur la pointe Tracadigash, sur la gauche en arrivant à Carleton depuis Maria. Ouv juin-sept. Emplacements 22-48 $.* Ouvert sur le large, ce vaste camping, bien qu'exposé au vent, profite d'un cadre exceptionnel entre la plage et le barachois. Surtout dévolu aux camping-cars, il comprend cependant une cinquantaine d'emplacements pour tentes, dont un certain nombre semi-ombragés. Bien tenu. Ni dépanneur ni resto. Service de laverie. 7 km de pistes cyclables, plage à deux pas et super aire de jeux, de quoi occuper toute la famille !

De prix moyens à chic

Gîte Le Saint-Honoré : *527, bd Perron. ☎ 418-364-7618. Accès par la rue du Quai (perpendiculaire à Perron au niveau des feux). Tte l'année. Double avec sdb partagée 90 $, taxes et petit déj compris.* C'est le gîte du resto du même nom (voir « Où manger ? »). Précédé d'une petite terrasse privative bien agréable, il comprend un salon commun cosy, 3 jolies chambres bien aménagées, dont une familiale, et 2 salles de bains impeccables. Bonne adresse, accueil simple et sympa, les garanties d'un bon séjour.

Auberge Océane : *536, bd Perron. ☎ 418-364-3611. ● aubergeoceane.com ● Tte l'année. Doubles avec sdb privée 65-115 $, petit déj compris.* Sous ses dehors assez modestes, cette maison jaune cache une petite auberge de qualité. À l'étage, 5 chambres dont une pour 4 personnes. La déco n'est pas des plus actuelles (moquette, mobilier en bois massif et couleurs un peu tristes), mais le confort, lui, est bien là. Belle situation, tenue impeccable, excellent petit déj.

Chic

Yourtes flottantes Aux 4 Vents : *725, bd Perron (route 132). ☎ 418-364-3885. ● aux4vents.ca ● Ouv de mi-juin à mi-sept. Env 170 $ pour 2 ; 20 $/pers supplémentaire et gratuit pour les enfants.* Observez la baie et vous apercevrez ces drôles de nénuphars, accessibles seulement en canot ! Posées sur une plate-forme suffisamment large pour lézarder, les yourtes offrent un parfum d'aventure... mais sans les inconvénients ! Literie complète, réchaud, équipement pour la cuisine, eau potable et toilettes sèches garantissent un niveau de confort raisonnable. Pour les douches, ça se passe dans le bloc commun, à quelques coups de pagaie. Original. Propose aussi des chambres privées ou à partager sur la terre ferme *(env 74 $ la double en hte saison).*

Manoir Belle Plage : *474, bd Perron (route 132). ☎ 418-364-3388 ou 1-800-463-0780. • manoirbelleplage.com • Tte l'année. En saison, doubles avec sdb 110-200 $.* Bien situé, cet établissement à taille humaine renferme de belles chambres cossues, dans un style actuel agréable et décorées d'œuvres originales confectionnées à base de bois flotté. Bon confort général, même pour les moins chères, sans vue et relativement petites. Excellent accueil, pro et souriant.

Hostellerie Baie Bleue : *482, bd Perron (route 132). ☎ 418-364-3355 ou 1-800-463-9099. • baiebleue.com • Tte l'année. Doubles avec sdb à partir de 150 $ en juil-août et 90 $ le reste de l'année. Au pub, plats 15-25 $; au resto, plats 26-40 $.* Une centaine de chambres se répartissent dans plusieurs ailes, dont 2 donnent sur la plage. L'hôtel abrite aussi un centre des congrès, alors les chambres, très standardisées, sont à l'image du lieu, sans grand charme, type motel de luxe. Mais côté confort, rien à redire, toutes comptent clim, cafetière et télé. Les supérieures ont déjà plus de style. Piscine extérieure chauffée et court de tennis. Bon resto, un peu cher, mais au pub avec terrasse du rez-de-chaussée, très bons plats de bistro et bières de microbrasserie. Une halte confortable, mais aux tarifs surévalués en haute saison.

Où manger à Carleton et dans les environs ? Où boire un verre ?

De bon marché à prix moyens

La Mie Véritable et La Mie d'en Haut : *578 A, bd Perron. ☎ 418-364-6662. Tte l'année ; en saison, tlj 7h-18h pour la boulangerie et 7h-17h pour le café. Fermé dim-lun en basse saison. Formule déj env 10 $.* Au rez-de-chaussée, *La Mie Véritable* est une boulangerie-pâtisserie de qualité où vous trouverez toutes sortes d'excellents pains, viennoiseries et pâtisseries. Leur spécialité : une brioche aux raisins, à la cannelle et au sucre d'érable... Mais le vrai bon plan, c'est *La Mie d'en Haut,* une salle de poche planquée à l'étage et prolongée par un balcon surplombant la baie. Super pour le petit déj ou pour un déjeuner rapide autour d'un bon panini, d'une quiche ou du sandwich du jour avec salade.

Casse-Croûte O'Migoua : *186, route 132 Ouest. ☎ 418-364-1332. À une dizaine de km de Carleton, à la sortie de* **Saint-Omer.** *En saison, tlj 10h30-20h. Plats 15-22 $.* Envie d'un sandwich au homard ou au crabe de qualité ? Ce snack de bord de route est l'endroit ! En plus, les *clubs* sont accompagnés de très généreuses portions de bonnes frites, et la terrasse en bois, pour déguster ce festin, est agréable. Si le homard vous laisse froid, piochez parmi les poutines, burgers et autres plats à base de poulet.

Le Naufrageur : *586, bd Perron. ☎ 418-364-5440. • lenaufrageur.com • En été, ouv tlj 11h-minuit ; horaires restreints le reste de l'année.*

Plats 10-18 $. Grosse bâtisse aux allures de chalet abritant la célèbre microbrasserie *Le Naufrageur,* dont vous avez forcément entendu parler durant votre périple en Gaspésie ! Salle sympa à l'atmosphère jeune et festive, surtout les soirs de concert *(payant).* Outre les excellentes bières d'une belle variété, on peut aussi y grignoter un bout : pizzas ou assiettes terre et mer à base de très bons produits locaux. C'est simple, mais de qualité.

Chic

Le Saint-Honoré : *527, bd Perron. ☎ 418-364-7618. Accès par la rue du Quai. Ouv tlj sauf lun soir en saison. Plats 20-30 $.* Dans une maison en retrait de la route, ce petit resto est tenu par des Françaises dynamiques, aux caractères bien trempés. La salle surélevée profite d'une belle vue sur la baie. Sélection alléchante à l'ardoise, où se pavanent quelques spécialités françaises, comme la tartiflette (on vous a vu baver !). Pour rester dans la gastronomie locale, agneau, saumon et fruits de mer occupent aussi une jolie place. Le tout est préparé avec amour et un zeste d'excentricité. Bon pain maison (on n'est pas au *Saint-Honoré* pour rien, le saint étant le patron des boulangers !) et excellents desserts.

Où boire un bon café ?

La Brûlerie du Quai : *200, route du Quai. ☎ 418-364-6788. Tte l'année, tlj en saison 7h30-21h.* On vient dans cette cabane en bois pour savourer de très bons cafés. Si le temps est d'humeur pluvieuse ou froide, on emporte son gobelet ou l'on se tasse sur les petits comptoirs à l'intérieur. Sinon, on prend place sur la terrasse bordée par la pelouse un peu folle, dans l'un des confortables fauteuils Adirondack.

À voir. À faire

– **Observation des oiseaux :** le barachois de Carleton est le rendez-vous des goélands, harles huppés, cormorans, canards noirs, mouettes, et surtout des grands hérons, caractéristiques d'ici... Agréable balade à pied par la route du Quai jusqu'au bout de la pointe où se trouve le sanctuaire des oiseaux marins. Dans la tour d'observation, quelques infos sur ces espèces et la formation du barachois.

– **Activités nautiques :** *avec* ***Écovoile****, 499, bd Perron. ☎ 418-364-7802. ● ecovoile.com ●* Pour louer un kayak ou tout autre type d'embarcation (dériveur, planche à voile, *paddle*) ou partir en excursion à bord d'un voilier.

Le mont Saint-Joseph : *accès par la rue de la Montagne. ● montsaintjoseph.com ● Env 10 mn de voiture jusqu'au sommet (555 m). Entrée : env 7,50 $; réduc.* Si l'oratoire ne présente pas un grand intérêt, le parcours historique, bien conçu, vaut le détour. Des panneaux illustrés évoquent l'histoire de la Gaspésie. Entre 2 lectures, on file prendre une photo sur le promontoire. La route jusqu'au sommet offre de belles vues panoramiques et donne accès à un intéressant réseau de sentiers (voir ci-après).

➢ **Les sentiers pédestres Carleton-Maria :** *env 30 km de sentiers de randonnée, accessibles depuis les 2 municipalités. Se munir du dépliant au bureau d'accueil touristique.* Au gré des promenades sur les sentiers reliés entre eux, aménagés autour des monts Saint-Joseph (555 m) et Carleton (613 m) : vues panoramiques exceptionnelles sur Carleton et le barachois, la baie des Chaleurs jusqu'à l'estuaire de la rivière Matapédia, et même les côtes du Nouveau-Brunswick. Vous croiserez aussi quelques chutes d'eau en route.

Plages : belle plage de sable gris en plein cœur de la ville, en face de l'hôtel *Baie Bleue* ; une autre, moins surveillée, au sud de la pointe Tracadigash, près du camping.

NOUVELLE

1 700 hab.

Depuis ce bourg éparpillé le long de la 132, à 17 km de Carleton, ne pas manquer la route qui ceinture la pointe Miguasha : elle mène à un site classé par l'Unesco, entouré de paysages délicieux. Avec un peu de patience et pas mal de chance, vous pourriez dénicher une agate en vous promenant sur la plage.

Où dormir à Nouvelle et dans les environs ?

Gîte À l'Abri du Clocher : *5, rue de l'Église. ☎ 418-794-2580. • alabriduclocher.ca • Tte l'année. Doubles 85-115 $, petit déj inclus.* *À l'Abri du Clocher,* c'est l'ancien presbytère, heureusement plus coquet que l'église ! Au calme, entourée d'un joli petit jardin, cette belle maison sent l'histoire mais pas la poussière ! Toutes les chambres disposent de leur propre salle de bains, mais pour l'une d'entre elles, elle est séparée. À chacune son univers : contemporain et romantique pour la suite « À l'abri du péché », plutôt austère pour la « chambre du Curé de campagne », quant à celle « des Nonnes », plus traditionnelle et joliment colorée, elle peut accueillir une famille. La moins chère et la plus petite étant, évidemment, celle « des Gouvernantes » ! Beaux espaces communs avec une table à même de recevoir un grand nombre d'hôtes ! Accueil aux petits soins.

Auberge Wanta-Qo-Ti : *77, route de la Pointe-à-Fleurant, sur la commune d'**Escuminac** (à l'ouest de Nouvelle). ☎ 418-788-5686. • wanta-qo-ti.com • En venant de l'est, à Nouvelle, quitter la 132 et rejoindre le parc de Miguasha ; le gîte se trouve 2 km plus loin en direction d'Escuminac. Tte l'année. En saison, double avec ou sans sdb 70-90 $, petit déj compris.* 3 mots micmacs pour traduire la sérénité se dégageant de cette belle et longue construction en bois précédée d'un jardin fleuri multicolore et idéalement située en bord de plage. 5 chambres très confortables, aux parquets patinés, murs colorés et meubles anciens. L'ensemble dégage un cachet certain, et l'accueil est simplement parfait. Au petit déj, profusion de muffins, crêpes, pains et confitures. Dehors, jetez un œil à la station météo locale, une curiosité ! Un gîte propice au « ressourcement », véritable coup de cœur de notre séjour en Gaspésie.

À voir. À faire

Le parc national de Miguasha : *231, route Miguasha Ouest, au niveau du village de Nouvelle. ☎ 418-794-2475. • sepaq.com/pq/mig • miguasha.ca • Début juin-fin sept, tlj 9h-17h. Mai-début juin et oct, lun-ven 8h30-12h et 13h-16h30. Entrée : 8,50 $ pour le parc ; 20,50 $ pour le parc et l'entrée au musée ; gratuit 17 ans et moins. Compter env 2h de visite.*

Inscrit au Patrimoine mondial de l'Unesco pour l'abondance des espèces découvertes et la qualité de leur fossilisation, Miguasha, présenté dès l'introduction dans un excellent film, est le site le plus riche au monde concernant le Dévonien, l'« âge des poissons », datant d'il y a 380 millions d'années environ.
Parmi de nombreuses espèces, on remarque forcément celui que l'on surnomme le roi de Miguasha, à savoir l'*Elpistostege watsoni,* le plus grand fossile trouvé dans le parc, qui a pour particularité de présenter à la fois les caractéristiques d'un poisson et celles d'un vertébré à pattes. Il est ainsi le témoin de la transition entre vie aquatique et vie terrestre. C'est justement cette évolution de la vie, depuis la mer jusqu'à la terre, que l'on suit dans le musée, grâce aux fossiles exposés et aux panneaux. Après la visite du musée, cap sur la plage et ses falaises stratifiées, par un sentier qui surplombe la baie d'Escuminac (3 km aller-retour).
Verdict : une visite ludique pour initier les apprentis paléontologues, mais le site passionnera surtout les amateurs de vieilles pierres.

POINTE-À-LA-CROIX

1 500 hab.

Ce nom correspond bien à la topographie de cette pointe rétrécissant la rivière, à la croisée des routes entre la Gaspésie et le Nouveau-Brunswick. Il ferait pourtant référence à une véritable croix plantée par les Micmacs évangélisés ici par les pères récollets, dès le début du XVIIe s. Construit en 1962, le pont sur la rivière Ristigouche a transformé Pointe-à-la-Croix en un village-dortoir alimentant la ville de Campbellton (Nouveau-Brunswick). On s'y arrête surtout pour visiter le site de la bataille de la Ristigouche, qui scella le sort anglais de la Nouvelle-France.

Arriver – Quitter

Terminus des bus Orléans Express : *à la station Crevier Gaz Bar, 22, bd Interprovincial. ☎ 418-788-2179. ● orleansexpress.com ●*

➢ 1 bus/j. dans les 2 sens sur la ligne Rimouski-Gaspé, par le sud. Également desservi par les navettes de la compagnie *Régîm (● regim.info ●).*

Où dormir ? Où manger à Pointe-à-la-Croix et dans les environs ?

Gîte La Maison Verte : *216, chemin Petite-Rivière-du-Loup, à Pointe-à-la-Croix. ☎ 418-788-2342. ● gites-classifies.qc.ca/maiver.htm ● Ouv tte l'année. En saison, doubles 80-90 €, petit déj inclus.* Cette maison verte, joliment entourée de plantes aromatiques et fleurs champêtres, est certes installée en bord de route, mais elle profite d'un très grand et très beau domaine, à l'arrière, où se promener, flâner, paresser. Il y a même un petit cours d'eau et un bassin. Les chambres elles-mêmes, qui disposent d'une entrée indépendante et/ou d'une petite terrasse ou balcon, sont impeccables, confortables et fort jolies. Pour ceux qui voudraient plus d'intimité encore, possibilité de louer un petit chalet tout équipé. Accueil adorable et plein de bons conseils. Vraiment une belle adresse.

Auberge du Château Bahia : *152, bd Perron, à env 20 km à l'est de Pointe-à-la-Croix, sur la route 132, à l'entrée d'***Escuminac** *(Pointe-à-la-Garde, en venant de Carleton). ☎ 418-788-2048. • chateaubahia.com • Mai-oct. Lit en dortoir env 30 $; doubles avec sdb partagée ou privée 70-80 $, petit déj compris pour tous. Repas env 21 $. Possibilité de camper (20 $/pers).* Un petit chemin grimpe au milieu des érables et soudain... surgit au beau milieu d'une clairière une sorte de château Playmobil à tourelles ! À l'arrière, une autre bâtisse coordonnée abrite aussi des chambres. Au total, une trentaine de lits se répartissent entre des petits dortoirs basiques et des chambres globalement un peu fatiguées, au confort simple. Jean, le sympathique châtelain, a ici concrétisé sa passion d'enfance pour les forteresses médiévales d'Europe. Histoire de rester dans le même esprit d'antan, possibilité, chaque soir, de dîner avec lui et les autres hôtes, dans la salle de banquet. Un beau moment de convivialité autour d'un repas préparé avec des produits du coin. La vraie aubaine, ici, c'est le petit déj inclus pour tous, même les campeurs ! Une adresse atypique qui vaut surtout pour son atmosphère amusante.

À voir

Le lieu historique national de la Bataille de la Ristigouche : *40, bd Perron Ouest (route 132). ☎ 418-788-5676 ou 1-888-773-8888. • pc.gc.ca • De mi-juin à mi-sept, tlj 9h-17h. Compter une grosse heure de visite. Entrée : env 4 $; réduc.* Lieu de commémoration et de découverte des vestiges de la dernière bataille navale entre la France et l'Angleterre pour la possession du territoire nord-américain en juillet 1760. Visite divertissante et instructive. Des panneaux, maquettes et vidéos retracent l'histoire de la flottille de ravitaillement dépêchée au secours de la Nouvelle-France. Partis le 10 avril 1760 de Bordeaux, les navires disparurent chacun leur tour : naufrage, capture par l'ennemi... Après une traversée périlleuse, le reste de la flottille fut anéanti dans son dernier retranchement, alors qu'il se croyait à l'abri des vaisseaux anglais. L'expo évoque les conditions de vie à bord, l'hygiène, l'alimentation... Clou du musée, les vestiges exceptionnellement bien conservés du *Machault,* qui valent à ce site une exclusivité mondiale en matière de fouilles archéo-subaquatiques. Cette frégate corsaire était le seul navire français réellement armé pour se défendre. Il se saborda le 8 juillet 1760 plutôt que de se rendre. Le renflouage partiel qui eut lieu entre 1969 et 1972 (80 % de la structure est encore immergée) permet aux visiteurs d'admirer le gouvernail, l'ancre (quelle démesure !) et une impressionnante section de l'étrave. Les reconstitutions de la cabine des officiers, d'un sabord et de la cale, ainsi que les centaines d'objets retrouvés lors des fouilles forment un riche témoignage : armes, balles, boulets, chaussures, porcelaines...

LA VALLÉE DE LA MATAPÉDIA

La rivière Matapédia, superbement sauvage et réputée pour ses saumons, coule dans une vallée qui traverse la Gaspésie dans sa largeur.

En voiture, on suit les méandres de cette « rivière aux 132 rapides » sur près de 150 km jusqu'au Mont-Joli, sur les rives du Saint-Laurent. Paysages sublimes en automne, quand les érables et les ormes flamboient sur le vert des grands conifères. La vallée s'évase à partir de *Causapscal,* au confluent de la rivière du même nom, pour développer de beaux points de vue où de bucoliques fermes laitières jalonnent vallons et coteaux. Nombre de voyageurs ne font que la traverser d'une traite. On vous conseille d'y passer au moins 2 jours, loin de l'agitation touristique, pour découvrir ses richesses naturelles.

Arriver – Quitter

En bus

➢ ***Matapédia*** et ***Amqui*** sont desservis 1 fois/j. dans les 2 sens par les bus *Orléans Express* de la ligne qui relie Rimouski à Gaspé (en passant par la baie des Chaleurs).

En train

➢ Le ***train Montréal-Halifax*** s'arrête à ***Sayabec, Amqui*** et ***Matapédia.*** 3 trains/sem dans les 2 sens, mais les horaires de passage ne sont pas pratiques, puisque très tard en soirée ou très très tôt le matin.

MATAPÉDIA

650 hab.

Point de départ de la remontée de la vallée, le village de Matapédia est planté au confluent des rivières Ristigouche et Matapédia, nom signifiant « là où les rivières se rencontrent » en micmac. Bien qu'isolé, c'est un point de chute idéal pour arpenter la vallée alentour.

Où dormir dans le coin ?

☗ ***Gîte Les Bois d'Avignon :*** *171, rue Rustico Nord, à* ***Saint-Alexis-de-Matapédia.*** *☎ 418-865-3987 ou 1-877-767-8027. • lesboisdavignon.com • À 9 km au nord-ouest de Matapédia. Tte l'année. Doubles avec sdb privée ou partagée 95-110 $, taxes et petit déj compris.* Maison originale, située au calme à l'écart du village, dans un jardin boisé. Sous le toit, 3 chambres de bonne taille et bien tenues. Ambiance confortable et chaleureuse : planchers en merisier verni, plafonds en cèdre, la proprio n'a de cesse de retaper sa maison... Surprise : une grande piscine attenante, chauffée et couverte, à la disposition des hôtes ! Laura, la maîtresse des lieux, est un sacré personnage, elle est aussi férue d'histoire locale que de musique et surtout de sport : natation, course à pied, rando... elle a de l'énergie à revendre ! En cas de forte affluence au gîte, Laura possède une maison dans le village, dont elle loue les chambres.

À faire

– ***Canot, kayak, paddle, randonnée pédestre :*** *avec* ***Nature Aventure,*** *basé au cœur de Matapédia, dans le parc Adams, rue de l'Église. ☎ 418-865-3554. • matapediaaventure.com • De mi-mai à mi-sept, tlj 8h-18h. Résa impérative. Pour les sorties en kayak, paddle ou canot, à partir de 50 $/pers la balade de 2h* *et 105 $/j., taxes incluses.* Les randonnées pédestres sur le SIA (voir ci-après) sont proposées sous forme de forfaits accompagnés ou non par un guide (de 2h d'expédition à 5 jours incluant transport, éventuelles nuits en refuge et repas).

– ***Le sentier international des Appalaches (SIA) :*** Matapédia est aussi le point de départ québécois du SIA, sentier de grande randonnée reliant le Nouveau-Brunswick, puis le Maine, aux États-Unis. Au total, 1 085 km (dont 650 en Gaspésie) ! Dans la partie gaspésienne, le SIA suit la vallée de Matapédia jusqu'à Amqui, rejoint la rivière Matane et sa réserve faunique, puis traverse le parc national de Gaspésie pour rejoindre le parc Forillon. Voir aussi ces différents chapitres. De quoi s'en mettre plein les yeux... et les mollets !

– ***Activités de plein air :*** la région formée par Saint-Alexis et les villages voisins de Saint-François-d'Assise et Saint-André-de-Restigouche est quadrillée de sentiers dédiés à tout ce qui marche, roule avec ou sans moteur, court ou glisse, au fil des quatre saisons. Procurez-vous la carte « Matapédia et les Plateaux », disponible dans les gîtes et commerces du coin. Nombreuses randos donnant accès à des belvédères aux noms évocateurs comme le belvédère Horizon de rêve ou celui du Soleil d'Or.

AMQUI

6 300 hab.

Pour commencer, votre petite leçon de micmac : ***Amqui,*** **qui se prononce « Amcoui », signifie « lieu où l'on s'amuse ». Bon, on n'ira peut-être pas jusque-là, mais cette petite ville et ses environs n'en constituent pas moins une étape agréable et plus « habitée » que Matapédia.**
À partir d'ici, un choix s'impose : continuer la route 132 jusqu'à Mont-Joli, qui marque la frontière entre la Gaspésie et le Bas-Saint-Laurent, ou prendre la route 195 vers Matane.

Adresse utile

ℹ ***Bureau d'accueil touristique :*** *209, bd Saint-Benoît Ouest (route 132). ☎ 418-629-5715. • ville.amqui.qc.ca/accueil.html • Dans le même bâtiment que la gare. De fin juin à mi-août, tlj 8h-20h.*

Où dormir ? Où manger ? Où boire un verre ?

⛺ ***Camping Amqui :*** *686, route 132 Ouest, à la sortie d'Amqui (direction Mont-Joli). ☎ 418-629-3433. • campingamqui.com • Ouv de mi-juin à début sept. Emplacements 30-40 $.* Au bord de la rivière Matapédia, camping ombragé et bien entretenu, avec petit lac intérieur et plan d'eau. Le vaste espace accueille avec bonheur tout le monde, du simple campeur au semi-remorque digne d'un *Cirque Barnum.* Nombreuses activités : minimarina, piscine chauffée, location de tous types d'embarcations, de vélos, jeux gratuits (pétanque, volley, etc.).

🏠 🍴 ***Auberge Beauséjour :*** *71, bd Saint-Benoît Ouest. ☎ 418-629-5531. • auberge-beausejour.com • Tte l'année. Resto fermé le midi le w-e. Doubles 88-165 $ en hte saison selon confort, petit déj inclus. Au resto, le midi, plats 10-16 $ et menus 14-20 $; le soir, plats 15-30 $; table d'hôtes env 38 $.* Cette auberge en plein centre-ville est déjà plus que centenaire, mais rassurez-vous, si l'on a pris soin de garder l'esprit et le caractère des lieux, le confort, lui, est bien d'aujourd'hui, et les chambres, élégantes, ne sont en rien vieillottes. Le resto, au rez-de-chaussée, avec sa jolie salle à l'ancienne, ses lourdes tentures et les nappes à carreaux, a des allures de bonbonnière. Les propositions, sous leur apparente simplicité, n'hésitent pas à sortir de l'ordinaire en privilégiant les produits locaux et de saison. Et pour les becs sucrés, à toute heure de la journée, également de bonnes glaces artisanales et autres douceurs locales.

La Captive : *140, bd Saint-Benoît Ouest. ☎ 418-631-1343. Tlj 8h-23h (22h dim-lun, 1h jeu-sam).* Une innocente ? Une coupable ? Une cachottière ? Ou bien une pyromane ? Ici, celles qui vous font tourner la tête sont blanches, blondes, rousses ou noires... et se commandent au comptoir de cette microbrasserie qui a pignon sur rue en ville. Installé dans un ancien poste de police tout en brique, ce bar rameute nombre d'habitués, surtout les soirs de concert.

Où dormir ? Où manger dans les environs ?

Gîte La Maison Charles, Au Bois Joli : *854, route 132, à* ***Sainte-Florence.*** *☎ 418-756-5609. • gites-classifies.qc.ca/boijol.htm • À env 30 km au sud-est d'Amqui. Tte l'année. Doubles 70-90 $, avec petit déj ; appart 100 $.* En contrebas de la route, avec vue sur les terres du Bois Joli, voici l'ancienne exploitation d'Esther et Marcel, charmant couple d'agriculteurs à la retraite. La maison, rustique, offre une déco campagnarde et rétro. Chambres à l'étage, coquettes et agréables (elles se partagent 2 salles de bains, ainsi qu'un salon encombré au rez-de-chaussée), ou appartement pour 3 personnes à l'entresol, simple mais suffisamment équipé. Dans la cuisine familiale, petits déj concoctés à base de produits maison. Ici, le mot « accueil » prend tout son sens, car l'adorable couple aime recevoir, qu'il s'agisse d'amis, de la famille ou de voyageurs de passage.

Auberge La Coulée Douce : *21, rue Boudreau, à* ***Causapscal.*** *☎ 418-756-5270 ou 1-888-756-5270. • lacouleedouce.com • À env 20 km au sud-est d'Amqui ; dans le village (bien fléché). Tte l'année. Doubles 105-115 $; chalets 2-4 pers 160-180 $. Menu express au déj 16 $; plats 16-25 $; table d'hôtes env 30 $.* La maison est spécialisée dans le saumon (mais d'élevage, car la pêche du poisson-roi des rivières est très réglementée). On le décline ici en pâtes, en bagel ou simplement en pavé, accompagné de légumes de saison. Côté logis, l'étage abrite quelques jolies chambres douillettes aux goûts d'aujourd'hui et à la déco plutôt réussie. Autour du parking, une poignée de chalets tout équipés avec salle de bains, coin cuisine et 1 ou 2 chambres. Très simples, mais pratiques, notamment pour les familles. Une jolie auberge de village.

DANS LES ENVIRONS D'AMQUI

Le site des Chutes et Marais – observation du saumon : *à* ***Causapscal,*** *en bordure de la rivière du même nom. ☎ 418-756-6373 (de mi-juin à mi-sept) ou 6174 (hors saison). • chutesetmarais.com • À env 15 km de la route 132 ; accès par un chemin à droite (route du 2e rang), 1,5 km après le bureau d'info touristique de Causapscal. De mi-juin à mi-sept, tlj 9h30-17h30. Entrée (valable tte la saison) : 10 $, réduc. Visite guidée (comprise dans le prix) tlj vers 10h, 13h et 15h. Prévoir 1h30-2h sur place.* Au détour de la rivière Causapscal, une visite s'impose au site des Chutes et Marais où, chaque année, sont retenus dans une fosse environ 500 saumons (pour les protéger du braconnage pendant la période de fécondation et de ponte, avant de les relâcher en fin de saison). Milieu naturel exceptionnel, avec sentiers d'interprétation et promontoires d'observation, ainsi qu'un petit centre de découverte pour tout comprendre sur le saumon. De fin juin à fin juillet, vous aurez peut-être la chance d'observer le saut majestueux du *Salmo salar,* au secteur des Chutes, depuis le belvédère accessible par un escalier (144 marches tout de même !) à flanc de falaise. Au secteur Marais, où se situe la fosse de rétention, les saumons « stars » sont même filmés par une caméra sous-marine et les images projetées sur grand écran ! Aires de pique-nique sur place.

La station de Val-d'Irène : *115, route Val-d'Irène, à 8 km de Val-Brillant, un village sur la 132, à 14 km au nord d'Amqui.* • *valdi.ski* • Rando, VTT, ski alpin et nordique, raquettes, etc., tous ces sports se pratiquent ici, dans la station la plus développée de la région.

LE LAC MATAPÉDIA

Long d'une vingtaine de kilomètres, ce lac s'étend entre Amqui et Sayabec, pour une largeur maximale de 3 km. Tout autour de cette belle étendue d'eau s'étend le parc régional de la Seigneurie du lac Matapédia sur 133 km^2. Plages, randos, VTT, kayak, l'occasion est trop belle, et le paysage sublime. Arrêtez-vous pour la journée !

Où dormir dans le coin ?

Gîte Grand-Père Nicole : *39, rue Saint-Pierre Ouest, à* ***Val-Brillant.*** *☎ 418-742-3231.* • *gitegrandperenicole.qc.ca* • *Dans la rue principale. Tte l'année. Doubles avec sdb commune env 85-90 $.* Au cœur de la petite bourgade tranquille qu'est Val-Brillant, cette jolie demeure de 1905 abrite 5 chambres à l'étage. La déco n'est pas leur point fort, mais elles s'avèrent très confortables et impeccablement tenues. On se sent bien dans le magnifique salon boisé, où meubles anciens et plantes créent un petit cocon chaleureux. Accueil vraiment attentionné et petit déj succulent. Sans compter sa situation idéale, à deux pas de la marina (où louer un kayak) et des départs des sentiers de rando. En un mot : une pépite !

Camping et Auberge du Lac Malcom : *123, route du Lac-Malcolm, à* ***Sayabec.*** *☎ 418-536-3322.* • *aubergecampinglacmalcom.com* • *Camping ouv de mi-mai à fin sept ; emplacement 24-40 $ selon services et saison ; roulotte 6 pers 90 $/nuit (min 2 nuits). Auberge ouv de mi-mai à fin oct ; doubles 80-150 $.* En bordure de lac, ce camping profite d'une situation plutôt exceptionnelle, et les vacanciers ne semblent pas bouder leur bonheur ! La maison principale abrite une poignée de chambres très bien tenues (autant côté propreté que côté déco), avec balcon donnant sur l'eau ! Les campeurs en tente apprécieront les emplacements au bord de l'eau, à l'abri des arbres. Piscine extérieure chauffée, location de canoës, *paddles*... Un petit coin de paradis en somme !

À voir. À faire

Le parc régional de la Seigneurie du lac Matapédia : *route Soucy,* ***Sayabec.*** *☎ 418-629-2053.* • *mrcmatapedia.qc.ca* • *Tte l'année. Accès gratuit.*

Procurez-vous un plan détaillé du parc à l'office de tourisme d'Amqui ou dans les hébergements du secteur. On peut aussi le télécharger sur le site. Plusieurs accès possibles tout autour du lac, avec parking sur chaque secteur.

Une ***dizaine de sentiers*** sillonnent le parc (dont certains ouverts aux vélos de montagne). Les plus aisés longent les bords du lac, quand d'autres, plus coriaces, s'attaquent à de petits sommets (rien de bien méchant !). Voilà pour le côté terre. Côte mer (ou plutôt lac !), on peut louer des ***kayaks*** et des ***paddles*** à la petite marina de Val Brillant (le 1er secteur sur lequel on tombe en arrivant d'Amqui par la route 132). Plusieurs ***plages*** aménagées s'égrènent sur la rive nord du lac, mais attention, la baignade n'est pas surveillée.

Pour toutes ces activités, pensez à bien définir le secteur où garer sa voiture. Le parc est en effet divisé en différentes zones, qui servent entre autres de repères comme point de départ des randos. En arrivant d'Amqui par la route 132, on tombe en premier sur le village de Val-Brillant avec une petite marina où louer des embarcations. La route se poursuit jusqu'au village de Sayabec et le secteur Halte Pierre Brochu, puis devient la route Soucy qui fait le tour du lac, desservant les différents secteurs : Baie de Charli, Ancien chalet à Soucy, Dépôt à Soucy, Pointe Fine et enfin le secteur Colonie de vacances du camp Sable chaud. Une fois votre secteur trouvé, à vous la découverte de ce petit bijou de nature au cœur de la vallée.

L'ONTARIO

• Carte *p. 442-443*

L'Ontario, c'est le cœur du Canada. Un vaste territoire bucolique de prairies, de fermes et de forêts, borné au sud par les Grands Lacs et, au nord, par la baie d'Hudson. Province la plus active du pays, tant sur le plan industriel qu'agricole, l'Ontario regroupe la plus forte densité de population du pays. Quelque 13,7 des 35,5 millions de Canadiens y vivent, la plupart au sud, au climat plus favorable – influencé par l'effet modérateur des Grands Lacs. Pensez, on y cultive même la vigne !

Quand on dit « Ontario », on pense bien sûr aux chutes du Niagara, point d'orgue d'une visite dans la région. Mais la province est avant tout composée de milliers de lacs, reliés par de nombreux cours d'eau explorés au fil des siècles par les coureurs des bois et autres trappeurs. Dans le Nord, il n'est jamais besoin d'aller bien loin pour retrouver une nature sauvage. Le parc Algonquin offre, à cet égard, un immense territoire à arpenter à pied ou, mieux encore, en canoë.

Les villes aussi ont leur mot à dire. Ottawa, la capitale fédérale, bilingue, est incontournable avec son majestueux Parlement et son canal bicentenaire (classé à l'Unesco). Quant à la passive Toronto des années 1960, elle forme aujourd'hui la principale métropole canadienne et la quatrième ville d'Amérique du Nord. Les points d'intérêt y sont nombreux, mais c'est avant tout son ambiance multiculturelle qui séduit. Plus avant, les bourgades de la baie Georgienne révèlent un autre visage : celui du Canada des origines, où s'est forgée, bien souvent dans le sang, une partie de l'histoire du pays. Ajoutez à cela, au gré de l'itinéraire, une multitude de villages préservés, à la gentille architecture georgienne ou victorienne.

TORONTO

2 800 000 hab.

• Plan d'ensemble *p. 444-445* • Zoom *p. 448-449*
• Plan du métro *p. 450-451*

La petite cité industrielle d'autrefois a bien changé. Damant le pion de sa rivale Montréal sur le plan économique dès les années 1970, la ville n'en finit pas de s'étendre vers d'infinies banlieues entaillées de longues artères. La métropole totalise 6,1 millions d'habitants, formant la quatrième agglomération d'Amérique du Nord après Mexico, New York et Los Angeles. Plus d'un Canadien sur six vit donc dans la capitale politique de l'Ontario (et un sur quatre à moins de 2h de route).
Comment expliquer un tel développement ? Tout réside dans le dynamisme de l'immigration. Toronto est aujourd'hui la cité la plus cosmopolite du globe : plus de la moitié de ses habitants sont nés à l'étranger et pas moins de 130 langues et dialectes y sont parlés. Résultat ? De nombreux quartiers ethniques parsèment la ville, de l'incontournable Chinatown à Greektown, en passant par Little India et Little Italy. Rien de vraiment spectaculaire mais une étonnante mosaïque qui a remplacé l'idée même du melting-pot. Bienvenue à l'ère du multiculturalisme et du « village global » – une expression née ici même, de la bouche de feu le sociologue Marshall McLuhan. Cette mixité est devenue le caractère identitaire des Torontois et il est étonnant de constater à quel point des communautés ailleurs en conflit savent ici cohabiter en paix. C'est ainsi que l'on parle désormais d'u.T.O.pie (T.O. désignant Toronto).
Moins froide climatiquement que Montréal, Toronto paraît pourtant plus austère au premier coup d'œil. Voilà une ville bien policée, utilitaire avant tout, bref, anglo-saxonne jusqu'au bout des ongles, hérissée d'une multitude sans cesse grandissante de gratte-ciel de verre. Malgré cela, Toronto offre un autre visage : celui d'une cité où le stress reste contenu et où, à l'ombre des grands buildings, s'étalent encore d'attachants quartiers aux maisons victoriennes alternant rues fleuries et petits parcs peuplés d'écureuils. Voilà aussi une ville riche en couleurs de peau, en petits restos ethniques et fusion, en festivals, en bars où la musique se déguste comme la bière sortie des nombreuses brasseries artisanales de la province. La mode y fait florès et la scène design s'y porte bien, réinvestissant des quartiers longtemps délaissés. Rien d'étonnant, au final, à ce que Toronto occupe le quinzième rang mondial au classement des villes les plus agréables à vivre. Mais pour découvrir le Toronto de derrière les fagots, il faut savoir prendre son temps. Ce n'est pas l'allure de la ville qui vous séduira, mais plutôt l'atmosphère et la vie qui s'en dégagent.

TORONTO, L'AUTRE HOLLYWOOD

En une quinzaine d'années, Toronto a réussi à se hisser au troisième rang mondial des lieux de tournage, derrière New York et Los Angeles. Sa diversité architecturale et ethnique lui permet de changer d'identité au gré des productions, américaines pour la plupart – la haute technologie locale et diverses réductions d'impôts faisant le reste. Chicago, *la comédie musicale oscarisée a, ainsi, bizarrement, été tournée à Toronto !*

Arriver – Quitter

En avion

✈ ***Toronto Pearson Airport :*** *à 27 km au nord-ouest du centre-ville.* ☎ *1-866-207-1690.* • *torontopearson.com* •

– ***Bureaux de change et distributeurs :*** *près des tapis à bagages et dans le hall principal des arrivées (tlj 4h-22h).* Mieux vaut éviter de changer ici, les cours sont mauvais.

– ***Kiosque d'information*** *(Traveller's Aid) : dans le hall principal des arrivées internationales, au niveau de la porte C. En principe, tlj 6h-22h.* Tenu par des bénévoles, donc horaires aléatoires.

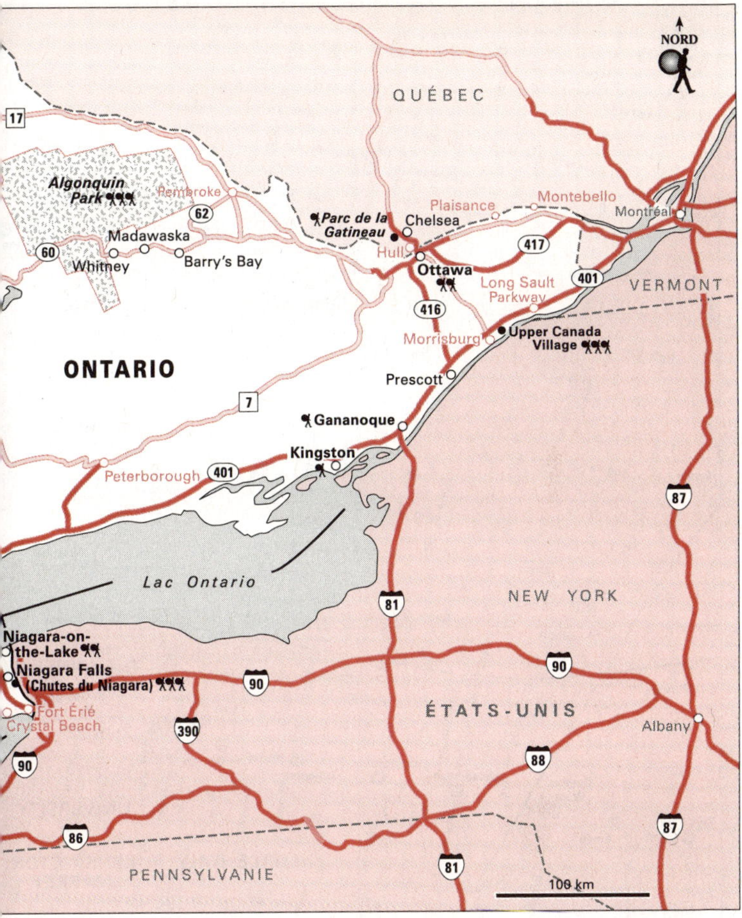

L'ONTARIO

Pour rejoindre le centre-ville

➢ ***En voiture :*** prendre la route 427 South, puis la Gardiner Expressway vers l'est. Env 20-45 mn selon l'heure.

➢ ***En train :*** l'*Union Pearson Express* (● *upexpress.com* ●), inauguré en 2015, relie l'aéroport à la gare d'Union Station (en plein centre-ville), ttes les 15 mn, 5h30-1h. C'est rapide (25 mn) et bien pratique, mais un peu cher (env 12 $). Départ du niveau 3.

➢ ***En bus :*** ● *torontopearson.com/fr/transport/public* ● Pas moins de 4 compagnies de bus desservent la région, au départ du rez-de-chaussée (G) de l'aérogare 1, soit un étage en dessous des arrivées : *Go Transit, Brampton Transit, MiWay (Mississauga Transit)* et *Toronto Transit Commission (TTC).* En fait, seule la *TTC* vous sera vraiment utile pour rejoindre le centre-ville. Son bus n° 192 dessert la station de métro Kipling, sur la ligne verte

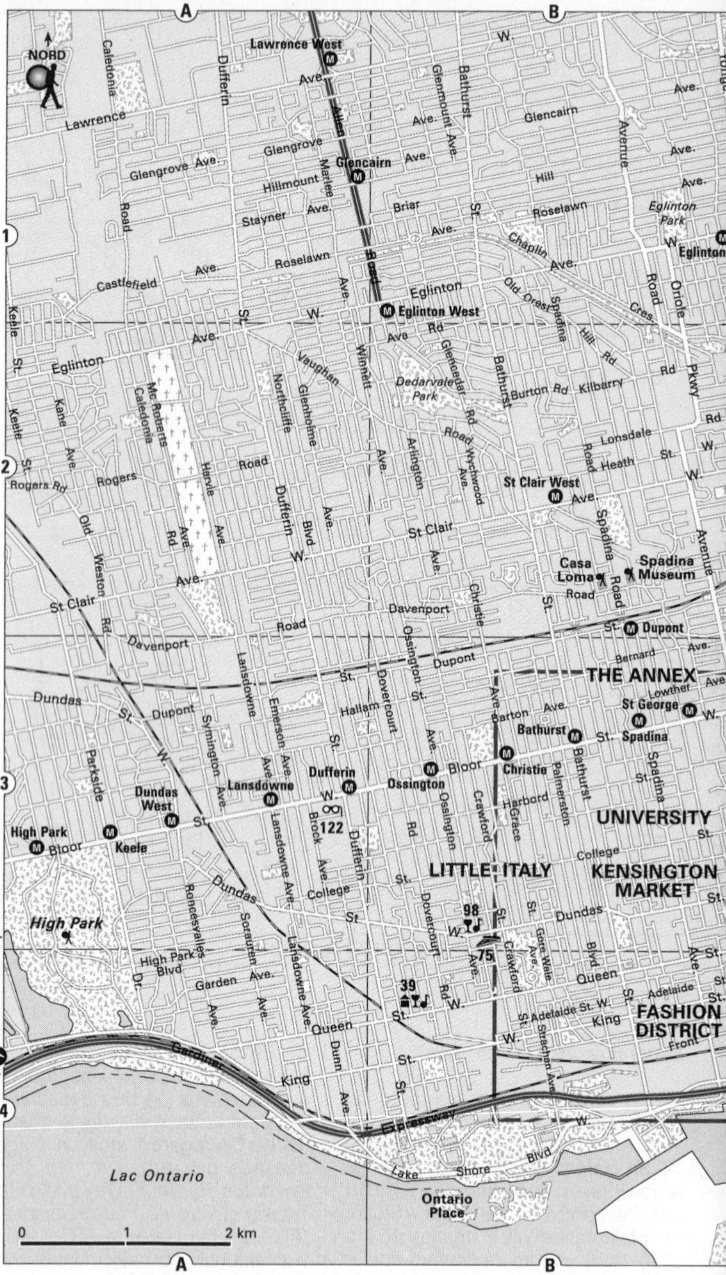
A
B
1
2
3
4
NORD
Lawrence West
Glencairn
Eglinton West
Eglinton
St Clair West
Dupont
St George
Spadina
Bathurst
Christie
Ossington
Dufferin
Lansdowne
Dundas West
Keele
High Park
Casa Loma
Spadina Museum
THE ANNEX
UNIVERSITY
KENSINGTON MARKET
LITTLE ITALY
FASHION DISTRICT
Dedarvale Park
Eglinton Park
High Park
Toronto Pearson Airport
Lac Ontario
Ontario Place
Gardiner Expressway
Lake Shore Blvd
Lawrence Ave.
Glengrove Ave.
Hillmount
Stayner Ave.
Roselawn Ave.
Castlefield Ave.
Eglinton Ave. W.
Rogers Rd
St Clair Ave. W.
Davenport Road
Dupont St.
Dundas St. W.
Bloor St. W.
College St.
Queen St. W.
King St. W.
Front
Adelaide St. W.
Harbord
Bernard Ave.
Lowther Ave.
Barton Ave.
Hallam
Caledonia Road
Dufferin St.
Allen Road
Bathurst St.
Spadina Road
Avenue Road
Yonge
Oriole Pkwy
Keele St.
Old Weston Rd
Lansdowne Ave.
Dovercourt Rd
Ossington Ave.
Christie St.
Crawford
Palmerston Blvd
Strachan Ave.
Roncesvalles
Sorauren Ave.
Dunn Ave.
High Park Blvd
Garden Ave.
Parkside Dr.
98
75
39
122
0
1
2 km

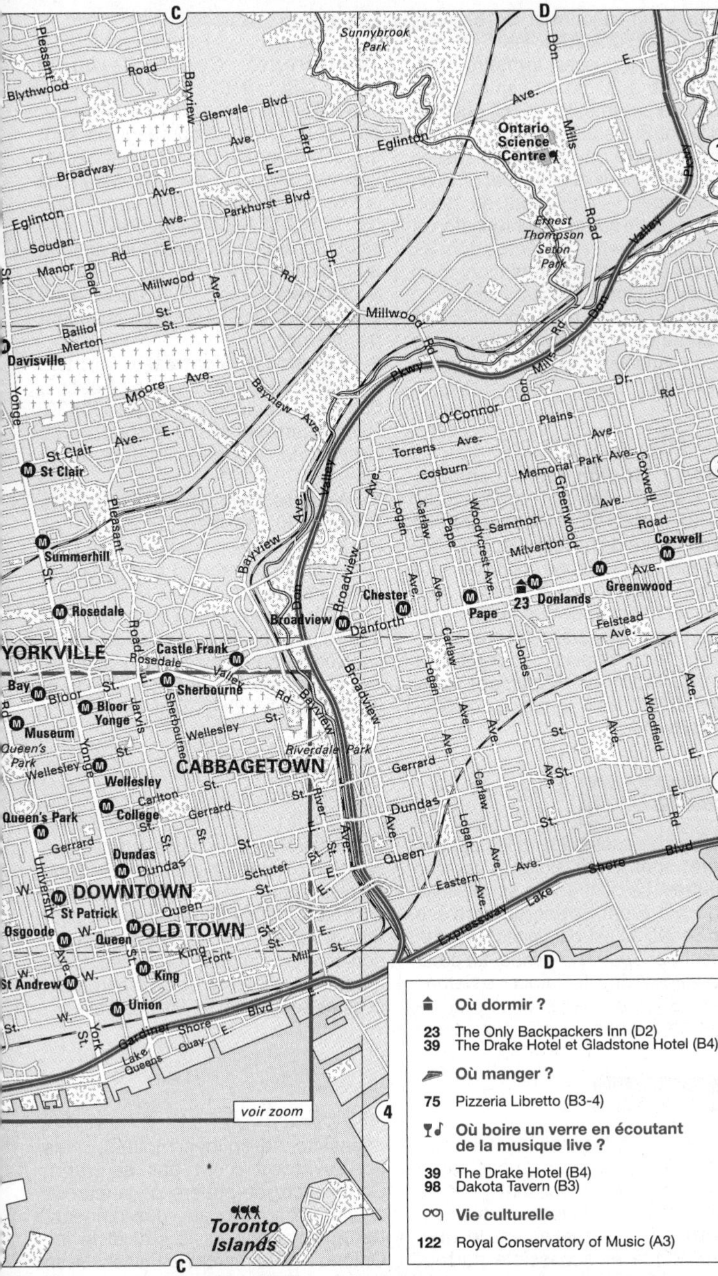

	Où dormir ?
23	The Only Backpackers Inn (D2)
39	The Drake Hotel et Gladstone Hotel (B4)
	Où manger ?
75	Pizzeria Libretto (B3-4)
	Où boire un verre en écoutant de la musique live ?
39	The Drake Hotel (B4)
98	Dakota Tavern (B3)
	Vie culturelle
122	Royal Conservatory of Music (A3)

TORONTO – Plan d'ensemble

(ttes les 7 mn en journée, 5h18-1h59). Quant au nº 52 A (ttes les 5-20 mn, 5h18-1h57), il dessert le métro Lawrence West, à 20 mn du centre. Autre option intéressante, le nº 300, qui descend Bloor St jusqu'à Yorkville.

➢ ***En navette :*** au rez-de-chaussée (G), suivez les indications « *Out of Town Van Services* », c'est tout au bout. Navettes, entre autres, pour Kingston et Niagara Falls *(● niagaraairbus.com ●)*, mais rien pour Ottawa. Attention, c'est cher (env 90 $ pour Niagara Falls).

➢ ***En taxi :*** face à la porte C. Prix fixe, en fonction des zones desservies (tableau affiché à l'extérieur). Prévoir env 45-60 $.

En train

Union Station *(gare centrale ; zoom C4)* ***:*** *65 Front St W. Via Rail : ☎ 1-888-842-7245. ● viarail.ca ●* Point infos au centre du hall des départs *(Travellers Aid)*, mais aucune consigne, sauf pour les voyageurs *Via Rail* munis d'un titre de transport. Pour louer une voiture, seule la compagnie *Hertz* est présente.

➢ Compter 5-8 trains/j. pour ***Ottawa*** (env 4h-4h30) et ***Montréal*** (env 4h30-5h30), 1 train le mat pour ***Niagara Falls*** (2h)...

En bus

Toronto Coach Terminal *(zoom C3)* ***:*** *610 Bay St. ☎ 416-393-7911. ● torontocoachterminal.com ● Tlj 5h-1h.* 3 compagnies sont représentées ici, dont 2 vous seront vraiment utiles : la *low-cost Megabus (● frca.megabus.com ●)* et *Greyhound (☎ 1-800-661-8747 ; ● greyhound.ca ●)*. Consignes automatiques au fond du couloir *(tlj 5h30-1h)*.

➢ ***Ottawa*** (5-6h) ***:*** 7-12 bus/j. avec *Greyhound.* Dès 38-41 $ en réservant par Internet.

➢ ***Kingston et Montréal*** (6-8h) ***:*** ttes les 1-2h pour Kingston avec *Megabus,* 6h30-21h, puis un dernier à 0h30. Pour Montréal slt : 5-9 bus/j. avec *Greyhound.* Compter 42-46 $ (tarifs Internet).

➢ ***Niagara Falls*** (1h30-2h) ***:*** ttes les 30 mn-1h30 avec *Megabus* en été (ttes les 2h en basse saison), 7h-23h (dès 15-17 $). Également 5 bus/j. directs avec *Greyhound* (dès 10-15 $). Trajet : 1h30-2h. En été, *GO (● gotransit.ca ●)* assure une liaison combinée train-bus via Burlington (depuis Union Station), ttes les heures env, 6h13 (7h43 le w-e, 9h43 en sept)-22h43. Tarif : env 20 $.

Orientation

Toronto est très étendue et les centres d'intérêt sont assez éloignés les uns des autres. Le centre-ville est délimité au sud par *Front Street,* au nord par *Bloor Street,* à l'est par *Jarvis Street* et à l'ouest par *Spadina Avenue.* Le cœur du *Downtown* gravite autour de Nathan *Phillips Square* (siège de l'hôtel de ville) et de *Dundas Square,* aux écrans publicitaires géants rappelant quelque chose du Times Square de New York. En plein centre, se déroulant dans l'axe nord-sud, *Yonge Street* (connue pour être la rue la plus longue au monde) constitue un bon point de repère. C'est à partir de cette rue que les perpendiculaires se divisent en *East* et *West.*

Transports

Même si les distances sont importantes, la ***voiture*** est un handicap à Toronto : les ***parkings*** sont hors de prix (voir plus loin) ! Optez plutôt pour le ***métro*** ou éventuellement le ***taxi,*** ultra-pratique et accessible partout (compter 10-15 $ la course dans le centre, plus pourboire). La ***marche*** nécessite de solides mollets, mais le Downtown n'est pas si grand. Commencez de préférence la journée au nord et visitez en vous dirigeant tranquillement vers le sud et le lac Ontario : vous marcherez ainsi sur un long faux plat qui descend.

La *Toronto Transit Commission* (*TTC*

– on dit « ti-ti-ci » ; ● *ttc.ca* ●) exploite le réseau des bus urbains, 11 lignes de tramways *(streetcars)* et ***4 lignes de métro*** *(subway)*. Parmi ces dernières, 2 vous seront vraiment utiles : la jaune (Yonge-University-Spadina), qui décrit une boucle en plein Downtown, et la verte, qui court sur un axe est-ouest juste à la limite nord du centre-ville. Rapide, facile d'utilisation, le métro est ouv 6h (9h le dimanche)-1h30. Les ***bus,*** efficaces, comptent quelque 150 lignes diurnes et 20 nocturnes. Ils fonctionnent grosso modo 6h (9h dim)-1h. Les ***tramways*** (mêmes horaires) couvrent

Adresses utiles

- Tourist Information Center (C4)
- **2** Calforex (change ; B3-4)
- **3** Clinique médicale du Centre francophone (B4)
- **4** Shoppers Drug Mart (pharmacie ouverte 24h/24 ; C3)
- **5** Wheel Excitement (location de vélos ; C4)
- **6** Supermarchés Metro (C3 et C4)
- **8** Consulat général de France (C3)
- **9** Consulat de Suisse (C3)
- @ **111** Apple Store (C3)

Où dormir ?

- **21** HI Hostelling International Toronto (C3-4)
- **22** The Planet Traveler Hostel (B3)
- **24** University of Toronto (B3)
- **25** Neill-Wycik Budget Accomodation (C3)
- **26** Tartu College (B3)
- **27** The Clarence Park (B4)
- **28** Massey College Summer Rentals (B3)
- **29** Global Guest House (B3)
- **30** Victoria's Mansion Guest House (C3)
- **31** Les Amis B & B (C3)
- **32** The Saint James Hotel (C3)
- **33** Baldwin Village Inn (C3)
- **34** Au Petit Paris B & B (C3)
- **35** Urban North Inns (B3)
- **36** Downtown Home Inn (C3)
- **37** Making Waves Boatel (B4)
- **38** Fairmont Royal York (C4)
- **40** Ivy at Verity (C3)
- **62** Bond Place Hotel (C3)

Où manger ?

- **51** Mother's Dumplings (B3)
- **52** El Trompo (B3)
- **53** Terroni (C3)
- **54** Seven Lives (B3)
- **55** Urban Herbivore (B3)
- **56** Cafe La Gaffe (B-C3)
- **57** Karine's et Manpuku (C3)
- **58** What a Bagel (B4)
- **60** Forno Cultura (B4)
- **61** Warehouse (C3)
- **62** Senator (C3)
- **63** Fresh on Spadina (B4)
- **64** Corned Beef House (C4)
- **65** Brick Street Bakery (C4)
- **66** The Keg Mansion (C3)
- **67** Alexandros (C4)
- **68** Oyshi Sushi (C4)
- **69** Dineen Coffee Company (C3)
- **71** The Pilot Tavern (C3)
- **72** Mystic Muffin (C3)
- **74** Whole Foods Market (B-C3)
- **76** Khao San Road (B4)
- **77** Kinton Ramen (C3)
- **78** Fresh on Bloor (B3)

Où boire un bon café ? Où déguster une pâtisserie ou une glace ?

- **65** Balzac's Coffee et Brick Street Bakery (C4)
- **80** Soma Chocolatemaker (B4)
- **81** Kekou (B-C3)
- **82** Dark Horse Espresso (B3)
- **83** 7 West Cafe (C3)
- **84** Moonbean Coffee Company (B3)
- **85** White Squirrel (B4)

Où boire un verre ? Où écouter de la musique live ?

- **65** Mill Street Brew Pub (C4)
- **71** The Pilot Tavern (C3)
- **90** The Rex Jazz & Blues Bar (C3)
- **91** The Orbit Room (B3)
- **92** Horseshoe Tavern (B4)
- **94** Lee's Palace (B3)
- **95** Bar Hop (B4)
- **96** Thompson Hotel Rooftop lounge (B4)
- **97** Rivoli Café & Club (B3-4)
- **99** Canoe (C4)
- **100** The Reservoir Lounge (C4)
- **101** The Panorama Lounge – One Eighty Restaurant (C3)
- **102** Volo (C3)
- **103** Hemingway's (C3)
- **104** The Madison Avenue Pub (B3)

Achats

- **110** Mountain Equipment Co-Op (B4)
- **111** Eaton Centre (C3)
- **112** The Bay (C3)

Vie culturelle

- **120** Royal Alexandra Theatre (C4)
- **121** Orchestre symphonique de Toronto (C4)
- **123** Massey Hall (C3)
- **124** Tiff (C4)

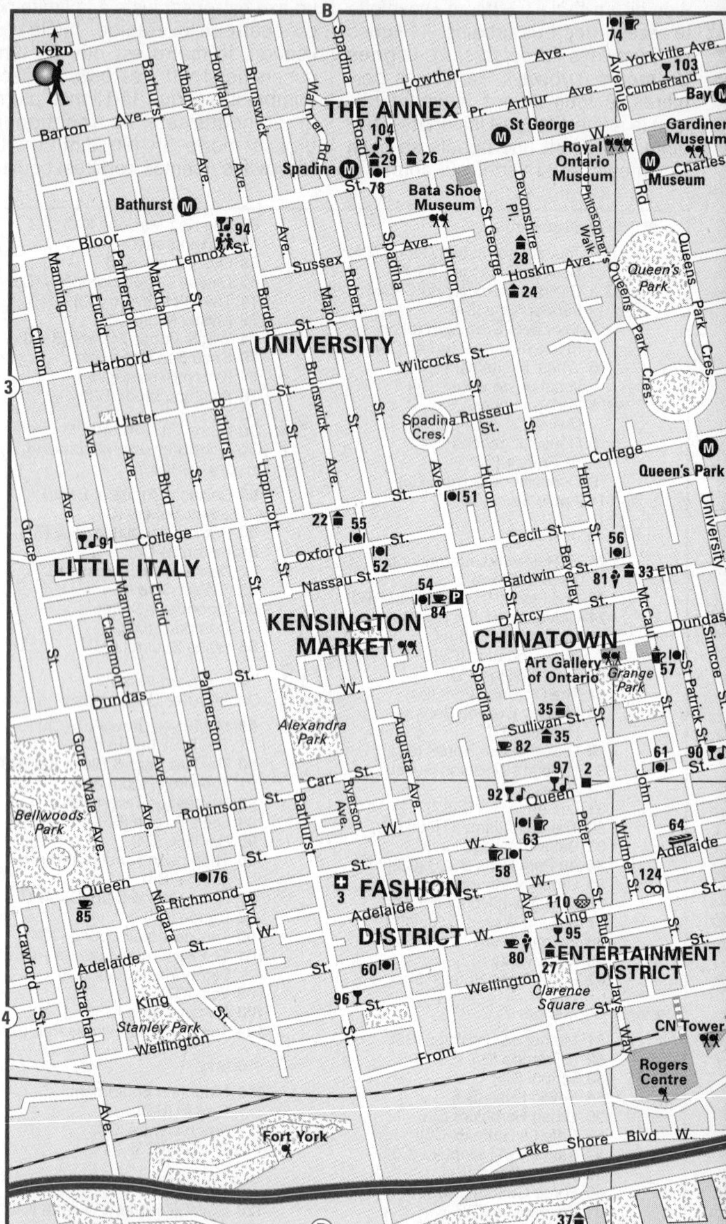
NORD
THE ANNEX
UNIVERSITY
LITTLE ITALY
KENSINGTON MARKET
CHINATOWN
FASHION DISTRICT
ENTERTAINMENT DISTRICT
St George
Spadina
Bathurst
Queen's Park
Bay
Royal Ontario Museum
Gardiner Museum
Charles Museum
Bata Shoe Museum
Queen's Park
Art Gallery of Ontario
Grange Park
Alexandra Park
Bellwoods Park
Stanley Park
Clarence Square
CN Tower
Rogers Centre
Fort York
Bloor St. W.
Yorkville Ave.
Cumberland
Lowther Ave.
Prince Arthur Ave.
Barton Ave.
Harbord St.
Wilcocks St.
Ulster St.
Russell St.
Spadina Cres.
College St.
Cecil St.
Oxford St.
Nassau St.
Baldwin St.
D'Arcy St.
Elm
Dundas St. W.
Sullivan St.
Queen St. W.
Carr St.
Robinson St.
Richmond St. W.
Adelaide St. W.
King St. W.
Wellington St.
Front St.
Lake Shore Blvd W.
Spadina Road
Spadina Ave.
Walmer Rd
Bathurst St.
Albany Ave.
Howland Ave.
Brunswick Ave.
Borden St.
Major St.
Robert St.
Huron St.
Devonshire Pl.
Philosopher's Walk
Queens Park Cres.
University Ave.
Avenue Rd
Manning Ave.
Palmerston Blvd
Markham St.
Euclid Ave.
Clinton St.
Grace St.
Claremont St.
Lippincott St.
Augusta Ave.
Ryerson Ave.
Beverley St.
Henry St.
McCaul St.
St Patrick St.
Simcoe St.
John St.
Peter St.
Widmer St.
Blue Jays Way
Gore Vale Ave.
Niagara St.
Crawford St.
Strachan Ave.
Sussex Ave.
Lennox St.
Hoskin Ave.
B
3
4

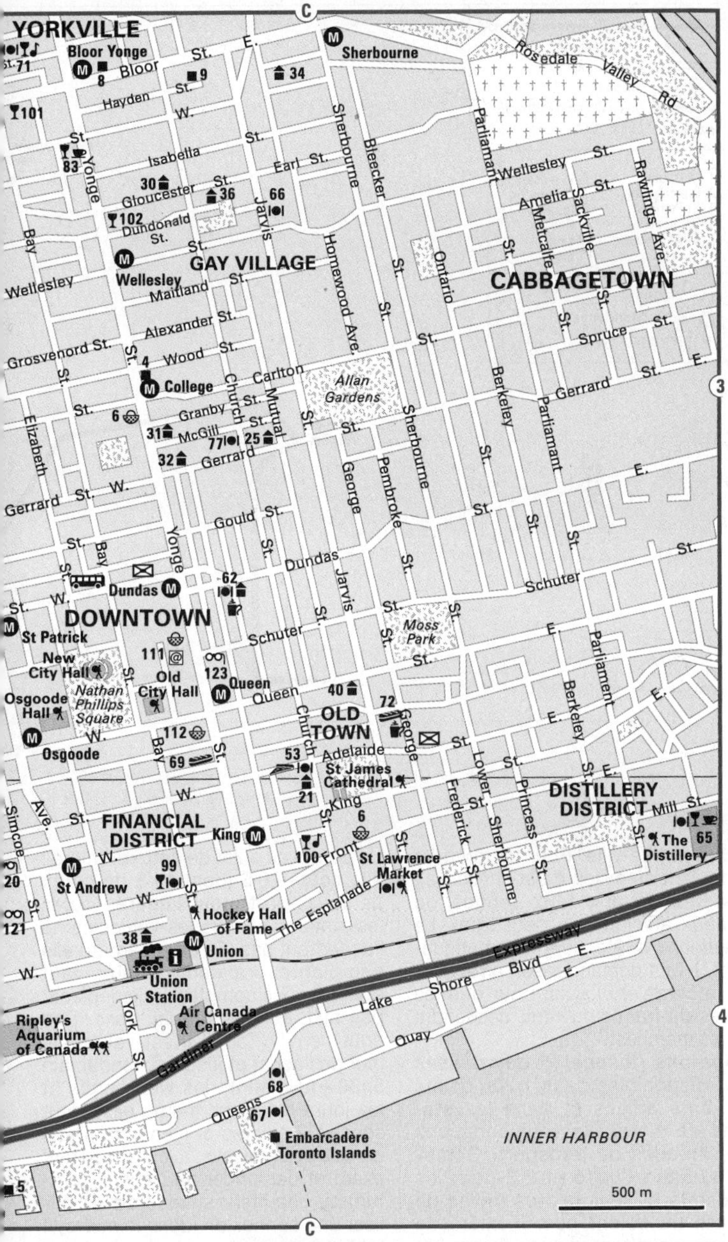

TORONTO – Zoom

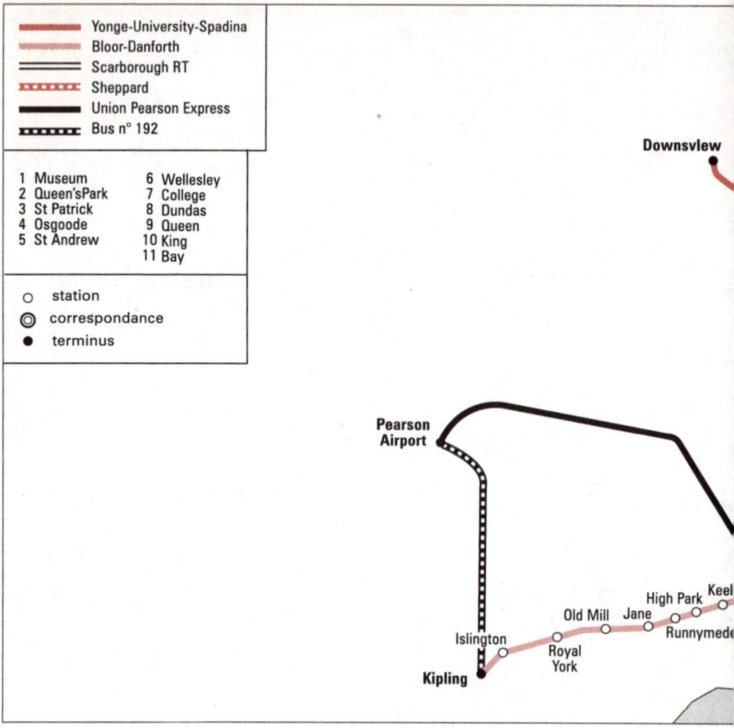

tout le centre-ville. Pour les prendre (ils roulent au milieu de la chaussée), postez-vous aux feux rouges ou poteaux affichant un petit tram. Le chauffeur s'arrête alors automatiquement. Il faut demander son arrêt (tirer sur la cordelette) puis, pour que les portes du tram s'ouvrent, descendre sur les marches.

Les ***jetons (tokens)*** et ***day passes*** sont disponibles dans 1 200 points de vente affiliés et dans les stations de métro. Ils sont communs aux 3 modes de transport. Compter 3,25 $ à l'unité et 2 $ pour les étudiants et seniors ; les moins de 12 ans ne paient pas. Il existe de (toutes) petites réducs pour les achats groupés et pour ceux qui utilisent la carte électronique *Presto.* Un bémol au sujet de cette dernière : elle coûte 20 $ (dont 14 $ de crédit de voyage) et, pour l'heure, toutes les stations et tous les véhicules ne l'acceptent pas. En attendant qu'elle s'implante vraiment, mieux vaut donc, si vous comptez vous déplacer pas mal, acheter un *day pass.* Son coût : env 12,50 $. Il est valable le jour de l'achat et jusqu'au lendemain 5h30 (du matin) ; les week-ends et les jours fériés, un même *pass* peut servir à 2 adultes et 4 enfants. Dans les bus et tramways, avoir le montant exact et demander un *transfer* (gratuit) au chauffeur si vous devez utiliser une connexion (dans le métro, il faut le prendre dans les distributeurs placés aussitôt après les barrières).

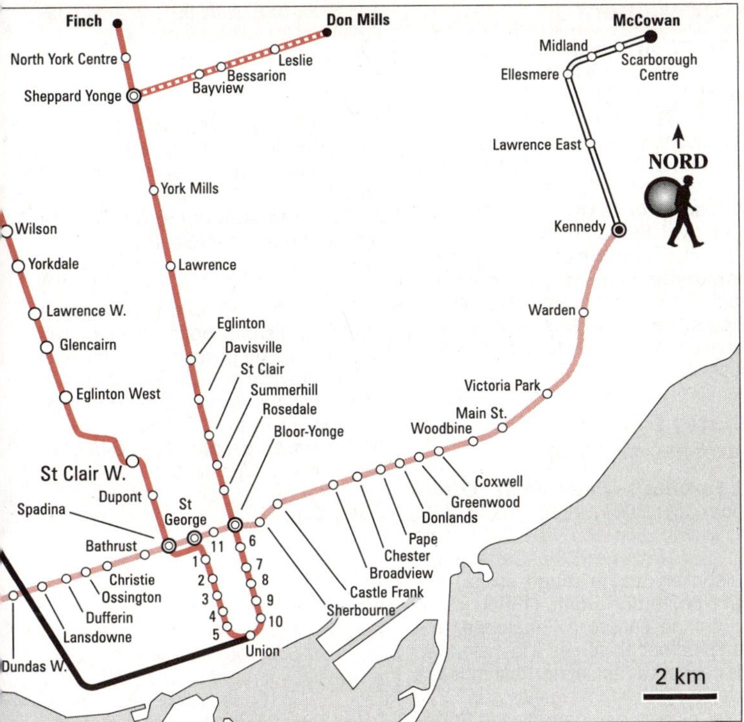

TORONTO – Plan du métro

Parking

Toronto est l'une des villes d'Amérique du Nord ***les plus chères*** pour le parking. Les hôtels facturent couramment 50 $ la nuit et le moindre parking public vous demandera au moins 20-26 $ pour 24h, en général avec possibilité d'entrer et sortir à votre guise *(in and out)*, à confirmer. Le parking municipal le moins cher est celui de Chinatown-Kensington Market *(zoom B3)* : il coûte 5,50 $ de 7h à 18h et 4 $ de 18h à 7h. Reste plus qu'à faire la trotte jusque-là...

Adresses et infos utiles

Infos touristiques

🛈 ***Tourist Information Center*** *(zoom C4)* **:** *65 Front St W, dans la gare d'Union Station.* Ⓜ *Union. Point info situé au milieu du hall principal.* ☎ *416-366-7788. Tlj 10h-18h env.* Aucun vrai office de tourisme (!), il faut se contenter de ce kiosque tenu par des bénévoles, aux horaires aléatoires. Demandez les magazines comportant des coupons de réduction.
– ***Renseignements sur Internet :*** • *seetorontonow.com* •

Hébergement

■ ***The Downtown Toronto Association of Bed & Breakfast Guest Houses :*** *☎ 647-654-2959. • bnbinfo.com •* Sélection d'une douzaine de maisons à travers toute la ville – et pas seulement dans le Downtown, comme le laisse supposer leur nom...

■ ***Resorts of Ontario :*** *☎ 705-325-9115 ou 1-800-363-7227. • resortsofontario.com • Resorts of Ontario* représente plus d'une centaine d'auberges champêtres, centres de villégiature et chalets à travers la province, du pays du Niagara à la Muskoka.

Poste, télécommunications, change

✉ ***Toronto's First Post Office*** *(zoom C3) : 260 Adelaide St. ☎ 416-865-1833. Lun-ven 9h-17h30, sam 10h-16h, dim 12h-16h.* Cette petite maison en brique rouge est la plus vieille poste de Toronto (1833). Ici, on fonctionne encore à l'ancienne, vos cartes seront oblitérées à la main avec des cachets à l'ancienne. Petit musée à l'intérieur *(donation requise).*

✉ La plupart des pharmacies ***Shoppers*** disposent aussi d'un ***bureau de poste.***

@ **Apple Store** (zoom C3, **111**) **:** *dans le centre commercial* Eaton Centre *(level 3), 220 Yonge St (côté Queen St). Ⓜ Dundas. Lun-ven 10h-21h30, sam 9h30-21h30, dim 10h-19h.* Connexions gratuites sur les ordinateurs de démonstration.

■ ***Calforex*** *(zoom B3-4,* ***2****) : 290 Queen St W. ☎ 416-921-4872. Lun-ven 8h30 (9h en hiver)-19h, sam 9h-19h, dim 10h-17h.* Très bon taux sur l'euro ; accepte aussi les francs suisses.

Représentations diplomatiques

■ ***Consulat général de France*** (zoom C3, **8**) **:** *2 Bloor St E, suite 2200. ☎ 416-847-1900 ou 416-574-2126 (urgences slt). • consulfrance-toronto.org • Lun-ven 9h-12h30.*

■ **Consulat de Suisse** (zoom C3, **9**) **:** *175 Bloor St E, suite 901. ☎ 905-939-0922. • toronto@honrep.ch •*

Santé

■ ***Télésanté Ontario :*** *☎ 1-866-797-0000.* Des infirmiers répondent à vos questions, 24h/24. Service gratuit valable pour tout l'Ontario.

✚ ***Clinique médicale du Centre francophone*** (zoom B4, **3**) **:** *555 Richmond St W. ☎ 416-922-2672. • centrefranco.org • Lun-ven 8h30-16h30 (20h mer) ; fermé le w-e.* Si les moyens sont insuffisants pour soigner tous les touristes de passage, le personnel pourra néanmoins vous fournir 24h/24 des renseignements par téléphone et vous diriger vers un hôpital.

■ ***Pharmacie ouverte 24h/24 :*** ***Shoppers Drug Mart*** *(zoom C3,* ***4****), 465 Yonge St. ☎ 416-408-4000. Ⓜ College.*

Transports et excursions

■ ***Location de vélos :*** ***Wheel Excitement*** *(zoom C4,* ***5****), 249 Queen's Quay W, unit 106. ☎ 416-260-9000. • wheelexcitement.ca • Tlj 10h-18h. Env 35 $/j.* Loue aussi des rollers. Vélos acceptés gratuitement dans les transports en commun hors heures de pointe.

– ***Bike Share Toronto :*** *• bikesharetoronto.com •* Vélos en libre-service, disponibles dans 80 stations réparties dans toute la ville. L'abonnement (à la borne avec carte de paiement) coûte 7 $ pour 24h et 15 $ pour 3 jours. Il permet de retirer un vélo autant de fois qu'on le souhaite durant ces périodes, pour des durées inférieures à 30 mn. Au-delà, les frais grimpent vite : 1,50 $ si on le garde 1h, 4 $ jusqu'à 1h30, puis 7 $ par demi-heure supplémentaire. Le *Bike Share* n'est donc pas adapté aux longues balades, mais se révèle être une alternative efficace pour aller d'un point A à un point B.

■ ***Culinary Adventure Company :*** *☎ 647-955-8357. • culinaryadventureco.com •* Le chef Scott propose une dizaine de tours des différents quartiers de la ville à travers leur héritage culinaire, mais aussi des visites des marchés, des cours de fabrication de fromage, la cueillette des champignons en saison, et même une sortie en canoë avec pique-nique 5 étoiles !

Divers

– Les journaux hebdomadaires ***Now*** et ***The Grid,*** distribués partout gratuitement, donnent la liste de tous les spectacles culturels.

Supermarchés : ***Metro*** *(zoom C3,* ***6****), dans le centre commercial* College Park *(au sous-sol). Ⓜ College. Ouv 24h/24. Rayon traiteur appétissant. On trouve un autre* ***Metro*** *ouv 24h/24 en face du Saint Lawrence Market, 80 Front St E (zoom C4,* ***6****). En centre-ville, plusieurs* ***Hasty Markets,*** *petits supermarchés ouv tte la nuit et plébiscités par les noctambules.*

Où dormir ?

L'hébergement à Toronto étant ***cher,*** nos catégories de prix sont en conséquence décalées à la hausse. Seules solutions : opter pour les AJ (certaines franchement chères...), s'éloigner du centre au risque de passer pas mal de temps dans les transports, choisir le camping (tout aussi excentré) ou le logement dans les chambres d'universités, louées de mai à fin août en l'absence des étudiants. Là encore, ce n'est pas à proprement parler bon marché et il faut faire le ménage soi-même, mais bon... c'est assez central. Pour ceux qui sont plus en fonds, préférez les *B & B,* souvent situés dans des quartiers plaisants. Le petit déj sera compris et vous rencontrerez des gens accueillants qui, le plus souvent, vous donneront des conseils pour découvrir la ville. Quel que soit votre choix, ***réservez !*** Lors des grosses manifestations (comme le festival du Film en septembre), les hébergements sont pris d'assaut des mois à l'avance.

CAMPING

Glen Rouge Campground : *7450 Kingston Rd. ☎ 416-287-2267 (infos) ou 1-855-811-0111 (résas). ● rougepark.com ● trcacamping.com ● À env 35 km au nord-est du centre-ville. Sur l'autoroute 401, sortie 392 (Port Union Rd) si vous venez de l'est ou 390 en arrivant de l'ouest. D'Union Station, Go Train jusqu'à la gare de Rouge Hill (où l'on peut laisser gratuitement sa voiture pour la journée), puis bus n° 85 (ttes les 30 mn env). Ouv mai-oct. Emplacements 30-40 $; 4 emplacements plus petits 26 $, réservés aux* backpackers *non motorisés.* Seul camping dans les limites de la ville de Toronto, il occupe un site de près de 9 ha, à quelques pas de la rivière Rouge. La même énorme enclave de verdure (Rouge Park) abrite le zoo de Toronto (à 2h à pied !). Cela dit, l'autoroute, si elle ne se voit pas, s'entend assez bien... Pour le reste, emplacements plutôt agréables quoique assez proches et sanitaires corrects. Prévoir un bon antimoustiques l'été.

AUBERGES DE JEUNESSE

The Clarence Park *(zoom B4,* ***27****) : 7-10 Clarence Sq. ☎ 647-559-7702. ● theclarencepark.com ● Lits en dortoirs 6-8 pers 27-31 $; doubles avec sdb privée 70-100 $.* En voilà une bonne surprise : cette AJ occupe 4 petites maisons accolées aux airs de *B & B,* toutes rénovées et donnant sur un square du centre-ville. Fréquentée par pas mal d'étudiants étrangers en attendant qu'ils trouvent un logement à l'année. Rien à redire côté dortoirs (chacun avec douche) et les chambres sont dignes d'un petit hôtel ! Cuisines communes (avec thé, café, etc.), *TV room* avec grand écran plat et DVD à disposition, terrasses sur le toit, laverie. Le petit déj n'est pas compris, mais la maison intègre un café français, le *Neuf (au... n° 9 ; tlj sauf lun 7h30-22h),* où les nostalgiques trouveront aussi bien croque-monsieur que moules-frites. Un bémol : le manque d'insonorisation.

The Planet Traveler Hostel *(zoom B3,* ***22****) : 357 College St. ☎ 647-352-8747. ● theplanettraveler.com ● Ⓜ Queen's Park, puis 25 mn à pied (ou tramway sur College St). Lits en dortoir (3-6 lits) 38-46 $; double env 90 $,* *avec petit déj.* Cette AJ nickel, animée par un esprit écolo, n'a pas lésiné sur les moyens : un salon contemporain organisé autour d'une cheminée (avec plusieurs Mac à dispo), une cuisine moderne et une vaste terrasse avec canapés et vue sur la CN Tower en étage – en été, on y projette des films une fois par semaine. Les dortoirs, simples et classiques, ont l'avantage d'avoir des casiers individuels et une salle de bains privée, à l'inverse des doubles dont les douches et w-c sont en commun (partagés entre 3 ou 4 chambres). Nombreux services et activités : location de vélos *(20 $/j.)*, *pub crawl,* karaoké, barbecue le samedi, etc.

HI Hostelling International Toronto *(zoom C3-4,* ***21****) : 76 Church St. ☎ 416-971-4440 ou 1-877-848-8737. • hihostels.ca • Ⓜ King. Ouv 24h/24. Env 39-50 $ en dortoirs 4-10 lits ; doubles 130-200 $ (moins 10 % pour les membres), petit déj en sus.* On vous l'indique plus qu'on vous la conseille : si les dortoirs ont pour la plupart l'AC, une salle de bains *ensuite* et sont bien tenus, les tarifs sont vraiment élevés. Cela étant, vous aurez droit à un bar avec musique live au sous-sol (et parfois *comedy shows*), des balades souvent gratuites à la plage ou vers les parcs, des sorties aux chutes du Niagara (payantes), une grande salle commune, ordis, salon TV, vaste cuisine dans les caves voûtées, laverie et terrasse avec barbecue. Ambiance conviviale.

The Only Backpackers Inn *(plan d'ensemble D2,* ***23****) : 966-974 Danforth Ave. ☎ 416-463-3249. • theonlyinn.com • Ⓜ Donlands. Compter 26-30 $ en dortoirs 4-8 lits, petit déj inclus (gaufre avec fruits).* On s'éloigne du centre pour Greektown, mais le métro est juste à côté et cette AJ affiche les tarifs les plus bas de la ville. Les dortoirs sont petits et on s'y entasse un peu, mais ils restent décents ; ils partagent 2 salles de bains. La cuisine, assez grande, donne sur une agréable terrasse en bois avec barbecue. En prime : salon TV sympa, laverie, tours gratuits de la ville de temps en temps (en été), tournée des pubs et, surtout, un trio bar-*juice bar-coffee shop* pour aller avec !

UNIVERSITÉS

University of Toronto *(zoom B3,* ***24****) : Summer Housing, 85 Saint George St* (Whitney Hall) *ou 75 Saint George St* (Morrison Hall). *☎ 416-978-2532. • housing.utoronto.ca • Début mai-fin août. Séjour 1 sem min et carte d'étudiant obligatoire. Simples env 250 $/sem au* Morrison Hall *(avec AC), doubles env 355 $/sem au* Whitney Hall *(sans AC) ; draps non fournis.* On loge au choix dans l'une ou l'autre des 2 résidences de ce vaste campus animé jusqu'au cœur de l'été. Ambiance *Cercle des poètes disparus* dans le *Whitney Hall* : chambres spartiates avec ventilo, meubles en bois ciré, 2 cuisines communes à partager. Le *Morrison Hall* est plus récent, les chambres ont l'AC, mais la cuisine est plus basique (frigo et micro-ondes seulement). Sanitaires (communs et mixtes dans les 2 résidences) impeccables, laverie. Réserver au moins plusieurs semaines à l'avance.

Neill-Wycik Budget Accommodation *(zoom C3,* ***25****) : 96 Gerrard St E. ☎ 416-977-2320 ou 1-800-268-4358. • torontobackpackershotel.com • Ⓜ College. De mi-mai env à fin août. Simples 53-60 $; doubles 75-90 $ (2 lits superposés) ; familiales 4 pers 120-140 $; petit déj, draps et serviettes inclus, majoration de 5 $/pers ven-sam. Réduc de 15 % pour un séjour à la sem ou au mois (sf juil) ; - 10 % pour les étudiants, séniors et membres des AJ (réduc non cumulables).* Assez central, ce grand immeuble abrite environ 300 chambres spartiates et fonctionnelles dont les plus élevées dominent la ville. Chaque groupe de 4 ou 5 chambres (avec 1 ou 2 lits simples) dispose d'une cuisine commune avec coin salon et d'une salle de bains (parfois 2). Cafétéria, salon TV, laverie et terrasse sur le toit, pour faire un barbecue au 22e étage ! *Movie night* chaque semaine.

Massey College Summer Rentals *(zoom B3,* ***28****) : 4 Devonshire Pl. ☎ 416-946-7843. • masseycollege.*

ca/facilities/summer-rentals • Mai-fin août. Compter 80-120 $ pour une simple, 100-170 $ la double ; réduc importantes selon durée. Petit déj inclus et pas de taxes. On choisit ici entre les chambres étudiantes standard (partageant les sanitaires), plutôt plus agréables que dans d'autres résidences, et les 6 *senior suites* avec salle de bains (souvent réservées longtemps à l'avance). Les plus : cuisine commune, laverie, ping-pong et cour verdoyante avec fontaines. Demandez un ventilo s'il fait trop chaud.

☗ ***Tartu College*** *(zoom B3,* ***26****)* **:** *310 Bloor St W. ☎ 416-925-9405. • tartucollege.ca • Ⓜ Spadina. Mai-août. Bureau lun-ven 9h-16h ; réception 24h/24. Chambrette 1 pers 50 $; 250 $/sem ; draps 20 $/sem ; réduc dès la 2e nuit.* Cette résidence d'étudiants franchement tristounette est fonctionnelle, avec plus de 450 chambres basiques réparties par unités comprenant chacune une cuisine, 3 salles de bains et 6 chambres. Certaines ont été récemment rénovées et se sont vu adjoindre l'AC. Laverie. Réservez bien à l'avance, c'est toujours plein en été.

HÔTELS ET B & B

Bon marché

☗ ***Global Guest House*** *(zoom B3,* ***29****)* **:** *9 Spadina Rd. ☎ 416-923-4004. • globalguesthousetoronto.com • Ⓜ Spadina. Simples 75-85 $, doubles 90-100 $ sans ou avec sdb privée.* Située dans le quartier étudiant *The Annex,* à côté du métro et de Bloor Street West, cette vieille maison abrite une dizaine de chambres au décor vieillot et un peu poussiéreux (à l'image de l'entretien), relevé des touches de couleur des toiles et fresques de la proprio. L'accueil n'est pas toujours bien souriant et la clim est bruyante. Micro-ondes et frigo à disposition. Pas le grand luxe, mais prix en conséquence.

De prix moyens à chic

☗ ***Baldwin Village Inn*** *(zoom C3,* ***33****)* **:** *9 Baldwin St. ☎ 416-591-5359. • baldwininn.com • Ⓜ Saint Patrick. Doubles env 105-125 $, avec petit déj.* Située à deux pas de l'Art Gallery of Ontario, sur une jolie rue arborée aux nombreux restaurants, cette petite maison a été entièrement rénovée avec goût et sobriété. Ses 6 chambres, confortables, claires et lumineuses, alternent parquet grinçant et mobilier moderne ; elles se partagent 3 salles de bains. Les n° 5 et 6, à l'étage, sont plus spacieuses. Le petit déj, simple, est servi dans une cuisine-salle à manger ouvrant sur une agréable courette fleurie. À l'étage, coin TV avec livres, jeux et vidéos, et balcon. Accueil très sympathique des proprios.

☗ ***Urban North Inns*** *(zoom B3,* ***35****)* **:** *4,10 et 41 Sullivan St. ☎ 416-591-5359. • urbannorthinns.com • Ⓜ Saint Patrick. Double env 125 $.* Les charmants propriétaires du *Baldwin Village Inn* ont ouvert des chambres impeccables dans 4 maisons de cette jolie rue aux élégantes demeures. Au n° 41, la *Nest House* est une petite perle, avec 3 chambres contemporaines soignées, tout confort, terrasses pour se relaxer, vaste cuisine tout équipée et salon cosy. Notre préférée ? La 3L, au 2e étage. La *Burrow House,* au n° 10, dégage une atmosphère plus familiale avec ses salon, salle à manger et cuisine à partager. Mais notre préférence va à l'*Aerie House,* au n° 4, pour sa déco épurée, ses vieux planchers et son magnifique salon cathédrale ouvrant sur un jardinet avec terrasse en bois. Un très bon rapport qualité-prix, mais téléphonez avant d'arriver pour que les proprios vous attendent au bon endroit.

☗ ***Downtown Home Inn*** *(zoom C3,* ***36****)* **:** *2 Monteith St. ☎ 647-342-1010. • downtownhomeinn.com • Ⓜ Wellesley. Doubles 95-115 $.* Situé dans une maison de ville en brique assez simple, dans une ruelle du quartier gay, ce *B & B* dispose de 6 chambres aux noms de fleurs, simples mais récemment rénovées (avec AC), partageant 2 salles de bains (sur 2 étages). Petit bonus pour la *Violet room,* avec sa terrasse en bois donnant sur l'arrière. Loue également un grand studio. Pas d'enfants de moins de 7 ans.

Les Amis B & B *(zoom C3, **31**) : 31 Granby St. ☎ 416-591-0635. • bbtoronto.com • Ⓜ College. Doubles sans ou avec sdb privée 140-160 $; min 2 nuits exigées si résa longtemps à l'avance.* Les photos de voyage de Paul-Antoine, l'adorable proprio (français), ornent les murs de la maison (1870). Intarissable sur Toronto, il vous fera profiter allègrement de ses bons plans tout en préparant ses excellents petits déj végétariens. 3 des 5 petites chambres, douillettes quoiqu'un poil chères, disposent de leur propre salle de bains. La rue est tranquille, thé et café sont à disposition, de même qu'un frigo et un micro-ondes. Paul-Antoine et Michelle ne sont pas toujours sur place, car ils louent aussi 2 chambres (plus spacieuses, avec salle de bains) ***Au Petit Paris B & B*** *(zoom C3, **34** ; 3 Selby St ; ☎ 416-928-1348 ; • bbtoronto.com/aupetitparis • ; Ⓜ Sherbourne ; double 145 $).* Là, le petit déj est parfois proposé, parfois pas (réduction dans ce cas).

Victoria's Mansion Guest House *(zoom C3, **30**) : 68 Gloucester St. ☎ 416-921-4625. • victoriasmansion.com • Ⓜ Wellesley. Doubles env 110-240 $.* Depuis la dernière campagne de travaux, ce petit hôtel familial est devenu une option intéressante. Certes, ce n'est pas l'adresse du siècle, mais ses chambres correctement tenues sont d'un rapport qualité-prix convenable compte tenu de la localisation de l'établissement (à deux pas des transports et de l'animation mais dans une rue tranquille). Toutes ont douche, frigo et micro-ondes, voire une kitchenette. Seuls bémols : pas de petit déj et horaires de réception restreints.

The Saint James Hotel *(zoom C3, **32**) : 26 Gerrard St E. ☎ 844-645-2200. • thesaintjameshotel.com • Ⓜ College. Doubles env 155-240 $.* Bien situé, le *Saint James* est un petit hôtel en brique moderne de 6 étages aux chambres spacieuses joliment rénovées – qui n'ont rien à envier à celles de certaines grandes chaînes plus luxueuses. N'y cherchez pas de charme, mais côté confort, entretien et propreté, c'est parfait.

Chic

Bond Place Hotel *(zoom C3, **62**) : 65 Dundas St E. ☎ 416-362-6061. • bondplace.ca • Ⓜ Dundas. P payant situé juste en face. Doubles 180-250 $. Réduc sur le site.* Hôtel entièrement rénové qu'on apprécie pour son rapport qualité-prix, son design et sa position très centrale. Idéal pour ceux qui y séjournent une ou deux nuits. Les chambres sont petites mais hyper fonctionnelles et bien aménagées. Belle vue sur Toronto Downtown.

Making Waves Boatel *(zoom B4, **37**) : 539 Queens Quay W (tt à l'ouest de la marina, à la hauteur de Lower Spadina). ☎ 647-403-2764. • boatel.ca • Ⓜ Union Station. Ouv juin-sept slt. Doubles 210-295 $ (2 nuits min), petit déj (copieux) inclus. Parking à la marina : 14 $.* Envie d'originalité ? Et pourquoi ne pas passer la nuit à bord d'un petit yacht amarré face au *skyline* de Toronto, à côté d'un trois-mâts ? C'est cher, mais franchement original. On choisit entre la suite avec salle de bains et les 2 cabines qui en partagent une autre. Une déco un peu datée et pas un espace fou, mais c'est un bateau ! Les enfants sont acceptés à partir de 8 ans.

Très chic

The Drake Hotel *(plan d'ensemble B4, **39**) : 1150 Queen St W. ☎ 416-531-5042 ou 1-866-DRAKE-TO. • thedrakehotel.ca • Secteur plutôt excentré mais desservi par le tram de Queen St. Doubles 220-420 $.* Ce boutique-hôtel furieusement design reste l'un des lieux les plus branchés de Toronto. D'ailleurs, tout le quartier est en pleine « boboïsation » depuis sa réouverture. L'esprit rétro 1940 de l'ancien hôtel a été conservé, et des œuvres d'artistes contemporains sont exposées un peu partout. La vingtaine de chambres, petites mais efficacement conçues, sont toutes différentes, avec murs en briques apparentes ou papiers peints rétros, couleurs acidulées ou vintage, mini-salles de bains vitrées et équipement high-tech... Accueil personnalisé et ambiance fêtarde permanente, puisque l'hôtel compte aussi une salle de concerts en sous-sol (*live sessions* tous les soirs), plusieurs bars, dont le *Sky Yard* sur le toit-terrasse, un resto réputé, un café-bistrot, etc. Parfois bruyant !

Gladstone Hotel *(plan d'ensemble B4,* ***39****) : 1214 Queen St W. ☎ 647-792-5962. • gladstonehotel.com • Excentré mais desservi par le tram de Queen St. Doubles standard 180-260 $.* Créatif, innovant, le *Gladstone* incarne, comme le *Drake,* ce visage vibrant de Queen Street West. L'hôtel se double d'un lieu de rencontre et de spectacles : concerts, lectures ou expos temporaires y attirent les branchés dans ses différents bars... et jusque dans les 37 chambres lors de la grande expo annuelle de design intitulée *Come up to my room !* Pas immenses, elles ont toutes été personnalisées par des artistes, dans des styles souvent très différents. Atypique, donc... jusqu'à l'antique ascenseur manuel qui nécessite toujours l'intervention d'un liftier ! Demandez une chambre en étage élevé pour échapper au bruit et sachez que le secteur n'est pas très folichon.

Fairmont Royal York *(zoom C4,* ***38****) : 100 Front St. ☎ 888-610-7575. • fairmont.com • Ⓜ Union. Face à Union Station. Doubles standard 250-310 $.* Cuivres rutilants, plafonds à caissons, lustres imposants et atmosphère feutrée, c'est le grand hôtel classique et historique (1928) de Toronto. La rénovation des quelque 900 chambres se termine : douillettes, elles déclinent désormais des tonalités de bleu ciel, de gris et de beige sur fond de mobilier inspiré par l'Art déco. Si l'on n'a pas les moyens d'y dormir, on peut y prendre un verre au très british *Library Bar.* Superbe piscine, sauna et fitness.

Ivy at Verity *(zoom C3,* ***40****) : 111 D Queen St E. ☎ 416-368-6006. • theivyatverity.ca • Ⓜ Queen. Doubles 310-380 $.* Exclusif : le mot est lâché. Aménagé au sein d'un club de femmes entrepreneurs, ce micro-hôtel se fait le chantre d'un confort extrême, avec tout juste 4 chambres très spacieuses et individualisées débordant d'attentions : chaîne Bose, lecteur Blu-ray, lustres design, lampadaires en bois flotté, sol chauffant en bois dans les salles de bains... Toutes donnent sur un balcon dominant la cour du très élégant (et très cher) restaurant *George.* En prime : *lounge* très sympa mariant armoires normandes, briques et papiers peints roses ; accueillante biblio aux canapés... roses et un spa réservé à ces dames – les messieurs bénéficiant tout de même des massages.

Où manger ?

Comme toutes les villes jeunes et dynamiques, Toronto reflète toutes les diversités gastronomiques de la planète. Si ses restos sont plus chers qu'à Montréal, ses *food trucks,* comptoirs de *fast* ou de *street food* ethniques sont plus nombreux et variés. En été et en hiver, profitez des menus promotionnels proposés par bon nombre de restos dans le cadre des programmes *Summerlicious* (juillet) et *Winterlicious* (1re quinzaine de février).

Dans Chinatown et Kensington Market

Bon marché

Mother's Dumplings *(zoom B3,* ***51****) : 421 Spadina Ave. ☎ 416-217-2008. Tlj 11h30-22h (22h30 ven-sam). Plats 5-17 $ (3 tailles). CB refusées.* C'est ici, à notre humble avis, que l'on mange les meilleurs raviolis (frits, bouillis ou vapeur) de Chinatown. Dans la cuisine ouverte, les dames de la famille s'affairent à rouler la pâte, la débitent en petits tronçons et la fourrent de mets les plus variés : bœuf-céleri, crevettes-œuf-ciboulette, poulet-champignons, etc. Bon choix de nouilles et légumes sautés aussi.

El Trompo *(zoom B3,* ***52****) : 277 Augusta Ave. ☎ 416-260-0097. Tlj sauf lun 11h-20h30 (21h ven-sam, 18h30 dim) ; ferme 30 mn plus tard en été (1h dim). Plats 5-10 $.* Ce micro-mexicain authentique (les toiles cirées en témoignent !) débite un bon guacamole un peu relevé et des tacos goûteux, pas bien gros mais servis par 5.

Essayez donc ceux *al pastor* (porc et ananas) ou de *bistec* (bœuf et oignons). Tables en terrasse.

Seven Lives *(zoom B3, **54**) : 69 Kensington Ave. ☎ 416-393-4636. Tlj 12h-19h. Plats 5-7 $. CB refusées.* C'est avant tout un comptoir où les jeunes du quartier viennent commander un ceviche ou des tacos (prenez en 2), préparés ici à base de poisson (thon, *mahi-mahi,* poulpe...). Le tout est épicé mais très bon – la queue en témoigne. Comptoir et table à partager.

Urban Herbivore *(zoom B3, **55**) : 64 Oxford St. ☎ 416-927-1231. Tlj 10h-19h. Env 10 $.* Cet herbivore ne pouvait que trouver sa place dans le quartier éminemment végétarien de Kensington Market. Attablé au comptoir ou face aux baies vitrées, on mange des soupes maison, des currys, salades et sandwichs regorgeant de tofu, quinoa, lentilles, « bacon » en noix de coco, pousses d'alfalfa et autre *tahini* (pâte de sésame) au citron.

Vers Little Italy

Pizzeria Libretto *(plan d'ensemble B3-4, **75**) : 221 Ossington Ave. ☎ 416-532-8000. Presque à l'angle avec Dundas (qui est desservie par le tram). Tlj 11h30-23h. Menu 16 $ le midi en sem ; pizzas env 13-18 $.* Les pizzas sont cuites tout juste 90 s à 850 °C, dans un four importé de Naples. C'est vrai que la pâte est parfaite et que les ingrédients sont de qualité. On conseille toutefois de s'en tenir aux classiques, type margherita, plutôt que de s'aventurer dans les adaptations un peu trop américanisées. Sympa : tous les vins sont proposés au verre.

Sur Baldwin Street

Cafe La Gaffe *(zoom B-C3, **56**) : 24 Baldwin St. ☎ 416-596-2397. Tlj 11h30-22h. Plats 10-16 $ le midi, le soir 15-33 $.* On y vient pour le brunch en fin de semaine ou pour dévorer bons sandwichs, salades et plats inspirés par les cuisines du monde – principalement méditerranéenne –, aux douces notes de fusion. Ils sont servis dans une jolie petite salle colorée naviguant entre café parisien et trattoria à l'italienne. De grandes toiles égaient les murs, l'atmosphère est cosy et le service souriant. Pour le dessert, traversez la rue pour vous offrir une glace chez *Kekou* (voir plus loin).

À côté de l'Art Gallery of Ontario

Karine's *(zoom C3, **57**) : 109 McCaul St, Village by the Grange. ☎ 416-591-0863. Lun 8h-16h, mar-jeu 8h-19h, ven 9h-15h, w-e 10h-15h. Plats env 7-11 $;* special *5 $ lun-ven en* early bird *(2 œufs, bacon, frites et toast).* Ce n'est qu'un (grand) comptoir dans un minicentre commercial, mais on y commande de bons petits déj principalement végétaliens (servis toute la journée) : crêpes, pancakes, *French toasts,* gaufres, jus frais, sans oublier un tofu épicé pour les aventuriers et, pour ceux qui ne peuvent s'en passer, des classiques avec vrai bacon et saucisses !

Manpuku *(zoom C3, **57**) : 105 McCaul St, Village by the Grange. ☎ 416-979-6763. Tlj 11h30 (12h sam)-20h (23h jeu-sam) ; dernière commande 30 mn avant. Dim sur résa slt. Soupes dès 2 $, plats 4-7 $.* Situé dans le même centre commercial que *Karine's,* l'adresse se fait plus souriante avec son petit comptoir pour s'installer et ses quelques tabourets. On y picore un ensemble de miniplats japonais bien réalisés, pas chers du tout, ou un bol d'*udon* (grosses nouilles) aux fruits de mer, bœuf ou wakamé (algues vertes).

Dans l'Entertainment District et le Fashion District

Bon marché

What a Bagel *(zoom B4, **58**) : 130 Spadina Ave. ☎ 647-347-7222. Lun-ven 7h-18h, w-e 8h-17h.* Voilà de quoi bien commencer la journée : des omelettes, des œufs à toutes les sauces, du *granola* avec fruits et yaourt et, bien sûr, les bons bagels maison tout frais. Le cadre est clean et lumineux et, le midi, les *wraps* et sandwichs prennent joliment le relais.

Forno Cultura *(zoom B4, **60**) : 609 King St W. ☎ 416-603-8305. Mar-sam 7h30-21h30 (20h mar-mer), dim 8h-18h. Snacks 6-10 $. Vins au verre 12-16 $.* Cette boulangerie italienne aux jolis atours attire désormais pas mal de bobos : ils viennent y boire un verre de vin (cher !) après le boulot, en grignotant une *focaccia,* un sandwich ou une pâtisserie. La farine est bio et l'ambiance sympa, avec la cuisine ouverte d'un côté et la vente de l'autre.

Warehouse *(zoom C3, **61**) : 232 Queen St W. ☎ 647-344-7326. Plat env 5 $!* Ils sont beaucoup à râler contre le service chaotique et la queue interminable (mais qui avance vite). Certes, les cuisines ont du mal à suivre, mais où ailleurs trouverez-vous un burger-frites à ces prix ultra-cassés ? Ambiance jeune et débridée, carrément assourdissante par moments.

De bon marché à prix moyens

Fresh on Spadina *(zoom B4, **63**) : 147 Spadina Ave. ☎ 416-599-4442. Tlj 11h30 (10h30 le w-e)-22h. Petits déj 9-13 $, plats 11-17 $.* Cette microchaîne locale se fait le chantre d'une cuisine saine, largement gluten free, bio et végétalienne. On y commande des pancakes au vrai sirop d'érable, un burger aux graines et amandes, une salade inventive, des tacos de tofu ou de courge, mais le meilleur de tout, ce sont les jus et smoothies – chers mais excellents (à l'image du *breathless*).

Corned Beef House *(zoom C4, **64**) : 270 Adelaide St W. ☎ 416-977-2333. Tlj sauf dim 11h-20h (21h jeu-sam).* Fondé en 1978, ce *deli* est fréquenté le midi par une foule d'employés. La tendance est au rétro : vieux rock, plaques d'étain moulé au-dessus du bar et sandwichs XXL bourrés de fines tranches de poitrine de bœuf fumées. Affamé ? Venez un lundi pour tenter le défi *Man versus sandwich.* Dans l'assiette : 40 onces (1,1 kg !) de viande entre 2 tranches de pain et un gros cornichon. Si vous arrivez au bout, c'est gratuit (sinon, il vous en coûtera 40 $)...

Prix moyens

Khao San Road *(zoom B4, **76**) : 785 Queen St W. ☎ 647-352-5773. Tlj sauf dim 11h30-14h30, 17h-22h. Plat env 16 $. Résa min 24h à l'avance.* La queue est ici souvent impressionnante. Cette « cantine thaïe » autoproclamée adopte un cadre sobre et très actuel, avec quelques tables hautes, de grands tableaux modernes aux murs et un long comptoir où s'accoudent les nombreux aficionados. La cuisine, bien réalisée, est parfois même originale, et épicée à la demande (sur une échelle de 0 à 10).

Sur le Waterfront

En pleine revitalisation ces dernières années, les abords du lac Ontario offrent un visage plutôt avenant, avec de larges quais où s'amarrent centres culturels et restaurants, bars et bateaux. Une escale naturelle en allant prendre le ferry des Toronto Islands.

De bon marché à prix moyens

Alexandros *(zoom C4, **67**) : 5 Queens Quay W. ☎ 416-367-0633. Ouv jusqu'à 4h ou 5h du mat.* Ce n'est guère plus qu'un stand avec une mini-terrasse, mais nombre de fêtards s'y arrêtent, après avoir écumé bars et boîtes, pour commander un bon gros *gyros* à six piastres. Rien de très fin, mais ça cale un coin ! La patronne, grecque, parle assez bien le français.

Oyshi Sushi *(zoom C4, **68**) : 12 Queens Quay W. ☎ 416-216-0709. Tlj sauf dim 11h30-23h. Plats et combos 10-25 $.* Parmi la litanie de *sushi places* de Toronto, on aime bien celui-là pour ses petits espaces cloisonnés par des paravents en bois, son service rapide, gentil, et ses *lunch specials* copieux, accompagnés d'une soupe *miso* et d'une salade. Les réfractaires au poisson y trouveront aussi *udon* (grosses nouilles) et *teriyakis.*

Dans le Financial District

De bon marché à prix moyens

Dineen Coffee Company *(zoom C3,* ***69****) : 140 Yonge St (angle Temperance). ☎ 416-900-0949. Lun-ven 6h30-19h, w-e 8h-18h.* Le midi, les yuppies viennent y avaler un sandwich baguette revu et corrigé – façon brie, pommes et noix – ou un yaourt aux fruits. Le cadre est vraiment joli, entre carrelages d'époque, colonnes à chapiteaux, grandes baies vitrées, longue banquette rouge en cuir et terrasse ensoleillée côté rue à la belle saison.

Dans le vieux Toronto et le Distillery District

Bon marché

Brick Street Bakery *(zoom C4,* ***65****) : 27 Trinity St, dans le quartier de la Distillery. ☎ 416-214-4949. Tlj 8h30-18h (19h mar-mer, 20h jeu-sam) ; en été, tlj 7h30-20h (21h jeu-sam). Env 5-10 $.* Cette boulangerie-pâtisserie propose de bons gâteaux et sandwichs, à emporter ou à déguster en terrasse (aucune table à l'intérieur). Pas donné, cela dit, comme tout dans ce quartier jeune et branché.

Saint Lawrence Market *(zoom C4) : 92-95 Front St E. Lire aussi « À voir. À faire. Old Town et le Distillery District ».* Parmi les multiples échoppes du marché, ne manquez pas de faire halte à la *Carousel Bakery* : bonnes viennoiseries à base de farine bretonne et sandwichs chauds *(5-8 $)* bien costauds, dont le fameux *peameal bacon* (rappelant le jambon fumé), apprécié des équipes de tournage en résidence à Toronto ! Au niveau inférieur, *Uno Mustacchio (mar-sam 8h-17h ; 8-10 $)* est, lui, intéressant pour ses bonnes *focacce* à l'aubergine.

Prix moyens

Terroni *(zoom C3,* ***53****) : 57 A Adelaide St E. ☎ 416-203-3093. Ⓜ King. Tlj 9h (17h dim)-22h (23h ven-sam). Pâtes et pizzas 16-21 $.* Cet ancien tribunal a cédé la place à une charmante épicerie fine d'inspiration italienne (comptoir de marbre et jambons en bonne place), qui précède un vaste resto à la déco sophistiquée et une très agréable terrasse à l'arrière (moins bruyante). La clientèle branchée vient principalement pour les pizzas à pâte fine et croustillante garnies de bons produits. Sélection de vins étendue (ne pas manquer le sous-sol). Bons paninis également (le midi).

Vers Yonge Street

Bon marché

Mystic Muffin *(zoom C3,* ***72****) : 113 Jarvis St. ☎ 416-941-1474. Tlj sauf dim ; lun-ven 6h30-17h, sam 8h-15h. Muffin et café 3 $.* Si l'autopromotion en devanture est carrément de mauvais goût, le lieu est au final sympathique. Le patron, libanais, adore faire la causette (sujets politiques inclus) et les muffins sont vraiment très bons (tel le fraise-rhubarbe, par exemple). Mais on peut aussi prendre un sandwich, une salade ou même un plat chaud.

Senator *(zoom C3,* ***62****) : 249 Victoria St. ☎ 416-364-7517. Ⓜ Dundas. Tlj 7h30 (8h le w-e)-21h (14h30 dim-lun), sam fermé 14h30-16h30. Formules petit déj 10-18 $.* Ni sophistiqué ni branché, ce petit *diner,* opérationnel depuis 1929, est même l'antithèse des néobars soignés. Les locaux viennent y chercher un peu d'authenticité dans l'atmosphère et des petits déj à base d'omelettes baveuses, de bacon et de vraies pommes de terre sautées. Le tout gras à souhait et servi en bonne quantité.

De prix moyens à plus chic

Kinton Ramen *(zoom C3,* ***77****) : 396 Church St. ☎ 647-348-8555. Ⓜ College. Tlj 11h30-22h30. Compter 15-20 $ pour un repas complet.* Cette chaîne de restos japonais a mis l'accent (comme son nom l'indique !) sur le *ramen*, plat national constitué d'un bouillon de pâtes agrémenté de viande (ou poisson), légumes, le tout à la sauce miso ou soja. Ici, vous piochez dans la carte et vos ingrédients se retrouvent dans votre assiette ! Perchés sur des tabourets dans une ambiance japonisante, la dégustation n'en sera que meilleure ! Le tout accompagné d'une *Sapporo* (bière locale) ou, pour les plus curieux, d'un verre de *sake*. C'est copieux, rapide et pas cher.

The Keg Mansion *(zoom C3,* ***66****) : 515 Jarvis St. ☎ 416-964-6609. Ⓜ Wellesley. Tlj 16h-22h (23h ven-sam) ; bar 16h-1h (minuit mer-sam). Plats 22-45 $. Parking gratuit.* La chaîne canadienne de *steak houses The Keg* a trouvé dans cette extravagante demeure victorienne (paraît-il hantée !) un décor fantastique. On a un faible pour le rez-de-chaussée et son enfilade de salons sombres avec colonnades, cheminées, murs et tentures « rouge sang », vitraux et plafonds stuqués. Les viandes, excellentes, sont servies très copieusement. Pas moins de 7 cuissons possibles, de *blue rare* à *Chicago* (cramé comme après le grand incendie !).

Dans Yorkville et The Annex

Prix moyens

The Pilot Tavern *(zoom C3,* ***71****) : 22 Cumberland St. ☎ 416-923-5716. Ⓜ Bloor ou Bay. Lun-ven 11h30 (12h sam, 13h dim)-2h. Jazz session sam 15h-18h env. Plats 8-18 $.* En 1987, un club de fanatiques d'aviation a repris ce bar légendaire datant des *forties*, dont le nom rend hommage aux célèbres pilotes de guerre. Salle à dominante noire et inox, long comptoir, et quelques photos d'appareils ainsi que d'authentiques hélices en déco. Grande terrasse sur le toit. Au menu, *pub grub* de haut vol : salades, burgers et club sandwichs. Et au programme, *jazz session* le jeudi après-midi.

Whole Foods Market *(zoom B-C3,* ***74****) : 87 Avenue Rd. ☎ 416-944-0500. Ⓜ Saint George ou Bay. Tlj 9h-22h (21h le w-e). Prix au poids.* Cette chaîne américaine de supermarchés bio connaît un succès fracassant chez les bobos. À l'entrée, la *Bakery & Cafe (lun-sam 7h-19h, dim 8h-19h)* sert pâtisseries, petits déj, sandwichs et sushis à emporter... Au sous-sol, le supermarché dispose d'un *salad bar* appétissant (plats froids et chauds) et d'autres sections traiteur. Quelques tables derrière le rayon boulangerie pour déguster tout ça.

Fresh on Bloor *(zoom B3,* ***78****) : 326 Bloor St W. ☎ 416-599-4442. Tlj 11h30 (10h30 le w-e)-22h.* *Voir plus haut « Dans l'Entertainment District et le Fashion District ».*

L'ONTARIO

Où boire un bon café ?
Où déguster une pâtisserie ou une glace ?

Vers Kensington Market et Chinatown

Moonbean Coffee Company *(zoom B3,* ***84****) : 30 Saint Andrew St. ☎ 416-595-0327. Tlj 7h-21h.* Voilà une adresse bohème très couleur locale : mobilier chiné, bons cafés torréfiés sur place (la fumée sortant de la cheminée en témoigne), muffins et petites choses végétariennes à grignoter en terrasse. Clientèle idoine, intello, artiste ou étudiante. Tout un condensé de Kensington !

Dark Horse Espresso *(zoom B3,* ***82****) : 215 Spadina Ave. ☎ 416-979-1200. Tlj 7h (8h le w-e)-19h.* En chemin vers Kensington Market, l'Art Gallery of Ontario ou Queen Street West, le *Dark Horse* offre une étape agréable. Le café fraîchement torréfié est vraiment *dark*, les sandwichs de qualité, l'atmosphère décontractée, et le cadre gentiment branché : tables communes pour les copains et long comptoir en plaques d'étain.

Sur Baldwin Street

Kekou *(zoom B-C3,* ***81****) : 13 Baldwin St. ☎ 416-792-8858. Tlj 12h30-22h30 (23h ven-sam).* Alcool de riz, avocat-banane, sésame, haricot rouge et chocolat blanc, ananas épicé... les parfums détonnent. Curieux ? On vous fera goûter. Plus classique, la mangue est délicieuse.

Dans le Fashion District et à West Queen West

Soma Chocolatemaker *(zoom B4,* ***80****)* **:** *443 King St W. ☎ 416-599-7662. Lun-jeu 9h-20h, ven 9h-21h, sam 12h-21h, dim 12h-18h.* Soma, c'est d'abord un chocolatier chic. C'est aussi un glacier du tonnerre, dont les parfums artisanaux ne font pas regretter un petit détour.

White Squirrel *(zoom B4,* ***85****)* **:** *907 Queen St W. ☎ 647-428-4478. Tlj 7h30 (8h w-e)-18h30.* Ce sont les rares écureuils albinos vivant dans le parc voisin qui lui ont donné son nom. Typique de ce quartier jadis en marge et aujourd'hui en pleine gentrification, ce *coffee shop* affiche vieilles cartes et œuvres d'art aux murs, tables communes, musique *trendy* et *baristas hipsters* souriants. Une escale bienvenue pour un café corsé, une pâtisserie ou une glace.

Dans The Distillery

Balzac's Coffee *(zoom C4,* ***65****)* **:** *1 Trinity St. ☎ 416-207-1709. Tlj 7h (8h dim)-20h (21h jeu-sam).* Vous en trouverez 5 en ville. Celui-ci offre un bel exemple d'architecture industrielle rénovée : superbes volumes, charpente apparente, carrelages et lustre anciens, affiches publicitaires sur le thème du café. On aime bien la mezzanine avec ses expos d'artistes installés dans la Distillery. Idéal pour siroter un bon café ou un cappuccino.

Brick Street Bakery *(zoom C4,* ***65****)* **:** *27 Trinity St. ☎ 416-214-4949. Tlj 8h30-18h (19h mar-mer, 20h jeu-sam) ; en été, tlj 7h30-20h (21h jeu-sam).* *Voir plus haut, dans « Où manger ? ».*

Vers Yonge Street

7 West Cafe *(zoom C3,* ***83****)* **:** *7 Charles St W. ☎ 416-928-9041. Ⓜ Bloor. Ouv 24h/24. Plats env 10-17 $.* Cette charmante vieille maison transformée en café-resto sur 3 niveaux, avec terrasse sur le toit, exsude une atmosphère intimiste et chaleureuse, entre murs de brique rouge, parquet et petites tables en bois. On peut s'y réfugier à toute heure de la journée et de la nuit (ici c'est 24h/24 !) pour prendre un café ou un cocktail... mais attention à la note. Côté cuisine, c'est assez aléatoire.

Où boire un verre ?
Où écouter de la musique live ?

On trouve des bars un peu partout, parfois regroupés comme sur les rues Queen et Cumberland (parallèle à Bloor). Papillonnez de l'un à l'autre en vous en mettant plein les oreilles. Toronto est l'une des capitales nord-américaines de la musique live. Si vous aimez le rock qui hurle ou le jazz qui swingue, vous serez comblé !

À Little Italy

The Orbit Room *(zoom B3,* ***91****)* **:** *580 A College St. ☎ 416-535-0613. • orbitroom.ca • Tlj 21h-2h ; concert ts les soirs vers 22h. Entrée payante (env 10 $).* Réunissant aussi bien *hipsters* que vieux de la vieille, ce *cocktail lounge* où l'on danse volontiers est réputé pour ses concerts quotidiens de rhythm'n'blues, mais aussi country rock, soul et funk. Excellente musique mais attention les tympans, ça décoiffe !

Sur Queen Street West, West Queen West, dans l'Entertainment et le Fashion District

Bar Hop *(zoom B4,* ***95****)* **:** *391 King St W. ☎ 647-352-7476. Tlj 12h-2h.* Les 36 robinets alignés sur deux rangées derrière le bar, agrémenté d'une échelle coulissante, en disent long sur le choix de bières maison. Il y en a même sans gluten, sans oublier une belle sélection en bouteilles et canettes (et aussi plein de whiskies). Un endroit très apprécié des habitués après le boulot. Souvent assez bruyant.

🍸 ***Thompson Hotel Rooftop lounge*** *(zoom B4,* ***96****) :* *550 Wellington St W.* ☎ *416-640-7778. En été, tlj 11h-2h ; le reste de l'année, tlj 17h-2h (1h mar et dim).* Le *rooftop bar,* perché au sommet de l'immeuble, est fréquenté par une clique jeune et branchée, migrant entre les canapés semés de coussins et la piscine à débordement. La vue sur la ville et la CN Tower est spectaculaire, mais les gardes-chiourmes peu agréables... Bonne sélection de vins.

🍸 ♩ ***The Rex Jazz & Blues Bar*** *(zoom C3,* ***90****) :* *194 Queen St W.* ☎ *416-598-2475. • therex.ca • Tlj jusqu'à 2h ; 2 groupes/soir en sem et jusqu'à 4 le w-e (dès 12h, avec le brunch). Entrée : 5-10 $* (cash only), *parfois gratuit.* Une déco de bistrot sans chichis ni grande recherche, mais on vient ici pour se régaler de jazz ou de blues de très bon niveau (mais fort !). Ambiance conviviale et bon enfant. Un incontournable de la scène locale.

🍸 ♩ ***Rivoli Café & Club*** *(zoom B3-4,* ***97****) :* *334 Queen St W.* ☎ *416-596-1908. • rivoli.ca • Tlj 11h30-2h. Cover 5-12 $ pour les shows.* Institution torontoise, cet ancien théâtre de vaudeville a été reconverti en bar-resto-*lounge* branché. Au rez-de-chaussée, bar tendance design, resto avec alcôves et terrasse très prisée pour écluser une bière. À l'étage, une salle aux tables de billard vintage, avec encore un grand bar et des fauteuils en cuir. On y donne de bons concerts (vers 20h-22h), à moins que les soirées ne soient consacrées aux shows comiques, *open mic* ou DJs. De grosses pointures sont passées par ici.

🍸 ♩ ***Horseshoe Tavern*** *(zoom B4,* ***92****) :* *370 Queen St W.* ☎ *416-598-4226. • horseshoetavern.com • Tlj 12h-2h30. Concerts ts les soirs (sf parfois dim). Entrée payante (5-18 $).* Ce bar rugueux plein d'atmosphère, né en 1947, s'est fait connaître par ses concerts de country, avant d'embrasser toutes les modes du moment. Les Rolling Stones s'y sont jadis produits ! Il soigne sa réputation en continuant de débiter de la bière pas (trop) chère et en accueillant le meilleur des groupes locaux et nationaux.

🍸 ♩ ***Dakota Tavern*** *(plan d'ensemble B3,* ***98****) :* *249 Ossington Ave.* ☎ *416-850-4579. • thedakotatavern.com • Tlj sauf lun 18h-2h. Cover env 10 $.* Ce bar du quartier *hype* de West Queen West s'est taillé une excellente réputation pour ses concerts tous azimuts qui font danser les pieds. Il accueille régulièrement des pointures. Folk et rock se taillent la part du lion, mais on y a aussi vu de la musique brésilienne. Le week-end, changement de rythme : on passe au brunch (à volonté) sur fond de bluegrass live !

🍸 ♩ Et aussi le ***Drake*** *(plan d'ensemble B4,* ***39*** *; 1150 Queen St W ; voir « Où dormir ? Hôtels et* B & B. *Très chic »)* pour ses concerts, *dance parties* et soirées organisées au club *Underground* ou sur le toit-terrasse du *Sky Yard.*

Dans le Financial District et The Distillery

🍸 ***Mill Street Brew Pub*** *(zoom C4,* ***65****) :* *21 Tankhouse Lane.* ☎ *416-681-0338. Tlj 11h (10h30 le w-e)-23h (minuit jeu, 2h ven-sam).* C'est LA distillerie de bière la plus célèbre de la ville. Si l'on trouve la plupart de ses 14 *broues* dans tous les pubs dignes de ce nom, nombreux sont ceux qui viennent s'abreuver directement à la source, dans cette immense salle haute de plafond, organisée autour des cuves. Goûtez donc l'*Original Organic* (bio). Attendez-vous à patienter un peu pour vous installer dans le patio.

🍸 |●| ***Canoe*** *(zoom C4,* ***99****) :* *66 Wellington St W (angle Bay), au 54e étage de la Toronto-Dominion Bank Tower.* ☎ *416-364-0054.* Ⓜ *Union. Lun-ven 11h45-14h30 ; 17h-22h30.* Ce bar prestigieux se perche au 54e étage d'un building de 223 m, au cœur du quartier des affaires. La bière reste abordable, la sélection de vins du Niagara au verre raisonnable et, surtout, la vue sur Toronto et le lac Ontario est magnifique. C'est également l'un des tout meilleurs restos de la ville, spécialisé dans une cuisine innovante appuyée sur d'excellents produits canadiens (résa nécessaire au moins 1 semaine avant pour espérer avoir une fenêtre). Le midi, c'est encore abordable.

🍸 ♪ ***The Reservoir Lounge*** *(zoom C4,* ***100****) : 52 Wellington St. ☎ 416-955-0887. • reservoirlounge.com • Mar-sam 19h30 (18h30 1*[er] *jeu du mois)-2h. Entrée payante (7-10 $).* Descendez les marches, fermez les yeux et remontez le temps. Destination : les *fifties.* Swing, jazz, blues, boogie-woogie de qualité emplissent l'atmosphère. Ouvrez-les maintenant : voilà un *lounge* plongé dans la pénombre des bougies, où l'on s'approche de la scène pour danser.

Dans Yorkville et The Annex

🍸 ***The Panorama Lounge – One Eighty Restaurant*** *(zoom C3,* ***101****) : 55 Bloor St W, au 51*[e] *étage du ManuLife Centre (ascenseur tt au fond du centre commercial, accessible par l'escalator). ☎ 416-967-0000. Ⓜ Bay. Tlj sauf mer 17h (12h jeu-sam, 11h dim)-minuit (2h jeu-sam).* Ce resto-bar-*lounge* panoramique se perche au sommet de l'un des plus hauts gratte-ciel de la ville. La cuisine n'est pas terrible mais la vue est spectaculaire par beau temps, avec même un bout de terrasse en plein air. Prévoir sa petite laine (ça souffle là-haut !) et un portefeuille bien garni : le moindre soda s'affiche à 5 $, les cocktails à 15 $ et plus...

🍸 ***Volo*** *(zoom C3,* ***102****) : 587 Yonge St. ☎ 416-928-0008. Ⓜ Wellesley. Tlj 16h (14h jeu-dim)-2h.* Ce bar à bières doublé d'un importateur d'alcools s'enorgueillit de servir une centaine de *broues* artisanales, maison, régionales et autres, dont une bonne vingtaine à la pression. Visez un peu le grand tableau noir pour voir ce qui est en stock ! On commande au bar. Atmosphère décontractée.

🍸 ***Hemingway's*** *(zoom C3,* ***103****) : 142 Cumberland St. ☎ 416-968-2828. Ⓜ Bay. Tlj 11h-2h.* Ce vaste pub est une institution du quartier chic de Yorkville, genre décontracté et pas trop business. Ambiance *sports bar* au rez-de-chaussée, banquettes et étagères de bouquins au mur, sans oublier les hommages au team kiwi de l'America's Cup (le boss est néo-zélandais). On aime bien aussi la grande terrasse sur le toit. On peut y manger un morceau, entre burgers, agneau et *world food.*

🍸 ♪ ***The Madison Avenue Pub*** *(zoom B3,* ***104****) : 14 Madison Ave. ☎ 416-927-1722. Ⓜ Spadina. Tlj 11h-2h.* Dans une rue résidentielle, 3 maisons victoriennes attenantes en brique rouge ont été transformées en pub au labyrinthe de pièces et terrasses. On y vient pour l'ambiance chaleureuse et festive, entretenue par la foule des étudiants de la proche université. Idéal pour descendre une pinte, faire un billard ou une partie de fléchettes. Des groupes s'y produisent épisodiquement et un pianiste officie du jeudi au samedi.

🍸 ♪ 👫 ***Lee's Palace*** *(zoom B3,* ***94****) : 529 Bloor St W. ☎ 416-792-4244. • leespalace.com • Ⓜ Bathurst. Tlj 20h (20h30 mer-jeu, 21h ven-sam)-2h30. Droit d'entrée en fonction du groupe.* Ce bar étudiant sans chichis, reconnaissable à sa façade aux fresques délirantes, est réputé pour sa bonne programmation – tendance rock alternatif et indie. On file vers la fosse ou l'on s'installe aux marges, tranquillou. Une fois le concert terminé, certains grimpent s'agiter à l'étage dans la bien nommée *Dance Cave.*

🍸 ♪ ***The Pilot Tavern*** *(zoom C3,* ***71****) : 22 Cumberland St.* *Voir « Où manger ? ».*

Achats à Toronto et dans les environs

🧺 ***Mountain Equipment Co-Op*** *(zoom B4,* ***110****) : 400 King St W. ☎ 416-340-2667. Tlj 9h-21h (18h w-e).* Cette chaîne de grands magasins est spécialisée dans le matériel de camping et l'*outdoor* : vélo, escalade, canoë... Le choix est grand et la qualité excellente (la marque maison est robuste et d'un bon rapport qualité-prix). Fonctionne comme une coopérative : il faut payer à la caisse 5 $ de cotisation pour être membre à vie et pouvoir acheter. Location de matériel de camping.

Eaton Centre *(zoom C3, **111**) : sur Yonge St ; relié à The Bay (voir ci-après) par une galerie vitrée. Ⓜ Queen ou Dundas. Tlj 10h (9h30 sam)-21h30 (19h dim).* Ce centre commercial géant, coiffé par une verrière immense inspirée de la *Galleria* de Milan, réunit les grandes enseignes américaines : *Gap, Nike, Levi's, Old Navy...* On y trouve aussi un *Apple Store* et la marque de vêtements canadienne *Roots. Food court* au sous-sol.

The Bay *(zoom C3, **112**) : à l'angle de Queen St W et Yonge St. Ⓜ Queen. Tlj 10h (9h30 sam)-21h30 (19h dim).* C'est le grand magasin de la mythique *Hudson Bay Company,* fondée à la fin du XVIIe s, où l'on peut encore acheter les traditionnelles couvertures de laine écrues à bandes colorées. Elles se trouvent au sous-sol, mais soyez prêt à débourser au moins 350 $...

Vaughan Mills Outlet : *1 Bass Pro Mills Dr, à* ***Vaughan.*** *☎ 905-879-2110. • vaughanmills.com • À env 35 km au nord par la Hwy 400. Lun-sam 10h-21h, dim 11h-19h.* Immense centre commercial aux magasins d'usine pour faire le plein de vêtements de marque à prix cassés. Bon plan : *shuttle* gratuit depuis Union Station (guichet dans le hall) de juin à septembre, et pendant 1 mois avant Noël, à 10h et 13h (retours à 15h et 18h).

À voir. À faire

Le ***CityPass*** de Toronto, vendu 61 $ (41 $ pour les 4-12 ans, tarifs internet), permet d'accéder pendant 9 jours consécutifs à cinq grands musées et sites : Royal Ontario Museum, Ontario Science Centre ou Toronto Zoo, CN Tower et Casa Loma. Rentable dès trois visites si vous avez prévu d'aller voir la CN Tower. Achat en ligne sur • *citypass.com/toronto* • ou dans les musées participants.

VILLE SOUTERRAINE

Pour échapper aux hivers rigoureux, un gigantesque gruyère de 30 km de galeries a été peu à peu creusé sous le cœur de Toronto (depuis 1900). On peut ainsi traverser la moitié du Downtown sans mettre le nez dehors ! Une véritable ville sous la ville, avec quelque 1 200 boutiques, des restos, des cinémas et des accès directs à 6 stations de métro, 8 grands hôtels et 20 parkings – sans oublier 125 accès sur le monde extérieur signalisés par le logo PATH. Ce serait le plus grand centre commercial du monde.

Kensington Market *(zoom B3)*

Contenu dans le quadrilatère formé par les rues Bathurst à l'ouest, Spadina à l'est, Dundas au sud et College au nord, ce petit quartier regroupe pléthore de magasins de fruits et légumes, épiceries exotiques, boutiques bio, petits cafés végétariens relax, tatoueurs, vendeurs de cristaux et autres friperies. Les amateurs de vintage feront un tour chez *Courage My Love,* au 14 Kensington Avenue, et tous les curieux iront jeter un coup d'œil aux sacs et vêtements en chanvre de la boutique située à l'angle de Dundas et Augusta... Un peu plus loin, la devanture de la boucherie *Max & Son,* à l'angle d'Augusta et Baldwin donne, elle, l'impression de sortir d'un vieux film ! Partout, des jeunes de tous les horizons discutent sur de charmants perrons, dans une ambiance vraiment sympathique et chaleureuse. Ce sont des Juifs venus d'Europe centrale, débarqués après les premiers immigrants anglais du début du XXe s, qui ont donné au quartier sa véritable identité populaire. Les années 1950 virent arriver de nouvelles minorités, comme les Hongrois et les Italiens, qui retrouvèrent un peu du pays dans cette manière de vivre en prise avec la rue. D'autres suivirent. Aujourd'hui, le paysage de Kensington est avant tout multicolore et bohème. Un vrai marché s'y tient le dernier dimanche du mois, de mai à octobre.

Chinatown *(zoom B3)*

Ne vous attendez pas à une Chinatown aussi colorée qu'à San Francisco. Plus concis, sans pour autant être discret, le quartier chinois de Toronto s'étend immédiatement à l'est de Kensington Market, tout au long de Spadina Avenue, et vers l'est au fil de Dundas Street – jusqu'aux abords de l'Art Gallery of Ontario. La naissance de ce Chinatown remonte à 1878, quand Sam Ching ouvrit une « laverie » sur Adelaide Street West. Lentement mais sûrement, le quartier se développa jusqu'au tournant des années 1960, lorsque des flots de Chinois de Hong Kong vinrent grossir l'enclave. La communauté est aujourd'hui forte d'environ 200 000 âmes : c'est la troisième Chinatown du continent après celles de San Francisco et de Vancouver. L'endroit est plus animé le dimanche, lorsque les familles chinoises (et vietnamiennes) se retrouvent pour faire leurs courses ou partager un repas avec les amis partis habiter en banlieue. Le quartier est aussi devenu un point de rencontre très apprécié des Canadiens de Toronto. Une belle preuve d'intégration sociale.

GHOSTBUSTERS

À l'angle de Spadina Avenue et Saint Andrew Street, un bâtiment jaune au toit en forme de pagode abrite des commerces. Après plusieurs faillites inexpliquées, on découvrit la présence d'un fantôme dans les murs... Pour le neutraliser, on fit appel à un spécialiste du feng shui, un concept chinois de l'aménagement harmonieux des espaces habitables en fonction des énergies. On modifia donc l'édifice et on érigea deux lions de pierre pour garder chaque entrée et empêcher les mauvais esprits de revenir hanter les lieux. Ça va beaucoup mieux !

Le cœur du Downtown *(zoom C3)*

C'est autour de Nathan Phillips Square que bat le pouls de Toronto. Sur cette immense esplanade piétonne, veillée par l'ancien et le nouvel hôtel de ville, on se rafraîchit l'été au bord d'une vaste pièce d'eau transformée, l'hiver, en patinoire. Y glisser en famille à l'ombre des grands sapins de Noël fait partie des traditions bien ancrées *(de fin nov à mi-mars ; loc de patins 10 $, 5 $ enfant).*

New City Hall *(zoom C3) : Nathan Phillips Sq.* Ⓜ *Dundas ou Queen.* L'édifice, aux lignes ultramodernes, se compose de deux tours en quart de cercle et d'une troisième aux allures de soucoupe volante. On dirait du pur Oscar Niemeyer. Il fut un temps le symbole de Toronto, jusqu'à la construction de la CN Tower dans les années 1970.

Old City Hall *(zoom C3) :* réalisé en 1889, ce bâtiment massif de style néo-roman apparaît totalement décalé dans ce quartier neuf. Si l'on en croit la petite histoire, les grotesques de la façade principale, au 60 Queen Street West, représenteraient les conseillers municipaux, ainsi caricaturés par l'architecte, furieux que son nom n'ait pas été apposé sur l'une des pierres angulaires de l'édifice (en raison de ses retard et dépassement de budget !).

Osgoode Hall *(zoom C3) : 130 Queen St W, juste à l'ouest de Nathan Phillips Sq.* Siège de la haute cour de justice et de la cour d'appel de l'Ontario (1844-1860), l'édifice, précédé d'un petit parc arboré où s'ébattent des écureuils, est reconnu comme l'un des plus beaux exemples d'architecture victorienne du Canada. On peut y déjeuner *(sept-juin slt, lun-ven, 11h45-14h)* au pied des grands vitraux et visiter certaines pièces, dont la splendide bibliothèque.

Art Gallery of Ontario (AGO ; zoom B-C3) : *317 Dundas St W. ☎ 416-979-6648. • ago.net • Ⓜ Saint Patrick. Tlj sauf lun 10h30-17h (17h30 w-e, 21h mer et ven). Entrée : env 20 $; réduc ; suppléments pour les expos temporaires. Collection permanente gratuite mer 18h-21h.*
C'est le plus grand musée ontarien des Beaux-Arts. Restructuré en 2009 par le célèbre architecte Frank Gehry (natif de Toronto), cet élégant et lumineux vaisseau de bois, de métal et de verre se démarque par la qualité de ses collections.
La *donation Thomson,* exposée au rez-de-chaussée, lui a permis d'acquérir un statut de premier plan. Celle-ci comprend des chefs-d'œuvre d'art sacré médiéval (fascinante châsse de Malmesbury du XIIe s, superbe ensemble de diptyques en ivoire des XIIIe et XIVe s), mais aussi de nombreuses autres pièces en ivoire et curiosités (minicadrans solaires portatifs pouvant contenir des reliques, croix et polyptyques éthiopiens, etc.). On peut même y voir le *Massacre des Innocents* de Rubens. Riche et très varié, donc !
La peinture européenne, visible dans les *galeries Tanenbaum,* est exposée en fonction des donations ou de thématiques, ce qui rend parfois le parcours un peu confus. Parmi les toiles maîtresses, on notera un *Dédale et Icare* de Van Dyck, un joli portrait d'homme de Hals, les *Neuf proverbes néerlandais* illustrés par Bruegel le Jeune (salle 117) et un très beau Christ en croix du Bernin (salle 119). La salle 125 regroupe pas mal d'œuvres impressionnistes, dont une superbe *Femme au bain* de Degas aux tendances fauves. Monet, Sisley, Gauguin, Renoir lui tiennent compagnie. On termine avec les modernes : Manguin, Picabia, Duffy (jolie *Place d'Hyères*), puis encore Miró, Warhol, les surréalistes, Picasso...
Le rez-de-chaussée compte en outre des sections consacrées à l'art contemporain et aux gravures et dessins (salles 130-144).
La peinture canadienne, présentée au niveau 2, procède elle aussi pour bonne partie de la donation Thomson. On retrouve là les scènes « indigènes » de Cornelius Krieghoff et les travaux du célèbre Groupe des Sept qui jeta les bases, dans les années 1920, de la peinture canadienne moderne, reprenant différents éléments des impressionnistes européens.
Enfin, l'art contemporain s'expose sur deux étages. L'importance du fonds a conduit le musée à privilégier des expositions tournantes, à l'exception des maquettes, dessins et œuvres du sculpteur contemporain anglais Henry Moore, auquel la vaste salle 251 est dédiée. C'est lui-même qui offrit l'ensemble au musée.
Puisque vous êtes dans le quartier, admirez donc l'étrange bâtiment juste à côté de l'AGO. Cet étonnant bloc noir et blanc haut perché, comme posé sur des crayons de couleur, est en fait une école d'art et de design ***(Sharp Centre for Design).*** De nuit, c'est encore plus impressionnant !

|●| ***AGO Bistro :*** *accès par Dundas St en dehors des heures d'ouverture du musée. Déj mar-ven 12h-14h30 ; « cinq-à-sept » mar-sam 16h-19h, dîner mar-sam 17h30-22h ; brunch sam-dim 11h-14h30 (15h dim). Plats 20-30 $.* C'est le resto branché de l'AGO, tendance *new Canadian.* Son nom rend hommage à Frank Gehry, bien sûr, mais aussi à l'artiste américain Frank Stella, dont les œuvres décorent l'espace. Ouais, bon...

Queen Street West, West Queen West et l'Entertainment District (zoom B-C4)

Les quartiers à la SoHo sont organiques, au sens où ils grandissent et meurent. Longtemps au cœur de toutes choses *hype,* Queen Street West s'endort aujourd'hui sur ses lauriers et se mue en rue commerçante lambda, ponctuée encore de nombreux bars. C'est désormais plus à l'ouest, dans le secteur de West Queen West et sur Ossington Avenue (entre Queen et Dundas), que les pulsions créatrices de Toronto explosent – notamment autour du *Drake Hotel* (voir « Où dormir ? Hôtels et *B & B.* Très chic »), où pléthore de galeries d'art, boutiques tendance et restos branchés ont ouvert.

Queen Street West marque la « frontière » nord de deux quartiers attenants. L'Entertainment District, cœur de la scène théâtrale torontoise, englobe la CN Tower et le Rogers Centre, QG des *Blue Jays* (base-ball) et des *Argonauts* (football). C'est aussi le quartier pour prendre le ferry pour les Toronto Islands (voir plus loin). Les condos y ont beaucoup poussé, contrairement au Fashion District, plus résidentiel, étendu à l'ouest. Ce dernier doit son nom aux nombreuses entreprises de confection qui y étaient jadis implantées.

CN Tower *(zoom C4) : 301 Front St W. ☎ 416-868-6937. • cntower.ca • Juil-août, tlj 8h-23h ; le reste de l'année, 9h-22h30. Entrée : 36 $ pour le belvédère + plancher de verre, 26 $ pour les 4-12 ans (réduc de 2-3 $ avec achat sur Internet) ; ajouter 12 $ avec l'accès au Sky Pod, taxes en sus ! Inclus dans le* CityPass. *avant de venir, vérifiez que la visibilité est bonne. Ceux qui achètent à l'avance par smartphone évitent la queue ! Moins de monde le mat en sem.*

Indissociable du paysage urbain de Toronto, la CN Tower, c'est cette flèche de béton en forme de fusée à qui l'on aurait fait une grosse tête. Avec son antenne culminant à 553,33 m, elle a été, de 1974 à 2010, la plus haute structure autoportante du monde. Elle dispose de deux belvédères : le premier situé à 346 m, le second à 447 m. Sachez-le : y accéder coûte une petite fortune !

L'ascenseur de verre, au sol lui aussi en partie vitré, atteint le premier niveau en 58 s ! On y trouve la plate-forme d'observation à l'air libre (évidemment grillagée, ce qui gâche un peu la vue) et, surtout, l'une des attractions les plus populaires de la tour : le plancher de verre. Les gamins s'amusent comme des petits fous à sauter dessus à pieds joints, contrairement aux adultes, plus circonspects. S'il fait vraiment très beau, vous pourrez envisager de grimper jusqu'au « Sky Pod » (nacelle), à 447 m, même s'il vous faudra repayer... De là, la vue s'étend à 160 km à la ronde.

Rien ne vous fait peur et vous avez gagné au Loto ? Tentez l'expérience de l'Haut-da-Cieux, une attraction un peu folle qui consiste à se déplacer sur une corniche de 1,5 m de large, à 356 m du sol, sans autre protection qu'un harnais de sécurité. C'est la plus haute – et sans doute la plus chère – promenade mains libres du monde *(env 225 $ avec les taxes ; mai-oct ; 13 ans min)* !

Votre portefeuille n'est pas assez garni ? Vous pourrez au moins profiter, du bas, de l'éclairage nocturne de la tour, aux couleurs modulables selon les jours et les événements...

360 : *☎ 416-362-5411. Tlj 11h-22h15. Résa nécessaire (par tél, Internet ou au Welcome Centre) car souvent complet en été. Menus 58-72 $ le midi, 65-80 $ le soir.* Ce resto panoramique situé juste au-dessus du belvédère, à 351 m, tourne sur lui-même en 72 mn. C'est cher, mais en réservant un menu, l'accès à la tour est inclus, et sans faire la queue en prime ! Les plats à l'unité sont encore plus chers et les accompagnements se paient à part... Sinon, il y a le resto ***Horizons,*** plus basique et qui ne tourne pas, lui, mais avec des plats dans les 15-20 $ (mais sans accès à la tour).

Ripley's Aquarium of Canada *(zoom C4) : 288 Bremner Blvd. ☎ 647-351-3474. • ripleyaquariums.com/Canada • Tlj 9h-23h en été ; horaires réduits en basse saison. Entrée : 30 $; réduc.* L'entrée de cet aquarium est vraiment chère, mais il se classe facilement parmi les plus intéressants d'Amérique du Nord. Quelque 16 000 animaux s'y ébattent sur 12 500 m², dans 5,7 millions de litres d'eau (recyclée à 98 %). On commence par les écosystèmes marins et lacustres canadiens (17 habitats différents), où l'on découvre forêt de *kelp* (agitée par une machine à vagues), homards et poulpes géants du Pacifique. On enchaîne avec le récif tropical et le bien nommé *Dangerous Lagoon,* un très long tunnel à requins peuplé d'une multitude de gros poissons – requins tigres et taureaux, tarpons, raies, poissons-scies, etc. Vraiment impressionnant ! Les enfants manipuleront des limules au *Discovery Centre* et toute la famille s'émerveillera des dragons des mers feuillus et méduses des dernières sections. Des plongeurs font régulièrement le show dans les aquariums, et il est même possible de visiter les coulisses et... de dormir dans le tunnel à requins en sac de couchage (cher) !

Fort York *(zoom B4) : 250 Fort York Blvd. ☎ 416-392-6907. • toronto.ca/fortyork • fortyork.ca • Fin mai-début sept, tlj 10h-17h ; le reste de l'année, tlj 10h-16h (17h le w-e). Entrée : env 12 $; réduc.* Berceau de Toronto, le fort a accueilli sa première garnison en 1793, avant d'être détruit par les Américains lors de la guerre de 1812. Reconstruit plus d'un siècle plus tard, il a échappé in extremis aux promoteurs immobiliers, mais l'extension de la ville l'a avalé et il se trouve aujourd'hui coincé au pied de l'autoroute, contre la ligne de chemin de fer et la ville nouvelle... Le *Visitor Centre* met en lumière son histoire à travers celle des hommes et femmes qui y vécurent, d'objets personnels, uniformes et photos anciennes – rien d'incontournable, à vrai dire. Mais une fois parvenu sur le site même, on bascule dans le XIXe s, imaginant la vie qui animait le fort : officiers au mess, cantinières à l'ouvrage... L'été, des figurants en costume investissent les différentes chambrées, la cuisine ou les appartements, le tout reconstitué à l'identique.

Little Italy *(zoom et plan d'ensemble B3)*

Étendu autour de College Street, à l'ouest de Bathurst Street, le quartier italien – désormais au moins aussi portugais... – n'a honnêtement pas un charme fou. Il n'en est pas moins envahi chaque week-end par la horde des *hipsters,* qui viennent s'y abreuver à la source du cappuccino, entre cafés tradi, restos familiaux (souvent devenus assez chers), salles de billard et boîtes diverses et variées. Avec sa petite façade grisâtre et sa grande terrasse, le *Café Diplomatico* (alias *The Dip*), à l'angle de College et Clinton Street, est l'un des emblèmes du quartier.

Old Town et le Distillery District *(zoom C3-4)*

Il ne reste pas grand-chose du quartier qui a vu naître la ville. Délimité à l'ouest par Yonge Street et au nord par Queen East, Old Town gravite autour de la vieille **cathédrale anglicane Saint James** *(zoom C3-4 ; dim-ven 7h-17h30, sam 9h-17h),* bâtie en 1849-1853 dans un style néogothique. Sa chorale se produit les mardi (à 13h) et dimanche (à 16h). La plus vieille poste du pays, devenue musée, est à deux pas, au 260 Adelaide Street. Mais les visiteurs convergent surtout vers le sympathique **Saint Lawrence Market** *(zoom C4 ; 92-95 Front St E ; mar-jeu 8h-18h, ven 8h-19h, sam 5h-17h).* Ce grand marché couvert occupe un édifice en brique plus que centenaire, où se regroupent fromageries (600 sortes proposées !), charcuteries (40 types de saucisses !), boulangeries-pâtisseries, poissonneries... et aussi des stands proposant plats préparés et sandwichs. Des tables permettent de grignoter sur place. Le samedi, le *Farmers Market* s'installe avec ses produits régionaux tout frais.

The Distillery *(zoom C4) : à l'est de Parliament St, entre Mill St et la voie ferrée.* Cette ancienne distillerie de whisky, composée de 44 bâtiments de brique rouge occupant environ 9 ha, a été réhabilitée avec soin. Elle accueille désormais un petit quartier commerçant vivant autour de galeries d'art, studios d'artistes, petites boutiques de fringues ou d'artisanat chic, cafés, bars et restos branchés. Évitez d'y aller le lundi : presque tout est fermé.

Yorkville, The Annex et le quartier de l'Université (zoom et plan d'ensemble B-C2-3)

Tout au nord du Downtown, Yorkville s'étend entre Bloor Street au sud et Davenport Road au nord, Avenue Road à l'ouest et Church Street à l'est. De l'ancien district hippie des *sixties,* il ne reste pour ainsi dire rien... Bordée de gratte-ciel, d'immeubles de condos de luxe, de boutiques de grandes griffes internationales et de restos un tantinet prétentieux, Bloor est l'artère la plus m'as-tu-vu du Canada, l'équivalent de la 5th Avenue à New York... C'est le QG des yuppies et des stars hollywoodiennes quand elles tournent à Toronto. Notons toutefois quelques bars agréables en arrière-plan (sur Cumberland).
Immédiatement à l'ouest de Yorkville, entre Avenue Road et Bathurst, s'étend The Annex, un quartier résidentiel plein de petits restos et cafés fréquentés par les étudiants et les profs de l'université toute proche. On y trouve certains des principaux musées de la ville.

Royal Ontario Museum *(zoom B-C3) : 100 Queen's Park. ☎ 416-586-8000. • rom.on.ca • Ⓜ Museum. Tlj 10h-17h30 (20h30 ven). Entrée : 20 $; 4-14 ans 14 $; réduc (notamment 10 $ ven 16h30-20h30). Suppléments pour expos temporaires. Inclus dans le* CityPass. *Visite guidée en français tlj à 14h. Café sur place.*
Difficile de rater ce musée, dont l'architecture est pour le moins étonnante. Un « cristal » est littéralement venu s'imbriquer dans le bâtiment historique préexistant. Une réalisation audacieuse signée par l'architecte Daniel Libeskind – qui, depuis, s'est attaqué à la spectaculaire L Tower près d'Union Station. Prévoyez au moins une demi-journée pour voir l'ensemble des collections prestigieuses et très hétéroclites du « ROM ». Plus grand musée du Canada, il compte huit sections principales exposant pas moins de 6 millions d'objets ! Il s'agit donc de bien cibler sa visite, surtout si vous venez en famille. La signalétique est en français et en anglais.

Niveau 1
– Dans le hall, un gigantesque ***squelette de futalognkosaurus*** vous attend : c'est tout simplement le plus grand dinosaure ayant jamais existé ! Après le hall, sur la gauche, se dressent deux gigantesques ***totems*** sculptés par les peuples autochtones de la côte nord-ouest. Ils mesurent 24,50 m de haut, et la cage d'escalier a été construite spécialement autour d'eux dans les années 1930 ! Deux autres, moitié moins grands, leur font face.
– Côté gauche toujours, s'ouvrent les ***galeries canadiennes.*** Avec des enfants, privilégiez celle dédiée aux premiers peuples, plus vivante et nettement plus parlante : grands canots en écorce de bouleau et kayaks inuit, armes, vêtements, coiffes et ornements superbes et, pour illustrer le tout, des films d'archives. Vous verrez même un masque de cheval brodé de perles ! La galerie d'en face balaie, elle, l'histoire des arts décoratifs canadiens, à travers peintures, mobilier (y compris sacré) et objets de la vie quotidienne. Rigolo : les girouettes en forme de... castors !
– Au rez-de-chaussée toujours, côté droit, s'étend la très belle ***collection chinoise,*** fierté du ROM. On parcourt plusieurs millénaires d'art chinois, des vestiges néolithiques aux récents témoignages de la dynastie mandchoue. Outre les superbes ensembles d'objets de l'âge du bronze, de céramiques et de mobilier funéraire, vous ne pourrez manquer les trois peintures murales du XIIIe s représentant des divinités bouddhiques et taoïstes. Deux petites sections se consacrent à la Corée et au Japon.

Niveau 2
– Les galeries réservées aux ***dinosaures*** présentent de nombreux fossiles de grande taille et une vingtaine de squelettes authentiques (parfois complets), dont un impressionnant *Barosaurus* surnommé Gordo, cousin du diplodocus qui devait atteindre 24 m de long ! On aperçoit sa silhouette à travers le « cristal » depuis

Bloor Street. On enchaîne avec la paléontologie : mammouth et autre mégafaune, dont les peu connus « oiseaux terreur » hauts de 3 m.

– La section suivante, un peu confuse mais didactique, se consacre à la ***biodiversité*** canadienne, mais aussi internationale, et à sa nécessaire protection. Les animations interactives séduisent les enfants, et une *grotte aux chauves-souris* a été reconstituée (bof...).

– Suit la ***galerie minéralogique,*** superbement mise en valeur. N'y manquez pas la vitrine des météorites, les étonnantes « feuilles de cuivre natif » et, au fond, les pierres précieuses et semi-précieuses, avec un sacré bel ensemble de pépites d'or.

– Pour faire une pause ludique, la ***Discovery Gallery*** offre toutes sortes d'animations pour petits et grands : revêtir une armure médiévale, jouer à l'archéologue...

Niveau 3

– À gauche, les ***galeries européennes,*** assez classiques, présentent de façon pédagogique et concise l'évolution des arts décoratifs en Europe, du Moyen Âge au début du XXe s. On peut y voir quelques très belles pièces (notamment médiévales), de nombreuses reconstitutions d'intérieurs, des armes de différentes époques, des sections sur l'Art nouveau et l'Art déco, etc.

– À droite, d'autres galeries se consacrent aux ***vestiges archéologiques*** des premières civilisations du Bassin méditerranéen : elles sont intéressantes et présentent de belles pièces, mais si le Louvre n'a plus de secrets pour vous, vous n'y découvrirez rien de particulièrement surprenant. À voir encore, une section concernant l'***art islamique*** et des galeries sur les ***Amériques,*** l'***Asie,*** le ***Pacifique*** et l'***Afrique.***

👣👣 ***Gardiner Museum*** (zoom C3) **:** *111 Queen's Park. ☎ 416-586-8080. • gardinermuseum.on.ca • Ⓜ Museum. Tlj 10h-18h (21h ven, 17h le w-e). Entrée : 15 $, audioguide inclus (demandez-le) ; réduc. Visite guidée (gratuite) tlj à 14h. Des cours de poterie sont organisés mer et ven 18h-20h et dim 13h-15h (15 $).* La collection autour de laquelle est né le musée a été constituée en quelques années par un richissime financier local et sa femme. Leur passion ? Les céramiques jaunes. Peu à peu, ils se sont aussi intéressés aux céramiques précolombiennes (superbes pièces choisies !), à la poterie anglaise des XVIIe-XVIIIe s et aux majoliques italiennes (étonnante Vierge de 1 m de la fin du XVe s). Des donations subséquentes ont enrichi le fonds de céramiques européennes, chinoises, japonaises et contemporaines. Au final, voilà une bien belle collection pour ceux que le sujet intéresse. ***Café*** sur place.

👣👣 ***Bata Shoe Museum*** (zoom B3) **:** *327 Bloor St W. ☎ 416-979-7799. • batashoemuseum.ca • Ⓜ Saint George. Tlj 10h (12h dim)-17h (20h jeu). Entrée : 14 $; réduc ; donation libre jeu 17h-20h.* Ce musée distrayant à l'architecture contemporaine vous en apprendra un bout sur la chaussure, son histoire et ses traditions à travers le monde. De la sandale égyptienne aux bottes d'astronaute, en passant par les poulaines médiévales, les chopines (plates-formes) Renaissance et les mocassins des Premières Nations, elles y sont toutes, présentées dans la pénombre comme des bijoux dans leur écrin ! Il y a aussi celles créées par les artistes et celles qui ont appartenu à des stars : les escarpins rouges de Marilyn, les sandales de l'ancien Premier ministre Pierre Elliott Trudeau... Des expos temporaires bien foutues déclinent des thèmes variés permettant de mettre en valeur le fonds riche de quelque 13 000 paires. Bref, un musée sympa et plein de surprises.

Gay Village (zoom C3)

👣 La communauté gay et lesbienne de Toronto est l'une des plus importantes et dynamiques au monde. Le cœur du Village est situé à l'angle des rues Wellesley et Church *(Ⓜ Wellesley).* Tout autour s'épanchent bars, boutiques et restos *trendy,* où s'affirment les pulsions d'une société libérée des tabous traditionnels. Halloweek (pour Halloween) est l'occasion de ressortir les costumes débridés, mais c'est fin juin, lors de la *Pride Week,* que le quartier connaît son vrai moment de gloire. La manifestation, qui culmine par une parade, réunit habituellement plus de 1 million de personnes, ce qui en fait la troisième au monde, après celles de New York et Sydney !

Cabbagetown *(zoom C3)*

Situé au nord-est du Downtown, ce coin résidentiel très verdoyant, aujourd'hui bien embourgeoisé, reflète ce que pouvait être un quartier d'habitation à la fin du XIXe s : petits cottages fleuris et colorés, maisons hautes, constructions victoriennes de charme... Baladez-vous surtout dans les rues Wellesley et Amelia, Metcalfe et Sackville, bordées de jardinets et de buissons touffus.

UN QUARTIER TRÈS CHOU

Les immigrants irlandais qui s'installèrent à Cabbagetown dans les années 1850 avaient l'habitude de faire pousser des choux devant leur maison, à la place de la pelouse. Voilà, vous connaissez l'origine du nom du quartier : la « ville des choux ».

Évitez de marcher la nuit sur *Parliament Street,* au sud de Gerrard ; c'est devenu un coin mal famé.

En périphérie

Toronto Islands (plan d'ensemble C4) **:** *départ du Jack Layton Ferry Terminal, situé au commencement de Bay St (zoom C4), derrière le Westin Harbour Castle Hotel (immense parking gardé juste derrière). Les ferries desservent 3 embarcadères sur les îles. De mi-mai à début sept, ttes les 30 mn env pour Centre Island, 8h-23h15 (23h30 le w-e) ; retours 8h15-23h45. Départs un peu moins fréquents pour les 2 autres embarcadères. En basse saison, horaires restreints ; et en hiver, seule Ward's Island est desservie. Traversée (env 10 mn) : env 8 $; moins de 14 ans env 4 $; réduc. Le billet est valable pour un retour de n'importe lequel des 3 embarcadères. Horaires au ☎ 416-392-8193. À l'arrivée du bateau, demandez un plan des îles (gratuit) au kiosque d'info.*

Coup de cœur pour ce chapelet d'îles envahies par la végétation, flottant juste au large du Waterfront. Du ferry, déjà, se révèle une vue spectaculaire sur le *skyline.* C'est ici que les Torontois passent une partie de leur week-end quand il fait chaud, entre chenaux et marinas, pans de forêt et plages invitant à la baignade, aires de jeux, mini-ferme et petit parc d'attractions. Les panneaux, sympathiques, indiquent « *please walk on the grass* », et il y a même un coin réservé aux nudistes *(Hanlan's Point Beach)* ! Nos coins préférés : ***Ward's Island*** et ***Algonquin Island.*** Contraste saisissant entre les pittoresques cottages en bois peints de toutes les couleurs, noyés dans la verdure, et les gratte-ciel qui scintillent juste en face.

Pour explorer les îles, privilégiez le vélo. Les locations sur place étant chères, mieux vaut en louer sur le Waterfront (voir « Adresses et infos utiles ») et les mettre sur le ferry (c'est gratuit). Sur place, on trouve aussi des rosalies et des canoës. Si vous n'avez pas prévu de pique-nique, vous trouverez des fast-foods et ce très sympathique café, installé dans le coin le plus charmant :

The Island Cafe : *20 Withrow St, sur Ward's Island. ☎ 647-230-5793. Tlj 8h-19h30 (21h ven-dim), plus tard l'été. Plats 10-18 $.* Le joli jardin semé de bancs et la grande terrasse invitent à s'installer. Les poissons fumés, *mezze,* salade de *kale* (chou frisé), tacos et burgers (carnivore ou végétarien), tous faits maison, poussent à rester mais ils font aussi de la vente à emporter. Les produits sont locaux et une partie provient même du potager (visible de la terrasse) ! En prime : musique live les mercredi (à 18h30) et vendredi (à 20h) d'été.

Casa Loma (plan d'ensemble B2) : *1 Austin Terrace. ☎ 416-923-1171. • casa loma.org • Ⓜ Dupont. De la sortie du métro, 5 mn à pied vers le nord (c'est indiqué). Tlj 9h30-17h (20h mar en juil-août) ; dernière entrée 30 mn avant. Entrée : 24 $, 15 $ pour les 4-13 ans, audioguide en français inclus ; réduc. Inclus dans le* CityPass. *Parking payant (3 $/h et 10 $ le w-e !).* Achevé en 1914, ce château néo-médiéval éclectique est la demeure excentrique d'un richissime homme d'affaires, sir Henry Pellatt, qui contrôla un temps jusqu'à 25 % de l'économie canadienne ! Il ne compte pas moins de 98 pièces, dont 39 salles de bains. Quelque 40 domestiques y travaillaient jusqu'à ce que sir Henry fasse faillite... Le mobilier fut alors pour l'essentiel vendu aux enchères. Honnêtement, on ne vous conseille pas cette visite, très usine et bien trop chère – ou alors seulement si vous avez le *CityPass.* Dans le dédale de pièces, on retiendra surtout la *Oak Room,* aux boiseries de chêne sculpté ; le beau jardin d'hiver ; la chambre du maître des lieux décorée d'une peau de tigre et sa salle de bains attenante, révolutionnaire pour l'époque, avec douche hydromassante et téléphone (il y en avait 59 dans la demeure !). Restent les dépendances, atteintes par un tunnel de 250 m de long, avec les stalles en acajou des écuries et le garage du sieur Henry, où sont exposées quatre voitures d'époque.

Spadina Museum (plan d'ensemble B2) : *285 Spadina Rd. ☎ 416-392-6910. Ⓜ Dupont (indiqué à la sortie du métro). À côté de la Casa Loma. Avr-début sept, tlj sauf lun 12h-17h (dernière visite à 16h) ; sept-déc, tlj sauf lun 12h-16h (17h le w-e) ; janv-mars, slt le w-e 12h-17h. Entrée : 8 $ (9 $ nov-janv) ; réduc. Jardins : 5 $ seuls ou 2 $ en supplément de la visite de la maison.* À choisir, on préfère nettement Spadina à la Casa Loma : voici une vraie maison de la haute bourgeoisie du début du XXe s, plus intime, restaurée comme en 1915 avec meubles d'époque, livres, tableaux, massacres... Les lustres à gaz marchent encore ! Trois générations de la famille Austin (des banquiers) y ont vécu jusqu'en 1982. La visite guidée, ultra-british, est seulement en anglais.

High Park (plan d'ensemble A3-4) : *bien à l'ouest de Little Italy. Ⓜ High Park ou Keele.* C'est le bois de Boulogne local, le plus grand parc aménagé de la ville, avec ses pelouses bien tondues pour pique-niquer, ses pans de forêt, ses plans d'eau, ses jardins, ses sentiers et son minizoo.

Ontario Science Centre (plan d'ensemble D1) : *770 Don Mills Rd. ☎ 416-696-1000. • ontariosciencecentre.ca • Loin du centre. Ⓜ Eglinton, puis bus n° 34 Eglinton East (descendre à Don Mills Rd). En voiture, prendre la Don Valley Parkway et sortir à Don Mills Rd N (env 20-30 mn). Tlj 10h-16h (20h sam ; 17h dim). Entrée : 22 $; 3-12 ans 13 $; réduc. Inclus dans le* CityPass. *Parking : 10 $!* Un genre de Palais de la découverte où l'on vous invite à participer à plein d'expériences drôles et instructives. Si certaines sections sont un peu vieillottes, d'autres abordent des thèmes passionnants, liés entre autres à l'écologie, la science et le corps humain. La *aging machine* fera, par exemple, découvrir aux enfants leur tête à l'âge de la retraite... Sympa, mais tout de même fort cher. Comprend un cinéma Imax et un planétarium.

The Beaches *(hors plan d'ensemble par D3)* : ce ne sont pas les Antilles, loin de là, mais une large plage borde le lac Ontario à l'est de la ville (à la hauteur de Woodbine Avenue). Elle est soulignée par une promenade et une piste cyclable, partie intégrante du *Martin Goodman Trail* qui souligne le rivage sur 56 km d'un bout à l'autre de la ville. L'été, le secteur attire un monde fou pour des séances de bronzage, de kitesurf ou de volley-ball. En arrière-plan, le *Beach Village,* aux rues calmes et verdoyantes peuplées de jolies maisons de brique et de bois, a été réinvesti par les yuppies. Bref, The Beaches, c'est un peu Toronto-sur-Mer !

Divertissements sportifs et attractions

Matchs de base-ball au Rogers Centre (zoom C4) : *1 Blue Jays Way. Infos : ☎ 416-341-3000. Résas : ☎ 416-341-1234 ou 1-888-654-6529, sur • rogerscentre.com • bluejays.com •, ou sur place 10h-19h (17h le w-e). Matchs*

fréquents avr-sept. Places 20-75 $. Le *Rogers Centre* (ex-*SkyDome*), c'est la grosse carapace de tortue blanche au pied de la CN Tower, célèbre pour son toit rétractable en quatre parties. Si les *Blue Jays* n'ont plus la cote comme autrefois (ils remportèrent les « World Series » en 1992 et 1993), cela reste un spectacle sportif de premier ordre dans un stade hallucinant de modernisme. Un écran géant retransmet le match et des tonnes de statistiques en direct pendant le jeu. *Pom-pom girls,* mascottes et tirages au sort font monter l'ambiance.
– ***Rogers Centre Tour Experience :*** *visite guidée d'env 1h ; les horaires dépendent des événements sportifs (programme au ☎ 416-341-2770) ; en général 11h-16h en sem et w-e sans match. Fermé de mi-déc à mars. Entrée : env 16 $; réduc.* La visite permet de fouler le terrain et de s'imaginer en train d'attraper une balle devant 50 000 spectateurs en délire. Outre les matchs des *Blue Jays,* le stade accueille les compétitions de foot des *Argonauts* et divers concerts et manifestations. Les amateurs d'ingénierie en prendront plein la vue : le toit pèse 11 000 t et couvre 3,2 ha, il s'ouvre ou se ferme complètement en 20 mn. Il pourrait avaler un gratte-ciel de 31 étages sans qu'on en voie rien de l'extérieur ! Le stade est une véritable ville : on y trouve des restos, des bars et même un hôtel *Renaissance,* dont certaines chambres donnent sur le terrain. Vêtu de vitres, le resto *Sightlines* a aussi une vue plongeante dessus. Très sympa d'y boire un verre pour faire la photo.

Air Canada Centre *(zoom C4) : 50 Bay St. ☎ 416-815-5500. • theaircanadacentre.com • Ⓜ Union.* Le centre doit son nom à la compagnie aérienne qui le sponsorise. C'est là, dans une ambiance électrique, que se déroulent, d'octobre à début avril, les ***matchs de hockey des Maple Leafs*** (« Feuilles d'érable »), l'équipe locale, ***et les matchs de basket-ball des Raptors.*** Le hockey étant extrêmement populaire, vous devrez vous contenter de mauvais sièges ou acheter des billets à prix fort à un revendeur *(scalper).* Le centre accueille aussi de gros ***concerts de rock.***

Hockey Hall of Fame *(zoom C4) : 30 Yonge St (au sous-sol). ☎ 416-360-7765. • hhof.com • Ⓜ Union. Fin juin-début sept, tlj 9h30 (10h dim)-18h ; le reste de l'année, lun-ven 10h-17h, sam 9h30-18h, dim 10h30-17h. Entrée : 19 $; réduc.* Seuls les passionnés paieront aussi cher pour découvrir ce « temple de la renommée du hockey » – son musée, son histoire, ses héros, ses jeux et magasins. Les familles canadiennes y viennent en nombre admirer coupes, crosses et maillots (du monde entier), regarder les présentations vidéo et s'essayer, crosse en main, à imiter leurs héros. La passion du hockey n'a pratiquement pas de limites ici ; c'est la seule chose – avec l'hiver – que les *Canadians* et les Québécois partagent intégralement.

Vie culturelle

Seuls le West End londonien et Broadway, à New York, regroupent davantage de théâtres que Toronto. Les bons en anglais iront au ***Royal Alexandra Theatre*** *(zoom C4, **120** ; 260 King St W ; achat de billets au ☎ 416-872-1212 ; • mirvish.com •).* Les autres s'intéresseront au ***Théâtre français de Toronto*** *(☎ 416-534-6604 ; • theatrefrancais.com •),* qui se produit au *Berkeley Street Theatre (26 Berkeley St)* et au *Studio 21 (21 College St, #610).* Vous y verrez surtout des créations nouvelles du Québec et de l'Ontario francophone *(à partir de 20 $).*

Les mélomanes pourront aller écouter l'***orchestre symphonique de Toronto*** (le *TSO*) dans le bâtiment futuriste du Roy Thomson Hall *(zoom C4, **121** ; ☎ 416-598-9522 ; • tso.ca •).* Autre classique, fondé en 1886 : le ***Royal Conservatory of Music*** *(plan d'ensemble A3, **122** ; ☎ 416-408-0208 ; • rcmusic.ca •).*

Si vous en avez l'occasion, essayez d'assister à un spectacle dans l'historique ***Massey Hall*** *(zoom C3, **123** ; ☎ 416-872-4255 ; • masseyhall.com •).* Ce théâtre de 2 700 places, inauguré en 1894, a vu toutes les gloires mondiales défiler, sur scène comme dans la salle. Au programme : concerts, pièces de théâtre, etc.

Le ***Tiff*** *(zoom C4, **124** ; 350 King St W ; ☎ 416-599-8433 ; ● tiff.net ●),* la grande cinémathèque de Toronto accueille notamment le célèbre festival du même nom (voir plus bas). Cet espace multiculturel abrite cinq salles de projection, des studios, des galeries consacrées aux expos temporaires et *Luma,* un bar-resto branché très réputé aux lignes contemporaines (attention au portefeuille !).

Fêtes et manifestations

– ***Toronto Jazz Festival :*** *en général, fin juin-début juil, sur 10 j. ● torontojazz.com ● GRATUIT ; seuls les spectacles sur résa (les meilleurs) sont payants.* Quelque 1 500 musiciens de qualité se donnent rendez-vous sur une quarantaine de scènes et dans les bars du centre-ville, notamment sur Nathan Phillips Square et Queen Street West. Super ambiance.

– ***Luminato Festival :*** *sur 10 j., mi-juin. ● luminatofestival.com ●* Ce festival des arts et de la créativité puise aux sources des traditions culturelles de toutes les communautés. Musique, théâtre, danse, cinéma, littérature, tous les arts sont alors à l'honneur dans les rues de la ville. La plupart des *events* sont gratuits.

– ***Scotiabank Caribbean Carnival :*** *de mi-juil à début août, sur 3 sem. ● torontocaribbeancarnival.com ● GRATUIT.* C'est le carnaval des Caraïbes : un festival ultra-populaire de costumes, de couleurs et, bien sûr, de danse et de musique. La parade du dernier jour est suivie d'un pique-nique géant sur les Toronto Islands !

– ***Toronto International Film Festival :*** *sur 10 j., autour de la mi-sept. ☎ 416-599-TIFF. ● tiff.net ●* Plus de 300 films du monde entier sont présentés au « Tiff ». Hollywood y teste les publics internationaux, et le cinéma non américain y teste Hollywood. Ceux qui s'y distinguent auront leur chance aux oscars... Un vrai événement, à la hauteur des grands festivals européens.

– Organisée depuis 1905, la ***parade du Père Noël,*** à la mi-novembre, marque le début de la saison des fêtes. En 1913, les traîneaux furent tirés par de vrais rennes du Labrador ! Peu après, la ***Cavalcade of Lights*** inaugure les illuminations de Noël.

Pour toutes les autres manifestations, lire les ***hebdomadaires gratuits*** *Now* et *Grid,* que l'on trouve un peu partout dans la ville.

DE TORONTO À NIAGARA FALLS

Quittées la ville et ses banlieues industrielles, la région qui sépare le lac Ontario du lac Érié déroule une verte campagne. Vers Niagara-by-the-Lake, les paysages sont ponctués d'une multitude de vergers et de vignobles – où l'on traîne volontiers le temps d'une dégustation ou deux. Les vins ontariens ne sont pas inintéressants et le secteur est charmant avec ses vieilles maisons bien léchées, ses grands arbres et ses fermes vendant cerises et fraises de leur production. La région, qui bénéficie d'un microclimat, est souvent appelée la *Fruit Belt* de l'Ontario. Au-delà, la belle

UN SAUT DANS LE TEMPS

Connaissez-vous les mennonites ? Ce mouvement protestant anabaptiste (on est baptisé à l'âge adulte), né en Suisse au XVIe s et largement implanté en Allemagne et aux Pays-Bas, s'est expatrié en Amérique du Nord au gré des persécutions. Leurs credo ? Sobriété, tempérance, modestie, non-violence (ils refusent de porter les armes). Certains s'opposent aux progrès technologiques, électricité incluse. C'est ainsi que l'on croise, dans la région de Kitchener-Waterloo et au-delà, des carrioles à cheval conduites par des hommes en chapeau de paille et des femmes au bonnet serré. Les mennonites vendent leurs récoltes sur les marchés locaux, dont celui, très réputé, de St Jacobs : produits bio garantis, les pesticides leur étant eux aussi interdits !

Niagara Parkway, **propice aux balades à vélo, se déroule le long de la Niagara River, remontant jusqu'à l'apothéose des chutes.**
Ceux qui ont du temps à revendre pourront éventuellement faire halte en chemin dans l'affreuse cité industrielle d'Hamilton, le temps de visiter le *Dundurn National Historic Site* (résidence à l'italienne d'un ancien Premier ministre, bâtie en 1835) et le *Canadian Warplane Heritage Museum.*

NIAGARA-ON-THE-LAKE

• Plan *p. 477*

Une petite halte suffira pour découvrir ce village de poupées aux charmantes demeures du XIXᵉ s joliment restaurées. Tout y est très mignon, apprêté... et cher. Ambiance *so British,* un rien surfaite, prisée par une clientèle américaine aisée. Les grands parcs qui étalent leur verdure et la beauté du site en font un endroit très agréable et serein, surtout avant d'attaquer les chutes du Niagara et leur frénésie touristique. Cette petite ville adorable constitue une très bonne étape pour les routards au portefeuille un peu plus dodu, et pour les amateurs de vin. Car Niagara-on-the-Lake est au cœur du vignoble, et par conséquent à deux pas des principaux domaines.

Adresse utile

i ***Tourist Information*** *(plan A1)* **:** *26 Queen St.* ☎ *905-468-1950.* • *niagaraonthelake.com* • *Entrée sur le côté, en contrebas d'un beau bâtiment à colonnes. Tlj 10h-18h (17h nov-avr).* Réservation d'hôtel ou de *B & B,* moyennant une petite commission. Accueil pro et efficace.

Où dormir ?

Logement assez cher, surtout en saison. En été, il est fortement conseillé de réserver à l'avance, car malgré le nombre important de *B & B* il n'est pas rare que tout soit complet avec le festival de théâtre qui attire toujours beaucoup de monde. Passer par l'office de tourisme pourra éventuellement vous éviter les galères de dernière minute.

Prix moyens

Dorchester House *(plan A1,* ***10****)* **:** *351 Dorchester St.* ☎ *905-468-5673.* • *dorchester-house.com* • *Double env 135 $.* Bienvenue chez l'adorable Barbara, qui soigne ses hôtes comme s'il s'agissait d'amis de la famille. Ses petits déj, par exemple, sont gargantuesques et plus proches d'un brunch ! Quant aux chambres, pas immenses et peut-être un peu chargées côté déco (bibelots, tissus chatoyants...), elles se révèlent impeccables et de très bon confort, de même que le salon commun. Et pour se relaxer, direction le beau jardin verdoyant caché à l'arrière de la maison. Une vraie bonbonnière !

Globetrotters B & B *(plan A2,* ***11****)* **:** *642 Simcoe St.* ☎ *905-468-4021.* • *globétrottersbb.ca* • *Doubles 135-150 $.* Le *Globetrotters* ne fait pas dans le *roots* ! Ici, on voyage cosy, à l'image des chambres thématiques soignées, colorées et originales, et bien sûr de très bon confort. 2 d'entre elles sont même carrément des suites ! Ajoutez un petit déj de qualité servi par des hôtes prévenants (francophone pour madame), et vous obtenez une vraie

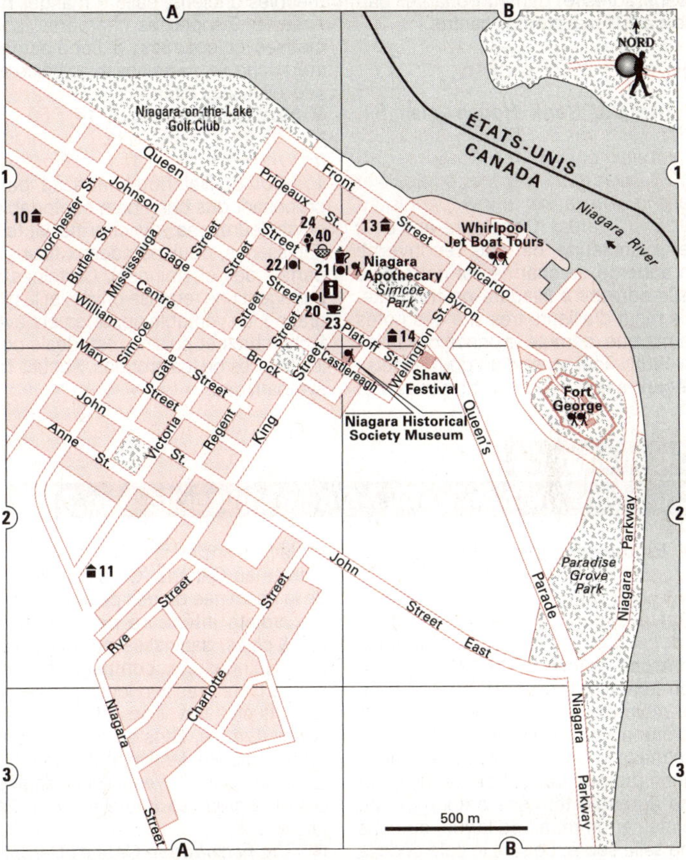

NIAGARA-ON-THE-LAKE

Adresse utile

- Tourist Information (A1)

Où dormir ?

- 10 Dorchester House (A1)
- 11 Globetrotters B & B (A2)
- 13 The Old Bank House (B1)
- 14 Moffat Inn (B1)

Où manger ? Où boire un bon café ? Où se sucrer le bec ?

- 20 The Olde Angel Inn (A1)
- 21 Stagecoach Family Restaurant (A-B1)
- 22 Epicurean (A1)
- 23 Balzac's Coffee (A1)
- 24 Il Gelato di Carlotta (A1)

Achats

- 40 Greaves (A1)

bonne adresse, dans un quartier paisible à 20 mn à pied du centre.

De chic à très chic

The Old Bank House (*plan B1,* ***13****) : 10 Front St. ☎ 905-468-7136. • oldbankhouse.com • Doubles 150-250 $, avec petit déj très copieux et parking. 2 nuits min le w-e (parfois 3 à certaines dates).* Construite en 1817, cette ancienne banque reconvertie en auberge de charme est notre plus belle adresse à Niagara-on-the-Lake. Elle reçut d'ailleurs très vite des hôtes de marque, comme le prince de Galles en 1902 ! Tout y est d'un goût exquis : élégant salon avec « chinoiseries » et meubles anciens, salle à manger raffinée, et 9 superbes chambres, spacieuses et cossues, à l'équipement irréprochable, certaines avec balcon et vue sur le lac Ontario.

Moffat Inn (*plan B1,* ***14****) : 60 Picton St. ☎ 905-468-4116. • vintage-hotels.com/moffat • Doubles 150-300 $.* Bel hôtel face au parc, proposant des chambres confortables et chaleureuses, au charme vintage (tapisseries, doubles rideaux fleuris et parfois des cheminées). Certaines se partagent une terrasse privée, et la plus grande, un véritable appartement avec 2 chambres et cuisine, est idéale pour les familles ou les groupes. Accueil fort sympathique.

Où manger ?
Où boire un bon café ? Où se sucrer le bec ?

Epicurean (*plan A1,* ***22****) : 84 Queen St. ☎ 905-468-3408. Tlj 9h-17h30 pour le café, jusqu'à 21h pour le bistrot. Env 8-15 $ le midi, beaucoup plus cher le soir.* L'une des adresses préférées des locaux pour son excellent rapport qualité-prix. Du moins le midi, car c'est alors une cafétéria sans prétention proposant quiches, soupes, salades et sandwichs du jour. Le tout se déguste sur une agréable terrasse ombragée, au calme car en retrait de la rue, ou dans une salle sobre. Le soir, le café cède la place à un bistrot, aux plats plus élaborés mais trop chers.

Stagecoach Family Restaurant (*plan A-B1,* ***21****) : 45 Queen St. ☎ 905-468-3133. Tlj 7h-18h (19h30 en été). Plats 10-15 $.* Resto familial bon marché, genre *diner* sans chichis à l'américaine, servant sandwichs variés, omelettes, soupes, hamburgers et petits déj très caloriques. Rien d'inoubliable, mais c'est correct, servi avec le sourire et pas cher. Une aubaine pour les petits budgets.

The Olde Angel Inn (*plan A1,* ***20****) : 224 Regent St. ☎ 905-468-3411. Tlj 11h-22h30 ou 23h30 (1h pour le bar). Plats env 13-22 $.* Dans l'esprit d'un pub anglo-saxon classique, cette taverne sombre et basse de plafond est la plus ancienne auberge encore en activité au Canada. On s'installe près de la cheminée ou des petites fenêtres aux volets intérieurs pour déguster *fish & chips,* saucisses-purée et bœuf à la Guinness, accompagnés d'une bonne bière pression locale. Quelques options plus travaillées et plus chères le soir. Simple, sans surprise et roboratif. Ambiance festive, notamment les soirs de concert (vendredi et samedi, plus mercredi en haute saison). Fait aussi hôtel.

The Farmhouse Café at Caroline Cellars Winery : *1010 Line 2. ☎ 905-468-8814. À env 10-15 mn en voiture, dans les vignes. Tlj 11h30-16h (17h le w-e). Env 10-15 $ le midi.* Deux en un ! D'un côté de la maison, l'espace dégustation pour découvrir les vins du domaine (gratuit) ; de l'autre, un café convivial installé dans une vaste salle très sobre, façon grange moderne en bois clair. Les deux valent le coup. Selon l'heure, on commence par l'un et on finit par l'autre ! Et l'avantage, c'est que les vins au verre pour accompagner les bons et copieux plats du jour (burger, poutine du moment, perche du lac Érié, salades...) sont à prix d'ami !

Balzac's Coffee (*plan A1,* ***23****) : 223 King St. ☎ 289-868-8936. Tlj 7h-19h.*

C'est une charmante maison à l'angle de Market Street, mais c'est aussi, et surtout, une succursale du célèbre café de Toronto, acclamé pour la qualité de ses grains choisis avec soin (essentiellement *organic*) et torréfiés sur place. Le meilleur endroit pour savourer un vrai expresso ou un cappuccino, confortablement installé sur une chaise haute ou dans un sofa.

Il Gelato di Carlotta *(plan A1, **24**)* **:** *59 Queen St. ☎ 905-468-8999. Tlj 11h-23h (22h dim-lun).* Ça vaut la peine de pousser la porte de cette petite échoppe colorée, car leurs glaces sont calquées sur les meilleures *gelati* italiennes ! On y travaille dans les règles des ingrédients bio de qualité (locaux... ou carrément italiens !), sans émulsifiants et autres produits chimiques. Un régal !

Achats

Greaves *(plan A1, **40**)* **:** *55 Queen St. ☎ 905-468-7831. Tlj 9h30-20h en été, 10h-17h le reste de l'année.* Excellentes confitures et marmelades artisanales, présentées dans de jolis pots à l'ancienne (la maison date de 1927). Celle au raisin est typique de l'Ontario. Également quelques condiments : chutney et autre *chili sauce*.

À voir. À faire

Niagara Historical Society Museum *(plan A-B2)* **:** *à l'angle de Castlereagh et Davy St. ☎ 905-468-3912. • niagarahistorical.museum • Mai-oct, tlj 10h-17h ; nov-avr, tlj 13h-17h. Entrée : 5 $; réduc.* Pas bien grand mais attachant, ce fut le premier musée de la ville à avoir été construit, en 1907, pour accueillir des collections qui retracent l'histoire de la région depuis les premiers peuplements autochtones : costumes, vaisselle, mobilier, ustensiles de la vie courante. Une petite balade nostalgique dans les vieilles malles des grands-mères. Possibilité de visites guidées de la ville de juin à septembre les samedi et dimanche à 11h. Compter 10 $, entrée du musée comprise.

Niagara Apothecary *(plan B1)* **:** *5 Queen St. • niagaraapothecary.ca • De mi-mai à début sept, tlj 12h (11h le w-e juil-août)-18h, puis le w-e slt jusqu'à mi-oct. GRATUIT, mais donation bienvenue.* Pharmacie tout en belles boiseries, restaurée avec soin, datant de 1866 et en activité jusqu'en 1964. Les rayonnages toujours garnis de pots en céramique et de flacons colorés vous accueillent dans un parfum de camphre et de bois ciré. Très photogénique !

Le fort George *(plan B2)* **:** *☎ 905-468-6614. • pc.gc.ca • Avr-oct, tlj 10h-17h ; le reste de l'année, le w-e slt (11h-16h slt déc-mars). Entrée : 12 $; réduc.* Achevé en 1802, ce fort caractéristique fut construit pour remplacer le fort Niagara passé aux mains des Américains. Détruit en 1813 (par les Américains, encore une fois !), il fut reconstruit à l'identique plus d'un siècle plus tard, afin d'accueillir le grand public. Visite intéressante dans les différents bâtiments dont l'ameublement a été reconstitué (chambrées, quartiers des officiers, cuisine, forge...), et belle vue sur la côte américaine depuis les bastions toujours garnis de canons. L'été, des étudiants en costume investissent les lieux et réalisent notamment différentes manœuvres militaires. Une manière sympathique de faire revivre le XIXe s.

La route des Vins **:** le microclimat exceptionnel qui favorise la région, et plus particulièrement la partie longeant le lac Ontario, offre à la vigne un terrain propice à son épanouissement. Longtemps marginal, le vin ontarien a peu à peu conquis son public en affinant ses techniques de vinification, et correspond aujourd'hui en volume à plus de 75 % de la production totale du Canada !

Les amateurs connaissent de longue date le *ice wine,* mais il faut désormais compter avec quelques blancs (chardonnay et riesling principalement) et rouges (pinot et cabernet franc) qui méritent qu'on s'y attarde. Rien d'extraordinaire non plus, le rapport qualité-prix n'étant pas toujours évident... Mais une balade gourmande le long de la route des Vins, les papilles en alerte et le regard perdu sur l'immensité des vignes, constitue une escapade plaisante en cours de voyage.

PLEINS FEUX SUR LE VIN DE GLACE

Les vins de glace (ice wines) *sont les plus réputés des crus élaborés sur la péninsule de Niagara. Au lieu d'être vendangé à la fin de l'été, le raisin est laissé sur le cep jusqu'aux premiers gels. Le sucre se retrouve ainsi concentré. Il ne faut pas moins d'un cep entier pour obtenir une seule (petite) bouteille de 37,5 cl... Ces vins liquoreux se dégustent avec un dessert ou en digestif.*

Les quelque 60 domaines qui se partagent le vignoble se répartissent dans un secteur plus ou moins compris entre Winona et Niagara-on-the-Lake. La route des Vins, matérialisée par une grappe blanche sur fond bleu, est accessible depuis la QEW, sortie 78 si l'on vient de Toronto. Chaque domaine propose des dégustations payantes (de 1 à 5 $ le verre, en moyenne), parfois assorties de visites guidées (infos générales sur • *winecountryontario.ca* •). Vérifiez simplement que les bouteilles soient estampillées VQA, garantie que les raisins proviennent bien de la région et ne sont pas importés (même si le système a ses limites, puisque certains producteurs refusent de payer la taxe et ne sont pas pour autant des fraudeurs...).

À Niagara-on-the-Lake, *Peller Estates Winery (• peller.com •)* est un domaine d'envergure, qui a comme principaux avantages des horaires étendus (de 10h à 21h en saison) et une gamme de dégustations élargie (intéressants *sparkling wines* rosés notamment, et un insolite *ice wine* élaboré... avec du cabernet franc !). Parmi les autres principaux domaines du coin, citons encore *Stratus (• stratuswines.com •),* qui se distingue par ses assemblages, ou *Konzelmann (• konzelmann.ca •)* et *Reif (• reifwinery.com •),* deux maisons dont les *ice wines* n'auront aucun mal à vous convaincre de leur excellence. À Jordan, *Cave Spring Cellars (• cavespring.ca •)* est une étape intéressante pour le riesling. Mais ce ne sont que quelques modestes suggestions, sachant que la meilleure dégustation est souvent liée au hasard d'une rencontre. Fiez-vous à votre instinct... et à votre nez !

Whirlpool Jet Boat Tours (plan B1) **:** *61 Melville St (angle Delater). ☎ 905-468-4800 ou 1-888-438-4444. • whirlpooljet.com • Départ tlj mai-oct. Résa nécessaire. Tarifs : 63 $; 6-12 ans 45 $. Enfants de moins de 6 ans non acceptés.* Virée de 1h sur la Niagara River, depuis le fort George jusqu'au fameux tourbillon (le *Whirlpool*), situé à un gros kilomètre des chutes. Mais rien à voir avec une croisière ! En cours de route, on affronte les rapides de *Devil's Hole.* Vous serez secoué, entièrement trempé, mais ça fait partie du jeu. Les sandales antidérapantes, les combinaisons et le gilet de sauvetage sont fournis, à vous de prévoir une tenue de rechange. Vraiment fun !

Manifestation

– ***Shaw Festival*** (plan B2) **:** *infos et billets au 10 Queen's Parade (angle Wellington et Picton St). ☎ 905-468-2172. • shawfest.com •* Festival de théâtre présentant chaque année, d'avril à octobre, et dans plusieurs théâtres de la ville, des œuvres de George Bernard Shaw et de ses contemporains. Pour les bons en anglais uniquement.

LES CHUTES DU NIAGARA (NIAGARA FALLS)

• Plan *p. 483*

On n'arrive pas, comme on pourrait le croire, sur un site sauvage et préservé. Les chutes sont au centre de la ville, elle-même transformée en véritable fête foraine : enseignes lumineuses gigantesques, grande roue, manèges et autres attractions diverses et variées. Tout est aménagé pour permettre aux touristes d'admirer les fameuses chutes de tous les points de vue. D'en haut, tours panoramiques et hélicoptère ; d'en bas, bateaux et passages sous les chutes. Les Canadiens ont fait de Niagara Falls un mini-Las Vegas, et ce sont eux qui récoltent le jackpot plutôt que les Américains. Normal, c'est du Canada qu'on a la plus belle vue sur les chutes : de face, donc bien plus impressionnante que de côté. Une fois la surprise passée, et en faisant abstraction de toute l'artillerie touristique qui les environne, on est subjugué par les chutes, gigantesques, merveilleuses.
La haute saison s'étend de mi-mai à fin octobre. Alors, à cette période, pour en profiter pleinement, préférez les visites tôt le matin. Loin des ruées de touristes, vous apprécierez toute la majesté du lieu. Sinon, venez en hiver : vous éviterez la foule, vous ferez des économies, car les prix des hébergements fondent comme neige au soleil, et le spectacle des chutes prises dans la glace est exceptionnel.
– ***Conseil :*** le prix des ***parkings*** est à la journée seulement. Plus vous approchez des chutes, plus c'est cher. Un tuyau cependant : vous pouvez vous garer gratuitement sur celui de *Niagara Falls Tourism* ; de là, les chutes sont à moins de 10 mn à pied.

UN PEU DE GÉOGRAPHIE

Les chutes du Niagara sont situées sur la rivière... Niagara, qui relie entre eux les deux grands lacs Érié et Ontario, marquant la frontière entre les États-Unis et le Canada. Trois ponts relient les villes jumelles de Niagara Falls ; eh oui, elles portent le même nom de part et d'autre de la frontière.
Si les chutes du Niagara sont les plus connues dans le monde, ce n'est pas pour leur hauteur (une cinquantaine de mètres au plus) mais plutôt pour leur largeur (675 m pour le Fer à cheval, la plus grande) et surtout pour leur puissance et leur bouillonnement surréaliste. Leur débit dépasse les 2 800 m^3 par seconde ! Pour limiter l'érosion de la couche calcaire, responsable du recul régulier des chutes (elles sont aujourd'hui à une dizaine de kilomètres de leur position d'origine), leur puissance est utilisée comme source d'énergie. Plus de la moitié du débit de la rivière est ainsi détourné dans de gigantesques tunnels situés assez loin en amont des chutes. L'eau passe ensuite dans des turbines hydroélectriques, approvisionnant en électricité les communes environnantes côtés canadien et américain.

UN PEU D'HISTOIRE

Il y a bien longtemps, les chutes se nourrissaient uniquement de quelques vierges indiennes que les Iroquois sacrifiaient à Niagara, « le Grand Tonnerre des eaux ». Elles coulaient alors des jours heureux, jusqu'à ce qu'un jésuite français, Louis Hennepin, vint y mouiller sa soutane en 1678, trouvant les lieux sublimes et effrayants. Tocqueville ne put s'empêcher d'y jeter un coup d'œil. « Dépêche-toi d'y aller. Ils ne tarderont pas à en faire une horreur », écrivit-il à un ami vers 1805. Quelle justesse de vue ! Dès 1825, les cabanes-auberges, hôtels de fortune et animations en tout genre se succédèrent, pour arriver à ce que les Falls sont aujourd'hui.

C'est en fait Joseph Bonaparte, le frère de l'autre, qui est, en partie, responsable de la mode de « la lune de miel » aux chutes. Intrigué par le récit que Chateaubriand en fit (dans *Atala*), il décida, en 1803, accompagné de sa jeune épouse, d'effectuer le voyage en diligence depuis la Louisiane. Une fois rentré, il en fit une telle description aux notables et personnalités du coin que ceux-ci se mirent en tête de l'imiter. La mode était lancée.

HISTOIRE D'EAU

Le 29 mars 1848 restera une date clé dans les annales de Niagara Falls. Ce jour-là, les chutes cessèrent de couler ! Les gens affluèrent pour assister à ce spectacle insolite et improbable. Certains en profitèrent même pour traverser – du coup en toute sécurité – la rivière Niagara. L'explication de ce phénomène étrange était en fait très rationnelle : un gros bloc de glace en amont empêchait ainsi l'eau de descendre la rivière normalement. Deux jours après, la glace avait fondu, et les chutes retrouvaient leur panache.

Pendant l'entre-deux-guerres, le développement des automobiles accéléra l'engouement des jeunes mariés. Enfin, en 1953, Marilyn Monroe vint y tourner *Niagara,* d'Henry Hathaway, ce qui permit à la *Fox* de dire : « *Niagara,* le film où deux Merveilles du monde se partagent la vedette. » Aujourd'hui, des dizaines d'attractions, toutes aussi décadentes les unes que les autres, viennent prouver au visiteur qu'il « s'amuse » follement. Le soir venu, on illumine les chutes, qui passent par toutes les couleurs de l'arc-en-ciel. Complètement psychédélique.

DÉFIER LES CHUTES

Les festivités démarrent dès 1827. Des hôteliers n'hésitent pas à envoyer à la mort, enfermés dans des tonneaux ou des rafiots de fortune, de véritables arches de Noé : bisons, ours, renards, chiens, aigles et ratons laveurs. Toute la faune locale y passe. Puis c'est au tour des humains d'effectuer plongeons et descentes en tonneaux, bouées... Beaucoup y laissent leur vie. En 1859, le Français Jean-François Gravelet, dit Blondin, fut le premier casse-cou à défier les rapides de la Niagara River. Il les traversa d'abord sur un filin tendu entre les rives américaine et canadienne avec son imprésario perché sur ses épaules. Il fallait que le manager ait sacrément confiance en son poulain ! En 1901, ce fut Annie Edson Taylor,

Adresses utiles

- 1 Niagara Falls Tourism (A3)
- 2 Ontario Travel Information Centre (A2)
- Niagara General Hospital (A2)

Où dormir ?

- 10 Niagara Falls KOA (hors plan par A3)
- 11 HI Niagara Falls (B1)
- 13 Fairway Motor Inn (A3)
- 14 Days Inn & Suites (A2)
- 15 Niagara Inn B & B (B2)
- 17 Bedham Hall B & B (B2)
- 19 Chestnut Inn (B2)
- 21 Old Stone Inn (A3)

Où manger ? Où boire un verre ? Où se sucrer le bec ?

- 31 Buffet du Fallsview Casino Resort (A3)
- 32 The Keg Steakhouse & Bar (A3)
- 33 The Red Coach Inn (B3)
- 34 Paris Crêpes Café (B2)
- 35 Taps (B2)
- 36 Flying Saucer (hors plan par A3)
- 37 Queen Charlotte Tea Room (A2)
- 38 Il Gelato di Carlotta (A3)
- 39 Weinkeller (B2)

Achats

- 50 Canada One Brand Name Outlets (hors plan par A3)
- 51 Fashion Outlets (hors plan par B1)

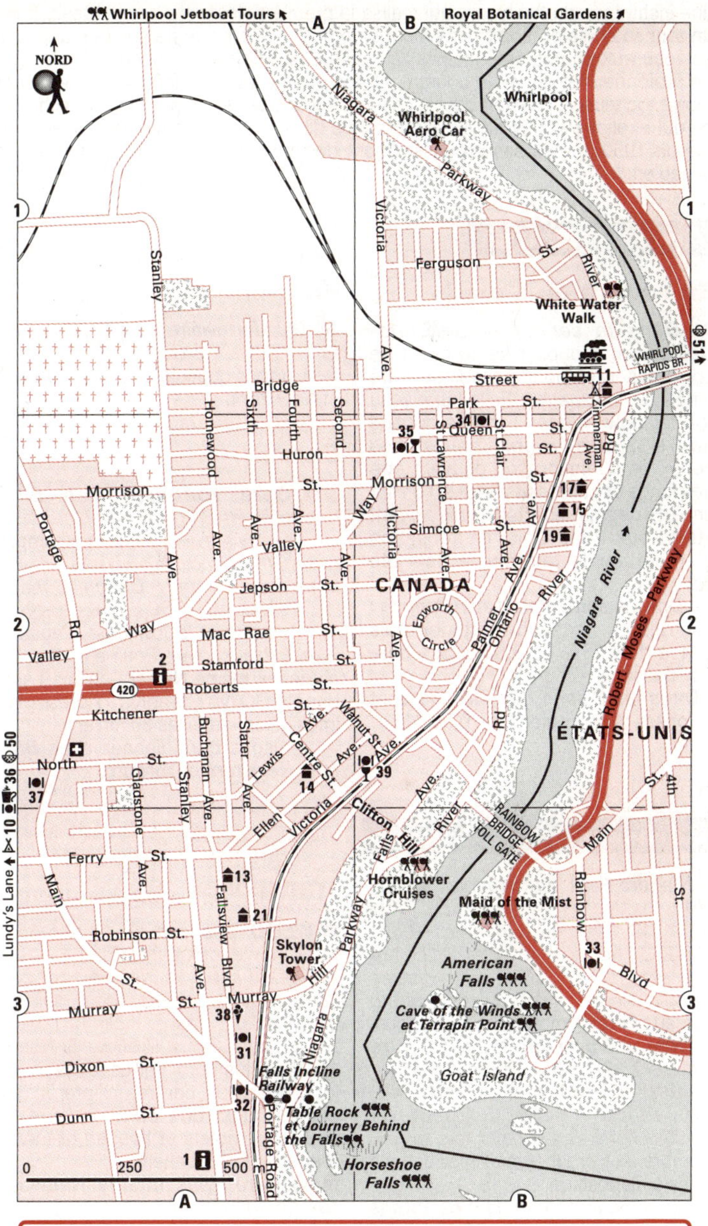

NIAGARA FALLS

une institutrice du Michigan, qui réalisa la première descente des chutes... dans un tonneau. Elle en sortit quasiment indemne. À noter que personne n'a jamais survécu aux chutes américaines, à cause des nombreux rochers, du manque de profondeur et du faible courant. Celles du Fer à cheval (côté canadien) sont moins rocheuses, et le fort courant a tendance à projeter les gens loin des chutes, ce qui explique qu'il y ait eu une poignée de survivants parmi les cascadeurs. Depuis 1950, toutes ces prouesses sont déclarées illégales côtés américain et canadien.

Arriver – Quitter

En voiture ou à pied

➢ ***Dans le sens Canada/États-Unis :*** ne pas oublier de se munir de son passeport pour passer du côté américain de Niagara Falls (au niveau du *Rainbow Bridge*). Droit de douane de 6 US$/pers (valable 3 mois). Les contrôles d'immigration peuvent être très longs et tracassiers (sauf si l'on fait un A/R depuis les États-Unis : ayant atterri aux États-Unis, l'autorisation d'entrée sur le territoire a déjà été accordée).

➢ ***Dans le sens États-Unis/Canada :*** contrôle du passeport (rapide), puis péage de 4,25 $ (ou 3,50 US$) à chaque passage.

– ***Dans les 2 sens, les piétons*** sont favorisés : ils ne paient que 0,50 $!

En train

Gare ferroviaire *(plan B1)* **:** *Bridge St. ☎ 1-800-842-7245. • viarail.ca •*

➢ Liaisons quotidiennes avec ***Toronto*** et ***New York.***

En bus

Gare routière *(plan B1)* **:** *Bridge St (et Erie Ave), en face de la gare ferroviaire. Tlj 7h-23h.* Compagnies *Greyhound (☎ 1-800-661-8747 ; • greyhound.ca •), Coach Canada (☎ 1-800-461-7661 ; • coachcanada.com •)* et la *low-cost Megabus (• megabus.com •).* Pour le centre, les chutes et même Niagara-on-the-Lake, bus *WEGO* (voir ci-après « Adresses et infos utiles ») ttes les 30 mn env.

➢ Liaisons quotidiennes avec ***Buffalo, New York*** et ***Toronto.***

Adresses et infos utiles

Niagara Falls Tourism *(plan A3,* ***1****)* **:** *6815 Stanley Ave, pas loin de Table Rock. ☎ 905-356-6061 ou 1-800-563-2557. • niagarafallstourism.com • En saison, lun-ven 8h30-17h ; horaires restreints hors saison.* Le plus grand bureau officiel d'information touristique.

Ontario Travel Information Centre *(plan A2,* ***2****)* **:** *5355 Stanley Ave (et Roberts St). ☎ 1-800-668-2746. • ontariotravel.net • Juil-août, tlj 8h-20h ; horaires restreints hors saison.* Nombreuses brochures et informations utiles à disposition.

– Sur *• niagaraparks.com •,* toutes informations sur les attractions et les animations autour des chutes.

Niagara General Hospital *(plan A2)* **:** *5546 Portage Rd. ☎ 905-378-4647.*

Transports

■ ***WEGO*** *(bus locaux)* **:** *☎ 905-356-1179. • wegoniagarafalls.com • Fin juin-début sept, 9h (dès 6h pour certaines lignes)-minuit ; hors saison, env 10h-20h. Pas de ticket à l'unité, slt un pass 24h à 7,50 $; 6-12 ans 4,50 $.* Plusieurs lignes desservant les principaux centres d'intérêt des chutes, ainsi que *Lundy's Lane* (la route des motels et l'*outlet*) et même Niagara-on-the-Lake.

■ ***Niagara Falls Incline Railway :*** *ouv tte l'année, en saison 9h-22h30. • niagaraparks.com • Env 2,75 $/trajet ; pass journée 7 $.* Funiculaire entre les attractions du Niagara Parks et Fallsview, la zone où se concentrent la

plupart des hôtels. Cher : mieux vaut marcher 10 mn.
– ***Parking :*** un des moins chers est situé au pied du *Imax Theatre (6170 Fallsview Blvd)*, près du Casino et de la *Skylon Tower*. Env 5 $/j.

Où dormir ?

On vous conseille de ***dormir une nuit sur place*** pour avoir le temps de faire quelques attractions et de profiter du spectacle des chutes illuminées de nuit. Les tarifs les moins chers sont en semaine et en hiver, bien sûr. Pensez également à regarder nos adresses à Niagara-on-the-Lake, très proche et accessible en bus *WEGO* (on économise du coup les frais de parking).

CAMPING

Niagara Falls KOA *(hors plan par A3,* ***10****)* ***:*** *8625 Lundy's Lane. ☎ 905-356-2267 ou 1-800-562-6478. • niagarakoa.net • En retrait de la ville, à 5 km des chutes. En saison, bus WEGO ttes les 30 mn 9h-1h30. Ouv de mi-avr à oct. Forfait 2 pers dès 45-50 $; bungalows et cabins 2-6 pers dès 120 $.* Spacieux et très bien équipé mais assez cher. Épicerie, resto, aires de jeux, piscines intérieure et extérieure, cinéma en plein air, laverie... Les emplacements pour les tentes sont un peu à l'écart et bénéficient d'une cuisine extérieure avec barbecue. Malheureusement un peu bruyant à cause de la route toute proche. Ambiance familiale, avec animations à thème.

AUBERGE DE JEUNESSE

HI Niagara Falls *(plan B1,* ***11****)* ***:*** *4549 Cataract Ave. ☎ 905-357-0770. • hostellingniagara.com • Dans une petite rue parallèle au River Blvd, à côté du pont du chemin de fer (donc proche à pied des gares), à env 3 km des chutes. Ouv 24h/24 (mais réception 8h-minuit l'été, 8h-22h l'hiver). Camping 15 $/pers. Env 34-38 $ en dortoir 4-6 lits, double 80 $ (réduc membres), avec petit déj. Parking gratuit.* Petit immeuble en brique peint en bleu et orange, avec une terrasse devant. À l'intérieur, la déco chaleureuse confirme l'ambiance : décontractée et conviviale, tendance écolo. En sous-sol, grande salle commune avec salon TV doté de gros coussins, bibliothèque, billard, baby-foot (et laverie). Possibilité de se bricoler son frichti dans l'agréable cuisine. Côté logement, c'est basique, mais bien entretenu et propre. À l'arrière, un carré de pelouse permet de planter quelques tentes (on utilise alors les commodités de l'auberge). Nombreuses infos, activités (jardinage, randonnées, location de vélos, yoga, dégustation de vins...). Une bonne adresse, tous âges confondus.

MOTELS

Très nombreux motels sur Lundy's Lane *(hors plan par A3)*, accessibles par les navettes *WEGO*. Plus on s'éloigne des chutes, moins c'est cher... et plus c'est déglingué.

Fairway Motor Inn *(plan A3,* ***13****)* ***:*** *5958 Fallsview Blvd, presque à l'angle de Ferry St. ☎ 905-357-3005. • fairwaymotorinn.net • Doubles 50-150 $.* Certes, ce petit motel familial mériterait un sérieux rafraîchissement. Mais compte tenu de sa situation stratégique (il y a un parking et on peut tout faire à pied !) et de ses prix raisonnables (surtout en demi-saison), on ne va pas bouder des chambres sans doute datées (les plafonds de certaines salles de bains fatiguent un peu, les moquettes ne sont pas de la première jeunesse...), mais encore convenables pour une étape. D'autant que l'accueil est gentil comme tout.

Days Inn & Suites *(plan A2,* ***14****)* ***:*** *5068 Centre St. ☎ 905-357-2550 ou 1-866-706-7666. • daysbythefalls.com • Doubles 70-300 $, avec petit déj. Parking gratuit.* Dans le prolongement de Clifton Hill, avec ses avantages (restos, boutiques, attractions) et ses inconvénients (bruit, passage). Parmi les différents *Days Inn* de Niagara Falls, c'est le plus beau et le mieux tenu. Chambres spacieuses, classiques et tout confort avec machine à café, frigo (les suites avec micro-ondes en plus). Piscine couverte chauffée, jacuzzi et centre de musculation. Laverie à pièces. Excellent accueil, et rapport qualité-prix du tonnerre en demi-saison.

B & B

En arrivant par la Niagara Parkway, avant les chutes, le long de River Road, nombreux panneaux « *Tourist Home* ».

Prix moyens

Chestnut Inn *(plan B2,* ***19****)* **:** *4983 River Rd.* ☎ *905-374-7623.* • *chestnutinnbb.com* • *Arrêt de bus* WEGO *juste à côté. Doubles env 100-140 $. Parking gratuit.* Grande maison pleine de cachet, entièrement réservée aux hôtes (les proprios habitent à côté). On a par conséquent accès au salon très chic. Super ! Quant aux chambres, parfaitement tenues, elles sont peintes de couleurs différentes (bleu, rose, gris...) et élégantes avec leur lit à baldaquin et le beau parquet vernis. Chacune possède sa salle de bains, une cheminée ou un poêle, et son petit balcon privé, quand ce n'est pas carrément une grande terrasse. Quant à la table du petit déj, elle est digne d'un grand resto ! Un excellent rapport qualité-prix.

Niagara Inn B & B *(plan B2,* ***15****)* **:** *4300 Simcoe St.* ☎ *905-353-8522.* • *niagarainn.com* • *Doubles env 90-100 $. Parking gratuit.* Établissement *gay-friendly.* David, un ancien danseur chaleureux et attentionné, a voulu créer dans sa jolie maison victorienne une atmosphère alliant style et élégance. Le résultat est coquet : meubles anciens, bibelots et souvenirs de voyage, le tout s'harmonisant avec un beau parquet d'époque (on laisse ses chaussures à l'entrée, siou plaît). Les petites chambres, toutes avec salle de bains privée (l'une d'elles est toutefois sur le palier), ont du charme. Quant au petit déj, il est délicieux. Si l'adresse est complète, David devrait pouvoir vous dépanner car il fait partie d'un réseau de *B & B* partenaires.

De chic à très chic

Bedham Hall B & B *(plan B2,* ***17****)* **:** *4835 River Rd.* ☎ *905-374-8515.* • *bedhamhall.com* • *À côté de l'église. Doubles 90-200 $. Enfants de moins de 16 ans non admis.* Belle maison victorienne du XIXe s, avec bow-windows et jolies fleurs, à 20 mn de marche des chutes. Heather, très sympathique hôtesse d'origine anglaise, tient à l'atmosphère british de son *B & B.* Rien d'étonnant à ce que les 4 chambres à un lit (*queen* ou *king-size*), toutes avec cheminée et 3 avec jacuzzi (pour ceux qui ont encore envie d'eau), adoptent une déco très florale et portent les noms des bicoques de Sa Majesté The Queen : Windsor, Buckingham... Une adresse de charme.

Old Stone Inn *(plan A3,* ***21****)* **:** *5425 Robinson St ou 6080 Fallsview Blvd.* ☎ *905-357-1234.* • *oldstoneinnhotel.com* • *Doubles 100-220 $.* L'hôtel historique de la ville, dans un vieux moulin, très restauré certes, mais dans un esprit rustique ancien plutôt réussi. Beau *lobby,* bien sombre, avec des meubles de qualité, et salle à manger cossue, tout en pierres apparentes et boiseries (resto pas terrible cela dit). Les chambres sont agréables, mais inégales. Certaines sont cosy et très classiques (mobilier de style, lits bien douillets et cheminée, voire jacuzzi dans les plus chères), d'autres sont plus simples, plus neutres et parfois un brin datées. Piscines extérieure et intérieure. Un îlot de charme au beau milieu des attractions disneylandisées des chutes.

Où manger ?

Où boire un verre ? Où se sucrer le bec ?

Cette énorme machine touristique n'est pas réputée pour la gastronomie. On a tout de même trouvé quelques alternatives aux innombrables chaînes.

À Niagara Falls, côté canadien

|●| ***Queen Charlotte Tea Room*** *(plan A2,* ***37****) : 5689 Main St. ☎ 905-371-1350. Tlj sauf lun 11h-19h (20h ven). Sandwichs et plats env 5-15 $.* Tasses en porcelaine, serviettes en tissu, napperons brodés, papier peint fleuri, bibelots : plus british, tu meurs ! Il faut dire que le charmant couple aux commandes de ce salon de thé improbable vient de Chesterfield, et s'efforce de tout faire comme là-bas. Au final, les *chicken pie, Sunday roast* et autres plats typiques sont très bons (avec les *mashed potatoes* et les petits pois fluo qui vont bien), et il y a même le cérémonial de l'*afternoon tea* pour les amateurs (avec sandwichs et *scones* maison). Super !

|●| ***Flying Saucer*** *(hors plan par A3,* ***36****) : 6768 Lundy's Lane. ☎ 905-356-4553. Tlj 6h-1h (2h ven-sam). Formule petit déj 10 $ (3 $ avant 10h) ; plats dès 10 $ (mais quand même jusqu'à 30 $).* Gros succès populaire pour cet ovni dans l'univers des fast-foods. Les horaires extra-larges sont bien pratiques, mais ce qui explique l'affluence, ce sont les tarifs. Surtout pour le petit déj servi en *early bird* avant 10h à... 3 $! On ne fait pas dans la finesse, mais le rapport qualité-prix est imbattable. Pour le reste, c'est dans le même esprit (plats costauds à tous les prix). Le paradis des familles, d'autant que les gamins adorent la salle en forme de soucoupe volante des *sixties* !

|●| ***Paris Crêpes Café*** *(plan B2,* ***34****) : 4613 Queen St. ☎ 289-296-4218. Tlj sauf dim soir, 11h (10h le w-e)-14h (14h30 le w-e), 17h-20h (21h sam). Crêpes et galettes env 5-20 $; plats 19-26 $. Paris Crêpes Café :* il ne manque que la tour Eiffel pour compléter l'image d'Épinal ! Mais, rassurez-vous, elle figure en bonne place dans la déco soignée de ce très agréable bistrot, qui fait bel et bien de bonnes crêpes préparées à la commande. Le reste de la carte est à l'avenant, tout aussi typiquement français : soupe à l'oignon, magret et confit de canard, escargots... Franchouille, donc, mais après les errements culinaires de Clifton Hill, ça fait du bien de trouver enfin quelque chose d'appétissant dans le coin ! Une adresse sympa et décontractée, comme l'accueil de la *French team,* et largement plébiscitée par les locaux.

|●| ***Buffet du Fallsview Casino Resort*** *(plan A3,* ***31****) : 6380 Fallsview Blvd. ☎ 1-888-325-5788. Tlj 8h-23h. Petit déj lun-sam env 16 $ (dim, c'est brunch 25 $) ; déj et dîner env 25 $. Boissons (sauf alcool) et taxes incluses, mais 4 $ de majoration si l'on n'a pas la carte de joueur. Se munir de son passeport ; les moins de 19 ans ne sont pas admis.* Dans le *Casino Resort,* suivre les flèches « Casino » puis « Grand Buffet », via les innombrables machines à sous (pas bête !). Buffet à volonté, sans génie mais très varié et bien présenté, avec vue panoramique sur les chutes américaines. Si vous avez la chance d'avoir une table contre la baie, c'est magique (on ne peut pas choisir sa table !). Si vous êtes toujours en train de boulotter au bout de 1h30, on vous poussera gentiment vers la sortie... C'est qu'il y a du monde qui attend. Dommage que l'on ne puisse pas venir avec des enfants.

|●| ***The Keg Steakhouse & Bar*** *(plan A3,* ***32****) : au 9e étage de l'hôtel Embassy Suites, 6700 Fallsview Blvd. ☎ 905-374-5170. Tlj 12h-minuit. Résa conseillée le w-e. Plats 33-54 $; quelques options moins chères le midi. Parking gratuit avec l'addition du resto.* D'accord, c'est une chaîne (de *steak houses,* haut de gamme), mais les viandes y sont excellentes (elles peuvent, vous nous direz !), et le cadre est hors pair, puisque la majorité des tables ont vue sur les chutes. On domine littéralement les *Horseshoe Falls.* L'adresse de rêve pour les *honeymooners,* exception faite du bruit ambiant. Sympa aussi pour boire un cocktail en profitant du spectacle, à condition d'être près de la baie vitrée.

Y |●| ***Weinkeller*** *(plan B2,* ***39****) : 5633 Victoria Ave. ☎ 289-296-8000. Tlj 17h-minuit (1h ven-sam). Menus prix fixe 3 plats ou dégustation 60-70 $ (possible avec vins assortis), sinon plats à la carte.* En plein centre, ce bistrot à vins nous a séduits. Cadre chaleureux, sombre et patiné comme on aime (cheminée, ambiance feutrée...), petits vins locaux sélectionnés par le patron et cuisine savoureuse à base de bons produits locaux. Pas donné (notamment le menu avec *wine pairing*) mais la qualité est au rendez-vous.

Taps *(plan B2, **35**) : 4680 Queen St (situé en fait sur le côté du pâté de maisons, face à une placette). ☎ 289-477-1010. Tlj 12h-minuit (1h pour le bar). Plats 10-15 $.* L'une des rares adresses authentiques du coin. Car cette microbrasserie située dans la vieille ville fait plutôt bien les choses : le billard, les concerts réguliers et l'écran géant pour les matchs garantissent de bonnes soirées, tandis que la cuisine de pub, solide et sans esbroufe, permet de manger correctement sans se ruiner. Et les bières ? Très appréciées des locaux si l'on en juge par le nombre de cuves alignées derrière le comptoir, en plein milieu de la salle !

Il Gelato di Carlotta *(plan A3, **38**) : 6380 Fallsview Blvd. ☎ 905-356-8999. Dans le* food court *du* Fallsview Casino Resort, *dans l'aile gauche en arrivant par le boulevard. Tlj 10h-22h (minuit ven-sam).* C'est l'annexe de la délicieuse *gelateria* de Niagara-on-the-Lake (voir plus haut).

À Niagara Falls, côté américain (de l'autre côté de la rivière)

The Red Coach Inn *(plan B3, **33**) : 2 Buffalo Ave. ☎ 716-282-1459 ou 1-866-719-2070. Tlj midi et soir, jusque vers 21h30 (22h ven-sam). Plats 15-40 US$; le midi, sandwichs, burgers et* fish & chips *env 10-15 US$.* Cette authentique auberge anglaise avec poutres et vitraux est l'adresse historique de Niagara Falls côté américain. Au choix, on se pose dans une belle salle à manger pleine de caractère ou sur une grande terrasse d'où l'on entend le rugissement des chutes. Bonne cuisine de pub améliorée le midi, plus chère et plus aboutie le soir. Après le repas, profitez-en pour faire une balade digestive sur *Goat Island* que contournent les rapides.

Achats

Canada One Brand Name Outlets *(hors plan par A3, **50**) : 7500 Lundy's Lane (côté canadien). ☎ 905-356-8989. Tlj 10h-21h (18h dim).* Magasin d'usine situé à 10 mn en voiture des chutes (côté canadien). Quelques enseignes intéressantes (Roots, Tommy Hilfiger...). Mais pour les mordus de shopping, mieux vaut traverser la frontière.

Fashion Outlets *(hors plan par B1, **51**) : 1900 Military Rd (côté américain). ☎ 716-297-2022. • fashionoutletsniagara.com • Tlj 10h-21h (18h dim).* L'alter ego du précédent, en version XXL (200 enseignes). Les prix, sacrifiés comme on dit, attirent le week-end de nombreux Canadiens qui viennent y faire des affaires. Ça vaut le coup.

À voir. À faire

Il existe un *pass (Adventure Pass : 57 $; 6-12 ans 37 $; gratuit moins de 6 ans)* qui inclut *Journey Behind the Falls, Hornblower Cruises* et *White Water Walk*, ainsi qu'un film en 4D *(Niagara's Fury)* et 2 jours de trajet en bus *WEGO* pour rallier les sites. Valable seulement si vous avez l'intention de tout voir, notamment le film. En vente entre autres au *Welcome Centre* de Table Rock.

Les chutes du Niagara : elles sont bien plus belles (et fortement commercialisées du coup) du côté canadien, où on les voit toutes de face. Toutes car il y a en fait trois chutes proprement dites : côté américain, *American Falls* (la grande) et *Bridal Veil Falls* (« la chute du Voile de la Mariée », la petite à droite) ; et, faisant la jonction entre les deux pays, *Horseshoe Falls* (« chute du Fer à cheval », nom dû à la forme de cette cataracte). Les Américains, moins chanceux (sur ce coup-là en tout cas !), ne les voient que de côté (en revanche, ils ont eu l'intelligence de préserver un petit bout de nature pour créer un parc bucolique). Tous les soirs de l'année, les chutes sont illuminées aux couleurs de l'arc-en-ciel. Feu d'artifice à 22h les vendredi, dimanche et jours fériés de mi-mai à début septembre, plus à certaines autres dates hors saison.

ROGER SAUVÉ DES EAUX

Pendant l'été 1960, un garçonnet de 7 ans tomba du bateau de son oncle, en amont de la rivière. Projeté au-dessus des Horseshoe Falls, il fut miraculeusement sauvé par une bouée de sauvetage lancée par l'équipe du Maid of the Mist *qui naviguait alors tout près des chutes. Cette incroyable histoire fut relatée partout dans le monde, et Roger Woodward reste encore aujourd'hui un des rares humains à avoir survécu à un saut dans les chutes du Niagara.*

Hornblower Cruises *(plan B3)* **:** *5920 Niagara Parkway. ☎ 905-394-3030. • niagaracruises.com • Mai-nov slt : tlj à partir de 8h30 (9h mai et 10h en nov) et jusqu'à 16h-20h30 selon saison (20h30 de mi-mai à début août, 20h jusqu'à fin août), plus croisières du soir pour observer les illuminations et/ou les feux d'artifice. Départs ttes les 30 mn. Tarif (pour 20 mn de balade) : 20 $; 5-12 ans env 12 $. Tarif croisière nocturne avec illuminations (40 mn) : 35 $ et 32 $ (enfants).* L'une des plus vieilles attractions d'Amérique du Nord, même si ce n'est plus le *Maid of the Mist* original, celui qui a vu défiler de nombreuses célébrités et têtes couronnées. En effet, la compagnie a été reprise en 2013 et les bateaux sont désormais un peu plus gros et modernes... Ils emmènent les passagers jusqu'au pied des chutes. On vous donne une cape jetable et c'est parti pour une séance de brumisateur au cœur même du Fer à cheval. Longues files d'attente, mais ça vaut vraiment le coup. C'est même incontournable ! Noter que le *Maid of the Mist* existe toujours côté américain.

Table Rock *(plan A3)* **:** immense balcon dominant les chutes *(GRATUIT).* Tous les ans, quelque 15 millions de visiteurs venus de toute la planète s'accoudent à la balustrade pour admirer ce spectacle grandiose. Très impressionnant, car on surplombe les *Horseshoe Falls* à l'endroit même où elles tombent. *Welcome Centre* sur place (vente de billets, boutiques, resto). Un nouveau ***funiculaire (incline railway)*** relie Table Rock à la zone touristique de Fallsview (casino). Tarif : 2,75 $ aller simple, *pass* journée 7 $.

Journey Behind the Falls *(plan A3)* **:** *guichet au* Welcome Centre *de Table Rock. Tte l'année dès 9h, jusqu'à 22-23h en été (18h ou 20h sinon). Env 17 $; 6-12 ans 11 $; réduc.* Cette fois, on vous file une cape jaune canari avant de vous faire prendre un ascenseur qui mène à l'entrée de tunnels souterrains et humides. Deux débouchent sous la chute (on ne voit donc rien), le troisième sur le côté offrant une vue vraiment sympa.

White Water Walk *(plan B1)* **:** *entrée en face du temple bouddhique, à 4 km au nord des chutes. Tlj avr-fin oct : 9h-20h en été, 10h-17h sinon. Tarif : 12,50 $; 6-12 ans 8 $.* Là encore, on descend en ascenseur jusqu'au niveau de la rivière, pour accéder d'abord à une plate-forme d'observation avant de suivre une passerelle en bois qui longe les rapides, parmi les plus dangereux du monde. Au cours de la balade de 300 m environ, différents accès permettent d'approcher les flots tumultueux. La vitesse de l'eau atteint plus de 35 km/h, et les vagues font entre 3 et 5 m ! C'est ici précisément que Blondin fut le premier à risquer sa vie en traversant la rivière Niagara sur un filin, en 1859. Impressionnant, mais trop cher pour ce que c'est.

Skylon Tower *(plan A3)* **:** *• skylon.com • Tlj 8h-minuit (11h-21h en hiver). Env 15 $; 3-12 ans 10 $; réduc (notamment sur Internet).* C'est la tour qui ressemble vaguement à la CN Tower de Toronto, en modèle réduit. Du haut, superbe vue sur les chutes et les environs. Possibilité d'y déjeuner ou d'y dîner, mais ce n'est pas renversant (et cher : plats 30-45 $...).

Whirlpool Aero Car (plan B1) : *l'été, tlj 9h-20h ; début avr-fin juin et début sept-fin oct, tlj 10h-17h. Entrée : 14 $; enfant 9 $; réduc.* Pour les amateurs de vues aériennes, cet antique téléphérique vous balade pendant 10 mn au-dessus du tourbillon et des rapides de la Niagara River, à quelque 76 m de haut. Même si vous ne montez pas à bord, arrêtez-vous pour jeter un coup d'œil depuis les rambardes de la terrasse panoramique : ébouriffant (et gratuit) !

Whirlpool Jet Boat Tours (hors plan par A1) : *3050 Niagara Parkway.* Même compagnie que celle de Niagara-on-the-Lake (lire « À voir. À faire » à Niagara-on-the-Lake).

Niagara Helicopter Tours : *3731 Victoria Ave. ☎ 905-357-5672 ou 1-800-281-8034. • niagarahelicopters.com • Tlj de 9h au coucher du soleil, non-stop. Compter 144 $ (89 $ enfant).* La demande est telle que les vols (six passagers par hélico) se font en continu, sans résa, au fur et à mesure de l'arrivée des clients ! La balade ne dure que 12 mn, mais la plongée sur les chutes, après la remontée de la Niagara River, est franchement impressionnante. Pour les photos, préférer le côté gauche.

Royal Botanical Gardens (hors plan par B1) : *2565 Niagara Parkway. ☎ 905-356-8119. Tlj de 8h30 au coucher du soleil. GRATUIT. P 5 $. Situé à 10 mn en voiture au nord des chutes.* Le parc botanique a été entièrement réaménagé (après des années de fermeture). Il abrite 40 ha de jardins, de sentiers pédestres, des centaines d'essences de fleurs ainsi que sa célèbre roseraie (2 400 espèces) et son conservatoire aux papillons.

Du côté américain

Ça vaut la peine de traverser la frontière. À pied, c'est très peu onéreux (d'autant qu'on ne paie pas le parking), et l'on profite de la balade dans le charmant *State Park* traversé par les flots tumultueux de la rivière. Il regroupe également tous les principaux points de vue et les attractions.

Cave of the Winds (plan B3) : *sur Goat Island, dans le Niagara Reservation State Park. Mai-oct slt, visites tlj 9h-19h30. Env 17 US$; 6-12 ans 14 US$; gratuit moins de 6 ans.* Cette attraction, vous ne la trouverez pas côté canadien ! On vous donne un poncho jaune et des sandales antidérapantes, puis vous descendez en ascenseur ; et, 35 m plus bas, au bout d'un long tunnel humide, vous vous retrouvez sur un enchevêtrement génial de passerelles de bois qui épousent le pied des chutes américaines. Le fun consiste à s'en approcher le plus possible pour les toucher du doigt (si, si !) ou se faire arroser un max dans un bruit d'enfer. Le *Hurricane Deck* est là pour ça. On est complètement trempé, mais la sensation est unique. C'est l'une des scènes emblématiques du film *Niagara* d'Henry Hathaway, qui lança la carrière de Marilyn Monroe en 1953. Vous ne serez pas seul, autant le préciser. Au retour, une petite halte pour admirer les milliers de mouettes qui ont élu domicile à cet endroit.

Maid of the Mist (plan B3) : *• maidofthemist.com • De mi-mai à fin oct slt : 9h-20h en été, jusqu'à 17h ou 18h le reste de la saison. Tarif : env 18 US$; 6-12 ans 11 US$; gratuit moins de 6 ans.* C'est la même attraction que du côté canadien (lire plus haut *Hornblower Cruises*) mais l'avantage, c'est qu'ici il y a moins de monde et que les bateaux sont plus petits. On est donc au plus près de l'action ! Autre avantage : on a accès à l'*observation tower* (où se trouve également l'ascenseur pour l'embarcadère) qui permet de profiter d'une vue plus dégagée des *Horseshoe Falls,* et l'on peut emprunter, au retour de la balade, une série d'escaliers qui conduisent au pied des *American Falls* (un genre de petit *Cave of the Winds*).

Terrapin Point *(plan B3) : terrasse d'observation au-dessus de Cave of the Winds. GRATUIT.* Tant que vous y êtes, profitez-en pour jeter un coup d'œil de près aux chutes canadiennes *(Horseshoe Falls).* On les voit de côté, certes, mais on ressent vraiment la puissance de l'eau, on voit bien sa couleur verte caractéristique, et comment l'eau se transforme en chutant.

LA PÉNINSULE BRUCE ET TOBERMORY

La péninsule Bruce, longue de 100 km, suit l'escarpement du Niagara et sépare la baie Georgienne (à l'est) du bassin principal du lac Huron (à l'ouest). C'est le seul coin du sud de l'Ontario qui a conservé un visage vraiment naturel, avec de vastes forêts épousant des rivages souvent rocheux. Deux parcs nationaux s'y nichent. Oh, rien de vraiment spectaculaire, mais une belle nature reposante, où se déversent, l'été venu, de nombreux vacanciers ontariens. Pour échapper à la foule, aux hébergements pleins et aux tarifs qui s'envolent, mieux vaut venir début juin, ou carrément en septembre. Plus d'infos sur • *brucepeninsula.org* •

Arriver – Quitter

➢ ***En voiture :*** à la Hwy 6 N grimpant directement vers Tobermory, les amateurs d'école buissonnière préféreront la route 1 d'Owen Sound à Wiarton (jolie petite ville où se nichent pas mal de *B & B*), puis la 9 qui passe par Lion's Head (idem). La baie Georgienne n'est jamais loin, avec ses eaux bleues transparentes... mais très froides ! En toile de fond : une campagne tranquille, des pins et des fermes où l'on produit du sirop d'érable.

➢ ***En bus :*** 2 options limitées s'offrent à vous. Juil-début sept, *Parkbus (☎ 1-800-928-7101 ; • parkbus.ca •)* assure des liaisons directes de/vers Toronto, en général ven et dim (parfois sam et lun) ttes les 1-2 sem slt ; il en coûte 64 $ l'aller, 89 $ l'A/R. Autre option : rejoindre Owen Sound par *Greyhound* (tlj), puis Tobermory grâce à *First Student Canada,* fin juin-début sept, ven-dim slt *(☎ 519-376-5712).*

Adresses et infos utiles

Infos touristiques et services

Tobermory Chamber of Commerce & Tourist Information Centre : *sur la Hwy 6, côté droit en arrivant dans le village, après Nicholas St. ☎ 519-596-2452. • tobermory.com • De mai-juin à mi-oct, tlj 9h-17h (8h-20h juil-août).*

National Park Visitors Centre : *120 Chi sin tib dek Rd. Derrière le* Princess Hotel, *à 600 m à pied du port, ou accès depuis la Hwy 6 (à la hauteur de la banque* RBC*). ☎ 519-596-2233. Fin avr-fin juin et de début sept à mi-oct, tlj sauf mar-mer 9h-17h (plus tard en fin de sem) ; fin juin-début sept, tlj 8h-23h.* Infos sur les parcs nationaux de Bruce Peninsula et Fathom Five et exposition (lire plus loin « À voir. À faire »). On y fait ses résas pour les campings sauvages et celui de Flowerpot Island.

■ **Royal Bank of Canada (RBC) :** *7371 Hwy 6. En arrivant à Tobermory, côté gauche, face à la route menant au* Visitors Centre *du parc.* Distributeur de billets. On en trouve un autre dans le supermarché *Foodland.*

Loisirs

■ **Location de canoës et kayaks :** *au* **Cedar Grove Family Resort,** *sur le Cameron Lake, à 1 km de la Hwy 6. ☎ 519-596-2267. • cedargrovecottages.com • Compter 45 $/j. pour un canoë et 40-65 $ pour un kayak. Ou*

L'ONTARIO

Thorncrest Outfitters, *7441 Hwy 6, face à la bifurcation vers le port. ☎ 519-596-8908. • thorncrestout fitters.com • Ouv de mai à mi-sept ; de mi-juin à août tlj 9h-18h (20h ven, 17h dim) ; horaires réduits en début et fin de saison.* Peut acheminer et récupérer les embarcations à Cyprus Lake. *G+S Watersports* (voir ci-après) loue aussi des kayaks.

■ ***Location de vélos :*** *au camping* ***Lands End Park*** *(voir « Où dormir ? »), compter 15 $/j.*

■ ***Centres de plongée :*** ***Diver's Den,*** *3 Bay St. ☎ 519-596-2363. • divers den.ca • Mai-oct. Et* ***G+S Watersports,*** *8 Bay St. ☎ 519-596-2200. • gswatersports.net • Plongées 1 ou 2 bouteilles dès 70 $.* Les 2 entreprises se chargeront d'émettre le permis du parc pour vous *(env 5 $).* Toutes deux proposent aussi des sorties de plongée-tuba *(snorkelling)* de 2-4h, qui ne demandent pas de permis *(compter 60-80 $),* et louent masques, palmes, tubas et combinaison (l'eau est fraîche !). Ce sont surtout les épaves qui sont réputées ici, certaines facilement accessibles : il y en a 2 grosses juste dans Big Tub Harbour, que l'on distingue à l'œil nu de la surface ! Elles ne sont accessibles qu'à certaines heures, du dernier vendredi de juin au Labour Day (début septembre).

Où dormir ?

L'été, ici, tout est complet ou presque. Il vous faudra donc réserver en gardant à l'esprit que le rapport qualité-prix n'est pas de ce monde. Hors saison, les hôteliers retombent sur terre...

Campings

Lands End Park : *Hay Bay Rd. ☎ 519-596-2523. • landsendpark.com • Depuis la Hwy 6, en venant du sud, bifurquer à gauche juste après l'office de tourisme, c'est à 2 km. Ouv de mai à mi-oct. Emplacements de base (sans eau ni électricité) env 35-42 $; bungalows 70-85 $ pour 2 pers.* Cet agréable camping familial voisine avec une petite plage. Ses emplacements, pas trop proches, se dispersent dans la forêt d'épinettes, et les sanitaires sont bien tenus. Un bémol (ou bonus ?) : le bruit n'est absolument pas toléré. Location de vélos, kayaks et canoës.

Cyprus Lake Campground : *dans le parc national de la péninsule de Bruce, à 10 km à l'est de Tobermory. Résas : ☎ 519-826-5391 ou 1-877-737-3783. • reservation.pc.gc.ca • Ouv de mai à mi-oct. Emplacement 24 $; résa (nécessaire en été) en supplément (11 $). Yourte 4-5 pers 120 $ (min 2 nuits ; avoir ses sacs de couchage, oreillers et serviettes) ; dans ce cas, résas au ☎ 519-596-2263 ou 2233 (poste 244) en basse saison.* Très populaire, ce camping en pleine nature se scinde en 3 espaces regroupant en tout 232 emplacements situés dans la forêt, juste en retrait d'un lac. L'intimité est néanmoins assurée... tout comme les moustiques ! Ni électricité ni douche mais, si vous cherchez plus de confort, vous pouvez opter pour les yourtes, agréablement posées sur de larges plates-formes en bois avec barbecue. Elles disposent de lits et d'un poêle à bois, mais les sanitaires sont communs, et il est interdit de cuisiner à l'intérieur.

De prix moyens à chic

Harbourside Motel : *24 Carlton St. ☎ 519-596-2999 ou 1-855-596-2999. • harboursidemotel.com • Fermé janv-mars. Doubles 60-160 $.* Ceux qui prennent le ferry pour Manitoulin à l'aube pourront s'installer ici, contre le quai d'embarquement. Rien que du classique, plus ou moins modernisé : certaines chambres ont l'AC, d'autres non, une kitchenette ou un micro-ondes, une déco plus récente et colorée, mais le vrai plus, c'est l'offre « deux pour un » sur les croisières avec *Blue Heron* (mêmes proprios).

Peacock Villa Motel : *30 Legion St. ☎ 519-596-2242. • peacockvilla.com • Fléché depuis la Hwy 6, à la hauteur du port (à 2 mn à pied, mais au calme). De mi-avr à oct. Chambres*

2-4 pers 55-155 $, chalets 2-6 pers 60-175 $. Aux chambres classiques de motel (parfois très petites, mais toutes avec frigo), on préfère les 4 bungalows en bois à l'ombre des arbres, très proches les uns des autres, mais avec la plupart du temps une kitchenette et un barbecue à disposition. Réserver !

🏠 ***Blue Bay Motel :*** *32 Bay St, du côté droit du port.* ☎ *519-596-2392.* • *bluebay-motel.com* • *De mai à mi-oct. Doubles 102-160 $.* L'adresse est fort populaire pour ses chambres rénovées chaleureuses, aux lits en bois XXL, bien propres et équipées. Elles sont tournées vers le mignon petit port et la baie (privilégiez celles de l'étage). Proprios très pros et de bon conseil.

🏠 ***Wireless Bay Cottages :*** *112 Bay St.* ☎ *519-596-2999 ou 1-855-596-2999.* • *wirelessbaycottages.com* • *De mai à mi-oct. Compter 120-235 $ pour 2-8 pers. 2 nuits min en hte saison, sauf dispos.* Voilà, à notre sens, le meilleur rapport qualité-prix pour les familles et les amis qui voyagent ensemble. On choisit parmi 7 bungalows de différentes tailles, posés les uns à côté des autres, en bord de baie, face à un petit quai (d'où l'on peut nager jusqu'aux 2 épaves coulées au milieu du port !). Les plus récents (nos 1, 4, 6 et 7) sont tout en pin, les plus anciens conçus façon studio, avec lino ou moquette. Le secteur est tranquille et le centre à 5 mn à pied. Attention, 3 autres cottages ne sont pas situés ici, mais aux abords de la Highway 6.

Où manger ? Où boire un verre ?

De bon marché à prix moyens

🍴 La spécialité du coin, c'est le *fish & chips* préparé à partir du *whitefish* du lac Huron, un poisson de la famille du saumon. La plupart des locaux tiennent en haute estime ***DNA Fish & Chips,*** avec son *food truck* turquoise garé à la hauteur du 5992 Highway 6, une petite dizaine de kilomètres avant Tobermory. D'autres lui préfèrent ***The Fish & Chips Place*** *(24 Bay St ;* ☎ *519-596-8380),* qui a l'avantage de posséder une superbe terrasse dominant le port. Dans tous les cas, une même conclusion s'impose : ce *whitefish* a pas mal un goût de vase...

🍴 ***Ancient Cedars Cafe :*** *7178 Hwy 6, à env 2 km du centre, à côté du golf.* ☎ *519-596-8626. Tlj 11h-21h (16h dim-lun).* Dans le désert culinaire de Tobermory, l'*Ancien Cedars* fait figure de bon choix. On vous déconseille les salades (microscopiques), mais les burgers tiennent bien la route. Nos préférés : le végétarien et le *7 Wonders,* haut comme un immeuble... Appuyez-lui sur la tête avant d'essayer de l'enfourner ! Service gentil.

De prix moyens à chic

🍴 🍷 ***Tobermory Brewing C and Grill :*** *28 Bay St.* ☎ *519-596-8181. Tlj dès 11h.* Cette nouvelle microbrasserie propose une blonde (la *Bruce Trail*) et une *porter (ale).* La maisonnette en bois rouge est mignonne et sa véranda dominant le port idéale pour prendre le frais. Côté cuisine, le choix reste limité et le résultat mitigé. Essayez le *blackened mahi.*

🍴 ***The Grandview :*** *8 Earl St, à 500 m du port par Bay St.* ☎ *519-596-2220. Ouv le soir slt, début mai-Thanksgiving, 17h-20h (21h l'été). Pas de résas. Plats env 25-30 $.* Franchement, c'est cher, mais la cuisine est un peu plus raffinée qu'ailleurs. Cela dit, ce qui nous a vraiment séduits dans cet établissement familial, c'est le cadre : intérieur de bois chaud et, surtout, 2 délicieuses terrasses avec vue tranquille sur le lac et l'orée du port.

À voir. À faire

National Park Visitors Centre : *voir coordonnées plus haut dans « Adresses et infos utiles ». Entrée : env 6 $, valable 24h ; réduc ; famille env 15 $. Ce tarif* *donne droit à la visite du centre et à la tour d'observation qui permet de se hisser à la hauteur de la canopée.* La vidéo bien faite sur la faune et la flore, les expositions didactiques sur la géologie et l'écosystème de la forêt vous feront découvrir tous les secrets du parc national de la Bruce Peninsula et de l'escarpement du Niagara – une crête rocheuse qui court sur 725 km depuis les chutes jusqu'au nord de la péninsule, dont elle constitue l'épine dorsale. On entre ensuite dans le monde marin du parc de Fathom Five. Du centre des visiteurs, un sentier dessinant une boucle de 4,6 km (environ 2h) mène jusqu'à Burnt Point, sur la baie Georgienne.

Bruce Peninsula National Park : *l'accès s'effectue par la Cyprus Lake Rd, à 12 km au sud de Tobermory (puis 7 km) ; avoir déjà son pass si l'on entre par Emmett Lake Rd. ☎ 519-596-2233. • pc.gc.ca • De début mai à mi-juin et de début sept à mi-oct, tlj 8h30-16h30 ; de mi-juin à début sept, tlj de 8h au coucher du soleil. Entrée : 12 $/véhicule.*
Partie intégrante de la réserve de la biosphère protégeant l'escarpement du Niagara, le parc occupe l'extrémité nord de la péninsule. En raison de sa grande diversité d'habitats (falaises, alvars, marais), il abrite de nombreuses espèces de fleurs sauvages (orchidées et iris nains en premier lieu). Quelque 55 km de sentiers permettent de parcourir des secteurs bien spécifiques du parc :

➢ Plusieurs ***balades faciles*** sont possibles à partir du *lac Cyprus.* Traversant la forêt, les *Marr Lake Trail, Georgian Bay Trail* et *Horse Lake Trail* (moins direct) rejoignent le rivage de la baie Georgienne en 1-1,5 km. En ligne de mire : une plage de galets et une petite arche-grotte aux eaux (froides !) d'un turquoise quasi luminescent. On est là au bord de l'escarpement du Niagara, mais pas dans le secteur le plus haut. Les deux premiers sentiers se combinent aisément pour faire une boucle de 1h environ. L'été, ils sont envahis par les promeneurs. Le parking d'accès aux sentiers peut alors être fermé s'il y a trop de monde (parfois dès le matin en haute saison) ! Dans ce cas, allez plutôt à *Halfway Log Dump,* rejoint par Emmett Lake Road.

➢ Le ***Bruce Trail,*** réservé aux amateurs de grande randonnée, est un super sentier de 885 km qui longe l'escarpement du Niagara, entre Queenston (près de Niagara Falls) et Tobermory. Si vous n'avez pas un gros mois devant vous, vous pourrez vous contenter d'emprunter la section qui traverse le *Bruce Peninsula National Park* entre Tobermory et le parking de Crane Lake Road en trois courtes étapes (35 km, avec certains passages ardus et caillouteux), avec nuitées aux *backcountry campgrounds* de High Dump et Stormhaven (à réserver). C'est la meilleure manière de découvrir les plus beaux panoramas depuis les falaises de l'escarpement. Pour plus d'infos et des plans détaillés (essentiels), contactez *The Bruce Trail Conservancy* *(installé à l'arboretum du Royal Botanical Garden d'Hamilton ; ☎ 905-529-6821 ou 1-800-665-4453 ; • brucetrail.org •).*

Singing Sands *(plage des Sables chantants) : accessible par Dorcas Bay Rd depuis la Hwy 6, env 1 km à l'ouest de Cyprus Lake Rd.* Partie intégrante du parc national de la Bruce Peninsula, cette très large plage sablonneuse du lac Huron, bordée de courtes dunes et adossée à la forêt, est envahie l'été par les familles. L'eau est si peu profonde qu'il faut marcher longtemps avant de pouvoir s'immerger totalement.

Fathom Five National Marine Park *(parc national marin) : • pc.gc.ca/fathomfive • Entrée (valide 24h) : env 6 $/pers ; réduc ; famille env 15 $.* Ses eaux limpides aux relents turquoise sous le soleil estival, ses épaves (22 répertoriées !) et ses fonds rocheux en font l'un des hauts lieux de la plongée en eau douce au Canada. Le parc regroupe une vingtaine d'îles flottant juste au large de Tobermory, dont la fameuse île « Pot de Fleur » *(Flowerpot),* connue pour ses deux grands champignons rocheux, derniers vestiges d'une falaise érodée. Il est possible d'y débarquer pour parcourir les 4 km de sentiers, aller voir le vieux phare et même y camper *(à partir de mai, 6 emplacements sur plate-forme en bois individuelle ; résa impérative pour les w-e d'été au ☎ 519-596-2233, poste 221 ; env 10 $/pers ;*

toilettes sèches mais pas de douche), à condition de s'enregistrer au préalable auprès du *National Park Visitors Centre* et d'y payer l'accès. Pas d'ours noirs ni de serpents à sonnette ici, comme à Cove Island (plus grande) mais de gentils écureuils ! Amenez vivres et eau.

➢ ***Balade dans les îles :*** de mi-mai à mi-octobre, deux compagnies proposent des excursions dans l'archipel, avec ou sans escale à Flowerpot Island (où vous pourrez demander à être déposé le temps d'un pique-nique ou pour camper). La *Blue Heron Cruise Company (☎ 519-596-2999 ; • blueheronco.com • ; 39-44 $, réduc),* située sur le port, dispose à la fois de bateaux à fond de verre et de *jet boats* plus rapides (15 mn jusqu'à Flowerpot ou 25 mn avec « visite » des épaves du port). *Bruce Anchor Cruises (☎ 519-596-2555 ou 1-800-591-4254 ; • bruceanchorcruises.com • ; 29-37 $, réduc)* possède, elle, des bateaux rapides à fond de verre qui, eux aussi, font halte à proximité des épaves. Ses départs sont les plus fréquents (11 par jour au printemps et à l'automne, jusqu'à 18 en été).

L'ÎLE MANITOULIN

Voici... la plus grande île lacustre au monde (2 766 km²) ! Ultime vestige de l'escarpement du Niagara, Manitoulin s'étire sur 180 km de long pour 50 km de large, séparant les eaux du lac Huron de celles de la baie Georgienne – jadis traversée par les coureurs des bois français pour rejoindre les postes de traite du lac Supérieur. Trois bons siècles plus tard, on vient ici pour se reposer et profiter de la nature. Loin du monde urbain et pressé, l'île révèle un gentil patchwork de forêts, de prairies et de (grands) lacs. Un tiers de ses habitants est amérindien. L'île s'anime d'ailleurs le 1er week-end d'août lors du grand *pow-wow* de Wikwemikong, qui regroupe toutes les communautés.

Arriver – Quitter

➢ Il est fort conseillé de débarquer avec sa voiture, car aucun transport public n'existe sur l'île.

Chi-Cheemaun Ferry Service : *relie le port de Tobermory à South Baymouth sur l'île Manitoulin. Rens : ☎ 519-596-2510 à Tobermory, ☎ 705-859-3161 à South Baymouth. Résas : ☎ 1-800-265-3163. • ontarioferries.com •* Le ferry peut embarquer 650 passagers et 145 véhicules. Compter env 17 $/passager l'aller (réduc) et 28-45 $/voiture. Résa conseillée en hte saison, ou arriver bien à l'avance. De mai à mi-juin et de début sept à mi-oct, 2-3 départs/j., vers 8h50, 13h30 et 18h10 ven ; en plein été, 4/j., vers 7h, 11h20, 15h40 et 20h. Les retours de South Baymouth se font env 2h plus tard. La traversée dure 1h45, mais on doit se présenter 1h avant le départ. Vu le temps de traversée, mieux vaut dormir au moins une nuit à Manitoulin, même s'il existe des A/R dans la journée à tarif réduit. Cafétéria et petit bureau d'info à bord. *Chi-Cheemaun* signifie « gros canot » en langue ojibwé...

Adresses et infos utiles

Centres d'information :
– Si vous arrivez par la route (Hwy 6) : ***Manitoulin Information Centre,*** *à l'entrée de* ***Little Current*** *(à droite après le pont). ☎ 705-368-3021. • manitoulintourism.com • Juil-août, tlj 9h-20h ; mai-juin et sept-oct, tlj 10h-16h.* Le centre peut se charger

des réservations de ferry pour vous. Demandez le *Manitoulin's Magazine* avec sa carte de l'île (peu précise mais mieux que rien).
– Si vous arrivez par le ferry : *bureau d'info à bord et au terminal de **South Baymouth**. Accès libre 7h-22h.* S'il n'y a personne au comptoir, piochez dans la doc en libre-service.
– Autres ***centres d'information*** à Meldrum Bay, Manitowaning et Wikwemikong *(juin-sept)*, dans la réserve.
🚗 ***Jeff's Taxi :*** *☎ 705-377-6222 ou 1-877-223-2269.* Peut vous conduire de Little Current au terminal du ferry, ou à Espanola sur la Transcanadienne (pas donné...).
– Plusieurs ***stations-service*** sur l'île, notamment à South Baymouth et Little Current. La plus à l'ouest est située à Sheshegwaning (rien à Meldrum Bay).

Où dormir ?

L'île compte un certain nombre de campings littoraux, mais beaucoup sont squattés par des caravanes bien proches les unes des autres tout au long de la belle saison. Pas mal de cottages aussi côté lacs, mais souvent loués à la semaine en plein été, ou spécialisés dans l'accueil des pêcheurs. Restent quelques motels abordables sans charme, comme le ***My Friends Inn*** de Manitowaning *(env 85 $ en été)* et le ***Buckhorn Motel*** de South Baymouth *(85-95 $ en été)*, ainsi que les adresses suivantes :

⛺ ***Providence Bay Tent & Trailer Park :*** *à **Providence Bay**. ☎ 705-377-4650. • manitoulin-island.com/providencebaypark • Ouv mai-fin sept. Résa conseillée les w-e de juil-août. Emplacement de base env 35 $ pour 2.* On apprécie la proximité immédiate de la jolie plage soulignant la baie, largement conquise par la végétation (cherchez les rares iris), mais aussi l'espace pour les tentes, tout au bout du camping, avec des emplacements bien séparés par des rideaux d'arbres. Petite épicerie sur place.
🏠 ***Auberge Inn :*** *71 McNevin St, à **Providence Bay**. ☎ 705-377-4392 ou 1-877-977-4392. • aubergeinn.ca • Tte l'année. Lit en dortoir 60 $, double 90 $, petit déj simple en libre-service inclus pour ts.* Le jeu de mots laisse deviner la francophonie des jeunes proprios, Alain et Nathalie, qui ont plaqué la ville et un job de réalisateur à *Radio Canada* pour épouser la sérénité de Providence Bay. Dans leur maison en bois restaurée, ils proposent juste un dortoir de 6 lits en bois superposés (confortables), une chambre familiale et une double, partageant 2 salles de bains, un salon cosy et une grande cuisine tout équipée. On se sent bien ici, et plus encore quand ronronne le poêle à bois...
🏠 ***Maple Tree Cottage :*** *165 Main St, à **Kagawong**. ☎ 705-282-8569. • andrea@manitoulinmagic.ca • Double env 100 $ en été, petit déj et taxes inclus. CB refusées.* La jolie maison verte dressée presque en face de la plagette du village, l'accueil sympa et le bon rapport qualité-prix des 3 chambres de l'étage (simples) en font une escale bienvenue dans ce gentil village. L'une dispose de sa propre douche (étroite), mais reste au même prix.
🏠 ***Green Bay Lodge :*** *322 Cosby Subdivision Rd, RR#1, Rockville Rd. ☎ 705-368-2848. • greenbaylodge.com • À 17,5 km de Sheguiandah, dans les terres, par Bidwell Rd. De mi-mai à Thanksgiving. Doubles 130-180 $, petit déj inclus.* C'est loin de tout et c'est justement ce que l'on vient chercher dans ce charmant *B & B* tenu par un couple allemand. Le site est remarquable : une clairière au bord du grand lac Manitou, entre pelouses, jardin fleuri et ponton ensoleillé. On choisit entre les 3 chambres avec kitchenette alignées au rez-de-chaussée du bâtiment principal (moins lumineuses) et les 2 unités, superbes, du chalet voisin – *king-size suite* en bas et studio aux proportions pharaoniques au-dessus, avec très hauts plafonds, poêle à bois et balcon pile-poil face au lac.
🏠 🍽 ***Meldrum Bay Inn :*** *25959 Hwy 540, à **Meldrum Bay**. ☎ 705-283-3190 ou 1-877-557-1645. • meldrumbayinn.com • Resto ouv le midi*

12h-14h fin juin-fin août, le soir 17h-20h juin-début sept. Doubles 140-180 $, petit déj inclus. Vous rêvez de bouts du monde ? Voici au moins le bout de l'île. Cette vieille auberge de 1878 abrite 7 petites chambres nichées à l'étage, décorées dans un style victorien. Elles partagent 2 salles de bains. Une cheminée électrique réchauffe chacune les journées humides, et les petits plats du restaurant, en bas, donnent des forces avant d'aller affronter vent, vagues et embruns. Oh, rien de vraiment compliqué, mais la qualité est au rendez-vous et la véranda dominant le petit port sympa.

Où manger ? Où faire une halte ?

Bon marché

Carol's & Earl's Restaurant : *21306 Hwy 6, à **South Baymore.** ☎ 705-859-3000. Tlj 7h-21h. Plats 5-13 $. CB refusées.* On aime bien ce *diner* local sans prétention. Earl, qui navigue entre la cuisine et la salle, calot de cuistot en tête, sert aux habitués leurs rations d'œufs au petit déj, burgers et sandwichs. Le soir, c'est steaks et... foie de bœuf aux oignons.

Garden Shed Cafe : *231 10th Side Rd, à **Tehkummah.** ☎ 705-859-3309. Mai-juil, tlj 9h-15h ; août, 9h-14h.* C'est avant tout une jardinerie. L'accueil y est très gentil, et les grosses omelettes, soupes et quiches se dégustent au cœur même de la serre, au milieu des fleurs ! Le must : le petit déj-buffet du dimanche, en juillet-août *(9h-13h30 ; 10,50 $).*

Lake Huron Fish and Chips : *20 McNevin St, à **Providence Bay.** ☎ 705-377-4500. Tlj 11h-20h en été.* Le *whitefish,* les frites maison et les burgers ont bien des amis sur l'île. Le sourire des employés, la propreté des lieux et l'agréable terrasse en bois sur le côté achèvent de convaincre.

Red Lodge : *363 Red Lodge Rd, à env 15 km de **Sheguiandah.** ☎ 705-368-3843 ou 1-877-553-5585. À la sortie nord du village, tourner vers l'ouest dans Towline Rd, puis à nouveau à gauche ; c'est fléché.* Ancré au bord du lac Manitou, ce gentil *lodge* respire le calme et la nature vraie. Si ses cottages sont un poil chers et datés, pourquoi ne pas s'offrir un verre sur la terrasse dominant généreusement le lac ? L'accueil est fort plaisant et, si affinités, vous pourrez prolonger au resto, où sont servis tous les classiques locaux (*whitefish,* truite, roast-beef, etc.).

Garden's Gate Restaurant : *Hwy 542 et Smeltzers Rd, à **Tehkummah.** ☎ 705-859-2088.* Voilà un nom bien choisi. Au bout d'une allée fleurie, le resto est noyé dans la verte campagne, d'où proviennent pour l'essentiel légumes et herbes aromatiques. On y déguste une cuisine un peu recherchée, joliment présentée, ouverte aux influences d'ailleurs et volontiers végétarienne. Gardez une place pour les tartes, vous ne le regretterez pas. En revanche, mieux vaut ne pas être trop pressé.

The Schoolhouse Restaurant : *46 Mc Nevin St, à **Providence Bay.** ☎ 705-377-4055. Tlj sauf lun, à partir de 17h. Résa conseillée. Plats env 25-30 $.* C'est l'une des bonnes tables de l'île, installée dans une ancienne école de la fin du XIXe s, à la petite salle rétro chaleureuse ornée de vitraux et gravures. À la carte (courte), une cuisine raffinée mais facile à déchiffrer.

L'ONTARIO

À voir. À faire

Destination familiale par excellence, Manitoulin n'est pas vraiment un lieu que l'on visite (malgré plusieurs petits musées locaux), mais un lieu où l'on se promène, au gré de sentiers et de petites routes bucoliques. Les principales sont goudronnées, les secondaires non, mais elles sont bien entretenues. Il vous faudra souvent les prendre pour vous approcher des grands lacs centraux noyés dans la forêt, ou des côtes sauvages.

Très naturelle et soulignée par une promenade en bois, la plage de sable fin de ***Providence Bay*** est charmante, même si elle est en grande partie tapissée de végétation.

Bridal Veil Falls : *à l'entrée de* ***Kagawong.*** C'est la chute la plus connue de l'île, où nombre d'habitués viennent se baigner en été. Un escalier y descend depuis le parking, mais on peut aussi la rejoindre à pied depuis le village (15 mn).

➢ ***Cup & Saucer Trail :*** *accès sur la route 540, à 4 km au nord de M'Chigeeng.* Ce chemin de randonnée se hisse vers les derniers contreforts de l'escarpement du Niagara, offrant un vaste panorama sur la forêt et les lacs. La balade dure, selon l'itinéraire choisi, entre 1 et 4h. Dommage que le départ longe une carrière...

Les réserves indiennes : *à* ***M'Chigeeng*** *(ex-West Bay) et* ***Wikwemikong.*** Vous y trouverez quelques magasins d'artisanat, comme *Lillian's* à M'Chigeeng, tenu par une francophone qui a aussi constitué un petit musée (impressionnants objets en piquants de porc-épic). De début juin à début septembre, une dizaine de *pow-wows* donnent vie aux villages.

MIDLAND ET PENETANGUISHENE

À l'extrémité sud-est de la baie Georgienne, Midland et Penetanguishene (« l'endroit du sable blanc roulant »), alias Penetang, ne sont séparées que par une grosse colline et quelques kilomètres. Chacune niche son port au creux d'une anse naturelle profonde et bien protégée, très tôt repérée par les coureurs des bois et les soldats de Sa Majesté. Le lieu était un passage obligé vers les terres à fourrures du lac Supérieur. Les jésuites français s'y sont distingués par leur obstination à convertir les Indiens hurons ! Plusieurs reconstitutions historiques permettent de remonter le temps, tandis que le souvenir des martyrs est commémoré, à Midland, par un sanctuaire important. Au-delà, les deux bourgades offrent un visage quasi balnéaire, avec leur port de plaisance et leur centre concis aux quelques rues verdoyantes peuplées de vieilles maisons. On n'y passera pas toutes ses vacances, mais l'escale n'est pas inintéressante, surtout complétée par une balade à travers les « 30 000 Islands ».

UN PEU D'HISTOIRE

Le véritable nom des Indiens hurons était *Ouendats* ; 30 000 d'entre eux, pense-t-on, vivaient dans la région à l'époque où le jésuite français Jean de Brébeuf en donna la première description. Agriculteurs, donc sédentaires, les Hurons se tournèrent rapidement vers le troc des fourrures avec les Français, qui leur apportaient en échange farine, tabac, maïs et autres denrées, ainsi que divers objets. Les belliqueux Iroquois, alliés des Anglais mais ennemis des Hurons et des Français, lancèrent de nombreuses attaques depuis ce qui est aujourd'hui l'État de New York, décimant peu à peu la nation huronne faiblement armée. C'est cette

FIÈRE À L'HURE !

Le nom « Huron » provient du mot français « hure ». En effet, les marins français s'écriaient : « Quelles hures ! » en voyant passer ces curieux Indiens dont la coupe de cheveux en crête hérissée leur faisait penser à la crinière du sanglier. En Angleterre, dans les années 1970, on les aurait appelés « punks » !

situation qu'eurent à connaître les premiers missionnaires récollets, puis les jésuites, de 1615 à 1650. Apportant la bonne parole avec eux, ils ont, en fait, contribué à l'anéantissement moral et physique des Hurons, semant les maladies et la discorde entre les convertis et non-convertis au catholicisme.

Arriver – Quitter

Bus : *avec* ***Hammond Transportation,*** *207 King St à Midland. ☎ 1-800-563-1885. • hammondtransportation.com •* Bus pour **Barrie,** avec correspondance *Greyhound* pour Toronto. Départ de Midland à 12h55 lun-ven, 11h20 le w-e. Départ de Barrie à 11h55 lun-ven, 10h15 le w-e. L'attente pour la correspondance à Barrie oscille entre 5 mn et 2h...

– Le bureau est aussi le siège des ***taxis*** *(☎ 705-526-2626).* Utile pour visiter les sites excentrés des environs.

Adresses utiles

@ Tourist Information : *Midland Chamber of Commerce, 208 King St, à* ***Midland.*** *☎ 705-526-7884. • southerngeorgianbay.on.ca • Lun-ven 9h-17h.* Fournit un plan de la ville et une brochure sur les fresques murales.

Tourist Information : *sur le port, à* ***Penetanguishene.*** *☎ 705-549-2232. • penetanguishene.ca • Début mai-fin sept, tlj 9h-17h (20h juil-août). Fermé en hiver.*

L'ONTARIO

Où dormir ?

À Midland

Camping

Bayfort Camp : *☎ 705-526-8704. • bayfortcamp.com • Suivre la route 12 E et prendre à gauche Ogden's Beach Rd juste après Sainte-Marie-au-pays-des-Hurons. C'est à 6 km de Midland, quasi au bout de la route. Ouv début mai-Thanksgiving. Emplacements pour 2 env 37-42 $.* Les familles y débarquent en masse l'été et les caravanes occupent l'essentiel du terrain. Restent 3 zones herbeuses réservées aux tentes, dont une est un peu plus arborée et intime (en général, dispo en semaine l'été sans résa). Petite plage sur le lac Huron, snack-bar, jeux pour enfants.

De prix moyens à chic

Dans la catégorie « Prix moyens », vous trouverez pas mal de motels aux chambres tournant en été autour de 90-100 $ la double, hors *special events* (et parfois dès 55-60 $ en basse saison). Nous vous conseillons le ***King's Inn*** *(751 King St ; ☎ 705-526-7744 ; • kingsinn.ca •)* et le ***Knight's Inn*** *(751 Yonge St ; ☎ 705-526-2219 ou 1-888-891-1190 ; • knightsinnmidland.com •).* L'un et l'autre sont bien propres et de bon confort (frigo, micro-ondes...). L'accueil est particulièrement sympa au *Knight's Inn,* où les proprios organisent un barbecue les samedis soir d'été !

Victorian Inn : *670 Hugel Ave. ☎ 705-526-4441 ou 1-877-450-7660. • victorianinn.ca • Doubles 110-150 $, petit déj (chaud) inclus.* Dans un beau quartier résidentiel, ce *B & B* aménagé dans une demeure de 1895 propose 3 chambres assez classiques mais bien confortables, dont une suite pour les familles (mais pas d'enfants de moins de 12 ans...). Pour l'une d'elles, la salle de bains est privée mais sur le palier. Accueil très aimable et attentif des proprios, qui ont longtemps vécu en Europe, et bon petit déj servi à la demande sous le joli porche.

Little Lake Inn : *669 Yonge St. ☎ 705-526-2750. • littlelakeinn.com • Doubles 130-185 $, petit déj complet inclus.* Les 4 chambres, impeccables, sont équipées d'un poêle à gaz, d'une baignoire avec jacuzzi et d'un grand écran plat avec lecteur DVD (large collection de films à disposition). Du haut de gamme, donc ! Chacune peut accueillir un enfant en plus dans un lit pliant (pas d'âge minimum). Si la maison, moderne, n'a pas un charme fou, elle a l'avantage d'être à deux pas du lac, avec accès direct par le potager (grande terrasse à l'arrière).

1875 Charters Inn : *290 2nd St (rue perpendiculaire à Hugel et Yonge St). ☎ 705-527-1572 ou 1-800-724-2979. • chartersinn.com • Doubles 70-200 $.* Dans sa jolie maison en brique rouge, l'accueillant Gerry Lesperance (francophile) loue 3 chambres principales, parfaitement tenues, et 2 autres sans salle de bains pour les enfants ou les amis voyageant ensemble. La plus chère, au rez-de-chaussée, dispose d'une entrée privée et d'un bout de terrasse écrasé par le gros jacuzzi extérieur (semi-privatif). L'ensemble est un peu cher en saison, malgré le copieux et très bon petit déj.

À Penetanguishene

Chic

Georgian Terrace : *14 Water St. ☎ 705-549-2440. • georgianterrace.ca • georgegordoncabin.com • Dans une rue perpendiculaire à Main St. Doubles 150-175 $, petit déj inclus.* Dave et Barb (qui parlent un peu le français) ont rénové 2 belles maisons voisines surplombant le port à petite distance (dans une rue calme). L'une, climatisée, abrite 3 chambres spacieuses au confort irréprochable, avec douche vitrée, cheminée électrique et peignoirs pour chacune. L'autre a 3 chambres également (sans AC), aménagées dans la plus ancienne maison de la ville (1827), bâtie par un négociant en fourrures. Son salon commun, aux vieux bois et grande cheminée, est bien sympathique – comme l'accueil, d'ailleurs !

Au-delà

Camping

Awenda Provincial Park Campground : *à env 11 km au nord de Penetang (fléché). ☎ 705-549-2231 (infos) ou 1-888-668-7275 (résas). • ontarioparks.com • Ouv de mi-mai à Thanksgiving. Accès au parc : 14,50 $/véhicule. Emplacements 41-46 $; résa 11-13 $ en sus.* Ce vaste parc (2 600 ha) protégeant un bel espace forestier à la pointe nord de la péninsule est lié au souvenir d'Étienne Brûlé, premier truchement (interprète) de Champlain et coureur des bois invétéré, tué en ces lieux par les Hurons, au milieu desquels il vécut pendant 20 ans... Le camping, superbe, possède 333 emplacements semés dans des « clairières » individuelles, en accord total avec la nature. Les sanitaires sont corrects mais souvent assez éloignés, avec douches chaudes (incluses). Il est impératif d'être motorisé.

Où manger ?

À Midland

De bon marché à prix moyens

Grounded Coffee Company : *292 King St. ☎ 705-527-5997. Lun-sam 7h-17h, dim 9h-15h.* Look cool obligatoire pour cette escale du matin et du midi : entre serveurs tatoués, café torréfié sur place, gingembre, épinards frais et radis bio à emporter (en saison), paninis, *rice wraps* et *açai* (dégueu mais bon pour la santé...), vous ressortirez forcément en forme !

Dino's : *319 King St. ☎ 705-526-2431. Tlj 11h-19h. Env 6-10 $.* Tout le monde connaît ce *deli* propret. Pas tellement pour ses qualités gustatives (c'est un genre de snack tout simple), mais pour la taille éléphantesque de ses sandwichs.

Ciboulette et Cie : *248 King St. ☎ 705-245-0410. Lun-sam 7h-17h, dim 9h-15h.* Entre l'épicerie fine et le *coffee shop.* On commande paninis, *wraps,* quiches, soupes ou salades du jour (tendance bobo bio), tartes et pâtisseries, à l'un ou l'autre des 2 comptoirs, avant d'aller dénicher un coin sur l'une des grandes tables communes. Les produits sont locaux, de qualité. Dommage que le lieu soit assez bruyant.

Chic

Explorers Cafe : *345 King St, en retrait de la rue. ☎ 705-527-9199. Fermé dim-lun hors saison. Plats 18-30 $.* Les proprios, longtemps cuistots sur les navires de croisière sillonnant les eaux arctiques et antarctiques, ont rapporté de leurs voyages le goût des saveurs nouvelles et le plaisir du partage. Les plats, puisant aux sources de toutes les cuisines du monde, attisent la curiosité et enchantent les papilles. Bonne surprise : l'autre passion de Rob, c'est le vin. La carte, phénoménale, révèle quelques vraies raretés. Une belle adresse, malheureusement chère.

The Library : *526 Hugel Ave. ☎ 705-528-0100. Tlj, le soir slt. Plats 20-35 $.* Cette ancienne bibliothèque, bâtie au début du XXe s, a conservé ses vastes volumes et son ambiance un peu feutrée. On y déguste une cuisine classique réalisée avec soin et servie avec professionnalisme, sur fond de musique jazzy. En vedette : les plats de viande et une belle crème brûlée en dessert. Pour terminer la soirée, direction le pub de la maison, qui propose des concerts (plutôt rock) les vendredi et samedi soir.

À Penetanguishene

Bon marché

Froth Cafe : *102 Main St. ☎ 705-549-7199. Mar-sam 8h-18h, dim 9h-16h. Env 6-12 $. CB refusées.* C'est un néocafé dans l'air du temps. Dans l'assiette, de bonnes quiches ou salades du jour, bien fraîches, à commander au comptoir avant de s'installer en terrasse. On ne vous conseille pas les sandwichs élaborés avec du pain maison, vraiment lourdingue.

À voir. À faire

À Midland

Huronia Museum et Huron Indian Village : *sur King St, à Little Lake Park. ☎ 705-526-2844. • huroniamuseum.com • Tlj 9h-17h (dernière entrée 16h15) ; fermé le w-e de mi-oct à mi-mai. Entrée : 12 $ taxes incluses ; réduc. Visite : env 1h.* Deux sites en un ! Vous verrez d'abord le musée, dont les deux grandes salles rassemblent un bric-à-brac d'objets anciens illustrant l'histoire de la ville, ainsi qu'une petite collection de peinture du fameux Groupe des Sept (avec de belles toiles d'Alexander Young Jackson). À l'extérieur, bien plus intéressant, est reconstitué un village huron typique de l'époque de l'arrivée des Européens : palissade, maison longue, cabane du chaman, sauna, wigwam... Bien réalisé et instructif (pensez à prendre la brochure en français).

Sainte-Marie-au-pays-des-Hurons : *à 3 km à l'est de Midland, sur la Hwy 12. ☎ 705-526-7838. • saintemarieamongthehurons.on.ca • Mai-début oct, tlj 10h-17h. Entrée : 10-12 $; réduc (- 50 % si l'on a visité auparavant le Discovery Harbour à Penetanguishene). Audioguide 3 $.*
Ce vaste village est la reconstitution exacte, au même emplacement, de la première mission jésuite en Ontario, construite en 1639 et incendiée 10 ans plus tard par la communauté lorsqu'elle admit l'échec de l'expérience, réduite à néant par

les dissensions internes et les maladies. C'est, par extension, le premier grand établissement français de l'actuel Ontario. Son histoire est détaillée par un intéressant diaporama de 20 mn (avec version française), tandis qu'un bel espace muséographique retrace le contexte de l'époque, entre vie quotidienne et politique de la Nouvelle-France.

Mais la visite prend tout son sens lorsqu'on pénètre dans le village fortifié, cerné d'une double palissade haute de 5 m. Les 25 bâtiments, meublés et animés par des guides et des artisans en costume, donnent une idée précise du quotidien de l'époque. Une plongée saisissante dans le XVIIe s, entre habitations, ateliers, maisons longues huronnes et église, où un prêtre disait la messe en latin, traduite simultanément en ouendat. Pas de désert, dans son discours, pour abriter l'exil de la sainte Famille, mais une longue traversée de la forêt en canoë... Le hameau ne compta jamais plus de 60 habitants, dont 21 missionnaires, qui passaient au moins 6 ou 7 mois de l'année en de longues et périlleuses missions d'évangélisation.

LA DURE POSITION DU MISSIONNAIRE

La vingtaine de religieux français engagés au pays des Hurons ne coulèrent pas vraiment des jours paisibles. Maladies et escarmouches menaçaient sans cesse. Mais le plus dur, ce furent sans doute les missions d'évangélisation elles-mêmes, conduites systématiquement à la mauvaise saison, par des températures glaciales. Pourquoi ? Parce que les prêches déclamés en été diminuaient le temps de travail dans les champs.

L'ONTARIO

👣 ***Wye Marsh Wildlife Centre :*** *à côté de la mission Sainte-Marie. ☎ 705-526-7809. • wyemarsh.com • Tlj 9h-17h (20h sam juil-août). Entrée : 11 $; réduc. Promenades guidées en canoë, kayak (tlj en juil-août) ou à raquettes.* Divers sentiers, plus ou moins courts et jalonnés de postes d'affût, invitent à découvrir la faune (surtout ailée) et les essences caractéristiques des grands marais (certaines rares). Mieux vaut venir à l'ouverture pour espérer surprendre cygnes trompettes, rats musqués, visons, loutres et autres castors. Dans le centre, petites expos sur les animaux et la flore de la région.

👣 ***Balade en bateau dans les 30 000 îles :*** *avec* ***Midland Tours,*** *à bord du* Miss Midland *(300 passagers). ☎ 705-549-3388 ou 1-877-668-2286. • midlandtours.com • Départ du port de Midland, 177 King St, de mi-mai à Thanksgiving. Env 1-5 sorties/j. selon j. et saison, sauf mar en mai. Durée : 2h30. Ticket : 32 $; réduc.* L'idée qu'on se fait du Canada : maisons en bois colorées sur des îlots boisés et proprets, avec le hangar à bateaux couvert au bout et parfois l'hydravion. Une gentille promenade.

À Penetanguishene

👣👣 👪 ***Discovery Harbour :*** *tt au bout de Jury Dr, à 3 km au nord du centre-ville en longeant le port (indiqué). • discoveryharbour.on.ca • 3e sem de mai-début sept, tlj 10h-17h. Dernière entrée 30 mn avant. Entrée : 7 $; 6-12 ans 5,25 $; réduc (- 50 % avec le ticket de Sainte-Marie-au-pays-des-Hurons). Audioguide : 3 $ en juil-août, gratuit le reste du temps.* Voilà une autre reconstitution soignée : celle d'un arsenal britannique du début du XIXe s, qui s'étend sur la longue baie de Penetang. Rien ne manque : entrepôts, ateliers, maisons d'habitation meublées comme si quelqu'un venait de les quitter, guides costumés, et même la réplique grandeur nature de deux navires à voiles de l'époque amarrés au quai. L'épave du grand *Tecumseh,* repêchée à proximité est, elle, exposée dans un musée conçu sur mesure.

DANS LES ENVIRONS DE MIDLAND ET PENETANGUISHENE

Au sud-ouest de Penetanguishene et Midland, la ***baie de Nottawasaga*** révèle une succession de plages sablonneuses plus ou moins attirantes et herbues. Parmi les plus tranquilles et séduisantes, *Balm Beach* et *Tiny Beach* s'adossent à une forêt dense où se disséminent de nombreux cottages de vacances – un coin sympathique atteint par des petites routes traversant une fraîche campagne. Dans les terres, ***Lafontaine*** abrite une importante communauté francophone. Plus à l'ouest, les foules se font plus denses et l'exploitation touristique ne fait pas dans la dentelle. Plus du tout le Canada sauvage ! ***Wasaga Beach,*** la plus connue, fait 14 km de long et se targue d'être la plus grande plage d'eau douce du monde. Sympa pour une baignade en cours de route, mais on ne séjourne pas dans le coin.

SUR LA ROUTE DU PARC ALGONQUIN

La région des lacs Muskoka : passage obligé de la région de Midland au parc Algonquin, cette jolie région, caractérisée par le roc, les pins et une multitude de lacs, offre un petit condensé de l'Ontario typique. À moins de 1h30 au nord de Toronto, les urbains fortunés viennent y passer leurs week-ends dans des cottages les pieds dans l'eau. On peut effectuer le tour du grand lac Muskoka en 2-3h depuis Gravenhurst par les routes 169 West et 118 East, pour se repiquer sur l'autoroute 11 à Bracebridge. En chemin, on découvrira deux bourgades mignonnettes : *Bala,* au sud, et *Port Carling,* au nord-ouest. Tout ici n'est que forêt, plans d'eau aux rives placides et chalets coquets. Les plus actifs pourront louer un bateau ou un kayak. Autre option : les croisières. La plus sympa part de Gravenhurst à bord du *RMS Segwun,* le plus vieux vapeur d'Amérique (1887) encore en activité.

HUNTSVILLE

18 500 hab.

La plus grande ville du district de la Muskoka est aussi la dernière avant de découvrir la beauté de l'Algonquin Park. Née à la fin du XIXe s sur un bras d'eau reliant deux lacs, elle offre un cadre plutôt agréable pour une nuit d'escale.

Arriver – Quitter

En bus

■ ***Huntsville Travel :*** *2-77 Centre St N. ☎ 705-789-6431 ou 1-800-363-7512 (poste 556). • huntsvilletravel.ca • ontarionorthland.ca • De Main St, bifurquer dans Centre St N, franchir le pont ; c'est un peu plus loin sur la gauche. Lun-ven 9h-16h30.* Point d'info et de vente pour les bus. L'arrêt se situe juste devant *(lun-ven 8h-14h, 17h-18h30 ; sam 12h-14h ; dim 12h30-14h, 17h-18h30).*

➢ ***Huntsville-Toronto :*** 4 bus/j. tte l'année ; 3h40-17h40 depuis Huntsville (express ven-sam à 13h40), 13h15-2h55 depuis Toronto (express ven-sam à 21h30). Durée : env 4h. Ces bus passent par Barrie, d'où l'on peut rejoindre Midland (1 bus/j.). Sinon, prévoir son billet de correspondance *Greyhound* (ou autre) à l'avance, en été, car les bus sont souvent pleins.

Adresse utile

🅘 ***Travel Information :*** *8 West St N (perpendiculaire à Main St E).* ☎ *705-789-4771.* • *huntsvilleadventures.com* • *Lun-ven 9h-17h.*

Où dormir ?

Toutes les chaînes de motels sont présentes en marge du centre. Parmi les meilleurs rapports qualité-prix : le ***Comfort Inn.***

⌂ ***Canada Best Value Inn :*** *69 Main St W.* ☎ *705-789-4414 ou 1-866-874-5360.* • *canadasbestvalueinn.com* • *Doubles 80-140 $ (160 $ avec jacuzzi), petit déj inclus.* Tenu par des Indiens (d'Inde), ce motel classique et un poil excentré a l'avantage de posséder des chambres spacieuses, très propres et bien équipées (grand écran plat, frigo, micro-ondes, cafetière). Certaines ont même un canapé ou un jacuzzi. Un chemin le long du lac permet de rejoindre le centre-ville à pied en 10 mn environ.

⌂ ***Au Petit Dormeur B & B :*** *22 Main St W (centre-ville).* ☎ *705-789-2552.* • *aupetitdormeur.com* • *Doubles env 80-100 $.* Dans une maison en brique des années 1920 posée à l'orée du centre-ville (plus calme la nuit), Joane (francophone) loue 5 chambres plus ou moins datées, la plupart avec salle de bains privée. Petit déj copieux, servi parfois sur la terrasse à l'arrière, au 1er étage, qui profite d'une belle vue sur la rivière.

L'ONTARIO

Où dormir sur le chemin du parc Algonquin ?

Pour faciliter votre choix, ces adresses sont, inhabituellement, présentées de manière géographique, des plus proches de Huntsville aux plus proches de l'entrée ouest du parc.

⌂ ***Swallowdale Inn B & B :*** *46 Roe Rd.* ☎ *705-990-1573.* • *swallowdale-inn.com* • *À 8 km à l'est de Huntsville. Prendre la Hwy 60 E, sortir vers le* Deerhurst Resort Golf Course, *puis prendre Canal Rd plein sud sur env 800 m ; enfin, tourner à droite dans Swallowdale Rd ; Roe Rd est un peu plus loin sur la droite. De mi-mai à mi-oct. Doubles 140-150 $ en été, petit déj inclus.* On aime beaucoup la situation en bord de lac de cette jolie maison en bois entourée de 5 ha de pins, sapins et bouleaux. Ses 3 chambres, en rez-de-chaussée, font un peu bonbonnière mais sont bien confortables. L'une dispose de sa propre salle de bains, les 2 autres en partagent une, mais elles ne sont louées toutes les deux que si elles sont occupées par des amis ou une famille.

⌂ ***Tranquil Woods Victorian Inn :*** *50 N Portage Rd.* ☎ *705-788-7235.* • *tranquilwoods.ca* • *À 7,5 km à l'est de Huntsville. Mêmes indications que pour le* Swallowdale *jusqu'à Canal Rd, puis tourner à gauche sur N Portage Rd (Muskoka 23). Doubles 130-145 $, (bon) petit déj inclus.* Cette grande et belle maison en bois, moderne mais de style victorien, est isolée dans une clairière bercée par les oiseaux, en léger retrait d'une route très peu passante. Ses 3 chambres sont confortables et, à l'arrière, un jacuzzi attend les volontaires pour un bain face au rideau impénétrable de la forêt (où errent cerfs, orignaux et ours noirs...).

⌂ ***Ink's Spot B & B :*** *1042 Walker's Glenn Crescent.* ☎ *705-635-2546.* • *inksspot.com* • *À 11 km à l'est de Huntsville. Prendre la Hwy 60 sur 9 km jusqu'à la hauteur du* Colonial Bay Cottage Resort, *puis à gauche sur Limberlost Rd sur 2,1 km. Doubles 100-120 $, avec petit déj. CB refusées.* On apprécie ce *B & B* pour ses prix raisonnables et sa situation tranquille dans une nouvelle zone résidentielle essaimée dans la forêt. Les 2 chambres, une à chaque étage, ont une salle de bains privée (extérieure pour celle du bas), cheminée électrique, TV et AC. Le faux massacre de daim en peluche, dans le salon, nous a fait marrer... Attention si vous êtes allergiques : un chien et 2 chats vivent à demeure.

Dwight Village Motel : *2801 Hwy 60, à 17 km à l'est de Huntsville et 25 km avant l'entrée ouest du parc, juste à l'ouest de Dwight. ☎ 705-635-2400. • dwightvillagemotel.com • Doubles 90-130 $. Séjour de 2 nuits min le w-e.* Ce petit motel en bois fleuri comme un chalet suisse abrite 9 chambres classiques et proprettes, pas grandes mais avec frigo, micro-ondes, cafetière et sèche-cheveux. On entend le trafic de la route en journée, mais c'est supportable (et cela se calme dès la tombée de la nuit).

Spring Lake Resort : *2893 Hwy 60, à env 20 km à l'est de Huntsville, après Dwight. ☎ 705-635-9995 ou 1-877-635-9995. • springlakeresort.net • Fermé de mi-oct à déc. Doubles 90-110 $.* Ce motel-resto de 3 étages, tout en bois sombre, est perpendiculaire à la route (moins bruyant donc). Il domine un gros étang avec petite plage de sable, canoës, embarcations à pédales et barbecues à disposition. Ses chambres, bien équipées, sont sobres et propres, mais avec des salles de bains en plastique.

The Wolf Den Hostel & Cabins : *4568 Hwy 60,* **Oxtongue Lake.** *☎ 705-635-9336 ou 1-866-270-9336. • wolfdenbunkhouse.com • À 8 km de l'entrée ouest du parc. Env 27 $/pers en dortoir (8 lits) ; doubles 70-120 $; grands bungalows neufs 145-225 $.* Ex-humanitaires en Afghanistan, Jacques (français) et Jennifer (canadienne) ont troqué le stress de Kaboul pour la quiétude de la forêt ontarienne. Ils ont récemment repris ce drôle d'endroit naviguant entre auberge de jeunesse et camp de pionniers, où l'on trouve aussi bien dortoirs que chambres basiques, bungalows rustiques en bois (avec frigo et micro-ondes... mais pas d'eau !) et nouveaux chalets en billots de bois colossaux, tout équipés et impeccables. Au cœur de tout ça, une station sanitaire pour ceux qui n'en disposent pas dans leur logement, et le *lodge* principal, équipé d'une vaste cuisine et d'un salon chaleureux. Il y a même un sauna (gratuit) pour se ressourcer après les balades !

Où manger ? Où boire un verre ?

Bon marché

Seven Main Café : *7 Main St W. ☎ 705-789-3107. Lun-sam 7h (8h30 sam)-17h, plus dim d'été 10h-16h.* Petit café sympathique à l'intérieur en bois lumineux, avec une poignée de tables disposées sur le trottoir. On y sirote des expressos bien costauds et autres cafés fraîchement torréfiés (pas trop chers pour une fois), en profitant des bons bagels et gâteaux maison. Il y a même des gaufres le samedi ! Possibilité également de grignoter sur le pouce (soupes, sandwichs, salades, *wraps*).

Taco Shop : *7 John St. ☎ 705-380-4994. De mi-mai à mi-sept env. Tlj sauf lun 11h30-19h en été ; horaires variables selon météo le reste du temps. Compter 5-12 $.* C'est un simple stand au bord de l'eau, avec quelques tables en bois pour prendre le soleil s'il veut bien se montrer, et des hamacs pour digérer. Guacamole, tacos à toutes les sauces (poulet, crevettes, poisson, filet mignon), gros *burritos,* on est définitivement très *South of the border* ici...

De prix moyens à plus chic

On the Docks Pub : *90 Main St E (en retrait de la rue, au niveau du pont). ☎ 705-789-7910. Tlj 11h-minuit (2h ven-sam). Plats env 8-15 $.* C'est de loin le pub le plus sympa de Huntsville : le cadre (rustique) est chaleureux, la cuisine très correcte (salades, burgers, *wraps...*), le service au poil, mais ce qui garantit le succès, c'est la belle vue sur la rivière depuis la salle ou les terrasses. Concerts le week-end pour dynamiser le tout.

Wilgress 1897 : *93 Main St. ☎ 705-784-0838. Tlj sauf dim 8h-22h. Plats env 17-18 $.* Ancré à l'orée du pont, ce joli resto occupe une vieille demeure aux pierres apparentes relevées de toiles modernes. On y déguste une bonne cuisine aux tendances fusion, appuyée sur des produits locaux et servie sur fond de musique blues. Dommage que les portions soient un peu chiches. La petite terrasse dominant la rue est un plus certain, de même que le service attentionné (mais l'attente peut être longue).

|●| ***3 Guys and a Stove :*** *sur la Hwy 60, à la sortie de la ville en direction d'Ottawa (être motorisé).* *☎ 705-789-1815. Tlj 11h30 (9h le w-e)-21h30 (22h sam). Plats 11-35 $.* C'est un gros chalet en bois au bord de la route, avec un intérieur rustique chaleureux et des terrasses agréables tournées vers l'arrière. Réputée dans toute la région, la maison privilégie les produits frais locaux tout en ouvrant sa palette aux inspirations venant d'au-delà des frontières. Tout ce que le chef prépare dans sa cuisine ouverte est bon et très copieux. Accueil jeune, dynamique et très aimable.

À voir

Muskoka Heritage Place : *88 Brunel Rd ; bien indiqué. ☎ 705-789-7576. • muskokaheritageplace.org • Site ouv de mi-mai à mi-oct, tlj 10h-16h. Musée ouv tte l'année mais fermé w-e oct-mai. Entrée au Pioneer Village : env 12 $, 3-12 ans env 8,50 $, réduc. Musée seul : 2,50 $; réduc. Balade en train : juil-août, mar-sam, ttes les heures 12h-15h ; printemps et automne, mar-ven 13h slt et w-e comme juil-août ; env 6 $, 3-12 ans 3,50 $. Billet combiné (site, musée et train) : env 18 $; 3-12 ans 12 $; réduc. Brochure en français.* Voilà encore l'un de ces sites pleins d'atmosphère dont les Canadiens ont le secret. Ici, il s'agit d'un petit village de pionniers, qui rassemble une vingtaine de bâtiments authentiques provenant des environs. Église, école, auberge, épicerie ou fermes, la plupart datent du XIXe s, sont meublées avec des objets d'époque et animées par des guides en costume. Mouton, mule et cochon dans leur enclos apportent une touche de vie, et des marmottes se baladent en toute insouciance... On peut même embarquer à bord d'un train à vapeur ! En complément, petit musée d'histoire locale à l'entrée.

LE PARC ALGONQUIN

À 250 km de Toronto, cet immense parc provincial (7 630 km², presque aussi grand que la Corse) protège une nature encore largement sauvage, percée de plus d'un millier et demi de lacs. Ici, la voiture est bannie. La Highway 60, qui traverse la partie sud du parc, n'est là que pour faciliter l'accès aux bûcherons qui œuvrent dans certains secteurs... Partout ailleurs, c'est à pied ou, mieux encore, en canoë que l'on progresse, au fil des 1 200 km de voies navigables. C'est ici qu'est préservé le Canada éternel, celui des grands arbres, des soirées au coin du feu à essayer de décrypter les murmures et les cris de la nuit, des réveils au pied d'un lac embrumé. Cette rencontre avec le Canada sauvage, ce sentiment d'être loin de tout sera l'un des moments forts de votre séjour, pour peu que vous en preniez le temps. Reste, maintenant, à abandonner le confort du goudron, sortir les rames et affronter les moustiques et les mouches noires.

Comment y aller ?

➢ ***En bus :*** fin juin-fin sept, *Parkbus (☎ 1-800-928-7101 ; • parkbus.ca •)* relie Toronto au parc Algonquin ttes les 1-2 sem, ven et dim (sam et lun au moment des longs w-e). Il marque des arrêts dans les principaux sites du parc et dans certains hébergements à proximité.

Adresses et infos utiles

Le parc possède 29 points d'accès, mais les plus fréquentés restent ceux de la Highway 60, les ***West*** et ***East Gates*** *(☎ 705-633-5572 ; • algonquinpark.on.ca •)*. Procurez-vous-y le guide d'information du parc, très bien fait et parfois disponible en français. On y achète ses permis de randonnée, canoë et pêche.

– ***West Gate :*** *à 44 km à l'est de Huntsville. De mi-juin à début sept, tlj 8h-20h ; en mi-saison, tlj 8h-18h ; nov-mars, tlj 9h-16h.*

– ***East Gate :*** *à 5,4 km à l'ouest de Whitney. De mi-mai à mi-oct, tlj 8h-18h ; en mi-saison, tlj 8h-17h ; nov-mars, slt ven-dim 9h-16h.*

Hôpital : *à* ***Huntsville,*** *☎ 705-789-2311. À* ***Barry's Bay,*** *☎ 613-756-3044.*

Météo : *au centre d'info.* Prévisions à 3-5 jours.

Radio d'information sur le parc : *102.7 FM.*

Voyageur Quest : *☎ 416-486-3605 ou 1-800-794-9660. • voyageurquest.com •* Ce tour-opérateur est spécialisé dans les voyages d'aventure en canoë ou kayak dans le parc et les séjours dans des *lodges* ou cottages perdus en pleine nature (dont un sur une île privée). Un must, mais les prix ne sont pas tendres !

Tarifs

– Vous avez le droit de traverser le parc gratuitement si vous demeurez sur la Highway 60, mais vous devrez vous munir d'un ***permis*** si vous vous y arrêtez et, bien sûr, pour accéder aux activités. Tarif : 17 $ par voiture.

– Pour les ***tarifs des campings,*** se reporter ci-après à « Où dormir ? Campings dans le parc ».

– Le ***permis de pêche*** (*fishing licence* ; pêche autorisée de fin avril à fin novembre seulement), vendu 23 $ pour la journée (52 $ l'année), s'accompagne obligatoirement d'une *outdoors card* à 10 $.

L'ONTARIO

Où dormir ?

Campings dans le parc

On trouve ***12 campings dans le parc Algonquin,*** dont 9 sur le parcours de la Highway 60 ou à proximité, tous au bord d'un lac (le journal d'information du parc en donne tous les détails). Leur taille varie pas mal (de 42 à 286 sites) mais, pour le reste, ils se ressemblent assez et on les choisit plutôt en fonction de leur situation géographique. En général, les emplacements situés au bord de l'eau sont assez proches et manquent un peu d'intimité, ceux situés en arrière, dans la forêt, étant plus tranquilles (mais souvent plus éloignés des sanitaires). Tous les campings disposent de ***douches*** (sauf celui de *Coon Lake,* souvent un peu plus calme en fin de semaine). Une partie des emplacements peut être réservée, le reste étant disponible selon le principe du premier arrivé premier servi. *Résas au ☎ 519-826-5290 ou 1-888-668-7275, ou via le site internet, max 5 mois à l'avance. Les campings ouvrent entre fin avr et mi-mai pour fermer entre début sept et mi-oct ; seul celui de Mew Lake est ouv tte l'année. Emplacements 40-55 $, 2-day pass inclus. Pour un camping « rustique »* (backcountry) *accessible slt à pied ou en canoë, compter env 12,50 $/pers.*

Le camping de ***Mew Lake*** dispose de 7 yourtes octogonales dressées sur des plates-formes, idéales pour passer les nuits humides de l'intersaison ou les rudes nuits d'hiver à l'abri. *Résa obligatoire. 100 $/yourte pour un max de 6 pers. Apporter draps et couvertures ; ustensiles culinaires fournis de mai à mi-oct.*

Ceux qui partent explorer le *backcountry* pourront aussi louer l'une ou l'autre des 14 ***rangers cabins*** bâties dans le parc au début du XXe s *(à partir de 65 $/nuit).* Rustique mais quelle atmosphère ! Mieux encore : 5 sont accessibles par la route.

Lodges et hôtels

On trouve plusieurs *lodges* dans le parc, mais ils sont absolument hors de prix pour une qualité pas forcément exceptionnelle ; par exemple, les *cabins* au ***Killarney Lodge*** *(● killarneylodge.com ●)* coûtent, selon la situation et la saison, entre 400 et 800 $ par jour pour 2 en pension complète ! Heureusement que le canot est compris dans le prix... Si vous ne voulez pas camper, on ne saurait trop vous conseiller de privilégier les hébergements en dehors du parc, de préférence à l'est, vers Whitney, où les tarifs sont plus abordables (voir plus loin « Entre Algonquin et Ottawa. Où dormir ?... »). Ceux situés entre Huntsville et l'entrée ouest du parc sont détaillés dans le chapitre consacré à Huntsville (voir plus haut).

Où manger ?

Il est préférable de ***faire ses provisions avant d'entrer dans le parc,*** où les quelques magasins sont plus chers. Les *lodges* ont de bons restos mais, là encore, les prix s'envolent. Restent quelques snacks et cafét', comme ceux du *Portage Store* et de l'*Algonquin Visitors Centre,* mais ne vous attendez pas à des miracles et sachez que vous y débourserez plus qu'ailleurs à (mauvaise) qualité égale.

La faune

Les rangers estiment à environ 2 000 le nombre d'***ours noirs*** peuplant le parc. C'est beaucoup mais, en réalité, on les croise (très) rarement. Si vous venez en mai ou juin en empruntant la Highway 60 tôt le matin (voire le soir), vous aurez des chances de voir des ***orignaux*** (environ 2 600 recensés en 2015) lécher les bas-côtés des routes, où s'est accumulé le sel provenant du déneigement ! En octobre, au coucher du soleil de préférence, les très chanceux pourront peut-être apercevoir des ***castors*** – autrement fort discrets – en plein travaux. Les ***cerfs*** et ***daims*** sont moins rares. Il y a aussi des ***loups*** à Algonquin (environ 300), mais vous avez à peu près autant de chances d'en observer que de voir un éléphant dans votre jardin... Des ***sorties*** gratuites sont organisées les jeudis d'août par le parc pour aller écouter les meutes, qui répondent alors aux humains qui les imitent *(wolf howl).* Aouououououh ! Tentant sur le papier, mais on se retrouve souvent à plusieurs centaines de personnes.
– ***Conduite : évitez de rouler la nuit dans le parc.*** Une rencontre impromptue avec un orignal pourrait bien gâcher vos vacances...

Balades et randonnées

Les balades de santé

Au total, ***15 sentiers à la journée*** sont accessibles à partir de la Highway 60, tous bien tracés et balisés. Chaque parcours possède un thème particulier, que développe un petit fascicule disponible au départ de la marche. On peut l'utiliser le temps de la balade et le rendre à la fin, ou l'acheter pour un prix modique. On vous conseille :
➢ ***Whiskey Rapids Trail*** *(2,1 km)* **:** *au km 7,2.* Promenade sans difficulté le long de la rivière et de ses rapides.
➢ ***Hardwood Lookout*** *(1 km)* **:** *au km 13,8.* Cette courte balade conduit en fin de parcours à un belvédère offrant une vue superbe sur le vaste Smoke Lake s'étendant en contrebas.

➢ ***Mizzy Lake*** *(10,8 km) : au km 15,4.* Le sentier, assez facile, mène à une série de huit étangs et petits lacs. C'est ici qu'on a le plus de chances de pouvoir observer des animaux.
➢ ***Beaver Pond*** *(2 km) : au km 45,2.* Charmante balade sans difficulté, qui a pour principal objectif de découvrir in situ le travail des castors : une série de huttes (en partie abandonnées), un barrage... Il est tout de même rare de réussir à apercevoir leurs concepteurs.
Les ***rangers*** proposent par ailleurs ***diverses balades guidées*** tout au long de la belle saison.

Les sentiers de grande randonnée

Procurez-vous, dans l'un des centres d'information, une carte topographique et la brochure *Backpacking Trails,* puis indiquez aux rangers votre itinéraire et vos campements choisis. Chacun des trois grands sentiers de randonnée du parc est équipé de sites pour camper, signalés sur la carte. Il s'agit d'un simple endroit dégagé où un emplacement est prévu pour faire du feu. Des toilettes extérieures existent en général, à repérer en arrivant, avant la tombée de la nuit (recouvrez de cendres après votre passage) !
➢ ***Western Uplands Backpacking Trail :*** *départ à 3 km à l'est de la West Gate sur la Hwy 60.* Composé de deux boucles de 32 et 88 km, c'est le plus long (prévoir 3 à 7 jours) et le plus varié.
➢ ***Highland Backpacking Trail :*** *départ au km 29,7 de la Hwy 60.* Ses deux boucles de 19 et 35 km, plus aisées, se parcourent en 2 ou 3 jours. Achat du permis possible au camping de Mew Lake.
➢ ***Eastern Pines Backpacking Trail :*** *départ d'Achray (camping), au nord-est du parc, dans un secteur accessible slt depuis la ville de Pembroke.* Avec ses 6 à 15 km, c'est le plus court. On est là dans le secteur de l'impressionnant Barron Canyon.

L'ONTARIO

Les routes de canotage

Le meilleur moyen de vivre la véritable aventure sur les traces des coureurs des bois et des Indiens, de s'enfoncer dans les forêts reculées, de pêcher et de griller du poisson au feu de bois, c'est... le canoë. Le parc Algonquin est un peu comme une nuit étoilée dont chaque étoile serait un lac. Reliés par des voies naturelles, ils le sont aussi par des sentiers partout où les rivières disparaissent. On parle de « ***portages*** » car, tout bêtement, on porte son canoë sur le dos pour rejoindre la prochaine voie navigable. Même les non-initiés peuvent entreprendre une petite expédition de quelques jours.
Le canotage dans le parc Algonquin est relativement ***sûr car sans rapides.*** Reste, naturellement, à se méfier des trop grands plans d'eau si le vent se lève, et à bien préparer son périple. Procurez-vous la brochure *Canoes Routes (4,95 $),* très complète, et discutez-en avec les rangers dans l'un ou l'autre des centres d'information du parc. Privilégiez les itinéraires sur lesquels les distances de portage sont relativement courtes, histoire de ne pas vous dégoûter.
– Les ***week-ends d'été,*** les lacs les plus accessibles sont très prisés. Si vous voulez la paix, évitez de demeurer sur *Canoe Lake.* En semaine, ça va encore. En règle générale, les lacs dont l'accès demande un portage dès le début sont moins fréquentés. Plus on se dirige vers le nord, plus on est seul. De même pour tous les lacs n'ayant aucun point de départ sur la Highway 60.
– À partir de la Highway 60, en semaine, on peut par exemple naviguer sur ***Smoke Lake*** et descendre jusqu'à ***Ragged Lake.*** Peu de portage et pas trop de monde.

Location de matériel : les boutiques spécialisées

Les prix et la qualité du service sont semblables pour ces trois magasins. Prévoyez la location de gilets de sauvetage en plus.

■ ***Algonquin Outfitters :*** *Hwy 60, env 11 km avant l'entrée ouest du parc en venant de Huntsville. ☎ 705-635-2243 ou 1-800-469-4948. • algonquinoutfitters.com • Tlj 8h-18h (19h ven-dim, 17h de mi-oct à avr) ; fermé mar-mer nov-3e sem de Noël. Canoës à partir de 26 $/j.* Le choix de matériel à acheter et louer est énorme et l'on vous conseillera efficacement sur les itinéraires possibles. Pas de livraisons de canoës, mais vous pourrez aussi louer des barres de toit *(5-10 $)* pour l'emporter. Sinon, moyennant un supplément de 20 $, il est possible de rendre le canoë, à la fin de votre périple, dans l'un de leurs 2 autres magasins du parc : *Opeongo Store* ou *Brent Store,* sur le lac Cedar (au nord du parc). Loue également du matériel d'hiver.

■ ***Opeongo Store :*** *29902 Hwy 60, à l'est du parc, près du lac du même nom. ☎ 613-637-5470 ou 1-888-280-8886. • opeongooutfitters.com • De mi-avr à mi-oct, tlj 7h (8h dim-jeu)-18h (19h juil-début sept).* Même maison qu'*Algonquin Outfitters.* Assure un service de *water taxi* sur le lac Opeongo et propose des excursions en bateau et *day trips* en canoë *(70-90 $).*

■ ***Portage Store :*** *au km 14, dans le parc. ☎ 705-633-5622. • portagestore.com • Devant Canoe Lake. Fin avr-fin oct, tlj 8h-19h (7h-21h juil-août). Canoës dès 30 $/j. ; livraison dans certains campings du parc 30 $ (gratuit à partir de 3 j. de loc). Également des sorties guidées en canoë à la ½ journée (36 $/pers) ou à la journée (60 $/pers) ; réduc. Et même des forfaits comprenant déjà tt l'équipement et les vivres (85-90 $/j.) !* Routes de canoë plus populaires depuis ce site que depuis celui d'*Algonquin Outfitters,* avec peu de portages. Vous ne serez donc pas seul. On peut aussi y louer kayaks *(30-40 $/j.),* réchauds, bidons étanches, etc.

À voir en traversant le parc par la route

Algonquin Visitors Centre : *sur la Hwy 60, au km 43 (donc plus près de l'entrée est). Fin avr-fin oct, tlj 9h-17h (19h de fin juin à mi-oct) ; le reste de l'année, horaires réduits, variables. Donation appréciée.* Tenu par l'association *Friends of Algonquin Park,* l'endroit regroupe une cafétéria, une librairie, des expos temporaires, une vidéo (en anglais) sur la flore et la faune, et surtout une exposition très vivante (bilingue !) sur l'histoire du parc, les animaux qui le peuplent et les hommes. Grâce aux dioramas, très bien réalisés, vous apprendrez, par exemple, comment l'orignal séduit sa femelle (succès assuré !) ou comment les castors construisent leurs barrages. Vous écouterez aussi le concert d'une meute de loups et explorerez les profondeurs d'un lac. À l'étage, ce sont les rapports entre parc et hommes qui sont (fort bien) mis en lumière, et plus particulièrement la gestion de la coupe du bois, base de l'économie de l'Algonquin. Jolie vue sur le parc depuis la terrasse.

Logging Museum *(musée du Bûcheron)* **:** *vers l'entrée est du parc (km 54,5). De fin juin à mi-oct, tlj 9h-17h. Néanmoins, le site étant en extérieur, il est accessible tte l'année. Si l'accueil est fermé, il suffit de prendre un petit guide au distributeur et de faire le parcours seul (une version française est disponible).* En introduction, le musée diffuse une vidéo de 10 mn (en anglais) sur l'histoire de la coupe du bois dans la région, avant de plonger le visiteur dans une excellente présentation grandeur nature sur la vie des bûcherons. Le parcours forestier de 1,3 km, agréable, est jalonné d'une vingtaine de sites évoquant tous les aspects du métier : techniques de sciage, modes de transport (traîneau, drave, bateau à aubes, loco...), mais aussi quotidien au campement (baraquements, écuries...). En 1861, 112 compagnies exploitaient la zone. La déforestation était telle que, en 1893, on décida la création du parc. L'abattage du bois (régulièrement dénoncé par les opposants) se poursuit néanmoins, à raison de 2 % de la superficie du parc exploité chaque année.

Algonquin Art Centre : *au km 20 sur la Hwy 60. • algonquinartcentre.com • De juin à mi-oct, tlj 10h-17h. GRATUIT.* Expos temporaires de peinture et sculpture sur le thème de la... nature (pardi !).

ENTRE ALGONQUIN ET OTTAWA

Pour votre approvisionnement avant d'arriver dans le parc Algonquin par l'entrée est, vous trouverez le nécessaire dans la petite ville de *Barry's Bay*. *Whitney* est un village peu exaltant, mais qui a le mérite d'être situé juste à côté du parc et d'abriter des hébergements un peu plus abordables qu'ailleurs. En plus, on y trouve plus facilement de la place !

Où dormir ? Où manger ?

Algonquin East Gate Motel : *à 4 km à l'est de l'East Gate du parc Algonquin, sur la Hwy 60, dans le village de* ***Whitney.*** *☎ 613-637-2652. • algonquineastgatemotel.com • Doubles 80-100 $. Loc de canoës 25 $/j. avec accès à un lac.* Le lieu ne date pas d'hier et les chambres ne sont pas bien grandes (certaines sont tout de même prévues pour 4), mais elles sont correctement entretenues, avec frigo et AC. Atmosphère décontractée et proprios de bon conseil.

Algonquin Dream Catcher Motel : *29764 Hwy 60, à l'entrée ouest de* ***Whitney,*** *à 4 km de l'East Gate du parc. ☎ 613-637-1220. • algonquindream.ca • Avr-oct. Doubles 80-125 $.* Ce mignon petit motel abrite 10 chambres avec très grande TV, frigo, micro-ondes et AC, mais de toutes petites salles de bains. Pas mal !

The Mad Musher : *à 5 km de l'East Gate, à* ***Whitney,*** *sur la Hwy 60. ☎ 613-637-2820 ou 1-866-551-5534. • madmusher.com • Doubles 55-70 $, quadruple 95 $. Plats 10-20 $.* En bord de route, ce resto sert des salades sans surprise et des plats très classiques (burger d'orignal excepté !), le tout très correct et copieux. Le service est sympa et l'on peut même loger sur place pour pas cher. Au rez-de-jardin, face à la rivière (et au pont) se trouve un appartement de 4 chambres partageant 2 salles de bains et une cuisine. Attention, les 2 doubles, petites, n'ont pas de fenêtre, mais elles restent d'un honnête rapport qualité-prix. Les 2 autres sont plus grandes, avec 2 gros lits superposés en bois et des fenêtres. Mieux encore : elles tournent le dos à la route.

Red Deer Log Cabins & Campground : *à* ***Madawaska,*** *sur la route 523, à 2 km au sud de la Hwy 60 (entre le parc Algonquin et Barry's Bay). ☎ 613-637-5215. • reddeercabin.ca • De mai à mi-oct. Emplacements 25-40 $; cabins pour 2-4 pers 80-150 $. Loc de canoës.* 3 des 4 *cabins* font face au lac et à sa petite plage. Si elles partagent les sanitaires du camping, toutes disposent en revanche d'une cuisine privée. Rustiques mais confortables, ces petits chalets peuvent accueillir 4 personnes (et même 6 pour l'un). Un endroit agréable malgré les escadrons de moustiques ! Super accueil de Sandra, sacré personnage et vraie amoureuse de la nature. Seuls bémols : literie et ménage sont en supplément (ou passez le balai !).

L'ONTARIO

OTTAWA

883 000 hab.

• Plan d'ensemble *p. 514-515* • Zoom *p. 517*

Grande ville la plus bilingue du Canada anglophone, Ottawa (« échange sur la rivière » en langue algonquine) fut désignée capitale du Canada en 1857 par la reine Victoria – plus pour sa position stratégique, loin de l'ennemi américain et à la frontière des deux zones linguistiques, que pour sa réelle

importance politique. Pour accompagner le mouvement, elle abandonna alors son premier nom de Bytown, associé à l'image plutôt dépravée de ses débuts... Un siècle et demi plus tard, difficile d'imaginer les rues poussiéreuses d'alors, les bûcherons, les bars et les bordels par centaines : un peu engoncée dans son rôle, Ottawa est aujourd'hui l'image même du sérieux.
Dominant la large rivière des Outaouais qui marque la frontière avec le Québec (où s'étend la ville jumelle de Gatineau), l'énorme colline du Parlement s'impose sur fond de gratte-ciel pas trop grands, de larges avenues et de parcs urbains. Dans les cafés et les restos, à l'heure du déjeuner, on cause politique et business avant tout mais, le soir venu, beaucoup s'échappent vers le tout proche marché By, centre névralgique de l'animation. On retrouve là une certaine décontraction très provinciale. Tout l'été, les bateaux se promènent sur la rivière et les visiteurs longent avec plaisir les berges du canal Rideau (Patrimoine mondial de l'Unesco), qui traverse la ville depuis 1832. Ottawa la paisible offre également de superbes musées nationaux et c'est là, selon nous, son principal intérêt.

Arriver – Quitter

En train

Gare Via Rail *(hors plan d'ensemble par D3) : 200 Tremblay Rd. ☎ 1-888-842-7245. • viarail.com • À 4 km du centre-ville ; prendre le bus nº 92 Stittsville, descendre à la station MacKenzie-King pour le marché By et l'Ottawa Jail Hostel, ou plus avant sur Albert St pour le Parlement et l'office de tourisme. Guichets ouv lun-ven 5h-20h30, sam 6h-19h, dim 8h-20h30. Consignes.*

➢ ***Vers Kingston et Toronto :*** env 5-8 départs/j., 5h30 (6h40 sam, 9h dim)-18h15 depuis Ottawa. Trajet : env 2h pour Kingston et 4h-4h30 pour Toronto.

➢ ***Vers Montréal :*** env 6 départs/j. en sem (6h30-18h30), 3-4 le w-e (9h55-18h30). Trajet : env 2h.

➢ ***Vers Québec :*** 3 trains directs/j. lun-ven, vers 6h30, 14h et 16h10. Trajet : 5h30. Plus long avec changement à Montréal (6h-8h).

En bus

Station centrale et compagnie Greyhound *(hors plan d'ensemble par B3) : 265 Catherine St. ☎ 613-238-6688 ou 1-800-661-8747. • greyhound.ca •* Consignes automatiques et distributeur.

➢ ***Vers Toronto :*** env 6-8 départs/j. lun-sam et jusqu'à 13 le dim, 6h30 (ou 9h30)-1h. Durée : env 5h-6h25.

➢ ***Vers Kingston :*** 4 bus/j. Trajet : env 2h45.

➢ ***Vers Montréal :*** bus ttes les 1-2h, 7h-22h. Trajet : env 2h30. Transfert pour ***Québec*** dans la foulée. Également 1 bus de nuit à 2h30 du mat.

➢ ***Vers les États-Unis :*** plusieurs départs/j. vers Chicago (via Toronto) et New York (via Montréal).

En avion

✈ ***Aéroport*** *(hors plan d'ensemble par B3) : à 10 km au sud du centre-ville. ☎ 613-248-2000. • yow.ca •* Comptoir d'infos dans le hall des arrivées *(☎ 613-248-2125 ; en principe tlj 9h-21h, mais tt dépend de la disponibilité des volontaires).* On peut y acheter ses tickets de bus (mais pas les *passes* journaliers). Autre comptoir dans le hall des départs *(☎ 613-248-2141 ; tlj sauf sam soir et dim 7h-10h, 13h30-19h30).*

Pour rejoindre le centre-ville

➢ ***Bus*** nº 97 Bayshore, ttes les 15 mn env en journée et 30 mn de nuit (service 24h/24). Arrêt au poste 14 de l'aérogare, niveau 1, hall des arrivées. Tarif au comptoir : env 3,65 $; un peu plus cher à bord. Prévoir 30-40 mn si le trafic est fluide.

➢ En ***taxi,*** compter 30-35 $ et env 20 mn de trajet.

Adresses utiles

Infos touristiques

Centre des visiteurs (plan d'ensemble B2, **1**) : *90 Wellington St.* ☎ *613-237-5150 ou 1-800-363-4465 ou 1-844-878-8333.* ● *tourismeottawa.ca* ● *capitaleducanada.gc.ca* ● *Mai-début sept, tlj 9h-18h ; le reste de l'année, tlj 9h-17h.* Personnel souriant, disponible, bilingue. Plan de la ville et du réseau de bus.

@ **Maison du tourisme de l'Outaouais** (plan d'ensemble A1, **2**) : *103, rue Laurier, au pied du pont Alexandra, à* **Gatineau.** ☎ *819-778-2222 ou 1-800-265-7822.* ● *tourismeoutaouais.com* ● *Fin juin-début sept, tlj 8h30 (9h le w-e)-19h (17h dim) ; le reste de l'année, lun-ven 8h30-16h30, w-e 10h-16h.* Un tas d'infos et un accueil à la fois pro et convivial. On peut s'y procurer un permis de stationnement gratuit à Gatineau, valable 2 jours consécutifs.

Internet

@ **Agora Café** (zoom B2, **9**) : *145 Besserer St. Lun-ven 8h (10h lun-mar)-18h (17h lun).* Pas de café, juste une librairie gérée par les étudiants de l'université d'Ottawa et un accès Internet.

@ **Market Cleaners** (zoom A1, **10**) : *286 Dalhousie St. Lun-ven 7h-19h, sam 8h-18h, dim 10h-14h.* Une laverie qui fait aussi cybercafé (juste 2 ordis).

Représentations diplomatiques

Pour toutes les questions urgentes, les ambassades redirigent leurs ressortissants sur les consulats de Toronto ou Montréal.

■ **Ambassade de France** (hors plan d'ensemble par B1, **3**) : *42 Sussex Dr.* ☎ *613-789-1795.* ● *ambafrance-ca.org* ● *Lun-ven 9h-12h30.*

■ **Ambassade de Suisse** (plan d'ensemble D2, **4**) : *5 Marlborough Ave.* ☎ *613-235-1837.* ● *eda.admin.ch/ottawa* ● *Lun-ven 9h-12h.*

■ **Ambassade de Belgique** (plan d'ensemble B2, **6**) : *360 Albert St ; bureau 820.* ☎ *613-236-7267 ou (en cas d'urgences slt) 613-769-8335.* ● *diplomatie.belgium.be/Canada* ● *Lun-jeu 9h-13h, 14h-15h ; ven 9h-14h.*

Santé, urgences

Hôpital Montfort : *713, chemin Montréal.* ☎ *613-746-4621.* Le seul hôpital francophone de la région, au nord-est du centre.

Hôpital d'Ottawa : *l'hôpital est réparti sur 3 campus, ts excentrés : 501 Smyth Rd, 1053 Carling Ave, et 1967 promenade Riverside.* ☎ *613-722-7000 (n° général).*

■ **Pharmacie Shoppers Drug Mart** (zoom A3, **110**) : *50 Rideau St, au rdc du grand centre commercial* Rideau *(immédiatement à gauche en entrant par l'entrée principale de la rue Rideau).* ☎ *613-236-2533. Lun-ven 7h-23h, w-e 9h-21h.*

■ **Pharmacie ouv 24h/24 : Shoppers Drug Mart,** *1309 Carling Ave (dans le centre commercial* Westgate*), à l'ouest de la ville.* ☎ *613-722-4277. C'est la plus proche du centre, ouv 24h/24. Sinon, les supermarchés* **Metro,** *ouv 24h/24, ont une section pharmacie. Il y en a un, par exemple, au 245 Rideau St (zoom B2,* **5***).*

■ **Pharmacie Brisson** (zoom A1, **7**) : *270 Dalhousie St (angle Murray St).* ☎ *613-241-6273. Tlj sauf dim 9h-18h (17h sam).* Pharmacie francophone.

Transports

■ **OC Transpo :** *terminus des bus urbains à la hauteur du centre* Rideau *(zoom A3,* **110***), rue Rideau (vers l'ouest) et pont MacKenzie-King (vers l'est).* ☎ *613-741-4390.* ● *octranspo1.com* ● *Guichet d'info et vente au* level *3 du centre (lun-ven 8h30-21h, sam 9h30-19h, dim 11h-18h). Billet : 3 $ avec* Presto e-Purse *(carte magnétique à créditer, coût initial de 6 $ en plus), sinon 3,65 $, réduc ;* daypass *(carte de 1 journée) 8,50 $.* Excellent système et bonnes fréquences.

■ **VéloGO :** ● *fr.velogo.ca* ● Ce

L'ONTARIO

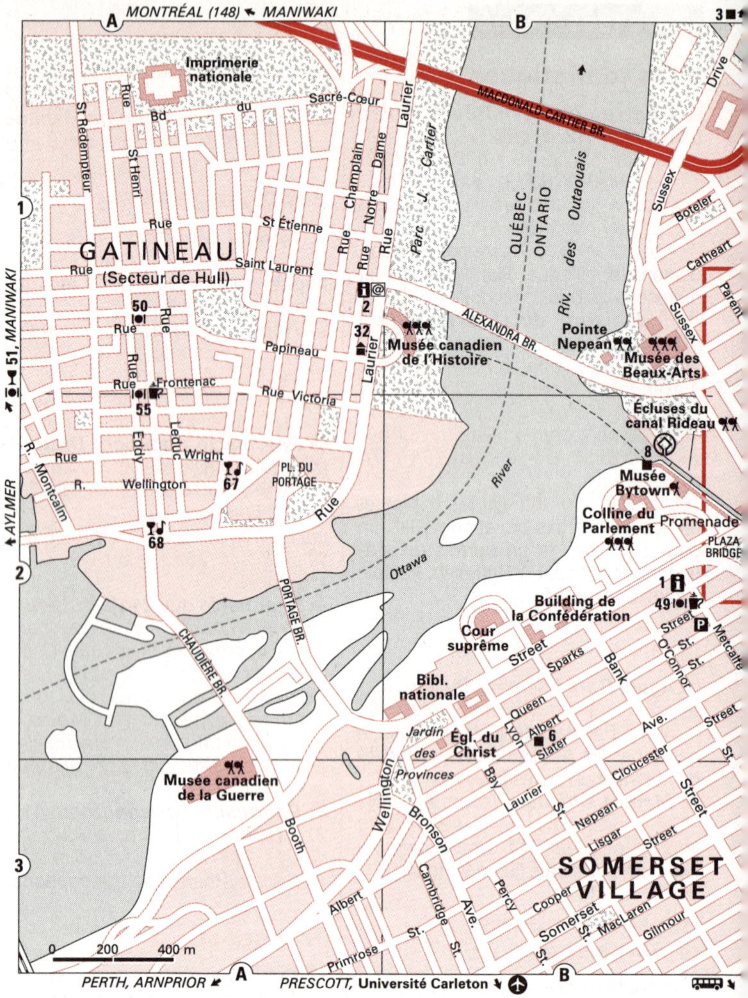

■ Adresses utiles

- 1 Centre des visiteurs (B2)
- @ 2 Maison du tourisme de l'Outaouais (A1)
- 3 Ambassade de France (hors plan par B1)
- 4 Ambassade de Suisse (D2)
- 6 Ambassade de Belgique (B2)
- 8 Aqua-Taxi et départ des bateaux de promenade (B2)
- 11 Alliance française (C3)

Où dormir ?

- 22 Université d'Ottawa (C2)
- 25 Auberge King Edward (C2)
- 26 Mac Gee's Inn (C2)
- 27 The Century House B & B (C2)

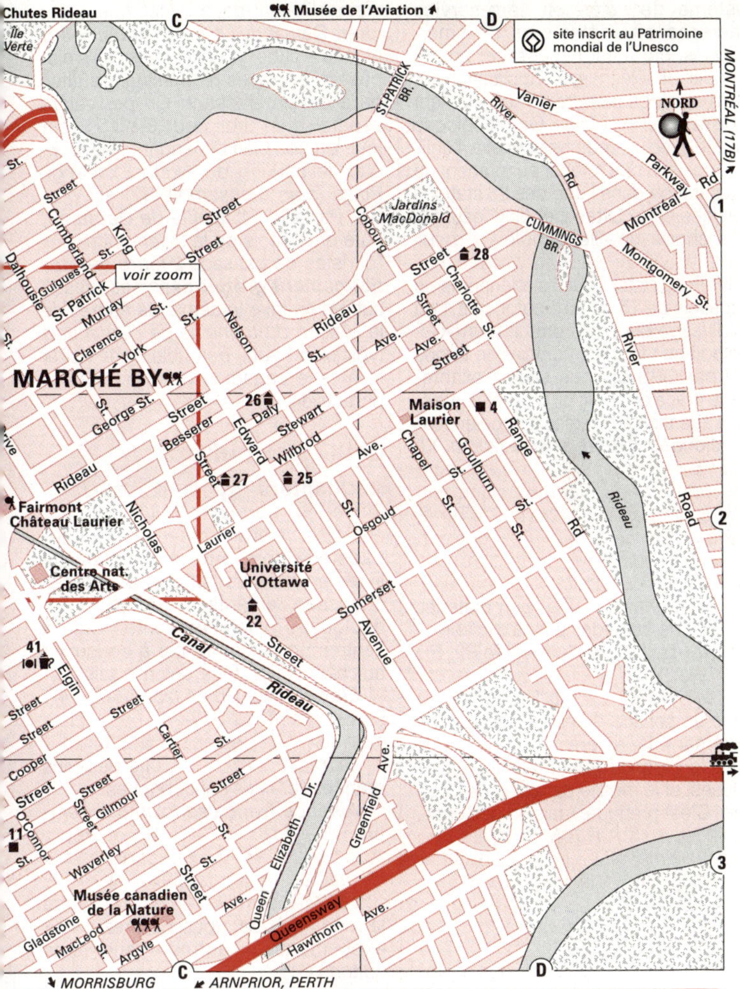

OTTAWA

28 Benner's B & B et Avalon B & B (D1)
32 Un Pied à Terre (A1)

Où manger ?

41 The Scone Witch (C2)
49 Bridgehead (B2)
50 La Belle Verte (A1)
51 Les Brasseurs du Temps (hors plan par A2)
55 Chez Barbe (A1-2)

Où boire un verre ? Où écouter de la musique ?

67 Bars de la place Aubry et de la rue Laval (A2)
68 Le Petit Chicago (A2)

système de vélos en libre-service s'adresse aux détenteurs de smartphones, car il est nécessaire, pour y accéder, de télécharger l'application sur son mobile, de prendre un abonnement et de réserver son vélo... On le débloque ensuite avec un code personnel à 4 chiffres, que l'on doit retaper au moment de la restitution dans l'une des 28 stations réparties entre Ottawa et Gatineau. On peut choisir un aller simple *(5 $ pour 30 mn max, on paie au prorata par minute)*, ou opter pour les abonnements mensuels de 15 ou 20 $ autorisant 1 ou 2h d'usage quotidien gratuit d'un vélo. L'avantage : tout est contrôlé en temps réel par GPS et vous saurez exactement, grâce à l'appli, où trouver un vélo. Mais attention aux règles draconiennes !

■ ***Vélocation/Rent-a-Bike*** *(zoom A3,* ***12****)* **:** *Plaza Bridge (en fait sous le pont à la hauteur du* Fairmont Château Laurier*). ☎ 613-241-4140. • rentabike.ca • De mi-avr à juin et sept-oct, tlj 9h-17h ; juil-août, tlj 9h-19h. Loc de vélos 32 $ pour 8h, 40 $ pour 24h, casque et antivol inclus.* Bon matériel. Fournit une carte des pistes cyclables.

■ ***Aqua-taxi*** *(plan d'ensemble B2,* ***8****)* **:** *☎ 819-329-2413 ou 819-682-0280. • aufeeldeleau.ca •* Un Tourangeau a lancé un service de navette électrique traversant la rivière des Outaouais entre le pied du Parlement (quai des Écluses) et le musée canadien de l'Histoire. C'est pratique, mais un peu cher : *6 $ l'aller, 10 $ A/R (cash slt). Service continu de mi-mai à mi-oct, tlj 9h30-19h (20h jeu, 18h de début sept à mi-oct).*

Stationnement

Comme dans la plupart des grandes villes nord-américaines, le stationnement dans la capitale coûte ***cher.*** Demandez à votre hôtel, *B & B* et même auberge de jeunesse s'ils disposent de places de parking gratuites ou à prix intéressant. On peut alors espérer s'en tirer pour 8 à 15 $ par jour. Un bon plan cependant : le week-end, le parking du World Exchange Plaza *(plan d'ensemble B2)* est gratuit. Par ailleurs, la ***ville de Gatineau,*** côté québécois de la rivière, offre aux touristes de passage ***2 jours de stationnement gratuit*** dans ses rues. Il suffit d'en faire la demande auprès de la *Maison du tourisme de l'Outaouais* (voir plus haut). Très utile pour visiter le musée canadien de l'Histoire, en particulier.

Loisirs et culture

■ ***Chapters*** *(zoom A2,* ***13****)* **:** *47 Rideau St. Lun-sam 9h30-22h, dim 10h-21h.* Cette immense librairie-papeterie comporte une section de livres en français (adultes au rez-de-chaussée, enfants à l'étage), avec quelques *Routard* en vente ! Café à l'entrée pour commencer à bouquiner au chaud (ou au frais, selon la saison).

■ ***Librairie du Soleil*** *(zoom A2,* ***14****)* **:** *33 George St. ☎ 613-241-6999. Lun-mer 10h-18h, jeu-ven 10h-21h, sam 9h-18h, dim 11h-17h.* L'une des plus grandes librairies francophones.

■ ***Alliance française*** *(plan d'ensemble C3,* ***11****)* **:** *352 MacLaren St. ☎ 613-234-9470. • af.ca/ottawa • Médiathèque lun-jeu 9h-20h (10h-19h en été), sam 8h-13h (sf été).* Outre la médiathèque, vous pourrez y voir expositions ou autres événements culturels.

Où dormir ?

Campings

Les campings du parc de la Gatineau restent une belle alternative pour le séjour sous la tente en pleine nature (lire « Dans les environs d'Ottawa. À voir. À faire du côté québécois »).

⛺ ***Wesley Clover Park Campground :*** *411 Corkstown Rd. ☎ 613-828-6632. À 15 mn à l'ouest du centre-ville en voiture. De l'autoroute 417, prendre la sortie 138 (suivre les indications « Ottawa Mun. Campground »). Ouv de mai à mi-oct. Emplacements 30-40 $, bungalows 90-120 $ (min 2 nuits lors des j. fériés).*

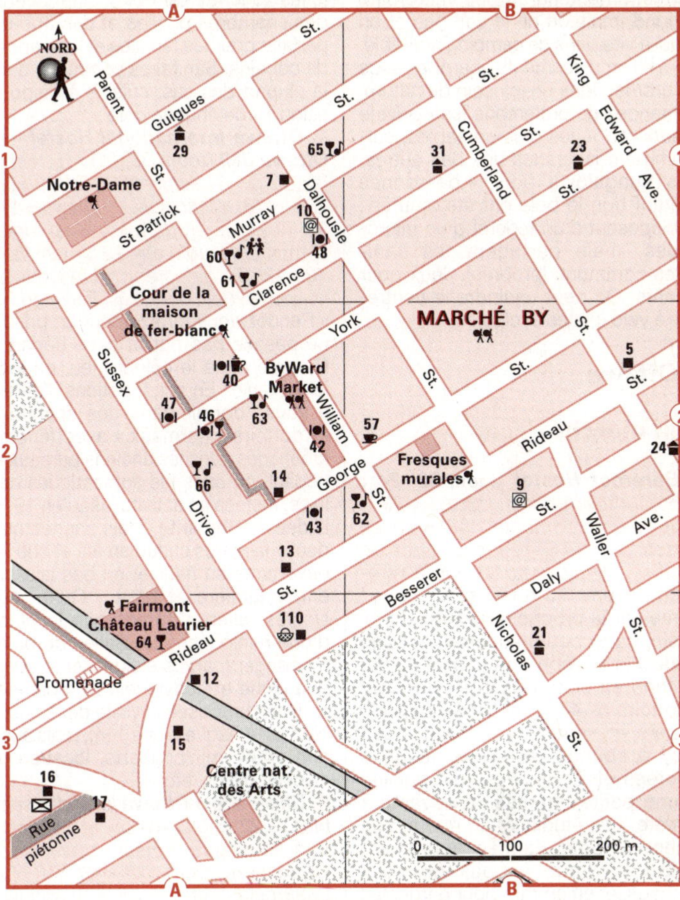

OTTAWA – Zoom

■ Adresses utiles

- 5 Supermarché Metro (B2)
- 7 Pharmacie Brisson (A1)
- @ 9 Agora Café (B2)
- @ 10 Market Cleaners (A1)
- 12 Vélocation/Rent-a-Bike et Paul's Boat Lines (A3)
- 13 Chapters (A2)
- 14 Librairie du Soleil (A2)
- 15 Capital Cruises (A3)
- 16 Gray Line et Ladydive (A3)
- 17 Circuits hantés (A3)
- 110 Pharmacie Shoppers Drug Mart et OC Transpo (A3)

Où dormir ?

- 21 Ottawa International Hostel – HI Ottawa Jail (B3)
- 23 Ottawa Backpackers Inn (B1)
- 24 Barefoot Hostel et Swiss Hotel (B2)
- 29 Auberge des Arts (A1)
- 31 ByWard Blue Inn (B1)

Où manger ?

- 40 Zak's Diner (A2)
- 42 Petits restos du marché By (A2)
- 43 La Bottega Nicastro (A2)
- 46 Side Door (A2)
- 47 Play (A2)
- 48 Ace Mercado (A1)

Où manger une queue de castor ?

- 57 Beavertails (B2)

Où boire un verre ? Où écouter de la musique ?

- 60 The Rainbow Bistro (A1)
- 61 Heart and Crown (A1)
- 62 The Pour House, The Aulde Dubliner et Highlander (B2)
- 63 Château Lafayette Public House (A2)
- 64 Zoé's Lounge (A3)
- 65 Chez Lucien (A1)
- 66 Social (A2)

Achats

- 110 Centre Rideau (A3)

Certes, on entend un peu l'autoroute en fond, mais on ne la voit pas et on l'oublie vite dans ce camping agréable, aux 176 emplacements éparpillés sous les arbres, dans un joli coin de nature. Demandez de préférence les « *private unserviced* », les plus agréables, suffisamment isolés les uns des autres. Des bungalows pour 4 personnes fleurant bon le bois ont été ajoutés : ils disposent d'un frigo et d'un micro-ondes, mais partagent les sanitaires communs (propres). Jeux pour enfants. On peut rejoindre le centre-ville à vélo (pistes cyclables).

À Ottawa

Bon marché

Barefoot Hostel *(zoom B2, **24**) : 455 Cumberland St. ☎ 613-237-0336. • barefoothostel.com • Lit en dortoir env 35 $ (réduc à partir de 2 nuits ; 7e nuit gratuite).* On a rarement vu une AJ aussi bien tenue ! Gérée par la proprio suisse de l'hôtel voisin, cette petite auberge installée dans une maison centenaire refaite de fond en comble abrite tout juste 4 dortoirs de 4 lits impeccables (avec casiers et ventilo), un grand salon cosy à souhait aux jolies touches colorées et TV géante, une cuisine et une petite terrasse verdoyante à l'arrière. Les étudiants en quête d'un logement pour l'année apprécient l'endroit. N'oubliez pas de vous déchausser en entrant pour garder les lieux bien propres !

Ottawa Backpackers Inn *(zoom B1, **23**) : 203 York St. ☎ 613-241-3402 ou 1-888-394-0334. • ottawahostel.com • Env 26-30 $/pers en dortoir (4-10 lits) ; double avec sdb partagée 75 $; appart 5 pers 165 $. Parking payant (8 $).* Non loin du centre, accessible à pied, cette AJ se divise en 2 bâtiments voisins aux ambiances assez différentes. D'un côté, plus festif et désordonné, les dortoirs, mixtes ou pour filles (casiers et ventilo, un avec AC), et 2 chambres privées (éviter celle en sous-sol). Dans l'autre, plus calme, l'AC partout, de beaux parquets refaits, de jolies touches de déco, une laverie, des chambres privées et des apparts parfaits pour les familles et les bandes de copains. Sanitaires communs dans la plupart des cas, cuisine à dispo et salon TV de chaque côté.

Ottawa International Hostel - HI Ottawa Jail *(zoom B3, **21**) : 75 Nicholas St. ☎ 613-235-2595 ou 1-866-299-1478. • hihostels.ca/ottawa • Env 30-40 $/pers en dortoir 4-8 lits (draps compris) ; double env 92 $; familiales 100-120 $; réduc env 10 % pour les membres. Petit déj inclus. Parking 12 $.* « Rendez-vous directement en prison, ne passez pas par la case départ. » Comme dans le célèbre jeu, on loge ici en taule ! En fait, 2 options s'offrent à vous : dormir dans des chambres et dortoirs « normaux » avec fenêtre, aménagés dans les anciens bureaux et hôpital, ou dans les authentiques cellules, restées en activité jusqu'en 1976. L'idée est tentante, mais sachez qu'il peut y faire très chaud en été et que les ouvertures en haut et en bas laissent entrer lumière et bruit... Quant aux *singles,* elles n'offrent que la place d'une minicouchette. Salles de bains à partager (parfois éloignées), cuisine, buanderie et consignes. Nombreuses activités proposées : visite de la prison bien sûr (chaque jour à 11h), mais aussi *pub crawl,* miniconcerts, location de vélos et patins, etc.

Université d'Ottawa *(plan d'ensemble C2, **22**) : 90 University St ; la réception se trouve dans l'immeuble du « Complexe résidentiel ». ☎ 613-562-5885 ou 1-888-564-4545. • uottawa.ca/housing/short-term • Mai-août. Dans la partie climatisée, chambre 2-4 pers 100 $; en résidence « conventionnelle », simple 35 $, double 70 $.* En été, l'université d'Ottawa loue aux visiteurs de passage plusieurs de ses résidences étudiantes (par essence fonctionnelles et sans charme). Sur le campus même, 2 choix s'offrent à vous. Les chambres les moins chères, assez petites, sans AC et au mobilier (basique) assez fatigué, peuvent être étouffantes mais, à ce prix, difficile de trop se plaindre... Elles partagent des sanitaires communs. Plus confortables, les appartements constituent une bonne alternative pour les familles et bandes de copains : il s'agit en fait de 2 doubles (avec AC) partageant une salle de bains et une cuisine. *Off campus,* on peut opter pour les chambres de bonne taille du 290 Rideau Street *(115 $, dans un ancien motel reconverti),* ou les studios et apparts de 2 chambres de la *Friel Residence (240 Friel St ; 85-90 $),* aménagés pour leur part dans une ex-maison de retraite ! Ce sont sans doute ces derniers qui présentent le meilleur rapport qualité-prix.

Prix moyens

Auberge des Arts *(zoom A1,* ***29****) : 104 Guigues Ave. ☎ 613-562-0909 ou 1-877-750-3400. • aubergedesarts.ca • Doubles sans ou avec sdb 90-120 $, taxes et petit déj inclus. Parking gratuit.* Dans un coin résidentiel du marché By, Chantal et son fils Pierre (des Québécois) louent 3 chambres dans la maison voisine de la leur, dont une familiale et une double avec salle de bains privée et kitchenette. À vrai dire, elles auraient besoin d'un bon coup de frais, mais on apprécie la présence d'un lave-linge, d'un sèche-linge et d'une cuisine... avec vivres à libre disposition ! Le vrai plus, cela dit, c'est l'accueil très décontracté et convivial.

Chic

Auberge King Edward *(plan d'ensemble C2,* ***25****) : 525 King Edward Ave. ☎ 613-565-6700. • kingedwardottawa.com • Résa conseillée. Doubles 105-135 $, petit déj inclus. Min 2 nuits. Parking gratuit.* Dès que vous aurez franchi le seuil de la maison, vous serez enchanté par son architecture et ses volumes que viennent égayer de nombreuses plantes vertes. Les 3 chambres, confortables et spacieuses, montrent une déco soignée ; l'une dispose de sanitaires privés et 2 d'entre elles ont un petit balcon. L'hôte francophone, très accueillant, est une mine de renseignements.

The Century House B & B *(plan d'ensemble C2,* ***27****) : 62 Stewart St. ☎ 613-853-0102. • thecenturyhousebnbottawa.com • Doubles 150-180 $, petit déj inclus. Parking gratuit.* Ses 4 chambres d'un très bon confort, toutes avec *queen-size bed* et salle de bains privée (pas bien grande), ont été revues sur des tonalités d'aujourd'hui. L'une d'entre elles (la plus chère) dispose même d'une kitchenette. L'accueil de Vittorio est extra et le petit déj au diapason.

Benner's B & B *(plan d'ensemble D1,* ***28****) : 541 Besserer St. ☎ 613-789-8320. • bennersbnb.com • Doubles 95-130 $. Parking gratuit à proximité.* Située dans un quartier résidentiel calme, cette gentille maison en brique, partagée avec le *B & B* voisin (voir ci-après), est précédée d'un jardinet fleuri aux beaux jours. Réaménagée dans un style plutôt contemporain et très confortable, elle propose 3 chambres impeccables, toutes avec parquet et salle de bains privée (à l'extérieur pour l'une d'elles). On aime bien le *King Loft,* ultra lumineux, avec sa kitchenette en véranda et sa porte coulissant vers le haut ! Accueil très aimable.

Avalon B & B *(plan d'ensemble D1,* ***28****) : 539 Besserer St. ☎ 613-789-8320. • avalonbedandbreakfast.com • Doubles 115-185 $, petit déj compris. Parking gratuit à proximité.* Ce *B & B* charmant propose 4 chambres contemporaines (dont 2 communicantes), d'une élégante sobriété, toutes avec salle de bains privée. La plus chère dispose d'un agréable balcon côté rue. La jeune proprio franco-ontarienne, Christine, est très pro.

ByWard Blue Inn *(zoom B1,* ***31****) : 157 Clarence St. ☎ 613-241-2695 ou 1-800-620-8810. • bywardblueinn.com • Doubles 140-180 $, petit déj (simple) inclus.* Dans le quartier du marché By, au calme tout en étant à deux pas de l'animation, cet hôtel propose 46 chambres plus ou moins récemment rénovées, mais qui restent propres et agréables dans l'ensemble. Les mieux, aux tonalités beiges, avec parquet flottant et peignoirs, disposent d'une kitchenette. La moitié possède aussi un petit balcon ou un bout de terrasse avec table et chaises en bois. Demander de préférence un étage élevé pour un maximum de lumière. Sauna et snacks dans l'après-midi (gratuits).

Mac Gee's Inn *(plan d'ensemble C2,*

26) : *185 Daly Ave.* ☎ *613-237-6089 ou 1-800-262-4337.* • *mcgeesinn.com* • *Fermé 2 sem à Noël. Doubles 110-200 $, avec petit déj. Parking 10 $.* Cette grosse maison victorienne en brique, bâtie en 1886, ne manque pas de personnalité : parties communes pleines de cachet, déco assez aboutie et 14 chambres toutes différentes mais qui ont généralement comme point commun parquet, hauts plafonds, espace et papiers peints à l'ancienne. Toutes ont un frigo et une salle de bains privée. Deux bémols toutefois : le parking payant et le manque de chaleur de l'accueil (on est plus dans l'hôtel que le *B & B*).

De chic à très chic

Swiss Hotel *(zoom B2,* ***24****)* : *89 Daly St.* ☎ *613-237-0335 ou 1-888-663-0000.* • *swisshotel.ca* • *Doubles 120-270 $. Petit déj suisse très complet 15 $ (sur résa).* Le quartier n'est pas extraordinaire, mais le marché By n'est qu'à 5 mn, et la proprio, suisse, est ultra-rigoureuse sur la propreté et la sécurité. Elle a aménagé ce petit hôtel des plus confortable dans une maison de 1872 entièrement revisitée, mêlant mobilier à l'ancienne et notes design marquées (touches colorées, iPad dans chaque chambre, couette et machine Nespresso, jacuzzi XXL dans la suite romantique... la classe !). Dommage qu'il n'y ait pas d'ascenseur et que les enfants de moins de 12 ans ne soient pas acceptés.

À Gatineau

Un Pied à Terre *(plan d'ensemble A1,* ***32****)* : *245, rue Papineau.* ☎ *819-772-4364.* • *unpiedaterre.com* • *Doubles 100-130 $, avec petit déj (à dispo dans le frigo de la chambre).* Stratégiquement située à 50 m du musée de l'Histoire, la maison abrite 4 chambres disposant toutes de leur propre salle de bains et d'une kitchenette (sauf la grande « kenyane », en mezzanine, qui n'a qu'un frigo et un micro-ondes). La déco est inspirée de pays exotiques... Bon accueil de la jeune proprio, dynamique et chaleureuse.

Où manger ?

Le quartier du ByWard Market regroupe des dizaines de restos, bars, snacks et cafés aux terrasses prises d'assaut aux beaux jours. Vous aurez l'embarras du choix ! Sinon, signalons l'initiative de *Savour Ottawa* (• *savourezottawa.ca* •), association de commerçants et restaurateurs qui s'engagent à utiliser au maximum les produits locaux.

Dans le quartier du marché By (ByWard Market)

De bon marché à prix moyens

Les petits restos du marché By *(zoom A2,* ***42****)* : *dans le quadrilatère formé par les rues Parent, York, William et George. La plupart ferment vers 18h ou 19h. Repas env 10 $.* Vous aurez ici l'occasion de faire un tour du monde culinaire à moindres frais. Petits stands de cuisine indienne, japonaise, marocaine ou encore italienne s'alignent à touche-touche, proposant plats à emporter ou à consommer sur place, attablé en bordure de trottoir. L'endroit idéal pour bien manger sur le pouce et sans se ruiner. On vous conseille par exemple ***Corazon de Maíz*** *(55 Byward),* un petit mexicain des plus authentique, où même les tickets de caisse sont en espagnol ! Au programme : bon guacamole un peu relevé, tacos et *burritos*.

La Bottega Nicastro *(zoom A2,* ***43****)* : *64 George St.* ☎ *613-789-7575. Tlj 9h (10h dim)-18h (20h jeu-ven, 17h dim). Sandwich env 6 $, plats jusqu'à 13 $.* Il faut se faufiler entre les rayons de cette épicerie fine italienne à l'ancienne pour trouver au fond, à droite, la sandwicherie. Suivez la foule ! On choisit son pain, son fromage, sa viande et ses *toppings* pour composer son sandwich, et l'on paie à l'entrée du magasin, avant de s'installer à l'une des rares tables en terrasse (les places sont chères !). On peut aussi avaler une soupe, des pâtes, une pizza ou un plat du jour.

Zak's Diner *(zoom A2, **40**) : 14 ByWard Market Sq. ☎ 613-241-2401. Ouv 24h/24. Plats 10-17 $.* Derrière les portes chromées se dessine un décor de *diner* très *sixties* (recréé), avec juke-box et banquettes de moleskine bien molles. La musique et la cuisine sont à l'avenant : petits déj servis à toute heure (même en pleine nuit !), énormes milk-shakes (bof), soupes, hamburgers, sandwichs... Du costaud, sans finesse mais servi en portions qui devraient rassasier l'ogre qui est en vous.

De prix moyens à chic

Side Door *(zoom A2, **46**) : 18B-20 York St. ☎ 613-562-9331. Lun-ven 11h30-14h30 et tlj à partir de 16h30.* Happy hours *tlj sauf sam 16h30-18h30. Plats 10-30 $.* Arrivé 3e à *Top Chef Canada,* le jeune et cool Jonathan Korecki a ouvert ce resto forcément branché où il donne vie à une cuisine melting-pot, déclinant les produits frais de la campagne de son enfance sur des notes asiatiques et mexicaines. Le résultat est plutôt convainquant, avec une intéressante *lunch box* à 15 $ pour un premier aperçu le midi, à moins que vous ne préfériez essayer le *dim sum* ou le taco du jour, déclinés en fonction du marché. Le bar, *trendy,* est une escale classique des yuppies.

Play *(zoom A2, **47**) : 1 York St. ☎ 613-667-9207. Lun-ven 12h-14h, 17h30-23h (22h lun, minuit ven) ; sam 12h-15h30, 17h-minuit ; dim 12h-22h. Petits plats 13-16 $ le midi (22 $ les 2).* C'est un peu comme une scène de théâtre : on vient y déguster une cuisine fine inspirée par les produits frais du coin, mais aussi s'y montrer (et montrer que l'on apprécie). Là encore, le chef pioche à toutes les sources pour offrir une assiette digne du Canada moderne : multiculturelle. Prévoyez au moins 2, voire 3 petits plats par personne pour ne pas repartir affamé ! Vins au verre.

Ace Mercado *(zoom A1, **48**) : 121 Clarence St. ☎ 613-627-2353. Tlj 17h-22h (minuit le w-e). Plats à tous les prix.* Décidément, le marché By abrite les restos les plus *trendy* de la ville... Derrière les baies vitrées, les serveurs jeunes et tatoués font écho à une clientèle de jeunes friqués qui discute ferme et fort devant un verre de vin et un assortiment de petits et grands plats. La dominante se veut *latina* mais, des tacos revisités à l'*enchilada* au confit de canard, ça puise en vérité à tous les râteliers. Les vieux rocks emplissent l'atmosphère et le *mixologist* maison agite ses shakers dans son bar-îlot carré.

Dans le Downtown

Bon marché

The Scone Witch *(plan d'ensemble C2, **41**) : 150 Elgin St (mais entrée principale sur Gloucester St). ☎ 613-232-2173. Lun-ven 7h-19h, w-e 8h-16h.* Connaissez-vous le *scone,* ce bon petit pain anglais friable et légèrement sucré, indissociable du *cream tea ?* Il sert ici à tout : *sconewitch* (comprenez sandwich dans un *scone*), *eggwitch* et autre *mealwitch...* Les timorés se contenteront d'œufs brouillés au ragoût de champignons avec un *scone on the side.* Cadre moderne, industriel, clean et bien léché.

Bridgehead *(plan d'ensemble B2, **49**) : 96 Sparks St (angle Metcalfe). ☎ 613-232-4936. Lun-ven 6h30-19h, w-e 8h-18h.* Cette petite chaîne locale de *coffee shops* est née dans les années 1980 à l'initiative de travailleurs sociaux et de religieux. Tous ses cafés et thés sont bio et issus du commerce équitable. On peut les accompagner d'une pâtisserie ou d'un sandwich, à déguster dans l'un des 4 fauteuils à l'image des yuppies du coin.

À Hull (Gatineau)

De bon marché à prix moyens

Chez Barbe *(plan d'ensemble A1-2, **55**) : 122, rue Eddy.*

☎ 819-777-7384. Tlj 6h-15h. Plats env 7-15 $. À l'origine, les ouvriers venaient manger ici avant d'aller travailler puis, les usines ayant fermé, c'est devenu le bar où l'on finissait la nuit en sortant de boîte. Aujourd'hui, lève-tôt comme lève-tard s'y calent d'un bon petit déj servi à toute heure. Le midi, les spécialités canadiennes, notamment la fameuse tourtière (tourte à la viande), la poutine ou les fèves au lard prennent le relais. Accueil gentil des habitués.

La Belle Verte *(plan d'ensemble A1,* ***50****) : 166, rue Eddy. ☎ 819-778-6363. Lun-mar 11h-19h, mer-sam 11h-21h. Plats 10-13 $.* Même les carnivores viennent goûter aux bons petits plats *veggies* de *La Belle Verte.* C'est dire s'ils sont goûteux et de qualité ! Des paninis tout frais aux bols d'inspiration asiatique en passant par les salades débordant de verdures et autres algues, le palais se régale. Un premier pas vers un monde sans viande ?

Les Brasseurs du Temps *(hors plan d'ensemble par A2,* ***51****) : 170, rue Montcalm. ☎ 819-205-4999. Tlj 11h30-minuit (1h mer, 2h jeu-sam). Plats env 8-27 $.* C'est l'adresse de référence du coin. Pour son atmosphère décontractée et conviviale, pour sa vaste terrasse le long du canal (au pied d'un pont routier), sa cuisine de brasserie bien faite (plats à la bière, poutines gourmandes !) et surtout sa douzaine de bières brassées sur place, tout aussi savoureuses qu'originales. La passion du maître brasseur est telle qu'il a aménagé un vrai musée autour de ses cuves !

Où manger une queue de castor ?

En centre-ville

Beavertails *(zoom B2,* ***57****) : ByWard Market. En été, tlj 10h-22h (23h jeu, minuit ven-sam).* Impossible de visiter le marché By sans tremper les doigts dans une queue de castor... Même Barack Obama a sacrifié au rituel ! Ces grands beignets aplatis sont saupoudrés de sucre et de cannelle, tartinés de pomme, de Nutella... ou même de beurre à l'ail et de fromage...

Où boire un verre ? Où écouter de la musique ?

En centre-ville

ByWard Market est incontournable le soir, mais sachez qu'il y traîne pas mal de SDF.

Zoé's Lounge *(zoom A3,* ***64****) : 1 Rideau St. ☎ 613-241-1414. Tlj 14h (12h le w-e)-minuit (1h ven-sam). Piano-bar ven 20h-minuit et sam 17h-19h, 21h-minuit.* Afternoon tea *sur résa 14h (12h le w-e)-17h (prévoir 25-60 $ selon formule).* Le très beau bar feutré du *Fairmont Château Laurier,* le grand hôtel historique d'Ottawa, est le repaire traditionnel des politiciens et gros bonnets de la ville. Venir y prendre le thé est d'un chic ultime, surtout si vous optez pour le *champagne tea,* hors de prix cela va sans dire.

Heart and Crown *(zoom A1,* ***61****) : 67 Clarence St. Tlj 11h (9h le w-e)-2h.* Entre Parent et Dalhousie Streets, voici l'*Irish Village.* L'incontournable *Heart and Crown* y déroule son labyrinthe de 5 bars et 6 patios aux ambiances différentes. Musique live d'un côté (tous les jours), DJ de l'autre, *dance floor, live sports* ailleurs... et jusqu'à 3 *bands* en parallèle le vendredi soir ! Dans tous les cas, c'est toujours bondé, jeune et très festif.

The Pour House et The Aulde Dubliner *(zoom B2,* ***62****) : 62 William St, à l'angle de George St. Lun-ven 11h-2h, w-e dès 8h30 pour le petit déj.* Pour continuer sur une même note, voici 2 autres pubs irlandais pour le prix d'un ! Encore un lieu prisé des étudiants qui s'y retrouvent autour d'une bonne bière ou, l'été, pour les concerts du week-end. On a un faible pour la terrasse du 1er étage, véritable nid d'aigle pour observer l'animation du quartier. Juste à côté, le sympathique ***Highlander*** (musique live mercredi-samedi) se la joue plus écossais avec ses banquettes tartan, sa généreuse collection de single malts et son *haggis* (panse de brebis farcie)...

Château Lafayette Public House *(zoom A2,* ***63****) : 42 York St. Tlj 11h-2h.* Oubliez la préséance et appelez-le comme tout le monde : *The Laff.* Plus vieux bar d'Ottawa, fondé en 1849, la maison n'a en fait rien de prétentieux, bien au contraire : vous n'y verrez pas la queue d'un yuppie. On y aspire goulûment une belle blonde ou une jolie brune en battant la mesure des musiciens référents (les mercredi, samedi et dimanche, tendance blues, folk et country). Certains s'y produisent depuis plus de 15 ans !

Chez Lucien *(zoom A1,* ***65****) : 137 Murray St. Tlj 11h-2h.* L'originalité de ce petit bar français bourré de recoins réside dans son juke-box (gratuit) où les standards américains côtoient des classiques bien de chez nous, de Montand à Brel en passant par Piaf et Gainsbourg à ses débuts. Les habitués viennent y croquer un burger en profitant des soirées jazz (le jeudi).

The Rainbow Bistro *(zoom A1,* ***60****) : 76 Murray St, à l'angle de Parent Ave. • therainbow.ca • Au 1er étage. Entrée payante (3-10 $) certains soirs.* Ce bar vaste et vitré, étalé sur 2 étages, est réputé pour ses groupes de blues, avec une *jam-session* très sympa le dimanche après-midi. Il accueille aussi d'autres genres (jazz, rock, reggae – le jeudi –, etc.). Une institution, fréquentée par des aficionados de tous âges.

Social *(zoom A2,* ***66****) : 537 Sussex Dr. ☎ 613-789-7355. Tlj 11h30 (11h le w-e)-15h pour le déj, 17h-22h (23h jeu-sam) pour dîner, reste ouv entre les deux.* Ce resto branché (tendance *French cuisine* réinventée) occupe de grands volumes habillés de papiers peints néobaroques et mobilier volontairement dépareillé. Les gens bien sur leur 31 s'y pressent à l'heure de l'apéro pour un cocktail inventif, à déguster éventuellement dans l'agréable cour arrière commune à plusieurs restos. *Jazz music live* le mercredi et DJ les vendredis et samedis.

À Gatineau

La place Aubry et la rue Laval *(plan d'ensemble A2,* ***67****) : la pl. Aubry se trouve au niveau du 44, rue Laval.* Cette « place » est une rue piétonne où les jeunes se donnent rendez-vous. Plusieurs établissements sont bondés le soir, surtout en fin de semaine quand arrivent les beaux jours. Parmi eux, le ***Troquet*** (bonne musique et jolie terrasse), ***Aux 4 Jeudis*** (port d'attache des étudiants de l'Université du Québec avec un super ciné-terrasse les lundis d'été et des spectacles les mercredis et vendredis) et le ***Où Quoi !*** (tendance *lounge* urbain). Allez faire un tour aussi au ***Petit Chicago*** *(plan d'ensemble A2,* ***68*** *; 50, promenade du Portage ; • petitchicago.ca • ; spectacles autour de 21h-21h30, lun-ven 16h-2h, w-e 20h-2h),* une taverne urbaine haute en couleur pour des soirées de musique en tout genre (live, jazz, DJ latino...) et karaoké.

L'ONTARIO

Achats

Centre Rideau *(zoom A3,* ***110****) : 50 Rideau St.* C'est le grand centre commercial du Downtown, où se regroupent toutes les grandes marques. On y trouve un *Dining Hall* permettant de manger pas cher (*level 2*, tout au bout).

Le marché By *(ByWard Market ; zoom A2) : tlj de 8-10h à 18h (20h jeu-sam) selon commerçants.* Le marché est à la fois le nom donné au quartier et à la bâtisse abritant de bons petits restos et boutiques d'alimentation ; les marchands de fruits et légumes y côtoient quelques stands de vêtements et babioles.

Tanger Outlets Ottawa *: 8555 Campeau Dr. ☎ 613-435-0850. Lun-sam 9h30-21h, dim 10h-18h.* Un *outlet* (magasins d'usine) de quelques 80 enseignes, en banlieue ouest. *Levi's, Roots, Nike, Under Armour....*

À voir

– Le ***passeport des musées de la capitale du Canada*** donne accès pendant 3 jours à 3 musées parmi les 7 musées nationaux de la ville. Tarif : 35 $. En vente dans les musées participants et au *Centre des visiteurs.* • *passeportmusees.ca* •

La colline du Parlement *(plan d'ensemble B2) : 111 Wellington St. ☎ 613-992-4793 ou 1-866-599-4999. • visitez.parl.ca • Billets (gratuits) distribués, selon le principe du 1er arrivé 1er servi, au Centre des visiteurs, 90 Wellington St. Tlj 9h-16h30 (19h30 en sem de mi-mai à fin juin et 15h30 en sem de début sept à mi-mai) ; restrictions d'horaires lorsque le Parlement siège. Venir le mat pour être sûr d'avoir un billet. Départ des visites guidées en français et en anglais ttes les 30 mn (guides très compétents) depuis le pied du drapeau, à droite de la tour de la Paix. Durée : 45 mn-1h. Attention, gros sacs interdits (consigne au 90 Wellington St). Conseil : évitez de venir juste après la relève de la garde, c'est bondé. Optez plutôt pour une visite l'ap-m ou en soirée.*

TOUT VIENT À POINT À QUI SAIT ATTENDRE

Vous ne le saviez sans doute pas, mais le drapeau canadien qui flotte au sommet de la tour de la Paix du Parlement est changé tous les jours et... donné à qui en fait la demande. Seul souci : la liste d'attente est aujourd'hui de 54 ans !

Dominant avec superbe la rivière des Outaouais et le canal Rideau, ce majestueux édifice néogothique aux toits de cuivre, bâti entre 1859 et 1866, est le centre névralgique de la ville et du pays tout entier. Parlement et Chambre des communes, calqués sur le modèle britannique, y résident et siègent de septembre à juin.

De part et d'autre des larges pelouses, lieu de rassemblement des fêtes du 1er juillet, se dressent deux bâtiments administratifs : les Édifice de l'Ouest et Édifice de l'Est. L'essentiel se trouve entre les deux : l'***Édifice du Centre*** (précédé de la ***tour de la Paix,*** d'où se révèle une belle vue à 360° sur la ville). Un grand incendie, en 1916, l'a entièrement détruit, à l'exception de la superbe ***bibliothèque*** octogonale, cachée côté rivière. Sous ses hautes voûtes aux allures de cathédrale gothique, trône une statue de la reine Victoria jeune. En été, il est généralement possible d'y pénétrer. Vous verrez auparavant la Chambre des communes (verte, comme en Angleterre) derrière des vitres, la salle de réunion du groupe majoritaire, puis le Parlement (rouge). Au-delà de l'architecture, des boiseries de pin blanc finement travaillées et des centaines de rosettes ciselées, la visite, instructive, permet de mieux comprendre les rouages politiques et démocratiques canadiens. Il est même possible d'assister aux débats pendant les sessions parlementaires.

PORTES COUPE-FEU

Toucher les portes d'entrée de la bibliothèque de l'Édifice du Centre est supposé porter bonheur. En effet, lors de l'incendie de 1916, une employée avait eu la judicieuse idée de fermer ces portes, sauvant ainsi les ouvrages des flammes destructrices.

– ***Le son et lumière :*** *tlj à 22h 10 juil-10 sept env, à 21h30 en juil-août, à 21h en sept. En français et en anglais. Durée : env 30 mn. GRATUIT.* Le spectacle « Lumières du Nord » magnifie l'architecture des bâtiments tout en offrant une introduction synthétique à l'histoire du lieu et du pays. Sympa, allongé sur la pelouse...

– ***La relève de la garde :*** *sur les pelouses du Parlement, fin juin-fin août, à 10h (préférable d'arriver vers 9h45), quand il fait beau.* Uniformes rouges, bonnets en poil d'ours, les *red coats* sont passés en revue et défilent en cadence au son de la musique militaire et des cornemuses. Un classique ! D'autres minirelèves ont lieu sur le tombeau du soldat inconnu, place de la Confédération *(tlj 10h-17h)* ainsi qu'à *Rideau Hall,* la résidence du Premier ministre.

Les écluses du canal Rideau *(plan d'ensemble B2)* **:** *en contrebas de la rue Wellington et de l'hôtel* Le Château Laurier *; prenez les marches au niveau du Plaza Bridge.*
Le canal Rideau, qui relie Ottawa au port de Kingston sur le lac Ontario (en 202 km), est inscrit au Patrimoine mondial de l'Unesco. Percé entre 1826 et 1832 dans le sillage de la guerre contre les États-Unis pour assurer une voie d'approvisionnement alternative à Montréal moins exposée que le Saint-Laurent, il ne servit jamais. Projet d'ingénierie parmi les plus importants du jeune Empire britannique, il permit néanmoins l'émergence de Bytown, devenue Ottawa. Plusieurs milliers d'ouvriers y travaillèrent, dont de nombreux Canadiens français et Irlandais (qui se bastonnaient pour les places...).
Une échelle de huit écluses, manœuvrées à la main, permet de faire la jonction entre le canal Rideau et la rivière des Outaouais – une dénivelée de 24 m franchie en... environ 1h30 ! L'hiver, le canal, gelé, se transforme en une immense patinoire sur 7,8 km !
Au fait, si vous vous posez la question, le canal et plusieurs autres sites (centre Rideau, rue Rideau, chutes Rideau, rivière Rideau...) doivent leur nom à Samuel de Champlain, qui, à la vue des chutes d'Ottawa, s'écria : « On dirait un rideau »...

Le musée Bytown *(plan d'ensemble B2)* **:** *au bord de l'échelle d'écluses du canal. ☎ 613-234-4570. ● museebytown.ca ● De mi-mai à mi-oct, tlj 10h-17h (19h de mi-juin à début sept, 20h jeu) ; en hiver, tlj sauf mar-mer 11h-16h (janv, sur rdv slt). Fermé pdt les fêtes de Noël. Entrée : 6,50 $; réduc. Audioguide en français.*
Cette maison pittoresque posée le long des écluses est le plus ancien bâtiment en pierre d'Ottawa. On y relate l'histoire de la construction du canal et celle de la ville, de 1826 à 1918. L'accès au rez-de-chaussée est gratuit, l'étage payant. De vieux objets illustrent le propos, dont un sextant ayant appartenu au lieutenant-colonel By, qui dirigea les travaux de construction du canal et donna son premier nom à la ville... en toute modestie.

ByWard Market *(marché By ; plan d'ensemble C1-2 et zoom A-B1-2)* **:** le soir, c'est le quartier le plus animé de la ville, surtout à partir du jeudi. En journée, les Ottaviens viennent y faire leurs courses et bruncher le week-end. Les restos et les bars sont rois ici, autour des rues George, York, Clarence, Murray, Byward, Parent, William et Dalhousie.

Les fresques murales *(zoom B2)* **:** *98 George St, à gauche de l'entrée du magasin Giant Tiger.* Dans une minuscule impasse peu avenante, des fresques (aujourd'hui bien abîmées) ont été peintes en hommage aux Franco-Ontariens. On y voit entre autres un crieur vendant le journal francophone *Le Droit* (qui existe toujours) et une scène qui relate la révolte de la minorité francophone à l'école Guigues, en 1916, lorsque le « règlement 17 » tenta de limiter l'enseignement du français en primaire. On raconte que les mères de famille empêchèrent les inspecteurs de pénétrer dans l'établissement, sous la menace de... leurs épingles à chapeaux !

La ***cour de la maison de fer-blanc*** *(zoom A2)* se niche entre le 22 de la rue Murray et la rue Clarence. Son nom vient d'une façade en fer-blanc du début du XXᵉ s, transférée ici lorsque la maison du ferblantier fut rasée dans les années 1960.

Le Fairmont Château Laurier *(plan d'ensemble C2 et zoom A2-3)* **:** *1 Rideau St, près des écluses.* Impossible de manquer ce monumental écrin d'architecture néomédiévale, hôtel de luxe de la chaîne *Fairmont.* L'un des symboles de la ville, il fut inauguré en 1912 avec quelques mois de retard... car l'essentiel du mobilier qui devait le meubler avait coulé avec le *Titanic.* Le fantôme du *general manager,* mort dans le naufrage, hanterait le 5ᵉ étage !

La basilique-cathédrale Notre-Dame *(zoom A1)* **:** *385 Sussex Dr. Ouv lun 11h30-18h, mar-sam 9h (10h oct-mai)-18h, dim 8h-20h15, sauf pdt les offices et célébrations.* Vous la remarquerez avant tout à ses tours argentées luisant au soleil. Néogothique sur une base néoclassique, elle révèle un intérieur très chargé, au ciel étoilé, colonnes en stuc vert et stalles en acajou.

National Gallery *(musée des Beaux-Arts du Canada ; plan d'ensemble B1)* **:** *380 Sussex Dr. ☎ 613-990-1985. • gallery.ca • Mai-sept, tlj 9h30-18h (20h jeu) ; le reste de l'année, mar-dim 10h-17h (20h jeu), fermé lun. Entrée : 15 $; réduc ; gratuit jeu 17h-20h et avec le passeport des musées de la capitale du Canada. Famille 30 $. Audioguide 6 $.*
Reconnaissable à sa tour vitrée et son araignée géante sur le parvis, due à la sculptrice franco-américaine Louise Bourgeois, ce superbe musée à l'architecture aérienne signée Moshe Safdie est un must ! Il renferme ***la plus grande collection d'art canadien du monde***, mais également un riche ensemble de ***peintures et sculptures européennes*** datant du Moyen Âge à nos jours. La collection de ***photographies*** n'est pas en reste, avec un fonds de 20 000 pièces, tandis que la section d'art indigène s'enrichit chaque année de nouveaux chefs-d'œuvre (fascinantes sculptures inuit notamment).
Compte tenu de la quantité d'objets en sa possession, le musée a pris le parti de modifier régulièrement ses accrochages, en particulier dans les sections consacrées à l'art contemporain (entièrement transformées à l'occasion du 150e anniversaire du Canada en 2017). On est toutefois assuré de retrouver les incontournables, comme ***l'oratoire de la chapelle Rideau*** (29,7 m de long et 7,6 m de haut), sauvé in extremis de la destruction et exposé dans la cour. Autres classiques : les œuvres du fameux ***Groupe des Sept*** (fondé en 1920) et de Tom Thomson, ainsi que les réalisations de grands maîtres européens comme Simone Martini, Cranach l'Ancien, Le Titien, Le Tintoret, Rembrandt, Canaletto, etc. La section ***impressionniste*** révèle quelques fort belles toiles, à l'image du très coloré *Au Café Concert* de Degas et de *La Pluie,* un Monet d'une abstraction révolutionnaire. Autre superbe instant face à *Espoir 1,* de Klimt. Van Gogh, Renoir, Courbet, Corot et Cézanne sont également représentés par plusieurs œuvres... Bref, prévoyez un peu de temps pour tout voir !

ANATHÈME

Le grand peintre autrichien Gustav Klimt réalisa Espoir (I) *en 1903. Le tableau, qui représente une jeune femme nue et enceinte, évoquant la vie donc l'espoir, provoqua un scandale auprès des « bien-pensants ». C'est le peintre qui avait engrossé le modèle ! On envisagea le bûcher pour l'œuvre et même pour l'artiste.*

Le parc de la pointe Nepean *(plan d'ensemble B1-2)* **:** étendu derrière le musée des Beaux-Arts, ce vaste parc aux pelouses impeccables offre un panorama imprenable depuis la statue de Champlain perchée au-dessus de la rivière des Outaouais. Si vous regardez bien, vous remarquerez que l'astrolabe qu'il tient en main a été représenté à l'envers par le sculpteur ! D'ici, la vue s'étend à toute la colline du Parlement et au canal Rideau.

Le musée canadien de l'Histoire *(plan d'ensemble B1)* **:** *100, rue Laurier Ouest, à* ***Gatineau,*** *face à la colline du Parlement. ☎ 819-776-7000. • museedelhistoire.ca • Tlj 9h30-17h (18h fin juin-début sept et 20h jeu). Fermé 1re ou 2e sem de janv. Entrée : 20 $; 3-12 ans 12 $; gratuit jeu 17h-20h et avec le passeport des musées de la capitale du Canada. Forfait famille dès 50 $.*
C'est un architecte d'origine métisse, blackfoot et allemande qui a conçu ce drôle de musée aux arrondis omniprésents. Puisant dans la tradition de ses ancêtres, Douglas Cardinal (c'est son nom) s'est refusé aux angles abrupts, réputés abriter

les esprits maléfiques... Au-delà, c'est une véritable allégorie du paysage canadien, créé par l'érosion naturelle des glaciers, du vent et de l'eau, qu'il offre.

Pièce maîtresse de l'ensemble, la ***Grande Galerie*** en verre met en valeur de majestueux mâts totémiques et des pirogues. Sur ses flancs, six salles se consacrent à ***l'histoire et la culture des premiers peuples*** de la côte nord-ouest du Canada. Voilà un superbe ensemble de sculptures sur bois, masques, poteaux de maison ciselés, ornements, vannerie et autres assommoirs pour poissons (!), présentés de manière thématique. Parmi les pièces les plus impressionnantes figurent de grands chapeaux haïdas, d'étonnants couvre-chefs zoomorphes et ces drôles de cuillères et récipients géants jadis utilisés pour les festins cérémoniels. Une section plongée dans la pénombre est plus spécifiquement dédiée aux Tsimshian.

Derrière l'escalator, les ***salles des Premiers Peuples*** complètent la visite en axant leur présentation sur la diversité culturelle des peuples amérindiens – il n'y a guère plus de points communs, en effet, entre Inuits et Algonquins, qu'entre Lapons et Grecs... On aime un peu moins cette partie plus « froide », quoiqu'elle ait le grand mérite de s'ouvrir aux sujets contemporains (comme le placement forcé, jusque dans les années 1990, des enfants amérindiens dans des institutions pour les « acclimater » à la culture occidentale).

Ne pas manquer ***la célèbre salle de l'Histoire canadienne.*** Cet espace exceptionnel (plus de 4 000 m^2) retrace tout le cheminement historique du Canada depuis les premiers établissements humains jusqu'à nos jours. Soit 15 000 ans ! Tous les moments charnières sont évoqués. Au travers d'objets divers, témoins du passé, on raconte cette évolution qui a façonné ce beau pays.

L'ONTARIO

Le musée canadien de la Guerre *(plan d'ensemble A2-3)* **:** *1 Vimy Pl. ☎ 1-800-555-5621. • museedelaguerre.ca • Mêmes horaires que le musée canadien de l'Histoire (voir plus haut). Entrée : 17 $; réduc ; gratuit jeu 16h-20h et avec le passeport des musées de la capitale du Canada. Visites guidées thématiques : 3 $ (45 mn-1h). Parking hors de prix : 5 $/h ! Prévoir au moins 2h de visite.*

Ce musée unique en son genre, dont l'architecture symbolique se veut l'écho de la capacité de régénération des hommes, aborde l'histoire du Canada à travers toutes les guerres qu'a connu le pays depuis ses origines (on commence avec les incursions vikings). Immense et largement pourvu en documents, uniformes, armes en tout genre et gros matériel, il offre une visite qui se veut à la fois pédagogique et humaine : des destins particuliers viennent faire écho à la grande histoire. D'ailleurs, de nombreux volontaires, souvent d'anciens combattants, se tiennent à la disposition des visiteurs pour raconter leurs expériences, humanisant plus encore la guerre (« Des hommes ordinaires en des temps extraordinaires »).

Très vite, au fil des quatre grandes sections, un constat s'impose : ce sont bien les guerres qui font l'histoire. On retrouve d'abord les conflits entre Français et Anglais pour la possession du Canada, intelligemment mis en lumière par la multiplicité des points de vue, avant de se tourner vers les expéditions coloniales britanniques (Boers). Mais le gros de l'artillerie vient ensuite : Première, puis Seconde Guerre mondiale occupent à elles seules plus de la moitié du musée. Pas de montagnes d'objets ni d'informations, mais des textes concis qui ouvrent des portes sur des réalités vécues et des moments clés, sans omettre les implications sociales. Au détour d'un couloir apparaît la voiture de parade d'Hitler... La dernière partie est consacrée à la guerre froide et au « maintien de la paix » jusqu'à nos jours (un bel euphémisme pour désigner les nouvelles

LA POLITESSE DES ROIS

Début mai, Ottawa accueille le festival des Tulipes. Chaque année, la famille royale des Pays-Bas offre des milliers de bulbes à la ville en remerciement du rôle que le Canada a joué dans la libération de leur pays du joug nazi. La reine Juliana, en exil, se réfugia au Canada pendant la dernière guerre et y accoucha même.

guerres). Ne manquez pas, pour terminer, la ***galerie Lebreton,*** une immense salle en sous-sol rassemblant une quantité impressionnante de véhicules militaires de toutes les époques et de batteries antiaériennes.

Le musée canadien de la Nature *(plan d'ensemble C3)* **:** *240 McLeod St. ☎ 613-566-4700 ou 1-800-263-4433. • nature.ca • Juin-début sept, tlj 9h-18h (20h jeu-ven). Le reste de l'année, mar-dim 9h-17h (20h jeu) ; fermé lun (sauf si fériés). Entrée : 14 $; 3-12 ans 10 $; réduc ; expo permanente gratuite jeu 17h-20h et avec le passeport des musées de la capitale du Canada. Cinéma 3D : 4 $ en plus.*

Prévoir 2-3h pour parcourir ce musée très ludique et pédagogique, aux explications bilingues.

– ***1er étage :*** la grande épopée des dinosaures et l'apparition des mammifères, avec d'impressionnantes reconstitutions de tyrannosaure rex et cératops. La visite, interactive, est complétée par un film dynamique bien fichu sur l'extinction des dinosaures.

– ***2e étage :*** à droite, la *galerie des Mammifères,* présentant la faune canadienne sous forme de dioramas ; à gauche la *galerie de l'Eau,* qui, en trois temps, met en lumière la richesse des fonds marins du pays (avec un grand squelette de rorqual bleu de 19 m), ses différents écosystèmes aquatiques (aquariums) et la préciosité de cette ressource. La scénographie, ludique, incite à responsabiliser les jeunes (et moins jeunes) visiteurs.

– ***3e étage :*** à droite, les expositions temporaires ; à gauche, la *galerie de la Terre,* une expo minéralogique bluffante, très pédagogique et interactive, où l'on étudie notre bonne vieille Terre sous toutes les coutures : formation des roches, des volcans, origine des tremblements de terre, mouvement des plaques tectoniques, etc. Les grands enfants curieux adorent. On y admire de superbes collections de minéraux précieux et de météorites.

– ***4e étage :*** la *galerie des Oiseaux* présente la plus grande collection ornithologique du pays (500 oiseaux). On y trouve aussi un petit *Animalium* avec phasmes, mygales et autres bestioles.

– ***Sous-sol :*** cinéma 3D (séances régulières en français ou anglais).

Le musée de l'Aviation et de l'Espace du Canada *(hors plan d'ensemble par D1)* **:** *11 promenade de l'Aviation ; près du bd Saint-Laurent. ☎ 613-993-2010 ou 1-800-463-2038. • ingeniumcanada.org • De mi-mai à début sept, tlj 9h-17h. De début sept à mi-mai, mer-lun 10h-17h ; fermé mar. Entrée : 15 $; 3-17 ans 10 $; réduc ; gratuit tlj 16h-17h et avec le passeport des musées de la capitale du Canada. Forfait famille 6 pers 38 $.* Sous un immense hangar, des dizaines d'appareils de ligne ou militaires évoquent l'histoire de l'aviation, depuis l'époque épique du *Borel-Morane* de 1914 (unique exemplaire au monde) aux jets les plus rapides en passant par les biplans, Messerschmitt ventru à la croix gammée, hydravions, hélicos, bombardiers et autres... Canadairs bien sûr ! Ajoutons une belle collection de moteurs (!) et une petite section sur l'aventure spatiale canadienne à travers le bras armé de la station spatiale internationale, conçu dans le pays. L'été, il est possible de faire des balades en biplan *(dès 65 $)* ou hélico.

À faire

➢ ***Balade sur la rivière des Outaouais :*** *2 compagnies proposent leurs services mai-oct (selon météo),* ***Paul's Boat Lines*** *(zoom A3,* ***12*** *; ☎ 613-225-6781 ; • paulsboatcruises.com •) et* ***Capital Cruises*** *(zoom A3,* ***15*** *; ☎ 613-241-8811 ; • capitalcruises.ca •). Dans les 2 cas, la balade dure 1h30 et coûte 27 $ (réduc) ; le départ a lieu au pied des écluses du canal Rideau (plan d'ensemble B2,* ***8****).* La vue sur la colline du Parlement en fin de journée est sympa mais, pour le reste, on n'a pas trouvé ça incontournable (et puis on a la même vue depuis Hull...).

➢ ***Tour de la ville en bus :*** *de fin avr ou mai à mi-oct, 2 compagnies proposent leurs services, chacune ayant un kiosque à l'angle des rues Sparks et Elgin (zoom A3,* ***16****) :* ***Gray Line*** *(☎ 613-562-9090 ou 1-855-562-9090 ; • grayline.com/ottawa •) et* ***Ladydive*** *(☎ 613-223-6211 ou 613-524-2221 ; • ladydive.com •).* Toutes deux assurent un service de visite commentée *hop-on hop-off,* qui permet de monter et descendre à sa guise aux différents points d'arrêt. Là encore, les tarifs sont quasi identiques : 31 $ pour 1 jour avec *Gray Line* et 32 $ avec *Ladydive,* 43 $ et 41 $ respectivement pour 3 jours (réduc). *Gray Line* propose des combinés bus-bateau *(43 $; de mi-mai à mi-oct)* et *Ladydive* une balade en... bus amphibie *(durée : 1h ; 32 $, réduc).*

➢ ***Promenade en voiture :*** les amateurs de beaux quartiers emprunteront Sussex Drive au-delà du musée des Beaux-Arts en direction du quartier des ambassades (dont celle de France) – perchées sur la rive haute de la rivière des Outaouais. Ensuite, on entre dans le domaine résidentiel de Rockliffe, composé de collines verdoyantes boisées où se nichent les larges demeures des hauts fonctionnaires, dont celles du Premier ministre du Canada et du gouverneur général britannique. Baptisée Rideau Hall, cette dernière, en fonction depuis 1867, peut être visitée *(• gg.ca/rideauhall •).* Sinon, bel éventail d'habitations en tout genre – cottage anglais, maison californienne, petit château, grand palace...

➢ ***Promenades à vélo :*** de nombreuses pistes cyclables permettent de sillonner la ville et les alentours. Procurez-vous la carte officielle du réseau au *Centre des visiteurs (plan d'ensemble B2,* ***1****)* ou à la *Maison du tourisme de l'Outaouais (plan d'ensemble A1,* ***2****).* En outre, le dimanche matin *(9h-13h)* de mi-mai à début septembre, certaines routes sont fermées aux automobilistes au bord de la rivière des Outaouais et du canal Rideau. Tous à vos vélos et rollers ! Pour vous donner des idées, consultez *• ccn-ncc.gc.ca/quoi-faire/velo •*

➢ ***Circuits hantés*** *(zoom A3,* ***17****) : 46 ½ Sparks St (en sous-sol). ☎ 613-232-0344. • hauntedwalk.com/fr • Visites en anglais (plus nombreuses) mais aussi en français (tte l'année à 19h30 et 20h30) ; consulter le programme en ligne. Résa conseillée. Prix : 15-20 $; réduc ; 1 enfant de moins de 10 ans gratuit/adulte payant. Durée 1h-1h30.* Ceux qui parlent l'anglais auront le plus d'options : visite de l'ancienne prison devenue AJ (voir « Où dormir ? »), « marche hantée » *(avr-oct slt)* ou « fantômes et potences »... Tout un programme !

Fêtes et manifestations

– ***Bal de Neige – Winterlude :*** *3 premiers w-e de fév. • baldeneige.gc.ca •* Au programme : courses en canoë, concours de sculpture sur glace, patinage sur le canal Rideau aux côtés de la famille Glamotte, mascotte des enfants...
– ***Festival canadien des tulipes :*** *1re quinzaine de mai. Une navette relie les différents parcs et sites concernés. Navette et entrée des sites payantes. • tulipfestival.ca •* Tulipes à gogo !
– ***Festival franco-ontarien :*** *vers la mi-juin. • ffo.ca •* Grands spectacles avec des vedettes souvent québécoises, parfois françaises ; beaucoup d'animation.
– ***Festival international de jazz :*** *2de quinzaine de juin. • ottawajazzfestival.com •* Moins important que celui de Montréal, on peut néanmoins y entendre de bons groupes.
– ***Fête du Canada :*** *1er juil. • feteducanada.gc.ca •* L'occasion de multiples festivités en ville avec parade aérienne, groupes musicaux... et un formidable feu d'artifice autour du Parlement. Des dizaines de bateaux égaient la rivière.

L'ONTARIO

– ***Cisco Ottawa Bluesfest :*** *de début à mi-juil, pdt 11 j.* • *ottawabluesfest.ca* • *Payant.* Concerts à l'air libre de blues, jazz, rap, disco, etc., autour du musée de la Guerre. Quelque 300 000 personnes y assistent chaque année.
– ***Festival international de musique de chambre (Ottawa Chamberfest) :*** *fin juil-début août, pdt 2 sem.* • *chamberfest.com* • Le plus grand festival de ce genre au monde : plus de 200 concerts organisés dans les églises de la ville, sans compter les quelques représentations gratuites données dans les espaces publics.
– Et pour ***toutes les autres manifestations*** : • *ottawafestivals.ca* •

DANS LES ENVIRONS D'OTTAWA

À voir. À faire du côté québécois

Le parc de la Gatineau

À 20 mn en voiture du centre d'Ottawa, ce magnifique parc aux forêts denses et lacs sauvages dessine une incroyable parenthèse de nature aux portes mêmes de la ville. Étendu sur 361 km², il abrite 230 espèces d'oiseaux, 50 de mammifères, 2 500 de plantes... et voit passer 2,7 millions de visiteurs par an ! Gatineau n'est ni un parc national ni un parc provincial : il est géré par le gouvernement fédéral. Son accès est libre toute l'année et à toute heure, sauf en ce qui concerne les plages et le domaine MacKenzie-King. La partie sud est traversée par plusieurs routes d'accès, très appréciées des cyclistes. Des circuits ont été aménagés pour les VTT et, en hiver, les fondus de ski, même alpin (si, si !), s'en donnent à cœur joie.

🛈 ***Centre d'information :*** *33, chemin Scott, à* ***Chelsea.*** ☎ *819-827-2020 ou 1-800-465-1867.* • *ccn-ncc.gc.ca* • *À 15 km au nord-ouest de Hull. De l'autoroute 5 en direction du nord, prendre la sortie 12 « Old Chelsea », puis tourner à gauche ; c'est un peu plus loin sur la droite (fléché). Mai-oct, tlj 9h-17h ; le reste de l'année, lun-ven 10h-16h, w-e 9h-17h.* Carte du parc (aussi disponible dans les offices de tourisme d'Ottawa et de Gatineau), gratuite et bien faite, indispensable pour une première découverte. Également une petite expo libre d'accès sur la faune.

Campings : *résas en ligne sur le site du parc (voir plus haut). Emplacement env 40 $; frais de résa 11,50 $ en sus.* Il y en a 3. Le plus proche et le plus grand, au *lac Philippe,* est souvent bondé en été. On peut aussi s'y installer en hiver dans des bungalows, yourtes et tentes 4 saisons. Celui du *lac Taylor* est plus sauvage et plus rustique, mais la baignade est interdite. Quant à celui du *lac La Pêche,* loin au nord-ouest, s'il se trouve dans un coin super, très au calme, il n'est accessible qu'en canoë (location sur place). Plage surveillée.

Le domaine MacKenzie-King : *à env 5 km au sud-ouest du centre d'info. Musée et chalets, de mi-mai à mi-oct, lun et mer-ven 10h-17h, w-e 11h-18h. Salon de thé tlj 11h-19h en été. Compter 9 $/véhicule.* Il s'agit de la demeure d'un ancien Premier ministre – et pas n'importe lequel puisque, nommé en 1921, il occupa ce poste pendant 21 ans ! Vouant une passion aux espaces naturels, il permit la création du parc de la Gatineau. On se balade entre résidence et jardins, chalets restaurés et fausses ruines.

➢ Au programme : plus de 165 km de ***sentiers pédestres,*** dont 90 km partagés avec les ***pistes de VTT,*** réputées, 200 km de ***sentiers de ski de fond*** l'hiver et 55 km pour les ***raquettes.***

➢ Pour ceux qui manquent de temps ou d'inspiration, on recommande la ***balade à pied autour du lac Pink*** (2,5 km). Elle offre de beaux points de vue sur le plan d'eau, et le sentier est doté de nombreux panneaux expliquant l'originalité de ce lac méromictique (dont les eaux de profondeur et de surface ne se mêlent pas).

➢ Trois beaux **points de vue** sont accessibles gratuitement en voiture : les *belvédères Champlain, Huron* et *Étienne-Brûlé,* dans l'enfilade les uns des autres. Ils dominent joliment l'escarpement d'Eardleye et la vallée de l'Outaouais. Pour le point de vue depuis le *mont King,* il faudra marcher (2 km).

– Trois des quatre plus grands lacs (Meech, Philippe et La Pêche) possèdent des ***plages surveillées*** *(accès : 11 $/véhicule de mi-juin à début sept).* Location de VTT et de canoës au lac Philippe et de canoës au lac La Pêche.

SUR LA RIVE DU SAINT-LAURENT

LES PARCS DU SAINT-LAURENT

De la frontière québécoise à Kingston, on traverse une jolie région épousant les berges du Saint-Laurent. Pour profiter des beaux paysages, prenez la clé des champs et, à partir de Cornwall, délaissez la Highway 401 pour la route 2, qui longe le fleuve. Le coin est doté de nombreux campings. Pour plus d'infos, adressez-vous à la *Commission des parcs du Saint-Laurent (☎ 613-543-4328 ou 1-800-437-2233 ; • fr.stlawrenceparks.com •).*

Où dormir dans le coin ?

⛺ ***Campings du Long Sault Park :*** *sur la route 2, env 10 km au nord de l'Upper Canadian Village. ☎ 613-543-4328 ou 1-800-437-2233. • stlawrenceparks.com • Campings ouv de mi-mai à début sept ou mi-oct. Emplacements env 32-45 $; supplément résa env 12 $.* Parmi les parcs du Saint-Laurent, nous avons particulièrement aimé celui-ci. Constitué de 11 îles reliées entre elles par des ponts, il est traversé par une route que l'on suit paisiblement. Vous y trouverez 3 campings entre eau, plages (tendance terreuse) et verdure, où écureuils et marmottes se partagent le terrain. Notre préféré ? Le *Mille Roches,* sauvage à souhait, qui s'étend sur une petite île secondaire réservée à ce seul usage. Douche à l'entrée et épicerie. Les plongeurs viennent barboter dans le secteur... dans les rues d'un village immergé dans les années 1950, lors de la construction de la voie navigable du Saint-Laurent. Surréaliste !

🏠 ***The Colonel's Inn :*** *408 East St, à* ***Prescott*** *(env 50 km au sud-ouest de l'Upper Canada Village). ☎ 613-925-2159 ou 613-282-6834. • avd.ca/thecolonelsinn • De la route 2, bifurquer à droite dans East St, au niveau du port ; c'est 150 m plus haut sur la droite. Doubles avec petit déj 60-250 $.* Cette belle maison de caractère meublée d'ancien abrite 11 chambres au charme suranné ; les moins onéreuses partagent une salle de bains, les plus chic disposent de sanitaires privés et d'une cheminée. À l'étage supérieur, il y a même une suite de 3 chambres parfaite pour les familles. Petit déj servi avec le sourire dans l'agréable véranda, l'occasion de causer avec le proprio, montréalais, et son épouse. Piscine chauffée et salle de billard. La petite ville de Prescott n'est pas désagréable avec son centre aux rues bordées de maisons du XIXᵉ s.

🏠 ***Ship's Anchor Inn :*** *495 King St W, à* ***Prescott.*** *☎ 613-925-3573. • shipsanchorinn.com • Au centre, bien indiqué sur la Hwy 2. Mai-nov. Doubles 100-145 $, bon petit déj inclus.* Toutes les chambres de cette vieille maison de capitaine (en pierre et brique) datant de 1832 disposent de leur propre salle de bains et d'une cheminée. La déco aux mille et un objets anciens plonge les hôtes dans les temps passés, l'agréable porche côté berge et l'accueil de Marilyn et de son mari achèvent de séduire.

🏠 ***Dewar's Inn :*** *1649 Hwy 2, à* ***Prescott.*** *☎ 613-925-3228 ou 1-877-433-9277. • dewarsinn.com • À la sortie ouest de la ville. Doubles et cottages 70-110 $, avec petit déj (muffins maison !).* Ce motel à l'ancienne a un avantage de taille : sa situation face au fleuve. On évitera les chambres les plus proches de la route pour privilégier les *efficiency,* avec kitchenette, face à l'eau ou, mieux encore, les 6 cottages en brique avec cuisine, petite terrasse privée et cheminée, d'un très bon rapport qualité-prix. L'ensemble est un poil daté mais propre, avec clim et barbecues à disposition. Un (gros) bémol : pas d'enfants de moins de 12 ans.

À voir

Upper Canada Village : *13740 County Rd 2, à 11 km de Morrisburg et env 110 km au nord-est de Gananoque. ☎ 613-543-4328 ou 1-800-437-2233. • uppercanadavillage.com • De la 401, sortie 758 (panneaux). Début mai-20 sept env, tlj (sauf lun-mar à partir de début sept) 9h30-17h. Rouvre pour Halloween et 1 mois autour de Noël (activités spéciales). Entrée : 19 $; 6-12 ans 12 $; réduc. Cher, mais le billet donne accès gratuitement au fort Henry à Kingston.* Ne manquez pas ce lieu, où une quarantaine de vieux bâtiments authentiques ont été soigneusement remontés au bord de l'eau pour recréer une bourgade des années 1860. L'église, l'école, les nombreuses échoppes ont fière allure mais, ce qui restitue vraiment l'atmosphère pittoresque d'antan, ce sont les activités offertes par les artisans et les comédiens en costume. On carde et tisse toujours la laine à la filature, la scierie fait tourner sa roue à aubes à plein régime pour obtenir son quota de grosses planches, et le meunier prépare une farine bien fine qui permettra au boulanger de faire sa fournée. Bref, ce n'est pas un musée mais un site très vivant où, entre deux balades en charrette ou en chaland, on apprend des quantités de choses sur le quotidien de l'époque. Attablez-vous à l'hôtel pour un déjeuner façon 1900 ou pour l'*afternoon tea,* servi à 14h30 *(9 $)* ! Selon les saisons, des activités régulières s'ajoutent : musique de l'époque, traite des vaches, tonte des moutons... Les enfants peuvent aussi s'inscrire pour participer, en costume !

GANANOQUE

5 200 hab.

Il flotte une atmosphère paisible sur ces rives du Saint-Laurent, où les rues arborées alignent de belles demeures du XIXe s. Les voyageurs font étape à Gananoque pour découvrir les *Mille-Îles,* un insolite archipel encombrant le lit du fleuve. Elles sont même plus nombreuses, en vérité : 1 865 très précisément. Pour faire une île, il faut qu'elle demeure toute l'année hors d'eau et qu'elle compte au moins... deux arbres !

LA BRADERIE DE L'ÎLE

Nombre des Mille-Îles ont été cédées par des tribus indiennes au gouvernement, qui les a revendues pour 1 ou 2 $. Les riches sénateurs américains et les hauts fonctionnaires s'y sont fait construire des résidences secondaires luxueuses. Cherchez l'arnaque !

Adresse utile

Visitor Centre : *10 King St E. ☎ 613-382-8044 ou 1-844-382-8044. • 1000islandstourism.com • travel1000islands.ca • Au centre, sur la rue principale. Fin juin-août, tlj 8h-20h ; de mi-mai à fin juin et de sept à mi-oct, tlj 9h-17h ; en hiver, mar-sam 10h-16h.*

Où dormir ?

Chic

Sleepy Hollow B & B : 95 King St W. ☎ 613-382-4377 ou 1-866-426-7422. • sleepyhollowbb.ca • Doubles 110-180 $, petit déj inclus (8 choix, rien que ça !). Cette grande maison en bois de 1905, précédée d'une véranda en arrondi, ne manque pas de caractère. Les parties communes sont cossues (grand salon, billard) et les 7 chambres toutes différentes et joliment meublées. Toutes ont une salle de bains privée (2 sont toutefois dans le couloir), avec parfois une baignoire carrément installée dans la chambre. Une adresse accueillante, tenue par des proprios sympas.

Beaver Hall B & B : 75 King St W. ☎ 613-382-4590. • beaverhallbedandbreakfast.com • Mai-déc. Doubles 135-165 $, petit déj inclus. Voisine de la précédente, cette fière maison de capitaine aux toits « malouins » remonte à 1826. Tenue par des Hollandais tombés amoureux de la région, elle abrite 5 chambres doubles d'une certaine prestance et une *single* plus simple et moins chère (90 $; avec lavabo, mais douche dans le couloir). La plus étonnante affiche papiers peints victoriens rouges et cheminée en fausse malachite verte... Ça clashe !

Où manger ?

The Purple House Cafe : *165 Main St, à côté de l'embarcadère. ☎ 613-463-9296. Mai-oct. Env 5-10 $.* On aime bien cette jolie maison en bois violette et son jardinet fleuri délimité par une clôture faite de vieilles portes, où s'alanguissent quelques tables. Rien de bien compliqué au menu : des paninis, des salades à base de produits bien frais et une crème brûlée à la (vraie) vanille qui nous a plu. Le soir, le four à pizza (au feu de bois) prend le relais.

Maple Leaf : *65 King St E. Tlj sauf lun 11h (10h dim)-21h30. Fermé janv-avr. Plats 10-25 $.* Un couple de Tchèques, établi depuis belle lurette au Canada, sert de copieuses salades, des spécialités des pays de l'Est (*schnitzel, spätzle,* saucisses et choucroute...), mais aussi des burgers et sandwichs. C'est simple et ça nourrit son homme. Salle de bistrot avec banquettes en bois.

À faire

Balade des Mille-Îles : plusieurs compagnies proposent des tours :

■ ***Gananoque Boat Line :*** *280 Main St (sur le port). ☎ 613-382-2144 ou 1-888-717-4837. • ganboatline.com • Début mai-oct. L'été, plusieurs départs/j. pour chaque type de croisière. Durée : 1-5h. Tarifs : 25-50 $; moitié prix 6-12 ans. Passeport et formulaire ESTA exigés pour le tour de 5h. Parking 2 $.* Le tour de 1h passe entre les îles et revient au bercail : pas désagréable, mais pas inoubliable, même si le paysage de ces centaines d'îles déclinées à l'infini a quelque chose d'hypnotique. La croisière de 2h30 fait le tour du *Boldt Castle,* une énorme demeure inachevée que fit construire le riche propriétaire du *Waldorf Astoria* de New York. Pour y débarquer (avec passeport et ESTA, car en territoire américain), il faut prendre le tour de 5h *(tlj à 10h, et 15h en plein été ; entrée en supplément).* Pas certain que ça vaille vraiment le prix et le temps... Départ possible aussi d'Ivy Lea pour la croisière de 1h.

■ ***Rockport Cruises :*** *20 Front St, à* ***Rockport.*** *☎ 613-659-3402 ou 1-800-563-8687. • rockportcruises.com • De mi-avr à oct. À partir de 28 $.* Quasiment les mêmes tours, de 1 à 3h sans escale, ou avec visite du *Boldt Castle. Départs du circuit de 1h ttes les* *heures en juil-août, 9h-17h* (peut-être attendrez-vous un peu moins ici).

■ ***1000 Islands Kayaking :*** *110 Kate St, à Gananoque.* ☎ *613-329-6265.* ● *1000islandskayaking.com* ● Location de kayaks *(55 $/j.)* et d'équipements de camping, forfaits incluant les permis, tours organisés, *water taxi* pour vous déposer ou vous reprendre...

KINGSTON

160 000 hab.

Plus vieille ville d'Ontario, Kingston a été fondée en 1673 par les Français sous le nom de Cataraqui : on y trouvait alors le fort Frontenac, établi pour permettre de contrôler le commerce des fourrures dans le bassin des Grands Lacs. Située à l'orée du Saint-Laurent et à l'entrée sud du canal Rideau, la ville doit à sa position stratégique d'avoir été furtivement choisie comme capitale du Canada-Uni en 1841, avant que ce rôle ne revienne à Montréal 3 ans plus tard. Elle vit la construction de plusieurs édifices d'État et de nombreuses et élégantes résidences en pierre ou brique de style georgien, semées au fil de rues très verdoyantes. Le *City Hall,* en face du port, a été bâti pour accueillir le Parlement canadien – qui n'eut jamais le temps de s'y installer ! Au-delà, la ville conserve des fortifications inscrites au Patrimoine mondial de l'Unesco car faisant partie de l'arsenal défensif du canal Rideau. Au final, l'étape, sans être incontournable, est plutôt agréable sur la route de Montréal à Toronto. Attention cependant, l'hébergement y est difficile et cher. Beaucoup de plaisanciers et seniors y passent l'été en villégiature (les immeubles de condos ont malheureusement fleuri sur le front de lac...) et, à la rentrée, la prestigieuse *Queen's University* attire son lot d'étudiants qui cherchent – et trouvent – souvent des prétextes à faire la fête.

Arriver – Quitter

En bus

Bus Station : *1175 Counter St.* ☎ *613-547-4916. Bus n° 2 de Brock St (angle Bagot), derrière le City Hall. Distributeur de billets et bon coffee shop,* le Healthy Beat Cafe, *qui sert sandwichs et wraps aux ingrédients frais avec frites maison.*

➢ ***Vers Toronto :*** ttes les 1-2h avec *Megabus,* 9h50-0h20. Trajet : 2h30-3h. Également 3 bus pour l'aéroport, vers 6h30, 12h30 et 15h30. Trajet : 3h-3h30.

➢ ***Vers Ottawa :*** avec *Greyhound,* tlj à 20h lun-jeu, 3-4 bus/j. le ven (11h-20h), 1-2 le sam et 2-3 le dim. Durée : 2h45.

➢ ***Vers Montréal :*** env 10-13 bus/j. avec *Megabus,* 9h20-3h20. Trajet : 3h20. Sinon avec *Greyhound* via Ottawa.

En train

Gare ferroviaire : *loin du centre ; bus n° 18 sur Bagot St.* ***Via Rail :*** ☎ *1-888-842-7245.* ● *viarail.ca* ●

➢ ***Vers Toronto :*** ttes les 30 mn-2h, 5h30 (6h45 sam, 11h dim)-21h20. Trajet : env 2-3h.

➢ ***Vers Ottawa et Montréal :*** 5-7 départs/j., 9h10 (11h45 dim)-21h10 (20h15 pour Montréal). Durée : env 2h-2h15 et 2h30-5h.

En voiture

➢ ***De/vers Toronto :*** si vous n'êtes pas pressé, la route 33, alternant petits ports et campagne canadienne, via Picton, est nettement plus agréable que la Hwy 401. Notez cependant qu'il y a un bac (gratuit) à prendre entre Adolphustown et Glenora. La traversée ne dure que 15 mn, mais l'attente peut être de 30 mn avant d'embarquer. On rejoint la Hwy 401 vers Belleville par la 62, ou l'on poursuit sur la *Loyalist Parkway* (33) jusque vers Trenton.

Adresses utiles

Visitor Information Centre : *209 Ontario St. ☎ 613-548-4415 ou 1-888-855-4555. • kingstoncanada.com • En face du City Hall, sur le port. Tlj : juil-début sept, 9h30-20h (21h jeu-sam) ; horaires réduits (variables) le reste de l'année.* On y parle le français. Demandez les brochures gratuites proposant des itinéraires de balade (en anglais). Vente de billets pour toutes les excursions et ordi à disposition pour faire ses réservations d'hôtel et de transports. On vous indiquera quels hébergements ont encore de la place.

Kingston General Hospital : *76 Stuart St (en face de la Queen's University). ☎ 613-548-2333.*

Location de vélos : Ahoy Rentals, *23 Ontario St. ☎ 613-549-4277. À l'ouest de la ville, près de King St. De mi-mai à fin sept, lun-ven 10h-20h, w-e 9h-18h. Vélo 25 $/j.* Loue également canoës, kayaks *(45-55 $/j.)* et bateaux.

Où dormir ?

L'hébergement à Kingston est onéreux, même dans les cités universitaires ouvertes aux touristes l'été. Et pour ne rien arranger, tout est souvent complet les week-ends.

Camping

Rideau Acres Campground : *1014 Cunningham Rd. ☎ 613-546-2711 ou 1-800-958-5830. • rideauacres.com • Sur la route 15 vers Ottawa, peu après la bifurcation pour la 401 (sortie 623). Ouv tte l'année. Emplacements 35-50 $.* Ce vaste camping-usine a l'avantage d'être situé le long de la rivière Rideau. Les tentes ont la chance de pouvoir s'installer sur du beau gazon ou même sur les berges (mais pour choisir spécifiquement son emplacement, c'est 20 $ de plus !). Piscine, plage, location de canoës, kayaks et bateaux (de mai à octobre), bar et resto en saison. Sanitaires vieillots.

De bon marché à prix moyens

Queen's University : *75 Bader Lane, à l'angle d'Albert St. ☎ 613-533-2223. • eventservices.queensu.ca/accomodations • Assez central (bus nos 1, 2 ou 18 depuis Bagot St). Mai-fin août. Rens et résas au* Victoria Hall. *Résas possibles en ligne. Doubles 60-100 $.* De grands travaux sont en train de modifier le visage des résidences de l'université, louées l'été aux touristes : difficile donc de prédire exactement ce qui sera disponible à l'été 2016. À priori, les rénovations (plus qu'attendues) du grand *Victoria Hall* devraient être achevées et 2 nouvelles résidences bâties.

De chic à très chic

The Hotel Belvedere : *141 King St E. ☎ 613-548-1565 ou 1-800-559-0584. • hotelbelvedere.com • Doubles 130-260 $, petit déj léger inclus.* À l'orée du plus joli secteur résidentiel de la ville, fourmillant de vieilles maisons, cet hôtel est installé dans une belle demeure datant de 1880, nappée de vigne vierge et décorée avec élégance. Chambres dans le même esprit, cosy et pleines de cachet (cheminées, meubles de style...), mais un peu datées et aux salles de bains parfois petites. Terrasses agréables pour bouquiner.

Frontenac Club : *225 King St E. ☎ 613-547-6167. • frontenacclub.com • Doubles 160-250 $, petit déj et parking inclus. Pas d'enfants de* *moins de 12 ans.* Centrale et douillette, cette auberge occupe 3 bâtiments des années 1826-1845, dont l'un abritait jadis une banque (la *Game room* est dans l'ancienne salle des coffres !). On y trouve une quinzaine de chambres à la déco soignée, déclinant des notes tantôt victoriennes tantôt ensoleillées, ou même modernistes. Bref, il y en a pour tous les goûts. Les plus chères ont une cheminée (à gaz) et/ou un jacuzzi.

Où manger ?

Prix moyens

Pan Chancho Bakery : *44 Princess St. ☎ 613-544-7790. Tlj 7h-16h (17h ou 18h pour la boutique). Env 8-16 $ pour un petit déj (servi tte la journée).* Boulangerie, café et épicerie fine, la maison joue la carte de « la campagne à la ville » avec ses serveurs en chemise à carreaux et ses produits fins et frais : viennoiseries et pâtisseries, salades (au homard, si monsieur !), sandwichs d'ici et d'ailleurs. Idéal pour un pique-nique goûteux, ou pour un petit déj plus léger et délicat que d'ordinaire (mais aussi plus cher).

Wooden Heads Gourmet Pizza : *192 Ontario St. ☎ 613-549-1812. Tlj 11h30-minuit. Pizzas 10-22 $.* Des tables en terrasse côté rue, une salle animée autour du four à bois, ou un patio plus intime à l'arrière : difficile de ne pas trouver un endroit qui convienne pour goûter aux pizzas maison (bonnes mais aux goûts passablement américanisés). À défaut, il y a aussi de bonnes salades et des « tapas ». Beaucoup de monde : parfois un peu l'usine !

De chic à très chic

Tango Nuevo : *331 King St. ☎ 613-548-3778. Tlj 11h30-minuit (22h dim). Tapas 7-20 $, plateaux de charcuterie ou de fromages 15-30 $.* C'est un peu la nouvelle adresse tendance de Kingston. La recette est simple : un cadre urbain plutôt *trendy*, des « tapas » multiethniques plutôt épicées à picorer entre amis sur fond de musique *latina* et de grands verres de vin qui font monter les rires dans la salle (bruyante, vous aurez compris !). Les produits sont de qualité mais les portions riquiqui (prévoyez-en 2-3 par personne).

Le Chien Noir : *69 Brock St. ☎ 613-549-5635. Tlj 11h30-22h. Plats 15-20 $ le midi, 18-40 $ le soir.* Les habitués parlent de *French bistro* : ne les écoutez pas. Mis à part le nom du resto, le steak-frites et un confit de canard, le chef travaille principalement les produits nobles du terroir, façon nouvelle cuisine canadienne. Le résultat est assez convaincant mais la note est bien élevée... Belle salle au plafond en fer-blanc et murs en brique, ou terrasse donnant sur la ruelle à l'arrière. L'une des bonnes tables de la ville.

Chez Piggy : *68 R Princess St. ☎ 613-549-7673. Dans une courette. Tlj à partir de 11h30 (10h dim). Plats 12-25 $ le midi, 16-35 $ le soir.* Classique d'entre les classiques, *The Pig* a ses aficionados et ses détracteurs. Tous apprécient la charmante courette arborée, même si, le soir, le bruit du pub attenant peut être envahissant. Du côté de l'assiette, on est dans la cuisine fine et généralement bien préparée, saupoudrée d'influences diverses, mais tout de même bien chère... Trop chère peut-être ?

Où manger une glace ?

Mio Gelato : *178 Ontario St. ☎ 613-547-4053. Tlj 11h-23h (23h30 ven-sam).* Au choix, glaces ou sorbets, tous de fabrication artisanale et de grande qualité. Si vous hésitez, ils vous feront goûter. L'été, la framboise et la fraise, à partir de fruits locaux, sont extra ! À 20 m, ***White Mountain*** a aussi ses habitués : les parfums et cornets sont aussi maison, mais la tendance est plus chocolatée.

L'ONTARIO

Où boire un verre ? Où danser ?

En raison de la forte population étudiante, les lieux de sortie ne manquent pas. Ils pullulent même ! Chaque jeudi de mi-juin à début septembre, des films sont projetés sur Springer Market Square.

The Toucan : *76 Princess St. Tlj 11h-2h.* Live music *lun, parfois également ven-sam.* Ce vaste pub irlandais tout en longueur, où la Guinness règne, est doté d'une terrasse très sympa donnant dans une jolie cour intérieure. Plusieurs salles, plusieurs ambiances (folk ou rock). Possibilité d'y manger correctement pour pas cher (êtes-vous amateur de *bangers and mash* ?).

The Merchant Tap House : *6 A Princess St. Tlj 12h-2h.* Live music *jeu-sam.* Ouvert d'un côté sur le port, ce pub un rien caverneux est apprécié pour sa vingtaine de bières pression et ses bons concerts de fin de semaine. Inutile en revanche de s'attabler.

Margaritaville : *251 Ontario St (c'est la terrasse à l'arrière du resto tex-mex Lone Star). Tlj 11h30-22h (23h ven-sam).* Aux premiers rayons de soleil, l'immense *deck* (terrasse en bois) s'anime. Des tonneaux en guise de tables, de grands *pitchers* (pichets) de margarita, des *nachos* à l'apéro, de la musique et c'est parti.

The Kingston Brewing Co. : *34 Clarence St (et Ontario). Tlj 11h-2h.* L'ambiance est au vieux pub, avec box, tonneaux et murs colonisés par photos et drapeaux. Incontournable chez les locaux, la maison brasse sa propre bière, très bonne d'ailleurs. Agréable patio pris d'assaut par les étudiants et les touristes.

The Ale House : *393 Princess St. Tlj sauf dim (et lun mai-août) 17h-2h. Entrée payante côté boîte.* Les étudiants viennent se remplir la panse au resto, loin des pubs envahis de (vieux) touristes du centre-ville, avant de plonger dans les entrailles du bar-boîte attenant. Ambiance dance, bière et drague. Musique live le vendredi en général.

L'ONTARIO

Achats

Farmers Market : *derrière le City Hall. Mar, jeu et sam 7h-16h.* Un sympathique marché fermier. Le dimanche, l'*Antique Market* prend le relais au même endroit.

Cooke's : *61 Brock St. Lun-sam 9h30-17h30, plus dim 12h-16h de mi-juin à août.* Cette vaste épicerie fine à la belle déco a été fondée en 1865 : elle est tenue par la même famille depuis 3 générations !

À voir. À faire

L'office de tourisme distribue une brochure gratuite très (trop) détaillée proposant des itinéraires recensant les différents bâtiments et centres d'intérêt historiques de la ville. Laissez-vous donc charmer par les rues bordées de belles maisons cossues du XIXe s.

Le fort Henry : *à l'est de Kingston, sur la Hwy 2. ☎ 613-542-7388 ou 1-800-437-2233. • forthenry.com • Bus nº 12 depuis Brock St jusqu'à Fort Henry Dr (puis 800 m à pied). De mi-mai à début sept, tlj 9h30-17h (20h mer en juil-août) ; hors saison, 10h-16h (en visite libre slt). Entrée : 18 $; 5-12 ans 14 $; réduc ; gratuit avec le billet d'entrée à l'Upper Canada Village (ouf !). Visites guidées en français régulières (pas passionnantes). Hors saison, sans visites guidées ni animations, entrée : 5 $.* Construit en 1832 pour défendre l'accès du canal Rideau à l'époque où les relations entre Anglais et Américains n'étaient pas au beau fixe, le fort Henry a été, à ce titre, inscrit au Patrimoine mondial de l'Unesco (c'est le plus grand du genre à l'ouest de Québec). Habité par une garnison jusqu'en 1871, il abrite aujourd'hui des collections de costumes et d'armes. On y vient surtout, l'été, pour assister aux différentes reconstitutions de parades et démonstrations de tir, qui rendent un peu de vie à l'endroit. Cela étant dit, elles empêchent souvent la visite normale et on trouve l'entrée hors de prix...

Murney Tower : *sur les bords du lac Ontario, au croisement de King et Barries St. De mi-mai à début sept, tlj 10h-17h. Entrée : 5 $; réduc ; gratuit jusqu'à 12 ans.* Il s'agit de l'une des quatre ***tours Martello*** (1846) encore debout de la ville. Ces miniforteresses défensives sont typiques de l'Empire britannique. Bâtie en 1846, celle-ci, particulièrement sophistiquée, se distingue par sa forme trapue et ses quatre caponnières disposées dans les douves. Le petit musée qu'elle abrite décrit la vie des soldats et de leurs familles au XIXe s, ainsi que la défense de Kingston et du Canada tout entier. À l'étage, la plate-forme de tir abrite toujours un impressionnant canon de 32 d'époque braqué sur le large.

Marine Museum of the Great Lakes : *53 Yonge St. ☎ 613-542-2261. • marmuseum.ca • Lun-ven 10h-16h ; fermé w-e. Entrée gratuite.* Un musée qui explore les différents aspects de l'héritage nautique local, en s'appesantissant naturellement sur la voie navigable du Saint-Laurent. Un dispositif permet de situer en temps réel tous les cargos naviguant sur les Grands Lacs ! La salle des machines de l'un d'eux a été reconstituée, mais dommage, on ne peut plus visiter le brise-glace *Alexander Henry* qui était amarré juste devant.

Bellevue House : *35 Centre St. ☎ 613-545-8666. • pc.gc.ca • Bus nº 3 depuis Ontario St (descendre à l'angle de King et Centre St). Début mai-Thanksgiving, tlj (sauf mar-mer en mai-juin et sept-oct) 10h-17h. Entrée : env 4 $; réduc. GRATUIT tte l'année 2017.* Cette maison d'inspiration « toscane » fut habitée de 1848 à 1849 par sir John A. MacDonald, petit avocat qui devint le premier Premier ministre de la toute nouvelle Confédération ; il est aujourd'hui encore considéré comme le père du Canada moderne. Petit film de présentation. La maison reflète la vie bourgeoise du XIXe s. Visite rendue très vivante par les guides en costume.

Les écluses de Kingston Mills : *à env 7 km au nord-est par Montreal St.* Si vous avez vu l'échelle d'écluses du canal Rideau à Ottawa, inutile de venir ici : c'est la même chose. Ici, il y en a quatre, larges et profondes, qui permettent au canal de descendre de 14,40 m, à l'emplacement d'anciennes chutes. Cela étant dit, le site, verdoyant, peut être sympa pour un pique-nique.

HOMMES, CULTURE, ENVIRONNEMENT

BOISSONS

Tout d'abord, se méfier des différences de vocabulaire. Les quiproquos abondent et sont souvent amusants... :
- ***breuvage*** désigne une boisson chaude ou froide, non alcoolisée ;
- ***boisson*** signifie boisson alcoolisée uniquement ;
- ***liqueur*** s'applique aux boissons gazeuses.

Vins

Les bons vins étrangers sont très chers (surtout les français). Au resto, une bouteille de qualité moyenne coûte entre 35 et 50 $. En revanche, beaucoup de restos proposent un assez bon choix au verre, pas donnés non plus : 7-15 $. Certains restos n'ont pas de licence pour vendre de l'alcool et acceptent que vous veniez avec votre propre bouteille, surtout à Montréal ! La mention « ***Apportez votre vin*** » est alors apposée sur la vitrine. Si vous souhaitez acheter une bonne bouteille (ou même une mauvaise !), vous n'aurez d'autre choix que de vous rendre dans les magasins de la Société des alcools du Québec, ou de la LCBO en Ontario (NB Liquor au Nouveau-Brunswick, etc.). Ces entreprises détenues par les provinces ont le monopole de la vente d'alcool.
Le Canada produit du vin, essentiellement dans la ***région du Niagara en Ontario,*** et dans la ***vallée de l'Okanagan en Colombie-Britannique.*** Le premier à s'être attaqué au marché dans le pays est un Allemand, installé au début du XIXe s en Ontario. Dans les autres régions, l'expérience vinicole ne date que de quelques décennies. Longtemps réputés pour leur qualité médiocre, les vins canadiens connaissent une véritable révolution depuis une trentaine d'années et une grande expansion de la surface plantée. Aujourd'hui, avec environ 7 000 ha, l'Ontario possède le vignoble le plus étendu du Canada (c'est aussi le plus gros producteur de vin de glace au monde !). Il est suivi par la Colombie Britannique et ses 4 200 ha de vignes et enfin par le Québec qui compte seulement 800 ha de vignes.
Les ***vins québécois*** sont une curiosité sympathique. Peu de restos en servent, mais on peut en trouver à la SAQ. Si vous avez l'occasion d'en goûter, préférez les blancs aux rouges, même si ces derniers sont en nette progression (le cabernet franc est le cépage le plus courant). Côté ***vins d'Ontario,*** les cépages de choix sont le riesling et le chardonnay en général. Le miracle du vin canadien demeure néanmoins l'***ice wine (vin de glace),*** produit à partir de raisins qui ont gelé sur pied au début de l'hiver. L'évaporation concentre la teneur en sucre (il faut un plant pour faire un seul verre !) et donne un excellent vin liquoreux. Avis aux amateurs : les vendanges se font par - 8 °C et généralement de nuit... L'*ice wine* est vendu dans de belles bouteilles de 200 ou 375 ml : un cadeau remarquable, étonnamment bon... mais également très cher (de 30 à 100 $ la bouteille !).

Bières

Le Québec est un gros producteur de bière. La tradition ne date pas d'hier : c'est l'intendant champenois Jean Talon qui, en 1668, produisit la première bière à Québec ! La *Molson Canadian,* quant à elle, trouve ses origines à Montréal au XVIIIe s.

Elle se partage la plus grande part du marché avec la *Labatt Blue.* Toutefois, si vous êtes un amateur de bières, ce ne sont pas ces énormes brasseries qui retiendront votre attention, mais les ***microbrasseries*** locales, qui ont plus que jamais le vent en poupe et se sont multipliées sur le territoire ; on en trouve même dans les coins les plus reculés. Puisqu'il est de fait impossible de connaître toutes les marques, on choisit plutôt sa bière en fonction de son type. Les *ale* sont des bières de haute fermentation, à plus haute teneur en alcool : de la moins maltée à la plus maltée, vous trouverez la *pale ale,* dont la fameuse ***I.P.A.*** d'origine anglaise, soit *Indian Pale Ale,* amère et très houblonnée, l'***amber ale,*** ou encore la ***brown ale.*** Les ***lager,*** blondes ou ambrées, sont des bières de fermentation basse, moins alcoolisées. Enfin, on trouve aussi des ***stout*** (bière brune) et des ***blanches,*** légères et troubles. Le mieux, c'est encore de demander à les goûter !

LA BIÈRE D'ICEBERG

La brasserie indépendante canadienne Quidi Vidi *produit de la bière élaborée avec de l'eau issue d'icebergs des alentours de Terre-Neuve. Cette eau, dit-on, a parfois 25 000 ans !*

Café

Si le traditionnel jus de chaussette à l'américaine est encore très présent, les ***coffee-shops*** et ***microtorréfacteurs artisanaux*** un peu branchés sont de plus en plus nombreux dans les villes, proposant tout un éventail de cafés élaborés avec des grains de qualité : ***café filtre, expresso, cappuccino*** (expresso et mousse de lait légère dessus), ***latte*** (mousse de lait plus épaisse). On s'y arrête à toute heure pour avaler un expresso, un cappuccino ou un *caffè latte,* éventuellement assorti d'un muffin ou d'un *scone.*

Curiosités

Voici quelques boissons à découvrir (ou non !) pendant votre voyage ! Le ***clamato*** est un étonnant jus de tomate relevé de bouillon de palourde (dont on sent à peine le goût) et d'épices, qui entre surtout dans la composition du *César,* cousin canadien du bloody mary. Le ***vin de bleuet*** (cousin de notre myrtille) a très vaguement le goût du porto ; au Nouveau-Brunswick, on en trouve même aromatisé au homard. Le ***caribou*** est un mélange fulgurant d'alcool fort et de vin, parfois allongé de sirop d'érable. Le Québec produit aussi des vins de miel ou de sureau (on a même goûté du vin de fraises !), cidres de glace (excellent)... Santé !

Légalité

Les bars sont interdits aux moins de 18 ans, impossible donc d'aller boire un coup et d'amener vos enfants avec vous. En général, on vous laissera quand même vous installer à l'extérieur s'il y a une terrasse (mais pas garanti).
En Ontario, jusqu'en 2016, seuls les *Beer Store,* détenus par des brasseurs privés, et les succursales de la Régie des alcools de l'Ontario (LCBO) pouvaient vendre du vin, de la bière et du cidre. Depuis, le gouvernement a autorisé la vente de ces boissons alcoolisées dans quelques épiceries et supermarchés. Mais la liste de ces établissements n'est pas longue. Difficile donc d'acheter une bière un dimanche en Ontario...
Aucune législation de cet acabit au Québec.

CINÉMA

Le cinéma apparaît au Québec en 1896, mais il faut attendre la création de l'***Office national du film,*** en 1939, pour que naisse une véritable production nationale, qui ne s'épanouit qu'à partir des années 1960.

C'est la naissance du ***cinéma direct,*** une spécialité québécoise. Captant en direct, hors des studios, la parole et le geste, il s'intéresse au social et donne la parole à l'humain. Les réalisateurs n'ont alors de cesse de dresser un portrait critique de la société québécoise. Le ***cinéma de fiction,*** quant à lui, profite de l'élan de liberté créé par la Révolution tranquille pour se développer. *Seul ou avec d'autres,* réalisé en 1962 par ***Denys Arcand*** et ***Denis Héroux,*** figure comme le film déclencheur de cette fiction. Cette période est aussi marquée par ***Claude Jutra*** dont le film *Mon oncle Antoine* (1971) est encore considéré par les historiens comme « le plus grand film canadien de tous les temps ». Le prestigieux *prix Jutra* fut d'ailleurs créé en hommage au réalisateur. À partir des années 1980 se développe un ***cinéma d'auteur*** dont la figure de proue est ***Denys Arcand,*** ouvrant le cinéma québécois à l'international avec des films récompensés à Cannes, notamment *Le Déclin de l'empire américain, Jésus de Montréal* et *Les Invasions barbares.* À la fin des années 1990, une nouvelle vague de cinéastes installe pour de bon la réputation du cinéma québécois. Parmi les plus connus : ***Denis Villeneuve,*** avec *Un 32 août sur terre* (1998), *Maelström* (2000), *Prisoners* (2013), *Sicario* (2015) ou encore *Blade Runner 2049* (2017) ; ***Jean-Marc Vallée,*** avec *C.R.A.Z.Y* (2005), l'un des plus gros cartons au box-office québécois, et *Dallas Buyers Club* (2013) ; ou encore ***Philippe Falardeau,*** avec *La Moitié gauche du frigo* (2000), *Congorama* (2006) et *Monsieur Lazhar* (2011). À partir des années 2010, le renouveau semble assuré par la consécration de deux jeunes prodiges montréalais, ***Kim Nguyen,*** avec *Rebelle* (2012, oscar du meilleur film étranger), et surtout ***Xavier Dolan,*** un gamin qui, à 25 piges, remporte le prix du jury à Cannes en 2014 (ex æquo avec J.-L. Godard !) pour l'exceptionnel *Mommy,* après s'être fait effrontément remarquer avec ses 4 films précédents : *J'ai tué ma mère* (2009), *Les Amours imaginaires* (2010), *Laurence Anyways* (2012) et *Tom à la ferme* (2013). Depuis, saluons aussi le poétique *Juste la fin du monde* (2016).
Continuons avec les célébrités, derrière ou devant l'écran. Il semblerait que les terres entre Toronto et Halifax soient un véritable bastion de stars. Évoquons, parmi tant d'autres, les réalisateurs ***David Cronenberg*** *(La Mouche),* ***James Cameron*** (*Titanic, Avatar,* ça vous parle ?!). Côté acteurs et actrices, citons ***Anne Dorval*** et ***Suzanne Clément,*** muses de Xavier Dolan, ***Marie-Josée Croze,*** Montréalaise révélée par *Les Invasions barbares* de Denys Arcand ; ***Ellen Page*** *(Juno)* mais aussi ***Jim Carrey, Ryan Gosling*** *(La La Land),* ***Marc-André Grondin*** (*C.R.A.Z.Y, Le premier jour du reste de ta vie)* ou encore ***Antoine-Olivier Pilon*** (rôle principal dans *Mommy*)... et tant d'autres !
Par ailleurs, le Québec et surtout Toronto servent également de ***lieux de tournage*** à de nombreux studios hollywoodiens, car certaines villes ressemblent à leurs cousines du Sud et les coûts de production y sont moindres. Avec le ***Toronto International Film Festival*** (le TIFF), rivalisant de prestige avec ses homologues européens et plus particulièrement cannois, Toronto est devenue une ville majeure sur la scène du cinéma international.
– Possible de ***visionner un grand nombre de films québécois en streaming*** sur le site de l'*Office national du film* : ● *onf.ca* ●

CUISINE

Bon à savoir

– Les « ***tables d'hôtes*** » au restaurant sont l'équivalent de nos menus complets. On prend un plat de la carte auquel on ajoute entrée et dessert (et parfois un café), le tout pour 10 ou 12 $ de plus que le prix du plat principal.
– De nombreux restos adoptent la formule ***« Apportez votre vin »***. On vient avec sa propre bouteille achetée à la *SAQ (Société des alcools du Québec)* du quartier, ce qui a le mérite de ne pas alourdir l'addition. Une bouteille de vin achetée à la SAQ coûte de 2 à 3 fois moins cher qu'au restaurant.

– ***Rappel, le pourboire* (tip) *est obligatoire*** (15 % est l'usage). Parfois, il est prélevé directement sur votre carte de paiement.
– ***Dépanneurs :*** ce sont des ***épiceries de proximité.*** Très pratiques, elles sont, comme chez nous, nettement plus chères que les supermarchés, mais ont l'avantage d'être ouvertes tard le soir et tôt le matin (généralement de 6h à 21h-22h). Pour dépanner, quoi ! Certains dépanneurs de la chaîne *Couche-Tard* sont même ouverts 24h/24.

La cuisine traditionnelle québécoise

– ***Le petit déjeuner*** (« déjeuner » en québécois) ***:*** très copieux, il se prend volontiers à l'extérieur (du moins pour ceux qui ne logent pas en gîte). À l'image du breakfast américain, il s'agit d'un vrai repas, avec une large variété de plats. Les ***œufs*** d'abord, au plat, brouillés, en omelette, etc., servis avec des toasts beurrés (on dit « ***rôties*** ») et des pommes de terre, du bacon et des saucisses. Dans le genre, le top ce sont les ***œufs bénédictine,*** des œufs pochés, allongés sur un petit pain rond toasté et nappés de sauce hollandaise, avec le plus souvent du jambon grillé ou du saumon fumé.
– ***La poutine :*** rien à voir avec le régime russe, c'est un des plats emblématiques du Québec. Il s'agit de frites (molles, assez souvent) sur lesquelles on ajoute du « fromage en crotte » (en petites boulettes) fondu, le tout nappé de sauce brune. On peut ne pas aimer ! De plus en plus de restos ont à cœur de revisiter ce plat populaire et roboratif avec des produits de qualité : on trouve désormais, par exemple, des poutines aux crevettes ou au homard ! Et même, dans les fast-foods, du poutine-burger ! La ***poutine acadienne*** est une version différente : la patate crue est râpée, puis mise à dégorger et cuite. La pâte obtenue est additionnée de patate pilée, façonnée en boule et farcie de lard ou de viande de porc. Il existe encore une recette sucrée, sorte de beignet fourré aux fruits (souvent des canneberges) : la poutine à trous ! Un peu lourd, pour être honnête.
– ***La cuisine populaire nord-américaine :*** très présente, vous vous en rendrez vite compte. Comme aux États-Unis, le ***burger*** règne en maître et fait presque figure de plat national (avec la poutine). Le choix de la viande est primordial. Le top est celui élaboré avec du bœuf de l'Alberta. Pour dévorer un bon burger, ce n'est évidemment pas dans les fast-foods qu'il faut aller, mais dans les vrais restos et les pubs, qui servent d'excellentes viandes tendres et fraîches. Un bémol cependant : la loi imposant des cuissons strictes aux restaurateurs pour les steaks hachés, les amateurs de viandes bleues seront déçus. C'est toujours servi *medium* (à point).
Même les restos végétariens servent des burgers, en remplaçant la viande par des *falafels* par exemple. Dans le registre casse-croûte, il y a aussi les ***sous-marins*** (les *submarines* américains), des sandwichs garnis de toutes sortes de choses.
– ***Spécialités traditionnelles : la tourtière,*** réalisée à base de différentes viandes et parfois de gibier. Les ***fèves au lard,*** les ***soupes*** de légumes, de *gourganes* (fèves), de palourdes (en chaudrée), de poisson (avec des morceaux de poisson et fruits de mer), voire *quiaude* gaspésienne, additionnée de lard... On les retrouve souvent en formule table d'hôtes le soir. Les ***cretons*** (l'équivalent de nos rillettes), ou la ***cretonnade*** (à base de veau ou de volaille), le ***pâté chinois,*** sorte de hachis Parmentier auquel on ajoute du maïs. L'origine du nom correspond à une réalité historique : c'est le plat qui donnait le plus d'énergie aux nombreux travailleurs asiatiques qui construisirent la célèbre ligne de chemin de fer « transcanadienne ».

La cuisine québécoise d'aujourd'hui

Fini l'époque où la cuisine québécoise se limitait à quelques plats traditionnels bien nourrissants et roboratifs. Pendant des décennies, le mot gastronomie faisait référence à la cuisine française, jamais à la cuisine québécoise. Depuis le début des années 2000, on assiste à l'émergence ***d'une nouvelle fine cuisine***

québécoise bien plus sophistiquée que la cuisine classique mais toujours servie généreusement. Une nouvelle génération de chefs travaille sur la mise en valeur des meilleurs produits locaux : poissons et fruits de mer, agneau, gibier, légumes (enfin du vert !), fromages, baies de saison... De tempérament plus méditerranéen qu'américain, ils puisent ***leur inspiration dans le patrimoine culinaire du Québec et dans la cuisine traditionnelle amérindienne*** (Iroquois et Algonquins). Ainsi trouve-t-on, dans ces plats créatifs, des produits comme des épices boréales, des baies rares, des bleuets sauvages, ou des herbes indigènes...
La ***cuisine fusion,*** apparue sur la côte ouest canadienne dans les années 1990, est plus que jamais dans l'air du temps. L'idée étant d'associer produits du terroir et saveurs exotiques issues des communautés immigrées du Québec. Un métissage culinaire créatif et moderne, dominé par le sucré-salé et les notes méditerranéennes et/ou asiatisantes.
La ***cuisine bio, végétarienne*** et ***vegan*** est également très répandue et bien plus imaginative qu'en Europe. On veut bien manger mais on ne veut que du frais, du sain et du local : surtout pas de « malbouffe » ! L'option ***gluten free*** est presque toujours présente à la carte de ces restos branchés et tendance.
Les cuisines ethniques : à ne pas confondre avec la cuisine fusion. Ici, l'identité culinaire de chaque culture reste intacte, pas de métissage avec les autres cuisines ! Les villes comme Montréal et Toronto regorgent de restos ethniques. On peut s'y régaler aussi bien de *fajitas* mexicaines que de *yakitoris* japonais, ou même de *wat* éthiopien !
Spécialité juive d'Europe de l'Est, implantée avec succès à Montréal depuis la fin du XIXe s, Le ***bagel*** est un parfait exemple du classique « ethnique ». Ce petit pain en forme d'anneau à la mie compacte (moelleux à l'intérieur, croustillant dehors) est servi soit simplement tartiné de fromage frais, soit garni de bonnes petites choses, sucrées ou salées. La farine doit être méticuleusement sélectionnée et traitée selon les règles alimentaires juives (de type Matzoh).

AU NEZ ET À LA BARBE DES ANGLAIS

Jadis, dit-on, les soldats britanniques affamés avaient la mauvaise habitude de faire des razzias chez les Acadiens... Pour se protéger de leur voracité, les intéressés auraient inventé la poutine acadienne : une boule de pomme de terre râpée, gluante, plongée dans de l'eau bouillante. Pas appétissant pour un sou. Après avoir soulevé le couvercle du faitout, les red coats *s'en allaient, dégoûtés. Ce qu'ils ne savaient pas, c'est que les Acadiens avaient caché, au centre, de la bonne viande de porc.*

Les produits de la mer

– Le ***poisson*** figure aussi en tête de liste de la cuisine traditionnelle. Le saumon essentiellement : frais, en tartare, fumé au bois d'érable, mais malheureusement presque toujours d'élevage – donc très gras, écologiquement et diététiquement très contestable !
– Les ***fruits de mer*** ne manquent pas non plus. Les pétoncles sont délicieux, parfois préparés au Pernod ou à l'anis. Les moules échappent au bain d'huile, ce qui est rarement le cas des palourdes... Vous trouverez aussi des crevettes – célèbres à Matane – et le crabe des neiges (dès le printemps, sur la Côte-Nord, ainsi qu'en Gaspésie et aux îles de la Madeleine). Pour éviter les déceptions, sachez que le nom « coquille Saint-Jacques » se réfère au contenant et non au contenu : à l'intérieur de la coquille, vous trouverez généralement un gratin de fruits de mer mais aucune Saint-Jacques...
– La Gaspésie, la Côte-Nord et les Provinces maritimes sont très connues pour leur ***homard,*** qui débarque en mai et juin. S'il reste disponible toute l'année grâce

aux viviers, la véritable saison du homard prend fin en septembre. Généralement cuit au court-bouillon, on le trouve souvent sous forme de *guédille* ou *lobster roll* (sandwich dans un petit pain à hot-dog), *mac n'cheese* (macaronis gratinés agrémentés de chair de crustacé), poutine au homard.... Cher au resto (mais moins qu'en Europe), le homard est très abordable sur les marchés des ports. On trouve aussi des ***huîtres,*** comme les excellentes « caraquettes » en Acadie, parfois aussi servies frites ou gratinées.

DRÔLE DE BESTIAU !

Pour grandir, le homard mue. Il quitte sa carapace environ 22 fois dans sa vie. Alors, sans protection, il est à la merci des prédateurs et se cache 15 jours dans les rochers, le temps que sa nouvelle carapace durcisse. Autre surprise, les pinces ne sont pas identiques : la plus grosse porte des « molaires » (pour broyer), et la plus petite a des « incisives » (pour couper). Quand le homard perd une pince, elle repousse (comme chez le crabe).

Fromages, sucreries, desserts

– ***Fromages :*** le Canada a hérité des traditions fromagères des deux pays qui l'ont colonisé. Pâtes fermes (style cheddar) du côté anglais, affinés à pâte molle pour l'influence française. Parmi les plus connus, citons le *Pied-de-Vent,* le *fleurdelisé* bio rappelant le roquefort, le *chèvre de Bouctouche,* ceux du lac Saint-Jean (le *Valbert,* le *Kénogami* et le *Pikauba* de la fromagerie Lehmann), ainsi que diverses tommes.

SKOUIC ! SKOUIC !

Au Québec, un fromage peut se reconnaître à son « cri » très particulier. C'est le bruit caractéristique qu'il fait sous la dent. On l'appelle le fromage en « crottes » et on l'utilise notamment pour la poutine.

– ***Crêpes, pancakes*** et ***pain doré (pain perdu),*** à napper de sirop d'érable. L'ensemble s'accompagne en général de fruits frais. Dans la plupart des restos servant le petit déj (certains ne font que ça), le café, servi à volonté, est inclus avec le plat.

– Desserts : goûter à la ***tarte au sucre,*** la ***tarte aux pécanes*** (noix de pécan), au ***gâteau aux carottes*** et à la ***tarte aux bleuets*** (sorte de myrtilles) en saison. Les anglophones font aussi d'excellentes tartes *(pies),* ***cobblers*** (entre le gâteau et le gratin de fruits) et des ***crisps*** : des fruits saupoudrés d'un mélange de flocons d'avoine et de sucre roux cuits au four (ce qu'on appelle chez nous des crumbles). À Montréal et dans les environs, goûter au ***pouding chômeur*** (voir encadré). On trouve enfin les ***crèmes glacées molles,*** à tremper dans le chocolat et des sirops multicolores...

POUDING CHÔMEUR

Pendant la crise de 1929, les femmes d'ouvriers imaginèrent une recette à base de produits bon marché pour fabriquer ce gâteau au nom bizarre : farine, cassonade et eau. Plus tard, on utilisera du sirop d'érable. Bon et peu dispendieux !

– ***La tire :*** une tradition typiquement québécoise. À la sortie de l'hiver, les citadins se retrouvent en masse dans les érablières pour célébrer « la fête au Sucre ». Le sirop d'érable est chauffé, puis étalé sur la neige qui le fige presque instantanément : c'est ça la tire. Dans les cabanes à sucre, les enfants s'en mettent jusque-là, bien imités d'ailleurs par les adultes !

CURIEUX, NON ?

– ***Appellation des repas :*** le matin, on attaque la journée avec un bon ***déjeuner*** (et non un petit déjeuner). Le midi, c'est le ***dîner.*** Le soir (dès 19h), on prend le ***souper.*** Et pour le « quatre-heures » ? Ben... on ne sait pas.
– ***Le 5 à 7 :*** c'est la coutume de se retrouver autour d'un verre entre amis ou collègues après le travail. Ensuite, chacun regagne ses pénates pour le souper.
– ***L'addition :*** au resto, les gens paient séparément, même parfois dans les couples (il n'est pas toujours bien vu de payer pour une fille que l'on invite à souper). D'où la question quasi systématique du serveur (ou de la serveuse) au moment de l'addition : une seule facture ou plusieurs ?
– Les Québécois ne comprennent pas toujours qu'on puisse s'engueuler pour des ***opinions différentes.*** Ils n'ont pas cette passion du débat franc et parfois brutal qui est un sport national chez nous. Donc, un Français qui défend mordicus ses opinions semblera souvent arrogant. De même, pas la peine de commencer à ***râler au moindre imprévu,*** vous vous retrouveriez face à un mur d'incompréhension. En bref, restez nature, ouvert et positif. Et n'oubliez pas qu'ici, c'est vous qui avez l'accent !
– ***Mesures :*** depuis 1977, on compte en kilomètres, mais en cuisine les volumes sont encore en tasses (240 ml) et on mesure toujours en pouce (2,54 cm). Il est d'ailleurs bon de savoir qu'il y a inévitablement 12 pouces dans un pied. Vérifiez sur vous.
– ***Les déménagements du 1er juillet :*** ce jour férié (fête du Canada), les Québécois déménagent en chœur car c'est à cette date que se terminent les baux. Les camions bloquent les rues, on se balade avec son matelas sur le dos, les frigos traînent au milieu du trottoir... C'est l'heureux festival de la récup, pendant que d'autres défilent dans les rues pour la fête nationale !
– ***Les « ventes de garage » :*** l'équivalent des *garage sales* (vide-greniers) américains. Ces ventes sont tellement courantes du printemps à la fin de l'été qu'elles sont devenues une sorte de leitmotiv. Une bonne occasion de fraterniser tout en faisant de bonnes affaires.

LIBERTÉ CHÉRIE

Depuis 1981, la femme en se mariant conserve son nom de famille. Le législateur a voulu signifier que, en gardant son identité, elle n'appartient pas à son mari. Quant au mariage pour les homosexuels, il est légal depuis 2005.

LE GRAND DÉMÉNAGEMENT

Le 1er juillet, plus de 200 000 ménages québécois changent de logement. Au XVIIIe s, le gouvernement décida que tous les contrats de location devraient s'achever le même jour. Cette tradition provoque un énorme bazar dans les rues, et l'achat du plus grand nombre de pizzas de l'année !

ÉCONOMIE

Le Canada occupe le 10e rang de l'économie mondiale. Avec un PIB par habitant d'environ 43 000 US$ (environ 36 600 €) en 2016, c'est un pays où il fait plutôt bon vivre. Mines, électricité, tourisme, automobile, bois d'œuvre et pâte à papier, pétroles bitumineux, télécommunications, bœuf de l'Alberta, homard de l'Atlantique... tous contribuent à la prospérité canadienne.
Autre richesse : ***l'immigration.*** En 2016, sur les 420 000 nouveaux habitants du Canada, environ 320 000 étaient des immigrants. Selon les économistes, l'immigration contribue à hauteur de 70 % à la croissance démographique du Canada

(contre seulement 35 % aux États-Unis). Le Canada reçoit *per capita* plus d'immigrants que tout autre pays, ce qui lui procure des capitaux, des compétences diverses et exceptionnelles, de même que de la main-d'œuvre bon marché. L'immigration stimule l'économie. 62 % des immigrants accueillis au Canada possèdent un diplôme d'études postsecondaires.

La manne pétrolière

Le Canada est aussi, et surtout, un pays de ***richesses naturelles*** ; elles ont permis aux Canadiens d'accéder à l'un des niveaux de vie les plus élevés du monde après la Seconde Guerre mondiale.

L'ALENA (Accord de libre-échange nord-américain), entré en vigueur en 1994 entre le Canada, les États-Unis et le Mexique, a créé une vaste zone de libre-échange qui a lié encore plus fortement l'économie canadienne à celle des États-Unis. Ces derniers absorbent les trois quarts des exportations canadiennes, tous secteurs confondus ! C'est en fait l'énergie qui permet d'atteindre ce chiffre : entre le pétrole et le gaz naturel de l'Alberta et l'électricité produite dans le Grand Nord québécois, le Canada évite à la machine US de trop dépendre du Moyen-Orient. Et cela ne devrait pas changer de sitôt : ***le Canada possède les troisièmes plus importantes réserves pétrolières du monde,*** notamment les abondantes réserves dites « non conventionnelles », soit les gisements de pétrole et de gaz situés dans les ***sables bitumineux d'Alberta.*** En 2017, cette production pétrolière atteint environ 3,8 millions de barils par jour, soit environ 600 millions de litres.

Taxation faible, règles environnementales démantelées : le gouvernement canadien a soutenu l'exploitation de ces hydrocarbures, et ce, au mépris de ses conséquences destructrices. Le ***pétrole*** issu des sables bitumineux est ***l'un des plus sales au monde.*** L'extraction d'un baril de pétrole en Alberta génère au moins trois fois plus de gaz à effet de serre que la production pétrolière « classique ». Pourtant, en plus de son impact environnemental, la manne des sables bitumineux pose un autre problème, crucial pour l'équilibre politique du pays : l'Ouest s'est encore enrichi tandis que l'Est, l'Ontario et le Québec dépendent plus que jamais des importations. Depuis les années 2000, c'est la très libérale Alberta qui tire le PIB national vers le haut. Une dépendance désormais fragilisée par la ***chute des cours du pétrole.***

Après la crise, retour à une relativement bonne santé

Dans les années 1990 et 2000, les revenus tirés des richesses naturelles, la croissance soutenue et la maîtrise des dépenses ont permis au gouvernement d'afficher 12 années continues d'excédents budgétaires ! Trop dépendant du moteur américain, le pays n'a toutefois pu échapper à la ***crise.*** Dès 2009, les exportations ont considérablement chuté, et le premier déficit a pointé son nez. Après une période de récession, les banques canadiennes augmentent leur taux directeur, en 2017, signe de bonne santé de l'économie canadienne. L'économie canadienne retrouve une ligne normale avec un taux de chômage de 6,5 %. L'Ontario, le Québec et la Colombie Britannique connaissent pratiquement le plein emploi. Le PIB (Produit Intérieur Brut) est en croissance : de 2,8 % en 2017, il devrait encore croître de 2 % en 2018.

Le cas québécois

L'économie du Québec est à peu près équivalente à celle du Portugal ou d'Israël. La santé économique du Québec suit celle du Canada dans son ensemble, avec des exportations principalement tournées vers les États-Unis (environ 72 %). La Belle Province représente à peu près 19 % de l'économie canadienne (36 % pour l'Ontario), avec un PIB par habitant de 37 000 US$ (2015), inférieur à celui du reste du Canada. Le taux de chômage (5,8 % en 2017) est à peu près équivalent à celui de l'Ontario et de la Colombie britannique.

Les ***ressources naturelles*** du Québec et des Provinces maritimes jouent un rôle essentiel dans l'économie, en particulier les secteurs des mines et de l'hydroélectricité. Au Québec, il y a du pétrole, mais la production encore au stade des balbutiements (dans la région de Gaspésie et du Bas Saint-Laurent) se heurte aux défenseurs de l'environnement. Il ne faut donc pas trop compter sur une production pétrolière québécoise dans le futur. En revanche, la province figure parmi les principaux producteurs mondiaux de fer, de zinc, de nickel, d'argent et d'or. Les exportations d'aluminium et d'alliages viennent au premier rang. Le Québec est le ***3e producteur mondial d'aluminium*** derrière la Chine et la Russie. Mentionnons aussi l'industrie forestière, l'agriculture et la pêche. À côté de cela, le Québec a développé une ***industrie de pointe,*** en particulier dans les domaines des biotechnologies (marines, entre autres), de l'industrie pharmaceutique et du multimédia. Autre fleuron local, ***l'aéronautique*** (avec Bombardier). Le ***tourisme*** représente environ 2,5 % du PIB de la province.

MONTRÉAL CAPITALE DES JEUX VIDÉO

Montréal est le 3e pôle mondial de développement en jeux vidéo, après le Japon et la Californie. Installé depuis 2007 dans le quartier de Mile End, la société française Ubisoft est aujourd'hui une des entreprises de pointe dans ce domaine. Le jeu vidéo Assassin's Creed, *inventé par le Québécois Patrice Désilets, s'est vendu à près de 100 millions d'exemplaires dans le monde.*

ENVIRONNEMENT

La forêt québécoise

Les forêts au Québec couvrent environ 761 000 km², soit 46 % de la superficie totale de la province. Ah, la belle image... Du vert à perte de vue, rien que du vert. La forêt québécoise comprend trois zones de végétation du sud au nord : feuillue mélangée (érables, sapins et bouleaux jaunes), boréale (épinettes, sapins et bouleaux blancs) et taïga. Au-delà débute la toundra. Sur les 50 espèces d'arbres recensées, aucune n'est menacée à l'exception de l'orme, comme partout.

L'industrie forestière québécoise, qui emploie directement 60 000 personnes, représente environ 2 % du PIB (en 2016) de la Belle Province. Le gouvernement québécois gère plus de 90 % des ressources forestières. Depuis la loi de 1986, les coupes sont sévèrement réglementées et il est, en principe, interdit de toucher aux lisières des lacs et des cours d'eau. Les compagnies forestières sont en outre tenues de reboiser. La *drave* (flottage du bois) a été interdite en 1995 en raison de la grave pollution qu'elle provoquait. Mais des problèmes

UN ARBRE SALVATEUR

Après la découverte des Amériques s'est répandu l'usage du maïs, de la patate, de la tomate, mais aussi du quinquina pour ses propriétés médicinales. L'annedda, qui sauva pourtant Jacques Cartier et son équipage lors de son deuxième voyage en 1535, a été oubliée : durant l'hiver, plusieurs marins moururent du scorbut, dû au manque de vitamine C. Les Iroquois administrèrent aux survivants une décoction d'annedda qui les guérit en quelques jours. Les spécialistes pensent que l'annedda pourrait être le cèdre blanc, nommé autrefois « arbre de vie ».

demeurent. Robert Monderie et Richard Desjardins ont réalisé, en 1999, un documentaire choc, très polémique, intitulé *L'Erreur boréale,* qui traite de la déforestation au Québec...
En 2013, une commission d'enquête chargée d'examiner la gestion forestière a fixé les bases d'un nouveau régime d'exploitation. Les Québécois ont de plus en plus conscience de la richesse de leur patrimoine forestier et des dangers d'une exploitation anarchique. Reste qu'un rapport donne un autre son de cloche : de 2000 à 2013, la forêt, de plus en plus fragmentée et exploitée dans ses moindres recoins, a reculé de 7,3 % au Canada (presque autant que la moyenne mondiale, à 8 %). C'est l'équivalent de près de deux fois la France (1 million de kilomètres carrés) !

L'arbre qui cache la pollution

Si l'industrie forestière pose problème, la pollution n'est pas en reste. Le pourtour des Grands Lacs représente environ 25 % de la production agricole canadienne et 45 % de son industrie. Les rejets de l'une et l'autre activité, couplés à la pression urbaine sans cesse croissante, ont un impact direct très important. Ainsi, en 1969, la rivière Cuyahoga, un affluent du lac Érié, était si polluée par des déchets chimiques qu'elle s'enflamma ! Plus de 360 ***polluants chimiques*** ont été relevés, dont beaucoup de toxiques persistants. Leur action néfaste est amplifiée par le phénomène de concentration à travers la chaîne alimentaire. Certains animaux sont atteints de tumeurs et leurs capacités de reproduction s'en trouvent altérées. Les cadavres des célèbres bélugas du Saint-Laurent sont si contaminés qu'ils sont traités comme des déchets toxiques ! Certes, les eaux sont plus propres (ou plutôt, moins sales) en 2017 qu'en 1990, mais la présence de métaux lourds mettra forcément longtemps à se dissiper.
La récurrence des ***pluies acides,*** dans les années 1980, poussa finalement les gouvernements canadien et américain à prendre le problème à bras-le-corps. Les rejets de la plupart des polluants atmosphériques ont ainsi diminué de 9 à 63 % entre 1990 et 2014. Mais de nouvelles menaces pèsent aujourd'hui : le développement de ***l'extraction des sables bitumineux*** à l'ouest et l'exploitation pétrolière et gazière dans les provinces Maritimes créent de nouvelles substances toxiques en quantité. Les vents dominants les portent naturellement d'ouest en est, et vers le Grand Nord, région aux sols d'une grande fragilité. D'autre part, l'augmentation des eaux usées liée à la croissance démographique pose, elle aussi, un sérieux problème. Devant ce bilan, les autorités fédérales tirent la sonnette d'alarme, annonçant « un déclin des écosystèmes forestiers qui, à leur tour, vont affecter les plantes et la vie sauvage ».

Les méfaits du réchauffement climatique

Bien que conscients du problème du réchauffement climatique, les Québécois constatent, impuissants, les dégâts causés par ce phénomène. ***Algues bleues*** qui prolifèrent dans les lacs, poissons morts victimes d'eaux qui ne glacent pas suffisamment longtemps ou devenues trop chaudes, recul des berges du Saint-Laurent attaquées par l'***érosion*** en raison d'hivers trop doux, ***fonte des glaces*** dans le Nord et menaces pesant sur l'ours polaire... La disparition, même partielle, de la banquise entrave sa chasse : incapable de reconstituer ses réserves de graisse en chassant le phoque l'hiver, il meurt peu à peu de faim. Le constat est global dans tout l'Arctique.

Quelques réponses aux problèmes environnementaux

Une décision positive : depuis 2012, le Québec a renoncé au ***nucléaire.*** En 2017, le gouvernement a adopté un vaste plan qui vise à ***réduire de 40 % le pétrole*** consommé dans la province d'ici à 2030. Une des conséquences de ce projet sera de réduire les achats d'hydrocarbures, la quasi-totalité du pétrole consommé au Québec étant importée. Cette mesure pourrait équilibrer la balance commerciale. Un autre projet consiste à construire un ***méga-parc solaire.*** Le programme prévoit aussi de mettre en circulation près de 100 000 ***véhicules électriques*** sur les routes du Québec en 2020. L'éthanol et le gaz naturel devraient être disponibles dans les stations-service, pour alimenter une partie du parc automobile. Un des objectifs majeurs du plan est de contraindre les cimenteries et les usines d'aluminium à cesser d'utiliser du charbon, et à choisir une source d'énergie moins polluante.

FAUNE

On recense environ 650 espèces vertébrées, dont 90 de mammifères et 300 d'oiseaux, et près de 30 000 d'insectes. À condition de faire preuve de patience et de vigilance, vous pourrez sans doute saisir quelques moments privilégiés de leur quotidien, à l'état sauvage. Mais ne vous faites pas d'illusions : observer la faune ici est beaucoup plus ardu qu'à l'ouest du continent – beaucoup plus longtemps préservé de la chasse. Comme partout, on les observe mieux seul et à la fraîche, de bon matin ou au crépuscule, que sous un soleil de plomb, à midi, quand les sentiers de rando sont embouteillés !

Sur terre

Le timide ***orignal,*** plus gros représentant de la famille des cervidés, est très répandu. On peut espérer l'observer dans le parc de la Jacques-Cartier, à 45 km au nord de Québec, ou dans le parc national de la Gaspésie et sa voisine, la réserve faunique de Matane qui possède la plus grande concentration d'orignaux, ou encore dans le parc national du Cap-Breton, mais en nombre moindre. Cette grosse bête limite ses déplacements au-dessous de 15 °C. Lorsqu'il fait trop chaud, il se choisit une litière de fougères bien fraîche dans la terre noire. Pour info, seul le mâle arbore ces splendides bois aplatis et palmés.

Près d'un demi-million de ***caribous*** migrateurs, cousins américains des rennes, peuplent le nord du Québec. Se déplaçant au fil des saisons, ils se nourrissent dans la toundra en été et regagnent la forêt nordique à l'automne. Des populations de caribous « forestiers », moins nombreux et plus difficiles à observer, subsistent plus au sud, sur les hauts plateaux du parc national des Grands-Jardins et dans la région de Val-d'Or. On rencontre enfin un écotype « montagnard » sur les sommets du parc national de la Gaspésie.

L'***ours noir,*** le seul ursidé dans cette partie du Canada, fréquente la plupart des forêts et il peut arriver qu'on le croise, aux abords de celles-ci, sur les routes tranquilles. Plusieurs sites proposent l'observation des ours noirs, comme la tour d'observation (privée) d'Acadieville au Nouveau-Brunswick, ou encore dans la région de Tadoussac sur la Côte-Nord. Sachez que dans tous ces endroits, sans exception, les ours sont appâtés.

LE LABRADOR, PROFESSION CHIEN

L'animal préféré de nos présidents de la République était, à l'origine, le compagnon des pêcheurs de Terre-Neuve-et-Labrador. Excellent nageur en eau glacée, il allait récupérer les poissons qui s'échappaient des filets. Il supporte parfaitement les bassins de l'Élysée.

On croise régulièrement les huttes et barrages du ***castor,*** qui préfère rester discret et sortir de nuit. Plusieurs parcs nationaux invitent à découvrir l'animal (emblème officiel du Canada !), notamment lors de randonnées en canoë.

Dans l'eau

Rares sont les endroits du monde qui possèdent une aussi grande diversité de cétacés : 13 espèces, plus ou moins prolifiques, se croisent l'été dans l'estuaire maritime du Saint-Laurent, dans la baie de Fundy et au nord du Cap-Breton, où ils trouvent une nourriture abondante.
Les baleines à fanons sont les plus nombreuses : ***petits rorquals, grands rorquals communs, baleines à bosse,*** réputés pour leurs bonds hors de l'eau, qui migrent l'hiver vers les eaux des Caraïbes pour se reproduire, ***baleines noires*** et ***rorquals boréaux*** dans le golfe du Saint-Laurent. Parfois, on peut observer une colossale ***baleine bleue,*** qui peut atteindre 30 m pour 150 t. Les baleines à dents ne sont pas absentes, mais elles sont rares : les ***cachalots*** fréquentent les lieux, ainsi que leurs plus petits, et plus courants, cousins : ***dauphins, marsouins*** et ***bélugas.*** Ces petites baleines blanches, résidentes à l'année, ne vivent que dans l'Arctique et dans le Saint-Laurent. Autrefois assez communes, elles ont été chassées sans pitié dans les années 1920, tenues à tort pour responsables de la diminution du stock de morue et de saumon.
On observe très régulièrement des ***phoques,*** souvent en colonie sur les bancs de sable isolés ou les rochers. Ils sont nombreux dans le golfe du Saint-Laurent où, à la fin de l'hiver, des dizaines de milliers d'entre eux dérivent sur la banquise, où les femelles mettent bas. La chasse aux phoques est autorisée au Canada, mais soumise à une réglementation stricte et à des quotas fixés par le gouvernement. Cela dit, on ne vous encourage pas à en commander au restaurant (même si l'animal est rarement au menu).
Plus petite mais tout aussi mignonne, citons aussi la ***loutre de rivière,*** pas facile à observer, car plutôt solitaire. Infatigable nageuse, elle aime barboter sur les abords boisés des plans d'eau. Ouvrez l'œil !

Dans les airs

Deux fois par an (octobre et avril), des centaines de milliers d'***oies des neiges*** venues du Grand Nord (où elles se reproduisent) font une escale sur les *battures* (estrans) et berges du Saint-Laurent le temps de reprendre des forces (3 semaines environ). C'est vers le cap Tourmente, à 60 km de Québec, qu'elles sont le plus nombreuses, ainsi qu'à Montmagny et à l'Isle-aux-Grues. Le vacarme est partout grandiose. De nombreuses autres espèces (***canards, rapaces, faucons pèlerins*** et ***colibris***) les rejoignent dans leur halte québécoise. Le macareux moine, appelé aussi perroquet de mer fait, lui, halte dans l'archipel des Mingan, sur la Côte-Nord. Le parc national de Plaisance, sur la rivière des Outaouais, est pour sa part l'hôte de dizaines de milliers de ***bernaches*** du Canada. L'***aigle à tête blanche,*** l'***aigle pêcheur*** et les ***fous de Bassan*** comptent aussi parmi les volatiles les plus impressionnants du Québec. La 2e plus importante colonie de fous de Bassan du monde se trouve d'ailleurs sur l'île Bonaventure, en Gaspésie.

GÉOGRAPHIE

Le Québec

Trois facteurs sont déterminants dans la géographie du Québec. Tout d'abord, le ***fleuve Saint-Laurent.*** Il prend sa source dans les Grands Lacs et se jette dans l'Atlantique. Entre-temps, il traverse le Canada sur 1 140 km ! Ce cours d'eau extraordinaire, dont le débit équivaut à ceux du Rhin, de la Volga et du Nil réunis, constitue la principale voie de pénétration du territoire et a toujours joué un rôle primordial dans le développement du pays. À son embouchure dans le golfe, quelque part entre la Gaspésie au sud et la Côte-Nord au... nord, sa largeur atteint 130 km ! On se demande parfois si ce n'est pas l'océan qui s'étend à perte de vue.

Autre facteur géographique important : ***les Appalaches.*** Cette chaîne montagneuse, étirée jusqu'au sud-est des États-Unis, longe les basses terres du Québec jusqu'à la péninsule gaspésienne, où ses derniers contreforts viennent mourir en une débauche de falaises. Ces montagnes fortement érodées (qui dépassent rarement les 1 000 m) forment des paysages vallonnés que l'on retrouve tout le long du Saint-Laurent.
Enfin, une très vieille ***cordillère*** recouvre les 80 % restants du territoire québécois. Cette chaîne de montagnes s'étend des deux côtés de la baie d'Hudson et forme ce qu'on appelle le ***« Bouclier canadien »,*** très largement arasé par les glaciers lors de la dernière période glaciaire. Ces terres possèdent de nombreuses forêts et un immense réseau hydrographique dont plusieurs rivières servent à la production d'électricité.

L'Ontario

L'Ontario se caractérise avant tout par son ***immensité.*** Plus de 1 million de kilomètres carrés en font la deuxième plus grande province du Canada après le Québec (Nunavut et Territoires-du-Nord-Ouest exceptés). Si grande qu'elle s'étend au maximum sur 1 691 km du nord au sud, 1 568 km d'est en ouest et est coupée par deux fuseaux horaires !
Délimité au nord par la baie d'Hudson, l'Ontario se divise en trois régions géographiques principales. Le Bouclier canadien, au nord, présente un paysage assez plat de forêts de pins, de lacs, de rivières et de formations de granite et de gneiss. Le point culminant n'y dépasse pas 693 m ! Les basses terres de la baie d'Hudson, au nord-est, sont recouvertes de marécages, de prairies et de forêts. La vallée des Grands Lacs et du Saint-Laurent, au sud-est, plus tempérée, concentre l'industrie et l'agriculture ; on parle même de *Fruit Belt* pour la région plus tempérée bordant la rive sud-ouest du lac Ontario.
La province ne compte pas moins de ***250 000 lacs,*** renfermant le cinquième des réserves d'eau douce mondiale ! Plus de 1 000 îles s'y trouvent, dont la plus grande au monde située en eau douce : Manitoulin et ses 2 766 km^2.

HISTOIRE

Si les Québécois sont francophones, ils ne sont certainement pas français. Entre la France et le Québec, il n'y a pas seulement le fossé des siècles et de l'Atlantique, mais aussi une différence d'état d'esprit. ***Les Québécois ont une mentalité nord-américaine,*** forgée par des ancêtres pionniers qui ont lutté pour s'implanter dans un paysage de neige où il gèle à pierre fendre.

La nuit des temps

L'état actuel des connaissances permet d'affirmer que ***les Amérindiens, d'origine asiatique, sont arrivés sur le continent, via l'Alaska, il y a environ 23 000 ans.*** C'est en suivant la migration des troupeaux de cervidés et de mammouths que les premiers chasseurs-cueilleurs auraient naturellement traversé de l'Asie à l'Amérique, empruntant l'actuel détroit de Béring. Avant l'arrivée des Européens, tous les peuples amérindiens du Canada étaient animistes, convaincus de la nécessité d'un équilibre entre l'homme et la nature, et perpétuaient leur culture ancestrale au moyen d'une tradition essentiellement orale. Ils ne croyaient pas à l'appropriation de la terre et ne reconnaissaient que le droit d'usage d'un territoire.

L'arrivée des premiers Européens

Bien avant Christophe Colomb, les premiers Européens à poser le pied en Amérique furent les ***Vikings.*** Après avoir colonisé l'Islande, ils abordent le

Groenland en 985-986, emmenés par Erik le Rouge. L'année suivante, ***Bjarni Herjolfsson,*** en route vers la nouvelle colonie, est déporté par la tempête jusqu'à un littoral inconnu : Terre-Neuve, sans doute.
Vers l'an 1000, le fils d'Erik le Rouge, ***Leif Eriksson,*** explore cette côte mystérieuse qui ressemble à Terre-Neuve ou à la Nouvelle-Angleterre... Vers 1960, on découvre une colonie viking à L'Anse-aux-Meadows, à la pointe nord de Terre-Neuve.

La redécouverte

Découvert « officiellement » par le Vénitien Jean Cabot en 1497 pour le compte du roi d'Angleterre, le Canada va connaître, par la suite, plusieurs découvreurs : Verrazano, un Florentin qui navigue pour François Ier et ne fait qu'une courte visite en 1524 mais réussit à donner son nom à un pont de New York. ***Jacques Cartier,*** originaire de Saint-Malo, y vient à trois reprises en 1534, 1535 et 1541. Le navigateur breton ***prend possession du Canada au nom du roi de France, en 1534.***
À son deuxième voyage, en 1535, il pénètre l'estuaire du Saint-Laurent puis aborde une île du fleuve où se trouve une bourgade : « Kanata » (peuplement). Plus en amont, Cartier croit qu'enfin la Chine est à portée de voile ! ***Il remonte le fleuve jusqu'à Hochelaga et appelle la colline mont Réal*** (mont Royal) en l'honneur de son roi. Il est très vite arrêté par des rapides qu'il désigne comme ceux de la Chine, le type asiatique des indigènes rencontrés lui laissant croire qu'il commençait à s'approcher sérieusement de l'Orient. Cartier, un peu à court d'imagination, baptise le fleuve *Saint-Laurent...* parce qu'on célèbre cette fête ce jour-là ! Son dernier voyage a lieu en 1541. Quant à l'origine du nom *Québec,* elle est controversée : certains prétendent que c'est un mot des Algonquins qui signifie « détroit », celui du Saint-Laurent en face de la ville.

ET TOC !

En 1541, Cartier crut découvrir, dans les falaises de Québec, or et diamants. Il fit charger l'une des caravelles et... rentra en France, sans attendre son compagnon de voyage, Jean-François de Roberval, parti explorer le Saguenay. Au retour, l'or se révélant être de la pyrite et les diamants du quartz, toute l'Europe se moqua... Une expression apparut à l'époque : « Faux comme diamants du Canada » !

Balbutiements

Pendant un temps, la France étant en proie aux guerres de Religion, le Canada sombre dans un oubli relatif. Tout juste assiste-t-on à quelques querelles de clocher entre la France et l'Angleterre. Avec l'avènement d'Henri IV et le retour de la concorde civile, la France se tourne à nouveau vers ses possessions canadiennes – et ses fourrures. ***Le poste de traite de Tadoussac est fondé en 1600*** sur la « rivière de Canada » (Saint-Laurent), puis, en 1604, a lieu une expédition en Acadie. Port-Royal est fondé sur la « baie de France » (baie de Fundy) : c'est le premier établissement européen permanent du Canada et de toute l'Amérique du Nord.
À ces deux expéditions participe un jeune voyageur saintongeais, ***Samuel de Champlain,*** devenu géographe royal. ***En 1608, il préside à la fondation de Québec.*** Le premier hiver, 20 des 28 hommes de l'expédition meurent. Convaincu comme Cartier d'une issue possible vers le Pacifique, l'explorateur se fait confier la charge de « chercher chemin facile pour aller au païs de la Chine » ! Il dépasse les rapides de Lachine (leur nom vient du fait que les explorateurs pensaient qu'au-delà, le fleuve menait à la Chine). Champlain atteint le lac Huron en 1615. Concluant une alliance avec les Hurons, il s'immisce dans les conflits opposant ceux-ci aux Iroquois.

Il était une fois... l'Amérique francophone

En 1627, pour favoriser le peuplement de la « Nouvelle-France », Richelieu, imitant la politique des Anglais dans leurs colonies américaines, ***fonde la Compagnie des Cent-Associés.*** À partir de 1629 et pendant 15 ans, cette compagnie jouit du monopole du commerce dans toute la vallée du Saint-Laurent, et importe ses produits libres de toute taxe en métropole. En échange, la compagnie s'engage à faire venir en Nouvelle-France 300 colons par an (catholiques exclusivement) et à fournir trois prêtres pour chaque « installation ». ***Le Canada devient très vite la cible préférée des missionnaires français*** qui, eux-mêmes, deviennent la cible préférée des Amérindiens !
La colonisation du Canada (appelé Nouvelle-France) est difficile à tous points de vue. Sur le plan commercial, la colonie ne rapporte pas les fruits escomptés : la compagnie périclite, et, plus de 30 ans après sa fondation, il n'y a que 2 000 âmes françaises perdues dans l'immensité nord-américaine. Les raisons de cet échec sont liées à la rigueur du climat, mais aussi au fait que, contrairement aux Britanniques (pour la plupart des quakers ou des puritains mal vus chez eux), les catholiques français ne sont pas persécutés en métropole. Ils ont même l'exclusivité lors des départs. La décision d'émigrer repose donc uniquement sur l'appât d'un gain... très aléatoire ! De plus, le pouvoir en métropole n'est pas très encourageant... Colbert, par exemple, déclare qu'« il ne serait pas prudent de dépeupler le royaume de France pour peupler le Canada ». ***En 1663, Louis XIV dissout la compagnie, et la Nouvelle-France devient une province royale administrée par un gouverneur et un intendant,*** comme toutes les provinces de France. Deux ans plus tard, un régiment envoyé de France impose une paix durable aux Iroquois.

L'appel de la forêt

Marins, pêcheurs, soldats, colons et engagés, le plus souvent désargentés, sont les véritables promoteurs de la Nouvelle-France. Ils découvrent en Amérique une liberté et un espoir que le carcan social de l'Ancien Monde leur refuse. ***Les premiers, dès le XVIe s, initient des réseaux de troc avec les tribus amérindiennes,*** échangeant bimbeloterie, couvertures et outils contre des peaux. C'est le début d'une ère nouvelle : ***la richesse tant espérée n'est pas minière mais commerciale.*** Le castor, très apprécié en Europe, devient le roi de la traite.
Les plus aventureux s'enfoncent dans l'intérieur des terres. Ce sont les ***« coureurs des bois »*** qui défrichent le chemin des explorateurs, s'enfonçant toujours plus loin dans l'immense territoire nord-américain. Un certain Étienne Brûlé s'impose comme l'un des plus entreprenants. Éclaireur et *truchement* (interprète) auprès des nations amérindiennes, il est le premier Européen à atteindre les Grands Lacs. Hivernant dans les campements indiens, les coureurs des bois endossent un rôle primordial d'intermédiaires. Souvent, leur prestige leur permet de conclure des alliances et des traités de paix entre tribus, ou avec les autorités coloniales. Ils négocient aussi les droits d'exclusivité auprès des chefs pour éviter qu'ils ne vendent le castor aux Anglais. Toute l'ossature de la Nouvelle-France repose sur leur dynamisme, mais les autorités, qui jalousent leur indépendance, s'en méfient. L'Église – récollets débarqués dès 1615 – dénonce leurs unions non reconnues avec des femmes amérindiennes. Les jésuites sont plus clairvoyants. Ils veulent franciser le nouveau territoire et le peupler. Vers 1635, ils demandent au pape – qui refusera – d'autoriser l'union d'un catholique avec une Amérindienne non baptisée.
En 1676, une ordonnance interdit les voyages exploratoires : la Nouvelle-France n'est déjà que trop étendue et a besoin de se consolider. Le gouverneur Frontenac y veille.

La réaction britannique

Les Français ne sont pas les seuls à s'intéresser au Nouveau Monde, l'ennemi héréditaire est aussi sur les rangs. Deux ans après Champlain, le navigateur anglais Henry Hudson s'arrête en extase devant une baie immense, regarde à droite, puis à gauche, constate qu'il est seul... et lui donne son nom. Il est lui aussi persuadé d'avoir découvert le fameux « passage » vers la Chine. Mais la vie d'aventurier se paie parfois très cher. L'année 1611 lui est fatale : son équipage se révolte et, sans grande cérémonie, le largue dans un canoë au milieu des glaces du Grand Nord ! Hudson laisse ainsi sa vie (et son nom) dans cette baie.

L'implantation française – même maigre – le long des rives du Saint-Laurent, et les territoires conquis inquiètent les Anglais. Maîtres de la côte est des futurs États-Unis, ils se voient cernés de l'intérieur des terres. Les Français ont tracé une voie du Saint-Laurent au golfe du Mexique (parti de Québec en 1682, Robert ***Cavelier de La Salle*** revendique la Louisiane et agrandit la Nouvelle-France jusqu'au delta du Mississippi), et les Anglais mesurent certainement mieux que le roi de France les possibilités qu'offre une telle situation.

LES FILLES DU ROY

Pour peupler la Nouvelle-France, Louis XIV décida d'y envoyer des filles pauvres ou abandonnées. Environ 800 de ces orphelines firent la traversée en quête d'un mari et d'une vie meilleure. Le roi était leur tuteur légal et leur offrait donc une dot ainsi que le voyage. On les appelait « les filles à la cassette ». La plupart étant citadines, certaines ne résistèrent pas aux dures conditions de la vie paysanne.

Pour contrecarrer une éventuelle mainmise française sur le continent nord-américain, les Anglais attaquent par le sud. Ils conquièrent l'Acadie en 1690, qui devient la Nova Scotia (la Nouvelle-Écosse), puis remontent le Saint-Laurent pour aller exiger la reddition de la ville de Québec mais sont repoussés par les Français. Malgré cette victoire et l'avantage énorme des Français sur l'échiquier géographique, le déclin est pourtant proche. Que peuvent faire les 70 000 Canadiens français face aux 1,5 million d'Anglais installés dans le Sud ? De plus, Louis XIV est trop empêtré dans sa lutte de domination en Europe, et son peuple montre peu d'enthousiasme à l'émigration...

La défaite, l'abandon et l'oubli

Les traités d'Utrecht, qui mettent fin à la guerre de Succession d'Espagne en 1713-1715, se soldent par la perte pour la France de la baie d'Hudson, de Terre-Neuve et de l'Acadie – à l'exception de l'île du Cap-Breton. En ***1755,*** les Britanniques décident de déporter les Acadiens qui refusent de prêter allégeance à la couronne d'Angleterre : c'est le « ***Grand Dérangement*** ». Les familles sont séparées, jetées dans des bateaux en partance pour la Nouvelle-Angleterre ou la France (certains se réinstallent à Belle-Île). D'autres fuient en Louisiane, vers le Québec ou dans les bois, auprès des Indiens micmacs.

Cet événement pèse sur le déclenchement de la guerre de Sept Ans, durant laquelle la flotte anglaise va imposer sa suprématie. Les Anglais sont alliés aux Iroquois et les Français aux Hurons. En 1759, l'armée française commandée par Montcalm est battue à Québec. Sans renforts français, Montréal tombe l'année suivante, et au traité de Paris en 1763, la France perd toutes ses possessions, ou presque... elle garde Saint-Pierre-et-Miquelon comme lot de consolation, histoire d'avoir une base pour la pêche à la morue.

Après 150 ans d'occupation, la Nouvelle-France est abandonnée. L'armée, ayant brûlé ses drapeaux, rentre en France suivie par presque tous les notables et commerçants de la colonie, qui ne laissent derrière eux que les Français les plus démunis (une majorité, évidemment).

Sujets de Sa Majesté

Les colons britanniques ne se précipitent pas et le nouveau gouverneur, James Murray, qui avait admiré le courage des Québécois, leur est plutôt favorable.

L'« Acte du Québec » (1774) rétablit les privilèges et les dîmes du clergé catholique (bien que l'Église officielle soit dorénavant anglicane), et réserve aussi des sièges au conseil gouvernemental pour les francophones.
En lieu et place de l'absolutisme et des privilèges inhérents à l'Ancien Régime français, les Québécois héritent, avec les Anglais, du parlementarisme, de l'habeas corpus et de la liberté de la presse. Pas sûr qu'ils aient perdu au change. D'autant que le clergé n'est pas mécontent d'échapper aux folies de la Révolution.
Alors, quand, en 1775, les insurgés américains envahissent le Québec en pensant les rallier à leur cause (l'indépendance), les Canadiens français se rangent du côté des Anglais ! Ils craignent que les Américains ne protègent aucunement leur langue et leur religion.

Les problèmes recommencent

La colonisation anglaise devient effective en 1783 avec l'afflux des loyalistes, ces colons américains restés fidèles à la Couronne du Royaume-Uni de Grande-Bretagne. ***En 1791, la colonie est divisée en deux par l'Acte constitutionnel : le Bas-Canada*** (le Québec d'aujourd'hui), à majorité francophone, qui conserve ses lois et un gouvernement indépendant, ***et le Haut-Canada*** (l'Ontario d'aujourd'hui), construit et administré sur le modèle britannique. La guerre anglo-américaine de 1812 donne une nouvelle occasion aux Américains d'espérer englober le Canada dans les États-Unis. Les combats sont particulièrement vigoureux à la frontière, autour du Niagara et au sud de Montréal, où Canadiens français, Amérindiens et Britanniques confondus tiennent tête aux Américains. « L'invasion » est un échec. Un traité est signé à Gand (en Belgique) en 1814 : la frontière avec les États-Unis est définitivement établie.
En 1838, les deux provinces se révoltent contre l'autoritarisme de Londres. Les patriotes de ***Louis-Joseph Papineau*** proclament l'indépendance du Bas-Canada, mais ils commettent l'erreur de décréter aussi la séparation de l'Église et de l'État. Les curés en appellent à leurs fidèles, qui refusent dans leur majorité de prendre les armes. La rébellion est écrasée. En représailles, la couronne britannique impose la ***réunion des deux Canada en 1840*** afin que les anglophones dominent les francophones. Les parlements provinciaux sont remplacés par un parlement unique avec égale représentation des deux communautés, mais la langue française perd toute légitimité. Il faudra 8 ans de lutte, avec l'aide de libéraux anglais, pour qu'elle retrouve ses droits.
Qui dit « union » dit une seule et même capitale. Choisir la ville de Québec donnerait l'avantage aux francophones, et préférer Toronto ou Kingston serait mal perçu par ces derniers. La reine Victoria est consultée. Elle regarde la carte du pays et choisit une toute petite ville, Bytown, située sur la rivière Outaouais, à la frontière du Haut et du Bas-Canada. Bytown est rebaptisée ***Ottawa.***

D'un océan à l'autre

En 1864, l'idée d'une fédération refait surface dans les Provinces maritimes. Les « Canadiens » en profitent pour s'inviter à la table des négociations et, après bien des démêlés, réussissent à faire adopter l'idée d'une confédération élargie. ***Le 1er juillet 1867, le Canada devient donc « dominion britannique »*** et cette date marque officiellement la date de naissance du pays – et sa fête nationale. À cette époque, avec l'apport massif de l'émigration écossaise et irlandaise, la population du Haut-Canada dépasse pour la première fois celle du Canada français.
Dès l'année suivante, le pays voit sa taille multipliée par six, lorsque la Compagnie de la Baie d'Hudson lui vend toutes ses possessions au nord ! ***Le soulèvement des Métis en 1870 débouche sur la naissance de la province du Manitoba,*** aussitôt intégrée. ***La Colombie-Britannique entre dans l'Union l'année suivante*** en échange d'une promesse : la construction d'un chemin de fer transcontinental. ***L'Île-du-Prince-Édouard,*** restée en marge de la Confédération,

l'intègre contrainte et forcée en 1873, acculée par ses dettes. Dans les années qui suivent, malgré une certaine résistance des Amérindiens, le pays se déplace vers l'ouest : le Yukon attire les chercheurs d'or (1898), la Saskatchewan et l'Alberta sont créées (1905). L'agriculture se développe et la population quintuple. Le Canada s'étire désormais d'un océan à l'autre.

L'État indépendant

En 1931, le Canada acquiert l'indépendance et devient une monarchie constitutionnelle, sans pour autant sortir du Commonwealth britannique. Seuls Terre-Neuve et le Labrador font cavaliers seuls : exsangues financièrement (ceci explique cela), ils ne rejoindront le giron national qu'en 1949, après deux référendums (52 % pour, 48 % contre...). La reine d'Angleterre est représentée par un gouverneur général, mais à titre purement honorifique. Le pays adopte un ***régime parlementaire*** sur le modèle britannique. Une grande différence cependant : il s'agit d'une fédération. Les Canadiens élisent donc un parlement fédéral et, dans chacune des 10 provinces et chacun des trois territoires, un parlement local qui s'occupe de tout ce qui n'implique pas les grands choix nationaux. Chaque province jouit donc d'une grande autonomie en matière d'éducation, de soins de santé, de logement et de ressources.
Le drapeau canadien, rouge et blanc avec une feuille d'érable, n'a été adopté qu'en 1965, en remplacement du *Red Ensign,* un drapeau rouge arborant l'Union Jack en haut à gauche, à la manière des drapeaux de l'empire.

La singularité du Québec

On l'a vu, ***le Québec a une histoire qui se confond avec celle du Canada.*** Historiquement, les Canadiens français auraient dû être largement assimilés. Cela n'a pas été le cas pour plusieurs raisons : d'abord, en 1763, les Anglais ne sont pas assez nombreux pour imposer vraiment la langue et les lois britanniques. Puis, en 1774, Londres accorde une certaine autonomie aux Canadiens français pour les empêcher de s'allier aux colons américains en révolte. On les laisse donc vivre en « Français ». Puis survient la « revanche des berceaux ». Poussé par le clergé catholique qui y voit un moyen d'étendre son influence, le Québec connaît un ***taux de natalité beaucoup plus fort que celui des autres provinces canadiennes.*** La structure sociale, essentiellement rurale, ne favorise pas l'assimilation. À plusieurs reprises même, les Canadiens français trouvent chez les libéraux anglais du Haut-Canada un soutien à leurs revendications.
En 1867, les Québécois obtiennent, avec le British North America Act, la garantie du maintien de leur langue, de l'organisation de la scolarité et la maîtrise de leur administration. Le système confédéral, avec la création de quatre provinces, permet cette relative autonomie. Jusqu'en 1960, le Québec vit sous le signe de l'affirmation de son identité et de l'acquisition de nouveaux droits. Une période marque profondément la Belle Province : le *duplessisme.* De 1936 à 1960, ***Maurice Duplessis,*** leader de l'Union nationale, règne avec une autorité teintée de paternalisme sur la province. Sa devise aurait pu être *Travail, Famille, Patrie.* ***Pendant un quart de siècle, la région, unifiée autour de ses valeurs traditionnelles, n'évolue presque pas.*** L'aspect positif d'une telle organisation sociale est de garder le Québec imperméable à l'idéologie et au mode de vie anglo-saxons. Il se dote même à cette époque d'un drapeau bien à lui, le drapeau bleu et blanc fleurdelisé, et de la devise *Je me souviens.*

« Vive le Québec libre ! »

À partir de 1960, la société québécoise connaît une mutation très importante, un cocktail de modernisation politique et sociale qui sera baptisé la ***Révolution tranquille.*** Grands programmes énergétiques, industrialisation et dynamisme culturel font émerger le Québec sur la scène internationale. Dans le même temps, alors que la libération des mœurs balaie l'influence de l'Église, s'impose la question de l'indépendance. ***En 1967, le centenaire du Canada est fêté avec, en toile de fond, l'organisation de l'Exposition universelle de Montréal*** (50 millions de visiteurs, l'expo la plus populaire de l'histoire). ***Le général de Gaulle*** lâche alors une petite phrase qui coupe le souffle du monde : « ***Vive le Québec libre !*** » De Gaulle, figure « respectable » de la politique internationale, soutient publiquement ce que certains considèrent comme une idée terroriste émise par de jeunes agitateurs ! Le Premier ministre fédéral, Lester Pearson, choqué par les propos de de Gaulle, les juge inacceptables pour le peuple canadien. De Gaulle en est informé. Il juge à son tour inacceptable le mot « inacceptable ». Il devait se rendre à Ottawa, mais annule sa visite dans la capitale fédérale et regagne Paris.

Cela dit, en dehors du choc psychologique créé, le « Vive le Québec libre ! » n'est suivi d'aucune participation concrète de la France pour aider les Québécois à obtenir une quelconque indépendance... ***En 1968, un dissident du Parti libéral, René Lévesque,*** journaliste influent de la TV québécoise, ***fonde le Parti québécois.*** En 1970, sa formation obtient 24 % de voix et quelques sièges. Au même moment, de jeunes Québécois, impatients et peu confiants dans les voies institutionnelles, créent le FLQ (Front de libération du Québec) et se lancent dans le terrorisme.

LA STATUE DE LA DISCORDE

En juillet 1997, une statue du général de Gaulle est inaugurée à Québec, à l'occasion du 30e anniversaire de son voyage dans la province canadienne. Cette statue à l'effigie du général provoque une controverse populaire entre séparatistes et fédéralistes. Les manifestants brandissent des panneaux : « Halte au colonialisme français ! Non à l'empire français ! ». La statue s'érige toujours sur le cours du Général-de-Montcalm.

Trudeau et le FLQ

Entre-temps, ***en 1968, Pierre Elliott Trudeau, un avocat originaire de Montréal, devient Premier ministre (libéral) du Canada*** après avoir été un ministre très progressiste. Durant son passage à la Justice, il décriminalise l'homosexualité et l'avortement, légalise le divorce, et abolit la peine de mort. Trudeau est l'incarnation du Canadien français que les Canadiens anglais peuvent aimer. Favorable à une égalité linguistique, il reste cependant farouchement opposé à toute idée d'indépendance. De leur côté, ***les membres du FLQ accentuent les actions terroristes.*** Ils enlèvent le commissaire aux Affaires britanniques James Cross et assassinent le ministre québécois du Travail Pierre Laporte durant la ***crise d'octobre 1970.*** Le FLQ est déclaré hors la loi, puis Trudeau invoque la « loi des Mesures de guerre » et envoie 10 000 hommes au Québec effectuer plusieurs centaines d'arrestations sans mandat d'arrêt. Le choc émotionnel voit l'exode de beaucoup d'anglophones influents du Québec vers Toronto, qui supplante alors Montréal comme capitale financière du Canada.

Oui-oui, non-non...

Aux élections provinciales de ***1976,*** le Parti québécois l'emporte. ***René Lévesque institue alors le français comme seule langue officielle de la Belle Province.*** En 1980, il organise un référendum sur la « souveraineté-association » : mandat politique de négociation visant à assurer au Québec la maîtrise totale de son destin dans un État souverain, associé au Canada dans

une sorte de marché commun. La proposition est rejetée. Le Parti québécois ne se décourage pas pour autant et, à l'occasion de son retour au pouvoir en ***1994,*** organise un nouveau ***référendum sur l'indépendance.*** La sécession échoue de (très) peu, avec 50,6 % de « non » pour 49,4 % de « oui ».
Cette quasi-victoire souverainiste jette un froid au Canada. Selon la Cour suprême, une « majorité claire » quant à une éventuelle sécession de la province obligerait le gouvernement fédéral à négocier. ***La « question du Québec » demeure bel et bien d'actualité.*** Et cela, malgré la déroute du Bloc québécois aux élections fédérales de 2006, qui hissent à la tête de l'État ***Stephen Harper*** (réélu en 2011), un anglophone, chef des conservateurs, évidemment hostile aux ambitions du Parti québécois. Sous sa férule, la TPS (taxe fédérale) baisse de 1 %, les engagements environnementaux du Canada sont soumis à rude épreuve, et le Québec est reconnu comme « ***une nation au sein du Canada uni*** ». Un symbole dissipé dans les mémoires, même s'il consolide une fois encore le sentiment d'un statut particulier de la province francophone, alors que ***la part du français, au Canada, ne cesse de diminuer,*** grignotée par l'immigration non francophone et le désormais faible taux de natalité des Québécois.

Le « Printemps érable »

Depuis la crise globale de 2009, la question sociale a pris le pas sur celle de l'indépendance. Dans la Belle Province, l'année 2012 est ainsi marquée par la grande ***grève étudiante contre la hausse des frais d'inscription à l'université*** prévue par le gouvernement libéral local de Jean Charest (82 % d'augmentation étalée sur 7 ans qui mettrait fin au modèle d'université accessible à tout Québécois). L'opposition au projet se transforme en une crise sociale inédite surnommée le « Printemps érable ». Le 22 mars, on compte entre 100 000 et 200 000 manifestants à Montréal !

Après l'austérité, l'ouverture

Aux élections d'avril 2014, ***les libéraux reprennent le pouvoir,*** succédant au Parti québécois. ***Philippe Couillard*** est nommé Premier ministre à la place de Pauline Marois (« la Dame de Béton »). Il mène une politique d'austérité, multipliant les coupes dans les secteurs de la santé et de l'éducation.
Au niveau fédéral, en octobre 2015, les élections sont gagnées par ***Justin Trudeau,*** fils de Pierre Elliott Trudeau, figure marquante de la politique canadienne qui dirigea le pays dans les années 1970-1980. Personne n'attendait le fiston, mais le quadra décontract' et hyper médiatique a su habilement manœuvrer, allant notamment chasser sur les terres de la gauche, en promettant un plan de relance et l'augmentation des impôts des plus riches. Du coup, Trudeau grimpe dans les sondages, en dépit de (ou grâce à) une politique pour le moins à contre-courant de la tendance actuelle. Alors que l'ensemble des politiques occidentales tentent de séduire un électorat tétanisé par les périls de son époque : repli nationaliste, communautarisme, fermeture des frontières, engluant les États dans des politiques d'austérité, Trudeau, lui, mène une politique d'ouverture : légalisation du cannabis, ouverture des frontières, nouveaux droits pour les minorités, relance économique, etc.
L'année ***2017*** commence par un ***attentat terroriste*** : le 29 janvier, un jeune homme armé ouvre le feu sur le Centre culturel islamique de Québec, tuant 6 personnes. ***Régis Labeaume*** est réélu à la mairie de Québec et l'aéroport s'agrandit d'un nouveau terminal. Un décret gouvernemental réglemente l'usage du ***cannabis,*** prenant effet en 2018. ***Airbus et Bombardier*** annoncent un partenariat pour construire les avions CSeries. Boeing est furieux ! En août, des centaines de ***migrants haïtiens*** illégaux arrivent au Québec, fuyant les États-Unis et la politique de Donald Trump. Le 5 novembre, les élections municipales de Montréal portent

au pouvoir ***Valérie Plante,*** qui devient la première mairesse de cette ville. Son slogan de campagne a été entendu par les électeurs : « Voici l'homme fort qu'il vous faut ».

LANGUE

Depuis 1977, ***le français est la seule langue officielle au Québec.*** Les Québécois, qui n'ont cessé de se battre en faveur de leur langue, traduisent systématiquement tous les anglicismes, tels que « stop » (arrêt), « parking » (parc de stationnement), « week-end » (fin de semaine), « e-mail » (courriel), « drive-in » (service au volant), « rocking-chair » (chaise berçante : joli, non ?)... Cela peut donner des traductions littérales que l'on ne saisit pas toujours au premier abord, comme le typique « bienvenue » en lieu et place de l'anglais « *you're welcome* » (« je vous en prie »). Et puis il y a ces expressions et ces mots anglais qui ont été francisés : « canceller » (annuler), « appliquer » (postuler), « c'est engagé » (c'est occupé), « tomber en amour » (« *fall in love* »), « prendre une marche » (« *take a walk* ») et tant d'autres... Pas de « shopping » ici, mais du « magasinage » ! L'incontournable « chum », issu de l'argot britannique d'avant-guerre, c'est un copain ou un petit ami. Et puis on fait une « job » ou une « jobine », selon l'importance du travail qui nous est confié... À noter également : les métiers se déclinent tous au féminin : on a toujours parlé d'une *auteure,* d'une *écrivaine,* d'une *mairesse.* Petite remarque de structure, pour terminer : vous entendrez souvent des questions faisant un usage répété du pronom. Exemples : « Tu veux-tu ? », « Tu penses-tu ? » Le « tu » est même parfois apposé à d'autres phrases : « Ça se peut-tu ? »

ON SE DIT TU ?

Au Québec, le tutoiement est bien plus utilisé que chez nous. Un principe d'égalité qui surprend quand un chauffeur de taxi vous tutoie, par exemple. Un Québécois peut d'ailleurs très vite passer du vouvoiement au tutoiement au cours de la même conversation. On vouvoie plutôt les supérieurs hiérarchiques et les personnes âgées. Mais pas toujours !

Précisons que les Acadiens ont leur propre français, différent du québécois par son accent, par certains aspects de son vocabulaire et souvent très inspiré de l'anglais. Voici ***une petite liste d'expressions*** qui peuvent différer selon que l'on se trouve en ville ou à la campagne, selon la région, l'âge ou autre. Un conseil : n'essayez pas d'utiliser ces termes en imitant l'accent (en général, les Québécois détestent), ni de jurer en employant leurs expressions (comme le fameux « tabernacle »). En revanche, jetez un œil sur la liste suivante si vous voulez éviter quelques malentendus !

DO YOU PARLER LE *CHIAC* ?

Il s'agit d'un franglais utilisé surtout par les jeunes du Nouveau-Brunswick. Différent de l'acadien, le chiac utilise la syntaxe française avec des mots anglais tels que cute, so, but, drop... *Ainsi vous entendrez : « J'ai fait une* haircut. *» C'était votre premier cours « Le chiac pour les* dummies *» (les nuls) !*

Repas

- *Déjeuner :* petit déjeuner.
- *Dîner :* déjeuner.
- *Souper :* dîner.
- *Salle à manger :* restaurant.
- *Un jus :* un jus de fruits.

– *Breuvage :* boisson non alcoolisée.
– *Cannes :* boîtes de conserve.
– *Les ustensiles :* les couverts.
– *Chaudron :* casserole.
– *Un dépanneur :* une petite épicerie de proximité.
– *Bar laitier ou crèmerie :* marchand de glaces.
– *Crème molle :* l'équivalent de notre glace à l'italienne.
– *Sous-marin :* sandwich.
– *Beurre de pinottes :* beurre d'arachides (de *peanuts* : cacahuètes).
– *Blé d'Inde :* le maïs.

Vie quotidienne

– *Bonjour :* bonjour, mais aussi au revoir.
– *Bienvenue :* de rien (en réponse à un remerciement).
– *Jaser, placoter :* bavarder.
– *Foyer :* cheminée.
– *Calorifère :* radiateur.
– *Salle d'eau :* cabinet de toilette, avec lavabo (sans douche).
– *Gougounes :* tongs, chaussons.
– *La tuque :* le bonnet.
– *Égreyer, dégreyer :* habiller, déshabiller.
– *Atchoumer :* éternuer.
– *Magasiner :* faire des courses.
– *C'est dispendieux :* c'est cher.
– *Ça coûte gratuit :* c'est gratuit.
– *C'est mon plaisir :* formule de politesse par excellence.
– *Offert :* proposé (aucune notion de gratuité !).
– *Icitte :* on le dit pour « ici ».
– *Présentement :* maintenant.
– *Asteure :* maintenant.
– *Tantôt :* tout à l'heure.
– *Tabagie :* bureau de tabac.
– *Une plume :* un stylo.

LANGAGE 3.0

La langue française, ici, on en est fier ! À bas les anglicismes, ordinateurs et réseaux sociaux n'ont qu'à bien se tenir. Non, les Québécois ne chattent pas, ils clavardent. Ils n'envoient pas des mails mais des courriels, même si parfois ils reçoivent des polluriels (spams). Et sur les réseaux, vos amis ne sont pas des followers, mais bien des abonnés. Enfin, poussons bien, mais poussons égal (n'exagérons pas), comme on dit par ici ! L'office québécois de la langue française a tout de même perdu quelques batailles. Aussi, on dit bien un selfie et non égoportrait, comme on dit un tweet et non un gazouillis (l'expression a vraiment fait débat !). En revanche, hashtag se dit bien « mot-dièse » ! On s'emmêle un peu les câbles !

Amour

– *Ma blonde :* ma petite amie.
– *Mon chum* (prononcer « tcheum ») *:* mon petit ami.
– *Un bec :* un petit baiser.
– *Cruiser* (prononcer « crouser ») *:* draguer.
– *Tomber en amour :* tomber amoureux.

Divers

– *Pogner les nerfs :* s'énerver.
– *Charger :* facturer ou faire payer.
– *Party :* fête.
– *C'est l'fun* (prononcer « fone ») *:* c'est super, agréable, drôle.
– *C'est dull, c'est platte :* c'est ennuyeux.
– *C'est cute :* c'est mignon.
– *Elle est fine :* elle est gentille.

– *Bibittes ou bebittes :* insectes (en général).
– *Maringouin :* moustique.
– *Se tirer une bûche :* s'asseoir.
– *Y mouille :* il pleut.
– *Y fait frette :* il fait très froid.
– *La brunante, la noirceur :* le crépuscule, l'obscurité.
– *La sloche :* la neige sale et fondue dans les rues des villes.
– *Salle de quilles, quillodrome :* bowling.
– *Une bonne toune :* un bon morceau de musique, une bonne chanson (de l'anglais « tune »).
– *Chialeux :* râleur.
– *Branleux :* hésitant.
– *Niaiseux (niaiseuses) :* bête, stupide (« maudit niaiseux ») ou facile à faire.
– *Niaise-moi pas :* ne me fais pas marcher, ne te fous pas de moi.
– *Menteries :* mensonges.
– *Crosseur :* magouilleur.
– *Se faire passer un sapin ou se faire amancher :* se faire avoir.
– *T'as pas d'affaire à faire ça :* tu ne dois pas faire ça.
– *Avoir une face à fesser dedans :* quelqu'un d'antipathique.
– *Tannant :* fatigant ; *être tanné,* en avoir assez, être fatigué.
– *Achalant :* fatigant.
– *Réchauffé :* ivre.
– *Achalandé :* un magasin achalandé est un magasin plein de monde et non de produits.
– *Salle de montre :* salle d'exposition.
– *C'est sur mon bras :* c'est ma tournée.
– *Être assis sur son steak :* glandouiller.
– *Se mettre sur son 36 :* se mettre sur son 31.
– *Pantoute :* pas du tout.
– *Sécher les dents :* sourire.
– *Ruine-babines :* un harmonica.
– *Un pamphlet :* une brochure, un dépliant.

Transports

– *Bicycle à gazoline :* moto.
– *VTT :* ce n'est pas un vélo, mais un véhicule tout-terrain motorisé à quatre roues (quad).
– *Char :* voiture.
– *Tanker son char :* faire le plein d'essence.
– *Chauffer dans la noirceur :* conduire de nuit.
– *Roulotte :* caravane, camping-car.
– *La renverse, le reculon :* la marche arrière.
– *Une lumière :* un feu de circulation.
– *Une congestion :* un embouteillage.
– *Faire du pouce :* faire de l'auto-stop.

Une dernière chose... évitez de dire que vous avez joué toute la matinée avec vos gosses (« couilles » en québécois) !

Si vous voulez en savoir plus, il existe des ***dictionnaires de langue québécoise*** disponibles en France et dans les librairies du Québec. Jetez un

LES « SACRES »

Vu l'héritage religieux des Québécois, les jurons sont souvent liés à l'église : tabarnak (ou tabarnac), ciboire, calice, hostie... Autrefois, ces blasphèmes étaient souvent matière à procès. Avec la popularité de ces injures, les tribunaux ont fini par lâcher prise. Toutes les couches de la population utilisent ces sacres... parfois même le clergé.

œil aussi au site ● *dictionnaire-quebecois.com* ● et entraînez-vous à votre ***prononciation*** sur ● *japprendslequebecois.com* ●

MÉDIAS

Votre TV en français : TV5MONDE, la première chaîne culturelle francophone mondiale

Avec ses 11 chaînes et ses 14 langues de sous-titrage TV5MONDE s'adresse à 320 millions de foyers dans plus de 190 pays du monde par câble, satellite et sur IPTV. Vous y retrouverez de l'information, du cinéma, du divertissement, du sport, des documentaires...
Grâce aux services pratiques de son site voyage ● *voyage.tv5monde.com* ●, vous pouvez préparer votre séjour et, une fois sur place, rester connecté avec les applications et, le site ● *tv5monde.com* ● Demandez à votre hôtel le canal de diffusion de TV5MONDE et contactez ● *tv5monde.com/contact* ● pour toutes remarques.

Télévision

De nombreux ***hôtels*** sont câblés ou proposent une ***réception via satellite.*** On peut donc y regarder des dizaines de canaux sur tous les thèmes, dont plusieurs américains. La *CBC (Canadian Broadcasting Corporation),* appelée *SRC (Société Radio-Canada)* en français, chapeaute les chaînes nationales de TV et de radio bilingues. C'est la plus sérieuse dans le traitement de l'information. *ICI Radio-Canada Télé* (*CBC Television* en anglais), la seule disponible à l'échelle du pays, connaît une bonne popularité au Québec (environ 16 %). C'est toutefois *TVA* qui est le réseau généraliste le plus populaire, avec 25 % de parts d'audience. Citons encore *Télé-Québec* (2,7 %), une chaîne publique éducative et culturelle, et le réseau privé *V* (environ 8 %).
Si vous voulez découvrir le monde canadien vu par les ***Amérindiens,*** ne manquez pas l'*APTN* (*Aboriginal Peoples Television Network),* dont une (petite) partie de la programmation est en français. Les actualités et les émissions culturelles sont particulièrement intéressantes.

Radio

Au Québec, c'est la chanson francophone qui est à l'honneur sur les ondes avec l'obligation de diffuser au moins 65 % de chanson en français. Si vous allez assez loin dans le Nord, préparez-vous à ne capter aucun signal de radio hormis les ondes courtes.

Presse

Le Canada compte plus d'une centaine de journaux quotidiens. Le plus influent, en anglais, est *The Globe and Mail,* avec un tirage hebdomadaire de près de 2 millions d'exemplaires ! *The Toronto Star* le dépasse néanmoins légèrement en nombre de ventes.
À Montréal, *La Presse* (● *lapresse.ca* ●), plutôt fédéraliste, dominait le panorama de l'édition depuis plus d'un siècle mais, crise de la presse papier oblige, il ne sort plus en kiosque que le week-end. C'est désormais un tabloïd bourré de pub, *Le Journal de Montréal* (● *journaldemontreal.com* ●), qui est le plus diffusé... Mentionnons aussi *Le Devoir* (● *ledevoir.com* ●), le seul journal francophone indépendant du Canada, plutôt intello et de tendance autonomiste, très respecté malgré son tirage modeste. Sa devise : « libre de penser ». *The Gazette* (● *montrealgazette.com* ●) est le principal quotidien anglophone du Québec et le plus ancien (fondé en 1785). À Québec, deux journaux se partagent à peu près équitablement le

lectorat : *Le Journal de Québec* (● journaldequebec.com ●) et *Le Soleil* (● lesoleil.com ●). Au Nouveau-Brunswick, le seul quotidien francophone, tribune de la communauté acadienne, se nomme *L'Acadie nouvelle* (● acadienouvelle.com ●). Quant aux quotidiens gratuits comme *Métro* ou *24h*, ils sont – comme en France – globalement très neutres et assez succincts.
Comme aux États-Unis, les hebdomadaires culturels gratuits sont maintenant des journaux importants dans toutes les villes du Canada. À Montréal vous trouverez *Voir* (● voir.ca ●). À Toronto, *NOW Toronto* (● nowtoronto.com ●) et *Toronto Life* (● torontolife.com ●). Tous traitent parfois de sujets politiques et sociaux avec une irrévérence rafraîchissante. Sinon, la Gaspésie a son mensuel culturel gratuit, *Graffici* (● graffici.ca ●).
Côté magazines, au Canada anglais, l'hebdomadaire *Maclean's* (● macleans.ca ●) présente des analyses et des reportages rigoureux sur la société canadienne. Au Québec, le bimensuel *L'Actualité* (● lactualite.com ●) réalise le tour de force d'être un magazine sérieux et l'une des revues les plus lues au Québec (après *TV Hebdo* et le mensuel féminin *Coup de pouce*...).

MUSIQUE

La musique et la chanson constituent des vecteurs clés du sens d'appartenance nationale des Québécois francophones. Et la production est importante, même s'il ne parvient en France que la pointe de cet iceberg de paroles et de notes.

Un peu d'histoire

Après la conquête anglaise de 1760, la noblesse et l'armée française quittent ce qui est la Nouvelle-France. Seuls les paysans demeurent, avec leur ***folklore*** aux origines essentiellement normandes et bretonnes. Durant ce temps, la musique et la chanson du Québec forgent leur caractère propre. Bien que contribuant à perpétuer la culture de langue française en Amérique, la musique québécoise subit aussi l'influence des traditions britanniques, et notamment de ses *square dances*.
Au début du XXe s, de plus en plus influencée par la musique anglo-saxonne, la musique du Québec a perdu tout lien avec la France. Dans les années 1920-1930, ***Mary Travers,*** de Gaspésie, devient la ***première chanteuse populaire du Québec.*** Surnommée la ***Bolduc,*** elle chante en français les joies et misères de la vie quotidienne.

UNE TURLUTE EN TOUT BIEN TOUT HONNEUR !

Typique du folklore québécois, la turlute... consiste à chanter des onomatopées ! La légende la fait naître en Acadie au XVIIIe s. Les Anglais ayant détruit les instruments de musique, les Acadiens en sont réduits à imiter par le chant violons et flûtes disparus.

La musique québécoise de nos jours

La chanson québécoise (et acadienne) connaît aujourd'hui un vrai dynamisme. Outre la grande tradition vocale québécoise, elle doit également cette vitalité au soutien important des gouvernements : non seulement la production et la diffusion de la musique québécoise sont fortement subventionnées, mais la musique de langue française est aussi maîtresse des ondes de la radio québécoise (c'est légiféré, comme en France). Même les radios de langue anglaise sont obligées de diffuser un peu de musique de langue française !
Les Français (Charles Trenet, Tino Rossi, Charles Aznavour...) influencèrent la province avant que celle-ci ne produise ses propres artistes internationaux.

Félix Leclerc est le premier Québécois à devenir populaire en France. À la fin des années 1960, ***Robert Charlebois*** est un personnage surprenant, à la fois rock et ironique. D'autres Québécois, comme ***Jean-Pierre Ferland,*** produisent nombre d'albums concepts, suivant une autre tendance anglo-saxonne. Citons encore ***Gilles Vigneault, Diane Dufresne*** (sa voix puissante, ses tenues extravagantes et ses hits comme *J'ai rencontré l'homme de ma vie*), ***Fabienne Thibault*** (connue grâce à *Starmania*)... Dans les années 1980 apparaît celle qui va devenir ce que l'on pourrait appeler un phénomène : ***Céline Dion.*** Depuis, ***Garou, Isabelle Boulay*** et ***Cœur de Pirate*** ont conquis de nombreux fans de l'Hexagone. Chanteuse et guitariste québécoise, ***Lynda Lemay*** a vendu plus de 4 millions d'albums. C'est l'artiste québécoise qui s'est le plus illustrée hors Québec. Admirée et soutenue par Charles Aznavour, Lynda a connu un énorme succès en France.

Et puis il y a les très ***nombreux festivals de musique*** qui portent la chanson presque gratuitement et en direct à son public. La Belle Province produit aussi des formations musicales variées, ainsi que des compositeurs solides et engagés. Bref, toutes les conditions sont réunies pour que percent des chanteurs de haut niveau, comme Jean Leloup, Marc Déry ou Daniel Bélanger.

Dans les années 2000-2010, une nouvelle vague de jeunes compositeurs-interprètes apparaît sur la scène francophone. Parmi eux, citons ***Pierre Lapointe*** (le « chanteur dépressif » caustique et drolatique), ***Dumas*** (un farouche amoureux de la langue française), ***Ariane Moffatt, Salomé Leclerc, Natasha Saint-Pier*** ou encore la Néo-Brunswickoise ***Lisa LeBlanc*** (avec ses accents *chiacs*).

Côté rock alternatif, le groupe québécois engagé, ***Les Cowboys Fringants,*** ne fait pas *Que du vent* depuis près de 20 ans. Citons aussi ***Malajube*** et sa pop-rock nerveuse et névrosée, ***Tricot Machine*** (originaire de Trois-Rivières au Québec), ***Haribo, Karkwa,*** sans oublier le groupe montréalais ***Arcade Fire,*** dont la puissante musique a convaincu le monde entier en seulement cinq albums. ***Patrick Watson*** et sa musique pleine de grâce, eux, vous transportent sur d'autres sphères, notamment en concert.

PARCS NATIONAUX ET PROVINCIAUX

L'histoire des parcs nationaux est liée, comme celle de l'Ouest canadien, à l'avancée du chemin de fer à la fin du XIXe s, quand trois ouvriers de la *Canadian Pacific Railway* découvrent des sources d'eaux chaudes sulfureuses. Les querelles qu'entraînent les droits de propriété attirent l'attention du gouvernement fédéral, qui les achète. Le ***premier parc national du pays,*** celui de ***Banff,*** naît ainsi ***en 1885.*** Il n'est donc pas créé par souci écologique, mais pour préserver un site économiquement exploitable par l'État. La préservation du milieu sauvage n'est pas encore à l'ordre du jour : jusqu'en 1930, l'exploitation minière et forestière est autorisée dans les parcs.

Il existe actuellement ***47 parcs nationaux*** sur le territoire canadien, ainsi que de nombreuses zones protégées à des degrés divers, dont certains dépendent des gouvernements provinciaux ou des autorités locales (aires marines de conservation, rivières du patrimoine canadien, lieux historiques nationaux, refuges d'oiseaux migrateurs, réserves, parcs provinciaux, etc.). Leur superficie s'étend de quelques centaines de mètres carrés à 44 800 km^2, pour une surface cumulée dépassant 2 % du territoire national. Presque tous ont pour objectif d'assurer la protection des écosystèmes, tout en permettant au visiteur de découvrir les richesses de la nature.

Au Québec, les parcs provinciaux sont communément appelés parcs nationaux. En réalité, la province ne compte que 3 parcs réellement nationaux (Forillon en Gaspésie, le parc de la Mauricie et l'Archipel-de-Mingan sur la Côte-Nord). Ces 3 là sont gérés par *Parcs Canada.* Les autres, environ 25, sont des ***parcs nationaux du Québec,*** gérés par le réseau *Sepaq.* Si vous optez pour l'achat d'une carte annuelle vous donnant accès à tous les parcs, celle délivrée par la Sepaq n'est pas valable dans les parcs nationaux gérés par Parcs Canada, et vice versa. Au Québec toujours, vous trouverez une quinzaine de ***réserves fauniques,*** gérées elles aussi par la Sepaq. Il s'agit là encore de zones protégées, mais ce sont avant tout des territoires de pêche et de chasse (certaines se prêtent aussi à la randonnée pédestre, à raquettes ou à vélo, ou encore au canotage), où les forêts (voire des mines) peuvent être exploitées. Les réserves fauniques sont aussi des lieux de villégiature. On peut donc y loger dans des chalets ou des campings plus ou moins aménagés ; c'est une très belle façon de se fondre au cœur de la nature, mais il faut souvent réserver bien à l'avance car ces hébergements sont en général pris d'assaut. Parfois, on peut n'y louer que le chalet à la nuit mais, selon les endroits et les périodes, il arrive que les locations proposées correspondent à des forfaits combinant le logement à une activité (la pêche, la chasse, etc.).

Quelques infos en vrac

– Les parcs sont mal, voire pas du tout desservis par les transports en commun. ***Voiture indispensable,*** donc.
– ***L'accès aux parcs nationaux est payant.*** Idem pour les ***parcs provinciaux,*** même si cela dépend un peu des provinces. Au Québec, vous devrez systématiquement passer à la caisse. À moins d'acheter une carte annuelle, le billet n'est valable qu'une seule journée, même si vous logez dans le parc (sauf cas particulier, au prix du camping s'ajoute donc celui de l'accès journalier au parc). ***Ce prix d'accès est assez élevé.*** Pour les trois parcs nationaux du Québec, il tourne autour de 8-9 $ par jour et par personne, gratuit jusqu'à 17 ans (environ 77 $ par personne pour un accès illimité à tous les parcs valable 1 an). À Algonquin, en Ontario, c'est 20 $ par voiture.
– ***Les parcs nationaux du Canada sont en général accessibles toute l'année,*** mais hors saison, les services sont réduits, voire fermés, surtout après la fête du Travail (1er lundi de septembre). Certains parcs ferment toutefois en octobre, d'autres à la période de la fonte des neiges, lorsque les chemins deviennent impraticables. Beaucoup de parcs du Québec ferment de mi-octobre à mi-mai ou ont une activité et des services réduits hors saison.
– ***Des cartes et dépliants*** en français sont remis systématiquement à l'entrée des parcs, même en dehors du Québec, il suffit de les demander.
– ***Randos :*** à l'attention des randonneurs aguerris, la durée indiquée pour les randos dans les parcs, de la Sepaq est plutôt celle d'une famille avec enfants en bas âge en comptant de nombreuses pauses...
– ***Aires de camping :*** dans la plupart des parcs, mais leur confort varie. Certaines disposent de sanitaires et de tous les services (pour les camping-cars notamment), d'autres uniquement de toilettes sèches et d'un point d'eau, parfois non potable. Dans certains parcs provinciaux, il est aussi possible de louer des ***yourtes*** ou des « prêt-à-camper ». Il s'agit généralement de ***grandes tentes Huttopia*** (ou *Hékipia* sur certains sites) équipées d'un plancher, d'un poêle (bois généralement fourni), de lits et de tout le matériel de cuisine, mais il faut apporter son sac de couchage. Leur nombre est souvent limité et, comme tout hébergement dans les parcs, il est fortement conseillé de ***réserver bien à l'avance.*** Vous trouverez toutes les informations au sujet de l'équipement et de l'emplacement des campings, des prix et des procédures de réservation sur les sites internet des parcs.
– Si la ***cueillette*** est autorisée dans les réserves fauniques, elle est strictement interdite dans les parcs nationaux et provinciaux. Ne coupez rien, ramassez vos détritus et ne nourrissez pas les animaux.
– Les parcs sont par définition en pleine nature et donc, en saison, très fréquentés par ***moustiques, mouches noires*** et autres volatiles piquants et agaçants. Protégez-vous ! (Voir la rubrique « Santé » dans « L'est du Canada utile » en début de guide.)

– Vous l'avez sans doute compris, les parcs sont extrêmement réglementés. Ceci explique, au Québec notamment, le ***réseau assez limité de sentiers*** dans certains parcs.

■ ***Parcs Canada :*** ☎ *819-420-9486 (International) ou 1-888-773-8888 (Canada et États-Unis).* ● *pc.gc.ca* ●

■ ***Sepaq (Société des établissements de plein air du Québec) :*** ☎ *0-800-400-800 (nº international sans frais) ou* ☎ *1-800-665-6527 (Canada et États-Unis).* ● *sepaq.com* ●

Les pourvoiries

Ce sont des ***territoires exclusifs de chasse et de pêche*** appartenant à un propriétaire privé, particulier ou association. Le pourvoyeur possède en nom propre les permis de chasse et de pêche valables sur son territoire. Il en existe environ 650 au Québec, et parmi elles quelques clubs très sélects, réservés à des adhérents fortunés. À la différence des réserves fauniques qui gèrent les chasses et les pêches dans une optique de développement durable, ***la pourvoirie est une entreprise commerciale*** qui « vend » des droits de chasse et de pêche. Souvent loin de tout, certaines proposent des hébergements qui vont de la cabane ouverte à tous vents au chalet 3 étoiles ou encore au camping « rustique ». Nous en indiquons quelques-unes dans ce guide. À ne pas confondre toutefois avec les Auberges de la forêt, structures avec services hôteliers (niveau 4 étoiles) et où l'on pratique des activités nature, été comme hiver.

IL EST FRAIS, MON POISSON !

Héritée des Amérindiens, la « pêche blanche » est une activité familiale très populaire. Dès le début du mois de janvier, au moment des plus grands froids, les locaux installent des petites cabanes sur les lacs gelés. On fait un trou dans la glace, on lance quelques hameçons et, comme tous les pêcheurs du monde, on médite en attendant que ça morde... Spectacle insolite que l'on peut voir de près au Saguenay et au lac Saint-Jean.

PERSONNAGES

Histoire et politique

– Commençons par ***Jacques Cartier,*** marin malouin parti sur ordre de François Ier à la découverte d'un passage vers l'Asie. Il prend possession du Canada à Gaspé en 1534, au nom de son roi ; au cours d'un deuxième voyage, il remonte le Saint-Laurent assez loin. Pour plus de détails, reportez-vous à la rubrique « Histoire » plus haut.

– ***Samuel de Champlain*** *(vers 1567-1635)* **:** né à Brouage (en Charente-Maritime), ce lecteur assidu de Jacques Cartier devient navigateur, commerçant, explorateur, diplomate, géographe, ethnologue, écrivain, etc. ! Mais l'œuvre de sa vie, c'est la fondation de la ville de Québec le 3 juillet 1608, qui lui vaudra le titre de « Père de la Nouvelle-France ». Pour concrétiser son rêve, il traverse 19 fois l'Atlantique. Il sera administrateur en chef de Québec jusqu'à sa mort en 1635.

– ***Pierre Elliott Trudeau*** *(1919-2000)* **:** ministre de la Justice en 1967, puis Premier ministre du Canada de 1968 à 1979 et de 1980 à 1984. Sous ses divers mandats, le divorce fut légalisé, l'homosexualité et l'avortement décriminalisés, et la peine de mort abolie. Beau palmarès pour ce Montréalais défenseur des libertés individuelles et d'une démocratie tolérante des différences culturelles et religieuses. Souvent considéré comme le plus grand Premier ministre canadien,

il est l'architecte du Canada officiellement bilingue et d'un certain nationalisme canadien. Fédéraliste acharné, il a été l'ennemi juré de René Lévesque.
– ***René Lévesque*** *(1922-1987)* **:** Premier ministre du Québec de 1976 à 1985. Malgré la confiance des Québécois, son gouvernement du Parti québécois perdit le référendum de 1980 sur la souveraineté du Québec. Son gouvernement promulgua la Charte de la langue française (loi 101), qui faisait du français la seule langue officielle du Québec. En Amérique du Nord, c'est quand même un exploit...
– ***Justin Trudeau*** *(1971)* **:** avec son élégance décontractée façon Kennedy ou Obama, ce quadra tout feu tout flamme, digne fils de son père Pierre Elliott, entend pourtant se démarquer de l'oncle Sam, notamment en ce qui concerne les politiques environnementales. Quand un Trump stigmatise la communauté LGBT, Trudeau, lui, défile en tête de la Gay Pride. Bref, une sorte de super-héros de la politique moderne.

Musique

– ***Oscar Peterson*** *(1925-2007)* **:** né dans la Petite Bourgogne, quartier d'ouvriers noirs anglophones de Montréal, ce virtuose du piano, véritable stakhanoviste de l'instrument, devient pro dès l'âge de 14 ans. Reconnu par ses pairs comme un instrumentiste d'exception, il accompagnera les plus grands : Louis Amstrong, Ella Fitzgerald, Billie Holiday...
– ***Félix Leclerc*** *(1914-1988)* **:** née à La Tuque, cet auteur-compositeur-interprète de la trempe des Brel et Brassens, avec lesquels il était pote, est le papa de la chanson québécoise à texte. Il fut également une voix puissante de nationalisme québécois. En 2014, il a été désigné *Personnage historique* par le ministère québécois de la Culture.
– ***Gilles Vigneault*** *(1928)* **:** enfant de Natashquan (Basse-Côte-Nord), ce poète-auteur-compositeur-interprète, fils de marin-pêcheur, est lui aussi un fervent partisan d'un Québec souverain. *Gens du Pays* dont il est l'auteur des paroles et d'une partie de la musique, est considéré de facto comme l'hymne du Québec.
– ***Glenn Gould*** *(1932-1982)* **:** génie de la musique, ce pianiste né à Toronto est presque aussi célèbre pour ses interprétations de Bach et du répertoire baroque que pour ses excentricités et ses talents de pamphlétaire.
– ***Leonard Cohen*** *(1934-2016)* **:** né dans une famille juive de Montréal, l'auteur du fameux *Hallelujah* si souvent repris est surtout connu chez nous comme auteur-compositeur et interprète, mais il est aussi poète et romancier. C'est en effet par l'écriture qu'il s'est d'abord fait connaître dans le Canada (et le Montréal) anglophone des années 1950-1960. La religion, la solitude et la sexualité ont été les thèmes centraux de ses textes. Mystique, Leonard s'est retiré de 1994 à 1999 dans un monastère bouddhiste de Californie. Pendant ce temps, son agent lui aurait volé ses droits d'auteur, soit l'équivalent de 50 millions de US$! Il ne les a jamais récupérés.
– ***Luc Plamondon*** *(1942)* **:** parolier infatigable qui débite des dizaines de succès populaires depuis le début des années 1970 (*Cœur de rocker* et *La Fille aux bas nylon* interprétés par Julien Clerc, *Nuit magique* par Catherine Lara). Il est surtout connu pour ses comédies musicales, de *Starmania* à *Notre-Dame-de-Paris.*
– ***Robert Charlebois*** *(1944)* **:** dans les années 1960, il est au premier rang des anticonformistes de la chanson québécoise. Humour, provocation et improvisation se mêlent au rock et au joual *(Lindbergh),* ce qui fait scandale à l'époque. Il s'est beaucoup assagi avec les ans *(Je reviendrai à Montréal)* tout en gardant une place importante dans le cœur des Québécois. À plus de 70 ans, Charlebois semble s'être retiré du showbiz.
– ***Céline Dion*** *(1968)* **:** succès mondial pour cette Québécoise d'origine. On vous épargne la petite histoire, que vous pourrez probablement trouver dans le dernier *Closer...* Au Québec, Céline Dion fait à la fois l'objet d'un culte populaire et d'un mépris de la part de détracteurs qui lui reprochent des chansons trop

commerciales. Ses succès en France ont commencé après sa victoire à l'Eurovision en 1987 (elle représentait la Suisse...). Et puis il y eut *Titanic,* et vous connaissez la suite... Céliiiiiiiiiiiiine !

– ***Arcade Fire :*** formé en 2003-2004 à Montréal, ce groupe de rock connaît un succès critique instantané avec un premier album, *Funeral,* qualifié de « coup de génie » par un certain David Bowie. Rien que ça ! Leur marque de fabrique, c'est l'utilisation d'instruments oubliés sur fond de rock. Mais c'est en concert qu'Arcade Fire se démarque, électrisant son public par ses prestations scéniques énergiques.

– Citons encore ***Neil Young*** (Toronto), ***Alanis Morissette*** (Ottawa), ***Richard Desjardins*** (Rouyn-Noranda, Québec), ***Linda Lemay*** (Portneuf, Québec), ***Garou*** (Sherbrooke) ou encore ***Shania Twain*** (Timmins, Ontario).

Cinéma et théâtre

– ***Norman Jewison** (1926) :* cinéaste né à Toronto. Formé à la bonne école de la BBC et de la Canadian Broadcasting Corporation, Jewison part pour Hollywood en 1958. Dès 1967, il remporte l'oscar du meilleur film pour *Dans la chaleur de la nuit,* un film courageux sur la haine raciale avec Sydney Poitier. Souvent engagés, ses films lui ont rapporté 12 oscars. Citons les plus connus : *Le Kid de Cincinnati* (1965), *L'Affaire Thomas Crown* (1968), *Un violon sur le toit* (1971), *Rollerball* (1975), *Justice pour tous* (1979), *A Soldier's Story* (1984) et *Éclair de lune* (1987). Il possède son étoile sur le *Hollywood Walk of Fame.*

– ***Denys Arcand** (1941) :* acteur, scénariste et surtout réalisateur très connu en France depuis *Le Déclin de l'empire américain* (1986), complété par *Les Invasions barbares* (2003) et *L'Âge des ténèbres* (2007), une critique des humeurs et des excès de la société québécoise postmoderne. Déjà dans son tout premier long-métrage documentaire, *On est au coton* (1970), il analysait à travers l'industrie textile québécoise la difficile condition des ouvriers et leurs luttes syndicales.

– ***David Cronenberg** (1943) :* cinéaste né à Toronto. Ancien étudiant en médecine, cet autodidacte est très tôt attiré par la science-fiction et le cinéma expérimental. Malgré une série de films d'horreur (tendance gore) devenue culte, il lui faudra une quinzaine d'années avant d'atteindre la reconnaissance. En 1996, il reçoit le prix du jury au Festival de Cannes pour le très dérangeant *Crash.* Au fil de son œuvre visionnaire, l'auteur de *Dead Zone* (1984), *La Mouche* (1986), *Faux-semblants* (1988), *A History of Violence* (2005), *Les Promesses de l'ombre* (2007), *Cosmopolis* (2012) et *Maps to the Stars* (2014) a développé un univers bien à lui, où le corps humain ainsi que les mutations de toutes sortes occupent une place centrale.

– ***James Cameron** (1954) :* par où commencer ? Né à Kapuskasing en Ontario, James est diplômé de physique. Heureusement pour nous, il s'est vite tourné vers le cinéma, mais sa vraie passion, ce sont les effets spéciaux. Il connaît son premier succès planétaire avec *Terminator* (1984), puis suivent, parmi les plus connus, *Abyss* (primé aux Oscars, 1989 pour les meilleurs effets visuels), *Titanic* (1997) pour lequel il décroche 11 Oscars, ou encore *Avatar* (2009), film le plus cher de l'histoire, dont le 2e volet sortira en 2020. Bref : un mythe !

– ***Robert Lepage** (1957) :* l'un des metteurs en scène les plus talentueux du théâtre contemporain. Il est le premier Nord-Américain à diriger une pièce de William Shakespeare au Royal National Theatre de Londres, avec *Le Songe d'une nuit d'été.* En 1993, il met en scène la tournée de Peter Gabriel ; l'année d'après, il scénarise et réalise son premier long-métrage, *Le Confessionnal,* et fonde la compagnie de création multidisciplinaire Ex Machina. Depuis, il continue à monter ses propres spectacles et a reçu de nombreux prix et honneurs.

– ***Ryan Gosling** (1980) :* né à London en Ontario, le petit Ryan en a fait du chemin depuis le *Mickey Mouse Club,* où il paradait aux côtés de Justin Timberlake et Britney Spears. S'il avait déjà obtenu de nombreux rôles sur grand écran, la consécration arrive en 2011 avec *Crazy, Stupid, Love* et le superbe *Drive,* dans lequel il incarne un chauffeur pour criminels. Comment ne pas citer le poétique *La La Land* (2016) dont on aime fredonner les mélodies. Entre deux rôles, Ryan est aussi producteur et compositeur.

– ***Ellen Page*** *(1987)* **:** nominée à l'Oscar de la meilleure actrice pour le film *Juno*, l'actrice née à Halifax connaît une consécration internationale en 2007. À l'affiche de blockbusters *(X-Men, Inception)* comme de films à petits budgets *(Bliss)*, l'actrice est aussi très impliquée dans la cause LGBT. En 2014, elle annonce publiquement son homosexualité à l'occasion d'une soirée de soutien à la jeunesse LGBT. Son petit 1,55 m lui vaut le surnom de « *The Tiny Canadian* » (la petite Canadienne).

– ***Xavier Dolan*** *(1989)* **:** jeune prodige du cinéma québécois, ce scénariste-réalisateur est remarqué pour chacun de ses films dans les festivals majeurs, où il glane de prestigieuses récompenses, depuis son premier long-métrage, *J'ai tué ma mère*, en 2009, alors qu'il venait juste d'avoir 20 ans. *Mommy*, mélo électrisant sur l'amour inconditionnel d'une mère courage face à son fils délinquant, lui a valu le prix du jury à Cannes en 2014. Ses films, assez exceptionnels, retranscrivent avec fougue une vision très contemporaine du quotidien des paumés et des *borderline*.

Citons encore ***Anne Dorval*** et ***Suzanne Clément***, muses de Xavier Dolan, ***Marie-Josée Croze***, Montréalaise révélée par *Les Invasions barbares* de Denys Arcand ; le grimaçant ***Jim Carrey***, ***Mike Myers***, alias Austin Powers, ***Marc-André Grondin*** (*C.R.A.Z.Y, Le premier jour du reste de ta vie*) ou encore ***Antoine-Olivier Pilon*** (rôle principal dans *Mommy*)... et tant d'autres !

– ***Le Cirque du Soleil*** **:** les Québécois tirent beaucoup de fierté de cette institution made in Québec, fondée en 1984 par ***Guy Laliberté***, qui n'a absolument rien à voir avec le cirque traditionnel. Les costumes et acrobaties sont spectaculaires, les décors féeriques, et la musique aux influences multiculturelles, interprétée en live, joue un rôle important dans la mise en scène. Pas d'animaux, car considérés comme de l'esclavage. La troupe se produit aujourd'hui dans le monde entier, les 1 300 artistes qu'elle emploie sont recrutés aux quatre coins de la planète, notamment parmi les champions olympiques. Elle présente actuellement une vingtaine de productions, dont une dizaine de spectacles fixes (à Las Vegas pour la plupart) et l'autre moitié en tournée mondiale.

LES ÉTOILES DU CIRQUE

Peut-être avait-il un nom prédestiné ? Le 30 septembre 2009, Guy Laliberté, fondateur du Cirque du Soleil, a été le septième civil de l'histoire et le premier clown à s'offrir un séjour dans l'espace pour 35 millions de dollars à bord de Soyouz TMA-14. Guy Laliberté pourra maintenant dire qu'il est passé du Soleil aux étoiles !

Littérature

– ***Lucy Maud Montgomery*** *(1874-1942)* **:** publiée en 1908, *Anne et la Maison aux pignons verts* est l'une des œuvres canadiennes les plus connues dans le monde, notamment par le biais d'une série télévisée. L'auteure s'est inspirée de ce qu'elle a vécu et des endroits qu'elle a connus sur l'Île-du-Prince-Édouard pour créer l'orpheline Anne, un personnage rebelle et attachant.

– ***Anne Hébert*** *(1916-2000)* **:** écrivaine qui a publié des poèmes, des pièces de théâtre, des nouvelles, des récits ainsi que des romans dont beaucoup ont été primés : *Les Chambres de bois, Kamouraska, Les Fous de Bassan, L'Enfant chargé de songes* et *Un habit de lumière*.

– ***Margaret Atwood*** *(1939)* **:** née à Ottawa, elle passe une partie de son enfance dans les forêts canadiennes avec son père zoologue. Après de brillantes études à Harvard, elle devient la grande romancière internationale qu'on connaît aujourd'hui. Ses romans sont complexes, souvent sombres, mais aussi comiques.

L'identité canadienne et la nature sauvage, de même que la place des femmes dans l'histoire, comptent parmi ses thèmes favoris.

– ***Dany Laferrière** (1953) :* né et élevé à Haïti, Dany Laferrière quitte Port-au-Prince en 1976 (alors sous le joug du dictateur Duvalier) pour s'exiler à Montréal. C'est dans cette ville effervescente qu'il achète sa machine à écrire Remington, sur laquelle il écrira une dizaine de romans, dont *Comment faire l'amour avec un Nègre sans se fatiguer.* En 2013, il est le premier écrivain québécois à entrer à l'Académie française.

Peinture et architecture

– ***Jean-Paul Riopelle** (1923-2002) :* un des premiers *automatistes,* un groupe de peintres non figuratifs influents au Québec. Il est aussi signataire du *Refus global* en 1948, un manifeste anticonformiste qui marque l'histoire du Québec. Jean-Paul Riopelle est le peintre canadien le plus réputé sur le plan international. Une place porte son nom à Montréal.

– ***Frank Gehry** (1929) :* né à Toronto, il part étudier l'architecture à Los Angeles et le design à Harvard. Couronné par le prestigieux prix Pritzker en 1989, Gehry se rend célèbre avec le musée Guggenheim de Bilbao en 1997. De New York à Paris (la fondation LVMH dans le bois de Boulogne) en passant par Abu Dhabi, il est partout. Mais, curieusement, il n'a réalisé qu'un projet dans son pays natal, l'agrandissement de l'Art Gallery of Ontario à Toronto.

– ***Michael Snow** (1929) :* né à Toronto, Michael Snow est considéré comme l'un des artistes canadiens contemporains les plus importants, mais aussi comme l'un des pères du cinéma expérimental. Son œuvre aux multiples facettes explore les domaines aussi bien de la peinture, de la musique, de la photographie que du film ou de la vidéo.

Sciences

– ***Frederick Banting** (1891-1941) :* originaire du village d'Alliston (Ontario), ce Prix Nobel de physiologie ou médecine en 1923 a dirigé l'équipe qui a découvert l'insuline à l'université de Toronto. Aussi noble que nobélisé, Banting décida de ne pas faire breveter l'insuline pour en faire profiter le plus grand nombre.

POPULATION

L'Ontario est la province la plus peuplée du Canada, avec 14,1 millions d'habitants, soit 38,4 % des 36,7 millions de Canadiens (chiffres 2017). Le Québec vient en seconde position avec 8,3 millions d'habitants (23 %). Les quatre cinquièmes des Québécois vivent en zone urbaine, et presque la moitié d'entre eux dans la région de Montréal (« le Grand Montréal »).

NOM DE NOM !

Pour le fun, petit hit-parade des noms au Québec. En tête depuis la création du Canada : les Tremblay (environ 81 000, plus de 1 % de la population québécoise, 13 % de celle de Charlevoix), suivi des Gagnon (presque 0,8 %), des Roy, Côté, Bouchard, Gauthier, Morin, Lavoie, Fortin et, en 10e position, c'est Gagné !

Les peuples autochtones dans l'histoire canadienne

Sauvages, Amérindiens ou autochtones ?

Après des siècles de colonisation, de spoliation puis de cohabitation, les rapports entre les Québécois et les autochtones demeurent chargés d'ignorance, de préjugés et d'incompréhension. « On a bien cherché à les dominer, à les exploiter, mais il y a quand même eu une véritable rencontre. Les explorateurs et les missionnaires parlaient le huron et l'algonquin », précise Jean-Michel Lacroix, historien du Canada. Les peuples autochtones ont d'abord été appelés « sauvages », puis « Amérindiens » et aujourd'hui « autochtones », terme qui présente l'avantage d'englober les Inuits, qui ne sont pas des Amérindiens. Officiellement, la loi constitutionnelle de 1982 reconnaît ***trois grands groupes autochtones*** : les Premières Nations, ou Amérindiens, les Métis et les Inuits.

L'arrivée des colons... et des problèmes

L'arrivée des colons français, puis anglais, dans ce qui allait devenir la Nouvelle-France puis le dominion britannique du Canada, a irrémédiablement bouleversé le mode de vie indigène : déportations, dépossessions et persécutions diverses. Au début de la colonisation, les affrontements directs entre coloniaux et Amérindiens eurent surtout lieu dans les grands bassins fertiles – où le contrôle de la terre devenait un enjeu – comme la plaine du Saint-Laurent ou la périphérie des Grands Lacs. À l'écart du littoral, les contacts furent plus rares et moins conflictuels – se résumant souvent à l'échange commercial, sans autre désir d'occupation.

De grands bouleversements

Dans la première moitié du XXe s, les Inuits et une grande partie des Amérindiens menaient encore une vie nomade. Le choc de la modernité fut rude, renversant les repères, aliénant les territoires traditionnels de chasse, menaçant l'identité même des autochtones. Un écart important demeure entre leurs conditions de vie et celles de la population du Québec et de l'Ontario en général. Les taux de suicide, d'incarcération et de mortalité infantile restent nettement plus élevés que dans la population générale ; le taux de chômage est deux fois plus important que la moyenne nationale, et l'espérance de vie nettement inférieure (9 ans de moins pour les hommes, 5 ans pour les femmes).

Combien sont-ils ?

L'enquête statistique la plus récente date de 2011-2012. Le nombre de personnes ayant déclaré une identité autochtone au Canada s'élevait à environ 1,4 million soit 4,4 % de la population totale du pays. Le Québec compte 141 915 autochtones (dont 82 425 individus de Premières Nations, 40 955 Métis et 12 570 Inuits), l'Ontario environ 300 000.

Rappelons que, au moment de l'arrivée de l'homme blanc, il y avait sans doute environ un demi-million d'autochtones au Canada ; c'est dire que la croissance démographique a été pratiquement nulle sur quatre siècles. La population amérindienne a même frôlé l'anéantissement avec l'importation des maladies inconnues dans le sillage de la colonisation, et les guerres indiennes.

Aujourd'hui, 26 % des Premières Nations du Québec vivent dans une réserve, et près d'un Amérindien sur deux a moins de 25 ans. On assiste donc à un redressement de la démographie. Mais la médaille a son revers : on constate aussi une assimilation graduelle, manifestée, entre autres, par la perte de vigueur des langues autochtones. Au recensement de 2011, seulement 14,50 % de la population a déclaré une langue autochtone comme langue maternelle (15 ans plus tôt, ce chiffre était encore de 26 %). Deux Inuits sur trois maîtrisent encore l'inuktitut, mais un membre des Premières Nations sur cinq seulement parle encore sa langue.

Qu'est-ce que la Loi sur les Indiens ?

Au terme de la Constitution canadienne, le gouvernement fédéral est habilité à légiférer en ce qui concerne les « Indiens et les terres réservées pour les Indiens ».

La première loi du genre a été adoptée en 1869, et modifiée de nombreuses fois. Avant 1960, les « Indiens inscrits » vivant dans les réserves n'avaient pas le droit de vote aux élections fédérales : ils étaient délibérément tenus à l'écart s'ils refusaient d'être assimilés au reste de la société canadienne. Quant au droit de vote aux élections provinciales, ils ne l'ont obtenu qu'en 1969... Jusqu'en 1985, les « Indiens » pouvaient perdre leur statut d'« Indiens inscrits ». Cela s'appelait l'« émancipation ». Elle leur enlevait leurs droits en tant qu'Indiens mais leur accordait tous les droits des Canadiens.
En 2011, le ***Canadian Human Rights Act*** de 1977 est enfin étendu aux autochtones. Concrètement, cela signifie que les autochtones peuvent désormais mener des actions en justice contre leurs gouvernements – autochtone comme canadien – s'ils jugent être victimes de discriminations. Naturellement, cela n'a rien changé à leurs conditions de vie immédiates, quoique, sur le fond, la scolarisation et les salaires des autochtones tendent à lentement augmenter.

La question autochtone aujourd'hui

Le gouvernement fédéral reconnaît explicitement que, aujourd'hui encore, la Loi sur les Indiens « continue d'entraver leur développement social, économique et politique ». En 2008, le Premier ministre Stephen Harper a présenté les excuses officielles du gouvernement dans l'affaire des ***residential schools*** : des pensionnats chrétiens destinés à « civiliser » et à évangéliser les natifs. Les langues et religions autochtones y étaient strictement bannies. Violences physiques, travaux forcés et abus sexuels figuraient au programme. Ces pensionnats furent obligatoires de 1920 à 1948, mais le dernier n'a fermé ses portes qu'en 1996 ! Objectif de ces institutions : « tuer l'Indien dans l'enfant ». Voire tuer l'Indien tout court. Sur les 150 000 enfants envoyés dans ces pensionnats, entre 3 000 et 4 000 mourront de froid, de faim, de maltraitance. En 2015, une commission Vérité et Réconciliation rendait un rapport choc sur la question, estimant que « le Canada a clairement participé à un génocide culturel » et exigeant que l'État ratifie la convention sur les peuples autochtones des Nations unies pour en faire la base de ses futures politiques.
Si la reconnaissance historique avance, en parallèle rebondit ***la question des territoires.*** Jadis, les autochtones furent chassés des plaines convoitées par les colons pour être reclus dans de minuscules réserves. Ironie de l'histoire, désormais c'est le sous-sol de certaines de ses réserves qui aiguise l'appétit des nouveaux colons, les industriels du pétrole. Et, comme par le passé, ce ne sont pas les Indiens que le gouvernement soutient. Grâce à une modification en 2012 de la Loi sur les Indiens, l'État peut désormais plus facilement récupérer les terres d'une réserve.

Droits constitutionnels et avantages

Les autochtones ont donc désormais les mêmes droits et avantages que tous les autres Canadiens. Les « Indiens inscrits », vivant dans l'une des 2 923 réserves du Canada, bénéficient généralement d'une exemption fiscale sur les revenus qu'ils y perçoivent et sur certaines taxes provinciales, de la gratuité de la plupart des soins médicaux, d'aides au logement, d'une exonération de la taxe d'essence, de bourses postsecondaires... Ces multiples avantages nourrissent le ressentiment des autres Canadiens, même si la plupart des réserves du pays présentent une situation peu reluisante, où le travail fait largement défaut et la pauvreté s'affiche au grand jour.

Organisation politique et sociale

Le *conseil de bande* – qui est l'organisation politique de chaque collectivité autochtone – est formé d'un chef et de conseillers élus. Il gère sa communauté et veille à l'application des programmes gouvernementaux ; il prend

LES COMMUNAUTÉS AUTOCHTONES

d'ailleurs de plus en plus en charge l'éducation ainsi que le développement économique et culturel local. Des autochtones se présentent à la députation provinciale et fédérale, et sont parfois élus. Leurs revendications trouvent le chemin des tribunaux, où elles sont défendues par des avocats membres des communautés. Le lobby autochtone est devenu important, et les gains notables.

Depuis quelques années, les ***Inuits*** ont le plein contrôle de leur développement sur le territoire du Nunavut : leur propre gouvernement, leurs représentants, leurs lignes aériennes et leurs chaînes de TV. Quant aux ***Cris,*** ils ont obtenu, en 2002, des compensations de 4 milliards de dollars sur 50 ans indexées sur les revenus tirés de l'exploitation des ressources hydroélectriques du Nord-Ouest québécois... En 2012, ils ont signé avec le gouvernement provincial une entente prévoyant, entre autres, la mise en place d'un gouvernement régional, avec un nombre égal de votes entre les Cris et les Jamésiens de Baie-James. Toutes ces ***batailles juridico-politiques,*** parfois gagnées, parfois perdues, sont la logique revanche du vaincu sur le vainqueur. Il reste cependant les pertes culturelles irréversibles, et les problèmes sociaux (délinquance, alcoolisme...) résultant de la difficulté à trouver sa place dans un monde qui n'est plus celui des ancêtres et où l'on n'arrive pas encore à se situer.

Depuis 1996, une ***Journée nationale des autochtones*** se tient chaque année, le 21 juin.

Pour en savoir plus sur les autochtones du Canada, vous pouvez consulter les ***sites internet*** suivants :

- *tourismeautochtone.com* • Site de Tourisme Autochtone Québec. Pour découvrir le Nouveau Monde sous un autre jour.
- *aadnc-aandc.gc.ca* • Site du département des Affaires autochtones et du Développement du Nord-Canada.
- *afn.ca* • Celui de l'Assemblée des Premières Nations.

RELIGIONS ET CROYANCES

Les religions chrétiennes sont fortement majoritaires, mais toutes les autres grandes religions sont représentées au Canada. Contrairement à leurs voisins américains, il y a une séparation très nette entre religion et vie politique. Les dirigeants politiques évitent de parler de leurs propres croyances. Liberté de pratique et respect sont les maîtres mots.

DÉTOURNER LE JEÛNE

L'Église catholique interdisait la consommation de viande certains jours, notamment le vendredi. Les ecclésiastiques eurent l'idée de considérer le castor comme un... poisson puisqu'il vit beaucoup dans l'eau. Malin.

Au Québec, les dynamiques sont différentes, mais le résultat est le même. Le clergé y a joué un rôle déterminant dans l'histoire politique jusqu'aux années 1960, mais ce n'est plus le cas. Et si la plupart des Québécois se déclarent croyants, peu sont pratiquants. Presque tous les cultes sont représentés au Québec, avec toujours, comme en France, une large prédominance du catholicisme dit « culturel ». Protestants, musulmans, orthodoxes et juifs constituent les principaux groupes minoritaires. À Montréal, la grande ville multiculturelle du Québec, on retrouve le même foisonnement de religions – et leur même cohabitation – que dans le Canada anglais.

La décennie 2000-2010 a néanmoins vu une résurgence des débats sur les « *accommodements raisonnables* ». Késéksa ? En gros, c'est une façon de répondre à des demandes venues d'une minorité qui n'incommodent pas la majorité. Un exemple : au début des années 2000, les cours de religion catholique sont supprimés au Québec pour ne pas contraindre les enfants issus des minorités à les suivre. Mais l'enseignement religieux n'est interdit dans les garderies que depuis 2011 ! À d'autres occasions, des jugements interdisent aux élus de commencer une réunion par une prière.

Mais de l'accommodement raisonnable à l'accommodement déraisonnable, il n'y a souvent qu'un pas... Ainsi, lorsque le directeur général des élections autorise les femmes portant le *niqab* (voile intégral) à voter sans se dévoiler, lorsque certains exigent le retrait des sapins de Noël des espaces publics pour ne pas contraindre les non-chrétiens à supporter ce symbole religieux « ostentatoire », les esprits s'échauffent. La plupart des cas litigieux ont récemment porté sur des symboles musulmans, mais les autres communautés sont aussi concernées. Les critiques

se sont multipliées, certains estimant que ces accommodements favorisent le communautarisme. Pour mettre les choses à plat, une commission de consultation a été créée : elle a conclu à une tendance au sensationnalisme des médias, désignés comme en partie responsables des controverses...
Quant aux Amérindiens, ils pratiquent les religions animistes de leurs ancêtres souvent métissées d'éléments de foi chrétienne.

SITES INSCRITS AU PATRIMOINE MONDIAL DE L'UNESCO

Organisation des Nations Unies pour l'éducation, la science et la culture
En coopération avec le Centre du patrimoine mondial

Pour figurer sur la liste du Patrimoine mondial, les sites doivent avoir une valeur universelle exceptionnelle et satisfaire à au moins un des 10 critères de sélection. La protection, la gestion, l'authenticité et l'intégrité des biens sont également des considérations importantes.
Le patrimoine est l'héritage du passé dont nous profitons aujourd'hui et que nous transmettons aux générations à venir. Nos patrimoines culturel et naturel sont deux sources irremplaçables de vie et d'inspiration. Ces sites appartiennent à tous les peuples du monde, sans tenir compte du territoire sur lequel ils sont situés. Pour plus d'informations : • *whc.unesco.org* •
Sites inscrits dans la zone couverte par ce guide :
– ***le Vieux-Québec*** (1985) ;
– ***le parc national de Miguasha*** (1999), en Gaspésie ;
– ***le canal Rideau*** (2007), qui s'étend d'Ottawa, au nord, jusqu'au port de Kingston sur le lac Ontario, au sud, sur 202 km.

SPORTS ET LOISIRS

Le sport national du Canada est sans conteste le ***hockey sur glace.*** Le premier match codifié de l'histoire a eu lieu à Montréal en 1875 et se serait terminé par une bagarre : c'est dire si la tradition de la baston dans le hockey remonte loin ! La « saison », qui voit s'affronter équipes canadiennes et étasuniennes, se déroule d'octobre à mai. Les plus grandes équipes sont les *Vancouver Canucks,* les *Canadiens de Montréal,* les *Toronto Maple Leafs* et les *Ottawa Senators,* mais chaque communauté possède sa petite formation. Pour retrouver l'esprit d'origine, assistez donc à l'un de ces matchs d'amateurs, ne serait-ce que pour l'ambiance.
Au rayon des autres sports, le ***base-ball*** arrive bon deuxième, porté par les très populaires *Toronto Blue Jays,* seule équipe canadienne à évoluer dans le championnat américain. Vient ensuite le ***football canadien*** (une version du football américain). Le ***soccer,*** notre foot européen, gagne en participants d'année en année. Quant au ***rugby,*** même si les Canadiens ont participé à la dernière Coupe du monde, c'est encore un grand inconnu (à l'inverse du rugby féminin qui marche bien). Pour finir sur le ***tennis,*** peu développé jusqu'alors au Canada, citons la championne montréalaise Eugénie Bouchard, première Canadienne finaliste d'un tournoi du Grand Chelem, à Wimbledon, en 2014. Et Milos Raonic (né en Yougoslavie), finaliste à Wimbledon en 2016 face à Andy Murray.
Pendant votre séjour, une multitude de choix vous seront offerts en matière de sports et loisirs, été comme hiver.

L'été

De nombreux Québécois circulent à ***vélo*** dans les villes, bien équipées en pistes cyclables. Dans toutes les régions aussi, beaucoup de circuits possibles (renseignez-vous auprès des offices de tourisme). ***Randonnées pédestres, canoë, kayak, escalade, golf, équitation, voile, plongée sous-marine, hydravion, pêche...*** et bien d'autres activités encore.

- *randoquebec.ca* • Fédération québécoise de la marche.
- *canot-kayak.qc.ca* • Fédération du canot et du kayak.
- *velo.qc.ca* • Vélo Québec.

ATTENTION, FAUX AMIS !

On associe toujours canoë et kayak, alors que ce sont deux sports bien différents. Le canoë, inventé par les Indiens, se pratique à genoux et avec une pagaie simple. Le kayak, lui, fut d'abord utilisé par les Inuits. On le dirige assis et avec une pagaie double. Un point commun toutefois : leur instabilité !

L'hiver

Attention, le Québec ne possède pas de montagnes aussi hautes et variées que les Alpes. On y trouve néanmoins quelques stations de ***ski alpin*** et surtout de ***ski de fond*** au Québec et en Ontario, et quasiment partout la possibilité de faire de belles ***balades à raquettes.*** Cependant, il fait très froid l'hiver. Les pistes de ***motoneige*** ont aussi la cote. Nombreuses excursions organisées par plus de 260 clubs au Québec. Les ***balades avec chiens de traîneau*** sont une spécialité canadienne. Là non plus, vous n'aurez aucun mal à trouver le plan qui vous convient, à la journée ou avec nuit en igloo. La ***pêche blanche*** (ou pêche sous glace) est également très pratiquée. Bref, pas de quoi s'ennuyer l'hiver non plus.

- *fcmq.qc.ca* • Tout sur la motoneige au Québec.
- *maneige.com* • Association des stations de ski.
- *skiquebec.qc.ca* • Fédération québécoise de ski alpin.

les ROUTARDS sur la FRANCE 2018-2019

(dates de parution sur • **routard.com** •)

Découpage de la FRANCE par le ROUTARD

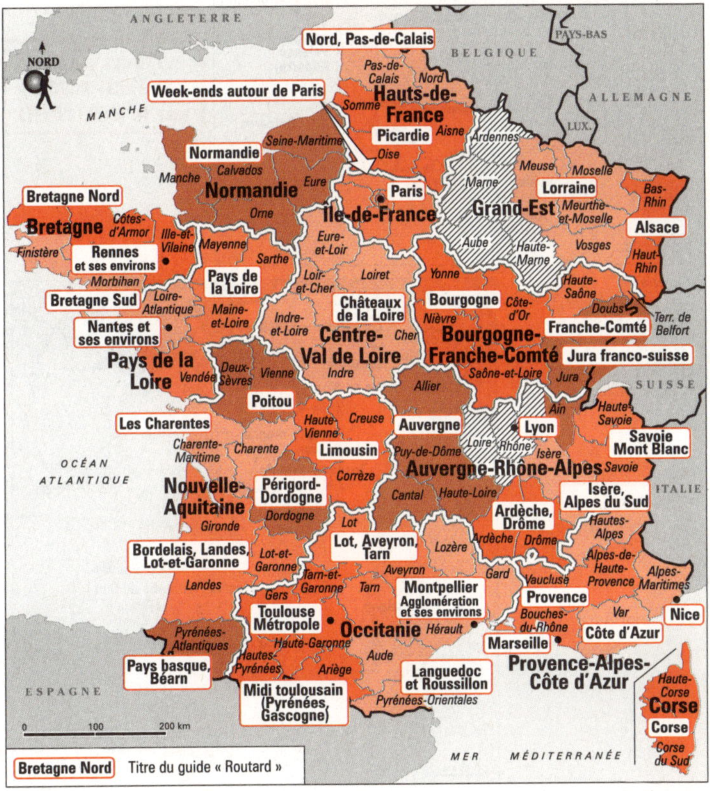

Autres guides sur la France

- Hébergements insolites en France
- Canal des deux mers à vélo (nouveauté)
- La Loire à Vélo
- Paris – Île-de-France à vélo (juin 2018)
- La Vélodyssée (Roscoff-Hendaye)
- Nos meilleurs campings en France
- Nos meilleures chambres d'hôtes en France
- Nos meilleurs restos en France
- Les visites d'entreprises en France

Autres guides sur Paris

- Paris
- Paris balades
- Paris exotique (nouveauté)
- Restos et bistrots de Paris
- Le Routard des amoureux à Paris
- Week-ends autour de Paris

les ROUTARDS sur l'ÉTRANGER 2018-2019

(dates de parution sur • **routard.com** •)

Découpage de l'ESPAGNE par le ROUTARD

Découpage de l'ITALIE par le ROUTARD

Autres pays européens

- Allemagne
- Angleterre, Pays de Galles
- Autriche
- Belgique
- Bulgarie
- Crète
- Croatie
- Danemark, Suède
- Écosse
- Finlande
- Grèce continentale
- Hongrie
- Îles grecques et Athènes
- Irlande
- Islande
- Madère
- Malte
- Norvège
- Pays baltes : Tallinn, Riga, Vilnius
- Pologne
- Portugal
- République tchèque, Slovaquie
- Roumanie
- Suisse

Villes européennes

- Amsterdam et ses environs
- Berlin
- Bruxelles
- Budapest (nouveauté)
- Copenhague
- Dublin
- Lisbonne
- Londres
- Moscou
- Naples (nouveauté)
- Porto (nouveauté)
- Prague
- Saint-Pétersbourg
- Stockholm
- Vienne

les ROUTARDS sur l'ÉTRANGER 2018-2019

(dates de parution sur • *routard.com* •)

Découpage des ÉTATS-UNIS par le ROUTARD

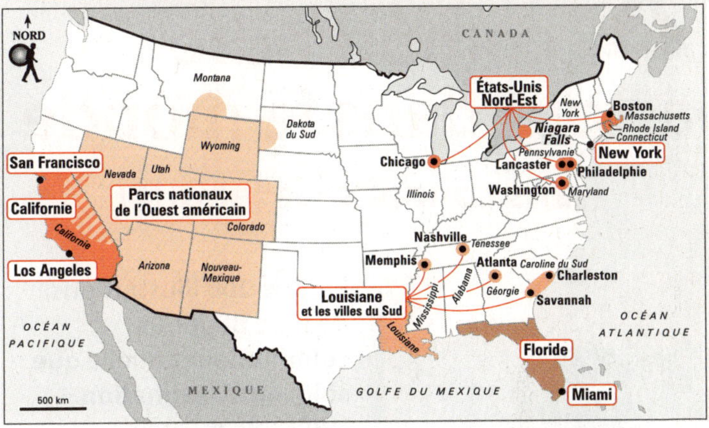

Autres pays d'Amérique

- Argentine
- Brésil
- Canada Ouest
- Chili et île de Pâques
- Colombie (avril 2018)
- Costa Rica
- Équateur et les îles Galápagos
- Guatemala, Belize
- Mexique
- Montréal
- Pérou, Bolivie
- Québec et Ontario

Asie et Océanie

- Australie côte est + Red Centre
- Bali, Lombok
- Bangkok
- Birmanie (Myanmar)
- Cambodge, Laos
- Chine
- Hong-Kong, Macao, Canton
- Inde du Nord
- Inde du Sud
- Israël et Palestine
- Istanbul
- Jordanie
- Malaisie, Singapour
- Népal
- Shanghai
- Sri Lanka (Ceylan)
- Thaïlande
- Tokyo, Kyoto et environs
- Turquie
- Vietnam

Afrique

- Afrique du Sud
- Égypte
- Kenya, Tanzanie et Zanzibar
- Maroc
- Marrakech
- Sénégal
- Tunisie

Îles Caraïbes et océan Indien

- Cuba
- Guadeloupe, Saint-Martin, Saint-Barth
- Île Maurice, Rodrigues
- Madagascar
- Martinique
- République dominicaine (Saint-Domingue)
- Réunion

Guides de conversation

- Allemand
- Anglais
- Arabe du Maghreb
- Arabe du Proche-Orient
- Chinois
- Croate
- Espagnol
- Grec
- Italien
- Japonais
- Portugais
- Russe
- G'palémo (conversation par l'image)

Livres-photos Livres-cadeaux

- Voyages (nouveauté)
- Nos 120 coins secrets en Europe (nouveauté)
- Les 50 voyages à faire dans sa vie
- 1 200 coups de cœur dans le monde
- 1 200 coups de cœur en France
- Nos 52 week-ends dans les plus belles villes d'Europe

Nous tenons à remercier tout particulièrement Loup-Maëlle Besançon, Thierry Bessou, Gérard Bouchu, François Chauvin, Grégory Dalex, Fabrice Doumergue, Cédric Fischer, Carole Fouque, Michelle Georget, David Giason, Claude Hervé-Bazin, Emmanuel Juste, Dimitri Lefèvre, Fabrice de Lestang, Romain Meynier, Éric Milet, Pierre Mitrano, Jean-Sébastien Petitdemange et Thomas Rivallain pour leur collaboration régulière.

Jean-Jacques Bordier-Chêne
Michèle Boucher
Diane Capron
Laura Charlier
Agnès Debiage
Jérôme Denoix
Tovi et Ahmet Diler
Marjorie Dubois
Clélie Dudon
Sophie Duval
Jeanne Favas
Alain Fisch
Alexandra Fouchard
Guillaume Garnier
Nicolas George
Bérénice Glanger
Adrien et Clément Gloaguen
Léa Guinolas
Manon Guyot
Bernard Hilaire et Pepy Fenchy Kupang
Sébastien Jauffret
Catherine Julhe
Céline Kamand
Jacques Lemoine
Aurore de Lombarès
Caroline Ollion
Martine Partrat
Odile Paugam et Didier Jehanno
Prakit Saiporn
Jean-Luc et Antigone Schilling
Jean Tiffon
Caroline Vallano

Direction : Nathalie Bloch-Pujo
Contrôle de gestion : Jérôme Boulingre et Adeline Cazabat Barrere
Secrétariat : Catherine Maîtrepierre
Direction éditoriale : Hélène Firquet
Édition : Matthieu Devaux, Olga Krokhina, Gia-Quy Tran, Julie Dupré, Emmanuelle Michon, Alba Bastida Díaz, Amélie Gattepaille, Ludmilla Guillet, Pauline Janssens, Margaux Lefebvre, Amélie Ramond, Elvire Tandjaoui et Clémence Toublanc
Ont également collaboré : Véronique Rauzy, Christine de Geyer, Anne le Bigot et Catherine Hidé
Cartographie : Frédéric Clémençon et Aurélie Huot
Fabrication : Nathalie Lautout et Audrey Detournay
Relations presse France : COM'PROD, Fred Papet. ☎ 01-70-69-04-69. • *info@comprod.fr* •
Direction marketing : Adrien de Bizemont, Clémence de Boisfleury et Charlotte Brou
Contacts partenariats : André Magniez (EMD). • *andremagniez@gmail.com* •
Édition des partenariats : Élise Ernest
Informatique éditoriale : Lionel Barth
Couverture : Clément Gloaguen et Seenk
Maquette intérieure : le-bureau-des-affaires-graphiques.com, Thibault Reumaux et npeg.fr
Relations presse : Martine Levens (Belgique) et Maureen Browne (Suisse)
Régie publicitaire : Florence Brunel-Jars

INDEX GÉNÉRAL

INDEX GÉNÉRAL

INDEX GÉNÉRAL

INDEX GÉNÉRAL

LISTE DES CARTES ET PLANS

INDEX GÉNÉRAL

Remarque importante aux hôteliers et restaurateurs

Les enquêteurs du *Routard* travaillent dans le plus strict anonymat. Aucune réduction, aucun avantage quelconque, aucune rétribution n'est jamais demandé en contrepartie. Face aux aigrefins, la loi autorise les hôteliers et restaurateurs à porter plainte.

Avis aux lecteurs

Le Routard, ce n'est pas comme le bon vin, il vieillit mal. On ne veut pas pousser à la consommation, mais évitez de partir avec une édition ancienne. Les modifications sont souvent importantes.
Les réductions accordées à nos lecteurs ne sont jamais demandées par nos rédacteurs afin de préserver leur indépendance. Les hôteliers et restaurateurs sont sollicités par une société de mailing, totalement indépendante de la rédaction, qui reste donc libre de ses choix. De même pour les autocollants et plaques émaillées.

Avec routard.com, choisissez, organisez, réservez et partagez vos voyages !

✓ Rejoignez la plus grande communauté francophone de voyageurs : **plusieurs millions d'internautes.**

✓ Échangez avec les routarnautes : forums, photos, avis d'hôtels.

✓ Retrouvez aussi toutes les informations actualisées pour choisir et préparer vos voyages : plus de 300 guides destinations, une centaine de dossiers pratiques et un magazine en ligne pour découvrir tous les secrets de votre destination.

✓ Enfin, comparez les offres pour organiser et réserver votre voyage au meilleur prix.

Les **Routards** *parlent aux* **Routards**

Faites-nous part de vos expériences, de vos découvertes, de vos tuyaux et de vos coups de cœur. Aidez-nous à remettre l'ouvrage à jour. Indiquez-nous les renseignements périmés. Faites profiter les autres de vos adresses nouvelles, combines géniales... On adresse un exemplaire gratuit de la prochaine édition à ceux qui nous envoient les meilleurs courriers, pour la qualité et la pertinence des informations.
Quelques conseils cependant :
– Envoyez-nous votre courrier le plus tôt possible afin que l'on puisse insérer vos tuyaux sur la prochaine édition.
– N'oubliez pas de préciser l'ouvrage que vous désirez recevoir, ainsi que votre adresse postale.
– Vérifiez que vos remarques concernent l'édition en cours et notez les pages du guide concernées par vos observations.
– Quand vous indiquez des hôtels ou des restaurants, pensez à signaler leur adresse précise et, pour les grandes villes, les moyens de transport pour y aller.
Si vous le pouvez, joignez la carte de visite de l'hôtel ou du resto décrit.
En tout état de cause, merci pour vos nombreux mails.

122, rue du Moulin-des-Prés, 75013 Paris

• *guide@routard.com* • *routard.com* •

Routard Assurance *2018*

Enrichie année après année par les retours des lecteurs, *Routard Assurance* est devenue une assurance voyage incontournable. Tout est compris : frais médicaux, assistance rapatriement, bagages, responsabilité civile... Vous avez besoin d'un médecin, d'un conseil médical ou d'une prise en charge dans un hôpital ? Appelez simplement le plateau *AVI Assistance* disponible 24h/24, leur réseau est l'un des plus complets actuellement. Vous avez eu des frais de santé en voyage ? Envoyez les factures à votre retour, *AVI* vous rembourse sous une semaine. Avant votre départ, n'hésitez pas à les appeler pour des conseils personnalisés. Appréciable : pas d'avance à faire, ils s'occupent de tout. Un seul réflexe avant de partir : téléchargez l'appli mobile pour garder le contact avec l'assistance 24h/24 et disposer de l'un des meilleurs réseaux médicaux à travers le monde. *40, rue Washington, 75008 Paris. ☎ 01-44-63-51-00. • avi-international.com • Ⓜ George-V.*

Édité par Hachette Livre (58, rue Jean-Bleuzen, CS 70007, 92178 Vanves Cedex, France)
Photocomposé par Jouve (rue de Monbary, 45140 Ormes, France)
Imprimé par Lego SPA Plant Lavis (via Galileo Galilei, 11, 38015 Lavis, Italie)
Achevé d'imprimer le 09 avril 2018
Collection n° 13 - Édition n° 01
67/0098/4
I.S.B.N. 978-2-01-626650-2
Dépôt légal : avril 2018

PAPIER À BASE DE FIBRES CERTIFIÉES